北京高等教育精品教材
BEIJING GAODENG JIAOYU JINGPIN JIAOCAI

新编21世纪法学系列教材
总主编　曾宪义　王利明

刑法分论

第四版

主编　谢望原　赫兴旺

撰稿人（以撰写章节先后为序）
赫兴旺　付立庆　时延安　阮齐林
张　旭　谢望原　林　维

The Special Part of Criminal Law

中国人民大学出版社
·北京·

编审委员会

内容简介

本书以现行刑法典、刑法立法解释以及刑事司法解释为根据，运用刑法学基本理论，对我国刑法典规定的具体犯罪进行了简明扼要的阐释。本书为满足法科学生学习中国刑法分论之需要而撰写，同时兼顾国家统一法律职业资格考试实际，故较之于一般刑法教科书，本书对个罪有更多的关注与研究。

本书的突出特点在于：（1）每章末设计了与本章核心内容有关的案例分析，有利于读者运用所学知识研究解决实务中的问题。（2）为了节约篇幅，对个罪的研究不是面面俱到，而是力求从理论与实践两方面完整解析那些常见多发的犯罪，特别注重紧密结合相关司法解释研究问题。对于那些常见多发犯罪引发的争论，本书做了简要评析，并阐明立场。（3）仍然坚持我国正统的犯罪构成理论，即四要件论。但是，考虑到有必要对四要件理论体系做必要调整，对具体犯罪构成要件的描述，采用了“犯罪的客观方面—犯罪的主体—犯罪的主观方面—犯罪的客体”这样的顺序。（4）在刑法分论的顺序方面，原则上按照刑法典分则各章罪名顺序展开论述。但是，考虑到刑法典分则第七章“危害国防利益罪”与第十章“军人违反职责罪”有着某种内在联系，即均涉及国家军事安全与军事利益，应属于广义上的军事刑法范畴，特地将该两类犯罪作为本书的第十章和第十一章，安排在最后，一起论述。

作者简介（以撰写章节先后为序）

赫兴旺 法学博士，中国人民大学法学院教授。

付立庆 法学博士，中国人民大学法学院教授。

时延安 法学博士，中国人民大学刑事法律科学研究中心主任，教授，博士研究生导师；兼任中国刑法学研究会副会长。

阮齐林 中国政法大学刑事司法学院教授，博士研究生导师；曾任中国刑法学研究会副会长。

张 旭 吉林大学法学院教授，博士研究生导师，吉林大学犯罪治理研究中心主任；兼任中国刑法学研究会副会长、吉林省法学会刑法学研究会会长。

谢望原 法学博士，中国人民大学网络犯罪与安全研究中心主任，中国人民大学法学院教授，博士研究生导师。

林 维 法学博士，中国社会科学院大学副校长，教授，博士研究生导师。

总序

曾宪義

在人类文明与文化的发展中，中华民族曾作出过伟大的贡献，不仅最早开启了世界东方文明的大门，而且对人类法治、法学及法学教育的生成与发展进行了积极的探索与光辉的实践。

在我们祖先生存繁衍的土地上，自从摆脱动物生活、开始用双手去进行创造性的劳动、用人类特有的灵性去思考以后，我们人类在不断改造客观世界、创造辉煌的物质文明的同时，也在不断地探索人类的主观世界，逐渐形成了哲学思想、伦理道德、宗教信仰、风俗习惯等一系列维系道德人心、维持一定社会秩序的精神规范，更创造了博大精深、义理精微的法律制度。应该说，在人类所创造的诸种精神文化成果中，法律制度是一种极为奇特的社会现象。因为作为一项人类的精神成果，法律制度往往集中而突出地反映了人类在认识自身、调节社会、谋求发展的各个重要进程中的思想和行动。法律是现实社会的调节器，是人民权利的保障书，是通过国家的强制力来确认人的不同社会地位的有力杠杆，它来源于现实生活，而且真实地反映现实的要求。因而透过一个国家、一个民族、一个时代的法律制度，我们可以清楚地观察到当时人们关于人、社会、人与人的关系、社会组织以及哲学、宗教等诸多方面的思想与观点。同时，法律是一种具有国家强制力、约束力的社会规范，它以一种最明确的方式，对当时社会成员的言论或行动作出规范与要求，因而也清楚地反映了人类在各个历史发展阶段中对于不同的人所作出的种种具体要求和限制。因此，从法律制度的发展变迁中，同样可以看到人类自身不断发展、不断完善的历史轨迹。人类社会几千年的国家文明发展历史已经无可争辩地证明，法律制度乃是维系社会、调整各种社会关系、保持社会稳定的重要的工具。同时，法律制度的不断完善，也是人类社会文明进步的显著体现。

由于发展路径的不同、文化背景的差异，东方社会与西方世界对于法律的意义、底蕴的理解、阐释存有很大的差异，但是，在各自的发展过程中，都曾比较注重法律的制定与完善。中国古代虽然被看成是“礼治”的社会、“人治”的世界，被认为是“只有刑，没有法”的时代，但从《法经》到《唐律疏议》《大清律例》等数十部优秀成文法典的存在，充分说明了成文制定法在中国古代社会中的突出地位，唯这些成文法制所体现出的精神旨趣与现代法律文明有较大不同而已。时至20世纪初叶，随着西风东渐、东西文化交流加快，中国社会开始由古代的、传统的社会体制向近现代文明过渡，建立健全的、符合现代理性精神的法律文明体系方成为现代社会的共识。正因为如此，近代以来的数百年间，在西方、东方各主要国家里，伴随着社会变革的潮起潮落，法律改革运动也一直呈方兴未艾之势。

从历史上看，法律的文明、进步，取决于诸多的社会因素。东西方法律发展的历史均充分证明，推动法律文明进步的动力，是现实的社会生活，是政治、经济和社会文化的变迁；同时，法律内容、法律技术的发展，往往依赖一大批法律专家以及更多的受过法律教育的社会成员的研究和推动。从这个角度看，法学教育、法学研究的发展，对于法律文明的发展进步，也有着异常重要的意义。正因为如此，法学教育和法学研究在现代国家的国民教育体系和科学研究体系中，开始占有越来越重要的位置。

中国近代意义上的法学教育和法学研究，肇始于19世纪末的晚清时代。清光绪二十一年（公元1895年）开办的天津中西学堂，首次开设法科并招收学生，虽然规模较小，但仍可以视为中国最早的近代法学教育机构（天津中西学堂后改名为北洋大学，又发展为天津大学）。三年后，中国近代著名的思想家、有“维新骄子”之称的梁启超先生即在湖南《湘报》上发表题为《论中国宜讲求法律之学》的文章，用他惯有的富有感染力的激情文字，呼唤国人重视法学，发明法学，讲求法学。梁先生是清代末年一位开风气之先的思想巨子，在他的辉煌的学术生涯中，法学并非其专攻，但他仍以敏锐的眼光，预见到了新世纪中国法学研究和法学教育的发展。数年以后，清廷在内外压力之下，被迫宣布实施“新政”，推动变法修律。以修订法律大臣沈家本为代表的一批有识之士，在近十年的变法修律过程中，在大量翻译西方法学著作，引进西方法律观念，有限度地改造中国传统的法律体制的同时，也开始推动中国早期的法学教育和法学研究。在20世纪初，中国最早设立的三所大学——北洋大学、京师大学堂、山西大学堂均设有法科或法律学科目，以期“端正方向，培养通才”。1906年，应修订法律大臣沈家本、伍廷芳等人的奏请，清政府在京师正式设立中国第一所专门的法政教育机构——京师法律学堂。次年，另一所法政学堂——直属清政府学部的京师法政学堂也正式招生。这些大学法科及法律、法政学堂的设立，应该是中国历史上近代意义上的正规专门法学教育的滥觞。

自清末以来，中国的法学教育作为法律事业的一个重要组成部分，随着中国社会的曲折发展，经历了极不平坦的发展历程。在20世纪的大部分时间里，中国社会一直充斥着各种矛盾和斗争。在外敌入侵、民族危亡的沉重压力之下，中国人民为寻找适合中国国情的发展道路而花费了无穷的心力，付出过沉重的代价。从客观上看，长期的社会骚动和频繁的政治变迁曾给中国的法治与法学带来过极大的消极影响。直至70年代末期，以“文化大革命”宣告结束为标志，中国社会开始用理性的目光重新审视中国的过去，规划国家和社会的未来，中国由此进入长期稳定、和平发展的大好时期，以这种大的社会环境为背景，中国的法学教育也获得了前所未有的发展机遇。

从宏观上看，实行改革开放以来，经过二十多年的努力，中国的法学教育事业所取得的成就是辉煌的。首先，经过“解放思想，实事求是”思想解放运动的洗礼，在中国法学界迅速清除了极左思潮及苏联法学模式的一些消极影响，根据本国国情建设社会主义法治国家已经成为国家民族的共识，这为中国法学教育和法学研究的发展奠定了稳固的思想基础。其次，随着法学禁区的不断被打破、法学研究的逐步深入，一个较为完善的法学学科体系已经建立起来。理论法学、部门法学各学科基本形成了比较系统和成熟的理论体系和学术框架，一些随着法学研究逐渐深入而出现的法学子学科、法学边缘学科也渐次成型。1997 年，国家教育主管部门和教育部高校法学学科教学指导委员会对原有专业目录进行了又一次大幅度调整，决定自 1999 年起法学类本科只设一个单一的法学专业，按照一个专业招生，从而使法学学科的布局更加科学和合理。同时，在充分论证的基础上，确定了法学专业本科教学的 14 门核心课程，加上其他必修、选修课程的配合，由此形成了一个传统与更新并重、能够适应国家和社会发展需要的教学体系。法学硕士和博士研究生及法律硕士专业学位研究生的专业设置、课程教学和培养体系也日臻完善。最后，法学教育的规模迅速扩大，层次日趋齐全，结构日臻合理。目前中国有六百余所普通高等院校设置了法律院系或法律本科专业，在校本科学生和研究生已达二十余万人。除本科生外，在一些全国知名的法律院校，法学硕士研究生、法律硕士专业学位研究生、法学博士研究生已经逐步成为培养的重点。

众所周知，法律的进步、法治的完善，是一项综合性的社会工程。一方面，现实社会关系的发展，国家政治、经济和社会生活的变化，为法律的进步、变迁提供动力，提供社会的土壤。另一方面，法学教育、法学研究的发展，直接推动法律进步的进程。同时，全民法律意识、法律素质的提高，则是实现法治国理想的关键的、决定性的因素。在社会发展、法学教育、法学研究等几个攸关法律进步的重要环节中，法学教育无疑处于核心的、基础的地位。中国法学教育过去二十多年所走过的历程令人激动，所取得的成就也足资我们自豪。随着国家的发展、社会的进步，在 21 世纪，我们面临着更严峻的挑战和更灿烂的前景。“建设世界一流法学教育”，任重道远。

首先，法律是建立在经济基础之上的上层建筑，以法治为研究对象的法学也就成为一门实践性很强的学科。社会生活的发展变化，势必要对法学教育、法学研究不断提出新的要求。经过二十多年的奋斗，中国改革开放的前期目标已顺利实现。但随着改革开放的逐步深入，国家和社会的一些深层次问题，比如说社会主义市场经济秩序的真正建立、国有企业制度的改革、政治体制的完善、全民道德价值的重建、环境保护和自然资源的合理利用等等，也已经开始浮现出来。这些复杂问题的解决，无疑最终都会归结到法律制度的完善上来。建立一套完善、合理的法律制度，构建理想的和谐社会，乃一项持久而庞大的社会工程，需要全民族的智慧和努力。其中的基础性工作，如理论的论证、框架的设计、具体规范的拟订、法律实施中的纠偏等等，则有赖于法学研究的不断深入，以及高素质人才，特别是法律人才的养成，而培养法律人才的任务，则是法学教育的直接责任。

其次，21 世纪是一个多元化的世纪。20 世纪中叶发生的信息技术革命，正在极大地改变着我们的世界。现代科学技术，特别是计算机网络信息技术的发展，使传统的生活方式、思想观念发生了根本的改变，并由此引发许多人类从未面对过的问题。就法学教育而言，在 21 世纪所要面临的，不仅是教学内容、研究对象的多元化问题，而且还有培养对象、培养目标的多元化、教学方式的多元化等一系列问题，这些问题都需要法学界去思考、去探索。

中国人民大学法学院建立于 1950 年，是新中国诞生后创办的第一所正规高等法学教育机构。在半个多世纪的岁月中，中国人民大学法学院以其雄厚的学术力量、严谨求实的学风、高水平的教学质量以及丰硕的学术研究成果，在全国法学教育领域处于领先地位，并开始跻身于世界著名法学院之林。据初步统计，中国人民大学法学院已经为国家培养法学专业本科生、硕士生、博士生一万余人，培养各类成人法科学生三十余万人。经过多年的努力，中国人民大学法学院形成了较为明显的学术优势，在现职教师中，既有一批资深望重、在国内外享有盛誉的法学前辈，更有一大批在改革开放后成长起来的优秀中青年法学家。这些老、中、青法学专家多年来在勤奋研究法学理论的同时，也积极投身于国家的立法、司法实践，对国家法制建设贡献良多。

有鉴于此，中国人民大学法学院与中国人民大学出版社经过研究协商，决定结合中国人民大学法学院的学术优势和中国人民大学出版社的出版力量，出版一套“21 世纪法学系列教材”。自 1998 年开始编写出版本科教材，包括按照教育部所确定的法学专业核心课程和其所颁布印发的《全国高等学校法学专业核心课程基本要求》而编写的 14 门核心课程教材，也包括法学各领域、各新兴学科教材及教学参考书和案例分析在内，到 2000 年 12 月 3 日在人民大会堂大礼堂召开举世瞩目的“21 世纪世界百所著名大学法学院院长论坛暨中国人民大学法学院成立五十周年庆祝大会”之时，业已出版了 50 本作为 50 周年院庆献礼，到现在总共出版了 80 本。为了进一步适应高等法学教育发展的形势和教学改革的需要，最近中国人民大学法学院与中国人民大学出版社决定将这套教材扩大为四个系列，即：“本科生用书”、“法学研究生用书”、“法律硕士研究生用书”以及“司法考试用书”，总数将达二百多本。我们设想，本套教材的编写，将更加注意“高水准”与“适用性”的合理结合。首先，本套教材将由中国人民大学法学院具有全国影响的各学科的学术带头人领衔，约请全国高校优秀学者参加，形成学术实力强大的编写阵容。同时，在编写教材时，将注意吸收中国法学研究的最新的学术成果，注意国际学术发展的最新动向，力求使教材内容能够站在 21 世纪的学术前沿，反映各学科成熟的理论，体现中国法学的水平。其次，本套教材在编写时，将针对新时期学生特点，将思想性、学术性、新颖性、可读性有机结合起来，注意运用典型生动的案例、简明流畅的语言去阐释法律理论与法律制度。

我们期望并且相信，经过组织者、编写者、出版者的共同努力，这套法学教材将以其质量效应、规模效应，力求成为奉献给新世纪的精品教材，我们诚挚地祈望得到方家和广大读者的教正。

2006 年 7 月 1 日

序言

法学教育是高等教育的重要组成部分，是建设社会主义法治国家、构建社会主义和谐社会的重要基础，并居于先导性的战略地位。在我国社会转型的新世纪、新阶段，法学教育不仅要为建设高素质的法律职业共同体服务，而且要面向全社会培养大批治理国家、管理社会、发展经济的高层次法律人才。近年来，法学教育取得了长足的进步，法科数量增长很快，教育质量稳步提高，培养层次日渐完善，目前已经形成了涵盖本科生、第二学士学位生、法学硕士研究生、法律硕士研究生、法学博士研究生的完整的法学人才培养体系，接受法科教育已经成为莘莘学子的优先选择之一。随着中国法治事业的迅速发展，我们有理由相信，中国法学教育的事业大有可为，中国法学教育的前途充满光明。

教育的基本功能在于育人，在于塑造德才兼备的高素质人才。法学教育的宗旨并非培养只会机械适用法律的“工匠”，而承载着培养追求正义、知法懂法、忠于法律、廉洁自律的法律人的任务。要完成法学教育的使命，首先必须认真抓好教材建设。我始终认为，教材是实现教育功能的重要工具和媒介，法学教材不仅仅是法学知识传承的载体，而且是规范教学内容、提高教学质量的关键，对法学教育的发展有着不可估量的作用。

第一，法学教材是传授法学基本知识的工具。初学法律，既要有好的老师，又要有好的教材。正如冯友兰先生所言：“学哲学的目的，是使人作为人能够成为人，而不是成为某种人。其他的学习（不是学哲学）是使人能够成为某种人，即有一定职业的人。”一套好的教材，能够高屋建瓴地展示法律的体系，能够准确简明地阐释法律的逻辑，能够深入浅出地叙述法律的精要，能够生动贴切地表达深奥的法理。所以，法学教材是学生学习法律的向导，是学生步入法律殿堂的阶梯。如果在入门之初教材就有偏颇之处，就可能误人子弟，学生日后还要花费大量时间与精力来修正已经形成的错误观念。

第二，法学教材是传播法律价值理念的载体。好的法学教材不仅要传授法学知识，更要传播法律的精神和法治的理念，例如对公平、正义的追求，尊重权利的观念。本科、研究生阶段的青年学子，正处在人生观、价值观形成的阶段，一套优秀的法学教材，对于他们价值观的塑造和健全人格的培养具有重要意义。

第三，法学教材是形成职业共同体的主要条件。建设社会主义法治国家，有赖于法律职业共同体的生成。一套好的法学教材，向法律研习者传授共同的知识，这对于培养一个接受共同的价值理念、共同的法律思维、共同的话语体系的法律共同体，具有重要的作用。

第四，法学教材是所有法律研习者的良师益友。没有好的教材，一个好的教师或可弥补教材的欠缺和不足，但对那些没有老师指导的自学者而言，教材就是老师，其重要作用是显而易见的。

长期以来，在我们的评价体系中，教材并没有获得应有的注重，对学术成果的形式优先考虑的往往是专著而非教材。在不少人的观念中，教材与创新、与学术精品甚至与学术无缘。其实，要真正写出一部好的教材，其难度之大、工作之艰辛、影响之深远，绝不低于一部优秀的专著，它甚至可以成为在几百年甚至更长的时间内发挥作用的传世之作。以查士丁尼的《法学阶梯》为例，所谓法学阶梯，即法学入门之义，就是一部教材。但它概括了罗马法的精髓，千百年来，一直是人们研习罗马法最基本的著述。日本著名学者我妻荣说过，大学教授有两大任务：一是写出自己熟悉的专业及学术领域的讲义乃至教科书；二是选择自己最有兴趣、最看重的题目，集中精力进行终生的研究。实际上，这两者是相辅相成的。写出一部好教材，必须要对相关领域形成一个完整的知识体系，还要能以深入浅出的语言将问题讲清楚、讲明白。没有编写教材的基本功，实际上也很难写出优秀的专著。当然，也只有对每一个专题都有一定研究，才能形成对这个学术领域的完整把握。

虽然近几年我国法学教育发展迅速，成绩显著，但是法学教育也面临许多挑战。各个学校的师资队伍和教学质量参差不齐，这就更需要推出更多的结构严谨、内容全面、角度各有侧重、能够适应不同需求的法学教材，为提高法学教学和人才培养质量、保障法学教育健康发展提供前提条件。

长期以来，中国人民大学法学院始终高度重视教材建设。作为新中国成立后建立的第一所正规的法学教育机构，中国人民大学法律系最早开设了社会主义法学教学课堂，编写了第一套社会主义法学讲义，培养了新中国第一批法学本科生和各学科的硕士生、博士生，产生了新中国最早的一批法学家和法律工作者。中国人民大学法律系因此被誉为“新中国法学教育的工作母机”。半个多世纪以来，中国人民大学法学院为社会主义法制建设培养了大批优秀的法律人才，并为法学事业的振兴和繁荣作出了卓越贡献，也因此成为引领中国法学教育的重镇、凝聚国内法律人才的平台和沟通中外法学交流的窗口，并在世界知名法学院行列中崭露头角。为了对中国法学教育事业作出更大的贡献，我们有义务也有责任出版一套体现我们最新研究成果的法学教材。

承蒙中国人民大学出版社的大力支持，我们组织编写了本套教材，其中包括本科生用书、法律硕士研究生用书、法学研究生用书和司法考试用书四大系列，分别面向不同层次法科教育需求。编写人员以中国人民大学法学院教师为主，反映了中国人民大学法学院整体的研究实力和学术视野。相信本套教材的出版，一定能够为新时期法学教育的繁荣发展发挥应有的作用。

是为序。

2006 年 7 月 10 日

第四版修订说明

中国式现代化，是中国共产党始终坚持并不断推进的一项伟大事业。党的二十大报告进一步明确提出了中国式现代化的政治纲领。中国式现代化内涵丰富，外延宽阔，但究其核心要求，就是中国式现代化必须“既有各国现代化的共同特征，更有基于自己国情的中国特色”。基于此一基调，如果将中国式现代化的原则引入中国刑法学研究领域，我们的理解是：中国式现代化必然要求中国式刑法学研究思维。

所谓中国式刑法学研究思维，就是基于中国国情，置身于中国自己的刑法文化传统与现行刑法立法和司法，来思考、研究并解决中国刑法问题。中国式刑法学研究思维不是要割断中国刑法学和他国刑法学的联系与交流，而是强调刑法学研究必须立足于中国自己的刑法立法与刑事司法，在中国刑法语境中来思考并解决中国刑法问题。

正是基于此一思考，本书始终坚持以自新中国成立以来形成的正统中国刑法学基本理论为指导，以中国刑法立法和司法解释为根据，力求以中国式刑法学研究思维来阐释我国刑法规定的具体犯罪。

本书第三版于 2016 年 9 月出版，至今已经约 7 年。其间，国家的刑法立法与刑事司法有诸多进步与发展。从立法层面来看，全国人大常委会颁布了主要涉及刑法分则问题的《中华人民共和国刑法修正案（十）》（2017 年 11 月 4 日）和《中华人民共和国刑法修正案（十一）》（2020 年 12 月 26 日）：前者增加了侮辱国歌的犯罪内容；后者则修改完善了刑法分则的诸多内容，特别是增设了 17 个新罪，修改完善了 8 个犯罪的规定。从司法层面来看，最高人民法院、最高人民检察院发布了数量可观的刑事实体法司法解释或具有司法解释性质的文件。为了适应并反映国家刑法立法与刑事司法的最新进展，我们组织本书作者对各自撰写的章节进行了认真修改。书稿清样出来后，由主编进一步修改完善了相关内容。

本书的撰写分工如下（以撰写章节先后为序）：

中国人民大学法学院教授赫兴旺博士撰写第一章、第五章；中国人民大学法学院教授、博士研究生导师付立庆博士撰写第二章、第十章、第十一章；中国人民大学刑事法律科学研究中心主任、教授、博士研究生导师暨中国刑法学研究会副会长时延安博士撰写第三章、第九章；中国政法大学刑事司法学院教授、博士研究生导师阮齐林博士撰写第四章；吉林大学法学院教授、博士研究生导师，吉林大学犯罪治理研究中心主任，中国刑法学研究会副会长，吉林省法学会刑法学研究会会长张旭博士撰写第六章；中国人民大学法学院教授、博士研究生导师，中国人民大学网络犯罪与安全研究中心主任谢望原博士撰写第七章；中国社会科学院大学副校长、教授、博士研究生导师林维博士撰写第八章。

本书自出版以来，受到了广大读者的关爱与欢迎，并在 2011 年分别获得北京市教委授予的“北京高等教育精品教材”称号，以及中国大学出版社协会颁发的“中国大学出版社图书奖第二届优秀教材奖二等奖”。

编者

2023 年 8 月 13 日

目录

第一章

刑法分论概述

第一节　刑法分论与刑法总论的关系

一、刑法分则与刑法总则的关系

《中华人民共和国刑法》即刑法典的实体内容分为总则和分则两编，另加没有实体内容的附则。刑法总则规定了犯罪、刑事责任和刑罚的一般原理、原则，在刑法典中居于指导地位。刑法分则则规定具体犯罪的构成要件及每个具体犯罪的法定刑。

总则和分则是两个不可分割的有机组成部分，总则是分则内容的抽象和概括，分则是总则的具体化，是总则原理、原则的具体运用。没有分则的具体化，总则规定的原理、原则就无从实现；但要正确地运用分则，还必须以总则的规定为指导和依据。总则和分则是一般与特殊、抽象与具体、共性与个性的关系，它们是紧密联系、相辅相成、不可分割的。例如在认定一个行为是否成立犯罪、是否需要追究刑事责任时，不仅要按照刑法分则的规定予以考察，还必须使用刑法总则关于犯罪成立的各种条件予以判断，否则就不能正确地定罪量刑。

根据我国刑法规定的体例，我们可以把刑法典以外其他刑法规范也分别归入刑法总则和刑法分则之中。

根据我国的刑法理论体系，刑法总论以刑法总则为研究的基础对象，刑法分论以刑法分则为研究的基础对象，因而刑法总则与刑法分则的关系，也就体现了刑法总论与刑法分论的关系。

刑法分论以刑法分则所规定的全部内容为研究对象，对各种具体犯罪的构成特征及刑罚适用，从理论与实践的结合上进行具有科学根据的研究和理论分析，以解决正确定罪量刑的问题。

学习、研究刑法分论，有助于深入理解和正确贯彻刑法总论的基本原理、原则，有助于科学地理解各种具体犯罪的构成，划清罪与非罪、此罪与彼罪的界限，准确地定罪量刑；有助于发展刑法理论和修改与完善刑事立法以及推进刑事司法的进步。由于刑法分论具有很强的实践性，学习、研究时除坚持以刑法总论的有关原理、原则为指导外，还应当跟踪立法发展与司法实践，及时地了解和研究刑事立法对刑法分则内容的修改补充以及最高立法机关、最高司法机关对刑法的解释；突出重点、难点，主要掌握各种犯罪构成要件，划清罪与非罪、此罪与彼罪、重罪与轻罪三个界限。

二、刑法分则的体系

（一）犯罪的分类排列

各国刑法分则体系中所划分的犯罪类型的繁简与多少有所不同。有的国家的刑法典分则大都把犯罪类型划分得较为简明，一般包括十余类犯罪。有些国家的刑法典分则规定的犯罪类型繁多，如日本现行刑法典分则规定的犯罪有 40 章即 40 类，韩国现行刑法典分则规定的犯罪达 42 章即 42 类。

我国于 1979 年 7 月通过、1997 年 3 月修订的《中华人民共和国刑法》，其分则依次规定了十章即十类犯罪：(1) 危害国家安全罪；(2) 危害公共安全罪；(3) 破坏社会主义市场经济秩序罪；(4) 侵犯公民人身权利、民主权利罪；(5) 侵犯财产罪；(6) 妨害社会管理秩序罪；(7) 危害国防利益罪；(8) 贪污贿赂罪；(9) 渎职罪；(10) 军人违反职责罪。其中破坏社会主义市场经济秩序罪又分为八节：(1) 生产、销售伪劣商品罪；(2) 走私罪；(3) 妨害对公司、企业的管理秩序罪；(4) 破坏金融管理秩序罪；(5) 金融诈骗罪；(6) 危害税收征管罪；(7) 侵犯知识产权罪；(8) 扰乱市场秩序罪。妨害社会管理秩序罪分为九节：(1) 扰乱公共秩序罪；(2) 妨害司法罪；(3) 妨害国（边）境管理罪；(4) 妨害文物管理罪；(5) 危害公共卫生罪；(6) 破坏环境资源保护罪；(7) 走私、贩卖、运输、制造毒品罪；(8) 组织、强迫、引诱、容留、介绍卖淫罪；(9) 制作、贩卖、传播淫秽物品罪。我国刑法对十类犯罪的分类排列，形成了我国现行刑法分则规范的体系。这一体系是在总结我国以往刑事立法、刑事司法经验的基础上形成的，成为我国现阶段刑法立法上、刑事司法中乃至刑法理论上对犯罪进行归类的重要依据。

我国刑法典在 1997 年系统修订之后，到目前为止又进行了十二次修改和补充，其中有十一次是以刑法修正案的方式进行的，一次是通过单行刑法进行的修改补充，而且修订的内容主要是集中在刑法分则。当然，除刑法修正案和单行刑法之外，我国也有少数附属刑法规范，如《中华人民共和国监狱法》对刑法总则的内容也有补充。

在刑法学的研究中，我们往往将刑法典以外的其他刑法分则规范也根据其客体，分别归入刑法典的不同犯罪种类中予以研究。例如，对于 1998 年 12 月 29 日第九届全国人民代表大会常务委员会第六次会议通过的《关于惩治骗购外汇、逃汇和非法买卖外汇犯罪的决定》中新增加的骗购外汇罪，我们就将其放在破坏社会主义市场经济秩序犯罪中予以研究，以保持刑法学研究体系的完整性。

（二）犯罪分类排列的依据

现代各个国家的刑法均对刑法分则规范进行分类，但是分类之后如何将不同类别的犯罪予以排列，则在一定程度上体现了不同的价值观念。强调个人权利保护的立法，往往将惩罚侵犯个人权利的犯罪排列在刑法分则之首，然后是侵犯公共利益的犯罪，最后是侵犯国家利益的犯罪。而强调社会公共利益的立法，则往往将侵犯国家利益的犯罪置于刑法分则之首，然后是侵犯公共利益的犯罪，最后是侵犯个人权利的犯罪。我国刑法分则没有采取上述两种分类方法，而是在以犯罪所侵害的客体为主、适当强调公共利益的基础之上，兼顾我国刑事立法的经验，对刑法分则规范进行分类排列。详言之，我国刑法分则规范对犯罪进行分类的依据，主要是犯罪行为所侵犯的同类客体；对犯罪进行排列的依据，则主要是各类、各种犯罪的危害程度。

1. 根据犯罪行为所侵犯的同类客体进行分类

犯罪的同类客体，是指某一类犯罪所共同侵害的我国社会主义社会的社会关系的某一方面，同类客体揭示出同一类型犯罪在客体方面的共同本质，即一类犯罪不同于其他类型犯罪的危害性质，并在相当程度上反映出各类犯罪不同的危害程度。犯罪的同类客体的原理，是我国刑事立法对犯罪进行分类的重要依据。我国刑法分则就是主要根据同类客体的原理，将各种具有同类属性的具体犯罪归为十类。

修订后的刑法分则第三章“破坏社会主义市场经济秩序罪”和第六章“妨害社会管理秩序罪”两章之下分为若干节，而其他八章未作节的划分。这主要是考虑到“破坏社会主义市场经济秩序罪”和“妨害社会管理秩序罪”两章所包括的具体犯罪相当庞杂，以同类客体为依据，作更深层次的划分，有利于更清楚地把握不同类别犯罪的特征。

2. 根据犯罪的危害程度进行排列

在对犯罪进行如此分类的基础上，将各类、各种犯罪进行合理的排列，是建立科学的刑法分则体系的另一个重要方面。对各类、各种犯罪，我国现行刑法分则体系主要是根据其社会危害程度的大小，基本上采取由重及轻的顺序排列。

危害国家安全罪由其同类客体所决定，危害的是国家安全，是人民的根本利益，其危害性质和危害程度最严重，因而被列于各类犯罪之首；危害公共安全罪在普通刑事犯罪中危害最严重，因而被置于危害国家安全罪之后、普通刑事犯罪之首；刑法分则第三章至第六章的破坏社会主义市场经济秩序罪，侵犯公民人身权利、民主权利罪，侵犯财产罪，妨害社会管理秩序罪，也主要是按照它们危害程度的大小依次排列的。应当指出，危害国防利益罪由于其同类客体之明显特点，贪污贿赂罪、渎职罪和军人违反职责罪与其他各章犯罪相比，其主体和同类客体也都有明显的不同，立法者出于立法技术和编排便利的考虑，而将这四类犯罪置于刑法典分则的较后部分。但是，这并不意味着这四类犯罪的社会危害性轻于其前一些章的犯罪的社会危害性。应该说，危害国防利益罪、贪污贿赂罪、渎职罪和军人违反职责罪之排列顺序，是各类犯罪按照危害程度进行排列的例外。

但必须明确的是，上述的分类并不是绝对的，只能是从整体上对形形色色犯罪类型的归纳，还有一些犯罪可能同时具有两个或者两个以上的类罪特征，不可以按照同类客体的内容直接确定某一具体犯罪的所属性质。如生产、销售伪劣产品的犯罪规定在破坏社会主义市场经济秩序罪中，同时也具有危害公共安全的性质；贪污罪规定在贪污贿赂犯罪之中，同时也具有侵犯财产的犯罪的特性；受贿罪规定在贪污贿赂犯罪中，同时也具有渎职犯罪的性质。

各类犯罪中具体犯罪的排列，也大体是按照其危害程度的大小，并适当考虑了一些犯罪之间在性质上的近似。例如，在“危害公共安全罪”一章中，放火、决水、爆炸、投放危险物质罪等犯罪的危害性最为严重，而且均属故意性质的以危险方法危害公共安全的犯罪，因而将它们列在此章中靠前的位置；而重大飞行事故罪、铁路运营安全事故罪、交通肇事罪、重大责任事故罪、重大劳动安全事故罪、危险物品肇事罪、工程重大安全事故罪、教育设施重大安全事故罪和消防责任事故罪均属过失犯罪，危害性相对较轻，因而被置于此章中靠后的位置。又如在第四章“侵犯公民人身权利、民主权利罪”中，故意杀人罪的社会危害性最大，排列在这类犯罪之首；社会危害性其次的应是故意伤害罪，但为了照顾到过失致人死亡罪与过失致人重伤罪同故意杀人罪与故意伤害罪之间分别存在着内在的相互联系，就把故意杀人罪与过失致人死亡罪排列在一起，而把故意伤害罪和过失致人重伤罪排列在它们之后。这样，既考虑到在一般情况下故意杀人罪与故意伤害罪的社会危害性程度的轻重不同，又考虑到它们同过失致人死亡罪与过失致人重伤罪之间内在的联系。再如，在设有“节”的第三章“破坏社会主义市场经济秩序罪”和第六章“妨害社会管理秩序罪”中，各节及节内各种具体犯罪的排列，一方面大体按危害程度的大小作了由重及轻的排列，另一方面也考虑了各节犯罪、各种犯罪之间的内在联系。

当然，刑法分则具体罪名的这种排列方法也是大致的，并不是绝对的。也就是说，并不是排在后面的一定比排在前面的轻，在具体判断犯罪轻重时，绝不可完全以排列的顺序为标准。

第二节　刑法分则规范的结构

一、刑法分则规范的要素

法学理论认为，每一个具体的法律规范，应当由假设、处理、制裁三个部分组成。一个完整的刑法分则规范也同样应当具备这些内容，在立法上具体表现为罪状和法定刑两个部分。罪状部分规定、描写具体犯罪的基本构成特征，是刑法分论研究、分析每一个具体犯罪的构成要件的基础，是司法机关认定某人的行为是不是构成某一具体犯罪的标准；法定刑部分规定具体犯罪的刑事责任程度的大小，是某一犯罪行为应当受到国家刑罚惩罚的量，是法院对犯罪人具体适用刑罚的依据。

由于一个完整的刑法规范必须具备罪状和法定刑两个要素，因而在这两个要素不完整的情况下，就不能形成一个完整的刑法规范。比如，一个条文仅仅规定了某一个具体犯罪的罪状，但是没有规定其法定刑，该条文就还不是一个完整的刑法分则规范，它只有和其他刑法分则规范相结合，有了自己的法定刑，才能组成一个完整的刑法分则规范。因此，在学习刑法分则时，应当注意条文之间错综复杂的关系：有的是刑法分则规范由两个以上的条文构成，有的是一个刑法分则条文中包含了两个以上的刑法分则规范。具体表现为以下两种情况。

（一）一个条文包含两个以上刑法分则规范

基于立法技术简洁的考虑，立法者在立法时，故意将两个以上的刑法分则规范用一个条文予以规定，在确定该条文的罪名时应当根据实际刑法分则规范的个数来判断。这种立法模式在我国刑法中表现为两种情况：一是一个条文的同一款同时规定了不同的刑法分则规范。例如，刑法第 398 条第 1 款规定：国家机关工作人员违反保守国家秘密法的规定，故意或者过失泄露国家秘密，情节严重的，处 3 年以下有期徒刑或者拘役；情节特别严重的，处 3 年以上 7 年以下有期徒刑。该款的规定就包含了两个刑法分则规范，即故意泄露国家秘密罪和过失泄露国家秘密罪。二是同一条文的不同款分别规定不同的刑法分则规范。例如，刑法第 399 条第 1 款规定了徇私枉法罪，其第 2 款规定了民事、行政枉法裁判罪，而第 3 款又规定了执行判决、裁定失职罪和执行判决、裁定滥用职权罪。

（二）两个以上的条文构成一个刑法分则规范

同样是出于立法技术的考虑，立法者往往将一个刑法分则规范使用两个以上的条文规定。仅仅从一个条文中，我们并不能够完整地理解一个刑法分则规范，需要将若干个条文集合在一起，才能完整地把握一个罪刑规范。在具体表现上，两个以上的条文可以是刑法典中的两个不同条文，也可以是两个不同法律文件中的两个条文结合为一个完整的刑法分则规范。例如，刑法第 382 条仅仅规定了贪污罪的构成要件，立法者将贪污罪的法定刑规定在刑法第 383 条，这样我们只有将刑法第 382 条和第 383 条结合在一起，才有可能清楚刑法规定的关于贪污罪的完整内容。

二、罪状

罪状是犯罪构成的基本内容，是定罪的基本法律依据。准确无误地查明某行为具备的法定罪状，才能正确地认定行为人的犯罪性质和确定罪名。根据刑法分则条文对犯罪构成要件描述形式的不同，可以把罪状分为以下几种：

（1）简单罪状，即在条文中只简单地规定罪名，而不具体叙述犯罪行为的构成特征。例如，刑法第 232 条规定：“故意杀人的，处……”第 233 条规定：“过失致人死亡的，处……”这两个条文中的“故意杀人”和“过失致人死亡”，就是简单罪状。

使用这种罪状，一般是因为立法者认为这些犯罪行为的特征为人所共知，无须在法律上再具体叙述。在解释该种刑法分则规范的构成要件时，必须根据人们日常生活中对某种概念的理解或者根据社会相当性观念来进行。当然，此种罪状的使用使法律条文简练，但因为缺乏对犯罪构成特征的具体描述，所以不利于对法律条文含义准确地理解和执行。

（2）叙明罪状，即在刑法分则条文中较为具体地叙述犯罪的构成特征。例如，刑法第121条规定："以暴力、胁迫或者其他方法劫持航空器的，处……"该条就是叙明罪状，描述了此种犯罪的客观特征和对象。又如，刑法第130条规定："非法携带枪支、弹药、管制刀具或者爆炸性、易燃性、放射性、毒害性、腐蚀性物品，进入公共场所或者公共交通工具，危及公共安全，情节严重的，处……"该条亦具体描述了犯罪的客观特征。再如，刑法第360条规定："明知自己患有梅毒、淋病等严重性病卖淫、嫖娼的，处……"第363条规定："以牟利为目的，制作、复制、出版、贩卖、传播淫秽物品的，处……"这两条均具体描述了犯罪的主观特征和客观表现。还有的刑法分则条文采用叙明罪状描述了犯罪的主体特征。例如，刑法第305条规定："在刑事诉讼中，证人、鉴定人、记录人、翻译人对与案件有重要关系的情节，故意作虚假证明、鉴定、记录、翻译，意图陷害他人或者隐匿罪证的，处……"叙明罪状易为人们理解和掌握，便于实践中正确定罪，因而我国刑法分则大多数条文采用叙明罪状。

（3）引证罪状，即引用同一法律中的其他条款来说明或确定某一犯罪构成的特征。例如，刑法第119条第1款规定的是故意破坏交通工具、交通设施、电力设备、燃气设备、易燃易爆设备造成严重后果的犯罪行为。第2款规定："过失犯前款罪的，处……"该款规定的是过失损坏交通工具罪、过失损坏交通设施罪、过失损坏电力设备罪、过失损坏易燃易爆设备罪，但对其构成特征要查看第1款的规定。刑法典分则条文使用引证罪状，是为了避免条款间文字上的重复。

（4）空白罪状，即在条文中指明要参照其他法律、法规中的规定来确定某一犯罪的构成特征。例如，刑法第133条规定："违反交通运输管理法规，因而发生重大事故，致人重伤、死亡或者使公私财产遭受重大损失的，处……"该条就是空白罪状，在这里，了解交通肇事罪的构成特征，就要参照交通运输管理法规。空白罪状都是用于同违反其他法律、法规有关而在刑法条文中又难以对其特征作出具体表述的犯罪。所谓违反的其他法律、法规，一般是经济、行政方面的法律、法规。但是应当注意，某些刑法条文虽然也标明了违反某种法律、法规的规定，但是在其后的内容中又明确写明了该罪的构成特征的，并不属于空白罪状，而应当属于叙明罪状。例如，刑法第340条规定："违反保护水产资源法规，在禁渔区、禁渔期或者使用禁用的工具、方法捕捞水产品，情节严重的，处……"就应当属于叙明罪状。

除我国刑法理论界将罪状分为上述四种之外，根据刑法分则对罪状描述得是否确定，我们还可以将其分为封闭型罪状和开放型罪状。所谓封闭型罪状，是指法律在描述罪状时穷尽了所有的构成要素，除此以外没有其他犯罪构成内容的罪状。例如，刑法第196条规定的信用卡诈骗罪的罪状，就穷尽了所有的诈骗行为。所谓开放型罪状，是指刑法分则条文虽然对罪状有规定，但是并没有穷尽所有的构成要素，而是用概括的语言将构成要素予以笼统的描述。具体又可以分为两种情况：其一，只笼统地规定了某种犯罪的大致客观特征，对罪状没有具体的描述，如刑法第 115 条规定的以危险方法危害公共安全罪的罪状就是如此；其二，只规定了部分构成要素，同时为了保证构成要素没有遗漏，又用概括性的文字予以弹性描述，如刑法第 225 条规定的非法经营罪，在列明部分非法经营行为之后，仍然以“其他严重扰乱市场秩序的非法经营行为”作为概括规定。当然，如果某一个犯罪的罪状描述不是对行为而是对行为的具体方法的描述采用了概括性规定，则并不属于开放型罪状，如洗钱罪关于洗钱方法的规定、信用证诈骗罪关于诈骗方法的规定等，均属于此类情形。

从理论上分析，封闭型罪状因为穷尽了犯罪构成的要素，能够使构成要件明确、具体，所以是符合罪刑法定原则的要求的。而开放型罪状虽然在政策上能够将犯罪的构成随着形势的发展予以扩大，避免刑法规定的内容挂一漏万，但是由于其构成要件具有不确定性，因而与罪刑法定原则的要求并不完全相吻合。

需要明确的是，刑法分则的罪状一般只是规定了每一个犯罪的核心构成要素，并不是将所有的构成要素均予以规定。这样，对具体犯罪构成要素就需要结合刑法总则的规定以及理论分析进行综合归集，将构成要件予以完备化。

对罪状的含义，要遵循刑法解释规则，对不同罪状的具体含义要结合具体情况进行准确的理解，不可望文生义。如刑法中的“珍贵野生动物”是指的特殊的物种，并不是其生存环境必须是在野生状态；拐卖妇女、儿童罪中的妇女、儿童也不要求必须是具有中国国籍的妇女、儿童；侵犯公民个人信息罪中的公民也不是指具有中国国籍的人员，而是包括所有的自然人；破坏交通设施罪的轨道、公路并不是指的二维的路面，应当理解为是一个三维的立体空间；刑法分则中的破坏、毁坏行为既包括物理的损坏，也包括功能的损坏等。有些罪状的含义中，特别是行政犯的，其概念可以引用行政法或者民商法的概念，但并不是所有的刑法概念均与行政法、民商法等相关法律中的概念完全相同，在理解刑法时不能直接引用。如刑法中的国家机关工作人员与宪法、行政法中的国家机关工作人员就相去甚远，不可通用；侵占罪中规定的遗忘物在《民法典》中也只能找到近似的遗失物。因此，在理解具体罪状时，切不可完全依赖其他部门法的规定，而要遵循刑法自己的语言体系和概念的独立性。比如刑法中的财物是包括民法上的物权、债权和财产性利益的对象物，这在刑法第 91 条、第 92 条中均有明确规定，该规定与民法上的物权规定有很大的不同，具有刑法的特殊含义。根据这一规定，设立债权、逃避债务在刑法中都在财物的范围之内，没有争论的必要。

对罪状的理解，不仅要符合我国的民族习惯和民族感情，也要随时代的发展而予以深化，更要紧密联系我国的立法和司法实践。比如涉及淫秽物品的犯罪中关于淫秽物品的认定、性犯罪中性关系的认定、涉枪管制物品的犯罪的认定等，均必须基于中国的民族习惯和管理制度；机器不能被诈骗的古老说辞，也不再符合现代化机器越来越智能化的形势，且与我国的立法实践相距太远；国家机关不可能感受到恐惧因此不能成为敲诈勒索罪的对象，也是基于普通的臆想而偏离中国的实际。

以罪状为核心的构成要件是界定具体犯罪本质核心的内容，同时也是区分相关犯罪的界限。不同犯罪之间的界限一般可以通过罪状予以区分，但是较为相近或者具有关联关系的犯罪之间的界限又往往存在模糊地带，其区分的标准并不十分明确。在此情况下，应当根据不同犯罪的核心特征对案件进行定罪分析，依行为人实施行为的主要特征认定犯罪的性质。如盗窃罪与诈骗罪、抢夺罪，杀人罪与故意伤害罪，强奸罪与负有照护职责人员性侵罪等，都会在具体认定时存在容易混淆的状态，应当对每一个犯罪的罪状作准确的理解才能作出较为合理的界定。

与此同时，还要对一些犯罪的典型形态和非典型形态予以关注，才能准确把握罪状内容。如抢劫罪有标准抢劫，也有非典型抢劫；抢夺罪可以是乘人不备，也可以是乘人有备；盗窃可以是秘密的，也存在公开的；诈骗犯罪可以是让他人陷于错误主动交付财物，也存在他人没有陷于错误而被动交付财物的情形；敲诈勒索罪使用令被害人产生恐惧的心理而交付财物，诈骗犯罪在诈骗过程中同样也会采取令被害人产生恐惧、紧张的心理来实现；如此等等，均涉及对罪状的准确认定和对行为性质的判断，应当在学习刑法分则过程中予以高度关注。

刑法分则的罪状具有较高的概括性，把握了其本质含义，就能适应不断变化的犯罪花样，即犯罪手段无论如何变化，往往是万变不离其宗的，一般均可以用具有概括性的罪状予以解释。所以，不能遇到新的犯罪手段就误以为是新的犯罪类型予以犯罪化立法或者认为不符合罪刑法定而不予刑事追究。

三、法定刑

法定刑，是指刑法分则规范对具体犯罪所规定的适用刑罚的规格和标准。法定刑包括对具体犯罪所适用的刑罚种类和刑罚幅度，简称为刑种和刑度。法定刑体现了国家对某种具体犯罪行为的评价、惩罚态度，反映出犯罪、刑事责任和刑罚的关系。法定刑是审判机关对犯罪人适用刑罚的法律依据，刑罚只能对犯罪人适用而且必须依法适用。对犯罪人判刑时，除法律有减轻处罚或者免除处罚的特殊规定外，必须在法定刑的范围内对其适用刑罚。

法定刑不同于宣告刑。法定刑是国家立法机关针对某种犯罪的危害性质和危害程度在法律上制定的量刑标准，它着眼于该种犯罪的共性，具有同样情节的犯罪行为，都应当同样适用。法定刑所体现的，是法律对犯罪行为惩罚的平均正义。宣告刑是法定刑的实际运用，是审判机关根据具体的犯罪事实、情节和犯罪人的个体状况，对具体犯罪人依法判处并宣告应当实际执行的刑罚。宣告刑着眼于具体犯罪案件及犯罪人的特殊性，它所体现的是法律区别对待不同情况的犯罪事实和犯罪人的刑罚个别化，是刑罚对犯罪行为和犯罪人惩罚程度的分配正义的表现。根据各国立法实践和刑法理论，法定刑可以分为以下几种：

（1）绝对确定的法定刑，即在条文中规定单一、固定而无量刑幅度的刑种，如对某种犯罪只规定“处死刑”“处无期徒刑”等。这种方式的缺陷是过于机械绝对，使法官无法根据具体案情选择轻重有别的刑罚，不利于刑罚个别化的实现。

（2）绝对不确定的法定刑，即在条文中不规定具体的刑种和刑度，只规定对某种犯罪要处以刑罚，具体如何处罚完全由法官掌握。其不足之处是没有统一的量刑标准，刑罚裁量权完全在法官手中，容易造成执法的不统一和不平衡，对统一和加强法治不利。

(3) 相对确定的法定刑，即在条文中明确规定一定的刑种和刑度。这种形式的法定刑克服了前两种形式的弊端，既有刑罚的限度，又在此限度内有一定的幅度，便于法官在维护法治统一的基础上，根据犯罪的具体危害程度和犯罪人的人身危险性，在法定刑范围内选择确定适当的刑种、刑度，有效地贯彻刑罚个别化原则。因此，这种法定刑形式已为现代世界各国刑法所普遍采用。

我国现行刑法分则规范也普遍地采用了相对确定的法定刑。其表现形式主要有以下5种：(1) 分则条文仅规定法定刑的最高限度，其最低限度取决于刑法总则对某种刑种下限的规定。例如，刑法第151条第2款规定，走私国家禁止出口的文物、黄金、白银和其他贵重金属或者国家禁止进出口的珍贵动物及其制品，"情节较轻的，处五年以下有期徒刑，并处罚金"。结合刑法第45条关于有期徒刑下限为6个月的规定，可知该种犯罪此种情节的法定刑的主刑上限为有期徒刑5年，下限为有期徒刑6个月。(2) 分则条文仅规定法定刑的最低限度，其最高限度取决于刑法总则的有关规定。例如，刑法第237条第2款规定，聚众或者在公共场所当众实施强制猥亵他人或者侮辱妇女犯罪行为的，处5年以上有期徒刑。结合刑法第45条关于有期徒刑上限为15年的规定，可知此档次的法定刑下限为5年有期徒刑，上限为15年有期徒刑。(3) 分则条文同时规定法定刑的最高限度与最低限度。例如，刑法第124条前半句规定："破坏广播电视设施、公用电信设施，危害公共安全的，处三年以上七年以下有期徒刑。"(4) 分则条文规定两种以上主刑或者同时规定附加刑，各主刑除死刑、无期徒刑以外也有明确的幅度。例如，刑法第309条规定，聚众哄闹、冲击法庭，殴打司法工作人员或者诉讼参与人……处3年以下有期徒刑、拘役、管制或者罚金。刑法第104条规定："组织、策划、实施武装叛乱或者武装暴乱的，对首要分子或者罪行重大的，处无期徒刑或者十年以上有期徒刑；对积极参加的，处三年以上十年以下有期徒刑；对其他参加的，处三年以下有期徒刑、拘役、管制或者剥夺政治权利。"此种形式也称为选择性法定刑，法官既可以在几个刑种之间选择，又可以在选定刑种后再在刑度之内选择适当的刑期。由于这种形式灵活性较大，因而刑法中采用的较多。(5) 分则条文规定援引性的法定刑，即法律条文规定，某些犯罪必须援引其他条款的法定刑处罚。例如，刑法第125条第1款规定了非法制造、买卖、运输、邮寄、储存枪支、弹药、爆炸物罪及其法定刑；该条第2款规定：非法制造、买卖、运输、储存毒害性、放射性、传染病病原体等物质，危害公共安全的，依照前款的规定处罚。

在我国刑法分则条文中，所有犯罪的法定刑均是采用了相对确定的法定刑模式。但是，在极个别犯罪的法定刑中，刑法对某些情节使用了绝对确定的法定刑模式。例如，刑法第121条规定，以暴力、胁迫或者其他方法劫持航空器，致人重伤、死亡或者使航空器遭受严重破坏的，处死刑。刑法第240条关于拐卖妇女、儿童罪的法定刑规定中，也有"情节特别严重的，处死刑，并处没收财产"的规定。根据这些规定，凡是符合法定情节的，法官就没有了自由裁量的余地，必须按照法律规定判处刑罚。

但是也需注意，我国刑法分则的一些犯罪由于法定刑幅度过大，因而导致法官量刑时的自由裁量权过大的弊端。从更科学的角度讲，法定刑的幅度应当尽量细化。因此，为了适当限制法官的自由裁量权，最高人民法院、最高人民检察院等公布了一系列规定，对量刑的具体化作出一定的规范。

四、罪状和法定刑的关系

如前所述，罪状是犯罪构成要素的核心内容，法定刑系根据犯罪的构成要素并依据罪责刑相适应的原则由立法机关设定的。因此，罪状体现刑法的罪刑法定原则，而法定刑则体现刑法的罪责刑相适应原则。在理想状态下，立法者在设定法定刑时，应当对所有的犯罪危害性进行评估，设置轻重不同的刑罚。但是，在事实上，由于各种因素的影响，刑法分则所规定的法定刑很难达到这种理想状态，因而不同犯罪之间的法定刑缺乏一定的可比性，有的还相差较大，不能完全贯彻罪刑相适应的原则。

罪状与法定刑存在两个方面的关系。一是罪状决定着法定刑。我国刑法中规定各种各样的犯罪，均有不同的刑罚配置。决定刑罚种类和轻重的，首先是罪状。不同的罪状，决定着不同的构成要件，不同的构成要件决定着不同行为的危害性，所以才会设定不同的刑罚。这样才导致我国刑法中不同犯罪之间的法定刑差距很大，有的犯罪最高刑为死刑，而有的犯罪最高刑只是拘役刑。这是罪刑关系的正向逻辑。二是法定刑对罪状具有反作用，即法定刑的轻重，能够反过来制约对罪状含义的解释。如果一个罪的法定刑较高，那么其罪状中所包含的行为危害性也自然会比较重，能够涵盖较为广泛的内容。如抢劫罪、强奸罪的法定刑均有死刑，其罪状中的暴力内容就可以包含故意杀人、故意伤害致人重伤或者死亡的内容；反之，危险驾驶罪的法定刑只是拘役刑，那其罪状中的危险驾驶行为就应当理解为危险度是相对较低的；妨害公务罪的法定刑最高为 3 年有期徒刑，那就应当理解为其妨害公务的暴力手段是相对比较轻微的，不包括致人重伤、死亡的情形。以刑限罪，是罪责刑相适应的要求，是罪刑关系的反向逻辑。

五、关于罪名问题

（一）罪名的确定

简单地讲，罪名即某一种具体犯罪的名称，它是对某一种具体犯罪本质特征或主要特征的高度概括。严格来讲，罪名并不是刑法分则规范结构的内容，但是，刑法分则如果仅仅规定罪状，在司法实践中仍然不能够正确地运用。因此，只有进一步确定和使用罪名，才能够准确区分罪与非罪、此罪与彼罪的界限，正确定罪量刑。现代各国刑法确定罪名的方式主要有两类：（1）明示式，即在分则条文中明确规定罪名。其中又可分为两种情形：一为标题明示式，即分则条文以标题载明罪名；二为定义明示式，即在条文中以定义形式载明罪名。明示式便于司法实践中统一和准确地使用罪名。采用此种方式，关键在于立法上规定的罪名要正确、妥当。（2）包含式，即在分则条文中不载明罪名，只规定罪状，将罪名包含在罪状之中。在采用此种方式的情况下，确定罪名时往往需要分析、概括罪状的规定，因而难免对罪名产生不一致的理解和概括。

我国现行刑法分则条文采用的是包含式和定义明示式的罪名确定方式，前者占绝大多数，后者为少数。包含式对简单罪状的条文而言，其罪名一般较为明显。例如，刑法第 232 条规定："故意杀人的，处……"其罪名即为"故意杀人罪"。但对许多叙明罪状的条文而言，就需要通过科学抽象和概括来确定其罪名。例如，刑法第 180 条规定："证券、期货交易内幕信息的知情人员或者非法获取证券、期货交易内幕信息的人员，在涉及证券的发行，证券、期货交易或者其他对证券、期货交易价格有重大影响的信息尚未公开前，买入或者卖出该证券，或者从事与该内幕信息有关的期货交易，或者泄露该信息，或者明示、暗示他人从事上述交易活动，情节严重的，处……"类似这样的罪状所包含的罪名，需要从理论与实践相结合的角度予以科学概括。

定义明示式的罪名确定方式，在修订前的刑法中并未出现，修订后的刑法在若干分则条文中加以使用。例如，刑法第 382 条第 1 款规定："国家工作人员利用职务上的便利，侵吞、窃取、骗取或者以其他手段非法占有公共财物的，是贪污罪。"

除立法上确定罪名外，刑法理论和司法实践中都可以对罪名进行概括。为了保证司法的统一性，最高人民法院、最高人民检察院先后对修订后的刑法所规定的所有罪名进行了解释，二者都属于有权解释，在司法实践中应当予以遵守。本书是依据最高人民法院、最高人民检察院作出的关于罪名的解释进行论述的。

最高人民法院、最高人民检察院关于罪名的解释绝大多数是科学的，能够准确反映该罪的特征。但是，在学习研究中，切不可仅仅依照罪名来妄推其构成要件。例如，刑法第 360 条规定的犯罪罪名为传播性病罪，就不能仅仅根据此罪名认为该罪的构成要件是行为人患有性病又故意传播给其他人的行为。事实上，该罪的罪状是明知自己患有严重性病而又实施卖淫、嫖娼的行为。再如，刑法第 395 条规定的犯罪被定义为巨额财产来源不明罪，也不能认为只有国家工作人员的财产说不清来源的才能构成该罪。根据该罪的罪状描述，国家工作人员财产或者支出明显超过合法收入，差额巨大，本人不能说明其来源的，就构成本罪。

（二）罪名的分类

根据我国刑法理论和刑法解释，我国刑法分则规范的罪名有单一罪名和选择性罪名之分。

所谓单一罪名，是指一个刑法分则规范中的内容能够使用一个词语予以概括的情形。例如，刑法第 116 条规定的破坏交通工具罪，概括了破坏火车、汽车、电车、船只、航空器的行为，行为人无论破坏其中哪一种对象，均统一以破坏交通工具罪定罪。

所谓选择性罪名，是指刑法分则规范规定的犯罪行为或者犯罪对象不能够使用一个罪名简单地予以概括，虽然在外观上看是一个罪名，事实上，这个罪名是可以根据行为的具体情况进行分割的，即在具体定罪时，应当根据不同的事实行为具体使用不同的罪名。例如，刑法第 125 条规定的非法制造、买卖、运输、邮寄、储存枪支、弹药、爆炸物罪，在具体适用时，就应当根据行为人的具体行为确定罪名。如果行为人仅仅实施了非法制造枪支的行为，具体定罪时应当使用非法制造枪支罪；如果行为人实施了非法制造枪支、买卖枪支的行为，具体定罪时应当使用非法制造、买卖枪支罪。也就是说，行为人实施了什么样的行为，就使用什么行为特征确定罪名，行为人的行为指向什么样的对象，就使用“行为＋对象”的方式确定罪名。

我国刑法中规定的选择性罪名，一般包括三种情况：一是行为是选择的，对象是单一的，如刑法第 363 条规定的制作、复制、出版、贩卖、传播淫秽物品牟利罪；二是行为是单一的，对象是选择的，如刑法第 369 条规定的破坏武器装备、军事设施、军事通信罪；三是行为和对象均是选择的，如刑法第 280 条规定的伪造、变造、买卖国家机关公文、证件、印章罪。当然，由于刑法规定的具体犯罪行为特征不同，有一些犯罪是由复合行为构成的，在立法上不是使用“行为＋对象”的模式，而是使用“行为＋行为”的模式。例如，刑法第 297 条规定的非法携带武器、管制刀具、爆炸物参加集会、游行、示威罪，刑法第 353 条规定的引诱、教唆、欺骗他人吸毒罪，刑法第 359 条规定的引诱、容留、介绍卖淫罪等，均是如此。选择性罪名使我国刑法中规定的具体罪名具有一定的隐蔽性，其真正的罪名数量是以排列组合的方式确定的。如果将选择性罪名均予以展开，我国刑法中的罪名数量将会大大增加，其中包括很多具有死刑法定刑的罪名。

需要特别研究的是，选择性罪名之间能否进行并罚的问题，即行为人实施了刑法分则条文规定的可以选择定罪的不同行为或者实施了同一性质的行为但是是针对不同对象的，究竟是定一罪还是数罪并罚？例如，行为人非法制造了枪支，又制造了爆炸物，对其行为是定非法制造枪支、爆炸物罪一罪，还是定非法制造枪支罪和非法制造爆炸物罪两罪呢？有学者认为，如果行为人同时实施了两个以上的行为，或者其行为指向了两个以上不同的对象，罪名也应当根据其行为和对象进行选择确定。在适用选择性罪名定罪时，如果行为人实施了该罪名能够包含的若干个行为或者行为指向若干个对象的，仍然定一罪，不进行数罪并罚。我们认为，对于此类行为应当具体分析，根据行为人的行为是否具有可分性而分别处理：如果行为人实施两个以上的行为是针对性质不同的对象的，应当分别定罪，进行并罚。如行为人实施了非法制造枪支和爆炸物的行为，就应当分别定为非法制造枪支罪和非法制造爆炸物罪进行并罚，而不能只定一个非法制造枪支、爆炸物罪。如果行为人非法制造枪支然后又将其出卖的，应当以非法制造、买卖枪支罪一罪定罪处罚；如果行为人非法制造的枪支与其非法买卖的枪支不是同一宗的，仍应当分别定为非法制造枪支罪和非法买卖枪支罪，进行并罚。

必要案例分析

1. 王某在澳门赌场进行中介融资经营。乔某某（上海人）经常到澳门赌博，输钱后均由王某予以垫资，共计 1.2 亿元。王某多次索要，乔某某一直没有归还。王某便到上海找到乔某某，声称如果乔某某再不还钱，将向法院起诉，迫使乔某某将两处房产过户给王某。

分析：王某的行为属于正常的民事行为，不能认定为犯罪。其一，王某为乔某某垫付赌资，系双方自愿形成的债权债务关系，王某没有实施强迫或者要挟乔某某的行为。该垫资行为符合澳门当地的法律规定，也不违反内地的法律。其二，王某到上海索取正当债务，以向法院起诉为由，并不属于实施敲诈行为，而是正常的追讨债务行为，迫使乔某某将房产过户的行为，也属于行使其正当的债权权利。

2. 张某某、刘某某系农村进城务工人员，在下午下班后，因天热在一过街天桥上喝啤酒。刘某某提出用绳子将啤酒瓶拴住吊到桥下，看看开车的人能不能躲过去。二人各系一瓶啤酒吊到桥下。邓甲开车路过桥下，看到前面有啤酒瓶，并道躲过。紧跟着的余某某没有看见啤酒瓶，直接将啤酒瓶撞碎。因啤酒瓶碎后激起大量泡沫，余某某不知所措，开车撞向桥墩，后方三辆汽车连环相撞，导致车辆损坏，致行人邓乙重伤，经抢救不治身亡。

分析：张某某、刘某某的行为构成破坏交通设施罪。其一，二人的行为发生在城市道路上，具有严重的危害公共安全性质；其二，二人将啤酒瓶吊到桥下，实际上是对道路交通功能的破坏，该破坏行为足以并确实导致了汽车的毁坏。

3. 甲为一民营公司的会计，某日骑车去银行取款 10 万元。甲为了清偿赌债，拟将该款私吞，遂将该款放回家中。在回公司的路上，故意撞击停在路边的汽车，自己摔倒在地，衣服撕破、手脸出血，便以遭到抢劫为由报案。事后警察通过技术手段查明真相。

分析：甲的行为构成职务侵占罪。其一，甲作为公司的会计，具有管理、经手本公司财物的职权；其二，甲利用为公司取款的职务便利，故意制造假象，侵吞本公司的财物。

第二章
危害国家安全罪

第一节 危害国家安全罪概述

一、危害国家安全罪的概念

危害国家安全罪，参照我国刑法第 13 条关于犯罪定义的表述，是指危害中华人民共和国的国家主权、领土完整与安全，分裂国家、颠覆人民民主专政的政权和推翻社会主义制度的行为。现行刑法分则第一章“危害国家安全罪”，是由 1979 年刑法中的“反革命罪”的类罪名演变而来的。将“反革命罪”改为“危害国家安全罪”，祛除了旧刑法中意识形态化的表述方式，也使这一类罪的同类客体更为明确、具体、客观。只是，正如有论者指出的那样：“现行刑法虽然取消了反革命罪名，但并非将旧刑法规定的具体反革命罪实行‘非犯罪化’，也不是将旧刑法分则第一章的规定全部删除，而是以危害国家安全罪的类罪名取替了反革命罪的类罪名，并对一些具体犯罪的归类进行了调整。”① 危害国家安全罪这一大类罪所侵犯的同类客体是国家安全，即中华人民共和国的主权、领土完整与安全，人民民主专政政权和社会主义制度。

二、危害国家安全罪的类型

按照犯罪所侵犯的同类客体（同类法益），可以将犯罪作若干分类，这种分类既可以体现为现行刑法分则共十章的类罪，还可以概括地分为针对国家的犯罪、针对社会的犯

① 张明楷：《刑法学》，4 版，593 页，北京，法律出版社，2011。

罪与针对个人的犯罪。如此，危害国家安全罪并不等同于针对国家的犯罪。针对国家的犯罪又可以具体分为针对国家存立的犯罪和针对国家作用的犯罪，而危害国家安全罪（以及刑法分则第七章“危害国防利益罪”和第十章“军人违反职责罪”），属于针对国家存立的犯罪。刑法第102条至第112条对于危害国家安全罪的具体犯罪作了规定，共确定了12个危害国家安全的具体犯罪，对这些犯罪作整体考察，可以将其分为三大类：危害国家、颠覆政权的犯罪（这一类危害国家安全的犯罪最多，有7个罪名），叛变、叛逃的犯罪（2个罪名）和间谍、资敌的犯罪（3个罪名）。

第二节 危害国家、颠覆政权的犯罪

一、背叛国家罪

背叛国家罪，是指勾结外国或与境外机构、组织、个人相勾结，危害中华人民共和国的主权、领土完整和安全的行为。

本罪的客观方面，表现为勾结外国或与境外机构、组织、个人相勾结，危害中华人民共和国的主权、领土完整和安全的行为。勾结外国，即与外国政府相勾结，而勾结之所以容易得逞，是因为该外国政府对我国怀有侵略、控制、颠覆等不良用心。与外国政府在我国境内设立的分支机构相勾结，也属于勾结外国。而与外国的政党、政治集团、社会势力、个人等相勾结，则属于“与境外机构、组织、个人相勾结”。“境外机构、组织”包括境外机构、组织在中华人民共和国境内设立的分支机构和分支组织；“境外个人”包括居住在我国境内不具有我国国籍的人。危害中华人民共和国的主权、领土完整和安全的行为，或者是与外国或境外机构、组织、人员共同策划、共同进行，或者是接受外国或境外机构、组织、人员资助或者指使而独自进行，都要求“危害中华人民共和国的主权、领土完整和安全”。本罪并非阴谋犯，只有危害我国主权、领土完整和安全的意图外在表现为具体的行为，并且该行为确实具有“危害我国主权、领土完整和安全”的危险的时候，才成立本罪。

本罪的主体为一般主体，即已满16周岁、具有刑事责任能力的中国公民，并且通常为窃据国家党、政、军机关要职，掌握重要权力、具有相当地位的人。主观方面为故意，即明知自己的行为会发生危害国家主权、领土完整与安全的结果，并且希望或者放任这种结果发生。本罪的客体是中华人民共和国的国家安全，并且是国家安全中的国家主权、领土完整与安全。

根据刑法第102条规定，犯背叛国家罪的，处无期徒刑或者10年以上有期徒刑。此外，犯背叛国家罪，对国家和人民危害特别严重、情节特别恶劣的，可以判处死刑；犯本罪的，可以并处没收财产（刑法第113条）。犯本罪的，应当附加剥夺政治权利（刑法第56条）。

二、分裂国家罪

分裂国家罪，是指组织、策划、实施分裂国家、破坏国家统一的行为。

本罪的客观方面表现为，组织、策划、实施分裂国家、破坏国家统一的行为。分裂国家、破坏国家统一的行为，一般表现为挑拨民族关系、制造民族矛盾，破坏各民族的团结与国家统一；实行少数民族地方割据，建立反对中央人民政府的统治机构；采取多种措施抗拒中央人民政府对少数民族的统一领导等。[①]

本罪的主体为一般主体，并且与背叛国家罪不同，外国公民和无国籍人也可以成为本罪的主体。本罪的主观方面为故意，即明知自己的行为会发生分裂国家、破坏国家统一的结果，并且希望或者放任这种结果发生。本罪所侵犯的客体是中华人民共和国的国家安全，并且是国家的统一。

根据刑法第 103 条第 1 款规定，犯分裂国家罪的，对首要分子或者罪行重大的，处无期徒刑或者 10 年以上有期徒刑；对积极参加的，处 3 年以上 10 年以下有期徒刑；对其他参加的，处 3 年以下有期徒刑、拘役、管制或者剥夺政治权利。此外，犯本罪对国家和人民危害特别严重、情节特别恶劣的，可以判处死刑（刑法第 113 条）。但是，正如有论者所指出的那样，这一规定应该只适用于首要分子与罪行重大者[②]，而不应该包括积极参加者或者其他参加者。此外，犯本罪的，可以并处没收财产（刑法第 113 条），应当附加剥夺政治权利（刑法第 56 条）。根据刑法第 106 条的规定，与境外机构、组织、个人相勾结犯本罪的，从重处罚。

三、煽动分裂国家罪

煽动分裂国家罪，是指煽动分裂国家、破坏国家统一的行为。

本罪客观方面中的“煽动”，是指为了实现分裂国家、破坏国家统一的目的，而对不特定人或者多数人实施的，旨在使其产生分裂国家的犯罪决意，或者刺激、助长其已产生的分裂国家的犯罪决意的行为。[③] 煽动行为包括口头、书面与其他方式。此外，按照相关司法解释的规定，明知出版物中载有煽动分裂国家、破坏国家统一的内容，而予以出版、印刷、复制、发行、传播的，以本罪定罪处罚（最高人民法院 1998 年 12 月 17 日《关于审理非法出版物刑事案件具体应用法律若干问题的解释》第 1 条）；组织、利用邪教组织破坏法律、行政法规实施过程中，又煽动分裂国家的，同时构成本罪（2017 年 1 月 4 日最高人民法院、最高人民检察院《关于办理组织、利用邪教组织破坏法律实施等刑事案件适用法律若干问题的解释》第 10 条）；利用突发传染病疫情等灾害，制造、传播谣言，煽动分裂国家、破坏国家统一的，以本罪定罪处罚（最高人民法院、最高人民

① 参见周光权：《刑法各论》，2 版，465 页，北京，中国人民大学出版社，2011；张明楷：《刑法学》，4 版，594 页，北京，法律出版社，2011。

② 参见张明楷：《刑法学》，4 版，595 页，北京，法律出版社，2011。

③ 参见张明楷：《刑法学》，4 版，596 页，北京，法律出版社，2011。

检察院 2003 年 5 月 13 日通过的《关于办理妨害预防、控制突发传染病疫情等灾害的刑事案件具体应用法律若干问题的解释》第 10 条第 2 款）。

这里，特别强调的是煽动行为要具有公开性，即必须是针对不特定或者多数人实施；但不以公然实施为必要；只要行为人实施了煽动行为，即使被煽动人并未实际实施分裂国家、破坏国家统一的行为，也不影响本罪的成立。“不是公开煽动，而只是鼓动、怂恿特定个人或少数人实施分裂国家行为的，不构成煽动分裂国家罪，而是分裂国家罪的教唆犯。”[①] 由此可见，煽动分裂国家罪并非一般性地将分裂国家罪的教唆犯独立成罪，而是仅将其中具有公开性的教唆行为单独通过另外的罪名予以明确的规定。

本罪的主体为一般主体，凡达到 16 周岁、具备刑事责任能力的自然人都能构成本罪。本罪的主观方面表现为故意，即明知自己的煽动行为会导致他人实施分裂国家、破坏国家统一的行为，发生分裂国家、破坏国家统一的结果，并且希望或者放任这种结果的发生。本罪所侵犯的客体是中华人民共和国的国家安全，并且是国家的统一。

根据刑法第 103 条第 2 款和第 56 条的规定，犯煽动分裂国家罪的，处 5 年以下有期徒刑、拘役、管制或者剥夺政治权利；首要分子或者罪行重大的，处 5 年以上有期徒刑。犯本罪的，可以并处没收财产（刑法第 113 条），应当附加剥夺政治权利（刑法第 56 条）。另外，根据刑法第 106 条的规定，与境外机构、组织、个人相勾结犯本罪的，从重处罚。

四、武装叛乱、暴乱罪

（一）概念与构成

武装叛乱、暴乱罪，是指组织、策划、实施武装叛乱、武装暴乱的行为。

本罪的客观方面表现为组织、策划、实施武装叛乱、武装暴乱。武装，是指使用一切足以造成人身伤亡的各种军用的或者非军用的枪支弹药、爆炸物以及刀、剑等器械。叛乱，是指为背叛国家、投奔敌人而勾结国外、境外势力袭击国家机关或者公众，引起混乱的行为。暴乱，是指纠合多人，用暴力方式实施的破坏社会秩序并最终危害国家安全的行为。武装叛乱与武装暴乱，都是以武装方式实施的危害国家安全的破坏行为，区别在于叛乱具有叛变或投奔境外的性质，而暴乱则完全是在境内实施的烧杀抢夺等破坏行为。刑法第 104 条第 1 款描述了组织、策划、实施等 3 种武装叛乱和武装暴乱的行为类型。其中的“组织、策划”，是指负责武装叛乱、武装暴乱的筹划、发起，并且领导、指挥他人进行武装叛乱、武装暴乱的行为，而“实施”则是指直接实施武装叛乱或者武装暴乱。

本罪的犯罪主体是一般主体，并且是多人，具体可以按照在犯罪中所起的作用区分为首要分子、罪行重大者、积极参加者和一般参加者。主观方面为故意，即明知武装叛乱或武装暴乱行为会发生危害国家安全的结果，并且希望或者放任这种结果发生。对于一般参加者来说，特别要求认识到自己的行为具有危害国家安全的性质，完全不能认识

---

① 周光权：《刑法各论》，2 版，466 页，北京，中国人民大学出版社，2011。

自己行为性质的，不构成本罪。本罪侵犯的客体是国家安全。

（二）司法认定与刑事处罚

1. 司法认定

在武装叛乱、武装暴乱的犯罪行为实施过程中，往往同时伴有侵害公民人身权利、财产权利的犯罪发生，比如杀人、伤害、爆炸、放火、抢劫、聚众斗殴等，这种情况之下，是仅构成本罪，还是应以本罪与同时发生的相关犯罪并罚，需要根据不同情况区别处理：其一，如果这些行为是为顺利完成武装叛乱、武装暴乱所需要的，比如是在武装叛乱、武装暴乱的过程中为对抗政府当局的镇压、追剿而实施的杀人、伤害、放火、爆炸、抢劫等，后续行为可视为武装叛乱、暴乱行为中的当然行为或具体表现，以武装叛乱、暴乱对国家和人民危害特别严重、情节特别恶劣的情形加以处理，杀人、放火等行为被吸收，不再单独定罪；其二，如果相应的侵犯公民人身权利、民主权利等行为完全与武装叛乱、暴乱的目的无关，与危害国家安全的政治目的没有关联性（比如是在实施武装叛乱、暴乱的过程中针对普通居民实施的），则相应的行为不能为武装叛乱、暴乱罪所吸收而需要单独评价，此时，则应按照数罪并罚来处理。[①]

2. 刑事处罚

根据刑法第 104 条的规定，犯本罪的，对首要分子或者罪行重大的，处无期徒刑或者 10 年以上有期徒刑；对积极参加的，处 3 年以上 10 年以下有期徒刑；对其他参加的，处 3 年以下有期徒刑、拘役、管制或者剥夺政治权利。策动、胁迫、勾引、收买国家机关工作人员、武装部队人员、人民警察、民兵进行武装叛乱或者武装暴乱的，从重处罚。[②] 此外，犯本罪对国家和人民危害特别严重、情节特别恶劣的，可以判处死刑（刑法第 113 条）。[③] 犯本罪的，可以并处没收财产（刑法第 113 条），应当附加剥夺政治权利（刑法第 56 条）。此外，与境外机构、组织、个人相勾结犯本罪的，从重处罚（刑法第 106 条）。

五、颠覆国家政权罪

（一）概念与构成

颠覆国家政权罪，是指组织、策划、实施颠覆国家政权、推翻社会主义制度的行为。颠覆国家政权、推翻社会主义制度，是指通过不法手段改变国家基本统治结构，使合法政权被篡改，使社会主义制度覆灭。颠覆、推翻国家政权的方式多种多样，行为是公开还是秘密进行，是通过暴力手段还是非暴力的手段（比如和平演变），都在所不问。

本罪的主体是一般主体，其中的首要分子或者罪行重大者常常是具有相当社会地位

---

① 对这一问题的分析，请参见周光权：《刑法各论》，2 版，466～467 页，北京，中国人民大学出版社，2011。

② 这里，策动，不同于单纯的策划，而是指鼓动、煽动他人进行武装叛乱或武装暴乱；胁迫，是指以使人产生恐惧心理的方法，迫使他人进行武装叛乱或武装暴乱；勾引，是指利用名利、地位、色情等引诱他人进行武装叛乱或武装暴乱；收买，是指利用金钱、物资等收买他人进行武装叛乱或武装暴乱。

③ 同分裂国家罪的场合一样，这一规定应该只适用于首要分子与罪行重大者。

和政治影响的人，不具有这种身份的，通常是本罪的积极参加者。本罪的主观方面是故意，即明知自己的行为可能会发生颠覆国家政权、推翻社会主义制度的后果，并且希望或者放任这种结果发生。本罪所侵犯的客体是中华人民共和国的国家安全，并且是国家政权的安全性、平稳性和社会主义制度的安全存在。

（二）司法认定与刑事处罚

1. 司法认定

本罪在一定意义上属于典型的政治犯。尽管颠覆国家政权行为一旦实施就具有危害国家安全的性质，但也不意味着本罪就是所谓的“举动犯”，一经着手实施就属既遂。颠覆行为着手实施但迅速被镇压的，只能成立本罪的未遂。但是，即便任何国家的刑法都只会对最终失败的颠覆政权的行为加以惩处，也不意味着本罪不存在既遂。如果着手实施颠覆国家政权的行为，造成某一地域的政权平稳性受到破坏的，就属于本罪的既遂。

2. 刑事处罚

根据刑法第105条第1款，犯颠覆国家政权罪的，对首要分子或罪行重大的，处无期徒刑或者10年以上有期徒刑；对积极参加的，处3年以上10年以下有期徒刑；对其他参加的，处3年以下有期徒刑、拘役、管制或者剥夺政治权利。此外，与境外机构、组织、个人相勾结犯本罪的，从重处罚（刑法第106条）。犯本罪的，可以并处没收财产（刑法第113条），应当附加剥夺政治权利（刑法第56条）。同时，“危害国家安全罪”一章中背叛国家罪、分裂国家罪、武装叛乱、暴乱罪等在“对国家和人民危害特别严重、情节特别恶劣的”情况下可判处死刑，而对于颠覆国家政权罪这一在危害程度上较之背叛国家罪等更为严重的犯罪却未规定死刑，就是因为本罪不可能存在（或者说不可能处罚）通常意义上的致使国家政权彻底颠覆的既遂形态。

六、煽动颠覆国家政权罪

（一）概念与构成

煽动颠覆国家政权罪，是指以造谣、诽谤或者其他方式煽动颠覆国家政权、推翻社会主义制度的行为。

本罪的客观方面表现为煽动颠覆国家政权的行为。煽动，就是鼓动、怂恿，刑法将煽动颠覆国家政权的具体行为方式规定为造谣、诽谤或者其他方式。造谣，是指无中生有、制造政治谣言欺骗公众，攻击我国的国家政权和社会主义制度。诽谤，是指捏造、污蔑国家政权与社会主义制度的事实并加以扩散。其他方式，是指除造谣、诽谤以外的方式，比如发表颠覆国家政权的演讲，张贴、散发标语、传单、大字报、小字报等。此外，根据司法解释的规定，明知出版物中载有煽动颠覆国家政权、推翻社会主义制度的内容，而予以出版、印刷、复制、发行、传播的，以本罪论处（最高人民法院1998年12月17日《关于审理非法出版物刑事案件具体应用法律若干问题的解释》第1条）。利用突发传染病疫情等灾害，制造、传播谣言，煽动颠覆国家政权、推翻社会主义制度的，以本罪定罪处罚（最高人民法院、最高人民检察院 2003 年 5 月 13 日通过的《关于办理妨害预防、控制突发传染病疫情等灾害的刑事案件具体应用法律若干问题的解释》第 10 条第 2 款）。组织、利用邪教组织，破坏法律、行政法规实施过程中，又煽动颠覆国家政权的，同时构成本罪（2017 年 1 月 4 日最高人民法院、最高人民检察院《关于办理组织、利用邪教组织破坏法律实施等刑事案件适用法律若干问题的解释》第 10 条）。

本罪的主体为一般主体，主观方面为故意，所侵害的客体是国家政权和社会主义制度的安全。

（二）司法认定与刑事处罚

1. 司法认定

本罪在认定过程中同样存在着与颠覆国家政权罪之教唆行为的区分问题，其关键在于对本罪中“煽动”一词的理解。应该认为，这里的“煽动”应具有公开性，其面对的对象是不特定或者多数人，如果怂恿、鼓动等仅是针对特定的个人或者少数人实施的，应该认定为颠覆国家政权罪的教唆。

2. 刑事处罚

根据刑法第 105 条、第 106 条、第 113 条和第 56 条的规定，犯煽动颠覆国家政权罪的，处 5 年以下有期徒刑、拘役、管制或者剥夺政治权利；首要分子或者罪行重大的，处 5 年以上有期徒刑；与境外机构、组织、个人相勾结犯本罪的，从重处罚。犯本罪的，可以并处没收财产；应当附加剥夺政治权利。

七、资助危害国家安全犯罪活动罪

资助危害国家安全犯罪活动罪，是指资助实施背叛国家罪、分裂国家罪、煽动分裂国家罪、武装叛乱、暴乱罪、颠覆国家政权罪、煽动颠覆国家政权罪的行为。

本罪的客观方面表现为资助实施相应犯罪活动的行为。资助，具体是指向有危害国家安全行为的境内外机构、组织、个人提供经费、场所和物资等。资助的对象包括境内外的机构、组织或者个人。在 1997 年刑法中，本罪的资助对象原本规定为“境内组织或者个人”，但是对于境外的机构、组织或者个人的资助行为，具有和资助境内的组织和个人实施相应犯罪行为同样的法益侵害性，因此，为了严密刑事法网，《刑法修正案（八）》（2011 年 5 月 1 日起施行）删除了对本罪行为对象列举式规定，事实上使得资助的对象涵盖了境内外的机构、组织或者个人。法律没有对资助的方式和时间等作出限定，因此，在境内外机构、组织或个人实施上述特定犯罪之前、之中、之后进行资助的，都成立本罪。① 实际上，为境内外的机构、组织或者个人实施刑法第 102 条至第 105 条规定的上述犯罪提供经费、场所、物资等资助行为的，原本属于相应各犯罪的（有形）帮助行为，立法者认为这样的帮助行为有必要以单独的犯罪来加以威慑，以警戒、预防对于相关犯

① 参见张明楷：《刑法学》，4 版，597 页，北京，法律出版社，2011。

罪的资助行为从而达到预防相关犯罪的目的，所以对这样的帮助犯采用特别的罪名和法条予以规制。如果相应的行为超出了资助的范围，属于与境内外机构、组织或者个人，共同故意组织、策划、实施刑法第102条至第105条规定的上述犯罪的，应以上述犯罪的共犯论处。同样，明知他人从事投敌叛变罪、叛逃罪、间谍罪等刑法第102～105条之外的危害国家安全的犯罪活动而给予资助的，不成立本罪，而可能成立相应危害国家安全犯罪的帮助犯。

本罪的犯罪主体是境内外机构、组织、个人，并且处罚的是其中的直接责任人员。境内外机构、组织，是指我国国境之内或者国境、边境以外的国家、地区的官方机构、组织等。境内外个人，具体包括中国公民、外国人以及无国籍人。本罪的主观方面为故意，要求行为人认识到境内外机构、组织或者个人将要、正在或者业已实施了刑法第102～105条所规定的危害国家安全的犯罪行为，否则不能以本罪论处。本罪所侵犯的客体是国家安全，并且从本罪的性质（资助）上看，可以理解为对客体的间接侵犯。

根据刑法第107条的规定，犯资助危害国家安全犯罪活动罪的，对直接责任人员，处5年以下有期徒刑、拘役、管制或者剥夺政治权利；情节严重的，处5年以上有期徒刑。此外，犯本罪的，可以并处没收财产（刑法第113条），应当附加剥夺政治权利（第56条）。

第三节　叛变、叛逃的犯罪

一、投敌叛变罪

（一）概念与构成

投敌叛变罪，是指中国公民背叛祖国、投靠敌方，出卖国家和人民利益，实施危害国家安全活动的行为。

本罪的客观方面表现为投敌叛变，即背叛祖国，投靠敌方，实施危害国家安全的犯罪行为。投敌叛变行为是“投敌”行为与“叛变”行为的统一。其中的“投敌”，就是投靠敌方，主要有两种情况：一是投奔，即由我方逃到敌方，投奔敌人营垒，脱离我方的指挥、管辖；二是投降，即在被敌人捕俘后屈膝投降，宣布脱离我方。在这两种情况之中，投奔通常是主动投降敌方营垒，而投降则是在被捕、被俘后被动投降。“叛变”，是指背叛祖国、背叛人民。在以上投奔敌方或者向敌方投降的场合，只有进而为敌人效劳、服务，进行危害国家安全的活动的，才能被认定为是“叛变”。“军人在战场上自动放下武器投降敌人的，构成投降罪。对非军人而言，只有投降敌人行为，没有危害国家安全行为，行为人的行为不构成投敌叛变罪。”①

---

① 王作富主编：《刑法分则实务研究》（上），5版，10页，北京，中国方正出版社，2013。

本罪的犯罪主体是已经达到16周岁、具有刑事责任能力的中国公民。外国公民或者无国籍人不能单独成为投敌叛变罪的主体，但可能构成本罪的教唆犯或者帮助犯。本罪的主观方面为故意，即明知是投敌叛变的行为而有意实施，且犯罪者必须具有危害国家安全的故意。不具有这种故意投奔敌人占领区域而偷越国（边）境，没有实施危害国家安全行为的，不能认定为投敌叛变罪而可能构成其他犯罪。战时误入敌占区，但主观上并无投敌故意，以及虽被敌方俘虏，但并未实施危害国家安全行为的，也不成立本罪。本罪所侵犯的客体是国家安全。

（二）司法认定与刑事处罚

1. 司法认定

行为人投敌叛变后进行其他危害国家安全活动的，比如投敌叛变后又向敌人提供情报或者参加间谍组织，实施危害国家安全行为的，属于投敌后"叛变"的具体表现形式（投敌叛变罪本身就包括了其他危害国家安全活动），因此，上述情况只成立本罪，没有必要数罪并罚。

2. 刑事处罚

根据刑法第108条之规定，犯投敌叛变罪的，处3年以上10年以下有期徒刑；情节严重或者带领武装部队人员、人民警察、民兵投敌叛变的，处10年以上有期徒刑或者无期徒刑。"这里的情节严重，是指携带武器或者国家秘密投敌叛变的，带领他人与其一同叛变的，叛变后为敌人效力的，高级官员或者负有重要职责的人员叛变等。"① 此外，犯本罪而对国家和人民危害特别严重、情节特别恶劣的，可以判处死刑（刑法第113条）。犯本罪的，可以并处没收财产（刑法第113条），应当附加剥夺政治权利（刑法第56条）。

二、叛逃罪

叛逃罪，是指国家机关工作人员在履行公务期间，擅离岗位，叛逃境外或者在境外叛逃，或者掌握国家秘密的国家工作人员叛逃境外或者在境外叛逃的行为。

本罪客观方面因主体身份而异：具有国家机关工作人员身份的行为人，须在履行公务期间，擅离岗位，叛逃境外或者在境外叛逃；对于掌握国家秘密的国家工作人员而言，法条并没有要求"在履行公务期间"，是否是该类行为人叛逃境外或者在境外叛逃就符合客观要件。对本罪的客观方面的理解要注意以下问题：（1）"履行公务期间"。履行公务期间，是指按照法律规定或授权担任职务，并按照权限行使职务职能的期间。"履行公务只要是属于依法或依特别授权、委派的公务均可。"② 要注意的是，对于国家机关工作人员来说，并非具有相应身份的整个期间都属于"履行公务期间"，"规定'在履行公务期

---

① 陈兴良：《规范刑法学》（上册），3版，455页，北京，中国人民大学出版社，2013。

② 周光权：《刑法各论》，2版，469页，北京，中国人民大学出版社，2011。

间’的立法意图只能认为是控制刑罚打击面”[①]。所以，“履行公务期间”应该是依照法律规定或者授权，担任职务并且履行相应职能的期间。（2）“擅离岗位”。擅离岗位，即无正当理由、正当根据而离开自己的岗位，具体来说，是指未向有权批准的机关或人员报告，或虽已报告却未得到批准，或者未得到有权机关、人员的命令，而私自离开所在的工作岗位。（3）“叛逃境外或者在境外叛逃”。“叛逃境外”，即在境内履行公务期间叛逃至境外；“在境外叛逃”，即在境外履行公务期间叛逃。驻外使、领馆人员在任时出走，逾期不归，就属于“在境外叛逃”。至于叛逃行为是出于行为人的本意实施，还是在国外机构、组织的胁迫下实施，不影响叛逃行为的认定。（4）本罪是否是纯粹的“行为犯”，即是否只要具备叛逃行为就一概成立本罪？1997 年刑法要求本罪的成立必须“危害中华人民共和国国家安全的”，而 2011 年通过的《刑法修正案（八）》则删除了这一要求。如何理解这一刑法修正？对此存在两种观点：一种观点认为，这是刑法修正案将叛逃罪从原来的危险犯变为了行为犯，只要是“国家机关工作人员在履行公务期间，擅离岗位，叛逃境外或者在境外叛逃的”，即可构成本罪；另一种观点则认为，刑法修正案并未将叛逃罪规定为行为犯，而仅是将其从具体危险犯变更为抽象危险犯而已，成立叛逃罪仍然要求“危害中华人民共和国国家安全”，只不过是否危害国家安全已经不需要积极的证明了，只要实施了相应的叛逃行为通常就推定其具有了相应的危险，除非被告人通过叛逃的目的与动机、叛逃的方式与手段等内容，能够反证其叛逃行为并不足以危害国家安全。以上两种观点，一种是形式解释论的观点，似乎更符合刑法修正的字面表述；而另一种则是实质解释论的观点。本书认为，国家机关工作人员在履行公务期间叛逃至境外的行为或者在境外叛逃的行为，通常都会危害到国家安全，但也不能否认存在着确实不致危害国家安全的例外情况。联系到本罪的法定刑（基本法定刑为 5 年以下有期徒刑、拘役、管制或者剥夺政治权利）已然不轻，所以本书认为修正后的叛逃罪仍为（抽象）危险犯，而非行为犯。

叛逃罪的主体是特殊主体，即国家机关工作人员，或者掌握国家秘密的其他国家工作人员。根据刑法第 430 条规定，军人在履行公务期间，擅离岗位，叛逃境外或者在境外叛逃，危害国家军事利益的，应以军人叛逃罪定罪处罚。军人叛逃罪与本罪是特别法与普通法的关系。叛逃罪的主观方面为故意，即明知自己的叛逃行为会发生危害国家安全的结果，并且希望或者放任这种结果发生。叛逃罪所侵犯的客体是中华人民共和国国家安全。

根据刑法第 109 条的规定，犯叛逃罪的，处 5 年以下有期徒刑、拘役、管制或者剥夺政治权利；情节严重的，处 5 年以上 10 年以下有期徒刑。掌握国家秘密的国家工作人员叛逃境外或者在境外叛逃的，从重处罚。这里，掌握国家秘密本身就是从重处罚的条件，而不论其所掌握的国家秘密是否已经被出卖或被泄露。此外，犯本罪的，可以并处没收财产（刑法第 113 条），应当附加剥夺政治权利（刑法第 56 条）。

---

① 王作富主编：《刑法分则实务研究》（上），5 版，14 页，北京，中国方正出版社，2013。

第四节　间谍、资敌的犯罪

一、间谍罪

（一）概念与构成

间谍罪，是指参加间谍组织，接受间谍组织及其代理人的任务，或者为敌人指示轰击目标，危害国家安全的行为。

按照刑法第 110 条的规定，本罪在客观方面具体表现为：（1）参加间谍组织。这里的间谍组织，是指由外国政府或者境外敌对势力建立的旨在收集其他国家情报，对他国进行颠覆破坏活动，破坏他国国家安全的组织。参加间谍组织，就是经过一定的手续，加入间谍组织之中，成为其成员。对此，当然应该认为，“这里的参加间谍组织是已经加入。只有行为人履行了一定的加入手续，无论这种手续是书面形式，还是口头形式，才能认定为参加间谍组织。如果行为人有意加入间谍组织，但是行为人未与间谍组织联系，或与间谍组织联系后，间谍组织未予以答复，不能认为行为人已经加入间谍组织。”① 因为刑法将“参加间谍组织”本身作为独立成立本罪的客观要件之一，而在尚未加入间谍组织的情况下，并未也不可能对国家安全造成危害，所以认为“参加间谍组织”是指“已经加入”是当然的。（2）接受间谍组织及其代理人的任务。这是指虽然尚未加入间谍组织，但是接受间谍组织及其代理人的指令，完成其交付的收集情报等任务。其中的间谍组织代理人，是指受间谍组织或者其成员的指使、委托、资助，进行或者授意、指使他人进行危害中华人民共和国国家安全活动的人（参见《反间谍法实施细则》第 4 条第 1 款）。间谍组织和间谍组织代理人由国务院国家安全主管部门确认（《反间谍法实施细则》第 4 条第 2 款）。（3）为敌人指示轰击目标。敌人，是指敌视我国人民民主专政政权和社会主义制度，危害我国国家安全的武装力量以及敌对营垒。轰击目标，是指我方所有的、不为敌人所知晓且具有重要战略价值的阵地、军事设施或者其他目标。为敌人指示轰击目标，不以参加间谍组织或者接受间谍组织及其代理人的任务为前提。只要事实上为敌人指示了轰击目标的，就属于间谍行为。实施以上三种行为之一、危害国家安全的，即构成间谍罪，同时实施以上两种或者三种行为的，也不实行并罚。

应当注意的是：2023 年 7 月 1 日生效的《中华人民共和国反间谍法》第 4 条进一步补充完善了间谍行为的范围。根据该条规定，间谍行为，是指下列行为：（1）间谍组织及其代理人实施或者指使、资助他人实施，或者境内外机构、组织、个人与其相勾结实施的危害中华人民共和国国家安全的活动；（2）参加间谍组织或者接受间谍组织及其代理人的任务，或者投靠间谍组织及其代理人；（3）间谍组织及其代理人以外的其他境外机构、组织、个人实施或者指使、资助他人实施，或者境内机构、组织、个人与其相勾

① 王作富主编：《刑法分则实务研究》（上），5 版，21～22 页，北京，中国方正出版社，2013。

结实施的窃取、刺探、收买、非法提供国家秘密、情报以及其他关系国家安全和利益的文件、数据、资料、物品，或者策动、引诱、胁迫、收买国家工作人员叛变的活动；(4) 间谍组织及其代理人实施或者指使、资助他人实施，或者境内外机构、组织、个人与其相勾结实施针对国家机关、涉密单位或者关键信息基础设施等的网络攻击、侵入、干扰、控制、破坏等活动；(5) 为敌人指示攻击目标；(6) 进行其他间谍活动。

与背叛国家罪、投敌叛变罪等罪的主体只能是中国公民不同，本罪的主体不限于中国公民，中国公民、外国公民或者无国籍人都可能成为本罪的主体。2023 年修订的《反间谍法》第 10 条规定："境外机构、组织、个人实施或者指使、资助他人实施的，或者境内机构、组织、个人与境外机构、组织、个人相勾结实施的危害中华人民共和国国家安全的间谍行为，都必须受到法律追究。"同法第 55 条第 2 款规定：在境外受胁迫或者受诱骗参加间谍组织、敌对组织，从事危害中华人民共和国国家安全的活动，及时向中华人民共和国驻外机构如实说明情况，或者入境后直接或者通过所在单位及时向国家安全机关如实说明情况，并有悔改表现的，可以不予追究。

本罪的主观方面为故意，并且：参加间谍组织的，必须明知是间谍组织而参加；接受间谍任务的，必须明知是间谍组织或其代理人派遣的任务而接受；指示轰击目标的，必须明知对方是敌人而向其指示轰击目标。但不论行为人实施何种行为，都必须明知自己的行为会发生危害国家安全的结果，并且希望或者放任这种结果发生。实践之中出现的因为被诱骗而将间谍组织误认为一般机构，参加该组织之后也并未实际上参加危害国家安全活动的，或者并不明知间谍组织的性质，仅在其中从事一般勤杂事务的，都属于欠缺本罪的故意，不成立间谍罪。本罪所侵犯的客体是中华人民共和国的国家安全。

（二）司法认定与刑事处罚

1. 司法认定

(1) 罪与非罪的界限。要把参加间谍组织的分子同在间谍组织中工作的非间谍分子，如既未履行参加间谍组织手续，也未进行间谍活动的一般勤杂、医务、传达、庶务等行政事务人员或者临时聘用的工程技术人员等加以区别。对后者不应以间谍分子看待。如果是因受蒙蔽不明真相，误入间谍组织，一旦了解真相即与其断绝联系，未从事间谍活动的，不应以间谍罪论处。

(2) 正确认定犯罪形态。本罪是行为犯，只要行为人实施了前述法定的三种行为之一，就构成犯罪既遂。至于行为人参与间谍组织后是否实施了进一步的间谍活动；接受外国间谍组织或者其代理人派遣的任务后是否完成了任务；为敌人指示轰击目标的行为是否导致目标被炸毁，都不影响犯罪既遂的成立。

(3) 一罪与数罪的界限。参加间谍组织后又实施刺探、窃取、收买非法提供国家秘密，或者进行其他破坏活动的，或者在接受外国间谍组织或其代理人派遣的任务后进一步实施完成任务的行为又触犯其他罪名的，或者为敌人指示轰击目标已经造成重大人身伤亡或者财产损失的，都只能按一罪处理，而不能实行数罪并罚。对于前两种情形，应按牵连犯处理，因为参加间谍组织的目的就是实施其他犯罪活动。参加间谍组织的行为与接受间谍组织及其代理人派遣的任务后必然要实施完成任务的行为，两者之间也有一种牵连关系。对于上述两种情形的牵连犯，我们认为，无论目的行为构成何种犯罪，都可以按间谍罪一罪从重处罚。因为间谍罪的法定最高刑是死刑，按此罪从重处罚既符合犯罪行为的整体情况，也可以做到罪刑相适应。

（4）本罪与叛逃罪的界限。间谍罪与叛逃罪的主要区别是：1）前者犯罪主体为一般主体，后者为特殊主体（国家机关工作人员或者掌握了国家秘密的其他国家工作人员）。2）后者限于在履行公务期间实施，前者无此限制。3）后者必须是逃往境外或在境外叛逃，危害国家安全，前者无此限制。应当注意的是，叛逃后可能在境外加入间谍组织，或接受间谍组织任务从事间谍活动，对此应当以间谍罪和叛逃罪实行数罪并罚。

2. 刑事处罚

根据刑法第110条、第113条和第56条的规定，犯间谍罪的，处10年以上有期徒刑或者无期徒刑；情节较轻的，处3年以上10年以下有期徒刑；对国家和人民危害特别严重、情节特别恶劣的，可以判处死刑。犯本罪的，可以并处没收财产，应当附加剥夺政治权利。本罪中的“情节较轻”，是指虽然参加了间谍组织，但尚未从事具体的间谍活动，没有给我国的国家安全造成危害的，或者虽已接受间谍组织及其代理人的任务，但尚未开始具体的任务活动的，或为敌人指示的攻击目标错误，没有给我国造成损失的。而“对国家和人民危害特别严重、情节特别恶劣”，是指犯间谍罪，致使我国的经济、政治、军事等利益造成特别严重的损失，造成大量人员伤亡、巨额财产损失、军事设施严重破坏的，等等。① 但是，认为“多次从事间谍活动”也属于“对国家和人民危害特别严重、情节特别恶劣”②，可能值得商榷，因为考虑到在这种情况之下“可以判处死刑”，所以还是应该尽量对“对国家和人民危害特别严重、情节特别恶劣”作限制解释为好，虽然多次从事间谍活动，但是并未造成特别严重的人员伤亡、财产损失的，不应该认定为“危害特别严重”，也不宜认定为“情节特别恶劣”。

二、为境外窃取、刺探、收买、非法提供国家秘密、情报罪

（一）概念与构成

为境外窃取、刺探、收买、非法提供国家秘密、情报罪，是指为境外的机构、组织、人员窃取、刺探、收买、非法提供国家秘密或者情报的行为。

本罪的客观方面表现为，为境外的机构、组织或者个人窃取、刺探、收买、非法提供国家秘密或者情报。本罪中的境外机构，顾名思义，是指在中华人民共和国国（边）境以外的国家和地区的机构，也包括境外机构在中国境内设立的分支或者代表机构，如外国驻我国的大使馆、领事馆、办事处等。境外组织，是指在中华人民共和国国（边）境以外的国家和地区的政党、社会团体以及其他企事业单位等，也包括这些组织在中国

---

① 参见陈兴良：《规范刑法学》（上册），3版，457页，北京，中国人民大学出版社，2013。

② 陈兴良：《规范刑法学》（上册），3版，457页，北京，中国人民大学出版社，2013。

境内的分支组织。境外人员（境外个人），是指不隶属任何境外机构、组织的境外外国公民或无国籍人，也包括居住在中华人民共和国境内不具有中华人民共和国国籍的人。[①] 对于行为人为我国台湾地区以及回归前的港、澳地区的机构、组织、人员窃取、刺探、收买、非法提供国家秘密、情报的，成立本罪不存在争议。问题是，为回归后的港、澳地区的机构、组织、人员窃取、刺探、收买、非法提供国家秘密、情报的，是否也构成本罪？对此，刑法理论上存在争议。我们认为，此时如果行为人的行为确实已经危害了国家安全而又无法构成危害国家安全的其他犯罪的，为了维护国家的安全与利益，可以认定为本罪。还需要说明的是，境外机构、组织、人员的性质没有限定，即境外机构、组织与个人是否与我国为敌，并不影响本罪的成立。

本罪的具体行为方式有四种：窃取、刺探、收买和非法提供。其中，窃取，是指用盗窃手段获取国家秘密文件、情报的行为，可能是直接窃取，也可能是借助计算机、照相、窃听、电磁波等辅助手段取得国家秘密或者情报。刺探，是指使用探听、侦察等方式获取国家秘密或者情报。刺探方式与窃取方式的不同之处在于，它并非采用盗窃手段去控制、支配国家秘密、情报，而是通过调查、询问等方式打听国家秘密、情报的信息。收买，是指利用金钱、物质或其他利益（比如色情）换取国家秘密或者情报。[②] 非法提供，是指因为职务行为知晓或者由于某种原因掌握国家秘密、情报者违反《保守国家秘密法》（以下简称《保密法》）等相关法律的规定，擅自向境外机构、组织或者个人提供国家秘密或者情报，并使其知悉。通过互联网将国家秘密或者情报非法发送给境外的机构、组织、个人的，属于非法提供，依照本罪定罪处罚（最高人民法院 2001 年 1 月 17 日公布的《关于审理为境外窃取、刺探、收买、非法提供国家秘密、情报案件具体应用法律若干问题的解释》第 6 条）。本罪是选择性罪名，行为人只要实施了窃取、刺探、收买、非法提供四种行为方式中的一种，就构成本罪，同时实施了上述多种行为，也仅成立一罪，不并罚。

按照前述司法解释第 1 条，本罪中所涉及的“国家秘密”，是指 2010 年修订的《保密法》第 2 条、第 9 条确定的事项。具体而言，这里的“国家秘密”，是指关系国家的安全和利益，依照法定程序确定，在一定时间内只限一定范围的人员知悉的事项（《保密法》第 2 条），具体而言，包括符合上述条件的下列秘密事项：国家事务的重大决策中的秘密事项；国防建设和武装力量活动中的秘密事项；外交和外事活动中的秘密事项以及对外承担保密义务的事项；国民经济和社会发展中的秘密事项；科学技术中的秘密事项；维护国家安全活动和追查刑事犯罪中的秘密事项；经国家保密行政管理部门确定应当保守的其他国家秘密事项（《保密法》第 9 条）。此外，国家秘密的密级分为“绝密”“机密”“秘密”三级。“绝密”级国家秘密是最重要的国家秘密，泄露会使国家的安全和利益遭受特别严重的损害；“机密”级国家秘密是重要的国家秘密，泄露会使国家的安全和利益遭受严重的损害；“秘密”级国家秘密是一般的国家秘密，泄露会使国家的安全和利

---

① 以上关于境外机构、组织、人员范围，可参照《反间谍法实施细则》第 3 条的规定。

② 有论者认为这里的收买是指“利用金钱等财产性利益去换取国家秘密、情报”。参见王作富主编：《刑法分则实务研究》（上），5 版，29 页，北京，中国方正出版社，2013。但是，这样认为会缩小“收买”的涵盖范围，不利于本罪的法益保护。实际上，通过财产性利益之外的其他利益（如色情）去换取国家秘密、情报，也完全无法认定为窃取、刺探或者非法提供，而应该认定为“收买”。

益遭受损害（《保密法》第10条）。作为本罪犯罪对象的国家秘密，既包括绝密级的国家秘密，也包括机密级和秘密级的国家秘密。根据前述司法解释，作为本罪的犯罪对象的"情报"，是指关系国家安全和利益、尚未公开或者依照有关规定不应公开的事项。对为境外机构、组织、人员窃取、刺探、收买、非法提供国家秘密之外的情报的行为，以为境外窃取、刺探、收买、非法提供情报罪定罪处罚。

本罪的主体为一般主体，不限于中国公民。本罪的主观方面为故意，即明知是国家秘密或者情报，而故意为境外机构、组织、人员窃取、刺探、收买或者非法提供。前述司法解释第5条规定："行为人知道或者应当知道没有标明密级的事项关系国家安全和利益，而为境外窃取、刺探、收买、非法提供的，依照刑法第一百一十一条的规定以为境外窃取、刺探、收买、非法提供国家秘密罪定罪处罚。"不过，"应当知道"毕竟不属于实际知道，正如有论者指出的那样，"将'应当知道'而实际上并不知道的情形认定为故意犯罪，意味着将过失行为认定为故意犯罪，存在疑问。所以，应将司法解释中的'应当知道'理解为根据事实推定行为人知道"[①]。为境外窃取、刺探、收买、非法提供国家秘密、情报罪在主观方面的动机多种多样，比如有的可能是基于对我国社会主义制度的仇恨，有的则可能是为了通过非法提供国家秘密、情报等获取经济利益，等等。动机不影响本罪的成立。

本罪所侵犯的客体是国家的安全和利益，犯罪对象是国家秘密和情报。

（二）司法认定与刑事处罚

1. 司法认定

按照前述司法解释第6条的规定，将国家秘密通过互联网予以发布，情节严重的，依照故意泄露国家秘密罪或者过失泄露国家秘密罪定罪处罚。该司法解释第7条还指出，审理为境外窃取、刺探、收买、非法提供国家秘密案件，需要对有关事项是否属于国家秘密以及属于何种密级进行鉴定的，由国家保密工作部门或者省、自治区、直辖市保密工作部门鉴定。

2. 刑事处罚

根据刑法第111条的规定，犯本罪的，处5年以上10年以下有期徒刑[②]；情节特别严重的，处10年以上有期徒刑或者无期徒刑[③]；情节较轻的，处5年以下有期徒刑、拘

---

① 张明楷：《刑法学》，4版，600页，北京，法律出版社，2011。

② 最高人民法院2001年1月17日公布的《关于审理为境外窃取、刺探、收买、非法提供国家秘密、情报案件具体应用法律若干问题的解释》第3条规定，为境外窃取、刺探、收买、非法提供国家秘密或者情报，具有下列情形之一的，处5年以上10年以下有期徒刑，可以并处没收财产：为境外窃取、刺探、收买、非法提供机密级国家秘密的；为境外窃取、刺探、收买、非法提供3项以上秘密级国家秘密的；为境外窃取、刺探、收买、非法提供国家秘密或者情报，对国家安全和利益造成其他严重损害的。

③ 根据最高人民法院2001年1月17日公布的《关于审理为境外窃取、刺探、收买、非法提供国家秘密、情报案件具体应用法律若干问题的解释》第2条，为境外窃取、刺探、收买、非法提供国家秘密或者情报，具有下列情形之一的，属于"情节特别严重"：为境外窃取、刺探、收买、非法提供绝密级国家秘密的；为境外窃取、刺探、收买、非法提供3项以上机密级国家秘密的；为境外窃取、刺探、收买、非法提供国家秘密或者情报，对国家安全和利益造成其他特别严重损害的。

役、管制或者剥夺政治权利。① 此外，犯本罪对国家和人民危害特别严重、情节特别恶劣的，可以判处死刑（刑法第 113 条）。犯本罪的，可以并处没收财产（刑法第 113 条），应当附加剥夺政治权利（刑法第 56 条）。

三、资敌罪

资敌罪，是指战时供给敌人武器装备、军用物资的行为。

本罪的客观方面表现为，战时供给敌人武器装备、军用物资。其中，所谓的战时，按照刑法第 451 条的规定，“是指国家宣布进入战争状态、部队受领作战任务或者遭敌突然袭击时。部队执行戒严任务或者处置突发性暴力事件时，以战时论”。虽然第 451 条对“战时”的定义是针对刑法分则第十章“军人违反职责罪”而言的，但是，同样可适用于资敌罪中。非战时为敌对势力提供武器装备、军用物资的，不成立本罪，但有可能成立投敌叛变等其他危害国家安全罪。“敌人”，不是指个别的敌对分子，而是指敌对营垒、带有军事性质的武装力量。资助的方法仅限于供给敌人武器装备、军用物资。武器装备，是指具有强大杀伤性的武器和军事技术装备，如各种武器、弹药、飞机、坦克、舰艇、军用通讯设备等；军用物资，是指武器装备以外的其他军用物品，如军用医疗用品、军用工程材料等。

本罪的主体仅限于中国公民。外国人、无国籍人在战时为中国的敌人提供武器装备、军用物资的，不构成本罪。当然，外国人或者无国籍人仍有可能成为资敌罪的共犯。本罪所侵犯的客体是国家安全，并且是战时的国家安全。

本罪的主观方面表现为故意，即明知处于战时，明知对方为敌人，而故意向对方提供武器装备、军用物资加以资助。这里，作为主观方面的内容，对“战时”“敌人”等构成要件要素的明知是成立本罪所必不可少的。

根据刑法第 112 条的规定，犯资敌罪的，处 10 年以上有期徒刑或者无期徒刑；情节较轻的，处 3 年以上 10 年以下有期徒刑。此外，犯本罪对国家和人民危害特别严重、情节特别恶劣的，可以判处死刑（刑法第 113 条）。犯本罪的，可以并处没收财产（刑法第 113 条），应当附加剥夺政治权利（刑法第 56 条）。

必要案例分析

1. 黄某秋颠覆国家政权案②

江苏省常州市中级人民法院经审理查明：被告人黄某秋于 2003 年 1 月，在境外“博讯”新闻网站上以“清水君”之名组织、策划，成立所谓“中华爱国民主党”，并在互联

---

① 按照最高人民法院 2001 年 1 月 17 日公布的《关于审理为境外窃取、刺探、收买、非法提供国家秘密、情报案件具体应用法律若干问题的解释》第 4 条，为境外窃取、刺探、收买、非法提供秘密级国家秘密或者情报，属于“情节较轻”。

② 参见陈兴良、张军、胡云腾主编：《人民法院刑事指导案例裁判要旨通纂》（上卷），2 版，1～2 页，北京，北京大学出版社，2018。

网上发表由其亲自制定的“中华爱国民主党党章（征求意见稿）”，该“党章”在总则中明确：“中华爱国民主党”的短、中、长期目标是“意志坚决地反对和揭露××独裁集团的黑暗势力和垄断制度”“深刻批判和反思独裁集团祸国殃民的罪行”，最终“建立大中华民主联盟”。并以“中华爱国民主党”筹委会负责人“清水君”的名义，在“博讯”新闻网上发表由其撰写的《颠覆无罪、民主有理》《珍惜经济成就，共建伟大中华——CPDP中华爱国民主党成立宣言》等大量文章，攻击我国的政治制度是“××独裁政权”，提出“三权分立，双重首长制”，建立“强大的政治替代组织”及“爱民”根据地，最终实现“大中华民主联盟”的政治目标。另外在互联网上还发布“中华爱国民主党入党申请书”，招募了多名预备“党员”，发表了《爱国民主工作指南》《我们的爱国民主行动纲领》《关于建立地方机构深化组织工作的通知》等大量文章，具体指导如何开展所谓“中华爱国民主党”工作的方法，唆使他们成立“中华爱国民主党”支部，发展“党员”，扩大组织，散发传单，以达到其颠覆国家政权、推翻社会主义制度的目的。2003年8月，被告人黄某秋归国后先后在昆明、绵竹、连云港等地上网发表文章或发放印有“中华爱国民主党”创办人“清水君”的名片，宣传“中华爱国民主党”的“思想”，为颠覆国家政权积极进行组织活动。

江苏省常州市中级人民法院认为，被告人黄某秋无视国法，以所谓“中华爱国民主党”筹委会负责人的身份，在互联网发表文章号召并积极组织、策划、实施颠覆我国国家政权，推翻我国社会主义制度的活动，其行为已构成颠覆国家政权罪，且罪行重大，依法应予惩处。据此，该院依照《刑法》第105条第1款、第55条第1款、第56条第1款、第64条之规定，于2004年9月20日判决如下：

（1）被告人黄某秋犯颠覆国家政权罪，判处有期徒刑12年，剥夺政治权利4年。

（2）查获供犯罪使用的名片等物品，予以没收。

宣判后，被告人黄某秋不服提出上诉。江苏省高级人民法院经二审审理后认为，原判决定性准确，适用法律正确，审判程序合法，遂依据《中华人民共和国刑事诉讼法》第189条第1项之规定，于2004年12月9日裁定：驳回上诉，维持原判。

分析：从被告人实施的客观行为看，既有组织、策划、实施颠覆国家政权的行为，也有发表文章煽动颠覆国家政权的行为，两种行为交织在一起，同时触犯了颠覆国家政权罪和煽动颠覆国家政权罪。根据刑法中想象竞合犯的理论，从一重罪处断，故对被告人黄某秋应以颠覆国家政权罪论处。

2. 林某亮为境外刺探国家秘密案①

2012年8月，被告人林某亮在互联网上发布求职信息后，被境外人员“丹”许以经济报酬诱惑勾连。2012年11月至2014年2月期间，被告人林某亮按照“丹”的要求，以兼职做市场调查、项目调查的名义，以厦门水警区码头为主要目标，每月数次到码头周边，采取观察、绘图、记录、拍照、编制等方式，搜集获取码头周边及内部布局图、工程建设进展、军舰停泊动态等军事信息，并整理制作成电子资料，通过互联网以发送

① 参见陈兴良、张军、胡云腾主编：《人民法院刑事指导案例裁判要旨通纂》（上卷），2版，2～3页，北京，北京大学出版社，2018。

邮件、共用邮箱等方式提供给“丹”，先后收受对方支付的报酬共计 56 837 元。经鉴定，上述资料涉及三项军事秘密，其中两项经鉴定为“机密级”军事秘密，一项经鉴定为“秘密级”军事秘密。

福建省厦门市中级人民法院于 2014 年 12 月 5 日作出（2014）厦刑初字第 134 号刑事判决：

（1）被告人林某亮犯为境外刺探国家秘密罪，判处有期徒刑 5 年，剥夺政治权利 1 年。

（2）追缴被告人林某亮违法犯罪所得人民币 56 837 元。

（3）随案移送的被告人林某亮的建设银行储蓄卡用于执行第二项判决，笔记本电脑 1 台予以没收。

宣判后，林某亮未提起上诉，判决已生效。

分析：本案中，虽然被告人并未使用专业的间谍器材或高科技手段便探听获取了相关军事秘密，涉案单位也可能存在保密性上的疏漏欠缺，但不能以此来衡量其行为的社会危害性及情节严重程度，不能成为其无罪或罪轻的抗辩理由。

第三章

危害公共安全罪

第一节　危害公共安全罪概述

一、危害公共安全罪的概念和特征

危害公共安全罪，是指故意或过失地实施危害不特定或多数人的生命、健康或者重大公私财产安全的行为。刑法分则第二章对这类犯罪进行规定，2001 年 12 月 29 日第九届全国人民代表大会常务委员会第二十五次会议通过的《刑法修正案（三）》、2006 年 6 月 29 日第十届全国人民代表大会常务委员会第二十二次会议通过的《刑法修正案（六）》、2015 年 8 月 29 日第十二届全国人民代表大会常务委员会第十六次会议通过的《刑法修正案（九）》、2020 年 12 月 26 日第十三届全国人民代表大会常务委员会第二十四次会议通过的《刑法修正案（十一）》对该章部分犯罪进行了修正。

危害公共安全罪具有以下特征：

（1）危害公共安全罪的客体是公共安全。这是这类犯罪与其他类犯罪相区别的基本特征。公共安全，即公共生产、经营、生活领域内人身、财产不受威胁与损害的状态，是公共活动得以正常进行的基本条件。就危害公共安全罪而言，行为人所针对的公共安全，其表现形式为不特定或者多数人的人身安全和重大公私财产的安全。

这类犯罪所侵犯的客体具有明显的公共性特征，而公共性即意味着与个体的、私人性的权益相区别。对于公共性的判断，不能仅仅以危害行为直接作用对象的多少来区分，而应考虑危害行为在实施时所影响的范围，具体而言，以事后的角度看待，处在行为实施现场的人身或财物受到潜在的或者现实的威胁或者实际损害的范围，对于一般人来说，如果认为危害行为作用的范围具有危及公共场域内人身安全和财产安全的性质，即可以认定该行为具有公共性。正是由于这类犯罪的客体具有公共性特征，在利益衡量和价值判断上，一般认为，这类犯罪的客体即公共安全，应当优先于个人权益予以保护。某一特定的危害行为造成对公共安全的危害，同时，对个人权益也形成侵害，对该行为的定性应以触犯的具体的危害公共安全罪论处。例如，甲意图杀死仇人乙，在乙居住的楼下安放了烈性炸药，结果导致包括乙在内的多人死亡和重大财产损失。对于该例，甲实施的爆炸行为应以爆炸罪论处，而非故意杀人罪。

（2）危害公共安全罪的危害行为表现为，对不特定或者多数人的生命、健康或者重大公私财产权益形成的危险或者实害。这类犯罪的危害行为的客观指向是处于公共场域内的人或者财产。公共场域，不限于通常所说的公共场所，而是指一个概括的空间范围，在这一空间范围内同时存在着多数的人身和（或者）财产权益。公共场域可能包含一定的私人场域（如私人住宅），并为私人场域提供一定的条件，也就是说，很多情况下，人身权益或者财产权益同时存在于私人场域和公共场域。如果针对私人场域的危害行为，并没有危及公共场域的安全，则只应以针对个人权益的犯罪来定罪；只有当同时对私人场域和公共场域的安全造成危害时，才考虑以具体的危害公共安全罪定罪。例如，甲在一幢居民楼里将乙杀死在家中，甲的行为仅构成故意杀人罪；如果甲用放火的方式将乙的房间点燃，进而导致整幢楼发生火灾，那么，甲的行为就应以放火罪定罪。从形式上看，处于公共场域内的人或者财产，表现为不特定或者多数人的生命、健康或者重大公私财产。“不特定”，是指犯罪行为可能侵犯的对象和可能造成的结果事先无法确定，行为人对于可能造成的结果难以预料；“不特定”并非行为人在实施危害行为时没有特定的侵犯对象或目标，而是指其行为所实际影响的对象是不特定的，而形成危害结果的范围是行为人难以控制的。“多数”，是指危害行为实质影响的是较多人的人身或财产权益，或者说，较多的人（即使是特定的多数人）感受到对其生命、健康或者财产的威胁。这类犯罪的危害表现为，对不特定或者多数人的人身或者重大公私财产权益形成危险或者造成实害。以形成危害的形式区分，可以把这类犯罪区分为三种类型：

1）实害犯，如交通肇事罪、重大责任事故罪。这类犯罪的构成以造成具体危害结果为必要条件，否则即不构成犯罪。

2）具体危险犯，如放火罪、爆炸罪、投放危险物质罪等。这类犯罪的基本犯罪构成，以危害行为形成具体的危险为条件。所谓具体危险犯，是指法律条文明文规定的以危险发生为构成要件要素的犯罪类型。

3）抽象危险犯，如非法制造、买卖、运输、邮寄、储存枪支、弹药、爆炸物罪，抢劫枪支、弹药、爆炸物、危险物质罪等。这类犯罪的成立，以行为本身体现出对法律所确认和保护的利益关系构成潜在的重大危险为前提。

（3）危害公共安全罪中既有故意犯罪，又有过失犯罪。对于故意犯罪而言，行为人在主观上认识到自己的行为会造成危害公共安全的结果，希望或者放任这一结果的发生；行为人实施具体的危害行为时意图侵害的对象可能是特定的人或者财物，但是为实现这一目标而将危害行为指向不特定或者多数人的生命、健康或者重大公私财产权益，因而其认识因素和意志因素都与危害公共安全相联系。对于过失犯罪而言，行为人在主观上应当预见到行为可能发生危害公共安全的结果，因为疏忽大意没有预见，或者已经预见而轻信能够避免，以致发生危害公共安全的结果。

危害公共安全罪中过失犯罪的数量在刑法分则各章中相对较多，而且很多属于业务过失的犯罪。与一般过失犯罪不同，业务过失犯罪中行为人违反了特别注意义务。由于业务过失与高度危险的行业联系在一起，而导致的后果也比较严重，因而对业务过失犯罪的处罚要比对一般过失犯罪的处罚重一些。所谓“业务”，是指以反复从事同种类行为为目的的社会活动，与一个人的职业、从事活动的性质等有紧密联系。从事业务活动的人对其业务范围内的风险应当有更高的预见能力，并应负有更高的预见义务，这一预见义务由相关的法律法规以及行业规范等确立，换言之，对于业务过失的预见义务，相关的法律法规以及行业规范已经作了明确规定，行为人只要实施了违反有关业务规范禁止的作为或不作为，就证明其已经违反了特别注意义务。

例如，交通肇事罪的行为人即违反了交通运输管理法规。此外，在火灾事故、生产事故、环境灾害等事件发生时，除追究直接行为人的过失责任之外，负有监督或管理职责的监督者或管理者也有可能存在犯罪过失，即监督过失和管理过失：监督过失，是指违反指挥、命令、训练等监督直接行为人而防止危害结果发生义务的过失；管理过失，是指作为安全管理人员违反为预防事故而准备物资设备、人员制度的义务的过失。[①] 在监督过失中，被监督者的过失行为直接导致了危害结果的发生，而监督者对被监督者的行为负有监督义务，但却没有履行这一义务而导致危害结果的发生。在监督过失的情况下，实际存在被监督者（直接行为人）的过失与监督者的过失同时出现的情况，即出现了过失聚合的情形。例如，消防监督机构负有职责对特殊场所是否有火灾隐患进行监督，如果消防监督机构人员没有履行这一监督职责，当存在火灾隐患而发生重大火灾时，该人员即可能因为监督过失而构成玩忽职守罪（刑法第 397 条），而对火灾隐患负有防止义务的人而言，其行为可能构成失火罪。在管理过失中，行为人因为没有采取必要的防范措施，或者没有指示他人采取防范措施，导致了危害结果的发生，或者由于自然原因或第三人的无罪过行为导致了危害结果的发生。例如，刑法第 136 条规定的危险物品肇事罪就属于管理过失的犯罪。

二、危害公共安全罪的分类

根据现行刑法的规定，危害公共安全罪共有 54 个具体犯罪，可以归纳为五类：

（1）以危险方法危害公共安全的犯罪，包括放火罪、决水罪、爆炸罪、投放危险物质罪、以危险方法危害公共安全罪、失火罪、过失决水罪、过失爆炸罪、过失投放危险物质罪、过失以危险方法危害公共安全罪、危险驾驶罪、妨害安全驾驶罪。

（2）破坏公用工具、公共设施危害公共安全的犯罪，包括破坏交通工具罪，破坏交通设施罪，过失损坏交通工具罪，过失损坏交通设施罪，破坏电力设备罪，破坏易燃易爆设备罪，过失损坏电力设备罪，过失损坏易燃易爆设备罪，破坏广播电视设施、公用

---

① 参见［日］西田典之著，刘明祥、王昭武译：《日本刑法总论》，225～228 页，北京，中国人民大学出版社，2007。

电信设施罪，过失损坏广播电视设施、公用电信设施罪。

（3）实施恐怖、危险活动危害公共安全的犯罪，包括组织、领导、参加恐怖组织罪，帮助恐怖活动罪，准备实施恐怖活动罪，宣扬恐怖主义、极端主义、煽动实施恐怖活动罪，利用极端主义破坏法律实施罪，强制穿戴宣扬恐怖主义、极端主义服饰、标志罪，非法持有宣扬恐怖主义、极端主义物品罪，劫持航空器罪，劫持船只、汽车罪，暴力危及飞行安全罪。

（4）违反武器、弹药和危险物质管理的危害公共安全犯罪，包括非法制造、买卖、运输、邮寄、储存枪支、弹药、爆炸物罪，非法制造、买卖、运输、储存危险物质罪，违规制造、销售枪支罪，盗窃、抢夺枪支、弹药、爆炸物、危险物质罪，抢劫枪支、弹药、爆炸物、危险物质罪，非法持有、私藏枪支、弹药罪，非法出租、出借枪支罪，丢失枪支不报罪，非法携带枪支、弹药、管制刀具、危险物品危及公共安全罪。

（5）造成重大责任事故危害公共安全的犯罪，包括重大飞行事故罪，铁路运营安全事故罪，交通肇事罪，重大责任事故罪，强令、组织他人违章冒险作业罪，危险作业罪，重大劳动安全事故罪，大型群众性活动重大安全事故罪，危险物品肇事罪，工程重大安全事故罪，教育设施重大安全事故罪，消防责任事故罪，不报、谎报安全事故罪。

第二节　危害公共安全罪分述

一、放火罪

（一）概念与构成

放火罪，是指故意放火焚烧公私财物，危害公共安全的行为。

本罪构成要件如下：

（1）本罪的客观方面表现为实施放火焚烧公私财物，危害公共安全的行为。所谓放火，是指使用各种引火物，点燃目的物，引起公私财物的燃烧，进而形成火灾的行为。放火的方法没有特别限制，可以用作为的方式实施，也可以用不作为的方式实施。以不作为方式实施，必须以行为人负有防止火灾发生的特定作为义务为前提。

（2）本罪的主体为一般主体，根据刑法第 17 条第 2 款的规定，为已满 14 周岁且具有刑事责任能力的自然人。

（3）本罪的主观方面为故意，即明知自己的放火行为会发生危害公共安全的结果，并且希望或者放任这一结果的发生，包括直接故意和间接故意，行为人基于何种动机实施放火行为，对构成本罪没有影响。

（4）本罪的客体为公共安全，即不特定或者多数人的生命、健康或者公私财产的安全。行为人燃烧他人财物，并不足以危害公共安全的，如果数额较大或者有其他严重情节，应考虑以故意毁坏财物罪定罪（刑法第 275 条）。行为人引燃自己所有的财物，属于基于个人所有权而实施的处分行为，一般不构成犯罪，但是如果足以危害公共安全的，也应以本罪定罪；邪教组织人员自焚并足以危害公共安全的，其行为也应以放火罪定罪。①

（二）司法认定与刑事处罚

1. 司法认定

（1）罪与非罪的界限。放火罪的成立，是以对公共安全造成具体的危险为条件，换言之，只要放火行为危及公共安全，即便并没有造成现实的实际损害，对行为人也应以放火罪追究刑事责任，因而应区分放火罪与一般点燃特定对象的行为。判断点燃特定对象的行为是否属于放火罪的“放火行为”，关键在于该行为是否危害公共安全，如果该行为危害公共安全，即属于放火罪中的放火行为。而是否危害公共安全，就是能否导致火灾的发生，即对象物燃烧后在时间上或者空间上失去控制所形成的灾害。在具体判断上，应首先将所有客观事实作为进行判断的事实材料，如行为本身的危险性，对象本身的性质、结构、价值，对象物与周围可燃物的距离，行为时的气候、气温等，而后根据客观的经验观察判断对象物燃烧的行为是否足以形成在时间上或者空间上失去控制的燃烧状态。

（2）放火罪的既遂、未遂、中止形态。放火罪的基本犯罪构成（刑法第114条），以放火行为危及公共安全，尚未造成严重后果为条件，即形成对公共安全的具体危险；当这一危险出现时，就认为该罪已经达成既遂。如何判断这一具体危险的出现，即如何区分放火罪的既遂与未遂问题，刑法理论上有财物毁损说、点燃说、点燃并足以危害公共安全说、独立燃烧说等，其中，独立燃烧说为多数人所支持。独立燃烧说，即只要放火的行为将对象物点燃后，达到已经脱离引燃媒介并能够独立燃烧的程度，即使没有造成实际的危害结果，也应视为放火罪既遂；反之，则为未遂，如放火行为尚未实行完毕，或者虽然当时已经点燃，但随后即熄灭的情形，即应视为放火罪的未遂。行为人点燃对象物并有可能危及公共安全，其自动使其没有达到独立燃烧程度的，属于放火罪的中止。不过，在放火行为导致对象物燃烧的状态下，行为人将引燃物撤离对象物，或者将引燃部分扑灭，但对象物仍可以独立继续燃烧的，则只能认定为放火罪既遂，而非放火罪的中止。

（3）放火罪与以放火方法实施其他犯罪的界分。区分放火罪与以放火方法实施的其他犯罪，关键是看放火行为是否足以危及公共安全，如果行为人为追求特定目的的实现而放火并危及公共安全的，则应以放火罪定罪；反之，则以触犯的相应犯罪定罪。例如，甲与乙素有积怨，一日夜晚将乙院落里的谷仓点燃，结果引发波及周围数十家房舍的火灾。此例中，甲的行为就构成放火罪。

2. 刑事处罚

根据刑法第114、115条的规定，犯本罪，尚未造成严重后果的，处3年以上10年以下有期徒刑；犯本罪，致人重伤、死亡或者使公私财产遭受重大损失的，处10年以上

---

① 参见2017年1月4日公布的最高人民法院、最高人民检察院《关于办理组织、利用邪教组织破坏法律实施等刑事案件适用法律若干问题的解释》第12条的规定。

有期徒刑、无期徒刑或者死刑。

二、决水罪

决水罪，是指故意利用水的破坏作用，制造水患，危害公共安全的行为。本罪的构成要件如下：(1) 本罪的客观方面表现为，实施危害公共安全的决水行为。“决水”，是指一切足以使水流的自然力失去有效控制，并形成水的泛滥。决水的行为，既可以是作为，如破坏水闸、堵塞水道等，也可以是不作为，如不关闭防水堤的水门。(2) 本罪的主体为一般主体，即年满 16 周岁且具有刑事责任能力的自然人。(3) 本罪的主观方面为故意，即明知决水的行为会造成水患，并且希望或者放任水患的发生。(4) 本罪的客体为公共安全。本罪的既遂标准，刑法理论上有财物浸没说、物质毁损说、效用灭失说、公共危险说和冲溢说（又称水流开始说），其中冲溢说更具说服力。冲溢说并不否定公共危险说，只是在承认该观点基础上提出了具体标准，即水流开始就意味着水流的自然力丧失了有效控制，此时也就对公共安全形成具体的危险。

根据刑法第 114、115 条的规定，犯决水罪，尚未造成严重后果的，处 3 年以上 10 年以下有期徒刑；犯决水罪，致人重伤、死亡或者使公私财产遭受重大损失的，处 10 年以上有期徒刑、无期徒刑或者死刑。

三、爆炸罪

爆炸罪，是指故意引起爆炸物或者其他设备、装置爆炸，危害公共安全的行为。本罪的构成要件如下：(1) 本罪的客观方面表现为，引起爆炸物或者其他设备、装置爆炸，危害公共安全的行为。引起爆炸物爆炸，主要是指引爆炸弹、炸药包、手榴弹、雷管及各种易爆的固体、液体、气体物品；引起其他设备、装置爆炸，主要是指利用各种手段，导致机器、锅炉等设备或装置爆炸。爆炸行为必须足以危害公共安全，才成立本罪。邪教组织人员实施自爆的行为，如果危及公共安全的，其行为也构成爆炸罪。① 行为人使用爆炸的方法引起火灾，则应以放火罪定罪；使用爆炸的方法决水制造水患，则应以决水罪定罪。(2) 本罪的主体为一般主体，根据刑法第 17 条第 2 款的规定，即指年满 14 周岁且具有刑事责任能力的自然人。(3) 本罪的主观方面为故意，即明知自己的爆炸行为会发生危害公共安全的结果，并且希望或者放任这一结果的发生。(4) 本罪的客体为公共安全。

根据刑法第 114、115 条的规定，犯爆炸罪，尚未造成严重后果的，处 3 年以上 10 年以下有期徒刑；犯爆炸罪，致人重伤、死亡或者使公私财产遭受重大损失的，处 10 年以上有期徒刑、无期徒刑或者死刑。

---

① 参见 2017 年 1 月 4 日最高人民法院、最高人民检察院《关于办理组织、利用邪教组织破坏法律实施等刑事案件适用法律若干问题的解释》第 12 条的规定。

四、投放危险物质罪

投放危险物质罪，是指故意投放毒害性、放射性、传染病病原体等物质，危害公共安全的行为。本罪的构成要件如下：（1）本罪的客观方面表现为，投放毒害性、放射性、传染病病原体等物质，危害公共安全的行为。“投放”，即指将危险物质投放于不特定或者多数人的饮食之中，或者投放于为人、畜等提供用水的河流、池塘、水井等，或者将含有危险物质的气体向空气中释放。毒害性物质，是指基于化学作用，能够导致有机体死亡或者伤害的物质，如氰化钾、剧毒农药等；放射性物质，是指能发出射线的物质，能够导致放射性损伤，直至死亡的物质；传染病病原体，是指能够引起疾病的微生物和寄生虫的统称。投放危险物质的行为，既可以是作为，也可以是不作为，其投放的场所应当是属于公共领域的场所。投放危险物质的行为，必须足以危及公共安全，如果使用危险物质杀伤特定个人，不构成本罪，而应以故意杀人罪定罪。对于投放危险物质的行为是否危及公共安全，应当根据实施行为的地点、时间等因素以及投放危险物质的性质、危险性程度予以考察。（2）本罪的主体为一般主体，根据刑法第 17 条第 2 款的规定，即指年满 14 周岁且具有刑事责任能力的自然人。（3）本罪的主观方面为故意，即行为人明知投放危险物质的行为会造成危害公共安全的结果，并且希望或者放任这一结果的发生。（4）本罪的客体为公共安全。

根据刑法第 114、115 条的规定，犯本罪，尚未造成严重后果的，处 3 年以上 10 年以下有期徒刑；犯本罪，致人重伤、死亡或者使公私财产遭受重大损失的，处 10 年以上有期徒刑、无期徒刑或者死刑。

五、以危险方法危害公共安全罪

以危险方法危害公共安全罪，是指使用与放火、决水、爆炸、投放危险物质等危险性相当的其他危险的方法，危害公共安全的行为。本罪的构成要件如下：（1）本罪的客观方面表现为，使用与放火、决水、爆炸、投放危险物质的危险性相当的危险方法危害公共安全。这里的危险方法，仅限于与放火、决水、爆炸、投放危险物质相当的方法（2）本罪的主体为一般主体，即年满 16 周岁且具有刑事责任能力的自然人。（3）本罪的主观方面为故意。（4）本罪的客体为公共安全。2003 年 5 月 13 日最高人民法院、最高人民检察院通过的《关于办理妨害预防、控制突发传染病疫情等灾害的刑事案件具体应用法律若干问题的解释》第 1 条规定，故意传播突发传染病病原体，危害公共安全的，按照以危险方法危害公共安全罪定罪处罚。2009 年 9 月 11 日最高人民法院发布的《关于印发醉酒驾车犯罪法律适用问题指导意见及相关典型案例的通知》指出，醉酒驾车，放任危害结果发生，造成重大伤亡事故，构成以危险方法危害公共安全罪。如果该方法同时又符合其他犯罪的构成特征，则应以相应的其他犯罪定罪处罚。例如，以破坏交通工具的方式危害公共交通安全的，即应以破坏交通工具罪定罪处罚。2020 年 3 月 16 日最高人民法院、最高人民检察院、公安部印发的《关于办理涉窨井盖相关刑事案件的指导意见》

规定，盗窃、破坏人员密集往来的非机动车道、人行道以及车站、码头、公园、广场、学校、商业中心、厂区、社区、院落等生产生活、人员聚集场所的窨井盖，危害公共安全的，以本罪定罪处罚。

根据刑法第 114、115 条的规定，犯本罪，尚未造成严重后果的，处 3 年以上 10 年以下有期徒刑；犯本罪，致人重伤、死亡或者使公私财产遭受重大损失的，处 10 年以上有期徒刑、无期徒刑或者死刑。

六、失火罪

失火罪，是指过失地引起火灾，致人重伤、死亡或者使公私财产遭受重大损失的行为。本罪的构成要件如下：（1）本罪的客观方面表现为，引起火灾，造成他人重伤、死亡或者使公私财产遭受重大损失的行为。失火行为必须与严重后果之间具有因果关系。如果行为人虽有失火行为，但是并没有造成严重后果，其行为不构成本罪。（2）本罪的主体为一般主体，即年满 16 周岁且具有刑事责任能力的自然人。（3）本罪的主观方面为过失，即应当预见自己的行为可能引起火灾并造成危害公共安全的结果，因为疏忽大意没有预见或者已经预见而轻信能够避免，以致发生这一结果。本罪的过失是针对他人重伤、死亡或者公私财产重大损失的严重后果而言的。（4）本罪的客体为公共安全。

根据刑法第 115 条第 2 款的规定，犯本罪的，处 3 年以上 7 年以下有期徒刑；情节较轻的，处 3 年以下有期徒刑或者拘役。

七、过失决水罪

过失决水罪，是指过失地造成水患，危害公共安全，致人重伤、死亡或者使公私财产遭受重大损失的行为。本罪的构成要件如下：（1）本罪的客观方面表现为，造成水患，危害公共安全，致人重伤、死亡或者使公私财产遭受重大损失的行为。（2）本罪的主体为一般主体，即年满 16 周岁且具有刑事责任能力的自然人。（3）本罪的主观方面为过失。本罪的过失是针对他人重伤、死亡或者公私财产遭受重大损失的严重后果而言的。（4）本罪的客体为公共安全。

根据刑法第 115 条第 2 款的规定，犯本罪的，处 3 年以上 7 年以下有期徒刑；情节较轻的，处 3 年以下有期徒刑或者拘役。

八、过失爆炸罪

过失爆炸罪，是指过失地引起爆炸，危害公共安全，致人重伤、死亡或者使公私财产遭受重大损失的行为。本罪的构成要件如下：（1）本罪的客观方面表现为，引起爆炸，致人重伤、死亡或者使公私财产遭受重大损失的行为。（2）本罪的主体为一般主体，即年满 16 周岁且具有刑事责任能力的自然人。（3）本罪的主观方面为过失。（4）本罪的客体为公共安全。

根据刑法第 115 条第 2 款的规定，犯本罪的，处 3 年以上 7 年以下有期徒刑；情节较轻的，处 3 年以下有期徒刑或者拘役。

九、过失投放危险物质罪

过失投放危险物质罪，是指过失地投放危险物质，危害公共安全，致人重伤、死亡或者使公私财产遭受重大损失的行为。本罪的构成要件如下：（1）本罪的客观方面表现为，投放毒害性、放射性、传染病病原体等危险物质，危害公共安全，致人重伤、死亡或者使公私财产遭受重大损失的行为。（2）本罪的主体为一般主体，即年满 16 周岁且具有刑事责任能力的自然人。（3）本罪的主观方面为过失。（4）本罪的客体为公共安全。

根据刑法第 115 条第 2 款的规定，犯本罪的，处 3 年以上 7 年以下有期徒刑；情节较轻的，处 3 年以下有期徒刑或者拘役。

十、过失以危险方法危害公共安全罪

过失以危险方法危害公共安全罪，是指过失地以危险方法，危害公共安全，致人重伤、死亡或者使公私财产遭受重大损失的行为。本罪的构成要件如下：（1）本罪的客观方面表现为，使用与放火、决水、爆炸、投放危险物质等危险性相当的其他危险的方法，危害公共安全，致人重伤、死亡或者使公私财产遭受重大损失的行为。（2）本罪的主体为一般主体，即年满 16 周岁且具有刑事责任能力的自然人。（3）本罪的主观方面为过失。（4）本罪的客体为公共安全。

根据刑法第 115 条第 2 款的规定，犯本罪的，处 3 年以上 7 年以下有期徒刑；情节较轻的，处 3 年以下有期徒刑或者拘役。

十一、破坏交通工具罪

（一）概念与构成

破坏交通工具罪，是指故意地破坏火车、汽车、电车、船只、航空器，足以使火车、汽车、电车、船只、航空器发生倾覆、毁坏危险或者造成严重后果的行为。

本罪的构成要件如下。

（1）本罪的客观方面表现为，破坏火车、汽车、电车、船只、航空器，足以使火车、汽车、电车、船只、航空器发生倾覆、毁坏危险或者造成严重后果的行为。具体可以从三方面去理解：一是行为人必须具有破坏交通工具的行为。这里的交通工具，法律明确规定包括火车、汽车、电车、船只、航空器。二是破坏的是正在使用中的交通工具。这里的“正在使用”，即指已交付使用，包括运行中和交付使用停机待用。如果行为人破坏的是正在制造或者正在修理中的交通工具，或者虽然制造出来但并未交付使用的交通工具，不能构成本罪。三是破坏行为必须足以导致使用中的交通工具发生倾覆、毁坏的危险。破坏行为针对的是上述交通工具的整体或者重要部件的破坏，由此使正在使用中的交通工具发生倾覆、毁坏的危险。“足以”，是指破坏行为虽还没有造成交通工具的倾覆、毁坏，但是已达到了交通工具运行安全无法得以保障的程度，存在发生倾覆、毁坏的现实可能性。“倾覆”，是指车辆倾倒、船只翻沉、航空器坠毁等；“毁坏”，是指交通工具的性能丧失、报废或者其他重大毁损。

（2）本罪的主体为一般主体，凡年满 16 周岁且具有刑事责任能力的人均能成为本罪的主体，可以是交通运输人员，也可以是其他人。

（3）本罪的主观方面为故意，包括直接故意，也包括间接故意。其故意的内容表现为明知自己的破坏行为会造成交通工具倾覆或者毁坏的危害结果，并且希望或放任这种结果的发生。犯罪动机如何并不影响本罪的成立。

（4）本罪的客体为交通运输安全。交通运输是实现旅客、货物空间转移的重要活动，而交通工具是交通运输的基本工具。破坏交通工具的行为，会直接危及不特定多数人或者物资的安全，乃至造成重大的人员伤亡、重大财产损失。

（二）司法认定与刑事处罚

1. 司法认定

（1）破坏交通工具罪与盗窃罪、故意毁坏财物罪的界分。针对交通工具上的设备、部件进行盗窃、故意毁坏的行为，应以盗窃罪、故意毁坏财物罪还是破坏交通工具罪定罪？对此，应以盗窃、故意毁坏行为是否危及公共安全来进行判断。具体而言，对于盗窃、破坏没有正在使用的交通工具上的设备、部件的行为，由于该行为没有危及公共运输安全，因而不以破坏交通工具罪定罪，如果盗窃数额较大或多次盗窃的，或者毁坏财物数额较大或者有其他严重情节的，则应以盗窃罪（刑法第 264 条）或者故意毁坏财物罪（刑法第 275 条）定罪。对于盗窃、破坏正在使用中的交通工具上的设备、部件，并因此危及公共运输安全的，则应以破坏交通工具罪定罪；虽然盗窃、破坏正在使用中的交通工具上的设备、部件，但是并不足以危及公共运输安全的，则不以破坏交通工具罪定罪，如果盗窃数额较大或多次盗窃的，或者毁坏财物数额较大或者有其他严重情节的，则应以盗窃罪或者故意毁坏财物罪定罪。

（2）破坏交通工具罪的未遂形态认定。破坏交通工具罪，是以行为造成交通工具倾覆、毁坏的实际危险状态作为既遂的标志，通常行为实行终了才会产生这种实际危险状态；如果行为人虽已着手对交通工具进行破坏，但尚不足以造成交通工具倾覆、毁坏的实际危险状态，就构成本罪的未遂。具体而言，行为人以破坏交通工具的意图着手破坏行为，尚不能造成交通工具倾覆、毁坏的实际危险状态，而只有破坏行为达到一定程度，也就是说造成交通工具关键部件损坏时，这种危险状态才可能形成，因而在破坏行为着手后至这种危险状态形成前，会存在一定的时间历程，如果行为人实施的破坏行为处于这一过程，并由于意志以外的原因没有在事实上使这一状态得以形成，则行为人应当负破坏交通工具罪（未遂）的刑事责任。

2. 刑事处罚

根据刑法第 116 条的规定，犯本罪，尚未造成严重后果的，处 3 年以上 10 年以下有期徒刑。根据刑法第 119 条第 1 款的规定，犯本罪，造成严重后果的，处 10 年以上有期徒刑、无期徒刑或者死刑。

十二、破坏交通设施罪

破坏交通设施罪，是指故意破坏轨道、桥梁、隧道、公路、机场、航道、灯塔、标志或者进行其他破坏活动，足以使火车、汽车、电车、船只、航空器发生倾覆、毁坏危险或者造成严重结果的行为。本罪的构成要件如下：(1) 本罪的客观方面表现为，破坏轨道、桥梁、隧道、公路、机场、航道、灯塔、标志或者进行其他破坏活动，足以使火车、汽车、电车、船只、航空器发生倾覆、毁坏危险或者造成严重结果的行为。“破坏”，是指使交通设施本身遭受毁损或者使交通设施丧失应用性能的行为；“其他破坏行为”，是指虽然没有直接针对上述交通设施进行破坏，但是其行为足以使火车、汽车、电车、船只、航空器发生倾覆、毁坏危险或者造成严重结果的行为，如故意错发指示信号。(2) 本罪的主体是一般主体，即年满 16 周岁且具有刑事责任能力的自然人。(3) 本罪的主观方面为故意，即明知自己破坏交通设施的行为会发生使交通工具倾覆或者毁坏的危害结果，并且希望或者放任这种结果的发生。(4) 本罪的客体是交通运输安全。

根据刑法第 117 条的规定，犯本罪，尚未造成严重后果的，处 3 年以上 10 年以下有期徒刑。根据刑法第 119 条第 1 款的规定，犯本罪，造成严重后果的，处 10 年以上有期徒刑、无期徒刑或者死刑。

十三、破坏电力设备罪

（一）概念与构成

破坏电力设备罪，是指故意地破坏电力设备，危害公共电力安全的行为。

本罪的构成要件如下：

(1) 本罪的客观方面表现为，破坏电力设备，危害公共电力安全的行为。本罪的对象是电力设备。根据 2007 年 8 月 15 日最高人民法院公布的《关于审理破坏电力设备刑事案件具体应用法律若干问题的解释》第 4 条第 1 款规定，电力设备，是指处于运行、应急等使用中的电力设备；已经通电使用，只是由于枯水季节或电力不足等原因暂停使用的电力设备；已经交付使用但尚未通电的电力设备。其不包括尚未安装完毕，或者已经安装完毕但尚未交付使用的电力设备。具体包括各种发电设备、供电设备与输变电设备。

(2) 本罪的主体是一般主体，即年满 16 周岁且具有刑事责任能力的自然人。

(3) 本罪的主观方面为故意，即明知自己破坏电力设备的行为会发生危害公共供电安全的行为，并且希望或者放任这种结果的发生。

(4) 本罪的客体为公共供电安全。

（二）司法认定与刑事处罚

1. 司法认定

在本罪的司法认定中，应特别注意盗窃电力设备行为的定性。根据上述司法解释第3条的规定，盗窃电力设备，危害公共安全，但不构成盗窃罪的，以破坏电力设备罪定罪处罚；同时构成盗窃罪和破坏电力设备罪的，依照刑法处罚较重的规定定罪处罚。盗窃电力设备，没有危及公共安全，但应当追究刑事责任的，可以根据案件的不同情况，按照盗窃罪等犯罪处理。

2. 刑事处罚

根据刑法第118条的规定，犯本罪，尚未造成严重后果的，处3年以上10年以下有期徒刑。根据刑法第119条第1款的规定，犯本罪，造成严重后果的，处10年以上有期徒刑、无期徒刑或者死刑。这里的"严重后果"，根据上述司法解释第1条的规定，包括四种情形：（1）造成1人以上死亡、3人以上重伤或者10人以上轻伤的；（2）造成1万以上用户电力供应中断6小时以上，致使生产、生活受到严重影响的；（3）造成直接经济损失100万元以上的；（4）造成其他危害公共安全严重后果的。关于直接经济损失的计算，前述司法解释第4条第2款规定，其计算范围包括电量损失金额，被毁损设备材料的购置、更换、修复费用，以及因停电给用户造成的直接经济损失等。

十四、破坏易燃易爆设备罪

破坏易燃易爆设备罪，是指故意地破坏燃气或者其他易燃易爆设备，危害公共安全的行为。本罪的构成要件如下：（1）本罪的客观方面表现为，破坏燃气或者其他易燃易爆设备，危害公共安全的行为。这里的燃气或者其他易燃易爆设备，是指正在使用中（包括已交付使用）的这类设备。破坏行为，既可以作为方式实施，也可以不作为方式实施。（2）本罪的主体为一般主体，即年满16周岁且具有刑事责任能力的自然人。（3）本罪的主观方面为故意，即明知自己破坏易燃易爆设备的行为会发生危害公共安全的结果，并且希望或者放任这种结果的发生。（4）本罪的客体为公共安全。2007年1月15日最高人民法院、最高人民检察院公布的《关于办理盗窃油气、破坏油气设备等刑事案件具体应用法律若干问题的解释》第1条规定，在实施盗窃油气等行为过程中，采用切割、打孔、撬砸、拆卸、开关等手段破坏正在使用的油气设备的，属于刑法第118条规定的"破坏燃气或者其他易燃易爆设备"的行为；危害公共安全，尚未造成严重后果的，依照刑法第118条的规定定罪处罚。同时，该解释第4条规定，盗窃油气同时构成盗窃罪和破坏易燃易爆设备罪的，依照刑法处罚较重的规定定罪处罚。2018年9月28日最高人民法院、最高人民检察院、公安部公布的《关于办理盗窃油气、破坏油气设备等刑事案件适用法律若干问题的意见》规定，在实施盗窃油气等行为过程中，破坏正在使用的油气设备，具有下列情形之一的，应当认定为本罪的"危害公共安全"，依照本罪定罪处罚："（一）采用切割、打孔、撬砸、拆卸手段的，但是明显未危害公共安全的除外；（二）采用开、关等手段，足以引发火灾、爆炸等危险的”。

根据刑法第 118 条的规定，犯本罪，尚未造成严重后果的，处 3 年以上 10 年以下有期徒刑。根据刑法第 119 条第 1 款的规定，犯本罪，造成严重后果的，处 10 年以上有期徒刑、无期徒刑或者死刑。

十五、过失损坏交通工具罪

过失损坏交通工具罪，是指过失地损坏火车、汽车、电车、船只、航空器，危害公共安全，造成严重后果的行为。本罪的构成要件如下：（1）本罪的客观方面表现为，损坏火车、汽车、电车、船只、航空器，危害公共安全，造成严重后果的行为。“造成严重后果”，即实际造成交通工具倾覆、毁坏的重大公私财产的损失或者人员伤亡的后果。（2）本罪的主体为一般主体，即年满 16 周岁且具有刑事责任能力的自然人。（3）本罪的主观方面为过失，即应当预见自己的行为可能造成火车、汽车、电车、船只、航空器倾覆或者毁坏的结果，因为疏忽大意而没有预见或者已经预见而轻信能够避免，以致发生这种结果。（4）本罪的客体为交通运输安全。

根据刑法第 119 条第 2 款的规定，犯本罪，处 3 年以上 7 年以下有期徒刑；情节较轻的，处 3 年以下有期徒刑或者拘役。

十六、过失损坏交通设施罪

过失损坏交通设施罪，是指过失地损坏轨道、桥梁、隧道、公路、机场、航道、灯塔、标志等交通设施，危害公共安全，造成严重后果的行为。本罪的构成要件如下：（1）本罪的客观方面表现为，损坏轨道、桥梁、隧道、公路、机场、航道、灯塔、标志等交通设施，危害公共安全，造成严重后果的行为。“造成严重后果”，是指实际造成交通工具倾覆、毁坏的重大公私财产的损失或者人员伤亡的后果。（2）本罪的主体为一般主体，即年满 16 周岁且具有刑事责任能力的自然人。（3）本罪的主观方面为过失，即应当预见自己损坏交通设施的行为可能造成交通工具倾覆或者毁坏的结果，因为疏忽大意而没有预见或者已经预见而轻信能够避免，以致发生这一结果。（4）本罪的客体为交通运输安全。

根据刑法第 119 条第 2 款的规定，犯本罪，处 3 年以上 7 年以下有期徒刑；情节较轻的，处 3 年以下有期徒刑或者拘役。

十七、过失损坏电力设备罪

过失损坏电力设备罪，是指过失地损坏电力设备，危害公共安全，造成严重后果的行为。本罪的构成要件如下：（1）本罪的客观方面表现为，损坏电力设备，危害公共安全，造成严重后果的行为。这里的“严重后果”，根据 2007 年 8 月 15 日最高人民法院公布的《关于审理破坏电力设备刑事案件具体应用法律若干问题的解释》第 1 条的规定，具体包括 4 种情形：1）造成 1 人以上死亡、3 人以上重伤或者 10 人以上轻伤的；2）造成 1 万以上用户电力供应中断 6 小时以上，致使生产、生活受到严重影响的；3）造成直接经济损失 100 万元以上的；4）造成其他危害公共安全严重后果的。（2）本罪的主体为一般主体，即年满 16 周岁且具有刑事责任能力的自然人。（3）本罪的主观方面为过失，即应当预见自己损坏电力设备的行为可能危害电力安全，因为疏忽大意而没有预见或者已经预见而轻信能够避免，以致发生这一结果。（4）本罪的客体为公共电力安全。

根据刑法第 119 条第 2 款的规定，犯本罪，处 3 年以上 7 年以下有期徒刑；情节较轻的，处 3 年以下有期徒刑或者拘役。

十八、过失损坏易燃易爆设备罪

过失损坏易燃易爆设备罪，是指过失地损坏燃气或者其他易燃易爆设备，危害公共安全，造成严重后果的行为。本罪的构成要件如下：（1）本罪的客观方面表现为，损坏燃气或者其他易燃易爆设备，危害公共安全，造成严重后果的行为。“造成严重后果”，是指实际造成人员伤亡或者重大公私财产损失。（2）本罪的主体为一般主体，即年满 16 周岁且具有刑事责任能力的自然人。（3）本罪的主观方面为过失，即应当预见自己损坏易燃易爆设备的行为可能危害电力安全，因为疏忽大意而没有预见或者已经预见而轻信能够避免，以致发生这一结果。（4）本罪的客体为公共安全。

根据刑法第 119 条第 2 款的规定，犯本罪，处 3 年以上 7 年以下有期徒刑；情节较轻的，处 3 年以下有期徒刑或者拘役。

十九、组织、领导、参加恐怖组织罪

（一）概念与构成

组织、领导、参加恐怖组织罪，是指组织、领导或者参加恐怖活动组织的行为。本罪罪名属于选择性罪名，以行为人实施行为的性质来确定其罪名。

本罪的构成要件如下：

（1）本罪的客观方面表现为组织、领导或者参加恐怖活动组织的行为。恐怖活动，是指为了达到一定特殊目的，尤其是政治目的，而对他人的人身和财产权益等使用暴力、威胁等手段，以引起公众和社会的恐惧乃至恐慌的行为总称。恐怖活动组织，是指三人以上，以实施恐怖活动为目的而建立起来的，具有较强的组织性和稳定性，通过计划和实施恐怖活动而危害公共安全的犯罪组织。“组织”，是指发起、推动、组建恐怖活动组织的行为，主要包括创立、组建恐怖组织，确定该组织的宗旨、目的，确定恐怖组织的组织机构、人员安排、纪律规范、活动方式，发展恐怖组织成员，培训恐怖分子等具体表现形式。“领导”，是指在恐怖组织中居于核心地位，制订恐怖活动计划，指挥实施恐怖活动，即在该组织中发挥指挥、策划、协调作用的行为。“参加”，是指以某种方式加入恐怖活动组织，接受该组织的领导，实施或者准备实施该组织策划的恐怖活动的行为。2018 年 3 月 16 日最高人民法院、最高人民检察院、公安部、司法部公布的《关于办理恐怖活动和极端主义犯罪案件适用法律若干问题的意见》规定，具有下列情形之一的，应当认定为“组织、领导恐怖活动组织”：1）发起、建立恐怖活动组织的；2）恐怖活动组织成立后，对组织及其日常运行负责决策、指挥、管理的；3）恐怖活动组织成立后，组织、策划、指挥该组织成员进行恐怖活动的；4）其他组织、领导恐怖活动组织的情形。具有下列情形之一的，应当认定为“积极参加”：1）纠集他人共同参加恐怖活动组织的；2）多次参加恐怖活动组织的；3）曾因参加恐怖活动组织、实施恐怖活动被追究刑事责任或者 2 年内受过行政处罚，又参加恐怖活动组织的；4）在恐怖活动组织中实施恐怖活动且作用突出的；5）在恐怖活动组织中积极协助组织、领导者实施组织、领导行为的；6）其他积极参加恐怖活动组织的情形。

（2）本罪的主体为一般主体，即年满 16 周岁且具有刑事责任能力的自然人。

（3）本罪的主观方面为故意，且仅限于直接故意。对于组织、领导恐怖活动组织的行为人而言，即明知恐怖活动会危害公共安全，仍以实施恐怖活动为目的而组织、领导恐怖活动组织；对于参加恐怖活动组织的行为人而言，即明知是恐怖活动组织，仍参与其中并实施或者准备实施该组织策划的恐怖活动。行为人并不了解某一组织的性质，加入后才意识到其为恐怖活动组织的，如果立即退出该组织，则不应以本罪论处，如果仍继续充当其成员或者默认的，仍应以参加恐怖组织罪定罪。行为人基于何种动机实施组织、领导或者参加恐怖活动组织的行为，并不影响本罪的定罪。

（4）本罪的客体即为公共安全。恐怖活动对公共安全具有直接的、现实的危害，而组织、领导、参加恐怖活动组织罪，以策划、实施恐怖活动为目的，因而其行为对公共安全具有明显的危害。恐怖活动犯罪，被国际社会看作影响社会稳定、和谐的大敌，并被视为国际犯罪。早在 1937 年 11 月 16 日，在国际联盟的主持下，27 个国家的代表在日内瓦签署了《防止和惩治恐怖主义公约》，但是由于第二次世界大战的爆发，该公约没有生效。第二次世界大战后，国际社会先后签订了一系列国际公约，如 1963 年《东京公约》、1970 年《海牙公约》、1971 年《蒙特利尔公约》、1973 年《关于防止和惩处侵害应受国际保护人员包括外交代表的罪行的公约》、1979 年《反对劫持人质国际公约》、1987 年《核材料实物保护公约》等国际公约都明文规定了一些恐怖主义罪行。到 20 世纪末、21 世纪初，国际社会对于打击恐怖主义犯罪更是给予极大的关注，并出台诸多国际法律文件，如 1998 年联合国《制止恐怖主义爆炸事件的国际公约》、1999 年联合国《消除国际恐怖主义的措施》《制止向恐怖主义提供资助的国际公约》等。近些年在我国一些地区也发生了恐怖袭击事件。为此，我国积极加入有关国际公约，并与一些周边国家缔结区域性条约，打击恐怖主义，如 2003 年 3 月 29 日生效的，中国与哈萨克斯坦、吉尔吉斯斯坦、俄罗斯、塔吉克斯坦、乌兹别克斯坦缔结的《打击恐怖主义、分裂主义和极端主义上海公约》。同时，我国还完善了国内法，在《刑法修正案（三）》中对恐怖活动犯罪及相关犯罪的规定进行了修改和补充。

（二）司法认定与刑事处罚

1. 司法认定

（1）恐怖活动组织与一般犯罪组织的界限。与其他类型的犯罪组织相比，恐怖活动组织是以实施恐怖活动为目的的组织，因而区分恐怖活动组织与一般犯罪组织，关键在于有无实施恐怖活动的目的。组织、领导、参加非恐怖性犯罪组织，如果刑法另有规定的，依照相关规定定罪处罚，如刑法第 294 条第 1 款组织、领导、参加黑社会性质组织罪，第 300 条第 1 款组织邪教组织破坏法律实施罪；如果刑法没有特别规定的，不构成独立的犯罪，而只能依据犯罪集团实施的具体犯罪行为确定罪名。

（2）实施本罪并实施其他犯罪的处理问题。根据刑法第 120 条第 2 款的规定，犯本罪并实施杀人、爆炸、绑架等犯罪的，依照数罪并罚的规定处罚。根据该条款规定，组织、领导、参加恐怖活动组织的行为，即构成本罪；如果该组织进而实施杀人、爆炸、绑架等恐怖活动，构成其他犯罪的，对于相关的组织者、领导者或者参加者，在对其行为分别以该罪与本罪定罪的基础上，根据数罪并罚的规定进行处理。

2. 刑事处罚

根据刑法第 120 条第 1 款的规定，组织、领导恐怖活动组织的，处 10 年以上有期徒刑或者无期徒刑，并处没收财产；积极参加的，处 3 年以上 10 年以下有期徒刑，并处罚金；其他参加的，处 3 年以下有期徒刑、拘役、管制或者剥夺政治权利，可以并处罚金。

根据刑法第 66 条的规定，恐怖活动犯罪的犯罪分子，在刑罚执行完毕或者赦免以后，在任何时候再犯上述罪的，都以累犯论处。

二十、帮助恐怖活动罪

帮助恐怖活动罪，是指故意资助恐怖活动组织、实施恐怖活动的个人、恐怖活动培训，或者为恐怖活动组织、实施恐怖活动或者恐怖活动培训招募、运送人员的行为。

本罪的构成要件如下：客观方面表现为资助恐怖活动组织、实施恐怖活动的个人、恐怖活动培训，或者为恐怖活动组织、实施恐怖活动或者恐怖活动培训招募、运送人员的行为。其中，“恐怖活动培训”与招募、运送人员的行为方式为《刑法修正案（九）》所增设。“资助”，是指向恐怖活动组织、实施恐怖活动的个人，提供用于进行恐怖活动的经费、场所和物资。[①] 资助的具体方式没有限制。本罪的行为仅限于资助，如果行为人

① 1999 年 12 月 9 日联合国大会《制止向恐怖主义提供资助的国际公约》第 2 条第 1 款规定，该公约所称的犯罪，“是指任何人以任何手段，直接或间接地非法和故意地提供或募集资金，其意图是将全部或部分资金用于，或者明知全部或部分资金将用于实施：（a）属附件所列条约之一的范围并经其定义为犯罪的一项行为；或（b）意图致使平民或在武装冲突情势中未积极参与敌对行动的任何其他人死亡或重伤的任何其他行为，如这些行为因其性质或相关情况旨在恐吓人口，或迫使一国政府或一个国际组织采取或不采取任何行动”。关于资金的界定，该公约第 1 条第 1 款规定：“‘资金’系指所有各种资产，不论是有形资产或无形资产、是动产还是不动产，不论以何种方式取得，和以任何形式，包括电子或数字形式证明这种资产的产权或权益的法律文件或证书，包括但不限于银行贷记、旅行支票、银行支票、邮政汇票、股票、证券、债券、汇票和信用证。”该公约的这些规定，在适用帮助恐怖活动罪时，可以作为参考。

在提供资助的同时，还实施了组织、领导、参加恐怖活动组织的行为，则应以组织、领导、参加恐怖组织罪定罪。本罪的主体包括自然人和单位。本罪的主观方面为故意，且仅为直接故意，即明知是恐怖活动组织或者实施恐怖活动的个人而予以资助。本罪的客体为公共安全。

根据《关于办理恐怖活动和极端主义犯罪案件适用法律若干问题的意见》的规定，具有下列情形之一的，以帮助恐怖活动罪定罪处罚：(1) 以募捐、变卖房产、转移资金等方式为恐怖活动组织、实施恐怖活动的个人、恐怖活动培训筹集、提供经费，或者提供器材、设备、交通工具、武器装备等物资，或者提供其他物质便利的。(2) 以宣传、招收、介绍、输送等方式为恐怖活动组织、实施恐怖活动、恐怖活动培训招募人员的。(3) 以帮助非法出入境，或者为非法出入境提供中介服务、中转运送、停留住宿、伪造身份证明材料等便利，或者充当向导、帮助探查偷越国（边）境路线等方式，为恐怖活动组织、实施恐怖活动、恐怖活动培训运送人员的。(4) 其他资助恐怖活动组织、实施恐怖活动的个人、恐怖活动培训，或者为恐怖活动组织、实施恐怖活动、恐怖活动培训招募、运送人员的情形。

根据刑法第 120 条之一的规定，犯本罪的，处 5 年以下有期徒刑、拘役、管制或者剥夺政治权利，并处罚金；情节严重的，处 5 年以上有期徒刑，并处罚金或者没收财产。单位犯本罪的，对单位判处罚金，并对其直接负责的主管人员和其他直接责任人员，依照自然人犯该罪的规定处罚。

二十一、准备实施恐怖活动罪

准备实施恐怖活动罪，是指故意为实施恐怖活动准备凶器、危险物品或者其他工具，组织恐怖活动培训或者积极参加恐怖活动培训，为实施恐怖活动与境外恐怖活动组织或者人员联系，为实施恐怖活动进行策划或者其他准备的行为。本罪的构成要件如下：客观方面表现为，为实施恐怖活动准备凶器、危险物品或者其他工具，组织恐怖活动培训或者积极参加恐怖活动培训，为实施恐怖活动与境外恐怖活动组织或者人员联系，为实施恐怖活动进行策划或者其他准备的行为。本罪的主体为一般主体，即年满 16 周岁且具有刑事责任能力的自然人。本罪的主观方面为故意。本罪的客体为公共安全。

根据《关于办理恐怖活动和极端主义犯罪案件适用法律若干问题的意见》的规定，具有下列情形之一的，以本罪定罪处罚：(1) 为实施恐怖活动制造、购买、储存、运输凶器，易燃易爆、易制爆品，腐蚀性、放射性、传染性、毒害性物品等危险物品，或者其他工具的；(2) 以当面传授、开办培训班、组建训练营、开办论坛、组织收听收看音频视频资料等方式，或者利用网站、网页、论坛、博客、微博客、网盘、即时通信、通讯群组，聊天室等网络平台、网络应用服务组织恐怖活动培训的，或者积极参加恐怖活动心理体能培训，传授、学习犯罪技能方法或者进行恐怖活动训练的；(3) 为实施恐怖活动，通过拨打电话，发送短信、电子邮件等方式，或者利用网站、网页、论坛，博客、微博客、网盘、即时通信、通讯群组、聊天室等网络平台、网络应用服务与境外恐怖活动组织、人员联络的；(4) 为实施恐怖活动出入境或者组织、策划、煽动、拉拢他人出入境的；（5）为实施恐怖活动进行策划或者其他准备的情形。

根据刑法第120条之二的规定，犯本罪的，处5年以下有期徒刑、拘役、管制或者剥夺政治权利，并处罚金；情节严重的，处5年以上有期徒刑，并处罚金或者没收财产。构成本罪，同时又构成其他犯罪的，依照处罚较重的规定定罪处罚。

二十二、宣扬恐怖主义、极端主义、煽动实施恐怖活动罪

宣扬恐怖主义、极端主义、煽动实施恐怖活动罪，是指故意以制作、散发宣扬恐怖主义、极端主义的图书、音频视频资料或者其他物品，或者通过讲授、发布信息等方式宣扬恐怖主义、极端主义的，或者煽动实施恐怖活动的行为。

本罪的构成要件如下：（1）本罪的客观方面表现为，以制作、散发宣扬恐怖主义、极端主义的图书、音频视频资料或者其他物品，或者通过讲授、发布信息等方式宣扬恐怖主义、极端主义的，或者煽动实施恐怖活动的行为。宣扬，是指广泛宣布、传扬，即将恐怖主义、极端主义通过一定媒介公布，让不特定或多数人知晓的行为。（2）本罪的主体为一般主体，即年满16周岁且具有刑事责任能力的自然人。（3）本罪的主观方面为故意。（4）本罪的客体为公共安全。

根据《关于办理恐怖活动和极端主义犯罪案件适用法律若干问题的意见》的规定，实施下列行为之一，以本罪定罪处罚：（1）编写、出版、印刷、复制、发行、散发、播放载有宣扬恐怖主义、极端主义内容的图书、报刊、文稿、图片或者音频视频资料的；（2）设计、生产、制作、销售、租赁、运输、托运、寄递、散发、展示带有宣扬恐怖主义、极端主义内容的标识、标志、服饰、旗帜、徽章、器物、纪念品等物品的；（3）利用网站、网页、论坛、博客、微博客、网盘、即时通信、通讯群组、聊天室等网络平台、网络应用服务等登载、张贴、复制、发送、播放，演示载有恐怖主义、极端主义内容的图书、报刊、文稿、图片或者音频视频资料的；（4）网站、网页、论坛、博客、微博客、网盘、即时通信、通讯群组，聊天室等网络平台、网络应用服务的建立、开办、经营、管理者，明知他人利用网络平台、网络应用服务散布、宣扬恐怖主义、极端主义内容，经相关行政主管部门处罚后仍允许或者放任他人发布的；（5）利用教经、讲经、解经、学经、婚礼、葬礼、纪念、聚会和文体活动等宣扬恐怖主义、极端主义、煽动实施恐怖活动的；（6）其他宣扬恐怖主义、极端主义，煽动实施恐怖活动的行为。

根据刑法第120条之三的规定，犯本罪的，处5年以下有期徒刑、拘役、管制或者剥夺政治权利，并处罚金；情节严重的，处5年以上有期徒刑，并处罚金或者没收财产。

二十三、利用极端主义破坏法律实施罪

利用极端主义破坏法律实施罪，是指利用极端主义煽动、胁迫群众破坏国家法律确立的婚姻、司法、教育、社会管理等制度实施的行为。

本罪的构成要件如下：（1）本罪的客观方面表现为，利用极端主义煽动、胁迫群众破坏国家法律确立的婚姻、司法、教育、社会管理等制度实施的行为。煽动，是指行为

人以语言、文字、图像、音频视频等方式对他人进行怂恿、鼓动，意图使他人去实行破坏国家法律确立的婚姻、司法、教育、社会管理等制度的行为。胁迫，是指以言辞或举动，显示加害他人的意思，或以加害的意思告知他人，使其产生畏惧，不得已去实施破坏国家法律确立的婚姻、司法、教育、社会管理等制度的行为。胁迫的内容可以是侵害他人财产，伤害他人人身，驱使他人离开所居住社区等物理损害，也可以是阻止他人参加正常宗教活动等精神方面的威胁。本罪属于行为犯，行为人只要具有煽动、胁迫群众破坏国家法律确立的婚姻、司法、教育、社会管理等制度实施的行为，不论群众是否接受其煽动、胁迫，也不论该行为是否得逞，是否造成严重后果，都构成犯罪既遂。情节严重，一般指多次煽动、胁迫群众破坏国家法律确立的各项制度的实施；造成被胁迫者财产受到较大损失、人身安全受到严重威胁或者精神受到严重伤害；煽动、胁迫行为在社会上造成恶劣的影响；因煽动、胁迫造成国家法律确立的各项制度实施明显受阻，社会秩序出现混乱等后果；等等。（2）本罪的主体是一般主体，即年满 16 周岁且具有刑事责任能力的自然人。（3）本罪的主观方面为故意。（4）本罪的客体是国家法律确立的婚姻、司法、教育、社会管理等各项制度下公众生活的安全和秩序。

根据《关于办理恐怖活动和极端主义犯罪案件适用法律若干问题的意见》的规定，实施下列行为之一的，以本罪定罪处罚：（1）煽动、胁迫群众以宗教仪式取代结婚、离婚登记，或者干涉婚姻自由的；（2）煽动、胁迫群众破坏国家法律确立的司法制度实施的；（3）煽动、胁迫群众干涉未成年人接受义务教育，或者破坏学校教育制度、国家教育考试制度等国家法律规定的教育制度的；（4）煽动、胁迫群众抵制人民政府依法管理，或者阻碍国家机关工作人员依法执行职务的；（5）煽动、胁迫群众损毁居民身份证、居民户口簿等国家法定证件以及人民币的；（6）煽动、胁迫群众驱赶其他民族、有其他信仰的人员离开居住地，或者干涉他人生活和生产经营的；（7）其他煽动、胁迫群众破坏国家法律制度实施的行为。

根据刑法第 120 条之四的规定，犯本罪的，处 3 年以下有期徒刑、拘役或者管制，并处罚金；情节严重的，处 3 年以上 7 年以下有期徒刑，并处罚金；情节特别严重的，处 7 年以上有期徒刑，并处罚金或者没收财产。

二十四、强制穿戴宣扬恐怖主义、极端主义服饰、标志罪

强制穿戴宣扬恐怖主义、极端主义服饰、标志罪，是指以暴力、胁迫等方式强制他人在公共场所穿着、佩戴宣扬恐怖主义、极端主义服饰、标志的行为。

本罪的构成要件如下：（1）本罪的客观方面表现为，以暴力、胁迫等方式强制他人在公共场所穿着、佩戴宣扬恐怖主义、极端主义服饰、标志的行为。所谓暴力，是指对他人的人身行使有形力的手段，例如殴打、伤害等方式，危害他人的人身安全或者人身自由，使他人迫于外在的有形力而屈服。所谓胁迫，是指对他人进行威胁、恫吓，达到精神上的强制，使他人不敢反抗。胁迫的核心是足以引起他人的恐惧心理，使之不敢反抗，从而被迫在公共场所穿着、佩戴宣扬恐怖主义、极端主义的服饰、标志。胁迫的方式既可以是口头的，也可以是书面的，还可以是音频视频形式的。胁迫的内容既可以以

暴力进行威胁，如持凶器胁迫，如果不顺从，胁迫立刻转化为暴力，也可以以非暴力进行威胁，如将其从社区孤立、死后不给念经送葬、禁止参加宗教活动等。暴力、胁迫既可以直接针对被害人本人实施，也可以通过对第三人实施而让被害人感觉到恐惧从而被迫服从。其他方式包括引诱、欺骗等。只要被害人按其自由意志不会在公共场所穿着宣扬恐怖主义、极端主义的服饰，佩戴宣扬恐怖主义、极端主义的标志，而在行为人的作用力下被迫作出了该行为即可。强制的程度相对较低，不一定使被害人完全丧失意志自由或者选择机会，只要是被害人原本不愿意作出该行为，而行为人通过自身的方式强迫被害人改变了选择，作出了该行为即可。恐怖主义、极端主义服饰，是根据恐怖主义、极端主义理念与思想设计的，与普通服饰有明显区别的具有象征性的服饰，比如写有恐怖活动组织名称的头巾，印有象征恐怖主义、极端主义图像的衣服，普通公众能够感觉到此类服饰是恐怖主义、极端主义的一种象征，不是没有象征意义的普通服饰。恐怖主义、极端主义标志，是指表明恐怖主义、极端主义特征的记号。恐怖主义、极端主义标志以显著、易识别的物象、图形或文字符号为直观语言，除表示恐怖主义、极端主义之外，还具有表达恐怖主义、极端主义意义、情感和指令行动等作用。恐怖主义、极端主义服饰、标志是恐怖主义、极端主义分子表明身份，与他人和社会制造对立的符号，通过穿着该服饰、佩戴该标志来扩大自己的社会影响力，侵害他人的人身自由，破坏社会安宁和秩序。公共场所，是指具有公共性、开放性，能满足不特定或者多数人某种需求的场所。公共场所应当具有下列特征：一是具有公共性，即该场所是为社会公众设立并且服务于社会公众的。二是具有开放性，即该场所对全体社会公众开放。三是公共场所必须具有社会活动性，即场所的功能是用于满足公众的社会生活的某方面需求。（2）本罪的主体为一般主体，即年满 16 周岁且具有刑事责任能力的自然人。（3）本罪的主观方面为故意。（4）本罪的客体为公共安全。

根据《关于办理恐怖活动和极端主义犯罪案件适用法律若干问题的意见》的规定，具有下列情形之一的，以本罪定罪处罚：（1）以暴力、胁迫等方式强制他人在公共场所穿着、佩戴宣扬恐怖主义、极端主义服饰的；（2）以暴力、胁迫等方式强制他人在公共场所穿着、佩戴含有恐怖主义、极端主义的文字、符号、图形、口号、徽章的服饰、标志的；（3）其他强制他人穿戴宣扬恐怖主义、极端主义服饰、标志的情形。

根据刑法第 120 条之五的规定，犯本罪的，处 3 年以下有期徒刑、拘役或者管制，并处罚金。

二十五、非法持有宣扬恐怖主义、极端主义物品罪

非法持有宣扬恐怖主义、极端主义物品罪，是指非法持有宣扬恐怖主义、极端主义的图书、音频视频资料或者其他物品，情节严重的行为。本罪为《刑法修正案（九）》所增设。

本罪的构成要件如下：（1）本罪的客观方面表现为，非法持有宣扬恐怖主义、极端主义的图书、音频视频资料或者其他物品，情节严重的行为。本罪属于情节犯，要求行为人持有宣扬恐怖主义、极端主义的图书、音频视频资料或者其他物品，达到情节严重

的程度，才可能构成本罪。“情节严重”一般是指因持有宣扬恐怖主义、极端主义的图书、音频视频资料或者其他物品，经过批评教育后仍然持有的；或者持有的宣扬恐怖主义、极端主义的图书、音频视频资料或者其他物品数量较多的；等等。(2) 本罪的主体为一般主体，即年满 16 周岁且具有刑事责任能力的自然人。(3) 本罪的主观方面为故意。(4) 本罪的客体为公共安全。

根据《关于办理恐怖活动和极端主义犯罪案件适用法律若干问题的意见》的规定，明知是载有宣扬恐怖主义、极端主义内容的图书、报刊、文稿、图片、音频视频资料、服饰、标志或者其他物品而非法持有，达到下列数量标准之一的，以本罪处罚：(1) 图书、刊物 20 册以上，或者电子图书、刊物 5 册以上的；(2) 报纸 100 份（张）以上，或者电子报纸 20 份（张）以上的；(3) 文稿、图片 100 篇（张）以上，或者电子文稿、图片 20 篇（张）以上，或者电子文档 50 万字符以上的；(4) 录音带、录像带等音像制品 20 个以上，或者电子音频视频资料 5 个以上，或者电子音频视频资料 20 分钟以上的；(5) 服饰、标志 20 件以上的。

根据刑法第 120 条之六的规定，犯本罪的，处 3 年以下有期徒刑、拘役或者管制，并处或者单处罚金。

二十六、劫持航空器罪

（一）概念与构成

劫持航空器罪，是指以暴力、胁迫或者其他方法劫持航空器，危害公共安全的行为。

本罪的构成要件如下：

(1) 本罪的客观方面表现为以暴力、胁迫或者其他方法劫持航空器，危害公共安全的行为。“暴力”，是指犯罪分子直接对航空器实施暴力袭击或采用杀害、伤害、殴打、捆绑、监禁、扣押等危害人身安全和人身自由的方法，使机组人员或者乘客不能反抗或者不敢反抗。“胁迫”，是指行为人以暴力相威胁，实行精神强制，使机组人员或者乘客不敢反抗。“其他方法”，是指与暴力、胁迫性质相当的，使航空器内的机组成员或其他人员不能反抗、不敢反抗或者不知反抗的方法，如对机组人员投放麻醉药品等。劫持航空器，是指行为人用暴力、胁迫或者其他方法控制航空器的飞行状态，主要包括两种情形：一是劫夺航空器，行为人直接驾驶或者操作航空器；二是强迫航空器驾驶、操作人员按照自己的意志驾驶、操作，从而控制航空器的运行。至于行为人是否劫夺了航空器，是否控制了航空器的运行，对于构成犯罪并无影响。

(2) 本罪的主体是一般主体，凡已满 16 周岁且具有刑事责任能力的自然人都可以成为本罪的主体，既可以是中国公民，也可以是外国公民或无国籍的人。

(3) 本罪的主观方面为故意，而且只限于直接故意，即明知自己的行为是劫持航空器的行为，却故意实施该行为。

(4) 本罪的客体为航空运输安全。本罪中的航空器，具有以下特征：1) 只限于可载人的航空器。对于非法控制无人驾驶航空器的遥控装置，从而占有该航空器或以该航空器从事其他犯罪的，则应适用盗窃罪，至于进而实施的其他犯罪，应当按照罪数理论进行处断。2）既包括民用航空器，又包括国家航空器。有观点认为，本罪的航空器仅限于民用航空器。本书认为，这一观点是不够妥当的，理由主要在于：虽然根据危害国际航空器三公约，劫持航空器犯罪中的航空器仅限于民用航空器，但不能根据国际刑法来解释国内刑法，根据我国刑法第 121 条的规定，法条并没有对航空器作出任何限定，劫持国家航空器的犯罪行为虽较为少见，但也可能发生，因而应当依法惩治；而劫持国家航空器，实际上也同样会危及公共安全。国家航空器从事的实际上也是一种交通运输活动，在用途上与民用航空器并无本质的区别，只是其运载的是特殊的人员和物品，因此劫持国家航空器的行为同样会危及载乘的人员的人身安全以及航空器的安全，此外还会由此影响空中运输的安全，即导致空中航道出现紊乱，影响其他航空器的飞行安全。需要注意的是，如果军人在履行公务期间，劫持航空器并驾驶叛逃的，无论是民用航空器还是国家航空器，则其既触犯本罪又触犯军人叛逃罪，根据牵连犯的处断原则，应当从一重罪论处，即应当以军人叛逃罪（刑法第 430 条）论处。3）应是正在使用中的航空器。理由在于：只有劫持正在使用或者正在飞行中的航空器，才构成对航空安全的威胁。对此，可参照《蒙特利尔公约》第 2 条规定："在本公约中：（甲）航空器从装载完毕、机舱外部各门均已关闭时起，直至打开任一机舱门以便卸载时为止，应被认为是在飞行中；航空器强迫降落时，在主管当局接管对该航空器及其所载人员和财产的责任前，应被认为仍在飞行中。（乙）从地面人员或机组为某一特定飞行而对航空器进行飞行前的准备时起，直到降落后 24 小时止，该航空器应被认为是在使用中；在任何情况下，使用的期间应包括本条甲款所规定的航空器是在飞行中的整个时间。"如果劫持的不是正在使用或者正在飞行中的航空器，而是没有交付使用或者停放在机库内的航空器，则不能构成对航空安全的威胁，不构成本罪。

（二）司法认定与刑事处罚

1. 司法认定

（1）本罪既遂、未遂形态的认定。关于本罪的既遂标准问题，理论上有着手说、离境说、目的说和控制说，其中控制说是最有说服力的。该观点认为，行为人着手实施劫持行为后，已经实际控制了该航空器的，为本罪的犯罪既遂；未能控制该航空器的，为本罪的未遂。根据刑法第 121 条的规定，本罪的既遂形态属于行为犯的范畴，其既遂标志是行为的完成或实施达到一定程度，具体而言，即实施劫持行为达到控制航空器的程度。所谓控制航空器，是指行为人能够依自己的意志来决定航空器的航向、速度等，也即航空器的飞行状态受行为人的意志支配。

（2）本罪与破坏交通工具罪的界分。本罪的对象为航空器，而破坏交通工具罪的对象也包括航空器，两罪又同属于危害公共安全罪的范畴。两者的区别主要在于：一是主观方面不同。本罪的罪过形式仅限于直接故意，其行为目的是行为人按照自己的意志，强行控制航空器。破坏交通工具罪的罪过形式包括直接故意和间接故意，基于直接故意实施该罪时，行为人的行为目的是要将航空器本身加以毁坏。二是危害行为的具体表现不同。本罪的危害行为是使用暴力、胁迫或者其他方法劫持航空器。而破坏交通工具罪的危害行为是用一定的方法将航空器毁坏。如果在劫持航空器的过程中使航空器遭到破坏，即使足以使航空器发生毁坏的危险的，也应以本罪论处。

2. 刑事处罚

根据刑法第121条的规定，犯本罪的，处10年以上有期徒刑或者无期徒刑；致人重伤、死亡或者使航空器遭受严重破坏的，处死刑。本罪关于死刑的规定是绝对的，即只要行为人实施劫持行为并致人重伤、死亡或者使航空器遭受严重破坏，没有法定减轻情节的，对行为人就应当适用死刑，包括死刑立即执行与死刑缓期执行。在实践中，根据该条适用死刑，应考虑三个方面的内容：（1）出现“致人重伤、死亡或者使航空器遭受严重破坏”的结果是适用本罪死刑规定的前提条件。“航空器遭受严重破坏”，是指航空器的主要部件丧失效用、机舱被严重破坏等情形，在实践中，确定是否达到严重破坏的程度，主要考虑以下因素：损害结果是否导致飞行安全的较大危险、航空器被破坏造成的经济损失等。行为人对该结果的心理态度，包括两种情形：一是行为人以故意伤害、杀死他人或者破坏航空器作为具体的暴力、胁迫或者其他方法来劫持航空器的。二是行为人劫持航空器，由于其行为导致飞行安全出现障碍等原因，过失地致人重伤、死亡或者航空器遭受破坏的。（2）该结果的发生必须与劫持行为有因果关系。只有劫持行为作为直接原因导致该结果发生的，行为人才应当对该结果负刑事责任。（3）该结果是在行为人着手劫持航空器以后直至劫持行为持续期间发生的。也就是说，只有在劫持行为进行中实施的伤害行为、杀人行为或者破坏航空器的行为造成该结果时，才能适用本罪关于死刑的规定。如果行为人在预备阶段以伤害、杀人等手段为劫持航空器做准备的，则不应适用该规定。

二十七、劫持船只、汽车罪

劫持船只、汽车罪，是指以暴力、胁迫或者其他方法劫持船只、汽车，危害公共安全的行为。本罪的构成要件如下：（1）本罪的客观方面表现为，以暴力、胁迫或者其他方法，劫持正在使用中的船只、汽车的行为。（2）本罪的主体为一般主体，即年满16周岁且具有刑事责任能力的自然人。（3）本罪的主观方面为故意，且限于直接故意。（4）本罪的客体是公共安全。本罪的既遂，以行为人实施了劫持船只、汽车的行为，并取得对船只、汽车的控制为标准。

根据刑法第122条的规定，犯本罪，处5年以上10年以下有期徒刑；造成严重后果的，处10年以上有期徒刑或者无期徒刑。

二十八、暴力危及飞行安全罪

暴力危及飞行安全罪，是指对飞行中的航空器上的人员使用暴力，危及飞行安全的行为。本罪的构成要件如下：（1）本罪的客观方面表现为，对飞行中的航空器上的人员使用暴力，危及飞行安全的行为。“暴力”，是指对飞行中的航空器上的人员实施捆绑、殴打、伤害等行为，但不应包括杀害和重伤害；实施暴力的对象，包括机组成员和乘客。

“飞行中”，即自航空器处于起飞的临界状态——自开始进行航空器发动时起，而以航空器降落后飞机停止滑行时为止。只有针对飞行中的航空器上的人员使用暴力的行为达到危及飞行安全的程度，才能构成犯罪，对于这一程度的判断，是指导致航空器正常飞行状态受到严重干扰，并出现可能导致航空器坠毁、毁坏等具体的危险。（2）本罪的主体为一般主体，即年满 16 周岁且具有刑事责任能力的自然人。（3）本罪的主观方面为故意。（4）本罪的客体是航空器的飞行安全。

根据刑法第 123 条的规定，犯本罪的，处 5 年以下有期徒刑或者拘役；造成严重后果的，处 5 年以上有期徒刑。

二十九、破坏广播电视设施、公用电信设施罪

（一）概念与构成

破坏广播电视设施、公用电信设施罪，是指故意地破坏正在使用的广播电视设施、公共电信设施，危害传播安全、公共通信的行为。

本罪的构成要件如下：

（1）本罪的客观方面表现为，破坏正在使用（包括已交付使用）的广播电视设施、公用电信设施的行为。“破坏”，是指使特定对象发生毁损，或者使这些设施丧失应有性能，其中破坏正在使用的公用电信设施，是指采用截断通信线路、损毁通信设备或者删除、修改、增加电信网计算机信息系统中存储、处理或者传输的数据和应用程序等手段进行破坏的行为。破坏广播电视设施、公用电信设施的行为，必须达到危害公共安全的程度，才能构成本罪。对于破坏公用电信设施危害公共安全的具体判断标准，2004 年 12 月 30 日最高人民法院公布的《关于审理破坏公用电信设施刑事案件具体应用法律若干问题的解释》第 1 条规定了五种情形：1）造成火警、匪警、医疗急救、交通事故报警、救灾、抢险、防汛等通信中断或者严重障碍，并因此贻误救助、救治、救灾、抢险等，致使人员死亡 1 人、重伤 3 人以上或者造成财产损失 30 万元以上的；2）造成 2 000 以上不满 1 万用户通信中断 1 小时以上，或者 1 万以上用户通信中断不满 1 小时的；3）在一个本地网范围内，网间通信全阻、关口局至某一局向全部中断或网间某一业务全部中断不满 2 小时或者直接影响范围不满 5 万（用户×小时）的；4）造成网间通信严重障碍，一日内累计 2 小时以上不满 12 小时的；5）其他危害公共安全的情形。2011 年 6 月 7 日最高人民法院公布的《关于审理破坏广播电视设施等刑事案件具体应用法律若干问题的解释》第 1 条规定：采取拆卸、毁坏设备，剪割缆线，删除、修改、增加广播电视设备系统中存储、处理、传输的数据和应用程序，非法占用频率等手段，破坏正在使用的广播电视设施，具有以下四种情形之一的，以本罪处罚：1）造成救灾、抢险、防汛和灾害预警等重大公共信息无法发布的；2）造成县级、地市（设区的市）级广播电视台中直接关系节目播出的设施无法使用，信号无法播出的；3）造成省级以上广播电视传输网内的设施无法使用，地市（设区的市）级广播电视传输网内的设施无法使用 3 小时以上，县级广播电视传输网内的设施无法使用 12 小时以上，信号无法传输的；4）其他危害公共安全

全的情形。

（2）本罪的主体为一般主体，即年满 16 周岁且具有刑事责任能力的自然人。

（3）本罪的主观方面为故意，即明知自己破坏广播电视设施、公用电信设施的行为会发生危害传播、通信安全的结果，并且希望或者放任这一结果的发生。

（4）本罪的客体为传播安全、公共通信。

（二）司法认定与刑事处罚

1. 司法认定

（1）故意破坏广播电视设施、公用电信设施造成财产损失的行为的定性。故意破坏广播电视设施、公用电信设施造成财产损失，并危害公共安全的，其行为构成本罪和故意毁坏财物罪，应当择一重罪论处，即应以本罪定罪处罚。故意破坏正在使用的广播电视设施、公用电信设施尚未危害公共安全，或者故意毁坏尚未投入使用的广播电视设施、公用电信设施，造成财物损失，构成犯罪的，以故意毁坏财物罪定罪处罚。根据最高人民法院《关于审理破坏广播电视设施等刑事案件具体应用法律若干问题的解释》第 6 条的规定，破坏正在使用的广播电视设施未危及公共安全，或者故意毁坏尚未投入使用的广播电视设施，造成财物损失数额较大或者有其他严重情节的，以故意毁坏财物罪定罪处罚。

（2）盗窃广播电视设施、公用电信设施行为的定性。根据最高人民法院《关于审理破坏广播电视设施等刑事案件具体应用法律若干问题的解释》第 5 条的规定，盗窃正在使用的广播电视设施，尚未构成盗窃罪，但具有本解释第 1 条、第 2 条规定情形的，以破坏广播电视设施罪定罪处罚；同时构成盗窃罪和破坏广播电视设施罪的，依照处罚较重的规定定罪处罚。

2. 刑事处罚

根据刑法第 124 条第 1 款的规定，犯本罪的，处 3 年以上 7 年以下有期徒刑；造成严重后果的，处 7 年以上有期徒刑。这里的“严重后果”，根据最高人民法院《关于审理破坏公用电信设施刑事案件具体应用法律若干问题的解释》第 2 条，具体包括：（1）造成火警、匪警、医疗急救、交通事故报警、救灾、抢险、防汛等通信中断或者严重障碍，并因此贻误救助、救治、救灾、抢险等，致使人员死亡 2 人以上、重伤 6 人以上或者造成财产损失 60 万元以上的；（2）造成 1 万以上用户通信中断 1 小时以上的；（3）在一个本地网范围内，网间通信全阻、关口局至某一局向全部中断或网间某一业务全部中断 2 小时以上或者直接影响范围 5 万（用户×小时）以上的；（4）造成网间通信严重障碍，一日内累计 12 小时以上的；（5）造成其他严重后果的。根据最高人民法院《关于审理破坏广播电视设施等刑事案件具体应用法律若干问题的解释》第 2 条，实施本解释第 1 条规定的行为，具有下列情形之一的，应当认定为刑法第 124 条第 1 款规定的“造成严重后果”，以本罪处 7 年以上有期徒刑：（1）造成救灾、抢险、防汛和灾害预警等重大公共信息无法发布，因此贻误排除险情或者疏导群众，致使 1 人以上死亡、3 人以上重伤或者财产损失 50 万元以上，或者引起严重社会恐慌、社会秩序混乱的；（2）造成省级以上广播电视台中直接关系节目播出的设施无法使用，信号无法播出的；（3）造成省级以上广播电视传输网内的设施无法使用 3 小时以上，地市（设区的市）级广播电视传输网内的设施无法使用 12 小时以上，县级广播电视传输网内的设施无法使用 48 小时以上，信号无法传输的；（4）造成其他严重后果的。

三十、过失损坏广播电视设施、公用电信设施罪

过失损坏广播电视设施、公用电信设施罪，是指过失损坏广播电视设施、公用电信设施，危害公共安全，造成严重后果的行为。本罪的构成要件如下：（1）本罪的客观方面表现为，损坏广播电视设施、公用电信设施，危害公共安全，造成严重后果的行为。（2）本罪的主体为一般主体，即年满 16 周岁且具有刑事责任能力的自然人。（3）本罪的主观方面是过失，即应当预见自己损坏广播电视设施、公用电信设施的行为可能发生危害通信安全的结果，因为疏忽大意而没有预见或者已经预见而轻信能够避免，以致发生这种结果。（4）本罪的客体为传播安全、公共通信。

根据刑法第 124 条第 2 款的规定，犯本罪的，处 3 年以上 7 年以下有期徒刑；情节较轻的，处 3 年以下有期徒刑或者拘役。根据最高人民法院《关于审理破坏广播电视设施等刑事案件具体应用法律若干问题的解释》第 3 条的规定，过失损坏正在使用的广播电视设施，造成本解释第 2 条规定的严重后果的，依照刑法第 124 条第 2 款的规定，以过失损坏广播电视设施罪处 3 年以上 7 年以下有期徒刑；情节较轻的，处 3 年以下有期徒刑或者拘役。

三十一、非法制造、买卖、运输、邮寄、储存枪支、弹药、爆炸物罪

（一）概念与构成

非法制造、买卖、运输、邮寄、储存枪支、弹药、爆炸物罪，是指违反国家有关枪支、弹药、爆炸物的管理法规，非法制造、买卖、运输、邮寄、储存枪支、弹药、爆炸物，危害公共安全的行为。

本罪的构成要件如下：

（1）本罪的客观方面表现为，违反国家有关枪支、弹药、爆炸物的管理法规，非法制造、买卖、运输、邮寄、储存枪支、弹药、爆炸物，危害公共安全的行为。国家有关枪支、弹药、爆炸物的管理法规，即指《枪支管理法》《民用爆炸物品安全管理条例》等法律法规。本罪的对象为枪支、弹药、爆炸物。枪支，根据 1996 年《枪支管理法》（2015 年修正）第 46 条的规定，是指以火药或者压缩气体等为动力，利用管状器具发射金属弹丸或者其他物质，足以致人伤亡或者丧失知觉的各种枪支。弹药，即指为枪支所用的弹药。爆炸物，是指具有较大爆破性、杀伤性的爆炸物，包括军用的和民用的爆炸物，其中民用爆炸物的范围，根据 2014 年修订的《民用爆炸物品安全管理条例》第 2 条第 2、3 款的规定，民用爆炸物品，是指用于非军事目的、列入民用爆炸物品品名表的各

类火药、炸药及其制品和雷管、导火索等点火、起爆器材；民用爆炸物品品名表，由国务院民用爆炸物品行业主管部门会同国务院公安部门制订、公布。非法制造，是指未经国家有关部门批准，擅自制造枪支、弹药和爆炸物的行为；只要实际进行了制造行为，包括制作、组装、修理、改装和拼装等环节，不论是否制造成功，都属于非法制造的行为。非法买卖，是指未经国家有关部门批准，擅自购买或者销售枪支、弹药、爆炸物的行为；只要实施了购买或者销售的行为，即便实际的交易并没有成功，也属于非法买卖的行为；介绍买卖枪支、弹药、爆炸物的，以买卖枪支、弹药、爆炸物罪的共犯论处。非法运输，是指未经国家有关部门批准，擅自转移枪支、弹药、爆炸物存放地的行为；只要实施了运输行为，即便被转移的枪支、弹药、爆炸物没有被送到目的地，也属于非法运输。非法邮寄，是指违反国家有关法规，以邮件的方式邮寄枪支、弹药、爆炸物的行为。非法储存，根据 2009 年 11 月 16 日公布的最高人民法院《关于审理非法制造、买卖、运输枪支、弹药、爆炸物等刑事案件具体应用法律若干问题的解释》第 8 条的规定，是指明知是他人非法制造、买卖、运输、邮寄的枪支、弹药而为其存放的行为，或者非法存放爆炸物的行为。行为人只要实施非法制造、买卖、运输、邮寄、储存枪支、弹药、爆炸物的行为之一，即可构成本罪，如果行为人实施了其中两种以上的行为，也只构成一罪，不进行数罪并罚，并根据其实际实施的行为来确定罪名。

（2）本罪的主体包括自然人和单位。

（3）本罪的主观方面为故意，即明知是枪支、弹药、爆炸物，而故意非法制造、买卖、运输、邮寄或者储存。如果行为人在不知是枪支、弹药、爆炸物的情况下，而实施了买卖、运输、邮寄或者储存的行为，则不构成本罪。

（4）本罪的客体为公共安全和国家对枪支、弹药、爆炸物的管理秩序。

（二）司法认定与刑事处罚

1. 司法认定

关于本罪的司法认定问题，应注意本罪的定罪标准，以准确区分罪与非罪的界限。根据上述解释第 1 条第 1 款的规定，个人或者单位非法制造、买卖、运输、邮寄、储存枪支、弹药、爆炸物，具有下列情形之一的，以非法制造、买卖、运输、邮寄、储存枪支、弹药、爆炸物罪定罪处罚：（1）非法制造、买卖、运输、邮寄、储存军用枪支 1 支以上的；（2）非法制造、买卖、运输、邮寄、储存以火药为动力发射枪弹的非军用枪支 1 支以上或者以压缩气体等为动力的其他非军用枪支 2 支以上的；（3）非法制造、买卖、运输、邮寄、储存军用子弹 10 发以上、气枪铅弹 500 发以上或者其他非军用子弹 100 发以上的；（4）非法制造、买卖、运输、邮寄、储存手榴弹 1 枚以上的；（5）非法制造、买卖、运输、邮寄、储存爆炸装置的；（6）非法制造、买卖、运输、邮寄、储存炸药、发射药、黑火药 1 千克以上或者烟火药 3 千克以上、雷管 30 枚以上或者导火索、导爆索 30 米以上的；（7）具有生产爆炸物品资格的单位不按照规定的品种制造，或者具有销售、使用爆炸物品资格的单位超过限额买卖炸药、发射药、黑火药 10 千克以上或者烟火药 30 千克以上、雷管 300 枚以上或者导火索、导爆索 300 米以上的；（8）多次非法制造、买卖、运输、邮寄、储存弹药、爆炸物的；（9）虽未达到上述最低数量标准，但具有造成严重后果等其他恶劣情节的。根据该解释第7条的规定，对于非法制造、买卖、运输、邮寄、储存成套枪支散件的，以相应数量的枪支计；非成套枪支散件以每30件为一成套枪支散件计。根据上述解释第9条，因筑路、建房、打井、整修宅基地和土地等正常生产、生活需要，或者因从事合法的生产经营活动而非法制造、买卖、运输、邮寄、储存爆炸物，数量达到本解释第1条标准，没有造成严重社会危害，并确有悔改表现的，可以依法从轻处罚；情节轻微的，可以免除处罚。

2. 刑事处罚

根据刑法第125条第1款的规定，犯本罪的，处3年以上10年以下有期徒刑；情节严重的，处10年以上有期徒刑、无期徒刑或者死刑。关于"情节严重"的认定标准，根据上述司法解释第2条的规定，具体指：(1) 非法制造、买卖、运输、邮寄、储存枪支、弹药、爆炸物的数量达到本解释第1条第1、2、3、6、7项规定的最低数量标准5倍以上的；(2) 非法制造、买卖、运输、邮寄、储存手榴弹3枚以上的；(3) 非法制造、买卖、运输、邮寄、储存爆炸装置，危害严重的；(4) 达到本解释第1条规定的最低数量标准，并具有造成严重后果等其他恶劣情节的。根据刑法第125条第3款的规定，单位犯本罪的，对单位判处罚金，并对其直接负责的主管人员和其他直接责任人员，依照该条第1款的规定处罚。

三十二、非法制造、买卖、运输、储存危险物质罪

非法制造、买卖、运输、储存危险物质罪，是指非法制造、买卖、运输、储存毒害性、放射性、传染病病原体等物质，危害公共安全的行为。本罪的构成要件如下：(1) 本罪的客观方面表现为，违反国家对危险物质的管理规定，制造、买卖、运输、储存毒害性、放射性、传染病病原体等物质，危害公共安全的行为。(2) 本罪的主体包括自然人和单位。(3) 本罪的主观方面为故意，即明知是制造、买卖、运输、储存毒害性、放射性、传染病病原体等物质，而非法制造、买卖、运输或者储存。(4) 本罪客体为公共安全和国家对危险物质的管理秩序。

自2003年10月1日起施行的最高人民法院、最高人民检察院《关于办理非法制造、买卖、运输、储存毒鼠强等禁用剧毒化学品刑事案件具体应用法律若干问题的解释》第1条规定，非法制造、买卖、运输、储存毒鼠强等禁用剧毒化学品，危害公共安全，具有下列情形之一的，以本罪论处：(1) 非法制造、买卖、运输、储存原粉、原液、原药制剂50克以上，或者饵料2千克以上的；(2) 在非法制造、买卖、运输、储存过程中致人重伤、死亡或者造成公私财产损失10万元以上的。该解释第5条第2款规定，确因生产、生活需要而非法制造、买卖、运输、储存毒鼠强等禁用剧毒化学品饵料自用，构成犯罪，但没有造成严重社会危害，经教育确有悔改表现的，可以依法从轻、减轻或者免除处罚。该解释第4条规定，对非法制造、买卖、运输、储存毒鼠强等禁用剧毒化学品行为负有查处职责的国家机关工作人员，滥用职权或者玩忽职守，致使公共财产、国家和人民利益遭受重大损失的，以滥用职权罪或者玩忽职守罪（刑法第397条）追究刑事责任。

根据刑法第 125 条第 2 款的规定，犯本罪的，处 3 年以上 10 年以下有期徒刑；情节严重的，处 10 年以上有期徒刑、无期徒刑或者死刑。根据上述解释第 2 条的规定，非法制造、买卖、运输、储存毒鼠强等禁用剧毒化学品，具有下列情形之一的，属于刑法第 125 条规定的“情节严重”：(1) 非法制造、买卖、运输、储存原粉、原液、制剂 500 克以上，或者饵料 20 千克以上的；(2) 在非法制造、买卖、运输、储存过程中致 3 人以上重伤、死亡，或者造成公私财产损失 20 万元以上的；(3) 非法制造、买卖、运输、储存原粉、原药、制剂 50 克以上不满 500 克，或者饵料 2 千克以上不满 20 千克，并具有其他严重情节的。根据刑法第 125 条第 3 款的规定，单位犯本罪的，对单位判处罚金，并对其直接负责的主管人员和其他直接责任人员，依照该条第 1 款的规定处罚。

三十三、违规制造、销售枪支罪

违规制造、销售枪支罪，是指依法被指定、确定的枪支制造企业、销售企业，违反枪支管理规定，擅自制造、销售枪支的行为。本罪的构成要件如下：(1) 本罪的客观方面表现为，依法被指定、确定的枪支制造企业、销售企业，违反枪支管理规定，擅自制造、销售枪支的行为，具体包括三种情形：1) 超过限额或者不按照规定的品种制造、配售枪支的；2) 制造无号、重号、假号的枪支的；3) 非法销售枪支或者在境内销售为出口制造的枪支的。(2) 本罪的主体为单位，且为依法被指定、确定的枪支制造企业、销售企业；如果个人或者非被指定的单位非法制造、销售枪支的，以非法制造、买卖枪支、弹药罪定罪。(3) 本罪的主观方面为故意，且为直接故意，并具有非法销售的目的。(4) 本罪的客体为公共安全和国家对枪支的管理秩序。

根据最高人民法院《关于审理非法制造、买卖、运输枪支、弹药、爆炸物等刑事案件具体应用法律若干问题的解释》第 3 条第 1 款的规定，具有下列情形的，应以本罪定罪处罚：(1) 违规制造枪支 5 支以上的；(2) 违规销售枪支 2 支以上的；(3) 虽未达到上述最低数量标准，但具有造成严重后果等其他恶劣情节的。

根据刑法第 126 条的规定，犯本罪的，对单位判处罚金，并对其直接负责的主管人员和其他直接责任人员，处 5 年以下有期徒刑；情节严重的，处 5 年以上 10 年以下有期徒刑；情节特别严重的，处 10 年以上有期徒刑或者无期徒刑。根据上述解释第 3 条第 2、3 款的规定，具有下列情形之一的，属于刑法第 126 条规定的“情节严重”：(1) 违规制造枪支 20 支以上的；(2) 违规销售枪支 10 支以上的；(3) 达到本条第 1 款规定的最低数量标准，并具有造成严重后果等其他恶劣情节的。具有下列情形之一的，属于刑法第 126 条规定的“情节特别严重”：(1) 违规制造枪支 50 支以上的；(2) 违规销售枪支 30 支以上的；(3) 达到本条第 2 款规定的最低数量标准，并具有造成严重后果等其他恶劣情节的。

三十四、盗窃、抢夺枪支、弹药、爆炸物、危险物质罪

盗窃、抢夺枪支、弹药、爆炸物、危险物质罪，是指以非法占有为目的，秘密窃取

或者公然夺取枪支、弹药、爆炸物、危险物质，危害公共安全的行为。本罪的构成要件如下：(1) 本罪的客观方面表现为，秘密窃取或者公然夺取枪支、弹药、爆炸物、危险物质，危害公共安全的行为。(2) 本罪的主体为一般主体，即年满 16 周岁且具有刑事责任能力的自然人。(3) 本罪的主观方面为故意，且具有非法占有枪支、弹药、爆炸物、危险物质的目的。行为人在实施盗窃或者抢夺行为之时，应对盗窃或者抢夺的对象为枪支、弹药、爆炸物或危险物质存在明知；如果行为人对该事实缺少明知而实施盗窃或者抢夺的，不以本罪论处，应考虑以盗窃罪定罪处罚。(4) 本罪的客体为公共安全。

根据最高人民法院《关于审理非法制造、买卖、运输枪支、弹药、爆炸物等刑事案件具体应用法律若干问题的解释》第 4 条第 1 款的规定，盗窃、抢夺枪支、弹药、爆炸物，具有下列情形之一的，以本罪定罪处罚：(1) 盗窃、抢夺以火药为动力的发射枪弹非军用枪支 1 支以上或者以压缩气体等为动力的其他非军用枪支 2 支以上的；(2) 盗窃、抢夺军用子弹 10 发以上、气枪铅弹 500 发以上或者其他非军用子弹 100 发以上的；(3) 盗窃、抢夺爆炸装置的；(4) 盗窃、抢夺炸药、发射药、黑火药 1 千克以上或者烟火药 3 千克以上、雷管 30 枚以上或者导火索、导爆索 30 米以上的；(5) 虽未达到上述最低数量标准，但具有造成严重后果等其他恶劣情节的。

根据刑法第 127 条第 1 款的规定，犯本罪的，处 3 年以上 10 年以下有期徒刑；情节严重的，处 10 年以上有期徒刑、无期徒刑或者死刑。根据上述解释第 4 条第 2 款的规定，具有下列情形之一的，属于刑法第 127 条第 1 款规定的“情节严重”：(1) 盗窃、抢夺枪支、弹药、爆炸物的数量达到本条第 1 款规定的最低数量标准 5 倍以上的；(2) 盗窃、抢夺军用枪支的；(3) 盗窃、抢夺手榴弹的；(4) 盗窃、抢夺爆炸装置，危害严重的；(5) 达到本条第 1 款规定的最低数量标准，并具有造成严重后果等其他恶劣情节的。根据刑法第 127 条第 2 款的规定，盗窃、抢夺国家机关、军警人员、民兵的枪支、弹药、爆炸物的，处 10 年以上有期徒刑、无期徒刑或者死刑。

三十五、抢劫枪支、弹药、爆炸物、危险物质罪

抢劫枪支、弹药、爆炸物、危险物质罪，是指以非法占有为目的，使用暴力、胁迫或者其他方法，劫取枪支、弹药、爆炸物或者危险物质，危害公共安全的行为。本罪的构成要件如下：(1) 本罪的客观方面表现为，以暴力、胁迫或者其他方法，劫取枪支、弹药、爆炸物或者危险物质，危害公共安全的行为。(2) 本罪的主体为一般主体，即年满 16 周岁且具有刑事责任能力的自然人。(3) 本罪的主观方面为故意，且具有非法占有枪支、弹药、爆炸物、危险物质的目的。行为人在实施抢劫行为之时，应对劫取行为所针对的对象为枪支、弹药、爆炸物或危险物质存在明知；如果行为人对该事实缺少明知而实施抢劫的，不以本罪论处，应以抢劫罪定罪处罚。(4) 本罪的客体为复杂客体，包括公共安全和枪支、弹药、爆炸物、危险物质的所有者、实际占有者、保管者的人身权利。

根据刑法第 127 条第 2 款的规定，犯本罪的，处 10 年以上有期徒刑、无期徒刑或者死刑。

三十六、非法持有、私藏枪支、弹药罪

非法持有、私藏枪支、弹药罪，是指违反枪支管理规定，非法持有、私藏枪支、弹药的行为。本罪的构成要件如下：(1) 本罪的客观方面表现为，违反枪支管理规定，非法持有、私藏枪支、弹药的行为。这里的“枪支管理规定”，即指《枪支管理法》等法律、法规的规定。根据最高人民法院《关于审理非法制造、买卖、运输枪支、弹药、爆炸物等刑事案件具体应用法律若干问题的解释》第 8 条第 2、3 款的规定，“非法持有”，是指不符合配备、配置枪支、弹药条件的人员，违反枪支管理法律、法规的规定，擅自持有枪支、弹药的行为。“私藏”，是指依法配备、配置枪支、弹药的人员，在配备、配置枪支、弹药的条件消除后，违反枪支管理法律、法规的规定，私自藏匿所配备、配置的枪支、弹药且拒不交出的行为。(2) 本罪的主体为一般主体，即年满 16 周岁且具有刑事责任能力的自然人。(3) 本罪的主观方面为故意，即行为人明知是枪支、弹药而予以非法持有或者私藏。(4) 本罪的客体为公共安全和国家对枪支、弹药的管理秩序。

根据上述解释第 5 条的规定，具有下列情形之一的，以本罪定罪处罚：(1) 非法持有、私藏军用枪支 1 支的；(2) 非法持有、私藏以火药为动力发射枪弹的非军用枪支 1 支或者以压缩气体等为动力的其他非军用枪支 2 支以上的；(3) 非法持有、私藏军用子弹 20 发以上，气枪铅弹 1 000 发以上或者其他非军用子弹 200 发以上的；(4) 非法持有、私藏手榴弹 1 枚以上的；(5) 非法持有、私藏的弹药造成人员伤亡、财产损失的。

根据刑法第 128 条第 1 款的规定，犯本罪的，处 3 年以下有期徒刑、拘役或者管制；情节严重的，处 3 年以上 7 年以下有期徒刑。这里的“情节严重”，根据上述解释第 5 条第 2 款的规定，是指以下情形：(1) 非法持有、私藏军用枪支 2 支以上的；(2) 非法持有、私藏以火药为动力发射枪弹的非军用枪支 2 支以上或者以压缩气体等为动力的其他非军用枪支 5 支以上的；(3) 非法持有、私藏军用子弹 100 发以上，气枪铅弹 5 000 发以上或者其他非军用子弹 1 000 发以上的；(4) 非法持有、私藏手榴弹 3 枚以上的；(5) 达到本条第 1 款规定的最低数量标准，并具有造成严重后果等其他恶劣情节的。

三十七、非法出租、出借枪支罪

非法出租、出借枪支罪，是指依法配备公务用枪的人员或单位，非法出租、出借枪支的，或者依法配置枪支的人员或单位，非法出租、出借枪支，造成严重后果的行为。本罪的构成要件如下：(1) 本罪的客观方面表现为，依法配备公务用枪的人员或单位，非法出租、出借枪支的，或者依法配置枪支的人员或单位，非法出租、出借枪支，造成严重后果的行为。非法出租，是指违反枪支管理规定，擅自将枪支在一段时间内有偿提供给他人使用的行为；非法出借，是指违反枪支管理规定，擅自将枪支在一段时间内无偿提供给他人使用的行为。根据 1998 年 11 月 3 日最高人民检察院《关于将公务用枪用作借债质押的行为如何适用法律问题的批复》的规定，依法配备公务用枪的人员，违反

法律规定，将公务用枪用作借债质押物，使枪支处于非依法持枪人的控制、使用之下，严重危害公共安全，应以非法出借枪支罪追究刑事责任；对接受枪支质押的人员，构成犯罪的，应以非法持有枪支罪追究其刑事责任。就本罪的成立而言，依法配备公务用枪的人员或者单位，只要具有违反枪支管理规定，非法出租、出借枪支的行为，即构成本罪；而依法配置枪支的人员或单位非法出租、出借枪支，以造成严重后果为犯罪成立的条件。(2) 本罪的主体为依法配备公务用枪的人员或单位和依法配置枪支的人员或单位。关于本罪主体的具体范围，依照枪支管理规定来确定。(3) 本罪的主观方面为故意。(4) 本罪的客体为公共安全和国家有关枪支的管理秩序。

根据刑法第 128 条第 2、3 款的规定，犯本罪的，处 3 年以下有期徒刑、拘役或者管制；情节严重的，处 3 年以上 7 年以下有期徒刑。根据该条第 4 款的规定，单位犯本罪的，对单位判处罚金，并对其直接负责的主管人员和其他直接责任人员，依照第 1 款的规定处罚。

三十八、丢失枪支不报罪

丢失枪支不报罪，是指依法配备公务用枪的人员，丢失枪支不及时报告，造成严重后果的行为。本罪的构成要件如下：(1) 本罪的客观方面表现为，丢失枪支不及时报告，造成严重后果的行为。“丢失”，是指因为疏于管理而遗失或者使枪支被盗、被抢或者被骗而失去对枪支控制的情况。“不及时报告”，是指行为人发现丢失枪支后不及时向本单位或者有关部门报告。“造成严重后果”，主要是指所丢失的枪支被他人用来作为犯罪工具。(2) 本罪的主体为依法配备公务用枪的人员。(3) 本罪的主观方面为过失。这里的过失是针对所造成的严重后果而言的，而未及时报告的行为，可以是因为疏忽或者有意隐瞒。(4) 本罪的客体为公共安全。

根据刑法第 129 条的规定，犯本罪的，处 3 年以下有期徒刑或者拘役。

三十九、非法携带枪支、弹药、管制刀具、危险物品危及公共安全罪

非法携带枪支、弹药、管制刀具、危险物品危及公共安全罪，是指非法携带枪支、弹药、管制刀具或者爆炸性、易燃性、放射性、毒害性、腐蚀性物品，进入公共场所或者公共交通工具，危及公共安全，情节严重的行为。本罪的构成要件如下：(1) 本罪的客观方面表现为，非法携带枪支、弹药、管制刀具或者爆炸性、易燃性、放射性、毒害性、腐蚀性物品，进入公共场所或者公共交通工具，危及公共安全，情节严重的行为。根据最高人民法院《关于审理非法制造、买卖、运输枪支、弹药、爆炸物等刑事案件具体应用法律若干问题的解释》第 6 条的规定，非法携带枪支、弹药、爆炸物进入公共场所或者公共交通工具，危及公共安全，具有下列情形之一的，属于“情节严重”：1) 携带枪支或者手榴弹的；2) 携带爆炸装置的；3) 携带炸药、发射药、黑火药 500 克以上或者烟火药 1 千克以上、雷管 20 枚以上或者导火索、导爆索 20 米以上的；4) 携带的弹药、爆炸物在公共场所或者公共交通工具上发生爆炸或者燃烧，尚未造成严重后果的；

5）具有其他严重情节的。行为人非法携带第 3 项规定的爆炸物进入公共场所或者公共交通工具，虽未达到上述数量标准，但拒不交出的，以本罪定罪处罚；携带的数量达到最低数量标准，能够主动、全部交出的，可不以犯罪论处。（2）本罪的主体为一般主体，即年满 16 周岁且具有刑事责任能力的自然人。（3）本罪的主观方面为故意，行为人明知是枪支、弹药、管制刀具或者其他危险物品，而携带进入公共场所或者公共交通工具。（4）本罪的客体为公共安全。

根据刑法第 130 条的规定，犯本罪，处 3 年以下有期徒刑、拘役或者管制。

四十、重大飞行事故罪

重大飞行事故罪，是指航空人员违反规章制度，致使发生重大飞行事故，造成严重后果的行为。本罪的构成要件如下：（1）本罪的客观方面表现为，违反航空规章制度，致使发生重大飞行事故，造成严重后果的行为。违反航空规章制度，是指违反航空法及其相关管理制度；重大飞行事故，是指航空器在飞行过程中因人为的原因发生的事故；造成严重后果，是指使航空器上的人员受重伤或者航空器、航空设施等公私财产遭受损失的情形。（2）本罪的主体为特殊主体，即航空人员，包括空勤人员与地面人员。（3）本罪的主观方面为过失，即应当预见自己违反规章制度的行为可能发生重大飞行事故，造成严重后果，因为疏忽大意而没有预见或者已经预见而轻信能够避免，以致发生这种结果。（4）本罪的客体为航空运输安全。

根据刑法第 131 条的规定，犯本罪的，处 3 年以下有期徒刑或者拘役；造成飞机坠毁或者人员死亡的，处 3 年以上 7 年以下有期徒刑。这里的人员，包括航空人员，也包括其他人员。

四十一、铁路运营安全事故罪

铁路运营安全事故罪，是指铁路职工违反规章制度，致使发生铁路运营安全事故，造成严重后果的行为。本罪的构成要件如下：（1）本罪的客观方面表现为，违反规章制度，致使发生铁路运营安全事故，造成严重后果的行为。违反规章制度，是指违反铁路运输安全管理方面的各种规章制度；铁路运营安全事故，是指在铁路运输过程中因人为的原因而发生的严重事故；造成严重后果，是指造成人员伤亡或者包括火车机车等在内的公私财产等遭受重大损失等结果。（2）本罪的主体为铁路职工。（3）本罪的主观方面为过失，即应当预见自己违反规章制度的行为可能发生铁路运营安全事故、造成严重后果，因为疏忽大意而没有预见或者已经预见而轻信能够避免，以致发生这种结果。（4）本罪的客体为铁路运输安全。

根据刑法第 132 条的规定，犯本罪的，造成严重后果的，处 3 年以下有期徒刑或者拘役；造成特别严重后果的，处 3 年以上 7 年以下有期徒刑。

四十二、交通肇事罪

（一）概念与构成

交通肇事罪，是指违反交通运输管理法规，因而发生重大事故，致人重伤、死亡或者使公私财产遭受重大损失的行为。

本罪的构成要件如下：

（1）本罪的客观方面表现为，违反交通运输管理法规，因而发生重大事故，致人重伤、死亡或者使公私财产遭受重大损失的行为。具体而言，包括三个方面：1）必须是在交通运输过程中，违反交通运输管理法规的行为。这是导致交通肇事的原因。“交通运输管理法规”，是指与保障交通运输安全有关的各种法规，包括海上、内河、公路、城市道路等交通安全管理法规，如《道路交通安全法》《海上交通安全法》《内河交通安全管理条例》等。2）重大交通事故必须发生在交通过程中以及与交通有直接关系的活动中。根据2000年11月10日通过的最高人民法院《关于审理交通肇事刑事案件具体应用法律若干问题的解释》第8条的规定：在实行公共交通管理的范围内发生重大交通事故的，依照交通肇事罪和本解释规定办理。在公共交通管理的范围外，驾驶机动车辆或者使用其他交通工具致人伤亡或者致使公共财产或者他人财产遭受重大损失，构成犯罪的，分别依照刑法第134条重大责任事故罪、第135条重大劳动安全事故罪、第233条过失致人死亡罪等规定定罪处罚。3）违反交通运输管理法规的行为还必须造成重大事故，导致重伤、死亡或者公私财产重大损失的严重后果，且违章行为必须与严重后果之间具有因果关系。

（2）本罪的主体为一般主体，包括从事交通运输人员或者非交通运输人员。从事交通运输人员，是指具体从事公路交通运输和水路交通运输业务的人员，同保障交通安全具有直接关系的人员，包括具体操纵交通运输的驾驶人员、交通设备的操纵人员、交通运输活动的直接负责人员和交通运输安全的管理人员。根据最高人民法院《关于审理交通肇事刑事案件具体应用法律若干问题的解释》第7条的规定，单位主管人员、机动车辆所有人或者机动车辆承包人指使、强令他人违章驾驶造成重大交通事故，以交通肇事罪定罪处罚。非交通运输人员，是指交通运输人员以外的一切人员。

（3）本罪的主观方面为过失，即应当预见违反交通运输管理法规的行为可能发生重大交通事故，因为疏忽大意而没有预见或者已经预见而轻信能够避免，以致发生这种结果。

（4）本罪的客体为交通运输安全，即交通运输中不特定或者多数人人身或者重大公私财产的安全。这里的交通运输，应指航空、铁路运输以外的公路交通运输和水路交通运输，且为公共交通管理范围内的交通运输。对于航空人员在航空运输和铁路职工在铁路运营中发生重大事故构成犯罪的，应以重大飞行事故罪、铁路运营安全事故罪定罪处罚。

（二）司法认定与刑事处罚

1. 司法认定

（1）罪与非罪的界分。根据最高人民法院《关于审理交通肇事刑事案件具体应用法律若干问题的解释》第 2 条第 1 款的规定，具有以下情形之 一的，构成本罪：1）死亡 1 人或者重伤 3 人以上，负事故全部或者主要责任的；2）死亡 3 人以上，负事故同等责任的；3）造成公共财产或者他人财产直接损失，负事故全部或者主要责任，无能力赔偿数额在 30 万元以上的。本条第 2 款规定交通肇事致 1 人以上重伤，负事故全部或者主要责任，并具有下列情形之一的，以交通肇事罪定罪处罚：1）酒后、吸食毒品后驾驶机动车辆的；2）无驾驶资格驾驶机动车辆的；3）明知是安全装置不全或者安全机件失灵的机动车辆而驾驶的；4）明知是无牌证或者已报废的机动车辆而驾驶的；5）严重超载驾驶的；6）为逃避法律追究逃离事故现场的。未达到该解释规定的标准的，不能以本罪追究刑事责任。2020 年 9 月 22 日最高人民法院、最高人民检察院、公安部《关于依法办理“碰瓷”违法犯罪案件的指导意见》规定，实施“碰瓷”，驾驶机动车对其他机动车进行追逐、冲撞、挤别、拦截或者突然加减速、急刹车等可能影响交通安全的行为，因而发生重大事故，致人重伤、死亡或者使公私财物遭受重大损失，以交通肇事罪定罪处罚。

（2）本罪与相似犯罪的界分。区分本罪与以驾驶汽车方法实施的以危险方法危害公共安全罪，主要在于两者发生的场合及罪过形式不同：本罪致人重伤与死亡发生在交通运输过程中，主观方面为过失；而后者的行为并非为了从事交通运输，并且主观方面是故意。如果行为人利用驾驶的交通工具，在公路或者其他公共场所冲撞人群，危害公共安全的，应按以危险方法危害公共安全罪定罪。此外，应区分本罪与过失损坏交通工具罪、过失损坏交通设施罪，主要在于两点：其一，本罪是违反交通运输管理法规的行为，而后者是破坏交通工具或交通设施的行为；其二，本罪发生在交通过程中以及与交通有直接关系的活动中，而后者并没有这种限制。

2. 刑事处罚

根据刑法第 133 条的规定，犯本罪的，处 3 年以下有期徒刑或者拘役；交通运输肇事后逃逸或者有其他特别恶劣情节的，处 3 年以上 7 年以下有期徒刑；因逃逸致人死亡的，处 7 年以上有期徒刑。根据《关于审理交通肇事刑事案件具体应用法律若干问题的解释》第 3 条的规定，“交通运输肇事后逃逸”，是指行为人具有本解释第 2 条第 1 款和第 2 款第 1～5 项规定的情形之一，在发生交通事故后，为逃避法律追究而逃跑的行为。根据该解释第 4 条的规定，交通肇事具有下列情形之一的，属于“有其他特别恶劣情节”，处 3 年以上 7 年以下有期徒刑：（1）死亡 2 人以上或者重伤 5 人以上，负事故全部或者主要责任的；（2）死亡 6 人以上，负事故同等责任的；（3）造成公共财产或者他人财产直接损失，负事故全部或者主要责任，无能力赔偿数额在 60 万元以上的。根据该解释第 5 条第 1 款的规定，“因逃逸致人死亡”，是指行为人在交通肇事后为逃避法律追究而逃跑，致使被害人因得不到救助而死亡的情形。根据该解释第 6 条规定，行为人在交通肇事后为逃避法律追究，将被害人带离事故现场后隐藏或者遗弃，致使被害人无法得到救助而死亡或者严重残疾的，以故意杀人罪或者故意伤害罪定罪处罚。根据该解释第5条第2款的规定，交通肇事后，单位主管人员、机动车辆所有人、承包人或者乘车人指使肇事人逃逸，致使被害人因得不到救助而死亡的，以交通肇事罪的共犯论处。

四十三、危险驾驶罪

（一）概念与构成

危险驾驶罪，是指在道路上驾驶机动车追逐竞驶，情节恶劣的，或者在道路上醉酒驾驶机动车，或者从事校车业务或旅客运输，严重超过额定乘员载客，或严重超过规定时速行驶的，或者违反危险化学品安全管理规定运输危险化学品，危及公共安全的行为。

本罪的构成要件如下：

（1）本罪的客观方面表现为，在道路上驾驶机动车追逐竞驶，情节恶劣的，或者在道路上醉酒驾驶机动车，或者从事校车业务或旅客运输，严重超过额定乘员载客，或严重超过规定时速行驶的，或者违反危险化学品安全管理规定运输危险化学品，危及公共安全的行为。具体而言，该罪中的危害行为包括四种情形：1）驾驶机动车追逐竞驶，即俗称的“飙车”。其行为特征包括两个方面：一是超速行驶，二是与他人相互追逐。这里的“在道路上”，应指处于公共场域之下任何用于通行的道路，不限于机动车道。“情节恶劣”，是指危险驾驶的行为给处于公共场域下的人身安全或者重大财产安全形成高度的危险。2）醉酒驾驶。醉酒区别于酒后。《道路交通安全法》对“饮酒后”与“醉酒后”作出严格区分。根据《中华人民共和国国家标准——车辆驾驶人员血液、呼气酒精含量阈值与检验标准》的界定，车辆驾驶人员血液中的酒精含量大于或者等于80mg/100ml的驾驶行为属于醉酒驾驶。3）校车、客车超载、超速。该行为须同时具备两个条件：一是“从事校车业务或旅客运输”，其中，校车既包括中小学生的校车，也包括高等院校的校车。旅客运输主要是长途汽车或旅行社从事的旅客运输业务。二是“严重超载或严重超速”，超载即超过汽车核定的载客人数，超速即超过汽车驾驶的时速要求。根据《道路交通安全法》规定[①]，严重超载应为超载20%以上，严重超速应为超速50%以上。[②] 4）运输危险化学品。该行为须同时具备三个条件：一是违反危险化学品安全管理规定，主要指国务院颁发的《危险化学品安全管理条例》第五章“运输安全”的规定。二是运输危险化学品，本罪主要针对危险化学品的运输行为，而对于违反化学品生产、储存、使用、经营等方面的安全管理规定，则依照刑法其他规定处理。三是危及公共安全，因此对于不危及公共安全的危险化学品运输行为，即使其违反了相关规定，也不构成本罪。

（2）本罪的主体为一般主体，即年满16周岁且具有刑事责任能力的自然人。一般情

---

① 参见《道路交通安全法》第92条规定：公路客运车辆……超过额定乘员20%或者违反规定载货的，处500元以上2 000元以下罚款。该法第99条规定：有下列行为之一的，由公安机关交通管理部门处200元以上2 000元以下罚款……（四）机动车行驶超过规定时速50%的……

② 参见赵秉志主编：《〈中华人民共和国刑法修正案（九）〉理解与适用》，366页，北京，中国法制出版社，2016。

形下，本罪的行为人都持有合法的机动车驾驶证照，但虽然未取得机动车驾驶许可或者已经被吊销、暂停驾驶许可的人，也可以成为本罪的主体。

(3) 本罪的主观方面为故意，即明知自己已处于醉酒状态仍从事驾驶机动车的行为，或者明知自己的行为属于追逐竞驶的行为仍从事该行为，或者明知校车、客车严重超载、超速仍从事运输业务，或者明知违反危险化学品安全管理规定，危及公共安全仍从事运输业务。从行为人的心理上讲，行为人虽不希望或者放任现实危害结果的发生，但对其危险驾驶行为可能造成对公共场域下人身安全或重大财产安全的高度危险是明知的。

(4) 本罪的客体为公共安全。危险驾驶行为会对处于公共场域之下的人身安全和重大财产安全形成高度危险，因而危及公共安全。

（二）司法认定与刑事处罚

1. 司法认定

(1) 罪与非罪的界分。

构成本罪的“追逐竞驶”行为，必须达到“情节恶劣”的程度，具体而言，即应达到对公共场域下人身安全和重大财产安全形成高度危险的程度。如果未达到这一程度，则不应以本罪追究刑事责任。但“醉酒驾驶”并无情节要求，只要行为人“醉驾”，即成立犯罪。校车、客车运输业务中，只要行为人严重超载或严重超速，即成立犯罪。危险化学品运输业务中，不仅须违反危险化学品安全管理规定，且须危及公共安全，即达到对公共场域下人身安全和重大财产安全形成高度危险的程度，才成立本罪。

(2) 本罪与相似犯罪的区分。

本罪与交通肇事罪的区分表现为：一是构成交通肇事罪，必须具有“致人重伤、死亡或者使公私财产遭受重大损失”的结果，而构成本罪，只要达到对人身安全和重大财产安全形成高度危险的程度，而不需要发生具体的损害结果。二是交通肇事罪的主观方面为过失，而本罪的主观方面为故意。

2. 刑事处罚

根据刑法第 133 条之一的规定，犯本罪的，处拘役，并处罚金。

四十四、妨害安全驾驶罪

（一）概念与构成

妨害安全驾驶罪，是指对行驶中的公共交通工具的驾驶人员使用暴力或者抢控驾驶操纵装置，干扰公共交通工具正常行驶，和驾驶人员在行驶的公共交通工具上擅离职守，与他人互殴或者殴打他人，危及公共安全的行为。

本罪的构成要件如下：

(1) 本罪的客观方面包括两种情形：1) 对行驶中的公共交通工具的驾驶人员使用暴力或者抢控驾驶操纵装置，干扰公共交通工具正常行驶，危及公共安全的行为。在这种情形下，行为人侵害的对象是行驶中的公共交通工具的驾驶人员。“公共交通工具”既包括公共汽车、公路客运车，大中型出租车等车辆，也包括用于公共交通的船舶等。针对客运飞机实施的暴力行为或者抢控驾驶操作装置行为，应以刑法第 123 条暴力危及飞行安全罪论处。2）驾驶人员在行驶的公共交通工具上擅离职守，与他人互殴或者殴打他人，危及公共安全的行为。在这种情形中，驾驶人员实施该行为是在公共交通工具正在行驶中进行；如果公共交通工具处于停止状态时，驾驶人员实施互殴或者殴打行为的，不构成本罪。“擅离职守”，是指不履行或者不正确履行驾驶职责，并不限于离开驾驶岗位。

（2）本罪的主体为一般主体，即年满 16 周岁且具有刑事责任能力的自然人。在上述第二种情形下，行为人在行为时应负有驾驶公共交通工具的职责。

（3）本罪的主观方面为故意。

（4）本罪的客体为公共交通安全。本罪行为人实施的行为是在行驶的公共交通工具内发生，但驾驶人员受严重干扰或者擅离职守，会直接影响到公共交通工具的行车安全以及处于周边环境的人身财产安全。

（二）司法认定与刑事处罚

1. 司法认定

（1）罪与非罪的界分。认定本罪第一种情形，应重点把握“干扰公共交通工具正常行驶”的判断，通过对公共交通工具行驶状态、速度等综合考量，是否能够对公共交通工具上或者周围的人身、财产安全造成抽象危险。认定第二种情形，应注意区分互殴与防卫行为的关系，如果驾驶人员受到他人的人身侵害无法躲避并施以还击的，应认定防卫行为，而不构成本罪。

（2）本罪与以危险方法危害公共安全罪的区分。根据刑法第 133 条之二的规定，实施本罪，同时构成其他犯罪的，依照处罚较重的规定定罪处罚。这是一条有关想象竞合犯的规定。例如，行为人在行驶的公共交通工具中攻击驾驶人员，足以导致交通工具倾覆、脱轨、坠落或者造成周边人员、重大财产等情形，即造成处于公共场域下的人或者重大财产面临具体危险，或者已经造成实害后果的，应按照以危险方法危害公共安全罪定罪处罚。

2. 刑事处罚

根据刑法第 133 条之二的规定，犯本罪的，处 1 年以下有期徒刑、拘役或者管制，并处或者单处罚金。

四十五、重大责任事故罪

（一）概念与构成

重大责任事故罪，是指在生产、作业中违反有关安全管理的规定，因而发生重大伤亡事故或者造成其他严重后果的行为。

本罪的构成要件如下：

（1）本罪的客观方面表现为，在生产、作业中违反有关安全管理的规定，因而发生重大伤亡事故或者造成其他严重后果的行为。对本罪的客观方面，可以从以下三个方面来认识：1）行为人必须违反有关安全管理规定，即违反国家、主管部门和本单位制定的，与保障生产、作业安全有关的各种规章制度。2）违反有关安全管理规定的行为必须发生在生产、作业过程中。如果事故的发生与生产、作业没有关系，不构成本罪。例如，在工厂的休息室里用电炉热饭，不慎引起火灾而造成重大损失，即应定失火罪，而非本罪。3）必须导致重大伤亡事故或者其他严重后果。根据 2015 年 12 月 14 日最高人民法院、最高人民检察院公布的《关于办理危害生产安全刑事案件适用法律若干问题的解释》第 6 条的规定，实施刑法第 134 条第 1 款规定的行为，因而发生安全事故，具有下列情形之一的，应当认定为“发生重大伤亡事故或者造成其他严重后果”：1）造成死亡 1 人以上，或者重伤 3 人以上的；2）造成直接经济损失 100 万元以上的；3）造成其他严重后果或者重大安全事故的情形。2020 年 3 月 16 日最高人民法院、最高人民检察院、公安部《关于办理涉窨井盖相关刑事案件的指导意见》规定，在生产、作业中违反有关安全管理的规定，擅自移动窨井盖或者未做好安全防护措施等，发生重大伤亡事故或者造成其他严重后果的，以本罪定罪处罚。

（2）本罪的主体为从事生产、作业的人员。根据《关于办理危害生产安全刑事案件适用法律若干问题的解释》第 1 条的规定，本罪的主体包括对生产、作业负有组织、指挥或者管理职责的负责人、管理人员、实际控制人、投资人等人员，以及直接从事生产、作业的人员。

（3）本罪的主观方面为过失，即应当预见自己的行为可能发生重大事故，因为疏忽大意而没有预见或者已经预见而轻信能够避免，以致发生这种结果。

（4）本罪的客体为生产、作业的安全。

（二）司法认定与刑事处罚

1. 司法认定

（1）罪与非罪的界限。在实践中，应区分本罪与因自然事故、技术事故及技术革新、科研失败而造成损失的界限，关键在于行为人主观上是否存在过失，以及是否有违反安全管理规定的行为；如果事故的发生是由违反安全管理规定的行为所引起的，且行为人具有过失，则成立本罪，否则，即不构成犯罪。本罪与一般安全事故的界限在于是否造成重大伤亡事故或者有严重后果：如果造成重大伤亡事故或者有严重后果的，构成本罪，仅造成一般安全事故的，不构成本罪，应给予批评教育或行政处分。

（2）本罪与失火罪、过失爆炸罪、过失投放危险物质罪的界分。区分本罪与失火罪、过失爆炸罪、过失投放危险物质罪，主要在于行为发生的场合不同：本罪是在生产、作业活动中，违反有关安全管理规定而发生重大伤亡事故或者其他严重后果；后者是在日常生活中由于忽视安全、缺乏必要的慎重而发生火灾、爆炸或者危险物质损害事故。

2. 刑事处罚

根据刑法第 134 条第 1 款规定，犯本罪的，处 3 年以下有期徒刑或者拘役；情节特别恶劣的，处 3 年以上 7 年以下有期徒刑。根据 2015 年 12 月 14 日最高人民法院、最高人民检察院公布的《关于办理危害生产安全刑事案件适用法律若干问题的解释》第 7 条规定，“情节特别恶劣”包括：（1）造成死亡 3 人以上或者重伤 10 人以上，负事故主要责任的；（2）造成直接经济损失 500 万元以上，负事故主要责任的；（3）其他造成特别严重后果、情节特别恶劣或者后果特别严重的情形。

四十六、强令、组织他人违章冒险作业罪

强令违章冒险作业罪，是指强令他人违章冒险作业，或者明知存在重大事故隐患而不排除，仍冒险组织作业，因而发生重大伤亡事故或者造成其他严重后果的行为。

本罪的构成要件如下：（1）本罪的客观方面表现为，强令他人违章冒险作业，或者明知存在重大事故隐患而不排除，仍冒险组织作业，因而发生重大伤亡事故或者造成其他严重后果的行为。强令他人违章冒险作业，是指明知自己的决定违反安全生产、作业的规章制度，可能会发生安全事故，而强行命令他人违章冒险作业的情形。根据 2022 年 12 月 19 日施行的最高人民法院、最高人民检察院《关于办理危害生产安全刑事案件适用法律若干问题的解释（二）》[以下简称《生产安全刑事案解释（二）》] 第 1 条，明知存在事故隐患，继续作业存在危险，仍然违反有关安全管理的规定，有下列情形之一的，属于刑法第 134 条第 2 款规定的“强令他人违章冒险作业”：1）以威逼、胁迫、恐吓等手段，强制他人违章作业的；2）利用组织、指挥、管理职权，强制他人违章作业的；3）其他强令他人违章冒险作业的情形。“冒险组织作业”，则是指明知存在重大事故隐患，仍然违反有关安全管理的规定，不排除或者故意掩盖重大事故隐患，组织他人作业的。（2）本罪的主体为一般主体，实践中主要是从事生产、施工、作业等管理工作的人员。根据 2015 年 12 月 14 日最高人民法院、最高人民检察院公布的《关于办理危害生产安全刑事案件适用法律若干问题的解释》第 2 条的规定，本罪的主体包括对生产、作业负有组织、指挥或者管理职责的负责人、管理人员、实际控制人、投资人等人员。（3）本罪的主观方面为过失，即应当知道强令他人违章冒险作业会发生重大伤亡事故或者造成其他严重后果，因为疏忽大意而没有预见或者已经预见而轻信能够避免，以致发生这种结果。（4）本罪的客体为生产、作业安全。

根据刑法第 134 条第 2 款规定，犯本罪的，处 5 年以下有期徒刑或者拘役；情节特别恶劣的，处 5 年以上有期徒刑。

四十七、危险作业罪

（一）概念与构成

危险作业罪，是指在生产、作业中，违反有关安全管理的规定，实施具有发生重大伤亡事故或者其他严重后果的现实危险的行为。

本罪的构成要件如下：

1. 本罪的客观方面表现为，在生产、作业中，违反有关安全管理的规定，实施具有发生重大伤亡事故或者其他严重后果的现实危险的行为。根据刑法第 134 条之一的规定，具体包括三种情形：(1) 关闭、破坏直接关系生产安全的监控、报警、防护、救生设备、设施，或者篡改、隐瞒、销毁其相关数据、信息的。(2) 因存在重大事故隐患被依法责令停产停业、停止施工、停止使用有关设备、设施、场所或者立即采取排除危险的整改措施，而拒不执行的。根据《生产安全刑事案解释（二）》第 3 条，因存在重大事故隐患被依法责令停产停业、停止施工、停止使用有关设备、设施、场所或者立即采取排除危险的整改措施，有下列情形之一的，属于刑法第 134 条之一第（2）项规定的“拒不执行”：1）无正当理由故意不执行各级人民政府或者负有安全生产监督管理职责的部门依法作出的上述行政决定、命令的；2）虚构重大事故隐患已经排除的事实，规避、干扰执行各级人民政府或者负有安全生产监督管理职责的部门依法作出的上述行政决定、命令的；3）以行贿等不正当手段，规避、干扰执行各级人民政府或者负有安全生产监督管理职责的部门依法作出的上述行政决定、命令的。认定是否属于“拒不执行”，应当综合考虑行政决定、命令是否具有法律、行政法规等依据，行政决定、命令的内容和期限要求是否明确、合理，行为人是否具有按照要求执行的能力等因素进行判断。(3) 涉及安全生产的事项未经依法批准或者许可，擅自从事矿山开采、金属冶炼、建筑施工，以及危险物品生产、经营、储存等高度危险的生产作业活动的。所称“危险物品”，依照《安全生产法》第 117 条的规定确定。

2. 本罪的主体为特殊主体，从实践看，主要是生产、作业中负有一定安全生产监督、管理职责的人，包括对生产、作业负有组织、指挥或者管理职责的负责人、管理人员、实际控制人、投资人等人员。

3. 本罪的主观方面为过失，行为人实施具体的危险作业行为是故意的，对其行为可能造成伤亡事故或其他严重后果的现实危险的心态则是过于自信的过失。如果行为人对其行为可能造成的现实危险持希望或放任的态度，则不应以本罪论处，而应按照以危险方法危害公共安全罪处理。

4. 本罪的客体是生产、作业的安全。

（二）司法认定与刑事处罚

1. 司法认定

(1) 罪与非罪的界限。判断本罪是否成立的一个关键要素就是，行为人危险作业是否“具有发生重大伤亡事故或者其他严重后果的现实危险”。现实危险，即具体危险。在实践中，应以当时生产、作业的环境，基于业内一般人的认知水平进行判断，具体而言，如果不采取及时避险措施，必然会发生重大伤亡事故或者其他严重后果的，就可以认为存在“现实危险”。

(2) 本罪与重大责任事故罪的区分。区分两罪主要看两罪后果上的差异，本罪是具体危险犯，其成立不要求实害结果的发生；重大责任事故罪是实害犯，其成立要求“发生重大伤亡事故或者造成其他严重后果”。

(3) 以行贿等不正当手段，规避、干扰执行各级人民政府或者负有安全生产监督管理职责的部门依法作出的上述行政决定、命令，同时构成刑法第 389 条行贿罪、第 393 条单位行贿罪等犯罪的，依照数罪并罚的规定处罚。

2. 刑事处罚

根据刑法第 134 条之一的规定，犯本罪的，处 1 年以下有期徒刑、拘役或者管制。根据《生产安全刑事案解释（二）》第 10 条，有刑法第 134 条之一行为，积极配合公安机关或者负有安全生产监督管理职责的部门采取措施排除事故隐患，确有悔改表现，认罪认罚的，可以依法从宽处罚；犯罪情节轻微不需要判处刑罚的，可以不起诉或者免予刑事处罚；情节显著轻微危害不大的，不作为犯罪处理。

四十八、重大劳动安全事故罪

重大劳动安全事故罪，是指安全生产设施或者安全生产条件不符合国家规定，因而发生重大伤亡事故或者造成其他严重后果的行为。本罪的构成要件如下：（1）本罪的客观方面表现为，安全生产设施或者安全生产条件不符合国家规定，因而发生重大伤亡事故或者造成其他严重后果的行为。安全生产设施或者安全生产条件不符合国家规定，是指根本没有装备安全生产设施或根本不具有安全生产条件，或者虽然装备安全生产设施或具有一定的安全生产条件，但还没有达到国家规定的要求。（2）本罪的主体为一般主体，在实践中主要是指对安全生产负有管理职责的主管人员和其他直接责任人员。（3）本罪的主观方面为过失，即行为人应当预见安全生产设施或者安全生产条件不符合国家规定，会发生重大伤亡事故或者造成其他严重后果，因为疏忽大意而没有预见或者已经预见但轻信能够避免，以致发生这种结果。（4）本罪的客体为生产、作业场所的公共安全。

根据刑法第 135 条的规定，犯本罪的，对直接负责的主管人员和其他直接责任人员，处 3 年以下有期徒刑或者拘役；情节特别恶劣的，处 3 年以上 7 年以下有期徒刑。

四十九、大型群众性活动重大安全事故罪

大型群众性活动重大安全事故罪，是指举办大型群众性活动违反安全管理规定，因而发生重大伤亡事故或者造成其他严重后果的行为。本罪的构成要件如下：（1）本罪的客观方面表现为，举办大型群众性活动违反安全管理规定，因而发生重大伤亡事故或者造成其他严重后果的行为。例如，在广场、公园、体育场、游乐园等公共场所举行大型群众活动时，没有事先做好预防工作，或者采取应急措施不当，而导致重大人员伤亡的情形。（2）本罪的主体为一般主体，在实践中主要是大型群众性活动的举办单位中对活动安全负有职责的主管人员和其他直接责任人员。（3）本罪的主观方面为过失，即应当预见在大型群众性活动中违反安全管理规定的行为会发生重大伤亡事故或者造成其他严重后果，因为疏忽大意而没有预见或者已经预见而轻信能够避免，以致发生这种结果。（4）本罪的客体为大型群众性活动中的公共安全。

根据刑法第 135 条之一的规定，犯本罪的，对直接负责的主管人员和其他直接责任

人员，处 3 年以下有期徒刑或者拘役；情节特别恶劣的，处 3 年以上 7 年以下有期徒刑。

五十、危险物品肇事罪

危险物品肇事罪，是指违反爆炸性、易燃性、放射性、毒害性、腐蚀性物品的管理规定，在生产、储存、运输、使用中发生重大事故，造成严重后果的行为。本罪的构成要件如下：（1）本罪的客观方面表现为，违反爆炸性、易燃性、放射性、毒害性、腐蚀性物品的管理规定，在生产、储存、运输、使用中发生重大事故，造成严重后果的行为。该行为发生在生产、储存、运输、使用中，这是区分本罪与过失投放危险物质罪、过失爆炸罪的关键所在。（2）本罪的主体为一般主体，主要是从事生产、储存、运输、使用危险物品的人员。（3）本罪的主观方面为过失。（4）本罪的客体为危险物品在生产、储存、运输、使用中的安全。

根据刑法第 136 条的规定，犯本罪的，处 3 年以下有期徒刑或者拘役；后果特别严重的，处 3 年以上 7 年以下有期徒刑。

五十一、工程重大安全事故罪

工程重大安全事故罪，是指建设单位、设计单位、施工单位、工程监理单位违反国家规定，降低工程质量标准，造成重大安全事故的行为。本罪的构成要件如下：（1）本罪的客观方面表现为，违反国家规定，降低工程质量标准，造成重大安全事故的行为。违反国家规定，是指违反国家关于建筑工程质量监督管理的法律法规。降低工程质量标准，是指提供、使用不合格的建筑材料、设备等，或者在施工中偷工减料，或者不按建筑工程质量标准进行设计或施工，或者降低标准进行监理。重大安全事故，是指建筑工程在建设中或者交付使用后，由于达不到质量标准而导致建筑物坍塌、断裂或者其他损坏，而造成人员伤亡或者重大经济损失的情形。（2）本罪的主体为建设单位、设计单位、施工单位、工程监理单位中的直接负责人员。（3）本罪的主观方面为过失。（4）本罪的客体为公共安全。

根据刑法第 137 条的规定，犯本罪的，对直接责任人员，处 5 年以下有期徒刑或者拘役，并处罚金；后果特别严重的，处 5 年以上 10 年以下有期徒刑，并处罚金。

五十二、教育设施重大安全事故罪

教育设施重大安全事故罪，是指明知校舍或者教育教学设施有危险，而不采取措施或者不及时报告，致使发生重大伤亡事故的行为。本罪的构成要件如下：（1）本罪的客观方面表现为，在校舍或者教育教学设施存在危险的情况下，不采取措施或者不及时报告，致使发生重大伤亡事故的行为。本罪为不作为犯；如果行为人采取了一定的有效措施或者及时向有关部门汇报情况，即使发生了重大伤亡事故，也不构成本罪。行为人不采取措施或者不及时报告的行为必须与重大伤亡事故之间具有因果关系。（2）本罪的主体为对校舍、教育教学设施的安全负有直接责任的人员。(3) 本罪的主观方面为过失，但应明知校舍或教育教学设施存在危险。(4) 本罪的客体为学校、教育教学设施的公共安全。

根据刑法第 138 条的规定，犯本罪的，对直接责任人员，处 3 年以下有期徒刑或者拘役；后果特别严重的，处 3 年以上 7 年以下有期徒刑。

五十三、消防责任事故罪

消防责任事故罪，是指违反消防管理法规，经消防监督机构通知采取改正措施而拒绝执行，造成严重后果的行为。本罪的构成要件如下：(1) 本罪的客观方面表现为，违反消防管理法规，经消防监督机构通知采取改正措施而拒绝执行，造成严重后果的行为。(2) 本罪的主体为负有防火安全职责的直接责任人员。(3) 本罪的主观方面为过失，但是对拒不执行消防监督机构通知的行为则是故意。(4) 本罪的客体为公共安全和国家消防监督管理秩序。

根据刑法第 139 条的规定，犯本罪的，对直接责任人员，处 3 年以下有期徒刑或者拘役；后果特别严重的，处 3 年以上 7 年以下有期徒刑。

五十四、不报、谎报安全事故罪

不报、谎报安全事故罪，是指在安全事故发生后，负有报告职责的人员不报或者谎报事故情况，贻误事故抢救，情节严重的行为。本罪的构成要件如下：(1) 本罪的客观方面表现为，在安全事故发生后，不报或者谎报事故情况，贻误事故抢救，情节严重的行为。本罪中的“安全事故”，不限于刑法分则第二章中的某一安全事故，而包括本章中的各种安全事故。根据 2015 年 12 月 14 日最高人民法院、最高人民检察院公布的《关于办理危害生产安全刑事案件适用法律若干问题的解释》第 8 条的规定，在安全事故发生后，负有报告职责的人员不报或者谎报事故情况，贻误事故抢救，具有下列情形之一的，应当认定为刑法第 139 条之一规定的“情节严重”：“（一）导致事故后果扩大，增加死亡一人以上，或者增加重伤三人以上，或者增加直接经济损失一百万元以上的；（二）实施下列行为之一，致使不能及时有效开展事故抢救的：1. 决定不报、迟报、谎报事故情况或者指使、串通有关人员不报、迟报、谎报事故情况的；2. 在事故抢救期间擅离职守或者逃匿的；3. 伪造、破坏事故现场，或者转移、藏匿、毁灭遇难人员尸体，或者转移、藏匿受伤人员的；4. 毁灭、伪造、隐匿与事故有关的图纸、记录、计算机数据等资料以及其他证据的；（三）其他情节严重的情形。”(2) 本罪的主体为对发生安全事故负有报告职责的人员。根据上述司法解释第 4 条的规定，本罪的主体包括负有组织、指挥或者管理职责的负责人、管理人员、实际控制人、投资人以及其他负有报告职责的人员。(3) 本罪的主观方面为故意，即行为人明知应当在安全事故发生后及时向有关机关或部门报告事故的真实情况，而不报告或者不如实报告。(4) 本罪的客体为公共安全和安全事故的报告制度。

根据刑法第139条之一的规定，犯本罪的，处3年以下有期徒刑或者拘役；情节特别严重的，处3年以上7年以下有期徒刑。根据上述司法解释第8条第2款规定，具有下列情形之一的，应当认定为“情节特别严重”：“（一）导致事故后果扩大，增加死亡三人以上，或者增加重伤十人以上，或者增加直接经济损失五百万元以上的；（二）采用暴力、胁迫、命令等方式阻止他人报告事故情况，导致事故后果扩大的；（三）其他情节特别严重的情形。”根据该司法解释第9条的规定，在安全事故发生后，与负有报告职责的人员串通，不报或谎报事故情况，贻误事故抢救，情节严重的，依照刑法第139条之一的规定，以共犯论处。

必要案例分析

1. 王某等放火案

王某为骗取保险金与被告人赵某合谋，由赵将王承包的嵩县汽车站的客车烧掉（客车所有权属于嵩县汽车站，投保人也为该汽车站），事后付给赵1 500元酬金。某日凌晨3时左右，赵某携带汽油到嵩县汽车站，将王某停放在车站院内的客车烧毁，造成直接经济损失14 400元。当时车站内停有其他车辆十余辆，燃烧地点距家属楼16米，距加油站25米，距气象站7米。事后，王某付给赵某酬金1 500元。中保财产公司嵩县支公司当时未能查明起火原因，遂向投保人嵩县汽车站支付赔偿款34 400元。案发后，嵩县汽车站已将该款返还保险公司。

法院判决，王某犯放火罪，判处有期徒刑3年，缓刑5年；赵某犯放火罪，判处有期徒刑3年，缓刑5年；赵某非法所得1 500元予以没收，上缴国库。

分析： 本案中，王某、赵某共同预谋并由赵某在公共场所实施放火行为，足以使公共安全处于具体危险状态，其行为已经构成放火罪。保险诈骗罪的主体包括投保人、被保险人和受益人，王某、赵某不具有上述身份，因而不能成为保险诈骗罪的犯罪主体。

2. 谢某危险驾驶案

2011年7月11日零时许，谢某在北京市顺义区仁和镇河南村西口处，醉酒驾驶一辆红色金陵无牌照摩托车，后被查获。经法医鉴定，谢某血液检材中酒精含量为144.7mg/100ml。法院认为，谢某在道路上无证醉酒驾驶机动车，其行为侵犯了公共交通安全，构成危险驾驶罪。谢某案发后明知是他人报警而在现场等候，到案后能如实供述犯罪事实，系自首。法院判决，被告人谢某犯危险驾驶罪，判处拘役2个月，并处罚金人民币1 000元。

分析： 本案中谢某驾驶的摩托车属于法律规定的“机动车”的范围。根据法医鉴定，其血液内酒精含量远超80mg/100ml的定罪标准，达到了醉酒的程度。本案中争议的焦点在于，谢某醉酒驾驶机动车行驶的道路是否属于刑法第133条之一罪状所规定的“道路”。本罪的客体为公共交通安全，因而但凡具有“公共性”的道路即属于该条所规定的“道路”，包括农村中具有公共性的农村道路。综上，谢某醉酒驾驶机动车在道路上行驶，其行为构成危险驾驶罪。

3. 宋某某等人重大责任事故案

2016 年 5 月，宋某某作为 A 煤业公司矿长，在 3 号煤层配采项目建设过程中，违反《关于加强煤炭建设项目管理的通知》要求，在没有施工单位和监理单位的情况下，即开始自行组织工人进行施工，并与周某某签订虚假的施工、监理合同以应付相关单位的验收。杨某作为该矿的总工程师，违反《煤矿安全规程》要求，未结合实际情况加强设计和制定安全措施，在 3 号煤层配采施工遇到旧巷时仍然采用常规设计，且部分设计数据与相关要求不符，导致旧巷扩刷工程对顶煤支护的力度不够。2017 年 3 月 9 日 3 时 50 分许，该矿施工人员赵某某带领 4 名工人在 3101 综采工作面运输顺槽和联络巷交叉口处清煤时，发生顶部支护板塌落事故，导致上覆煤层坍塌，造成 3 名工人死亡，赵某某及另一名工人受伤，直接经济损失 635.9 万元。

2018 年 12 月 21 日，上党区人民法院作出一审判决，认定宋某某、杨某犯重大责任事故罪，考虑到二人均当庭认罪悔罪，如实供述自己的犯罪事实，具有坦白情节，且 A 煤业公司积极对被害方进行赔偿，分别判处二人有期徒刑 3 年，缓刑 3 年。

分析：本案中宋某某作为矿长，是矿井安全生产的第一责任人。其明知施工应当由有资质的施工单位进行且应在监理单位监理下施工，仍自行组织工人施工，且在工程日常施工过程中安全管理不到位，最终导致了该起事故的发生，其对事故的发生负主要责任，其行为构成重大责任事故罪。

第四章
破坏社会主义市场经济秩序罪

第一节　破坏社会主义市场经济秩序罪概述

一、刑法规定本类犯罪的体系和罪名

刑法分则第三章“破坏社会主义市场经济秩序罪”之下分八节共规定了110个罪名（含修正案增补罪名），它是一类犯罪的统称，泛指违反国家市场经济管理法规，破坏社会主义市场经济秩序，危害国家市场经济发展的行为。这八节的名称及其具体罪名如下。

1. 生产、销售伪劣商品罪

罪名包括：(1) 生产、销售伪劣产品罪，(2) 生产、销售、提供假药罪，(3) 生产、销售、提供劣药罪，(4) 妨害药品管理罪，(5) 生产、销售不符合安全标准的食品罪，(6) 生产、销售有毒、有害食品罪，(7) 生产、销售不符合标准的医用器材罪，(8) 生产、销售不符合安全标准的产品罪，(9) 生产、销售伪劣农药、兽药、化肥、种子罪，(10) 生产、销售不符合卫生标准的化妆品罪。

2. 走私罪

罪名包括：(1) 走私武器、弹药罪，(2) 走私核材料罪，(3) 走私假币罪，(4) 走私文物罪，(5) 走私贵重金属罪，(6) 走私珍贵动物、珍贵动物制品罪，(7) 走私国家禁止进出口的货物、物品罪，(8) 走私淫秽物品罪，(9) 走私废物罪，(10) 走私普通货物、物品罪。

3. 妨害对公司、企业的管理秩序罪

罪名包括：(1) 虚报注册资本罪，(2) 虚假出资、抽逃出资罪，(3) 欺诈发行证券

罪，（4）违规披露、不披露重要信息罪，（5）妨害清算罪，（6）隐匿、故意销毁会计凭证、会计账簿、财务会计报告罪，（7）虚假破产罪，（8）非国家工作人员受贿罪，（9）对非国家工作人员行贿罪，（10）对外国公职人员、国际公共组织官员行贿罪，（11）非法经营同类营业罪，（12）为亲友非法牟利罪，（13）签订、履行合同失职被骗罪，（14）国有公司、企业、事业单位人员失职罪，（15）国有公司、企业、事业单位人员滥用职权罪，（16）徇私舞弊低价折股、出售国有资产罪，（17）背信损害上市公司利益罪。

4. 破坏金融管理秩序罪

罪名包括：（1）伪造货币罪，（2）出售、购买、运输假币罪，（3）金融工作人员购买假币、以假币换取货币罪，（4）持有、使用假币罪，（5）变造货币罪，（6）擅自设立金融机构罪，（7）伪造、变造、转让金融机构经营许可证、批准文件罪，（8）高利转贷罪，（9）骗取贷款、票据承兑、金融票证罪，（10）非法吸收公众存款罪，（11）伪造、变造金融票证罪，（12）妨害信用卡管理罪，（13）窃取、收买、非法提供信用卡信息罪，（14）伪造、变造国家有价证券罪，（15）伪造、变造股票、公司、企业债券罪，（16）擅自发行股票、公司、企业债券罪，（17）内幕交易、泄露内幕信息罪，（18）利用未公开信息交易罪，（19）编造并传播证券、期货交易虚假信息罪，（20）诱骗投资者买卖证券、期货合约罪，（21）操纵证券、期货市场罪，（22）背信运用受托财产罪，（23）违法运用资金罪，（24）违法发放贷款罪，（25）吸收客户资金不入账罪，（26）违规出具金融票证罪，（27）对违法票据承兑、付款、保证罪，（28）逃汇罪，（29）骗购外汇罪，（30）洗钱罪。

5. 金融诈骗罪

罪名包括：（1）集资诈骗罪，（2）贷款诈骗罪，（3）票据诈骗罪，（4）金融凭证诈骗罪，（5）信用证诈骗罪，（6）信用卡诈骗罪，（7）有价证券诈骗罪，（8）保险诈骗罪。

6. 危害税收征管罪

罪名包括：（1）逃税罪，（2）抗税罪，（3）逃避追缴欠税罪，（4）骗取出口退税罪，（5）虚开增值税专用发票、用于骗取出口退税、抵扣税款发票罪，（6）虚开发票罪，（7）伪造、出售伪造的增值税专用发票罪，（8）非法出售增值税专用发票罪，（9）非法购买增值税专用发票、购买伪造的增值税专用发票罪，（10）非法制造、出售非法制造的用于骗取出口退税、抵扣税款发票罪，（11）非法制造、出售非法制造的发票罪，（12）非法出售用于骗取出口退税、抵扣税款发票罪，（13）非法出售发票罪，（14）持有伪造的发票罪。

7. 侵犯知识产权罪

罪名包括：（1）假冒注册商标罪，（2）销售假冒注册商标的商品罪，（3）非法制造、销售非法制造的注册商标标识罪，（4）假冒专利罪，（5）侵犯著作权罪，（6）销售侵权复制品罪，（7）侵犯商业秘密罪，（8）为境外窃取、刺探、收买、非法提供商业秘密罪。

8. 扰乱市场秩序罪

罪名包括：（1）损害商业信誉、商品声誉罪，（2）虚假广告罪，（3）串通投标罪，

（4）合同诈骗罪，（5）组织、领导传销活动罪，（6）非法经营罪，（7）强迫交易罪，（8）伪造、倒卖伪造的有价票证罪，（9）倒卖车票、船票罪，（10）非法转让、倒卖土地使用权罪，（11）提供虚假证明文件罪，（12）出具证明文件重大失实罪，（13）逃避商检罪。

二、本类犯罪的共性特征

（1）本类犯罪通常具有违反国家经济管理法规的特征。由此须注意以下几点：

1）违反国家规定的理解。刑法第 96 条规定：本法所称违反国家规定，是指违反全国人民代表大会及其常务委员会制定的法律和决定，国务院制定的行政法规、规定的行政措施、发布的决定和命令。

2）本类犯罪大多是以行政法、经济法、民商法为依据规定的，因此需要结合行政法、经济法、民商法的规定掌握。例如，妨害对公司、企业的管理秩序罪，不仅以公司法为基础，而且与其中的附属刑法条款相照应，所以有必要结合相关法规掌握。

3）为了区分违法与犯罪的界限，刑法对本类犯罪的行为、结果，一般规定得较为详细、具体，很多采取的是列举式的规定。因此，只有法定行为类型才能被认为是犯罪行为。此外，违法的严重程度成为追究刑事责任以及其他法律责任的关键因素，违法犯罪的金额、数量成为区别罪与非罪的重要指标，需要用心掌握。

（2）本类犯罪的主体，大多为一般主体，也有少量罪名是特殊主体，其中第三节“妨害对公司、企业的管理秩序罪”，一般要求“公司、企业、事业或其他单位的工作人员”的身份。尤其需要注意的是该节中以下条文罪名：第 165 条（非法经营同类营业罪）、第 166 条（为亲友非法牟利罪）、第 167 条（签订、履行合同失职被骗罪）、第 168 条（国有公司、企业、事业单位人员失职罪，国有公司、企业、事业单位人员滥用职权罪）、第 169 条（徇私舞弊低价折股、出售国有资产罪），涉及“国有公司、企业、事业单位人员”的主体身份；第 169 条之一（背信损害上市公司利益罪）要求“上市公司的董事、监事、高级管理人员”的主体身份。过去，根据最高人民法院 2003 年 11 月 13 日发布的《全国法院审理经济犯罪案件工作座谈会纪要》，“国有公司、企业、事业单位人员”仅包含“国有独资全资的单位”，国有控股、参股的公司企业被划入“非国有单位”。在国有独资全资公司企业经大量改制为股份制公司企业后，导致上述以“国有公司、企业、事业单位人员”为主体的条款适用范围大大限缩，显然不切实际。2010 年 11 月最高人民法院、最高人民检察院出台了《关于办理国家出资企业中职务犯罪案件具体应用法律若干问题的意见》（以下简称《办理国资职务案意见》），该意见提出“国家出资企业”概念，其范围包括国家出资的国有独资公司、国有独资企业以及国有资本控股公司、国有资本参股公司。自此，在处理刑法分则第三章第三节“妨害对公司、企业的管理秩序罪”涉及国资公司、企业职务犯罪案件时，以“国家出资企业”取代“国有公司、企业、事业单位”的概念，即使是国有控股、参股公司、企业，也可认为是“国有公司、企业”，不限于国有独资全资公司、企业、事业单位。例如，《办理国资职务案意见》之四规定：“国家出资企业中的国家工作人员在公司、企业改制或者国有资产处置过程中严重不负责任或者滥用职权，致使国家利益遭受重大损失的，依照刑法第一百六十八条的规定，以国有公司、企业人员失职罪或者国有公司、企业人员滥用职权罪定罪处罚。国家出资企业中的国家工作人员在公司、企业改制或者国有资产处置过程中徇私舞弊，将国有资产低价折股或者低价出售给其本人未持有股份的公司、企业或者其他个人，致使国家利益遭受重大损失的，依照刑法第一百六十九条的规定，以徇私舞弊低价折股、出售国有资产罪定罪处罚。"

《办理国资职务案意见》还指出：是否属于国家出资企业不清楚的，应遵循"谁投资、谁拥有产权"的原则进行界定。企业注册登记中的资金来源与实际出资不符的，应根据实际出资情况确定企业的性质。企业实际出资情况不清楚的，可以综合工商注册、分配形式、经营管理等因素确定企业的性质。

本类犯罪大多属于行政犯或法定犯，因此，其犯罪主体大多不限于自然人，往往包含单位犯罪主体。

（3）本类犯罪大多具有营利或贪利的动机，所以刑法往往配置财产刑作为其法律后果。

三、认定此类犯罪应注意的问题

（1）非法经营罪与其他经济犯罪的区别。经济犯罪大多具有"非法经营"的性质，但是如果刑法已经将该种非法经营行为单独规定为一种经济犯罪时，则排斥适用非法经营罪。因此，掌握刑法第 225 条非法经营罪的行为类型十分重要。

（2）经营性欺诈与非法占有性欺诈的区别。经济犯罪大多具有欺诈性，但它属于经营活动中违法实施的欺诈，如在生产销售产品活动中"以假充真、以次充好"，在推销产品中作"虚假广告"等，其特点是具有经营的形式和内容，可谓之"挂羊头卖狗肉"。与此相对，还有一种非法占有性欺诈，如诈骗罪、合同诈骗罪、金融诈骗罪等，其特点是将他人财物非法据为己有，可谓之"空手套白狼"。二者虽然同样具有欺诈性，但性质根本不同，需要谨慎辨别、区分。

（3）经济犯罪大多是法定犯或行政犯，即为管理经济活动需要由法律规定的犯罪。因此，认定处罚经济犯罪与有关经济法规定密切相关。首先，经济犯罪以违反经济法规为前提，不违反经济法的行为不成立经济犯罪。刑法构成要件通常以"违反国家规定"予以表述。其次，需违反国家规定达到相当严重的程度才追究刑事责任。确定这类经济犯罪罪量标准的主要依据是 2008 年 6 月公布的最高人民检察院、公安部《关于公安机关管辖的刑事案件立案追诉标准的规定（一）》［以下简称《2008 立案追诉标准（一）》］和 2010 年 5 月公布并于 2022 年 5 月修订的最高人民检察院、公安部《关于公安机关管辖的刑事案件立案追诉标准的规定（二）》［以下简称《2022 立案追诉标准（二）》］等司法解释。最后，"其法律责任的实现，在程序上应以'行政优先'为一般原则，在实体上应以'并合实现'为必要，对于在先适用的行政责任形式，与在后适用的刑事责任形式的竞合，按照功能相同者予以折抵，功能不同者分别执行的原则处理"①。

① 田宏杰：《行政犯的法律属性及其责任——兼及定罪机制的重构》，载《法学家》，2013（3）。

第二节　生产、销售伪劣商品罪

刑法第 140～148 条规定了 10 种生产、销售伪劣商品的犯罪。其重点是第 149 条规定发生竞合时依照处罚较重的规定定罪处罚。第 140 条之生产、销售伪劣产品罪在本类犯罪中具有基本类型的地位，以销售额达到 5 万元为成立犯罪的要件；在尚未销售的场合，以查获伪劣产品价值 15 万元以上为处罚未遂的要件。第 141～148 条规定之各特殊生产、销售伪劣商品罪，不以销售额或查获额为要件，多以发生特定“危险”或“实害”为要件。若发生想象竞合，如销售劣药销售额达到 5 万元以上同时发生严重危害人体健康结果的，择一重罪处罚。犯本节之罪同时构成侵犯知识产权犯罪、非法经营罪的，属于想象竞合犯，择一重罪处罚。本类犯罪具有经营性欺诈的特点，这是它们与诈骗罪、合同诈骗罪区别的要点。刑法第 150 条确认本类犯罪的主体均包含单位。最高人民法院、最高人民检察院 2001 年 4 月发布的《关于办理生产、销售伪劣商品刑事案件具体应用法律若干问题的解释》（以下简称《办理伪劣商品刑案解释》）、2021 年 12 月发布的《关于办理危害食品安全刑事案件适用法律若干问题的解释》（以下简称《办理危害食品安全刑案解释》）、2022 年 3 月发布的《关于办理危害药品安全刑事案件适用法律若干问题的解释》是关于本类犯罪重要的司法解释。

一、生产、销售伪劣产品罪

（一）概念与构成

生产、销售伪劣产品罪，是指生产者、销售者违反国家产品质量管理法规，在产品中掺杂、掺假，以假充真，以次充好，或者以不合格产品冒充合格产品，销售金额在 5 万元以上的行为。

本罪的构成要件如下：

1. 本罪的客观方面表现为：

（1）生产、销售的是伪劣产品。根据《产品质量法》的规定，所谓产品，是指经过加工、制作，用于销售的产品，但不包括建设工程。所谓伪产品，主要指的是以假充真的产品。所谓劣产品，是指在产品中掺杂、掺假、以次充好或以不合格产品冒充合格的产品。

（2）本罪行为有四种表现方式：第一，掺杂、掺假。根据《办理伪劣商品刑案解释》第 1 条的规定，所谓“在产品中掺杂、掺假”，是指在生产、销售的产品中掺入杂质或者异物，致使产品质量不符合国家法律、法规或者产品明示质量标准规定的质量要求，降低、失去应有使用性能的行为。例如，在酒中加水、在磷肥中加入同样颜色的泥土。第二，以假充真。所谓“以假充真”，就是以不具有某种使用性能的产品冒充具有该种使用性能的产品的行为，如以自来水冒充矿泉水。第三，以次充好。所谓“以次充好”，是指以低等级、低档次产品冒充高等级、高档次产品，或者以残次、废旧零配件组合、拼装后冒充正品或者新产品的行为。第四，以不合格产品冒充合格产品。所谓“以不合格产品冒充合格产品”，指以不符合《产品质量法》第 26 条第 2 款规定的质量要求的产品冒充符合产品质量标准的产品。《产品质量法》第 26 条第 2 款规定：产品质量应当符合下列要求：1）不存在危及人身、财产安全的不合理的危险，有保障人体健康和人身、财产安全的国家标准、行业标准的，应当符合该标准；2）具备产品应当具备的使用性能，但是，对产品存在使用性能的瑕疵作出说明的除外；3）符合在产品或者其包装上注明采用的产品标准，符合以产品说明、实物样品等方式表明的质量状况。不符合上述要求的产品，即属不合格产品。对上述行为及其产品的性质难以确定时，则应当委托法律、行政法规规定的产品质量检验机构进行鉴定。例如，一些“三无产品”因没有正规、合格的产品作为对照，故难以判断是否属于“伪劣”，则需要由公诉机关委托鉴定。行为人只要实施了上述行为之一即可构成犯罪。在实践中，认定是以假充真、以次充好，还是以不合格产品冒充合格产品，可能很难作出绝对区分，实际上也没有区分的必要，只要实施其中一种行为即可定罪，同时实施多种行为的，也只以一罪论处。

“生产”包括产品的制造与加工。“销售”包括批发和零售。生产、销售者是否取得有关产品的生产、销售的执照或许可，在所不问。其道理在于，无论是否具有生产、销售资格，都不得生产、销售伪劣商品。

（3）定罪数额要求：根据《2008 立案追诉标准（一）》的规定，生产、销售伪劣产品涉嫌下列情形之一的，应予立案追诉：1）伪劣产品销售金额 5 万元以上的；2）伪劣产品尚未销售，货值金额 15 万元以上的；3）伪劣产品销售金额不满 5 万元，但将已销售金额乘以 3 倍后，与尚未销售的伪劣产品货值金额合计 15 万元以上的。构成本罪销售金额必须在 5 万元以上。根据《办理伪劣商品刑案解释》，所谓销售金额，是指生产者、销售者出售伪劣产品后所得和应得的全部违法收入。伪劣产品尚未销售，货值金额达到刑法第 140 条规定的销售金额 3 倍以上的，以生产、销售伪劣产品罪（未遂）定罪处罚。货值金额以违法生产、销售的伪劣产品的标价计算；没有标价的，按照同类合格产品的市场中间价格计算。货值金额难以确定的，委托指定的估价机构确定。对于多次实施生产、销售伪劣产品行为，未经处理的，销售金额或者货值金额累计计算。

2. 本罪的主体是一般主体，包括自然人和单位。

3. 本罪的主观方面为故意，包括直接故意和间接故意，即行为人明知生产、销售伪劣产品的行为会发生破坏市场经济秩序、侵犯消费者合法权益的危害结果，仍然希望或放任这种结果发生。行为人实施该类犯罪一般是为了谋取非法利润，但谋取非法利润的目的不是本罪的构成要件。

4. 本罪的客体是市场经济秩序，既破坏了国家产品质量监督管理秩序，又侵犯了消费者的合法权益。

（二）司法认定与刑事处罚

1. 司法认定

（1）刑法第 140 条之生产、销售伪劣产品罪与刑法第 141 条至第 148 条之罪的差别：第 140 条之罪，以销售金额在 5 万元以上为要件，而第 141 条至第 148 条之罪不以销售金额为要件。其中，第 141 条的生产、销售、提供假药罪，第 144 条的生产、销售有毒、有害食品罪，既不要求危险也不要求结果，只要实施了刑法禁止的行为即构成犯罪。刑法第 143 条的生产、销售不符合安全标准的食品罪，以足以造成严重食物中毒或其他严重食源性疾病为要件。其他各罪则以造成人身或财产危害结果为要件。

（2）想象竞合。行为人生产销售第 141 条至第 148 条之特殊伪劣商品构成犯罪，同时又达到第 140 条之罪的数额标准的，是想象竞合犯。例如，甲销售假药销售额达到 5 万元以上的，既构成第 141 条之销售假药罪，也构成第 140 条之销售伪劣产品罪。依据刑法第 149 条之规定，依照处罚较重的规定定罪处罚，不数罪并罚。

（3）生产、销售伪劣产品，同时构成侵犯知识产权、非法经营等其他犯罪的，依照处罚较重的规定定罪处罚。犯本罪，又以暴力、威胁方法抗拒查处，构成其他犯罪的，依照数罪并罚的规定处罚。

（4）根据《办理伪劣商品刑案解释》第 9 条规定，知道或者应当知道他人实施生产、销售伪劣商品犯罪，而为其提供贷款、资金、账号、发票、证明、许可证件，或者提供生产、经营场所或者运输、仓储、保管、邮寄等便利条件，或者提供制假生产技术的，以生产、销售伪劣商品犯罪的共犯论处。

2. 刑事处罚

根据刑法第 140 条的规定，生产、销售伪劣产品罪法定刑分为以下四个幅度：

（1）销售金额 5 万元以上不满 20 万元的，处 2 年以下有期徒刑或者拘役，并处或者单处销售金额 50％以上 2 倍以下罚金；

（2）销售金额 20 万元以上不满 50 万元的，处 2 年以上 7 年以下有期徒刑，并处销售金额 50％以上 2 倍以下罚金；

（3）销售金额 50 万元以上不满 200 万元的，处 7 年以上有期徒刑，并处销售金额 50％以上 2 倍以下罚金；

（4）销售金额 200 万元以上的，处 15 年有期徒刑或者无期徒刑，并处销售金额 50％以上 2 倍以下罚金或者没收财产。

根据刑法第 150 条的规定，单位犯本罪的，对单位判处罚金，并对其责任人依照上述规定处罚。

根据《办理伪劣商品刑案解释》第 12 条规定，国家机关工作人员参与生产、销售伪劣商品犯罪的，从重处罚。另根据有关司法解释，在预防、控制突发传染病疫情等灾害期间，生产、销售伪劣的防治、防护产品、物资，构成犯罪的，从重处罚。[①]

二、生产、销售、提供假药罪

（一）概念与构成

生产、销售、提供假药罪，是指生产者、销售者明知是假药而进行生产或销售的行

① 参见 2003 年 5 月 14 日最高人民法院、最高人民检察院发布的《关于办理妨害预防、控制突发传染病疫情等灾害的刑事案件具体应用法律若干问题的解释》第 2 条。

为，或者药品使用单位的人员明知是假药而提供给他人使用的行为。

本罪的构成要件如下：

1. 本罪的客观方面表现为：

（1）生产、销售、提供的必须是假药。2019 年修订后的《药品管理法》，对假药的范围作出重大调整，取消了“按假药论处”的有关规定，对假药认定强调功效标准，未取得药品批准证明文件生产、进口药品的，不再以假药论处，而是规定了另外的法律责任。根据《药品管理法》第 98 条第 2 款的规定，假药是指：1）药品所含成分与国家药品标准规定的成分不符；2）以非药品冒充药品或者以他种药品冒充此种药品；3）变质的药品；4）药品所标明的适应症或者功能主治超出规定范围。为确保法律适用的衔接，在《药品管理法》对假药的范围作出重大修订后，《刑法修正案（十一）》也进行了相应调整，删除了刑法第 141 条原第 2 款“本条所称假药，是指依照《药品管理法》的规定属于假药和按假药处理的药品、非药品”之规定。尽管刑法条文不再直接引用《药品管理法》的相关规定，但从该罪法定犯的属性出发，行政法上不属于假药的药品、非药品不可能成为本罪的行为对象。上述假药限于供人服用的假药，不包括兽药。但如果行为人以某种兽药冒充人用药品出售，也应以本罪论处。

（2）实施生产、销售、提供假药的行为。应当根据 2022 年 3 月 3 日最高人民法院、最高人民检察院《关于办理危害药品安全刑事案件适用法律若干问题的解释》（以下简称《危害药品安全刑案解释》）第 6 条来理解“生产”、“销售”和“提供”，该条规定：以生产、销售、提供假药、劣药为目的，合成、精制、提取、储存、加工炮制药品原料，或者在将药品原料、辅料、包装材料制成成品过程中，进行配料、混合、制剂、储存、包装的，应当认定为刑法第 141 条、第 142 条规定的“生产”；药品使用单位及其工作人员明知是假药、劣药而有偿提供给他人使用的，应当认定为刑法第 141 条、第 142 条规定的“销售”；无偿提供给他人使用的，应当认定为刑法第 141 条、第 142 条规定的“提供”。

2. 本罪的主体为一般主体，即已满 16 周岁，具有辨认、控制能力的自然人。本罪也可以由单位构成。

3. 本罪的主观方面是故意，即明知是假药而生产、销售、提供。

4. 本罪的客体是复杂客体，既侵犯了药品的生产、销售、提供管理秩序，又侵犯了不特定多数人的健康权、生命权。

（二）司法认定与刑事处罚

1. 司法认定

行为人实施了生产、销售、提供假药的行为，即可成立犯罪。刑法第 141 条原规定以“足以危害人体健康”为要件，经《刑法修正案（八）》修正，删除了此危险要件，表明本罪是行为犯或抽象危险犯，不以发生实害结果和具体危险为要件。提供假药罪的相关条款对此虽无明文规定，但“依照前款的规定定罪处罚”的法律后果表明，第 2 款与第 1 款在入罪要件和处罚力度上应保持一致，提供假药罪也不以造成实害结果和具体危险为入罪要件。

2. 刑事处罚

根据刑法第141条、第150条之规定，犯本罪的，处3年以下有期徒刑或者拘役，并处罚金。对人体健康造成严重危害或者有其他严重情节的，处3年以上10年以下有期徒刑，并处罚金。根据《危害药品安全刑案解释》第2条，生产、销售、提供假药，具有下列情形之一的，应当认定为刑法第141条规定的“对人体健康造成严重危害”：（1）造成轻伤或者重伤的；（2）造成轻度残疾或者中度残疾的；（3）造成器官组织损伤导致一般功能障碍或者严重功能障碍的；（4）其他对人体健康造成严重危害的情形。根据该解释第3条，生产、销售、提供假药，具有下列情形之一的，应当认定为刑法第141条规定的“其他严重情节”：（1）引发较大突发公共卫生事件的；（2）生产、销售、提供假药的金额20万元以上不满50万元的；（3）生产、销售、提供假药的金额10万元以上不满20万元，并具有本解释第1条规定情形之一的；（4）根据生产、销售、提供的时间、数量、假药种类、对人体健康危害程度等，应当认定为情节严重的。致人死亡或者有其他特别严重情节的，处10年以上有期徒刑、无期徒刑或者死刑，并处罚金或者没收财产。根据该解释第4条，生产、销售、提供假药，具有下列情形之一的，应当认定为刑法第141条规定的“其他特别严重情节”：（1）致人重度残疾以上的；（2）造成3人以上重伤、中度残疾或者器官组织损伤导致严重功能障碍的；（3）造成5人以上轻度残疾或者器官组织损伤导致一般功能障碍的；（4）造成10人以上轻伤的；（5）引发重大、特别重大突发公共卫生事件的；（6）生产、销售、提供假药的金额50万元以上的；（7）生产、销售、提供假药的金额20万元以上不满50万元，并具有本解释第1条规定情形之一的；（8）根据生产、销售、提供的时间、数量、假药种类、对人体健康危害程度等，应当认定为情节特别严重的。单位犯本罪的，对单位判处罚金，并对其直接负责的主管人员和其他直接责任人员依照上述规定处罚。此外，根据《危害药品安全刑案解释》第1条，生产、销售、提供假药，具有下列情形之一的，应当酌情从重处罚：（1）涉案药品以孕产妇、儿童或者危重病人为主要使用对象的；（2）涉案药品属于麻醉药品、精神药品、医疗用毒性药品、放射性药品、生物制品，或者以药品类易制毒化学品冒充其他药品的；（3）涉案药品属于注射剂药品、急救药品的；（4）涉案药品系用于应对自然灾害、事故灾难、公共卫生事件、社会安全事件等突发事件的；（5）药品使用单位及其工作人员生产、销售假药的；（6）其他应当酌情从重处罚的情形。

三、生产、销售、提供劣药罪

（一）概念与构成

生产、销售、提供劣药罪，是指生产者、销售者明知是劣药而进行生产或销售，对人体健康造成严重危害的行为，或者药品使用单位的人员明知是劣药而提供给他人使用的行为。

本罪的构成要件如下：

1. 本罪的客观方面表现为：生产、销售、提供劣药，并且对人体健康造成严重危害的行为。

（1）生产、销售、提供的必须是劣药。根据《药品管理法》第 98 条第 3 款的规定，劣药是指：1）药品成分的含量不符合国家药品标准；2）被污染的药品；3）未标明或者更改有效期的药品；4）未注明或者更改产品批号的药品；5）超过有效期的药品；6）擅自添加防腐剂、辅料的药品；7）其他不符合药品标准的药品。上述七种劣药情形均来源于 2019 年修订前假、劣药的规定，即《药品管理法》（2015 年）中“按劣药论处”的第 1、2、3、5、6 项以及“按假药论处”的第 4 项，个别条文内容略有修改，如劣药中“擅自添加着色剂、防腐剂、香料、矫味剂及辅料的”修改为“擅自添加防腐剂、辅料的药品”，但并未新设项目。

（2）具有生产、销售、提供劣药的行为。对“生产”与“销售”行为的理解与前罪的相同。

（3）必须“对人体健康造成严重危害”。对其含义的理解与前罪的相同。提供劣药罪的相关条款虽未明确规定实害要件，但“依照前款的规定定罪处罚”的法律后果表明，第 2 款与第 1 款在入罪要件和处罚力度上应保持一致，提供假药罪作为结果犯，应当以对人体健康造成严重危害为结果要件。根据《危害药品安全刑案解释》第 5 条第 2 款，生产、销售、提供劣药，具有本解释第 2 条规定情形之一的，应当认定为刑法第 142 条规定的“对人体健康造成严重危害”。

2. 本罪的主体是一般主体，包括自然人和单位。

3. 本罪的主观方面是故意。

4. 本罪的客体是国家对药品的生产、销售、提供管理秩序和不特定多数人的健康权、生命权。

（二）司法认定与刑事处罚

1. 司法认定

本罪与生产、销售、提供假药罪的界限。两罪的主要区别是：（1）本罪生产、销售、提供的是劣药，而后者生产、销售、提供的是假药。（2）本罪要求造成损害人体健康的严重危害结果，是结果犯；后者不要求造成严重危害人体健康的结果，是“行为犯”或抽象危险犯。

根据《药品安全刑案解释》第 9 条，明知他人实施危害药品安全犯罪，而有下列情形之一的，以共同犯罪论处：（1）提供资金、贷款、账号、发票、证明、许可证件的；（2）提供生产、经营场所、设备或者运输、储存、保管、邮寄、销售渠道等便利条件的；（3）提供生产技术或者原料、辅料、包装材料、标签、说明书的；（4）提供虚假药物非临床研究报告、药物临床试验报告及相关材料的；（5）提供广告宣传的；（6）提供其他帮助的。

2. 刑事处罚

《刑法修正案（十一）》将刑法第 142 条第 1 款中倍比罚金修改为无限额罚金。根据修订后的刑法第 142 条和第 150 条的规定，犯本罪的，处 3 年以上 10 年以下有期徒刑，并处罚金；后果特别严重的，处10年以上有期徒刑或者无期徒刑，并处罚金或者没收财产。单位犯本罪的，对单位判处罚金，并对其直接负责的主管人员和其他直接责任人员，依照上述规定处罚。

根据《药品安全刑案解释》第5条的规定，“后果特别严重”，是指生产、销售、提供劣药，致人死亡；致人重度残疾以上；造成3人以上重伤、中度残疾或者器官组织损伤导致严重功能障碍；造成5人以上轻度残疾或者器官组织损伤导致一般功能障碍；造成10人以上轻伤；引发重大、特别重大突发公共卫生事件。

四、妨害药品管理罪

（一）概念与构成

妨害药品管理罪，是指违反药品管理法规，生产、销售国务院药品监督管理部门禁止使用的药品，或者未取得药品相关批准证明文件生产、进口药品或明知是上述药品而销售，或者药品申请注册中提供虚假的证明、数据、资料、样品或采取其他欺骗手段，或者编造生产、检验记录，足以严重危害人体健康的行为。修订后的《药品管理法》第124条在生产、销售、提供假劣药之外单独列明了对妨害药品管理违法行为的处罚规定，考虑到与该条的衔接，《刑法修正案（十一）》在生产、销售、提供假劣药之外新增独立罪名——妨害药品管理罪。

本罪的构成要件如下：

1. 本罪的客观方面表现为：

（1）具有刑法第142条之一第1款规定的四种行为。《刑法修正案（十一）》将部分此前“以假药论处”的情形和违反药品生产质量管理规范的行为纳入本罪的处罚范围。其一，生产、销售国务院药品监督管理部门禁止使用的药品。国务院药品监督管理部门禁止使用的药品，包括根据《药品管理法》的规定，属于疗效不确切、不良反应大或者因其他原因危害人体健康的情形，被依法注销药品注册证书，禁止使用的药品。其二，未取得药品相关批准证明文件生产、进口药品或者明知是上述药品而销售。对于“药品相关批准证明文件”的理解，立法机关采取广义说，除了制剂批准文号、药品注册证、进口药品注册证、医药产品注册证或者进口药品批件之外，还包括《药品管理法》第116条中与药品批准证明文件并列出现的药品生产、经营许可证和医疗机构制剂许可证。其三，药品申请注册中提供虚假的证明、数据、资料、样品或者采取其他欺骗手段。药品注册申请，是指药品注册申请人依照法定程序和相关要求提出药物临床试验、药品上市许可、再注册等申请以及补充申请的行为。修订后的《药品管理法》第24条第2款规定：“申请药品注册，应当提供真实、充分、可靠的数据、资料和样品，证明药品的安全性、有效性和质量可控性。”这里的“数据、资料和样品”，包括药物临床试验、药品上市许可、再注册等申请以及补充申请的数据、资料和样品。其四，编造生产、检验记录。“生产、检验记录是药品生产管理的基础性资料，建立完整准确的药品生产、检验记录，才能真实反映企业生产全过程的实际情况，有利于药品生产单位加强对药品生产质量的控制，也有利于药品监督管理部门对药品生产质量实施监督。”① 受2018年长生系疫苗造假案件的影响，修订后的《药品管理法》不仅在第44条第1款规定：“药品应当按照国家药品标准和经药品监督管理部门核准的生产工艺进行生产。生产、检验记录应当完整准确，不得编造”，还将“编造生产、检验记录”纳入刑法第142条之一规定的违法行为。

（2）必须“足以严重危害人体健康”。根据《危害药品安全刑案解释》第7条，实施妨害药品管理的行为，具有下列情形之一的，应当认定为刑法第142条之一规定的“足以严重危害人体健康”：1）生产、销售国务院药品监督管理部门禁止使用的药品，综合生产、销售的时间、数量、禁止使用原因等情节，认为具有严重危害人体健康的现实危险的；2）未取得药品相关批准证明文件生产药品或者明知是上述药品而销售，涉案药品属于本解释第1条第（1）项至第（3）项规定情形的；3）未取得药品相关批准证明文件生产药品或者明知是上述药品而销售，涉案药品的适应症、功能主治或者成分不明的；4）未取得药品相关批准证明文件生产药品或者明知是上述药品而销售，涉案药品没有国家药品标准，且无核准的药品质量标准，但检出化学药成分的；5）未取得药品相关批准证明文件进口药品或者明知是上述药品而销售，涉案药品在境外也未合法上市的；6）在药物非临床研究或者药物临床试验过程中故意使用虚假试验用药品，或者瞒报与药物临床试验用药品相关的严重不良事件的；7）故意损毁原始药物非临床研究数据或者药物临床试验数据，或者编造受试动物信息、受试者信息、主要试验过程记录、研究数据、检测数据等药物非临床研究数据或者药物临床试验数据，影响药品的安全性、有效性和质量可控性的；8）编造生产、检验记录，影响药品的安全性、有效性和质量可控性的；9）其他足以严重危害人体健康的情形。此外，该条还规定，对于涉案药品是否在境外合法上市，应当根据境外药品监督管理部门或者权利人的证明等证据，结合犯罪嫌疑人、被告人及其辩护人提供的证据材料综合审查，依法作出认定。对于“足以严重危害人体健康”难以确定的，根据地市级以上药品监督管理部门出具的认定意见，结合其他证据作出认定。

2. 本罪的主体为一般主体，即已满16周岁，具有辨认、控制能力的自然人。本罪也可以由单位构成。

3. 本罪的主观方面是故意，即明知属于四种违反药品管理法规的情形而为之。

4. 本罪的客体是复杂客体，既侵犯了国家正常的药品注册、生产、检验、销售、进口监管秩序，又危及不特定多数人的健康权、生命权。

（二）司法认定与刑事处罚

1. 司法认定

刑法第142条之一第2款规定：“有前款行为，同时又构成本法第141条、第142条规定之罪或者其他犯罪的，依照处罚较重的规定定罪处罚。”如果行为人既妨害药品管理，同时又触犯生产、销售、提供假劣药犯罪或走私犯罪，则从一重罪论处。

---

① 杨万明主编：《〈刑法修正案（十一）〉条文及配套〈罪名补充规定（七）理解与适用〉》，83页，北京，人民法院出版社，2021。

2. 刑事处罚

根据刑法第142条之一和第150条之规定，犯本罪的，处3年以下有期徒刑或者拘役，并处或者单处罚金；对人体健康造成严重危害或者有其他严重情节的，处3年以上7年以下有期徒刑，并处罚金。根据《危害药品安全刑案解释》第8条，实施妨害药品管理的行为，具有本解释第2条规定情形之一的，应当认定为刑法第142条之一规定的"对人体健康造成严重危害"。实施妨害药品管理的行为，足以严重危害人体健康，并具有下列情形之一的，应当认定为刑法第142条之一规定的"有其他严重情节"：(1) 生产、销售国务院药品监督管理部门禁止使用的药品，生产、销售的金额50万元以上的；(2) 未取得药品相关批准证明文件生产、进口药品或者明知是上述药品而销售，生产、销售的金额50万元以上的；(3) 药品申请注册中提供虚假的证明、数据、资料、样品或者采取其他欺骗手段，造成严重后果的；(4) 编造生产、检验记录，造成严重后果的；(5) 造成恶劣社会影响或者具有其他严重情节的情形。单位犯本罪的，对单位判处罚金，并对其直接负责的主管人员和其他直接责任人员依照上述规定处罚。

五、生产、销售不符合安全标准的食品罪①

（一）概念与构成

生产、销售不符合安全标准的食品罪，是指生产、销售不符合食品安全标准的食品，足以造成严重食物中毒事故或者其他严重食源性疾病的行为。

本罪的构成要件如下：

(1) 本罪的客观方面表现为违反国家食品安全管理法规，实施了足以造成严重食物中毒事故或者其他严重食源性疾病的行为。本罪为危险犯，即足以造成严重食物中毒事故或者其他严重食源性疾病的，应予立案追诉。根据《办理危害食品安全刑案解释》第1条和2017年4月27日最高人民检察院、公安部发布的《关于公安机关管辖的刑事案件立案追诉标准的规定（一）的补充规定》[以下简称《追诉标准（一）补充规定》] 第3条第1款，生产、销售不符合食品安全标准的食品，具有下列情形之一的，应当认定为"足以造成严重食物中毒事故或者其他严重食源性疾病"：1) 食品含有严重超出标准限量的致病性微生物、农药残留、兽药残留、重金属、污染物质以及其他危害人体健康的物质的；2) 属于病死、死因不明或者检验检疫不合格的畜、禽、兽、水产动物及其肉类、肉类制品的；3) 属于国家为防控疾病等特殊需要明令禁止生产、销售的；4) 婴幼儿食品中生长发育所需营养成分严重不符合食品安全标准的；5) 其他足以造成严重食物中毒事故或者严重食源性疾病的情形。"足以造成严重食物中毒事故或者其他严重食源性疾病"难以确定的，司法机关可以根据检验报告并结合专家意见等相关材料进行认定。必要时，人民法院可以依法通知有关专家出庭作出说明。

① 《刑法修正案（八）》将刑法第143条之生产、销售"不符合卫生标准的食品"修正为"不符合食品安全标准的食品"，此罪名也被修改为"生产、销售不符合安全标准的食品罪"。

根据《追诉标准（一）补充规定》第 3 条第 2 款、第 3 款，以下两种情形以生产、销售不符合安全标准的食品罪定罪处罚：1）在食品加工、销售、运输、贮存等过程中，违反食品安全标准，超限量或者超范围滥用食品添加剂，足以造成严重食物中毒事故或者其他严重食源性疾病的；2）在食用农产品种植、养殖、销售、运输、贮存等过程中，违反食品安全标准，超限量或者超范围滥用添加剂、农药、兽药等，足以造成严重食物中毒事故或者其他严重食源性疾病的。

（2）本罪的主体为一般主体，包括自然人和单位。根据《办理危害食品安全刑案解释》第 23 条规定，单位犯本罪的，与个人的定罪量刑标准相同。

（3）本罪的主观方面为故意，过失不构成本罪。

（4）本罪的客体为国家对食品卫生的监督管理秩序和食品安全。

（二）司法认定与刑事处罚

1. 司法认定

（1）生产、销售不符合食品安全标准的食品添加剂，用于食品的包装材料、容器、洗涤剂、消毒剂，或者用于食品生产经营的工具、设备等，构成犯罪的，以生产、销售伪劣产品罪定罪处罚。

（2）以提供给他人生产、销售食品为目的，违反国家规定，生产、销售国家禁止用于食品生产、销售的非食品原料，情节严重的，以非法经营罪定罪处罚。

（3）违反国家规定，生产、销售国家禁止生产、销售、使用的农药、兽药，饲料、饲料添加剂，或者饲料原料、饲料添加剂原料，情节严重的，以非法经营罪定罪处罚；同时又构成生产、销售伪劣产品罪，生产、销售伪劣农药、兽药罪等其他犯罪的，依照处罚较重的规定定罪处罚。

（4）生产、销售不符合食品安全标准的食品，无证据证明足以造成严重食物中毒事故或者其他严重食源性疾病，不构成生产、销售不符合安全标准的食品罪，但是构成生产、销售伪劣产品罪等其他犯罪的，依照该其他犯罪定罪处罚。

2. 刑事处罚

根据刑法第 143 条和第 150 条之规定，犯本罪的，处 3 年以下有期徒刑或者拘役，并处罚金；对人体健康造成严重危害或者有其他严重情节的，处 3 年以上 7 年以下有期徒刑，并处罚金；后果特别严重的，处 7 年以上有期徒刑或者无期徒刑，并处罚金或者没收财产。单位犯本罪的，对单位判处罚金，并对其责任人依照上述规定处罚。

根据《办理危害食品安全刑案解释》第 2 条，有下列情形之一的，认定为刑法第 143 条之"对人体健康造成严重危害"：1）造成轻伤以上伤害的；2）造成轻度残疾或者中度残疾的；3）造成器官组织损伤导致一般功能障碍或者严重功能障碍的；4）造成 10 人以上严重食物中毒或者其他严重食源性疾病的；5）其他对人体健康造成严重危害的情形。

根据《办理危害食品安全刑案解释》第 3 条，有下列情形之一的，认定为刑法第 143 条之"其他严重情节"：1）生产、销售金额 20 万元以上的；2）生产、销售金额 10 万元以上不满 20 万元，不符合食品安全标准的食品数量较大或者生产、销售持续时间 6 个月以上的；3）生产、销售金额10万元以上不满20万元，属于特殊医学用途配方食品、专供婴幼儿的主辅食品的；4）生产、销售金额10万元以上不满20万元，且在中小学校园、托幼机构、养老机构及周边面向未成年人、老年人销售的；5）生产、销售金额10万元以上不满20万元，曾因危害食品安全犯罪受过刑事处罚或者2年内因危害食品安全违法行为受过行政处罚的；6）其他情节严重的情形。

根据《办理危害食品安全刑案解释》第4条，有下列情形之一的，认定为刑法第143条之“后果特别严重”：1）致人死亡的；2）造成重度残疾以上的；3）造成3人以上重伤、中度残疾或者器官组织损伤导致严重功能障碍的；4）造成10人以上轻伤、5人以上轻度残疾或者器官组织损伤导致一般功能障碍的；5）造成30人以上严重食物中毒或者其他严重食源性疾病的；6）其他特别严重的后果。

根据《办理危害食品安全刑案解释》第21条和第22条，犯本罪，一般应当依法判处生产、销售金额2倍以上的罚金。应当依照刑法规定的条件，严格适用缓刑、免予刑事处罚。根据犯罪事实、情节和悔罪表现，对于符合刑法规定的缓刑适用条件的犯罪分子，可以适用缓刑，但是应当同时宣告禁止令，禁止其在缓刑考验期限内从事食品生产、销售及相关活动。根据2021年修正的《食品安全法》第135条第2款，因食品安全犯罪被判处有期徒刑以上刑罚的，终身不得从事食品安全经营管理工作，也不得担任食品生产经营企业食品安全管理人员。

六、生产、销售有毒、有害食品罪

（一）概念与构成

生产、销售有毒、有害食品罪，是指在生产、销售的食品中掺入有毒、有害的非食品原料的，或者销售明知掺有有毒、有害的非食品原料的食品的行为。

本罪的构成要件如下：

（1）本罪的客观方面，根据《追诉标准（一）补充规定》第4条第2款至第4款，包括三种情形：1）在食品加工、销售、运输、贮存等过程中，掺入有毒、有害的非食品原料，或者使用有毒、有害的非食品原料加工食品的；2）在食用农产品种植、养殖、销售、运输、贮存等过程中，使用禁用农药、兽药等禁用物质或者其他有毒、有害物质的；3）在保健食品或者其他食品中非法添加国家禁用药物等有毒、有害物质的。

根据上述司法解释，下列物质应当认定为“有毒、有害的非食品原料”：1）法律、法规禁止在食品生产经营活动中添加、使用的物质；2）国务院有关部门公布的《食品中可能违法添加的非食用物质名单》《保健食品中可能非法添加的物质名单》中所列物质；3）国务院有关部门公告禁止使用的农药、兽药以及其他有毒、有害物质；4）其他危害人体健康的物质。

“有毒、有害非食品原料”难以确定的，司法机关可以依据鉴定意见、检验报告、地市级以上相关行政主管部门组织出具的书面意见，结合其他证据作出认定。必要时，专门性问题由省级以上相关行政主管部门组织出具书面意见。

所谓“掺入”，不仅包括将有毒、有害的非食品原料加入生产、销售的食品中，而且包括把这些有毒、有害的非食品原料直接当作食品或者食品原料出售。

本罪是行为犯，只要行为人实施了生产、销售有毒、有害食品的行为即构成犯罪。

（2）本罪的主体是一般主体，包括自然人和单位。根据《办理危害食品安全刑案解释》，单位犯本罪的，对单位判处罚金，并对直接负责的主管人员和其他直接责任人员，依照本解释规定的定罪量刑标准处罚。

（3）本罪的主观方面是故意，即行为人明知是有毒、有害食品原料而掺入或者明知是掺有有毒、有害的非食品原料的食品而销售。

（4）本罪的客体是国家食品卫生监督管理秩序和不特定多数人的健康权、生命权。

（二）司法认定与刑事处罚

1. 司法认定

本罪的认定主要是区别本罪与其他相关犯罪的界限。

（1）本罪与生产、销售不符合安全标准的食品罪的界限。二者在犯罪客体、主体、主观方面等存在相同或相似之处，区别在于：1）生产、销售食品的性质不同。本罪造成危害是“有毒、有害的非食品原料”，包括本身就不是食品的物质，如用工业酒精甲醇兑制假白酒，也包括在食品中掺入有毒、有害的物质，如白酒中加敌敌畏冒充茅台酒，使用工业用油加工饼干、糕点等。而不符合食品安全标准的食品，则通常本身是食品的物质，因为变质而产生毒害。2）本罪是行为犯，只要实施了生产、销售有毒、有害食品的行为，即构成犯罪。后者是危险犯，除实施生产、销售不符合食品安全标准的食品的行为之外，还要足以造成严重食物中毒事故或者其他严重食源性疾病，犯罪才能成立。

（2）本罪与投放危险物质罪的界限。二者的区别在于：1）客观方面不同。本罪在客观方面表现为在生产、销售的食品中掺入有毒、有害的非食品原料的行为；而后者除在食品中投放危险物质，还可能在其他场合，如公共饮用水源、河流等。2）主观方面不完全相同。虽然二者都是故意犯罪，但本罪主观上往往是为了使食品产量增加、降低成本、增大利润而实施其行为；后者往往是出于追求其他目的而投放危险物质。3）主体不同。本罪的自然人犯罪主体刑事责任年龄是已满16周岁，并且可以是单位；后者的自然人犯罪主体刑事责任年龄是已满14周岁（如果以投毒方式故意杀人、故意伤害，致人死亡或者以特别残忍手段致人重伤造成残疾，情节恶劣，经最高人民检察院核准，刑事责任年龄可降低为已满12周岁），不包括单位。

（3）明知他人生产、销售有毒、有害食品，具有下列情形之一的，以生产、销售有毒、有害食品罪的共犯论处：1）提供资金、贷款、账号、发票、证明、许可证件的；2）提供生产、经营场所或者运输、贮存、保管、邮寄、网络销售渠道等便利条件的；3）提供生产技术或者食品原料、食品添加剂、食品相关产品的；4）提供广告宣传等。

（4）负有食品安全监督管理职责的国家机关工作人员与他人共谋，利用其职务行为帮助他人实施危害食品安全犯罪行为，同时构成渎职犯罪和危害食品安全犯罪共犯的，依照处罚较重的规定定罪处罚。

（5）违反国家规定，私设生猪屠宰厂（场），从事生猪屠宰、销售等经营活动，情节严重的，以非法经营罪定罪处罚；同时又构成生产、销售有毒、有害食品罪等其他犯罪的，依照处罚较重的规定定罪处罚。

（6）根据司法解释，对于利用“地沟油”生产“食用油”及销售该“食用油”行为，应当严加惩处。“地沟油”指餐厨垃圾、废弃油脂、各类肉及肉制品加工废弃物等非食品原料。① 对于利用“地沟油”生产“食用油”，或者明知是利用“地沟油”生产的“食用油”而予以销售的，以本罪论处。认定是否“明知”，应当结合犯罪嫌疑人、被告人的认知能力，犯罪嫌疑人、被告人及其同案人的供述和辩解，证人证言，产品质量，进货渠道及进货价格、销售渠道及销售价格等主、客观因素予以综合判断。虽无法查明“食用油”是否系利用“地沟油”生产、加工，但犯罪嫌疑人、被告人明知该“食用油”来源可疑而予以销售的，应根据不同情形分别处理：经鉴定，检出有毒、有害成分的，以本罪论处；属于不符合安全标准的食品的，依照刑法第 143 条销售不符合安全标准的食品罪追究刑事责任；属于以假充真、以次充好、以不合格产品冒充合格产品或者假冒注册商标，构成犯罪的，依照刑法第 140 条销售伪劣产品罪或者第 213 条假冒注册商标罪、第 214 条销售假冒注册商标的商品罪追究刑事责任。

知道或应当知道他人实施利用“地沟油”生产“食用油”及销售该“食用油”行为，而为其掏捞、加工、贩运“地沟油”，或者提供贷款、资金、账号、发票、证明、许可证件，或者提供技术、生产、经营场所、运输、仓储、保管等便利条件的，以共犯论处。

2. 刑事处罚

根据刑法第 144 条和第 150 条的规定，犯本罪的，处 5 年以下有期徒刑，并处罚金；对人体健康造成严重危害或者有其他严重情节的，处 5 年以上 10 年以下有期徒刑，并处罚金；致人死亡或者有其他特别严重情节的，依照本法第 141 条的规定处罚，即处 10 年以上有期徒刑、无期徒刑或者死刑，并处罚金或者没收财产。单位犯本罪的，对单位判处罚金，并对其直接负责的主管人员和其他直接责任人员依照上述规定处罚。

根据《办理危害食品安全刑案解释》第 6 条，刑法第 144 条之“对人体健康造成严重危害”的认定标准与刑法第 143 条的相同。

根据《办理危害食品安全刑案解释》第 7 条，具有下列情形之一的，认定为刑法第 144 条之“其他严重情节”：（1）生产、销售金额 20 万元以上不满 50 万元的；（2）生产、销售金额 10 万元以上不满 20 万元，有毒、有害食品数量较大或者生产、销售持续时间 6 个月以上的；（3）生产、销售金额 10 万元以上不满 20 万元，属于特殊医学用途配方食品、专供婴幼儿的主辅食品的；（4）生产、销售金额 10 万元以上不满 20 万元，且在中小学校园、托幼机构、养老机构及周边面向未成年人、老年人销售的；（5）生产、销售金额 10 万元以上不满 20 万元，曾因危害食品安全犯罪受过刑事处罚或者 2 年内因危害食品安全违法行为受过行政处罚的；（6）有毒、有害的非食品原料毒害性强或者含量高的；（7）其他情节严重的情形。

根据《办理危害食品安全刑案解释》第 8 条，生产、销售金额 50 万元以上，或者具

① 参见 2012 年 1 月 9 日最高人民法院、最高人民检察院、公安部《关于依法严惩“地沟油”犯罪活动的通知》。

有本解释第 4 条第 2 项至第 6 项规定的情形之一的，应当认定为刑法第 144 条规定的“其他特别严重情节”。

根据《办理危害食品安全刑案解释》第 21 条和第 22 条，犯本罪，一般应当依法判处生产、销售金额 2 倍以上的罚金；应当依照刑法规定的条件严格适用缓刑、免予刑事处罚。根据犯罪事实、情节和悔罪表现，对于符合刑法规定的缓刑适用条件的犯罪分子，可以适用缓刑，但是应当同时宣告禁止令，禁止其在缓刑考验期限内从事食品生产、销售及相关活动。根据 2021 年修正的《食品安全法》第 135 条第 2 款，因食品安全犯罪被判处有期徒刑以上刑罚的，终身不得从事食品安全经营管理工作，也不得担任食品生产经营企业食品安全管理人员。

七、生产、销售不符合标准的医用器材罪

（一）概念与构成

生产、销售不符合标准的医用器材罪，是指生产不符合保障人体健康的国家标准、行业标准的医疗器材、医用卫生材料，或者销售明知是不符合保障人体健康的国家标准、行业标准的医疗器材、医用卫生材料，足以对人体健康造成严重危害的行为。

本罪的构成要件如下：

（1）本罪的客观方面表现为生产或者销售不符合保障人体健康的国家标准、行业标准的医疗器材、医用卫生材料，并且足以严重危害人体健康。行为对象是医疗器材、医用卫生材料。所谓医疗器材，是指用于诊断、治疗、预防人体疾病的仪器、设备等物品。所谓医用卫生材料，是指在治疗过程中用于治病、防病的辅助材料，如医用包扎纱布、胶皮手套等。没有国家标准、行业标准的医疗器械，注册产品标准可视为保障人体健康的行业标准。医疗机构或者个人购买并有偿使用的，可视为“销售”。

本罪是危险犯，行为需足以对人体健康造成严重危害。根据《2008 立案追诉标准(一)》第 21 条的规定，生产、销售不符合标准的医用器材，涉嫌下列情形之一的，应予立案追诉：1）进入人体的医疗器械的材料中含有超过标准的有毒有害物质的；2）进入人体的医疗器械的有效性指标不符合标准要求，导致治疗、替代、调节、补偿功能部分或者全部丧失，可能造成贻误诊治或者人体严重损伤的；3）用于诊断、监护、治疗的有源医疗器械的安全指标不符合强制性标准要求，可能对人体构成伤害或者潜在危害的；4）用于诊断、监护、治疗的有源医疗器械的主要性能指标不合格，可能造成贻误诊治或者人体严重损伤的；5）未经批准，擅自增加功能或者适用范围，可能造成贻误诊治或者人体严重损伤的；6）其他足以严重危害人体健康或者对人体健康造成严重危害的情形。

根据《办理伪劣商品刑案解释》第 6 条第 4 款，医疗机构或者个人，知道或者应当知道是不符合保障人体健康的国家标准、行业标准的医疗器械、医用卫生材料而购买、使用，对人体健康造成严重危害的，以销售不符合标准的医用器材罪定罪处罚。

（2）本罪的主体是一般主体，自然人和单位均可构成本罪。

（3）本罪的主观方面是故意，即单位或者个人知道或者应当知道是不符合保障人体

健康的国家标准、行业标准的医疗器械、医用卫生材料而生产、销售。

（4）本罪的客体是国家对医用器材的质量监督管理秩序和不特定多数人的健康权、生命权。

（二）刑事处罚

根据刑法第 145 条和第 150 条的规定，犯本罪的，处 3 年以下有期徒刑或者拘役，并处销售金额 50%以上 2 倍以下罚金；对人体健康造成严重危害的，处 3 年以上 10 年以下有期徒刑，并处销售金额 50%以上 2 倍以下罚金；后果特别严重的，处 10 年以上有期徒刑或者无期徒刑，并处销售金额 50%以上 2 倍以下罚金或者没收财产。单位犯本罪的，对单位判处罚金，并对其直接负责的主管人员和其他直接责任人员依照上述规定处罚。

参照《办理伪劣商品刑案解释》第 6 条第 1 款至第 3 款，“对人体健康造成严重危害”，是指致人轻伤或者其他严重后果的。“后果特别严重”，是指造成感染病毒性肝炎等难以治愈的疾病、1 人以上重伤、3 人以上轻伤或者其他严重后果。

八、生产、销售不符合安全标准的产品罪

（一）概念与构成

生产、销售不符合安全标准的产品罪，是指生产或者销售不符合保障人身、财产安全的国家标准、行业标准的产品造成严重后果的行为。

本罪的构成要件如下：

（1）本罪的客观方面表现为生产或者销售不符合保障人身、财产安全的国家标准、行业标准的产品，如电器、压力容器、易燃易爆产品等，并且造成严重后果。

本罪以发生严重结果为要件。根据《2008 立案追诉标准（一）》第 22 条的规定，造成人员重伤或死亡或者直接经济损失 10 万元以上的，应予立案追诉。

（2）本罪的主体是一般主体，包括自然人和单位。

（3）本罪的主观方面是故意。

（4）本罪的客体是国家对电器、压力容器、易燃易爆产品等的生产、销售监督管理秩序和公民的健康权、生命权。

（二）司法认定与刑事处罚

1. 司法认定

要注意罪与非罪的界限：（1）产品是否符合国家标准或行业标准。如果行为人生产的产品符合国家标准、行业标准，即使造成严重后果，也不成立本罪。（2）行为与危害结果之间是否存在因果关系。如果行为人的行为与危害结果之间不存在因果关系，不能追究生产、销售者的刑事责任。通常在下列情况下，认为行为与危害结果之间没有因果关系：1）危害结果由于被害人使用不当造成；2）危害结果由第三人造成。在实践中，对于行为与危害结果之间的因果关系的认定是比较复杂的问题。对于不符合安全标准的

产品造成危害结果，到底是由于产品质量导致，还是由于使用者违反常规或使用说明导致，双方当事人往往各执一词，并在一些情况下，无法对“造成严重后果”的产品进行检测，或者无法通过检测得出结论。在这种情况下，行为和结果之间是否具有因果关系，主要还是通过产品是否符合国家标准、行业标准来进行判断。

2. 刑事处罚

根据刑法第 146 条和第 150 条的规定，犯本罪的，处 5 年以下有期徒刑，并处销售金额 50%以上 2 倍以下罚金；后果特别严重的，处 5 年以上有期徒刑，并处销售金额 50%以上 2 倍以下罚金。单位犯本罪的，对单位判处罚金，并对其直接负责的主管人员和其他直接责任人员依照上述规定处罚。

九、生产、销售伪劣农药、兽药、化肥、种子罪

（一）概念与构成

生产、销售伪劣农药、兽药、化肥、种子罪，是指生产假农药、假兽药、假化肥、销售明知是假的或者失去使用效能的农药、兽药、化肥、种子，或者生产者、销售者以不合格的农药、兽药、化肥、种子冒充合格的农药、兽药、化肥、种子，使生产遭受较大损失的行为。

（1）本罪的客观方面表现为：

1）生产假农药、假兽药、假化肥、假种子，或者销售假的或者失去使用效能的农药、兽药、化肥、种子，又或者生产者、销售者以不合格的农药、兽药、化肥、种子冒充合格的农药、兽药、化肥、种子。

2）须使生产遭受较大损失。根据《2008 立案追诉标准（一）》第 23 条规定，损失需达到 2 万元以上。

（2）本罪的主体是一般主体，包括自然人和单位。

（3）本罪的主观方面是故意，明知是假的或者失去使用效能的农药、兽药、化肥、种子仍然销售。

（4）本罪的客体是国家对农业生产资料市场的管理秩序和农业生产安全。

（二）刑事处罚

根据刑法第 147 条和第 150 条的规定，犯本罪的，处 3 年以下有期徒刑或者拘役，并处或者单处销售金额 50%以上 2 倍以下罚金；使生产遭受重大损失的，处 3 年以上 7 年以下有期徒刑，并处销售金额 50%以上 2 倍以下罚金；使生产遭受特别重大损失的，处 7 年以上有期徒刑或者无期徒刑，并处销售金额 50%以上 2 倍以下罚金或者没收财产。单位犯本罪的，对单位判处罚金，并对其直接负责的主管人员和其他直接责任人员依照上述规定处罚。

根据《办理伪劣商品刑案解释》第 7 条，“重大损失”，一般以损失 10 万元为起点；“特别重大损失”，一般以损失 50 万元为起点。

十、生产、销售不符合卫生标准的化妆品罪

（一）概念与构成

生产、销售不符合卫生标准的化妆品罪，是指生产或者销售不符合卫生标准的化妆品，造成严重后果的行为。

本罪的构成要件如下：

（1）本罪的客观方面表现为生产或者销售不符合卫生标准的化妆品，且造成严重后果的行为。行为对象是化妆品。所谓化妆品，指的是以涂擦、喷洒或者类似的方法，散布于人体表面某一部位（皮肤、毛发、指甲、口唇等），以达到清洁、消除不良气味、护肤、美容和修饰目的的日用化学工业品。不符合卫生标准的化妆品的范围，可根据卫生部《化妆品卫生监督条例》的规定予以认定。

根据《2008 立案追诉标准（一）》第 24 条，“严重后果”，是指给他人造成下列情形之一：1）容貌毁损或者皮肤严重损伤的；2）器官组织损伤导致严重功能障碍的；3）精神失常或者自杀、自残造成重伤、死亡的。

（2）本罪的主体是一般主体，包括自然人和单位。

（3）本罪的主观方面是故意，即明知是不符合卫生标准的化妆品而生产、销售。

（4）本罪的客体是国家对于化妆品市场的管理秩序和消费者的健康权。

（二）刑事处罚

根据刑法第 148 条和第 150 条的规定，犯本罪的，处 3 年以下有期徒刑或者拘役，并处或者单处销售金额 50%以上 2 倍以下罚金。单位犯本罪的，对单位判处罚金，并对其直接负责的主管人员和其他直接责任人员依照上述规定处罚。

第三节　走私罪

走私罪是一类犯罪的统称，其共同点是违反海关法规，逃避海关监管，运送物品出入国（边）境的行为。针对“自贸区”，有学者主张建立“关境”概念，“关境是指一个国家的海关法得以完全适用的区域。申言之，关境以内即一国海关法适用的地理空间范围，货物、物品一旦进入一国之内，就应当受到该国海关部门的监管，接受该国海关法的管辖”①。以关境概念为基础，根据货品是否禁止出入国（边）境，区分一线、二线，分别掌握走私行为的认定。② 根据走私的对象，走私罪可分为两类：其一是刑法第 151 条、第 152 条之走私国家禁止进出口货物、物品犯罪；其二是刑法第 153 条之走私普通

---

① 张弛：《自贸区内走私罪的认定与处理》，载《政治与法律》，2015（4）。

② 参见张弛：《自贸区内走私罪的认定与处理》，载《政治与法律》，2015（4）。

货物、物品罪。一走私行为同时构成二罪以上的，依司法解释择一重罪处罚。关于走私犯罪最重要的司法解释是最高人民法院、最高人民检察院 2014 年 9 月 10 日起施行的《关于办理走私刑事案件适用法律若干问题的解释》（以下简称《办理走私刑案解释》）。该解释发布实施后，最高人民法院《关于审理走私刑事案件具体应用法律若干问题的解释》和《关于审理走私刑事案件具体应用法律若干问题的解释（二）》同时废止。之前发布的司法解释与现行解释不一致的，以现行解释为准。

《办理走私刑案解释》第 23 条规定，实施走私犯罪，具有下列情形之一的，应当认定为犯罪既遂：(1) 在海关监管现场被查获的；(2) 以虚假申报方式走私，申报行为实施完毕的；(3) 以保税货物或者特定减税、免税进口的货物、物品为对象走私，在境内销售的，或者申请核销行为实施完毕的。

《办理走私刑案解释》第 24 条规定：单位犯刑法第 151 条、第 152 条规定之罪，依照本解释规定的标准定罪处罚。

走私“进口”还是“出口”一般不影响定性，但有例外。走私贵重金属罪、走私文物罪限于走私“出口”，若走私“进口”的，则具有走私普通货物、物品的性质。

另外，刑法第 157 条规定：以暴力、威胁方法抗拒缉私的，以走私罪和妨害公务罪数罪并罚。

一、走私武器、弹药罪

（一）概念与构成

走私武器、弹药罪，是指违反海关法规，逃避海关监管，走私武器、弹药的行为。

本罪的构成要件如下：

1. 本罪的客观方面表现为：

(1) 走私对象为武器、弹药。根据《办理走私刑案解释》第 2 条、第 4 条和第 5 条，“武器、弹药”的种类，参照《中华人民共和国进口税则》及《中华人民共和国禁止进出境物品表》的有关规定确定。走私报废或者无法组装并使用的各种弹药的弹头、弹壳，构成犯罪的，依照刑法第 153 条的规定，以走私普通货物、物品罪定罪处罚；属于废物的，依照刑法第 152 条第 2 款的规定，以走私废物罪定罪处罚。弹头、弹壳是否属于前款规定的“报废或者无法组装并使用”或者“废物”，由国家有关技术部门进行鉴定。走私国家禁止或者限制进出口的仿真枪、管制刀具，构成犯罪的，依照刑法第 151 条第 3 款的规定，以走私国家禁止进出口的货物、物品罪定罪处罚。

(2) 实行了逃避海关监管，走私武器、弹药的行为。具体包括以下行为方式：1) 不经过设立海关的地点，非法运输、携带武器、弹药进出国（边）境；2) 虽然通过设立海关的地点进出国（边）境，但采取隐匿、伪装、假报等欺骗手段，逃避海关监管、检查，非法运输、偷带或非法邮寄武器、弹药；3) 直接向走私人收购走私进口的武器、弹药；4) 在内海、领海、界河、界湖运输、收购、贩卖走私进口的武器、弹药；5) 与走私武器、弹药的罪犯通谋，为其提供贷款、资金、账号、发票、证明，或者为其提供运输、保管、邮寄或者其他方便的。

2. 本罪的主体是一般主体，包括自然人和单位。

3. 本罪的主观方面是故意，即明知是武器、弹药而仍然非法运输、携带、邮寄进出境。过失不构成本罪。如果行为人不知道自己所运输、携带、邮寄的物品是武器、弹药，不构成本罪。实践中，走私武器、弹药的行为人往往出于牟利目的，但无论出于何种目的，并不影响主观故意的认定。

4. 本罪的客体是国家关于武器、弹药出入国（边）境的监管制度。

（二）司法认定与刑事处罚

根据刑法第151条的规定，犯本罪的，处7年以上有期徒刑，并处罚金或者没收财产；情节特别严重的，处无期徒刑，并处没收财产；情节较轻的，处3年以上7年以下有期徒刑，并处罚金。单位犯本罪的，对单位判处罚金，并对其直接负责的主管人员和其他直接责任人员依照上述规定处罚。

根据《办理走私刑案解释》第1条，以枪支发射枪弹的动力来源为标准，将枪支分类调整为“以火药为动力发射枪弹的枪支”和“以压缩气体等非火药为动力发射枪弹的枪支”；与此相应，弹药划分为“以火药为动力发射枪弹”和“以压缩气体为动力发射枪弹”，以此分类[①]制定定罪量刑标准。

（1）定罪处罚的数量起点。《办理走私刑案解释》第1条第1款规定：走私武器、弹药，具有下列情形之一的，可以认定为刑法第151条第1款规定的“情节较轻”：1）走私以压缩气体等非火药为动力发射枪弹的枪支2支以上不满5支的；2）走私气枪铅弹500发以上不满2 500发，或者其他子弹10发以上不满50发的；3）未达到上述数量标准，但属于犯罪集团的首要分子，使用特种车辆从事走私活动，或者走私的武器、弹药被用于实施犯罪等情形的；4）走私各种口径在60毫米以下常规炮弹、手榴弹或者枪榴弹等分别或者合计不满5枚的。

走私的仿真枪经鉴定为枪支，构成犯罪的，依照刑法第151条第1款的规定，以走私武器罪定罪处罚。不以牟利或者从事违法犯罪活动为目的，且无其他严重情节的，可以依法从轻处罚；情节轻微不需要判处刑罚的，可以免予刑事处罚。

（2）根据《办理走私刑案解释》第1条第2款，具有下列情节之一的，处7年以上有期徒刑，并处罚金或者没收财产：1）走私以火药为动力发射枪弹的枪支1支，或者以压缩气体等非火药为动力发射枪弹的枪支5支以上不满10支的；2）走私第1款第2项规定的弹药，数量在该项规定的最高数量以上不满最高数量5倍的；3）走私各种口径在60毫米以下常规炮弹、手榴弹或者枪榴弹等分别或者合计达到5枚以上不满10枚，或者各种口径超过60毫米以上常规炮弹合计不满5枚的；4）达到第1款第1、2、4项规定的数量标准，且属于犯罪集团的首要分子，使用特种车辆从事走私活动，或者走私的武器、弹药被用于实施犯罪等情形的。

---

① 关于改变枪支分类的理由，参见裴显鼎、苗有水、刘为波、郭慧：《〈关于办理走私刑事案件适用法律若干问题的解释〉的理解与适用》，载《人民司法》，2015（3）。

（3）根据《办理走私刑案解释》第1条第3款，“情节特别严重”是指：1）走私第2款第1项规定的枪支，数量超过该项规定的数量标准的；2）走私第1款第2项规定的弹药，数量在该项规定的最高数量标准5倍以上的；3）走私第2款第3项规定的弹药，数量超过该项规定的数量标准，或者走私具有巨大杀伤力的非常规炮弹1枚以上的；4）达到第2款第1项至第3项规定的数量标准，且属于犯罪集团的首要分子，使用特种车辆从事走私活动，或者走私的武器、弹药被用于实施犯罪等情形的。走私其他武器、弹药，构成犯罪的，参照本条各款规定的标准处罚。

走私枪支散件，构成犯罪的，依照刑法第151条第1款的规定，以走私武器罪定罪处罚。成套枪支散件以相应数量的枪支计，非成套枪支散件以每30件为一套枪支散件计。

走私各种弹药的弹头、弹壳，构成犯罪的，依照刑法第151条第1款的规定，以走私弹药罪定罪处罚。具体的定罪量刑标准，按照《办理走私刑案解释》第1条规定的数量标准的5倍执行。

武装掩护走私的，从重处罚。

二、走私核材料罪

（一）概念与构成

走私核材料罪，是指违反海关法规，逃避海关监管，走私核材料的行为。

本罪的构成要件如下：

（1）本罪的客观方面表现为违反海关法规，逃避海关监管，非法运输、携带、邮寄核材料进出国（边）境的行为。违反海关法规，主要指违反我国有关禁止核材料进出口的规定，包括《海关法》《核材料管制条例》《核出口管制条例》以及《核材料实物保护公约》《核安全公约》等国际公约的规定。本罪的犯罪对象是核材料。所谓核材料，是指可用来制造核武器的各种核材料和核燃料。根据1989年我国加入的《核材料实物保护公约》以及1997年国务院公布的《核出口管制条例》之规定，可确认核材料的范围。

（2）本罪的主体是一般主体，包括自然人和单位。

（3）本罪的主观方面是故意，即明知是国家禁止进出境的核材料，仍然进行走私。过失不构成本罪，行为人动机如何也不影响本罪的成立。

（4）本罪的客体是国家对核材料进出口的管理制度。

（二）刑事处罚

根据刑法第151条的规定，犯本罪的，处7年以上有期徒刑，并处罚金或者没收财产；情节特别严重的，处无期徒刑，并处没收财产；情节较轻的，处3年以上7年以下有期徒刑，并处罚金。单位犯本罪的，对单位判处罚金，并对其直接负责的主管人员和其他直接责任人员，依照本条各款的规定处罚。

三、走私假币罪

（一）概念与构成

走私假币罪，是指违反海关法规，逃避海关监管，走私伪造的货币的行为。

本罪的构成要件如下：

（1）本罪的客观方面表现为违反海关法规，逃避海关监管，运输、携带、邮寄伪造的货币进出国（边）境的行为。刑法第 151 条第 1 款规定的伪造的货币，是指仿照真货币的图案、形状、颜色等所制造出来的假货币，包括正在流通的人民币和境外货币。走私伪造的境外货币，其面额以案发时国家外汇管理机关公布的外汇牌价折合人民币计算。

（2）本罪的主体是一般主体，包括自然人和单位。

（3）本罪的主观方面是故意，即明知是伪造的货币而运输、携带、邮寄进出国（边）境。不明知是伪造的货币而走私的，不成立本罪。

（4）本罪的客体是复杂客体，既侵犯了国家禁止假币进出口的制度，又侵犯了国家的货币管理制度。

（二）司法认定与刑事处罚

根据刑法第 151 条规定的规定，犯本罪的，处 7 年以上有期徒刑，并处罚金或者没收财产；情节特别严重的，处无期徒刑，并处没收财产；情节较轻的，处 3 年以上 7 年以下有期徒刑，并处罚金。单位犯本罪的，对单位判处罚金，并对其直接负责的主管人员和其他直接责任人员，依照本条各款的规定处罚。

（1）《办理走私刑案解释》第 6 条第 1 款规定，走私伪造的货币，数额在 2 000 元以上不满 20 000 元，或者数量在 200 张（枚）以上不满 2 000 张（枚）的，可以认定为刑法第 151 条第 1 款规定的“情节较轻”。

（2）《办理走私刑案解释》第 6 条第 2 款规定，具有下列情形之一的，依照刑法第 151 条第 1 款的规定处 7 年以上有期徒刑，并处罚金或者没收财产：1）走私数额在 2 万元以上不满 20 万元，或者数量在 2 000 张（枚）以上不满 2 万张（枚）的；2）走私数额或者数量达到第 1 款规定的标准，且具有走私的伪造货币流入市场等情节的。

（3）《办理走私刑案解释》第 6 条第 3 款规定，具有下列情形之一的，应当认定为刑法第 151 条第 1 款规定的“情节特别严重”：1）走私数额在 20 万元以上，或者数量在 2 万张（枚）以上的；2）走私数额或者数量达到第 2 款第 1 项规定的标准，且属于犯罪集团的首要分子，使用特种车辆从事走私活动，或者走私的伪造货币流入市场等情形的。

四、走私文物罪

（一）概念与构成

走私文物罪，是指违反海关法规，逃避海关监管，走私国家禁止出口的文物的行为。

本罪的构成要件如下：

（1）本罪的客观方面表现为违反海关法规，逃避海关监管，运输、携带、邮寄禁止出口的文物出国（边）境的行为。行为对象是国家禁止出口的文物。“国家禁止出口的文物”，依照《文物保护法》规定的“国家禁止出境的文物”的范围认定。根据《文物保护法》第60条的规定，国有文物、非国有文物中的珍贵文物和国家规定禁止出境的其他文物，不得出境；但是依照本法规定出境展览或者因特殊需要经国务院批准出境的除外。本罪的行为方式仅限于出口，而不包括进口。如果将文物从境外走私至境内的，偷逃应缴税额较大或者一年内曾因走私被给予二次行政处罚又走私的，可以成立走私普通货物、物品罪。

（2）本罪的主体是一般主体，包括自然人和单位。

（3）本罪的主观方面是故意。如果行为人不知自己走私的是国家禁止出口的文物或者由于过失而运输、携带、邮寄国家禁止出口的文物出境的，不构成本罪。

（4）本罪的客体是国家对外贸易管制中禁止文物出口的管理制度。

（二）刑事处罚

根据刑法第151条的规定，犯本罪的，处5年以上10年以下有期徒刑，并处罚金；情节特别严重的，处10年以上有期徒刑或者无期徒刑，并处没收财产；情节较轻的，处5年以下有期徒刑，并处罚金。单位犯本罪的，对单位判处罚金，并对其直接负责的主管人员和其他直接责任人员，依照本条各款的规定处罚。

自2016年1月1日起施行的最高人民法院、最高人民检察院《关于办理妨害文物管理等刑事案件适用法律若干问题的解释》（以下简称《妨碍文物管理案解释》）第1条第2款规定，走私国家禁止出口的二级文物的，应当依照刑法第151条第2款的规定，以走私文物罪处5年以上10年以下有期徒刑，并处罚金；走私国家禁止出口的一级文物的，应当认定为刑法第151条第2款规定的“情节特别严重”；走私国家禁止出口的三级文物的，应当认定为刑法第151条第2款规定的“情节较轻”。

《妨碍文物管理案解释》第1条第3款规定，走私国家禁止出口的文物，无法确定文物等级，或者按照文物等级定罪量刑明显过轻或者过重的，可以按照走私的文物价值定罪量刑。走私的文物价值在20万元以上不满100万元的，应当依照刑法第151条第2款的规定，以走私文物罪处5年以上10年以下有期徒刑，并处罚金；文物价值在100万元以上的，应当认定为刑法第151条第2款规定的“情节特别严重”；文物价值在5万元以上不满20万元的，应当认定为刑法第151条第2款规定的“情节较轻”。

五、走私贵重金属罪

（一）概念与构成

走私贵重金属罪，是指违反海关法规，逃避海关监管，走私黄金、白银或其他贵重金属出国（边）境的行为。

本罪的构成要件如下：

（1）本罪的客观方面表现为违反海关法规，逃避海关监管，运输、携带、邮寄黄金、白银或者其他贵重金属出国（边）境的行为。本罪的对象是贵重金属，包括黄金、白银以及与金、银同等重要的铱、铂、钯、铑、钛等国家禁止出口的各种贵重金属及其制品。本罪行为方式只限于出口而不包括进口。如果将贵重金属从境外走私进我国境内，只能成立走私普通货物、物品罪。

（2）本罪的主体是一般主体，包括自然人和单位。

（3）本罪的主观方面是故意，即明知是国家禁止出口的贵重金属而将其非法运输、携带、邮寄出境的。过失不成立本罪，本罪的成立也无须行为人具有牟利或其他目的。

（4）本罪的客体是国家对外贸易管制中有关禁止黄金、白银和其他贵重金属出口的监管制度。

（二）刑事处罚

根据刑法第 151 条的规定，犯本罪的，处 5 年以上 10 年以下有期徒刑，并处罚金；情节特别严重的，处 10 年以上有期徒刑或者无期徒刑，并处没收财产；情节较轻的，处 5 年以下有期徒刑，并处罚金。单位犯本罪的，对单位判处罚金，并对其直接负责的主管人员和其他直接责任人员，依照本条各款的规定处罚。

六、走私珍贵动物、珍贵动物制品罪

（一）概念与构成

走私珍贵动物、珍贵动物制品罪，是指违反海关法规，逃避海关监管，走私国家禁止进出口的珍贵动物及其制品进出国（边）境的行为。

本罪的构成要件如下：

（1）本罪的客观方面是违反海关法规，逃避海关监管，运输、携带、邮寄珍贵动物及其制品进出国（边）境的行为。本罪行为对象是国家禁止进出口的珍贵动物或珍贵动物制品。根据自 2022 年 4 月 9 日起施行的最高人民法院、最高人民检察院《关于办理破坏野生动物资源刑事案件适用法律若干问题的解释》（以下简称《野生动物资源刑案解释》）第 1 条，具有下列情形之一的，应当认定为刑法第 151 条第 2 款规定的走私国家禁止进出口的珍贵动物及其制品：1）未经批准擅自进出口列入经国家濒危物种进出口管理机构公布的《濒危野生动植物种国际贸易公约》附录一、附录二的野生动物及其制品；2）未经批准擅自出口列入《国家重点保护野生动物名录》的野生动物及其制品。珍贵动物制品，是指用上述珍贵动物的毛皮、羽毛、骨、内脏、血、肉、胚胎、角等制成的标本、食品、药品、服装、工艺品、纪念品以及其他物品。

（2）本罪的主体是一般主体，包括自然人和单位。

（3）本罪的主观方面是故意，即行为人明知自己运输、携带、邮寄的是珍贵动物、珍贵动物制品，仍进行走私行为，过失不构成本罪。

（4）本罪的客体是复杂客体，既侵犯了国家对外贸易管理制度中有关禁止珍贵动物、珍贵动物制品进出口的管理制度，又侵犯了国家野生动物保护制度。

（二）司法认定与刑事处罚

1. 司法认定

根据《办理走私刑案解释》第 9 条第 4 款，不以牟利为目的，为留作纪念而走私珍贵动物制品进境，数额不满 10 万元的，可以免予刑事处罚；情节显著轻微的，不作为犯罪处理。

2. 刑事处罚

根据刑法第 151 条的规定，犯本罪的，处 5 年以上 10 年以下有期徒刑，并处罚金；情节特别严重的，处 10 年以上有期徒刑或者无期徒刑，并处没收财产；情节较轻的，处 5 年以下有期徒刑，并处罚金。单位犯本罪的，对单位判处罚金，并对其直接负责的主管人员和其他直接责任人员，依照本条各款的规定处罚。

在具体裁量刑事处罚时，要遵照《野生动物资源刑案解释》第 2 条之规定：走私国家禁止进出口的珍贵动物及其制品，价值 20 万元以上不满 200 万元的，应当依照刑法第 151 条第 2 款的规定，以走私珍贵动物、珍贵动物制品罪处 5 年以上 10 年以下有期徒刑，并处罚金；价值 200 万元以上的，应当认定为“情节特别严重”，处 10 年以上有期徒刑或者无期徒刑，并处没收财产；价值 2 万元以上不满 20 万元的，应当认定为“情节较轻”，处 5 年以下有期徒刑，并处罚金。实施前款规定的行为，具有下列情形之一的，从重处罚：（1）属于犯罪集团的首要分子的；（2）为逃避监管，使用特种交通工具实施的；（3）2 年内曾因破坏野生动物资源受过行政处罚的。实施第 1 款规定的行为，不具有第 2 款规定的情形，且未造成动物死亡或者动物、动物制品无法追回，行为人全部退赃退赔，确有悔罪表现的，按照下列规定处理：（1）珍贵动物及其制品价值 200 万元以上的，可以处 5 年以上 10 年以下有期徒刑，并处罚金。（2）珍贵动物及其制品价值 20 万元以上不满 200 万元的，可以认定为“情节较轻”，处 5 年以下有期徒刑，并处罚金。（3）珍贵动物及其制品价值 2 万元以上不满 20 万元的，可以认定为犯罪情节轻微，不起诉或者免予刑事处罚；情节显著轻微危害不大的，不作为犯罪处理。

七、走私国家禁止进出口的货物、物品罪

（一）概念与构成

走私国家禁止进出口的货物、物品罪，是指违反海关法规，逃避海关监管，走私国家禁止进出口的货物、物品的行为。

本罪的构成要件如下：

（1）本罪的客观方面表现为违反海关法规，逃避海关监管，运输、携带、邮寄国家禁止进出口的货物、物品进出国（边）境的行为。行为对象是指刑法第 151 条第 1 款、第 2 款和第 152 条之外的国家禁止进出口的货物、物品，如禁止进出口的珍稀植物或珍

稀植物制品、禁止进口的来自疫区的动植物及其制品、禁止出口的古植物化石等。根据《办理走私刑案解释》第 12 条，“珍稀植物”，包括列入《国家重点保护野生植物名录》《国家重点保护野生药材物种名录》《国家珍贵树种名录》中的国家一、二级保护野生植物、国家重点保护的野生药材、珍贵树木，《濒危野生动植物种国际贸易公约》附录Ⅰ、附录Ⅱ中的野生植物，以及人工培育的上述植物。“古生物化石”，按照《古生物化石保护条例》的规定予以认定。走私具有科学价值的古脊椎动物化石、古人类化石，构成犯罪的，依照刑法第 151 条第 2 款的规定，以走私文物罪定罪处罚。“珍稀植物制品”，指的是利用珍稀植物加工制作的标本、药材、工艺品、纪念品及其他制成品。

（2）本罪的主体是一般主体，包括自然人和单位。

（3）本罪的主观方面是故意，即行为人明知自己运输、携带、邮寄的是国家禁止进出口的货物、物品，仍进行走私行为。过失不构成本罪。

（4）本罪的客体是国家货物、物品进出口的管理制度。

（二）刑事处罚

根据刑法第 151 条第 3 款，犯本罪的，处 5 年以下有期徒刑或者拘役，并处或者单处罚金；情节严重的，处 5 年以上有期徒刑，并处罚金。单位犯本罪的，对单位判处罚金，并对其直接负责的主管人员和其他直接责任人员，依照本条各款的规定处罚。

鉴于刑法第 151 条第 3 款对本罪规定了独立的法定刑，因此走私刑法第 151 条、第 152 条列明的禁止进出口物品之外物品的，应当依据刑法第 151 条第 3 款以走私国家禁止进出口的货物、物品罪定罪处罚。

《办理走私刑案解释》第 11 条规定，走私国家禁止进出口的货物、物品，具有下列情形之一的，依照第 151 条第 3 款的规定处 5 年以下有期徒刑或者拘役，并处或者单处罚金：（1）走私国家一级保护野生植物 5 株以上不满 25 株，国家二级保护野生植物 10 株以上不满 50 株，或者珍稀植物、珍稀植物制品数额在 20 万元以上不满 100 万元的；（2）走私重点保护古生物化石或者未命名的古生物化石不满 10 件，或者一般保护古生物化石 10 件以上不满 50 件的；（3）走私禁止进出口的有毒物质 1 吨以上不满 5 吨，或者数额在 2 万元以上不满 10 万元的；（4）走私来自境外疫区的动植物及其产品 5 吨以上不满 25 吨，或者数额在 5 万元以上不满 25 万元的；（5）走私木炭、硅砂等妨害环境、资源保护的货物、物品 10 吨以上不满 50 吨，或者数额在 10 万元以上不满 50 万元的；（6）走私旧机动车、切割车、旧机电产品或者其他禁止进出口的货物、物品 20 吨以上不满 100 吨，或者数额在 20 万元以上不满 100 万元的；（7）数量或者数额未达到本款第 1 项至第 6 项规定的标准，但属于犯罪集团的首要分子，使用特种车辆从事走私活动，造成环境严重污染，或者引起甲类传染病传播、重大动植物疫情等情形的。

具有下列情形之一的，应当认定为“情节严重”：（1）走私数量或者数额超过前款第 1 项至第 6 项规定的标准的；（2）达到前款第 1 项至第 6 项规定的标准，且属于犯罪集团的首要分子，使用特种车辆从事走私活动，造成环境严重污染，或者引起甲类传染病传播、重大动植物疫情等情形的。

《办理走私刑案解释》第 21 条规定：未经许可进出口国家限制进出口的货物、物品，构成犯罪的，或者租用、借用或者使用购买的他人许可证，进出口国家限制进出口的货物、物品的，应当依照刑法第 151 条、第 152 条的规定，以走私国家禁止进出口的货物、物品罪等罪名定罪处罚；偷逃应缴税额，同时又构成走私普通货物、物品罪的，依照处罚较重的规定定罪处罚。

取得许可，但超过许可数量进出口国家限制进出口的货物、物品，构成犯罪的，依照刑法第 153 条的规定，以走私普通货物、物品罪定罪处罚。

八、走私淫秽物品罪

(一) 概念与构成

走私淫秽物品罪，是指以牟利或者传播为目的，违反海关法规，逃避海关监管，走私淫秽的影片、录像带、录音带、图片、书刊或其他淫秽物品的行为。

本罪的构成要件如下：

(1) 本罪的客观方面表现为违反海关法规，逃避海关监管，走私淫秽物品的行为。行为对象是"淫秽物品"。所谓"淫秽物品"，是指具体描绘性行为或露骨宣扬色情的诲淫性的书刊、影片、录像带、录音带、电视片、幻灯片、照片、图画等物品。"其他淫秽物品"，指除淫秽的影片、录像带、录音带、图片、书刊以外的，通过文字、声音、形象等形式表现淫秽内容的影碟、音碟、电子出版物、电子信息等物品。但夹杂淫秽内容有艺术价值的文艺作品，表现人体美的美术作品，有关人体生理、医学知识和其他自然科学作品，不属于淫秽物品的范围。走私非淫秽的书刊、影碟、图片、录像带、图书等物品的，达到一定数额的，可以走私普通货物、物品罪定罪处罚。

(2) 本罪的主体是一般主体，包括自然人和单位。

(3) 本罪的主观方面是故意，并以牟利或者传播为目的。行为人为了自用走私少量淫秽物品，或者虽携带淫秽物品但本人并不知情的，均不成立本罪。行为人是否具有牟利或者传播的目的，可通过走私淫秽物品的数量、次数等进行判断。牟利或传播的目的是否实际达到，不影响本罪的成立。

(4) 本罪的客体是复杂客体，既侵犯了海关监管秩序，又侵犯了社会管理秩序。

(二) 刑事处罚

根据刑法第 152 条第 1 款规定，犯本罪的，处 3 年以上 10 年以下有期徒刑，并处罚金；情节严重的，处 10 年以上有期徒刑或者无期徒刑，并处罚金或者没收财产；情节较轻的，处 3 年以下有期徒刑、拘役或者管制，并处罚金。单位犯本罪的，对单位判处罚金，并对其直接负责的主管人员和其他直接责任人员，依照前两款的规定处罚。

《办理走私刑案解释》第 13 条第 1 款规定，以牟利或者传播为目的，走私淫秽物品，达到下列数量之一的，可认定为"情节较轻"：(1) 走私淫秽录像带、影碟 50 盘（张）以上不满 100 盘（张）的；(2) 走私淫秽录音带、音碟 100 盘（张）以上不满 200 盘（张）的；(3) 走私淫秽扑克、书刊、画册 100 副（册）以上不满 200 副（册）的；

（4）走私淫秽照片、画片 500 张以上不满 1 000 张的；（5）走私其他淫秽物品相当于上述数量的。走私淫秽物品在前款规定的最高数量以上不满最高数量 5 倍的，依照刑法第 152 条第 1 款的规定处 3 年以上 10 年以下有期徒刑，并处罚金。走私淫秽物品在本条第 1 款规定的最高数量 5 倍以上，或者在第 1 款规定的最高数量以上不满 5 倍，但属于犯罪集团的首要分子，使用特种车辆从事走私活动等情形的，应当认定为“情节严重”。

九、走私废物罪

（一）概念与构成

走私废物罪，是指逃避海关监管，将境外固体废物、液态废物和气态废物运输进境，情节严重的行为。

本罪的构成要件如下：

1. 本罪的客观方面要求必须同时具备以下三个要素：

（1）违反海关法规，逃避海关监管。

（2）将境外的固体废物、液态废物或气态废物非法运输进入我国的国（边）境。包括国家禁止进口的废物和国家限制进口的可用作原料的废物。如果是将我国境内的固体废物、液态废物或气态废物运输到我国国（边）境外，即使达到情节严重，也不能成立本罪。

（3）达到情节严重程度。《办理走私刑案解释》第 14 条规定，具有下列情形之一的，应当认定为“情节严重”：1）走私国家禁止进口的危险性固体废物、液态废物分别或者合计达到 1 吨以上不满 5 吨的；2）走私国家禁止进口的非危险性固体废物、液态废物分别或者合计达到 5 吨以上不满 25 吨的；3）走私国家限制进口的可用作原料的固体废物、液态废物分别或者合计达到 20 吨以上不满 100 吨的；4）未达到上述数量标准，但属于犯罪集团的首要分子，使用特种车辆从事走私活动，或者造成环境严重污染等情形的。

2. 本罪的主体是一般主体，包括自然人和单位。

3. 本罪的主观方面是故意，即行为人明知是境外的废物，仍将其走私入境。过失不构成本罪，本罪的成立也不要求行为人具有特定的目的。

4. 本罪的客体是复杂客体，既侵犯了海关监管制度，又侵犯了环境保护制度。

（二）刑事处罚

刑法第 152 条第 2 款规定，犯本罪的，处 5 年以下有期徒刑，并处或者单处罚金；情节特别严重的，处 5 年以上有期徒刑，并处罚金。单位犯本罪的，对单位判处罚金，并对其直接负责的主管人员和其他直接责任人员，依照前两款的规定处罚。

根据《办理走私刑案解释》第 14 条第 2 款的规定，“情节特别严重”指下列情形之一：（1）超过本解释第 14 条第 1 款规定的“情节严重”的数量标准；（2）达到本解释第 14 条第 1 款“情节严重”的数量标准，且属于犯罪集团的首要分子，使用特种车辆从事走私活动，或者造成环境严重污染等情形的；（3）未达到本解释第 14 条第 1 款规定的标准，但造成环境严重污染且后果特别严重的。走私置于容器中的气态废物，构成犯罪的，参照前两款规定的标准处罚。

国家限制进口的可用作原料的废物的具体种类，参照国家有关部门的规定确定。

十、走私普通货物、物品罪

（一）概念与构成

走私普通货物、物品罪，是指违反海关法规，走私刑法第151条、第152条、第347条规定以外的货物、物品，偷逃应缴税额较大或者一年内曾因走私被给予二次行政处罚后又走私的行为。

本罪的构成要件如下：

1. 本罪的客观方面表现为：

（1）行为对象是除刑法第151条、第152条以及第347条规定以外的货物、物品。这里的“以外”应理解为表面构成要件要素。本罪的行为对象与刑法第151条、第152条及第347条规定的货物、物品并非对立互斥。走私文物罪、走私贵重金属罪的行为方式仅限于出口，而不包括进口。如果将文物、贵重金属从境外走私至境内的，偷逃应缴税额较大或者一年内曾因走私被给予二次行政处罚又走私的，可以成立走私普通货物、物品罪。

（2）违反海关法规，逃避海关监管。“违反海关法规”，指违反我国《海关法》《进出口关税条例》以及其他有关的法律、法规。“逃避海关监管”，指采用藏匿、隐瞒、伪报等方式蒙混过关，或者从不设关的国（边）境上进出绕关，躲避海关监督、管理和检查。

（3）行为方式具体包括以下内容：1）未经国务院或国务院授权的部门批准，不经过设立海关的地点，非法运输、携带国家禁止或限制进出口的货物、物品或者依法应当缴纳关税的货物、物品进出国（边）境的。2）虽然通过设立海关的地点进出国（边）境，但采取隐匿、伪装、假报等欺骗手段，逃避海关监管、检查，非法盗运、偷带或者非法邮寄国家禁止或限制进出口的货物、物品或者依法应当缴纳关税的货物、物品的。3）未经国务院批准或者海关许可并补缴关税，擅自将批准进口的来料加工、来件配装、补偿贸易的原材料、零部件、制成品、设备等保税货物或者海关监管的其他货物、进境的海外运输工具等，非法在境内销售牟利的。根据最高人民法院《办理走私刑案解释》第19条，“保税货物”是指经海关批准，未办理纳税手续进境，在境内储存、加工、装配后应予复运出境的货物，包括通过加工贸易、补偿贸易等方式进口的货物，以及在保税仓库、保税工厂、保税区或者免税商店内等储存、加工、寄售的货物。4）假借捐赠名义进口货物、物品，或者未经海关许可并补缴关税，擅自将减税、免税进口捐赠货物、物品或者其他特定减税、免税进口用于特定企业、特定地区、特定用途的货物、物品，非法在境内销售牟利的。5）直接向走私人非法收购走私进口的货物、物品的。6）在内海、领海、界河、界湖运输、收购、贩卖国家禁止进出口的物品，或者没有合法证明，在内海、领海、界河、界湖运输、收购、贩卖国家限制进出口的货物、物品的。“内海”，包括内河的入海口水域。7）与走私罪犯通谋，为其提供贷款、资金、账号、发票、证明，或者为其提供运输、保管、邮寄或者其他方便的。

（4）本罪要求走私货物、物品偷逃应缴税额较大或者一年内曾因走私被给予二次行政处罚后又走私的，才可成立本罪。“应缴税额”，是指进出口货物、物品应当缴纳的进出口关税和进口环节海关代征税的税额。走私货物、物品所偷逃的应缴税额，应当以走私行为实施时所适用的税则、税率、汇率和海关审定的完税价格计算，并以海关出具的证明为准。

2. 本罪的主体是一般主体，包括自然人和单位。

3. 本罪的主观方面是故意，过失不构成本罪。如果由于行为人不了解海关监管制度，或者由于疏忽漏报、错报关税，主观上没有走私故意的，不成立本罪。

4. 本罪的客体是国家外贸管制中对于普通货物、物品进出口的监管制度和税收制度。

（二）司法认定与刑事处罚

1. 司法认定

（1）罪与非罪界限。走私货物、物品“偷逃应缴税额较大”或者“一年内曾因走私被给予二次行政处罚后又走私的”，成立犯罪。《办理走私刑案解释》第 16 条规定：走私普通货物、物品，偷逃应缴税额在 10 万元以上不满 50 万元的，应当认定为“偷逃应缴税额较大”。“应缴税额”，包括进出口货物、物品应当缴纳的进出口关税和进口环节海关代征税的税额。应缴税额以走私行为实施时的税则、税率、汇率和完税价格计算；多次走私的，以每次走私行为实施时的税则、税率、汇率和完税价格逐票计算；走私行为实施时间不能确定的，以案发时的税则、税率、汇率和完税价格计算。“一年内曾因走私被给予二次行政处罚后又走私”中的“一年内”，以因走私第一次受到行政处罚的生效之日与“又走私”行为实施之日的时间间隔计算确定；“被给予二次行政处罚”的走私行为，包括走私普通货物、物品以及其他货物、物品；“又走私”行为仅指走私普通货物、物品。“多次走私未经处理”，包括未经行政处理和刑事处理。

（2）走私普通货物、物品罪与其他走私罪的界限。本罪与其他走私罪是一种因对象不同在手段上（走私）竞合的法条竞合关系。例如，走私武器、弹药、核材料、伪造的货币、国家禁止出口的文物、黄金、白银和其他贵重金属、国家禁止进出口的货物、物品，根据法条竞合基本规定优先于补充规定适用的原理，按其他相应犯罪论处，不定本罪。

（3）走私普通货物、物品罪与走私废物罪的区别。1）经许可进口国家限制进口的可用作原料的废物时，偷逃应缴税额，构成犯罪的，以走私普通货物罪定罪处罚。其要点是“经许可”，即办理了“原料废物”的进口手续，其性质与进口普通货物无异。虽经许可，但超过许可数量进口国家限制进口的可用作原料的废物，超过部分以未经许可论。2）既未经许可，又偷逃应缴税额，同时构成走私废物罪和走私普通货物罪的，应当按照刑法处罚较重的规定定罪处罚（《办理走私刑案解释》第 21 条）。

（4）《办理走私刑案解释》第 22 条规定，在走私的货物、物品中藏匿刑法第 151 条

（武器弹药等）、第 152 条（淫秽物品）、第 347 条（毒品）、第 350 条（制毒物品）规定的货物、物品，构成犯罪的，以实际走私的货物、物品定罪处罚；构成数罪的，实行数罪并罚。

2. 刑事处罚

刑法第 153 条规定，犯本罪的，根据情节轻重，分别依照下列规定处罚：（1）走私货物、物品偷逃应缴税额较大或者一年内曾因走私被给予二次行政处罚后又走私的，处 3 年以下有期徒刑或者拘役，并处偷逃应缴税额 1 倍以上 5 倍以下罚金。（2）走私货物、物品偷逃应缴税额巨大或者有其他严重情节的，处 3 年以上 10 年以下有期徒刑，并处偷逃应缴税额 1 倍以上 5 倍以下罚金。（3）走私货物、物品偷逃应缴税额特别巨大或者有其他特别严重情节的，处 10 年以上有期徒刑或者无期徒刑，并处偷逃应缴税额 1 倍以上 5 倍以下罚金或者没收财产。单位犯本罪的，对单位判处罚金，并对其直接负责的主管人员和其他直接责任人员，处 3 年以下有期徒刑或者拘役；情节严重的，处 3 年以上 10 年以下有期徒刑；情节特别严重的，处 10 年以上有期徒刑。对多次走私未经处理的，按照累计走私货物、物品的偷逃应缴税额处罚。

《办理走私刑案解释》第 16 条规定，走私普通货物、物品，偷逃应缴税额在 10 万元以上不满 50 万元的，应当认定为"偷逃应缴税额较大"；偷逃应缴税额在 50 万元以上不满 250 万元的，应当认定为"偷逃应缴税额巨大"；偷逃应缴税额在 250 万元以上的，应当认定为"偷逃应缴税额特别巨大"。

走私普通货物、物品，具有下列情形之一，偷逃应缴税额在 30 万元以上不满 50 万元的，应当认定为"其他严重情节"；偷逃应缴税额在 150 万元以上不满 250 万元的，应当认定为"其他特别严重情节"：（1）犯罪集团的首要分子；（2）使用特种车辆从事走私活动的；（3）为实施走私犯罪，向国家机关工作人员行贿的；（4）教唆、利用未成年人、孕妇等特殊人群走私的；（5）聚众阻挠缉私的。

《办理走私刑案解释》第 24 条规定，单位犯走私普通货物、物品罪，偷逃应缴税额在 20 万元以上不满 100 万元的，应当依照刑法第 153 条第 2 款的规定，对单位判处罚金，并对其直接负责的主管人员和其他直接责任人员，处 3 年以下有期徒刑或者拘役；偷逃应缴税额在 100 万元以上不满 500 万元的，应当认定为"情节严重"；偷逃应缴税额在 500 万元以上的，应当认定为"情节特别严重"。

第四节　妨害对公司、企业的管理秩序罪

本类犯罪的疑难点主要是由"身份"派生的界限。其一，非国家工作人员受贿罪与受贿罪的区别；对非国家工作人员行贿罪与行贿罪的区别。其二，签订、履行合同失职被骗罪，国有公司、企业、事业单位人员失职罪，国有公司、企业、事业单位人员滥用职权罪与有关渎职罪的区别。区分的要点是身份不同。此外，为亲友非法牟利罪，非法经营同类营业罪，国有公司、企业、事业单位人员失职罪，签订、履行合同失职被骗罪的主体存在细微差别，应予注意。

一、虚报注册资本罪

（一）概念与构成

虚报注册资本罪，是指申请公司登记时使用虚假证明文件或者采取其他欺诈手段虚报注册资本，欺骗公司登记主管部门，取得公司登记，虚报注册资本数额巨大，后果严重或者有其他严重情节的行为。

本罪的构成要件如下：

1. 本罪的客观方面表现为：

（1）行为人申请公司登记使用虚假的证明文件或者采取其他欺诈手段虚报注册资本，欺骗公司登记主管部门。虚报注册资本，既包括没有达到注册资本的法定数额而虚报达到法定数额，也包括虽达到法定数额而虚报具有更高数额的情形。

（2）已经取得公司登记，即已被公司登记机关批准登记注册并已发给营业执照。未取得登记并获发营业执照的，不成立本罪。

（3）必须虚报注册资本数额巨大、后果严重或者有其他严重情节。其具体认定标准，根据《2022 立案追诉标准（二）》第 3 条的规定，是指具备以下情形之一：1）法定注册资本最低限额在 600 万元以下，虚报数额占其应缴出资数额 60%以上的。2）法定注册资本最低限额超过 600 万元，虚报数额占其应缴出资数额 30%以上的。3）造成投资者或者其他债权人直接经济损失累计数额在 50 万元以上的。4）虽未达到上述数额标准，但具有下列情形之一的：第一，2 年内因虚报注册资本受过 2 次以上行政处罚，又虚报注册资本的；第二，向公司登记主管人员行贿的；第三，为进行违法活动而注册的。此外，本条只适用于依法实行注册资本实缴登记制的公司。5）其他后果严重或者有其他严重情节的情形。

2. 本罪的主体可由任何公司或申请公司登记的个人构成。根据公司法的规定，申请公司登记的人，在有限责任公司设立登记的情况下是指由全体股东指定的代表或者共同委托的代理人；在股份有限公司设立登记的情况下是指董事会；在国有独资公司设立登记的情况下是指国家授权投资的机构或者国家授权的部门。承担资产评估、验资、验证、会计、审计、法律服务等职责的中介组织人员与申请公司登记的单位或者个人相通谋，故意提供虚假证明文件，欺骗公司登记主管部门，取得公司登记的，以共犯论处。

3. 本罪的主观方面是故意，并以骗取公司登记为目的。因过失多报注册资本的，不构成本罪。

4. 本罪的客体是公司的登记管理制度。

（二）司法认定与刑事处罚

1. 司法认定

（1）2013 年 12 月修订的《公司法》将一般公司的注册资本“实缴”登记制改为“认缴”登记制，取消注册资本最低限额制度和缴足出资的期限规定。据此，全国人大常委会于2014年4月24日作出立法解释：刑法第158条、第159条的规定，只适用于依法实行注册资本实缴登记制的公司。注册资本实缴制公司，指公司法规定设定注册资本最低限额，以及缴足出资额的期限等的公司，如金融机构，准金融机构的企业，募集设立的股份有限公司，直销企业、对外劳务合作企业、劳务派遣企业等法律、行政法规和国务院规定的27类企业。对认缴登记制的公司，不再依照刑法第158、159条的规定追究刑事责任。对于认缴登记制公司而言，没有违反公司法有关注册资本的规定，当然不构成犯罪。

（2）虚报注册资本罪与抽逃出资罪的区别：主要看是否为了骗取公司登记。虚报注册资本从公司登记主管部门骗取公司登记（成立或注册资本数）的，是虚报注册资本罪；从已经注册登记的公司账户上抽走资金的，是抽逃出资罪。实践中常遇到申请公司登记人根本没有资金也不打算实际出资，而是由办理公司登记的中介机构代办登记并“垫资”，取得公司登记后立即由中介机构收回。这种场合实质上是虚假出资。

2. 刑事处罚

根据刑法第158条的规定，犯本罪的，处3年以下有期徒刑或者拘役，并处或者单处虚报注册资本金额1%以上5%以下罚金。单位犯本罪的，对单位判处罚金，并对其直接负责的主管人员和其他直接责任人员，处3年以下有期徒刑或者拘役。

二、虚假出资、抽逃出资罪

（一）概念与构成

虚假出资、抽逃出资罪，是指公司发起人、股东违反公司法的规定未交付货币、实物或者未转移财产权，虚假出资，或者在公司成立后又抽逃出资，数额巨大、后果严重或者有其他严重情节的行为。

本罪的构成要件如下：

1. 本罪的客观方面表现为：

（1）违反公司法的规定，未交付货币、实物或者未转移财产权，虚假出资，或者在公司成立后又抽逃其出资。具体包括两种行为方式：1）虚假出资。虚假出资可以是弄虚作假根本不出资，也可以是不按规定足额出资。2）抽逃出资。此即在公司成立后又违反法律规定，不经过登记机关批准，撤出其出资的行为。

（2）必须虚假出资、抽逃出资的数额巨大、后果严重或者有其他严重情节的。根据《2022立案追诉标准（二）》第4条的规定，主要是指下列情况之一：1）法定注册资本最低限额在600万元以下，虚假出资、抽逃出资数额占其应缴出资数额60%以上的。2）法定注册资本最低限额超过600万元，虚假出资、抽逃出资数额占其应缴出资数额30%以上的。3）造成公司、股东、债权人的直接经济损失累计数额在50万元以上的。4）虽未达到上述数额标准，但具有下列情形之一的：第一，致使公司资不抵债或者无法正常经营的；第二，公司发起人、股东合谋虚假出资、抽逃出资的；第三，2年内因虚假出资、抽逃出资受过2次以上行政处罚，又虚假出资、抽逃出资的；第四，利用虚假出资、抽逃出资所得资金进行违法活动的。5）其他后果严重或者有其他严重情节的情形。此外，本条只适用于依法实行注册资本实缴登记制的公司。

2. 本罪的主体是特殊主体，即公司的发起人、股东，包括自然人和单位。

3. 本罪的主观方面是故意。

4. 本罪的客体是公司的出资管理制度及公司、其他股东和债权人的合法权益。

（二）司法认定和刑事处罚

1. 司法认定

根据立法解释，刑法第 159 条的规定只适用于依法实行注册资本实缴登记制的公司。对认缴登记制的公司，不再依照刑法第 159 条定罪处罚。

2. 刑事处罚

根据刑法第 159 条的规定，犯本罪的，处 5 年以下有期徒刑或者拘役，并处或者单处虚假出资金额或者抽逃出资金额 2%以上 10%以下罚金。单位犯本罪的，对单位判处罚金，并对其直接负责的主管人员和其他直接责任人员，处 5 年以下有期徒刑或者拘役。

三、欺诈发行证券罪

（一）概念与构成

欺诈发行证券罪，是指在招股说明书、认股书、公司、企业债券募集办法等发行文件中隐瞒重要事实或编造重大虚假内容，发行股票或公司、企业债券、存托凭证或国务院依法认定的其他证券，数额巨大、后果严重或有其他严重情节的行为，或者控股股东、实际控制人组织、指使实施前述行为。

本罪的构成要件如下：

1. 本罪的客观方面表现为：

（1）在招股说明书、认股书、公司、企业债券募集办法等发行文件中隐瞒重要事实或者编造重大虚假内容。实践中，造假载体日趋多元，除招股说明书、认股书、募集办法以外，其他在证券发行过程中起重要作用的文件也被用于实施欺诈，例如，发行人关于本次证券发行的申请报告、关于本次发行的论证分析报告、定向增发过程中涉及的文件等。

（2）行为人发行了股票或者公司、企业债券、存托凭证或者国务院依法认定的其他证券。经《刑法修正案（十一）》修订，本罪的行为对象不限于股票或者公司、企业债券，还包括存托凭证或者国务院依法认定的其他证券。

（3）行为人发行的证券必须是数额巨大、后果严重或者有其他严重情节。对于数额巨大、后果严重或有其他严重情节的认定，根据《2022 立案追诉标准（二）》第 5 条，主要指下列情形之一：1）非法募集资金金额在 1 000 万元以上的；2）虚增或者虚减资产达到当期资产总额 30%以上的；3）虚增或者虚减营业收入达到当期营业收入总额 30%以上的；4）虚增或者虚减利润达到当期利润总额 30%以上的；5）隐瞒或者编造的重大诉讼、仲裁、担保、关联交易或者其他重大事项所涉及的数额或者连续 12 个月的累计数额达到最近一期披露的净资产 50%以上的；6）造成投资者直接经济损失数额累计在 100 万元以上的；7）为欺诈发行证券而伪造、变造国家机关公文、有效证明文件或者相关凭证、单据的；8）为欺诈发行证券向负有金融监督管理职责的单位或者人员行贿的；9）募集的资金全部或者主要用于违法犯罪活动的。10）其他后果严重或者有其他严重情节的情形。

2. 本罪的主体既可以是自然人，也可以是单位。但个人犯本罪只能是在公司、企业设立阶段；公司、企业登记成立后，犯罪主体只能是公司、企业。对于控股股东、实际控制人组织、实施上述行为的，虽然根据原规定也可以作为共同犯罪予以制裁，但无法体现精准打击的要求。[①]《刑法修正案（十一）》增设独立的刑事责任条款，目的在于精准惩处幕后实际操控者和实际受益人。

3. 本罪的主观方面是故意。

4. 本罪的客体是证券发行管理制度以及股东和债权人和投资人的合法权益。

（二）刑事处罚

根据刑法第 160 条的规定，犯本罪的，处 5 年以下有期徒刑或者拘役，并处或者单处罚金；数额特别巨大、后果特别严重或者有其他特别严重情节的，处 5 年以上有期徒刑，并处罚金。控股股东、实际控制人组织、指使实施证券发行欺诈的，处 5 年以下有期徒刑或者拘役，并处或者单处非法募集资金金额 20%以上 1 倍以下罚金；数额特别巨大、后果特别严重或者有其他特别严重情节的，处 5 年以上有期徒刑，并处非法募集资金金额 20%以上 1 倍以下罚金。单位犯本罪的，对单位判处非法募集资金金额 20%以上 1 倍以下罚金，并对其直接负责的主管人员和其他直接责任人员，依照本条第 1 款的规定定罪处罚。

四、违规披露、不披露重要信息罪

（一）概念与构成

违规披露、不披露重要信息罪，是指依法负有信息披露义务的公司、企业向股东和社会公众提供虚假的或隐瞒重要事实的财务会计报告，或者对依法应当披露的其他重要信息不按照规定披露，严重损害股东和其他人利益或有其他严重情节的行为，或者前述公司的控股股东、实际控制人实施或组织、指使实施前述行为，或隐瞒相关事项导致前述情形发生。

本罪经《刑法修正案（六）》修正，取消了原提供虚假财会报告罪罪名。

本罪的构成要件如下：

---

① 参见杨万明主编：《〈刑法修正案（十一）〉条文及配套〈罪名补充规定（七）理解与适用〉》，96 页，北京，人民法院出版社，2021。

1. 本罪的客观方面表现为：

（1）三种行为类型：1）提供虚假的或者隐瞒重要事实的财务会计报告；2）对依法应当披露的其他重要信息不按照规定披露；3）（依法负有信息披露义务的公司、企业的控股股东、实际控制人）组织、指使实施前述行为及隐瞒相关事项。

（2）必须“严重损害股东或其他人利益”或者“有其他严重情节”。根据《2022 立案追诉标准（二）》第 6 条，指下列情形之一：1）造成股东、债权人或者其他人直接经济损失数额累计在 100 万元以上的；2）虚增或者虚减资产达到当期披露的资产总额 30%以上的；3）虚增或者虚减营业收入达到当期披露的营业收入总额 30%以上的；4）虚增或者虚减利润达到当期披露的利润总额 30%以上的；5）未按照规定披露的重大诉讼、仲裁、担保、关联交易或者其他重大事项所涉及的数额或者连续 12 个月的累计数额达到最近一期披露的净资产 50%以上的；6）致使不符合发行条件的公司、企业骗取发行核准或者注册并且上市交易的；7）致使公司、企业发行的股票或者公司、企业债券、存托凭证或者国务院依法认定的其他证券被终止上市交易的；8）在公司财务会计报告中将亏损披露为盈利，或者将盈利披露为亏损的；9）多次提供虚假的或者隐瞒重要事实的财务会计报告，或者多次对依法应当披露的其他重要信息不按照规定披露的；10）其他严重损害股东、债权人或者其他人利益，或者有其他严重情节的情形。

2. 本罪的主体是特殊主体，包括两类：一是依法负有信息披露义务的公司、企业；二是前述公司、企业的控股股东、实际控制人。前一类主体限于单位，不包括自然人，对单位实行“单罚”，只处罚直接负责的主管人员和其他直接责任人，因为如果处罚公司、企业，将进一步损害作为被害人的股东和一般投资者的利益。后一类主体由《刑法修正案（十一）》明确规定，既可以是单位，也可以是自然人。主体为单位的，实行“双罚”。

3. 本罪的主观方面是故意。

4. 本罪的客体是国家对于公司、企业信息披露的管理制度和股东及其他投资者的权益。

（二）刑事处罚

根据刑法第 161 条的规定，犯本罪的，对该犯罪单位直接负责的主管人员和其他直接责任人员，处 5 年以下有期徒刑或者拘役，并处或者单处罚金；情节特别严重的，处 5 年以上 10 年以下有期徒刑，并处罚金。依法负有信息披露义务的公司、企业的控股股东、实际控制人构成违规披露、不披露重要信息罪的，如果控股股东、实际控制人为自然人，则依照上述规定处罚。如果控股股东、实际控制人为单位，则对单位判处罚金，并对其直接负责的主管人员和其他直接责任人员依照本条第 1 款的规定处罚。

五、妨害清算罪

（一）概念与构成

妨害清算罪，是指公司、企业进行清算时，隐匿财产，对资产负债表或者财产清单作虚伪记载或者在未清偿债务前分配公司、企业财产，严重损害债权人或者其他人利益的行为。

本罪的构成要件如下：

1. 本罪的客观方面包括三个要素：

(1) 行为必须发生在公司、企业的清算财产过程中。清算，是指清理公司、企业尚未了结的事务，以保证公司、企业归于消灭的程序。

(2) 实施了下列三种行为之一：1) 隐匿公司、企业财产；2) 对资产负债表或者财产清单作虚伪记载；3) 在清偿债务前分配公司、企业财产。但本罪行为不包括集体私分国有资产的情况，如果集体私分国有资产的，应当以私分国有资产罪论处。

(3) 严重损害债权人或者其他人的利益。根据《2022 立案追诉标准（二）》第 7 条，是指下列情形之一：1) 隐匿财产价值在 50 万元以上的；2) 对资产负债表或者财产清单作虚伪记载涉及金额在 50 万元以上的；3) 在未清偿债务前分配公司、企业财产价值在 50 万元以上的；4) 造成债权人或者其他人直接经济损失数额累计在 10 万元以上的；5) 虽未达到上述数额标准，但应清偿的职工的工资、社会保险费用和法定补偿金得不到及时清偿，造成恶劣社会影响的；6) 其他严重损害债权人或者其他人利益的情形。

2. 本罪的主体是公司、企业及其直接负责的主管人员和其他直接责任人员。

3. 本罪的主观方面是故意。

4. 本罪的客体是复杂客体，既侵犯了公司、企业的清算管理制度，也侵犯了债权人或者其他人的利益。

（二）刑事处罚

根据刑法第 162 条的规定，公司、企业犯本罪的，对其直接负责的主管人员和其他直接责任人员，处 5 年以下有期徒刑或者拘役，并处或者单处 2 万元以上 20 万元以下罚金。

六、隐匿、故意销毁会计凭证、会计账簿、财务会计报告罪

（一）概念与构成

隐匿、故意销毁会计凭证、会计账簿、财务会计报告罪，是指隐匿或者故意销毁依法应当保存的会计凭证、会计账簿、财务会计报告，情节严重的行为。

本罪的构成要件如下：

1. 本罪的客观方面包括以下要素：

(1) 行为对象是依法应当保存的会计凭证、会计账簿、财务会计报告。会计凭证，是指会计核算中用以记录经济业务，明确经济责任并作为记账依据的书面证明，包括原始凭证与记账凭证。会计账簿是全面、连续、系统地记录并反映会计要素变动和经营过程及其结果的重要工具，是编制会计报表的依据，包括序时账簿、分类账簿和备查账簿。财务会计报告是提供企业财务状况、经营状况及其他相关信息，并予以分析说明的书面

报告，包括正规格式的会计报表和无正规格式的财务情况说明书等。会计凭证、会计账簿、财务会计报告都是记录并反映企业财务状况的重要资料。

（2）行为方式表现为隐匿或者销毁。隐匿，是指妨害他人依法发现会计凭证、会计账簿、财务会计报告的一切行为；《会计法》规定，政府财政部门可以要求有关人员交出会计凭证、会计账簿、财务会计报告。销毁，是指灭失会计凭证、会计账簿、财务会计报告效用的一切行为。

（3）“情节严重”，根据《2022 立案追诉标准（二）》第 8 条，是指下列情形之一：1）隐匿、故意销毁的会计凭证、会计账簿、财务会计报告涉及金额在 50 万元以上的；2）依法应当向监察机关、司法机关、行政机关、有关主管部门等提供而隐匿、故意销毁或者拒不交出会计凭证、会计账簿、财务会计报告的；3）其他情节严重的情形。

2. 本罪的主体既可以是自然人，也可以是单位，但不限于公司、企业。所有依照《会计法》的规定办理会计事务的国家机关、社会团体、公司、企业、事业单位等组织和个人，均可成为本罪的主体。

3. 本罪的主观方面是故意，过失不构成本罪。从条文的表述来看，刑法只要求销毁行为是出于故意，隐匿不限于故意。而实际上，隐匿行为必须也只能是出于故意，因此，刑法条文没有予以强调。但实践中可能存在过失销毁的情况，立法者为了提醒司法者不要将过失销毁的行为也当作本罪处理，特别在“销毁”之前加上“故意”这一注意规定，提醒司法机关只追究故意销毁行为的刑事责任。

4. 本罪的客体是公司、企业的财务会计管理制度。

（二）刑事处罚

根据刑法第 162 条之一的规定，犯本罪的，处 5 年以下有期徒刑或者拘役，并处或者单处 2 万元以上 20 万元以下罚金。单位犯本罪的，对单位判处罚金，并对其直接负责的主管人员和其他直接责任人员，依照上述规定处罚。

七、虚假破产罪

（一）概念与构成

虚假破产罪，是指公司、企业通过隐匿财产、承担虚构的债务或者以其他方法转移、处分财产，实施虚假破产，严重损害债权人或者其他人利益的行为。

这是《刑法修正案（六）》增补的罪名。修订的动因是“针对在经济活动中出现的采用隐匿、转移财产等欺骗手段，搞假破产、真逃债，严重损害债权人利益”[①] 的情形，为维护市场经济秩序，特增加规定虚假破产罪。

本罪的构成要件如下：

---

① 全国人大常委会法制工作委员会原副主任安建：《关于〈中华人民共和国刑法修正案（六）（草案）〉的说明》。

（1）本罪的客观方面表现为使用弄虚作假的欺骗手段转移、处分财产，如隐匿财产，承担虚构的债务等，并严重损害了债权人或其他人的利益。根据《2022 立案追诉标准（二）》第 9 条的规定，虚假破产有下列情形之一应予立案追诉：1）隐匿财产价值在 50 万元以上的；2）承担虚构的债务涉及金额在 50 万元以上的；3）以其他方法转移、处分财产价值在 50 万元以上的；4）造成债权人或者其他人直接经济损失数额累计在 10 万元以上的；5）虽未达到上述数额标准，但应清偿的职工的工资、社会保险费用和法定补偿金得不到及时清偿，造成恶劣社会影响的；6）其他严重损害债权人或者其他人利益的情形。

（2）本罪的主体是公司、企业，是纯正的单位犯罪。对犯罪单位实行“单罚”，即只处罚直接负责的主管人员和其他直接责任人。

（3）本罪的主观方面是故意，即故意地进行虚假破产来逃避债务、损害债权人利益。

（4）本罪的客体是公司、企业破产管理秩序和债权人及相关人员的合法权益。

（二）司法认定与刑事处罚

1. 司法认定

本罪与妨害清算罪区别要点在于“是否进入清算程序”[①]。公司、企业因破产进入清算程序以后非法隐匿、转移、分配财产损害债权人利益的，属于妨害清算性质；在进入破产程序之前，非法隐匿、转移、分配财产损害债权人利益的，属于虚假破产性质。《企业破产法》第 30 条规定：“破产申请受理时属于债务人的全部财产，以及破产申请受理后至破产程序终结前债务人取得的财产，为债务人财产。”第 33 条规定：“涉及债务人财产的下列行为无效：（一）为逃避债务而隐匿、转移财产的；（二）虚构债务或者承认不真实的债务的。”破产申请被法院受理应认为是进入破产程序，本罪的虚假破产行为应限定发生在“破产申请被法院受理”之前。另有观点认为，“实施虚假破产”的时间界限应当截止于“提出破产申请之日”[②]。

2. 刑事处罚

根据刑法第 162 条之二的规定，公司、企业犯本罪的，对其直接负责的主管人员和其他直接责任人员，处 5 年以下有期徒刑或者拘役，并处或者单处 2 万元以上 20 万元以下罚金。

八、非国家工作人员受贿罪

（一）概念与构成

非国家工作人员受贿罪，是指公司、企业或者其他单位的工作人员利用职务上的便

① 黄太云：《〈中华人民共和国刑法修正案（六）〉的理解与适用》，载最高人民法院刑事审判第一、二、三、四、五庭主办：《刑事审判参考》，总第 51 集，71 页，北京，法律出版社，2006。

② 黄太云：《〈中华人民共和国刑法修正案（六）〉的理解与适用》，载最高人民法院刑事审判第一、二、三、四、五庭主办：《刑事审判参考》，总第 51 集，72 页，北京，法律出版社，2006。

利，索取他人财物或者非法收受他人财物，为他人谋取利益，数额较大的行为。

《刑法修正案（六）》修改了原罪名，即公司、企业人员受贿罪，将其他单位的工作人员纳入犯罪主体，更名为非国家工作人员受贿罪。

本罪的构成要件如下：

（1）本罪的客观方面表现为利用职务上的便利，索取或者非法收受他人财物，为他人谋取利益，并且数额较大。具体包括以下要素：

1）利用职务上的便利。此即行为人利用自己在公司、企业或者其他单位的职务行为实施危害行为。

2）索取或者非法收受他人财物。所谓索取，既包括强索硬要，也包括明示或暗示的索要。所谓非法收受，是指违反法律规定被动地接受他人交付的财物。此外，公司、企业或者其他单位的工作人员在经济往来中，违反国家规定，收受各种名义的回扣、手续费，归个人所有的，也属于本罪中的受贿行为。

3）为他人谋取利益。不论是索取他人财物还是收受他人财物，都必须为他人谋取利益。这种谋取利益并不要求利益实际实现，只要承诺为其谋取就可以了。该利益是合法还是非法、是物质利益还是非物质利益，均不影响本罪的成立。

4）索取或非法收受他人财物“数额较大”。根据2022年4月6日最高人民检察院、公安部《2022立案追诉标准（二）》第10条的规定，“数额较大”的起点是3万元以上。

（2）本罪的主体是公司、企业或其他单位的工作人员，但不包括国有公司、企业或其他单位中从事公务的人员和国有公司、企业或其他单位委派到非国有公司、企业或其他单位从事公务的人员。

根据最高人民法院、最高人民检察院《关于办理商业贿赂刑事案件适用法律若干问题的意见》（以下简称《商业贿赂案意见》），刑法第163条、第164条规定的“其他单位”，既包括事业单位、社会团体、村民委员会、居民委员会、村民小组等常设性的组织，也包括为组织体育赛事、文艺演出或者其他正当活动而成立的组委会、筹委会、工程承包队等非常设性的组织。“公司、企业或者其他单位的工作人员”，包括国有公司、企业以及其他国有单位中的非国家工作人员。

根据刑法第184条的规定，银行或者其他金融机构的工作人员（不包括国有金融机构工作人员和国有金融机构委派到非国有金融机构从事公务的人员）在金融业务活动中索取他人财物或者非法收受他人财物，为他人谋取利益的，或者违反国家规定，收受各种名义的回扣、手续费，归个人所有的，依照非国家工作人员受贿罪定罪处罚。

（3）本罪的主观方面是故意，过失不构成本罪。

（4）本罪的客体是公司、企业或其他单位的正常管理活动和职务行为的不可交易性。

（二）司法认定与刑事处罚

1. 司法认定

（1）罪与非罪的界限。注意认定本罪中违反国家规定，收受各种名义的回扣、手续费，归个人所有的行为与正当业务行为的界限。《反不正当竞争法》第7条第1款规定，经营者不得采用财物或者其他手段进行贿赂以销售或者购买商品。在账外暗中给予对方单位或者个人回扣的，以行贿论处；对方单位或者个人在账外暗中收受回扣的，以受贿论处。同条第2款规定，经营者销售或者购买商品，可以以明示方式给对方折扣，可以给中间人佣金。经营者给对方折扣、给中间人佣金的，必须如实入账。接受折扣、佣金的经营者必须如实入账。根据该项规定，如果在经济往来中，公司、企业或者其他单位的人员虽然收受了各种名义的折扣、佣金，但如实计入本单位账目的，不能以本罪论处。但对违反规定，账外暗中接受而又归个人所有的，可能成立本罪。

（2）本罪与受贿罪的区别。二者区别的要点是主体不同，本罪主体是非国家工作人员；而受贿罪的主体是国家工作人员。

（3）根据《商业贿赂案意见》的规定，有下列情形之一的，以非国家工作人员受贿罪定罪处罚：1）医疗机构中的医务人员，利用开处方的职务便利，以各种名义非法收受药品、医疗器械、医用卫生材料等医药产品销售方财物，为医药产品销售方谋取利益，数额较大的；2）学校及其他教育机构中的教师，利用教学活动的职务便利，以各种名义非法收受教材、教具、校服或者其他物品销售方财物，为教材、教具、校服或者其他物品销售方谋取利益，数额较大的；3）依法组建的评标委员会、竞争性谈判采购中谈判小组、询价采购中询价小组的组成人员，在招标、政府采购等事项的评标或者采购活动中，索取他人财物或者非法收受他人财物，为他人谋取利益，数额较大的。

2. 刑事处罚

《刑法修正案（十一）》降低了本罪第一档法定刑，增设了第三档法定刑。根据修订后的刑法第163条，犯本罪的，处3年以下有期徒刑或者拘役，并处罚金；数额巨大或者有其他严重情节的，处3年以上10年以下有期徒刑，并处罚金；数额特别巨大或者有其他特别严重情节的，处10年以上有期徒刑或者无期徒刑，并处罚金。

九、对非国家工作人员行贿罪

（一）概念与构成

对非国家工作人员行贿罪，是指为谋取不正当利益，给予公司、企业或者其他单位的工作人员以数额较大的财物的行为。

《刑法修正案（六）》修改了原罪名，即对公司、企业人员行贿罪，将其他单位的工作人员纳入条文，更名为对非国家工作人员行贿罪。

本罪的构成要件如下：

（1）本罪的客观方面表现为给予公司、企业或者其他单位的工作人员以数额较大的财物的行为。具体包括以下要素：

1）给予公司、企业或者其他单位的工作人员以财物。这里的“给予”，既包括主动提供、交付的行为，也应包括因被索取或者勒索而被动给付的情形。只是在被勒索的情形下应参照刑法第389条行贿罪的精神予以认定，即财物给付人未获得不正当利益的，不构成本罪；如获得了不正当利益，则以本罪论处。

2）为了谋取不正当利益或者不正当的商业利益。“谋取不正当利益”根据《商业贿赂案意见》的规定，“在行贿犯罪中，‘谋取不正当利益’，是指行贿人谋取违反法律、法规、规章或者政策规定的利益，或者要求对方违反法律、法规、规章、政策、行业规范的规定提供帮助或者方便条件。在招标投标、政府采购等商业活动中，违背公平原则，给予相关人员财物以谋取竞争优势的，属于‘谋取不正当利益’”。

3）必须数额较大。所给予公司、企业或者其他单位工作人员的财物必须“数额较大”。根据《2022立案追诉标准（二）》第11条的规定，“数额较大”指个人行贿3万元以上，单位行贿20万元以上。

（2）本罪的主体是一般主体，包括自然人和单位。

（3）本罪的主观方面是故意，而且必须具有谋取不正当利益或者不正当商业利益的特定目的。但实际上是否获取了不正当利益或不正当商业利益，不影响本罪的成立。

（4）本罪的客体是公司、企业以及其他单位工作人员职务行为的不可收买性。

（二）刑事处罚

根据刑法第164条的规定，犯本罪的，处3年以下有期徒刑或者拘役，并处罚金；数额巨大的，处3年以上10年以下有期徒刑，并处罚金。单位犯本罪的，对单位判处罚金，并对其直接负责的主管人员和其他直接责任人员，依照上述规定处罚。行贿人在被追诉前主动交待行贿行为的，可以减轻处罚或者免除处罚。

十、对外国公职人员、国际公共组织官员行贿罪

（一）概念与构成

对外国公职人员、国际公共组织官员行贿罪，是指为谋取不正当商业利益，给予外国公职人员或者国际公共组织官员以数额较大的财物的行为。

本罪构成要件如下：

（1）本罪客观要件是给予外国公职人员或者国际公共组织官员以数额较大的财物的行为。行为对象为外国公职人员、国际公共组织官员。外国公职人员，是指中华人民共和国以外的其他国家的具有公共职务的人员，根据《联合国反腐败公约》规定，外国公职人员与我国国家工作人员范围大体相当。国际公共组织官员，则指在有关国际法确认的国际组织中供职的官员，根据《联合国反腐败公约》规定，国际公共组织官员是指国际公务员或者经此种组织授权代表该组织行事的任何人员。国际公务员必须具有国际性和独立性的基本特点，由各成员国政府派遣到国际组织的代表应属于国际公务员，因为他们直接受命于本国政府，且对外代表本国意志，行事的基本原则是维护其本国利益。①

（2）本罪主观方面是故意，且具有“为谋取不正当商业利益”的意图。“不正当商业利益”是指违反法律、法规、规章、政策规定以及国际组织规章的经济利益，或者外国公务员或国际公共组织官员违反法律、法规、规章、政策、行业规范规定提供帮助或者

① 参见赵龙龙：《对外国公职人员行贿罪探究》，载《山西农业大学学报》（社会科学版），2014（10）。

方便条件，也包括违背公平、公正原则，在经济活动中谋取竞争优势的情形。

（3）本罪是一般主体。

（4）本罪犯罪客体应该是外国公职人员、国际公共组织官员职务的不可收买性，以及最大限度地保持公平竞争的社会主义市场经济秩序。[①]

（二）刑事处罚

根据刑法第164条第2款的规定，犯本罪的，按照刑法第164条第1款规定处罚。单位犯本罪的，对单位判处罚金，并对其直接负责的主管人员和其他直接责任人员，依照刑法第164条第1款规定处罚。行贿人在被追诉前主动交待行贿行为的，可以减轻处罚或者免除处罚。

十一、非法经营同类营业罪

（一）概念与构成

非法经营同类营业罪，是指国有公司、企业的董事、经理利用职务便利，自己经营或者为他人经营与其所任职公司、企业同类的营业，获取非法利益，数额巨大的行为。

本罪的构成要件如下：

（1）本罪的客观方面包括以下要素：

1）必须利用职务上的便利，即利用自己在公司所任职务赋予的职权或者同职务有关的便利条件。

2）必须有非法经营同类营业的行为。同类营业，是指与自己所任职公司、企业营业执照中确定的经营范围的具体种类全部或部分相同的营业。

3）获取的非法利益必须数额巨大。

（2）本罪的主体是特殊主体，即必须是国有公司、企业的董事、经理。

（3）本罪的主观方面是故意，且具有获取非法利益的目的。

（4）本罪的客体是国有公司、企业的正常管理秩序。

（二）刑事处罚

根据刑法第165条的规定，犯本罪的，处3年以下有期徒刑或者拘役，并处或者单处罚金；数额特别巨大的，处3年以上7年以下有期徒刑，并处罚金。

十二、为亲友非法牟利罪

（一）概念与构成

为亲友非法牟利罪，是指国有公司、企业、事业单位的工作人员，利用职务便利，

---

① 参见赵龙龙：《对外国公职人员行贿罪探究》，载《山西农业大学学报》（社会科学版），2014（10）。

为亲友非法牟利，使国家利益遭受重大损失的行为。

本罪属于国外刑法中背信罪（或称背任罪）的一种特殊情形。所谓背信罪，是指为他人处理事务的人，为谋求自己或第三人的利益，或出于损害委托人利益的目的，违背其任务，致使委托人的财产受到损失的行为。

本罪的构成要件如下：

1. 本罪的客观方面包括以下要素：

（1）必须利用了职务上的便利。所谓“利用职务便利”，是指利用自己主管、经管、经营、经手的公司、企业业务的便利。

（2）实施了下列三种行为之一：1）将本单位的盈利业务交由自己的亲友经营。这里的盈利业务是指本可盈利的业务，或者说在正常情况下预计显然可以盈利的业务，而不仅指后来一定盈利的业务。2）以明显高于市场的价格向自己的亲友经营管理的单位采购商品或者明显低于市场的价格向自己的亲友经营管理的单位销售商品。3）向自己的亲友经营管理的单位采购不合格商品。

（3）必须使国家利益遭受重大损失。对于“重大损失”的认定，根据《2010立案追诉标准（二）》[①] 第13条的规定，是指具有下列情形之一的：1）造成国家直接经济损失数额在10万元以上的；2）使其亲友非法获利数额在20万元以上的；3）造成有关单位破产，停业、停产6个月以上，或者被吊销许可证和营业执照、责令关闭、撤销、解散的；4）其他致使国家利益遭受重大损失的情形。

2. 本罪的主体是国有公司、企业、事业单位的工作人员。此“国有公司、企业、事业单位”的概念范围，见本章第一节概述。

3. 本罪的主观方面是故意，并具有为亲友非法牟利的目的。

4. 本罪的客体是国有公司、企业、事业单位的正常管理活动及国家利益。

（二）刑事处罚

根据刑法第166条的规定，犯本罪的，处3年以下有期徒刑或者拘役，并处或者单处罚金；致使国家利益遭受特别重大损失的，处3年以上7年以下有期徒刑，并处罚金。

十三、签订、履行合同失职被骗罪

（一）概念与构成

签订、履行合同失职被骗罪，是指国有公司、企业、事业单位直接负责的主管人员，在签订、履行合同过程中，因严重不负责任被诈骗，致使国家利益遭受重大损失的行为。

本罪的构成要件如下：

---

① 说明：2010年最高人民检察院、公安部《关于公安机关管辖的刑事案件立案追诉标准的规定（二）》［以下简称《2010立案追诉标准（二）》］虽然已被自2022年5月15日起施行的最高人民检察院、公安部《关于公安机关管辖的刑事案件立案追诉标准的规定（二）》所废止，但由于该新的司法解释没有规定为亲友非法牟利罪的立案标准，故理论上可参考旧的司法解释。本书中其他罪名有类似情形的，作同样处理。

1. 本罪的客观方面包括以下要素：

（1）行为发生在签订、履行经济贸易等合同过程中。

（2）因严重不负责任被诈骗。此即由于没有履行合同法规定或惯例上所应遵循的最基本的注意义务而被骗。

（3）致使国家利益遭受重大损失。根据《2010 立案追诉标准（二）》第 14 条的规定，"重大损失"是指下列情形之一：1）造成国家直接经济损失数额在 50 万元以上的；2）造成有关单位破产，停业、停产 6 个月以上，或者被吊销许可证和营业执照、责令关闭、撤销、解散的；3）金融机构、从事对外贸易经营活动的公司、企业的工作人员严重不负责任，造成 100 万美元以上外汇被骗购或者逃汇 1 000 万美元以上的。

2. 本罪的主体是特殊主体，仅限于国有公司、企业、事业单位直接负责的主管人员。

3. 本罪的主观方面是过失，既可能是疏忽大意的过失，也可能是过于自信的过失。

4. 本罪的客体是国有公司、企业、事业单位的管理制度及国家利益。

（二）刑事处罚

根据刑法第 167 条的规定，犯本罪的，处 3 年以下有期徒刑或者拘役；致使国家利益遭受特别重大损失的，处 3 年以上 7 年以下有期徒刑。

十四、国有公司、企业、事业单位人员失职罪

（一）概念与构成

国有公司、企业、事业单位人员失职罪，是指国有公司、企业、事业单位的工作人员由于严重不负责任，造成国有公司、企业破产或者严重损失，致使国家利益遭受重大损失的行为。

本罪的构成要件如下：

1. 本罪的客观方面表现为行为人由于严重不负责任，造成国有公司、企业、事业单位破产或者严重损失，致使国家利益遭受重大损失。具体包括以下要素：

（1）行为人严重不负责任，包括两种情形：1）不履行职责，即行为人应该履行且能够履行而不履行职责；2）不认真履行职责，即行为人虽然履行了一定的职责，但是没有尽到职责义务，做事马虎，草率行事。

（2）造成国有公司、企业、事业单位破产或者严重损失，致使国家利益遭受重大损失。根据《2010 立案追诉标准（二）》第 15 条的规定，是指下列情形之一：1）造成国家直接经济损失数额在 50 万元以上的；2）造成有关单位破产，停业、停产 1 年以上，或者被吊销许可证和营业执照、责令关闭、撤销、解散的；3）其他致使国家利益遭受重大损失的情形。

2. 本罪的主体是国有公司、企业、事业单位的工作人员，这里的工作人员不限于主管人员，而是包括在国有公司、企业、事业单位工作的所有工作人员。

3. 本罪的主观方面是过失。

4. 本罪的客体是国有公司、企业、事业单位的管理制度及国家利益。

（二）刑事处罚

根据刑法第168条的规定，犯本罪的，处3年以下有期徒刑或者拘役；致使国家利益遭受特别重大损失的，处3年以上7年以下有期徒刑。上述人员徇私舞弊犯本罪的，应从重处罚。

十五、国有公司、企业、事业单位人员滥用职权罪

（一）概念与构成

国有公司、企业、事业单位人员滥用职权罪，是指国有公司、企业、事业单位的工作人员滥用职权，造成国有公司、企业破产或者严重损失，致使国家利益遭受重大损失的行为。

本罪的构成要件如下：

1. 本罪的客观方面表现为：滥用职权，造成国有公司、企业破产或严重损失，致使国家利益遭受重大损失的行为。具体包括以下内容：

（1）行为人滥用职权。滥用职权主要表现为故意不正当地行使自己职责范围内的权力或者超越自己的职责权限处理事务。

（2）造成国有公司、企业破产或者严重损失，致使国家利益遭受重大损失。根据《2010立案追诉标准（二）》第16条的规定，“致使国家利益遭受重大损失”是指具有下列情形之一的：1）造成国家直接经济损失数额在30万元以上的；2）造成有关单位破产，停业、停产6个月以上，或者被吊销许可证和营业执照、责令关闭、撤销、解散的；3）其他致使国家利益遭受重大损失的情形。

2. 本罪的主体是国有公司、企业、事业单位的工作人员，不仅包括主管人员，而且包括在国有公司、企业、事业单位工作的所有工作人员。

3. 本罪的主观方面是故意。

4. 本罪的客体是国有公司、企业、事业单位的管理制度及国家利益。

（二）刑事处罚

根据刑法第168条的规定，犯本罪的，处3年以下有期徒刑或者拘役；致使国家利益遭受特别重大损失的，处3年以上7年以下有期徒刑。上述人员徇私舞弊犯本罪的，应从重处罚。

十六、徇私舞弊低价折股、出售国有资产罪

（一）概念与构成

徇私舞弊低价折股、出售国有资产罪，是指国有公司、企业或者其上级主管部门直

接负责的主管人员，徇私舞弊，将国有资产低价折股或者低价出售，致使国家利益遭受重大损失的行为。

本罪的构成要件如下：

(1) 本罪的客观方面表现为徇私舞弊，将国有资产低价折股或者低价出售，致使国家利益遭受重大损失的行为。根据《2010 立案追诉标准（二)》第 17 条的规定，“遭受重大损失”是指具有下列情形之一的：1）造成国家直接经济损失数额在 30 万元以上的；2）造成有关单位破产，停业、停产 6 个月以上，或者被吊销许可证和营业执照、责令关闭、撤销、解散的；3）其他致使国家利益遭受重大损失的情形。

(2) 本罪的主体是特殊主体，即国有公司、企业或者上级主管部门直接负责的主管人员。

(3) 本罪的主观方面是故意。

(4) 本罪的客体是国家对国有公司、企业的管理制度和国有资产所有权。

（二）刑事处罚

根据刑法第 169 条的规定，犯本罪的，处 3 年以下有期徒刑或者拘役；致使国家利益遭受特别重大损失的，处 3 年以上 7 年以下有期徒刑。

十七、背信损害上市公司利益罪

（一）概念与构成

背信损害上市公司利益罪，是指上市公司的董事、监事、高级管理人员违背对公司的忠实义务，利用职务便利，操纵上市公司从事损害上市公司利益的行为，或者上市公司的控股股东或实际控制人，指使上市公司董事、监事、高级管理人员实施前述行为，致使上市公司利益遭受重大损失的行为。

这是《刑法修正案（六)》新增条文，增设本条之罪的理由在于：“近年来，一些上市公司的管理人员、控股股东、实际控制人，以无偿占用或者明显不公允的关联交易等非法手段，侵占上市公司资产，严重损害上市公司和公众投资者的合法权益。对因此给上市公司造成重大损失的，应当追究刑事责任。”①

本罪的构成要件如下：

(1) 本罪的客观方面表现为违背对公司的忠实义务，利用职务便利，操纵上市公司从事损害公司利益的行为，致使上市公司利益遭受重大损失。根据《2022 立案追诉标准（二)》第 13 条的规定，有下列情形之一的，应予立案追诉：1）无偿向其他单位或者个人提供资金、商品、服务或者其他资产，致使上市公司直接经济损失数额在 150 万元以上的；2）以明显不公平的条件，提供或者接受资金、商品、服务或者其他资产，致使上市公司直接经济损失数额在 150 万元以上的；3）向明显不具有清偿能力的单位或者个人

① 全国人大常委会法制工作委员会原副主任安建《关于〈中华人民共和国刑法修正案（六）（草案)〉的说明》。

提供资金、商品、服务或者其他资产，致使上市公司直接经济损失数额在150万元以上的；4）为明显不具有清偿能力的单位或者个人提供担保，或者无正当理由为其他单位或者个人提供担保，致使上市公司直接经济损失数额在150万元以上的；5）无正当理由放弃债权、承担债务，致使上市公司直接经济损失数额在150万元以上的；6）致使公司、企业发行的股票或者公司、企业债券、存托凭证或者国务院依法认定的其他证券被终止上市交易的；7）其他致使上市公司利益遭受重大损失的情形。上市公司的控股股东或者实际控制人，指使上市公司董事、监事、高级管理人员实施上述行为的，也构成本罪。

（2）本罪的主体是特殊主体，即上市公司的董事、监事、高级管理人员和作为上市公司控股股东或实际控制的自然人或单位。

（3）本罪的主观方面是故意，过失不构成本罪。

（4）本罪的客体是国家对上市公司的管理制度和上市公司的利益。

（二）刑事处罚

根据刑法第169条之一的规定，犯本罪的，处3年以下有期徒刑或者拘役，并处或者单处罚金；致使上市公司利益遭受特别重大损失的，处3年以上7年以下有期徒刑，并处罚金。犯本罪的上市公司控股股东或实际控制人是单位的，对单位判处罚金，并对其直接负责的主管人员和其他直接责任人员，依照本条第1款的规定处罚。

第五节　破坏金融管理秩序罪

本类犯罪的罪名较多也较庞杂，其中的疑难点是：（1）使用假币罪与出售假币罪的区别，要点在于是否存在“以假充真”，使用假币是以假币冒充真币，而出售假币不具有这一特征。（2）伪造货币并出售或者运输伪造的货币的，依照伪造货币罪一罪定罪从重处罚；出售、运输假币构成犯罪，同时有使用假币行为的，数罪并罚。（3）骗取贷款、票据承兑、金融票证罪不以非法占有为目的，这是该罪与贷款诈骗罪、票据诈骗罪区别的要点。（4）伪造金融票证罪与妨害信用卡管理罪的区别，伪造信用卡的，是伪造金融票证罪。（5）伪造金融票证罪与妨害信用卡管理罪如果作为金融诈骗罪的手段行为，则按照牵连犯择一重罪处罚。（6）违法运用资金罪、背信运用受托财产罪是单位行为，这是它们与挪用公款罪、挪用资金罪区别的要点。（7）洗钱罪对象包含7类犯罪的“赃钱”，它属于掩饰隐瞒犯罪所得、犯罪所得收益罪的特别类型。

一、伪造货币罪

（一）概念与构成

伪造货币罪，是指没有货币发行权的人，仿照真货币的外部特征，使用各种方法制造假货币，冒充真货币的行为。

本罪的构成要件如下：

（1）本罪的客观方面表现为仿照真货币的图案、式样、色彩等，使用各种方法制造假货币，冒充真货币的行为。具体包括以下内容：

1）伪造的对象是流通的以下货币：其一，正在流通使用的人民币，我国香港、澳门、台湾地区发行的货币及外国货币，不包括已停止流通的货币，如古钱、废钞等。假境外货币犯罪的数额，按照案发当日中国外汇交易中心或者中国人民银行授权公布的人民币对该货币的中间价折合成人民币计算。中国外汇交易中心或者中国人民银行授权机构未公布汇率中间价的境外货币，按照案发当日境内银行人民币对该货币的中间价折算成人民币，或者该货币在境内银行、国际外汇市场对美元汇率，与人民币对美元汇率中间价进行套算。其二，中国人民银行发行的普通纪念币和贵金属纪念币。假普通纪念币犯罪的数额，以面额计算；假贵金属纪念币犯罪的数额，以贵金属纪念币的初始发售价格计算。

2）行为人实施了伪造行为。所谓“伪造”货币，指仿照真货币的图案、形状、色彩等特征非法制造假币冒充真币。伪造的方法很多，对于纸币，有复印、拓印、刻印、缩印、手工描绘、剪贴以及采用电子扫描分色或照相分色方式制版，采用现代化印刷机器制作；金属货币有浇铸、铸造、电镀等方法，无论采用何种方法非法制造货币，均不影响本罪的成立。

3）伪造的假币在外观上应当足以使一般人误认为是真币即可。不要求与真币达到完全相同的程度，也无须达到足以欺骗专业人士的程度。

（2）本罪的主体是没有货币发行权的人，只限于已满 16 周岁、具有刑事责任能力的自然人，单位不是本罪的主体。根据自 2000 年 9 月 14 日起施行的最高人民法院《关于审理伪造货币等案件具体应用法律若干问题的解释》（以下简称《审理伪造货币案解释》）第 1 条的规定，行为人制造货币版样或者与他人事前通谋，为他人伪造货币提供版样的，以本罪定罪处罚。

（3）本罪的主观方面是故意。关于行为人主观上是否要具有特定目的，在刑法理论上，争议很大。有学者主张伪造货币罪是目的犯，应以营利或者谋取非法利益为目的。[①] 有学者主张伪造货币罪是目的犯，但不能以“营利目的”作为要件，而应以“意图流通”或“意图使之进入流通领域”为目的。[②] 也有学者认为，如果从刑事立法学的角度来看，或许要求“以使用为目的”较为合适，但我国刑法鉴于伪造货币行为的严重危害程度，没有作出类似要求。从解释论上而言，不应认为伪造货币罪是目的犯。[③] 现在看，第三种观点似为通说。

（4）本罪的客体是国家对货币的管理制度。

---

① 参见苏惠渔主编：《刑法学》，506 页，北京，中国政法大学出版社，1997。

② 参见陈兴良：《刑法疏议》，304 页，北京，中国人民公安大学出版社，1997。

③ 参见张明楷：《刑法学》，768 页，北京，法律出版社，2016。

（二）司法认定与刑事处罚

1. 司法认定

（1）既遂与未遂的界限。本罪以行为人制造出足以使一般人误认为是真货币的假货币为既遂标准。行为人已经伪造出了这种货币的，才构成本罪的既遂。如果行为人已经着手实行伪造货币的行为，但由于行为人意志以外的原因，未能伪造出货币，或者虽然将伪造货币行为实施完毕，但伪造出的货币明显不足以使一般人误认为是真币的，均应认定为本罪的未遂。

（2）根据《审理伪造货币案解释》第 1 条第 3 款的规定，行为人制造货币版样或者与他人事前通谋，为他人伪造货币提供版样的，以伪造货币罪定罪处罚。

（3）根据 2010 年 10 月公布的最高人民法院《关于审理伪造货币等案件具体应用法律若干问题的解释（二）》[以下简称《审理伪造货币案解释（二）》] 第 5 条的规定，以使用为目的，伪造停止流通的货币，或者使用伪造的停止流通的货币的，以诈骗罪定罪处罚。司法实务中常见伪造停止流通的货币冒充真币在货币收藏市场出售、交换。

2. 刑事处罚

根据刑法第 170 条的规定，犯本罪的，处 3 年以上 10 年以下有期徒刑，并处罚金；对于伪造货币集团的首要分子、伪造货币数额特别巨大或者有其他特别严重情节的，处 10 年以上有期徒刑、无期徒刑，并处罚金或者没收财产。根据《审理伪造货币案解释》第 1 条的规定，伪造货币的总面额在 2 000 元以上不满 3 万元或者币量在 200 张（枚）以上不足 3 000 张（枚）的，适用第一档法定刑；伪造货币的总面额在 3 万元以上的，属于“伪造货币数额特别巨大”。

二、出售、购买、运输假币罪

（一）概念与构成

出售、购买、运输假币罪，是指明知是伪造的货币而出售、购买、运输，数额较大的行为。

本罪的构成要件如下：

（1）本罪的客观方面表现为出售、购买、运输假币，且数额较大的行为。出售，是指行为人将持有的伪造货币有偿地转让给他人的行为。出售通常是以低于假币面额的价格有偿转让。购买，是指行为人有偿取得假币的行为。购买通常是以低于假币面额的价格买进。运输，指采用携带、邮寄、利用他人、使用交通工具等方法进行运送的行为。运输应有相当的距离，如从甲城市转移往乙城市，从甲乡镇转移往乙乡镇，从假币的批发地转运到外地。如果距离过短，如在同一城区内由甲房屋转移到乙房屋的，就不能以运输论。“数额较大”，根据《审理伪造货币案解释》及《2022 立案追诉标准（二）》第 15 条的规定，是指：1）总面额在 4 000 元以上或者币量在 400 张（枚）以上的；2）总面额在 2 000 元以上或者币量在 200 张（枚）以上，2 年内因出售、购买、运输假币受过行政处罚，又出售、购买、运输假币的；3）其他出售、购买、运输假币应予追究刑事责任的情形。在出售假币时被抓获的，除现场查获的假币应认定为出售假币的数额外，现场之外在行为人住所或者其他藏匿地查获的假币，也应认定为出售假币的数额。本罪为选择性罪名，只要行为人实施了上述三种行为中的任何一种行为即可构成本罪，实施多种行为的，仍构成一罪。

（2）本罪的主体是一般主体，即年满 16 周岁、具有刑事责任能力的自然人。金融机构工作人员购买假币的，构成金融工作人员购买假币罪。如果金融机构工作人员出售、运输假币的，则按本罪处理。

（3）本罪的主观方面是故意，即明知是伪造的货币而予以出售、购买或者运输。过失不成立本罪。有学者认为，本罪之"购买"含有为"贩运而购买"之义，因此为了自己使用而购买假币的，不是购买假币罪，应认定为持有、使用假币罪。[①]

（4）本罪的客体是国家的货币管理制度。

（二）司法认定与刑事处罚

1. 司法认定

一罪与数罪的界限。根据刑法第 171 条第 3 款的规定，行为人伪造货币并出售或者运输伪造的货币的，以伪造货币罪从重处罚，不另成立出售、运输假币罪。这种情况下，出售假币或运输假币的行为可以被看作是伪造货币行为的必然延伸或当然结果，属于吸收犯，对于吸收犯从一重罪论处。但这仅限于行为人出售、运输自己伪造的假币的情形。如果行为人既伪造货币，又出售或运输他人伪造的货币，则应以伪造货币罪和出售、运输假币罪数罪并罚。行为人实施了出售、购买或运输伪造的货币数个行为时，如果行为涉及的是作为同一对象的假币时，不重复计算。如果数个行为所涉及的不是作为同一对象的假币，则应当累计计算认定犯罪数额。

2. 刑事处罚

根据刑法第 171 条第 1 款的规定，犯本罪的，处 3 年以下有期徒刑或者拘役，并处 2 万元以上 20 万元以下罚金；数额巨大的，处 3 年以上 10 年以下有期徒刑，并处 5 万元以上 50 万元以下罚金；数额特别巨大的，处 10 年以上有期徒刑或者无期徒刑，并处 5 万元以上 50 万元以下罚金或者没收财产。根据《审理伪造货币案解释》第 3 条的规定，"数额巨大"，指总面额在人民币 5 万元以上不满 20 万元；"数额特别巨大"，是指总面额在 20 万元以上。

三、金融工作人员购买假币、以假币换取货币罪

（一）概念与构成

金融工作人员购买假币、以假币换取货币罪，是指银行或者其他金融机构的工作人

---

① 参见张明楷：《使用假币罪与相关犯罪的关系》，载《政治与法律》，2012（6）。

员，购买伪造的货币，或者利用职务上的便利，以伪造的货币换取货币的行为。

本罪的构成要件如下：

（1）本罪的客观方面表现为购买伪造的货币，或者利用职务上的便利，以伪造的货币换取货币的行为。具体有两种行为方式：1）购买伪造的货币；2）利用职务上的便利，以伪造的货币换取货币。利用职务之便，是指利用职务上管理金库、出纳现金、吸纳存款等便利条件，将伪造的货币换成真币。如果行为人并未利用自己的职务便利，而是利用了其他从事管理、经手货币的工作人员的工作疏忽，趁机以假币换取货币，不以本罪论处，而应以盗窃罪论处。“以伪造的货币换取货币”，既可以是为自己换取，也可以是为他人换取。本罪为选择性罪名，只要行为人实施了上述两种行为其中的一种行为即构成本罪，如果行为人同时实施了上述两种行为，也只能按本罪一罪论处。

（2）本罪的主体是特殊主体，即只能由银行或者其他金融机构工作人员构成，但在金融机构中从事劳务性工作的非业务人员，如勤杂人员等，不能构成本罪的主体。银行或金融机构的性质对本罪的成立没有影响。

（3）本罪的主观方面是故意。

（4）本罪的客体是国家对货币及金融机构工作人员的管理制度。

（二）司法认定和刑事处罚

1. 司法认定

根据《2022 立案追诉标准（二）》第 16 条的规定，银行或者其他金融机构的工作人员购买伪造的货币或者利用职务上的便利，以伪造的货币换取货币，总面额在 2 000 元以上或者币量在 200 张（枚）以上的，应予立案追诉。

2. 刑事处罚

根据刑法第 171 条第 2 款的规定，犯本罪的，处 3 年以上 10 年以下有期徒刑，并处 2 万元以上 20 万元以下罚金；数额巨大或者有其他严重情节的，处 10 年以上有期徒刑或者无期徒刑，并处 2 万元以上 20 万元以下罚金或者没收财产；情节较轻的，处 3 年以下有期徒刑或者拘役，并处或者单处 1 万元以上 10 万元以下罚金。

根据《审理伪造货币案解释》第 4 条的规定，“情节较轻”指总面额不满人民币 4 000 元或者币量不足 400 张（枚）。“数额巨大”，指总面额在 5 万元以上或者币量在 5 000 张（枚）以上的。

四、持有、使用假币罪

（一）概念与构成

持有、使用假币罪，是指明知是伪造的货币而持有、使用，数额较大的行为。

本罪的构成要件如下：

1. 本罪的客观方面表现为持有、使用假币，数额较大的行为。具体包括以下两个方面：

(1) 行为人持有或使用假币。持有假币，是指将伪造的货币置于行为人事实上的支配、控制之下的一种状态，不要求行为人实际握有伪造的货币，也可以表现为委托不明真相的人代为保管伪造的货币。使用假币，是指将伪造的货币当作真货币投入流通领域，作为一种支付手段加以利用的行为，如冒充真币购物、消费、赠送。使用既可以是在合法活动中使用，也可以用于非法的活动中，如用于赌博、行贿。注意本罪中的使用是将伪造的货币作为真币直接置于流通领域的行为，如果行为人以伪造的货币作为自己经济能力的证明而出示，如在签订合同时，将伪造的货币给对方看，以证明自己的合同履行能力，不应认定为本罪中的使用，但可能成立持有假币罪。

(2) 持有、使用的假币达到数额较大。数额较大的标准，根据《2022 立案追诉标准(二)》第 17 条的规定，是指明知是假币而持有、使用：1) 总面额在 4 000 元以上或者币量在 400 张（枚）以上的；2) 总面额在 2 000 元以上或者币量在 200 张（枚）以上，2 年内因持有、使用假币受过行政处罚，又持有、使用假币的；3) 其他持有、使用假币应予追究刑事责任的情形。

2. 本罪的主体是一般主体，即年满 16 周岁、具有刑事责任能力的自然人，单位不是本罪的主体。

3. 本罪的主观方面是故意，即行为人明知是伪造的货币而持有、使用。如果行为人确实不知其持有、使用的货币是伪造的，不成立本罪。

4. 本罪的客体是国家的货币流通管理制度。

(二) 司法认定与刑事处罚

1. 司法认定

(1) 误收假币后又故意以各种途径将假币使用的行为，一般数额较小，不以犯罪论处，可以视情况予以批评教育，将假币予以没收，必要时也可由公安机关给予行政处罚。

(2) 明知是伪造的货币而持有，数额较大，根据现有证据不能认定行为人是为了进行其他假币犯罪的，以持有假币罪定罪处罚；如果有证据证明其持有的假币已构成其他假币犯罪的，应当以其他假币犯罪定罪处罚。刑法设立持有假币罪，是为了惩罚那些没有证据证实行为人持有假币的来源或者用途的情形。例如，行为人供述假币是他人伪造或者来源于走私，因时过境迁，司法机关无法取证，在没有证据证实行为人实施其他假币犯罪的情况下，必须以持有假币罪定罪处罚。因此，只要有证据证实行为人实施了某一具体的假币犯罪，就不应以持有假币罪定罪处罚。对于在实施其他假币犯罪过程中被查获，又在其住所或者其他藏匿地查获的假币，理当也应认定为同一假币犯罪的数额。例如，在出售假币时被抓获的，除现场查获的假币应认定为出售假币的犯罪数额外，现场之外在行为人住所或者其他藏匿地查获的假币，也应认定为出售假币的犯罪数额，但有证据证实后者是行为人用于实施其他假币犯罪的除外。

(3) 使用假币罪与持有假币罪的关系。使用假币必然持有假币，因此，行为人只有持有行为而没有使用行为的，认定为持有假币罪；如果行为人仅仅使用假币的，认定为使用假币罪；如果行为人既有持有假币行为也有使用假币行为的，如使用 5 000 元，手中尚持有 1 万元，认定为持有、使用假币罪一罪，数额相加处罚。

（4）使用假币罪与出售假币罪的界限。出售假币罪是“以假售假”，对于买方不隐瞒假币的真相，没有欺骗买方。其表现往往是买卖双方按折扣价格交易，如100元假币卖30元真币。与此相应，“买方”构成购买假币罪，二者（出售假币和购买假币）具有“对合犯罪”的关系，通常不按照共犯定罪处罚。使用假币的特点是以假（币）充真（币），掩饰隐瞒假币的真相，表现为直接按照假币票面金额使用，没有“折扣”问题。与此相应，收取假币一方是受害人。这对用假币还债、赌博在性质认定上具有重要的作用，假如行为人掩盖假币真相，按票面金额抵债、赌博、当作“礼金”赠予，属于使用假币行为；假如行为人不掩盖假币真相，按市场假币的价格“打折”抵债、赌博，属于出售假币行为，对方（收方）往往具有购买假币的性质，双方实质上是一种变相买卖（交易）假币的行为。

（5）使用假币罪与诈骗罪的界限。使用假币时以假（币）充真（币），掩饰隐瞒假币的真相，当然具有欺骗性。所以，在过去的法律中没有使用假币罪的专门规定时，就是按诈骗罪定罪处罚的。现行刑法中专门规定了使用假币罪之后，对这种特定的诈骗行为就应当按照法条竞合的原理，适用特别规定而排斥一般规定（诈骗罪）的适用。

（6）一罪与数罪：1）行为人购买假币后使用，构成犯罪的，以购买假币罪定罪，从重处罚。2）行为人出售、运输假币构成犯罪，同时有使用假币行为的，以出售、运输假币罪和使用假币罪，实行数罪并罚。对1）的情形不并罚而2）的情形并罚，原因在于犯罪数额（假币）计算方法不同。例如，甲在福建购买10万元假币，使用了5 000元。在以购买假币罪一罪论处时，购买假币犯罪数额仍以当初实际购买额10万元为准，不扣除使用的5 000元。所以按照一罪处罚能罚当其罪且避免（对使用的5 000元）重复处罚。如果甲出售、运输假币又有使用假币行为的，分别按照实际数额计算，如甲实际出售9.5万元、实际使用5 000元的，以出售假币罪（9.5万元）和使用假币罪（5 000元）数罪并罚。换言之，在以购买假币罪处罚时，通常以实际购买额为准不扣除使用额，所以不必数罪并罚；在以出售假币罪论处时，通常以实际出售额为准，不包括使用额，所以数罪并罚。3）对于在ATM机存假币取真币的行为，如何定罪处罚有三种观点：a. 存入假币获取账户余额成立盗窃罪，取款是盗窃之事后不可罚行为，仅成立盗窃罪。[①] b. 存入假币构成使用假币罪、取出所获余额构成盗窃罪，应当数罪并罚。[②] c. 存入假币成立使用假币罪与盗窃罪想象竞合；存假币后取真币或者转账，成立使用假币罪与盗窃罪，应当数罪并罚。[③] 笔者认为，若对此存假币取真币行为数罪并罚与其他类似案件处理会产生明显不公或不平衡，还是认为存假币是盗窃罪与使用假币罪想象竞合犯择一重罪处断较公平合理。存假币获账户余额是盗窃（既遂）结果，取出行为与存真币后取出行为无异，不应再行评价处罚。4）使用假币兑换另一种货币的，成立使用假币罪；为了自己使用而购买假币的，应认定为持有、使用假币罪；持有并使用假币的，不必并罚，但

---

① 参见陈兴良：《在ATM机上存假币取真币的行为构成盗窃罪》，载《中国审判》，2009（6）。

② 参见张明楷：《使用假币罪与相关犯罪的关系》，载《政治与法律》，2012（6）。

③ 参见杜文俊：《论使用假币罪与相关犯罪的关系——兼与陈兴良、张明楷二位教授商榷》，载《法学》，2015（5）。

对已经使用和仍然持有的假币数量应当累加计算。①

在实践中，行为人出售、运输假币或持有、使用的假币，通常都是源自购买，在买卖过程中难免有运输行为。对涉假币犯罪，司法机关以何罪立案、起诉、判决，通常与发案、取证有关。卖方为“上家”，买方为“下家”，在双方买卖（交易）时当场拿获的，卖方是出售假币罪、买方是购买假币罪。这属于双方行为都为罪的对合犯，也属于同案犯但通常不以共犯论处的特殊情况，犯罪金额以当时交易金额为准，如为 10 万元假币，则对双方分别以（卖方、上家）出售假币罪和（买方、下家）购买假币罪论处，这很简单。如果甲是在运输途中比如火车上被查获的（10 万元假币），甲交待该 10 万元假币是从福建乙处购买的，因无法找到“上家”乙取证，只能指控运输假币罪。假如查获甲持有 10 万元假币，如果能找到上家（卖方）的证据，起诉购买假币罪；如果能找到下家（甲联系欲售与的人）方面的证据，起诉出售假币罪；如果找到运输方面的证据，起诉运输假币罪；如果既不能证明是运输也不能证实假币的来源（是否购买）和用途（是否出售），则只能起诉持有假币罪。

2. 刑事处罚

根据刑法第 172 条的规定，明知是伪造的货币而持有、使用，数额较大的，处 3 年以下有期徒刑或者拘役，并处或单处 1 万元以上 10 万元以下罚金；数额巨大的，处 3 年以上 10 年以下有期徒刑，并处 2 万元以上 20 万元以下罚金；数额特别巨大的，处 10 年以上有期徒刑，并处 5 万元以上 50 万元以下罚金或者没收财产。根据《审理伪造货币案解释》第 5 条的规定，明知是假币而持有、使用，总面额在 5 万元以上不满 20 万元的，属于“数额巨大”；总面额在 20 万元以上的，属于“数额特别巨大”。

五、变造货币罪

（一）概念与构成

变造货币罪，是指对真货币采用剪贴、挖补、揭层、涂改、移位、重印等方法加工处理，改变真币形态、价值，数额较大的行为。

本罪的构成要件如下：

（1）本罪的客观方面表现为变造货币的行为。变造，是指对真货币采用剪贴、挖补、揭层、涂改、移位、重印等方法加工处理，改变真币形态、价值，不问被改变的真币价值的增减，如将 10 元的真货币变造为 100 元的货币或相反。变造货币数额较大的，才构成犯罪。根据《2022 立案追诉标准（二）》第 18 条的规定，“数额较大”是指变造货币，1）总面额在 2 000 元以上或者币量在 200 张（枚）以上的；2）总面额在 1 000 元以上或者币量在 100 张（枚）以上，2 年内因变造货币受过行政处罚，又变造货币的；3）其他变造货币应予追究刑事责任的情形。

（2）本罪的主体是一般主体，但不包括单位。

① 参见张明楷：《使用假币罪与相关犯罪的关系》，载《政治与法律》，2012（6）。

（3）本罪的主观方面是故意，过失不构成本罪。

（4）本罪的客体是国家对货币的管理制度。

（二）司法认定与刑事处罚

1. 司法认定

根据《审理伪造货币案解释（二）》第 2 条，同时采用伪造和变造手段，制造真伪拼凑货币的行为，以伪造货币罪定罪处罚。

2. 刑事处罚

根据刑法第 173 条的规定，犯本罪的，处 3 年以下有期徒刑或者拘役，并处或者单处 1 万元以上 10 万元以下罚金；数额巨大的，处 3 年以上 10 年以下有期徒刑，并处 2 万元以上 20 万元以下罚金。根据《审理伪造货币案解释》第 6 条的规定，变造货币的总面额在 3 万元以上的，属于“数额巨大”。

六、擅自设立金融机构罪

（一）概念与构成

擅自设立金融机构罪，是指未经国家有关主管机关批准，擅自设立商业银行、证券交易所、证券公司、期货交易所、期货经纪公司、保险公司或者其他金融机构的行为。

本罪的构成要件如下：

（1）本罪的客观方面表现为未经国家有关主管机关批准，擅自设立商业银行、证券交易所、证券公司、期货交易所、期货经纪公司、保险公司或其他金融机构的行为。对擅自设立金融机构的行为既可能是未经申请便自行设立，也可能是依法提出后没获批准而自行设立，还可能是虽获批准，但在未领取营业执照或其他与经营相关之手续尚未完结的情况下就开始经营。根据《2022 立案追诉标准（二）》第 19 条，实施本罪行为涉嫌下列情形之一的，应予立案追诉：1）擅自设立商业银行、证券交易所、期货交易所、证券公司、期货公司、保险公司或者其他金融机构的；2）擅自设立金融机构筹备组织的。

（2）本罪的主体既可以是自然人，也可以是单位。

（3）本罪的主观方面是故意。

（4）本罪的客体是国家对商业银行、证券交易所、证券公司、期货交易所、期货经纪公司、保险公司或者其他金融机构的审批管理制度。

（二）刑事处罚

根据刑法第 174 条的规定，犯本罪的，处 3 年以下有期徒刑或者拘役，并处或者单处 2 万元以上 20 万元以下罚金；情节严重的，处 3 年以上 10 年以下有期徒刑，并处 5 万元以上 50 万元以下罚金。单位犯本罪的，对单位判处罚金，并对其直接负责的主管人员和其他直接责任人员，依照本条第 1 款的规定处罚。

七、伪造、变造、转让金融机构经营许可证、批准文件罪

（一）概念与构成

伪造、变造、转让金融机构经营许可证、批准文件罪，是指伪造、变造、转让商业银行、证券交易所、期货交易所、证券公司、期货经纪公司、保险公司或者其他金融机构经营许可证或者批准文件的行为。

本罪的构成要件如下：

（1）本罪的客观方面表现为伪造、变造、转让商业银行、证券交易所、期货交易所、证券公司、期货经纪公司、保险公司或者其他金融机构经营许可证或者批准文件的行为。所谓伪造，是指没有制作、发放权的人，仿照真实的金融机构经营许可证或者批准文件的特征，擅自制造金融机构经营许可证或者批准文件的行为。所谓变造，是指行为人采用各种手段对真实的金融机构经营许可证或批准文件进行加工改制的行为，如更改金融机构名称、注册资本数额、经营范围等行为，均属变造行为。所谓转让，是指行为人将真实有效的金融机构经营许可证或批准文件有偿或者无偿地让与他人的行为，包括出租、出借、出卖等行为。

（2）本罪的主体既可以是自然人，也可以是单位。

（3）本罪的主观方面是故意。

（4）本罪的客体是国家对商业银行、证券交易所、期货交易所、证券公司、期货经纪公司、保险公司或者其他金融机构经营许可证或者批准文件的管理秩序。

（二）刑事处罚

根据刑法第 174 条的规定，犯本罪的，处 3 年以下有期徒刑或者拘役，并处或者单处 2 万元以上 20 万元以下罚金；情节严重的，处 3 年以上 10 年以下有期徒刑，并处 5 万元以上 50 万元以下罚金。单位犯本罪的，对单位判处罚金，并对其直接负责的主管人员和其他直接责任人员，依照本条第 1 款的规定处罚。

八、高利转贷罪

（一）概念与构成

高利转贷罪，是指以转贷牟利为目的，套取金融机构信贷资金高利转贷给他人，违法所得数额较大的行为。

本罪的构成要件如下：

（1）本罪的客观方面表现为套取金融机构信贷资金转贷给他人，违法所得数额较大的行为。具体包括以下要素：

1）行为对象是信贷资金。信贷资金，具体指金融机构用于发放贷款的资金，既包括担保贷款也包括信用贷款。这里的金融机构包括银行和其他金融机构，民间利用其他资

金高利放贷的行为，属于违规行为，但不成立犯罪。

2）套取信贷资金，即掩盖转贷他人的意图以虚假的理由从金融机构取得贷款。

3）高利转贷他人。套取金融机构信贷资金后，再以高于金融机构贷款利率的利率转贷给其他人或其他单位的行为，谋取高额利差。

4）违法所得数额较大。根据《2022立案追诉标准（二）》第21条的规定，以转贷牟利为目的，套取金融机构信贷资金高利转贷他人，违法所得数额在50万元以上的，应予立案追诉。

（2）本罪的主体既可以是自然人，也可以是单位。

（3）本罪的主观方面是故意，并且在套取信贷资金时具有转贷牟利的目的。若当时没有此目的，申请贷款后因情势变化，如贷款项目遭遇困难或丧失盈利前景等，为了减轻利息成本的压力，而将贷款供他人使用的，不成立本罪。

（4）本罪的客体是国家信贷资金管理制度。

（二）司法认定与刑事处罚

1. 司法认定

高利转贷罪与贷款诈骗罪、挪用公款罪的区别要点在于：高利转贷在获取贷款的方面是基本正常的，不存在犯罪问题。只是在获取贷款后，为了牟取高利而转贷他人。而贷款诈骗是以非法占有贷款为目的，其获取贷款行为本身具有非法性和欺诈性。挪用公款则是在放贷环节上存在国家工作人员利用职务便利以贷款名义擅自挪用公款的行为。

2. 刑事处罚

根据刑法第175条的规定，犯本罪的，处3年以下有期徒刑或者拘役，并处违法所得1倍以上5倍以下罚金；数额巨大的，处3年以上7年以下有期徒刑，并处违法所得1倍以上5倍以下罚金。单位犯本罪的，对单位判处罚金，并对其直接负责的主管人员和其他直接责任人员，处3年以下有期徒刑或者拘役。

九、骗取贷款、票据承兑、金融票证罪

（一）概念与构成

骗取贷款、票据承兑、金融票证罪，是指以欺骗手段取得银行或者其他金融机构贷款、票据承兑、信用证、保函等，给银行或者其他金融机构造成重大损失的行为。

本罪的构成要件如下：

（1）本罪的客观方面表现为以欺骗手段取得银行或者其他金融机构贷款、票据承兑、信用证、保函等，给银行或者其他金融机构造成重大损失的行为。具体包括以下三个方面：

1）在申请贷款、票据承兑、信用证、保函等金融信用时，使用了欺骗手段。此即在申请如上金融信用时，故意作虚假陈述或提供与客观事实不符的材料，尤其是提供虚假担保，骗取金融机构的信任。

2）取得了金融机构贷款或信用。此即银行或其他金融机构由于行为人的“欺骗”，把本不符合取得金融机构贷款或信用的行为人误认为符合条件，并对其发放贷款或出具信用。

3）使银行或者其他金融机构遭受重大损失。《刑法修正案（十一）》第 11 条删除了“有其他严重情节”的入罪情形，成立本罪，必须使银行或其他金融机构遭受重大损失。对于《2022 立案追诉标准（二）》第 22 条所确立的立案标准，应在《刑法修正案（十一）》第 11 条的基础上加以理解。疑问在于，能否仅因行为人骗取贷款、票据承兑、信用证、保函金额巨大（如 100 万元以上）就认为其构成本罪？本书对此持否定意见。“从立法上修改本罪的取向上看，实施本罪行为，其最为严重的情节其实不是骗取贷款金额的大小，而应体现在最终是否给金融机构造成损失这一点上。”① 所以，使银行或其他金融机构遭受重大损失，是指以欺骗手段取得贷款、票据承兑、信用证、保函等，给银行或者其他金融机构造成直接经济损失数额在 50 万元以上的情形。

（2）本罪的主体既包括个人，也包括单位。

（3）本罪的主观方面是故意，但尚不足以认定具有非法占有的目的。

（4）本罪的客体是金融管理秩序和金融机构的信用安全。

（二）司法认定与刑事处罚

1. 司法认定

（1）罪与非罪的界限。2020 年 7 月最高人民检察院《关于充分发挥检察职能服务保障“六稳”“六保”的意见》（以下简称《六稳六保意见》）指出：“在办理骗取贷款等犯罪案件时，充分考虑企业‘融资难’‘融资贵’的实际情况，注意从借款人采取的欺骗手段是否属于明显虚构事实或者隐瞒真相，是否与银行工作人员合谋、受其指使，是否非法影响银行放贷决策、危及信贷资金安全，是否造成重大损失等方面，合理判断其行为危害性，不苛求企业等借款人。对于借款人因生产经营需要，在贷款过程中虽有违规行为，但未造成实际损失的，一般不作为犯罪处理。”需要注意的是，是否给金融机构造成实际损失，不以“贷款或其他信用额度”或者“未归还数额”为核心标准。有以下情形之一的，一般认为不可能给金融机构造成实际损失：1）贷款到期已清偿；2）贷款已提供足额担保；3）案发时贷款未到期。②

对于实际损失的认定是否以诉讼等法律手段的无效为前置条件，有观点认为，金融机构可以通过民事诉讼保障债权的，一般不属于“造成实际损失”的情形③；但也有观点认为，行为人骗取贷款不能按期归还资金，也没有提供有效担保，就可以认定给金融机构造成实际损失，不需在金融机构采取诉讼等法律手段追偿失败后才判定其实际损失，

---

① 周光权：《修十一后骗取贷款罪“其他特别严重情节”如何认定?》，载《法治日报》，2021 年 7 月 7 日，第 9 版。

② 参见杨万明主编：《〈刑法修正案（十一）〉条文及配套〈罪名补充规定（七）理解与适用〉》，126～127 页，北京，人民法院出版社，2021。

③ 参见姜涛：《基于刑法谦抑理念修正骗取贷款罪》，载《检察日报》，2020 年 11 月 23 日，第 3 版。

对于后期在判决前通过法律手段获得清偿的，可酌定从宽处罚。[①] 本书认为，认定实际损失，不以穷尽一切法律手段为前提，但从《刑法修正案（十一）》限缩骗取贷款罪处罚范围的修法宗旨出发，如果金融机构能够通过民事诉讼直接实现清偿的，可不作为犯罪处理或免予刑事处罚。

（2）本罪与贷款诈骗罪、票据诈骗罪、金融凭证诈骗罪的界限。构成本罪只需要证实行为人故意骗取贷款即可，不需要证实其具有非法占有的目的。《六稳六保意见》指出："对于借款人采取欺骗手段获取贷款，虽给银行造成损失，但证据不足以认定借款人有非法占有目的的，不能以贷款诈骗罪定性处理。"

（3）金融机构推出金融创新产品诱发新类型金融犯罪。在这方面，最高人民检察院于2015年9月发布某酒业有限公司、彭某骗取贷款案，具有典型意义。2012年10月，某银行与被告单位上海某酒业有限公司（以下简称酒业公司）签订"采购卡分期透支业务合作协议"，双方约定在酒业公司提供连带责任担保承诺的前提下，由银行为购买酒业公司产品且有分期付款需求的借款人提供贷款用以支付产品款项。2012年11月至2013年4月期间，被告人彭某作为被告单位酒业公司的实际负责人，虚构18人系酒业公司购货商的身份，伪造相关身份证明、购销合同、交易确认请款单等材料，骗取银行贷款人民币2 018万余元，至案发尚有人民币1 053万余元无力偿还，造成银行特别重大损失。上海市浦东新区人民法院于2014年11月25日判决被告单位上海某酒业有限公司犯骗取贷款罪，罚金20万元。被告人彭某犯骗取贷款罪，判处有期徒刑1年6个月，罚金2万元。违法所得责令退赔。

2. 刑事处罚

根据刑法第175条之一的规定，犯本罪的，处3年以下有期徒刑或者拘役，并处或者单处罚金；给银行或者其他金融机构造成特别重大损失或者有其他特别严重情节的，处3年以上7年以下有期徒刑，并处罚金。单位犯本罪的，对单位判处罚金，并对其直接负责的主管人员和其他直接责任人员，依照上述规定处罚。需要注意的是，《刑法修正案（十一）》在本罪第一档法定刑中取消了有关情节的规定，但就第二档升格的法定刑而言，其适用条件既包括给银行或其他金融机构造成特别重大损失，又包括有其他特别严重情节。鉴于本次修法旨在强调最终给金融机构造成损失是追究骗贷者刑事责任的关键，因此，对于提供真实担保取得贷款或者事后全部归还本息的，即便利用虚假贷款资料所取得的贷款数额特别巨大或有其他特别严重情节，也根本不能入罪，更遑论升格法定刑。因此，"有其他特别严重情节"法定刑升格的规定仅适用于，行为人骗取贷款给金融机构至少造成了接近于特别重大的损失，同时还具有"其他严重情节"的情形（如骗取贷款金额特别巨大、多次骗取贷款等）。[②]

---

① 参见许永安主编：《中华人民共和国刑法修正案（十一）解读》，106页，北京，中国法制出版社，2021。

② 参见周光权：《修十一后骗取贷款罪"其他特别严重情节"如何认定?》，载《法治日报》，2021年7月7日，第9版。

十、非法吸收公众存款罪

（一）概念与构成

非法吸收公众存款罪，是指非法吸收公众存款或者变相吸收公众存款，扰乱金融秩序的行为。

本罪的构成要件如下：

1. 本罪的客观方面表现为“非法吸收公众存款或者变相吸收公众存款”，即违反国家金融管理法律规定，向社会公众（包括单位和个人）吸收资金扰乱金融秩序的行为。根据 2022 年 3 月 1 日实施的修订后的最高人民法院《关于审理非法集资刑事案件具体应用法律若干问题的解释》（以下简称《审理非法集资刑案解释》），该行为具有以下 4 个要素：

（1）未经有关部门依法许可或者借用合法经营的形式吸收资金。

（2）通过网络媒体、推介会、传单、手机信息等途径向社会公开宣传。根据 2014 年 3 月实施的《关于办理非法集资刑事案件适用法律若干问题的意见》（以下简称《2014 办理非法集资刑案意见》），“向社会公开宣传”，包括以各种途径向社会公众传播吸收资金的信息，以及明知吸收资金的信息向社会公众扩散而予以放任等情形。

（3）承诺在一定期限内以货币、实物、股权等方式还本付息或者给付回报。

（4）向社会公众即社会不特定对象吸收资金。根据《2014 办理非法集资刑案意见》和 2019 年 1 月实施的最高人民法院、最高人民检察院、公安部《关于办理非法集资刑事案件若干问题的意见》（以下简称《2019 办理非法集资刑案意见》）的规定，以下三种情形也属于“向社会公众吸收资金”：1）在向亲友或者单位内部人员吸收资金的过程中，明知亲友或者单位内部人员向不特定对象吸收资金而予以放任；2）以吸收资金为目的，将社会人员吸收为单位内部人员，并向其吸收资金；3）向社会公开宣传，同时向不特定对象、亲友或者单位内部人员吸收资金。

未向社会公开宣传，在亲友或者单位内部针对特定对象吸收资金的，不属于非法吸收公众存款。行政部门对于非法集资的性质认定，不是非法集资刑事案件进入刑事诉讼程序的必经程序。行政部门未对非法集资作出性质认定的，不影响非法集资刑事案件的侦查、起诉和审判。公安机关、人民检察院、人民法院应当依法认定案件事实的性质，对于案情复杂、性质认定疑难的案件，可参考有关部门的认定意见，根据案件事实和法律规定作出性质认定。

“扰乱金融秩序”，存在行为属性说与结果属性说的不同理解。行为属性说认为非法吸收公众存款行为本身即扰乱金融秩序，无论其是否现实地吸纳了存款。结果属性说认为，非法吸收公众存款造成扰乱金融秩序的危害结果才构成犯罪，具体包括：减少国家储源，加剧银行资金紧张；造成公众财产损失。司法解释规定非法吸收公众存款立案的数额标准，显然采取结果说。

根据《审理非法集资刑案解释》第 3 条第 1 款的规定，非法吸收公众存款的数量标准是：(1) 非法吸收或者变相吸收公众存款数额在 100 万元以上的；(2) 非法吸收或者变相吸收公众存款对象 150 人以上的；(3) 非法吸收或者变相吸收公众存款，给存款人造成直接经济损失数额在 50 万元以上的。此外，非法吸收或者变相吸收公众存款 50 万元以上或者给存款人造成直接经济损失数额 25 万元以上，同时具有下列情节之一的应当依法追究刑事责任：(1) 曾因非法集资受过刑事追究的；(2) 2 年内曾因非法集资受过行政处罚的；(3) 造成恶劣社会影响或者其他严重后果的。

2. 本罪的主体既可以是自然人，也可以是单位。具有吸收存款资格的金融机构是否可以成为本罪主体？有观点认为可以成为本罪的主体。①

3. 本罪的主观方面是故意。2017 年 6 月最高人民检察院公诉厅《关于办理涉互联网金融犯罪案件有关问题座谈会纪要》（以下简称《涉互联网金融案纪要》）指出，原则上认定本罪故意并不要求以明知法律的禁止性规定为要件。特别是具备一定涉金融活动相关从业经历、专业背景或在犯罪活动中担任一定管理职务的犯罪嫌疑人，应当知晓相关金融法律管理规定，如果有证据证明其实际从事的行为应当批准而未经批准，行为在客观上具有非法性，原则上就可以认定其具有非法吸收公众存款的主观故意。但是，对于无相关职业经历、专业背景，且从业时间短暂，在单位犯罪中层级较低，纯属执行单位领导指令的犯罪嫌疑人提出辩解的，如确实无其他证据证明其具有主观故意的，可以不作为犯罪处理。另外，实践中还存在犯罪嫌疑人提出因信赖行政主管部门出具的相关意见而陷入错误认识的辩解。如果上述辩解确有证据证明，不应作为犯罪处理，但应当对行政主管部门出具的相关意见及其出具过程进行查证，如存在以下情形之一，仍应认定犯罪嫌疑人具有非法吸收公众存款的主观故意：(1) 行政主管部门出具意见所涉及的行为与犯罪嫌疑人实际从事的行为不一致的；(2) 行政主管部门出具的意见未对是否存在非法吸收公众存款问题进行合法性审查，仅对其他合法性问题进行审查的；(3) 犯罪嫌疑人在行政主管部门出具意见时故意隐瞒事实、弄虚作假的；(4) 犯罪嫌疑人与出具意见的行政主管部门的工作人员存在利益输送行为的；(5) 犯罪嫌疑人存在其他影响和干扰行政主管部门出具意见公正性的情形的。对于犯罪嫌疑人提出因信赖专家学者、律师等专业人士、主流新闻媒体宣传或有关行政主管部门工作人员的个人意见而陷入错误认识的辩解，不能作为犯罪嫌疑人判断自身行为合法性的根据和排除主观故意的理由。

4. 本罪的客体是国家对存款业务的管理秩序。

（二）司法认定与刑事处罚

1. 司法认定

(1) 根据《审理非法集资刑案解释》第 2 条，实施下列行为之一，符合本解释第 1 条第 1 款规定的条件的，应当依照刑法第 176 条的规定，以非法吸收公众存款罪定罪处罚：1) 不具有房产销售的真实内容或者不以房产销售为主要目的，以返本销售、售后包租、约定回购、销售房产份额等方式非法吸收资金的；2) 以转让林权并代为管护等方式非法吸收资金的；3) 以代种植（养殖）、租种植（养殖）、联合种植（养殖）等方式非法

① 参见谢望原、张开骏：《非法吸收公众存款罪疑难问题研究》，载《法学评论》，2011 (6)。

吸收资金的；4）不具有销售商品、提供服务的真实内容或者不以销售商品、提供服务为主要目的，以商品回购、寄存代售等方式非法吸收资金的；5）不具有发行股票、债券的真实内容，以虚假转让股权、发售虚构债券等方式非法吸收资金的；6）不具有募集基金的真实内容，以假借境外基金、发售虚构基金等方式非法吸收资金的；7）不具有销售保险的真实内容，以假冒保险公司、伪造保险单据等方式非法吸收资金的；8）以网络借贷、投资入股、虚拟币交易等方式非法吸收资金的；9）以委托理财、融资租赁等方式非法吸收资金的；10）以提供“养老服务”、投资“养老项目”、销售“老年产品”等方式非法吸收资金的；11）利用民间“会”“社”等组织非法吸收资金的；12）其他非法吸收资金的行为。

《涉互联网金融案纪要》对以下网络借贷领域的非法吸收公众资金的行为，应当以非法吸收公众存款罪分别追究相关行为主体的刑事责任：

1）中介机构以提供信息中介服务为名，实际从事直接或间接归集资金，甚至自融或变相自融等行为，应当依法追究中介机构的刑事责任。最高人民检察院指导性案例第64号“杨某国等人非法吸收公众存款案”强调，网络借贷信息中介机构依法只能从事信息中介业务，为借款人与出借人实现直接借贷提供信息搜集、信息公布、资信评估、信息交互、借贷撮合等服务。信息中介机构不得提供增信服务，不得直接或间接归集资金，包括设立资金池控制、支配资金或者为自己控制的公司融资。假借开展网络借贷信息中介业务之名，未经依法批准，归集不特定公众的资金设立资金池，控制、支配资金池中的资金，并承诺还本付息的，构成非法吸收公众存款罪。检察机关在办案中要通过对网络借贷平台的股权结构、实际控制关系、资金来源、资金流向、中间环节和最终投向的分析，综合全流程信息，分析判断是规范的信息中介，还是假借信息中介名义从事信用中介活动，是否存在违法设立资金池、自融、变相自融等违法归集、控制、支配、使用资金的行为，准确认定行为性质。特别要注意识别变相自融行为，如中介机构通过拆分融资项目期限、实行债权转让等方式为自己吸收资金的，应当认定为非法吸收公众存款的行为。

2）中介机构与借款人存在以下情形之一的，应当依法追究刑事责任：a. 中介机构与借款人合谋或者明知借款人存在违规情形，仍为其非法吸收公众存款提供服务的；中介机构与借款人合谋，采取向出借人提供信用担保、通过电子渠道以外的物理场所开展借贷业务等违规方式向社会公众吸收资金的。b. 双方合谋通过拆分融资项目期限、实行债权转让等方式为借款人吸收资金的。

3）借款人故意隐瞒事实，违反规定，以自己名义或借用他人名义利用多个网络借贷平台发布借款信息，借款总额超过规定的最高限额，或将吸收资金用于明确禁止的投资股票、场外配资、期货合约等高风险行业，造成重大损失和社会影响的，应当依法追究借款人的刑事责任。对于借款人将借款主要用于正常的生产经营活动，能够及时清退所吸收资金，不作为犯罪处理。

（2）本罪与集资诈骗罪的区别。二者的区别在于主观目的不同，集资诈骗罪具有非法占有的目的。根据《审理非法集资刑案解释》第7条，使用诈骗方法非法集资，具有下列情形之一的，可以认定为“以非法占有为目的”：1）集资后不用于生产经营活动或者用于生产经营活动与筹集资金规模明显不成比例，致使集资款不能返还的；2）肆意挥霍集资款，致使集资款不能返还的；3）携带集资款逃匿的；4）将集资款用于违法犯罪活动的；5）抽逃、转移资金、隐匿财产，逃避返还资金的；6）隐匿、销毁账目，或者搞假破产、假倒闭，逃避返还资金的；7）拒不交待资金去向，逃避返还资金的；8）其他可以认定非法占有目的的情形。

对于集资诈骗罪中的非法占有目的，应当区分情形进行具体认定。行为人部分非法集资行为具有非法占有目的的，对该部分非法集资行为所涉集资款以集资诈骗罪定罪处罚；非法集资共同犯罪中部分行为人具有非法占有目的，其他行为人没有非法占有集资款的共同故意和行为的，对具有非法占有目的的行为人以集资诈骗罪定罪处罚。

使用欺诈方式非法吸收公众存款，尚不足以认定具有非法占有目的的，可认定为非法吸收公众存款罪。

（3）共同犯罪的处理。根据《2014办理非法集资刑案意见》，为他人向社会公众非法吸收资金提供帮助，从中收取代理费、好处费、返点费、佣金、提成等费用，构成非法集资共同犯罪的，应当依法追究刑事责任。能够及时退缴上述费用的，可依法从轻处罚；其中情节轻微的，可以免除处罚；情节显著轻微、危害不大的，不作为犯罪处理。

（4）资本市场创新的保护。有学者认为，对“非法吸收公众存款”刑法禁止20年收效甚微，有部分非法吸存“往往是一种资本市场创新行为，暗合了以美国为代表的资本市场发达国家或地区证券法所认定的‘投资合同’性质”，因此应考虑将其纳入“证券法”加以规制。对于真正的非法吸收公众存款行为，亦应以民事责任优先于刑事责任为原则，加强对公众投资者的保护。① 期望这种政策层面的探讨，能促进立法变革。

2. 刑事处罚

（1）处罚。《刑法修正案（十一）》落实宽严相济的刑事政策，一方面，将本罪相对确定的罚金刑改为无限额罚金，并增设第三档数额特别巨大或者有其他特别严重情节的法定刑；另一方面，新增从宽处罚的规定。根据刑法第176条的规定，犯本罪的，处3年以下有期徒刑或者拘役，并处或者单处罚金；数额巨大或者有其他严重情节的，处3年以上10年以下有期徒刑，并处罚金；数额特别巨大或者有其他特别严重情节的，处10年以上有期徒刑，并处罚金。单位犯本罪的，对单位判处罚金，并对其直接负责的主管人员和其他直接责任人员，依照上述规定处罚。有非法吸收公众存款的行为，但在提起公诉前积极退赃退赔，减少损害结果发生的，可以从轻或者减轻处罚。

根据《审理非法集资刑案解释》第4条规定，非法吸收或者变相吸收公众存款具有下列情形之一的，属于“数额巨大或者有其他严重情节”：1）非法吸收或者变相吸收公众存款数额在500万元以上的；2）非法吸收或者变相吸收公众存款对象500人以上的；3）非法吸收或者变相吸收公众存款，给存款人造成直接经济损失数额在250万元以上的。此外，非法吸收或者变相吸收公众存款250万元以上或者给存款人造成直接经济损失数额150万元以上，同时具有本解释第3条第2款第3项情节的，应当认定为“其他严重情节”。

---

① 参见刘新民：《非法吸收公众存款罪的证券法规制研究》，载《华东师范大学学报》（哲社版），2015（3）。

根据《2019办理非法集资刑案意见》，非法吸收或者变相吸收公众存款的数额，以行为人所吸收的资金全额计算。集资参与人收回本金或者获得回报后又重复投资的数额不予扣除，但可以作为量刑情节酌情考虑。根据《涉互联网金融案纪要》，负责或从事吸收资金行为的犯罪嫌疑人非法吸收公众存款金额，根据其实际参与吸收的全部金额认定。但以下金额不应被计入该犯罪嫌疑人的吸收金额：1）犯罪嫌疑人自身及其近亲属所投资的资金金额；2）记录在犯罪嫌疑人名下，但其未实际参与吸收且未从中收取任何形式好处的资金。但这两项所涉金额仍应计入相对应的上一级负责人及所在单位的吸收金额。投资人在每期投资结束后，利用投资账户中的资金（包括每期投资结束后归还的本金、利息）进行反复投资的金额应当累计计算，但对反复投资的数额应当作出说明。

非法吸收或者变相吸收公众存款，主要用于正常的生产经营活动，能够及时清退所吸收资金，可以免予刑事处罚；情节显著轻微的，不作为犯罪处理。司法解释中“可以免予刑事处罚”的规定是否与《刑法修正案（十一）》新增的从宽处罚条款冲突，值得进一步研究。

（2）关于涉案财物的追缴和处置。根据《2014办理非法集资刑案意见》，向社会公众非法吸收的资金属于违法所得。以吸收的资金向集资参与人支付的利息、分红等回报，以及向帮助吸收资金人员支付的代理费、好处费、返点费、佣金、提成等费用，应当依法追缴。集资参与人本金尚未归还的，所支付的回报可予折抵本金。

将非法吸收的资金及其转换财物用于清偿债务或者转让给他人，有下列情形之一的，应当依法追缴：1）他人明知是上述资金及财物而收取的；2）他人无偿取得上述资金及财物的；3）他人以明显低于市场的价格取得上述资金及财物的；4）他人取得上述资金及财物系源于非法债务或者违法犯罪活动的；5）其他依法应当追缴的情形。

查封、扣押、冻结的易贬值及保管、养护成本较高的涉案财物，可以在诉讼终结前依照有关规定变卖、拍卖。所得价款由查封、扣押、冻结机关予以保管，待诉讼终结后一并处置。

查封、扣押、冻结的涉案财物，一般应在诉讼终结后，返还集资参与人。涉案财物不足全部返还的，按照集资参与人的集资额比例返还。

十一、伪造、变造金融票证罪

（一）概念与构成

伪造、变造金融票证罪，是指伪造、变造汇票、本票、支票、委托收款凭证、汇款凭证、银行存单及其他结算凭证、信用证或附随的单据、文件及伪造信用卡的行为。

本罪的构成要件如下：

1. 本罪的客观方面表现为伪造、变造各种金融票证的行为。

（1）伪造金融票证。伪造有两种情况：其一是有形伪造，即没有金融票证制作权的人，假冒他人名义，仿照真实的金融票证的外部特征，擅自制造出外观上足以使一般人误认为是真实的金融票证的行为。其二是无形伪造，即具有金融票证制作权的人，超越其制作权限，制造记载内容虚假的金融票证的行为。

（2）变造金融票证。变造，是指没有权限的人对真实的金融票证进行加工改造，从而改变其记载的内容，并达到足以使一般人误认为是真实的金融票证的行为。

根据刑法第 177 条的规定，伪造、变造金融票证，包括下列情形：1）伪造、变造汇票、本票、支票。2）伪造、变造委托收款凭证、汇款凭证、银行存单等其他银行结算凭证。3）伪造、变造信用证或者附随的单据、文件。4）伪造信用卡，包括复制他人信用卡，将他人信用卡信息资料写入磁条介质、芯片的行为，也包括伪造空白信用卡。

2. 本罪的主体既包括个人，也包括单位。

3. 本罪的主观方面是故意，过失不构成本罪。行为人一般出于使用的目的而伪造、变造金融票证，但刑法对于本罪并没有特定目的的限定。

4. 本罪的客体是国家对金融票证的管理秩序。

（二）司法认定和刑事处罚

1. 司法认定

根据《2022 立案追诉标准（二）》第 24 条和 2018 年 11 月最高人民法院、最高人民检察院修订后的《关于办理妨害信用卡管理刑事案件具体应用法律若干问题的解释》（以下简称《办理信用卡刑案解释》）第 1 条的规定，涉嫌下列情形之一的，应予立案追诉：（1）伪造、变造汇票、本票、支票，或者伪造、变造委托收款凭证、汇款凭证、银行存单等其他银行结算凭证，或者伪造、变造信用证或者附随的单据、文件，总面额在 1 万元以上或者数量在 10 张以上的；（2）复制他人信用卡、将他人信用卡信息资料写入磁条介质、芯片或者以其他方法伪造信用卡 1 张以上，或者伪造空白信用卡 10 张以上的。

2. 刑事处罚

根据刑法第 177 条的规定，犯本罪的，处 5 年以下有期徒刑或者拘役，并处或者单处 2 万元以上 20 万元以下罚金；情节严重的，处 5 年以上 10 年以下有期徒刑，并处 5 万元以上 50 万元以下罚金；情节特别严重的，处 10 年以上有期徒刑或者无期徒刑，并处 5 万元以上 50 万元以下罚金或者没收财产。单位犯本罪的，对单位判处罚金，并对其直接负责的主管人员和其他直接责任人员，依照上述规定处罚。

（1）根据《办理信用卡刑案解释》第 1 条的规定，“情节严重”，是指下列情形之一：1）伪造信用卡 5 张以上不满 25 张的；2）伪造的信用卡内存款余额、透支额度单独或者合计数额在 20 万元以上不满 100 万元的；3）伪造空白信用卡 50 张以上不满 250 张的；4）其他情节严重的情形。

（2）根据《办理信用卡刑案解释》第 1 条的规定，“情节特别严重”，是指下列情形之一：1）伪造信用卡 25 张以上的；2）伪造的信用卡内存款余额、透支额度单独或者合计数额在 100 万元以上的；3）伪造空白信用卡 250 张以上的；4）其他情节特别严重的情形。

本条所称“信用卡内存款余额、透支额度”，以信用卡被伪造后发卡行记录的最高存款余额、可透支额度计算。

十二、妨害信用卡管理罪

（一）概念与构成

妨害信用卡管理罪，是指明知是伪造的信用卡、伪造的空白信用卡而持有、运输，数量较大，或者非法持有他人信用卡，数量较大，或者使用虚假的身份证明骗领信用卡，或者出售、购买、为他人提供伪造的信用卡或者以虚假的身份证明骗领信用卡的行为。

本罪是全国人大常委会2005年2月28日通过的《刑法修正案（五）》第1条第1款新增加的罪名，其内容被置于刑法第177条之后，作为第177条之一第1款列入条文。

本罪的构成要件如下：

（1）本罪的客观方面表现为妨害信用卡管理的行为。具体包括以下情形：

1）明知是伪造的信用卡而持有、运输的。

2）明知是伪造的空白信用卡而持有、运输，数量较大的。这里的“数量较大”是指10张以上。

3）非法持有他人信用卡，数量较大的。这里的“数量较大”是指5张以上。

4）使用虚假的身份证明骗领信用卡的。“骗领”其实就是指使用假身份证明申领信用卡。违背他人意愿，使用他人居民身份证、军官证、士兵证、港澳居民来往内地通行证、台湾居民来往大陆通行证、护照等身份证明申领信用卡的，或者使用伪造、编造的身份证明申领信用卡的，视同“使用虚假的身份证明骗领信用卡”。

5）出售、购买、为他人提供伪造的信用卡或者以虚假的身份证明骗领信用卡的。

（2）本罪的主体是自然人，单位不构成本罪。

（3）本罪的主观方面是故意，过失不构成本罪。

（4）本罪的客体是国家对信用卡的管理制度。

（二）司法认定与刑事处罚

1. 司法认定

（1）他人为信用卡申请人制作、提供虚假的财产状况、收入、职务等资信证明材料，涉及伪造、变造、买卖国家机关公文、证件、印章，或者涉及伪造公司、企业、事业单位、人民团体印章，应当追究刑事责任的，依照刑法第280条的规定，分别以伪造、变造、买卖国家机关公文、证件、印章罪和伪造公司、企业、事业单位、人民团体印章罪定罪处罚。

（2）承担资产评估、验资、验证、会计、审计、法律服务等职责的中介组织或其人员，为信用卡申请人提供虚假的财产状况、收入、职务等资信证明材料，应当追究刑事责任的，依照刑法第229条的规定，分别以提供虚假证明文件罪和出具证明文件重大失实罪定罪处罚。

2. 刑事处罚

根据刑法第177条之一第1款的规定，犯本罪的，处3年以下有期徒刑或者拘役，并处或者单处 1 万元以上 10 万元以下罚金；数量巨大或者有其他严重情节的，处 3 年以上 10 年以下有期徒刑，并处 2 万元以上 20 万元以下罚金。

根据《办理信用卡刑案解释》第 2 条第 2 款的规定，有下列情形之一的，应当认定为“数量巨大”：

（1）明知是伪造的信用卡而持有、运输 10 张以上的；

（2）明知是伪造的空白信用卡而持有、运输 100 张以上的；

（3）非法持有他人信用卡 50 张以上的；

（4）使用虚假的身份证明骗领信用卡 10 张以上的；

（5）出售、购买、为他人提供伪造的信用卡或者以虚假的身份证明骗领的信用卡 10 张以上的。

十三、窃取、收买、非法提供信用卡信息罪

（一）概念与构成

窃取、收买、非法提供信用卡信息罪，是指窃取、收买或者非法提供他人信用卡信息资料的行为。

本罪是《刑法修正案（五）》第 1 条第 2 款新增加的犯罪，其内容被置于刑法第 177 条之后，作为第 177 条之一第 2 款列入条文。

本罪的构成要件如下：

（1）本罪的客观方面表现为窃取、收买或者非法提供他人信用卡信息资料的行为：

1）行为对象是他人的信用卡信息资料。

2）行为人实施了窃取、收买或者非法提供的行为。窃取，是指违背他人意志，非法获取他人信用卡信息资料。收买，是指以财物、金钱或其他利益为对价取得他人信用卡信息资料。非法提供，是指未经信用卡持有人同意，将其信用卡的信息资料提供给其他人的行为。非法提供的他人信用卡材料既可以是合法取得的，也可以是非法取得的。如果行为人将窃取、收买的他人信用卡的信息资料非法提供给其他人的，也只以一罪论处，本罪为选择性罪名。

（2）本罪的主体是自然人，单位不是本罪的主体。

（3）本罪的主观方面是故意，即行为人明知是他人的信用卡信息资料仍予以窃取、收买、非法提供给其他人。

（4）本罪的客体是国家对信用卡信息资料的管理秩序。

（二）司法认定和刑事处罚

1. 司法认定

根据《办理信用卡刑案解释》第 3 条的规定，窃取、收买、非法提供他人信用卡信息资料，足以伪造可进行交易的信用卡，或者足以使他人以信用卡持卡人名义进行交易，涉及信用卡 1 张以上的，即可以定罪处罚。

2. 刑事处罚

根据刑法第 177 条之一的规定，犯本罪的，处 3 年以下有期徒刑或者拘役，并处或者单处 1 万元以上 10 万元以下罚金；数量巨大或者有其他严重情节的，处 3 年以上 10 年以下有期徒刑，并处 2 万元以上 20 万元以下罚金。银行或者其他金融机构的工作人员利用职务上的便利犯本罪的，从重处罚。

根据《办理信用卡刑案解释》第 3 条的规定，“数量巨大”，是指窃取、收买、非法提供他人信用卡信息资料，足以伪造可进行交易的信用卡，或者足以使他人以信用卡持卡人名义进行交易，涉及信用卡 5 张以上的。

十四、伪造、变造国家有价证券罪

（一）概念与构成

伪造、变造国家有价证券罪，是指伪造、变造国库券或者国家发行的其他有价证券，数额较大的行为。

本罪的构成要件如下：

（1）本罪的客观方面表现为伪造、变造国库券或者国家发行的其他有价证券，数额较大的行为。具体包括以下要素：

1）行为对象是国库券或者国家发行的其他有价证券。国库券即国家债券，是指国家为解决急需预算支出向社会公众和机构发行的，由国家财政负责还本付息的一种国家债务凭证。所谓国家发行的其他有价证券，是指国家发行的除国库券以外的，有一定货币票面价值的财产权利凭证，如国家主管机关批准发行的财政债券、国家建设债券、国家重点建设债券等。

2）行为人实施了伪造、变造国库券等国家有价证券的行为。“伪造”，是指行为人仿照真实的国库券或者国家发行的其他有价证券的外部特征，通过印刷、复印、刻印、绘制等方法制作假的国家有价证券的行为。“变造”，是指行为人在真实的国库券或者国家发行的其他有价证券的基础上，通过剪接、挖补、涂改等方法，对有价证券的金额、发行期限等内容加以改变的行为。

3）须达到数额较大。根据《2022 立案追诉标准（二）》第 27 条的规定，伪造、变造国家有价证券的总面额 2 000 元以上为数额较大的起点。

（2）本罪的主体既可以是自然人，也可以是单位。

（3）本罪的主观方面是故意。

（4）本罪的客体是国家对有价证券的管理制度。

（二）刑事处罚

根据刑法第 178 条第 1 款、第 3 款的规定，犯本罪的，处 3 年以下有期徒刑或者拘役，并处或者单处 2 万元以上 20 万元以下罚金；数额巨大的，处 3 年以上 10 年以下有期徒刑，并处 5 万元以上 50 万元以下罚金；数额特别巨大的，处 10 年以上有期徒刑或者无期徒刑，并处5万元以上50万元以下罚金或者没收财产。单位犯本罪的，对单位判处罚金，并对其直接负责的主管人员和其他直接责任人员，依照上述规定处罚。

十五、伪造、变造股票、公司、企业债券罪

（一）概念与构成

伪造、变造股票、公司、企业债券罪，是指伪造、变造股票或者公司、企业债券，数额较大的行为。

本罪的构成要件如下：

（1）本罪的客观方面表现为伪造、变造股票或者公司、企业债券的行为。具体包括以下要素：

1）行为对象是股票或者公司、企业债券。股票，是指股份有限公司为筹集资金公开发给股东的，证明其投资入股、拥有一定权利的有价证券。公司、企业债券，是指公司、企业为了筹集资金而依法发行的保证按照规定时间偿还本金和支付利息的书面债权债务凭证。

2）行为人实施了伪造、变造股票或者公司、企业债券的行为。伪造，是指仿照真实的股票或者公司、企业的债券制作假股票、公司或企业债券的行为。变造，是指在真实的股票、公司或企业债券的基础上，通过剪接、挖补、涂改等方法改变股票、公司或企业债券面值的行为。

3）数额较大。根据《2022立案追诉标准（二）》第28条的规定，伪造、变造股票、公司、企业债券，总面额在30 000元以上的，为数额较大。

（2）本罪的主体是一般主体，包括自然人和单位。

（3）本罪的主观方面是故意。

（4）本罪的客体是国家对股票、公司、企业债券的管理制度。

（二）刑事处罚

根据刑法第178条第2款、第3款的规定，犯本罪的，处3年以下有期徒刑或者拘役，并处或者单处1万元以上10万元以下罚金；数额巨大的，处3年以上10年以下有期徒刑，并处2万元以上20万元以下罚金。单位犯本罪的，对单位判处罚金，并对其直接负责的主管人员和其他直接责任人员，依照上述规定处罚。

十六、擅自发行股票、公司、企业债券罪

（一）概念与构成

擅自发行股票、公司、企业债券罪，是指未经国家有关主管部门批准，擅自发行股票或公司、企业债券，数额巨大、后果严重或者有其他严重情节的行为。

本罪的构成要件如下：

1. 本罪的客观方面表现为擅自发行股票或公司、企业债券的行为。具体包括以下要素：

（1）行为对象是股票或公司、企业债券。

（2）未经国家有关主管部门批准，擅自发行股票或公司、企业债券。擅自发行，是指未经《公司法》和《企业债券管理条例》所确定的审批机关的批准，不具有发行条件而擅自发行股票、公司、企业债券，以及具有合法的发行条件但却违反《证券法》等法律法规发行股票、公司、企业债券。

（3）必须是擅自发行的股票、公司、企业债券数额巨大、后果严重或者有其他严重情节。根据《2022 立案追诉标准（二）》第 29 条，是指下列情形之一：1）非法募集资金金额在 100 万元以上的；2）造成投资者直接经济损失数额累计在 50 万元以上的；3）募集的资金全部或者主要用于违法犯罪活动的；4）其他后果严重或者有其他严重情节的情形。本条规定的“擅自发行股票或者公司、企业债券”，是指向社会不特定对象发行、以转让股权等方式变相发行股票或者公司、企业债券，或者向特定对象发行、变相发行股票或者公司、企业债券累计超过 200 人的行为。《审理非法集资刑案解释》第 10 条规定，未经国家有关主管部门批准，向社会不特定对象发行、以转让股权等方式变相发行股票或者公司、企业债券，或者向特定对象发行、变相发行股票或者公司、企业债券累计超过 200 人的，应当认定为本罪。可见，向特定对象发行或变相发行时，超过 200 人的，才应予立案；向不特定对象发行或变相发行时，只需 30 人以上购买了股票或公司、企业债券的，即应予立案。

2. 本罪的主体是一般主体，既包括自然人，也包括单位；既包括不具备发行资格而擅自发行股票、公司、企业债券的单位和个人，也包括具备发行资格，但还没有得到国家有关主管部门的批准，而擅自发行公司、企业债券的单位和个人。

3. 本罪的主观方面是故意。

4. 本罪的客体是国家对股票、公司、企业债券发行的管理制度。

（二）司法认定与刑事处罚

1. 司法认定

本罪与欺诈发行股票、债券罪的界限。二者存在相同之处：（1）行为对象均是股票或者债券。（2）主体均包括自然人和单位。（3）主观方面均是故意。（4）均要求数额巨大、后果严重或者有其他严重情节。区别的要点在于：本罪是未经国家有关主管部门批准，擅自发行股票或公司、企业债券；而欺诈发行股票、债券罪是在招股说明书、认股书或公司、企业债券募集办法中隐瞒重要事实或者编造重大虚假内容，发行股票或者公司、企业债券。当然存在既未经国家有关主管部门批准，又采取欺诈方法发行股票或公司、企业债券的情况，这种情况下属于一行为触犯数罪名，系想象竞合犯，从一重罪论处。

2. 刑事处罚

根据刑法第 179 条的规定，犯本罪的，处 5 年以下有期徒刑或者拘役，并处或者单处非法募集资金金额1%以上5%以下罚金。单位犯本罪的，对单位判处罚金，并对其直接负责的主管人员和其他直接责任人员，处5年以下有期徒刑或者拘役。

十七、内幕交易、泄露内幕信息罪

（一）概念与构成

内幕交易、泄露内幕信息罪，是指证券、期货交易内幕信息的知情人员或者非法获取证券、期货交易内幕信息的人员，在涉及证券的发行，证券、期货交易或其他对证券、期货交易的价格有重大影响的信息尚未公开之前，买入或者卖出该证券，或者从事与该内幕信息有关的期货交易，或者泄露该信息，或者明示、暗示他人从事上述交易活动情节严重的行为。

本罪的构成要件如下：

1. 本罪的客观方面表现为：

（1）在内幕信息敏感期内从事或者明示、暗示他人从事或者泄露内幕信息导致他人从事与该内幕信息有关的证券、期货交易的行为。

"内幕信息敏感期"，指内幕信息自形成至公开的期间。根据2012年3月最高人民法院、最高人民检察院《关于办理内幕交易、泄露内幕信息刑事案件具体应用法律若干问题的解释》（以下简称《办理内幕信息刑案解释》）第5条的规定：1）《证券法》第67条第2款（2019年修订后的《证券法》第80条第2款、第81条第2款）所列"重大事件"的发生时间，第75条（2019年修订后的《证券法》第80条）规定的"计划""方案"以及《期货交易管理条例》第85条第11项（2017年修订后的《期货交易管理条例》第81条第11项）规定的"政策""决定"等的形成时间，应当认定为内幕信息的形成之时。2）影响内幕信息形成的动议、筹划、决策或者执行人员，其动议、筹划、决策或者执行初始时间，应当认定为内幕信息的形成之时。

刑法第180条第3款规定，内幕信息、知情人员的范围，依照法律、行政法规的规定确定。关于证券交易"内幕信息"的内涵和外延，2019年修订的《证券法》主要有两点变化：一是将"公司"改为"发行人"；二是将原第57条第2款所列举的八种内幕信息修改为一个参照条款，即"本法第八十条第二款、第八十一条第二款所列重大事件属于内幕信息"。据此，内幕信息是指在证券、期货交易活动中，涉及发行人的经营、财务或者对该公司证券的市场价格、期货交易的价格有重大影响的尚未公开的信息。证券交易的内幕信息可分为两大类。一是"发生可能对上市公司、股票在国务院批准的其他全国性证券交易场所交易的公司的股票交易价格产生较大影响的重大事件"，具体包括：1）公司的经营方针和经营范围的重大变化；2）公司的重大投资行为，公司在1年内购买、出售重大资产超过公司资产总额30%，或者公司营业用主要资产的抵押、质押、出售或者报废一次超过该资产的30%；3）公司订立重要合同、提供重大担保或者从事关联交易，可能对公司的资产、负债、权益和经营成果产生重要影响；4）公司发生重大债务和未能清偿到期重大债务的违约情况；5）公司发生重大亏损或者重大损失；6）公司生产经营的外部条件发生的重大变化；7）公司的董事、1/3以上监事或者经理发生变动，董事长或者经理无法履行职责；8）持有公司以上股份5％的股东或者实际控制人持有股份或者控制公司的情况发生较大变化，公司的实际控制人及其控制的其他企业从事与公司相同或者相似业务的情况发生较大变化；9）公司分配股利、增资的计划，公司股权结构的重要变化，公司减资、合并、分立、解散及申请破产的决定，或者依法进入破产程序、被责令关闭；10）涉及公司的重大诉讼、仲裁，股东大会、董事会决议被依法撤销或者宣告无效；11）公司涉嫌犯罪被依法立案调查，公司的控股股东、实际控制人、董事、监事、高级管理人员涉嫌犯罪被依法采取强制措施；12）国务院证券监督管理机构规定的其他事项。二是“发生可能对上市交易公司债券的交易价格产生较大影响的重大事件”，具体包括：1）公司股权结构或者生产经营状况发生重大变化；2）公司债券信用评级发生变化；3）公司重大资产抵押、质押、出售、转让、报废；4）公司发生未能清偿到期债务的情况；5）公司新增借款或者对外提供担保超过上年末净资产的20％；6）公司放弃债权或者财产超过上年末净资产的10％；7）公司发生超过上年末净资产10％的重大损失；8）公司分配股利，作出减资、合并、分立、解散及申请破产的决定，或者依法进入破产程序、被责令关闭；9）涉及公司的重大诉讼、仲裁；10）公司涉嫌犯罪被依法立案调查，公司的控股股东、实际控制人、董事、监事、高级管理人员涉嫌犯罪被依法采取强制措施；11）国务院证券监督管理机构规定的其他事项。关于期货交易“内幕信息”，根据2017年修订后的《期货交易管理条例》第81条第11项的规定，是指可能对期货交易价格产生重大影响的尚未公开的信息，包括：国务院期货监督管理机构以及其他相关部门制定的对期货交易价格可能发生重大影响的政策，期货交易所作出的可能对期货交易价格发生重大影响的决定，期货交易所会员、客户的资金和交易动向以及国务院期货监督管理机构认定的对期货交易价格有显著影响的其他重要信息。

内幕信息的公开，是指内幕信息在国务院证券、期货监督管理机构指定的报刊、网站等媒体披露。根据《办理内幕信息刑案解释》第4条的规定，具有下列情形之一的，不属于“从事与内幕信息有关的证券、期货交易”：1）持有或者通过协议、其他安排与他人共同持有上市公司5％以上股份的自然人、法人或者其他组织收购该上市公司股份的；2）按照事先订立的书面合同、指令、计划从事相关证券、期货交易的；3）依据已被他人披露的信息而交易的；4）交易具有其他正当理由或者正当信息来源的。

（2）成立本罪要求“情节严重”。根据《办理内幕信息刑案解释》第6条，个人或单位实施内幕交易、泄露内幕信息行为，具有下列情形之一的，应认定为本罪之“情节严重”：1）证券交易成交额在50万元以上的；2）期货交易占用保证金数额在30万元以上的；3）获利或者避免损失数额在15万元以上的；4）3次以上的；5）具有其他严重情节的。

（3）本罪为选择性罪名。

2. 本罪的主体是特殊主体，即证券、期货交易内幕信息的知情人员或者非法获取了证券、期货交易内幕信息的人员。

根据《办理内幕信息刑案解释》第1条，“证券、期货交易内幕信息的知情人员”指下列人员：

（1）《证券法》第 74 条（2019 年修订后的《证券法》第 51 条）规定的人员，即：1）发行人及其董事、监事、高级管理人员；2）持有公司 5%以上股份的股东及其董事、监事、高级管理人员，公司的实际控制人及其董事、监事、高级管理人员；3）发行人控股或者实际控制的公司及其董事、监事、高级管理人员；4）由于所任公司职务或者因与公司业务往来可以获取公司有关内幕信息的人员；5）上市公司收购人或者重大资产交易方及其控股股东、实际控制人、董事、监事和高级管理人员；6）因职务、工作可以获取内幕信息的证券交易场所、证券公司、证券登记结算机构、证券服务机构的有关人员；7）因职责、工作可以获取内幕信息的证券监督管理机构工作人员；8）因法定职责对证券的发行、交易或者对上市公司及其收购、重大资产交易进行管理可以获取内幕信息的有关主管部门、监管机构的工作人员；9）国务院证券监督管理机构规定的可以获取内幕信息的其他人员。

（2）《期货交易管理条例》第 85 条第 12 项（2017 年修订后的《期货交易管理条例》第 81 条第 12 项）规定的人员，即指由于其管理地位、监督地位或者职业地位，或者作为雇员、专业顾问履行职务，能够接触或者获得内幕信息的人员，包括：期货交易所的管理人员以及其他由于任职可获取内幕信息的从业人员，国务院期货监督管理机构和其他有关部门的工作人员以及国务院期货监督管理机构规定的其他人员。

根据《办理内幕信息刑案解释》第 2 条的规定，“非法获取证券、期货交易内幕信息的人员”，指除上述内幕人员以外，通过各种非法方法获取证券、期货交易内幕信息的人员。具体指具有下列行为的人员：1）利用窃取、骗取、套取、窃听、利诱、刺探或者私下交易等手段获取内幕信息的；2）内幕信息知情人员的近亲属或者其他与内幕信息知情人员关系密切的人员，在内幕信息敏感期内，从事或者明示、暗示他人从事，或者泄露内幕信息导致他人从事与该内幕信息有关的证券、期货交易，相关交易行为明显异常，且无正当理由或者正当信息来源的；3）在内幕信息敏感期内，与内幕信息知情人员联络、接触，从事或者明示、暗示他人从事，或者泄露内幕信息导致他人从事与该内幕信息有关的证券、期货交易，相关交易行为明显异常，且无正当理由或者正当信息来源的。此处的“相关交易行为明显异常”，根据《办理内幕信息刑案解释》第 3 条的规定，要综合以下情形，从时间吻合程度、交易背离程度和利益关联程度等方面予以认定：1）开户、销户、激活资金账户或者指定交易（托管）、撤销指定交易（转托管）的时间与该内幕信息形成、变化、公开时间基本一致的；2）资金变化与该内幕信息形成、变化、公开时间基本一致的；3）买入或者卖出与内幕信息有关的证券、期货合约时间与内幕信息的形成、变化和公开时间基本一致的；4）买入或者卖出与内幕信息有关的证券、期货合约时间与获悉内幕信息的时间基本一致的；5）买入或者卖出证券、期货合约行为明显与平时交易习惯不同的；6）买入或者卖出证券、期货合约行为，或者集中持有证券、期货合约行为与该证券、期货公开信息反映的基本面明显背离的；7）账户交易资金进出与该内幕信息知情人员或者非法获取人员有关联或者利害关系的；8）其他交易行为明显异常情形。

3. 本罪的主观方面是故意，要求行为人在获悉信息时主观上明知该信息是内幕信息，即明知证券、期货交易内幕信息尚未公开而从事或者明示、暗示他人从事或者泄露内幕信息导致他人从事与该内幕信息有关的证券、期货交易。内幕信息知情人员的近亲属或者与其关系密切的人，主观上还必须知道信息的来源，即明知信息是内幕信息的知情人员泄露的或者明知信息是他人非法获取的。

4. 本罪的客体是国家对证券、期货市场的管理秩序和证券、期货投资者的合法权益。

（二）司法认定与刑事处罚

1. 司法认定

(1) 罪与非罪的界限，主要掌握如下几点：

1) 必须是尚未公开的内幕信息。如果信息已经公开，就不属内幕信息，不成立本罪。只有是在内幕信息尚未公开之时买入或者卖出证券，或者从事与该内幕信息有关的期货交易，以及故意泄露该内幕信息的，才能构成本罪。因此，确定信息是否已经公开及公开的时间，对认定本罪十分重要。

2) 行为人必须是内幕信息的知情人员。如果行为人并非内幕信息的知情人员，而是利用掌握的公开的信息和资料，运用自己的专业知识，通过对证券、期货市场考察分析后，作出预测和判断，在内幕信息公开前发表个人观点或进行证券买卖或进行与该观点有关的期货交易，即使该观点的内容与内幕信息的内容相同，也不能认定构成本罪。

(2) 根据《办理内幕信息刑案解释》第 11 条规定，单位实施内幕交易、泄露内幕信息行为“情节严重”的标准与个人的相同。

2. 刑事处罚

根据刑法第 180 条第 1 款、第 2 款的规定，犯本罪的，处 5 年以下有期徒刑或者拘役，并处或者单处违法所得 1 倍以上 5 倍以下罚金；情节特别严重的，处 5 年以上 10 年以下有期徒刑，并处违法所得 1 倍以上 5 倍以下罚金。单位犯本罪的，对单位判处罚金，并对其直接负责的主管人员和其他直接责任人员，处 5 年以下有期徒刑或者拘役。

根据《办理内幕信息刑案解释》第 7 条规定，具有下列情形之一的，应当认定为“情节特别严重”：(1) 证券交易成交额在 250 万元以上的；(2) 期货交易占用保证金数额在 150 万元以上的；(3) 获利或者避免损失数额在 75 万元以上的；(4) 具有其他特别严重情节的。

二次以上实施内幕交易或者泄露内幕信息行为，未经行政处理或者刑事处理的，应当对相关交易数额依法累计计算。同一案件中，成交额、占用保证金数额、获利或者避免损失额分别构成情节严重、情节特别严重的，按照处罚较重的数额定罪处罚。构成共同犯罪的，按照共同犯罪行为人的成交总额、占用保证金总额、获利或者避免损失总额定罪处罚，但判处各被告人罚金的总额应掌握在获利或者避免损失总额的 1 倍以上 5 倍以下。

刑法第 180 条第 1 款规定的“违法所得”，是指通过内幕交易行为所获利益或者避免的损失。内幕信息的泄露人员或者内幕交易的明示、暗示人员未实际从事内幕交易的，其罚金数额按照因泄露而获悉内幕信息人员或者被明示、暗示人员从事内幕交易的违法所得计算。

十八、利用未公开信息交易罪

（一）概念与构成

利用未公开信息交易罪，是指金融机构的从业人员以及有关监管部门或者行业协会的工作人员，利用因职务便利获取的内幕信息以外的其他未公开的信息，违反规定，从事与该信息相关的证券、期货交易活动，或者明示、暗示他人从事相关交易活动，情节严重的行为。

本罪的构成要件如下：

（1）本罪的客观方面表现为利用因职务便利获取的内幕信息以外的其他未公开的信息，违反规定，从事与该信息相关的证券、期货交易活动，或者明示、暗示他人从事相关交易活动，情节严重的行为。

根据自 2019 年 7 月 1 日起施行的最高人民法院、最高人民检察院《关于办理利用未公开信息交易刑事案件适用法律若干问题的解释》（以下简称《办理未公开信息刑案解释》）第 1 条的规定，“内幕信息以外的其他未公开的信息”包括：1）证券、期货的投资决策、交易执行信息；2）证券持仓数量及变化、资金数量及变化、交易动向信息；3）其他可能影响证券、期货交易活动的信息。难以认定的，司法机关可以在有关行政主（监）管部门的认定意见的基础上，根据案件事实和法律规定作出认定。

根据《办理未公开信息刑案解释》第 4 条的规定，“明示、暗示他人从事相关交易活动”，应当综合以下方面进行认定：1）行为人具有获取未公开信息的职务便利；2）行为人获取未公开信息的初始时间与他人从事相关交易活动的初始时间具有关联性；3）行为人与他人之间具有亲友关系、利益关联、交易终端关联等关联关系；4）他人从事相关交易的证券、期货品种、交易时间与未公开信息所涉证券、期货品种、交易时间等方面基本一致；5）他人从事的相关交易活动明显不具有符合交易习惯、专业判断等正当理由；6）行为人对明示、暗示他人从事相关交易活动没有合理解释。

根据《办理未公开信息刑案解释》第 5 条和第 6 条的规定，“情节严重”，是指下列情形之一：1）违法所得数额在 100 万元以上的；2）2 年内 3 次以上利用未公开信息交易的；3）明示、暗示 3 人以上从事相关交易活动的。利用未公开信息交易，违法所得数额在 50 万元以上，或者证券交易成交额在 500 万元以上，或者期货交易占用保证金数额在 100 万元以上，具有下列情形之一的，应当认定为“情节严重”：1）以出售或者变相出售未公开信息等方式，明示、暗示他人从事相关交易活动的；2）因证券、期货犯罪行为受过刑事追究的；3）2 年内因证券、期货违法行为受过行政处罚的；4）造成恶劣社会影响或者其他严重后果的。二次以上利用未公开信息交易，依法应予行政处理或者刑事处理而未经处理的，相关交易数额或者违法所得数额累计计算。“违法所得”，是指行为人利用未公开信息从事与该信息相关的证券、期货交易活动所获利益或者避免的损失。行为人明示、暗示他人利用未公开信息从事相关交易活动，被明示、暗示人员从事相关交易活动所获利益或者避免的损失，应当认定为“违法所得”。

（2）本罪的主体是特殊主体，即证券交易所、期货交易所、证券公司、期货经纪公司、基金管理公司、商业银行、保险公司等金融机构的从业人员以及有关监管部门或者行业协会的工作人员。

（3）本罪的主观方面是故意。

（4）本罪的客体是国家对证券、期货市场的管理秩序和证券、期货投资者的合法权益。

（二）刑事处罚

根据刑法第 180 条第 4 款的规定，犯本罪的，依照本条第 1 款的规定处罚。最高人民法院指导性案例第 61 号和最高人民检察院指导性案例第 24 号“马某利用未公开信息交易案”的裁判要旨指出，刑法第 180 条第 4 款规定的利用未公开信息交易罪援引法定刑的情形，应当是对第 1 款内幕交易、泄露内幕信息罪全部法定刑的引用，即区分不同情形分别依照第 1 款规定的“情节严重”和“情节特别严重”两个量刑档次处罚。《办理未公开信息刑案解释》第 7 条第 1 款对此予以确认：刑法第 180 条第 4 款规定的“依照第 1 款的规定处罚”，包括该条第 1 款关于“情节特别严重”的规定。此即，犯本罪的，处 5 年以下有期徒刑或者拘役，并处或者单处违法所得 1 倍以上 5 倍以下罚金；情节特别严重的，处 5 年以上 10 年以下有期徒刑，并处违法所得 1 倍以上 5 倍以下罚金。单位犯本罪的，对单位判处罚金，并对其直接负责的主管人员和其他直接责任人员处 5 年以下有期徒刑或者拘役。

根据《办理未公开信息刑案解释》第 7 条第 2 款和第 3 款的规定，有下列情形之一的，应当认定为“情节特别严重”：（1）利用未公开信息交易，违法所得数额在 1 000 万元以上；（2）违法所得数额在 500 万元以上，或者证券交易成交额在 5 000 万元以上，或者期货交易占用保证金数额在 1 000 万元以上，具有本解释第 6 条规定的“情节严重”的四种情形之一。

十九、编造并传播证券、期货交易虚假信息罪

（一）概念与构成

编造并传播证券、期货交易虚假信息罪，是指编造并传播影响证券、期货交易的虚假信息，扰乱证券、期货交易市场，造成严重后果的行为。

本罪的构成要件如下：

1. 本罪的客观方面表现为编造并传播证券、期货交易虚假信息，扰乱证券、期货交易市场，并造成严重后果的行为。具体包括以下要素：

（1）编造并传播虚假信息。编造，是指捏造根本不存在的信息或者篡改、加工、隐瞒真实的信息。传播，是指通过各种途径使信息为不特定的人或者多数人知悉。必须实施了编造与传播虚假信息这两个行为才成立本罪。如果只编造而没有传播影响证券、期货交易的虚假信息，或者没有编造而仅仅单纯传播上述虚假信息的，均不能构成本罪。

（2）虚假信息必须是能影响证券、期货交易，扰乱证券、期货交易市场的虚假信息，否则也不可能构成本罪。

（3）造成严重后果。根据《2022 立案追诉标准（二）》第 32 条，“严重后果”，是指具有下列情形之一的：1）获利或者避免损失数额在 5 万元以上的；2）造成投资者直接经济损失数额在 50 万元以上的；3）虽未达到上述数额标准，但多次编造并且传播影响证券、期货交易的虚假信息的；4）致使交易价格或者交易量异常波动的；5）造成其他严重后果的。

2. 本罪的主体是一般主体，包括自然人和单位。

3. 本罪的主观方面是故意。

4. 本罪的客体是证券、期货交易市场的正常管理秩序和投资者的合法权益。

（二）刑事处罚

根据刑法第 181 条第 1 款和第 3 款的规定，犯本罪的，处 5 年以下有期徒刑或者拘役，并处或者单处 1 万元以上 10 万元以下罚金。单位犯本罪的，对单位判处罚金，并对其直接负责的主管人员和其他直接责任人员，处 5 年以下有期徒刑或者拘役。

二十、诱骗投资者买卖证券、期货合约罪

（一）概念与构成

诱骗投资者买卖证券、期货合约罪，是指证券交易所、期货交易所、证券公司、期货经纪公司的从业人员，证券业协会、期货业协会或者证券期货监督管理部门的工作人员，故意提供虚假信息或者伪造、变造、销毁交易记录，诱骗投资者买卖证券、期货合约，造成严重后果的行为。

本罪的构成要件如下：

1. 本罪的客观方面表现为提供虚假信息或者伪造、变造、销毁交易记录，诱骗投资者买卖证券、期货合约的行为。具体包括以下要素：

（1）提供虚假信息或者伪造、变造、销毁交易记录。所谓“提供虚假信息”，是指行为人向投资者提供可能影响证券、期货市场价格的不真实的信息。提供方式没有限制，被提供信息的投资者既可以是一人，也可以是多人。所谓“伪造、变造、销毁交易记录”，是指伪造、变造、销毁记载证券、期货合约交易情况的原始数据以及其他与证券、期货交易有关的记录等。提供虚假信息的行为和伪造、变造、销毁交易记录等行为，行为人只要实施了其中一行为并造成严重后果，均可成立本罪。

（2）诱骗投资者买卖证券、期货合约，造成严重后果。根据《2022 立案追诉标准（二）》第 33 条的规定，“严重后果”，是指具有下列情形之一的：1）获利或者避免损失数额在 5 万元以上的；2）造成投资者直接经济损失数额在 50 万元以上的；3）虽未达到上述数额标准，但多次诱骗投资者买卖证券、期货合约的；4）致使交易价格或者交易量异常波动的；5）造成其他严重后果的。

2. 本罪的主体是特殊主体，即证券交易所、期货交易所、证券公司、期货经纪公司的从业人员，证券业协会、期货业协会或者证券期货监督管理部门的工作人员，包括具有前述特定身份的自然人和单位。

3. 本罪的主观方面是故意，即明知是虚假信息或者故意伪造、变造、销毁交易记录而向投资者提供，诱骗其买卖证券、期货合约。

4. 本罪的客体是证券、期货市场交易秩序和投资者的合法权益。

（二）刑事处罚

根据刑法第 181 条第 2 款和第 3 款的规定，犯本罪的，处 5 年以下有期徒刑或者拘役，并处或者单处 1 万元以上 10 万元以下罚金；情节特别恶劣的，处 5 年以上 10 年以下有期徒刑，并处 2 万元以上 20 万元以下罚金。单位犯本罪的，对单位判处罚金，并对其直接负责的主管人员和其他直接责任人员，处 5 年以下有期徒刑或者拘役。

二十一、操纵证券、期货市场罪

（一）概念与构成

操纵证券、期货市场罪，是指操纵证券、期货市场，影响证券、期货交易价格或者证券、期货交易量，情节严重的行为。

操纵证券、期货市场罪是《刑法修正案（六）》修正而成的，取消了原操纵证券、期货交易价格罪罪名。

本罪的构成要件如下：

1. 本罪的客观方面表现为操纵证券、期货市场，影响证券、期货交易价格或者证券、期货交易量，情节严重的行为。

（1）实施了操纵证券、期货市场的行为。《刑法修正案（十一）》在第 182 条第 1 款第 4 项至第 6 项增补了三种操纵行为：虚假申报操纵、蛊惑交易操纵和抢帽子交易操纵。至此，操纵证券、期货市场的行为类型包括：1）单独或者合谋，集中资金优势、持股或者持仓优势或者利用信息优势联合或者连续买卖的；2）与他人串通，以事先约定的时间、价格和方式相互进行证券、期货交易的；3）在自己实际控制的账户之间进行证券交易，或者以自己为交易对象，自买自卖期货合约的；4）虚假申报操纵，即不以成交为目的，频繁或者大量申报买入、卖出证券、期货合约并撤销申报的；5）蛊惑交易操纵，即利用虚假或者不确定的重大信息，诱导投资者进行证券、期货交易的；6）抢帽子交易操纵，即对证券、证券发行人、期货交易标的公开作出评价、预测或者投资建议，同时进行反向证券交易或者相关期货交易的；7）以其他方法操纵证券、期货市场的。

（2）影响证券、期货交易价格或者证券、期货交易量。《刑法修正案（十一）》将原来分散在各项中规定的结果要件作统一规定。如果连续交易、自我交易、约定交易、虚假申报等所指向的特定证券、期货的交易价格或交易量并没有发生异常波动，即没有偏离能够合理推论或计算的、资本市场正常或自然竞争所形成的交易价量，则不成立本罪，只能认定为信息披露违规、违反超仓限额等证券期货违法犯罪行为。[①]

（3）操纵证券、期货市场的行为须“情节严重”。根据自2019年7月1日起施行的最高人民法院、最高人民检察院《关于办理操纵证券、期货市场刑事案件适用法律若干问题的解释》（以下简称《办理操纵市场刑案解释》）第2条和第3条的规定，具有下列情形之一的，属于“情节严重”：1）持有或者实际控制证券的流通股份数量达到该证券的实际流通股份总量10%以上，实施刑法第182条第1款第1项操纵证券市场行为，连续10个交易日的累计成交量达到同期该证券总成交量20%以上的；2）实施刑法第182条第1款第2项、第3项操纵证券市场行为，连续10个交易日的累计成交量达到同期该证券总成交量20%以上的；3）实施刑法第182条第1款第5项、第6项操纵证券市场行为，证券交易成交额在1 000万元以上的；4）实施刑法第182第1款第1项及通过囤积现货，影响特定期货品种行情的操纵期货市场行为，实际控制的账户合并持仓连续10个交易日的最高值超过期货交易所限仓标准的2倍，累计成交量达到同期该期货合约总成交量20%以上，且期货交易占用保证金数额在500万元以上的；5）实施刑法第182条第1款第2项、第3项、第5项、第6项操纵期货市场行为，实际控制的账户连续10个交易日的累计成交量达到同期该期货合约总成交量20%以上，且期货交易占用保证金数额在500万元以上的；6）实施刑法第182条第1款第4项操纵证券、期货市场行为，当日累计撤回申报量达到同期该证券、期货合约总申报量50%以上，且证券撤回申报额在1 000万元以上、撤回申报的期货合约占用保证金数额在500万元以上的；7）实施操纵证券、期货市场行为，违法所得数额在100万元以上的。操纵证券、期货市场，违法所得数额在50万元以上，具有下列情形之一的，也应当认定为“情节严重”：1）发行人、上市公司及其董事、监事、高级管理人员、控股股东或者实际控制人实施操纵证券、期货市场行为的；2）收购人、重大资产重组的交易对方及其董事、监事、高级管理人员、控股股东或者实际控制人实施操纵证券、期货市场行为的；3）行为人明知操纵证券、期货市场行为被有关部门调查，仍继续实施的；4）因操纵证券、期货市场行为受过刑事追究的；5）2年内因操纵证券、期货市场行为受过行政处罚的；6）在市场出现重大异常波动等特定时段操纵证券、期货市场的；7）造成恶劣社会影响或者其他严重后果的。

2. 本罪的主体包括自然人和单位。

3. 本罪的主观方面是故意。鉴于从事证券、期货交易人人皆追求获利避险，“获取不正当利益或者转嫁风险”的目的要素没有意义，且难以认定，所以《刑法修正案（六）》将其删除。

4. 本罪的客体是国家对证券、期货市场的管理秩序和投资者的合法利益。

（二）司法认定与刑事处罚

1. 司法认定

（1）利用信息优势操纵和蛊惑交易操纵的区分。刑法第182条第1款第1项与第5项分别规定了“利用信息优势联合或者连续买卖”和“利用虚假或者不确定的重大信息，

① 参见谢杰：《市场操纵犯罪司法解释的反思与解构》，载《法学》，2020（1）。

诱导投资者进行证券、期货交易”。对于二者的区别，尚未达成一致意见。最高司法机关倾向于认为，前者本质是交易型操纵，重点在于联合或者连续买卖；后者本质是信息型操纵，其所利用的是虚假或者不确定的重大信息，不需要在二级市场进行联合或者连续买卖。①

（2）“自己实际控制的账户”的认定。根据《办理操纵市场刑案解释》第 5 条的规定，下列账户应当认定为“自己实际控制的账户”：1）行为人以自己名义开户并使用的实名账户；2）行为人向账户转入或者从账户转出资金，并承担实际损益的他人账户；3）行为人通过第 1 项、第 2 项以外的方式管理、支配或者使用的他人账户；4）行为人通过投资关系、协议等方式对账户内资产行使交易决策权的他人账户；5）其他有证据证明行为人具有交易决策权的账户。有证据证明行为人对前述第 1 项至第 3 项账户内资产没有交易决策权的除外。

2. 刑事处罚

根据刑法第 182 条的规定，犯本罪，情节严重的，处 5 年以下有期徒刑或者拘役，并处或者单处罚金；情节特别严重的，处 5 年以上 10 年以下有期徒刑，并处罚金。单位犯前款罪的，对单位判处罚金，并对其直接负责的主管人员和其他直接责任人员，依照上述规定处罚。

根据《办理操纵市场刑案解释》第 4 条的规定，具有下列情形之一的，应当认定为“情节特别严重”：（1）持有或者实际控制证券的流通股份数量达到该证券的实际流通股份总量 10%以上，实施刑法第 182 条第 1 款第 1 项操纵证券市场行为，连续 10 个交易日的累计成交量达到同期该证券总成交量 50%以上的；（2）实施刑法第 182 条第 1 款第 2 项、第 3 项操纵证券市场行为，连续 10 个交易日的累计成交量达到同期该证券总成交量 50%以上的；（3）实施本解释第 1 条第 1 项至第 4 项操纵证券市场行为，证券交易成交额在 5 000 万元以上的；（4）实施刑法第 182 条第 1 款第 1 项及通过囤积现货，影响特定期货品种行情的操纵期货市场行为，实际控制的账户合并持仓连续 10 个交易日的最高值超过期货交易所限仓标准的 5 倍，累计成交量达到同期该期货合约总成交量 50%以上，且期货交易占用保证金数额在 2 500 万元以上的；（5）实施刑法第 182 条第 1 款第 2 项、第 3 项及本解释第 1 条第 1 项、第 2 项操纵期货市场行为，实际控制的账户连续 10 个交易日的累计成交量达到同期该期货合约总成交量 50%以上，且期货交易占用保证金数额在 2 500 万元以上的；（6）实施操纵证券、期货市场行为，违法所得数额在 1 000 万元以上的。实施操纵证券、期货市场行为，违法所得数额在500 万元以上，并具有本解释第 3 条规定的七种情形之一的，也应当认定为“情节特别严重”。

二十二、背信运用受托财产罪

（一）概念与构成

背信运用受托财产罪，是指商业银行、证券交易所、期货交易所、证券公司、期货

---

① 参见杨万明主编：《〈刑法修正案（十一）〉条文及配套〈罪名补充规定（七）理解与适用〉》，149 页，北京，人民法院出版社，2021。

经纪公司、保险公司或者其他金融机构，违背受托义务，擅自运用客户资金或者其他委托、信托的财产，情节严重的行为。

本罪是《刑法修正案（六）》（第 185 条之一第 1 款）增加的罪名。

本罪的构成要件如下：

1. 本罪的客观方面表现为违背受托义务，擅自运用客户资金或者其他委托、信托的财产，情节严重的行为。具体包括以下要素：

（1）违背受托义务，擅自运用客户资金或者其他委托、信托的财产。所谓擅自运用，是指未得到客户授权而运用该客户的资金或者其他委托、信托的财产。

（2）擅自运用客户资金或者其他委托、信托的财产的行为是单位决定的。本罪是《刑法修正案（六）》所增设的。立法动因是“有些金融机构挪用客户资金的行为并不是其工作人员个人的行为，而是由单位决定实施的；对情节严重的，也应当追究刑事责任”[①]。由此可见，本罪是金融机构单位挪用客户资金的行为。如果是个人挪用的，则视主体身份应认定为挪用公款罪或者挪用资金罪。

（3）情节严重。根据《2022 立案追诉标准（二）》第 35 条的规定，“情节严重”是指以下情形之一：1）擅自运用客户资金或者其他委托、信托的财产数额在 30 万元以上的；2）虽未达到上述数额标准，但多次擅自运用客户资金或者其他委托、信托的财产，或者擅自运用多个客户资金或者其他委托、信托的财产的；3）其他情节严重的情形。

2. 本罪的主体是特殊主体，即商业银行、证券交易所、期货交易所、证券公司、期货经纪公司、保险公司或者其他金融机构。本罪是纯正的单位犯罪，主体必须是前述特定金融单位，这也是本罪与挪用公款罪、挪用资金罪区别的要点。

3. 本罪的主观方面是故意。

4. 本罪的客体是国家对金融市场的管理秩序和委托人的财产权益。

（二）刑事处罚

根据刑法第 185 条之一第 1 款的规定，犯本罪，情节严重的，对单位判处罚金，并对其直接负责的主管人员和其他直接责任人员，处 3 年以下有期徒刑或者拘役，并处 3 万元以上 30 万元以下罚金；情节特别严重的，处 3 年以上 10 年以下有期徒刑，并处 5 万元以上 50 万元以下罚金。

二十三、违法运用资金罪

（一）概念与构成

违法运用资金罪，是指公众资金管理机构以及保险公司、保险资产管理公司、证券投资基金管理公司，违反国家规定运用资金的行为。

本罪的构成要件如下：

---

① 全国人大常委会法制工作委员会副主任安建：《关于〈中华人民共和国刑法修正案（六）（草案）〉的说明》。

（1）本罪的客观方面表现为违反国家规定运用资金的行为。行为对象是社会保障基金、住房公积金以及保险公司、基金公司的资金。

（2）本罪的主体是特殊主体，具体包括：1）公众资金管理机构，如社会保障基金管理机构、住房公积金管理机构等。2）保险公司、保险资产管理公司、证券投资基金管理公司。本罪只能由前述特定单位构成，是纯正的单位犯罪。

（3）本罪的主观方面是故意。至于违法运用客户资金的目的，在所不问，不影响本罪的成立。

（4）本罪的客体是国家对于公众资金及特定行业资金的管理秩序。

（二）司法认定与刑事处罚

1. 司法认定

（1）根据《2022 立案追诉标准（二）》第 36 条，违法运用资金涉嫌下列情形之一的，应予立案追诉：1）违反国家规定运用资金数额在 30 万元以上的；2）虽未达到上述数额标准，但多次违反国家规定运用资金的；3）其他情节严重的情形。

（2）本罪与背信运用受托财产罪的界限：1）主体不同。本罪主体是社会保障基金管理机构、住房公积金管理机构等公众资金管理机构，以及保险公司、保险资产管理公司、证券投资基金管理公司。背信运用受托财产罪的主体是商业银行、证券交易所、期货交易所、证券公司、期货经纪公司、保险公司或者其他金融机构。2）对象不同。本罪的对象是社会保障基金、住房公积金以及保险公司、基金公司的资金。背信运用受托财产罪的对象是客户资金或者其他委托、信托的财产。

2. 刑事处罚

根据刑法第 185 条之一的规定，犯本罪，情节严重的，对单位判处罚金，并对其直接负责的主管人员和其他直接责任人员，处 3 年以下有期徒刑或者拘役，并处 3 万元以上 30 万元以下罚金；情节特别严重的，处 3 年以上 10 年以下有期徒刑，并处 5 万元以上 50 万元以下罚金。

二十四、违法发放贷款罪

（一）概念与构成

违法发放贷款罪，是指银行或者其他金融机构的工作人员违反国家规定发放贷款，数额巨大或者造成重大损失的行为。

违法发放贷款罪是经《刑法修正案（六）》修正而成的，将刑法原来规定的违法向关系人发放贷款罪与违法发放贷款罪合并，取消了原违法向关系人发放贷款罪罪名。

本罪的构成要件如下：

（1）本罪的客观方面表现为违反国家规定发放贷款，数额巨大或者造成重大损失的行为。违反国家规定，是指违反全国人大和国务院制定的有关信贷管理的法规，如违反《商业银行法》《民法典》，以及中国人民银行《贷款通则》等，不依法审查贷款条件、不依法评估贷款人的资信；或者知道借款人不符合条件，但由于人情关系或接受了借款人贿赂及某种利益，利用自己的职权擅自向其发放贷款等。根据《2022 立案追诉标准（二）》第 37 条的规定，数额巨大，是指违法发放贷款，数额在 200 万元以上的；重大损失，是指违法发放贷款，造成直接经济损失数额在 50 万元以上。

（2）本罪的主体是特殊主体，即金融机构及其工作人员，如银行、信托投资公司、企业集团服务公司、金融租赁公司、城乡信用合作社等经营贷款业务的金融机构及其工作人员，包括自然人和单位。

（3）本罪的主观方面是故意。

（4）本罪的客体是国家对金融机构贷款活动的管理秩序和金融机构的财产权益。

（二）刑事处罚

根据刑法第 186 条的规定，犯本罪的，处 5 年以下有期徒刑或者拘役，并处 1 万元以上 10 万元以下罚金；数额特别巨大或者造成特别重大损失的，处 5 年以上有期徒刑，并处 2 万元以上 20 万元以下罚金。单位犯本罪的，对单位判处罚金，并对其直接负责的主管人员和其他直接责任人员依照上述规定处罚。银行或者其他金融机构的工作人员违反国家规定，向关系人发放贷款的，从重处罚。根据《商业银行法》第 40 条的规定，"关系人"包括：（1）商业银行的董事、监事、管理人员、信贷业务人员及其近亲属；（2）前述人员投资或者担任高级管理职务的公司、企业和其他经济组织。

二十五、吸收客户资金不入账罪

（一）概念与构成

吸收客户资金不入账罪，是指银行或者其他金融机构的工作人员吸收客户资金不入账，数额巨大或者造成重大损失的行为。

吸收客户资金不入账罪是经《刑法修正案（六）》修正而成的，取消了原用账外客户资金非法拆借、发放贷款罪罪名。

本罪的构成要件如下：

（1）客观方面表现为吸收客户资金不入账，数额巨大或者造成重大损失的行为。具体包括两个要素：

1）吸收客户资金不入账。所谓吸收客户资金不入账，是指违反国家有关法律的规定，未真实记录并全面反映其业务活动和财务状况。不入账，既可能是根本不入任何账户，也可能是不入法定的账户，而私自设立其他保密账户。根据 2010 年 12 月最高人民检察院法律政策研究室《对〈关于征求吸收客户自己不入账犯罪法律适用问题的函〉的回复意见》，保险费属于本罪中的"客户资金"，保险公司及其工作人员收到保险费不入账的，属于"吸收客户资金不入账"。

2）数额巨大或者造成重大损失。根据《2022 立案追诉标准（二）》第 38 条的规定，数额巨大，是指吸收客户资金不入账，数额在 200 万元以上；造成重大损失，是指吸收客户资金不入账，造成直接经济损失数额在50万元以上。

（2）本罪的主体是特殊主体，即银行或者其他金融机构及其工作人员，包括自然人和单位。

（3）本罪的主观方面是故意。

（4）本罪的客体是金融机构的管理秩序。

（二）司法认定与刑事处罚

1. 司法认定

本罪与挪用公款罪、挪用资金罪的区别：对于银行或者其他金融机构的工作人员利用职务上的便利，挪用已经记入金融机构法定存款账户的客户资金归个人使用的，或者吸收客户资金不入账，却给客户开具银行存单，客户也认为将款已存入银行，该款却被行为人以个人名义借贷给他人的，应认定为挪用公款罪或者挪用资金罪。因为在这种情况下：（1）事先没有与客户串通，客户无过错；（2）是个人行为而不是单位行为；（3）虽然是个人行为，但是单位（有关金融机构）应当对其职员个人的渎职行为对客户承担民事责任。在这种个人（金融机构职员）用账外客户资金非法拆借、发放贷款的情况下，单位（该金融机构）实际上承担着该笔账外资金的风险，所以，其实质是个人挪用行为。

2. 刑事处罚

根据刑法第187条的规定，犯本罪的，处5年以下有期徒刑或者拘役，并处2万元以上20万元以下罚金；数额特别巨大或者造成特别重大损失的，处5年以上有期徒刑，并处5万元以上50万元以下罚金。单位犯本罪的，对单位判处罚金，并对其直接负责的主管人员和其他直接责任人员，依照上述规定处罚。

二十六、违规出具金融票证罪

（一）概念与构成

违规出具金融票证罪，是指银行或者其他金融机构的工作人员违反规定，为他人出具信用证或者其他保函、票据、存单、资信证明，情节严重的行为。

违规出具金融票证罪是经《刑法修正案（六）》修正而成的，取消了原非法出具金融票证罪罪名。

本罪的构成要件如下：

1. 本罪的客观方面表现为违反规定，为他人出具信用证或者其他保函、票据、存单、资信证明，情节严重的行为。

（1）违反规定，是指违反应当遵守的有关金融法律、法规、规章及银行、金融机构内部制定的规章制度等。

（2）为他人出具信用证或者其他保函、票据、存单、资信证明。所谓“他人”，包括自然人和单位。信用证，是指开证银行或其他金融机构根据申请人的请求或者自己主动向一方（受益人）签发的一种书面协定。如果受益人满足了书面约定的条件，开证银行或者其他金融机构即向受益人付款。保函，是指银行以其自身的信用为他人承担责任的担保文件。票据，是指票据法上规定的汇票、本票、支票。存单，是指银行等金融机构签发给存款人的一种存款凭证。资信证明，是指证明个人或单位财产状况、偿还能力、信用程度等情况的证明文件。

（3）情节严重。根据《2022立案追诉标准（二）》第39条的规定，情节严重，是指下列情形之一：1）违反规定为他人出具信用证或者其他保函、票据、存单、资信证明，数额在200万元以上的；2）违反规定为他人出具信用证或者其他保函、票据、存单、资信证明，造成直接经济损失数额在50万元以上的；3）多次违规出具信用证或者其他保函、票据、存单、资信证明的；4）接受贿赂违规出具信用证或者其他保函、票据、存单、资信证明的；5）其他情节严重的情形。

2. 本罪的主体是特殊主体，即银行或者其他金融机构及其工作人员，包括自然人和单位。

3. 本罪的主观方面是故意。

4. 本罪的客体是国家对金融票证的管理制度和金融机构的财产权益。

（二）刑事处罚

根据刑法第188条的规定，犯本罪的，处5年以下有期徒刑或者拘役；情节特别严重的，处5年以上有期徒刑。单位犯本罪的，对单位判处罚金，并对其直接负责的主管人员和其他直接责任人员，依照上述规定处罚。

二十七、对违法票据承兑、付款、保证罪

（一）概念与构成

对违法票据承兑、付款、保证罪，是指银行或其他金融机构的工作人员在票据业务中，对违反票据法规定的票据予以承兑、付款或者保证，造成重大损失的行为。

本罪的构成要件如下：

（1）本罪的客观方面表现为对违反票据法规定的票据予以承兑、付款、保证，造成重大损失的行为。这里的票据，根据我国票据法的规定，包括本票、汇票、支票。承兑，是指汇票付款人承诺在汇票到期日支付汇票金额的行为；付款，是指票据付款人支付票据金额的行为；保证，是指对已经存在的票据上的债务进行担保的行为，保证人与被保证人对持票人承担连带责任，在票据到期后如果持票人或者收款人得不到付款的，应当由保证人足额付款。造成重大损失，既包括给银行或者其他金融机构造成重大损失，也包括给其他票据当事人造成重大损失。根据《2022立案追诉标准（二）》第40条的规定，重大损失，是指造成直接经济损失50万元以上。

（2）本罪的主体是特殊主体，即银行或者其他金融机构及其工作人员，包括自然人和单位。

（3）本罪的主观方面是故意，即明知是违反票据法规定的票据而予以承兑、付款、保证。对于“造成重大损失”，不必具备明知。

（4）本罪的客体是国家的金融票据管理制度和金融机构的财产权益。

（二）刑事处罚

根据刑法第 189 条的规定，犯本罪的，处 5 年以下有期徒刑或者拘役；造成特别重大损失的，处 5 年以上有期徒刑。单位犯本罪的，对单位判处罚金，并对其直接负责的主管人员和其他直接责任人员，依照上述规定处罚。

二十八、逃汇罪

（一）概念与构成

逃汇罪，是指公司、企业或者其他单位违反国家规定，擅自将外汇存放境外，或者将境内的外汇非法转移到境外，数额较大的行为。

本罪的构成要件如下：

（1）本罪的客观方面表现为违反国家规定，擅自将外汇存放境外，或者将境内的外汇非法转移到境外，且数额较大的行为。具体包括如下要素：

1）违反国家外汇管理法规，如《外汇管理条例》《结汇、售汇及付汇管理规定》《境外外汇账户管理规定》《境内外汇账户管理规定》等。

2）擅自将外汇存放境外，或者将境内的外汇非法转移到境外。

3）数额较大。根据《2022 立案追诉标准（二）》第 41 条的规定，数额较大，是指单笔在 200 万美元以上或者累计数额在 500 万美元以上。

（2）本罪的主体是公司、企业或其他单位。

（3）本罪的主观方面是故意。

（4）本罪的客体是国家外汇管理秩序。

（二）刑事处罚

根据刑法第 190 条和全国人大常委会《关于惩治骗购外汇、逃汇和非法买卖外汇犯罪的决定》（以下简称《惩治外汇犯罪决定》）第 3 条的规定，对犯本罪的单位，判处逃汇数额 5%以上 30%以下罚金，并对其直接负责的主管人员和其他直接责任人员，处 5 年以下有期徒刑或者拘役；数额巨大或者有其他严重情节的，对单位判处逃汇数额 5%以上 30%以下罚金，并对其直接负责的主管人员和其他直接责任人员，处 5 年以上有期徒刑。

二十九、骗购外汇罪

（一）概念与构成

骗购外汇罪，是指骗购外汇，数额较大的行为。

本罪的构成要件如下：

1. 本罪的客观方面表现为骗购外汇，数额较大的行为。具体包括如下要素：

（1）行为对象是外汇。所谓外汇，是指以外币表示的可用作国际清偿的支付手段和资产，例如，外国货币、外币支付凭证、外币有价证券等。

（2）行为包括三种方式：1）使用伪造、变造的海关签发的报关单、进口证明、外汇管理部门核准件等凭证和单据的欺骗方法骗购外汇，即使用虚假的或篡改的凭证和单据骗购外汇；2）重复使用海关签发的报关单、进口证明、外汇管理部门核准件等凭证和单据骗购外汇；3）以其他的方式骗购外汇，这是指除上述两种方法以外的其他手段，如利用签订假合同骗购外汇的等。

（3）数额较大。根据《2022 立案追诉标准（二）》第 42 条的规定，数额较大，是指骗购外汇数额在 50 万美元以上的。

2. 本罪的主体是一般主体，包括自然人和单位。

3. 本罪的主观方面是故意。

4. 本罪的客体是国家的外汇管理制度。

（二）司法认定与刑事处罚

1. 司法认定

（1）共犯问题：1）明知用于骗购外汇而提供人民币资金的，以共犯论处。2）海关、外汇管理部门以及金融机构、从事对外贸易经营活动的公司、企业或者其他单位的工作人员与骗购外汇或者逃汇的行为人通谋，为其提供购买外汇的有关凭证或者其他便利的，或者明知是伪造、变造的凭证和单据而售汇、付汇的，以共犯论，从重处罚。

（2）本罪与相关犯罪的认定：海关、外汇管理部门的工作人员严重不负责任，造成大量外汇被骗购或者逃汇，致使国家利益遭受重大损失的，依照刑法第 397 条（玩忽职守罪、滥用职权罪）的规定定罪处罚。

2. 刑事处罚

根据全国人大常委会《惩治外汇犯罪决定》第 1 条的规定，犯本罪的，处 5 年以下有期徒刑或者拘役，并处骗购外汇数额 5%以上 30%以下罚金；数额巨大或者有其他严重情节的，处 5 年以上 10 年以下有期徒刑，并处骗购外汇数额 5%以上 30%以下罚金；数额特别巨大或者有其他特别严重情节的，处 10 年以上有期徒刑或者无期徒刑，并处骗购外汇数额 5%以上 30%以下罚金或者没收财产。单位犯本罪的，依照上述规定判处罚金，并对其直接负责的主管人员和其他直接责任人员，处 5 年以下有期徒刑或者拘役；数额巨大或者有其他严重情节的，处 5 年以上 10 年以下有期徒刑；数额特别巨大或者有其他特别严重情节的，处 10 年以上有期徒刑或者无期徒刑。伪造、变造海关签发的报关单、进口证明、外汇管理部门核准件等凭证和单据，并用于骗购外汇的，构成本罪，从重处罚。

三十、洗钱罪

（一）概念与构成

洗钱罪，是指掩饰、隐瞒毒品犯罪、黑社会性质的组织犯罪、恐怖活动犯罪、走私犯罪、贪污贿赂犯罪、破坏金融管理秩序犯罪、金融诈骗犯罪的所得及其产生的收益的来源和性质的行为。

《刑法修正案（六）》将洗钱罪的上游犯罪由原先的四种犯罪（毒品犯罪、黑社会性质的组织犯罪、恐怖活动犯罪、走私犯罪）扩大为七种犯罪，增加了贪污贿赂犯罪、破坏金融管理秩序犯罪、金融诈骗犯罪。《刑法修正案（十一）》将"自洗钱"行为及地下钱庄洗钱行为作为犯罪处理，完善了刑罚规定，平衡了单位中自然人与一般自然人的法定刑。

本罪的构成要件如下：

1. 本罪的客观方面表现为掩饰、隐瞒7类犯罪所得及其收益的来源和性质的行为。包括以下要素：

（1）行为对象是毒品犯罪、黑社会性质的组织犯罪、恐怖活动犯罪、走私犯罪、贪污贿赂犯罪、破坏金融管理秩序犯罪、金融诈骗犯罪的所得及其产生的收益。前述7类犯罪是本罪的"上游犯罪"。只有掩饰、隐瞒前述"上游犯罪"之犯罪所得及其收益，才成立本罪。

（2）实施掩饰、隐瞒犯罪所得及其收益的来源和性质的行为。对应"自洗钱"行为入罪，《刑法修正案（十一）》删除了原条文中的"协助"表述。为打击协助转移资金的"地下钱庄"，《刑法修正案（十一）》在191条第1款第3项中增设"支付"方式。涉及跨境洗钱的行为，既可能是由境外向境内转移资产，也可能是由境内向境外转移资产，资产形式也不限于自有资金，所以《刑法修正案（十一）》将191条第1款第4项由"协助将资金汇往国外"修改为"跨境转移资产"[①]。至此，刑法规定的洗钱方式包括：1）提供资金账户；2）将财产转换为现金、金融票据、有价证券；3）通过转账或者其他支付结算方式转移资金；4）跨境转移资产；5）以其他方法掩饰、隐瞒犯罪所得及其收益的来源和性质的。

根据2009年11月4日公布的最高人民法院《关于审理洗钱等刑事案件具体应用法律若干问题的解释》（以下简称《审理洗钱案解释》）第2条的规定，具有下列情形之一的，可以认定为"以其他方法掩饰、隐瞒犯罪所得及其收益的来源和性质"：1）通过典当、租赁、买卖、投资等方式，协助转移、转换犯罪所得及其收益的；2）通过与商场、饭店、娱乐场所等现金密集型场所的经营收入相混合的方式，协助转移、转换犯罪所得及其收益的；3）通过虚构交易、虚设债权债务、虚假担保、虚报收入等方式，协助将犯

---

① 杨万明主编：《〈刑法修正案（十一）〉条文及配套〈罪名补充规定（七）理解与适用〉》，156、159页，北京，人民法院出版社，2021。

罪所得及其收益转换为“合法”财物的；4）通过买卖彩票、奖券等方式，协助转换犯罪所得及其收益的；5）通过赌博方式，协助将犯罪所得及其收益转换为赌博收益的；6）协助将犯罪所得及其收益携带、运输或者邮寄出入境的；7）通过前述规定以外的方式协助转移、转换犯罪所得及其收益的。

2. 本罪的主体是一般主体，包括自然人和单位。《刑法修正案（十一）》将“自洗钱”行为纳入本罪的规制范围，所以，上游犯罪的行为人也可以成为本罪的主体。

3. 本罪的主观方面是故意，即明知是毒品犯罪等 7 类上游犯罪所得及其产生的收益，而故意掩饰、隐瞒其性质和来源。虽然《刑法修正案（十一）》删除了原条文中“明知”的表述，但洗钱罪是故意犯罪，故成立本罪仍要求行为人明知是毒品犯罪等 7 类上游犯罪的所得及其产生的收益。[①] 根据《审理洗钱案解释》第 1 条的规定，对洗钱罪的 7 类上游犯罪所得及其收益的“明知”，应当结合被告人的认知能力，接触他人犯罪所得及其收益的情况，犯罪所得及其收益的种类、数额，犯罪所得及其收益的转换、转移方式，以及被告人的供述等主、客观因素进行认定。具有下列情形之一的，可以认定被告人明知系犯罪所得及其收益，但有证据证明确实不知道的除外：(1) 知道他人从事犯罪活动，协助转换或者转移财物的；(2) 没有正当理由，通过非法途径协助转换或者转移财物的；(3) 没有正当理由，以明显低于市场的价格收购财物的；(4) 没有正当理由，协助转换或者转移财物，收取明显高于市场的“手续费”的；(5) 没有正当理由，协助他人将巨额现金散存于多个银行账户或者在不同银行账户之间频繁划转的；(6) 协助近亲属或者其他关系密切的人转换或者转移与其职业或者财产状况明显不符的财物的；(7) 其他可以认定行为人明知的情形。

行为人将属于刑法第 191 条（洗钱罪）7 类上游犯罪范围内的此种犯罪所得及其收益误认为彼种犯罪的，是同一构成要件范围内的具体对象认识错误，依法定符合说不影响“明知”的认定。

此外，美国刑法中洗钱罪的主观要件包括三种情形：“一是确知；二是通过推定的方式将行为人可能明知的情况列入明知范围；三是通过‘故意不知’概念的引入将具有明知可能性的主观状态纳入到明知范围”[②]。其“故意不知”（Willful Blindness）的概念具有借鉴意义。

4. 本罪的客体是国家正常的金融管理秩序。

（二）司法认定与刑事处罚

1. 司法认定

(1) 洗钱罪与刑法第 312 条掩饰、隐瞒犯罪所得、犯罪所得收益罪的关系。《审理洗钱案解释》第 3 条规定，明知是犯罪所得及其产生的收益而予以掩饰、隐瞒，构成刑法第 312 条规定的犯罪，同时又构成刑法第 191 条或者第 349 条规定的犯罪的，依照处罚

---

① 参见国家统一法律职业资格考试辅导用书编辑委员会组编，陈泽宪、张明楷主编：《国家统一法律职业资格考试辅导用书·刑法》，161 页，北京，法律出版社，2021。

② 转引自李云飞：《中美洗钱罪主观要素界定的比较》，载《中南大学学报》（社会科学版），2014（4）。

较重的规定定罪处罚。如果认为洗钱罪的法益包括司法机关的正常活动，则其与掩饰、隐瞒犯罪所得、犯罪所得收益罪之间呈现特别法与一般法的关系。这既不符合司法解释确立的罪数处断规则，也不利于发挥想象竞合的明示机能。反之，如果认为洗钱罪的法益不包括司法机关的正常活动，则有洗钱行为同时触犯掩饰、隐瞒犯罪所得、犯罪所得收益罪的，属于想象竞合犯，从一重罪论处。[①]

（2）洗钱罪与刑法第 349 条窝藏毒品、毒赃罪的关系。以刑法第 191 条规定的方式掩饰、隐瞒毒品、毒赃来源和性质的，是洗钱罪；而以窝藏方式为毒品犯罪分子隐瞒毒品、毒赃的，是窝藏毒品、毒赃罪。被告人的掩饰、隐瞒毒品、毒赃的行为同时触犯第 191 条洗钱罪和第 349 条窝藏毒品、毒赃罪的，择一重罪处断。

（3）“洗钱罪”与“上游犯罪”的关系。根据《审理洗钱案解释》第 4 条的规定，刑法第 191 条洗钱罪等“下游犯罪”，应当以“上游犯罪”事实成立为认定前提，即上游犯罪事实不成立的，相应的下游犯罪不可能成立。例如，甲提供账户协助乙把一笔百万美元资金汇往境外，经查证乙涉嫌走私罪不成立，该笔百万美元资金不属于犯罪所得，乙上游犯罪事实不成立，甲的洗钱罪当然不成立。再如，甲盗窃一辆自行车价值 450 元，托乙代为销售。乙以 300 元价格卖给丙。甲盗窃不够数额较大，不构成盗窃罪。“上游”甲盗窃不够罪，“下游”乙、丙涉赃行为也不构成犯罪。

不过，上游犯罪尚未依法裁判，但查证属实的；上游犯罪事实可以确认，因行为人死亡等原因依法不予追究刑事责任的；上游犯罪事实可以确认，依法以其他罪名定罪处罚的，不影响刑法第 191 条洗钱罪等下游犯罪的认定。例如，甲一审被判贪污罪，金额 100 万元。乙明知甲该 100 万元是犯罪所得，仍为其提供账户。后来，二审改判受贿罪，金额 100 万元，乙仍构成洗钱罪。

2. 刑事处罚

《刑法修正案（十一）》在法定刑部分将比例罚金刑修改为无限额罚金刑，删除了单位犯罪中主管人员和其他直接责任人员的独立法定刑，对其按照自然人犯本条之罪处罚。根据刑法第 191 条的规定，犯本罪的，没收上游犯罪的违法所得及其产生的收益，处 5 年以下有期徒刑或者拘役，并处或者单处罚金；情节严重的，处 5 年以上 10 年以下有期徒刑，并处罚金。单位犯本罪的，对单位判处罚金，并对其直接负责的主管人员和其他直接责任人员，依照前述规定处罚。

第六节　金融诈骗罪

本类犯罪认定的疑难点是：（1）与诈骗罪的区别。它们大体属于诈骗罪的特殊类型，通常与诈骗罪存在法条竞合关系，其特点是不仅骗取钱财，而且扰乱金融管理秩序。其中票据诈骗罪的特点是利用票据的支付、结算、抵押等金融功能实施诈骗，若不具有此特点的，应认定为诈骗罪或合同诈骗罪。（2）非法占有目的的认定。对于诈骗贷款、利

---

① 参见张明楷：《刑法学》，5 版，793 页，北京，法律出版社，2016。

用票据诈骗的行为，若不足以认定具有非法占有目的的，只能以骗取贷款、票据承兑罪论处；对于欺诈集资行为，如果不能认定非法占有目的的，只能以非法吸收公众存款罪论处。(3) 随着银行卡在生活中使用日益广泛，信用卡诈骗罪的认定与处罚越来越复杂。刑法第196条规定的信用卡诈骗行为类型是认定本罪的基本依据，对于以盗窃、抢劫、抢夺等犯罪手段获取信用卡后使用的行为，通常以非法获取信用卡的手段确定犯罪性质，根据“用卡”的金额确定犯罪金额，不应根据“用卡”行为认定为信用卡诈骗罪。(4) 保险诈骗罪是特殊主体的犯罪，为骗取保险金恶意制造保险事故构成故意杀人罪、故意伤害罪、放火罪等的，应当数罪并罚。

一、集资诈骗罪

（一）概念与构成

集资诈骗罪，是指以非法占有为目的，使用诈骗方法非法集资，数额较大的行为。

本罪的构成要件如下：

(1) 本罪的客观方面表现为使用诈骗的方法非法集资，且数额较大的行为。所谓诈骗方法，是指行为人采取虚构资金用途，以虚假的证明文件和高回报率为诱饵，或者其他骗取集资款的手段。非法集资，是指未经有关机关批准向社会募集资金。数额较大，根据《审理非法集资刑案解释》第8条的规定，进行集资诈骗，数额在10万元以上的，应当认定为“数额较大”。

(2) 本罪的主体是一般主体，既可以是自然人，也可以是单位。

(3) 本罪的主观方面是故意，且具有非法占有的目的。根据《涉互联网金融案纪要》第14条的规定，对非法占有目的要重点围绕融资项目真实性、资金去向、归还能力等事实进行综合判断。犯罪嫌疑人存在以下情形之一的，原则上可以认定具有非法占有目的：1) 大部分资金未用于生产经营活动，或名义上投入生产经营但又通过各种方式抽逃转移资金的；2) 资金使用成本过高，生产经营活动的盈利能力不具有支付全部本息的现实可能性的；3) 对资金使用的决策极度不负责任或肆意挥霍造成资金缺口较大的；4) 归还本息主要通过借新还旧来实现的；5) 其他依照有关司法解释可以认定为非法占有目的的情形，如《审理非法集资刑案解释》第7条规定的“携带集资款逃匿”“将集资款用于违法犯罪活动”“抽逃、转移资金、隐匿财产，逃避返还资金”“隐匿、销毁账目，或者搞假破产、假倒闭，逃避返还资金”“拒不交待资金去向，逃避返还资金”。

对于集资诈骗罪中的非法占有目的，应当区分情形进行具体认定。行为人部分非法集资行为具有非法占有目的的，对该部分非法集资行为所涉集资款以集资诈骗罪定罪处罚；非法集资共同犯罪中部分行为人具有非法占有目的，其他行为人没有非法占有集资款的共同故意和行为的，对具有非法占有目的的行为人以集资诈骗罪定罪处罚。尤其是不同层级的犯罪嫌疑人之间存在犯罪目的发生转化或者犯罪目的明显不同的，应当根据犯罪嫌疑人的犯罪目的分别认定。

(4) 本罪的客体是国家的金融管理秩序和公私财产所有权。

（二）司法认定与刑事处罚

1. 司法认定

（1）集资诈骗罪与诈骗罪的关系。本罪与诈骗罪的规定属于法条竞合关系，根据法条竞合原理，特别法优先适用，凡使用诈骗方法非法集资的，以本罪论处。

（2）集资诈骗罪与非法吸收公众存款罪，擅自发行股票、公司、企业债券罪的界限。非法吸收公众存款罪与擅自发行股票、公司、企业债券罪，也是非法募集资金的行为。本罪与它们区别的要点在于，是否具有非法占有的目的。本罪必须以非法占有集资款为目的，而上述其他两种犯罪中的行为人没有非法占有的目的，并且具有返还的意图。所以《审理非法集资刑案解释》指出，以该解释第 2 条欺诈方式非法集资的，至少具有非法吸收公众存款性质，如果能够证实具有非法占有目的的，是集资诈骗性质。具体判断中应当注意区分犯罪目的发生转变的时间节点。犯罪嫌疑人在初始阶段仅具有非法吸收公众存款的故意，不具有非法占有目的，但在发生经营失败、资金链断裂等问题后，明知没有归还能力仍然继续吸收公众存款的，这一时间节点之后的行为应当认定为集资诈骗罪，此前的行为应当认定为非法吸收公众存款罪。

（3）《审理非法集资刑案解释》第 12 条规定，明知他人从事欺诈发行证券，非法吸收公众存款，擅自发行股票、债券，集资诈骗或者组织、领导传销活动等集资犯罪活动，为其提供广告等宣传的，以相关犯罪的共犯论处。

（4）目前，P2P、众筹等互联网金融形态发展迅猛，但其健康发展离不开完善的诚信机制与监管规则。在这二者均尚未完备的背景下，一些犯罪分子借用互联网金融的概念，以高额利息为诱饵诱骗投资者。以 P2P 网贷平台为例，各地屡屡出现兑付危机、倒闭、卷款跑路等乱象。最高人民检察院于 2018 年 7 月发布指导性案例第 40 号“周某集资诈骗案”，再次提示 P2P 网络借贷平台的业务经营红线。根据该案的裁判要旨，网络借贷信息中介机构或其控制人，利用网络借贷平台发布虚假信息，非法建立资金池募集资金，所得资金大部分未用于生产经营活动，主要用于借旧还新和个人挥霍，无法归还所募集资金，数额较大，应认定具有非法占有目的，以集资诈骗罪追究刑事责任。

2. 刑事处罚

为加大对非法集资犯罪的惩处力度，《刑法修正案（十一）》调整了本罪的刑罚结构[①]：将三个法定刑幅度调整为两个，同时将定额罚金刑修改为无限额罚金刑，还在该罪正条增设单位犯本罪的处罚条款。根据刑法第 192 条的规定，犯本罪的，处 3 年以上 7 年以下有期徒刑，并处罚金；数额巨大或者有其他严重情节的，处 7 年以上有期徒刑或者无期徒刑，并处罚金或者没收财产。单位犯本罪的，对单位判处罚金，并对其直接负责的主管人员和其他直接责任人员，依照前述规定处罚。

根据《审理非法集资刑案解释》第 8 条的规定，个人集资诈骗，100 万元以上是

---

① 参见全国人大常委会法制工作委员会副主任李宁：《关于〈中华人民共和国刑法修正案（十一）（草案）〉的说明》。

“数额巨大”。在立法调整本罪刑罚结构将三档法定刑幅度压缩为两档的背景下，上述“数额巨大”的标准是否合理，值得思考。集资诈骗的数额，以行为人实际骗取的数额计算。行为人为吸收公众资金制造还本付息的假象，在诈骗的同时对部分投资人还本付息的，集资诈骗的金额以案发时实际未兑付的金额计算。案发后，犯罪嫌疑人主动退还集资款项的，不能从集资诈骗的金额中扣除，但可以作为量刑情节考虑。行为人为实施集资诈骗活动而支付的广告费、中介费、手续费、回扣，或者用于行贿、赠与等费用，不予扣除。

二、贷款诈骗罪

（一）概念与构成

贷款诈骗罪，是指以非法占有为目的，使用欺诈方法，诈骗银行或者其他金融机构的贷款，数额较大的行为。

本罪的构成要件如下：

1. 本罪的客观方面表现为使用欺诈的方法，诈骗银行或者其他金融机构的贷款，且数额较大的行为。具体包括以下要素：

（1）对象是银行或其他金融机构的贷款。

（2）骗取贷款行为方式：1）编造引进资金、项目等虚假理由的。2）使用虚假的经济合同的。3）使用虚假的证明文件的。证明文件是指申请贷款所需要的文件，如银行的存款证明、评估机构的资产评估报告、担保单位的担保函等。4）使用虚假的产权证明作担保或者超出抵押物价值重复担保的。5）以其他方法诈骗贷款的。

（3）数额较大，根据《2022 立案追诉标准（二）》第 45 条的规定，诈骗贷款 5 万元以上的，属于“数额较大”。

2. 本罪的主体是一般主体，只能是自然人，不包括单位。单位实施贷款诈骗的符合合同诈骗要件的，可适用合同诈骗罪处理单位。对于组织、策划、实施贷款诈骗行为的单位成员，根据全国人民代表大会常务委员会《关于〈中华人民共和国刑法〉第三十条的解释》，可以贷款诈骗罪定罪处罚。

3. 本罪的主观方面是故意，并且具有非法占有贷款的目的。

4. 本罪的客体是国家对金融机构的贷款管理制度和金融机构的财产所有权。

（二）司法认定与刑事处罚

1. 司法认定

（1）罪与非罪的界限。认定罪与非罪的界限要注意两点：1）行为人是否具有“非法占有贷款的目的”。这是区分本罪与借贷纠纷的关键。实践中经常发生贷款人从银行或者其他金融机构获得贷款后，到期拖欠不还或者到期丧失还贷能力，因而发生借贷纠纷。不能将所有贷款到期不还的行为都简单地认定为贷款诈骗罪，关键是看行为人贷款时主观上有无非法占有的目的。2）非法占有目的的认定，要综合各种因素进行判断，如行为人在申请贷款时是否具有履约能力；是否使用了刑法规定的诈骗手段；取得贷款后是否按照原借贷合同规定的用途或事项使用；贷款到期后是否积极设法偿还；等等。

（2）本罪与诈骗罪的界限。本罪与诈骗罪的规定属于法条竞合关系，根据法条竞合原理，特别法优先适用，即以非法占有为目的，诈骗银行或者其他金融机构贷款，数额较大的，以本罪论处。二者也存在如下区别：1）犯罪对象不同。本罪的犯罪对象是贷款，诈骗罪的犯罪对象无限制，既可以是资金，也可以是其他形式的财物。2）行为方式不同。本罪行为方式表现为通过金融机构的信贷业务实施诈骗，而诈骗罪的行为方式相对广泛得多。3）定罪数额要求不同。二者成立犯罪都要求“数额较大”，但具体标准不同。

（3）本罪与合同诈骗罪的界限。“使用虚假的经济合同”，骗取金融机构贷款的，以本罪论处。单位“使用虚假的经济合同”，骗取金融机构贷款的，不符合本罪的主体条件，不成立本罪，但可以成立合同诈骗罪。

2. 刑事处罚

根据刑法第193条的规定，犯本罪的，处5年以下有期徒刑或者拘役，并处2万元以上20万元以下罚金；数额巨大或者有其他严重情节的，处5年以上10年以下有期徒刑，并处5万元以上50万元以下罚金；数额特别巨大或者有其他特别严重情节的，处10年以上有期徒刑或者无期徒刑，并处5万元以上50万元以下罚金或者没收财产。

参照1996年最高人民法院《关于审理诈骗案件具体应用法律的若干问题的解释》（已废止，以下简称《1996审理诈骗案解释》）的规定，个人诈骗贷款数额在5万元以上的，为“数额巨大”；数额在20万元以上的，为“数额特别巨大”。

三、票据诈骗罪

（一）概念与构成

票据诈骗罪，是指以非法占有为目的，利用金融票据进行诈骗活动，数额较大的行为。

本罪的构成要件如下：

1. 本罪的客观方面表现为利用金融票据进行诈骗活动，骗取数额较大财物的行为。具体包括以下要素：

（1）利用金融票据进行诈骗，具体包括以下行为方式：1）明知是伪造、变造汇票、本票、支票而使用的。这里的使用，是指将伪造、变造票据作为真实票据予以利用，既可以是直接使用，如直接利用伪造、变造的金融票据骗取财物，也可以是间接使用，如将伪造、变造的金融票据作为抵押骗取财物。2）明知是作废的汇票、本票、支票而使用的。作废的汇票、本票、支票，是指根据法律和有关规定不能使用的票据，包括过期的票据、无效的票据以及被依法宣布作废的票据。3）冒用他人的汇票、本票、支票。所谓冒用，是指行为人擅自以合法持票人的名义支配、使用自己本没有支配权利的他人票据的行为。4）签发空头支票或者以与其预留印鉴不符的支票，骗取财物的。所谓空头支票，是指出票人所签发的支票金额超过其付款时在付款人处实有的存款金额的支票。5）汇票、本票的出票人签发无资金保证的汇票、本票或者在出票时作虚假记载，骗取财物的。出票人，是指制作票据，按照法定条件在票据上签章，并按照所记载的事项承担票据责任的人。所谓资金保证，是指出票人在承兑票据时，具有按票据支付的能力。出票人签发汇票、本票时，必须具有可靠的资金保证。所谓作虚假记载，是指在汇票或本票上作不真实的记载的行为，如在票据上记载根本不存在的付款地、出票地等。

（2）骗取数额较大财物，根据《2022 立案追诉标准（二）》第 46 条的规定，进行金融票据诈骗活动，数额在 5 万元以上的，是“数额较大”。

2. 本罪的主体是一般主体，包括自然人和单位。

3. 本罪的主观方面是故意，且具有非法占有的目的。尽管刑法 194 条没有在条文中明文规定“以非法占有为目的”作为本罪的构成要件，但是“以非法占有为目的”是诈骗行为的应有之义，只是立法在文字上没有特别强调而已。

4. 本罪的客体是国家对金融票据的管理制度和公私财产所有权。

（二）刑事处罚

根据刑法第 194 条、第 200 条的规定，犯本罪的，处 5 年以下有期徒刑或者拘役，并处 2 万元以上 20 万元以下罚金；数额巨大或者有其他严重情节的，处 5 年以上 10 年以下有期徒刑，并处 5 万元以上 50 万元以下罚金；数额特别巨大或者有其他特别严重情节的，处 10 年以上有期徒刑或者无期徒刑，并处 5 万元以上 50 万元以下罚金或者没收财产。单位犯本罪的，对单位判处罚金，并对其直接负责的主管人员和其他直接责任人员，处 5 年以下有期徒刑或者拘役，可以并处罚金；数额巨大或者有其他严重情节的，处 5 年以上 10 年以下有期徒刑，并处罚金；数额特别巨大或者有其他特别严重情节的，处 10 年以上有期徒刑或者无期徒刑，并处罚金。参照《1996 审理诈骗案解释》（已废止），个人诈骗 5 万元以上的，为“数额巨大”；个人诈骗在 10 万元以上的，为“数额特别巨大”。单位诈骗 30 万元以上的，为“数额巨大”；单位诈骗在 100 万元以上的，为“数额特别巨大”。

四、金融凭证诈骗罪

（一）概念与构成

金融凭证诈骗罪，是指以非法占有为目的，使用伪造、变造的金融凭证骗取财物，数额较大的行为。

本罪的构成要件如下：

（1）本罪的客观方面表现为使用伪造、变造的金融凭证骗取数额较大财物的行为。具体包括以下要素：

1）伪造、变造金融凭证诈骗包括伪造、变造委托收款凭证、汇票凭证、银行存单等其他银行结算凭证。“委托收款凭证”，是指收款人在委托银行向付款人收取款项时所填写的书面凭证；“汇款凭证”，是指汇款人委托银行将款项汇给外地收款人时所填写的书面凭证；“银行存单”，是指银行向存款人开具的结算凭证；“其他银行结算凭证”，是指除票据及上述凭证以外的各种银行结算凭证。

2）骗取财物数额较大。根据《2022立案追诉标准（二）》第47条的规定，使用伪造、变造的委托收款凭证、汇款凭证、银行存单等其他银行结算凭证进行诈骗活动，数额在5万元以上的，是“数额较大”。

（2）本罪的主体是一般主体，包括自然人和单位。

（3）本罪的主观方面是故意，并以非法占有他人财物为目的。

（4）本罪的客体是国家对金融票据的管理制度和公私财产所有权。

（二）刑事处罚

根据刑法第194条、第200条的规定，对金融凭证诈骗罪的刑事处罚与对票据诈骗罪的刑事处罚相同。

五、信用证诈骗罪

（一）概念与构成

信用证诈骗罪，是指以非法占有为目的，利用信用证进行诈骗的行为。

本罪的构成要件如下：

（1）本罪的客观方面表现为利用信用证进行诈骗的行为。具体包括以下方式：1）使用伪造、变造的信用证或者附随的单据、文件，既包括自己伪造、变造信用证后使用，也包括明知是他人伪造、变造的信用证而使用的情形。2）使用作废的信用证。作废的信用证主要指过期的信用证、经涂改的信用证、无效的信用证等。3）骗取信用证，即以虚构事实、隐瞒真相的方法，欺骗开证银行为其开具信用证的。4）以其他方法进行信用证诈骗活动的。

（2）本罪的主体是一般主体，包括自然人和单位。

（3）本罪的主观方面是故意，并且具有非法占有他人财物的目的。

（4）本罪的客体是国家有关信用证的管理制度和公私财产所有权。

（二）刑事处罚

根据刑法第195条、第200条的规定，犯本罪的，处5年以下有期徒刑或者拘役，并处2万元以上20万元以下罚金；数额巨大或者有其他严重情节的，处5年以上10年以下有期徒刑，并处5万元以上50万元以下罚金；数额特别巨大或者有其他特别严重情节的，处10年以上有期徒刑或者无期徒刑，并处5万元以上50万元以下罚金或者没收财产。单位犯本罪的，对单位判处罚金，并对其直接负责的主管人员和其他直接责任人员，处5年以下有期徒刑或者拘役，可以并处罚金；数额巨大或者有其他严重情节的，处5年以上10年以下有期徒刑，并处罚金；数额特别巨大或者有其他特别严重情节的，处10年以上有期徒刑或者无期徒刑，并处罚金。参照《1996审理诈骗案解释》（已废止）的规定，个人进行信用证诈骗数额在10万元以上的属于“数额巨大”；数额在50万元以上的属于“数额特别巨大”。单位进行信用证诈骗数额在50万元以上的为“数额巨大”；数额在250万元以上的为“数额特别巨大”。

六、信用卡诈骗罪

（一）概念与构成

信用卡诈骗罪，是指以非法占有为目的，利用信用卡进行诈骗活动，数额较大的行为。

本罪的构成要件如下：

1. 本罪的客观方面表现为利用信用卡进行诈骗活动，骗取数额较大财物的行为。具体包括以下要素：

（1）本罪的行为对象是信用卡。根据《关于〈中华人民共和国刑法〉有关信用卡规定的解释》，刑法规定的“信用卡”，是指由商业银行或者其他金融机构发行的具有消费支付、信用贷款、转账结算、存取现金等全部功能或者部分功能的电子支付卡。

（2）本罪的行为方式具体包括以下几种：1）使用伪造的信用卡，或者使用以虚假的身份证明骗领的信用卡进行诈骗的。“伪造信用卡”，是指仿照信用卡的质地、版式、外观以及真信用卡所记载的有关资料，非法制作信用卡的行为。“使用以虚假的身份证明骗领的信用卡”，是指行为人所持有、使用的信用卡并非伪造，而是发卡银行所发行的，但是行为人领取信用卡时是以虚假的身份证明骗领的，这种信用卡诈骗行为方式是《刑法修正案（五）》所增设的。2）使用作废的信用卡的。作废的信用卡，是指因法定原因失去效用的信用卡。具体包括以下几种情形：第一，由于超过有效使用期限而失效；第二，在信用卡有效期内中途停止使用，由于办理退卡手续而失效；第三，由于挂失而失效。3）冒用他人信用卡的。此即指非持卡人擅自以持卡人的名义使用持卡人的信用卡，根据《办理信用卡刑案解释》第5条的规定包括以下情形：第一，拾得他人信用卡并使用的；第二，骗取他人信用卡并使用的；第三，窃取、收买、骗取或者以其他非法方式获取他人信用卡信息资料，并通过互联网、通讯终端等使用的；第四，其他冒用他人信用卡的情形。4）恶意透支的。此即指持卡人以非法占有为目的，超过规定限额或者规定期限透支，并且经发卡银行两次有效催收后超过3个月仍不归还的。“有效催收”应当同时符合下列条件：第一，在透支超过规定限额或者规定期限后进行；第二，催收应当采用能够确认持卡人收悉的方式，但持卡人故意逃避催收的除外；第三，两次催收至少间隔30日；第四，符合催收的有关规定或者约定。

（3）数额较大。根据《办理信用卡刑案解释》的规定，使用伪造的信用卡、以虚假的身份证明骗领的信用卡、作废的信用卡或者冒用他人信用卡，进行信用卡诈骗活动，数额在5 000元以上不满5万元的为“数额较大”。恶意透支的“数额较大”是5万元以上不满 50 万元。恶意透支的数额，是指公安机关刑事立案时尚未归还的实际透支的本金数额，不包括利息、复利、滞纳金、手续费等发卡银行收取的费用。归还或者支付的数额，应当认定为归还实际透支的本金。

2. 本罪的主体是一般主体，只能是自然人，不包括单位。

3. 本罪的主观方面是故意，并且具有非法占有他人财物的目的。

对于善意透支的，不能认定为本罪。善意透支与恶意透支的区别在于行为人是否“以非法占有为目的”。根据《办理信用卡刑案解释》第 6 条第 2 款的规定，对于是否以非法占有为目的，应当综合持卡人信用记录、还款能力和意愿、申领和透支信用卡的状况、透支资金的用途、透支后的表现、未按规定还款的原因等情节作出判断。不得单纯依据持卡人未按规定还款的事实认定非法占有目的。其第 3 款规定，具有以下情形之一的，应当认定为“以非法占有为目的”，但有证据证明持卡人确实不具有非法占有目的的除外：(1) 明知没有还款能力而大量透支，无法归还的；(2) 使用虚假资信证明申领信用卡后透支，无法归还的；(3) 透支后通过逃匿、改变联系方式等手段，逃避银行催收的；(4) 抽逃、转移资金，隐匿财产，逃避还款的；(5) 使用透支的资金进行犯罪活动的；(6) 其他非法占有资金，拒不归还的情形。恶意透支有两种表现形式：一是超过规定限额透支；二是超过规定期限透支，并且还有一个限制条件，即经发卡银行两次有效催收后超过 3 个月仍不归还。如果行为人透支但发卡银行没有有效催收的，或者经发卡行催收后归还的，无论持卡人主观上是否有非法占有的目的，都不能认定为恶意透支，不成立信用卡诈骗罪。

4. 本罪的客体是国家对于信用卡的管理制度和公私财产所有权。

(二) 司法认定与刑事处罚

1. 司法认定

(1) 根据《办理信用卡刑案解释》第 12 条第 3 款的规定，持卡人以非法占有为目的，以虚构交易、虚开价格、现金退货等方式通过销售点终端机具（POS 机）恶意透支数额较大的，以信用卡诈骗罪定罪处罚。

(2) 根据《办理信用卡刑案解释》第 11 条的规定，发卡银行违规以信用卡透支形式变相发放贷款，持卡人未按规定归还的，不适用本条“恶意透支”的规定。构成其他犯罪的，以其他犯罪论处。

(3) 信用卡诈骗罪与伪造金融票证罪的界限。“使用伪造的信用卡，或者使用以虚假的身份证明骗领的信用卡”是信用卡诈骗罪的行为方式之一。“伪造信用卡”是伪造金融票证罪的行为方式之一。如果行为人先伪造了信用卡，然后用之进行诈骗的，手段行为构成刑法第 177 条规定的伪造金融票证罪，目的行为又触犯了信用卡诈骗罪，如果诈骗“数额较大”，构成牵连犯，从一重罪处罚。如果诈骗未达到“数额较大”，仅以伪造金融票证罪论处。实施信用卡诈骗行为必须骗得数额较大财产才成立本罪，而实施了伪造信用卡的行为，无论是否发生危害结果，都构成伪造金融票证罪。另外，信用卡诈骗罪的主体限于自然人，伪造金融票证罪的主体个人和单位均可构成。

(4)“盗窃信用卡并使用”行为的认定。刑法第 196 条第 3 款规定：盗窃信用卡并使用的，依照本法第 264 条的规定，即以盗窃罪定罪处罚。注意，这里的信用卡指的是真实有效的信用卡，如果盗窃的是无效的信用卡，该使用行为应认定为信用卡诈骗罪。无论窃取“真卡”还是“假卡”，因为卡本身的价值微不足道，如未使用的，一般没有定罪的必要。

（5）比较有争议的问题是，行为人使用伪造的、作废的信用卡，或者使用以虚假的身份证明骗领的、冒用他人信用卡或者恶意透支，如果在自动取款机上进行操作，能否成立信用卡诈骗罪？有学者认为，既然是信用卡“诈骗”罪，那么，就应当有因为受骗而处分财产的人，“机器”不可能被骗，所以，刑法第 196 条中的“使用”“冒用”应限定为对“人”使用、冒用。换言之，利用信用卡从自动取款机上非法取得财物的，很难认定为“诈骗”，认定为盗窃罪可能更为合适。[①]《办理信用卡刑案解释》规定，拾得、骗取他人信用卡并使用的，属于冒用他人信用卡，是信用卡诈骗性质，不区分对人使用还是对机器使用，比较简明。本书认为，强调信用卡诈骗是诈骗的特别类型，不强求限定于对人冒用，亦未尝不可。例如，甲冒用他人信用卡从自动取款机提款 1 万元，到商场购物 1 万元，如果依照上述的观点，需对其分别以盗窃罪和信用卡诈骗罪数罪并罚，较为烦琐，不如统一认定为信用卡诈骗一罪定罪处罚简明。我国的信用卡大多是加密码使用的，对“人”还是对“机器”冒用之间的区别日益模糊，缺乏实际意义。因为在商场购物、酒店消费时“刷卡”，虽然面对店员，但是因为大多不是“签字”使用而是凭密码使用，对信用卡是否存在“冒用”的问题，店员已经完全托付给机器对密码的辨认，根本不去验证签字、身份证与持卡人是否一致。因此，在使用加密码的信用卡的场合，发生“冒用”既不是机器发生错误，也不是人发生错误，在机器上凭密码刷卡时有人还是无人是一样的。在信用卡诈骗上无视时代的发展、事物的变化，恪守“机器不能陷入错误”的框框，似乎不合时宜。

2. 刑事处罚

根据刑法第 196 条的规定，犯本罪的，处 5 年以下有期徒刑或者拘役，并处 2 万元以上 20 万元以下罚金；数额巨大或者有其他严重情节的，处 5 年以上 10 年以下有期徒刑，并处 5 万元以上 50 万元以下罚金；数额特别巨大或者有其他特别严重情节的，处 10 年以上有期徒刑或者无期徒刑，并处 5 万元以上 50 万元以下罚金或者没收财产。根据《办理信用卡刑案解释》的规定，信用卡诈骗数额在 5 万元以上不满 50 万元的，应认定为“数额巨大”；在 50 万元以上的，应当认定为“数额特别巨大”。恶意透支的“数额巨大”标准为 50 万元以上不满 500 万元的；“数额特别巨大”的标准为 500 万元以上。恶意透支数额较大，在提起公诉前全部归还或者具有其他情节轻微情形的，可以不起诉；在一审判决前全部归还或者具有其他情节轻微情形的，可以免予刑事处罚。但是，曾因信用卡诈骗受过两次以上处罚的除外。

---

① 参见张明楷：《刑法学》，5 版，803 页，北京，法律出版社，2016。

七、有价证券诈骗罪

（一）概念与构成

有价证券诈骗罪，是指以非法占有为目的，使用伪造、变造的国库券或者国家发行的其他有价证券，进行诈骗活动，数额较大的行为。

本罪的构成要件如下：

（1）本罪的客观方面表现为使用伪造、变造的国库券或者国家发行的其他有价证券进行诈骗的行为。具体包括以下要素：

1）使用伪造、变造的国库券或者国家发行的其他有价证券进行诈骗。国家有价证券，包括国库券和国家发行的其他有价证券，如国家主管机关批准发行的财政债券、国家建设债券、国家重点建设债券等。股票、公司、企业债券不属于国家发行的有价证券。构成本罪的，既可以是使用自己伪造、变造的国家发行的有价证券，也可以是明知是他人伪造、变造的国家发行的有价证券而使用。对于前一种情况，成立伪造、变造国家有价证券罪与本罪的牵连犯，从一重罪处罚。

2）数额较大。根据《2022 立案追诉标准（二）》第 50 条的规定，有价证券诈骗数额在 5 万元以上的，属“数额较大”。

（2）本罪的主体是一般主体，只能是自然人，不包括单位。

（3）本罪的主观方面是故意，且具有非法占有他人财物的目的。

（4）本罪的客体是国家对有价证券的发行管理制度和公私财产所有权。

（二）刑事处罚

根据刑法第 197 条的规定，犯本罪的，处 5 年以下有期徒刑或者拘役，并处 2 万元以上 20 万元以下罚金；数额巨大或者有其他严重情节的，处 5 年以上 10 年以下有期徒刑，并处 5 万元以上 50 万元以下罚金；数额特别巨大或者有其他特别严重情节的，处 10 年以上有期徒刑或者无期徒刑，并处 5 万元以上 50 万元以下罚金或者没收财产。

八、保险诈骗罪

（一）概念与构成

保险诈骗罪，是指投保人、被保险人、受益人，以非法占有为目的，采取虚构事实、隐瞒真相的方法，骗取保险金，数额较大的行为。

本罪的构成要件如下：

（1）本罪的客观方面表现为采取刑法第 198 条规定的方式骗取保险金，数额较大的行为。具体表现为以下五种行为：

1）投保人故意虚构保险标的，骗取保险金的。虚构保险标的，是指捏造根本不存在或不真实的保险标的与保险人订立保险合同。

2）投保人、被保险人或者受益人对发生的保险事故编造虚假的原因或者夸大损失的程度，骗取保险金的。“编造虚假原因”，是指对于所发生的保险事故本来是保险责任以外的原因导致，但投保人、被保险人或者受益人谎称由于保险责任范围内的原因所致，向保险人骗取保险金。“夸大损失的程度”，是指保险事故发生后，投保人、被保险人或者受益人故意夸大保险标的损失的程度，骗取超出应得赔偿数额的保险金。

3）投保人、被保险人或者受益人编造未曾发生的保险事故，骗取保险金的。

4）投保人、被保险人故意造成财产损失的保险事故，骗取保险金的。“故意造成财产损失的保险事故”，是指投保人、被保险人，在保险合同的有效期内，故意人为地制造保险标的损失的保险事故，骗取保险金的行为。例如，为了骗取保险金，故意放火烧毁已经投保的房屋，进而骗取保险金。

5）投保人、受益人故意造成被保险人死亡、伤残或者疾病，骗取保险金的。这种行为是指投保人、受益人为了骗取保险金，采取杀害、伤害、虐待等方法，故意人为制造保险事故，致被保险人死亡、伤残或者疾病，进而骗取保险金的行为。

有上述第 4、5 种行为，同时构成其他犯罪的，数罪并罚。

成立本罪，以骗取数额较大的财物为要件，根据《2022 立案追诉标准（二）》第 51 条的规定，进行保险诈骗活动，数额在 5 万元以上的，是“数额较大”。

（2）本罪的主体是特殊主体，包括投保人、被保险人或者受益人。但根据行为方式的不同，身份要求有所差别。其中，虚构保险标的限于投保人，在故意造成财产损失的保险事故场合只有投保人和被保险人，在故意造成被保险人死伤的场合则只限于投保人和受益人。

（3）本罪的主观方面是故意，并且行为人具有非法占有保险金的目的。

（4）本罪的客体是国家有关保险制度的管理制度和保险人的财产所有权。

（二）司法认定与刑事处罚

1. 司法认定

（1）着手和既遂。行为人开始向保险机构提出保险理赔为保险诈骗罪的“着手”，通过欺骗使保险机构陷入错误取得其支付保险理赔金为既遂。行为人在着手前，虚构保险标的或恶意制造保险事故的行为，是保险诈骗的预备行为。该预备行为触犯其他罪如故意杀人罪、放火罪等，单独评价处罚，如在恶意制造保险事故后，提出保险理赔的，成立数罪。根据刑法第 198 条第 2 款的规定，投保人、被保险人故意造成财产损失的保险事故，投保人、受益人故意造成被保险人死亡、伤残或者疾病，骗取保险金，同时构成其他犯罪的，依照数罪并罚的规定处罚。

（2）共犯。根据刑法第 198 条第 4 款的规定，保险事故的鉴定人、证明人、财产评估人故意提供虚假的证明文件，为他人诈骗提供条件的，以保险诈骗的共犯论处。如果这里的鉴定人、证明人、财产评估人属于刑法第 229 条规定的承担资产评估、验资、验证、会计、审计、法律服务等职责的中介组织人员，则其行为（要求情节严重）同时触犯保险诈骗罪（帮助犯）和提供虚假证明文件罪，属想象竞合犯，应从一重罪论处。

（3）保险诈骗罪的共犯与贪污罪、职务侵占罪的区别。根据刑法第 183 条的规定：

保险公司的工作人员利用职务上的便利，故意编造未曾发生的保险事故进行虚假理赔，骗取保险金归自己所有的，依照本法第 271 条（职务侵占罪）的规定定罪处罚。国有保险公司工作人员和国有保险公司委派到非国有保险公司从事公务的人员有前款行为的，依照本法第 382 条、第 383 条（贪污罪）的规定定罪处罚。

2. 刑事处罚

根据刑法第 198 条的规定，犯本罪的，处 5 年以下有期徒刑或者拘役，并处 1 万元以上 10 万元以下罚金；数额巨大或者有其他严重情节的，处 5 年以上 10 年以下有期徒刑，并处 2 万元以上 20 万元以下罚金；数额特别巨大或者有其他特别严重情节的，处 10 年以上有期徒刑，并处 2 万元以上 20 万元以下罚金或者没收财产。单位犯本罪的，对单位判处罚金，并对其直接负责的主管人员和其他直接责任人员，处 5 年以下有期徒刑或者拘役；数额巨大或者有其他严重情节的，处 5 年以上 10 年以下有期徒刑；数额特别巨大或者有其他特别严重情节的，处 10 年以上有期徒刑。

参照《1996 审理诈骗案解释》（已废止）的规定，个人进行保险诈骗数额在 5 万元以上的，属于“数额巨大”；在 20 万元以上的，属于“数额特别巨大”。单位进行保险诈骗数额在 25 万元以上的，属于“数额巨大”；数额在 100 万元以上的，属于“数额特别巨大”。

第七节 危害税收征管罪

本类犯罪的疑难点是：（1）骗取出口退税罪与逃税罪的区别，要点是将本人（本单位）已就某批产品缴纳税款以假报出口的方式骗回的，是逃税罪；以虚构纳税事实并以假报出口的方式骗取出口退税的，是骗取出口退税罪。（2）虚开增值税专用发票罪与逃税罪的区别，要点是是否采取虚开增值税专用发票的方式逃税或帮助他人逃税，如果虚开增值税发票没有逃税的意思和效果，仅仅是虚构业绩的，不构成涉税的犯罪。

一、逃税罪

（一）概念与构成

逃税罪，是指纳税人、扣缴义务人采取欺骗、隐瞒手段进行虚假纳税申报或者不申报，逃避缴纳税款数额较大的，或者 5 年内因逃避缴纳税款受过刑事处罚或者被税务机关给予二次以上行政处罚的行为。

本罪的构成要件如下：

1. 本罪的客观方面表现为采取欺骗、隐瞒手段，进行虚假纳税申报或者不申报，逃避缴纳税款数额较大或者因逃税受到二次行政处罚又逃税的行为。具体包括以下要素：

（1）包括两种方式：1）虚假申报；2）不申报。关于欺骗、隐瞒的手段，常见的是采取伪造、隐匿、销毁账簿、记账凭证的手段或者做假账的手段。

（2）达到数额较大或具备其他严重情形。根据《2022 立案追诉标准（二）》第 52 条的规定，逃税涉嫌下列情形之一的，应予立案追诉：1）纳税人采取欺骗、隐瞒手段进行虚假纳税申报或者不申报，逃避缴纳税款，数额在 10 万元以上并且占各税种应纳税总额 10%以上，经税务机关依法下达追缴通知后，不补缴应纳税款、不缴纳滞纳金或者不接受行政处罚的；2）纳税人 5 年内因逃避缴纳税款受过刑事处罚或者被税务机关给予二次以上行政处罚，又逃避缴纳税款，数额在 10 万元以上并且占各税种应纳税总额 10%以上的；3）扣缴义务人采取欺骗、隐瞒手段，不缴或者少缴已扣、已收税款，数额在 10 万元以上的。参考《关于审理偷税抗税刑事案件具体应用法律若干问题的解释》（以下简称《审理偷税刑案解释》）的规定，逃税数额，是指在确定的纳税期间，不缴或者少缴各税种税款的总额。逃税数额占应纳税额的百分比，是指一个纳税年度中的各税种逃税总额与该纳税年度应纳税总额的比例。不按纳税年度确定纳税期的其他纳税人，逃税数额占应纳税额的百分比，按照行为人最后一次逃税行为发生之日前一年中各税种逃税总额与该年纳税总额的比例确定。纳税义务存续期间不足一个纳税年度的，逃税数额占应纳税额的百分比，按照各税种逃税总额与实际发生纳税义务期间应当缴纳税款总额的比例确定。逃税行为跨越若干个纳税年度，只要其中一个纳税年度的逃税数额及百分比达到刑法第 201 条第 1 款规定的情节严重的标准，即构成逃税罪。各纳税年度的逃税数额应当累计计算，逃税百分比应当按照最高的百分比确定。注意，这个比例标准与数额标准必须同时具备。如果逃避纳税不够较大或所占比例不足应纳税税额的 10%以上的，属于一般违法行为。

对多次犯有逃税行为，未经处理的，按照累计数额计算。未经处理，是指纳税人或者扣缴义务人在 5 年内多次实施逃税行为，但每次逃税数额均未达到逃税罪构成犯罪的数额标准，且未受行政处罚的情形。

2. 本罪的主体是特殊主体，包括纳税人和扣缴义务人。纳税人，是指法律、行政法规规定负有纳税义务的单位和个人；扣缴义务人，是指法律、行政法规规定负有代扣代缴、代收代缴税款义务的单位和个人，其中又分为代扣代缴义务人和代收代缴义务人。无照经营的，不免除其纳税义务，故不妨碍追究其逃税罪的刑事责任。

3. 本罪的主观方面是故意。

4. 本罪的客体是国家税收征管制度。

（二）司法认定与刑事处罚

1. 司法认定

（1）对“初犯”采宽大政策。本条所保护的客体主要是维护税收征管秩序，保证国家税收收入。对属于初犯，经税务机关指出后积极补缴税款和滞纳金，履行了纳税义务，接受行政处罚的，可不再作为犯罪追究刑事责任，这样处理可以较好地体现宽严相济的刑事政策。但是，对于 5 年内因逃避缴纳税款受过刑事处罚或者被税务机关给予二次以上行政处罚的，不适用此项宽大规定。

根据《2022 立案追诉标准（二）》第 52 条第 2 款的规定，纳税人在公安机关立案后再补缴应纳税款、缴纳滞纳金或者接受行政处罚的，不影响刑事责任的追究。据此，对

"初犯"宽大政策仅限于在被公安机关立案前。

根据刑法第 201 条第 2 款的规定，"初犯"宽大政策仅适用于纳税人，不适用于扣缴义务人。

（2）区分逃税罪与漏税的界限。逃税与漏税虽然都是少征税款，但是性质完全不同。漏税，是指纳税单位或个人，由于不了解、不熟悉税法规定和财务制度或因工作粗心大意，错用税率、漏报应税项目，不计应税数量、销售金额和经营利润等原因，非故意地发生漏缴或少缴税款的行为。漏税属于一般的违法行为，其与逃税的区别在于：1）逃税行为是故意实施的，并且具有不缴或少缴税款的目的。而漏税是无意识实施的，不具有不缴或少缴税款的目的。2）逃税行为表现为采取欺骗、隐瞒等非法手段不缴或少缴税款，而漏税行为客观上并不存在弄虚作假等非法手段，行为也不具有欺骗性和逃避性的特点。

（3）区分逃税罪与欠税的界限。欠税，是指在法律规定的纳税期限内，纳税人因无力缴纳税款而拖欠税款的行为。逃税与欠税的区别在于：逃税具有不缴、少缴税款的故意，并且采取非法手段偷逃税款；而欠税只是因客观原因没有按时缴纳税款，并无偷逃税款的故意，也未使用非法手段。

（4）区分逃税罪与避税的界限。避税，是指利用税法的漏洞、缺陷或模糊之处，选择有利于自己的计税方法，规避或者减轻纳税义务的行为。逃税和避税的区别在于：逃税是采用违法手段，而避税虽然是钻法律的空子，但并非"手段非法"，其手段不是法律明文规定可做的范围，也不是法律明文规定不可做的范围，是由于立法疏忽而未纳入法律调整的范围，只能日后通过完善税法来解决。

（5）共犯问题。税务人员利用职务上的便利，索取纳税人（自然人、法人）财物的，或者非法收受纳税人财物，为纳税人谋取利益的，以受贿罪论处；非法所得虽未达到追究受贿罪的数额标准，但情节较重的，也应以受贿罪论处。税务人员与纳税人相互勾结，共同实施逃税行为，情节严重的，以逃税共犯论处，从重处罚。

（6）使用伪造、变造、盗窃的武装部队车辆号牌，不缴或者少缴应纳的车辆购置税、车辆使用税等税款，逃税数额占应纳税额的 10%以上，且逃税数额在 1 万元以上的，以逃税罪定罪处罚。

2. 刑事处罚

根据刑法第 201、211 条的规定，犯本罪的，处 3 年以下有期徒刑或者拘役，并处罚金；数额巨大并且占应纳税额 30%以上的，处 3 年以上 7 年以下有期徒刑，并处罚金。单位犯本罪的，对单位判处罚金，并对其直接负责的主管人员和其他直接责任人员，依照上述规定处罚。

根据刑法第 212 条的规定，犯本罪判处罚金的，在执行前，应当先由税务机关追缴税款。

二、抗税罪

（一）概念与构成

抗税罪，是指纳税人或者扣缴义务人以暴力、威胁方法拒不缴纳税款的行为。

本罪的构成要件如下：

（1）本罪的客观方面表现为以暴力、威胁方法拒不缴纳税款的行为。暴力包括两种情况：一是对人暴力，即对履行税收职责的税务人员的人身不法行使暴力，如对征税人员实施殴打、伤害等。二是对物暴力，即冲击、打砸税务机关，使税务机关不能从事正常的税收活动。威胁方法，是指对履行税收职责的税务人员实行精神上的强制，使其不敢正常履行税收职责，如扬言杀害、伤害征税工作人员或其亲属等。暴力、威胁是手段行为，目的是拒绝缴纳税款。

（2）本罪的主体是特殊主体，即纳税人和扣缴义务人，且只能是自然人，单位不能成为本罪主体。对于单位集体抗税的案件，只能针对抗税的领导者、组织者及主要参与者，如果其行为符合抗税罪的构成要件，以抗税罪论处。

（3）本罪的主观方面是故意。

（4）本罪的客体是国家的税收征管制度和国家税收人员的人身权利。

（二）司法认定与刑事处罚

1. 司法认定

（1）罪与非罪的界限。根据《2022 立案追诉标准（二）》第 53 条的规定，暴力抗税有下列情形之一，应予立案：1）造成税务工作人员轻微伤以上的；2）以给税务工作人员及其亲友的生命、健康、财产等造成损害为威胁，抗拒缴纳税款的；3）聚众抗拒缴纳税款的；4）以其他暴力、威胁方法拒不缴纳税款的。根据《税收征收管理法》第 67 条的规定，抗税情节轻微，未构成犯罪的，由税务机关追缴其拒缴的税款、滞纳金，处以拒缴税款 1 倍以上 5 倍以下的罚款。由此可推知，不能将所有抗税行为都作为抗税罪处理，在认定本罪时仍要考虑暴力、威胁程度，抗税的次数，所造成的后果影响等因素。对于抗税情节轻微的，不能以本罪论处。

（2）数罪并罚问题。实施暴力是抗税罪的应有之义，所以因抗税故意伤害致人轻伤的，是抗税罪的情节加重犯，不需数罪并罚；致人重伤、死亡，构成故意伤害罪、故意杀人罪的，分别依照刑法第 234 条第 2 款（故意伤害罪致人重伤或死亡）、第 232 条（故意杀人罪）的规定定罪处罚，也不数罪并罚。此外，妨害公务是抗税罪的应有之义，所以，因抗税而妨害公务的，也不需数罪并罚。

（3）共犯问题。根据《审理偷税刑案解释》的规定，与纳税人或者扣缴义务人共同实施抗税行为的，以抗税罪的共犯依法处罚。

2. 刑事处罚

根据刑法第 202 条和第 212 条的规定，犯本罪的，处 3 年以下有期徒刑或者拘役，并处拒缴税款 1 倍以上 5 倍以下罚金；情节严重的，处 3 年以上 7 年以下有期徒刑，并处拒缴税款 1 倍以上 5 倍以下罚金。在对判处罚金的犯罪分子执行罚金前，应当先由税务机关追缴所逃避的税款。根据《审理偷税刑案解释》第 5 条的规定，实施抗税行为具有下列情形之一的，属于“情节严重”：（1）聚众抗税的首要分子；（2）抗税数额在 10 万元以上的；（3）多次抗税的；（4）故意伤害致人轻伤的；（5）具有其他严重情节。

三、逃避追缴欠税罪

（一）概念与构成

逃避追缴欠税罪，是指纳税人欠缴应纳税款，采取转移或者隐匿财产的手段，致使税务机关无法追缴欠缴的税款，数额较大的行为。

本罪的构成要件如下：

1. 本罪的客观方面表现为在欠缴应纳税款的前提下，采取转移或者隐匿财产的手段，致使税务机关无法追缴欠缴的税款，数额较大的行为。具体包括以下内容：

（1）行为人欠缴应纳税款。此即纳税人超过纳税期限，没有按时缴纳或者缴足应纳税款。

（2）行为人有转移和隐匿财产的行为。“转移财产”，通常指从开户银行、其他金融机构中提走存款或者转移到其他户头，或者将财产的通常存放地点予以改变的行为。“隐匿财产”，是指将财产予以隐藏，使税务机关难以发现的行为。

（3）转移、隐匿财产的行为致使税务机关无法追缴欠缴的税款。“无法追缴”，是指税务机关不能或不能全额追缴欠缴税款，而非指绝对不能追缴。

（4）无法追缴的欠税须达到数额较大。根据《2022 立案追诉标准（二）》第 54 条的规定，“数额较大”以 1 万元为起点。这里的“数额”既非指转移、隐匿财产的数额，也非指欠税数额，而是指税务机关无法追缴的数额。

2. 本罪的主体是纳税人，包括自然人和单位。

3. 本罪的主观方面是故意，即行为人明知转移、隐匿财产的行为，会发生税务机关对于欠缴的税款追缴不能的结果，并且希望这种结果的发生。

4. 本罪的客体是国家税收征管制度。

（二）刑事处罚

根据刑法第 203 条、第 211 条和第 212 条的规定，犯本罪的，处 3 年以下有期徒刑或者拘役，并处或者单处欠缴税款 1 倍以上 5 倍以下罚金；数额在 10 万元以上的，处 3 年以上 7 年以下有期徒刑，并处欠缴税款 1 倍以上 5 倍以下罚金。单位犯本罪的，对单位判处罚金，并对其直接负责的主管人员和其他直接责任人员，依照上述规定处罚。被判处罚金的，在执行前，应当先由税务机关追缴所欠缴的税款。

四、骗取出口退税罪

（一）概念与构成

骗取出口退税罪，是指以假报出口或者其他欺骗手段，骗取国家出口退税款，数额较大的行为。

本罪的构成要件如下：

1. 本罪的客观方面表现为以假报出口或者其他欺骗手段，骗取国家出口退税款，且数额较大的行为。根据2002年9月最高人民法院《关于审理骗取出口退税刑事案件具体应用法律若干问题的解释》（以下简称《审理骗取出口退税刑案解释》）的规定：

（1）假报出口，是指以虚构已税货物出口事实为目的，具有下列情形之一的行为：1）伪造或者签订虚假的买卖合同；2）以伪造、变造或者其他非法手段取得出口货物报关单、出口收汇核销单、出口货物专用缴款书等有关出口退税单据、凭证；3）虚开、伪造、非法购买增值税专用发票或者其他可以用于出口退税的发票；4）其他虚构已税货物出口事实的行为。

（2）其他欺骗手段，是指以下情形之一：1）骗取出口货物退税资格的；2）将未纳税或者免税货物作为已税货物出口的；3）虽有货物出口，但虚构该出口货物的品名、数量、单价等要素，骗取未实际纳税部分出口退税款的；4）以其他手段骗取出口退税款的。

（3）数额较大，是指骗取国家出口退税款5万元以上的。对于有进出口经营权的公司、企业，明知他人意欲骗取国家出口退税款，仍违反国家有关进出口经营的规定，允许他人自带客户、自带货源、自带汇票并自行报关，骗取国家出口退税款的，以本罪定罪处罚。本罪的对象是作为国内税的产品税、增值税、营业税和特别消费税四项特定税种的税款。

2. 本罪的主体是一般主体，包括自然人和单位。

3. 本罪的主观方面是故意，以非法占有为目的。

4. 本罪的客体是国家的出口退税制度和公共财产权。

（二）司法认定与刑事处罚

1. 司法认定

根据刑法第204条第2款的规定，纳税人缴纳税款后，采取假报出口或其他欺骗手段，骗取所缴纳的税款的，依照逃税罪定罪处罚；骗取税款超过所缴纳的税款部分，依照骗取出口退税罪的规定处罚。骗取出口退税罪与逃税罪的区别在于，纳税人是否已经缴纳了税款。如果行为人根本没有纳税，骗取出口退税的，成立本罪；如果行为人缴纳税款后，又采取假报出口等欺骗手段骗回所缴纳的税款的，成立逃税罪。对于骗取税款超出所缴纳的税款部分，成立本罪，与逃税罪实行数罪并罚。

2. 刑事处罚

根据刑法第204条、第211条和第212条的规定，犯本罪的，处5年以下有期徒刑或者拘役，并处骗取税款1倍以上5倍以下罚金；数额巨大或者有其他严重情节的，处5年以上10年以下有期徒刑，并处骗取税款1倍以上5倍以下罚金；数额特别巨大或者有其他特别严重情节的，处10年以上有期徒刑或者无期徒刑，并处骗取税款1倍以上5倍以下罚金或者没收财产。单位犯本罪的，对单位判处罚金，并对其直接负责的主管人员和其他直接责任人员，依照上述规定处罚。被判处罚金的，在执行前，应当先由税务机关追缴税款。

根据《审理骗取出口退税刑案解释》第3条至第5条的规定，骗取国家出口退税款50万元以上的，为“数额巨大”；骗取国家出口退税款250万元以上的，为“数额特别巨大”。具有下列情形之一的，属于“其他严重情节”：（1）造成国家税款损失30万元以上并且在第一审判决宣告前无法追回的；（2）因骗取国家出口退税行为受过行政处罚，两年内又骗取国家出口退税款数额在30万元以上的；（3）情节严重的其他情形。具有下列情形之一的，属于“其他特别严重情节”：（1）造成国家税款损失150万元以上并且在第一审判决宣告前无法追回的；（2）因骗取国家出口退税行为受过行政处罚，两年内又骗取国家出口退税款数额在150万元以上的；（3）情节特别严重的其他情形。

根据《审理骗取出口退税刑案解释》第7条的规定，实施骗取国家出口退税行为，没有实际取得出口退税款的，可以比照既遂犯从轻或者减轻处罚。

五、虚开增值税专用发票、用于骗取出口退税、抵扣税款发票罪

（一）概念与构成

虚开增值税专用发票、用于骗取出口退税、抵扣税款发票罪，是指故意虚开增值税专用发票、用于骗取出口退税、抵扣税款的其他发票的行为。

本罪的构成要件如下：

（1）本罪的客观方面表现为虚开专用发票的行为，包括虚开增值税专用发票与虚开用于骗取出口退税、抵扣税款的其他发票。“出口退税、抵扣税款的其他发票”，是指除增值税专用发票以外的，具有出口退税、抵扣税款功能的收付款凭证或者完税凭证。“虚开”包括：1）为他人虚开；2）为自己虚开；3）让他人为自己虚开；4）介绍他人虚开。

根据2018年8月最高人民法院《关于虚开增值税专用发票定罪量刑标准有关问题的通知》（以下简称《定罪量刑通知》），法院在审判工作中不再参照执行最高人民法院《关于适用〈全国人民代表大会常务委员会关于惩治虚开、伪造和非法出售增值税专用发票犯罪的决定〉的若干问题的解释》（法发〔1996〕30号）第1条规定的定罪量刑标准。在新的司法解释颁行前，对虚开增值税专用发票刑事案件定罪量刑的数额标准，可以参照最高人民法院《关于审理骗取出口退税刑事案件具体应用法律若干问题的解释》（法释〔2002〕30号）第3条的规定执行，即虚开的税款数额在5万元以上的，应当依法定罪处罚。

（2）本罪的主体包括自然人和单位。

（3）本罪的主观方面是故意，即行为人明知虚开增值税专用发票或者用于骗取出口退税、抵扣税款的其他发票会造成国家税款流失的结果，而积极追求该结果的发生。过失不构成本罪。刑法第204条不要求行为人具有偷逃、骗取税款的目的。因为在为“他人虚开”“介绍他人虚开”的场合，只要有帮助他人偷逃、骗取税款的认识就可以构成本罪，不问行为人本人有没有偷逃、骗取税款的目的。但这并不意味着只要具备虚开行为即可成立本罪。行为人主观上没有骗取国家税款的目的，客观上不存在国家税款流失的

危险的，不成立本罪。[①]“刑法将虚开增值税专用发票规定为犯罪，主要是为了惩治那些为自己或为他人偷逃、骗取国家税款虚开增值税专用发票的行为。因此，对于确有证据证实行为人不具有偷、骗税的目的，客观上也不会造成国家税款流失的虚开增值税专用发票的行为，不以虚开增值税专用发票罪论处。”[②]

（4）本罪的客体是国家对于专用发票的管理制度和税收征管制度。

（二）司法认定与刑事处罚

1. 司法认定

（1）罪与非罪的界限。本罪的实质仍是逃税，“如果虚开、代开增值税等发票的行为不具有骗取国家税款的危险，那么就不宜认定构成该罪。例如，甲、乙双方以相同的数额相互为对方虚开增值税专用发票并且已按规定缴纳税款，不具有骗取国家税款的故意和现实危险，对其就不宜认定构成该罪。又如，行为人为了虚增公司业绩而虚开增值税专用发票，但是虚开的增值税专用发票没有抵扣联的，对其也不应认定构成该罪。再如，代开的发票有实际经营活动相对应，没有并且不可能骗取国家税款的，也不能认定构成该罪…… 对这种行为以虚开发票罪论处既符合罪刑法定原则，又能做到罪刑相适应”[③]。

（2）本罪与逃税罪的界限。主要看是否采取“虚开”方式逃税。“虚开”的要点是开具无真实交易活动的发票，或者开具的金额与实际交易不符。逃税罪与虚开用于抵扣增值税的发票罪虽然本质上都是危害税收征管、偷逃税收，但属于性质不同的犯罪。这体现在二者的处罚有明显的差异：逃税罪法定最高刑为7年有期徒刑，而虚开增值税专用发票或其他可用于抵扣税款的发票罪法定最高刑为无期徒刑。二者在本质上均属于偷逃税款的犯罪，但法定最高刑如此悬殊，反映出立法者对二者危害性的不同评价，因此应当严格区分。

二者区别的关键在于是否用于“抵扣增值税”上，而不在于是否逃税和是否使用增值税发票。这需要了解增值税的抵扣规定。所谓增值税，顾名思义是指因提供产品或劳务等产生增值而缴纳的税种，而一个企业提供产品（或劳务）增值的部分实际受付出部分的制约。如果付出越大、增值越小，相反付出越小、增值越大，因而影响缴纳增值税额的多少。当一个企业既是卖方又是买方时，不仅作为卖方负担增值税负，而且作为买方也负担了对方（另一卖方的）加在产品中的增值税负。让企业承担这种双重税负显然不合理，所以增值税条例中规定了“抵扣”制度：一个企业缴纳的增值税额仅仅是其当期销项（卖出）税额减去当期进项（买进）税额的余额部分（或差额部分），即允许企业以当期进项（因买进而承担的）增值税额抵扣其（因卖出产品）增值而应缴纳的增值税额。例如，A公司获得抵扣税款资格后，从税务机关领取可抵扣（增值税）税款的发票（主要是增值税专用发票），如果A公司以100万元的价格卖给B公司一台机器，按17%

① 参见陈兴良：《虚开增值税专用发票罪的不法性质与司法认定》，载《法律科学（西北政法大学学报）》，2021（4）。

② 牛克乾：《虚开增值税专用发票、用于骗取出口退税、抵扣税款发票犯罪法律适用的若干问题》，载最高人民法院刑事审判第一、二、三、四、五庭主办：《刑事审判参考》，总第49集，140页，北京，法律出版社，2006。

③ 张明楷：《自然犯与法定犯一体化立法体例下的实质解释》，载《法商研究》，2013（4）。

的税率计算，增值税额是17万元（销项税额）。A公司需给B公司开具增值税发票，其上载明机器价格100万元，增值税17万元。A公司就此项交易向B公司收取117万元。A公司是该发票的出票方；B公司是该发票的受票方。A公司就该笔交易（销项税额）承担缴纳17万元的纳税义务。B公司作为受票方就该笔交易作为进项税额可以用于抵扣税款。假如A公司同期为制造机器从C公司买进了50万元的零件，C公司需给A公司开具增值税发票，其上载明，零件价格50万元，增值税额17%为8.5万元。A公司作为受票方可凭该进项税额8.5万元抵扣销项税额，即原本应缴纳增值税17万元，经使用进项税额8.5万元抵扣，实际只需交纳8.5万元增值税。

有些不法之徒利用这一抵扣制度，使用增值税专用发票或其他可用于抵扣增值税的发票虚开进项税额，用于抵扣销项（卖出）税额，从而达到不缴或者少缴增值税，即偷逃缴纳增值税的目的。更有一些不法之徒，甚至专门为他人虚开发票，从中牟利；同时，还伴生诸如非法买卖增值税专用发票，伪造、买卖伪造的增值税专用发票等犯罪。

另外，国家为了防止滥用抵扣制度，对纳税户抵扣税款资格也有所限制，即限于一般纳税人。如果行为人仅仅虚开了可抵扣税款的发票，偷逃税收，但不是直接用于抵扣增值税款，而是通过虚开做大支出成本，降低收入，从而达到偷逃税收的目的的，属于一般的逃税行为，而不是特定的以虚开发票直接抵扣税款（增值税）的方式逃税，不构成虚开用于抵扣税款发票罪。

（3）罪数。非法购买增值税专用发票或者购买伪造的增值税专用发票又虚开的，依照虚开增值税专用发票罪定罪处罚，不需要数罪并罚。

2. 刑事处罚

根据刑法第205条、第212条的规定，犯本罪的，处3年以下有期徒刑或者拘役，并处2万元以上20万元以下罚金；虚开的税款数额较大或者有其他严重情节的，处3年以上10年以下有期徒刑，并处5万元以上50万元以下罚金；虚开的税款数额巨大或者有其他特别严重情节的，处10年以上有期徒刑或者无期徒刑，并处5万元以上50万元以下罚金或者没收财产。单位犯本罪的，对单位判处罚金，并对其直接负责的主管人员和其他直接责任人员，处3年以下有期徒刑或者拘役；虚开的税款数额较大或者有其他严重情节的，处3年以上10年以下有期徒刑；虚开的税款数额巨大或者有其他特别严重情节的，处10年以上有期徒刑或者无期徒刑。根据《定罪量刑通知》，虚开的税款数额在50万元以上的，认定为“数额较大”；虚开的税款数额在250万元以上的，认定为“数额巨大”。在执行罚金、没收财产前，应先由税务机关追缴税款。

六、虚开发票罪

（一）概念与构成

虚开发票罪，是指虚开增值税专用发票和用于骗取出口退税、抵扣税款的其他发票以外的发票，情节严重的行为。

这是《刑法修正案（八）》增补的罪名。本罪的构成要件如下：

（1）本罪的客观方面表现为虚开刑法第 205 条规定以外的其他发票，情节严重的行为。根据《2022 立案追诉标准（二）》第 57 条，虚开刑法第 205 条规定以外的其他发票，涉嫌下列情形之一的，应予立案追诉：1）虚开发票金额累计在 50 万元以上的；2）虚开发票 100 份以上且票面金额在 30 万元以上的；3）5 年内因虚开发票受过刑事处罚或者 2 次以上行政处罚，又虚开发票，数额达到第 1、2 项标准 60％以上的。

（2）本罪的主体是一般主体，包括个人和单位。

（3）本罪的主观方面是故意。

（4）本罪的客体是国家对于发票的管理制度。

（二）刑事处罚

根据刑法第 205 条之一的规定，犯本罪的，处 2 年以下有期徒刑、拘役或者管制，并处罚金；情节特别严重的，处 2 年以上 7 年以下有期徒刑，并处罚金。单位犯前款罪的，对单位判处罚金，并对其直接负责的主管人员和其他直接责任人员，依照前述的规定处罚。

七、伪造、出售伪造的增值税专用发票罪

（一）概念与构成

伪造、出售伪造的增值税专用发票罪，是指伪造增值税专用发票或者出售伪造的增值税专用发票的行为。

本罪的构成要件如下：

（1）本罪的客观方面表现为伪造增值税专用发票或者出售伪造的增值税专用发票的行为。伪造增值税专用发票，是指仿照真实增值税专用发票的外部特征，非法制造假增值税专用发票，并达到足以使一般人信以为真的程度。对本罪中的“伪造”一词可以从广义上进行理解，也包括变造增值税发票的行为。出售伪造的增值税专用发票的行为，是指将伪造的增值税专用发票出卖给他人的行为。

根据《2022 立案追诉标准（二）》第 58 条的规定，1）票面税额累计在 10 万元以上的；2）伪造或者出售伪造的增值税专用发票 10 份以上且票面税额在 6 万元以上的；3）非法获利数额在 1 万元以上的。

（2）本罪的主体是一般主体，包括自然人和单位。

（3）本罪的主观方面是故意。

（4）本罪的客体是国家对发票的管理秩序。

（二）刑事处罚

根据刑法第 206 条的规定，犯本罪的，处 3 年以下有期徒刑、拘役或者管制，并处 2 万元以上 20 万元以下罚金；数量较大或者有其他严重情节的，处 3 年以上 10 年以下有期徒刑，并处 5 万元以上 50 万元以下罚金；数量巨大或者有其他特别严重情节的，处 10

年以上有期徒刑或者无期徒刑，并处 5 万元以上 50 万元以下罚金或者没收财产。单位犯本罪的，对单位判处罚金，并对其直接负责的主管人员和其他直接责任人员，处 3 年以下有期徒刑、拘役或者管制；数量较大或者有其他严重情节的，处 3 年以上 10 年以下有期徒刑；数量巨大或者有其他特别严重情节的，处 10 年以上有期徒刑或者无期徒刑。

八、非法出售增值税专用发票罪

（一）概念与构成

非法出售增值税专用发票罪，是指违反国家发票管理法规，非法出售增值税专用发票的行为。

本罪的构成要件如下：

（1）客观方面表现为非法出售增值税专用发票的行为。行为对象是真实的增值税专用发票，不包括伪造的增值税专用发票。根据《2022 立案追诉标准（二）》第 59 条的规定，非法出售增值税专用发票，涉嫌下列情形之一的，应予立案追诉：1）票面税额累计在 10 万元以上的；2）非法出售增值税专用发票 10 份以上且票面税额在 6 万元以上的；3）非法获利数额在 1 万元以上的。

（2）本罪的主体是一般主体，包括自然人和单位。

（3）本罪的主观方面是故意。

（4）本罪的客体是国家对发票的管理秩序。

（二）刑事处罚

根据刑法第 207 条和第 211 条的规定，犯本罪的，处 3 年以下有期徒刑、拘役或者管制，并处 2 万元以上 20 万元以下罚金；数量较大的，处 3 年以上 10 年以下有期徒刑，并处 5 万元以上 50 万元以下罚金；数量巨大的，处 10 年以上有期徒刑或者无期徒刑，并处 5 万元以上 50 万元以下罚金或者没收财产。单位犯本罪的，对单位判处罚金，并对其直接负责的主管人员和其他直接责任人员，依照上述规定处罚。

九、非法购买增值税专用发票、购买伪造的增值税专用发票罪

（一）概念与构成

非法购买增值税专用发票、购买伪造的增值税专用发票罪，是指违反国家发票管理法规，非法购买增值税专用发票，或者购买伪造的增值税专用发票的行为。

本罪的构成要件如下：

（1）本罪的客观方面表现为违反国家发票管理法规，非法购买增值税专用发票，或者购买伪造的增值税专用发票的行为。非法购买，是指不按照我国发票管理的法规在指定的税务机关购买，而是向指定的税务机关以外的单位或者个人购买增值税专用发票。本罪是选择性罪名，非法购买真、伪两种增值税专用发票的，仍成立一罪，数额累计计

算，不实行数罪并罚。根据《2022 立案追诉标准（二）》第 60 条的规定，非法购买增值税专用发票或购买伪造的增值税专用发票 20 份以上且票面税额在 10 万元以上的，或者票面税额累计在 20 万元以上的，应予立案追诉。

（2）本罪的主体是一般主体，包括自然人和单位。

（3）本罪的主观方面是故意。

（4）本罪的客体是国家对发票的管理秩序。

（二）司法认定与刑事处罚

1. 司法认定

根据刑法第 208 条第 2 款的规定，非法购买增值税专用发票或者购买伪造的增值税专用发票又虚开或者出售的，分别以虚开增值税专用发票、用于骗取出口退税、抵扣税款发票罪，伪造、出售伪造的增值税专用发票罪，非法出售增值税专用发票罪论处。

2. 刑事处罚

根据刑法第 208 条和第 211 条的规定，犯本罪的，处 5 年以下有期徒刑或者拘役，并处或者单处 2 万元以上 20 万元以下罚金。单位犯本罪的，对单位判处罚金，并对其直接负责的主管人员和其他直接责任人员，依照上述规定处罚。

十、非法制造、出售非法制造的用于骗取出口退税、抵扣税款发票罪

（一）概念与构成

非法制造、出售非法制造的用于骗取出口退税、抵扣税款发票罪，是指违反国家发票管理法规，伪造、擅自制造或者出售伪造、擅自制造的可以用于骗取出口退税、抵扣税款的非增值税专用发票的行为。

本罪的构成要件如下：

1. 本罪的客观方面表现为非法制造、出售非法制造的可以用于骗取出口退税、抵扣税款的其他发票的行为。非法制造包括伪造和擅自制造。“伪造”，是指无印制资格的个人或者单位私自印制发票的行为。“擅自制造”，是指有印制资格的个人或单位在未经授权的情况下或者超出批准范围，私自印制上述发票的行为。“出口退税、抵扣税款的其他发票”，是指除增值税专用发票以外的，具有出口退税、抵扣税款功能的收付款凭证或者完税凭证。根据《2022 立案追诉标准（二）》第 61 条的规定，票面可以退税、抵扣税额累计在 10 万元以上的；伪造、擅自制造或者出售伪造、擅自制造的发票 10 份以上且票面可以退税、抵扣税额在 6 万元以上的；非法获利数额在 1 万元以上的，应予立案追诉。

2. 本罪的主体是一般主体，包括自然人和单位。

3. 本罪的主观方面是故意。

4. 本罪的客体是国家对发票的管理秩序。

（二）刑事处罚

根据刑法第 209 条第 1 款和第 211 条的规定，犯本罪的，处 3 年以下有期徒刑、拘役或者管制，并处 2 万元以上 20 万元以下罚金；数量巨大的，处 3 年以上 7 年以下有期徒刑，并处 5 万元以上 50 万元以下罚金；数量特别巨大的，处 7 年以上有期徒刑，并处 5 万元以上 50 万元以下罚金或者没收财产。单位犯本罪的，对单位判处罚金，并对其直接负责的主管人员和其他直接责任人员，依照上述规定处罚。“数量巨大”以 200 份为起点，“数量特别巨大”以 1 000 份为起点。

十一、非法制造、出售非法制造的发票罪

（一）概念与构成

非法制造、出售非法制造的发票罪，是指违反国家发票管理法规，伪造、擅自制造或者出售伪造、擅自制造的非用于骗取出口退税、抵扣税款的其他发票的行为。

本罪的构成要件如下：

（1）本罪的客观方面表现为伪造、擅自制造或者出售伪造、擅自制造的普通发票的行为。根据《2022 立案追诉标准（二）》第 62 条的规定，伪造、擅自制造或者出售伪造、擅自制造的不具有骗取出口退税、抵扣税款功能的其他发票 100 份以上且票面金额累计在 30 万元以上的；票面金额累计在 50 万元以上的；非法获利数额在 1 万元以上的，应予立案追诉。

（2）本罪的主体是一般主体，包括自然人和单位。

（3）本罪的主观方面是故意。

（4）本罪的客体是国家对发票的管理秩序。

（二）司法认定与刑事处罚

1. 司法认定

根据 2010 年 6 月最高人民法院刑事审判第二庭《关于航空运输代理机构虚开、销售虚假航空行程单的行为如何定性问题的复函》，航空票务代理机构购买非法印制的空白航空行程单并出售的，或者购买非法印刷的空白航空行程单后，为他人虚开并收取手续费的，其行为符合刑法第 209 条第 2 款的规定，构成犯罪的，可按照出售非法制造的发票罪追究相关机构和人员的刑事责任。

2. 刑事处罚

根据刑法第 209 条第 2 款和第 211 条的规定，犯本罪的，处 2 年以下有期徒刑、拘役或者管制，并处或者单处 1 万元以上 5 万元以下罚金；情节严重的，处 2 年以上 7 年以下有期徒刑，并处 5 万元以上 50 万元以下罚金。单位犯本罪的，对单位判处罚金，并对其直接负责的主管人员和其他直接责任人员，依照上述规定处罚。

十二、非法出售用于骗取出口退税、抵扣税款发票罪

（一）概念与构成

非法出售用于骗取出口退税、抵扣税款发票罪，是指违反国家发票管理法规，非法出售，除增值税专用发票以外的，可以用于骗取出口退税、抵扣税款的其他发票的行为。

本罪的构成要件如下：

（1）本罪的客观方面表现为非法出售增值税专用发票以外的可用于骗取出口退税、抵扣税款的其他发票的行为。行为对象是真实的发票。根据《2022立案追诉标准（二）》第63条的规定，票面可以退税、抵扣税额累计在10万元以上的；非法出售用于骗取出口退税、抵扣税款的其他发票10份以上且票面可以退税、抵扣税额在6万元以上的；非法获利数额在1万元以上的，应予立案追诉。

（2）本罪的主体是一般主体，包括自然人和单位。

（3）本罪的主观方面是故意。

（4）本罪的客体是国家对发票的管理秩序。

（二）刑事处罚

根据刑法第209条第3款、第211条的规定，本罪的刑事责任与非法制造、出售非法制造的用于骗取出口退税、抵扣税款发票罪的刑事责任完全相同。

十三、非法出售发票罪

（一）概念与构成

非法出售发票罪，是指违反国家发票管理法规，非法出售不能用于骗取出口退税、抵扣税款的普通发票的行为。

本罪的构成要件如下：

（1）本罪的客观方面表现为非法出售不能用于骗取出口退税、抵扣税款的普通发票的行为。行为人所出售的必须是真实有效的普通发票；否则，不成立本罪。根据《2022立案追诉标准（二）》第64条的规定，非法出售增值税专用发票、用于骗取出口退说、抵扣税款的其他发票以外的发票100份以上且票面金额累计在30万元以上的；票面金额累计在50万元以上的；非法获利数额在1万元以上的，应予立案追诉。

（2）本罪的主体是一般主体，包括自然人和单位。

（3）本罪的主观方面是故意。

（4）本罪的客体是国家对发票的管理秩序。

（二）刑事处罚

根据刑法第209条第4款和第211条的规定，本罪的刑事责任与非法制造、出售非

法制造的发票罪的刑事责任完全相同。

十四、持有伪造的发票罪

（一）概念与构成

持有伪造的发票罪，是指明知是伪造的发票而持有，数量较大的行为。

这是《刑法修正案（八）》增补的罪名。

（1）本罪的客观方面表现为持有数量较大的伪造的发票的行为。根据《2022 立案追诉标准（二）》第 65 条，明知是伪造的发票而持有，涉嫌下列情形之一的，应予立案追诉：1）持有伪造的增值税专用发票或者可以用于骗取出口退税、抵扣税款的其他发票 50 份以上且票面税额累计在 25 万元以上的；2）持有伪造的增值税专用发票或者可以用于骗取出口退税、抵扣税款的其他发票票面税额累计在 50 万元以上的；3）持有伪造的第 1 项规定以外的其他发票 100 份以上且票面金额在 50 万元以上的；4）持有伪造的第 1 项规定以外的其他发票票面金额累计在 100 万元以上的。

（2）本罪的主体是一般主体，包括自然人和单位。

（3）本罪的主观方面是故意，明知是伪造的发票而持有。

（4）本罪的客体是国家对发票的管理秩序。

（二）刑事处罚

根据刑法第 210 条之一的规定，犯本罪的，处 2 年以下有期徒刑、拘役或者管制，并处罚金；数量巨大的，处 2 年以上 7 年以下有期徒刑，并处罚金。单位犯本罪的，对单位判处罚金，并对其直接负责的主管人员和其他直接责任人员，依照前述的规定处罚。

第八节　侵犯知识产权罪

本类犯罪的疑难点是：（1）罪数问题，犯侵犯著作权罪而后销售该侵权复制品的，以侵犯著作权罪处罚；假冒注册商标而后销售该假冒注册商标的商品的，以假冒注册商标罪处罚；生产、销售假冒注册商标的伪劣商品的，择一重罪处罚。（2）制作、出售假冒他人署名的美术作品，属于侵犯著作权的行为之一，通常不按照诈骗罪定罪处罚。（3）侵犯商业秘密罪的要点，其一是以非法手段获取或违反约定泄露使用商业秘密，其二是情节严重，包括但不限于给商业秘密权利人造成 30 万元以上的损失。关于本类犯罪的重要司法解释有：2004 年 12 月 8 日公布的最高人民法院、最高人民检察院《关于办理侵犯知识产权刑事案件具体应用法律若干问题的解释》（以下简称《办理知识产权刑案解释》），2007 年 4 月 5 日公布的最高人民法院、最高人民检察院《关于办理侵犯知识产权刑事案件具体应用法律若干问题的解释（二）》[以下简称《办理知识产权刑案解释（二）》]，2020 年 9 月 12 日公布的最高人民法院、最高人民检察院《关于办理侵犯知识产权刑事案件适用法律若干问题的解释（三）》[以下简称《办理知识产权刑案解释（三）》]以及2011年1月10日公布的最高人民法院、最高人民检察院、公安部《关于办理侵犯知识产权刑事案件适用法律若干问题的意见》（以下简称《办理知识产权刑案意见》）。关于本节犯罪重要的概念有："非法经营数额"，是指行为人在实施侵犯知识产权行为过程中，制造、储存、运输、销售侵权产品的价值。已销售的侵权产品的价值，按照实际销售的价格计算。制造、储存、运输和未销售的侵权产品的价值，按照标价或者已经查清的侵权产品的实际销售平均价格计算。侵权产品没有标价或者无法查清其实际销售价格的，按照被侵权产品的市场中间价格计算。多次实施侵犯知识产权行为，未经行政处理或者刑事处罚的，非法经营数额、违法所得数额或者销售金额累计计算。

一、假冒注册商标罪

（一）概念与构成

假冒注册商标罪，是指未经注册商标所有人许可，在同一种商品、服务上使用与其注册商标相同的商标，情节严重的行为。

本罪的构成要件如下：

1. 本罪的客观方面表现为未经注册商标所有人许可，在同一种商品、服务上使用与其注册商标相同的商标，情节严重的行为。具体包括以下要素：

（1）在同一种商品、服务上使用与他人注册商标相同的商标。首先，行为人所使用的与他人注册商标相同的商标针对同一种商品或服务。《刑法修正案（十一）》将本罪的行为对象由商品商标扩展为商品商标和服务商标。"同一种商品"，是指同一品种的商品或者完全相同的商品。关于"同一种商品"的认定，《办理知识产权刑案意见》指出：名称相同的商品以及名称不同但指同一事物的商品，可以认定为"同一种商品"。"名称"，是指国家工商行政管理总局（现称为"国家市场监督管理总局"）商标局在商标注册工作中对商品使用的名称，通常即《商标注册用商品和服务国际分类》中规定的商品名称。"名称不同但指同一事物的商品"，是指在功能、用途、主要原料、消费对象、销售渠道等方面相同或者基本相同，相关公众一般认为是同一种事物的商品。认定"同一种商品"，应当在权利人注册商标核定使用的商品和行为人实际生产销售的商品之间进行比较。其次，行为人所使用的商标与他人的注册商标相同。根据《办理知识产权刑案解释》第8条的规定，"相同的商标"，是指与被假冒的注册商标完全相同，或者与被假冒的注册商标在视觉上基本无差别、足以对公众产生误导的商标。《办理知识产权刑案解释（三）》进一步规定，有下列情形之一的，可认定为"与其注册商标相同的商标"：1）改变注册商标的字体、字母大小写或者文字横竖排列，与注册商标之间基本无差别的；2）改变注册商标的文字、字母、数字等之间的间距，与注册商标之间基本无差别的；3）改变注册商标颜色，不影响体现注册商标显著特征的；4）在注册商标上仅增加商品通用名称、型号等缺乏显著特征要素，不影响体现注册商标显著特征的；5）与立体注册商标的三维标志及平面要素基本无差别的；6）其他与注册商标基本无差别、足以对公众产生误导的商标。“同一种服务”的认定比“同一种商品”的认定更复杂。因为服务不同于商品，并无实体产品作为对照，对比两项服务是否相同的难度会更大。有观点认为，在涉嫌假冒服务商标的场合，“可以比对国家知识产权局编著的《类似商品和服务区分表》，如果根据该表，侵权服务与被侵权服务分列不同种类的，不宜认定为相同服务。例如，同为4056法律服务项下的450201‘调解’和450211‘诉讼服务’，这二者不宜认定为相同服务”①。“使用”，是指将注册商标或者假冒的注册商标用于商品、服务、商品包装或者容器以及产品说明书、商品交易文书，或者将注册商标或者假冒的注册商标用于广告宣传、展览以及其他商业活动等行为。在类似的商品、服务上使用与他人注册商标相同或者相似的商标的，以及在同一种商品、服务上使用与他人注册商标相似的商标，不成立本罪。

（2）行为人未经注册商标所有人许可，这是本罪成立的前提。《商标法》第43条规定：“商标注册人可以通过签订商标使用许可合同，许可他人使用其注册商标。”因此，如果行为人经商标所有人许可后使用其注册商标的，是合法行为，不存在侵犯注册商标专用权的问题。

（3）须情节严重。根据2004年12月8日最高人民法院、最高人民检察院《办理知识产权刑案解释》第1条，假冒注册商标涉嫌下列情形之一的，属于情节严重：1）非法经营数额在5万元以上或者违法所得数额在3万元以上的；2）假冒两种以上注册商标，非法经营数额在3万元以上或者违法所得数额在2万元以上的；3）其他情节严重的情形。

2. 本罪的主体是一般主体，包括自然人和单位。

3. 本罪的主观方面是故意，即行为人认识到自己未经注册商标所有人许可，而在同一种商品或服务上使用了与其注册商标相同的商标，会造成损害他人权益、危害社会的结果，但仍然希望或放任这种结果的发生。至于行为人的动机、目的如何，不影响本罪的成立。虽然实践中，行为人多以牟利为目的，但是此目的并非本罪的构成要件。

4. 本罪的客体是国家的商标管理制度和他人的注册商标专用权。

（二）司法认定与刑事处罚

1. 司法认定

（1）罪与非罪的界限。

第一，未经注册商标所有人许可，在同一种商品、服务上使用与其注册商标相同的商标，如果未达到情节严重的，属于一般商标侵权行为，不成立本罪。

第二，正当使用的抗辩事由。最高人民检察院指导性案例第99号“广州卡门事业有限公司涉嫌销售假冒注册商标的商品立案监督案”在“指导意义”部分指出，办理侵犯知识产权犯罪案件，应注意审查是否存在不构成知识产权侵权的法定情形。如《商标法》第59条规定的商标描述性使用、在先使用，《著作权法》第24条规定的合理使用，第25条、第35条第2款、第42条第2款、第46条第2款规定的法定许可，《专利法》第67

① 时延安等：《〈刑法修正案（十一）〉评注与案例》，215～216页，北京，中国法制出版社，2021。

条规定的现有技术、第 75 条规定的专利先用权等正当合理使用的情形，防止不当启动刑事追诉。

第三，要注意把假冒他人注册商标的行为与相关的不正当竞争行为相区别。根据《反不正当竞争法》第 6 条的规定，不正当竞争行为包括以下 3 种引人误认为是他人商品或者与他人存在特定联系的混淆行为：a. 擅自使用与他人有一定影响的商品名称、包装、装潢等相同或者近似的标识；b. 擅自使用他人有一定影响的企业名称（包括简称、字号等）、社会组织名称（包括简称等）、姓名（包括笔名、艺名、译名等）；c. 擅自使用他人有一定影响的域名主体部分、网站名称、网页等。这几种行为虽然是不正当竞争行为，但不是假冒他人注册商标的行为，不成立本罪。

第四，要注意商标与商品装潢的区别。商标一般附着于装潢之上，有些企业虽然不制作假冒其他企业的注册商标，但是却制作该产品的装潢，以达到使消费者混淆、欺骗消费者的目的。因此，也有学者认为，假冒他人商品装潢的，视同假冒他人商标，但没有在理论界获得认可。通说观点认为，只要商标不同，即使擅自制造、使用了他人商品的独特装潢，也不成立本罪；反之，如果使用了与他人注册商标相同的商标，即使没有使用他人商品的装潢，也可能成立本罪。

第五，本罪的行为对象为他人已注册的商标，如果假冒他人已注销的注册商标的，不成立本罪。

（2）本罪与以假冒注册商标的方式生产、销售伪劣商品犯罪的关系。对以假冒注册商标的方式生产、销售伪劣商品犯罪如何处理有不同观点，大体分为以下两种：第一种观点认为，从犯罪构成的角度来看，行为人主观上有两个故意，客观上实施了两种行为，侵犯了两种客体，应当实行数罪并罚。第二种观点认为，只能按一罪处罚，而对于一罪的依据又各有不同。有人主张该行为成立牵连犯，即假冒注册商标与生产、销售伪劣商品的行为是手段行为与目的行为的关系；有人主张该行为是法条竞合犯或者想象竞合犯，即主张把假冒注册商标与生产、销售伪劣商品看作是一个行为，一个行为触犯数个法条或者触犯数个罪名。无论哪种主张，得出的结论都是以一罪论处，而不能实行数罪并罚。本书倾向于后一种主张，即生产、销售假冒注册商标的伪劣商品的，择一重罪处罚，不需要数罪并罚。

2. 刑事处罚

《刑法修正案（十一）》在删除本罪拘役刑的同时，加重了本罪的法定最高刑。根据刑法第 213 条和第 220 条的规定，犯本罪的，处 3 年以下有期徒刑，并处或者单处罚金；情节特别严重的，处 3 年以上 10 年以下有期徒刑，并处罚金。单位犯本罪的，对单位判处罚金，并对其直接负责的主管人员和其他直接责任人员，依照上述规定处罚。根据《办理知识产权刑案解释》的规定，具有下列情形之一的，属于“情节特别严重”：（1）非法经营数额在 25 万元以上或者违法所得数额在 15 万元以上的；（2）假冒两种以上注册商标，非法经营数额在 15 万元以上或者违法所得数额在 10 万元以上的；（3）其他情节特别严重的情形。

二、销售假冒注册商标的商品罪

（一）概念与构成

销售假冒注册商标的商品罪，是指销售明知是假冒注册商标的商品，违法所得数额较大或者有其他严重情节的行为。

本罪的构成要件如下：

1. 本罪的客观方面表现为销售假冒注册商标的商品，并且违法所得数额较大或者有其他严重情节的行为。包括以下要素：

（1）行为对象是假冒注册商标的商品，即指未经注册商标所有人许可，使用与其注册商标相同的商标的同一种商品。至于这种假冒商品的质量优劣，与正牌商品的差异如何，不影响本罪的成立。

（2）实施了销售假冒注册商标的商品的行为。销售，是指以一切形式出卖假冒注册商标的商品的行为，既包括零售，也包括批发；既包括自销，也包括代销。但如果是将假冒注册商标的商品无偿赠送他人，或者购买来供自己消费的，不成立本罪。

（3）违法所得数额较大或者有其他严重情节。《刑法修正案（十一）》放宽本罪入罪条件，将原法条中“销售金额数额较大”修改为“违法所得数额较大或者有其他严重情节”。需要注意的是，这一修改并非抛弃了原规定的“销售金额数额较大”入罪的情形；相反，“销售金额数额较大”仍然可以解释为“其他严重情节”的情形之一。[①]“销售金额”，是指销售假冒注册商标的商品后所得和应得的全部违法收入。在计算制造、储存、运输和未销售的假冒注册商标侵权产品价值时，对于已经制作完成但尚未附着（含加贴）或者尚未全部附着（含加贴）假冒注册商标标识的产品，如果有确实、充分证据证明该产品将假冒他人注册商标，其价值计入非法经营数额。

2. 本罪的主体是一般主体，包括自然人和单位。

3. 本罪的主观方面是故意，即行为人明知自己销售的对象是假冒注册商标的商品。根据《办理知识产权刑案解释》第 9 条的规定，具有下列情形之一的，应当认定为属于刑法第 214 条规定的“明知”：（1）知道自己销售的商品上的注册商标被涂改、调换或者覆盖的；（2）因销售假冒注册商标的商品受到过行政处罚或者承担过民事责任，又销售同一种假冒注册商标的商品的；（3）伪造、涂改商标注册人授权文件或者知道该文件被伪造、涂改的；（4）其他知道或者应当知道是假冒注册商标的商品的情形。最高人民检察院指导性案例第 98 号“邓某城、双善食品（厦门）有限公司等销售假冒注册商标的商品案”在“指导意义”部分指出，对于销售主观明知的认定，应注意审查被告人在上下游犯罪中的客观行为。对售假源头者，可以通过是否伪造授权文件等进行认定；对批发环节的经营者，可以通过进出货价格是否明显低于市场价格，以及交易场所与交易方式是否合乎常理等因素进行甄别；对终端销售人员，可以通过客户反馈是否异常等情况进

---

① 参见许永安主编：《中华人民共和国刑法修正案（十一）解读》，175 页，北京，中国法制出版社，2021。

行判断；对确受伪造变造文件蒙蔽或主观明知证据不足的人员，应坚持主客观相一致原则，依法不予追诉。

4. 本罪的客体是国家的商标管理制度和他人的注册商标专用权。

（二）司法认定与刑事处罚

1. 司法认定

（1）本罪与销售伪劣产品罪的竞合。销售假冒注册商标的商品通常是伪劣产品，因此，实施一个销售行为可能同时触犯销售假冒注册商标的商品罪和销售伪劣产品罪，这种情况下，属于想象竞合犯，从一重罪论处。

（2）本罪与假冒注册商标罪的界限。行为人既实施了假冒注册商标的行为，又销售自己假冒注册商标的商品的，这种情况下，销售假冒注册商标的商品的行为属于假冒注册商标罪整个犯罪过程的组成部分，属于吸收犯，只以假冒注册商标罪论处，不实行数罪并罚。如果行为人事先与假冒注册商标的犯罪人通谋，按照分工，销售假冒注册商标的商品的，对行为人应以假冒注册商标罪的共犯论处。

2. 刑事处罚

《刑法修正案（十一）》在删除拘役刑的同时，加重了本罪的法定最高刑。根据刑法第 214 条、第 220 条的规定，犯本罪的，处 3 年以下有期徒刑，并处或者单处罚金；违法所得数额巨大或者由其他严重情节的，处 3 年以上 10 年以下有期徒刑，并处罚金。单位犯本罪的，对单位判处罚金，并对其直接负责的主管人员和其他直接责任人员，依照前述规定处罚。

三、非法制造、销售非法制造的注册商标标识罪

（一）概念与构成

非法制造、销售非法制造的注册商标标识罪，是指伪造、擅自制造他人注册商标标识，或者销售伪造、擅自制造的注册商标标识，情节严重的行为。

本罪的构成要件如下：

（1）本罪的客观方面表现为非法制造、销售非法制造的注册商标标识，并且情节严重的行为。根据 2004 年 12 月 8 日最高人民法院、最高人民检察院《办理知识产权刑案解释》第 3 条，涉嫌下列情形之一的，属于情节严重：1）伪造、擅自制造或者销售伪造、擅自制造的注册商标标识数量在 2 万件以上，或者非法经营数额在 5 万元以上，或者违法所得数额在 3 万元以上的。2）伪造、擅自制造或者销售伪造、擅自制造两种以上注册商标标识数量在 1 万件以上，或者非法经营数额在 3 万元以上，或者违法所得数额在 2 万元以上的。3）其他情节严重的情形。

（2）本罪的主体是一般主体，包括自然人和单位。

（3）本罪的主观方面是故意。

（4）本罪的客体是国家的商标管理制度和他人的注册商标专用权。

（二）刑事处罚

《刑法修正案（十一）》在删除拘役刑和管制刑的同时，加重了本罪的法定最高刑。根据刑法第 215 条、第 220 条的规定，犯本罪的，处 3 年以下有期徒刑，并处或者单处罚金；情节特别严重的，处 3 年以上 10 年以下有期徒刑，并处罚金。单位犯本罪的，对单位判处罚金，并对其直接负责的主管人员和其他直接责任人员，依照上述规定处罚。

根据《办理知识产权刑案解释》第 3 条的规定，有下列情形之一的，属于“情节特别严重”：（1）伪造、擅自制造或者销售伪造、擅自制造的注册商标标识数量在 10 万件以上，或者非法经营数额在 25 万元以上，或者违法所得数额在 15 万元以上的；（2）伪造、擅自制造或者销售伪造、擅自制造两种以上注册商标标识数量在 5 万件以上，或者非法经营数额在 15 万元以上，或者违法所得数额在 10 万元以上的；（3）其他情节特别严重的情形。

四、假冒专利罪

（一）概念与构成

假冒专利罪，是指违反国家专利管理法规，假冒他人专利，情节严重的行为。

本罪的构成要件如下：

（1）本罪的客观方面表现为违反国家专利管理法规，假冒他人专利，且情节严重的行为。根据《办理知识产权刑案解释》第 10 条的规定，实施下列行为之一的，属于“假冒他人专利”的行为：1）未经许可，在其制造或者销售的产品、产品的包装上标注他人专利号的；2）未经许可，在广告或者其他宣传材料中使用他人的专利号，使人将所涉及的技术误认为是他人专利技术的；3）未经许可，在合同中使用他人的专利号，使人将合同涉及的技术误认为是他人专利技术的；4）伪造或者变造他人的专利证书、专利文件或者专利申请文件的。成立本罪要求情节严重。情节严重的认定标准，根据《办理知识产权刑案解释》第 4 条的规定，假冒他人专利，具有下列情形之一的，属于“情节严重”：1）非法经营数额在 20 万元以上或者违法所得数额在 10 万元以上的；2）给专利权人造成直接经济损失 50 万元以上的；3）假冒 2 项以上他人专利，非法经营数额在 10 万元以上或者违法所得数额在 5 万元以上的；4）其他情节严重的情形。

（2）本罪的主体是一般主体，包括自然人和单位。

（3）本罪的主观方面是故意，过失不构成本罪。

（4）本罪的客体是市场竞争秩序和他人的专利权。

（二）刑事处罚

根据刑法第 216 条和第 220 条的规定，犯本罪的，处 3 年以下有期徒刑或者拘役，并处或者单处罚金。单位犯本罪的，对单位判处罚金，并对其直接负责的主管人员和其他直接责任人员，依照上述规定处罚。

五、侵犯著作权罪

（一）概念与构成

侵犯著作权罪，是指以营利为目的，违反著作权法的规定，侵犯他人著作权或者与著作权有关的权利，违法所得数额较大或者有其他严重情节的行为。

本罪的构成要件如下：

1. 本罪的客观方面表现为侵犯他人著作权或者与著作权有关的权利，违法所得数额较大或者有其他严重情节的行为。为与《著作权法》区分狭义著作权与邻接权的立法模式匹配，《刑法修正案（十一）》将原条文“侵犯著作权”修改为“侵犯著作权或者与著作权有关的权利”。

（1）实施了侵犯他人著作权或者与著作权有关的权利的行为。《刑法修正案（十一）》增设两种侵犯著作权的行为类型，并明确了未经许可通过信息网络向公众传播他人作品的行为构成本罪。至此，本罪共有以下六种行为方式：1）未经著作权人许可，复制发行、通过信息网络向公众传播其文字作品、音乐、美术、视听作品、计算机软件及法律、行政法规规定的其他作品。《刑法修正案（十一）》明确了对美术作品著作权的保护。美术作品，是指绘画、书法、雕塑、建筑等以线条、色彩或者其他方法构成的有审美意义的平面或立体的造型艺术作品。关于“其他作品”的范围存在扩张与缩小两种解释。扩张观点主张：口述作品、舞蹈作品、美术建筑作品、摄影作品、工程设计图、产品设计图、地图等作品应当与刑法所列举的传统作品一样受到刑法保护。《刑法修正案（十一）》反映出扩张倾向，由于2021年修订后的《著作权法》对本法未列明的表达是否属于作品，不再囿于有无其他法律、行政法规规定这一形式标准，而是需要实质考察其是否属于在文学、艺术或科学领域具有独创性并能以一定形式表现的智力成果，所以，修订后的刑法第217条第1项在“其他作品”之前添加前置法限定，反而使得该兜底规定的外延更宽。“未经著作权人许可”，是指没有得到著作权人授权或者伪造、涂改著作权人授权许可文件或者超出授权许可范围的情形。《办理知识产权刑案意见》指出：“未经著作权人许可”一般应当依据著作权人或者其授权的代理人、著作权集体管理组织、国家著作权行政管理部门指定的著作权认证机构出具的涉案作品版权认证文书，或者证明出版者、复制发行者伪造、涂改授权许可文件或者超出授权许可范围的证据，结合其他证据综合予以认定。根据《办理知识产权刑案解释（三）》第2条第2款的规定，在涉案作品种类众多且权利人分散的案件中，有证据证明涉案复制品系非法出版、复制发行的，且出版者、复制发行者不能提供获得著作权人许可的相关证明材料的，可以认定为“未经著作权人许可”。但是，有证据证明权利人放弃权利、涉案作品的著作权不受我国著作权法保护，或者著作权保护期限已经届满的除外。根据《办理知识产权刑案解释（二）》的规定，“复制发行”，包括复制、发行或者既复制又发行的行为。“发行”，是指通过出售、出租等方式向公众提供一定数量的作品复制件的行为。侵权产品的持有人通过广告征订等方式推销侵权产品的，属于“发行”。“发行”，包括总发行、批发、零售、通过信息网络传播以及出租、展销等活动。《刑法修正案（十一）》明确将“通过信息网络向公众传播”作为与“复制发行”并列的一种行为模式，具体指“以有线或者无线方式向公众提供，使公众可以在其选定的时间和地点获得作品的行为”①。2）出版他人享有专有出版权的图书。“出版”，是指将作品编辑加工后，经过复制向公众发行的行为。“专有出版权”，是指图书出版者对著作权人交付的作品，根据出版合同而享有的，由著作权人转让或许可使用的，在合同有效期和约定地区内独家享有并排除他人出版某一作品的权利。3）未经录音录像制作者许可，复制发行、通过信息网络向公众传播其制作的录音录像。录音录像制作者是指制作录音制品、制作录像作品的人。4）未经表演者许可，复制发行录有其表演的录音录像制品，或者通过信息网络向公众传播其表演。表演者权作为一项重要的邻接权，在我国长期以来未得到有效的刑法保护，《刑法修正案（十一）》增设侵犯表演者权的行为类型，补足了这一短板。“未经表演者许可”是成立犯罪的关键，经表演者许可而未经著作权人许可的，不宜作为犯罪处理。5）制作、出售假冒他人署名的美术作品。不同于修订后的第 1 项——未经著作权人许可，复制发行、通过信息网络向公众传播其美术作品——侧重保护美术作品的著作权，本行为侧重于保护著作权下的署名权；而且，制作不同于复制，把自己的美术作品署上他人名字、把第三人的美术作品署上他人名字，属于制作行为但并非复制行为。② 6）未经著作权人或者与著作权有关的权利人许可，故意避开或者破坏权利人为其作品、录音录像制品等采取的保护著作权或者与著作权有关的权利的技术措施。新修订的《著作权法》允许权利人以保护著作权或者与著作权有关的权利为目的采取技术措施，且规定未经权利人许可，任何组织或者个人不得故意避开或者破坏技术措施。为与《著作权法》的修订相衔接，《刑法修正案（十一）》作出相应规定。考虑到对权利人技术措施的保护可能影响著作权的开放性，公众难以自由获取知识和信息③，因此，刑法处罚未经许可避开或破坏上述技术措施的行为时，应当尤其强调“以营利为目的”要件，避免对合理使用制度的过度限制。

（2）违法所得数额较大或者有其他严重情节。针对刑法修订前的行为类型，根据《办理知识产权刑案解释》的规定，以营利为目的，实施刑法第 217 条所列侵犯著作权行为之一，违法所得数额在 3 万元以上的，属于“违法所得数额较大”；具有下列情形之一的，属于“有其他严重情节”：1）非法经营数额在 5 万元以上的；2）未经著作权人许可，复制发行其文字作品、音乐、电影、电视、录像作品、计算机软件及其他作品，复制品数量合计在 1 000 张（份）以上的；3）其他严重情节的情形。单位实施上述行为的，按照本解释规定的相应个人犯罪的定罪量刑标准的 3 倍定罪量刑。根据《办理知识产权刑案意见》的规定，通过信息网络传播侵权作品行为具有下列情形之一的，也属于“其他严重情节”：1）非法经营数额在 5 万元以上的；2）传播他人作品的数量合计在 500 件（部）以上的；3）传播他人作品的实际被点击数达到 5 万次以上的；4）以会员制方式传播他人作品，注册会员达到 1 000 人以上的；5）数额或者数量虽未达到第 1 项至第

---

① 时延安等：《〈刑法修正案（十一）〉评注与案例》，241 页，北京，中国法制出版社，2021。

② 参见王作富主编：《刑法分则实务研究》（中），703～704 页，北京，中国方正出版社，2010。

③ 参见马志国、赵龙：《价值冲突：公共领域理论的式微与著作权扩张保护的限度》，载《山东社会科学》，2020（10）。

4 项规定标准，但分别达到其中两项以上标准一半以上的；6）其他严重情节的情形。

2. 本罪的主体是一般主体，包括自然人和单位。

3. 本罪的主观方面是故意，且具有营利的目的。以刊登收费广告等方式直接或者间接收取费用的情形，属于“以营利为目的”。根据《办理知识产权刑案意见》的规定，除销售外，具有下列情形之一的，可以认定为“以营利为目的”：（1）以在他人作品中刊登收费广告、捆绑第三方作品等方式直接或者间接收取费用的；（2）通过信息网络传播他人作品，或者利用他人上传的侵权作品，在网站或者网页上提供刊登收费广告服务，直接或者间接收取费用的；（3）以会员制方式通过信息网络传播他人作品，收取会员注册费或者其他费用的；（4）其他利用他人作品牟利的情形。

4. 本罪的客体是他人的著作权和市场竞争秩序。

（二）司法认定和刑事处罚

1. 司法认定

（1）“提供‘私服’的行为包含了刑法意义上的复制与发行，在性质上属于取代获得游戏合法授权运营商的网络盗版行为，构成侵犯著作权罪。”“外挂代练”的行为方式不符合侵犯著作权罪之客观构成要件，不构成侵犯著作权罪。① 司法实务中，提供“私服”或“外挂代练”（同时）触犯非法获取计算机信息系统数据罪的，择一重罪处断。

（2）根据《知识产权刑案解释（二）》第 2 条第 3 款的规定，非法出版、复制、发行他人作品，侵犯著作权构成犯罪的，按照侵犯著作权罪定罪处罚。《办理知识产权刑案意见》也重申：非法出版、复制、发行他人作品，侵犯著作权构成犯罪的，按照侵犯著作权罪定罪处罚，不认定为非法经营罪等其他犯罪。这意味着排斥适用非法经营罪。过去，因为侵犯著作权罪违法所得数额和非法侵犯版权较难查证，往往对非法出版、复制、发行他人作品的行为按照非法经营罪处罚。上述司法解释强调对侵犯著作权罪与非法经营罪的区分，不可随意适用非法经营罪而替代侵犯著作权罪。

2. 刑事处罚

《刑法修正案（十一）》在删除拘役刑的同时，加重了本罪的法定最高刑。根据刑法第 217 条和第 220 条的规定，犯本罪的，处 3 年以下有期徒刑，并处或者单处罚金；违法所得数额巨大或者有其他特别严重情节的，处 3 年以上 10 年以下有期徒刑，并处罚金。单位犯本罪的，对单位判处罚金，并对其直接负责的主管人员和其他直接责任人员依照上述规定处罚。根据《办理知识产权刑案解释》的规定，违法所得数额在 15 万元以上的，属于“违法所得数额巨大”；具有下列情形之一的，属于“有其他特别严重情节”：（1）非法经营数额在 25 万元以上的；（2）未经著作权人许可，复制发行其文字作品、音乐、电影、电视、录像作品、计算机软件及其他作品，复制品数量合计在 5 000 张（份）以上的；（3）其他特别严重情节的情形。根据《办理知识产权刑案意见》的规定，通过信息网络传播侵权作品行为具有下列情形之一的，也属于“其他特别严重情节”：（1）非

① 参见沈红霞、罗曦：《侵犯著作权犯罪法律适用探析》，载《人民检察》，2014（12）。

法经营数额在25万元以上的；（2）传播他人作品的数量合计在2 500件（部）以上的；（3）传播他人作品的实际被点击数达到25万次以上的；（4）以会员制方式传播他人作品，注册会员达到5 000人以上的；（5）数额或者数量虽未达到第1项至第4项规定标准，但分别达到其中两项以上标准一半以上的。对于侵犯知识产权犯罪的，人民法院应当综合考虑犯罪的违法所得、非法经营数额、给权利人造成的损失、社会危害性等情节，依法判处罚金。

六、销售侵权复制品罪

（一）概念与构成

销售侵权复制品罪，是指以营利为目的，销售明知是侵权复制品的物品，违法所得数额巨大或者有其他严重情节的行为。

本罪的构成要件如下：

（1）本罪的客观方面表现为销售侵权复制品，违法所得数额巨大或者有其他严重情节的行为。根据《办理知识产权刑案解释》的规定，销售侵权复制品，违法所得数额在10万元以上的，属于"违法所得数额巨大"，单位实施上述行为的，按照本解释规定的相应个人犯罪的定罪量刑标准的3倍定罪量刑。《刑法修正案（十一）》增设了"有其他严重情节"的入罪情形。《2008立案追诉标准（一）》第27条第2项规定的定罪数额标准——违法所得数额虽未达到10万元以上，但尚未销售的侵权复制品货值达到30万元以上，可理解为"有其他严重情节"。

（2）本罪的主体是一般主体，包括自然人和单位。

（3）本罪的主观方面是故意，且具有营利目的。

（4）本罪的客体是他人的著作权和市场竞争秩序。

（二）司法认定与刑事处罚

1. 司法认定

罪数问题：（1）实施刑法第217条规定的侵犯著作权行为，又销售该侵权复制品，构成犯罪的，以侵犯著作权罪（一罪）定罪处罚（不数罪并罚）。（2）实施刑法第217条规定的侵犯著作权的犯罪行为，又销售明知是他人的侵权复制品，构成犯罪的，应当实行数罪并罚。

2. 刑事处罚

《刑法修正案（十一）》在删除拘役刑的同时，加重了本罪的法定最高刑。根据刑法第218条和第220条的规定，犯本罪的，处5年以下有期徒刑，并处或者单处罚金。单位犯本罪的，对单位判处罚金，并对其直接负责的主管人员和其他直接责任人员，依照上述规定处罚。

七、侵犯商业秘密罪

（一）概念与构成

侵犯商业秘密罪，是指以盗窃、贿赂、欺诈、胁迫、电子侵入或者其他不正当手段获取权利人的商业秘密，披露、使用或者允许他人使用以前项手段获取的权利人的商业秘密，违反保密义务或者违反权利人有关保守商业秘密的要求，披露、使用或者允许他人使用其所掌握的商业秘密；以及明知前述行为，获取、披露、使用或者允许他人使用该商业秘密，情节严重的行为。

本罪的构成要件如下：

1. 本罪的客观方面表现为侵犯他人商业秘密，情节严重的行为。具体包括以下要素：

（1）行为对象是商业秘密。《刑法修正案（十一）》删除了本条原第 3 款对商业秘密的定义。2017 年、2019 年修订后的《反不正当竞争法》第 9 条第 4 款取消了“实用性”要素，扩大了商业秘密的范围：商业秘密，是指不为公众所知悉，具有商业价值并经权利人采取相应保密措施的技术信息、经营信息等商业信息。商业秘密具有以下特点：一是信息性。商业秘密是一种商业信息，包括设计、程序、产品配方、制作工艺、制作方法、管理诀窍、客户名单、货源情况、产销策略、招投标中的标的及标书内容等信息。二是非公开性。要注意审查涉案商业秘密是否不为其所属领域的相关人员普遍知悉和容易获得，是否属于已为公众所知悉的情形。注意排除下列信息已为公众所知悉的情形：1）该信息在所属领域属于一般常识或者行业惯例的；2）该信息仅涉及产品的尺寸、结构、材料、部件的简单组合等内容，所属领域的相关人员通过观察上市产品即可直接获得的；3）该信息已经在公开出版物或者其他媒体上公开披露的；4）该信息已通过公开的报告会、展览等方式公开的；5）所属领域的相关人员从其他公开渠道可以获得该信息的。需要注意的是，将为公众所知悉的信息进行整理、改进、加工后形成的新信息，符合商业秘密性质的，也应当认定该新信息不为公众所知悉。因此，在审查时，不能因为商业秘密的组成部分是公知信息就一律认为不构成商业秘密，仍要进行整体的、实质的判断，审查涉案信息在被犯罪侵害时是否仍具备非公开性。三是价值性。要从现实的和潜在的市场价值两方面判断。四是保密性。要注意审查权利人是否采取了相应的保密措施，该保密措施的程度是否达到在正常情况下足以防止商业秘密泄露的程度，并注意审查该保密措施与商业秘密的商业价值、重要程度是否相适应，是否得到实际执行。

（2）实施了侵犯他人商业秘密的行为之一：1）以盗窃、贿赂、欺诈、胁迫、电子侵入或者其他不正当手段获取权利人的商业秘密；2）披露、使用或者允许他人使用以前项手段获取的权利人的商业秘密；3）违反保密义务或者违反权利人有关保守商业秘密的要求，披露、使用或者允许他人使用其所掌握的商业秘密；4）明知前述行为，获取、披露、使用或者允许他人使用该商业秘密。

（3）情节严重。《刑法修正案（十一）》将“给商业秘密的权利人造成重大损失”修改为“情节严重”。2020 年 9 月，最高人民检察院、公安部发布《关于修改侵犯商业秘密刑事案件立案追诉标准的决定》，侵犯商业秘密，涉嫌下列情形之一的，应予立案追诉：1）给商业秘密权利人造成损失数额在 30 万元以上的；2）因侵犯商业秘密违法所得数额在 30 万元以上的；3）直接导致商业秘密的权利人因重大经营困难而破产、倒闭的；4）其他给商业秘密权利人造成重大损失的情形。造成损失数额或者违法所得数额，可以按照下列方式认定：1）以不正当手段获取权利人的商业秘密，尚未披露、使用或者允许他人使用的，损失数额可以根据该项商业秘密的合理许可使用费确定。2）以不正当手段获取权利人的商业秘密后，披露、使用或者允许他人使用的，损失数额可以根据权利人因被侵权造成销售利润的损失确定，但该损失数额低于商业秘密合理许可使用费的，根据合理许可使用费确定。3）违反约定、权利人有关保守商业秘密的要求，披露、使用或者允许他人使用其所掌握的商业秘密的，损失数额可以根据权利人因被侵权造成销售利润的损失确定。4）明知商业秘密是不正当手段获取或者是违反约定、权利人有关保守商业秘密的要求披露、使用、允许使用，仍获取、使用或者披露的，损失数额可以根据权利人因被侵权造成销售利润的损失确定。5）因侵犯商业秘密行为导致商业秘密已为公众所知悉或者灭失的，损失数额可以根据该项商业秘密的商业价值确定。商业秘密的商业价值，可以根据该项商业秘密的研究开发成本、实施该项商业秘密的收益综合确定。6）因披露或者允许他人使用商业秘密而获得的财物或者其他财产性利益，应当认定为违法所得。权利人因被侵权造成销售利润的损失，可以根据权利人因被侵权造成销售量减少的总数乘以权利人每件产品的合理利润确定；销售量减少的总数无法确定的，可以根据侵权产品销售量乘以权利人每件产品的合理利润确定；权利人因被侵权造成销售量减少的总数和每件产品的合理利润均无法确定的，可以根据侵权产品销售量乘以每件侵权产品的合理利润确定。商业秘密系用于服务等其他经营活动的，损失数额可以根据权利人因被侵权而减少的合理利润确定。商业秘密的权利人为减轻对商业运营、商业计划的损失或者重新恢复计算机信息系统安全、其他系统安全而支出的补救费用，应当计入给商业秘密的权利人造成的损失。

2. 本罪的主体是一般主体，包括自然人和单位。

3. 本罪的主观方面是故意。但是，上述客观方面中“明知前述行为，获取、披露、使用或者允许他人使用该商业秘密”的情形，该“明知”包括“知道”和“应当知道”。动机和目的如何，不影响本罪的成立。

4. 本罪的客体是商业秘密权利人对商业秘密享有的专用权和市场的公平竞争秩序。

（二）司法认定与刑事处罚

1. 司法认定

（1）罪与非罪的界限：对“可能合法取得商业秘密”的排除。最高人民检察院指导性案例第 102 号“金某盈侵犯商业秘密案”在“指导意义”部分指出，由于商业秘密的非公开性和犯罪手段的隐蔽性，认定被告人是否实施了侵犯商业秘密的行为往往面临证明困境。在被告人不作有罪供述时，为查明犯罪事实，检察机关应注意引导公安机关从被告人使用的信息与权利人的商业秘密是否实质上相同、是否具有知悉和掌握权利人商业秘密的条件、有无取得和使用商业秘密的合法来源，全面客观收集证据。特别是要着重审查被告人是否存在合法取得商业秘密的情形，应注意围绕辩方提出的商业秘密系经许可、承继、自行研发、受让、反向工程等合法方式获得的辩解，引导公安机关收集被告人会计账目、支出凭证等能够证明是否有研发费用、资金投入、研发人员工资等研发成本支出的证据；收集被告人所在单位研发人员名单、研发资质能力、实施研发行为、研发过程的证据；收集有关商业秘密的转让合同、许可合同、支付转让费、许可费的证据；收集被告人是否通过公开渠道取得产品并实施反向工程对产品进行拆卸、测绘、分析的证据，以及被告人因传承、承继商业秘密的书证等证据。通过证据之间的相互印证，排除被告人获取、使用商业秘密来源合法的可能性的，可以证实其实施侵犯商业秘密的犯罪行为。

（2）本罪与假冒注册商标罪、假冒专利罪、侵犯著作权罪的界限。它们的相同之处是都侵犯了知识产权，但有如下区别：1）对象不同。本罪侵犯的是商业秘密，而后三者侵犯的分别是商标权、专利权和著作权（或者与著作权有关的权利）。2）客观方面的行为不同。本罪的为以不法手段获取商业秘密，或者非法披露、使用或允许他人使用商业秘密，其他犯罪的主要表现为假冒行为。行为人采用不正当手段获取他人商业秘密后，又使用该商业秘密制造产品并假冒他人注册商标，或者只是单纯非法使用他人商业秘密制造产品而又假冒他人注册商标，可认定为一行为触犯数罪名，从一重罪论处。

（3）本罪与侵犯国家秘密的有关犯罪的竞合。如果行为人侵犯的商业秘密同时属于国家秘密，行为人侵犯这种秘密时，同时触犯两个罪名，除触犯本罪之外，还可能触犯故意泄露国家秘密罪，非法获取国家秘密罪，为境外窃取、刺探、收买、非法提供国家秘密、情报罪。这种情况下，应从一重罪处断，依照侵犯国家秘密的有关犯罪处理。

2. 刑事处罚

《刑法修正案（十一）》在删除拘役刑的同时，加重了本罪的法定最高刑。根据刑法第 219 条和第 220 条的规定，犯本罪的，处 3 年以下有期徒刑，并处或者单处罚金；情节特别严重的，处 3 年以上 10 年以下有期徒刑，并处罚金。单位犯本罪的，对单位判处罚金，并对其直接负责的主管人员和其他直接责任人员，依照上述规定处罚。“情节特别严重”包括但不限于“给商业秘密的权利人造成损失数额在 250 万元以上”的情形。

八、为境外窃取、刺探、收买、非法提供商业秘密罪

（一）概念与构成

为境外窃取、刺探、收买、非法提供商业秘密罪，是指为境外的机构、组织、人员窃取、刺探、收买、非法提供商业秘密的行为。

本罪名由《刑法修正案（十一）》增设，主要目的在于“优化营商环境”[①]。本罪的构

① 全国人大常委会法制工作委员会副主任李宁：《关于〈中华人民共和国刑法修正案（十一）（草案）〉的说明》。

成要件如下：

（1）本罪的客观方面表现为“商业间谍”行为。该罪为行为犯，只要实施了刑法第219条之一规定的行为，就构成本罪。窃取，指违背权利人意愿以平和方式取得商业秘密。参照《办理知识产权刑案解释（三）》对侵犯商业秘密罪中“盗窃”的理解，本罪中的“窃取”也包括采取非法复制、未经授权复制或者超越授权使用计算机信息系统等方式取得商业秘密。刺探，指使用探听、侦察、搜集、骗取等方式取得商业秘密，以抢劫或抢夺方式取得商业秘密的，也可理解为刺探行为。[①] 收买，指利用金钱、物质或者其他利益换取商业秘密。非法提供，指违反规定，向境外机构、组织或者个人提供商业秘密。

（2）本罪的主体是一般主体，包括自然人和单位。

（3）本罪的主观方面是故意。

（4）本罪的客体是商业秘密权利人对商业秘密享有的专用权和市场的公平竞争秩序。

（二）司法认定与刑事处罚

1. 司法认定

（1）本罪与侵犯商业秘密罪的竞合。本罪为行为犯，而侵犯商业秘密罪为情节犯，两罪可能发生竞合，对于一行为同时构成两罪的，应从一重罪论处。

（2）本罪与侵犯国家秘密的有关犯罪的竞合。如果行为人窃取、刺探、收买、非法提供的商业秘密同时属于国家秘密，则可能同时触犯两个罪名，除本罪之外，还可能触犯故意泄露国家秘密罪，非法获取国家秘密罪，为境外窃取、刺探、收买、非法提供国家秘密、情报罪。这种情况下，应从一重罪论处。

2. 刑事处罚

根据刑法第219条之一和第220条的规定，犯本罪的，处5年以下有期徒刑，并处或者单处罚金；情节严重的，处5年以上有期徒刑，并处罚金。单位犯本罪的，对单位判处罚金，并对其直接负责的主管人员和其他直接责任人员，依照上述规定处罚。

第九节　扰乱市场秩序罪

本类犯罪的疑难问题有：（1）最重要而疑难的罪名有合同诈骗罪和非法经营罪，要领是掌握刑法第224条和第225条所规定之犯罪行为种类，对于非法经营罪还需掌握司法实务中确认的非法经营罪行为类型。（2）强迫交易罪与敲诈勒索罪、抢劫罪、寻衅滋事罪的区别，要领是经营者在经营过程中是否强索与交易商品、劳务价值相差不大的财物。如果脱离交易商品、劳务价值强行索取数额巨大财物的，不是强迫交易罪，而应以其他犯罪论处。（3）经《刑法修正案（十一）》调整，中介组织人员索取或者非法收受贿

---

① 参见时延安等：《〈刑法修正案（十一）〉评注与案例》，278页，北京，中国法制出版社，2021。

赂提供虚假证明文件的，不再以提供虚假证明文件罪的加重犯论处，而是依照处罚较重的规定定罪处罚。

一、损害商业信誉、商品声誉罪

（一）概念与构成

损害商业信誉、商品声誉罪，是指捏造并散布虚伪事实，损害他人的商业信誉、商品声誉，给他人造成重大损失或者有其他严重情节的行为。

本罪的构成要件如下：

1. 本罪的客观方面表现为捏造并散布虚伪事实，损害他人的商业信誉、商品声誉，给他人造成重大损失或者有其他严重情节的行为。具体包括以下内容：

（1）行为人实施了捏造并散布虚伪事实的行为。捏造，是指虚构、编造不符合真实情况或并不存在的事实。散布，是指使不特定或多数人知悉行为人所捏造的虚伪事实。散布的方式和途径是多种多样的。捏造和散布是并列的实行行为，必须同时具备才成立本罪，只有捏造行为而没有散布行为，或只有散布行为而没有捏造行为的，均不能认定为本罪。

（2）行为人损害了他人的商业信誉、商品声誉。“他人”，是指捏造并散布者以外的主体，并不限于竞争对手，也可以是非竞争对手，包括自然人和单位。商业信誉，是指社会对他人在商业活动中的可信赖程度、价值和地位的客观评价；商品声誉，是指社会对商品的良好评价。

（3）给他人造成重大损失或者有其他严重情节。《2022 立案追诉标准（二）》第 66 条规定，损害他人的商业信誉、商品声誉，涉嫌下列情形之一的，应予立案追诉：1）给他人造成直接经济损失数额在 50 万元以上的；2）虽未达到上述数额标准，但造成公司、企业等单位停业、停产 6 个月以上，或者破产的；3）其他给他人造成重大损失或者有其他严重情节的情形。

2. 本罪的主体是一般主体，包括自然人和单位。

3. 本罪的主观方面是故意，即明知自己捏造并散布虚伪事实的行为会损害他人的商誉，并且希望或者放任这种结果的发生。

4. 本罪的客体是市场竞争秩序和他人的商誉权。

（二）司法认定与刑事处罚

1. 司法认定

（1）消费者使用过激的方式维权，可能对他人商誉造成不利影响，但不构成犯罪。例如，甲所购某名牌轿车行驶不久，发动机就发生故障，经多次修理仍未排除。甲用牛车拉着该轿车在闹市区展示。甲的行为不构成损害商品声誉罪。因为该产品（汽车）确实有瑕疵，厂商自身应该承受由此对商誉产生的不利影响。甲充其量也只是“维权过激”。

（2）本罪与假冒注册商标罪的界限。如果行为人为了损害他人的商誉，在自己生产的伪劣产品上假冒他人优质产品的注册商标，造成他人重大损失的，属于想象竞合犯，从一重罪即假冒注册商标罪论处。

2. 刑事处罚

根据刑法第221条和第231条的规定，犯本罪的，处2年以下有期徒刑或者拘役，并处或者单处罚金。单位犯本罪的，对单位判处罚金，并对其直接负责的主管人员和其他直接责任人员，依照上述规定处罚。

二、虚假广告罪

（一）概念与构成

虚假广告罪，是指广告主、广告经营者、广告发布者，违反国家规定，利用广告对商品或者服务作虚假宣传，情节严重的行为。

本罪的构成要件如下：

1. 本罪的客观方面表现为违反国家规定，利用广告对商品或者服务作虚假宣传，且情节严重的行为。具体包括以下要素：

（1）违反国家规定，指违反《广告法》《反不正当竞争法》及相关法律、法规的规定。根据《广告法》的规定，“广告”，是指商品经营者或者服务提供者通过一定媒介和形式直接或者间接地介绍自己所推销的商品或者所提供的服务的商业广告。因此，本“广告”，指的是商业性广告。

（2）利用广告对商品或者服务作虚假宣传。虚假宣传，是指广告的内容与真实情况不相符，主要包括两种情况：一是对商品或者服务作夸大、失实的宣传，二是对商品或者服务作语义含糊、足以导致误解的宣传。

（3）情节严重。根据《2022立案追诉标准（二）》第67条规定，虚假广告涉嫌下列情形之一的，应予立案追诉：1）违法所得数额在10万元以上的；2）假借预防、控制突发事件、传染病防治的名义，利用广告作虚假宣传，致使多人上当受骗，违法所得数额在3万元以上的；3）利用广告对食品、药品作虚假宣传，违法所得数额在3万元以上的；4）虽未达到上述数额标准，但2年内因利用广告作虚假宣传受过2次以上行政处罚，又利用广告作虚假宣传的；5）造成严重危害后果或者恶劣社会影响的；6）其他情节严重的情形。

2. 本罪的主体是特殊主体，即广告主、广告经营者、广告发布者，单位可以成为本罪的主体。根据《广告法》第2条的规定，“广告主”，是指为推销商品或提供服务，自行或委托他人设计、制作、发布广告的自然人、法人或者其他组织；“广告经营者”，是指受委托提供广告设计、制作、代理服务的自然人、法人或者其他组织；“广告发布者”，是指为广告主或者广告主委托的广告经营者发布广告的自然人、法人或者其他组织。

3. 本罪的主观方面是故意，即明知利用广告对商品或者服务进行虚假宣传的行为会扰乱市场秩序，损害消费者的权益，仍然希望或者放任该结果的发生。

4. 本罪的客体是市场竞争秩序和消费者的合法权益。

（二）司法认定与刑事处罚

1. 司法认定

（1）罪与非罪的界限。商业广告，或多或少都有夸大的性质，所以不能将凡具有夸大性质的广告都认定为虚假广告，具体认定时要考察是否达到情节严重的程度。虽为虚假广告，但情节并不严重的，不能成立本罪。例如，广告商乙在拍摄某减肥药广告时，以肥胖的郭某当替身拍摄减肥前的画面，再以苗条的影视明星刘某做代言人夸赞减肥效果。事后查明，该药具有一定的减肥作用，则乙不构成虚假广告罪。因为乙制作的广告虽然有虚假成分，但产品毕竟有一定的减肥效果，是夸大宣传。夸大宣传的广告不是虚假广告；另外，也可认为乙的行为尚未达到“情节严重”的程度，不构成犯罪。

（2）本罪与非法吸收公众存款罪，集资诈骗罪，欺诈发行证券罪，生产、销售不符合安全标准的食品罪等的关联。根据《审理非法集资刑案解释》第 12 条的规定，广告经营者、广告发布者违反国家规定，利用广告为非法集资活动相关的商品或者服务作虚假宣传，情节严重的，以虚假广告罪定罪处罚。如果集资诈骗罪等犯罪得逞，则构成数罪。

明知他人从事欺诈发行证券，非法吸收公众存款，擅自发行股票、债券，集资诈骗或者组织、领导传销活动等集资犯罪活动，为其提供广告等宣传的，以相关犯罪的共犯论处。

（3）本罪与生产、销售伪劣产品罪的关联。利用虚假广告为自己生产的伪劣产品作不实宣传或者利用广告销售伪劣产品的，可以认定为行为人的手段行为又触犯了其他罪名，属于牵连犯，择一重罪论处，即认定为生产、销售伪劣产品罪。

（4）本罪与诈骗罪的界限。二者区别的要点在于：本罪虽然利用广告对商品或者服务作虚假宣传，但广告中所宣传的商品或服务毕竟是真实存在的；而诈骗罪，通过虚构事实、隐瞒真相的方法，骗取被害人的财物，行为人在广告中所宣称的商品或服务是根本不存在的。如果推销的商品或者服务根本不存在，利用虚假广告骗取财物的，以诈骗罪论处。

2. 刑事处罚

根据刑法第 222 条和第 231 条的规定，犯本罪的，处 2 年以下有期徒刑或者拘役，并处或者单处罚金。单位犯本罪的，对单位判处罚金，并对其直接负责的主管人员和其他直接责任人员，依照上述规定处罚。

三、串通投标罪

（一）概念与构成

串通投标罪，是指投标人相互串通投标报价，损害招标人或其他投标人的利益，情节严重，或者投标人与招标人串通投标，损害国家、集体、公民的合法利益的行为。

本罪的构成要件如下：

1. 本罪的客观方面表现为串通投标报价，损害招标人或其他投标人的利益，情节严重，或者损害国家、集体、公民的合法利益的行为。具体包括以下要素：

（1）串通投标，包括：1）投标人相互串通投标报价，损害招标人或者其他投标人的利益。“串通投标报价”，是指投标人之间相互串通，在投标过程中抬高或压低投标报价的行为。2）投标人与招标人串通投标，损害国家、集体、公民的合法权益，此“串通投标”，是指投标人与招标人私下勾结，事先根据招标底价确定投标报价、中标价格及其他事宜的行为。根据最高人民检察院指导性案例第 90 号“许某某、包某某串通投标立案监督案”，刑法未规定串通拍卖行为构成犯罪，所以，对于串通拍卖的，不能以本罪予以追诉。

（2）情节严重，严重损害招标人或者其他投标人利益。根据《2022 立案追诉标准（二）》第 68 条的规定，投标人相互串通投标报价，或者投标人与招标人串通投标，涉嫌下列情形之一的，应予立案追诉：1）损害招标人、投标人或者国家、集体、公民的合法利益，造成直接经济损失数额在 50 万元以上的；2）违法所得数额在 20 万元以上的；3）中标项目金额在 400 万元以上的；4）采取威胁、欺骗或者贿赂等非法手段的；5）虽未达到上述数额标准，但 2 年内因串通投标受过 2 次以上行政处罚，又串通投标的；6）其他情节严重的情形。

2. 本罪的主体是特殊主体，即招标人和投标人。本罪属于必要的共犯，即只有两个以上的主体之间相互串通投标时，才可能成立本罪。

3. 本罪的主观方面是故意，至于犯罪目的如何，不影响本罪的成立。

4. 本罪的客体是正常的市场竞争秩序和国家、集体、公民的合法权益。

（二）刑事处罚

根据刑法第 223 条和第 231 条的规定，犯本罪的，处 3 年以下有期徒刑或者拘役，并处或者单处罚金。单位犯本罪的，对单位判处罚金，并对其直接负责的主管人员和其他直接责任人员，依照前述规定处罚。

四、合同诈骗罪

（一）概念与构成

合同诈骗罪，是指以非法占有为目的，在签订、履行合同的过程中，使用欺诈手段，骗取对方当事人财物，数额较大的行为。

本罪的构成要件如下：

1. 本罪的客观方面表现为在签订、履行合同过程中，使用欺诈手段，骗取对方当事人数额较大财物的行为。

（1）“在签订、履行合同过程中”。这是合同诈骗罪的突出特点。从实质上理解，应是当事人在从事市场经济活动过程中通过签订、履行合同，实现商品、服务交易的经济目的。因此，合同诈骗罪中的“合同”，应限于关系市场经济秩序、合同信用，反映市场交易内容的合同，包括书面和口头的合同。

（2）骗取当事人财物。刑法第 224 条列明常见的几种合同诈骗行为：1）以虚构的单位或者冒用他人名义签订合同的；2）以伪造、变造、作废的票据或者其他虚假的产权证明作担保的；3）没有实际履行能力，以先履行小额合同或者部分合同的方法，诱骗对方当事人继续签订或者履行合同的；4）收受对方当事人给付的货物、货款、预付款或者担保财产后逃匿的；5）以其他方法骗取对方当事人财物的。

（3）骗取对方当事人数额较大的财物。根据《2022 立案追诉标准（二）》第 69 条的规定，“数额较大”是指 2 万元以上。

2. 本罪的主体是一般主体，包括自然人和单位。

3. 本罪的主观方面是故意，且以非法占有他人财物为目的。

4. 本罪的客体是市场经济秩序和合同的信用。以书面合同、协议等形式，约定与市场经济活动无关的内容，骗取他人钱财的，不扰乱市场经济秩序，不必适用合同诈骗罪。

（二）司法认定与刑事处罚

1. 司法认定

（1）罪与非罪的界限。这主要是合同诈骗罪与经济合同纠纷的判断问题。对此，2017 年 12 月 29 日公布的最高人民法院《关于充分发挥审判职能作用为企业家创新创业营造良好法治环境的通知》强调，严格合同诈骗罪的构成要件，防止随意扩大适用。对于在合同签订、履行过程中产生的民事争议，如无确实充分的证据证明符合犯罪构成的，不得作为刑事案件处理。2020 年 12 月最高人民检察院发布指导性案例第 91 号“温某某合同诈骗立案监督案”，重申办理涉企业合同诈骗犯罪案件，应当严格区分合同诈骗与民事违约行为的界限。要注意审查涉案企业在签订、履行合同过程中是否具有非法占有目的和虚构事实、隐瞒真相的行为，准确认定是否具有诈骗故意。应当综合签订合同前后的各种表现及各种因素，认定是否具有非法占有的目的。例如，根据行为人在签订合同时有无履约能力，在签订合同后有无履行合同的实际行动，未履行合同的原因等情况来进行认定。根据司法经验，行为人通过诈骗方法获取钱财且不能归还，具有下列情形之一的，可以认定为具有非法占有的目的：第一，没有履约能力却骗取大量钱财；第二，获取钱财后没有用在约定的用途上或有赢利预期的经济活动中，或挥霍或处分或用于违法犯罪活动的；第三，无正当理由隐匿、处分钱财，逃避归还的。

（2）本罪与诈骗罪的界限。区分本罪与诈骗罪不能简单以有无合同为标准。诈骗罪也可能以合同的方式实施；合同诈骗罪也可能不以书面合同的方式存在，如口头合同。二者区别的关键在于：合同诈骗罪中的“合同”，其内容事关市场经济活动，侵犯市场经济秩序和合同的信用。

（3）本罪与金融诈骗罪的界限。刑法上规定的各种金融诈骗罪，都可能利用合同的形式来实施，如贷款诈骗利用贷款合同、保险诈骗利用保险合同。这是法条竞合，按特别法优先适用规则，以金融诈骗罪论处。其中，作为司法实务中的特殊情形，单位以贷款合同的形式诈骗贷款时，如果符合合同诈骗罪要件的，对单位可以合同诈骗罪论处。因为贷款诈骗罪的主体不包括单位，欲追究单位贷款诈骗的刑事责任，不得不适用合同诈骗罪。

2. 刑事处罚

根据刑法第224条和第231条的规定，犯本罪的，处3年以下有期徒刑或者拘役，并处或者单处罚金；数额巨大或者有其他严重情节的，处3年以上10年以下有期徒刑，并处罚金；数额特别巨大或者有其他特别严重情节的，处10年以上有期徒刑或者无期徒刑，并处罚金或者没收财产。单位犯本罪的，对单位判处罚金，并对其直接负责的主管人员和其他直接责任人员，依照前述规定处罚。

五、组织、领导传销活动罪

（一）概念与构成

组织、领导传销活动罪，是指组织、领导传销活动，扰乱经济社会秩序的行为。

本罪的构成要件如下：

（1）本罪的客观方面表现为组织、领导传销活动，严重扰乱经济社会秩序的行为。

“传销活动”，是指以推销商品、提供服务等经营活动为名，要求参加者以缴纳费用或者购买商品、服务等方式获得加入资格，并按照一定顺序组成层级，直接或者间接以发展人员的数量作为计酬或者返利的依据，引诱、胁迫参加者继续发展他人参加，骗取财物，扰乱经济社会秩序的活动。“传销活动”的特征有：1）需缴纳相当高的费用取得参加资格。传销活动往往以推销产品、服务等的经营活动为名，但要求参加者缴纳一定的费用获取参加的资格，即所谓的“入门费”。通常的方式是要求参加者高价购买商品，如用数千元买进成本不过百元的产品；也有的直接以“入会费”“会员费”的名义收取费用。2）以参加者缴纳的入门费作为“营利”的来源，形成依靠不断吸收新参加者收取入门费的营利模式，即所谓“拉人头”。3）设置吸引他人参加和鼓励已参加者吸收新参加者的计酬机制。这种计酬机制通常从两个途径使参加者获利：其一，从本人吸收的新参加者缴纳的入门费中直接获利；其二，从“下线”吸收的新参加者缴纳的入门费中提成获利。本人吸收的参加者是本人的“下线”，本人成为其“上线”，“下线”吸收的成员成为本人的“下下线”，由此形成“金字塔式”提成级层。“上线”可以从“下线”、下线的下线……提成获利。这种计酬方式产生一个激励机制，就是不断吸收新成员。吸收的成员越多，收入越高，本人下线吸收的成员越多，本人级别越高，提成的范围越大，最初启动某项传销活动的人，能够直接或间接地从几乎全体参加者的入门费中获利，努力成为上线坐收暴利，同时也成为诱惑他人加入传销的诱饵。这种计酬方式还可以虚构出“发横财”远景，即如果自己发展的金字塔下线以几何级数增加，其提成最高可达到千万元。这种虚妄发财梦想诱惑部分人狂热投入传销中。因此“层级计酬提成”既是传销诱惑力的源泉，也成为传销的重要特征。2018年7月最高人民检察院发布指导性案例第41号“叶某生等组织、领导传销活动案”，明确组织者或者经营者利用网络发展会员，要求被发展人员以缴纳或者变相缴纳“入门费”为条件，获得提成和发展下线的资格。通过发展人员组成层级关系，并以直接或者间接发展的人员数量作为计酬或者返利的依据，引诱被发展人员继续发展他人参加，骗取财物，扰乱经济社会秩序的，以组织、领导传销活动罪追究刑事责任。

组织、领导传销活动的行为，是指在传销活动中起组织、领导作用的发起人、决策人、操纵人，以及在传销活动中担负策划、指挥、布置、协调等重要职责，或者在传销活动实施中起到关键作用的人员。实施这种组织、领导行为的人，通常被称为传销活动的组织者、领导者。鉴于被诱骗参加传销的人众多，他们本身也是受害者，所以刑法只把组织、领导非法传销的行为规定为犯罪。参加传销的行为不认为是犯罪。

（2）本罪的主体是一般主体，任何单位或个人实施组织、领导传销行为达到严重扰乱经济社会秩序程度的，可以构成本罪。

（3）本罪的主观方面是故意。

（4）本罪的客体是经济社会秩序。

（二）司法认定与刑事处罚

1. 司法认定

（1）立案标准及其掌握。根据《2022 立案追诉标准（二）》第 70 条的规定，组织、领导的传销活动人员在 30 人以上且层级在 3 级以上的，对组织者、领导者，应予立案追诉。根据 2013 年 11 月最高人民法院、最高人民检察院、公安部《关于办理组织领导传销活动刑事案件适用法律若干问题的意见》（以下简称《办理传销刑案意见》），组织、领导多个传销组织，单个或者多个组织中的层级已达 3 级以上的，可将在各个组织中发展的人数合并计算。组织者、领导者形式上脱离原传销组织后，继续从原传销组织获取报酬或者返利的，原传销组织在其脱离后发展人员的层级数和人数，应当计算为其发展的层级数和人数。办理组织、领导传销活动刑事案件中，确因客观条件的限制无法逐一收集参与传销活动人员的言词证据的，可以结合依法收集并查证属实的缴纳、支付费用及计酬、返利记录，视听资料，传销人员关系图，银行账户交易记录，互联网电子数据，鉴定意见等证据，综合认定参与传销的人数、层级数等犯罪事实。这里的“层级”和“级”，系指组织者、领导者与参与传销活动人员之间的上下线关系层次，而非组织者、领导者在传销组织中的身份等级。对传销组织内部人数和层级数的计算，以及对组织者、领导者直接或者间接发展参与传销活动人员人数和层级数的计算，包括组织者、领导者本人及其本层级在内。

《办理传销刑案意见》规定，下列人员可以认定为传销活动的组织者、领导者：1）在传销活动中起发起、策划、操纵作用的人员；2）在传销活动中承担管理、协调等职责的人员；3）在传销活动中承担宣传、培训等职责的人员；4）曾因组织、领导传销活动受过刑事处罚，或者 1 年以内因组织、领导传销活动受过行政处罚，又直接或者间接发展参与传销活动人员在 15 人以上且层级在 3 级以上的人员；5）其他对传销活动的实施、传销组织的建立、扩大等起关键作用的人员。

例如，甲、乙、丙、丁等人以某生物科技有限公司连锁销售的形式，销售 X 保健品（每份成本 15 元）。其销售模式为“五级三节制”：高级业务员（A 级 600 份以上）、业务经理（B 级 65 份～599 份）、业务主任（C 级 10 份～64 份）、业务组长（D 级 3 份～9

份)、实习业务员（E 级 1 份～2 份），并且规定购买第一份份额和产品的价格是 3 800 元，以后购买份额的价格都是 3 300 元，然后根据级别和发展的下线申购的份额款获得提成。甲、乙、丙、丁发展了 400 余人，涉案金额 500 余万元。甲、乙、丙、丁的行为构成组织、领导传销罪。

以单位名义实施组织、领导传销活动犯罪的，对于受单位指派，仅从事劳务性工作的人员，一般不予追究刑事责任。

（2）关于“骗取财物”的认定。《办理传销刑案意见》规定：传销活动的组织者、领导者采取编造、歪曲国家政策，虚构、夸大经营、投资、服务项目及盈利前景，掩饰计酬、返利真实来源或者其他欺诈手段，实施刑法第 224 条之一规定的行为，从参与传销活动人员缴纳的费用或者购买商品、服务的费用中非法获利的，应当认定为骗取财物。参与传销活动人员是否认为被骗，不影响骗取财物的认定。

（3）“团队计酬”式传销不认为犯罪。《办理传销刑案意见》规定：传销活动的组织者或者领导者通过发展人员，要求传销活动的被发展人员发展其他人员加入，形成上下线关系，并以下线的销售业绩为依据计算和给付上线报酬，牟取非法利益的，是“团队计酬”式传销活动。以销售商品为目的、以销售业绩为计酬依据的单纯的“团队计酬”式传销活动，不作为犯罪处理。形式上采取“团队计酬”方式，但实质上属于“以发展人员的数量作为计酬或者返利依据”的传销活动，应当依照刑法第 224 条之一的规定，以组织、领导传销活动罪定罪处罚。

（4）本罪与非法经营罪的区别：因为《刑法修正案（七）》已经专门将组织、领导传销活动的行为单独规定为犯罪，故不适用非法经营罪。也有学者认为组织、领导传销活动罪必须具备“骗取财物”的要素，不具备“骗取财物”的仍然成立非法经营罪，如果具有骗取财物要素，同时构成诈骗犯罪的，应当按照想象竞合犯从一重罪论处。参与传销活动者，可能承担非法经营、集资诈骗等犯罪的刑事责任。①

（5）以非法占有为目的，组织、领导传销活动，同时构成组织、领导传销活动罪和集资诈骗罪的，依照处罚较重的规定定罪处罚。犯组织、领导传销活动罪，并实施故意伤害、非法拘禁、敲诈勒索、妨害公务、聚众扰乱社会秩序、聚众冲击国家机关、聚众扰乱公共场所秩序、交通秩序等行为，构成犯罪的，依照数罪并罚的规定处罚。

2. 刑事处罚

根据刑法第 224 条之一的规定，犯本罪的，处 5 年以下有期徒刑或者拘役，并处罚金；情节严重的，处 5 年以上有期徒刑，并处罚金。单位犯本罪的，对单位判处罚金，并对其直接负责的主管人员和其他直接责任人员，依照前述规定处罚。《办理传销刑案意见》规定：具有下列情形之一的，认定为“情节严重”：（1）组织、领导的参与传销活动人员累计达 120 人以上的；（2）直接或者间接收取参与传销活动人员缴纳的传销资金数额累计达 250 万元以上的；（3）曾因组织、领导传销活动受过刑事处罚，或者 1 年以内因组织、领导传销活动受过行政处罚，又直接或者间接发展参与传销活动人员累计达 60 人以上的；（4）造成参与传销活动人员精神失常、自杀等严重后果的；（5）造成其他严

① 参见张明楷：《传销犯罪的基本问题》，载《政治与法律》，2009（9）。

重后果或者恶劣社会影响的。

六、非法经营罪

（一）概念与构成

非法经营罪，是指违反国家规定，从事非法经营活动，扰乱市场秩序，情节严重的行为。本罪的构成要件如下：

1. 本罪的客观方面表现为违反国家规定，从事非法经营活动，情节严重的行为。根据刑法第 96 条的规定，本法所称违反国家规定，是指违反全国人民代表大会及其常务委员会制定的法律和决定，国务院制定的行政法规、规定的行政措施、发布的决定和命令。根据最高人民法院《关于准确理解和适用刑法中“国家规定”的有关问题的通知》（法发［2011］155 号，以下简称《关于国家规定的通知》），“国务院规定的行政措施”应当由国务院决定，通常以行政法规或者国务院制发文件的形式加以规定。以国务院办公厅名义制发的文件，符合以下条件的，亦应视为刑法中的“国家规定”：（1）有明确的法律依据或者同相关行政法规不相抵触；（2）经国务院常务会议讨论通过或者经国务院批准；（3）在国务院公报上公开发布。

《关于国家规定的通知》特别指出：各级人民法院在刑事审判工作中，对有关案件所涉及的“违反国家规定”的认定，要依照相关法律、行政法规及司法解释的规定准确把握。对于规定不明确的，要按照本通知的要求审慎认定。对于违反地方性法规、部门规章的行为，不得认定为“违反国家规定”。对被告人的行为是否“违反国家规定”存在争议的，应当作为法律适用问题，逐级向最高人民法院请示。

非法经营活动，是指刑法第 225 条列明的下列行为之一：

（1）未经许可经营法律、行政法规规定的专营、专卖物品或者其他限制买卖的物品的；

（2）买卖进出口许可证、进出口原产地证明以及其他法律、行政法规规定的经营许可证或者批准文件的；

（3）未经国家有关主管部门批准非法经营证券、期货、保险业务的，或者非法从事资金支付结算业务的；

（4）其他严重扰乱市场秩序的非法经营行为。

对于“其他严重扰乱市场秩序的非法经营行为”的解释，《关于国家规定的通知》指出：要依法严格把握刑法第 225 条第 4 项的适用范围。对被告人的行为是否属于“其他严重扰乱市场秩序的非法经营行为”，有关司法解释未作明确规定的，应当作为法律适用问题，逐级向最高人民法院请示。2018 年 12 月最高人民法院发布指导性案例第 97 号“王某军非法经营再审改判无罪案”，强调对于本罪兜底条款的适用，应当根据相关行为是否具有与本条前三项规定的非法经营行为相当的社会危害性、刑事违法性和刑事处罚必须性进行判断。

目前司法解释有明确规定的是：（1）出版发行非法出版物；（2）擅自经营国际电信

业务或者涉我国港澳台电信业务的；（3）擅自发行彩票的；（4）使用销售点终端机具（POS机）等方法虚假交易为他人信用卡套现的；（5）制售国家禁止用于食品的非食品原料；（6）制售国家禁止生产、销售、使用的农药、兽药，饲料、饲料添加剂，或者饲料原料、饲料添加剂原料；（7）私设生猪屠宰厂（场），从事生猪屠宰、销售等经营活动；（8）根据2013年9月最高人民法院、最高人民检察院《关于办理利用信息网络实施诽谤等刑事案件适用法律若干问题的解释》（以下简称《办理网络诽谤等刑案解释》），违反国家规定，以营利为目的，通过信息网络有偿提供删除信息服务，或者明知是虚假信息，通过信息网络有偿提供发布信息等服务，扰乱市场秩序的；（9）《审理非法集资刑案解释》规定，违反国家规定，未经依法核准擅自发行基金份额募集基金，情节严重的，依照刑法第225的规定，以非法经营罪定罪处罚；（10）2014年3月最高人民法院、最高人民检察院、公安部《关于办理利用赌博机开设赌场案件适用法律若干问题的意见》规定，以提供给他人开设赌场为目的，违反国家规定，非法生产、销售具有退币、退分、退钢珠等赌博功能的电子游戏设施设备或者其专用软件，情节严重的，依照刑法第225条的规定，以非法经营罪定罪处罚；（11）2019年7月最高人民法院、最高人民检察院、公安部、司法部《关于审理非法放贷刑事案件若干问题的意见》规定，违反国家规定，未经监管部门批准，或者超越经营范围，以营利为目的，经常性地向社会不特定对象发放贷款，扰乱金融市场秩序，情节严重的，依照刑法第225条第4项的规定，以非法经营罪定罪处罚；（12）2019年11月最高人民法院《关于审理走私、非法经营、非法使用兴奋剂刑事案件适用法律若干问题的解释》规定，违反国家规定，未经许可经营兴奋剂目录所列物质，涉案物质属于法律、行政法规规定的限制买卖的物品，扰乱市场秩序，情节严重的，应当依照刑法第225条的规定，以非法经营罪定罪处罚。

2. 本罪的主体是一般主体，包括自然人和单位。

3. 本罪的主观方面是故意。

4. 本罪的客体是市场经营秩序。

（二）司法认定与刑事处罚

1. 司法认定

刑法第225条（非法经营罪）是惩治经济犯罪的基本条款，采取了列举非法经营行为类型和其他扰乱市场秩序行为的立法模式，其构成要件具有开放性、适用范围宽广、司法解释空间大的特点，同时也产生了严格解释、适用的要求。因而，在司法实务中形成了极为具体的定罪行为类型。根据《2022立案追诉标准（二）》第71条的规定，非法经营案涉嫌下列情形之一的，应予立案追诉：

（1）违反国家烟草专卖管理法律法规，未经烟草专卖行政主管部门许可，无烟草专卖生产企业许可证、烟草专卖批发企业许可证、特种烟草专卖经营企业许可证、烟草专卖零售许可证等许可证明，非法经营烟草专卖品，具有下列情形之一的：1）非法经营数额在5万元以上，或者违法所得数额在2万元以上的；2）非法经营卷烟20万支以上的；3）3年内因非法经营烟草专卖品受过2次以上行政处罚，又非法经营烟草专卖品且数额在3万元以上的。

（2）未经国家有关主管部门批准，非法经营证券、期货、保险业务，或者非法从事资金支付结算业务，具有下列情形之一的：1）非法经营证券、期货、保险业务，数额在100万元以上，或者违法所得数额在10万元以上的。2）非法从事资金支付结算业务，数额在500万元以上，或者违法所得数额在10万元以上的。3）非法从事资金支付结算业务，数额在250万元以上不满500万元，或者违法所得数额在5万元以上不满10万元，且具有下列情形之一的：因非法从事资金支付结算业务犯罪行为受过刑事追究的；或2年内因非法从事资金支付结算业务违法行为受过行政处罚的；或拒不交代涉案资金去向或者拒不配合追缴工作，致使赃款无法追缴的；或造成其他严重后果的；或使用销售点终端机具（POS机）等方法，以虚构交易、虚开价格、现金退货等方式向信用卡持卡人直接支付现金，数额在100万元以上的，或者造成金融机构资金20万元以上逾期未还的，或者造成金融机构经济损失10万元以上的。

（3）实施倒买倒卖外汇或者变相买卖外汇等非法买卖外汇行为，扰乱金融市场秩序，具有下列情形之一的：1）非法经营数额在500万元以上的，或者违法所得数额在10万元以上的。2）非法经营数额在250万元以上，或者违法所得数额在5万元以上，且具有下列情形之一的：因非法买卖外汇犯罪行为受过刑事追究的；或2年内因非法买卖外汇违法行为受过行政处罚的；或拒不交代涉案资金去向或者拒不配合追缴工作，致使赃款无法追缴的；或造成其他严重后果的。3）公司、企业或者其他单位违反有关外贸代理业务的规定，采用非法手段，或者明知是伪造、变造的凭证、商业单据，为他人向外汇指定银行骗购外汇，数额在500万美元以上或者违法所得数额在50万元以上的。4）居间介绍骗购外汇，数额在100万美元以上或者违法所得数额在10万元以上的。

（4）出版、印刷、复制、发行严重危害社会秩序和扰乱市场秩序的非法出版物，具有下列情形之一的：1）个人非法经营数额在5万元以上的，单位非法经营数额在15万元以上的。2）个人违法所得数额在2万元以上的，单位违法所得数额在5万元以上的。3）个人非法经营报纸5 000份或者期刊5 000本或者图书2 000册或者音像制品、电子出版物500张（盒）以上的，单位非法经营报纸15 000份或者期刊15 000本或者图书5 000册或者音像制品、电子出版物1 500张（盒）以上的。4）虽未达到上述数额标准，但具有下列情形之一的：2年内因出版、印刷、复制、发行非法出版物受过2次以上行政处罚，又出版、印刷、复制、发行非法出版物的；或因出版、印刷、复制、发行非法出版物造成恶劣社会影响或者其他严重后果的。

（5）非法从事出版物的出版、印刷、复制、发行业务，严重扰乱市场秩序，具有下列情形之一的：1）个人非法经营数额在15万元以上的，单位非法经营数额在50万元以上的；2）个人违法所得数额在5万元以上的，单位违法所得数额在15万元以上的；3）个人非法经营报纸15 000份或者期刊15 000本或者图书5 000册或者音像制品、电子出版物1 500张（盒）以上的，单位非法经营报纸5万份或者期刊5万本或者图书15 000册或者音像制品、电子出版物5 000张（盒）以上的；4）虽未达到上述数额标准，2年内因非法从事出版物的出版、印刷、复制、发行业务受过2次以上行政处罚，又非法从事出版物的出版、印刷、复制、发行业务的。

（6）采取租用国际专线、私设转接设备或者其他方法，擅自经营国际电信业务或者涉我国港澳台电信业务进行营利活动，扰乱电信市场管理秩序，具有下列情形之一的：1）经营去话业务数额在100万元以上的。2）经营来话业务造成电信资费损失数额在100万元以上的。3）虽未达到上述数额标准，但具有下列情形之一的：2年内因非法经营国际电信业务或者涉我国港澳台电信业务行为受过2次以上行政处罚，又非法经营国际电信业务或者涉我国港澳台电信业务的；或因非法经营国际电信业务或者涉我国港澳台电信业务行为造成其他严重后果的。

（7）以营利为目的，通过信息网络有偿提供删除信息服务，或者明知是虚假信息，通过信息网络有偿提供发布信息等服务，扰乱市场秩序，具有下列情形之一的：1）个人非法经营数额在5万元以上，或者违法所得数额在2万元以上的；2）单位非法经营数额在15万元以上，或者违法所得数额在5万元以上的。

（8）非法生产、销售“黑广播”“伪基站”、无线电干扰器等无线电设备，具有下列情形之一的：1）非法生产、销售无线电设备3套以上的；2）非法经营数额在5万元以上的；3）虽未达到上述数额标准，但2年内因非法生产、销售无线电设备受过2次以上行政处罚，又非法生产、销售无线电设备的。

（9）以提供给他人开设赌场为目的，违反国家规定，非法生产、销售具有退币、退分、退钢珠等赌博功能的电子游戏设施设备或者其专用软件，具有下列情形之一的：1）个人非法经营数额在5万元以上，或者违法所得数额在1万元以上的；2）单位非法经营数额在50万元以上，或者违法所得数额在10万元以上的；3）虽未达到上述数额标准，但2年内因非法生产、销售赌博机行为受过2次以上行政处罚，又进行同种非法经营行为的；4）其他情节严重的情形。

（10）实施下列危害食品安全行为，非法经营数额在10万元以上，或者违法所得数额在5万元以上的：1）以提供给他人生产、销售食品为目的，违反国家规定，生产、销售国家禁止用于食品生产、销售的非食品原料的；2）以提供给他人生产、销售食用农产品为目的，违反国家规定，生产、销售国家禁用农药、食品动物中禁止使用的药品及其他化合物等有毒、有害的非食品原料，或者生产、销售添加上述有毒、有害的非食品原料的农药、兽药、饲料、饲料添加剂、饲料原料的；3）违反国家规定，私设生猪屠宰厂（场），从事生猪屠宰、销售等经营活动的。

（11）未经监管部门批准，或者超越经营范围，以营利为目的，以超过36%的实际年利率经常性地向社会不特定对象发放贷款，具有下列情形之一的：1）个人非法放贷数额累计在200万元以上的，单位非法放贷数额累计在1 000万元以上的。2）个人违法所得数额累计在80万元以上的，单位违法所得数额累计在400万元以上的。3）个人非法放贷对象累计在50人以上的，单位非法放贷对象累计在150人以上的。4）造成借款人或者其近亲属自杀、死亡或者精神失常等严重后果的。5）虽未达到上述数额标准，但具有下列情形之一的：2年内因实施非法放贷行为受过2次以上行政处罚的；或以超过72%的实际年利率实施非法放贷行为10次以上的。黑恶势力非法放贷的，按照第1、2、3项规定的相应数额、数量标准的50%确定。同时具有第5项规定情形的，按照相应数额、数量标准的40%确定。

（12）从事其他非法经营活动，具有下列情形之一的：1）个人非法经营数额在5万元以上，或者违法所得数额在 1 万元以上的；2）单位非法经营数额在 50 万元以上，或者违法所得数额在 10 万元以上的；3）虽未达到上述数额标准，但 2 年内因非法经营行为受过 2 次以上行政处罚，又从事同种非法经营行为的；4）其他情节严重的情形。

法律、司法解释对非法经营罪的立案追诉标准另有规定的，依照其规定。

根据《办理网络诽谤等刑案解释》，非法从事发帖删帖等网络信息服务的“情节严重”指：（1）个人非法经营数额在 5 万元以上，或者违法所得数额在 2 万元以上的；（2）单位非法经营数额在 15 万元以上，或者违法所得数额在 5 万元以上的。

根据《办理信用卡刑案解释》，违反国家规定，使用销售点终端机具（POS 机）等方法，以虚构交易、虚开价格、现金退货等方式向信用卡持卡人直接支付现金，数额在 100 万元以上的，或者造成金融机构资金 20 万元以上逾期未还的，或者造成金融机构经济损失 10 万元以上的，应当认定为刑法第 225 条的“情节严重”。

根据 2019 年 1 月最高人民法院、最高人民检察院《关于办理非法从事资金支付结算业务、非法买卖外汇刑事案件适用法律若干问题的解释》第 3 条的规定，非法从事资金支付结算业务或者非法买卖外汇，具有下列情形之一的，应当认定为非法经营行为“情节严重”：（1）非法经营数额在 500 万元以上的；（2）违法所得数额在 10 万元以上的。非法经营数额在 250 万元以上，或者违法所得数额在 5 万元以上，且具有下列情形之一的，可以认定为非法经营行为“情节严重”：（1）曾因非法从事资金支付结算业务或者非法买卖外汇犯罪行为受过刑事追究的；（2）2 年内因非法从事资金支付结算业务或者非法买卖外汇违法行为受过行政处罚的；（3）拒不交代涉案资金去向或者拒不配合追缴工作，致使赃款无法追缴的；（4）造成其他严重后果的。

因为国家取消盐业专门许可制度，故从事食盐经营行为不可能涉及非法经营罪。

2. 刑事处罚

根据刑法第 225 条、第 231 条的规定，犯本罪的，处 5 年以下有期徒刑或者拘役，并处或者单处违法所得 1 倍以上 5 倍以下的罚金；情节特别严重的，处 5 年以上有期徒刑，并处违法所得 1 倍以上 5 倍以下罚金或者没收财产。单位犯本罪的，对单位判处罚金，并对其直接负责的主管人员和其他直接责任人员，依照前述规定处罚。

七、强迫交易罪

（一）概念与构成

强迫交易罪，是指以暴力、威胁手段强迫他人交易，情节严重的行为。

本罪的构成要件如下：

1. 本罪的客观方面表现为以暴力、威胁手段强迫交易，情节严重的行为。根据刑法第 226 条的规定，具体包括以下要素：

（1）以暴力、威胁手段实施刑法第 226 条禁止的行为：1）强买强卖商品；2）强迫他人提供或者接受服务；3）强迫他人参与或者退出投标、拍卖；4）强迫他人转让或者收购公司、企业的股份、债券或者其他资产；5）强迫他人参与或者退出特定的经营活动的。强迫进行上述交易包括他人本无交易意愿，强迫他人接受交易，也包括他人虽有交易意愿，但鉴于价格不公平、方式不合理等而拒绝，强迫他人接受交易。

（2）情节严重。2017 年 4 月最高人民检察院、公安部《关于公安机关管辖的刑事案件立案追诉标准的规定（一）的补充规定》第 5 条指出，涉嫌下列情形之一的，应予立案追诉：1）造成被害人轻微伤的；2）造成直接经济损失 2 000 元以上的；3）强迫交易 3 次以上或者强迫 3 人以上交易的；4）强迫交易数额 1 万元以上，或者违法所得数额 2 000 元以上的；5）强迫他人购买伪劣商品数额 5 000 元以上，或者违法所得数额 1 000 元以上的；6）其他情节严重的情形。以暴力、威胁手段强迫他人参与或者退出投标、拍卖，强迫他人转让或者收购公司、企业的股份、债券或者其他资产，强迫他人参与或者退出特定的经营活动，具有多次实施、手段恶劣、造成严重后果或者恶劣社会影响等情形之一的，应予立案追诉。

2. 本罪的主体是一般主体，包括自然人和单位。

3. 本罪的主观方面是故意。

4. 本罪的客体是公平自由的市场交易秩序和公民的合法权益。

（二）司法认定与刑事处罚

1. 司法认定

（1）本罪与抢劫罪的区别。本罪与抢劫罪的区分是司法实践中的一个难点问题，二者在客观上都有暴力、胁迫的行为，主观上也都是故意。二者的区别是：1）二者的客体不同。抢劫罪侵犯的客体是公私财产所有权和他人的人身权利。强迫交易罪侵犯的客体是市场交易秩序和公民的合法权益。2）二者的暴力、威胁程度不同。抢劫罪的暴力、胁迫须达到使被害人不敢反抗或不能反抗的程度。而强迫交易罪中的暴力，只要使被害人因不得已而违背其真实意愿进行交易就可以了。3）行为发生的场合不同。强迫交易罪必须发生在经营或交易活动过程中，而抢劫罪则无此限制。4）犯罪主体不同。强迫交易罪的主体是已满 16 周岁的自然人，也可以是单位。抢劫罪的主体是已满 14 周岁的自然人。5）犯罪主观方面不同。抢劫罪以非法占有他人财物为目的，而强迫交易罪没有犯罪目的要求。根据 2005 年 6 月最高人民法院《关于审理抢劫、抢夺刑事案件适用法律若干问题的意见》的规定，从事正常商品买卖、交易或者劳动服务的人，以暴力、胁迫手段迫使他人交出与合理价钱、费用相差不大的钱物，情节严重的，以强迫交易罪定罪处罚；以非法占有为目的，以买卖、交易、服务为幌子采用暴力、胁迫手段迫使他人交出与合理价钱、费用相差悬殊的钱物的，以抢劫罪定罪处刑。在具体认定时，既要考虑超出合理价钱、费用的绝对数额，还要考虑超出合理价钱、费用的比例，加以综合判断。

（2）本罪与敲诈勒索罪的区别。二者的区别要点在于索取的财物与交易的商品和提供的服务是否大体相当。如果行为人根本不从事有关交易、无交易的内容而借口敲诈财物数额较大的，是敲诈勒索罪。

（3）本罪与强迫卖血罪的竞合。本罪与强迫卖血罪存在法条竞合，特别规定优先适用。对于强迫他人卖血的，以强迫卖血罪论处。

2. 刑事处罚

根据刑法第 226 条和第 231 条的规定，犯本罪的，处 3 年以下有期徒刑或者拘役，并处或者单处罚金。情节特别严重的，出 3 年以上 7 年以下有期徒刑，并处罚金。单位犯本罪的，对单位判处罚金，并对其直接负责的主管人员以及其他直接责任人员，依照上述规定处罚。

八、伪造、倒卖伪造的有价票证罪

（一）概念与构成

伪造、倒卖伪造的有价票证罪，是指伪造或者倒卖伪造的车票、船票、邮票或者其他有价票证，数额较大的行为。

本罪的构成要件如下：

（1）本罪的客观方面表现为伪造或者倒卖伪造的车票、船票、邮票或者其他有价票证，数额较大的行为。根据 2000 年 12 月 5 日最高人民法院《关于对变造、倒卖变造邮票行为如何适用法律问题的解释》的规定，对变造或者倒卖变造的邮票数额较大的，应按本罪定罪处罚。因此，本罪中的伪造，是广义的伪造，不仅包括伪造有价票证的行为，也包括变造有价票证的行为。倒卖，一般是指低价买进、高价卖出或者转手贩卖。行为人伪造或者倒卖伪造有价票证的，成立本罪。如果行为人伪造或者倒卖伪造的金融票证、票据，则成立破坏金融秩序的犯罪或者金融诈骗犯罪。根据 2003 年 4 月 2 日最高人民检察院《关于非法制作、出售、使用 IC 电话卡行为如何适用法律问题的答复》的规定，非法制作或者出售非法制作的 IC 电话卡，数额较大的，以本罪定罪处罚。至于犯罪数额，可以根据销售数额认定。

（2）本罪的主体是一般主体，包括自然人和单位。

（3）本罪的主观方面是故意。

（4）本罪的客体是国家对有价票证的管理秩序。

（二）刑事处罚

根据刑法第 227 条第 1 款和第 231 条的规定，犯本罪的，处 2 年以下有期徒刑、拘役或者管制，并处或者单处票证价额 1 倍以上 5 倍以下的罚金；数额巨大的，处 2 年以上 7 年以下有期徒刑，并处票证价额 1 倍以上 5 倍以下罚金。单位犯本罪的，对单位判处罚金，并对其直接负责的主管人员和其他直接责任人员，依照前述规定处罚。

九、倒卖车票、船票罪

（一）概念与构成

倒卖车票、船票罪，是指倒卖车票、船票，情节严重的行为。

本罪的构成要件如下：

(1) 本罪的客观方面表现为倒卖车票、船票，情节严重的行为。行为对象是真的车票、船票，不包括伪造的。飞机票不是本罪的行为对象。根据最高人民法院《关于审理倒卖车票刑事案件有关问题的解释》(以下简称《审理倒卖车票刑案解释》) 第1条的规定，高价、变价、变相加价倒卖车票或者倒卖座席、卧铺签字号及订购车票凭证，票面数额在5 000元以上，或者非法获利数额在2 000元以上的，属于本罪的“倒卖车票情节严重”。

(2) 本罪的主体是一般主体，包括自然人和单位。

(3) 本罪的主观方面是故意。

(4) 本罪的客体是国家对车票、船票的管理秩序。

(二) 刑事处罚

根据刑法第227条第2款和第231条的规定，犯本罪的，处3年以下有期徒刑、拘役或者管制，并处或者单处票证价额1倍以上5倍以下的罚金。单位犯本罪的，对单位判处罚金，并对其直接负责的主管人员和其他直接责任人员，依照前述规定处罚。

根据《审理倒卖车票刑案解释》第2条的规定，对于铁路职工倒卖车票或者与其他人员勾结倒卖车票；组织倒卖车票的首要分子；曾因倒卖车票受过治安处罚2次以上或者被劳动教养1次以上①，2年内又倒卖车票，构成倒卖车票罪的，依法从重处罚。

十、非法转让、倒卖土地使用权罪

(一) 概念与构成

非法转让、倒卖土地使用权罪，是指以牟利为目的，违反土地管理法规，非法转让、倒卖土地使用权，情节严重的行为。

本罪的构成要件如下：

(1) 本罪的客观方面表现为违反土地管理法规，非法转让、倒卖土地使用权，情节严重的行为。根据2001年8月31日全国人大常委会《关于〈中华人民共和国刑法〉第二百二十八条、第三百四十二条、第四百一十条的解释》的规定，“违反土地管理法规”，是指违反土地管理法、森林法、草原法等法律以及有关行政法规中关于土地管理的规定。“非法转让土地使用权”，指行为人在合法取得土地使用权后，违反国家土地管理法规规定，未经批准，擅自将土地转让给他人的行为。“非法倒卖土地使用权”，指土地受让者违反国家土地管理法规，擅自将土地转手卖给他人，从中谋取差价的行为。成立本罪还要求达到情节严重。根据2000年6月19日最高人民法院公布的《关于审理破坏土地资源刑事案件具体应用法律若干问题的解释》(以下简称《审理破坏土地刑案解释》) 第1

---

① 该司法解释有效，但劳动教养已于2013年12月被全国人民代表大会常务委员会《关于废止有关劳动教养法律规定的决定》所废止。

条和《2022 立案追诉标准（二）》第 72 条的规定，具有下列情形之一的，属于“情节严重”：1）非法转让、倒卖永久基本农田 5 亩以上的；2）非法转让、倒卖永久基本农田以外的耕地 10 亩以上的；3）非法转让、倒卖其他土地 20 亩以上的；4）违法所得数额在 50 万元以上的；5）虽未达到上述数额标准，但因非法转让、倒卖土地使用权受过行政处罚，又非法转让、倒卖土地的；6）其他情节严重的情形。

（2）本罪的主体是一般主体，包括自然人和单位。

（3）本罪的主观方面是故意，且以牟利为目的。

（4）本罪的客体是国家对土地使用权的管理秩序。

（二）刑事处罚

根据刑法第 228 条和第 231 条的规定，非法转让、倒卖土地使用权，情节严重的，处 3 年以下有期徒刑或者拘役，并处或者单处非法转让、倒卖土地使用权价额 5%以上 20%以下罚金；情节特别严重的，处 3 年以上 7 年以下有期徒刑，并处非法转让、倒卖土地使用权价额 5%以上 20%以下罚金。单位犯本罪的，对单位判处罚金，并对其直接负责的主管人员和其他直接责任人员，依照前述规定处罚。

根据《审理破坏土地刑案解释》第 2 条的规定，具有下列情形之一的，属于非法转让、倒卖土地使用权“情节特别严重”：（1）非法转让、倒卖基本农田 10 亩以上的；（2）非法转让、倒卖基本农田以外的耕地 20 亩以上的；（3）非法转让、倒卖其他土地 40 亩以上的；（4）非法获利 100 万元以上的；（5）非法转让、倒卖土地接近上述数量标准并具有其他恶劣情节，如造成严重后果等。

十一、提供虚假证明文件罪

（一）概念与构成

提供虚假证明文件罪，是指承担资产评估、验资、验证、会计、审计、法律服务、保荐、安全评价、环境影响评价、环境监测等职责的中介组织的人员，故意提供虚假的证明文件，情节严重的行为。

本罪的构成要件如下：

1. 本罪的客观方面表现为提供虚假的中介证明文件，情节严重的行为。行为对象为资产评估机构、会计师事务所、审计师事务所、律师事务所、证券公司、环境评估机构等中介服务机构提供的虚假中介证明文件。根据自 2022 年 12 月 19 日起施行的《生产安全刑事案解释（二）》第 6 条，承担安全评价职责的中介组织的人员提供的证明文件有下列情形之一的，属于刑法第 229 条第 1 款规定的“虚假证明文件”：（1）故意伪造的；（2）在周边环境、主要建（构）筑物、工艺、装置、设备设施等重要内容上弄虚作假，导致与评价期间实际情况不符，影响评价结论的；（3）隐瞒生产经营单位重大事故隐患及整改落实情况、主要灾害等级等情况，影响评价结论的；（4）伪造、篡改生产经营单位相关信息、数据、技术报告或者结论等内容，影响评价结论的；（5）故意采用存疑的第三方证明材料、监测检验报告，影响评价结论的；（6）有其他弄虚作假行为，影响评价结论的情形。但生产经营单位提供虚假材料、影响评价结论，承担安全评价职责的中介组织的人员对评价结论与实际情况不符无主观故意的，不属于刑法第 229 条第 1 款规定的“故意提供虚假证明文件”。根据《2022 立案追诉标准（二）》第 73 条的规定，故意提供虚假证明文件案，涉嫌下列情形之一的，属于本罪的“情节严重”，应予立案追诉：（1）给国家、公众或者其他投资者造成直接经济损失数额在 50 万元以上的；（2）违法所得数额在 10 万元以上的；（3）虚假证明文件虚构数额在 100 万元以上且占实际数额 30%以上的；（4）虽未达到上述数额标准，但 2 年内因提供虚假证明文件受过 2 次以上行政处罚，又提供虚假证明文件的；（5）其他情节严重的情形。①

2. 本罪的主体是特殊主体，包括自然人和单位，即承担资产评估、验资、验证、会计、审计、法律服务、保荐、安全评价、环境影响评价、环境监测等职责的中介组织及其工作人员。《刑法修正案（十一）》扩大了本罪的主体范围，旨在“加大对保荐等中介机构在证券发行、重大资产交易中提供虚假证明文件等犯罪的惩治力度，提高资本市场违法违规成本”②，同时维护重大工程安全评价、环境影响评价、环境监测领域的市场秩序，保证公共安全。

3. 本罪的主观方面是故意。

4. 本罪的客体是国家对中介市场的监督管理制度。

（二）司法认定与刑事处罚

1. 司法认定

经《刑法修正案（十一）》调整，提供虚假证明文件，同时索取他人财物或者非法收受他人财物构成犯罪的，不再作为本罪的加重犯，而是依照处罚较重的规定定罪处罚。

2. 刑事处罚

《刑法修正案（十一）》新设三种本罪的加重情形。根据刑法第 229 条第 1 款和第 231 条的规定，犯本罪的，处 5 年以下有期徒刑或者拘役，并处罚金。有下列情形之一的，处 5 年以上 10 年以下有期徒刑，并处罚金：（1）提供与证券发行相关的虚假的资产评估、会计、审计、法律服务、保荐等证明文件，情节特别严重的；（2）提供与重大资产交易相关的虚假的资产评估、会计、审计等证明文件，情节特别严重的；（3）在涉及公共安全的重大工程、项目中提供虚假的安全评价、环境影响评价等证明文件，致使公共财产、国家和人民利益遭受特别重大损失的。根据《生产安全刑事案解释（二）》第 7 条第 2 款，在涉及公共安全的重大工程、项目中提供虚假的安全评价文件，有下列情形之

---

① 根据《生产安全刑事案解释（二）》第 7 条，承担安全评价职责的中介组织的人员故意提供虚假证明文件，有下列情形之一的，属于刑法第 229 条第 1 款规定的“情节严重”：（1）造成死亡 1 人以上或者重伤 3 人以上安全事故的；（2）造成直接经济损失 50 万元以上安全事故的；（3）违法所得数额 10 万元以上的；（4）2 年内因故意提供虚假证明文件受过两次以上行政处罚，又故意提供虚假证明文件的；（5）其他情节严重的情形。该解释规定的“情节严重”与《2022 立案追诉标准》第 73 条规定的立案标准（相当于“情节严重”）有所不同。最高司法机关最好及时统一协调，以免造成实践中的困惑。

② 全国人大常委会法制工作委员会副主任李宁：《关于〈中华人民共和国刑法修正案（十一）（草案）〉的说明》。

一的，属于刑法第 229 条第 1 款第 3 项规定的“致使公共财产、国家和人民利益遭受特别重大损失”：(1) 造成死亡 3 人以上或者重伤 10 人以上安全事故的；(2) 造成直接经济损失 500 万元以上安全事故的；(3) 其他致使公共财产、国家和人民利益遭受特别重大损失的情形。单位犯本罪的，对单位判处罚金，并对其直接负责的主管人员和其他直接责任人员，依照前述规定处罚。

十二、出具证明文件重大失实罪

（一）概念与构成

出具证明文件重大失实罪，是指承担资产评估、验资、验证、会计、审计、法律服务、保荐、安全评价、环境影响评价、环境监测等职责的中介组织的人员，严重不负责任，出具的证明文件重大失实，造成严重后果的行为。

本罪的构成要件如下：

1. 本罪的客观方面表现为出具的证明文件重大失实，造成严重后果的行为。根据《2022 立案追诉标准（二）》第 74 条的规定，给国家、公众或者其他投资者造成直接经济损失数额在 100 万元以上以及其他造成严重后果的情形，属于“造成严重后果”[①]。

2. 本罪的主体与提供虚假证明文件罪的主体相同，即承担资产评估、验资、验证、会计、审计、法律服务、保荐、安全评价、环境影响评价、环境监测等职责的中介组织及其人员。

3. 本罪的主观方面是过失。

4. 本罪的客体是国家对中介市场的监督管理制度。

（二）刑事处罚

根据刑法第 229 条第 3 款和第 231 条的规定，犯本罪的，处 3 年以下有期徒刑或者拘役，并处或者单处罚金。单位犯本罪的，对单位判处罚金，并对其直接负责的主管人员和其他直接责任人员，依照前述规定处罚。

十三、逃避商检罪

（一）概念与构成

逃避商检罪，是指违反进出口商品检验法的规定，逃避商品检验，将必须经商检机构检验的进口商品未报经检验而擅自销售、使用，或者将必须经商检机构检验的出口商

① 《生产安全刑事案解释（二）》第 8 条规定，承担安全评价职责的中介组织的人员，严重不负责任，出具的证明文件有重大失实，有下列情形之一的，属于刑法第 229 条第 3 款规定的“造成严重后果”：(1) 造成死亡 1 人以上或者重伤 3 人以上安全事故的；(2) 造成直接经济损失 100 万元以上安全事故的；(3) 其他造成严重后果的情形。该解释规定的“情节严重”与《2022 立案追诉标准》第 74 条规定的立案标准（相当于“情节严重”）有所不同。最高司法机关最好及时统一协调，以免造成实践中的困惑。

品未报经检验合格而擅自出口，情节严重的行为。

本罪的构成要件如下：

（1）本罪的客观方面表现为逃避商品检验，将必须经商检机构检验的进口商品未报经检验而擅自销售、使用，或者将必须经商检机构检验的出口商品未报经检验合格而擅自出口，且情节严重的行为。根据《2022立案追诉标准（二）》第75条的规定，逃避商检，有下列情形之一的，应予立案追诉：1）给国家、单位或者个人造成直接经济损失数额在50万元以上的；2）逃避商检的进出口货物货值金额在300万元以上的；3）导致病疫流行、灾害事故的；4）多次逃避商检的；5）引起国际经济贸易纠纷，严重影响国家对外贸易关系，或者严重损害国家声誉的；6）其他情节严重的情形。

（2）本罪的主体是一般主体，包括自然人和单位。

（3）本罪的主观方面是故意。

（4）本罪的客体是国家进出口商品检验管理制度。

（二）刑事处罚

根据刑法第230条和第231条的规定，犯本罪的，处3年以下有期徒刑或者拘役，并处或者单处罚金。单位犯本罪的，对单位判处罚金，并对其直接负责的主管人员和其他直接责任人员，依照前述规定处罚。

必要案例分析

1. 贺某、李某销售假药案[①]

2015年至2016年9月，被告人贺某、李某在明知“吉非替尼片”（即印度版“易瑞莎”）系未经批准进口的药品的情况下，由李某在广东省广州市以人民币400元/盒的价格从他人处购买“吉非替尼片”后加价销售给贺某，贺某从李某处购买“吉非替尼片”后再次加价销售给他人，并联系李某由李某将上述药品以快递的方式寄送给购买者，谋取非法利益。贺某、李某通过上述方式六次向位于重庆市九龙坡区南方花园的下家朱某某（另处）销售共计七十盒“吉非替尼片”，具体销售价格为李某向贺某以人民币500元/盒的价格销售，共计销售金额为人民币35 000余元，非法获利人民币7 000余元；贺某向朱某某以人民币1 300元/盒的价格销售，销售金额为人民币91 000余元，非法获利人民币56 000余元。2016年9月9日，公安人员在重庆市某某医院抓获朱某某，并从其身上查获剩余的五盒“吉非替尼片”，后朱某某男友将从重庆市渝北区天宫街道财富中心国际公寓处收到的朱某某从贺某处购得的十盒“吉非替尼片”交由公安机关。经重庆市食品药品监督管理局认定，上述“吉非替尼片”未经批准进口，应按假药论处。2017年11月20日，法院判决，被告人贺某、李某在明知“吉非替尼片”未获得国家食品药品监督管理局批准进口，应按照假药认定的情况下，仍然销售给他人，其行为已构成销售假药罪。

---

① 案件来源：重庆市第五中级人民法院（2018）渝05刑终159号刑事判决书。

分析：本案的争议焦点在于，销售未经批准进口但具有治疗性的仿制药，应当如何定性？按照修订前的《药品管理法》，本案两被告人销售的“吉非替尼片”在“按假药论”的范围内。根据修订前的刑法第141条第2款，本条中的假药，是指依照《药品管理法》的规定属于假药和按假药处理的药品、非药品。据此，法院将其销售“吉非替尼片”的行为定性为销售假药罪。对于假药的含义，法院只进行形式解释，而不实质考虑其对人体健康是否具有危害性。此前，在电影《我不是药神》的原型“陆某案”中，最终出罪依靠的也是对“销售”行为而非对“假药”的限缩解释。这一情况在2019年《药品管理法》修订后有所改变。此次修法对假药的范围作出重大调整，取消了“按假药论处”的有关规定，对假药认定强调功效标准，未取得药品批准证明文件进口药品的，不再以假药论处，而是规定了另外的法律责任。随后《刑法修正案（十一）》也进行了相应修改，删除了刑法第141条原第2款对“假药”的定义。尽管刑法条文不再直接引用药品管理法的相关规定，但从该罪法定犯的属性出发，行政法上不属于假药的药品、非药品不可能成为本罪的行为对象。销售未经批准进口的仿制药的，不再一律成立销售假药罪。依据修订后的刑法第142条之一的规定，如果足以严重危害人体健康，该行为可能构成妨害药品管理罪；如果非但不危害人体健康还颇有治疗效果，则既不构成销售假药罪也不构成妨害药品管理罪。

2. 唐某博等人操纵证券市场案①

2012年5月至2013年1月，唐某博伙同唐某子、唐某琦使用本人及其控制的数十个他人证券账户，不以成交为目的，采取频繁申报后撤单或者大额申报后撤单的方式，诱导其他证券投资者进行与虚假申报方向相同的交易，从而影响三只股票的交易价格和交易量，随后进行与申报相反的交易从而获利，违法所得金额共计2 581万余元。其中：2012年5月7日至5月23日，唐某博伙同唐某子、唐某琦，采用上述手法操纵“华资实业”股票，违法所得金额425.77万余元。其间，5月9日、10日、14日撤回申报买入量分别占当日该股票总申报买入量的57.02%、55.62%、61.10%，撤回申报买入金额分别为9 000万余元、3.5亿余元、2.5亿余元。2012年4月24日至5月7日，唐某博伙同唐某子、唐某琦采用上述手法操纵“京投银泰”股票，违法所得金额1 369.14万余元。其间，5月3日、4日撤回申报买入量分别占当日该股票总申报买入量的56.29%、52.47%，撤回申报买入金额分别为4亿余元、4.5亿余元。2012年6月5日至2013年1月8日，唐某博伙同唐某琦采用上述手法操纵“银基发展”股票，违法所得金额786.29万余元。其间，2012年8月24日撤回申报卖出量占当日该股票总申报卖出量的52.33%，撤回申报卖出金额1.1亿余元。2020年3月30日，法院判决，被告人唐某博等人的行为构成操纵证券市场罪。

分析：本案是我国第一起虚假申报操纵证券市场的刑事案件，该案也入选为最高人民检察院、中国证监会于2020年11月联合发布的证券违法犯罪典型案例。2019年《办理操纵市场刑案解释》第1条明确了虚假申报操纵属于“以其他方法操纵证券、期货市场”的情形，并规定了“情节严重”“情节特别严重”的认定标准。《刑法修正案（十

① 案件来源：上海市第一中级人民法院（2019）沪01刑初19号刑事判决书。

一)》吸收了前述司法解释的规定，在刑法第182条第1款第4项对虚假申报操纵予以叙明化：不以成交为目的，频繁或者大量申报买入、卖出证券、期货合约并撤销申报，影响证券交易价格或者证券交易量，情节严重的行为。司法实践中，应当准确区分虚假申报操纵犯罪和为降低交易成本而实施的合法报撤单。着重审查判断行为人的申报目的、是否进行与申报相反的交易或者谋取相关利益，并结合实际控制账户相关交易数据，细致分析行为人申报、撤单和反向申报行为之间的关联性、撤单所占比例、反向交易数量、获利情况等，综合判断行为性质。本案被告人利用所控制的账户组，不以成交为目的，频繁申报、撤单或大额申报、撤单，撤回买入量和撤回卖出量分别占各股票当日总申报买入量和总申报卖出量的50%以上，引起相应股票交易价量异常波动，并通过实施与虚假申报相反的交易行为获利。

3. 王某军非法经营再审改判无罪案[①]

2014年11月至2015年1月，被告人王某军未办理粮食收购许可证，未经工商行政管理机关核准登记并颁发营业执照，擅自在临河区白脑包镇附近村组无证照违法收购玉米，将所收购的玉米卖给巴彦淖尔市粮油公司杭锦后旗蛮会分库，非法经营数额218 288.6元，非法获利6 000元。案发后，被告人王某军主动退缴非法获利6 000元。2015年3月27日，被告人王某军主动到巴彦淖尔市临河区公安局经侦大队投案自首。原审法院认为，被告人王某军违反国家法律和行政法规规定，未经粮食主管部门许可及工商行政管理机关核准登记并颁发营业执照，非法收购玉米，非法经营数额218 288.6元，数额较大，其行为构成非法经营罪。鉴于被告人王某军案发后主动到公安机关投案自首，主动退缴全部违法所得，有悔罪表现，对其适用缓刑确实不致再危害社会，决定对被告人王某军依法从轻处罚并适用缓刑。宣判后，王某军未上诉，检察机关未抗诉，判决发生法律效力。最高人民法院于2016年12月16日作出（2016）最高法刑监6号再审决定，指令巴彦淖尔市中级人民法院对本案进行再审。该法院再审认为，原判决认定的原审被告人王某军没有办理粮食收购许可证及工商营业执照买卖玉米的事实清楚，其行为违反了当时的国家粮食流通管理有关规定，但尚未达到严重扰乱市场秩序的危害程度，不具备与刑法第225条规定的非法经营罪相当的社会危害性、刑事违法性和刑事处罚必要性，不构成非法经营罪。

分析：本案的争议焦点在于，如何理解刑法第225条第4项“其他严重扰乱市场秩序的非法经营行为”的兜底条款？首先，违反行政管理有关规定的经营行为不一定构成非法经营罪。是否构成非法经营罪，应当考虑该经营行为是否属于严重扰乱市场秩序。对于虽然违反行政管理有关规定，但尚未严重扰乱市场秩序的经营行为，不应当认定为非法经营罪。其次，对于兜底条款的解释应当遵循最后性原则。适用兜底条款应当受到一个前提条件的限制：不属于刑法第225条已经列明前三项非法经营行为类型。如果属于法条列明的前三项行为类型之一，则排斥第4项的适用。本案中，王某军行为虽然属于第225条第1项“未经许可买卖物品”的行为类型，但从“行为对象”角度来看，“玉米”不是该项所要求的专营、专卖、限制买卖的物品。王某军未经许可买卖物品的行为，

① 案件来源：最高人民法院指导性案例第97号。

属于第 1 项的行为类型，却不符合第 1 项的对象条件，故不能适用第 1 项定罪。根据最后性原则，也不能适用兜底条款予以定罪。最后，刑事司法应当坚持罪责的实质评价，行为成立犯罪必须具备刑事违法性、社会危害性、应受惩罚性三要件。危害性和可谴责性是在刑事违法性基础上的实质评价。本案被告人王某军所违反的旧《粮食流通管理条例》规定年收购粮食 50 吨以上须办理收购许可证，其保护法益内容是粮食的生产、流通、安全秩序，以及粮食生产者、消费者的利益。因违反《粮食流通管理条例》而具备刑法第 225 条非法经营罪之“违反国家规定”“扰乱市场秩序”的要件，必须对“粮食的生产、流通、安全秩序，以及粮食生产者、消费者的利益”造成损害结果或者具有造成损害的具体危险。但王某军从粮农处收购玉米卖予粮库，在粮农与粮库之间起了桥梁纽带作用，虽未取得许可证，但没有破坏粮食流通的主渠道，没有严重扰乱市场秩序，不具有与刑法第 225 条规定的非法经营前三项行为相当的社会危害性。

第五章 侵犯公民人身权利、民主权利罪

第一节 侵犯公民人身权利、民主权利罪概述

一、侵犯公民人身权利、民主权利罪的概念和特征

侵犯公民人身权利、民主权利罪，是指故意或者过失地侵犯他人人身权利和其他与人身直接有关的权利，以及非法剥夺或者妨害公民自由地行使依法享有的管理国家事务和参加政治活动权利的行为。人是社会关系的主体，一切社会活动都是人们从事各种活动的表现。为了实现人的主体性，保证社会活动的正常开展，法律必须对公民的人身权利、民主权利和其他与人身相关的权利予以保护。经过国际人权斗争和摩擦的历练以及我国民众对人权保护的呼声日益高涨，我国政府加大了人权保护的力度。2004 年 3 月通过的宪法修正案，明确规定了人权保护的内容。我国刑法历来重视对公民人身权利、民主权利以及与人身相关的权利的保护，一系列惩治侵犯公民这些权利犯罪的条款，构成了我国人权保障法律体系中重要的内容。但是必须明确，虽然本章的罪名是侵犯公民的人身权利、民主权利罪，在理解时，切不可将本章中的公民简单地与国籍联系起来，在绝大多数场合，本章的公民仅仅是指自然人，并不专指具有中国国籍的人，对于不具有中国国籍的外国人或者无国籍的人员，同样适用。

此类犯罪侵犯的客体，是公民的人身权利和其他与人身直接相关的权利以及民主权利，具体内容比较复杂，大致包括以下几个方面：一是公民的人身权利，包括生命权、健康权、人身自由权、性权利、人格权、名誉权；二是与公民人身权利相关的其他权利，包括婚姻家庭关系方面的有关权利，如婚姻自由权、家庭成员地位平等权、家庭婚姻关系不受侵犯的权利、接受抚养的权利；三是公民的民主权利，即公民作为

国家的主人参加国家管理的权利，包括选举权和被选举权等。此外，为了维护民族团结，我国刑法也在本章规定了一些侵犯民族团结以及歧视、侮辱少数民族的犯罪。

需要明确的是，本章的同类客体虽然被称为“公民”的人身权利、民主权利，但是，本章所说的“公民”除涉及政治、民主权利的犯罪之外，其余均是指所有的自然人，包括中国公民、外国公民以及无国籍人士，不受是否具有中国国籍的限制。

此类犯罪的主体多是一般主体，但也有一些犯罪的主体是特殊主体。例如，报复陷害罪、非法剥夺公民宗教信仰自由罪、侵犯少数民族风俗习惯罪等，其主体只能是国家机关工作人员。根据刑法第 17 条第 2、3 款的规定，已满 14 周岁的人应对本章中的故意杀人、故意伤害致人重伤或者死亡、强奸等犯罪负刑事责任；对于已满 12 周岁不满 14 周岁的人，犯故意杀人、故意伤害罪，致人死亡或者以特别残忍手段致人重伤或者造成严重残疾，情节恶劣，经最高人民检察院核准追诉的，也应当负刑事责任。

二、侵犯公民人身权利、民主权利罪的种类

根据犯罪的直接客体和其他特点，本类犯罪共有 43 个具体罪名，可分为以下几类：（1）侵犯生命的犯罪，包括故意杀人罪，过失致人死亡罪。（2）侵犯健康的犯罪，包括故意伤害罪，组织出卖人体器官罪，过失致人重伤罪。（3）侵犯妇女、儿童、残疾人身心健康的犯罪，包括强奸罪，负有照护职责人员性侵罪，强制猥亵、侮辱罪，猥亵儿童罪，雇用童工从事危重劳动罪，组织残疾人、儿童乞讨罪，组织未成年人进行违反治安管理活动罪。（4）侵犯行动自由的犯罪，包括绑架罪，非法拘禁罪，拐卖妇女、儿童罪，收买被拐卖的妇女儿童罪，聚众阻碍解救被拐卖的妇女、儿童罪。（5）侵犯劳动权利的犯罪，包括强迫劳动罪。（6）侵犯人格、名誉、住宅安宁及私密的犯罪，包括侮辱罪，诽谤罪，非法搜查罪，非法侵入住宅罪，侵犯通信自由罪，私自开拆、隐匿、毁弃邮件、电报罪，侵犯公民个人信息罪。（7）侵犯婚姻、家庭关系的犯罪，包括虐待罪，遗弃罪，重婚罪，破坏军婚罪，暴力干涉婚姻自由罪，拐骗儿童罪。（8）侵犯民主权利的犯罪，包括破坏选举罪，报复陷害罪，打击、报复会计、统计人员罪。（9）借国家机关权力侵犯人身权利的犯罪，包括刑讯逼供罪，虐待被监管人罪，暴力取证罪，诬告陷害罪。（10）侵犯宗教信仰及以少数民族为对象的犯罪，包括非法剥夺公民宗教信仰自由罪，侵犯少数民族风俗习惯罪，出版歧视、侮辱少数民族作品罪，煽动民族仇恨、民族歧视罪。

本章重点罪名包括故意杀人罪，故意伤害罪，强奸罪，非法拘禁罪，绑架罪，拐卖妇女、儿童罪，诬告陷害罪，刑讯逼供罪，侵犯公民个人信息罪，破坏选举罪，重婚罪，虐待罪。

第二节　侵犯公民人身权利、民主权利罪分述

一、故意杀人罪

（一）概念与构成

故意杀人罪，是指故意非法地剥夺他人生命的行为。

本罪的构成要件如下：

（1）本罪的客观方面表现为行为人实施非法剥夺他人生命的行为。这一特征有两个要点需要把握：其一，剥夺他人的生命必须是缺乏法律根据的，即具有违法性。如果是合法地结束一个人的生命，如依法执行死刑、战争状态下将敌方人员击毙、正当防卫条件下将侵害人杀死等，都不能构成故意杀人罪。但是，实践中经常见到的“大义灭亲”——杀死自己的亲属，经被害人同意而将被害人杀死的行为，都因缺乏法律根据而应当构成故意杀人罪。其二，行为人必须实施了杀害他人的行为。至于杀人的手段，可以是暴力的，也可以是非暴力的，还可以是利用工具、动物甚至第三人的行为。行为的方式，可以是积极的作为，也可以是以消极的不作为方式导致他人死亡。在以不作为方式故意杀人的情况下，行为人必须具有特定的义务。在不作为义务的来源上，尽管国外有立法例确认了道德义务在一定条件下可以作为不作为杀人义务的来源，但在我国立法上并未规定此种行为可以构成犯罪，司法实践也持否定态度。必须强调，无论行为人所采用的是何种方法，都必须具有导致他人死亡的现实可能性，才能够称为杀人的行为。如果行为人采用根本不可能对他人生命造成任何危害的方式意图“杀人”的，如“迷信犯”，不能视为杀人行为。本罪的着手行为表现为行为人实施意图直接剥夺他人生命的行为，如果仅仅是准备工具、跟踪被害人、练习性瞄准以及其他试探性行为，均不是着手行为。此外，故意杀人罪是结果犯，是否将人杀死，是区别本罪既遂与否的标志。

当然，从自然规律的角度来讲，每个人最终都是要死亡的，虽然杀人行为并没有改变这一规律，但是它改变了人死亡的自然进程，而这正是法律惩罚此等行为的根据。因此，可以说，故意杀人罪是行为人非法地故意提前结束他人生命的行为。本罪所侵犯的对象为具有生命的自然人，并无男女老少之分，也无健康与否、是否与行为人有亲属关系之别。危害生命尚未开始的胎儿以及生命已经结束的尸体，均不能构成故意杀人罪。

至于人之生命开始与终结的标准，中外立法及司法实践掌握不一。人的生命开始的标准，大致有阵痛说、一部分露出说、全部露出说、断带说、独立呼吸说等不同观点和立法例。我国刑法学界一般主张独立呼吸说，但是也有人对此提出异议。

关于人死亡的标准，我国目前采取心死说，即以心脏停止跳动、呼吸和脉搏停止作为人死亡的标志。随着医学科学的发展，国外一些发达国家已采用脑死亡作为人生命结束的标准。我国目前关于脑死亡立法的呼声也日益高涨，一旦立法通过，我国也将采取脑死亡的标准来确定自然人的死亡。

（2）本罪的主体是一般主体。根据刑法第 17 条第 2 款的规定，已满 14 周岁的人犯本罪的，应当负刑事责任。根据刑法第 17 条第 3 款的规定，对于已满 12 周岁不满 14 周岁的人，故意杀人致人死亡或者以特别残忍手段致人重伤或者造成严重残疾，情节恶劣，经最高人民检察院核准追诉的，也应当负刑事责任。因此，在理解刑法第 17 条第 3 款的规定时，要注意已满 12 周岁不满 14 周岁的人并不是对所有的故意杀人行为负刑事责任，而只是对造成严重后果的故意杀人行为（包括既遂与未遂）才负刑事责任。

（3）本罪的主观方面是故意。故意的内容是剥夺他人的生命。至于犯罪动机如何，并不影响定罪，但在量刑时有一定的意义。故意的形态可以分为直接故意杀人和间接故意杀人。行为人希望或放任自己的行为导致他人死亡的心理态度，是区分故意杀人罪与过失致人死亡罪、故意伤害罪的界限。

（4）本罪的客体是他人的生命权利。生命权利是一个人存活的基本保证，是自然人享有其他人身权利的基础，因此，在侵犯人身权利的犯罪中，故意杀人罪的危害性最为严重。侵犯他人的生命权利，也是故意杀人罪在犯罪客体方面区别于其他侵犯人身权利犯罪的重要特征之一。

（二）司法认定与刑事处罚

1. 司法认定

（1）本罪与一些危害公共安全犯罪的竞合关系。在实践中，行为人常常采用放火、爆炸、投放危险物质或者其他危害公共安全的方法杀人，在此情况下，形成故意杀人罪与放火罪、爆炸罪、投放危险物质罪等犯罪的竞合，可以按照想象竞合犯的处断原则，从一重罪处罚。如果行为人构成的危害公共安全犯罪的法定刑与故意杀人罪的法定刑不能比较出轻重，应当按照犯罪构成要件外延更加广泛的犯罪定罪处罚，以体现对行为人行为的全面评价原则。但是，如果行为人的放火、爆炸、投放危险物质等行为尚不足以危及公共安全的，则直接以故意杀人罪论处；如果行为人将人杀死后又实施放火、爆炸、投放危险物质等危害公共安全行为的，则应以本罪和相关的危害公共安全犯罪进行并罚。

（2）本罪同有关暴力犯罪中致人死亡的联系与区别。我国刑法中有诸多暴力性犯罪致人死亡的处罚规定，它们和故意杀人罪的区别与联系主要表现为两个方面：其一，某种暴力性犯罪中的致人死亡并不包含故意杀人内容，则行为人实施此种犯罪过程中故意将被害人杀死的，应当按照想象竞合犯的原则，以所犯之罪和故意杀人罪中处罚较重的犯罪定罪处罚。但是，如果行为人在实施完毕某种故意犯罪之后又实施了故意杀人行为的，应当以所犯之罪与故意杀人罪进行并罚。如暴力干涉他人婚姻自由，又使用暴力故意杀害被害人的，就应以暴力干涉婚姻自由罪和故意杀人罪进行并罚。其二，某种暴力性犯罪的构成要件或处罚情节中已包括故意杀人内容，则行为人实施该犯罪并将被害人杀害的，因故意杀人的情节已被吸收，就不再单独论罪，而直接以该种暴力犯罪一罪处罚。如抢劫致人死亡、绑架并杀害人质等，都不再单独处罚其杀人的行为。但是，如果行为人在实施了上述暴力性犯罪之后，为了灭口、逃避侦查等原因而将被害人杀害的，其故意杀人行为与有关的暴力犯罪之间就不存在吸收关系，应按照故意杀人罪和有关的暴力犯罪进行并罚。

（3）引起他人自杀与本罪的关系。自杀是自己亲手结束自己生命的行为，在我国刑法中并不认为是犯罪。但是在实践中，行为人的某种行为导致其他人自杀，是否构成故意杀人罪却值得研究。解决此类案件，应把握以下三个方面的内容：其一，行为人是否实施了某种犯罪行为；其二，行为人的行为与他人自杀之间是否具有因果关系；其三，行为人对他人自杀是一种什么样的心理态度。根据上述标准并结合引起自杀的不同原因，我们可以将此类案件具体分为以下几种情况分别处理：

其一，行为人实施的行为不具有违法性，或是有轻微的违法性但并未达到犯罪的程度，自杀主要是自杀者基于心胸过于狭窄或重大误解所致，不能对行为人追究刑事责任。

其二，行为人实施了某种犯罪行为，如强奸、暴力干涉婚姻自由、非法拘禁、刑讯逼供、虐待、侮辱、诽谤等，而引起被害人自杀的，其行为与被害人自杀之间存在间接因果关系，行为人应当对他人自杀的结果承担刑事责任。但因行为人缺乏剥夺他人生命的故意，不能以故意杀人罪论处，而应以上述相关的犯罪定罪，将引起他人自杀作为从重处罚的一个情节。

其三，行为人具有剥夺他人生命的故意，而逼迫、诱骗、教唆或帮助他人自杀的，一律按照故意杀人罪论处。逼迫他人自杀，是指行为人采用暴力、胁迫等方法，故意置被害人于走投无路之境地，逼其自杀的情形；诱骗他人自杀，是指故意设下圈套或者陷阱，或者利用他人的无知，诱使他人自杀的情形；教唆他人自杀，是指在他人本无自杀意念或尚无自杀决意的情况下，行为人用鼓动、怂恿的方法，使他人产生自杀意念或自杀决定，进而自杀的情形；帮助他人自杀，是指行为人在他人自杀时提供行为或物质上的帮助，促使他人自杀的情形。这些情形中，行为人主观上都有剥夺他人生命的故意，实施了导致他人死亡的某些行为，且这些行为与自杀者死亡之间具有因果关系，完全符合故意杀人罪的构成要件。根据最高司法机关的司法解释，组织和利用邪教组织制造、散布迷信邪说，组织、策划、煽动、胁迫、教唆、帮助其成员或者其他人实施自杀的，以故意杀人罪论处。①

（4）受嘱托杀人案件的定性。受嘱托杀人是指行为人接受他人的嘱托，而故意地将其杀死的行为。从行为人的角度来看，这是一种被害人承诺的行为。在一般具有危害性的行为中，被害人承诺可以作为违法阻却的一个理由，从而免除行为人的刑事责任。但是从各国的立法及司法实践来看，被害人承诺的范围一般不应包括自己的生命，对受嘱托而杀死他人的，应当追究刑事责任。我国刑法对此未作明文规定，在司法实践中对此种行为应以故意杀人罪论处。

与受嘱托杀人相关的一个热点问题是关于安乐死是否构成杀人罪的争论。从本质上讲，应身患绝症、濒临死亡之人的要求，采取措施（如注射毒剂）提早结束其生命，也属于受嘱托杀人的范围，不能阻却其违法性，仍应以故意杀人罪论处。但是，鉴于安乐死与一般的受嘱托杀人相比具有特殊性，其是否应予以合法化，在国内外都引起了激烈的争论。目前，已有个别国家通过立法将安乐死合法化。但在我国，安乐死是否合法化

① 参见最高人民法院、最高人民检察院 2017 年 1 月 25 日《关于办理组织、利用邪教组织破坏法律实施等刑事案件适用法律若干问题的解释》。

的问题仍处于理论争论阶段，实践中仍然以故意杀人罪论处。但是，在具体处理案件时，应当考虑行为人的情节，适用“情节显著轻微”“情节轻微”以及情节严重来具体认定和处罚。

（5）相约自杀案件的处理。相约自杀是指二人以上约定共同结束生命的行为。我国刑法并没有规定自杀的刑事责任，所以对于自杀行为不存在犯罪问题。但是，在相约自杀未遂的情况下，是否对自杀未遂者以故意杀人罪论处，也颇值得研究。从实践中的案例来看，大致可以分为四种情况：

其一，相约自杀，各自实施自杀行为的，对自杀未遂者不能追究刑事责任。

其二，行为人教唆、帮助他人自杀，自己也同他人约定自杀，结果该人自杀未遂的，可以按照教唆、帮助他人自杀的情形处理。

其三，行为人与他人相约共同自杀，但他人无勇气或无能力实施自杀，要求行为人先将其杀死再自杀；行为人将他人杀死之后，自杀未遂的，符合受嘱托杀人的特征，仍应以故意杀人罪论处。

其四，行为人以虚假的意思表示，假意与他人相约自杀，他人自杀而行为人未自杀的，符合诱骗他人自杀特征，应以故意杀人罪论处。

（6）安全事故类犯罪与本罪的关系。危害公共安全的有关重大事故犯罪，一般会出现致人死亡的情况。如果系安全事故犯罪行为直接导致人员死亡的，按照相关的安全事故犯罪定罪处罚；如果在安全事故发生后，直接负责的主管人员或者其他直接责任人员故意阻挠开展抢救，导致人员死亡，或者为了逃避法律追究，对被害人进行隐藏、遗弃，致使被害人无法得到救助而死亡的，应当以故意杀人罪定罪处罚。①

2. 刑事处罚

与其他立法例将故意杀人行为区分为多种杀人罪进而设定相应的法定刑不同，我国刑法对故意杀人的行为只规定为一个犯罪，在法定刑的幅度上就相对比较宽泛。根据刑法第232条的规定，犯本罪的，处死刑、无期徒刑或者10年以上有期徒刑；情节较轻的，处3年以上10年以下有期徒刑。

从我国刑法的规定来看，本罪的法定刑是相对比较简单的，仅仅分为两个量刑档次。在适用时，法官自由裁量的权力比较大。从司法实践来看，情节较轻的杀人犯罪一般是指帮助他人自杀、受嘱托杀人、义愤杀人、溺婴、被害人具有重大过错引起的杀人、大义灭亲的杀人、侠义杀人（所谓替天行道）等等。

二、过失致人死亡罪

过失致人死亡罪，是指由于过失而致人死亡的行为。本罪的客观方面表现为致人死亡行为，致人死亡的行为与死亡结果之间存在因果关系。本罪主观方面是过失。

认定本罪应注意如下几个问题：第一，要将本罪与故意（尤其是间接故意）杀人罪

① 参见最高人民法院、最高人民检察院2015年12月14日《关于办理危害生产安全刑事案件适用法律若干问题的解释》。

区分开来。前者对死亡结果持否定态度，后者对死亡结果持希望或者放任态度。需要特别注意的是行为人基于过于自信的过失导致他人死亡与间接故意杀人的界限。在过于自信的过失的心理支配之下，行为人对自己行为的自信均是有一定根据的，如果行为人对自己的行为凭空自信而没有合理的根据可以凭借的，应当构成间接故意犯罪。第二，要把本罪同意外事件区别开来。前者对死亡结果应当预见，后者对死亡结果没有预见，也不应当预见；前者行为人主观上有过失的罪过，应当负刑事责任，后者行为人主观上无罪过，不应当负刑事责任。第三，要把本罪与刑法另有规定的致人死亡的行为区别开来。刑法第 233 条规定："本法另有规定的，依照规定。"这是指实践中因过失致人死亡的情况较多，刑法分则对这些情况如失火、交通肇事、重大责任事故等都作了专门规定，分别有独立的罪名和法定刑，可分别按照各有关条款的规定定罪处刑，不再另定过失致人死亡罪。

依照刑法第 233 条的规定，犯本罪的，处 3 年以上 7 年以下有期徒刑；情节较轻的，处 3 年以下有期徒刑。

三、故意伤害罪

（一）概念与构成

故意伤害罪，是指故意非法地损害他人身体健康的行为。

本罪的构成要件如下：

（1）本罪的客观方面表现为行为人非法损害他人身体健康的行为。这一特征有两层含义：其一，行为人的行为必须是非法的，如果是合法行为如医疗行为，就不能构成本罪。其二，必须使他人的身体健康受到损害。身体健康受到损害，包括人身组织的损害和身体器官正常机能的损害两个方面；损害的程度可以分为轻伤、重伤、致人死亡三个层次。至于行为人是采用暴力的还是非暴力的、作为的还是不作为的方式实施犯罪，均在所不问。

（2）本罪的主体是一般主体。至于负刑事责任的年龄，根据刑法第 17 条的规定，分为三种情况：故意伤害致人轻伤的，已满 16 周岁的人应当负刑事责任；故意伤害致人重伤或者死亡的，已满 14 周岁的人应当负刑事责任；故意伤害致人死亡或者以特别残忍手段致人重伤或者造成严重残疾，情节恶劣，经最高人民检察院核准追诉的，已满 12 周岁不满 14 周岁的人也应当负刑事责任。

（3）本罪的主观方面是故意。故意的内容是行为人对自己的行为导致他人人身损害的结果持希望或放任的态度。故意的形态有直接故意伤害和间接故意伤害。至于行为人在主观上要造成什么样的伤害结果，有的有明确肯定的认识，在多数情况下，只有概括认识，对伤害的部位和造成轻伤还是重伤，是不明确、不肯定的。故意伤害的动机多种多样，有的为了个人报复、嫉妒，有的出于滋事斗殴，有的由于家庭、婚姻或其他纠纷引起，等等。不同的动机不影响本罪的成立。根据最高人民法院、最高人民检察院的司法解释，组织和利用邪教组织制造、散布迷信邪说，组织、策划、煽动、胁迫、教唆、帮助其成员或者其他人实施自伤行为的，依照故意伤害罪定罪处罚。[①]

（4）本罪的客体是他人的健康权利。这是本罪区别于其他侵犯人身权利犯罪的一个重要特征。从犯罪对象上看，本罪所侵害的只能是行为人以外的具有生命的自然人，因为没有生命，便无所谓健康。损害自己健康的，也不能构成本罪。只有伤害自己的身体是为了损害社会利益而触犯刑律的，才应依有关法律规定定罪。例如，军人战时自伤身体，逃避履行军事义务的，以刑法第434条规定的战时自伤罪论处；自伤身体是为了嫁祸于人、诬陷他人，意图使他人受到刑事追究，情节严重的，应以刑法第243条规定的诬告陷害罪论处。

（二）司法认定与刑事处罚

1. 司法认定

（1）伤害程度判定的标准。在故意伤害犯罪中，行为人的行为对被害人造成的损害程度、对定罪量刑具有重大影响。根据我国刑法的规定和司法实践经验，将伤害程度分为轻微伤、轻伤、重伤、伤害致死。其中，轻微伤不属于伤害罪的范围，对行为人应按治安管理处罚法予以处罚；轻伤、重伤和伤害致死同属于伤害罪，只是有罪轻罪重之别。根据刑法第95条的规定，具有下列情形之一的，都属于重伤：1）使人肢体残废或者毁人容貌的；2）使人丧失听觉、视觉或者其他器官机能的；3）其他对于人身健康有重大伤害的。为了使重伤、轻伤的标准具体化，2013年8月30日最高人民法院、最高人民检察院、公安部、国家安全部、司法部发布的《人体损伤程度鉴定标准》对各种伤情的鉴定标准，均作出了较为详细的规定。

在司法实践中，对于伤害结果的鉴定，是以被害人受伤当时的伤势为准，还是以治疗后的结果为准，有不同的见解。通说认为，伤害结果应将伤害当时的伤势与治疗后的结果结合起来进行综合考量，同时也应兼顾受伤部位同被害人职业的关系等因素。

（2）本罪与故意杀人罪的区别。故意伤害罪与故意杀人罪的区别，从理论上应重点把握两个方面：一是从犯罪的客体上看，故意伤害罪侵犯的是他人的人身健康权，故意杀人罪则是侵犯了他人的生命权。二是在主观方面，两罪虽然都是故意犯罪，但故意的内容有重大区别。在故意伤害罪中，行为人是明知自己的行为会造成他人身体损害的结果，并且希望或放任这种结果的发生；而在故意杀人罪中，行为人是明知自己的行为会造成他人死亡的结果，并且希望或放任这种结果的发生。在实践中，查明行为人主观故意的内容，对于认定其行为的性质具有重要意义。如果行为人在实施行为时，对他人是死是伤均持放任的态度，则如何确定行为人行为的性质是有困难的。一般来讲，可以根据行为人的客观行为进行分析判断，判断的因素有：1）致命武器原理，即通过对行为人所使用的工具、手段是否具有强烈的致命性的分析来判断其主观方面是否具有杀人的故意。2）打击部位原理，即通过对行为人所打击的部位是否具有致命性的分析来判断其主观方面是否具有杀人的故意。3）综合分析原理，即根据行为人使用的手段和工具、打击

---

① 参见最高人民法院、最高人民检察院2017年1月25日《关于办理组织、利用邪教组织破坏法律实施等刑事案件适用法律若干问题的解释》。

的部位是不是致命等因素进行综合考察，以确定行为人的故意内容是剥夺他人生命还是损害他人健康。因为根据前面两个原理，对行为人的主观方面的判断往往是片面的，并不能准确反映行为人的主观心理内容，如虽然使用了致命的武器，但是并没有打击致命的部位，也不能得出行为人具有杀人的故意；反之，行为人杀人使用的是非致命的武器，但是打击的部位是致命的，则可以认定为有杀人的故意。例如，使用绳索往被害人身上抽打，一般可以判断行为人是伤害的故意；如果将绳索套在脖子上猛拉，则可以认定行为人具有杀人的故意。4）结果原理，即如果通过上述因素的分析仍然不能确定行为人的主观心理内容的，则应根据行为人的行为所造成的最终结果来认定行为人行为的性质，即造成伤害结果的，定故意伤害罪，造成死亡结果的，定故意杀人罪。当然，根据什么时候的结果判断，仍然是存在问题的，我国古代用“保辜”制度予以解决，英美法系目前普遍采用101天的规则处理，即在101天之内死亡的，属于杀人；超过101天死亡的，属于伤害。我国目前实践中并没有确定的标准，我们认为应当以司法机关介入时的状况作为判断标准比较适宜。

根据上述方法对行为人的主观故意内容和客观行为特征分析后，能够确定行为人主观上只有致人伤害的故意，而无致人死亡的故意，结果却造成了致人死亡结果的，仍应以故意伤害罪论处；能够确定行为人主观上意图致人死亡，因意志以外的原因客观上只造成伤害，没有导致他人死亡的，也应按故意杀人（未遂）罪处理。

（3）本罪与其他暴力性犯罪的关系。故意伤害罪与其他暴力性犯罪的区别，主要是看其他暴力性犯罪的构成要件或处罚情节中是否包含了故意伤害罪的内容以及包含到何种程度。凡是其他暴力性犯罪能够包含的伤害行为，都适用刑法第234条第2款规定的“本法另有规定的，依照规定”的原则，不再定故意伤害罪；凡是暴力性犯罪中只包含轻伤，而不包含重伤情节的，在行为人故意致人重伤的情况下，则应以故意伤害罪定罪处罚。例如，刑讯逼供罪、暴力取证罪、虐待被监管人罪、聚众斗殴罪以及妨害公务罪中的暴力，仅包括致人轻伤的情形，如果行为人实施上述犯罪致人轻伤，直接以上述相关犯罪定罪处罚；如果行为人实施上述犯罪致人伤残、死亡，均超出了上述犯罪暴力的内容，认为行为人基于伤害故意，都应以故意伤害罪定罪处罚。

（4）本罪与过失致人死亡罪的区分。在故意伤害致人死亡特别是行为人在间接故意致人死亡的情况下，如何与过失致人死亡罪特别是行为人在过于自信过失下致人死亡的相区分，有一定的难度。基于这两种情况行为人的行为均是导致了他人死亡的结果，区分的关键仍然是根据客观行为对行为人主观内容的推断。从主观的认识内容来看，两种情况下行为人均对他人死亡的结果有所预见，考查的重点是行为人对死亡结果的意志内容，即行为人放任结果发生的，属于故意伤害罪的致人死亡；行为人轻信能够避免死亡结果发生的，属于过于自信的过失。当然，在判断行为人的轻信可以避免结果发生时，必须结合行为人有没有自信的根据，如经验、技巧、使用的手段、打击的部位、行为时的客观环境、行为人的控制能力等予以综合判断。对于行为人没有自信的根据而凭空自信的，不属于刑法中的过于自信，应当认定为犯罪的间接故意。

（5）故意伤害罪与安全事故类犯罪的关系。危害公共安全的有关重大事故犯罪，一般会出现人员伤害的情况。如果系安全事故犯罪行为直接导致人员伤害，按照相关的安全事故犯罪定罪处罚；如果在安全事故发生后，直接负责的主管人员或者其他直接责任人员故意阻挠开展抢救，导致人员重伤，或者为了逃避法律追究，对被害人进行隐藏、遗弃，致使被害人无法得到救助而重度残疾，应当以故意伤害罪定罪处罚。①

（6）故意向他人传播严重疾病行为的定性。严重疾病也是对人健康的严重伤害，故意向他人传播严重疾病的，也应当构成故意伤害罪。如明知自己感染艾滋病毒而卖淫嫖娼，或者明知自己感染艾滋病毒，故意不采取防范措施而与人发生性关系致使他人感染艾滋病毒的，属于故意伤害致人重伤。②

2. 刑事处罚

依照刑法第 234 条的规定，犯本罪的，处 3 年以下有期徒刑、拘役或者管制；致人重伤的，处 3 年以上 10 年以下有期徒刑；致人死亡或者以特别残忍手段致人重伤造成严重残疾的，处 10 年以上有期徒刑、无期徒刑或者死刑。

一般来讲，本罪的第一个量刑档次主要是针对致人轻伤的情形的。本罪虽然规定了死刑，但是对其适用的条件仍然作了较为严格的限制。

四、组织出卖人体器官罪

组织出卖人体器官罪，是指违反国家规定，组织他人进行出卖人体器官的行为。本罪是《刑法修正案（八）》新增加的犯罪行为，在此之前司法机关对此类行为多以非法经营罪定罪处罚，因此，在适用本罪时，应当注意法条的适用变化。

人体器官禁止买卖是国际通行的规则。国务院 2007 年颁布的《人体器官移植条例》第 3 条明确规定：任何组织和个人不得以任何形式买卖人体器官，不得从事与买卖人体器官有关的任何活动。认定本罪时应当注意如下几个问题：其一，本罪处罚的是组织行为，即寻找器官供体、联络受体的行为，如果供体自己同意并主动提供器官的，并不构成犯罪；其二，被组织的他人即供体必须是同意出卖器官的，如果供体不同意或者使用强迫、欺骗的手段摘取其器官的，应当根据不同情况以故意杀人罪或者故意伤害罪定罪处罚；其三，违背本人生前意愿摘取其尸体器官，或者本人生前未表示同意，违反国家规定，违背其近亲属意愿摘取其尸体器官的，以侮辱尸体罪定罪处罚。

根据刑法第 234 条之一的规定，犯本罪的，处 5 年以下有期徒刑，并处罚金；情节严重的，处 5 年以上有期徒刑，并处罚金或者没收财产。

五、过失致人重伤罪

过失致人重伤罪，是指行为人因过失造成他人身体重伤的行为。本罪的客观方面表

---

① 参见最高人民法院、最高人民检察院 2015 年 12 月 14 日《关于办理危害生产安全刑事案件适用法律若干问题的解释》。

② 参见最高人民法院、最高人民检察院 2017 年 7 月 21 日《关于办理组织、强迫、引诱、容留、介绍卖淫刑事案件适用法律若干问题的解释》。

现为行为人实施了非法损害他人身体健康的行为，并且伤害结果达到重伤的程度。如果致人死亡的，应以过失致人死亡罪论处。本罪的主观方面要求行为人出于过失，即行为人对自己的行为造成他人重伤的结果有过失。刑法分则规定的其他犯罪中包含过失致人重伤情节的，依照相关的犯罪定罪处罚，不再定本罪。

依照刑法第 235 条的规定，犯本罪的，处 3 年以下有期徒刑或拘役。

六、强奸罪

（一）概念与构成

强奸罪，是指违背女性的意志，使用暴力、胁迫或者其他手段，强行与女性性交或者奸淫幼女的行为。以往奸淫幼女的按奸淫幼女罪定罪处罚，最高人民法院、最高人民检察院 2002 年 3 月 15 日发布《关于执行〈中华人民共和国刑法〉确定罪名的补充规定》，取消奸淫幼女罪的罪名，改为按强奸罪定罪处罚；《刑法修正案（九）》取消了嫖宿幼女罪，所以，嫖宿幼女的行为也归入本罪。

本罪的构成要件如下：

1. 本罪的客观方面一般表现为行为人强行与妇女发生性交或者与不满 14 周岁的幼女发生性行为的行为，因为侵犯的对象不同而有所不同。对于强奸成年的正常妇女而言，违背女性意志是此类强奸罪的基本特征。在本罪中，女性是被害的对象，包括幼女、少女和成年妇女。至于被害女性是何种身份、何种道德状况，均在所不问。违背女性意志，对于不同的女性，表现不同。对于正常的成年女性而言，如要在违背女性意志的情况下性交，行为人往往要采取一些使该女性不能反抗、不知反抗或不敢反抗的手段。这些手段正是违背女性意志这个基本特征的外在表现。因此，考察犯罪手段，对于确定与成年女性发生性行为是否属于强奸具有重要意义。

在司法实践中，强行与女性发生性交行为的手段通常有以下几种：（1）暴力手段。此即行为人使用暴力，对被害女性直接施以身体上的强制，如殴打、捆绑、按倒、卡脖子、塞嘴巴等，使女性不能反抗。（2）胁迫手段。此即行为人对被害女性施以威胁、恫吓，进行精神上的强制，如以杀伤被害人或其家属、揭发其隐私；利用迷信邪说对被害人进行恐吓、欺骗；利用优势地位或从属关系以及孤立无援的状态，使女性不敢反抗。（3）其他手段。此即行为人使用暴力、胁迫以外的手段，使被害女性不知反抗或无法反抗。例如，乘女性昏迷、熟睡、重病、醉酒等之机进行奸淫；以灌醉酒或用药物将女性麻醉，使其处于昏迷状态而奸淫；以为女性治病为名进行奸淫；深夜冒充女性的丈夫或恋人使女性受蒙蔽而奸淫；等等。这些手段在本质上都是违背女性意志的。采用什么手段，只是考察违背女性意志的客观事实。要正确认定此类强奸犯罪，关键是要查明行为人是否违背女性意志而与之性交。

但是，对于明知是患精神病而无性表示能力的妇女，或者是未满 14 周岁的幼女而与其发生性行为的，无论行为人是否采取暴力、胁迫等手段，也不论对方是否表示同意、行为人是否给付被害人报酬，均应“以强奸论”，即构成强奸罪。

2. 本罪的主体是一般主体。依照刑法第 17 条第 2 款的规定，已满 14 周岁的人犯强奸罪的，应当负刑事责任。由于本罪的客观行为具有手段的复合性即强制手段和奸淫行为，所以在共同犯罪的情况下，这些行为就可能由不同的人分别实施，因此男子和女子均可以构成本罪的实行犯。当然，由于本罪的特殊性，奸淫的行为只能由男子实施，女子成为本罪的实行犯，自然也只能是实施强制行为。但是，在间接正犯的情况下，女性也可以单独构成本罪。

3. 本罪的主观方面是直接故意。构成本罪的主观方面，不仅要求是故意，并且要求具有奸淫的目的，即意图与被害女性性交的目的。这是从主观方面区分强奸行为与猥亵行为的关键。如果行为人所发生性行为的对象是幼女的，一般还应当要求其明知对方是幼女。我们认为，根据我国刑法关于故意犯罪的规定，行为人对自己行为的对象应当具有明知，在刑法分则中，行为人主观方面的明知也仅仅是应当知道就为已足，并不要求必须确知。因此，对于奸淫幼女而构成的强奸罪，仍然应当要求行为人主观上应当对幼女的年龄具有明知。当然，明知的标准并不以行为人的主观认识为依据，而是根据社会相当性观念来判断的。根据司法解释的规定，知道或者应当知道对方是不满 14 周岁的幼女，而实施奸淫等性侵害行为的，应当认定行为人“明知”对方是幼女。对于不满 12 周岁的被害人实施奸淫等性侵害行为的，应当认定行为人“明知”对方是幼女。对于已满 12 周岁不满 14 周岁的被害人，从其身体发育状况、言谈举止、衣着特征、生活作息规律等观察可能是幼女，而实施奸淫等性侵害行为的，应当认定行为人“明知”对方是幼女。以金钱财物等方式引诱幼女与自己发生性关系的；知道或者应当知道幼女被他人强迫卖淫而仍与其发生性关系的，均以强奸罪论处。①

4. 本罪的客体是女性的性自主权利和身心健康权利。在现代社会，女性与何人发生性关系，均应由其自己决定，其他人不能强迫，这乃是女性性的自主权利。强奸犯罪就是行为人无视女性的性的决定权，强行与其发生性关系。但是对于不满 14 周岁的幼女和患有精神病的妇女来说，因其身体尚未发育到可以发生性行为的程度或者不能正确表达自己的意志，法律推定她们没有正确表达发生性行为意识的能力，自然也谈不上性的自主权，行为人与其发生性行为的，则是对其身心健康的摧残。

（二）司法认定与刑事处罚

1. 司法认定

（1）本罪的既遂标准。根据我国的刑法规定和刑法基本理论，犯罪既遂以犯罪行为是否达到法定程度作为标准。就强奸罪来说，行为人的行为是否完成了性交，是认定该罪既遂与否的标准。至于性交行为达到何种程度为性交完成的标志，应当根据被害女性的不同情况，采取不同的标准：如果被害女性已满 14 周岁，以行为人的生殖器插入女性生殖器作为标准；如果被害女性不满 14 周岁，以双方的生殖器接触作为标准。

（2）本罪与通奸的界限。通奸是指一方或者双方有配偶的男女之间，自愿发生性交

---

① 参见 2023 年 6 月 1 日施行的最高人民法院、最高人民检察院、公安部、司法部《关于办理性侵害未成年人刑事案件的意见》。

的行为。在我国，通奸一般属于道德规范调整的范围，应受到正统社会舆论的谴责，情节严重的，可给予党纪、政纪的处分。强奸与通奸的本质区别在于性交是否违背女性意志。从理论上讲，通奸与强奸并不难划分，但在实践中情况比较复杂，易于混淆。根据司法实践经验，是否认定为强奸可以区分为以下几种情况：

1）有的妇女原来与人通奸，事情败露后，为保全自己的名誉，或者怕夫妻关系破裂，把通奸说成强奸；也有的犯罪分子在案发后，为了推脱罪责，把强奸说成通奸。这种情况都不能改变原来通奸或者强奸的性质，司法机关应查明真相，实事求是地认定。

2）对所谓“半推半就”的案件，不能一概视为强奸或通奸，因为在这种情况下行为人强制手段不明显，也不都是违背妇女意志。只有确实查明与妇女发生性交的行为是违背其意志的，才宜认定为强奸性质；否则，应以通奸论。

3）原属通奸，后女方因故与男方断绝往来，而男方继续纠缠不休，并使用暴力、威胁或者其他手段，强行与妇女性交的，应认定为强奸罪。

4）第一次是强奸，但女方并未告发，尔后形成了通奸关系，后来的性交并不违背妇女意志，而是女方愿意的，一般不宜再以强奸罪追究男方刑事责任；如果以后多次性交是在男方的强制下，女方忍辱屈从的，则仍应以强奸罪追究男方刑事责任。

5）被淫乱分子强奸的女性，后来与该淫乱分子一起参加淫乱活动，对行为人原来强奸女性的行为，应定为强奸罪。

6）对于有从属关系的男女发生性交的，是否构成强奸罪，要作具体分析。如果行为人是利用职务上的从属关系或教养关系进行打击、迫害、要挟、刁难或者乘人之危，逼迫妇女违心屈从与之发生性交的，应认定为强奸罪。如果行为人利用职权引诱女方，女方基于利用行为人而与之发生性交的，或者虽有教养关系，但女方已满 14 周岁，男方又未使用强制手段的，不以强奸罪论处。对幼女负有特殊职责的人员与幼女发生性关系的，以强奸罪论处；对已满 14 周岁的未成年女性负有特殊职责的人员，利用其优势地位或者被害人孤立无援的境地，迫使未成年被害人就范，违背其意愿而与其发生性关系的，以强奸罪定罪处罚。[①]

（3）强奸未遂同强制猥亵、侮辱罪的界限。二者区分的关键在于行为人主观上有无奸淫的目的。如果行为人具有奸淫的目的，已着手实行强奸行为，只是由于被害人的反抗或者其他行为人意志以外的原因而未得逞的，应定为强奸未遂；如果行为人只以暴力、胁迫或者其他方法强制猥亵、侮辱妇女，以满足其变态性欲，并无强行奸淫的目的，构成犯罪的，应以强制猥亵、侮辱罪论处。

（4）轮奸与聚众淫乱罪的界限。轮奸，是指两个以上的男性出于共同故意，先后紧接着对同一女性强行奸淫的行为。轮奸较之一般强奸有更大的社会危害性，是强奸罪的从重处罚情节，并不是独立的罪名。聚众淫乱罪，是指聚集多人乱搞两性关系的行为，其中的男女之间不存在强迫与被强迫的关系，对于发生性交的行为，每个人都是自愿的。

（5）青少年之间性行为性质的认定。在司法实践中，青少年之间发生性行为的现象

---

① 参见 2023 年 6 月 1 日最高人民法院、最高人民检察院、公安部、司法部《关于办理性侵害未成年人刑事案件的意见》。

时有发生，在认定此类行为是否构成强奸犯罪的时候，应当慎重。根据我国的司法实践经验，重点应当把握以下原则：

1）已满14周岁不满16周岁的男少年，同不满14周岁的幼女发生性行为，情节显著轻微危害不大的，依照刑法第13条的规定，可以不认为是犯罪，责令其家长、监护人严加管教。如果情节比较严重、危害较大的，可以认定为强奸罪。

2）已满16周岁的男少年，明知对方是幼女而与其发生性行为的，不管幼女是否同意，一般应认定为强奸罪。如果由于幼女谎报年龄，从体态上也不能判断是幼女，行为人不明知是幼女而与其发生性行为的，不宜定强奸罪。

3）男青少年在染有淫乱恶习的幼女的勾引下与其发生性行为，情节显著轻微危害不大的，可不以犯罪论处。

（6）关于婚内强奸的认定。在合法的婚姻关系存续期间，丈夫强行与自己的妻子发生性行为是否构成强奸罪的问题，理论上及实践中均存在争论。外国的一些立法已有关于婚内强奸的规定，尽管我国司法实践中也有婚内强奸犯罪的判决，但是刑法理论的通说仍然认为婚内强奸不能以强奸罪论处。[①]

（7）关于男子能否成为强奸罪对象的问题。域外一些立法例已经将男子也归入强奸罪的对象范围，我国也有人提出强奸罪的对象应当包括男子。我们认为，根据目前我国刑法的规定，强奸罪的对象只能是妇女和幼女，不可能解释为包括男子。至于今后是否将此类行为予以犯罪化，是可以根据社会形势的发展进行研究的。

（8）关于强奸行为的具体内容。对于强奸行为的内容各个国家和地区的刑法规定并不完全一致，有的仅仅是指两性之生殖器的接触，如果只是一方的生殖器介入，如男子用生殖器接触女性之非生殖器部位，或者男子用生殖器以外之身体部位甚至用物品接触女性之生殖器，均不能构成强奸罪；而有些国家、地区的立法则将强奸行为扩展至所有的性接触，包括口交、肛交及其他性行为。我国刑法中的强奸行为仍然是狭义的性行为，即仅仅是指两性生殖器官的接触。

（9）关于嫖宿幼女的问题。1997年刑法第360条第2款将嫖宿幼女罪作为一种独立犯罪予以规定。在近年的司法实践中，由于对本罪的适用引起诸多争议，立法机关于2015年8月29日通过的《刑法修正案（九）》删除该罪，在该修正案于2015年11月1日生效后，对于嫖宿幼女的行为，均应当依照强奸罪中的奸淫幼女的行为定罪处罚。但是，在适用时，应当注意法律变更的情形，依照从旧兼从轻的原则处理该规定生效之前的嫖宿幼女行为。

2. 刑事处罚

依照刑法第236条的规定，犯本罪的，处3年以上10年以下有期徒刑。有下列情形之一的，处10年以上有期徒刑、无期徒刑或者死刑：（1）强奸妇女、奸淫幼女情节恶劣的。根据自2023年6月1日起施行的最高人民法院、最高人民检察院《关于办理强奸、猥亵未成年人刑事案件适用法律若干问题的解释》（以下简称《强奸、猥亵未成年人刑案

① 参见高铭暄、马克昌主编：《刑法学》（下），823页，北京，中国法制出版社，1999；张明楷：《刑法学》，2版，692页，北京，法律出版社，2003。

解释》）第2条，强奸已满14周岁的未成年女性或者奸淫幼女，具有下列情形之一的，应当认定为刑法第236条第3款第1项规定的“强奸妇女、奸淫幼女情节恶劣”：1）负有特殊职责的人员多次实施强奸、奸淫的；2）有严重摧残、凌辱行为的；3）非法拘禁或者利用毒品诱骗、控制被害人的；4）多次利用其他未成年人诱骗、介绍、胁迫被害人的；5）长期实施强奸、奸淫的；6）奸淫精神发育迟滞的被害人致使怀孕的；7）对强奸、奸淫过程或者被害人身体隐私部位制作视频、照片等影像资料，以此胁迫对被害人实施强奸、奸淫，或者致使影像资料向多人传播，暴露被害人身份的；8）其他情节恶劣的情形。（2）强奸妇女、奸淫幼女多人的。（3）在公共场所当众强奸妇女的、奸淫幼女的。（4）二人以上轮奸的。（5）奸淫不满10周岁的幼女或者造成幼女伤害的。根据《强奸、猥亵未成年人刑案解释》第3条，奸淫幼女，具有下列情形之一的，应当认定为刑法第236条第3款第5项规定的“造成幼女伤害”：1）致使幼女轻伤的；2）致使幼女患梅毒、淋病等严重性病的；3）对幼女身心健康造成其他伤害的情形。（6）致使被害人重伤、死亡或者造成其他严重后果的。根据《强奸、猥亵未成年人刑案解释》第4条，强奸已满14周岁的未成年女性或者奸淫幼女，致使其感染艾滋病病毒的，应当认定为刑法第236条第3款第（6）项规定的“致使被害人重伤”。奸淫不满14周岁幼女的，应当在上述法定刑幅度内予以从重处罚。

“公共场所”一般是指公共活动的区域。在校园、游泳馆、儿童游乐场等公共场所对未成年人实施强奸的，只要有其他多人在场，不论在场人员是否实际看到，认定为在公共场所“当众”强奸。[①]

轮奸是指两个以上的行为人基于共同强奸犯罪的故意，在同一时间内对同一女性实施强奸的行为。轮奸在我国刑法中不是独立的犯罪行为，只是强奸罪的一种特殊处罚情节。有学者认为，轮奸是强奸罪的共同正犯，二人以上的男子均必须有奸淫的目的和行为，如果在奸淫的过程中有一人因意志以外的原因未得逞的，对未得逞者应当以强奸罪的未遂论处。[②] 我们认为，共同犯罪的既遂应当坚持“部分行为，全部责任”的精神，无论是否属于必要的共同犯罪，并无区别。轮奸犯罪过程中，只要其中一个行为人的行为达到了强奸罪的既遂，其他共同犯罪人自然也应当按照强奸罪的既遂论处，这是共同强奸既遂的标准，而不是单个人强奸既遂的标准。如果按照前述观点来认定，不仅会导致刑法理论的混乱，也会导致刑罚适用效果的不合理。例如，对于帮助别人实施强奸的，在实行犯既遂的情况下，帮助犯也是既遂；而在共同轮奸的情况下，还没有来得及实施轮奸行为的犯罪人却构成未遂，显然与我国刑法对共同犯罪采取更为严厉惩罚的立法宗旨相违背。因此，轮奸未遂并不等于强奸未遂，绝不能将二者混为一谈。

还应指出，根据《强奸、猥亵未成年人刑案解释》第1条，奸淫幼女的，依照刑法第236条第2款的规定从重处罚。具有下列情形之一的，应当适用较重的从重处罚幅度：（1）负有特殊职责的人员实施奸淫的；（2）采用暴力、胁迫等手段实施奸淫的；（3）侵

---

① 参见2023年6月1日最高人民法院、最高人民检察院、公安部、司法部《关于办理性侵害未成年人刑事案件的意见》。

② 参见陈兴良：《陈兴良刑法学教科书：规范刑法学》，469页，北京，中国政法大学出版社，2003。

入住宅或者学生集体宿舍实施奸淫的；（4）对农村留守女童、严重残疾或者精神发育迟滞的被害人实施奸淫的；（5）利用其他未成年人诱骗、介绍、胁迫被害人的；（6）曾因强奸、猥亵犯罪被判处刑罚的。强奸已满 14 周岁的未成年女性，具有前款第 1 项、第 3 项至第 6 项规定的情形之一，或者致使被害人轻伤、患梅毒、淋病等严重性病的，依照刑法第 236 条第 1 款的规定定罪，从重处罚。

七、负有照护职责人员性侵罪

负有照护职责人员性侵罪是指对已满 14 周岁不满 16 周岁的未成年女性负有监护、收养、看护、教育、医疗等特殊职责的人员，包括与未成年人具有共同生活关系且事实上负有照顾、保护等职责的人员，与该未成年女性发生性关系的行为。本罪系《刑法修正案（十一）》新增设的犯罪。本罪的主体系特殊主体，即对已满 14 周岁不满 16 周岁的未成年女性负有监护、收养、看护、教育、医疗等特殊职责的人员，不具备该种特殊照护职责的人员和此类女性发生性关系的，不能构成本罪。该种特殊职责应当理解为行为人与被害人之间具有具体的特殊照护关系，而且性关系必须发生在该特殊照护关系存续期间，如果行为人曾经和被害人之间具有特殊照护关系，发生性关系时已经解除了该特殊照护关系的，不能以本罪定罪。本罪的客观方面是行为人利用其特殊照护职责和被害人发生性关系，该性关系的发生并不违背被害人的意志即被害人是完全同意的。如果行为人利用其特殊照护职责的优势或者逼迫被害人发生性关系的，仍然属于违背被害人的意志的性行为，构成强奸罪。本罪并非从强奸罪中分解出来的犯罪类型，而是全新的罪刑规范，不可与强奸罪相混淆。从逻辑上讲，本罪与强奸罪之间系排斥关系而非竞合关系。根据我国刑法原来的规定，对于已满 14 周岁的女性，均推定其具有性自主权利和能力，其他人基于此类女性自主决定和其发生性关系的，均不构成犯罪。《刑法修正案（十一）》对已满 14 周岁不满 16 周岁的女性实行有限制的保护，仍然是基于其心智尚处于未完全成熟状态，特别是对其具有特殊照护职责的人员在心理上具有较大的依赖性和信赖性，容易受到照护人员的性侵犯。因此，刑法修正案增加本罪，仍然是对少女身心健康的延伸性保护。

依照刑法第 236 条之一的规定，犯本罪的，处 3 年以下有期徒刑；情节恶劣的，处 3 年以上 10 年以下有期徒刑。根据《强奸、猥亵未成年人刑案解释》第 5 条，对已满 14 周岁不满 16 周岁的未成年女性负有特殊职责的人员，与该未成年女性发生性关系，具有下列情形之一的，应当认定为刑法第 236 条之一规定的“情节恶劣”：（1）长期发生性关系的；（2）与多名被害人发生性关系的；（3）致使被害人感染艾滋病病毒或者患梅毒、淋病等严重性病的；（4）对发生性关系的过程或者被害人身体隐私部位制作视频、照片等影像资料，致使影像资料向多人传播，暴露被害人身份的；（5）其他情节恶劣的情形。实施本罪行为同时构成强奸罪的，依照处罚较重的罪定罪处罚。

八、强制猥亵、侮辱罪

强制猥亵、侮辱罪，是指以暴力、胁迫或者其他方法强制猥亵他人、侮辱妇女的行为。本罪经《刑法修正案（九）》修改，修改的内容是将猥亵的对象由妇女扩大为他人，在处罚情节中增加了“或者有其他恶劣情节的”内容。在适用本罪时应当注意法律变更的情形。

本罪的主要构成特征是：（1）犯罪侵犯的对象为他人或者14周岁以上的女性。（2）在客观方面表现为以暴力、胁迫或者其他方法强制实施猥亵他人或侮辱妇女的行为。猥亵，是指性交以外的淫秽性的下流行为，具体表现为行为人为了追求性的刺激，以满足其变态性欲，对他人的身体进行抠摸、搂抱、鸡奸，等等。这里的侮辱行为，是指与猥亵的淫秽性类似的令他人难堪的其他性骚扰行为，如用淫秽语言调戏；偷剪妇女衣裤；向他人暴露性器官；强行让他人抚摸性器官；等等。需要注意的是本罪的猥亵行为对象不限男女，但是侮辱的对象仍然限于女性，而且必须是妇女。（3）本罪的主体是一般主体，男女不限。（4）本罪只能由故意构成。行为人有无奸淫的目的，是强奸罪与本罪相区别的一个重要标志。

依照刑法第237条的规定，犯本罪的，处5年以下有期徒刑或者拘役；聚众或者在公共场所当众犯本罪的，或者有其他恶劣情节的，处5年以上有期徒刑。

九、猥亵儿童罪

猥亵儿童罪，是指对不满14周岁的儿童实施猥亵的行为。本罪经《刑法修正案（九）》《刑法修正案（十一）》修改了法定刑的内容，但是对法定刑的幅度并没有修改。本罪的主要特征是：（1）犯罪侵犯的对象为不满14周岁的儿童。（2）犯罪客观方面表现为对不满14周岁的儿童实施猥亵行为，包括玩弄儿童的性器官和让儿童玩弄性器官或者直接和儿童发生其他色情行为。至于猥亵行为是暴力的还是非暴力的，均在所不问。根据《强奸、猥亵未成年人刑案解释》第9条，胁迫、诱骗未成年人通过网络视频聊天或者发送视频、照片等方式，暴露身体隐私部位或者实施淫秽行为，符合刑法第237条规定的，以强制猥亵罪或者猥亵儿童罪定罪处罚。胁迫、诱骗未成年人通过网络直播方式实施前款行为，同时符合刑法第237条、第365条的规定，构成强制猥亵罪、猥亵儿童罪、组织淫秽表演罪的，依照处罚较重的规定定罪处罚。（3）犯罪主体是一般主体。（4）犯罪主观方面是故意。根据司法解释的规定，实施猥亵儿童犯罪，造成儿童轻伤以上后果，同时构成故意伤害罪、故意杀人罪的，依照处罚较重的规定定罪处罚。对已满14周岁的未成年男性实施猥亵，造成被害人轻伤以上后果，以故意伤害罪或者故意杀人罪定罪处罚。[①]

依照刑法第237条第2款的规定，犯本罪的，处5年以下有期徒刑。有下列情形之一的，处5年以上有期徒刑：（1）猥亵儿童多人或者多次的。（2）聚众猥亵儿童的，或者在公共场所当众猥亵儿童，情节恶劣的。（3）造成儿童伤害或者其他严重后果的。根据《强奸、猥亵未成年人刑案解释》第7条，猥亵儿童，具有下列情形之一的，应当认

① 参见2023年6月1日最高人民法院、最高人民检察院、公安部、司法部《关于办理性侵害未成年人刑事案件的意见》。

定为刑法第 237 条第 3 款第 3 项规定的“造成儿童伤害或者其他严重后果”：（1）致使儿童轻伤以上的；（2）致使儿童自残、自杀的；（3）对儿童身心健康造成其他伤害或者严重后果的情形。（4）猥亵手段恶劣或者有其他恶劣情节的。根据《强奸、猥亵未成年人刑案解释》第 8 条，猥亵儿童，具有下列情形之一的，应当认定为刑法第 237 条第 3 款第 4 项规定的“猥亵手段恶劣或者有其他恶劣情节”：（1）以生殖器侵入肛门、口腔或者以生殖器以外的身体部位、物品侵入被害人生殖器、肛门等方式实施猥亵的；（2）有严重摧残、凌辱行为的；（3）对猥亵过程或者被害人身体隐私部位制作视频、照片等影像资料，以此胁迫对被害人实施猥亵，或者致使影像资料向多人传播，暴露被害人身份的；（4）采取其他恶劣手段实施猥亵或者有其他恶劣情节的情形。在校园、游泳馆、儿童游乐场等公共场所对未成年人实施猥亵犯罪，只要有其他多人在场，不论在场人员是否实际看到，均可以认定为在公共场所“当众”猥亵儿童。

十、非法拘禁罪

（一）概念与构成

非法拘禁罪，是指故意非法剥夺他人行动自由的行为。

本罪的构成要件如下：

（1）本罪的客观方面表现为行为人实施了非法拘禁他人或者以其他方法剥夺他人行动自由的行为。这一特征有两个要点需要把握：其一，行为人的行为必须是非法的。如果国家机关工作人员合法地将公民予以羁押，即使是后来证明羁押有误，也不能构成非法拘禁罪；医生对病人实行隔离、监管，监护人对无行为能力之人实行的监护，军队对违纪军人关禁闭等合法行为，均不能视为非法拘禁。当然，如上述行为是被滥用的，则失去合法性，仍可构成犯罪。其二，行为人实施了将他人限制在一定的空间以内，使其不得自主脱离该空间的行为。在实践中，只要行为人的行为对被害人的行动自由形成障碍就可以认为属于拘禁，至于被害人是否能够从该场所逃离，不影响本罪的成立。行为人所设置的障碍可以是有形的，也可以是无形的：前者如关押于一定的场所，后者如利用被害人的恐惧、羞耻心理而不便离开某种场所。至于行为是否具有暴力性，是作为还是不作为，使用何种手段、方式，均在所不问。行为人的行为既可以是直接地施加于被害人的身体，如捆绑等，也可以是设置某种物质障碍，使被害人不能自由出入某场所，如仓库保管员误将某人锁入仓库内，发现之后故意不予释放等，均可构成本罪。被害人被限制的场所是否具有一定的行动空间，是否有一定的生活甚至娱乐、健身设施等，也均在所不问。刑法第 238 条强调，为索取债务非法扣押、拘禁他人的，应以本罪论处，至于债务本身是否合法，在所不问。[①] 实施“碰瓷”行为，为了索取财物非法剥夺他人人

① 参见最高人民法院 2000 年 7 月 13 日公布的《关于对为索取法律不予保护的债务非法拘禁他人行为如何定罪问题的解释》。

身自由的，也构成本罪。①

（2）本罪的主体是一般主体。

（3）本罪的主观方面是故意，包括直接故意和间接故意。至于行为人动机如何，并不影响本罪的成立。

（4）本罪的客体是他人行动自由的权利。行动自由是指公民身体在不受强制约束的条件下，公民按照自己的意志，在任意的时间、空间自由支配自己的行动。一个人享有行动自由，是从事其他社会活动的前提，没有了行动自由，公民所享有的其他权利就没有办法实现，应当履行的义务自然也没有办法完成。因此，此类犯罪不仅严重侵犯了公民个人的权利，也大大影响了社会生活的正常秩序。

那么，本罪的对象是否仅仅限于具有行动意志或者具有行动能力的人呢？理论界有不同的观点。有人认为，行动的自由以行动的意志为前提，所以没有行动意志的人自然没有被剥夺行动自由的可能，而且行动自由只有能够行动的人才有，处于不能行动状态的人自然也不能成为本罪的对象。我们认为，行动自由是一项公民权利，具有一定的抽象性，在实践中除根本没有行动能力的人（如刚刚出生的婴儿、植物人）等不能成为本罪的对象之外，其他凡是具有行动自由可能的人，即使缺乏责任能力、行动能力或者缺乏行动意识，也仍然可以成为本罪的对象。因此，对于临时丧失意志或者行动能力的人（如醉酒者、熟睡者）实施非法拘禁行为的，仍然构成本罪。

（二）司法认定与刑事处罚

1. 司法认定

（1）本罪既遂与未遂的区分。本罪所侵害的是公民的行动自由，在既遂形态上是一种行为犯，即行为人的行为达到剥夺他人行动自由的程度时，犯罪即告既遂；行为人的行为在尚未达到剥夺他人行动自由的程度时停止下来，则只能构成未完成形态。因此，被害人的行动自由是否被剥夺，是区分本罪既遂与否的标准。与此同时，本罪是一种继续犯，犯罪一旦既遂，其持续时间的长短并不影响行为的性质，只是危害程度上有所差异。

（2）本罪与非罪的界限。如上所述，只要行为人的行为达到了剥夺他人的行动自由的程度，原则上均可构成犯罪的既遂。但是，在实践中，非法拘禁的情况千差万别，判断行为人的行为是否达到了犯罪的程度，也应综合考量其危害性，对于情节显著轻微危害不大的，不应以犯罪论处。根据有关司法解释②，非法拘禁他人具有下列情节之一的，应以犯罪论处：1）非法剥夺他人人身自由 24 小时以上的；2）非法剥夺他人人身自由，并使用械具或者捆绑等恶劣手段，或者实施殴打、侮辱、虐待行为的；3）非法拘禁，造成被拘禁人轻伤、重伤、死亡的；4）非法拘禁，情节严重，导致被拘禁人自杀、自残造成重伤、死亡，或者精神失常的；5）非法拘禁 3 人次以上的；6）司法工作人员对明知

① 参见最高人民法院、最高人民检察院、公安部 2020 年 9 月 22 日《关于依法办理“碰瓷”违法犯罪案件的指导意见》。

② 参见最高人民检察院 2006 年 7 月 26 日公布的《关于渎职侵权犯罪案件立案标准的规定》。

是没有违法犯罪事实的人而非法拘禁的；7）其他非法拘禁应予追究刑事责任的情形。黑恶势力有组织地多次短时间非法拘禁他人的，如非法拘禁他人 3 次以上、每次持续时间在 4 小时以上或者非法拘禁他人累计时间在 12 小时以上的，均以非法拘禁罪定罪处罚。[①]

（3）本罪与其他犯罪的竞合或牵连问题。在我国刑法中，除非法拘禁罪外，还有其他一些犯罪行为是可以以非法剥夺他人行动自由的方法实施的，如强奸罪、刑讯逼供罪、暴力干涉婚姻自由罪、拐骗儿童罪、妨害公务罪等，在此情形下，应分别情况，按照想象竞合犯或牵连犯的处罚原则定罪处罚。

（4）本罪与故意伤害罪、故意杀人罪以及过失致人重伤罪、过失致人死亡罪的界限。刑法第 238 条规定，非法拘禁他人，具有殴打情节的，从重处罚。殴打往往会致人伤残、死亡。非法拘禁他人犯罪中的"殴打"，以故意致人轻伤为限。如果行为人故意致人重伤，或者故意杀害被害人的，则已超出了非法拘禁罪的构成和处罚条件，对行为人应直接以故意伤害罪或者故意杀人罪定罪处罚；如果行为人的拘禁行为过失地导致被害人重伤、死亡的，则已为非法拘禁罪的结果加重情节所包含，仍以非法拘禁罪定罪处罚，不再以过失致人重伤罪或过失致人死亡罪论。

2. 刑事处罚

依照刑法第 238 条的规定，犯本罪的，处 3 年以下有期徒刑、拘役、管制或者剥夺政治权利；具有殴打、侮辱情节的，从重处罚。犯本罪致人重伤的，处 3 年以上 10 年以下有期徒刑；致人死亡的，处 10 年以上有期徒刑。非法拘禁他人使用暴力致人伤残、死亡的，分别以故意伤害罪或故意杀人罪定罪处罚。国家机关工作人员利用职权犯本罪的，从重处罚。

十一、绑架罪

（一）概念与构成

绑架罪，是指以勒索财物或其他要求为目的，绑架他人作为人质的行为。

本罪的构成要件如下：

1. 本罪的客观方面表现为行为人实施了绑架他人作为人质的行为。绑架，是指以暴力、胁迫、麻醉或其他方法，强行拘禁被害人的行为。强行拘禁被害人作为人质，是本罪客观方面一个重要特征。应当说，只要符合这一特征，均可构成犯罪。至于行为人采用什么样的手段，将被害人挟持到什么场所，并不重要。但是，在实践中，由于绑架犯罪以暴力实施者较为常见，但也有非暴力的情形，如刑法第 239 条就特别强调，以勒索财物为目的偷盗婴幼儿的，也构成绑架罪。其中，不满 1 周岁的为婴儿，1 周岁以上不满 6 周岁的为幼儿。[②] 这是旨在对没有认知及反抗能力的婴幼儿实行特别保护。

---

① 参见 2018 年 1 月 16 日最高人民法院、最高人民检察院、公安部、司法部《关于办理黑恶势力犯罪案件若干问题的指导意见》。

② 参见 2016 年 12 月 21 日最高人民法院《关于审理拐卖妇女儿童犯罪案件具体应用法律若干问题的解释》。

2. 本罪的主体是一般主体。此即年满 16 周岁、具有刑事责任能力的人均可构成本罪主体。至于行为人与被害人关系如何，在所不问。

3. 本罪的主观方面是故意。行为人除具有一般意义上的故意以外，还具有将被害人作为人质的目的。所谓作为人质，是指行为人以扣押的被害人作为交换条件，向他人提出要求，满足其所提要求时，释放被害人；不满足其要求时，继续加害于被害人。如果行为人主观上不具有将被害人作为人质的目的，而是为了直接实施某种犯罪而剥夺他人的行动自由的，则不能论以绑架罪。例如，行为人为实施杀人，伤害，强奸，拐卖妇女、儿童，妨害公务，虐待，暴力干涉婚姻自由等犯罪，而将被害人予以绑架的，均不能以绑架罪论处。刑法第 238 条也明确规定，为索取债务非法扣押、拘禁他人的，以非法拘禁罪论处，不以绑架罪定罪。我国刑法对行为人将他人绑架作为人质提出要求的内容规定了两个方面：一是勒索财物，即将被害人作为人质，要求其他人交付一定数量的财物，赎回被害人；二是其他政治、经济等方面的要求，如劫持人质要求释放在押人犯、提供交通工具等等。这里有一个问题值得研究，即行为人劫持人质所提出的要求是否仅限于非法的，也就是说行为人为了获得其本应得到的合法权益，以劫持人质的方法向有关部门、人员施加压力时，是否构成绑架罪呢？我们认为，绑架罪是一种严重侵犯公民人身权利的犯罪，不得被用作实现合法权益的手段，即合法权益的实现，只能通过合法的途径解决，不能以侵犯他人人身权利的方法获取。因此，尽管行为人的要求是合法的，也不能阻却其绑架行为的犯罪性质。

4. 本罪的客体是他人的人身自由和财产及其他个人、社会利益。在这些客体中，侵犯他人的人身自由是本罪最基本、最固定的内容，所以刑法将本罪规定于侵犯公民人身权利罪之中。在实践中，本罪的行为也是通过侵犯被害人的人身权利来危害其他利益的。

（二）司法认定与刑事处罚

1. 司法认定

（1）本罪的既遂标准。关于绑架罪的既遂标准，刑法理论界的意见并不一致，产生歧见的根源是将绑架罪构成要件中的行为视为单一行为还是视为复合行为。认为是单一行为者主张，绑架罪的既遂以被害人的人身自由被剥夺作为标准；认为是复合行为者主张，绑架罪的既遂仅有劫持他人的行为尚不够，需要进一步实施目的行为如勒索财物等，方能成立。持复合行为观点者认为，如果按单一行为说，有以下两个问题不能得到正确、合理的解决：一是犯罪中止问题。按照单一行为说，行为人一经实施绑架行为，即构成既遂，行为人即使放弃勒索或其他要求，也没有犯罪中止之余地。这不仅不合情理，也与刑法鼓励犯罪分子自动放弃本可以继续实施的犯罪的精神相悖。二是共同犯罪问题。在司法实践中，有的行为人在其他犯罪分子实施了绑架行为后，参与勒索他人财物的行为。对于此种情况，按单一行为说，显然不能按绑架的共同犯罪处理，于理于法都是说不通的。

我们认为，我国刑法中的绑架罪是一种严重侵犯公民人身权利的犯罪，立法设立本罪的宗旨在于对公民的人身权利予以重点保护。至于财产等其他权利或利益，在本罪中则处于次要地位。从构成要件上看，绑架行为与以人质相要挟提出要求都是绑架罪的构成要件，但前者属于客观行为要件，后者属于主观要件，二者不具有客观要件的复合性。

此即只要行为人主观上以勒索财物或其他要挟为目的，客观上实施了绑架的行为，即可构成犯罪的既遂，并不要求其勒索行为必须实施，更不要求其目的一定实现。至于上述复合说提出的犯罪中止和共同犯罪问题，都不足以推翻我国刑法的基本理论。根据我国刑法理论，犯罪既遂之后，无论行为人是否停止其犯罪行为，均不可能再有犯罪中止的出现。至于事后帮助绑架犯罪人实施勒索行为的认定，完全能够根据我国刑法理论予以解决。根据我国刑法理论，只要犯罪人所实施的犯罪构成要件内的行为还没有结束，其他人和行为人达成共识而形成共同犯罪故意的，均可以构成共同犯罪。此种形式属于事中共同犯罪。绑架罪在犯罪形态上属于继续犯，行为人在非法剥夺被害人的人身自由后，其犯罪构成要件内的绑架行为并没有结束，在此情况下，另外的人员与绑架人形成共同犯罪的故意是完全可能的，仍然可以成立绑架罪的共同犯罪。

（2）本罪与非法拘禁罪的区别。从犯罪客体和客观行为要件上看，绑架罪与非法拘禁罪，都是非法地剥夺了他人的行动自由，在本质和外部特征上是趋于同一的。两罪区别的关键，是看行为人主观上是否具有剥夺他人行动自由并将其作为人质进行勒索或要挟的目的。如果不具备这种目的而非法剥夺他人行动自由的，应以非法拘禁罪论处；具备这一目的的，则构成绑架罪。但根据刑法第 238 条的规定，为索取债务非法扣押、拘禁他人的，不按绑架罪论处。

（3）本罪涉及的罪数问题。绑架是一种暴力性犯罪，在犯罪过程中往往会导致被害人伤亡的后果，与其他犯罪之间形成想象竞合犯或法定吸收关系。具体表现为：

1）行为人在实施绑架犯罪行为时故意或过失地致人重伤，形成绑架罪与故意伤害罪或过失致人重伤罪的竞合，理论上应按一重罪处罚。但是，在我国刑法上，此种结果已为绑架罪所包含，符合刑法第 234 条和第 235 条规定的“本法另有规定的，依照规定”的情形，应直接以绑架罪定罪处罚。

2）行为人在实施绑架犯罪行为过程中，过失地致被害人死亡，形成绑架罪与过失致人死亡罪之间的想象竞合，理论上应按一重罪处罚。但是，在立法上，刑法第 239 条将此种情况作为绑架罪的结果加重犯予以规定，符合刑法第 233 条规定的“本法另有规定的，依照规定”的情形，仍然按绑架罪定罪处罚。

3）行为人在实施绑架犯罪行为过程中或犯罪既遂之后，故意将被害人杀死（撕票），理论上独立地构成故意杀人罪。但是根据刑法第 239 条的规定，此种情况属于绑架罪的一个处罚情节，已为绑架罪所吸收，应以绑架罪定罪处罚，不再单独论以故意杀人罪。

4）绑架犯罪引起被害人自杀的，绑架行为与被害人自杀之间存在一定的联系，行为人也应对此承担刑事责任，应当按照绑架罪从重处罚。

除上述情形之外，行为人在绑架过程中又实施了其他加害于被害人的行为，构成犯罪的，应当与绑架罪进行并罚。如绑架妇女作为人质，又实施强奸行为的，就应当以绑架罪和强奸罪进行并罚。但是，如果在绑架的过程中又以暴力、胁迫等手段当场劫取被害人财物的，以抢劫罪和绑架罪中的一个重罪处罚。①

① 参见最高人民法院 2001 年 11 月 8 日《关于对在绑架过程中以暴力、胁迫等手段当场劫取被害人财物的行为如何适用法律问题的答复》。

（4）对不满16周岁的人绑架他人又撕票的如何处理。根据我国刑法第17条第2款和第3款的规定，不满16周岁的人对绑架罪并不负刑事责任，但是，对于其故意杀人行为是应当负刑事责任的。那么，如果其在实施了绑架他人的行为后又杀害被害人的，应当如何处理？理论上和实践中存在不同观点。有人认为，按照严格的罪刑法定原则，绑架罪不在刑法第17条第2、3款的规定范围之内，行为人即使绑架后又将人质杀害，也不能追究其刑事责任。但是，理论界一般认为，根据罪刑法定的要求，刑法第17条第2、3款固然没有规定绑架罪，对于其绑架行为自然不能追究刑事责任。但是，行为人除有绑架行为以外，还实施了杀人犯罪，虽然刑法对其绑架行为不能予以定罪评价，但是对其实施的杀人行为是可以进行独立评价的，应当追究其刑事责任。全国人民代表大会常务委员会法制工作委员会也赞同理论界的多数观点，认为上述这类人的行为应当负刑事责任。[①] 然而，在实践中究竟以什么罪名追究其刑事责任，仍然存在不同意见。有人认为，行为人实施的行为性质是绑架，即在绑架过程中杀害被绑架人，根据刑法的规定，只能以绑架罪定罪处罚。[②] 我们认为：行为人的行为虽然从整体上看具有绑架的性质，但是，由于主体要件的缺陷，此类行为并不能构成绑架罪，自然也不能适用绑架罪的法定刑。在追究其刑事责任时，可以仅仅对其杀人行为进行评价，应当直接以故意杀人罪定罪处罚。

2. 刑事处罚

本罪的法定刑在刑法典实施后先后经过《刑法修正案（七）》和《刑法修正案（九）》的两次修改。依照刑法第239条的规定，犯本罪的，处10年以上有期徒刑或者无期徒刑，并处罚金或者没收财产；情节较轻的，处5年以上10年以下有期徒刑，并处罚金；杀害被绑架人的，或者故意伤害被绑架人，致人重伤、死亡的，处无期徒刑或者死刑，并处没收财产。

十二、拐卖妇女、儿童罪

（一）概念与构成

拐卖妇女、儿童罪，是指以出卖为目的，拐骗、绑架、收买、贩卖、接送、中转妇女、儿童的行为。

本罪的构成要件如下：

（1）本罪的客观方面表现为行为人实施了拐卖妇女、儿童的行为。根据刑法第240条的规定，拐卖妇女、儿童是指以出卖为目的，有拐骗、绑架、收买、贩卖、接送、中转妇女、儿童的行为之一的情形。“拐骗”，是指采用欺骗、利诱等方法使被害人轻信后脱离家庭，置于行为人控制之下；“绑架”，是指以暴力、胁迫或者麻醉等方法劫持妇女、

① 参见2002年7月24日全国人民代表大会常务委员会法制工作委员会《关于已满十四周岁不满十六周岁的人承担刑事责任范围问题的答复意见》。

② 参见2003年4月18日最高人民检察院研究室《关于相对刑事责任年龄的人承担刑事责任范围有关问题的答复》。

儿童；“收买”，是指以出卖为目的，用一定的钱物购买妇女、儿童；“贩卖”，是指将拐骗、绑架、收买的妇女、儿童转手出卖；“接送”“中转”，是指在拐卖妇女、儿童的共同犯罪中，分工接送被害人或者将被害人转手交给其他人贩子，为人贩子找买主，为人贩子在拐卖途中窝藏、看管被拐卖的妇女、儿童等。行为人只要实施了上述行为之一，即构成本罪。因此，在理解本罪的行为时，切不可认为构成本罪必须拐、卖俱存。此外，根据刑法第 240 条之规定，以出卖为目的而偷盗婴幼儿的，也构成拐卖妇女、儿童罪。对婴幼儿采取欺骗、利诱等手段使其脱离监护人或者看护人的，属于偷盗婴幼儿。不满 1 周岁的为婴儿，1 周岁以上不满 6 周岁的为幼儿。[①]

（2）本罪的主体是一般主体。凡年满 16 周岁、具有刑事责任能力的人，都可成为本罪的主体，男女、国籍在所不问。

（3）本罪的主观方面是故意。构成本罪，行为人必须具有出卖的目的，至于该目的是否实现，出卖后是否获利，均不影响犯罪的成立。

（4）本罪的客体是妇女、儿童的人身自由和人格尊严权利。人是社会关系的主体，生而享有人身自由和人格尊严，任何人不得非法剥夺他人的人身自由，其人格尊严更是神圣不可侵犯的。拐卖妇女、儿童罪，其本质是将妇女、儿童作为社会关系之客体，当作商品予以交换，是对他人人格尊严的严重践踏。本罪的对象仅限于妇女和儿童，不包括已满 14 周岁的男子。在实践中若发生拐卖已满 14 周岁男子的行为的，并无相应的拐卖型犯罪直接予以定罪处罚。如果行为人的行为触犯了其他犯罪，如非法拘禁、伤害、杀人等，直接依照相关的犯罪定罪处罚。本罪所称之妇女，是指已满 14 周岁的女性；本罪所称之儿童，是指未满 14 周岁的男女儿童。必须注意，本罪所侵犯的对象，仅有年龄与性别的限制，至于被害人精神状况、健康状况如何、生活质量好坏、是否同意被卖以及与犯罪人是何种关系、是否具有中国国籍[②]，均在所不问。

需要研究的是如果被拐卖的对象系两性人或者变性人，该如何认定。这个问题需要对妇女本身作出界定。对女性的界定有心理和生理标准。纯粹的心理女性并不具有女性的生理特征，不能认定为女性；反之，具备女性生理特征也具有男性心理特征的，应当仍然认定为女性。因此，判断是否为妇女，应当以其生理特征为标准，不能以其心理特征为标准。对性变态、两性人、变性人是否认定为妇女，应当坚持这一标准。对于两性人中男女特征均比较明显的，也认定为女性；如果女性特征不明显的，这可以认定为男性。对于拐卖“人妖”的，要进行实事求是地鉴别。

（二）司法认定与刑事处罚

1. 司法认定

（1）本罪与以勒索财物为目的的绑架罪的界限。两罪的客观行为有相同之处，其主要区别是：1）客体不同。前罪的客体是被害人的人身权利和人格尊严；后罪的客体是他人的人身权利和财产权利。2）犯罪对象不同。前罪仅限于妇女、儿童；后罪可以是任何

---

① 参见 2016 年 12 月 21 日最高人民法院《关于审理拐卖妇女儿童犯罪案件具体应用法律若干问题的解释》。

② 参见 1999 年 12 月 23 日最高人民法院通过的《关于审理拐卖妇女案件适用法律有关问题的解释》。

人。3）取财方式不同。前罪通过将妇女、儿童出卖得到钱财；后罪是向被绑架人质的亲属或关系人勒索财物。4）主观目的不同。前罪以出卖为目的；后罪以勒索财物为目的。

（2）拐卖妇女罪与借介绍婚姻从中索取钱财行为的界限。二者的主要区别是：1）目的不同。前者为出卖妇女；后者为介绍婚姻，其目的是借机索财。2）前者中被拐卖的妇女往往不知自己被拐卖，有被欺骗和违背其意志的因素；后者在客观上并没有欺骗妇女或违背其意志的因素，被介绍的男女双方都知悉婚姻的真实情况。以介绍婚姻为名，采取非法扣押身份证件、限制人身自由等方式，或者利用妇女人地生疏、语言不通、孤立无援等境况，违背妇女意志，将其出卖给他人的，以拐卖妇女罪定罪处罚。[①]

（3）拐卖妇女罪与诈骗罪的界限。在司法实践中，有的妇女与他人合谋，将妇女卖与他人为妻，得款后即溜之大吉（俗称“放飞鸽”）。此时卖者和被卖者共同构成诈骗罪。拐卖妇女罪与这种形式的诈骗罪的主要区别是：1）客体不同。前罪的客体是他人的人身权利和人格尊严权利；后罪的客体是财产所有权。2）客观方面不同。前罪是以欺骗方法，蒙蔽妇女，将其卖给他人；后罪则是卖者与被卖者合谋，共同实施骗取他人财物的行为。3）主观方面不同。前罪的目的是将被拐来的妇女“出卖”后获得财物；后罪则是以非法占有为目的直接骗取对方财物。

（4）拐卖儿童罪与拐骗儿童罪的界限。两罪都侵犯了他人的人身权利，犯罪对象都是儿童，都可以采取欺骗手段。两罪的主要区别是犯罪目的不同：前罪是以出卖为目的；后罪非以出卖为目的，一般是为了供自己或他人收养、奴役。

（5）本罪既遂的标准。从构成要件上看，以出卖为目的是本罪的主观要件，拐卖是行为要件。因此，构成本罪的既遂，应以行为人的拐卖行为是否成立为标准，而不是以出卖的目的是否实现为标准。只要行为人以出卖为目的实施了六种法定的拐卖行为之一，即可构成犯罪的既遂。

（6）本罪的罪数问题。在实践中，拐卖妇女、儿童的犯罪分子大多手段残忍，不顾被害人的人身安全，在犯罪过程中，常常使用暴力殴打、侮辱被害人，从而涉及其他犯罪，如伤害、杀害、强奸被害人，或者强迫被拐卖的妇女卖淫等。从刑法理论上讲，这些行为都已非拐卖妇女、儿童罪的构成要件所能包含，应独立地构成相应的犯罪。但是，是否对这些独立的犯罪与本罪进行并罚，则应依据法律规定予以区分：1）拐卖妇女、儿童的犯罪分子奸淫被拐卖妇女、强迫被拐卖妇女卖淫的，均作为吸收情节，按拐卖妇女、儿童罪定罪处罚，不再单独定罪。2）拐卖妇女、儿童的犯罪行为本身直接导致被害人重伤、死亡的，构成拐卖妇女、儿童犯罪的结果加重犯，也不另定罪名。3）拐卖妇女、儿童过程中，行为人又故意伤害、杀害被害人的，应对行为人的故意伤害、杀害行为进行独立评价，以拐卖妇女、儿童罪和故意伤害罪、故意杀人罪进行并罚。4）行为人开始是基于勒索钱财目的将被害人（妇女或者婴幼儿）予以绑架，在绑架后又将被害人出卖的，属于两个独立的犯罪行为，应当进行并罚。

（7）拐卖非妇女、儿童行为的处理。我国刑法关于拐卖犯罪的对象仅仅限于妇女和儿童，如果行为人所拐卖的不是妇女或者儿童，应当如何处理呢？对此，应当区分几种

---

① 参见 2016 年 12 月 21 日最高人民法院《关于审理拐卖妇女儿童犯罪案件具体应用法律若干问题的解释》。

情况分别认定：1）行为人误认为是妇女而实际是非妇女的（如男性两性人或者男子）予以拐卖的，属于对象不能犯之未遂，仍然构成拐卖妇女犯罪，但是属于未遂形态。2）如果行为人明知是非妇女而冒充妇女出卖的，应当按照诈骗罪论处。3）如果行为人明知是非妇女，并告诉买受人实际情况的，应当根据具体情况以故意伤害罪、非法拘禁罪或者侮辱罪定罪处罚。

（8）出卖自己亲属行为的定性。在司法实践中，将自己亲属出卖的行为屡有发生，因为此类行为与拐卖妇女、儿童的行为在外观上不同，所以成为法律适用的难题。如何处理此类行为，在实践中存在不同意见。2000年最高人民法院、最高人民检察院、公安部、民政部、司法部、全国妇联联合发布的《关于打击拐卖妇女儿童犯罪有关问题的通知》中认为：以营利为目的出卖不满14周岁的子女，情节恶劣的，借收养名义拐卖儿童的，以及出卖捡拾的儿童的，均应以拐卖儿童罪追究刑事责任；出卖14周岁以上女性亲属或者其他不满14周岁亲属的，以拐卖妇女、儿童罪追究刑事责任。我们认为，拐卖行为中的“买卖”应当包含买与卖，同时还包括买卖行为。行为人没有买的行为而只有卖的行为，仍然属于“买卖”行为。行为人出卖自己的女性或者未成年亲属的行为，应当以拐卖妇女、儿童罪定罪处罚。

区分借送养之名出卖亲生子女与民间送养行为的界限。区分的关键在于行为人是否具有非法获利的目的。应当通过审查将子女“送”人的背景和原因、有无收取钱财及收取钱财的多少、对方是否具有抚养目的及有无抚养能力等事实，综合判断行为人是否具有非法获利的目的。

根据2010年3月15日最高人民法院、最高人民检察院、公安部、司法部联合公布的《关于依法惩治拐卖妇女儿童犯罪的意见》的规定，具有下列情形之一的，可以认定属于出卖亲生子女，应当以拐卖妇女、儿童罪论处：

1）将生育作为非法获利手段，生育后即出卖子女的；

2）明知对方不具有抚养目的，或者根本不考虑对方是否具有抚养目的，为收取钱财将子女“送”给他人的；

3）为收取明显不属于“营养费”“感谢费”的巨额钱财将子女“送”给他人的；

4）其他足以反映行为人具有非法获利目的的“送养”行为的。

不是出于非法获利目的，而是迫于生活困难，或者受重男轻女思想影响，私自将没有独立生活能力的子女送给他人抚养，包括收取少量“营养费”“感谢费”的，属于民间送养行为，不能以拐卖妇女、儿童罪论处。对私自送养导致子女身心健康受到严重损害，或者具有其他恶劣情节，符合遗弃罪特征的，可以遗弃罪论处；情节显著轻微危害不大的，可由公安机关依法予以行政处罚。

（9）以出卖为目的强抢儿童，或者捡拾儿童后予以出卖，符合刑法第240条第2款规定的，应当以拐卖儿童罪论处。

（10）以抚养为目的偷盗婴幼儿或者拐骗儿童，之后予以出卖的，以拐卖儿童罪论处。

（11）将妇女拐卖给有关场所，致使被拐卖的妇女被迫卖淫或者从事其他色情服务的，以拐卖妇女罪论处。有关场所的经营管理人员事前与拐卖妇女的犯罪人通谋的，对该经营管理人员以拐卖妇女罪的共犯论处；同时构成拐卖妇女罪和组织卖淫罪的，择一重罪论处。

（12）医疗机构、社会福利机构等单位的工作人员以非法获利为目的，将所诊疗、护理、抚养的儿童贩卖给他人的，以拐卖儿童罪论处。

（13）明知他人拐卖妇女、儿童，仍然向其提供被拐卖妇女、儿童的健康证明、出生证明或者其他帮助的，以拐卖妇女、儿童罪的共犯论处。明知他人系拐卖儿童的“人贩子”，仍然利用从事诊疗、福利救助等工作的便利或者了解被拐卖方情况的条件，居间介绍的，以拐卖儿童罪的共犯论处。

2. 刑事处罚

依照刑法第240条的规定，犯本罪的，处5年以上10年以下有期徒刑，并处罚金；有下列情形之一的，处10年以上有期徒刑或者无期徒刑，并处罚金或者没收财产；情节特别严重的，处死刑，并处没收财产：（1）拐卖妇女、儿童集团的首要分子；（2）拐卖妇女、儿童3人以上的；（3）奸淫被拐卖的妇女的；（4）诱骗、强迫被拐卖的妇女卖淫或者将被拐卖的妇女卖给他人迫使其卖淫的；（5）以出卖为目的，使用暴力、胁迫或者麻醉方法绑架妇女、儿童的；（6）以出卖为目的，偷盗婴幼儿的；（7）造成被拐卖的妇女、儿童或者其亲属重伤、死亡或者其他严重后果的；（8）将妇女、儿童卖往境外的。本法定刑中“造成被拐卖的妇女、儿童或者其亲属重伤、死亡的”内容，是刑法中依间接因果关系承担刑事责任的立法范例。

十三、收买被拐卖的妇女、儿童罪

收买被拐卖的妇女、儿童罪，是指不以出卖为目的，明知是被拐卖的妇女、儿童而予以收买的行为。本罪的构成要件如下：（1）本罪的客观方面表现为对被拐卖的妇女、儿童实施收买行为。犯罪所侵犯的对象必须是被拐卖的妇女、儿童。根据最高人民法院、最高人民检察院、公安部、司法部联合公布的《关于依法惩治拐卖妇女儿童犯罪的意见》的规定，明知是被拐卖的妇女、儿童而收买，具有下列情形之一的，以收买被拐卖的妇女、儿童罪论处；同时构成其他犯罪的，依照数罪并罚的规定处罚：1）收买被拐卖的妇女后，违背被收买妇女的意愿，阻碍其返回原居住地的；2）阻碍对被收买妇女、儿童进行解救的；3）非法剥夺、限制被收买妇女、儿童的人身自由，情节严重，或者对被收买妇女、儿童有强奸、伤害、侮辱、虐待等行为的；4）所收买的妇女、儿童被解救后又再次收买，或者收买多名被拐卖的妇女、儿童的；5）组织、诱骗、强迫被收买的妇女、儿童从事乞讨、苦役，或者盗窃、传销、卖淫等违法犯罪活动的；6）造成被收买妇女、儿童或者其亲属重伤、死亡以及其他严重后果的；7）具有其他严重情节的。（2）本罪的主体是一般主体。明知他人收买被拐卖的妇女、儿童，仍然向其提供被收买妇女、儿童的户籍证明、出生证明或者其他帮助的，以收买被拐卖的妇女、儿童罪的共犯论处。认定是否“明知”，应当根据证人证言、犯罪嫌疑人、被告人及其同案人供述和辩解，结合提供帮助的人次，以及是否明显违反相关规章制度、工作流程等，予以综合判断。（3）本罪的主观方面是故意，但不具有出卖的目的，这是本罪与拐卖妇女、儿童罪的一个重要区别。（4）本罪的客体是妇女、儿童的人身自由和人格尊严权利。

依照刑法第241条第1款的规定，犯本罪的，处3年以下有期徒刑、拘役或者管制。强行与被收买的妇女性交的，以强奸罪论处并与本罪实行并罚；非法剥夺、限制被收买的妇女、儿童的人身自由或者有伤害、侮辱等犯罪行为的，以相关的犯罪与本罪进行并罚。如果收买后又出卖的，以拐卖妇女、儿童罪定罪处罚。依照《刑法修正案（九）》对本罪的修改，行为人对被收买的儿童没有虐待行为，不阻碍对其进行解救的，可以从轻处罚；按照被买妇女的意愿，不阻碍其返回原居住地的，可以从轻或者减轻处罚。在适用时，应当注意法律的变更。

十四、聚众阻碍解救被收买的妇女、儿童罪

聚众阻碍解救被收买的妇女、儿童罪，是指纠集、煽动多人阻碍国家机关工作人员解救被收买的妇女、儿童，以及参与聚众阻碍国家机关工作人员解救被收买的妇女、儿童的行为。本罪的构成要件如下：（1）本罪的客观方面是聚众阻碍解救被收买的妇女、儿童的行为。所谓"聚众"，是指纠集、组织、策划、指挥多人共同阻碍国家机关工作人员执行解救公务；"阻碍"，是指阻止、妨碍，如以暴力、威胁、恫吓等多种形式。在国家机关工作人员排查来历不明儿童或者进行解救时，将所收买的儿童藏匿、转移或者实施其他妨碍解救行为，经说服教育仍不配合的，属于阻碍解救的行为。[①] 如果犯罪行为不是以聚众方式实施的，则不构成本罪，而应依照刑法第277条规定的妨害公务罪定罪处罚。（2）本罪的主体，包括两类人员，即在聚众犯罪中起组织、策划、煽动、指挥作用的首要分子和使用暴力、威胁方法的参与者。（3）本罪的主观方面是故意。（4）本罪的客体是妇女、儿童的人身自由和人格尊严权利。

依照刑法第242条的规定，犯本罪的，根据行为人在犯罪中的地位和作用不同而处以不同的刑罚：对首要分子，处5年以下有期徒刑或者拘役；对使用暴力、威胁方法的其他参与者，处3年以下有期徒刑、拘役、管制或者罚金。

十五、诬告陷害罪

（一）概念与构成

诬告陷害罪，是指捏造犯罪事实，向国家机关或有关单位进行告发，意图使他人受到刑事追究，情节严重的行为。

本罪的构成要件如下：

（1）本罪的客观方面表现为行为人实施了捏造犯罪事实，并向国家机关和有关单位进行告发的行为。这一特征有两个要点：其一，必须有捏造犯罪事实的行为。捏造犯罪事实是引起刑事追究的前提条件，至于是否捏造了证据，不影响本罪的成立。如果捏造

---

① 参见最高人民法院2016年12月21日《关于审理拐卖妇女儿童犯罪案件具体应用法律若干问题的解释》。

的某些事实不属于犯罪事实，而是损害他人人格、名誉的事实，不构成诬告陷害罪，情节严重构成犯罪的，以诽谤罪论处。捏造的事实既可以是全部的，也可以是部分的。捏造的方式是多种多样的，既包括文字的，也包括口头的，同时也有直接制造别人犯罪的假象进行栽赃陷害的，如将有关的犯罪证据置于被诬陷人的处所等。其二，必须有向国家机关或其他单位告发的行为。“捏造”和“告发”是成立诬告陷害罪的客观必备要件。告发的形式可以是投书检举告发，也可以是向有关部门当面告发；可以是署名告发，也可以是匿名告发；可以向公安司法部门告发，也可以向其他有关单位或者有关人员告发。以他人名义作案，实质上是一种特殊的告发形式，其目的是诬陷他人，使司法机关信以为真，去追究他人的刑事责任，不论其作案后又另外告发与否，都构成诬告陷害罪。本罪属于行为犯，只要行为人以诬陷他人为目的，实施了捏造犯罪事实并告发的诬陷行为，便构成既遂。至于被诬陷者实际上是否受到刑事追究，不影响犯罪的成立。

（2）本罪的主体是一般主体。

（3）本罪的主观方面是故意，并具有诬陷他人，使其受到刑事追究的目的。行为人动机如何，在所不问。

（4）本罪的客体是他人的人身权利和司法机关的司法权力。行为人意图假借司法机关的活动实现其诬陷无辜的目的，这既侵犯公民的人身权利，又可能干扰司法机关的正常活动，导致冤假错案，败坏司法机关的声誉。诬陷、告发必须有特定对象，没有特定对象，不能引起刑事诉讼，也谈不上对公民人身权利的侵犯。对诬陷、告发的对象，不一定指名道姓，只要从诬陷的内容和对被诬陷者的形象方面的描述，使人不难判断出被诬陷者是谁就足够了。关于被诬陷的对象，法律未作特殊限制，可以是任何公民，其中包括正在服刑的犯人。但是，诬告单位犯罪的，一般不宜认定为犯罪。

（二）司法认定与刑事处罚

1. 司法认定

（1）本罪与错告、检举失实的界限。二者在客观方面有相同之处，即都是向国家机关或有关单位进行告发，告发的事实都与客观实际情况不相符合。二者的本质区别在于：行为人主观心理状态不同。诬告陷害是故意捏造事实，出于使他人受到刑事追究的目的，向国家机关告发；而错告、检举失实则是鉴于对情况不了解或思想方法上的片面性而告发、检举，主观上没有陷害他人的目的，而且往往是为了伸张正义，同犯罪分子作斗争，向有关方面进行告发、检举的。前者是应受到法律制裁的犯罪行为；后者是一般的错误行为，不受刑事责任追究。

（2）诬告陷害与一般诬告行为的界限。二者在客观方面都具有捏造事实并向有关单位告发的行为，在主观上都具有诬告他人的故意。其区别的关键在于：一要看捏造的是犯罪事实还是一般违法的、错误的事实；二要看诬告是意图使被诬陷者受刑事追究，还是受党纪、政纪处分。

（3）本罪既遂的标准。本罪的构成要件中，主观方面以使他人受到刑事追究为目的，客观上实施了捏造犯罪事实并进行告发的行为，其既遂的标准是行为实施完毕，即只要行为人捏造了犯罪事实并且进行了告发，不论他人是否受到刑事追究，均构成犯罪的既遂。

（4）诬告他人犯甲罪但实际该人犯乙罪的应如何处理。在司法实践中，有些告发的事实与司法机关最后查证的事实不同，甚至罪名也不同，在处理时应当慎重。如果告发的事实是存在的，只是告发人告发的罪名不当的，不能构成本罪；如果告发人所告发的事实根本不存在，即使司法机关基于该告发破获了被告发人所犯的其他犯罪的，告发人仍然应当构成本罪。例如，甲告发乙犯有贪污罪，基于该告发，司法机关对乙采取了强制措施。经查证，乙根本没有贪污罪的事实，但是犯有受贿罪。司法机关应当以受贿罪追究乙刑事责任，对于甲，则应当以诬告陷害罪追究刑事责任。

（5）行为人误告成案的应当如何处理。行为人并没有掌握被告发人的犯罪事实，而是基于诬告陷害的目的，捏造了他人的犯罪事实而予以告发，结果司法机关却查证属实，导致行为人的诬告“误打误中”。对于此等行为，仍然应当认定行为人的行为属于诬告，但是可以按照“情节轻微”或者“情节显著轻微”来处理。当然，对于没有捏造他人的犯罪事实，只是提供举报线索的，应当坚决否定其犯罪性。

2. 刑事处罚

依照刑法第 243 条的规定，犯本罪的，处 3 年以下有期徒刑、拘役或者管制；造成严重后果的，处 3 年以上 10 年以下有期徒刑。国家机关工作人员犯本罪的，从重处罚。

十六、强迫劳动罪

强迫劳动罪，是指以暴力、威胁或者限制人身自由的方法强迫他人劳动的行为。本罪是《刑法修正案（八）》修订的犯罪，其修改的主要内容是改变了本罪的主体和客观行为。在适用本罪时，应当注意法律的变更。

本罪的主要构成特征是：（1）犯罪客观方面表现为使用暴力、威胁或者以限制人身自由的方法强迫他人劳动。明知他人实施本罪行为而为其招募、运送人员或者有其他协助强迫他人劳动行为的，也构成本罪。认定本罪时，要注意有些单位领导强迫命令、简单粗暴的工作作风与限制人身自由强迫劳动构成犯罪的界限。工作时间长、经常加班的“996”以及工作强度高等本身均不能成立本罪。（2）犯罪主体包括自然人，也包括单位。对于不能认定为单位的“黑砖窑”“黑煤窑”等强迫他人劳动的行为，均以本罪论处。应当注意，行为人使用暴力导致他人重伤、死亡的，应当以故意杀人罪或者故意伤害罪定罪处罚。（3）犯罪主观方面为故意，且不要求具有特定动机或目的。（4）犯罪客体为人身自由权利。

依照刑法第 244 条的规定，犯本罪的，处 3 年以下有期徒刑或者拘役，并处罚金；情节严重的，处 3 年以上 10 年以下有期徒刑，并处罚金。单位犯本罪的，对单位判处罚金，并对直接负责的主管人员和其他责任人员，依上述对自然人的处罚规定处罚。

十七、雇用童工从事危重劳动罪

雇用童工从事危重劳动罪，是指违反劳动管理法规，雇用未满 16 周岁的未成年人从事超强度体力劳动，或者从事高空、井下作业的，或者在爆炸性、易燃性、放射性、毒害性等危险环境下从事劳动，情节严重的行为。本罪是2002年12月28日全国人民代表大会常务委员会通过的《刑法修正案（四）》第4条新增加的一个罪种，因此，本罪规范的生效时间是2002年12月28日，在此之前实施的类似行为，并不构成本罪。本罪的主要特征是：（1）犯罪客观方面表现为两个方面：首先是违反了《劳动法》的上述规定，非法招用了不满16周岁的未成年人；其次是让该未满16周岁的未成年人从事超强度体力劳动，或者从事高空、井下作业，或者在爆炸性、易燃性、放射性、毒害性等危险环境下从事劳动，并且情节严重。超强度体力劳动一般是指国家规定的第四级体力劳动强度的劳动。（2）犯罪主体是用人单位，家庭中使用未成年人从事一定的危险劳动，并不能构成本罪。（3）犯罪主观方面是故意。（4）犯罪客体是未成年人的身心健康权利。我国《劳动法》第15条规定：禁止用人单位招用未满16周岁的未成年人。文艺、体育和特种工艺单位招用未满16周岁的未成年人，必须依照国家有关规定，履行审批手续，并保障其接受义务教育的权利。国务院《禁止使用童工规定》对此也作出了明确规定。由于未成年人的身体仍然处于发育阶段，社会生活经验也不丰富，对危险的判断和处理能力均不如成年人强，从事超强度体力劳动以及从事危险作业对他们的身心健康具有很大的损害。因此，本罪的设立是国家在劳动领域对未成年人实施的一种特殊保护。

根据刑法第244条之一的规定，犯本罪的，对直接责任人员，处3年以下有期徒刑或者拘役，并处罚金；情节特别严重的，处3年以上7年以下有期徒刑，并处罚金。行为人实施了本罪的行为，造成事故，又构成其他犯罪的，依照数罪并罚的规定处罚。

十八、非法搜查罪

非法搜查罪，是指非法对他人的身体或住宅进行搜查的行为。本罪的主要特征是：（1）犯罪客观方面表现为非法对他人的身体或住宅进行搜查的行为。具体可以分为两种情况：一是无权搜查的人非法搜查；二是有搜查权的人违反法律规定，滥用搜查权擅自对他人的人身、住宅进行搜查。行为所指向的对象仅限于公民的身体和住宅，搜查其他场所的，不构成本罪。但是如果其他场所如牧民的帐篷、渔民的船只等作为生活场所的，同样可以成为本罪的侵犯对象。对于实施“碰瓷”行为为勒索他人财物非法搜查他人身体的，以本罪论处。[①]（2）犯罪主体是一般主体，并不限于司法工作人员。（3）犯罪主观方面是故意，但动机如何，不影响犯罪的成立。根据有关司法解释的规定，非法搜查行为具备下列情节之一的，应以犯罪论处：其一，非法搜查他人身体、住宅，并实施殴打、侮辱等行为的；其二，非法搜查，情节严重，导致被搜查人或者其近亲属自杀、自残，造成重伤、死亡或者精神失常的；其三，非法搜查，造成财物严重损坏的；其四，非法搜查3人（户）次以上的；其五，司法工作人员对明知是与涉嫌犯罪无关的人身、住宅

---

① 参见2020年9月22日最高人民法院、最高人民检察院、公安部《关于依法办理“碰瓷”违法犯罪案件的指导意见》。

非法搜查的；其六，其他非法搜查应予追究刑事责任的情形。[①]（4）犯罪客体是他人的人身和住宅不受侵犯的权利。

依照刑法第245条的规定，犯本罪的，处3年以下有期徒刑或者拘役。司法工作人员滥用职权，犯本罪的，从重处罚。

十九、非法侵入住宅罪

非法侵入住宅罪，是指非法闯入他人住宅或者经要求退出仍拒不退出的行为。本罪的主要特征是：（1）犯罪客观方面表现为两种情况：一是未经住宅主人同意，无正当理由擅自闯入他人住宅。“擅自”，是指没有得到居住人、看守人的同意，也没有可以推定居住人、看守人事后承诺的理由。虽然经过同意而进入住宅，但是没有经过同意而又进入住宅内的特别场所的，仍然可以构成非法侵入住宅罪。二是经主人要求退出仍拒不退出的行为。行为人的行为符合其中一种情况的，就构成犯罪。一般来讲，拒不退出的行为在进入时往往是合法的，只是在居住人、看守人表示反对继续停留的情况下而坚持停留。本罪侵犯的对象是公民的住宅，即公民居住和生活的场所。行为人以“软暴力”手段进入或者滞留他人住宅的，构成本罪。[②]（2）犯罪主体是一般主体，并不限于司法工作人员。（3）犯罪主观方面是故意，非出于故意而误入他人住宅的，不构成本罪。行为人为了实施其他犯罪，如盗窃、抢夺、抢劫等犯罪已经明确规定为成立这些犯罪的内容，不再认定为本罪；实施其他犯罪而非法侵入他人住宅的，可以成立牵连犯，按照牵连犯的处罚原则处理。（4）犯罪客体为他人住宅不受侵犯的权利。

依照刑法第245条的规定，犯本罪的，处3年以下有期徒刑或者拘役。司法工作人员滥用职权，犯本罪的，从重处罚。

二十、侮辱罪

侮辱罪，是指使用暴力或者其他方法，公然贬低他人人格，破坏他人名誉，情节严重的行为。本罪的主要特征是：（1）犯罪客观方面表现为行为人采用暴力或其他方法（如言辞、文字、图画等），公然贬低他人人格、毁坏其名誉。“公然”，是指公开、毫无顾忌。可以是当着被害人的面，也可以是通过网络、出版物等实施。本罪所侵犯的是社会公众对被害人的名誉评价，不以行为人自己的感受为标准。由于被侮辱人员的感受程度不同，如何判断侮辱行为的标准便有主观说和客观说之争。我们认为，判断侮辱行为的严重程度，应当以社会公众对侮辱行为的评价标准为准，不能以行为人或者被侮辱人员的感受来认定。对于社会公众认为属于比较严重的侮辱行为，应当认定为情节严重而认定为犯罪，至于被侮辱的人对此侮辱感受性比较差或者没有感受，并不影响犯罪的成

① 参见2006年7月26日最高人民检察院《关于渎职侵权犯罪案件立案标准的规定》。

② 参见最高人民法院、最高人民检察院、公安部、司法部自2019年4月9日施行的《关于办理实施“软暴力”的刑事案件若干问题的意见》。

立，被侮辱者可以选择不予告诉而放弃追究侮辱者的刑事责任；反之，对社会公众认为比较轻微的侮辱行为或者在批评、教育过程中有过激言辞以及同学、朋友之间取一般性绰号的，虽然被侮辱者感受强烈，仍然不宜认定为犯罪。如对国家工作人员的工作不满发牢骚、使用偏激言辞如“笨蛋”“缺德”等之类的，均还属于批评之列，不能认定为侮辱罪，甚至也不能动用行政处罚措施。[①] 构成本罪必须具备情节严重的条件，否则不能以犯罪论处。本罪的对象不包括单位，但是是否包括已经去世之人，尚有争议。我国刑法第 299 条之一规定了侵害英雄烈士名誉、荣誉罪，专门对侮辱、诽谤或者其他方式侵害英雄烈士名誉、荣誉的行为予以刑事处罚。(2) 犯罪主体为一般主体。(3) 犯罪主观方面是故意，并具有贬低他人人格、破坏他人名誉的目的。行为人使用暴力方法侮辱他人，过失致人重伤、死亡的，属于想象竞合犯，应以一重罪定罪处罚。若行为人基于故意伤害他人的，则应以故意伤害罪定罪处罚。(4) 犯罪客体为他人的名誉权或人格尊严。

依照刑法第 246 条的规定，犯本罪，情节严重的，处 3 年以下有期徒刑、拘役、管制或者剥夺政治权利。本罪属于告诉才处理的犯罪，但严重危害社会秩序和国家利益的侮辱行为除外。依照《刑法修正案（九）》的规定，行为人通过信息网络实施本罪的行为，被害人向人民法院告诉，但提供证据确有困难的，人民法院可以要求公安机关提供协助。这一规定的增加，有利于解决被害人收集证据的困难。

二十一、诽谤罪

诽谤罪，是指故意捏造并散布某种虚构的事实，损害、诋毁他人人格和名誉，情节严重的行为。本罪的主要特征是：(1) 犯罪客观方面表现为行为人无中生有地编造损害他人人格、名誉的虚假事实并向众人扩散的行为。利用信息网络、出版物等捏造损害他人名誉的事实，在信息网络上散布，或者组织、指使人员在信息网络上散布的；将信息网络上涉及他人的原始信息内容篡改为损害他人名誉的事实，在信息网络上散布，或者组织、指使人员在信息网络上散布的，均属于捏造事实的行为。明知是捏造的损害他人名誉的事实，在信息网络上散布，情节恶劣的，以“捏造事实诽谤他人”论。信息网络，包括以计算机、电视机、固定电话机、移动电话机等电子设备为终端的计算机互联网、广播电视网、固定通信网、移动通信网等信息网络，以及向公众开放的局域网络。[②] 构成本罪必须具备情节严重的条件，否则不能以犯罪论处。“情节严重”，是指诽谤他人手段恶劣、后果严重或者影响极坏等情况。利用信息网络诽谤他人，具有下列情形之一的，应当认定“情节严重”：同一诽谤信息实际被点击、浏览次数达到 5 000 次以上，或者被转发次数达到 500 次以上的；造成被害人或者其近亲属精神失常、自残、自杀等严重后果的；2 年内曾因诽谤受过行政处罚，又诽谤他人的；其他情节严重的情形。[③] 与侮辱罪

---

① 参见 2009 年 4 月 3 日公安部《关于严格依法办理侮辱诽谤案件的通知》。

② 参见 2013 年 9 月 6 日最高人民法院、最高人民检察院《关于办理利用信息网络实施诽谤等刑事案件适用法律若干问题的解释》。

③ 参见 2013 年 9 月 6 日最高人民法院、最高人民检察院《关于办理利用信息网络实施诽谤等刑事案件适用法律若干问题的解释》。

相比，本罪对被害人的名誉侵害是通过编造虚假的事实来完成的，而侮辱罪则是直接对被害人的名誉实施攻击。因此，如果说某人是个贼，那属于侮辱；如果说某人偷了别人的东西，就属于诽谤了。本罪的危害程度与侮辱罪的相同，也以社会公众的评价标准为准。（2）犯罪主体是一般主体。（3）犯罪主观方面是故意。（4）犯罪客体为他人的名誉权或人格尊严。

依照刑法第 246 条的规定，犯本罪的，处 3 年以下有期徒刑、拘役、管制或者剥夺政治权利。本罪属于告诉才处理的犯罪，但严重危害社会秩序和国家利益的除外。“严重危害社会秩序和国家利益”是指具有下列之一的情形：（1）引发群体性事件的；（2）引发公共秩序混乱的；（3）引发民族、宗教冲突的；（4）诽谤多人，造成恶劣社会影响的；（5）损害国家形象，严重危害国家利益的；（6）造成恶劣国际影响的；（7）其他严重危害社会秩序和国家利益的情形。①

依照刑法第 246 条第 3 款的规定，行为人通过信息网络实施本罪的行为，被害人向人民法院告诉，但提供证据确有困难的，人民法院可以要求公安机关提供协助。这一规定的增加，有利于解决被害人收集证据的困难。

二十二、刑讯逼供罪

（一）概念与构成

刑讯逼供罪，是指司法工作人员对犯罪嫌疑人、被告人使用肉刑或者变相肉刑，逼取口供的行为。

本罪的构成要件如下：

（1）本罪的客观方面表现为行为人对犯罪嫌疑人、被告人实施了肉刑或者变相肉刑，逼取口供的行为。所谓肉刑和变相肉刑，主要是指吊打、捆绑以及其他折磨人的肉体和精神的方法，如罚站、罚跪、冻饿、日晒、雨淋、火烤、“车轮战”、不准睡眠等，以达到使犯罪嫌疑人、被告人在不堪忍受肉体和精神痛苦的情况下予以供述的目的。使用刑讯逼供的手段获得的口供是否属实，也不影响本罪的成立。司法工作人员如果只是采用诱供、指名问供而没有使用肉刑或变相肉刑的，不构成本罪。本罪的行为只包括肉刑和变相肉刑，使用威胁手段，比如不供述就将嫌疑人、被告人的家属予以羁押等方式逼取口供的，不能认定为本罪。

（2）本罪的主体是特殊主体，即必须是司法工作人员。根据刑法第 94 条的规定，司法工作人员，是指有侦查、检察、审判、监管职责的工作人员。至于纪检监察机关工作人员办理案件行使的是调查权而非侦查权，尚不宜归入本罪的主体范围。非司法工作人员私设公堂，非法审讯，对他人捆绑、逼供、拷打的，可构成非法拘禁罪或故意伤害罪，但不能以刑讯逼供罪论处。

---

① 参见 2013 年 9 月 6 日最高人民法院、最高人民检察院《关于办理利用信息网络实施诽谤等刑事案件适用法律若干问题的解释》第 3 条。

（3）本罪的主观方面，行为人是基于直接故意并且具有逼取口供的目的。如果行为人不具有逼取口供的目的，可以构成其他罪（如故意伤害罪）而不构成本罪。逼取口供的动机，有的是挟嫌报复，有的是轻信控告，有的是急于破案或结案等。无论出于何种动机，对构成本罪均无影响，但不同的动机，可作为量刑的情节予以考虑。

（4）本罪的客体是公民的人身权利和国家司法机关的司法权力。刑讯逼供是以刑讯为手段，不仅直接侵犯公民的人身权利，而且由于所得的口供缺乏可靠性，往往会误导司法，造成冤假错案，妨害司法机关的正常活动。在以口供为“证据之王”的情况下，逼供成为刑事司法的常用手段。在逼供盛行的体制下，一个人被定罪，不是因为他确实犯了罪，而是因为他经受不住拷打；一个人被宣告无罪，也不是因为他没有犯罪，而是因为他经受住了皮肉之苦。因此，在现代法治观念下，绝对禁止刑讯逼供行为，对于逼供得来的所谓证据，不得作为认定被逼供人犯罪的证据，反而应当认定为刑讯逼供人实施犯罪的证据。本罪的对象仅限于犯罪嫌疑人、被告人。

（二）司法认定与刑事处罚

1. 司法认定

（1）本罪与刑讯逼供一般违法行为的界限。在司法实践中，并非一切刑讯逼供行为都构成刑讯逼供罪，只是对情节相对严重的刑讯逼供行为，才以犯罪论处。根据司法实践经验，对具有下列情形之一的，以刑讯逼供罪论处：1）以殴打、捆绑、违法使用械具等恶劣手段逼取口供的；2）以较长时间冻、饿、晒、烤等手段逼取口供，严重损害犯罪嫌疑人、被告人身体健康的；3）刑讯逼供造成犯罪嫌疑人、被告人轻伤、重伤、死亡的；4）刑讯逼供，情节严重，导致犯罪嫌疑人、被告人自杀、自残造成重伤、死亡，或者精神失常的；5）刑讯逼供，造成错案的；6）刑讯逼供 3 人次以上的；7）纵容、授意、指使、强迫他人刑讯逼供，具有上述情形之一的；8）其他刑讯逼供应予追究刑事责任的情形。①

（2）本罪与非法拘禁罪的界限。两者都属于侵犯人身权利的犯罪，有某些类似的地方，但也有许多不同之处：1）犯罪对象不同。前罪的对象是犯罪嫌疑人、被告人，而后罪的对象则是任何依法享有人身自由权利的公民。2）行为表现不同。前罪是对犯罪嫌疑人、被告人使用肉刑或者变相肉刑逼取口供的行为；而后罪则是以拘禁或者其他强制方法非法剥夺他人人身自由的行为。3）犯罪目的不同。前罪的目的只能是逼取口供，不具备这一主观特征的，不构成本罪；而后罪则不要求具有这一目的。4）犯罪的主体不同。前罪的主体只能是司法工作人员，非司法工作人员不能独立构成；后罪的主体则属于一般主体。

（3）本罪与故意伤害罪的界限。刑讯逼供罪是以肉刑或变相肉刑为手段，往往就会造成被害人身体的损害，从而和故意伤害罪发生交叉。从构成要件和刑讯逼供罪的法定刑上分析，刑讯逼供罪可以包含致人轻伤的情形。因此，刑讯逼供致人轻伤的，形成故意伤害罪与刑讯逼供罪的犯罪竞合。依照刑法第 234 条的规定，此种情况下，应以刑讯

---

① 参见最高人民检察院 2006 年 7 月 26 日公布的《关于渎职侵权犯罪案件立案标准的规定》。

逼供罪定罪处罚，不再论以故意伤害罪。但是如果刑讯逼供致人重伤、残疾，则已超出了刑讯逼供罪的构成和处罚要件，根据刑法第 247 条的规定，应直接按照故意伤害罪定罪并从重处罚。

（4）本罪与故意杀人罪的区别。从构成要件上看，刑讯逼供罪与故意杀人罪并无重合或交叉。因此，行为人在刑讯过程中，故意致人死亡的，依据刑法第 247 条的规定，以故意杀人罪从重处罚。但是，如果行为人对被害人的死亡结果缺乏故意，则仍以过失致人死亡罪定罪处罚。

2. 刑事处罚

依照刑法第 247 条的规定，犯本罪的，处 3 年以下有期徒刑或者拘役。致人伤残、死亡的，依照刑法第 234 条、第 232 条的规定定罪并从重处罚，即直接以故意伤害罪、故意杀人罪的规定从重处罚。

二十三、暴力取证罪

暴力取证罪，是指司法工作人员使用暴力逼取证人证言的行为。本罪的主要特征是：（1）犯罪客观方面表现为使用暴力（如肉刑、伤害、殴打等）逼取证人证言的行为。本罪侵害的对象仅限于证人，但是证人的范围是广义的，包括刑事诉讼、民事诉讼、行政诉讼等程序中的所有证人，同时也包括能够证明案件情况的其他人员如被害人、鉴定人等。根据有关司法解释，具有下列情节之一的，应以犯罪论处：其一，以殴打、捆绑、违法使用械具等恶劣手段逼取证人证言的；其二，暴力取证造成证人轻伤、重伤、死亡的；其三，暴力取证，情节严重，导致证人自杀、自残造成重伤、死亡，或者精神失常的；其四，暴力取证，造成错案的；其五，暴力取证 3 人次以上的；其六，纵容、授意、指使、强迫他人暴力取证，具有上述情形之一的；其七，其他暴力取证应予追究刑事责任的情形。① 由于本罪的手段仅限于暴力，使用暴力之外的威胁手段逼取证人证言的，不构成本罪。本罪施加暴力的对象仅包括证人本人，因此，对证人的家属或者关系密切的人员进行暴力或者暴力威胁而取得证人证言的行为，不能认定为本罪。暴力取得的证言是否符合案件事实，不影响本罪的成立。（2）犯罪主体是特殊主体，即司法工作人员。（3）犯罪主观方面是故意，并且具有逼取证言的目的。（4）犯罪客体为公民的人身权利与司法机关的正常活动。

依照刑法第 247 条的规定，犯本罪的，处 3 年以下有期徒刑或者拘役。致人伤残、死亡的，依照刑法第 234 条、第 232 条的规定定罪从重处罚，即直接以故意伤害罪、故意杀人罪定罪并从重处罚。

二十四、虐待被监管人罪

虐待被监管人罪，是指监狱、拘留所、看守所等监管机构的监管人员对被监管人进

① 参见最高人民检察院 2006 年 7 月 26 日公布的《关于渎职侵权犯罪案件立案标准的规定》。

行殴打或者体罚虐待，情节严重的行为。本罪的主要特征是：（1）犯罪侵害的对象是被监管人，既包括已被判处拘役以上刑罚，还在服刑的罪犯和正在刑事诉讼中的犯罪嫌疑人、被告人，也包括在强制戒毒机构的戒毒人员[①]以及在强制矫治教育机构的未成年人。社区矫正机构的矫正人员，也可以成为本罪的对象。（2）犯罪客观方面表现为行为人对被监管人进行殴打或体罚虐待，并且达到情节严重的程度。“情节严重”，是指以殴打、捆绑、违法使用械具等恶劣手段虐待被监管人的；以较长时间冻、饿、晒、烤等手段虐待被监管人，严重损害其身体健康的；虐待造成被监管人轻伤、重伤、死亡的；虐待被监管人，情节严重，导致被监管人自杀、自残造成重伤、死亡，或者精神失常的；殴打或者体罚虐待3人次以上的；指使被监管人殴打、体罚、虐待其他被监管人，具有上述情形之一的；其他情节严重的情形。[②]（3）犯罪主体是特殊主体，即监狱、拘留所、看守所等监管机构的监管人员。监管人员指使被监管人殴打或者体罚、虐待其他被监管人的，视作监管人员的虐待行为，以本罪定罪处罚。（4）犯罪主观方面是故意，动机如何，不影响犯罪的成立。

依照刑法第248条的规定，犯本罪的，处3年以下有期徒刑或者拘役；情节特别严重的，处3年以上10年以下有期徒刑。致人伤残、死亡的，依照刑法第234条、第232条的规定定罪从重处罚，即直接以故意伤害罪、故意杀人罪定罪并从重处罚。

二十五、煽动民族仇恨、民族歧视罪

煽动民族仇恨、民族歧视罪，是指故意煽动不同民族之间相互仇恨、歧视，破坏民族团结，情节严重的行为。本罪的主要特征是：（1）犯罪客观方面表现为煽动不同民族之间相互仇恨、歧视，破坏民族团结，并且情节严重的行为。所谓“煽动”，是公开或秘密地以语言、文字、图像、通信网络等方式，散布破坏民族团结，引起民族仇恨、相互歧视内容的言论的行为。如果行为人制作、散发宣扬恐怖主义、极端主义的图书或者音视频资料或者其他物品的，或者通过讲授、发布信息等方式宣扬恐怖主义、极端主义或者煽动实施恐怖活动的，应当以刑法第120条之三规定的宣扬恐怖主义、极端主义、煽动实施恐怖活动罪定罪处罚。（2）犯罪主体是一般主体。（3）犯罪主观方面是故意。（4）犯罪客体是国家的民族管理权力，其内容是民族平等与各民族间的和睦关系。[③]

依照刑法第249条的规定，犯本罪的，处3年以下有期徒刑、拘役、管制或者剥夺政治权利；情节特别严重的，处3年以上10年以下有期徒刑。

二十六、出版歧视、侮辱少数民族作品罪

出版歧视、侮辱少数民族作品罪，是指在出版物中刊载歧视、侮辱少数民族的内容，

---

① 参见最高人民检察院2015年2月15日公布并实施的《关于强制隔离戒毒所工作人员能否成为虐待被监管人罪主体问题的批复》。

② 参见最高人民检察院2006年7月26日公布的《关于渎职侵权犯罪案件立案标准的规定》。

③ 参见高铭暄、马克昌主编：《刑法学》，6版，479页，北京，北京大学出版社、高等教育出版社，2014。

情节恶劣，造成严重后果的行为。本罪的主要特征是：(1) 犯罪客观方面为在出版物中刊载歧视、侮辱少数民族的内容，情节恶劣，造成严重后果的行为。出版物包括印刷品、音像制品、电子出版物，也包括网络平台的文字作品。歧视、侮辱少数民族的内容，是指利用少数民族的历史、习惯等，对少数民族进行嘲讽、丑化、贬低，损害其民族形象和尊严。(2) 犯罪主体是一般主体，具体是指在出版物中刊载歧视、侮辱少数民族内容的直接责任人员。(3) 犯罪主观方面是故意，动机如何，不影响定罪。(4) 犯罪客体是少数民族尊严与各民族间的和睦关系。①

依照刑法第 250 条的规定，犯本罪的，对直接责任人员，处 3 年以下有期徒刑、拘役或者管制。

二十七、非法剥夺公民宗教信仰自由罪

非法剥夺公民宗教信仰自由罪，是指国家机关工作人员非法剥夺公民宗教信仰自由，情节严重的行为。本罪的主要特征是：(1) 犯罪客观方面表现为行为人使用各种手段剥夺公民正常合法的宗教信仰自由，情节严重的行为。宗教信仰自由，包括是否信仰、是否退出宗教组织、信仰何种宗教等内容。本罪所指的“宗教”，是经过我国法律允许、认可的宗教，传统的思想学派，如儒家思想等并不是宗教。邪教同样不是宗教，国家明令禁止并予以取缔；假冒信仰宗教从事违法犯罪活动的或者利用宗教信仰危害正常宗教活动或者社会秩序或者国家安全的，均应当予以禁止和取缔。对于中共党员信仰宗教的，予以教育劝说，不接受教育继续信仰宗教的，予以党纪处理。“情节严重”，一般是指手段恶劣、后果严重、影响很坏。(2) 犯罪主体是特殊主体，即仅限于国家机关工作人员。(3) 犯罪主观方面是故意。(4) 犯罪客体是公民宗教信仰自由。

依照刑法第 251 条的规定，犯本罪的，处 2 年以下有期徒刑或者拘役。

二十八、侵犯少数民族风俗习惯罪

侵犯少数民族风俗习惯罪，是指国家机关工作人员以各种手段，侵犯少数民族风俗习惯，情节严重的行为。本罪的主要特征是：(1) 犯罪客观方面表现为行为人非法干涉、破坏少数民族风俗习惯的行为。至于手段如何，是否采取暴力，均在所不问。引导、说服少数民族改良其少数民族野蛮陋习的，不能认定为本罪。(2) 犯罪主体为特殊主体，即仅限于国家机关工作人员。(3) 犯罪主观方面是故意。如果行为人因工作失误、行为不慎而侵犯少数民族风俗习惯的，不能构成本罪。(4) 犯罪客体是少数民族对风俗习惯保持或改变的权利。

依照刑法第 251 条的规定，犯本罪的，处 2 年以下有期徒刑或者拘役。

---

① 参见高铭暄、马克昌主编：《刑法学》，6 版，480 页，北京，北京大学出版社、高等教育出版社，2014。

二十九、侵犯通信自由罪

侵犯通信自由罪，是指故意隐匿、毁弃或者非法开拆他人信件，侵犯公民通信自由权利，情节严重的行为。本罪的主要特征是：（1）犯罪客观方面表现为隐匿、毁弃或者非法开拆他人信件，侵犯公民通信自由权利，并且情节严重的行为。“隐匿”，是指将他人的信件秘密隐藏起来，使收件人无法查收；“毁弃”，是指将信件销毁丢弃；“非法开拆”，是指违反国家法律、法规的规定或未经收件人同意，私自开启他人信件，偷看信件内容。在非法开拆的情况下，信件不一定受到毁损，有的还恢复原封，他人亦能收到信件。这里的“他人”应作广义解释，包括自然人、法人及非法人组织。隐匿、毁弃或者非法打开他人电子信件的，也可以构成本罪。（2）犯罪主体是一般主体。（3）犯罪主观方面是故意，即行为人明知是他人信件而故意加以隐匿、毁弃或者非法开拆。本罪的犯罪动机多种多样，有的出于好奇，有的意图窃取钱财，有的意图破坏他人恋爱、婚姻关系，等等，但动机如何，不影响本罪的成立。（4）犯罪客体是他人的通信自由。

依照刑法第 252 条的规定，犯本罪的，处 1 年以下有期徒刑或者拘役。

三十、私自开拆、隐匿、毁弃邮件、电报罪

私自开拆、隐匿、毁弃邮件、电报罪，是指邮政工作人员利用职务上的便利，私自开拆、隐匿、毁弃邮件、电报的行为。本罪的主要特征是：（1）犯罪客观方面表现为利用职务上的便利，私自开拆、隐匿、毁弃邮件、电报的行为。本罪的行为具有选择性，即行为人实施了开拆、隐匿、毁弃 3 种行为之一的，即构成本罪。邮件，包括快递邮件。（2）犯罪主体是特殊主体，即仅限于邮政工作人员，行为人必须利用其职务上的便利实施上述行为。必须注意的是，本罪的主体并不包括邮政工作人员以外的物流、快递人员。（3）犯罪主观方面是故意。（4）犯罪客体是他人通信自由。

依照刑法第 253 条第 1 款的规定，犯本罪的，处 2 年以下有期徒刑或者拘役。犯本罪而窃取财物的，依照盗窃罪定罪从重处罚。

三十一、侵犯公民个人信息罪

（一）概念和构成

侵犯公民个人信息罪，是指行为人违反国家有关规定，窃取、非法获取、向他人出售或者提供公民个人信息，情节严重的行为。本罪是《刑法修正案（七）》第 7 条作为刑法第 253 条之一创制的新罪，并被《刑法修正案（九）》修改，在适用时应当注意修订前后的法律变化。立法机关将本罪之行为予以犯罪化及修改的基础是，近些年来我国公民个人信息被泄露的情况日趋严重，侵犯了公民个人的隐私，扰乱了公民的生活安宁，也滋生了利用公民个人信息的其他犯罪行为。

本罪的主要构成特征是：

（1）犯罪的客观特征方面表现为两种行为：

其一，行为人违反国家有关规定，窃取、非法获取、向他人出售或者提供给公民个人信息。“违反国家有关规定”，是指违反法律、行政法规、部门规章有关公民个人信息保护的规定。[①]《刑法修正案（九）》将原第253条之一的“违反国家规定”修改为“违反国家有关规定”，后者的范围明显更广。根据刑法第96条的规定，“国家规定”仅限于全国人大及其常委会制定的法律和决定，国务院制定的行政法规、规定的行政措施、发布的决定和命令。而“国家有关规定”还包括部门规章，这些规定散见于金融、电信、交通、教育、医疗、统计、邮政等领域的法律、行政法规或部门规章中。[②] 向他人出售或者提供的公民个人信息来源包括国家机关、企业、事业单位及服务过程中获取的公民信息，也包括捡拾等偶然取得的公民个人信息及盗窃或者非法获取的公民个人信息。提供公民个人信息，是指向特定人提供公民个人信息，以及通过信息网络或者其他途径发布公民个人信息。未经被收集者同意，将合法收集的公民个人信息向他人提供的，属于“提供公民个人信息”，但是经过处理无法识别特定个人且不能复原的除外。[③]

其二，行为人窃取或者以其他方法非法获取、出售、提供公民个人信息。窃取之外的其他方法非法获取个人信息，是指违反国家有关规定，通过购买、收受、交换等方式获取公民个人信息，或者在履行职责、提供服务过程中非法收集公民个人信息。[④] 侵犯公民个人信息犯罪作为电信网络诈骗的上游犯罪，诈骗分子往往先通过网络向他人购买公民个人信息，然后自己直接用于诈骗或转发给其他同伙用于诈骗，诈骗分子购买公民个人信息的行为属于非法获取行为，其同伙接收公民个人信息的行为明显也属于非法获取行为。同时，一些房产中介、物业管理公司、保险公司、担保公司的业务员往往与同行通过QQ、微信群互相交换各自掌握的客户信息，这种交换行为也属于非法获取行为。此外，行为人在履行职责、提供服务过程中，违反国家有关规定，未经他人同意收集公民个人信息，或者收集与提供的服务无关的公民个人信息的，也属于非法获取公民个人信息的行为。[⑤] 其行为方式还包括使用诈骗、抢夺、购买以及其他手段如利用网络工具、黑客、病毒软件等手段，获取公民个人的信息。司法机关工作人员没有履行相关的法定手续，利用职权强行取得公民个人信息的，也构成本罪。公安民警在履行职责过程中，违反国家有关规定，查询、提供公民个人信息的情形，应当认定为“违反国家有关规定，将在履行职责或者提供服务过程中以其他方法非法获取或提供公民个人信息”[⑥]。社会上的私人侦探，往往也是非法获取、提供公民的个人信息的。利用网络App过度索取用户

---

① 参见最高人民法院、最高人民检察院2017年5月8日发布的《关于办理侵犯公民个人信息刑事案件适用法律若干问题的解释》第2条。

② 参见最高人民检察院2018年11月9日发布的《检察机关办理侵犯公民个人信息案件指引》。

③ 参见最高人民法院、最高人民检察院2017年5月8日发布的《关于办理侵犯公民个人信息刑事案件适用法律若干问题的解释》第3条。

④ 参见最高人民法院、最高人民检察院2017年5月8日发布的《关于办理侵犯公民个人信息刑事案件适用法律若干问题的解释》第4条。

⑤ 参见最高人民检察院2018年11月9日发布的《检察机关办理侵犯公民个人信息案件指引》。

⑥ 最高人民检察院2018年11月9日发布的《检察机关办理侵犯公民个人信息案件指引》。

权限、未经用户同意收集使用个人信息的、收集与其提供服务无关的个人信息的，也属于非法获取个人信息。

本罪所称的“公民个人信息”，广义上是指依法应当受到保护而不应当向社会公众公开的公民个人的所有内容，包括静态信息和动态信息。对于个人信息具体形态的界定，《网络安全法》《民法典》和司法解释的具体描述并不完全一致。如 2016 年的《网络安全法》第 76 条规定：“个人信息，是指以电子或者其他方式记录的能够单独或者与其他信息结合识别自然人个人身份的各种信息，包括但不限于自然人的姓名、出生日期、身份证件号码、个人生物识别信息、住址、电话号码等”；《民法典》第 1034 条规定：“个人信息是以电子或者其他方式记录的能够单独或者与其他信息结合识别特定自然人的各种信息，包括自然人的姓名、出生日期、身份证件号码、生物识别信息、住址、电话号码、电子邮箱、健康信息、行踪信息等”。最高人民法院、最高人民检察院 2017 年 5 月 8 日发布的《关于办理侵犯公民个人信息刑事案件适用法律若干问题的解释》第 1 条规定：“公民个人信息”，是指以电子或者其他方式记录的能够单独或者与其他信息结合识别特定自然人身份或者反映特定自然人活动情况的各种信息，包括姓名、身份证件号码、通信通讯联系方式、住址、账号密码、财产状况、行踪轨迹等。《网络安全法》的个人信息主要是身份信息，即静态信息，《民法典》和司法解释的规定均加入了动态的信息内容。事实上，个人信息的内容主要具备上述规定的概括性特征的，就属于个人信息，至于靠罗列的方式，并不能完全穷尽。所以，认定个人信息的关键不在于罗列，而在于实质性判断。除上述规定列举的内容之外，如个人职业、职务、年龄、婚姻状况、学历、专业资格、工作经历、信用卡号码、指纹、网上登录账号和密码等能够识别公民个人身份和行踪的信息均属于个人信息的内容。但是公众人物必须向社会公开或者自己公开的个人信息，则不包括在内，如有关人员的简历、家庭关系等。用于公务或者单位的通信联络方式及办公地点等，不属于个人信息。经过处理无法识别特定个人且不能复原的信息也不能认定为个人信息。①

本罪所称的“公民个人信息”应当作广义的理解，即是指所有自然人的个人信息，不受国籍的限制。

（2）犯罪的主体包括自然人和单位。

（3）犯罪主观方面是故意。如果是相关单位和个人基于过失将公民个人的信息泄露的，不能构成本罪。行为人非法获取或者提供个人信息的动机和目的不影响本罪的成立。

（4）本罪的犯罪客体是个人的信息私密权和国家对信息数据的管理权。公民个人信息首先是公民个人的隐私，依法应当受到保护。与此同时，数据在积累和汇集后，又成为国家的重要信息资源，涉及国家对政治、经济、社会等各个方面的管理安全，甚至会影响国家的安全，因此，国家对公民个人信息的收集和利用均有高度的管理权力。近年发生的滴滴软件非法收集个人信息和非法利用个人信息的行为，不仅严重侵犯了个人信息权利，也对国家安全构成威胁。

---

① 参见最高人民法院、最高人民检察院 2017 年 5 月 8 日发布的《关于办理侵犯公民个人信息刑事案件适用法律若干问题的解释》。

（二）司法认定和刑事处罚

1. 司法认定

（1）侵犯公民个人信息罪与涉密犯罪的关系。

个人信息在某些情况下会与国家秘密相关联，一些特殊人员的身份信息或者行踪轨迹本身就具有保密性，这不仅仅是个人信息，还是国家秘密。如果行为人非法获取、提供的个人信息属于国家秘密，应当按照非法获取国家秘密罪，为境外窃取、刺探、收买、非法提供国家秘密、情报罪，间谍罪，故意泄露国家秘密罪等定罪处罚。

（2）侵犯公民个人信息罪与其他相关犯罪的竞合与牵连。

基于侵犯他人人身或者财产权利而非法获取、提供个人信息的，如果尚未构成侵犯公民个人信息罪的，直接按照行为人实施的相关犯罪定罪处罚。如果已经构成侵犯公民个人信息罪同时构成其他犯罪的，实行数罪并罚。设立用于实施非法获取、出售或者提供公民个人信息违法犯罪活动的网站、通讯群组，情节严重的，应当依照刑法第 287 条之一的规定，以非法利用信息网络罪定罪处罚；同时构成侵犯公民个人信息罪的，依照侵犯公民个人信息罪定罪处罚。①

网络服务提供者拒不履行法律、行政法规规定的信息网络安全管理义务，经监管部门责令采取改正措施而拒不改正，致使用户的公民个人信息泄露，造成严重后果的，应当依照刑法第 286 条之一的规定，以拒不履行信息网络安全管理义务罪定罪处罚。

对于违反国家有关规定，采用技术手段非法侵入合法存储公民个人信息的单位数据库窃取公民个人信息的行为，也符合刑法第 285 条第 2 款非法获取计算机信息系统数据罪的客观特征，同时触犯侵犯公民个人信息罪和非法获取计算机信息系统数据罪的，应择一重罪论处。②

2. 刑事处罚

依照刑法第 253 条之一的规定，犯本罪的，处 3 年以下有期徒刑或者拘役，并处或者单处罚金；情节特别严重的，处 3 年以上 7 年以下有期徒刑，并处罚金。单位犯本罪的，对单位判处罚金，并对其直接负责的主管人员和其他责任人员，依照本罪法定刑处罚；违反国家有关规定，将履行职责或者提供服务的过程中获得的公民个人信息出售或者提供给他人的，从重处罚。

根据司法解释的规定③，具有下列情形之一的，应当认定为本罪的“情节严重”：（1）出售或者提供行踪轨迹信息，被他人用于犯罪的；（2）知道或者应当知道他人利用公民个人信息实施犯罪，向其出售或者提供的；（3）非法获取、出售或者提供行踪轨迹信息、通信内容、征信信息、财产信息 50 条以上的；（4）非法获取、出售或者提供住宿

---

① 参见最高人民法院、最高人民检察院 2017 年 5 月 8 日发布的《关于办理侵犯公民个人信息刑事案件适用法律若干问题的解释》。

② 参见最高人民检察院 2018 年 11 月 9 日《检察机关办理侵犯公民个人信息案件指引》。

③ 参见最高人民法院、最高人民检察院 2017 年 5 月 8 日发布的《关于办理侵犯公民个人信息刑事案件适用法律若干问题的解释》第 5 条。

信息、通信记录、健康生理信息、交易信息等其他可能影响人身、财产安全的公民个人信息500条以上的；（5）非法获取、出售或者提供第3、4项以外的公民个人信息5 000条以上的；（6）数量未达到第3至5项的标准，但是按相应比例合计达到有关数量标准的；（7）违法所得5 000元以上的；（8）将在履行职责或者提供服务过程中获得的公民个人信息出售或者提供给他人，数量或者数额达到上述第3项至第7项标准一半以上的；（9）曾因侵犯公民个人信息受过刑事处罚或者2年内受过行政处罚，又非法获取、出售或者提供公民个人信息的；（10）其他情节严重的情形。

为合法经营活动而非法购买、收受上述第3、4项以外的公民个人信息，具有下列情形之一的，应当认定为“情节严重”，但是将购买、收受的公民个人信息非法出售或者提供的，仍然以上述标准认定：（1）利用非法购买、收受的公民个人信息获利5万元以上的；（2）曾因侵犯公民个人信息受过刑事处罚或者2年内受过行政处罚，又非法购买、收受公民个人信息的；（3）其他情节严重的情形。

具有下列情形之一，属于本罪的“情节特别严重”：（1）造成被害人死亡、重伤、精神失常或者被绑架等严重后果的；（2）造成重大经济损失或者恶劣社会影响的；（3）数量或者数额达到前款第3项至第8项标准10倍以上的；（4）其他情节特别严重的情形。

对于个人信息数量的认定，非法获取公民个人信息后又出售或者提供的，公民个人信息的条数不重复计算。向不同单位或者个人分别出售、提供同一公民个人信息的，公民个人信息的条数累计计算。对批量公民个人信息的条数，根据查获的数量直接认定，但是有证据证明信息不真实或者重复的除外。

三十二、报复陷害罪

报复陷害罪，是指国家机关工作人员滥用职权、假公济私，对控告人、申诉人、批评人、举报人进行打击报复、恶意陷害的行为。本罪的主要特征是：（1）犯罪客观方面表现为行为人滥用职权、假公济私，对控告人、申诉人、批评人、举报人进行打击报复、恶意陷害的行为。报复陷害的手段不一而足，报复的内容可以是工作上、政治上、经济上、待遇上予以歧视、迫害，也可以是滥用权力，以种种借口对被害人进行处罚。但是本罪的行为不包括使用暴力的攻击，如果行为人使用暴力攻击的方法报复被害人的，应当依照故意伤害罪或者故意杀人罪定罪处罚。根据有关司法解释，具备下列情节之一的，应以犯罪论处：其一，报复陷害，情节严重，导致控告人、申诉人、批评人、举报人或者其近亲属自杀、自残造成重伤、死亡，或者精神失常的；其二，致使控告人、申诉人、批评人、举报人或者其近亲属的其他合法权利受到严重损害的；其三，其他报复陷害应予追究刑事责任的情形。[①]（2）犯罪主体是特殊主体，即仅限于国家机关工作人员，而且要求必须是利用行为人的职权实施本罪的行为。如果行为人不是利用职权而对被害人进行诬告陷害的，应当以诬告陷害罪定罪处罚。（3）犯罪主观方面是故意，并且具有报复陷害他人的目的。（4）犯罪客体为公民控告、申诉、批评等民主权利及国家机关正常

---

① 参见最高人民检察院2006年7月26日公布的《关于渎职侵权犯罪案件立案标准的规定》。

活动。

依照刑法第 254 条的规定，犯本罪的，处 2 年以下有期徒刑或者拘役；情节严重的，处 2 年以上 7 年以下有期徒刑。

三十三、打击报复会计、统计人员罪

打击报复会计、统计人员罪，是指公司、企业、事业单位、机关、团体的领导人，对依法履行职责，抵制违反会计法、统计法行为的会计人员、统计人员实行打击报复，情节恶劣的行为。本罪的主要特征是：(1) 犯罪客观方面表现为行为人利用其领导地位，对依法履行职责，抵制违反会计法、统计法行为的会计、统计人员实行打击报复的行为。报复的内容可以是工作上、政治上、经济上、待遇上予以歧视、迫害或者以种种借口对被害人进行处罚。但是本罪的行为不包括使用暴力的攻击，如果行为人使用暴力攻击的方法报复被害人的，应当依照故意伤害罪或者故意杀人罪定罪处罚。(2) 犯罪主体是特殊主体，即公司、企业、事业单位、机关、团体的领导人，至于这些单位的所有制性质，并无特别要求。本罪要求行为人必须是利用自己职权实施本罪的行为，如果行为人非利用职权而实施对被害人诬告陷害行为的，应当以诬告陷害罪定罪处罚。(3) 犯罪主观方面是故意，并具有打击报复的目的。

依照刑法第 255 条的规定，犯本罪的，处 3 年以下有期徒刑或者拘役。

三十四、破坏选举罪

（一）概念与构成

破坏选举罪，是指在选举各级人民代表大会代表和国家机关领导人时，以暴力、威胁、欺骗、贿赂、伪造选举文件、虚报选举票数等手段，破坏选举或者妨害选民和代表自由行使选举权和被选举权，情节严重的行为。

本罪的构成要件如下：

(1) 本罪的客观方面表现为以各种手段破坏选举的行为。根据刑法的规定，犯罪手段包括使用暴力、威胁、欺骗、贿赂、伪造选举文件、虚报选举票数等。“暴力”，是指对选民、各级人民代表大会代表、候选人、选举工作人员等进行殴打、捆绑等人身打击或强制；“威胁”，是指以杀害、伤害、破坏名誉等手段进行要挟，迫使被要挟人不能正常履行组织管理职责或者放弃权利、机会等；“欺骗”，是指捏造事实，颠倒是非，以虚假的事实扰乱选举的正常进行；“贿赂”，是指用金钱或者其他物质利益收买选民、各级人民代表大会代表、候选人、选举工作人员等，以实现操纵、破坏选举或者进行其他舞弊活动的目的；“伪造选举文件”，是指采用伪造选民证、选票、选民名单、候选人名单、代表资格报告等选举文件的方法破坏选举；“虚报选举票数”，是指选举工作人员对于统计出来的选票数、赞成和反对票数等进行虚假报告的行为。只要行为人在选举各级人民代表大会代表和国家机关领导人时采用上述手段之一且情节严重的，即构成本罪。依照有关选举的法律规定，选举各级人民代表大会代表和国家机关领导人员的选举过程包括：选民登记、提出候选人、投票选举、统计票数、宣布选举结果、补选等。

（2）本罪的主体为一般主体。在实践中，既可以是有选举权的人，也可以是无选举权的人；既可以是选举工作人员，也可是选民或者代表。但是，本罪的某些犯罪行为只能由选举工作人员构成，如虚报选举票数、对候选人情况作虚假的介绍等。

（3）本罪的主观方面是故意，并且是直接故意。本罪之行为人在故意内容上具有破坏选举工作、妨害选民和代表自由行使选举权和被选举权的目的。如果由于过失造成不良后果，如误计选举票数、漏发选票等影响了选举工作，不构成本罪。

（4）本罪的客体是公民的选举权和被选举权以及国家对选举工作的监管权力。这里的所谓选举权和被选举权，是指选举和被选举各级人民代表大会代表和国家机关领导人员的权利。本罪只能发生在各级国家权力机构——人民代表大会的代表以及各级国家机关的领导人的选举过程中，在其他选举过程中的破坏选举行为，不能构成本罪。此外，中国共产党各级机构领导人员的选举也应包括在国家机关选举的范围之内。

（二）司法认定与刑事处罚

1. 司法认定

（1）本罪与一般违反选举法行为的界限。本罪的行为被追究刑事责任时，必须具备“情节严重”这一条件。在司法实践中，“情节严重”一般指[①]：1）以暴力、威胁、欺骗、贿赂等手段，妨害选民、各级人民代表大会代表自由行使选举权和被选举权，致使选举无法正常进行，或者选举无效，或者选举结果不真实的；2）以暴力破坏选举场所或者选举设备，致使选举无法正常进行的；3）伪造选民证、选票等选举文件，虚报选举票数，产生不真实的选举结果或者强行宣布合法选举无效、非法选举有效的；4）聚众冲击选举场所或者故意扰乱选举场所秩序，使选举工作无法进行的；5）其他情节严重的情形。对于那些虽违反选举法，但情节显著轻微，危害不大的，不宜以犯罪论处。

（2）本罪与其他犯罪的界限。以伪造选举文件等公文、证件为手段破坏选举活动的行为，在构成本罪的同时又触犯了伪造、变造、买卖国家机关公文、证件、印章罪的，属于牵连犯，应依照处理牵连犯的原则论处。以暴力手段破坏选举，致人轻伤的，仍以本罪论处；致人重伤、死亡的，应按照故意伤害罪、故意杀人罪定罪处罚。

2. 刑事处罚

依照刑法第 256 条的规定，犯本罪的，处 3 年以下有期徒刑、拘役或者剥夺政治权利。

三十五、暴力干涉婚姻自由罪

暴力干涉婚姻自由罪，是指以暴力手段干涉他人结婚和离婚自由的行为。本罪的构

---

① 参见最高人民检察院 2006 年 7 月 26 日公布的《关于渎职侵权犯罪案件立案标准的规定》。

成要件如下：（1）本罪的客观方面表现为行为人实施了以暴力干涉他人婚姻自由的行为。但是，不能认为凡有暴力行为的就构成本罪，暴力轻微危害不大，不足以达到干涉被干涉者行使婚姻自由权利程度的，不能以犯罪论处。行为人干涉他人婚姻自由的目的不能实现，而故意致被害人重伤或杀害的，则应按故意伤害罪或故意杀人罪论处。（2）本罪的主体是一般主体，实践中主要是被害人的家庭成员、亲属或有扶养关系的人，也有的是家族尊长或奸夫、情妇等。（3）本罪的主观方面是故意。犯罪的动机如何，不影响本罪的成立。（4）本罪的客体是婚姻自主权。婚姻自由是我国《民法典》规定的一项基本原则，禁止干涉公民的婚姻自由。婚姻自由包括结婚自由和离婚自由两个方面。本罪的设立宗旨，就是保证《民法典》规定的婚姻自由原则的贯彻落实。

依照刑法第 257 条的规定，犯本罪的，处 2 年以下有期徒刑或者拘役；致使被害人死亡的，处 2 年以上 7 年以下有期徒刑。导致被害人死亡，是指行为人使用的暴力过失地致被害人死亡以及被害人不堪忍受而自杀等情形，不包括行为人故意杀害被害人的行为。犯本罪，未致被害人死亡的，告诉的才处理。

三十六、重婚罪

（一）概念与构成

重婚罪，是指有配偶的人在夫妻关系存续期间又与其他人建立另一个夫妻关系，或者明知他人有配偶而与之结婚的行为。

本罪的构成要件如下：

（1）本罪的客观方面表现为有配偶的人在夫妻关系存续期间又与其他人建立另一个夫妻关系，或者明知他人有配偶而与之结婚的行为。因此，重婚有两种情况：一是法律重婚，即有配偶者在婚姻关系存续期间又与他人进行结婚登记，或者无配偶者明知他人有配偶而与之结婚登记；二是事实重婚，即虽然没有结婚登记，但却公开以夫妻关系长期共同生活在一起，形成事实上的婚姻关系。对于这种事实婚姻，在我国婚姻法上属于无效婚姻，但是在刑法中仍然以重婚罪论处。之所以这样处理，立法的出发点在于保护有配偶一方的合法婚姻关系。① 此外，我们认为，本罪中的“配偶”“结婚”等概念也与《民法典》中相关概念含义不同。因此，对于同时具有两个以上婚姻关系存在的情形，无论是法律婚姻还是事实婚姻，均应当构成重婚罪。②

（2）本罪的主体是特殊主体，包括两种人：一是重婚者，即有配偶而且未解除婚姻关系，又与他人结婚的人。所谓“有配偶”，是指男子有妻、女子有夫，并且这种夫妻关系还处于存续期间。二是相婚者，即明知对方有配偶而与之结婚的人。相婚者本人并没有重自己之婚，但他（她）明知对方有配偶而与之结婚，就构成了重婚罪不可缺少的一方，从而重了他人之婚。因此，相婚者的行为也破坏了一夫一妻制的婚姻家庭关系，亦

① 参见赵秉志主编：《刑法原理与实务》，533 页，北京，高等教育出版社，2002。

② 当然，对于行为人同时具有两个以上的事实婚姻是否构成重婚罪，仍然有不同的认识。

构成重婚罪的主体。

（3）本罪的主观方面是故意。如果一方因受对方的欺骗不知道对方已有配偶而与之结婚的，受骗一方的行为不构成重婚罪。

（4）本罪的客体是我国婚姻法规定的一夫一妻的权利义务关系。我国《民法典》明确规定，我国实行一夫一妻制度，禁止重婚，禁止有配偶的人与他人同居。刑法设立本罪的宗旨是惩罚一个人同时具有两个以上婚姻关系的行为，保证《民法典》规定的一夫一妻制度的贯彻执行。正确把握本罪的立法宗旨，对于正确理解本罪的客观构成要件具有重要意义。

（二）司法认定与刑事处罚

1. 司法认定

（1）本罪与不宜以犯罪论处的重婚行为的界限。在司法实践中，由于特殊原因引起的重婚行为，因其社会危害性较小，可不以重婚罪论处。常见的情况有：有配偶的妇女被拐卖后重婚的；因遭受自然灾害，生活困难，被迫外流谋生而重婚的；婚后一直受虐待，被迫外逃而重婚的；因反抗包办、买卖婚姻而外逃，在包办、买卖婚姻关系解除前重婚的；因配偶长期外出，生死下落不明，家庭生活发生严重困难而重婚的；等等。由于这些情况下的重婚确属事出有因，重婚者的主观恶性和行为的社会危害性相对较小，可以不以重婚罪论处。

（2）本罪与通奸及非法同居行为的界限。通奸，指有配偶的人与他人自愿发生的婚外性行为，是应受到社会舆论谴责的不道德行为，但不构成重婚罪。非法同居一般也不构成重婚，但是，如果是以夫妻名义同居，双方或者其中一方有配偶的，即构成重婚罪。

2. 刑事处罚

依照刑法第258条的规定，犯本罪的，处2年以下有期徒刑或者拘役。

三十七、破坏军婚罪

破坏军婚罪，是指明知是现役军人的配偶，而与之同居或者结婚的行为。本罪的构成要件如下：（1）本罪的客观方面表现为行为人实施了与现役军人配偶结婚或者同居的行为。“结婚”，是指与现役军人的妻子或丈夫登记结婚。该“结婚”只是在形式上履行结婚手续，并不符合民法意义上的结婚条件。“同居”，是指与现役军人的配偶以夫妻名义共同生活；或者在较长时间内公开地或者秘密地共同生活。同居一般表现为既有不正当的两性关系，也有共同的经济生活关系。（2）本罪的主体是一般主体。不论行为人是不是军人，都应以破坏军婚罪论处。（3）本罪的主观方面是故意，并且要求行为人明知对方是现役军人的配偶而与之结婚或者同居。如果军人的配偶对自己是军人配偶的事实予以隐瞒，致使行为人受欺骗而与之结婚或者同居的，不应以本罪论处。（4）本罪的客体是现役军人的婚姻关系。现役军人，是指中国人民解放军和人民武装警察部队的现役军官、警官、文职干部、士兵及具有军籍的学员，不包括现在没有军籍或曾有过军籍的任何人。现役军人配偶，是指依法与现役军人已经结婚的妻子或丈夫，不包括仅订有婚约的未婚夫、妻。利用职权、从属关系，以胁迫手段奸淫现役军人的妻子的，依照刑法第 236 条规定的强奸罪定罪处罚。

依照刑法第 259 条的规定，犯本罪的，处 3 年以下有期徒刑或者拘役。

三十八、虐待罪

（一）概念与构成

虐待罪，是指经常以打骂、冻饿、禁闭、强迫过度劳动、有病不给治疗等方法，对共同生活的家庭成员从肉体上、精神上肆意摧残、折磨，情节恶劣的行为。

本罪的构成要件如下：

(1) 本罪的客观方面表现为行为人对被害人的身体或精神进行摧残、迫害的行为。

虐待行为有两类：一是肉体摧残，如殴打、冻饿、禁闭、捆绑、有病不给治疗、强迫过度劳动等；二是精神上折磨，如侮辱、咒骂、讽刺、凌辱人格、限制行动自由、不让参加社会活动等。这两类手段可能同时使用，也可能单独使用或交替使用。虐待行为的方式主要是作为，但也可以是不作为。构成本罪的摧残、折磨必须具有经常性、一贯性的特点，这一特点决定了虐待行为的社会危害性和行为人的主观恶性。如果仅是偶尔为之，不构成犯罪。

(2) 本罪的主体是特殊主体，即必须是与被害人共同生活的同一家庭成员。所谓同一家庭成员，是指基于婚姻、血缘、收养、寄养、同居等关系生活在一个家庭中的人，他们相互之间一般存在着亲属关系或扶养关系，如夫妻、父母（包括继父母、养父母）、子女（包括继子女、养子女）、兄弟姐妹等。不具有亲属关系，但是长期在一个家庭共同生活的人员，也可以成为本罪的行为人或者被害人，如寄养、同居关系、长期共同居住的保姆等。虐待者一般都是利用自己在家庭经济上、身体上或亲属关系上的优势地位而实施虐待行为。非家庭成员不能成为本罪的主体。例如，师傅虐待徒弟、教师虐待学生等，不能以本罪论处。

(3) 本罪的主观方面是故意。其特点是行为人基于一个概括的犯罪故意，通过经常进行的虐待行为，造成一个总的虐待结果。虐待的动机多种多样，有的为图自己过舒适生活而虐待父母；有的为逼迫离婚而虐待妻子；有的基于重男轻女的思想而虐待女儿或者虐待生了女孩的妻子和儿媳；等等。但动机如何，不影响犯罪的成立。

(4) 本罪的客体是复杂客体。我国公民享有的人格权和身心健康的权利，受法律保护，任何人都不得任意侵犯，家庭成员亦如是。我国《民法典》明文规定，禁止家庭暴力，禁止家庭成员之间的虐待行为。本罪的设立就是要惩处在家庭内部的虐待行为，其重要特征就是行为人借助家庭关系实施虐待行为，具有一定的隐蔽性。本罪客体的内容既包括家庭成员间的平等权利，也包括被害人的人身权利。

（二）司法认定与刑事处罚

1. 司法认定

（1）注意家庭矛盾与本罪的区分。实践中家庭内部发生冲突，行为人主观上有意识地对被害人进行肉体上与精神上的摧残、折磨的，才能以本罪论处；如果家庭成员之间偶尔发生打骂行为，父母对子女教育方法简单粗暴或生活上关心照顾不够，并非出于摧残家庭成员的故意，不能视为虐待行为，更不能以犯罪论处。

（2）正确把握情节恶劣的标准。虐待行为“情节恶劣”是本罪追究刑事责任的条件。所谓“情节恶劣”，主要是指具有虐待持续时间较长、次数较多；虐待手段残忍；虐待造成被害人轻微伤或者患较严重疾病；对未成年人、老年人、残疾人、孕妇、哺乳期妇女、重病患者实施较为严重的虐待行为等情形；等等。①

（3）准确区分虐待犯罪致人重伤、死亡与故意伤害、故意杀人犯罪致人重伤、死亡的界限。实践中要根据行为人的主观故意、所实施的暴力手段与方式、是否立即或者直接造成被害人伤亡后果等进行综合判断。对于行为人主观上不具有侵害被害人健康或者剥夺被害人生命的故意，而是出于追求被害人肉体和精神上的痛苦，长期或者多次实施虐待行为，逐渐造成被害人身体损害，过失导致被害人重伤或者死亡的；或者因虐待致使被害人不堪忍受而自残、自杀，导致重伤或者死亡的，属于本罪的虐待“致使被害人重伤、死亡”，应当以虐待罪定罪处罚。对于行为人虽然实施家庭暴力呈现出经常性、持续性、反复性的特点，但其主观上具有希望或者放任被害人重伤或者死亡的故意，持凶器实施暴力，暴力手段残忍，暴力程度较强，直接或者立即造成被害人重伤或者死亡的，应当以故意伤害罪或者故意杀人罪定罪处罚。②

2. 刑事处罚

依照刑法第 260 条的规定，犯本罪的，处 2 年以下有期徒刑、拘役或者管制；致使被害人重伤、死亡的，处 2 年以上 7 年以下有期徒刑。依照刑法第 260 条第 3 款的规定，虐待罪，告诉的才处理，但被害人没有能力告诉，或者因受到强制、威吓无法告诉的除外。

三十九、虐待被监护、看护人罪

虐待被监护、看护人罪是指对未成年人、老年人、患病的人、残疾人等负有监护、看护职责的人虐待被监护、看护人，情节恶劣的行为。本罪是《刑法修正案（九）》新增设的罪种，在适用时应当注意法律的变更。本罪的主要特征是：（1）犯罪的客观方面是对被害人实施虐待的行为。其内容与虐待罪的行为相类似。本罪的行为仅仅限于虐待，

---

① 参见 2015 年 3 月 2 日最高人民法院、最高人民检察院、公安部、司法部《关于依法办理家庭暴力犯罪案件的意见》。

② 参见 2015 年 3 月 2 日最高人民法院、最高人民检察院、公安部、司法部《关于依法办理家庭暴力犯罪案件的意见》。

如果行为人的行为同时构成其他犯罪的，应当依照处罚较重的罪定罪处罚。行为人组织未成年人、残疾人在体育运动中强迫未成年人、残疾人使用兴奋剂，引诱、欺骗未成年人、残疾人长期使用兴奋剂以及其他严重损害未成年人、残疾人身心健康的，以本罪定罪处罚。[①] 此类行为与刑法第 355 条之一规定的妨害兴奋剂管理罪存在交叉竞合关系，对于符合妨害兴奋剂管理罪的行为，以该罪定罪处罚；对于不符合该罪构成要件的行为，仍然以本罪定罪处罚。（2）本罪的主体是特殊主体，即对被害人具有监护、看护职责的个人或者单位。监护依照《民法典》的范围予以确定；看护是指不具有监护职责但是具有看守、保护责任的个人或者单位，有长期的有临时的，包括有偿的也包括无偿的，如养老机构、慈善机构、收养机构、医疗机构、幼育机构等等。但是，如果行为人与被害人为同一家庭成员的，应当构成虐待罪，不应以本罪论处。（3）行为人主观上是故意。（4）犯罪客体为被监护、看护人的人格权和身心健康的权利。

依照刑法第 260 条之一的规定，犯本罪的，处 3 年以下有期徒刑或者拘役。单位犯本罪的，对单位判处罚金，并对其直接负责的主管人员和其他直接责任人员，依照本罪的法定刑处罚。

四十、遗弃罪

遗弃罪，是指对于年老、年幼、患病或者其他没有独立生活能力的人，负有扶养义务而拒绝扶养，情节恶劣的行为。本罪的主要特征是：（1）犯罪的客观方面必须有遗弃行为。其行为方式主要表现为不作为，即行为人负有法定扶养义务，又有扶养能力却拒不履行这种义务，但是也可以采用作为的方式实施。在实践中，不作为与作为的行为方式经常同时并用。犯罪的对象必须是年老、年幼、患病或者其他没有独立生活能力的人。（2）犯罪主体是特殊主体，即对于年老、年幼、患病或者其他没有独立生活能力的人负有扶养义务的人。至于扶养义务是否只存在于家庭成员之间，目前理论界有不同的认识。有学者认为，本罪的扶养义务不能仅仅按照民法的规定来确定，应当将义务的范围扩大，将所有能够产生义务的情况均包括在内，犯罪主体自然也不仅仅限于家庭成员。[②] 我们认为，从我国目前的刑法规定来看，法条明确将本罪的主体限定为具有扶养义务的人，而扶养义务是具有特定内容和含义的，非家庭成员之间可能产生救助的义务，但是不可能产生扶养义务。因此，非家庭成员仍然不能成为本罪的主体。（3）犯罪主观方面是故意，即行为人明知自己不履行扶养义务会给被扶养人造成困难，带来危害，仍拒绝履行法定义务。犯罪动机如何，不影响本罪的成立。遗弃行为情节恶劣的，才构成遗弃罪。本罪的情节恶劣是指具有对被害人长期不予照顾、不提供生活来源；驱赶、逼迫被害人离家，致使被害人流离失所或者生存困难；遗弃患严重疾病或者生活不能自理的被害人；遗弃

① 参见 2019 年 11 月 18 日最高人民法院《关于审理走私、非法经营、非法使用兴奋剂刑事案件适用法律若干问题的解释》。

② 参见张明楷：《刑法学》，4 版，774 页，北京，法律出版社，2011。

致使被害人身体严重损害或者造成其他严重后果等情形。[①] (4) 犯罪客体为被遗弃人接受扶养的权利。

准确区分遗弃罪与故意杀人罪的界限。实践中，要根据被告人的主观故意、所实施行为的时间与地点、是否立即造成被害人死亡，以及被害人对被告人的依赖程度等进行综合判断。对于只是为了逃避扶养义务，并不希望或者放任被害人死亡，将生活不能自理的被害人弃置在福利院、医院、派出所等单位或者广场、车站等行人较多的场所，希望被害人得到他人救助的，一般以遗弃罪定罪处罚。对于希望或者放任被害人死亡，不履行必要的扶养义务，致使被害人因缺乏生活照料而死亡，或者将生活不能自理的被害人带至荒山野岭等人迹罕至的场所扔弃，使被害人难以得到他人救助的，应当以故意杀人罪定罪处罚。[②]

依照刑法第 261 条的规定，犯本罪的，处 5 年以下有期徒刑、拘役或者管制。

四十一、拐骗儿童罪

拐骗儿童罪，是指以欺骗、引诱或者其他方法，使不满 14 周岁的未成年人脱离家庭或者监护人的行为。本罪的主要特征是：(1) 犯罪对象为不满 14 周岁的儿童和婴幼儿。(2) 犯罪客观方面表现为行为人拐骗不满 14 周岁的未成年人脱离家庭或者监护人。“拐骗”，是指利用欺骗、利诱或者其他手段，将儿童拐走予以控制的行为。“其他手段”，包括的范围很广，如盗窃、抢夺等方法。欺骗、利诱或者其他手段，可以是直接对被拐骗的未成年人实施，也可以对儿童的监护人、看管人实施。(3) 犯罪主体是一般主体。(4) 犯罪主观方面是故意，其目的是收养或奴役。如果是以出卖为目的，则构成拐卖儿童罪；如果以向他人勒索财物为目的，则构成绑架罪；基于索取债务等其他目的拐骗儿童的，则构成非法拘禁罪。

依照刑法第 262 条的规定，犯本罪的，处 5 年以下有期徒刑或者拘役。

四十二、组织残疾人、儿童乞讨罪

组织残疾人、儿童乞讨罪，是指行为人以暴力、胁迫手段，组织残疾人或者不满 14 周岁的未成年人乞讨的行为。本罪是 2006 年《刑法修正案（六）》第 17 条作为刑法第 262 条之一而新增加的犯罪。其主要特征是：(1) 本罪的客观方面表现为行为人以暴力、胁迫手段组织残疾人或者不满 14 周岁的未成年人乞讨的行为。乞讨的方式、地点、时间等均不影响本罪的成立。行为人组织人员假冒残疾人乞讨的，不构成本罪，应当以诈骗罪定罪处罚。(2) 本罪的主体是一般主体，包括被组织人的亲属。(3) 本罪的主观方面为故意，而且一般具有牟利的目的。(4) 本罪客体为残疾人、儿童的人身权利。

---

① 参见 2015 年 3 月 2 日最高人民法院、最高人民检察院、公安部、司法部《关于依法办理家庭暴力犯罪案件的意见》。

② 参见 2015 年 3 月 2 日最高人民法院、最高人民检察院、公安部、司法部《关于依法办理家庭暴力犯罪案件的意见》。

依照刑法第 262 条之一的规定，犯本罪的，处 3 年以下有期徒刑或者拘役，并处罚金；情节严重的，处 3 年以上 7 年以下有期徒刑，并处罚金。

四十三、组织未成年人进行违反治安管理活动罪

组织未成年人进行违反治安管理活动罪，是指组织未成年人进行盗窃、诈骗、抢夺、敲诈勒索等违反治安管理活动的行为。本罪是《刑法修正案（七）》第 8 条创制的新罪，在适用时应当注意修订前后的法律变化。本罪的主要特征是：（1）本罪的客观方面表现为行为人组织未成年人实施盗窃、诈骗、抢夺、敲诈勒索等违反治安管理的一般违法行为。在本罪的行为中，未成年人的行为必须不能构成犯罪，否则对行为人应当以共同犯罪认定。如果未成年人实施的行为本身具有较大社会危害性，已经达到应受刑罚惩罚的程度，虽未成年人本人不负刑事责任，但对组织者应当按照间接正犯处理，即直接组织者以相关的犯罪定罪处罚。（2）本罪的主体是自然人。（3）本罪的主观方面是故意，至于动机如何，并不影响犯罪的成立。（4）本罪客体为未成年人的人身权利和国家社会治安管理权力。

依照刑法第 262 条之二的规定，犯本罪的，处 3 年以下有期徒刑或者拘役，并处罚金；情节严重的，处 3 年以上 7 年以下有期徒刑，并处罚金。

必要案例分析

1. 张某某系一公司高管，欲请其行业内的两位专家在评选项目时对其予以照顾，两位专家一个当场表示可以考虑帮忙，另一个当场表示拒绝。张某某对此非常不满，在将两个专家送回家的电梯间，对二人大打出手，导致一人重伤、一人轻伤。事件发生后，张某某的单位及上级单位极力掩盖事实，动用各种力量压制舆论。后该事件被新媒体曝光，引起公愤。与该事件没有关系的刘某某为打抱不平，遂发起对张某某进行“人肉搜索”的行为，最后获取了张某某的各种信息，包括张某某的所有经历、经常去的地方、有什么病、家庭成员的情况等等。在进行筛选整理后，刘某某将张某某的上述信息提供给互联网信息平台予以发布。

分析：刘某某的行为尚不构成侵犯公民个人信息罪。张某某的行为虽然涉嫌犯罪，但是其个人信息仍然属于保护的内容。“人肉搜索”是我国有关规定明令禁止的行为，属于非法收集公民个人信息，刘某某将“人肉搜索”的信息在互联网上予以公布，也符合非法提供公民个人信息的情形。所以，在性质上，刘某某的行为是符合侵犯公民个人信息的特征的。但是根据司法解释的规定，其收集、提供的个人信息尚未达到定罪处罚的标准，不构成侵犯公民个人信息罪。

2. 赵某某（男）系某小学的数学老师，其任教的班上学生齐某某（女）学习较好，深受赵某某的喜爱，齐某某也经常到赵某某家吃饭，二人始终保持很好的师生关系。后齐某某转到另外一所学校读初中，二人仍然经常联系。2021 年“五一”放假，齐某某（时年 15 岁）前往赵某某家看望赵某某。二人吃饭后躺在一个床上休息过程中情不自禁

发生了性关系。

分析：赵某某的行为不构成犯罪。其一，赵某某与齐某某发生性关系时齐某某已年满14周岁，性关系也是在齐某某自愿的情况下发生的，并不违背齐某某的意志，赵某某不构成强奸罪。其二，赵某某曾经与齐某某具有教育关系，但是在发生关系时，二人的教师和学生的身份虽然没有变化，但是二人之间并没有了教育关系，赵某某对齐某某没有教育职责，和齐某某发生性关系也不是基于教育关系。因此，赵某某的行为不构成负有照护职责人员性侵罪。

3. 韩某某为了谋取财产利益，经在其镇上打工的缅甸籍女子阿英的同意，将其带到安徽某农村嫁给胡某某为妻。胡某某给韩某某10万元作为报酬。当天晚上，胡某某发现阿英是个男性，遂找到韩某某理论。韩某某称自认识阿英四年多，镇上人都知道阿英是女性，不可能是男性。后经医院检查，阿英为两性人，男女生理特征均明显。

分析：韩某某的行为构成拐卖妇女罪。其一，拐卖妇女罪与是否经该妇女同意没有关系。韩某某将阿英带到安徽嫁与胡某某，胡某某支付10万元的报酬，明显超出感谢或者合理报酬的范围，应当认定为买卖妇女。其二，韩某某在主观认识上一直认为阿英是女性，其将阿英卖与胡某某为妻，也是对阿英系女子的确信。因此，韩某某具有拐卖妇女的故意。其三，阿英虽然系两性人，但是仍然具有女性的生理特征，可以认定为妇女。

4. 甲男与乙女同为一物业公司的保洁员。甲发现乙将物业公司仓库的一瓶清洗剂（200ml）偷拿回家，便声称要揭发乙。乙害怕暴露，求甲只要不告发，同意甲的所有要求。甲遂提出和乙发生性关系，乙同意。

分析：甲的行为不构成犯罪。其一，甲对乙发出要挟，并没有提出和乙发生性关系的要求；其二，在乙提出答应甲的任何要求的情况下，甲才趁机提出发生性关系；其三，甲虽然提出要揭发乙，但是就乙偷拿一瓶清洗剂的行为进行要挟，还不足以让乙以性关系作为交换的条件，发生性关系并不违背乙的意志。

第六章
侵犯财产罪

第一节　侵犯财产罪概述

一、侵犯财产罪的一般问题

侵犯财产罪，是指以非法占有为目的，攫取公私财物，以及挪用、毁坏公私财物或者破坏生产经营的行为。在侵犯财产罪范畴中，最为复杂且最具争议的问题当属非法占有目的以及侵犯财产罪的犯罪对象。

（一）非法占有目的

我国刑法并没有明确规定侵犯财产罪具有特定的犯罪目的，但是无论在刑法理论上还是在司法实践中，都承认取得型犯罪要求行为人主观上具有非法占有的目的。关于非法占有目的的基本含义，在大陆法系刑法理论上存在不同学说：第一种是排除权利者的意思说，认为非法占有目的，是指排除权利者行使所有权的内容，自己作为财物的所有者而行动的意思。第二种是利用处分的意思说，认为非法占有的目的，是指按财物经济的（本来的）用途利用、处分的意思。第三种是折中说，认为非法占有的目的，是指排除权利者对财物的占有，把他人之物作为自己的所有物，按其经济的用途利用或处分的意思。①

在我国，刑法学界对“非法占有”目的的认识也存在分歧，主要观点包括：（1）“非法所有说”，认为非法占有目的表明犯罪行为人将他人的财物占为己有，也即自己非法行

① 参见刘明祥：《财产罪比较研究》，64 页，北京，中国政法大学出版社，2001。

使对该物的“所有权”，并因此排除财物所有人对于该财物行使所有权的可能；（2）相当于大陆法系的“折中说”，即认为非法占有目的，是排除权利人对财物的支配，将他人的财物作为自己的所有物进行支配，并遵从财物的用途进行利用、处分的意思；（3）“意图占有说”，认为非法占有目的是指明知是他人的财物，而意图非法地转归自己或他人占有。以上观点中比较通行的是“意图占有说”。

（二）犯罪对象

侵犯财产罪的对象是财物。关于“财物”的理解，国外存在三种学说：第一种是有体性说。此说认为财物专指有体物，即具有容量、空间之物，但有体物却不限于固体，也包括流体、气体。第二种是管理可能性说。此说注重物之效用，认为凡能为人所管理支配之物，即为财物。第三种是物理管理可能性说。该说为了限制管理可能性说的范围，认为只有存在物理管理可能性的才是财物，热能、光、水力、冷气等是财物，这是今天社会观念一致认为有必要加以保护的物体。物理管理可能性说为今天的通说。[①]

我国刑法将侵犯财产罪的对象表述为公私财物，即公共财产和公民私人财产。根据刑法第 91 条的规定，公共财产是指：（1）国有财产；（2）劳动群众集体所有的财产；（3）用于扶贫和其他公益事业的社会捐助或者专项基金的财产。除此之外，根据该条第 2 款的规定，在国家机关、国有公司、企业、集体企业和人民团体管理、使用或者运输中的私人财产，以公共财产论。根据刑法第 92 条的规定，公民私人所有的财产是指：（1）公民的合法收入、储蓄、房屋和其他生活资料；（2）依法归个人、家庭所有的生产资料；（3）个体户和私营企业的合法财产；（4）依法归个人所有的股份、股票、债券和其他财产。虽然法律对财物的规定比较清楚，但由于法律文字的抽象性及社会生活的复杂性，在司法实践中，对财物的理解与适用还是存在着不少争议。

1. 财物是否包括网络虚拟财产

网络虚拟财产，一般是指网络游戏用户或玩家在网络游戏中的账号以及在游戏中积累的“货币”“装备”“宠物”等财物。国内对网络虚拟财产的性质有四种观点：第一种观点认为网络虚拟财产不具备财物的性质，不是财物；第二种观点认为网络虚拟财产属于智力成果；第三种观点认为网络虚拟财产属于债权；第四种观点认为网络虚拟财产属于法律意义上的财物。很显然，如果按照前两种观点，网络虚拟财产就不能成为侵犯财产罪的对象；按照后两种观点，网络虚拟财产就可以成为侵犯财产罪的对象。而第四种观点得到了大多数人的认同。目前，在立法和司法上承认网络虚拟财产已经成为一种趋势，我国台湾、香港等地区均已出台了相关规定，并且已经出现了侵犯网络虚拟财产刑事判决的先例。在大陆（内地），虽然立法上还没有出台相关法律，但是，从司法实践中的多数判例来看，已经承认网络虚拟财产属于财物的范围。

2. 财物是否包括不动产

财产按其本身能否移动分为动产和不动产。不动产是指土地及其地上定着物。定着

---

① 参见周光权：《刑法各论》，77～78 页，北京，中国人民大学出版社，2011。

物是指不加以破坏就难以与土地相分离的财物，或者一旦分离，其固有的使用可能性就会丧失的财物。由于其不能移动，所以，难以成为盗窃罪、抢夺罪、聚众哄抢罪、挪用资金罪的犯罪对象。但是，不动产可以成为诈骗罪、敲诈勒索罪、侵占罪、故意毁坏财物罪的犯罪对象。

3. 财物是否包括财产性利益

财产性利益是否可以成为财产犯罪的对象，刑法并无明确规定，但是，财产性利益应当得到刑法的保护是毫无疑义的。因此，侵犯财产性利益的行为，也可以成立相应的财产犯罪。例如，以欺骗债权人的方式免除债务的行为与采用虚构事实隐瞒真相的方式诈骗他人财物的行为没有实质上的差别，即都造成了他人财产的减少。因此，此二种行为均可成立诈骗罪。再如，用威胁的方法强迫他人为自己无偿提供劳务的行为与用勒索的方式迫使他人交付财物的行为相同，都在非法增加行为人的财产的同时，造成了他人财产上的损失。因此，此二种行为均可成立敲诈勒索罪。不过，财产性利益不可能成为盗窃、抢劫等财产犯罪侵害的对象。

4. 财物是否包括他人非法占有的财物

在一般情况下，侵犯财产罪所侵犯的是财产的合法所有权或占有权。但如果侵犯的是他人非法占有的财物，如盗窃犯所窃取的赃款、赌博犯占有的赌资、走私分子贩运的毒品等，亦构成侵犯财产罪。因为为他人非法占有的财物并不是无主财物，它本来就是属于国家、集体或者个人合法所有，或者应当由国家主管机关依法没收、上缴国库的财物。以非法手段占有这些财物，表面上看似乎是取了他人不法、不义之财，而实际上是对合法财物的再次非法占有，归根结底还是侵犯了国家、集体或者个人的合法财产所有权。这同从合法所有者手中非法占有财物没有本质上的区别。我们惩罚侵犯被他人非法占有的财产的罪犯，并非要保护那些非法占有他人财物的犯罪人及其非法所得，而是让他们各负其应有的罪责，从而更好地保护公私财产所有权，维护社会秩序。

5. 财物是否包括违禁品

违禁品是法律禁止私人所有、占有的物品，如毒品、淫秽物品、枪支弹药。虽然法律禁止人们所有、占有违禁品，但是，没有经过必要的法律程序，任何个人都没有权利剥夺持有人的这些违禁品。因此，采用盗窃、欺诈、抢夺、抢劫等手段，从他人手中夺取这类违禁品，也构成盗窃罪等侵犯财产罪。正是基于这个理由，最高人民法院、最高人民检察院 2013 年 4 月发布的《关于办理盗窃刑事案件适用法律若干问题的解释》第 1 条第 4 款规定："盗窃毒品等违禁品，应当按照盗窃罪处理的，根据情节轻重量刑。"

6. 财物是否包括人体器官

人的身体不是财物，身体的各个部分在一般情况下也不是财物，但是，当身体的各个部分与身体分离开时，它也可以成为侵犯财产罪的对象。目前，器官移植已经成为一种较为普遍的医学现象。在器官从人体分离后，没有被移植到新的人体之前，它可以成为盗窃、抢劫、诈骗等侵犯财产罪的对象。

现实生活中，对公私财产的侵犯是来自多方面的，但并非一切侵犯公私财产的行为都构成侵犯财产罪。各类侵犯财产的危害行为，在我国刑事立法上，基于犯罪的目的、手段、被侵犯财物的特殊性，特别是根据犯罪侵犯主要客体的不同，分别规定在分则不同章节当中。如用爆炸、决水、放火等方法破坏交通设备、油田、矿场等的行为规定在危害公共安全罪一章中；军人盗窃、抢夺武器装备或者军用物资的，规定在军人违反职责罪一章中；而套取金融机构信贷资金、编造未曾发生的保险事故骗取保险金等行为，则规定在第三章破坏社会主义市场经济秩序罪当中。此时，本章所规定的侵犯财产罪的条文与其他侵犯财产犯罪的条文就形成法条竞合关系，应当按照相应的原则进行处理。①

二、侵犯财产罪的种类

根据刑法分则第五章第 263 条至第 276 条之一的规定，侵犯财产罪共有 15 个条文、13 个罪名。依据不同标准，可以对侵犯财产罪进行不同的划分。

首先，以犯罪的手段为标准，侵犯财产罪可以分为六种类型：

第一类是夺取型犯罪，即以非法占有为目的，采取暴力、公然夺取、聚众哄抢等各种手段，攫取公私财物的行为。这类犯罪包括抢劫罪、抢夺罪和聚众哄抢罪。

第二类是窃取、骗取、诈取型犯罪，即以非法占有为目的，采取秘密窃取、欺骗、威胁或者要挟等各种手段，攫取公私财物，占为己有的行为。这类犯罪包括盗窃罪、诈骗罪和敲诈勒索罪。

第三类是侵占型犯罪，即以非法占有为目的，将代为保管的他人财物或者将他人的遗忘物、埋藏物占为已有，或者公司、企业和其他单位的人员，利用职务上的便利，将本单位的财物占为已有的行为。这类犯罪包括侵占罪和职务侵占罪。

第四类是挪用型犯罪，即以使用为目的，利用职务上的便利，将单位资金或者救灾、抢险、防汛、优抚、扶贫、移民、救济款物等，挪作个人使用或者借贷给他人，或者挪作他用，改变款物的用途的行为。这类犯罪包括挪用资金罪和挪用特定款物罪。

第五类是破坏型犯罪，即以毁坏财物为其故意内容，采取毁灭、损坏的方法，使财物完全或者部分丧失其价值和效力，从而实现其毁坏财物、破坏生产经营意图的行为。这类犯罪包括故意毁坏财物罪和破坏生产经营罪。

第六类是恶意欠薪型犯罪，即有能力支付薪酬而不支付，或者采取转移财产、藏匿等方式拒不履行支付劳动者劳动报酬，数额较大，经政府有关部门责令支付仍不支付的行为。这类罪只有一个罪名，即《刑法修正案（八）》增设的拒不支付劳动报酬罪。

其次，以犯罪目的为标准，侵犯财产罪又可以划分为四类：

一是以永久性非法占有为目的的犯罪，具体指前三种类型的犯罪；二是以暂时挪用为目的的犯罪，具体指第四种类型的犯罪；三是以损毁财物、破坏生产经营为目的的犯罪，具体指第五种类型的犯罪；四是以故意不支付劳动者报酬为目的的犯罪，具体指第六种类型的犯罪。

① 关于法条竞合的处理原则：当法条重合时，适用特别法优于普通法的原则；当法条交叉时，适用复杂法优于简单法的原则；而在某些特殊情况下，则适用重法优于轻法的原则。

第二节 侵犯财产罪分述

一、抢劫罪

（一）概念与构成

抢劫罪，是指以非法占有为目的，以暴力、胁迫或者其他方法，当场强行劫取公私财物的行为。

本罪的构成要件如下：

1. 本罪的客观方面表现为对财物的所有人、保护人或者守护人当场使用暴力、胁迫或者其他方法，公然劫取财物，或者迫使其当场交出财物的行为。这实质上是一种由方法行为和目的行为构成的双重行为。方法行为，是指为获取财物而采取的暴力、威胁等行为；目的行为，是指劫取财物的行为，即当场夺取财物或迫使他人当场交付财物的行为。这种双重行为是抢劫罪不同于其他侵犯财产罪的本质特征。正确理解抢劫行为，关键在于理解其方法行为。抢劫罪的方法行为包括暴力方法、胁迫方法和其他方法。

（1）暴力方法。抢劫罪的暴力，是指犯罪分子对被害人身体实行的打击、强制手段，如殴打、捆绑、禁闭、伤害等。行为人使用暴力的目的是排除被害人的反抗以劫取财物，因此，暴力的程度如何一般不影响抢劫罪的成立。具体而言，对暴力主要可从四个方面来理解：第一，暴力必须是在取得财物的当场实施。如果不是当场实施暴力、夺取财物，而是以将要对之实施暴力相威胁，迫使对方限期交出财物，不构成抢劫罪。第二，暴力必须是针对被害人的身体而采取的打击或者强制。暴力方法具有多种表现形式，但暴力的作用对象必须是人身。暴力不要求必须达到危及人身健康、生命或者使被害人不能抗拒的程度。只要达到使被害人恐惧，反抗能力受到一定程度的抑制即可。第三，暴力是向财物持有人为之。暴力作为一种较为常见的抢劫方法，通常指向财物持有人，意在抢走财物。如果是对与财物持有人同行的第三者实施暴力，应视为胁迫。第四，暴力是犯罪分子有意识实施的，也就是说，犯罪分子自觉、积极地利用暴力手段为排除被害人反抗并抢走财物创造条件。如果犯罪分子在夺取财物过程中无意侵害了被害人的身体，不能认为是使用了暴力，如在抢夺被害人背在肩上的提包时，因用力过猛致被害人受包带的牵拉而跌倒致伤，不构成抢劫罪。同样，行为人出于其他目的对被害人实施暴力，之后又临时起意，将被害人的财物拿走，也不构成抢劫罪。例如，甲出于强奸的目的而将妇女乙打昏，在强奸之后，见乙戴有黄金首饰，遂又将之据为己有。这里，甲打昏乙的目的是强奸，此时还没有产生占有黄金首饰的意图，二者之间没有联系，故对甲应定强奸罪和盗窃罪，而不能定抢劫罪。

（2）胁迫行为。抢劫罪的胁迫，是指对被害人以立即实施暴力侵害相威胁，实行精神强制，使被害人恐惧而不敢反抗，被迫当场交出财物或者任财物被劫走的手段。对胁迫主要可从三个方面来理解：第一，胁迫必须是当面向被害人发出。如果不是面对被害者实行，比如写信威胁被害者并要求其交出钱财，不构成抢劫罪。胁迫方式可以是语言，也可以是某种动作或者示意，甚至可以是利用某种特定的危险环境使被害人产生恐惧心理。第二，胁迫的内容必须是以立即实施暴力相威胁，如殴打、伤害、当场杀害等。如果没有任何的威胁，只是被害人自己感到恐惧，眼见行为人占有其财物而不敢制止，就不能认为是抢劫。胁迫一般是针对财物所有人、保管人本人，有时也可以针对在场的被害人亲属或者其他有关人员。如果对被害人以将要揭露其隐私或者毁坏其财产相威胁，不构成抢劫罪。第三，威胁的暴力是现实的，如果被害人不答应要求，就会立即付诸实施。也就是说，暴力的内容可以即时兑现，如果遇到反抗，会立即转为暴力手段，当场劫取财物。至于行为人是否真正具有当场加害的意思和加害能力，不影响胁迫的成立。

（3）其他方法。抢劫罪的其他方法，是指犯罪分子使用暴力或者胁迫方法之外的使被害人不知反抗或者丧失反抗能力的方法。这里所谓的其他方法，不是指任意的某种方法，而是指以抢劫财物为目的，施加于被害人人身，从而使之失去反抗能力的方法。从司法实践来看，行为人使用的“其他方法”有很多，如用酒灌醉、用药物麻醉、使用催眠术、电击或者用石灰眯眼等。需要指出的是，被害人处于不知或者不能反抗的状态，必须是行为人实施了“其他方法”造成的，二者之间要有直接的因果关系。如果被害人是由于自己的原因，处于不能或者不知反抗的状态，行为人没有对被害人的身体施加某种影响，而是乘机将其财物拿走，则只能构成盗窃罪或者其他犯罪。

行为人无论采用上述哪一种劫取财物的手段，都不影响抢劫罪的成立，但必须是当场从被害人手中劫取财物，如以暴力相威胁，迫使被害人限期交出财物的行为，不构成抢劫罪，而应定敲诈勒索罪。同时，抢劫罪客观方面的认定，应以行为人实施犯罪时实际采取的手段为标准，而不能以行为人事先预备的取财手段为标准。例如，犯罪分子携带凶器潜入某库房，意图抢劫财物，但发现值班人员熟睡，于是偷走大量贵重物品，此时就应从实际犯罪情况出发，不作抢劫罪处理。此外，劫取财物的作案场所，无论是公共场所、荒郊野外，还是空中、海上，劫取财物的方式，无论是拦路抢劫，还是入室抢劫，都不影响抢劫罪的成立。但是，刑法第 121 条、第 122 条分别规定了劫持航空器罪和劫持船只、汽车罪，因此，在认定抢劫罪时要注意同上述两罪严格区别。

另外，还应当注意刑法第 289 条的规定，对聚众“打砸抢”，抢走公私财物的，除判令退赔外，对首要分子，依照抢劫罪的规定定罪处罚。此种情形下成立抢劫罪必须具备三个条件：第一，聚众“打砸抢”，即由首要分子故意发动、纠集特定或者不特定的多数人，在一定时间聚集于同一地点。这里的“聚众”至少是 3 人以上。第二，抢走公私财物。第三，只对首要分子按照抢劫罪定罪处罚。根据刑法第 97 条的规定，首要分子，是指在犯罪集团或者聚众犯罪中起组织、策划、指挥作用的犯罪分子。聚众“打砸抢”中的首要分子，则是指对聚众“打砸抢”起组织、策划、指挥作用的人，对首要分子以外的积极参加者或者其他参加人员不能以抢劫罪定罪量刑。

2. 本罪的主体是一般主体。根据刑法第 17 条的规定，已满 14 周岁、未满 16 周岁的人，犯抢劫罪的，应当承担刑事责任。但是根据 2006 年 1 月 11 日最高人民法院公布的《关于审理未成年人刑事案件具体应用法律若干问题的解释》第 10 条第 1 款的规定，14 周岁以上不满 16 周岁之人不构成刑法第 269 条规定的转化型抢劫。

3. 本罪的主观方面表现为故意，并且只能是直接故意，同时具有非法占有公私财物的目的。故意内容表现为明知是他人财物，而有意使用暴力、胁迫或者其他方法非法转归自己或者第三人占有。如果主观上没有非法占有公私财物的目的，例如因与他人发生债务或者财产纠纷而强行夺取对方财物用作抵债，不构成抢劫罪。

4. 本罪的客体是复杂客体，即不仅侵犯了公私财产所有权，也同时侵犯了被害人的人身权利。抢劫罪的目的是非法占有公私财物，对人身权利的侵犯往往是抢劫财物的手段导致的结果，因此，我国刑法依抢劫罪侵犯的主要客体，将其规定在“侵犯财产罪”一章中。侵害客体的双重性是抢劫罪区别于其他侵犯财产罪或者大多数侵犯公民人身权利罪的主要标志。

本罪侵犯的对象，是各种公私财物和他人的人身。关于“公私财物”，涉及如下问题：（1）不动产是否可以成为本罪的犯罪对象。从司法实践来看，抢劫的对象多为有形动产（当然，这里的动产不能包括枪支、弹药、爆炸物、危险物质），是否应包括不动产，理论上存在争议。例如，甲采用暴力、胁迫方法，强占乙的住房或者用胁迫的方式强行过户的，是否构成抢劫罪？有学者认为，这种情况不能构成抢劫罪。因为抢劫罪以当场占有公私财物为特点，不动产不可能当场占有。还有学者认为，应当构成抢劫罪，因为行为人已将他人的住房转移到自己的支配之下，符合抢劫罪的特征。我们认为，我国刑法对这种情况虽无明文规定，但从保护公私财产的初衷出发，不宜一律将不动产排除在外。另外，如果把不动产的一部分强行分离而抢走，也应定为抢劫罪。（2）自己的财物可否成为本罪的对象。对于所有人夺回自己财物的行为，我们可分别来看：如果是财物被他人非法占有之后（如被人抢劫）再用暴力手段夺回，属于自救行为，不应以抢劫罪论处；如果财物是被合法扣留的，如被人民法院依法扣押，再强行夺回的行为，就应该构成抢劫罪。（3）违禁品能否成为抢劫罪的行为对象。根据最高人民法院 2005 年 6 月 8 日下发的《关于审理抢劫、抢夺刑事案件适用法律若干问题的意见》（以下简称 2005 年《抢劫、抢夺刑事案件意见》）的规定，以毒品、假币、淫秽物品等违禁品为对象，实施抢劫的，以抢劫罪定罪；抢劫的违禁品数量作为量刑情节予以考虑。抢劫违禁品后又以违禁品实施其他犯罪的，应以抢劫罪与具体实施的其他犯罪实行数罪并罚。抢劫赌资、犯罪所得的赃款赃物的，以抢劫罪定罪，但行为人仅以其所输赌资或所赢赌债为抢劫对象，一般不以抢劫罪定罪处罚。构成其他犯罪的，依照刑法的相关规定处罚。（4）家庭成员的财物可否成为本罪的对象。根据 2005 年《抢劫、抢夺刑事案件意见》，为个人使用，以暴力、胁迫等手段取得家庭成员或近亲属财产的，一般不以抢劫罪定罪处罚，构成其他犯罪的，依照刑法的相关规定处理；教唆或者伙同他人采取暴力、胁迫等手段劫取家庭成员或近亲属财产的，可以抢劫罪定罪处罚。但是，因分赃不均而抢劫赃物的，属于事后不可罚行为，不能定抢劫罪。关于“他人”的理解，一般来讲，本罪的被害人是暴力、胁迫的承受者。不过，在一些特殊情况下对第三人实施暴力是为了排除障碍，以便顺利夺取财物的，即使实施暴力的对象和财物的持有者不一致，也可以认定抢劫罪。例如，对银行保安实施暴力，而后从业务员手中夺取钱财的，也构成抢劫罪。

（二）司法认定与刑事处罚

1. 司法认定

（1）罪与非罪的界限。抢劫罪既侵犯财产权利，又侵犯人身权利，是危害最大的侵犯财产罪。因此，我国刑法没有在数额和情节上对抢劫罪的成立作限制性规定。但这不意味着认定抢劫罪无须考虑财物的数额及犯罪情节。具有相当严重程度的社会危害性是犯罪的本质特征，而抢劫的数额和情节，是决定行为社会危害性的重要因素。所以，认定抢劫罪时不应该一概忽略抢得财物的数额和犯罪情节在定罪中的意义。如果抢劫行为的情节轻微，得财数额又非常小，就应该根据刑法第13条但书的规定，作为一般违法行为处理，而不应认定为抢劫罪。如一个高中生用恐吓手段抢走低年级学生几元钱，就不宜作为犯罪处理。

此外，下述两种行为也不宜作为抢劫罪处理：1）因借贷或者其他财产纠纷，而强行扣押对方财物，或者强行索还借款、欠物的行为，属于一般民事违法行为，不构成犯罪。2）因婚姻、家庭纠纷，一方抢回彩礼、嫁妆，或者强行分割、拿走家庭共有财产的行为；或者为子女离婚、出嫁女儿暴死等事情所激怒，纠集亲友多人砸对方家庭财物，抢走财物的，属于不当行为和民事违法行为，一般不构成犯罪。

（2）转化型抢劫罪的认定。我国刑法第269条规定，犯盗窃、诈骗、抢夺罪，为窝藏赃物、抗拒抓捕或者毁灭罪证而当场使用暴力或者以暴力相威胁的，根据刑法第263条规定的抢劫罪定罪处罚。该条是关于盗窃、诈骗、抢夺犯罪转化为抢劫犯罪的规定。这种抢劫与刑法第263条规定的典型的抢劫罪有所不同，其特点在于先用一般手段获取财物，后使用暴力或者威胁方法，因而在理论界又被称为“转化型的抢劫罪”。适用刑法第269条，应具备三个条件：

第一，行为人必须首先实施了盗窃、诈骗或者抢夺行为，这是适用刑法第269条的前提条件。如果没有实施上述任何一种行为，就不发生是否适用第269条的问题。但对于如何理解条文上所说“犯盗窃、诈骗、抢夺罪”，认识上有分歧。根据2005年《抢劫、抢夺刑事案件意见》，行为人实施盗窃、诈骗、抢夺行为，未达到“数额较大”，为窝藏赃物、抗拒抓捕或者毁灭罪证而当场使用暴力或者以暴力相威胁，情节较轻、危害不大的，一般不以犯罪论处；但具有下列情节之一的，可依照刑法第269条的规定，以抢劫罪定罪处罚：1）盗窃、诈骗、抢夺接近“数额较大”标准的；2）入户或在公共交通工具上盗窃、诈骗、抢夺后在户外或交通工具外实施上述行为的；3）使用暴力致人轻微伤以上后果的；4）使用凶器或以凶器相威胁的；5）具有其他严重情节的。

第二，行为人必须是当场使用暴力或者以暴力相威胁。这是成立转化型抢劫罪的客观条件。所谓当场，是指犯罪分子实施盗窃、诈骗、抢夺罪的现场，或者虽然离开了现场，但还处在被追捕的过程中。如果在作案后，在其他时间和地点实施了暴力或者以暴力相威胁，则不应按刑法第269条处理。对于这种“当场”，要结合行为的场所和距离盗窃、诈骗、抢夺行为的时间等作具体判断。所谓使用暴力或者以暴力相威胁，是指犯罪分子对抓捕他的人实施打击或者强制，或者以将要立即实施这种行为相威胁。一般来说，这里的暴力应达到一定的强度。如果没有伤害的意图，只是为了摆脱抓捕、尽快逃走而推推撞撞，不适用该条规定。

第三，行为人实施暴力或者以暴力相威胁，是为了窝藏赃物、抗拒抓捕或者毁灭罪证。这是转化型抢劫罪的主观条件。所谓窝藏赃物，是指为保护已经到手的赃物不被追回；所谓抗拒抓捕，是指抗拒公安机关的逮捕或者任何公民的扭送；所谓毁灭罪证，是指消灭自己遗留在作案现场的痕迹、物品和其他证据。如果不是出于以上目的实施暴力或者以暴力相威胁，不能按刑法第 269 条处理。如果行为人在着手盗窃、诈骗、抢夺过程中，尚未取得财物即被发觉，而改用暴力、威胁方法强行取财的，则直接适用刑法第 263 条。如果盗窃、诈骗、抢夺后又出于报复、灭口等动机伤害、杀害被害人的，应对伤害、杀人行为单独以故意伤害罪或者故意杀人罪定罪量刑，然后与盗窃罪、诈骗罪或者抢夺罪实行数罪并罚。暴力、威胁的对象，可以是财物的所有人、公安人员或其他任何参与抓捕的人。

同时具备以上三个条件后，即可以适用刑法第 269 条，按抢劫罪定罪并量刑。

（3）“准抢劫罪”的认定。我国刑法第 267 条第 2 款规定，携带凶器抢夺的，依照抢劫罪处罚。由于该条规定是将特定情况下实施的抢夺罪作为抢劫罪处理，故有的学者将其称为“准抢劫罪”。认定“准抢劫罪”，关键是要正确理解“携带凶器”。“凶器”应该指能够使人产生畏惧心理并有一定杀伤力的器具，如枪支、刀具、铁棒等；“携带”应是行为人有意携带凶器以作为抢夺行为的后盾，因而应该是将凶器显露出来，而不是纯客观地持有。因此，成立准抢劫罪应当具备以下几个条件：第一，行为人必须携带凶器。这里的携带凶器要求只是一种行为状态，行为人只是随身带有凶器但并没有实际使用凶器。如果使用了所携带的凶器，直接以抢劫罪定罪量刑。第二，行为人主观上具有利用凶器作案的动机，或者以凶器作为抢夺的后盾。第三，行为人将携带凶器这一客观事实以明示或者暗示的方式告知被抢夺的对象，企图利用这一客观事实给对方造成精神压力，使犯罪易于得逞。至于被害人是否产生畏惧恐慌并不影响对该情形的认定。

基于上述三个条件，司法实践中认定是否成立“准抢劫罪”时，应注意区分以下几种情形：第一，当行为人携带并实际使用某种凶器行抢时，不存在犯罪性质转化问题，应直接适用刑法第 263 条规定的抢劫罪定罪量刑。第二，当行为人以明示的方式表明携有凶器，如在很容易被抢夺对象所看到的身体部位悬挂凶器，进行抢夺钱财时，应适用刑法第 267 条第 2 款之规定，以抢劫罪定罪量刑。第三，行为人以暗示方式告知被抢夺对象自己持有某种凶器，试图给对方以精神强制或者压力，伺机抢夺的，也应按刑法第 267 条第 2 款之规定，以抢劫罪定罪量刑。第四，当行为人实施抢夺行为时，虽然身藏某种凶器，但既未明确表露，也未暗示持有，受害人也根本不知道行为人带有凶器，这种情形不能认定为“携带凶器抢夺”，只能认定为一般的抢夺罪。

另外，在适用刑法第 267 条第 2 款时，还应注意对“携带凶器抢夺”中的“抢夺”的理解。我们认为，只要实施了携带凶器“抢夺”行为即成立抢劫罪，而不要求这里的抢夺行为必须达到“抢夺公私财物，数额较大”的标准。因为我国刑法对抢劫罪的成立是不要求“数额较大”的，只要行为人实施了以暴力、胁迫或者其他方法抢劫公私财物的行为，无论其所抢财物数额的大小，都应按抢劫罪定罪量刑。立法者将“携带凶器抢夺”规定为抢劫罪，意味着“抢夺”时“携带凶器”的行为性质与抢劫罪的相同，因此，对于行为人“携带凶器抢夺”构成抢劫罪的，其抢夺行为不要求必须达到数额较大。当然，如果行为人抢夺的财物数额很小，综合案件的其他情节又属于“情节显著轻微的”，不宜认定为犯罪，自然也就不能以抢劫罪定罪量刑了。

（4）本罪既遂与未遂的界限。抢劫罪既遂与未遂的标准问题，在刑法理论界和司法实践中，一直是个有争议的问题。争论的核心问题是，对于同时侵犯财产和人身的抢劫罪，究竟以抢得财物为既遂标准，还是以侵害人身权利作为既遂标准。对此问题的主张基本有三种：一是认为抢劫罪属于侵犯财产罪，因此应当以是否抢得财物为既遂与未遂的标准，对于侵犯人身权利的情况可以不论。二是认为抢劫罪既侵犯财产权利，又侵犯人身权利，因此，不管是否抢得了财物，只要在抢劫中侵犯了被害人的人身权利，就是抢劫既遂。三是主张应区分不同情况确定既遂与未遂的标准。当行为人实施的抢劫行为没有造成人身伤亡时，以是否抢得财物作为既遂与未遂的标准；当抢劫行为造成被害人重伤或者死亡时，成立结果加重犯，并按结果加重犯的既遂标准认定。我们认为，尽管抢劫罪是一种侵犯复杂客体的犯罪，但犯罪既遂与未遂，仍然要以犯罪构成要件的齐备与否作为衡量标准。从我国刑法第 263 条的规定来看，抢劫罪为一种侵犯财产的犯罪，以暴力、胁迫或者其他方法获取财物是达到犯罪既遂状态的标准；抢劫致人重伤、死亡与入户抢劫、持枪抢劫等共同作为加重量刑的情节，而不是衡量抢劫既遂与未遂的又一标准。所以，是否实际抢得财物，是认定抢劫罪既遂与未遂的标准，而对人身权利的侵犯，则于量刑时加以考虑。

（5）本罪与相似犯罪的界限。

第一，抢劫罪与绑架罪的界限。抢劫罪与绑架罪的界限，主要是抢劫罪与以勒索财物为目的的绑架罪的界限。具体而言，二者的区别主要表现在以下几个方面：首先，两者的行为手段不完全相同。抢劫罪是通过当场使用暴力或者以暴力相威胁的方法迫使被害人本人交出财物，或者直接抢走被害人的财物；而绑架罪是在将人掳走、限制其自由后，以杀害、重伤被害人威胁被害人家属，迫使其交出赎金。其次，两者实施犯罪行为的时间和地点不同。抢劫罪和以勒索财物为目的的绑架罪都要以暴力、胁迫或者其他方法对人身施加一定的影响，但施加影响的时间和地点与取得财物的时间和地点呈现出不同的特点。抢劫罪是当场使用暴力、胁迫等强制手段当场取得财物，侵犯被害人人身权利和非法获取财物通常是在同一时间、同一地点完成的；而绑架罪则是先绑架人质，然后勒令限期交付财物，侵犯被害人人身权利和非法占有他人财物的行为之间有一定间隔，发生的地点一般也不相同。再次，二者侵犯的对象不尽相同。抢劫罪表现为当场直接从被害人处将财物劫走；绑架罪往往是通过电话、书信或者第三者转达勒索财产的要求，被勒令交付财产者不是被绑架者，而是他的亲友或者所在组织。最后，二者的类罪名不同。尽管抢劫罪与绑架罪都同时侵犯财产权利和人身权利，但抢劫罪的主要危害表现为对财产的侵犯，因而其类罪名为侵犯财产罪；绑架罪的危害性则主要表现在对于人身权利的侵犯，因而将其归入侵犯公民人身权利罪当中。

第二，冒充正在执行公务的人民警察、联防人员，以抓卖淫嫖娼、赌博等违法行为为名非法占有财物的行为定性。行为人冒充正在执行公务的人民警察“抓赌”“抓嫖”，没收赌资或者罚款的行为，构成犯罪的，以招摇撞骗罪从重处罚；在实施上述行为时使用暴力或者以暴力相威胁的，以抢劫罪定罪处罚。行为人冒充治安联防队员“抓赌”“抓嫖”，没收赌资或者罚款的行为，构成犯罪的，以敲诈勒索罪定罪处罚；在实施上述行为时使用暴力或者以暴力相威胁的，以抢劫罪定罪处罚。

第三，以暴力、胁迫手段索取超出正常交易价钱、费用的钱财的行为定性。从事正常商品买卖、交易或者劳动服务的人，以暴力、胁迫手段迫使他人交出与合理价钱、费用相差不大的钱物，情节严重的，以强迫交易罪定罪处罚；以非法占有为目的，以买卖、交易、服务为幌子采用暴力、胁迫手段迫使他人交出与合理价钱、费用悬殊的钱物的，以抢劫罪定罪处刑。在具体认定时，既要考虑超出合理价钱、费用的绝对数额，还要考虑超出合理价钱、费用的比例，加以综合判断。

第四，抢劫罪与寻衅滋事罪的界限。寻衅滋事罪是严重扰乱社会秩序的犯罪，行为人实施寻衅滋事的行为时，客观上也可能表现为强拿硬要公私财物的特征。这种强拿硬要的行为与抢劫罪的区别在于：前者行为人主观上还具有逞强好胜和通过强拿硬要来填补其精神空虚等目的，后者行为人一般只具有非法占有他人财物的目的；前者行为人客观上一般不以严重侵犯他人人身权利的方法强拿硬要财物，而后者行为人则以暴力、胁迫等方式作为劫取他人财物的手段。在司法实践中，对于未成年人使用或威胁使用轻微暴力强抢少量财物的行为，一般不宜以抢劫罪定罪处罚。其行为符合寻衅滋事罪特征的，可以按寻衅滋事罪定罪处罚。

第五，近年来为回应打击“黑恶势力犯罪”以及处理“碰瓷”违法犯罪案件的需要，相关司法解释对上述案件中涉及抢劫罪的情形作出了明确规定。根据 2018 年 1 月 16 日公布的最高人民法院、最高人民检察院、公安部、司法部《关于办理黑恶势力犯罪案件若干问题的指导意见》，对于使用暴力、威胁手段强立债权、强行索债，应当根据案件具体事实，以敲诈勒索、抢劫罪名侦查、起诉、审判。根据 2020 年 9 月 22 日公布的最高人民法院、最高人民检察院、公安部《关于依法办理“碰瓷”违法犯罪案件的指导意见》，实施“碰瓷”，当场使用暴力、胁迫或其他方法，当场劫取他人财物，符合刑法第 263 条规定的，以抢劫罪定罪处罚。

（6）驾驶机动车、非机动车夺取他人财物行为的定性。这种情况即我们通常所说的“飞车抢夺”。根据 2013 年 11 月公布的最高人民法院、最高人民检察院《关于办理抢夺刑事案件适用法律若干问题的解释》，驾驶机动车、非机动车夺取他人财物，具有下列情形之一的，应当以抢劫罪定罪处罚：1）夺取他人财物时因被害人不放手而强行夺取的；2）驾驶车辆逼挤、撞击或者强行逼倒他人夺取财物的；3）明知会致人伤亡仍然强行夺取并放任造成财物持有人轻伤以上后果的。而不具有上述情况的驾驶机动车、非机动车夺取他人财物的行为，一般以抢夺罪定罪处罚。

2. 刑事处罚

本罪是危害最严重的侵犯财产罪，历来是刑法打击的重点。我国刑法第 263 条对抢劫罪规定了基本处罚和加重处罚两个档次：犯抢劫罪，情节一般的，处 3 年以上 10 年以下有期徒刑，并处罚金；犯抢劫罪，并有下列情形之一的，处 10 年以上有期徒刑、无期徒刑或者死刑，并处罚金或者没收财产。法定的加重情节共有下列八种情形：入户抢劫的；在公共交通工具上抢劫的；抢劫银行或者其他金融机构的；多次抢劫或者抢劫数额巨大的；抢劫致人重伤、死亡的；冒充军警人员抢劫的；持枪抢劫的；抢劫军用物资或者抢险、救灾、救济物资的。

（1）入户抢劫的。在刑法理论上和司法实践中，对于如何理解“户”的含义有不同意见，争议的焦点是对“户”的范围的界定。有的学者认为，“户”是指公民的私人住宅。[①] 有的学者认为，“入户抢劫”中的“户”除包括公民私人住宅之外，还包括国家机关、企业事业单位、人民团体、社会团体的办公场所，供公众生产、生活的封闭性场所。[②] 我们认为，对“户”的理解必须与立法者的立法意图相吻合。入户抢劫一方面会使人们的安全感大大丧失，另一方面也会使被害人的反抗能力大打折扣，因而犯罪更容易得逞。无疑，将入户抢劫作为一个加重情节处罚，更有利于加强对住宅安全的保护。这样，“户”应指供人长期生活的场所或者人较固定的生活处所，它既包括居民住宅、船家的渔船、牧民的帐篷，也包括实际功能和心理感觉与私人住宅相似的场所，如学生宿舍等。2005 年《抢劫、抢夺刑事案件意见》也进一步明确了这个问题。根据该意见，认定“入户抢劫”时，应当注意以下三个问题：一是“户”的范围。“户”在这里是指住所，其特征表现为供他人家庭生活和与外界相对隔离两个方面，前者为功能特征，后者为场所特征。一般情况下，办公室、旅店宾馆、临时搭建工棚等不应认定为“户”，但在特定情况下，如果确实具有上述两个特征的，也可以认定为“户”。二是“入户”目的的非法性。进入他人住所须以实施抢劫等犯罪为目的。抢劫行为虽然发生在户内，但行为人不以实施抢劫等犯罪为目的进入他人住所，而是在户内临时起意实施抢劫的，不属于“入户抢劫”。三是暴力或者暴力胁迫行为必须发生在户内。入户实施盗窃被发现，行为人为窝藏赃物、抗拒抓捕或者毁灭罪证而当场使用暴力或者以暴力相威胁的，如果暴力或者暴力威胁行为发生在户内，可以认定为“入户抢劫”；如果发生在户外，不能认定为“入户抢劫”。

（2）在公共交通工具上抢劫的。适用这一情节，关键是如何把握“公共交通工具”的含义。一般认为，“公共交通工具”，是指从事旅客运输的公共汽车、火车、轮船、飞机等大型、常见的交通工具。而供单位内部使用的交通工具，如班车，不宜视为“公共交通工具”。至于在“公共交通工具上”，应当理解为既包括行为人本身就在交通工具上，并对其中的任何人进行抢劫，也包括行为人拦截交通工具后上车进行抢劫。对于小型出租车是否属于公共交通工具，理论界存在肯定说与否定说之争。肯定说认为，“公共交通工具的所有权性质，并无任何限制，即便是私人所有，但只要具有公共使用性质，亦属公共交通工具，如归属司机私人所有的出租汽车，就是如此。因为小型出租车和其他各种从事旅客运营的公共汽车、电车、火车、船只、航空器等公共交通工具一样，具有如下基本特点：面向公众，具有公共性；用于运营活动，具有运营性。公共性不在于载客多少，也不在于其空间的大小，而在于其是面向公众的，这是不同于私人和单位汽车的最主要区别。小型出租车虽然载客量较小，但它是为社会上广大公众服务的，是专门用

---

① 参见胡康生等主编：《中华人民共和国刑法释义》，374 页，北京，法律出版社，1997；张明楷：《刑法学》，4 版，862 页，北京，法律出版社，2011。

② 参见肖中华：《论抢劫罪适用中的几个问题》，载《法律科学》，1998（5）。

于旅客营运的公共交通工具，具有营运性，与公共汽车、火车、飞机等一样，都是城市公共交通运输中的主要交通工具之一。因此，在出租车内抢劫司机或者其他乘客的，与在公共电、汽车等公共交通工具内抢劫没有实质区别，没有理由将其排除在外”[①]。1993年公安部发布的《城市公共交通车船乘坐规则》（已失效）明确把出租车（包括小型出租车）列为公共交通管理的对象，就是一个法律依据。[②] 否定说则认为，“公共交通工具一般来说乘坐的人数较多，犯罪分子在公共交通工具上抢劫，不仅会危害广大乘客的人身和财产安全，而且容易引起社会的恐慌，给社会治安造成相当大的危害。对这种行为必须给予严厉的打击。因此，刑法将在交通工具上抢劫作为判处重刑的情节加以规定。小型出租车虽然也是交通工具，但就每次运营而言，所载乘客是特定少数人或单个人，从这个意义上说，其公共性极其有限，只能是一种广义的交通工具。对司机抢劫，其危害性也小于在电车、汽车上抢劫，与普通抢劫是相同的，没有必要给予过重的处罚。对抢劫出租车司机财物的不适用在公共交通工具上抢劫的规定，并不会放纵犯罪分子。如果在抢劫过程中致被害人重伤或者死亡的，或者抢劫出租车的，可适用抢劫致人重伤或者死亡的或多次抢劫或抢劫数额巨大的规定进行处理”[③]。我们赞同否定说。实践中，对于抢劫出租车但没有危及司机、乘客及其他财产的行为，不作为加重情节来处罚。2005年《抢劫、抢夺刑事案件意见》也对这种做法给予了肯定。抢劫出租车或者在出租车内抢劫的，不作为加重情节；如果抢劫数额巨大，应适用抢劫犯罪数额巨大这一加重情节。

（3）抢劫银行或者其他金融机构的。这里的“银行”，是指中国人民银行和各种商业银行；“其他金融机构”，是指银行以外的其他依法参加金融活动、开展金融业务的机构，主要包括信托投资公司、证券公司、信用社、保险公司等。根据2000年11月22日最高人民法院《关于审理抢劫案件具体应用法律若干问题的解释》的规定，“抢劫银行或者其他金融机构”，是指抢劫金融机构的经营资金、客户的资金及有价证券等，而不包括抢劫金融机构的办公用品等非属银行资金的资产。另外，抢劫正在使用中的银行或者其他金融机构的运钞车的，视为“抢劫银行或者其他金融机构”。

（4）多次抢劫或者抢劫数额巨大的。这里的“多次抢劫”，是指抢劫次数在3次或者3次以上。多次抢劫包括针对同一人的多次抢劫和针对不同人的多起抢劫。这里的“数额巨大”，应指既遂后的实际所得数额，而不宜包括以数额巨大甚至数额特别巨大的财物为抢劫目标但未遂的情况。根据有关司法解释的精神，抢劫他人财物价值5 000元到20 000元以上的，为抢劫数额巨大。2005年《抢劫、抢夺刑事案件意见》对于抢劫数额的认定也作出了说明：抢劫信用卡后使用、消费的，其实际使用、消费的数额为抢劫数额；抢劫信用卡后未实际使用、消费的，不计数额，根据情节轻重量刑。所抢信用卡数额巨大，但未实际使用、消费或者实际使用、消费的数额未达到巨大标准的，不适用“抢劫数额巨大”的法定刑。为抢劫其他财物，劫取机动车辆当作犯罪工具或者逃跑工具使用的，被劫取机动车辆的价值计入抢劫数额；为实施抢劫以外的其他犯罪劫取机动车

① 周光权：《刑法各论讲义》，102～103页，北京，清华大学出版社，2003。
② 参见刘明祥：《论抢劫罪的加重犯》，载《法律科学》，2003（1）。
③ 周光权：《刑法各论》，87页，北京，中国人民大学出版社，2011。

辆的，以抢劫罪和实施的其他犯罪实行数罪并罚。抢劫存折、机动车辆的数额计算，参照《关于办理盗窃刑事案件适用法律若干问题的解释》的相关规定。

对于“多次抢劫”，2005年《抢劫、抢夺刑事案件意见》指出，应以行为人实施的每一次抢劫行为均已构成犯罪为前提，综合考虑犯罪故意的产生、犯罪行为实施的时间、地点等因素，客观分析、认定。对于行为人基于一个犯意实施犯罪的，如在同一地点同时对在场的多人实施抢劫的，或基于同一犯意在同一地点连续实施抢劫犯罪的，如在同一地点连续地对途经此地的多人进行抢劫的，或在一次犯罪中对同一栋居民楼房中的几户居民连续实施入户抢劫的，一般应认定为一次犯罪。我们同意这种做法，并且认为，每次抢劫行为是否达到既遂，对抢劫次数的认定没有影响，但多次抢劫行为都应在刑法规定的追诉时效期限内。

（5）抢劫致人重伤、死亡的。关于“抢劫致人重伤、死亡”这一情节，主要争议问题是“致人死亡”应否包括故意杀人。一种观点认为，抢劫致人死亡是指因抢劫而过失致人死亡，不包括故意杀人。如果为占有他人财物，而当场故意杀人，应以故意杀人罪和抢劫罪实行并罚。另一种观点认为，抢劫致人死亡包括因抢劫而过失致人死亡和间接故意致人死亡，不包括直接故意致人死亡。为占有他人财物而直接故意杀人的，应定抢劫罪和故意杀人罪，实行并罚。还有一种观点认为，抢劫致人死亡包括因过失和故意致人死亡。因此，为了占有他人财物而当场杀死他人的，应定抢劫罪一罪。对于这个问题，最高人民法院在2001年5月23日发布的《关于抢劫过程中故意杀人案件如何定罪问题的批复》中给予了明确的解答：行为人为劫取财物而预谋故意杀人，或者在劫取财物过程中，为制服被害人反抗而故意杀人的，以抢劫罪定罪处罚。行为人实施抢劫后，为灭口而故意杀人的，以抢劫罪和故意杀人罪定罪，实行数罪并罚。我们也赞同这种观点。主要理由有二：一是刑法第263条规定的“致”人死亡，只是表明暴力行为与死亡之间应当有因果关系，而非将对这种死亡的态度限定于过失。二是杀人行为和夺取财物的行为构成完整的抢劫罪，手段行为和目的行为须臾不可分离。如果把杀人行为定为故意杀人罪，又把因这种杀人行为而取得财物的行为定为抢劫罪，违反了刑法中不得重复评价的原则，是不可取的。应当指出的是，“抢劫致人死亡”包括故意杀人在内，仅限于将故意杀人作为抢劫财物的手段而当场实施并当场抢走财物的行为，并不意味着凡杀人取财的行为都定为抢劫罪并从重处罚。

（6）冒充军警人员抢劫的。冒充军警人员抢劫，既包括不具有军人或者警察身份的人冒充军人或者警察的身份抢劫，也包括具有军人身份的人冒充警察、具有警察身份的人冒充军人，或者是此种军警人员冒充彼种军警人员抢劫。同时，冒充军警人员并不以行为人非法配备军警器械、身着军警制服、向被害人出具虚假的身份证明为条件。只要具有假冒军警身份的行为，就可以适用本情节。

（7）持枪抢劫的。这里所指的枪支，应当是指《枪支管理法》中所规定的以火药或者压缩气体为动力，利用管状器具发射金属弹丸或者其他物质，足以致人伤亡或者丧失知觉的各种枪支。在司法实践中，对持假枪进行抢劫能否作为加重情节，认识上有分歧。我们认为，立法者将持枪抢劫作为抢劫罪的加重处罚情节之一，其意在于从严打击那些持真枪、在客观上可能给被害人生命安全随时造成损害的抢劫行为，而不在于严惩那些携带假枪、足以给被害人造成巨大威胁、产生巨大心理恐惧的行为。持假枪抢劫的行为，不管是持仿真枪还是持其他形式的假枪，都会给被害人造成巨大的精神强制，但正因为如此，这种行为才具备了一般抢劫的手段行为（胁迫），从而以抢劫论处；但假枪（包括仿真枪）毕竟不属于《枪支管理法》的控制范围，假枪对被害人造成人身伤亡的危险也显著低于真枪造成的危险，所以，将“持枪抢劫”中的“枪”限制解释为真枪，应该是适宜的。

（8）抢劫军用物资或者抢险、救灾、救济物资的。对于本情节的适用来说，要注意两方面：一是这里的“军用物资”应为枪支、弹药、爆炸物以外的军用物资，如军用汽车、军用医疗物品等。二是行为人对抢劫对象必须明知时才能适用该情节。如果在抢劫后才得知该对象性质，仍应以一般抢劫罪论。当然，如果数额巨大，可适用上述第四个加重情节。

此外，根据2016年最高人民法院《关于审理抢劫刑事案件适用法律若干问题的指导意见》，对于多次结伙抢劫，针对农村留守妇女、儿童及老人等弱势群体实施抢劫，在抢劫中实施强奸等暴力犯罪的，要在法律规定的量刑幅度内从重判处。对于罪行严重或者具有累犯情节的抢劫犯罪分子，减刑、假释时应当从严掌握，严格控制减刑的幅度和频度。对因家庭成员就医等特定原因初次实施抢劫，主观恶性和犯罪情节相对较轻的，要与多次抢劫以及为了挥霍、赌博、吸毒等实施抢劫的案件在量刑上有所区分。对于犯罪情节较轻或者具有法定、酌定从轻、减轻处罚情节的，坚持依法从宽处理。根据自2021年7月1日起实施的最高人民法院《关于常见犯罪的量刑指导意见（试行）》（以下简称《2021常见犯罪量刑指导意见》），构成抢劫罪的，应该根据抢劫的数额、次数、手段、危害后果等犯罪情节，综合考虑被告人缴纳罚金的能力，决定罚金数额；综合考虑抢劫的起因、手段、危害后果等犯罪事实、量刑情节，以及被告人主观恶性、人身危险性、认罪悔罪表现等因素，决定缓刑的适用。

二、盗窃罪

（一）概念与构成

盗窃罪，是指以非法占有为目的，秘密地窃取数额较大的公私财物或者多次盗窃、入户盗窃、携带凶器盗窃、扒窃公私财物的行为。

本罪的构成要件如下：

1. 本罪的客观方面表现为秘密地窃取数额较大的公私财物或者多次盗窃、入户盗窃、携带凶器盗窃、扒窃公私财物的行为。

所谓“秘密窃取”，是指行为人采取自以为不使财物所有者、保管者发觉的方法，暗中将财物取走。这里对“秘密”的理解要把握三个要点：（1）“秘密”是指取得财物为暗中进行。如果取得财物是暗中进行，在财物到手后被发觉而公开携财逃跑或者虽使用了欺骗的方法吸引被害人的注意力，乘其不注意时取走财物，仍属“秘密窃取”，构成盗窃罪。（2）“秘密”是相对财物的所有人、保管人而言的。所以，即使窃取财物时已经被他人发现或者暗中注视，不影响盗窃罪的成立。(3)“秘密”，是指行为人自认为没有被所有人、保管人发觉。秘密窃取财物的手段多种多样，如撬门扭锁、翻墙越窗、顺手牵羊或者在公共场所掏兜、割包等，甚至还包括在未取走原物的情况下，利用计算机、照相器材、复印机等实施盗窃行为。秘密窃取财物是盗窃罪区别于本章中其他侵犯财产罪的主要标志。

所谓“数额较大”，根据最高人民法院、最高人民检察院 2013 年 4 月发布的《关于办理盗窃刑事案件适用法律若干问题的解释》(以下简称《盗窃刑事案件解释》) 第 1 条的规定，盗窃公私财物价值 1 000～3 000 元以上的或者盗窃国有馆藏一般文物的，为“数额较大”；各省、自治区、直辖市高级人民法院、人民检察院可以根据本地区经济发展状况，并考虑社会治安状况，在前款规定的数额幅度内，确定本地区执行的具体数额标准，报最高人民法院、最高人民检察院批准。值得注意的是，“数额较大”的标准也不是唯一绝对的条件，必须考虑其他情节。如果具备其他严重情节，虽未达到上述“数额较大”的标准也可能成立盗窃罪。《盗窃刑事案件解释》第 2 条规定，盗窃公私财物，具有下列情形之一的，“数额较大”的标准可以按照前条规定标准的 50%确定：(1) 曾因盗窃受过刑事处罚的；(2) 1年内曾因盗窃受过行政处罚的；(3) 组织、控制未成年人盗窃的；(4) 自然灾害、事故灾害、社会安全事件等突发事件期间，在事件发生地盗窃的；(5) 盗窃残疾人、孤寡老人、丧失劳动能力人的财物的；(6) 在医院盗窃病人或者其亲友财物的；(7) 盗窃救灾、抢险、防汛、优抚、扶贫、移民、救济款物的；(8) 因盗窃造成严重后果的。与此相反，虽然盗窃公私财物数额较大，但行为人认罪、悔罪，退赃、退赔，并具有下列情形之一的，可不作为犯罪处理：(1) 具有法定从宽处罚情节的；(2) 没有参与分赃或者获赃较少且不是主犯的；(3) 被害人谅解的；(4) 其他情节轻微、危害不大的。

所谓“多次盗窃”，根据《盗窃刑事案件解释》第 3 条第 1 款的规定，一般是指 2 年内盗窃 3 次以上的。另根据 2016 年 3 月 18 日最高人民检察院法律政策研究室《关于〈关于多次盗窃中的“次”如何认定的法律适用请示〉的答复意见》，多次盗窃中的“次”的判断，可以参照 2005 年《抢劫、抢夺刑事案件意见》中多次抢劫的规定认定。但多次盗窃与多次抢劫必定有所不同，实践中应结合具体案件的具体情况，从主观方面考量行为人是基于一个盗窃的故意，还是多个盗窃的故意；同时，更需要结合客观方面的行为方式，实施行为的条件，以及行为所造成的后果等来综合判断。

所谓“入户盗窃”，根据《盗窃刑事案件解释》第 3 条第 2 款的规定，非法进入供他人家庭生活，与外界相对隔离的住所盗窃的，应当认定为“入户盗窃”。“入户盗窃”中的“户”既包括居民住宅、船家的渔船、牧民的帐篷，也包括实际功能和心理感觉与私人住宅相似的场所，如学生宿舍等。

所谓“携带凶器盗窃”，根据《盗窃刑事案件解释》第 3 条第 3 款的规定，携带凶器盗窃，是指行为人携带爆炸物、管制刀具等国家禁止个人携带的器械进行盗窃，或者为了实施违法犯罪携带其他足以危害他人人身安全的器械进行盗窃的行为。成立“携带凶器盗窃”不以“数额较大”或“多次盗窃”为条件，也不要求行为人对凶器加以使用，只要行为人携带凶器实施盗窃行为即可。此处的“凶器”，包括一切行为人为了实施违法犯罪活动而携带的足以危害他人人身安全的器械。行为人实施盗窃所用的工具（如撬棍、镊子、刀片等）也是这里所说的“凶器”。关于“携带”，并不要求行为人必须将凶器佩带在身上，只要凶器处于行为人的支配范围之内即可，如A将管制刀具藏匿于其附近并实施盗窃行为的情况即是如此。

所谓“扒窃”，根据《盗窃刑事案件解释》第3条第4款的规定，扒窃，是指行为人在公共场所或者公共交通工具上实施的，盗窃他人随身携带的财物的行为。我们认为，根据扒窃的概念，可以从以下几个方面对其加以理解：第一，成立扒窃不以“数额较大”、“多次盗窃”及“携带凶器”为前提，否则，刑法便丧失了规定扒窃的必要性。第二，扒窃具有“公共”性特征，即扒窃必须发生在“公共场所”（如大型商场、电影院、医院等）或者“公共交通工具上”（如公共汽车、地铁、火车等）。第三，所窃取的必须是他人“随身携带”的财物，即处于他人支配范围之内的财物。如行为人在火车上窃取他人口袋内的财物，或者窃取他人置于行李架上的财物等行为都属于扒窃。

关于盗窃罪的客观方面，我们还需注意刑法中的特别规定：(1) 根据刑法第196条第3款的规定，盗窃信用卡并使用的，应构成盗窃罪。(2) 根据刑法第210条第1款的规定，盗窃增值税专用发票或者可以用于骗取出口退税、抵扣税款的其他发票的，依照盗窃罪的规定定罪处罚。(3) 根据刑法第265条的规定，以牟利为目的，盗接他人通信线路、复制他人电信码号或者明知是盗接、复制的电信设备、设施而使用的行为，按盗窃罪定罪处罚。所谓“盗接他人通信线路”，是指未经权利人许可，采取秘密的方法连接他人的通信线路无偿使用或者转给他人使用，从而给权利人造成损失的行为；所谓“复制他人电信码号”，是指取得他人的电信码号后，非法加以翻制并无偿使用或者非法出租、出借、转让的行为。本条规定的盗窃罪在客观上虽不表现为直接窃取被害人的财物，但盗接通信线路、复制电信码号及使用盗接、复制的电信设备、设施的行为均是在被害人不知不觉的情况下进行的，本质上仍然表现为行为的秘密性。法律明确规定盗接通信线路、复制电信码号及使用盗接、复制的电信设备、设施的行为成立盗窃罪要以“牟利”为目的，即以出售、出租、自用、转让等谋取经济利益为目的，所以，本条规定的行为完全符合一般盗窃罪的特征，这也是法律把这类行为纳入盗窃罪的根据所在。(4) 根据刑法第287条的规定，以计算机为犯罪工具，窃取钱财的，也构成盗窃罪。(5) 根据2000年5月12日公布的最高人民法院《关于审理扰乱电信市场管理秩序案件具体应用法律若干问题的解释》的规定，将电信卡非法充值后使用的，造成电信资费损失数额较大的行为，或者盗用他人公共信息网络上网账号、密码上网，造成他人电信资费损失数额较大的行为，按照盗窃罪定罪处罚。(6) 根据2007年1月15日最高人民法院、最高人民检察院《关于办理盗窃油气、破坏油气设备等刑事案件具体应用法律若干问题的解释》(以下简称《盗油刑事案件解释》) 第3条第3款的规定，为他人盗窃油气而偷开油气井、油气管道等油气设备阀门排放油气或者提供其他帮助的，构成盗窃罪共犯。(7) 根据2020年9月22日最高人民法院、最高人民检察院、公安部《关于依法办理“碰瓷”违法犯罪案件的指导意见》，实施“碰瓷”，采取转移注意力，趁人不备等方式，窃取他人财物，符合刑法第264条规定的，以盗窃罪定罪处罚。

2. 本罪的主体为一般主体。凡已满16周岁、具有刑事责任能力的自然人均可成为盗窃罪的主体。邮政工作人员私自开拆邮件，从中窃取财物的，以盗窃论处，从重处罚。此外，根据《盗窃刑事案件解释》第 13 条的规定，单位组织、指使盗窃，符合刑法第 264 条规定的，以盗窃罪追究组织者、指使者、直接实施者的刑事责任。

3. 本罪的主观方面是直接故意，并具有非法占有公私财物的目的。如果是行为人误把公私财物当作自己的财物而拿走，或者未经物主同意而临时擅自借用其物，用完即归还的，或者私自挪用代人保存的钱物，用后偿还的，因不具有非法占有的目的，不构成盗窃罪。至于行为人非法占有公私财物后是据为已有，还是赠送给他人，不影响盗窃罪的成立。

4. 本罪的客体是公私财产所有权或占有权。犯罪对象是国有、集体所有或者公民私人所有的各种财物。一般说来，"窃取"意味着财物从所有人、保管人控制之下转移到盗窃者手中，所以，这里的财物应指动产及能从不动产中分离出来的物品，如房屋上的门窗、土地上生长的树木、果实等。对于不动产本身是否可以成为盗窃罪的对象，学者观点不一。肯定者认为，刑法规定盗窃公私财物，没有限定为动产，而且不动产也可以用秘密的方法占为已有。例如，盗卖他人房屋的，可以成立盗窃罪。否定者则认为，窃取是将他人控制之下的物品采用秘密的方式转移到自己手中，而不动产不具备这样的特性，所以不能成为盗窃罪的行为对象。"各国刑法对此问题的规定不尽相同。有些国家明文规定为动产，如瑞士、意大利、奥地利等国刑法；有些国家规定为他人财物，如日本刑法、西班牙刑法，但实践中一般认为是动产。也有些国家把盗窃与窃占不动产分别加以规定，前者定盗窃罪，后者定窃占不动产罪，如意大利刑法。"① 意大利刑法第 624 条明确将盗窃罪的犯罪对象限于动产，其第 631 条又专门规定了窃占不动产的犯罪。我国刑法对这个问题没有作出规定，从更有力地保护公私财产所有权角度出发，不应将不动产一概加以否定。另外，盗窃电力、煤气、天然气等无形财产，亦构成盗窃罪。不过，如果盗窃无形能源危害公共安全的，应按有关的危害公共安全罪定罪量刑。对此，最高人民法院、最高人民检察院在于 2007 年 1 月 15 日公布的《盗油刑事案件解释》中作出了明确说明。《盗油刑事案件解释》第 3 条规定：盗窃油气或者正在使用的油气设备，构成犯罪，但未危害公共安全的，依照刑法第 264 条的规定，以盗窃罪定罪处罚。

（二）司法认定与刑事处罚

1. 司法认定

（1）盗窃罪的既遂与未遂区分的标准。关于盗窃罪既遂与未遂的区分标准存在很多争论。在刑法学界存在接触说、转移说、藏匿说、损失说、失控说、控制说、失控加控制说等多种标准。接触说认为，应以行为人是否接触到被盗财物为标准，接触到财物就是既遂。转移说认为应以行为人是否将被盗物品转移到安全地带为标准，已转移到安全地带的为既遂。失控说认为，凡是盗窃行为使财产所有人或者保管人丧失了对财物的控制的，即成立盗窃罪的既遂。控制说认为，凡是实施盗窃的行为人已经实际控制财物的，即成立盗窃罪的既遂。失控加控制说认为，凡是被盗的财物已经脱离财物所有人或者保

---

① 高铭暄、马克昌主编：《刑法学》，6 版，499 页，北京，北京大学出版社、高等教育出版社，2014。

管人的控制并且已经实际置于行为人控制之下的，即成立盗窃罪既遂。我们主张以失控加控制说作为区分盗窃罪既遂与未遂的标准，因为实施盗窃的行为人的目的是非法占有财物，当财物脱离所有人或者保管人的控制而为行为人实际控制时，其非法占有财物的目的即已实现，犯罪完成。多数情况下，被害人对财物失去控制与行为人控制财物在时间上和地点上是一致的，因此，一般来说，只要被害人丧失了对财物的控制，就应当认定行为人控制了财物。但是由于实际生活中人的行为样态具有复杂性的特征，故在个别情况下，仍然要结合具体的情境对盗窃罪未遂进行具体的认定。

（2）盗窃罪与某些危害公共安全罪的界限。在司法实践中，有些盗窃行为指向特定的对象，如枪支、弹药、爆炸物、电力或者通讯设备等；有些盗窃行为则以爆炸、投放危险物质等为手段来完成，如毒鱼、炸鱼后将鱼偷走；还有的盗窃行为伴随着破坏其装载器皿的行为，如为了盗取油气而破坏油气设备。对这类行为应区分不同情况处理：1）如果盗窃的是法律明确规定的危害公共安全犯罪的对象，如盗窃枪支、弹药、爆炸物，或者是偷窃正在使用中的电力设备、广播电视设施、公用电信设施，同时构成危害公共安全的犯罪和盗窃罪的，属于普通法和特别法的竞合，应按危害公共安全罪处理。如果是在盗窃他人财物时，在窃得的提包里放有枪支、弹药，属于盗窃犯罪所牵连的结果行为，按盗窃罪从重处罚。如果盗窃的是一般财物或者是库存的及废置的电力、通讯设备，不足以危害公共安全的，应认定为盗窃罪。2）如果以非法占有为目的，毒死或者炸死数量较大的鱼，将其偷走，未引起其他严重后果的，应定为盗窃罪。如果不顾人畜安危，向供饮用的池塘中投放大量剧毒物，或者向堤坝、其他公共设施附近的水库中投掷大量炸药，严重危害公共安全，致人重伤、死亡或者使公私财产遭受重大损失的，应当定为投放危险物质罪或者爆炸罪。3）在实施盗窃油气等行为过程中，采用切割、打孔、撬砸、拆卸、开关等手段破坏正在使用的油气设备的，属于刑法第 118 条规定的“破坏电力、燃气或者其他易燃易爆设备”的行为，应当依照刑法第 118 条的规定定罪处罚。盗窃油气同时构成盗窃罪和破坏易燃易爆设备罪的，依照刑法处罚较重的规定定罪处罚。

（3）偷开机动车辆案件中盗窃罪与其他犯罪的界限。偷开机动车辆，是指在机动车辆的所有人、保管人或者驾驶人不知情的情况下，将机动车辆私自开走的行为。偷开机动车辆的行为往往基于不同的动机，达到不同的目的，因而应根据《盗窃刑事案件解释》第 10 条的规定将偷开机动车辆的行为区分不同情况处理：1）偷开机动车，导致车辆丢失的，以盗窃罪定罪处罚。2）为盗窃其他财物，偷开机动车作为犯罪工具使用后非法占有车辆，或者将车辆遗弃导致丢失的，被盗车辆的价值计入盗窃数额。3）为实施其他犯罪，偷开机动车作为犯罪工具使用后非法占有车辆，或者将车辆遗弃导致丢失的，以盗窃罪和其他犯罪数罪并罚；将车辆送回未造成丢失的，按照其所实施的其他犯罪从重处罚。

（4）盗窃罪与故意毁坏财物罪的界限。根据《盗窃刑事案件解释》第 11 条的规定，盗窃公私财物并造成财物损毁的，按照下列规定处理：1）采用破坏性手段盗窃公私财物，造成其他财物损毁的，以盗窃罪从重处罚；同时构成盗窃罪和其他犯罪的，择一重罪从重处罚；2）实施盗窃犯罪后，为掩盖罪行或者报复等，故意毁坏其他财物构成犯罪的，以盗窃罪和构成的其他犯罪数罪并罚；3）盗窃行为未构成犯罪，但损毁财物构成其他犯罪的，以其他犯罪定罪处罚。

（5）盗窃罪与以盗窃手段实施的某些犯罪的界限。在我国刑法的规定中，有不少犯罪是以秘密窃取的手段实施的，此时，我们要注意区分各罪之间的界限。第一，根据刑法第 196 条第 3 款的规定，盗窃信用卡并使用的，应构成盗窃罪。“盗窃信用卡并使用的”，包括盗窃犯罪分子自己使用，也包括盗窃犯罪分子同伙或者朋友明知是盗来的信用卡而使用。如果是冒用他人的信用卡，应按信用卡诈骗罪处理。此外，盗窃的信用卡还必须是正在使用的有效真卡。如果盗窃的是伪卡、废卡或者无效卡，并利用这些伪卡、废卡去骗取他人财物，不构成盗窃罪，而应认定为信用卡诈骗罪。第二，根据司法解释精神，盗窃技术成果等商业秘密的，按照侵犯商业秘密罪定罪处罚。第三，国家工作人员利用职务上的便利，窃取公共财物的，按贪污罪处理。第四，盗窃广播电视设施、公用电信设施价值数额不大，但是构成危害公共安全犯罪的，依照刑法第 124 条的规定定罪处罚；盗窃广播电视设施、公用电信设施同时构成盗窃罪和破坏广播电视设施、公用电信设施罪的，择一重罪处罚。盗窃使用中的电力设备，同时构成盗窃罪和破坏电力设备罪的，择一重罪处罚。第五，将国家、集体、他人所有并已经伐倒的树木据为己有，以及偷砍他人房前屋后、自留地种植的零星树木，数额较大的，依照刑法第 264 条的规定，以盗窃罪处罚。

（6）发生在家庭成员或者近亲属之间的盗窃行为的罪与非罪的界限。根据《盗窃刑事案件解释》第 8 条的规定，偷拿家庭成员或者近亲属的财物，获得谅解的，一般可以不认为是犯罪。但是，行为人偷拿家庭成员或者近亲属的财物未获得谅解的；多次偷拿家庭成员代为保管的他人财物，或偷拿家庭成员代为保管的他人财物数额较大的；以及家庭成员勾结外人，偷拿属于全体家庭成员共有财产，数额较大或者多次偷拿的，应认定为盗窃罪。但在追究刑事责任时，应当酌情从宽。

2. 刑事处罚

刑法第 264 条根据盗窃罪的不同数额和情节，规定了三个档次的量刑幅度：

（1）盗窃公私财物，数额较大的，或者多次盗窃、入户盗窃、携带凶器盗窃、扒窃的，处 3 年以下有期徒刑、拘役或者管制，并处或者单处罚金。

（2）数额巨大或者有其他严重情节的，处 3 年以上 10 年以下有期徒刑，并处罚金。根据《盗窃刑事案件解释》，“数额巨大”，是指盗窃公私财物价值 3 万元至 10 万元以上，或者盗窃国有馆藏 3 级文物的情形。“其他严重情节”，是盗窃公私财物数额达到 1.5 万元至 5 万元以上，具有下列情形之一的：1）组织、控制未成年人盗窃的；2）自然灾害、事故灾害、社会安全事件等突发事件期间，在事件发生地盗窃的；3）盗窃残疾人、孤寡老人、丧失劳动能力人的财物的；4）在医院盗窃病人或者其亲友财物的；5）盗窃救灾、抢险、防汛、优抚、扶贫、移民、救济款物的；6）因盗窃造成严重后果的；7）入户盗窃、携带凶器盗窃的。

（3）数额特别巨大或者有其他特别严重情节的，处 10 年以上有期徒刑或者无期徒刑，并处罚金或者没收财产。“数额特别巨大”，是指盗窃公私财物价值 30 万元至 50 万元以上的，或者盗窃国有馆藏 2 级以上文物的。“其他特别严重情节”是指盗窃公私财物数额达到 15 万元至 25 万元以上且具有前述“其他严重情节”的七种情形之一的。

需要指出的是，除对以上三个量刑幅度作出解释以外，《盗窃刑事案件解释》还对未遂的处罚及罚金刑的裁量等问题作出了解释。《盗窃刑事案件解释》第 12 条规定：盗窃未遂，具有下列情形之一的，应当依法追究刑事责任：1）以数额巨大的财物为盗窃目标的；2）以珍贵文物为盗窃目标的；3）其他情节严重的情形。《盗窃刑事案件解释》第 14 条规定：因犯盗窃罪，依法判处罚金刑的，应当在 1 000 元以上盗窃数额的 2 倍以下判处罚金；没有盗窃数额或者盗窃数额无法计算的，应当在 1 000 元以上 10 万元以下判处罚金。

另外，在对盗窃罪量刑时，应特别注意两个问题：

一是要同时考虑犯罪的数额和犯罪的情节，不能片面强调其中之一。也就是说，要在全面考察赃物数额及犯罪手段、认罪态度、退赃情况等其他情节的基础上，进行综合分析，正确确定刑罚。例如，相对于不知悔改、挥霍无度、拒不退赃的犯罪分子，对悔罪态度好、积极退赃的犯罪分子在量刑时就要轻一些，对偶尔失足与多次盗窃的也应加以区别等。

二是要合理计算盗窃财物的数额。盗窃犯罪的对象除现金外，还包括实物和其他财产性利益。而盗窃财物的数额是决定盗窃罪定罪量刑的一个重要因素，所以，只有合理计算其数额，才能正确定罪，合理量刑。根据《盗窃刑事案件解释》和司法实践经验，计算盗窃财物数额的总的原则是既不让犯罪分子在经济上占到便宜，又要合情合理计价。具体而言，计算盗窃财物的数额应从以下几个方面加以把握：

第一，被盗财物有有效价格证明的，根据有效价格证明认定；无有效价格证明，或者根据价格证明认定盗窃数额明显不合理的，应当按照有关规定委托估价机构估价。

第二，盗窃外币的，按照盗窃时中国外汇交易中心或者中国人民银行授权机构公布的人民币对该货币的中间价折合成人民币计算；中国外汇交易中心或者中国人民银行授权机构未公布汇率中间价的外币，按照盗窃时境内银行人民币对该货币的中间价折算成人民币，或者该货币在境内银行、国际外汇市场对美元汇率，与人民币对美元汇率中间价进行套算。

第三，盗窃电力、燃气、自来水等财物，盗窃数量能够查实的，按照查实的数量计算盗窃数额；盗窃数量无法查实的，以盗窃前 6 个月月均正常用量减去盗窃后计量仪表显示的月均用量推算盗窃数额；盗窃前正常使用不足 6 个月的，按照正常使用期间的月均用量减去盗窃后计量仪表显示的月均用量推算盗窃数额。

第四，（1）明知是盗接他人通信线路、复制他人电信码号的电信设备、设施而使用的，按照合法用户为其支付的费用认定盗窃数额；无法直接确认的，以合法用户的电信设备、设施被盗接、复制后的月缴费额减去被盗接、复制前 6 个月的月均电话费推算盗窃数额；合法用户使用电信设备、设施不足 6 个月的，按照实际使用的月均电话费推算盗窃数额。（2）盗接他人通信线路、复制他人电信码号出售的，按照销赃数额认定盗窃数额。

第五，盗窃有价支付凭证、有价证券、有价票证的，按照下列方法认定盗窃数额：（1）盗窃不记名、不挂失的有价支付凭证、有价证券、有价票证的，应当按票面数额和盗窃时应得的孳息、奖金或者奖品等可得收益一并计算盗窃数额。（2）盗窃记名的有价支付凭证、有价证券、有价票证，已经兑现的，按照兑现部分的财物价值计算盗窃数额；没有兑现，但失主无法通过挂失、补领、补办手续等方式避免损失的，按照给失主造成的实际损失计算盗窃数额。

第六，在跨地区运行的公共交通工具上盗窃，盗窃地点无法查证的，盗窃数额是否达到“数额较大”“数额巨大”“数额特别巨大”，应当根据受理案件所在地省、自治区、直辖市高级人民法院、人民检察院确定的有关数额标准认定。

此外，《2021 常见犯罪量刑指导意见》还对盗窃罪罚金的适用和缓刑的适用提出了较为明确的意见。根据该意见，关于罚金刑的适用，应根据盗窃的数额、次数、手段、危害后果等犯罪情节，综合考虑被告人缴纳罚金的能力，在 1 000 元以上盗窃数额两倍以下决定罚金数额；没有盗窃数额或者盗窃数额无法计算的，在 1 000 元以上 10 万元以下判处罚金。关于缓刑的适用，则要在综合考虑盗窃的起因、数额、次数、手段、退赃退赔等犯罪事实、量刑情节，以及被告人主观恶性、人身危险性、认罪悔罪表现等因素的基础上决定。

三、诈骗罪

（一）概念与构成

诈骗罪，是指以非法占有为目的，用虚构事实或者隐瞒真相的方法，骗取数额较大的公私财物的行为。

本罪的构成要件如下：

（1）本罪的客观方面表现为骗取数额较大的公私财物的行为。骗取公私财物的手段，通常是虚构事实或隐瞒真相。所谓虚构事实，是指无中生有，编造假情况，由此骗取被害人的信任。虚构事实可以是虚构全部事实，也可以是在部分事实基础上夸大渲染以行骗。所谓隐瞒真相，是指掩盖客观存在的事实，使被害人上当受骗。行为人采用虚构事实、隐瞒真相的方法必须使被害人陷入错误认识从而“主动”交付财物才构成本罪。虽然使用了欺骗行为，但被害人并没有上当而交付财物，行为人取得财物是其他行为造成的，也不能成立诈骗罪。也就是说，欺骗行为和取得财物的行为之间必须具有因果关系。例如，假装购买黄金首饰，趁售货员不注意调包的行为，应认定为盗窃而不是诈骗。“对欺诈行为是否使对方陷入错误的判断，应当结合案件的具体情况，并按照一般的经验法则从交易的性质、财产的种类、被害人的知识、经验、职业等进行判断。至于被害者是否有贪图便宜的心理或者有其他过失，对欺诈的成立没有影响。”[①] 但在交易过程中仅仅是对产品的性能、质量或者价格优势作一定程度夸大的，一般不认为是使对方陷入错误的行为。用欺骗方法占有财物，是诈骗罪区别于其他侵犯财产罪的主要特征。至于诈骗的具体方式则有很多，如假冒身份、涂改单据、冒领财物等。

关于诈骗罪的客观方面，我们还需特别注意以下四个方面：其一，2000 年 5 月 12 日

① 周光权：《刑法各论》，104 页，北京，中国人民大学出版社，2011。

公布的最高人民法院《关于审理扰乱电信市场管理秩序案件具体应用法律若干问题的解释》规定，以虚假、冒用的身份证办理入网手续并使用移动电话，造成电信资费损失数额较大的，以诈骗罪定罪处罚。其二，2014 年 4 月 24 日第十二届全国人民代表大会常务委员会第八次会议通过的《关于〈中华人民共和国刑法〉第二百六十六条的解释》规定，“以欺诈、伪造证明材料或者其他手段骗取养老、医疗、工伤、失业、生育等社会保险金或者其他社会保障待遇的，属于刑法第二百六十六条规定的诈骗公私财物的行为。”其三，根据 2019 年 2 月 28 日最高人民法院、最高人民检察院、公安部、司法部《关于办理“套路贷”刑事案件若干问题的意见》，实施“套路贷”过程中，未采用明显的暴力或者威胁手段，其行为特征从整体上表现为以非法占有为目的，通过虚构事实、隐瞒真相骗取被害人财物的，一般以诈骗罪定罪处罚。其四，根据 2020 年 9 月 22 日最高人民法院、最高人民检察院、公安部《关于依法办理“碰瓷”违法犯罪案件的指导意见》，实施“碰瓷”，虚构事实、隐瞒真相，骗取赔偿，符合刑法第 266 条规定的，以诈骗罪定罪处罚。

（2）本罪的主体为一般主体。凡是已满 16 周岁、具有刑事责任能力的自然人均可成为本罪的主体。

（3）本罪的主观方面为直接故意，并且具有非法占有公私财物的目的，即希望将他人财物转移为自己的财物或者免除、减少他人对自己的债权。没有这种目的的，不能构成本罪。

（4）本罪的客体是公私财产所有权。侵犯的对象限于公私财物。如果骗取的是其他利益，如假冒身份或职称而骗婚，则不构成本罪。

（二）司法认定与刑事处罚

1. 司法认定

（1）诈骗罪与借贷行为、代人购物拖欠货款的行为的界限。在司法实践中，有的人借贷后由于某种原因拖欠不还，或者编造谎言骗取财物，到期不能偿还；也有的人以代人购买紧俏商品为名，骗取货款，没买到东西，又擅自挪用货款，拖欠不还。此时很容易与诈骗罪相混淆。区分的关键在于行为人主观上有无非法占有公私财物的目的。凡以非法占有为目的，不管是以借为名，还是以代购为名，只要行诈骗之实，就应以诈骗罪论处。反之，如果没有非法占有目的，即使借款时使用了一些欺骗方法，代购本身有夸大成分，也属于民事纠纷，不能定为诈骗罪。判断有无非法占有目的，应从双方关系、事情的起因、未能还款有无正当原因及有无赖账、逃避行为等方面综合分析。

（2）诈骗罪与金融诈骗罪的界限。金融诈骗罪是我国刑法分则第三章第五节所规定的犯罪。诈骗罪与金融诈骗罪是一般与特殊的关系，因此，在犯罪构成上有许多相同或相似之处。其区别主要是：第一，主体要求不完全相同。诈骗罪的主体只能由自然人构成；而金融诈骗罪的主体既可以由自然人构成，也可以由单位构成（如集资诈骗罪、票据诈骗罪等）。第二，客观方面的表现不完全相同。虽然诈骗罪与金融诈骗罪在客观方面都主要表现为虚构事实、隐瞒真相，但在具体表现形式上有一些区别。诈骗罪往往直接表现为编造谎言、骗取钱财；而金融诈骗罪除表现为虚构企业计划、引进外资项目及保险事故，并以此骗取集资、贷款或保险金外，还常常表现为故意使用虚假的证明文件，使用伪造、编造或作废的汇票、本票或者信用证、信用卡以及恶意透支、收受对方当事人给付的财物后逃匿等行为。第三，侵犯的客体不同。诈骗罪侵犯的是简单客体，即公私财产所有权；而金融诈骗罪侵犯的是复杂客体，这类犯罪在侵犯公私财产所有权的同时，更主要的是侵犯了金融管理秩序。

（3）诈骗罪与合同诈骗罪的界限。合同诈骗罪是刑法分则第三章第八节中所规定的一个具体犯罪。诈骗罪与合同诈骗罪的关系仍是一般与特殊的关系，二者在犯罪构成上存在相同或相似之处，同时亦存在一定的区别。其区别主要体现在以下几个方面：第一，主体要求不完全相同。诈骗罪的主体只能是自然人；而合同诈骗罪的主体可能是自然人，同时亦可能是单位。第二，客观方面的表现不完全相同。合同诈骗罪的客观方面是指在签订、履行合同过程中，骗取对方当事人的财物。显然合同诈骗罪区别于诈骗罪的显著特征是诈骗行为发生在签订、履行合同的过程中。第三，侵犯的客体不同。诈骗罪侵犯的是简单客体，即公私财产所有权；而合同诈骗罪侵犯的是复杂客体，这类犯罪在侵犯公私财产所有权的同时，亦侵犯了国家对合同行为的管理制度。

（4）诈骗罪与盗窃罪的界限。诈骗罪与盗窃罪在犯罪主体、犯罪主观方面及犯罪侵犯的客体上虽然基本相同，但在一般情况下区分“骗取”与“窃取”并不困难。不过，当盗窃行为与欺骗行为联结在一起时，则会对二者的区分造成一定的困难，因此在这里有必要加以探讨。区分二者的关键在于非法占有财物的主要方式是“骗取”还是“窃取”。例如，盗窃空白发货票或者没有盖章的空白支票，用自填金额和伪造公章的方法骗取财物的，或者盗窃公章、伪造证明，骗领财物的，非法取得财物的主要方式是蒙蔽他人，盗窃行为并不直接获得所要非法占有的财物，而只是为实现诈骗创造条件，故这类情况应认定为诈骗罪。反之，盗窃能立即兑现的有价证券或票证，如印鉴齐全的支票、不留储户印鉴的活期储蓄存折，然后冒名骗领、骗购财物的，则应定为盗窃罪。因为行为人窃取了这些有价证券或有价票证，就取得了支配财物的充分能力，骗取在占有财物过程中不起主要作用。

（5）诈骗罪与类似行为的区分。第一，以非法占有为目的，通过伪造证据骗取法院民事裁判占有他人财物的行为所侵害的主要是人民法院正常的审判活动，构成犯罪的，应当依照刑法第307条之一的规定，以虚假诉讼罪定罪处罚。如果行为人伪造证据时，实施了伪造公司、企业、事业单位、人民团体印章的行为，构成犯罪的，应当依照刑法第280条第2款的规定，以伪造公司、企业、事业单位、人民团体印章罪追究刑事责任；如果行为人有指使他人作伪证的行为，构成犯罪的，应当依照刑法第307条第1款的规定，以妨害作证罪追究刑事责任。第二，使用伪造、变造、盗窃的武装部队车辆号牌，骗取养路费、通行费等各种规费，数额较大的，依照诈骗罪的规定定罪处罚。第三，在预防、控制突发传染病疫情等灾害期间，假借研制、生产或者销售用于预防、控制突发传染病疫情等灾害用品的名义，诈骗公私财物数额较大的，依照刑法有关诈骗罪的规定定罪，依法从重处罚。第四，以虚假、冒用的身份证件办理入网手续并使用移动电话，造成电信资费损失数额较大的，依照诈骗罪定罪处罚。

（6）关于电信诈骗情形的认定。为依法惩治电信网络诈骗等犯罪活动，2016年12

月 19 日，最高人民法院，最高人民检察院、公安部发布了《关于办理电信网络诈骗等刑事案件适用法律若干问题的意见》。最高人民法院、最高人民检察院《关于办理诈骗刑事案件具体应用法律若干问题的解释》以及最高人民法院、最高人民检察院《关于办理电信网络诈骗等刑事案件适用法律若干问题的意见》、2021 年 6 月 17 日发布的《关于办理电信网络诈骗等刑事案件适用法律若干问题的意见（二）》，对诈骗罪未遂的处罚问题作出了规定。首先，诈骗未遂，以数额巨大的财物为诈骗目标的，或者具有其他严重情节的，应当定罪处罚。其次，实施电信网络诈骗犯罪，犯罪嫌疑人、被告人实际骗得财物的，以诈骗罪（既遂）定罪处罚。诈骗数额难以查证，但具有下列情形之一的，应当认定为刑法第 266 条规定的“其他严重情节”，以诈骗罪（未遂）定罪处罚：1）发送诈骗信息 5 000 条以上的，或者拨打诈骗电话 500 人次以上的；2）在互联网上发布诈骗信息，页面浏览累计 5 000 次以上的。具有上述情形，数量达到相应标准 10 倍以上的，应当认定为刑法第 266 条规定的“其他特别严重情节”（诈骗罪的加重犯），以诈骗罪（未遂）定罪处罚。上述“拨打诈骗电话”，包括拨出诈骗电话和接听受害者回拨电话。反复拨打、接听同一电话号码，以及反复向同一被害人发送诈骗信息的，拨打、接听电话次数、发送信息条数累计计算。因犯罪嫌疑人、被告人故意隐匿、毁灭证据等原因，致拨打电话次数、发送信息条数的证据难以收集的，可以根据经查证属实的日拨打人次数、日发送信息条数，结合犯罪嫌疑人、被告人实施犯罪的时间、犯罪嫌疑人、被告人供述等相关证据，综合予以认定。此外，有证据证实行为人参加境外诈骗犯罪集团或犯罪团伙，在境外针对境内居民实施电信网络诈骗犯罪行为，诈骗数额难以查证，但 1 年内出境赴境外诈骗犯罪窝点累计时间 30 日以上或多次出境赴境外诈骗犯罪窝点的，应当认定为刑法第 266 条规定的“其他严重情节”，以诈骗罪依法追究刑事责任。最后，诈骗既有既遂，又有未遂，分别达到不同量刑幅度的，依照处罚较重的规定处罚；达到同一量刑幅度的，以诈骗罪既遂处罚。

2. 刑事处罚

我国刑法第 266 条对诈骗罪规定了 3 个档次的法定刑：（1）诈骗公私财物，数额较大的，处 3 年以下有期徒刑、拘役或者管制，并处或者单处罚金。（2）诈骗数额巨大或者有其他严重情节的，处 3 年以上 10 年以下有期徒刑，并处罚金。（3）诈骗数额特别巨大或者有其他特别严重情节的，处 10 年以上有期徒刑或者无期徒刑，并处罚金或者没收财产。

在对诈骗犯罪量刑时，应当注意如下问题：

（1）数额的认定。根据 2011 年 3 月 1 日公布的最高人民法院、最高人民检察院《关于办理诈骗刑事案件具体应用法律若干问题的解释》第 1 条的规定，诈骗公私财物价值 3 000 元至 1 万元以上、3 万元至 10 万元以上、50 万元以上的，应当分别认定为刑法第 266 条规定的“数额较大”“数额巨大”“数额特别巨大”。各省、自治区、直辖市高级人民法院、人民检察院可以结合本地区经济社会发展状况，在前述规定的数额幅度内，共同研究确定本地区执行的具体数额标准，报最高人民法院、最高人民检察院备案。

诈骗公私财物达到上述数额标准，具有下列情形之一的，可以依照刑法第 266 条的规定酌情从严惩处：1）通过发送短信、拨打电话或者利用互联网、广播电视、报纸杂志等发布虚假信息，对不特定多数人实施诈骗的；2）诈骗救灾、抢险、防汛、优抚、扶贫、移民、救济、医疗款物的；3）以赈灾募捐名义实施诈骗的；4）诈骗残疾人、老年人或者丧失劳动能力人的财物的；5）造成被害人自杀、精神失常或者其他严重后果的。

（2）情节的认定。诈骗数额接近“数额巨大”“数额特别巨大”的标准，并具有前述情形之一或者属于诈骗集团首要分子的，应当分别认定为刑法第 266 条规定的“其他严重情节”“其他特别严重情节”。

（3）减免情节的把握。诈骗公私财物虽已达到上述解释第 1 条规定的“数额较大”的标准，但具有下列情形之一，且行为人认罪、悔罪的，可以根据刑法第 37 条、刑事诉讼法第 177 条的规定不起诉或者免予刑事处罚：1）具有法定从宽处罚情节的；2）一审宣判前全部退赃、退赔的；3）没有参与分赃或者获赃较少且不是主犯的；4）被害人谅解的；5）其他情节轻微、危害不大的。

此外，对于电信网络诈骗犯罪集团、犯罪团伙的组织者、策划者、指挥者和骨干分子，以及利用未成年人、在校学生、老年人、残疾人实施电信网络诈骗的，依法从严惩处。对于电信网络诈骗犯罪集团、犯罪团伙中的从犯，特别是其中参与时间相对较短、诈骗数额相对较低或者从事辅助性工作并领取少量报酬，以及初犯、偶犯、未成年人、在校学生等，应当综合考虑其在共同犯罪中的地位作用、社会危害程度、主观恶性、人身危险性、认罪悔罪表现等情节，可以依法从轻、减轻处罚。犯罪情节轻微的，可以依法不起诉或者免予刑事处罚；情节显著轻微危害不大的，不以犯罪论处。

（4）关于罚金刑的适用，应根据诈骗的数额、手段、危害后果等犯罪情节，综合考虑被告人缴纳罚金的能力，决定罚金数额。

（5）综合考虑诈骗的起因、手段、数额、危害后果、退赃退赔等犯罪事实、量刑情节，以及被告人主观恶性、人身危险性、认罪悔罪表现等因素，决定缓刑的适用。对实施电信网络诈骗的，从严把握缓刑的适用。

四、抢夺罪

（一）概念与构成

抢夺罪，是指以非法占有为目的，公然夺取数额较大的公私财物，或者多次抢夺的行为。

本罪的构成要件如下：

1. 本罪的客观方面表现为不使用暴力、胁迫等强制方法，公然夺取数额较大的公私财物，或者多次抢夺的行为。

所谓“公然夺取”，是指在财物的所有人或者保管人在场的情况下，当着财物所有人或保管人的面，公开地将财物夺走。夺取财物的行为一般是乘人不备、出其不意，这是抢夺罪的一个重要特征，据此可以将之与盗窃、诈骗等罪相区别。但这一特征并非抢夺罪客观方面的必备条件，行为人利用被害人因患病、醉酒而防卫财物能力受到一定影响的情况，当着被害人的面，公开夺走财物的情形，仍应认定为抢夺罪。同时应注意，抢夺行为的特点是行为人公然夺取财物时，没有使用暴力、胁迫等侵害被害人身体的方法。这是抢夺罪与抢劫罪在客观上的显著区别。

所谓“数额较大”，根据2013年11月11日发布的最高人民法院、最高人民检察院《关于办理抢夺刑事案件适用法律若干问题的解释》（以下简称《抢夺刑事案件解释》）第1条的规定，一般是指抢夺公私财物，价值在1 000元至3 000元以上的。同时，各省、自治区、直辖市高级人民法院、人民检察院也可以根据本地区经济发展状况，并考虑社会治安状况，在前述规定的数额幅度内，确定本地区执行的具体数额标准，但须报最高人民法院、最高人民检察院批准。值得注意的是，“数额较大”并不是成立抢夺罪唯一、绝对的条件。如果具备其他严重情节，虽未达到“数额较大”的标准也可能成立抢夺罪。《抢夺刑事案件解释》第2条规定，抢夺公私财物，具有下列情形之一的，“数额较大”的标准按照前条规定标准的50%确定：（1）曾因抢劫、抢夺或者聚众哄抢受过刑事处罚的；（2）1年内曾因抢夺或者哄抢受过行政处罚的；（3）1年内抢夺3次以上的；（4）驾驶机动车、非机动车抢夺的；（5）组织、控制未成年人抢夺的；（6）抢夺老年人、未成年人、孕妇、携带婴幼儿的人、残疾人、丧失劳动能力人的财物的；（7）在医院抢夺病人或者其亲友财物的；（8）抢夺救灾、抢险、防汛、优抚、扶贫、移民、救济款物的；（9）自然灾害、事故灾害、社会安全事件等突发事件期间，在事件发生地抢夺的；（10）导致他人轻伤或者精神失常等严重后果的。与此相反，《抢夺刑事案件解释》第5条规定，行为人虽然抢夺公私财物数额较大，但未造成他人轻伤以上伤害，行为人系初犯，认罪、悔罪，退赃、退赔，且具有下列情形之一的，可以认定为犯罪情节轻微，不起诉或者免予刑事处罚；必要时，由有关部门依法予以行政处罚：（1）具有法定从宽处罚情节的；（2）没有参与分赃或者获赃较少，且不是主犯的；（3）被害人谅解的；（4）其他情节轻微、危害不大的。

所谓“多次抢夺”，是指行为人抢夺公私财物的数额虽未达到较大，但行为人实施3次以上抢夺行为的情形。2015年8月29日公布的《刑法修正案（九）》第20条对刑法第267条第1款进行了修改，将抢夺公私财物未达到数额较大，但实施“多次抢夺”的行为也作为抢夺罪的成立条件。本次抢夺罪的修改扩大了刑罚的处罚范围，但如何理解“多次抢夺”还有待进一步解释。①

2. 本罪的主体是一般主体。

3. 本罪的主观方面必须出自故意，并以非法占有他人财物为目的。实施抢夺罪的动机可能多种多样，但犯罪动机如何，不影响本罪的成立。

4. 本罪的客体是公私财物的所有权。侵犯的对象是各种公私财物。但是，抢夺特定财物，如枪支、弹药、爆炸物或公文、证件、印章等，应依照刑法有关规定论处，不构成本罪。另外，本罪的行为对象只能是动产，并且是有形物。

---

① 笔者认为对于“多次抢夺”，不能像多次抢劫那样作过于严格的限制解释，因为刑法将“多次抢夺”作为抢夺罪的成立条件的目的是扩大刑罚的处罚范围，可以参考《盗窃刑事案件解释》的规定，将抢夺罪中的“多次抢夺”解释为“行为人在2年内实施3次以上的抢夺行为”，这是较为合理的。

（二）司法认定与刑事处罚

1. 司法认定

抢劫罪与抢夺罪的界限。抢劫罪与抢夺罪的主体都是一般主体（具体的刑事责任年龄要求不同），主观上都出自直接故意，并以非法占有为目的，客观方面都包含当着被害人的面公然实施取得财物的行为。二者的区别主要有：（1）客观方面的表现不同。抢劫罪是采用暴力、胁迫或者其他手段迫使被害人交出财物或者直接将财物抢走，而抢夺罪是公然夺取财物。在区分抢劫罪与抢夺罪界限时，我们要特别注意司法实践中常常发生的夺取财物过程中造成被害人伤害的情况，如夺取耳环时将耳垂拉伤；乘人不备猛夺他人手中财物，致被害人跌倒摔伤等。此时，认定是抢劫罪还是抢夺罪，关键要把握两点：第一，要看强力的作用对象和使用目的。抢夺罪的抢夺财物虽也使用一定强力，但这种强力不是暴力，它直接作用于被抢夺的财物，目的是将财物夺到手中，而不像抢劫罪中使用的暴力那样直接指向被害人人身，具有排除被害人反抗的性质和目的。第二，要看伤害是否是犯罪分子有意为之。在构成抢劫罪的场合，行为人为了取得公私财物，排除被害人的反抗，而有意实施伤害被害人的行为；在构成抢夺罪的场合，造成伤害的结果往往是行为人在抢夺财物过程中，由于用力过猛等原因无意中造成的，行为人并未有意识地以此作为攫取财物的手段。如果行为人原来没有打算使用暴力取财，但在夺取财物时遭到抗拒，转而使用暴力、威胁方法强行劫财，致使被害人受到伤害的，应以抢劫罪论处。（2）侵犯的客体不同。抢劫罪侵犯的是复杂客体，即公私财物所有权和公民的人身权利；而抢夺罪侵犯的是简单客体，即公私财物所有权。

2. 刑事处罚

刑法第 267 条根据抢夺罪的不同数额和情节，规定了 3 个档次的量刑幅度：

（1）抢夺公私财物，数额较大的，或者多次抢夺的，处 3 年以下有期徒刑、拘役或者管制，并处或者单处罚金。

（2）数额巨大或者有其他严重情节的，处 3 年以上 10 年以下有期徒刑，并处罚金。根据《抢夺刑事案件解释》的规定，“数额巨大”具有两层含义：首先，是指抢夺公私财物价值人民币 3 万元至 8 万元以上的。其次，是指抢夺公私财物价值人民币 1.5 万元至 4 万元以上，具有下列情形之一的：1）曾因抢劫、抢夺或者聚众哄抢受过刑事处罚的；2）1 年内曾因抢夺或者哄抢受过行政处罚的；3）1 年内抢夺 3 次以上的；4）驾驶机动车、非机动车抢夺的；5）组织、控制未成年人抢夺的；6）抢夺老年人、未成年人、孕妇、携带婴幼儿的人、残疾人、丧失劳动能力人的财物的；7）在医院抢夺病人或者其亲友财物的；8）抢夺救灾、抢险、防汛、优抚、扶贫、移民、救济款物的；9）自然灾害、事故灾害、社会安全事件等突发事件期间，在事件发生地抢夺的；10）导致他人轻伤或者精神失常等严重后果的。所谓“其他严重情节”是指抢夺公私财物，具有下列情形之一的：1）导致他人重伤的；2）导致他人自杀的；3）抢夺公私财物价值人民币 1.5 万元至 4 万元以上，具有下列情形之一的：1 年内抢夺 3 次以上的；驾驶机动车、非机动车抢夺的；组织、控制未成年人抢夺的；抢夺老年人、未成年人、孕妇、携带婴幼儿的人、残疾人、丧失劳动能力人的财物的；在医院抢夺病人或者其亲友财物的；抢夺救灾、抢险、防汛、优抚、扶贫、移民、救济款物的；自然灾害、事故灾害、社会安全事件等突发事件期间，在事件发生地抢夺的；导致他人轻伤或者精神失常等严重后果的。

（3）数额特别巨大或者有其他特别严重情节的，处 10 年以上有期徒刑或者无期徒刑，并处罚金或者没收财产。所谓“数额特别巨大”是指抢夺公私财物价值人民币 20 万元至 40 万元以上的；所谓“其他特别严重情节”是指：1）致他人死亡的；2）抢夺公私财物价值人民币 10 万元至 20 万元以上，具有下列情形之一的：1 年内抢夺 3 次以上的；驾驶机动车、非机动车抢夺的；组织、控制未成年人抢夺的；抢夺老年人、未成年人、孕妇、携带婴幼儿的人、残疾人、丧失劳动能力人的财物的；在医院抢夺病人或者其亲友财物的；抢夺救灾、抢险、防汛、优抚、扶贫、移民、救济款物的；自然灾害、事故灾害、社会安全事件等突发事件期间，在事件发生地抢夺的；导致他人轻伤或者精神失常等严重后果的。

此外，《2021 常见犯罪量刑指导意见》对抢夺罪罚金的适用和缓刑的适用提出了较为明确的意见。根据该意见，关于罚金刑的适用，应根据抢夺的数额、次数、手段、危害后果等犯罪情节，综合考虑被告人缴纳罚金的能力，决定罚金数额。关于缓刑的适用，则要在综合考虑抢夺的起因、数额、手段、次数、危害后果、退赃退赔等犯罪事实、量刑情节，以及被告人主观恶性、人身危险性、认罪悔罪表现等因素的基础上决定。

五、聚众哄抢罪

聚众哄抢罪，是指以非法占有为目的，聚集多人公然抢夺公私财物，数额较大或者情节严重的行为。本罪的构成要件如下：（1）本罪的客观方面表现为聚众哄抢，公然夺取公私财物，数额较大或情节严重的行为。所谓“聚众”，是指聚集多人，一般为 3 人以上。所谓“哄抢”，是指蜂拥而上，抢夺占有。“哄”是表现形式，“抢”是本质特征。（2）本罪的主体为一般主体，凡是年满 16 周岁、具有刑事责任能力的自然人均可成为本罪的主体。需要指出的是，在参加聚众哄抢的行为人中只有首要分子和积极参加的人才能成为本罪的主体。（3）本罪的主观方面为故意，并且具有非法占有公私财物的目的。（4）本罪的客体是公私财产所有权，侵犯的对象是公私财物。依照我国刑法第 268 条的规定，构成本罪，数额较大或者有其他严重情节的，对首要分子和积极参加的，处 3 年以下有期徒刑、拘役或者管制，并处罚金；数额巨大或者有其他特别严重情节的，处 3 年以上 10 年以下有期徒刑，并处罚金。

六、侵占罪

（一）概念与构成

侵占罪，是指以非法占有为目的，将代为保管的他人财物或者发现的他人的遗忘物、埋藏物非法占为己有，数额较大，拒不退还或拒不交出的行为。

本罪的构成要件如下：

（1）本罪的客观方面表现为非法占有他人财物，数额较大，拒不退还或拒不交出的行为。侵占罪的客观方面表现为，将代为保管的他人财物或者他人的遗忘物、埋藏物非法占为己有，数额较大，拒不退还或者拒不交出的行为。具体来说，本罪在客观方面包含三个要素：

首先，要有持有他人财物的事实。持有他人财物的情况并不局限于因保管合同而产生，而是有着多种多样的法律上或者事实上的原因，其中包含通过委托合同、租赁合同、借用合同、担保合同、承揽合同、运输合同、无因管理、不当得利等民事行为导致的对他人财产的持有。需要注意的是，应当严格区分侵占借用他人的、自己无处分权（或所有权）之物的行为，与通过借贷关系取得的具有处分权的种类物，如货币、水泥、大米，而事后不履行偿还义务的行为。借贷合同的特点之一，是借贷合同标的物的所有权转移。侵占的财物仅限于行为人取得占有权而没有处分权的财物，而通过借贷取得的财物，借贷人即已取得了对借贷物的处分权，只不过因此而负有向债权人偿还债务的义务而已，这与把自己持有的无处分权的他人财物非法转为己有，是有原则区别的。对于后者来说，不构成侵占罪。

其次，要有非法占为己有的行为，即侵占行为。侵占行为的具体表现，包括将代为保管的他人财物或者他人的遗忘物、埋藏物予以消费、出卖、赠予他人等对财物进行处分的行为。这里的争议之处在于，将代为保管的他人财物予以毁弃的，是否构成侵占罪？学术界存在侵占行为的越权行为说与取得行为说。前者认为，侵占是破坏委托信任关系，对委托物实施超越权限的行为，因而对财物予以毁弃的，也构成侵占罪；后者则认为，侵占是将占有变为不法所有的一种取得行为，因而将财物予以毁弃的，与不法所有的目的不符，不是非法占为己有的侵占行为，不构成侵占罪。根据我国刑法的规定，应当采用取得行为说，因而不是基于所有人的处分意思进行毁弃的，不构成侵占罪。需要注意的是，我国刑法中的据为己有并不限于行为人所有，还包括由第三者所有。

最后，要求有拒不退还或拒不交出的行为。这是指在物主或有关机关、单位要求退还或交出财物的情况下，行为人拒不退还或交出。这里有两个条件：一是财物的所有人或持有人要有请求返还的意思表示，二是行为人需有不予退还或不予交出的行为事实。至于非法占为己有与拒不退还、拒不交出之间的关系，刑法理论通说认为，如果行为人并不拒绝退还或者交出，只是要求延期退还，因而引起纠纷的，或者虽然口头表示拒不退还，经过说服教育当即退还的，一般不应以侵占罪论处。也就是说，非法占为己有之后，经他人要求而退还的，就不成立犯罪；只有非法占为己有之后，又经过要求退还而拒不退还的，才成立侵占罪。刑法理论通说认为这两者之间是一种并列关系，两者需要同时具备。但有学者认为，两者之间是一种包容关系或者后者是对前者的强调，表达的其实是一个含义，即将自己占有的他人财物变为自己所有的财物。例如，对于金钱之外的财物来说，如果行为人将自己保管的财物出卖、赠与、消费、抵偿债务的时候，就充分表明其拒不退还，是非法占为己有。此时，即使行为人后来赔偿了被害人的损失，也应该构成侵占罪。

（2）本罪的主体为一般主体，即任何已满 16 周岁、具有刑事责任能力的自然人均可以成为本罪的主体。

（3）本罪的主观方面为故意，并且具有非法占有他人财物的目的。

（4）本罪的客体为公私财物所有权。犯罪对象是代为保管的他人财物以及遗忘物、埋藏物。从法律关系上看，侵占罪的犯罪对象不同于盗窃罪、诈骗罪等其他侵犯财产罪的犯罪对象的突出特点是，财产在被侵占之前业已为行为人保管。因此，侵占罪实际上是一种变持有为非法所有的犯罪。

根据法条规定，本罪的犯罪对象有三类：一类是代为保管的他人财物，另一类是遗忘物，还有一类是埋藏物。代为保管的他人财物，是公共财物还是私人财物，是有体物还是无体物，在所不论；既可以是动产也可以是不动产，但不是所有的不动产都可以，如土地。根据我国《民法典》《土地管理法》的规定，土地属于国家所有或者劳动者集体所有，个人只能取得土地的使用权，不可能取得所有权。既然如此，某人将自己代管的他人土地长期占有而不归还，只是一种恶意占用的行为，不是从根本上取得财物的行为。而侵占罪是一种取得罪，即取得所有权的犯罪，因此，土地不能成为侵占罪的对象。与土地不同，房屋则可以通过登记取得所有权，即把代管的他人房屋以自己的名义登记取得所有权，或者将房屋私自出卖给他人取得金钱，因此，房屋可以成为侵占罪的犯罪对象。动产中既包括有体物，也包括电力、煤气等无体物。代为保管不能仅仅理解为委托保管，还包括基于租赁、借用、担保、无因管理等原因而保管他人财物。除此之外，雇佣关系、违法行为等都可能出现代为保管他人财物的情形，因此，代为保管具有比委托保管更为广泛的内容。他人，包括自然人和单位，有时甚至包括国家。根据刑法理论通说，遗忘物通常是指财物的所有人或者持有人有意识地将自己持有的财物放置在某处，因一时疏忽忘记拿走，而暂时失去控制的财物。此外，还有遗失物的概念。遗忘物与遗失物是两个不同的概念，遗忘物的特点是失主发现遗忘后，可以比较准确地回忆起财物在什么时间、什么地点脱离自己的控制；而遗失物的失主一般不知道财物失落何处，也不容易找回。遗忘物一般尚未完全脱离物主的控制范围；遗失物则完全脱离了物主的控制。遗忘物一般脱离物主的时间比较短；遗失物一般脱离物主的时间比较长。侵占遗失物的行为不构成侵占罪。根据《民法典》的规定，拾得遗失物应该归还失主。侵占遗失物拒不退还的，只能追究其民事责任。有学者认为，遗忘物和遗失物不应该加以区分：第一，遗忘物与遗失物具有不可分性。从这两个词上考察，遗失强调的是客观方面，即物主丧失了对财物的控制，遗忘物则强调主观方面，即物主之所以丧失对财物的控制，是主观上遗忘的结果。第二，根据我国刑法中的犯罪构成理论，一个人的行为是否构成犯罪，主要取决于行为人的行为以及主观心理状态。根据遗忘物与遗失物区分说，当行为人将某一无人控制的财物非法占为已有的时候，如果财物所有人能够准确地回忆起财物放置的时间、地点，该物为遗忘物，行为人构成侵占罪；反之，则是遗失物，行为人不构成侵占罪。的确，行为人的行为是否构成犯罪，应以行为人自己的主观认识为判断依据，而不应以财物所有人的主观状态作为判定依据。况且，二者的区分标准很难把握，丧失控制时间的长短、是否能回忆起财物遗置的时间、地点并不足以将两者区分开来，二者的共同本质在于财物所有人非出于本意而丧失了对财物的控制。所以，坚持遗忘物与遗失物同一说更为合理。同时，有学者认为，对这里的遗忘物应该作扩大理解，例如，误取物、漂流物、走失的家畜、盗贼遗失的赃物、楼下飘落的衣物、死者身上的财物等。所谓埋藏物，一般是埋藏在地下或者藏在其他物体中的财物。埋藏物在被发现的时候，所有人归属尚不能判明。但这里的所有人不明，不是就该物被发现后的客观事实来说的，而是就其被发现当时的客观情况而言的。其实，埋藏物一般情况下在事后都能确定其所有权归属，或者挖出之后出现了明确的所有人主张所有权，或者根据《民法典》的规定，所有人不明的埋藏物，归国家所有。所以，有学者认为，埋藏物必须是他人（包括国家）所有的财物。但是，如果确实存在所有权不明的埋藏物的时候，有学者认为，应该根据存疑时有利于被告的原则，不以侵占罪论处。例如，在自己家的宅基地中挖出了金银首饰，在自己耕种的土地上挖出了一块金元宝，不能明确是否归属房主或者该农民所有的时候，应该推定为其所有，而不能一概强制要求上交国家。在理解埋藏物的时候，我们要注意文物的地位。对于文物，有学者认为，不属于所有人不明的埋藏物，属于国家所有，意即文物不属于侵占罪中所指的埋藏物，对于它的侵占，不构成侵占罪。还有学者认为，"埋藏物，包括一般物品和地下文物。侵占埋藏物，当然包括侵占地下埋藏的文物。要区别这种侵占行为与盗掘古墓葬罪的界限，不在于犯罪对象是否属于文物，而在于其行为是否符合侵占罪的特征"[①]。从本质上讲，文物具有埋藏物的一切特征，即它是埋藏于土地中的动产，没有理由将其排斥在埋藏物的范围之外。如果行为人予以侵占，同样构成侵占罪。这里涉及盗掘古文化遗址、古墓葬罪与侵占罪之间的区别：前者主要表现为明知某古文化遗址、古墓葬中有古代珍贵文物而有目的地进行挖掘，然后将财物据为已有；而后者主要表现为偶然情况下，如开山、挖地过程中得到某文物，然后在文物主管部门代表国家主张所有权的时候，拒不归还的行为。

另外，非法取得的财物可否成为侵占罪的犯罪对象，也是一个值得注意的问题。比如侵占盗窃或者其他财产犯罪所得赃物的行为，在现实生活中也时有发生。对于这种情况，应当根据具体情形分别处理："（1）行为人明知代为保管或代为销售的是他人犯罪所得赃物，日后将该财物非法转为已有，或者非法占有其销赃所得，分别构成掩饰、隐瞒犯罪所得、犯罪所得收益罪和侵占罪，应当作为牵连犯，从一重罪处断；（2）行为人不知代为保管或代为销售的财物是赃物，将其非法转为已有的应以侵占罪论处；（3）在其他人犯罪之后或者在犯罪过程中代为保管用于犯罪的财物，不知该物的非法性质，将该财物据为已有，不构成其他犯罪的共犯，只能以侵占罪论处；（4）行为人参与走私、贩毒、贿赂或者其他犯罪，并管理用于犯罪的财物，乘机将共有的或他人财物非法转为已有的，应当以其参与的具体犯罪论处，一般不定侵占罪"[②]。

（二）司法认定与刑事处罚

1. 司法认定

（1）侵占罪与不当得利的界限。不当得利，是指没有法律根据，使他人的利益受到损害而获得的一种不正当利益。不当得利的受益人与侵占罪的行为人虽都表现为非法占

① 王作富：《略论侵占罪的几个问题》，载《法学杂志》，1998（1）。

② 王作富、刘树德：《刑法分则专题研究》，159页，北京，中国人民大学出版社，2013。

有他人财物，但二者有重要区别：第一，二者非法占有他人财物的故意形成的时间不同。侵占罪的行为人在实施侵占行为之前，就产生了明知是他人财物而将其非法占有的故意；而不当得利的受益人在取得不当利益之前，根本没有占有他人财物的故意。第二，二者的行为方式不同。侵占罪的行为人获得财物的方式可以表现为作为，也可以表现为不作为，但非法占有他人财物这一事实是行为人积极促成的；而不当得利法律事实的出现是由于受害人的疏忽、过错造成的，受益人获得不正当利益是被动的。第三，行为性质不同。侵占罪是一种犯罪行为，行为人不仅要被追究刑事责任，而且必须依法承担民事责任；而不当得利的行为是一种轻微的民事违法行为，不当得利的受益人只需承担返还该不当得利的民事责任。

（2）侵占罪与盗窃罪的界限。侵占罪与盗窃罪均为一般主体，主观上都具有非法占有公私财物的目的，侵犯的客体均为公私财产所有权。二者的主要区别有：第一，犯罪故意形成的时间不同。侵占罪的非法占有行为实施之前，已经合法持有他人财物，犯罪故意产生在合法持有他人财物之后；而盗窃罪则是在持有他人财物之前产生盗窃犯罪故意，并进而实施盗窃财物的行为。第二，客观方面的表现不同。侵占罪在客观方面的特点是行为人在实施侵占行为时被侵占之物已在其实际控制之下，行为人进而对自己持有的他人财物，以种种理由或者手段拒不归还给财物的所有人、管理人，从而据为己有，而且非法占有他人财物的行为与持有他人财物之间没有直接的因果关系；盗窃罪在客观方面则表现为，行为人在实施非法占有公私财物的行为时，财物并不在行为人的实际控制之下，行为人通过秘密窃取的方法将他人的财物非法转归己有，而且行为人持有他人财物的不法状态是实施的盗窃行为引起的结果，盗窃行为与持有他人财物的不法状态之间具有因果关系。第三，犯罪对象不同。侵占罪的犯罪对象只能是行为人事先代为保管的他人财物、他人的遗忘物或者埋藏物；而盗窃罪的犯罪对象可以是任何公私财物。

2. 刑事处罚

依照我国刑法第 270 条的规定，犯本罪的，处 2 年以下有期徒刑、拘役或者罚金；数额巨大或者有其他严重情节的，处 2 年以上 5 年以下有期徒刑，并处罚金。本条第 3 款还规定，犯本罪的，告诉的才处理。

七、职务侵占罪

（一）概念与构成

职务侵占罪，是指公司、企业或者其他单位的工作人员，利用职务上的便利，将本单位财物非法占为己有，数额较大的行为。

本罪的构成要件如下：

（1）本罪的客观方面表现为利用职务上的便利，将本单位财物非法占为己有，数额较大的行为。具体而言，构成本罪必须同时具备三个行为要件：1）侵占行为必须利用职务上的便利，即利用自己在职务上所具有的主管、管理或者经手本单位财物的方便条件。如果行为人没有利用自己的职务上的便利，不构成本罪。2）必须是将本单位的财物非法占为己有。非法占有可以采取侵吞、盗取、骗取等各种手段，但非法占有的财物必须是本单位的财物，如果行为人占有的不是本单位的财物，不构成本罪。3）侵占财物必须达到数额较大。是否达到数额较大的标准，是本罪罪与非罪的重要界限。根据 2016 年 4 月 18 日最高人民法院、最高人民检察院《关于办理贪污贿赂刑事案件适用法律若干问题的解释》第 11 条第 1 款，职务侵占罪中的“数额较大”“数额巨大”的数额起点，按照本解释关于受贿罪、贪污罪相对应的数额标准规定的 2 倍、5 倍执行。该解释对受贿罪、贪污罪“数额较大”的认定是 3 万元以上不满 20 万元。

（2）本罪的主体为公司、企业或者其他单位的工作人员。“其他单位”，是指除公司、企业以外的一切其他单位，包括国家机关，国有、集体或者民办事业单位以及各类团体。根据刑法第 271 条第 2 款的规定，本罪主体只能限定为公司、企业或者其他单位中不具有国家工作人员身份的工作人员。这些单位中的国家工作人员侵占本单位财物的，应以贪污罪定罪处罚。

（3）本罪的主观方面为故意，并且具有非法占有本单位财物的目的。

（4）本罪的客体是公司、企业或者其他单位的财物所有权。侵犯的对象则为行为人所属公司、企业等单位的财物。

（二）司法认定与刑事处罚

1. 司法认定

认定职务侵占罪，应主要划清其与侵占罪的界限。二者主观上都以非法占有公私财物为目的，侵犯的客体都是公私财物的所有权。但二者有明显的区别：第一，犯罪的主体不同。职务侵占罪为公司、企业或者其他单位中不具有国家工作人员身份的工作人员；而侵占罪的主体为一般主体。第二，客观方面表现不同。职务侵占罪表现为利用职务上的便利，将本单位的财物非法占为己有；而侵占罪则表现为将代为保管的他人财物或者发现的他人的遗忘物、埋藏物非法占为己有，拒不退还或拒不交出。第三，犯罪侵犯的对象不同。二者侵犯的对象虽均为公私财物，但具体范围不同。职务侵占罪的对象是本单位所有的财物，而侵占罪的对象则可以是代人保管的他人财物或发现的遗忘物、埋藏物。

2. 刑事处罚

依照我国刑法第 271 条的规定，犯本罪的，处 3 年以下有期徒刑或者拘役，并处罚金；数额巨大的，处 3 年以上 10 年以下有期徒刑，并处罚金；数额特别巨大的，处 10 年以上有期徒刑或者无期徒刑，并处罚金。

八、挪用资金罪

（一）概念与构成

挪用资金罪，是指公司、企业或者其他单位的工作人员，利用职务上的便利，挪用本单位资金归个人使用或者借贷给他人的行为。

本罪的构成要件如下：

1. 本罪的客观方面表现为利用职务上的便利，挪用本单位资金归个人使用或者借贷给他人的行为。其中包含三个要件：(1) 行为人实施了挪用本单位资金的行为，即行为人未经合法批准而擅自将本单位资金挪作他用。根据《2022 立案追诉标准》第 77 条，公司、企业或者其他单位的工作人员，利用职务上的便利，挪用本单位资金归个人使用或者借贷给他人，涉嫌下列情形之一的，应予立案追诉：1) 挪用本单位资金数额在 5 万元以上，超过 3 个月未还的；2) 挪用本单位资金数额在 5 万元以上，进行营利活动的；3) 挪用本单位资金数额在 3 万元以上，进行非法活动的。(2) 行为人挪用本单位资金的行为是利用职务上的便利实施的，即行为人利用自己管理、调配、使用、经手本单位资金的方便条件实施的。(3) 行为人挪用本单位资金是归个人使用或者借贷给他人。根据《2022 立案追诉标准》第 77 条，具有下列情形之一的，属于本条规定的“归个人使用”：1) 将本单位资金供本人、亲友或者其他自然人使用的；2) 以个人名义将本单位资金供其他单位使用的；3) 个人决定以单位名义将本单位资金供其他单位使用，谋取个人利益的。而“借贷给他人”，则是指将本单位资金借给他人使用，一般是借给自己的亲朋好友使用或借给其他的公司、企业等单位使用。

2. 本罪的主体只能是公司、企业或者其他单位中不具有国家工作人员身份的人。这些单位中的国家工作人员利用职务上的便利，挪用本单位资金归个人使用或者借贷给他人的，应以挪用公款罪定罪处罚。

3. 本罪的主观方面必须出自故意，且具有归还的意图。基于何种动机，不影响本罪的成立。

4. 本罪的客体是复杂客体，其中主要是公司、企业或者其他单位的财产所有权，另外还侵犯了公司、企业或者其他单位的财经管理制度。

（二）司法认定与刑事处罚

1. 司法认定

(1) 罪与非罪的界限。挪用资金的行为是否构成犯罪，应当根据挪用金额多少，挪用时间长短以及挪用资金后的用途进行综合、具体分析。第一，一般说来，挪用本单位资金供个人进行非法活动的，不论挪用资金多少，挪用时间长短，均要认定为犯罪。不过，如果挪用数额很小，案发前又已归还，可根据“情节显著轻微危害不大的，不认为是犯罪”的刑法第 13 条但书规定来处理。第二，挪用本单位资金供个人进行营利活动的，应注意挪用资金的数额。如果挪用本单位资金的数额达到“较大”，不论挪用时间长短，一律构成犯罪。第三，挪用本单位资金归个人使用，用于非法活动、营利活动以外的用途，或者借贷给他人的，则要同时考虑挪用的数额和挪用的时间。如果挪用本单位资金的数额达到“较大”，而且超过 3 个月未还的，应作为犯罪处理。

(2) 挪用资金罪与职务侵占罪的界限。挪用资金罪与职务侵占罪的犯罪主体完全相同，主观方面都是故意犯罪，犯罪对象都包含有本单位资金，客观上又都表现为利用职务上的便利，有时容易发生混淆。区别二者主要从三个方面来把握：第一，犯罪对象的范围不同。挪用资金罪的犯罪对象只限于本单位的资金；而职务侵占罪的犯罪对象既包括本单位的资金，也包括其他财物。第二，犯罪的手段、方式不同。挪用资金罪表现为不采用转移所有权的方法，只是将本单位资金挪归个人使用或借给他人使用；而职务侵占罪则表现为以侵吞、盗取、骗取等手段，非法占有本单位的财物。第三，犯罪目的不同。挪用资金罪是以非法使用为目的，挪用以后要归还；而职务侵占罪则以永久非法占有为目的。这是区分两罪的关键。

（3）挪用资金罪与挪用特定款物罪的界限。挪用资金罪和挪用特定款物罪都表现为故意违反财经管理制度的挪用行为，但二者分别为不同的犯罪。主要区别是：第一，犯罪主体不同。挪用资金罪的主体为公司、企业或者其他单位中的不具有国家工作人员身份的人；而挪用特定款物罪的主体则为掌管、经手救灾、抢险、防汛、扶贫、移民、救济款物的直接责任人员。第二，犯罪对象不同。挪用资金罪的犯罪对象必须是本单位的资金；而挪用特定款物罪的犯罪对象必须是用于救灾、抢险、防汛、优抚、扶贫、移民和救济的款物。第三，用途不同。挪用资金罪所挪用的资金限于归个人使用或借贷给他人；挪用特定款物罪所挪用的款物只限于公用。第四，对危害结果的要求不同。挪用资金罪没有明确限定要具备何种危害结果才构成犯罪；挪用特定款物罪则限定要情节严重，致使国家和人民群众利益遭受重大损害的，才构成犯罪。第五，侵犯的直接客体不完全相同。挪用资金罪侵犯的直接客体是公司、企业或者其他单位的财产所有权和财经管理制度；而挪用特定款物罪侵犯的直接客体是公私财物的所有权和特定款项的专款专用制度。

2. 刑事处罚

依照我国刑法第 272 条的规定，犯本罪的，处 3 年以下有期徒刑或者拘役；挪用本单位资金数额巨大的，处 3 年以上 7 年以下有期徒刑；数额特别巨大的，处 7 年以上有期徒刑。有第 1 款行为，在提起公诉前将挪用的资金退还的，可以从轻或者减轻处罚。其中，犯罪较轻的，可以减轻或者免除处罚。

九、挪用特定款物罪

挪用特定款物罪，是指违反财经管理制度，挪用用于救灾、抢险、防汛、优抚、扶贫、移民、救济款物，情节严重，致使国家和人民群众利益遭受重大损害的行为。本罪的构成要件如下：（1）本罪的客观方面表现为违反财经管理制度，挪用特定款物，情节严重，致使国家和人民群众利益遭受重大损害的行为。“违反财经管理制度”，主要是指违反特定款物专款专用的制度。“挪用”，是指不经合法批准，擅自将自己经管或支配的救灾、抢险、防汛、优抚、扶贫、移民、救济款物调拨、使用到其他方面。“情节严重，致使国家和人民群众利益受到重大损害”，主要是指：挪用特定款物数额巨大的；利用挪用款物大肆挥霍浪费的；对生产和人民群众生活造成重大困难和影响的；等等。挪用特定款物情节严重，致使国家和人民群众利益遭受重大损害，是构成本罪的必要条件。如果只有挪用特定款物的行为，但没有达到情节严重、致使国家和人民群众利益遭受重大损害的程度，不构成犯罪。此外，构成本罪还要求是将特定款物挪作公用，如修建楼堂馆所、从事商业经营、购置小轿车等。如果挪用特定款物归个人使用，则应以挪用公款罪论处。(2) 本罪的主体为特殊主体，即掌管、经手救灾、抢险、防汛、优抚、扶贫、移民、救济款物的直接责任人员。(3) 本罪的主观方面是故意。(4) 本罪的客体是复杂客体，其中主要是公私财产的所有权，另外还有财经管理制度。犯罪对象只限于救灾、抢险、防汛、优抚、扶贫、移民、救济款物。根据相关司法解释，失业保险基金和下岗职工基本生活保障资金属于救济款物。① 挪用其他款物的，不构成本罪。

依照我国刑法第 273 条的规定，犯挪用特定款物罪的，对直接责任人员，处 3 年以下有期徒刑或者拘役；情节特别严重的，处 3 年以上 7 年以下有期徒刑。

十、敲诈勒索罪

（一）概念与构成

敲诈勒索罪，是指以非法占有为目的，对被害人以将要实施暴力或其他损害相威胁，强行索要公私财物，数额较大或者多次进行敲诈勒索的行为。

本罪的构成要件如下：

1. 本罪的客观方面表现为使用威胁或者要挟的方法，迫使被害人交付财物。威胁和要挟，是指通过对被害人及其亲属实施精神上的强制，使其在心理上产生恐惧，产生压力。威胁与要挟的方法可以有多种表现。从形式上看，威胁、要挟可以面对被害人直接发出，也可以通过第三者或者用书信等方式发出；既可以采用明示的方法，也可以通过暗示达到目的。从威胁的内容上看，可以以危害生命、健康、自由相威胁，也可以以损害人格、名誉或者毁坏财产相要挟。这种威胁必须是非法的，假如为追回债务而以告到法院相威胁，就不是敲诈勒索罪的威胁。从威胁侵害的对象上看，可以是财产的所有者、保管者本人，也可以是他们的亲属。一般而言，威胁内容的实现不具有当场性，而是扬言在以后某个时间付诸实施。所谓迫使被害人交付财物，是指行为人通过实施威胁、要挟的手段，使被害人产生恐惧心理，不得不交出财物。至于取得财物的时间，可以是当场，也可以是在若干时日以内。此外，敲诈勒索公私财物还必须是数额较大或者多次进行敲诈勒索的，才能构成本罪。根据最高人民法院、最高人民检察院于 2013 年 4 月公布的《关于办理敲诈勒索刑事案件适用法律若干问题的解释》(以下简称《敲诈勒索刑事案件解释》) 第 3 条的规定，所谓“多次敲诈勒索”，是指 2 年内敲诈勒索 3 次以上的。所谓“数额较大”，一般是指敲诈勒索公私财物价值 2 000 元至 5 000 元以上的。而关于“数额较大”的特殊情况，详见后述“刑事处罚”部分。

2. 本罪的主体为一般主体。

3. 本罪的主观方面只能是直接故意，并以非法占有公私财物为目的。

4. 本罪的客体为复杂客体，其中主要侵害的是公私财物所有权，其次侵害的是公民的人身权利。犯罪对象是各种公私财物，包括动产、不动产以及财产利益。

---

① 参见 2003 年 1 月 28 日最高人民检察院《关于挪用失业保险基金和下岗职工基本生活保障资金的行为适用法律问题的批复》。

（二）司法认定与刑事处罚

1. 司法认定

（1）敲诈勒索罪的既遂与未遂。敲诈勒索罪既遂与未遂的标准问题，在刑法理论界和司法实践中，一直是个有争议的问题。因为敲诈勒索罪既侵犯财产权利，又侵犯人身权利，那么，究竟以实际取得财物为既遂标准，还是以侵犯人身权利作为既遂标准，对此，学者持有不同看法。我们认为，尽管敲诈勒索罪是一种侵犯复杂客体的犯罪，但判断犯罪既遂与未遂，仍然要以犯罪构成条件的齐备与否作为衡量标准。从我国刑法第274条的规定来看，敲诈勒索罪是一种侵犯财产的犯罪，因此，应当以是否实际取得财物作为既遂与未遂的区别标准。使用威胁、要挟手段使被害人产生恐惧交出财物的，构成犯罪既遂。如果着手实施威胁后，被害人未产生恐惧，没有交付财物，或虽恐惧，尚未交出财物，犯罪行为因意志以外原因被迫停止的，构成犯罪未遂。如果因被害人没有交出财物，行为人将威胁内容付诸实施，又构成其他犯罪的，与敲诈勒索罪（未遂）数罪并罚。如果因勒索遭被害人拒绝而立即使用暴力或以立即使用暴力相威胁，当场将财物抢走的，应以抢劫罪定罪处罚。

（2）敲诈勒索罪与抢劫罪的界限。敲诈勒索罪与抢劫罪的界限主要是指敲诈勒索罪与用胁迫方法实施的抢劫罪的界限。二者的区别主要有四点：第一，威胁的方式不同。敲诈勒索罪的威胁，可以当着被害人的面，也可以通过第三者或者书信、电话等其他间接方式发出；而抢劫罪的威胁是当着被害人的面直接发出。第二，实施威胁的时间不同。敲诈勒索罪的威胁内容一般不具有立即兑现的性质，从威胁发生到威胁内容付诸实施之间有一定的时间间隔；而抢劫罪威胁使用的暴力侵害则是能够当场付诸实施的，如被害人拒绝交出财物，就会立即遭到伤害或杀害。第三，威胁的内容不完全相同。敲诈勒索罪的威胁内容比较广泛，除杀害、伤害等可以当场实现的暴力侵害外，也可以是当场不易实现的非暴力侵害，如揭发隐私、告发违法犯罪等；而抢劫罪的威胁，只能是当场可以实现的暴力侵害。第四，意图获得非法利益的性质和时间不完全相同。敲诈勒索罪意图获得的既可以是财物，也可以是其他财产利益，取得财物的时间既可以是当场，也可以是以后某个时间；而抢劫罪意图获得的只能是财物，而且是当场取得财物。

（3）敲诈勒索罪与诈骗罪的界限。敲诈勒索罪主要是靠赤裸裸的威胁方法恐吓被害人，使其感到害怕而被迫交出财物，但有时也可能包含一些诈骗的因素，如诈称损害发生由被害人引起，若不给财物，就要予以报复。此时，不能因为有欺诈的因素在内，就按诈骗罪处理。认定这类犯罪的性质，关键是看获取财物的手段主要是虚构事实欺诈还是威胁、恐吓。如果主要是靠欺骗手段，使被害人“自愿”交出财物，应认定为诈骗罪；如果主要是靠威胁、恐吓手段获取财物，即使有欺骗的因素，也只能构成敲诈勒索罪。

（4）敲诈勒索罪与绑架罪的界限。敲诈勒索罪与绑架罪的界限主要是指敲诈勒索罪与以勒索财物为目的的绑架罪之间的界限。二者之间的区别有三点：第一，敲诈勒索罪是以将要实施的侵害相威胁，强索公私财物，没有实施绑架行为；以勒索财物为目的的绑架罪则主要通过绑架人质，以交换人质为条件，逼人质的亲友交出财物。第二，敲诈勒索罪的威胁既可以是暴力侵害，也可以是非暴力侵害，且都是以后才付诸实施的；以勒索财物为目的的绑架罪则是以杀害、伤害人质相威胁，而且因发出勒索令时人质已在其掌握之中，威胁内容随时都可能付诸实施，具有加害的现实性和紧迫性。第三，敲诈勒索罪是直接从被害人手中取得财物；以勒索财物为目的的绑架罪则是从被绑架的人质的亲友或所在组织处取得财物。

（5）敲诈勒索罪在司法认定中应当注意的其他问题。

根据《敲诈勒索刑事案件解释》的规定，在对敲诈勒索罪进行认定的时候还应当注意以下几个问题：首先，敲诈勒索近亲属的财物，获得谅解的，一般不认为是犯罪；认定为犯罪的，应当酌情从宽处理。其次，被害人对敲诈勒索的发生存在过错的，根据被害人过错程度和案件其他情况，可以对行为人酌情从宽处理；情节显著轻微危害不大的，不认为是犯罪。最后，2013 年 9 月 6 日最高人民法院、最高人民检察院《关于办理利用信息网络实施诽谤等刑事案件适用法律若干问题的解释》第 6 条规定，以在信息网络上发布、删除等方式处理网络信息为由，威胁、要挟他人，索取公私财物，数额较大，或者多次实施上述行为的，以敲诈勒索罪定罪处罚。2018 年 1 月 16 日最高人民法院、最高人民检察院、公安部、司法部《关于办理黑恶势力犯罪案件若干问题的指导意见》中规定，黑恶势力以非法占有为目的强行索取公私财物，有组织地采用滋扰、纠缠、哄闹、聚众造势等手段扰乱正常的工作、生活秩序，同时符合刑法第 274 条规定的其他犯罪构成条件的，应当以敲诈勒索罪定罪处罚。2020 年 9 月 22 日最高人民法院、最高人民检察院、公安部《关于依法办理“碰瓷”违法犯罪案件的指导意见》中规定，实施“碰瓷”，具有下列行为之一，敲诈勒索他人财物，符合刑法第 274 规定的，以敲诈勒索罪定罪处罚：1）实施撕扯、推搡等轻微暴力或者围困、阻拦、跟踪、贴靠、滋扰、纠缠、哄闹、聚众造势、扣留财物等软暴力行为的；2）故意制造交通事故，进而利用被害人违反道路通行规定或者其他违法违规行为相要挟的；3）以揭露现场掌握的当事人隐私相要挟的；4）扬言对被害人及其近亲属人身、财产实施侵害的。

2. 刑事处罚

我国刑法第 274 条对敲诈勒索罪的处罚规定了 3 个量刑档次：数额较大或者多次敲诈勒索的，处 3 年以下有期徒刑、拘役或者管制，并处或者单处罚金；数额巨大或者有其他严重情节的，处 3 年以上 10 年以下有期徒刑，并处罚金；数额特别巨大或者有其他特别严重情节的，处 10 年以上有期徒刑，并处罚金。根据《敲诈勒索刑事案件解释》的规定，所谓“数额较大”，是指敲诈勒索公私财物价值 2 000 元至 5 000 元以上的；具有下列情形之一的，“数额较大”的标准可以按照前述标准的 50%确定：（1）曾因敲诈勒索受过刑事处罚的；（2）1年内曾因敲诈勒索受过行政处罚的；（3）对未成年人、残疾人、老年人或者丧失劳动能力人敲诈勒索的；（4）以将要实施放火、爆炸等危害公共安全犯罪或者故意杀人、绑架等严重侵犯公民人身权利犯罪相威胁敲诈勒索的；（5）以黑恶势力名义敲诈勒索的；（6）利用或者冒充国家机关工作人员、军人、新闻工作者等特殊身份敲诈勒索的；（7）造成其他严重后果的。“数额巨大”，是指敲诈勒索公私财物价值 3 万元至 10 万元以上的。“数额特别巨大”，是指敲诈勒索公私财物价值 30 万元至 50 万元以上的。各省、自治区、直辖市高级人民法院、人民检察院可以根据本地区经济发展状况和社会治安状况，在前述数额幅度内，共同研究确定本地区执行的具体数额标准，报最高人民法院、最高人民检察院批准。“其他严重情节”，指的是敲诈勒索数额达到 2.4 万元至 8 万元以上，并具有下列情形之一的：（1）对未成年人、残疾人、老年人或者丧失劳动能力人敲诈勒索的；（2）以将要实施放火、爆炸等危害公共安全犯罪或者故意杀人、绑架等严重侵犯公民人身权利犯罪相威胁敲诈勒索的；（3）以黑恶势力名义敲诈勒索的；（4）利用或者冒充国家机关工作人员、军人、新闻工作者等特殊身份敲诈勒索的；（5）造成其他严重后果的。“其他特别严重情节”，指的是具备前述五种情形之一，敲诈勒索数额达到 24 万元至 40 万元以上的。

根据《敲诈勒索刑事案件解释》和《2021 常见犯罪量刑指导意见》，还要注意：第一，敲诈勒索数额未达到较大的，以敲诈勒索次数确定量刑起点，超过 3 次的次数作为增加刑罚量的事实。第二，敲诈勒索数额虽然较大，但行为人认罪、悔罪，退赃、退赔，并具有下列情形之一的，可以认定为犯罪情节轻微，不起诉或者免予刑事处罚，由有关部门依法予以行政处罚：（1）具有法定从宽处罚情节的；（2）没有参与分赃或者获赃较少且不是主犯的；（3）被害人谅解的；（4）其他情节轻微、危害不大的。第三，根据敲诈勒索的数额、手段、次数、危害后果等犯罪情节，综合考虑被告人缴纳罚金的能力，在 2 000 元以上、敲诈勒索数额的 2 倍以下决定罚金数额；被告人没有获得财物的，在 2 000 元以上 10 万元以下判处罚金。第四，构成敲诈勒索罪的，综合考虑敲诈勒索的手段、数额、次数、危害后果、退赃退赔等犯罪事实、量刑情节，以及被告人主观恶性、人身危险性、认罪悔罪表现等因素，决定缓刑的适用。

十一、故意毁坏财物罪

故意毁坏财物罪，是指故意毁灭或者损坏公私财物，数额较大或者情节严重的行为。本罪的构成要件如下：（1）本罪的客观方面表现为故意毁坏公私财物，数额较大或者有其他严重情节的行为。所谓毁坏，是指毁灭、损坏，也就是使财物的价值或使用价值全部丧失或使物品受到破坏而部分地丧失价值或使用价值。毁坏的方法各种各样，但如果使用放火、爆炸等危险方法毁坏公私财物，而且足以危害公共安全的，则应以放火罪、爆炸罪等危害公共安全罪论处。同时，故意毁坏公私财物必须达到数额较大或情节严重的程度。根据《2008 立案追诉标准（一）》，所谓“数额较大”，是指故意毁坏公私财物，造成公私财物损失 5 000 元以上的；所谓“情节严重”，是指故意毁坏公私财物，具有下列情形之一的：毁坏公私财物 3 次以上的、纠集 3 人以上公然毁坏公私财物的、其他情节严重的情形。根据 2020 年 3 月 16 日最高人民法院、最高人民检察院、公安部《关于办理涉窨井盖相关刑事案件的指导意见》，故意毁坏本意见第 1 条、第 2 条规定以外的其他场所的窨井盖，且不属于本意见第 3 条规定的情形，数额较大或者有其他严重情节的，依照刑法第 275 条的规定，以故意毁坏财物罪定罪处罚。根据 2020 年 9 月 22 日最高人民法院、最高人民检察院、公安部《关于依法办理“碰瓷”违法犯罪案件的指导意见》，实施“碰瓷”，故意造成他人财物毁坏，符合刑法第 275 条规定的，以故意毁坏财物罪定罪处罚。（2）本罪的主体为一般主体。（3）本罪的主观方面表现为故意，犯罪目的只是毁坏公私财物，使其丧失价值，而不是非法占有。这一点是本罪与其他侵犯财产罪的重要区别。本罪的动机各种各样，如报复、泄愤、嫉妒、对现实情况不满等。过失毁坏公私财物的，不构成本罪。(4) 本罪的客体是公私财物所有权，侵犯的对象是各种公私财物。但是破坏某些特定的公私财物，侵犯了其他客体，如故意毁坏使用中的交通工具、通讯设备等，不构成本罪。

依照我国刑法第 275 条的规定，犯本罪的，处 3 年以下有期徒刑、拘役或者罚金；数额巨大或者有其他特别严重情节的，处 3 年以上 7 年以下有期徒刑。

十二、破坏生产经营罪

破坏生产经营罪，是指由于泄愤报复或者其他个人目的，毁坏机器设备、残害耕畜或者以其他方法破坏生产经营的行为。本罪的构成要件如下：(1) 本罪的客观方面表现为毁坏机器设备、残害耕畜或者以其他非法方法破坏生产经营的行为。这里的“其他方法”，指除本条所列举的方法以外的其他任何方法，如破坏锅炉，切断电源，拆毁重要机器部件，毁坏庄稼、果树，破坏排灌设备等。(2) 本罪的主体为一般主体，即达到刑事责任年龄、具有刑事责任能力的自然人。(3) 本罪的主观方面是故意，并且具有泄愤报复或者其他个人目的。所谓“其他个人目的”，主要是指为了称霸一方、打击竞争对手或者谋取其他不正当的利益，如通过破坏机器设备达到怠工、停工休息的目的。(4) 本罪的客体是生产经营活动。所谓“生产经营活动”，是指一切生产、流通、交换、分配环节中的正常生产和经营行为。本罪侵犯的对象为生产经营中正在使用的设备和用具。如果是侵犯闲置不用的设备、用具或者非生产、经营性的设备和用具，均不构成本罪。此外，构成本罪一般不以直接毁损财物的经济价值为标准。即使只是一个小小的机器零件，只要破坏行为足以造成停工、停产的后果，就可构成本罪。

依照我国刑法第 276 条的规定，犯本罪的，处 3 年以下有期徒刑、拘役或者管制；情节严重的，处 3 年以上 7 年以下有期徒刑。根据《2008 立案追诉标准（一）》，由于泄愤报复或者其他个人目的，毁坏机器设备、残害耕畜或者以其他方法破坏生产经营，涉嫌下列情形之一的，应予立案追诉：(1) 造成公私财物损失 5 000 元以上的；(2) 破坏生产经营 3 次以上的；(3) 纠集 3 人以上公然破坏生产经营的；(4) 其他破坏生产经营应予追究刑事责任的情形。

十三、拒不支付劳动报酬罪[①]

拒不支付劳动报酬罪，是指有能力支付而不支付或者以转移财产、逃匿等方法逃避支付劳动者的劳动报酬，数额较大，经政府有关部门责令支付仍不支付的行为。

本罪的主要特征是：

1. 本罪的客观方面表现为一种对劳动报酬支付义务的不作为，即有能力支付而不支付或者以转移财产、逃匿等方法逃避支付劳动者的劳动报酬，数额较大，经政府有关部

① 本条为《刑法修正案（八）》第 41 条所增设。

门责令支付仍不支付的行为。根据 2013 年 1 月颁布的最高人民法院《关于审理拒不支付劳动报酬刑事案件适用法律若干问题的解释》(以下简称《拒不支付劳动报酬解释》),首先,“劳动者的劳动报酬”包括工资、奖金、津贴、补贴、延长工作时间的工资报酬及特殊情况下支付的工资等。其次,“以转移财产、逃匿等方法逃避支付劳动者的劳动报酬”,具体包括如下行为:1)隐匿财产、恶意清偿、虚构债务、虚假破产、虚假倒闭或者以其他方法转移、处分财产的;2)逃跑、藏匿的;3)隐匿、销毁或者篡改账目、职工名册、工资支付记录、考勤记录等与劳动报酬相关的材料的;4)以其他方法逃避支付劳动报酬的。再次,“经政府有关部门责令支付仍不支付”,是指经人力资源社会保障部门或者政府其他有关部门依法以限期整改指令书、行政处理决定书等文书责令支付劳动者的劳动报酬后,在指定的期限内仍不支付的情形。但是有证据证明行为人有正当理由未知悉责令支付或者未及时支付劳动报酬的除外。行为人逃匿,无法将责令支付文书送交其本人、同住成年家属或者所在单位负责收件的人的,如果有关部门已通过在行为人的住所地、生产经营场所等地张贴责令支付文书等方式责令支付,并采用拍照、录像等方式记录的,应当视为“经政府有关部门责令支付”。最后,根据 2017 年 4 月 27 日最高人民检察院、公安部《关于公安机关管辖的刑事案件立案追诉标准的规定(一)的补充规定》第 7 条,“数额较大”一般是指:1)拒不支付 1 名劳动者 3 个月以上的劳动报酬且数额在 5 000 元至 2 万元以上的;2)拒不支付 10 名以上劳动者的劳动报酬且数额累计在 3 万元至 10 万元以上的。

2. 本罪的主体可以为自然人和单位,根据《拒不支付劳动报酬解释》,本罪的主体具体包括用人单位、用人单位的实际控制人和不具备用工主体资格的单位或者个人。其中,单位拒不支付劳动报酬,构成犯罪的,依照本解释规定的相应个人犯罪的定罪量刑标准,对直接负责的主管人员和其他直接责任人员定罪处罚,并对单位判处罚金。

3. 本罪的主观方面只能是故意,即只能是故意不履行支付劳动者劳动报酬的义务时,才能定罪处罚。

4. 本罪侵害的客体是复杂客体,本罪既侵害劳动者的财产权,又妨碍正常的劳动用工关系,破坏社会主义市场经济秩序。

依照我国刑法第 276 条之一的规定,犯本罪的,处 3 年以下有期徒刑或者拘役,并处或单处罚金;造成严重后果的,处 3 年以上 7 年以下有期徒刑,并处罚金。尚未造成严重后果,在提起公诉前支付劳动者的劳动报酬,并依法承担相应赔偿责任的,可以减轻或者免除处罚。根据《拒不支付劳动报酬解释》第 5 条规定,所谓“造成严重后果”,是指拒不支付劳动者的劳动报酬数额较大,并具有下列情形之一的行为:(1)造成劳动者或者其被赡养人、被扶养人、被抚养人的基本生活受到严重影响、重大疾病无法及时医治或者失学的;(2)对要求支付劳动报酬的劳动者使用暴力或者进行暴力威胁的;(3)造成其他严重后果的。此外,根据《拒不支付劳动报酬解释》第 6 条规定,拒不支付劳动者的劳动报酬,尚未造成严重后果,在刑事立案前支付劳动者的劳动报酬,并依法承担相应赔偿责任的,可以认定为情节显著轻微危害不大,不认为是犯罪;在提起公诉前支付劳动者的劳动报酬,并依法承担相应赔偿责任的,可以减轻或者免除刑事处罚;在一审宣判前支付劳动者的劳动报酬,并依法承担相应赔偿责任的,可以从轻处罚。对于免除刑事处罚的，可以根据案件的不同情况，予以训诫、责令具结悔过或者赔礼道歉。拒不支付劳动者的劳动报酬，造成严重后果，但在宣判前支付劳动者的劳动报酬，并依法承担相应赔偿责任的，可以酌情从宽处罚。

必要案例分析

1. 臧某等盗窃案、诈骗案①

2010年6月1日，郑某骗取被害人金某195元后，获悉金某的建设银行网银账户内有305 000余元存款且无每日支付限额，遂电话告知臧某，预谋合伙作案。臧某赶至网吧后，以尚未看到金某付款成功的记录为由，发送给金某一个交易金额标注为1元而实际植入了支付305 000元的计算机程序的虚假链接，谎称金某点击该1元支付链接后，其即可查看到付款成功的记录。金某在诱导下点击了该虚假链接，其建设银行网银账户中的305 000元随即通过臧某预设的计算机程序，经上海快钱信息服务有限公司的平台支付到臧某提前在福州海都阳光信息科技有限公司注册的“kissal23”账户中。臧某使用其中的116 863元购买大量游戏点卡，并在“小泉先生哦”的淘宝网店上出售套现。案发后，公安机关追回赃款187 126.31元发还被害人。

2010年5月至6月间，被告人臧某、郑某、刘某分别以虚假身份开设无货可供的淘宝网店铺，并以低价吸引买家。三人事先在网游网站注册一账户，并对该账户预设充值程序，充值金额为买家欲支付的金额，后将该充值程序代码植入到一个虚假淘宝网链接中。与买家商谈好商品价格后，三人各自以方便买家购物为由，将该虚假淘宝网链接通过阿里旺旺聊天工具发送给买家。买家误以为是淘宝网链接而点击该链接进行购物、付款，并认为所付货款会汇入支付宝公司为担保交易而设立的公用账户，但该货款实际通过预设程序转入网游网站在支付宝公司的私人账户，再转入被告人事先在网游网站注册的充值账户中。三人获取买家货款后，在网游网站购买游戏点卡、腾讯Q币等，然后将其按事先约定统一放在臧某的“小泉先生哦”的淘宝网店铺上出售套现，所得款均汇入臧某的工商银行卡中，由臧某按照获利额以约定方式分配。

分析：本案涉及盗窃与诈骗两个罪名。其中，诈骗是指行为人以非法占有为主观目的，采用虚构事实或者隐瞒真相的方式与手段，骗取公私财物的行为；盗窃是指行为人以非法占有为主观目的，以秘密窃取为手段，以公私财物为对象的违法犯罪行为。对于行为人既采取秘密窃取手段又采取欺骗手段非法占有财物的行为，应着眼于行为人所实施的主要手段以及被害人有无处分财物的意识两方面予以定性。若对行为人获取财物时起决定性作用的手段是诈骗，因为行为人的诈骗行为使被害人陷入错误认识进而主动交付财物，盗窃行为只是起到侧面支持作用，就应当认定为诈骗；若对行为人获得财物起决定性作用的手段是秘密窃取而非诈骗行为，同时被害人也没有主动交付财物的行为，则该行为应认定为盗窃行为。在互联网的情形下，行为人虚构商品或者服务，骗取他人信任，从而使他人为其支付货款、点击付款链接，进而获取财物构成犯罪的，应当以诈

① 案例来源：最高人民法院指导案例27号。

骗罪定罪处罚；通过预先植入计算机程序的方式对他人予以引导诱惑，从而窃取他人财物构成犯罪的，应当以盗窃罪定罪处罚。本案中，被告人臧某、郑某使用提前植入计算机程序的手段，秘密窃取他人网上银行账户内巨额钱款，其行为均已构成盗窃罪。臧某、郑某和刘某以非法占有为目的，通过开设虚假的网络店铺和利用伪造的购物链接骗取他人数额较大的货款，其行为均已构成诈骗罪。对臧某、郑某所犯数罪，应依法并罚。

2. 张某盗窃案①

2009年5月，陈某在大连市西岗区登录网络域名注册网站，以人民币11.85万元竞拍取得“www.8.cc”域名，并交由域名维护公司维护。张某预谋窃取陈某拥有的域名“www.8.cc”，其先利用技术手段破解该域名所绑定的邮箱密码，后将该网络域名转移绑定到自己的邮箱上。2010年8月6日，张某将该域名从原有的维护公司转移到自己在另一网络公司申请的ID上，又于2011年3月16日将该网络域名再次转移到张某冒用“龙嫦”身份申请的ID上，并更换绑定邮箱。2011年6月，张某在网上域名交易平台将网络域名“www.8.cc”以人民币12.5万元出售给李某。2015年9月29日，张某被公安机关抓获。

分析：网络域名是互联网用户进入门户网站的快捷途径与方式。网络域名一经注册，即排斥他人重复注册，因此网络域名具有排他性与专属性。网络域名属限定性资源，本身具有稀缺性，域名所有者可以对域名行使出售、变更、注销、抛弃等处分行为。同时，网络域名具有交易价值，所有人可以以货币形式进行交易。对于注册人来说，通过合法途径获得的网络域名，其自身利益受法律承认和保护。本案中，行为人利用科技手段，通过变更网络域名捆绑之邮箱及注册ID，完成其对域名的非法占有，进而使原注册人失去对该网络域名的合法占有及控制。行为人为了非法获取网络域名的财产价值，其所实施行为给网络域名的原注册人带来了直接经济损失。该行为符合以非法占有为目的窃取他人财产利益的盗窃罪的成立要件，应被认定为盗窃罪。同时值得注意的是，对于网络域名的价值，应综合考量多种因素，如购入价、销赃价、域名升值潜力、市场热度等因素进行判断。

3. 胡某拒不支付劳动报酬案②

胡某于2010年12月分包了位于四川省双流县黄水镇的三盛翡俪山一期景观工程的部分施工工程，之后聘用多名民工入场施工。施工期间，胡某累计收到发包人支付的工程款51万余元，已超过结算时确认的实际工程款。2011年6月5日工程完工后，胡某以工程亏损为由拖欠李某等20余名民工工资12万余元。6月9日，双流县人力资源和社会保障局责令胡某支付拖欠的民工工资，胡某却于当晚订购机票并在次日早上乘飞机逃匿。6月30日，四川锦天下园林工程有限公司作为工程总承包商代胡某垫付民工工资12万余元。7月4日，公安机关对胡某拒不支付劳动报酬案立案侦查。7月12日，胡某在浙江省慈溪市被抓获。

---

① 案例来源：最高人民检察院指导性案例37号。

② 案例来源：最高人民法院指导案例28号。

分析： 本案中，行为人拒不支付民工巨额劳动报酬，并在政府有关部门责令其支付后逃匿，拒绝承担责任。其行为本身已经构成拒不支付劳动报酬罪。行为人虽然不具备合法用工资质，且在缺乏相应建筑工程施工资质的情况下承包建筑工程施工项目，但上述所列情况并不影响其承担拒不支付劳动报酬罪的刑事责任。行为人逃匿后，工程总承包企业按照有关规定清偿了其拖欠的民工工资，该清偿行为属为行为人垫付，这一行为虽然消减了拖欠工资行为所带来的社会危害性及不良影响，但并不能因此免除行为人应当支付劳动报酬的责任。综上所述，对行为人仍应以拒不支付劳动报酬罪追究刑事责任。

第七章

妨害社会管理秩序罪

第一节　妨害社会管理秩序罪概述

妨害社会管理秩序罪，是指妨害国家社会管理活动，破坏社会秩序，依法应当受到刑罚处罚的行为。本章犯罪是在1979年刑法分则第六章的基础上吸收有关附属刑法规范和有关单行刑法修订而成的。从广义上讲，良好的社会秩序是人民安居乐业、国家健康发展的必要条件，一切犯罪都会侵害国家的社会管理秩序。但是，由于立法者对侵害或破坏国家安全、社会公共安全、市场经济、人身权利、家庭婚姻、公私财产、国防与军事利益以及国家机关正常活动等社会秩序的行为，专门在刑法分则中作了规定，故本章研究的犯罪所侵犯的同类客体，是国家对社会的日常管理活动和秩序，亦即刑法分则其他各章规定之罪所侵犯的同类客体以外的国家对社会的日常管理活动与秩序。

本章规定的犯罪十分复杂。根据刑法分则第六章的规定，本章一共有146个罪名，分为9类，它们依次是：

（1）扰乱公共秩序罪。这一类犯罪共有56个罪名，规定于第277条至第304条。

（2）妨害司法罪。这一类犯罪共有20个罪名，规定于第305条至第317条。

（3）妨害国（边）境管理罪。这一类犯罪共有8个罪名，规定于第318条至第323条。

（4）妨害文物管理罪。这一类犯罪共有10个罪名，规定于第324条至第329条。

（5）危害公共卫生罪。这一类犯罪共有13个罪名，规定于第330条至第337条。

（6）破坏环境资源保护罪。这一类犯罪共有16个罪名，规定于第338条至第346条。

（7）走私、贩卖、运输、制造毒品罪。这一类犯罪共有12个罪名，规定于第347条至第 357 条。

（8）组织、强迫、引诱、容留、介绍卖淫罪。这一类犯罪共有 6 个罪名，规定于第 358 条至第 362 条。

（9）制作、贩卖、传播淫秽物品罪。这一类犯罪共有 5 个罪名，规定于第 363 条至第 367 条。

本章诸罪共性是都侵犯了国家对社会的管理活动与社会管理秩序。客观上有的表现为妨害国家管理社会的活动，有的表现为破坏社会管理秩序的行为，有的是行为犯，有的是结果犯，有的是危险犯，有的是情节犯，有的要求行为必须违反国家规定或特定法律、法规等有关规定，有的要求必须利用特定的方法、手段实施，有的还要求必须在特定的时间、地点实施，否则，该种犯罪不能成立。主观方面绝大多数表现为故意犯罪，也有少数犯罪表现为过失犯罪。在故意犯罪中，有的犯罪还要求具有特定的犯罪目的，如赌博罪、倒卖文物罪等。犯罪主体多数是一般主体，也有少数是特殊主体；多数犯罪的主体限于自然人，也有少数犯罪既可以由自然人实施，也可以由单位实施（如非法向外国人出售、赠送珍贵文物罪等）；还有个别犯罪的主体只能是单位（如非法出售、私赠文物藏品罪）。

由于本章犯罪内容繁多，书中不可能一一详细探讨。本章有一部分犯罪属于实践中多发、常见犯罪，而且在适用法律时常常发生疑难问题，在理论界也存在诸多争论，对于这些犯罪，我们将深入探讨。同时，这部分犯罪也是每一年国家统一法律职业资格考试的重点。另外一部分犯罪，属于实践中发生的案例不是特别多，或者虽然案件多发，但是适用法律时没有特别疑难问题的，我们将概括性地探讨其基本问题，不再一一详细展开。学习本章，要注意掌握每一个具体妨害社会管理秩序罪的概念、构成特征、罪与非罪以及此罪与彼罪的界限。对于重点犯罪，还要在此基础上掌握如何处理司法实践中的疑难问题。

第二节　扰乱公共秩序罪

一、妨害公务罪

（一）概念与构成

妨害公务罪，是指以暴力、威胁方法，阻碍国家机关工作人员、人大代表、红十字会工作人员依法执行职务或履行职责的行为，以及故意阻碍国家安全机关、公安机关依法执行国家安全工作任务，虽未使用暴力、威胁方法，但造成严重后果的行为。

本罪的构成要件如下：

（1）本罪的客观方面表现为行为人以暴力、威胁的方法阻碍国家机关工作人员、人大代表依法执行职务，或者在自然灾害、突发事件中以暴力、威胁方法阻碍红十字会人员依法履行职责，或者虽未使用暴力、威胁的方法，但故意阻碍国家安全机关与公安机关工作人员依法履行维护国家安全的职务，且造成了严重后果。

1）何谓暴力。暴力手段表现形式多样，具体表现为对公务人员捆绑、殴打、伤害，或者对公务人员采用强力推拉、纠集众人围困公务人员等人身控制手段。

对正在执行公务的人员以药物将其麻醉的，亦应视为暴力。但在公务人员执行公务之前，对公务人员实施类似催眠术、用酒灌醉、用药物麻醉等侵犯公务人员人身的行为，是否能够算作是“暴力”？有人认为这是一种“无形的暴力”。妨害公务罪中的“妨害”行为应当是发生在公务开始之后，如果在公务人员开始执行公务之前即用酒等将其灌醉，我们认为，这种行为不能解释为本罪所称暴力，构成其他犯罪的，按照刑法相应规定处罚。

2）何谓威胁。威胁是指行为人对前述工作人员进行精神强制，如以杀害、伤害相威胁，或者以毁坏财产、破坏名誉等相恐吓，迫使国家机关工作人员、人大代表、红十字会人员、国家安全机关、公安机关工作人员放弃职守或者使其无法履行职责。威胁行为的基本特征是精神强制性。行为人意图通过“威胁”，造成公务人员精神上的恐惧、心理上的压力和自由意志的抑制，从而使公务人员处于“不敢”抗拒的境地而影响公务活动的正常执行。威胁既可以用动作行为表示，也可以是书面或口头明示；既可以是行为人自己对公务人员进行威胁，也可以是通过其他人对公务人员进行威胁。只要行为人实施行为的意图对公务人员的精神、心理产生了强制作用，从而影响其正常执行职务即可。

3）暴力、威胁的对象。第 277 条第 1 款规定了暴力、威胁阻碍的对象是“国家机关工作人员”。这个概念比起“国家工作人员”是很狭窄的，实践中出现了一些恶性案件，由于阻碍的是国家机关工作人员以外的国家工作人员执行公务，对行为人无法以妨害公务罪追究刑事责任，所以许多学者呼吁扩大妨害公务罪中妨害的对象。2000 年最高人民检察院在《关于以暴力、威胁方法阻碍事业编制人员依法执行行政执法职务是否可对侵害人以妨害公务罪论处的批复》中指出，对于以暴力、威胁方法阻碍国有事业单位人员依照法律、行政法规的规定执行行政执法职务的，或者以暴力、威胁方法阻碍国家机关中受委托从事行政执法活动的事业编制人员执行行政执法职务的，可以对侵害人以妨害公务罪追究刑事责任。这个解释将本罪的阻碍对象由“国家机关工作人员”扩大到了“国有事业单位人员”和“国家机关中受委托从事行政执法活动的事业编制人员”。另外需要注意的是对“国家机关工作人员”的理解。2002 年 12 月全国人民代表大会常务委员会作出了《关于〈中华人民共和国刑法〉第九章渎职罪主体适用问题的解释》，其中规定：在依照法律、法规规定行使国家行政管理职权的组织中从事公务的人员，或者在受国家机关委托代表国家机关行使职权的组织中从事公务的人员，或者虽未列入国家机关人员编制但在国家机关中从事公务的人员，在代表国家机关行使职权时，有渎职行为，构成犯罪的，依照刑法关于渎职罪的规定追究刑事责任。我们倾向性地认为，这个解释的内容对于本罪也适用。对前引解释中的人员采取暴力、威胁手段，妨害他们执行公务，这种行为应该构成妨害公务罪。

4）对刑法第 277 条第 3 款的理解。该条款规定，在自然灾害和突发事件中，以暴力、威胁方法阻碍红十字会工作人员依法履行职责的，依照第 1 款的规定处罚。要强调的是，以暴力、威胁方法阻碍红十字会工作人员依法履行职责的，必须是发生在自然灾害或突发事件中；否则，不构成本罪。

5）对刑法第 277 条第 4 款的理解。该条款规定，故意阻碍国家安全机关、公安机关依法执行国家安全工作任务，未使用暴力、威胁方法，造成严重后果的，依照第 1 款的规定处罚。换言之，故意阻碍国家安全机关、公安机关工作人员依法执行国家安全工作任务，不以行为人使用暴力或威胁方法为必要，只要行为人之行为造成了严重的后果，便构成本罪。值得注意的是，阻碍执行的必须是“国家安全工作任务”，如果阻碍执行一般的公安工作任务的，不能适用本款规定。

值得注意的是，刑法的这一规定在实践中引发了许多争论。争论在于，如果行为人故意阻碍国家安全机关、公安机关人员执行国家安全工作任务时，使用了暴力、威胁方法的，该如何处理？理论界有几种不同的观点。第一种观点认为，该行为不构成犯罪，不能处罚。理由是，根据罪刑法定原则的要求，法无明文规定不定罪、不处罚。刑法第 277 条第 4 款只规定了“故意阻碍国家安全机关、公安机关依法执行国家安全工作任务，未使用暴力、威胁方法，造成严重后果的，依照第一款的规定处罚”，并没有规定使用暴力、威胁方法阻碍上述机关执行国家安全工作任务时该如何处罚，所以不能处罚该行为。第二种观点认为，对该行为直接适用刑法第 277 条第 1 款定罪处罚。理由是：上述行为与刑法第 277 条第 1 款的规定相比，在犯罪构成的客观方面和主观方面都相同，主体也相同，从犯罪对象来看也是包含和被包含的关系。第三种观点认为，上述行为应该按照刑法第 277 条第 4 款的规定从重处罚。因为该行为与第 277 条第 4 款相比，在犯罪构成的主体、客体和主观方面都相同，虽然在客观方面不同，但是对不使用暴力、威胁方法都要处罚，对使用了暴力、威胁方法的更应该从重处罚。第四种观点认为应该分两种情况：没有造成严重后果的，按照刑法第 277 条第 1 款处理；造成严重后果的，按该条第 4 款从重处罚。我们赞成第二种观点，认为对该行为应当直接按照刑法第 277 条第 1 款的规定处罚。比较第 277 条第 1 款和第 4 款可以发现，国家安全机关、公安机关本来就属于国家机关，国家安全机关、公安机关工作人员依法执行国家安全工作任务，也属于国家机关工作人员执行职务，两者区别在于客观方面是否需要使用暴力、威胁方法。为了特别保护国家安全机关、公安机关执行国家安全任务的秩序，法律才用第 4 款特别指出就算没有使用特定暴力、威胁手段的也要构成犯罪。如果一个行为人已经针对国家机关工作人员使用了暴力、威胁方法，那么依照第 1 款的规定就足以规制其行为了，不需要再动用特别的第 4 款。所以行为人故意阻碍国家安全机关、公安机关人员执行国家安全工作任务，使用了暴力、威胁方法的，适用第 277 条第 1 款规定。

（2）本罪的主体为一般主体，即年满 16 周岁、具有刑事责任能力的自然人。单位不能构成本罪主体。

（3）本罪的主观方面是故意，即行为人明知前述四种工作人员是正在依法执行职务或履行职责而有意对其实施暴力、威胁，使之不能或不敢正常执行职务或者履行职责，或者明知对方正在依法执行国家安全工作任务，而有意进行阻碍。所谓“明知”包含两层意思：1）行为人必须明知自己阻碍的是国家机关工作人员、人大代表、红十字会工作人员以及国家安全机关和公安机关的工作人员。2）行为人必须明知前述人员是在依法履行职务或职责；否则，不能以本罪论处。

（4）本罪的客体是国家机关和红十字会的公务活动。这里“公务”是指国家机关工作人员与人大代表依法执行职务的活动，红十字会人员依法履行职责的活动，国家安全机关和公安机关工作人员依法执行国家安全工作任务的活动。本罪侵犯的对象是正在依法执行职务、履行职责的上述四类人员。应当指出，从妨害公务罪的立法本意来看，是为了保护国家机关正常合法的公务活动，即国家机关工作人员依法执行职务必须具有正当性。国家机关工作人员履行职务必须遵守法律的各项规定，包括实体性规定和程序性规定。如果国家机关工作人员履行职务行为时，没有遵循法律规定，比如没有按要求出示证明其行为合法的相关证件和手续，那么，被执行人推断国家机关工作人员的行为为非正当是合情合理的。前者行为不能被视为本罪的“公务”，后者阻碍前者的活动便没有侵犯本罪客体，不能成立妨害公务罪。

（二）司法认定与刑事处罚

1. 司法认定

(1) 罪与非罪的界限。

其一，要分清妨害公务罪与人民群众同国家机关工作人员的违法乱纪行为作斗争的界限。这主要反映在二者主观意图和客观表现上有所不同。前者的行为人是怀着明确的反社会意图而实施阻碍公务的行为；后者的行为人则是立于社会公正的立场同违法乱纪的行为进行斗争。人民群众同国家机关工作人员的违法乱纪行为作斗争的行为，不仅不能作为犯罪处理，而且要予以保护和鼓励。

其二，要分清妨害公务罪与人民群众一般的不服管理行为的界限。如果某些群众因为政治觉悟低或者认识水平有限而对正在执行公务或履行职责的前述四种工作人员实施了谩骂、顶撞等不服管理的行为，一般不应作为犯罪处理。如果行为人吵闹、谩骂中使用了人身侮辱性语言，直接侵犯他人人格名誉，而且情节严重的，可以对行为人追究侮辱罪的刑事责任。

(2) 本罪与近似犯罪的界限。由于本罪通常表现为行为人以暴力或威胁的方法来实施犯罪，因而本罪与侮辱罪、故意伤害罪、故意毁坏财物罪有相近似之处。

但本罪与前述三种犯罪的显著不同在于：本罪行为人的暴力、威胁行为必须发生于前述四类人员依法执行职务或履行职责期间，而前述三种犯罪则无时间性限制。如果行为人以暴力妨害公务的行为造成了国家工作人员或人大代表或红十字会工作人员的人身伤害，是定本罪，还是定故意伤害罪，抑或按数罪并罚原则处理呢？我们认为，此种情况应具体情况具体分析。虽然造成了公务人员人身伤害，但未达到轻伤害程度的，应当按照妨害公务罪论处；造成轻伤害以上伤害的，属于竞合犯，故对此应按处理竞合犯的原则处理，即从一重罪处断。另外，有两种法定情况需要注意：一是刑法第 157 条第 2 款规定，以暴力、威胁方法抗拒缉私的，以走私罪和第 277 条规定的妨害公务罪，依照数罪并罚的规定处罚。二是刑法第 318 条组织他人偷越国（边）境罪第 1 款第 5 项和第 321 条运送他人偷越国（边）境罪第 2 款规定，对“以暴力、威胁方法抗拒检查的”按照第 318 条和第 321 条的规定处罚。

2. 刑事处罚

根据刑法第 277 条之规定，犯妨害公务罪的，处 3 年以下有期徒刑、拘役、管制或者罚金。

二、袭警罪

袭警罪是《刑法修正案（十一）》新增罪名，是指以暴力袭击正在依法执行职务的人民警察的行为。

本罪构成特征如下：(1) 本罪客观方面表现为以暴力袭击正在依法执行职务的人民警察。所谓“暴力”，是指一切具有现实危险的武力手段，包括以刀枪棍棒等进行攻击，或者拳脚相向，凡是能够造成相对人员人身伤害的手段，均属暴力范畴。本罪属行为犯，即只要以暴力袭击依法正在执行职务的人民警察，即有可能构成本罪。“依法正在执行职务”，是指人民警察按照法律法规规定，正在履行人民警察的职责，如依法查纠违法行为、依法捉拿犯罪嫌疑人等。应当注意，如果暴力袭击的不是依法正在执行职务的人民警察，不构成本罪，如果造成人员伤害的，应当依照相关犯罪论处。至于“人民警察”的范围，应当依照《人民警察法》第 2 条规定来界定，包括公安机关、国家安全机关、监狱管理机关的人民警察，以及人民法院和人民检察院的司法警察。(2) 本罪主体为一般主体。(3) 本罪的主观方面为故意。(4) 本罪客体是人民警察执法秩序（活动）与人民警察的人身安全。

根据《刑法》第 277 条第 5 款规定，构成本罪的，处 3 年以下有期徒刑、拘役或者管制；使用枪支、管制刀具，或者以驾驶机动车撞击等手段，严重危及其人身安全的，处 3 年以上 7 年以下有期徒刑。

三、煽动暴力抗拒法律实施罪

煽动暴力抗拒法律实施罪，是指煽动群众使用暴力抗拒国家法律、行政法规实施的行为。本罪的构成要件如下：(1) 本罪的客观方面表现为行为人实施了煽动群众使用暴力抗拒国家法律、行政法规实施的行为。至于针对何种国家机关实施法律、行政法规，刑法对此未作具体规定。(2) 本罪的主体是一般主体。(3) 本罪的主观方面是故意。(4) 本罪的客体是国家实施法律、行政法规的正常秩序。

根据现行刑法第 278 条之规定，对本罪分两种情况来处罚：其一，犯本罪的，处 3 年以下有期徒刑、拘役、管制或者剥夺政治权利；其二，犯本罪且造成严重后果的，处 3 年以上 7 年以下有期徒刑。

四、招摇撞骗罪

（一）概念与构成

招摇撞骗罪，是指为了谋取非法利益，冒充国家机关工作人员进行招摇撞骗的行为。本罪的构成要件如下：

(1) 本罪的客观方面表现为行为人实施了冒充国家机关工作人员进行招摇撞骗的行

为。所谓“冒充”是指不具备国家机关工作人员身份的人，假冒为具有国家机关工作人员身份的人去行事。从司法实践情况来看，本罪的具体表现又包括三种情况：1）非国家机关工作人员冒充国家机关工作人员；2）国家机关的下级工作人员冒充上级工作人员；3）此部门的国家机关工作人员冒充彼部门的国家机关工作人员。所谓招摇撞骗，指行为人利用人们对国家机关工作人员的信任，假冒国家机关工作人员的身份去行骗。

（2）本罪的主体为一般主体，即年满 16 周岁并具有刑事责任能力的自然人。

（3）本罪的主观方面为故意，即行为人明知自己不是国家机关工作人员而进行假冒行骗。一般而言，本罪的行为人具有骗取某种非法利益的目的，如骗取钱财、地位、荣誉、待遇或玩弄女性等。

（4）本罪的客体是国家机关的正常活动。国家机关工作人员是国家各项职能的具体执行者。由于我国国家机关工作人员具有公务员的特殊身份，拥有一定的权力，其任命或录用都须经过特定程序。如果没有国家机关工作人员身份的人冒充国家机关工作人员，势必造成国家机关工作的混乱。而且，冒充国家机关工作人员的犯罪分子，都是为了利用国家机关工作人员的特殊身份获取非法利益。因此，为了保障国家机关的正常活动，对招摇撞骗的犯罪行为予以严厉打击是完全必要的。

（二）司法认定与刑事处罚

1. 司法认定

认定招摇撞骗罪时，主要应注意该罪与诈骗罪的界限。因为招摇撞骗罪与诈骗罪都包含有骗取他人财物的行为。但两者仍有明显的区别：（1）侵犯的客体不同。招摇撞骗罪侵犯的客体主要是国家机关的正常活动；诈骗罪侵犯的客体则是公私财产所有权。（2）犯罪手段不同。招摇撞骗罪的行为方式只能是冒充国家机关工作人员行骗；而诈骗罪的行为手段则是多种多样的，其中包括冒充国家机关工作人员行骗。（3）成立犯罪的标准不同。招摇撞骗罪不要求行为人诈骗所得财物数额较大，只要行为人实施了冒充国家机关工作人员招摇撞骗的行为，原则上便构成犯罪；而诈骗罪的成立，必须是行为人诈骗所得的财物数额较大。（4）犯罪的主观目的不同。招摇撞骗罪的犯罪目的是追求非法利益，其内容较诈骗罪的目的广泛一些，可以包括非法占有公私财物，也可以包括其他非法利益；诈骗罪的犯罪目的是希望非法占有公私财物。

尽管招摇撞骗罪与诈骗罪有上述区别，但在行为人冒充国家机关工作人员的身份去骗取财物的情况下，一个行为同时触犯了两个罪名，属于竞合犯，应当从一重罪处断。

2. 刑事处罚

根据刑法第 279 条的规定，犯本罪的，处 3 年以下有期徒刑、拘役、管制或者剥夺政治权利；情节严重的，处 3 年以上 10 年以下有期徒刑。冒充人民警察招摇撞骗的，从重处罚。但是，冒充军人招摇撞骗的，不以本罪论处，而是应当按照刑法第 372 条定罪处罚。所谓“情节严重”是指一贯招摇撞骗或流窜作案，影响极坏的；屡教不改的；犯罪手段特别卑劣的；后果严重的，以及具有其他严重情节的。

五、伪造、变造、买卖国家机关公文、证件、印章罪

（一）概念与构成

伪造、变造、买卖国家机关公文、证件、印章罪，是指伪造、变造、买卖国家机关的公文、证件、印章的行为。

本罪的构成要件如下：

（1）本罪的客观方面表现为行为人实施了伪造、变造、买卖国家机关的公文、证件、印章的行为。犯罪对象是国家机关的公文、证件、印章。“公文”是指国家机关用于联系公务、处理问题、说明某种事项等的书面文件，“证件”是指证明身份或其他事项的凭证，“印章”是指刻有能够代表国家机关名义、名称的图章。本罪是选择性罪名，只要行为人实施了伪造、变造、买卖三种行为之一，便构成犯罪。而司法实践中，对本罪的罪名确定，可根据行为人实施的具体行为来确定。例如，行为人只实施了伪造公文的行为，则对行为人定伪造公文罪即可。只有当行为人同时实施了“伪造、变造、买卖国家机关的公文、证件、印章”三种行为的，才对行为人定伪造、变造、买卖国家机关公文、证件、印章罪。伪造、变造、买卖各级人民政府设立的行使行政管理权的临时性机构的公文、证件、印章行为，构成犯罪的，应当依照本罪追究刑事责任。①

（2）本罪的主体是一般主体。

（3）本罪的主观方面是故意。至于行为人出于何种目的与动机而实施伪造、变造、买卖国家机关公文、证件、印章，在所不问。

（4）本罪的客体是国家机关的正常活动。

（二）司法认定与刑事处罚

1. 司法认定

（1）罪数问题。对于行为人通过伪造国家机关公文、证件担任国家工作人员职务以后又利用职务上的便利实施侵占本单位财物、收受贿赂、挪用本单位资金等行为，构成犯罪的，应当分别以伪造国家机关公文、证件罪和相应的贪污罪、受贿罪、挪用公款罪等追究刑事责任，实行数罪并罚。对于以骗取钱财为目的，先伪造国家机关公文、证件，然后又据此骗取钱财的，则应按照处理牵连犯原则，从一重罪处断。

（2）根据1998年5月8日最高人民法院、最高人民检察院、公安部、国家工商行政管理局《关于依法查处盗窃、抢劫机动车案件的规定》第7条的规定，伪造、变造、买卖机动车牌证及机动车入户、过户、验证的有关证明文件的，依照刑法第280条第1款规定定罪处罚。

（3）根据1998年12月29日全国人大常委会《关于惩治骗购外汇、逃汇和非法买卖

---

① 参见2003年6月3日最高人民检察院法律政策研究室《关于伪造、变造、买卖政府设立的临时性机构的公文、证件、印章行为如何适用法律问题的答复》。

外汇犯罪的决定》第 2 条的规定，买卖伪造、变造的海关签发的报关单、进口证明、外汇管理部门核准件等凭证和单据或者国家机关的其他公文、证件、印章的，依照刑法第 280 条定罪处罚。

（4）买卖伪造的国家机关证件如何定性。根据 1999 年最高人民检察院法律政策研究室《关于买卖伪造的国家机关证件行为是否构成犯罪问题的答复》的规定，对于买卖伪造的国家机关证件的行为，依法应当追究刑事责任的，可适用刑法第 280 条第 1 款的规定，以买卖国家机关证件罪追究刑事责任。

（5）根据 2023 年 8 月 13 日公布的最高人民法院《关于审理破坏森林资源刑事案件适用法律若干问题的解释》第 10 条的规定，伪造、变造、买卖采伐许可证，森林、林地、林木权属证书以及占用或者征用林地审核同意书等国家机关批准的林业证件、文件构成犯罪的，依照刑法第 280 条第 1 款的规定，以伪造、变造、买卖国家机关公文、证件罪定罪处罚。买卖允许进出口证明书等经营许可证明，同时构成刑法第 225 条、第 280 条规定之罪的，依照处罚较重的规定定罪处罚。

（6）根据 2003 年 6 月 3 日最高人民检察院法律政策研究室《关于伪造、变造、买卖政府设立的临时性机构的公文、证件、印章行为如何适用法律问题的答复》的规定，伪造、变造、买卖各级人民政府设立的行使行政管理权的临时性机构的公文、证件、印章行为，构成犯罪的，应当依刑法第 280 条第 1 款追究刑事责任。

（7）根据 2007 年 5 月 11 日最高人民法院、最高人民检察院《关于办理与盗窃、抢劫、诈骗、抢夺机动车相关刑事案件具体应用法律若干问题的解释》第 2 条的规定，伪造、变造、买卖机动车行驶证、登记证书，累计 3 本以上的，以伪造、变造、买卖国家机关证件罪定罪处罚。

（8）根据 2018 年 11 月 28 日修正后的最高人民法院、最高人民检察院《关于办理妨害信用卡管理刑事案件具体应用法律若干问题的解释》第 4 条第 1 款，为信用卡申请人制作、提供虚假的财产状况、收入、职务等资信证明材料，涉及伪造、变造、买卖国家机关公文、证件、印章，或者涉及伪造公司、企业、事业单位、人民团体印章，应当追究刑事责任的，依照刑法第 280 条的规定，分别以伪造、变造、买卖国家机关公文、证件、印章罪和伪造公司、企业、事业单位、人民团体印章罪定罪处罚。

（9）根据 2022 年修订后的《互联网上网服务营业场所管理条例》第 29 条，互联网上网服务营业场所经营单位违反本条例的规定，涂改、出租、出借或者以其他方式转让“网络文化经营许可证”，触犯刑律的，依照刑法关于伪造、变造、买卖国家机关公文、证件、印章罪的规定，依法追究刑事责任。

2. 刑事处罚

根据刑法第 280 条第 1 款的规定，犯本罪的，处 3 年以下有期徒刑、拘役、管制或者剥夺政治权利，并处罚金；情节严重的，处 3 年以上 10 年以下有期徒刑，并处罚金。所谓“情节严重”，是指伪造、变造、买卖国家机关公文、证件、印章次数多、数量大或者造成严重后果等情况。例如，根据 2007 年 5 月 9 日最高人民法院、最高人民检察院《关于办理与盗窃、抢劫、诈骗、抢夺机动车相关刑事案件具体应用法律若干问题的解释》第 2 条第 2 款的规定，伪造、变造、买卖机动车行驶证、登记证书，累计 15 本以上的，即属于“情节严重”。

六、盗窃、抢夺、毁灭国家机关的公文、证件、印章罪

盗窃、抢夺、毁灭国家机关公文、证件、印章罪，是指盗窃、抢夺、毁灭国家机关公文、证件、印章的行为。本罪的构成要件如下：（1）本罪的客观方面表现为行为人实施了盗窃、抢夺、毁灭国家机关公文、证件、印章的行为。本罪的犯罪对象仍是国家机关的公文、证件、印章。本罪也是一个选择性罪名，只要行为人实施了盗窃、抢夺、毁灭公文、证件、印章之一种行为，便可成立犯罪。而司法实践中，可根据行为人具体实施的某一种行为来对行为人定罪。如行为人实施了盗窃公文的行为，就对其定盗窃国家机关公文罪。（2）本罪的主观方面是故意。（3）本罪的主体是一般主体。（4）本罪的客体是国家机关的正常管理活动。

根据刑法第 280 条第 1 款之规定，对盗窃、抢夺、毁灭国家机关的公文、证件、印章的，处 3 年以下有期徒刑、拘役、管制或者剥夺政治权利，并处罚金；情节严重的，处 3 年以上 10 年以下有期徒刑，并处罚金。

七、伪造公司、企业、事业单位、人民团体印章罪

伪造公司、企业、事业单位、人民团体印章罪，是指伪造公司、企业、事业单位、人民团体印章的行为。本罪的构成要件如下：（1）本罪的客观方面表现为行为人实施了伪造公司、企业、事业单位、人民团体的印章的行为。其犯罪对象是公司、企业、事业单位、人民团体的印章。（2）本罪的主体是已满 16 周岁且具有刑事责任能力的自然人。（3）本罪的主观方面是故意。至于行为人的犯罪动机与目的如何，并不影响本罪的成立。（4）本罪的客体是公司、企业、事业单位、人民团体的正常活动。实践中出现过伪造高等院校印章制作学历、学位证明的行为，对此，2001 年最高人民法院、最高人民检察院《关于办理伪造、贩卖伪造的高等院校学历、学位证明刑事案件如何适用法律问题的解释》规定，对于伪造高等院校印章制作学历、学位证明的行为，应当依照刑法第 280 条第 2 款的规定，以伪造事业单位印章罪定罪处罚。明知是伪造高等院校印章制作的学历、学位证明而贩卖的，以伪造事业单位印章罪的共犯论处。

根据刑法第 280 条第 2 款之规定，犯本罪的，处 3 年以下有期徒刑、拘役、管制或者剥夺政治权利，并处罚金。

八、伪造、变造、买卖身份证件罪

（一）概念与构成

伪造、变造、买卖身份证件罪，是指违反国家法律法规伪造、变造、买卖居民身份证、护照、社会保障卡、驾驶证等依法可以用以证明身份的证件的行为。

本罪的构成要件如下：

1. 本罪的客观方面表现为行为人实施了伪造、变造、买卖居民身份证、护照、社会保障卡、驾驶证等依法可以用以证明身份的证件的行为。本罪的犯罪对象是居民身份证、护照、社会保障卡、驾驶证等依法可以用以证明身份的证件，这类证件都是由国家有关管理部门颁发的、证明一个人的公民身份的证件。

2. 本罪的主体是已满 16 周岁且具有刑事责任能力的自然人。单位不能成为伪造、变造居民身份证罪的主体。

3. 本罪的主观方面是故意，并且只能是直接故意。此即行为人明知自己的行为是违反国家相关法律、法规而实施的伪造、变造、买卖该类能够证明公民身份的证件的行为，但其仍然决意实施这种行为，并且对危害结果的发生抱有希望的态度。本罪不能由间接故意构成。因为本罪的行为人必须明知自己是违反国家相关管理法规而伪造、变造、买卖居民身份证、护照、社会保障卡、驾驶证等可以用以证明身份的证件，预见到自己的行为将会产生危害国家发证机关的证件管理制度的结果，而且伪造、变造、买卖该类证件的目的一般是通过自己伪造、变造、买卖该类证件的行为谋取利益，或者隐瞒自己或他人的真实身份。间接故意发生的情形主要有两种：第一种是为了追求一种非犯罪目的而放任某种犯罪结果的发生，第二种是为了追求其他犯罪目的而放任某种犯罪结果的发生。本罪的行为人却是为了追求本罪的犯罪结果的发生而实施行为，我们认为，这种情况下根本不可能是间接故意，而只能是直接故意。

4. 本罪的客体是居民身份证、护照、社会保障卡、驾驶证等能够用以证明公民身份的证件的公共信用和国家发证机关的管理制度。作为本罪客体的各种证件有助于国家更加科学和有效地进行社会管理，它们可以证明一个人的身份、户籍所在地，以及提供其他一些基本信息，是社会政治、经济生活中从事某种活动时不可缺少的。伪造、变造、买卖这些能够证明公民身份的证件的行为必然侵害这些证件的公共信用和国家发证机关的管理制度。

（二）司法认定与刑事处罚

1. 司法认定

实践中，行为人“提供本人照片，出资让他人为本人伪造身份证”的情况并不少见，这种行为构成犯罪吗？

对此问题有两种意见：第一种意见认为构成犯罪，因为提供本人照片的行为是伪造者后来实施伪造居民身份证行为的必要条件，帮助了伪造犯罪的实施；“出资让人伪造身份证”的行为还是一种教唆行为。所以，对此应当依据共同犯罪的理论，以伪造居民身份证罪的共犯追究犯罪嫌疑人的刑事责任。第二种意见认为不构成犯罪，因为行为人虽然为伪造者提供本人照片，但是其本人并没有直接参与身份证的伪造，伪造者本人多是以伪造行为谋生的，其犯意不是由出资人教唆的。所以，在整个伪造行为中，行为人作用有限，情节显著轻微，不宜以犯罪论处。我们赞成第二种观点。伪造身份证的过程是：行为人出钱，提供本人照片给伪造者，使伪造者可以用该照片来制作身份证，填写虚假登记内容、合成等。在这个过程中，提供照片的行为不是实质意义上的伪造行为，之后的贴照片、合成等行为才是实质意义上的伪造居民身份证行为。提供照片行为在整个伪造过程中所起的作用非常有限。“出资让人伪造身份证”的行为，并不能被看作是教唆，因为伪造者就算没有该出资人的出资行为，也一贯实施伪造行为，他们伪造身份证并不是被“客户”教唆的，而是一直以来都具有伪造居民身份证的故意。综上所述，“提供本人照片，出资让他人为本人伪造身份证”的行为，不宜以犯罪论处。同理，行为人提供本人照片，出资让他人为本人伪造护照、社会保障卡、驾驶证等其他可以用以证明公民身份的证件的，也不宜被认定为犯罪，但使用这些伪造证件的行为则可能构成使用虚假身份证件罪。

2. 刑事处罚

根据刑法第 280 条第 3 款之规定，犯本罪的，处 3 年以下有期徒刑、拘役、管制或者剥夺政治权利，并处罚金；情节严重的，处 3 年以上 7 年以下有期徒刑，并处罚金。

九、使用虚假身份证件、盗用身份证件罪

使用虚假身份证件、盗用身份证件罪，是指在依照国家规定应当提供身份证明的活动中，使用伪造、变造的或者盗用他人的居民身份证、护照、社会保障卡、驾驶证等依法可以用于证明身份的证件，情节严重的行为。本罪的客观方面表现为行为人实施了使用伪造、变造的或者盗窃的居民身份证、护照、社会保障卡、驾驶证等依法可以用于证明身份的证件的行为，且其行为要素还包括：其一，行为人的“使用行为”发生在依照国家规定应当提供身份证明的活动中；其二，其“适用”行为必须是“情节严重的”。本罪主体为一般主体。本罪主观方面为故意，且为直接故意。本罪客体为公民身份证件管理秩序。

依照刑法第 280 条之一的规定，犯本罪的，处拘役或者管制，并处或者单处罚金。实施本罪行为同时构成其他犯罪的，依照处罚较重的规定定罪处罚。

十、冒名顶替罪

冒名顶替罪是《刑法修正案（十一）》新增罪名，是指盗用、冒用他人身份，顶替他人取得的高等学历教育入学资格、公务员录用资格、就业安置待遇，或者组织指使他人实施前列行为的行为。

本罪构成特征如下：（1）本罪客观方面表现为盗用、冒用他人身份，或者组织、指使盗用、冒用他人身份，顶替他人取得的高等学历教育入学资格、公务员录用资格、就业安置待遇。本罪属行为犯。（2）本罪主体为一般主体。（3）本罪主观方面为故意。（4）本罪客体为复杂客体，其基本客体是高等教育入学制度、公务员录用制度、就业安置制度，同时还包括相关公民个人的教育、就业、安置等权益。

根据《刑法》第 280 条之二，犯本罪的，处 3 年以下有期徒刑、拘役或者管制，并处罚金。组织、指使盗用、冒用他人身份，顶替他人取得高等学历教育入学资格、公务

员录用资格、就业安置待遇的，从重处罚。国家工作人员实施刑法第280条之二第1、2两款行为，又构成其他犯罪的，依照数罪并罚的规定处罚。

十一、非法生产、买卖警用装备罪

非法生产、买卖警用装备罪，是指非法生产、买卖人民警察制式服装、车辆号牌等专用标志、警械，情节严重的行为。本罪的构成要件如下：犯罪客观方面表现为行为人实施了非法生产、买卖人民警察制式服装、车辆号牌等专用标志、警械的行为。犯罪主观方面是故意。犯罪主体为一般主体，单位也可成为本罪主体。值得注意的是，成立本罪必须是“情节严重的”行为。所谓“情节严重的”，主要是指：多次或者大量生产、买卖警用装备的；为牟取非法利益而生产、买卖警用装备的；经有关机关责令停止生产、买卖警用装备而不服从的；等等。根据2008年6月25日最高人民检察院、公安部《2008立案追诉标准（一）》第35条，非法生产、买卖人民警察制式服装、车辆号牌等专用标志、警械，涉嫌下列情形之一的，应予立案追诉：（1）成套制式服装30套以上，或者非成套制式服装100件以上的；（2）手铐、脚镣、警用抓捕网、警用催泪喷射器、警灯、警报器单种或者合计10件以上的；（3）警棍50根以上的；（4）警衔、警号、胸章、臂章、帽徽等警用标志单种或者合计100件以上的；（5）警用号牌、省级以上公安机关专段民用车辆号牌1副以上，或者其他公安机关专段民用车辆号牌3副以上的；（6）非法经营数额5 000元以上，或者非法获利1 000元以上的；（7）被他人利用进行违法犯罪活动的；（8）其他情节严重的情形。犯罪客体是国家对警用装备的管理制度。

根据刑法第281条的规定，对犯本罪的，分两种情况处罚：其一，对自然人犯本罪的，处3年以下有期徒刑、拘役或者管制，并处或者单处罚金。其二，单位犯本罪的，对单位判处罚金，并对其直接负责的主管人员和其他直接责任人员，依照上述规定处罚。

十二、非法获取国家秘密罪

（一）概念与构成

非法获取国家秘密罪，是指以窃取、刺探、收买方法，非法获取国家秘密的行为。

本罪的构成要件如下：

1. 本罪的客观方面表现为行为人实施了非法获取国家秘密的行为，即行为人实施了窃取、刺探或者收买国家秘密的行为。

（1）行为方式。所谓“窃取”，是指暗中秘密偷窃属于国家秘密的文件、资料和其他物品的行为。窃取的形式多种多样，如直接盗窃国家秘密文件，利用互联网盗窃国家秘密等。所谓“刺探”，是指行为人对知悉国家秘密的他人，采取各种手段探听、了解国家秘密的行为。探听的方式也有多种表现形式，例如：利用与知悉国家秘密的人的熟悉关系向其打听国家秘密；利用社交手段打通关系，向知密者探问国家秘密；使用窃听、窃照装置获取国家秘密。所谓“收买”，是指用财物、美色以及其他手段向知悉国家秘密的人交换国家秘密的行为。例如，以重金换取国家秘密，或者以女色与知悉国家秘密者进行交易换取国家秘密。

（2）所谓“非法获取”，是指依法不应知悉某项国家秘密的人从知悉某项国家秘密的人那里知悉国家秘密，或者可以知悉某项国家秘密的人未经合法手续知悉国家秘密。非法获取方式限于刑法第282条所规定的窃取、刺探、收买三种法定的方式之一。如果行为人所获得的国家秘密不是通过这三种手段取得的，不能以本罪论。

（3）所谓“国家秘密”，根据2010年4月修订后的《保守国家秘密法》第2条的规定，是指“关系国家安全和利益，依照法定程序确定，在一定时间内只限一定范围的人员知悉的事项”。国家秘密的密级分为“绝密”“机密”“秘密”三级。

“绝密”是最重要的国家秘密，其泄露会使国家的安全和利益遭受特别严重的损害；“机密”是重要的国家秘密，其泄露会使国家的安全和利益遭受严重的损害；“秘密”是一般的国家秘密，其泄露会使国家的安全和利益遭受损害。但无论非法获取哪个级别的国家秘密，均可以成立非法获取国家秘密罪。具体而言，国家秘密主要包括：国家事务的重大决策中的秘密事项；国防建设和武装力量活动中的秘密事项；外交和外事活动中的秘密事项以及对外承担保密义务的事项；国民经济和社会发展中的秘密事项；科学技术中的秘密事项；维护国家安全活动和追查刑事犯罪中的秘密事项；其他经国家保密工作部门确定应当保守的国家秘密事项。

非法获取国家秘密罪的罪名属于选择性罪名。只要行为人实施了三种方式之一并非法获取国家秘密的，就构成本罪；实施了数种行为的，也只构成一罪。

2. 本罪的主体为一般主体，即已满16周岁且具有刑事责任能力的自然人均可成为本罪主体。不限于中国人，外国人也可以构成本罪主体。

3. 本罪的主观方面是直接故意。此即行为人明知自己不应该知悉该项国家秘密，但是通过窃取、刺探、收买的方法，希望非法获取某项国家秘密。行为人非法获取国家秘密的动机，可能是为了获取金钱利益，可能是为了逞能，等等，这并不影响本罪构成。但是应当注意，实施窃取、刺探、收买等非法获取国家秘密的行为不能是为境外的机构、组织和人员而实施的，否则应当成立危害国家安全罪一章中的为境外窃取、刺探、收买、非法提供国家秘密、情报罪或间谍罪等。

4. 本罪的客体。有观点认为本罪的客体是国家的安全和利益；有观点认为本罪的客体是国家的保密制度；还有观点认为本罪客体是复杂客体，同时侵犯了国家的安全利益和国家保密制度。我们赞同第二种观点，认为本罪客体是国家的保密制度。理由是：本罪客体不包括国家安全利益，因为如果行为人以危害国家安全的目的获取国家秘密，可能构成的应当是刑法分则第一章危害国家安全罪中的间谍罪或者为境外窃取、刺探、收买、非法提供国家秘密、情报罪等。本罪从属于妨害社会管理秩序罪中的扰乱公共秩序罪，立法者在此设立本罪的目的不是惩罚危害国家安全的犯罪，而是惩罚获取国家秘密、扰乱正常的国家秘密保护制度的行为。所以本罪的客体是国家的保密制度。我国规定了以《保守国家秘密法》为核心的一系列保守国家机密的法律、法规，形成了我国的保密制度，非法获取国家秘密的行为损害了这种制度。

（二）司法认定与刑事处罚

1. 司法认定

（1）罪与非罪问题。如前所述，行为人获取国家秘密只能通过窃取、刺探、收买三种非法手段。如果行为人获取国家秘密没有采用这三种手段，如无意中知悉或者是知悉者主动告知的，当然不能成立非法获取国家秘密罪。本罪犯罪对象限于国家秘密，如果某信息依照《保守国家秘密法》的规定尚不属于国家秘密的范围，即使它有一定的保密性质，也不成立本罪；原本属于国家秘密的信息，在保密期限届满后不再属于国家秘密，行为人获取这些资料的，也不能以非法获取国家秘密罪论；相反，如果信息属于国家秘密，那么无论哪种级别的秘密都不影响犯罪构成。

（2）非法获取国家秘密罪与其他犯罪的区别。

第一，本罪与非法持有国家绝密、机密文件、资料、物品罪的区别。

二者的相同之处在于：犯罪客体都是国家的保密制度，犯罪主体都是一般主体，犯罪的主观方面都是故意。但二者的明显区别在于：其一，犯罪对象有所不同。本罪侵犯的对象是一切属于国家秘密的信息；而非法持有国家绝密、机密文件、资料、物品罪所侵害的，只是属于国家绝密或机密的文件、资料、物品。其二，行为人之行为表现形式不同。本罪的行为形式是“窃取、刺探、收买”国家秘密；而后者则是非法“持有”属于国家绝密、机密的文件、资料或者其他物品，且“拒不说明来源与用途”。

第二，本罪与为境外窃取、刺探、收买、非法提供国家秘密、情报罪的区别。

二者的相同之处在于：二者的行为人都实施了“窃取、刺探、收买”国家秘密的行为；二者的主体都是一般主体。但二者的关键区别在于：其一，二者侵犯的客体不同。本罪的犯罪客体是国家保密制度；而为境外窃取、刺探、收买、非法提供国家秘密、情报罪侵犯的客体则是国家安全。其二，二者的犯罪对象有所不同。本罪的犯罪对象限于“国家秘密”；为境外窃取、刺探、收买、非法提供国家秘密、情报罪的犯罪对象，还包括不属于国家秘密的“情报”。其三，二者的主观内容不同。为境外窃取、刺探、收买、非法提供国家秘密、情报罪的成立，要求行为人具有为境外的机构、组织、人员窃取、刺探、收买国家秘密或者情报的目的；本罪行为人主观上不具有这个特定犯罪目的。其四，从行为方式来看，两罪都存在窃取、刺探、收买的行为方式，但是为境外窃取、刺探、收买、非法提供国家秘密、情报罪还可以采用非法提供的方式，本罪不可能由非法提供的行为构成。

第三，本罪与间谍罪的区别。

间谍罪与本罪相同之处在于都存在获取国家秘密的行为，不同之处在于：其一，犯罪客体不同。间谍罪侵犯的客体是国家安全；而本罪侵犯的客体是国家的保密制度。其二，客观行为不同。本罪在客观方面表现为以窃取、刺探、收买方法非法获取国家秘密的行为；而间谍罪除非法获取国家秘密的方式外，还有参加间谍组织或接受间谍组织及其代理人的任务、为敌人指示轰击目标等行为方式。其三，主观内容不同。间谍罪中行为人非法获取国家秘密是为了完成间谍组织或其代理人指派的任务；而本罪行为人获取国家秘密的主观目的没有限定，这是本罪与间谍罪的关键区别。

第四，本罪与侵犯商业秘密罪的界限。

侵犯商业秘密罪与非法获取国家秘密罪的区别是：其一，犯罪客观行为不同。非法获取国家秘密罪的客观行为方式只限于以窃取、刺探、收买三种法定的方法非法获取国家秘密；侵犯商业秘密罪的行为手段包括采用“盗窃、贿赂、欺诈、胁迫、电子侵入或者其他”方式获取商业秘密和“披露、使用或者允许他人使用权利人的商业秘密”，以及以“违反保密义务或者违反权利人有关保守商业秘密的要求，披露、使用或者允许他人使用其所掌握的商业秘密”的方式获取商业秘密。其二，犯罪主体范围不同。非法获取国家秘密罪的主体只能是自然人；侵犯商业秘密罪的主体可以是单位。其三，犯罪对象不同。非法获取国家秘密罪的犯罪对象是国家秘密；侵犯商业秘密罪的犯罪对象是商业秘密。其四，犯罪客体不同。非法获取国家秘密罪的客体是国家的保密制度；侵犯商业秘密罪侵犯的客体是商业秘密的权利人对商业秘密的专用权和国家对商业秘密的管理制度。

（3）非法获取国家秘密罪的既遂与未遂。行为人通过窃取、刺探、收买方法已经取得了国家秘密，即构成非法获取国家秘密罪的既遂，既遂并不要求行为人的非法获取国家秘密行为实际上造成严重的后果，只要行为人通过窃取、刺探、收买的方法非法获取了国家秘密，即使尚未造成严重后果也应当构成非法获取国家秘密罪的既遂。如果行为人已经着手实施获取国家秘密的行为，但由于其意志以外的原因最终未能获取国家秘密的，属于非法获取国家秘密罪的未遂。

2. 刑事处罚

根据刑法第 282 条第 1 款之规定，犯本罪的，处 3 年以下有期徒刑、拘役、管制或者剥夺政治权利；情节严重的，处 3 年以上 7 年以下有期徒刑。

十三、非法持有国家绝密、机密文件、资料、物品罪

非法持有国家绝密、机密文件、资料、物品罪，是指非法持有国家绝密、机密的文件、资料或者其他物品，拒不说明来源与用途的行为。本罪的构成要件如下：（1）本罪的客观方面表现为行为人实施了非法持有属于国家绝密、机密的文件、资料或者其他物品，且拒不说明来源与用途的行为。犯罪对象是国家绝密、机密文件、资料或者其他物品。国家秘密可以分为绝密、机密和秘密三种，本罪的对象仅限于前两种。非法持有国家秘密的文件、资料、物品的，不能构成本罪。犯罪客观方面有两点值得注意：其一，成立本罪必须是行为人“非法持有”了国家绝密、机密的文件、资料或者其他物品。这就意味着，如果行为人是合法持有，则不能以犯罪论处。其二，行为人必须是“拒不说明来源与用途”。这就意味着，如果行为人虽然非法持有了国家绝密、机密的文件、资料或者其他物品，但他说明了其来源和用途的话，则不能以本罪论处。当然，如果行为人持有国家绝密、机密文件、资料或者其他物品之前，获取国家绝密、机密文件、资料或者其他物品的行为构成其他犯罪的话，则应按相应犯罪论处。（2）本罪的主体是一般主体。（3）本罪的主观方面是故意，出于何种目的与动机，不影响本罪的成立。（4）本罪的客体是国家的保密制度。

根据刑法第 282 条第 2 款之规定，犯本罪的，处 3 年以下有期徒刑、拘役或者管制。

十四、非法生产、销售专用间谍器材、窃听、窃照专用器材罪

非法生产、销售专用间谍器材、窃听、窃照专用器材罪，是指非法生产、销售专用间谍器材或者窃听、窃照专用器材的行为。根据《反间谍法实施细则》第 18 条，“专用间谍器材”，是指进行间谍活动特殊需要的下列器材：(1) 暗藏式窃听、窃照器材；(2) 突发式收发报机、一次性密码本、密写工具；(3) 用于获取情报的电子监听、截收器材；(4) 其他专用间谍器材。专用间谍器材的确认，由国务院国家安全主管部门负责。本罪的构成要件如下：(1) 本罪的客观方面表现为行为人实施了非法生产、销售专用间谍器材或者窃听、窃照专用器材的行为。犯罪对象是专用间谍器材及窃听、窃照专用器材。本罪的表现形式有两种：一是非法生产专用间谍器材或者窃听、窃照专用器材；二是非法销售专用间谍器材或者窃听、窃照专用器材。应注意，成立本罪，无论是生产还是销售专用间谍器材或者窃听、窃照专用器材，都须是非法进行的。所谓非法，这里是指无权或无资格生产专用间谍器材或者窃听、窃照专用器材的个人和单位，违反国家法律、法规规定，生产、销售专用间谍器材或者窃听、窃照专用器材。(2) 本罪的主体包括自然人和单位。(3) 本罪的主观方面是故意。(4) 本罪的客体是国家对专用间谍器材或者窃听、窃照专用器材的管理制度。

根据刑法第 283 条之规定，自然人犯本罪的，处 3 年以下有期徒刑、拘役或者管制，并处或单处罚金；情节严重的，处 3 年以上 7 年以下有期徒刑，并处罚金。单位犯本罪的，对单位判处罚金，并对其直接负责的主管人员和其他直接责任人员依照前述规定处罚。

十五、非法使用窃听、窃照专用器材罪

非法使用窃听、窃照专用器材罪，是指非法使用窃听、窃照专用器材，造成严重后果的行为。本罪的构成要件如下：(1) 本罪的客观方面表现为行为人实施了非法使用窃听、窃照专用器材且造成了严重后果的行为。犯罪对象是窃听、窃照专用器材。窃听、窃照专用器材一般限于国家的专门机关用于专门的目的，而且在程序上有严格要求。例如，司法机关、公安机关、国家安全机关、军事机关等可以为了国家与全社会的利益而使用窃听、窃照专用器材，对特定的对象进行窃听、窃照，但必须严格履行审批程序。如果擅自使用，就是非法的。由于擅自窃听、窃照的行为严重侵犯了公民的隐私权，故国家以刑法加以禁止是完全必要的。应当注意的是，并非一切违法使用窃听、窃照专用器材的行为都构成犯罪，只有那些造成了严重后果的非法使用窃听、窃照专用器材的行为才构成犯罪。(2) 本罪的主体为一般主体。(3) 本罪的主观方面是故意。(4) 本罪的客体是国家对窃听、窃照专用器材的管理制度。

根据刑法第 284 条之规定，犯本罪的，处 2 年以下有期徒刑、拘役或者管制。

十六、组织考试作弊罪

组织考试作弊罪，是指在法律规定的国家考试中，组织作弊，或者为在法律规定的国家考试中组织作弊的行为人提供作弊器材或者其他帮助的行为。

本罪客观方面表现为“组织考试作弊”。所谓组织，是指决策、指挥、招募、谋划、协调等活动。所谓作弊，就是弄虚作假，其具体表现形式千奇百怪，既可以是传统的传抄试题或答案、夹带与考试内容有关资讯等，也可以是以电子、电讯器材弄虚作假。成立本罪，必须是组织多人进行考试舞弊，单个人自己考试作弊的，不成立犯罪。本罪行为必须发生在法律规定的国家考试过程中。根据 2019 年 9 月 2 日最高人民法院、最高人民检察院《关于办理组织考试作弊等刑事案件适用法律若干问题的解释》第 1 条，“法律规定的国家考试”，仅限于全国人民代表大会及其常务委员会制定的法律所规定的考试。下列考试属于“法律规定的国家考试”：(1) 普通高等学校招生考试、研究生招生考试、高等教育自学考试、成人高等学校招生考试等国家教育考试；(2) 中央和地方公务员录用考试；(3) 国家统一法律职业资格考试、国家教师资格考试、注册会计师全国统一考试、会计专业技术资格考试、资产评估师资格考试、医师资格考试、执业药师职业资格考试、注册建筑师考试、建造师执业资格考试等专业技术资格考试；(4) 其他依照法律由中央或者地方主管部门以及行业组织的国家考试。前述规定的考试涉及的特殊类型招生、特殊技能测试、面试等考试，属于“法律规定的国家考试”。本罪主体为一般主体。其主观方面为故意。本罪侵害的客体为国家考试制度。

依据前引司法解释第 9 条，以窃取、刺探、收买方法非法获取法律规定的国家考试的试题、答案，又组织考试作弊或者非法出售、提供试题、答案，分别符合刑法第 282 条和刑法第 284 条之一规定的，以非法获取国家秘密罪和组织考试作弊罪或者非法出售、提供试题、答案罪数罪并罚。

依照刑法第 284 条之一第 1 款的规定，犯本罪的，处 3 年以下有期徒刑或者拘役，并处或者单处罚金；情节严重的，处 3 年以上 7 年以下有期徒刑，并处罚金。依据前引司法解释第 2 条，“情节严重”是指下列情形之一：(1) 在普通高等学校招生考试、研究生招生考试、公务员录用考试中组织考试作弊的；(2) 导致考试推迟、取消或者启用备用试题的；(3) 考试工作人员组织考试作弊的；(4) 组织考生跨省、自治区、直辖市作弊的；(5) 多次组织考试作弊的；(6) 组织 30 人次以上作弊的；(7) 提供作弊器材 50 件以上的；(8) 违法所得 30 万元以上的；(9) 其他情节严重的情形。

十七、非法出售、提供试题、答案罪

非法出售、提供试题、答案罪，是指为实施前罪涉及的考试作弊行为而向他人非法出售或者提供法律规定的国家考试试题或者答案的行为。

犯本罪的，依照刑法第 284 条之一第 1 款的规定处罚。根据 2019 年 9 月 2 日最高人民法院、最高人民检察院《关于办理组织考试作弊等刑事案件适用法律若干问题的解释》

第 5 条，下列情形之一应认定为刑法第 284 条之一第 3 款涉及的“情节严重”：(1) 非法出售或者提供普通高等学校招生考试、研究生招生考试、公务员录用考试的试题、答案的；(2) 导致考试推迟、取消或者启用备用试题的；(3) 考试工作人员非法出售或者提供试题、答案的；(4) 多次非法出售或者提供试题、答案的；(5) 向 30 人次以上非法出售或者提供试题、答案的；(6) 违法所得 30 万元以上的；(7) 其他情节严重的情形。

十八、代替考试罪

代替考试罪，是指代替他人或者让他人代替自己参加法律规定的国家考试的行为。根据刑法第 284 条之一第 4 款规定，犯本罪的，处拘役或者管制，并处或者单处罚金。

十九、非法侵入计算机信息系统罪

（一）概念与构成

非法侵入计算机信息系统罪，指违反国家规定，侵入国家事务、国防建设、尖端科学技术领域的计算机信息系统的行为。

本罪的构成要件如下：

(1) 本罪的客观方面表现为行为人违反国家规定，实施了非法侵入国家事务、国防建设、尖端科学技术领域的计算机信息系统的行为。

1) 违反国家规定。本罪中违反国家规定是指违反国家关于计算机信息系统管理的各项法律、法规，如《计算机信息系统安全保护条例》《计算机信息网络国际联网管理暂行规定》《中国公用计算机互联网国际联网管理办法》《计算机信息网络国际联网安全保护管理办法》等。如果行为人访问计算机信息系统没有违反国家有关规定或者是经过批准进入计算机信息系统的，不能构成本罪。

2) 非法侵入国家事务、国防建设、尖端科学技术领域的计算机信息系统。所谓计算机信息系统，是指具备自动处理数据功能的系统，包括计算机、网络设备、通信设备、自动化控制设备等。非法侵入，是指利用技术手段非法访问计算机系统、调取系统内部资讯。一般而言，计算机信息系统都有自身安全保卫机制，确保有合法权限的用户才能对本系统进行访问，抵制没有合法权限的用户对系统进行访问。重要领域的计算机信息系统更是如此。我国国家事务、国防建设、尖端科学技术领域的计算机信息系统，都设置了严密的访问机制，抵制非法用户进入该信息系统。应当注意，只有对国家事务、国防建设、尖端科学技术领域的计算机信息系统非法侵入的，才能构成本罪。

(2) 本罪主体包括已满 16 周岁且具有刑事责任能力的自然人和单位。

(3) 本罪的主观方面是故意，即行为人明知是国家事务、国防建设、尖端科学技术领域的计算机信息系统而擅自侵入。至于行为人侵入国家事务、国防建设、尖端科学技术领域的计算机信息系统的目的与动机如何，并不影响本罪的成立。

(4) 本罪的客体是国家事务、国防建设、尖端科学技术领域计算机信息系统安全。

（二）司法认定与刑事处罚

1. 司法认定

（1）非法侵入计算机信息系统罪的罪与非罪。认定是否构成非法侵入计算机信息系统罪，主要是正确认定行为人所侵入的计算机信息系统是否属于我国刑法所明确规定的三类重要计算机信息系统，即国家事务、国防建设、尖端科学技术领域的计算机信息系统。如果侵入的是此类计算机信息系统，则构成本罪；如果不是，就不构成本罪。另外，注意本罪主体不一定是完全没有合法访问权限的用户，如果用户本身有一定的访问权限，但是超出合法的权限进行浏览资料、调取资讯的，仍然构成本罪。根据2011年8月1日最高人民法院、最高人民检察院《关于办理危害计算机信息系统安全刑事案件应用法律若干问题的解释》第10条：对于“国家事务、国防建设、尖端科学技术领域的计算机信息系统”难以确定的，应当委托省级以上负责计算机信息系统安全保护管理工作的部门检验，司法机关根据检验结论并结合案件具体情况认定。

（2）共同犯罪问题。根据2011年8月1日最高人民法院、最高人民检察院《关于办理危害计算机信息系统安全刑事案件应用法律若干问题的解释》第9条，明知他人实施刑法第285条的行为，具有下列情形之一的，应当认定为共同犯罪：1）为其提供用于破坏计算机信息系统功能、数据或者应用程序的程序、工具，违法所得5 000元以上或者提供10人次以上的；2）为其提供互联网接入、服务器托管、网络存储空间、通讯传输通道、费用结算、交易服务、广告服务、技术培训、技术支持等帮助，违法所得5 000元以上的；3）通过委托推广软件、投放广告等方式向其提供资金5 000元以上的。

（3）犯罪既遂标准。本罪属于行为犯，只要行为人实施了非法侵入三类重要领域的计算机信息系统的行为，就构成犯罪既遂，不要求行为人侵入计算机信息系统后产生特定严重后果。

2. 刑事处罚

根据刑法第285条的规定，犯本罪的，处3年以下有期徒刑或者拘役；单位犯本罪的，对单位判处罚金，并对直接负责的主管人员和其他直接责任人员处3年以下有期徒刑或者拘役。根据2016年《网络安全法》第63条第3款，违反该法第27条规定，受到刑事处罚的人员，终身不得从事网络安全管理和网络运营关键岗位的工作。

二十、非法获取计算机信息系统数据、非法控制计算机信息系统罪

（一）概念与构成

非法获取计算机信息系统数据、非法控制计算机信息系统罪，是指违反国家规定，侵入刑法第285条第1款规定以外的计算机信息系统或者采用其他技术手段，获取该计算机信息系统中存储、处理或者传输的数据，或者对该计算机信息系统实施非法控制，情节严重的行为。本罪构成特征如下：

（1）本罪的客观方面表现为行为人违反国家规定，侵入国家事务、国防建设、尖端

科学技术领域以外的计算机系统，或者采用其他技术手段获取该计算机信息系统中存储、处理或者传输的数据，情节严重的行为。“违反国家规定”的内容和第 285 条第 1 款中“违反国家规定”的内容相同。行为人采取破解密码、突破安全防护系统等技术手段非法访问计算机系统、调取系统内部资讯；或者通过木马程序、键盘跟踪等手段非法控制计算机系统，并且只有达到“情节严重”的程度的，才构成本罪。关于“情节严重”的理解，应当根据 2011 年 8 月 1 日最高人民法院、最高人民检察院《关于办理危害计算机信息系统安全刑事案件应用法律若干问题的解释》来把握。该解释第 1 条指出：非法获取计算机信息系统数据或者非法控制计算机信息系统，具有以下情形之一的，应当认定为“情节严重”：1）获取支付结算、证券交易、期货交易等网络金融服务的身份认证信息 10 组以上的；2）获取第 1 项以外的身份认证信息 500 组以上的；3）非法控制计算机信息系统 20 台以上的；4）违法所得 5 000 元以上或者造成经济损失 1 万元以上的；5）其他情节严重的情形。所谓“身份认证信息”，是指用于确认用户在计算机信息系统上操作权限的数据，包括账号、口令、密码、数字证书等；所谓“经济损失”，包括危害计算机信息系统犯罪行为给用户直接造成的经济损失，以及用户为恢复数据、功能而支出的必要费用。本罪的对象是侵入国家事务、国防建设、尖端科学技术领域以外的计算机系统。

（2）本罪的主体是一般主体，自然人和单位均可成为本罪主体。

（3）本罪的主观方面是故意。

（4）本罪的客体是计算机信息系统安全。

（二）司法认定与刑事处罚

1. 司法认定

本罪司法认定要特别注意共同犯罪问题。根据前引解释第 9 条规定：明知他人实施非法获取计算机信息系统数据或非法控制计算机信息系统的行为，为其提供互联网接入、服务器托管、网络存储空间、通讯传输通道、费用结算、交易服务、广告服务、技术培训、技术支持等帮助，违法所得 5 000 元以上的，或者通过委托推广软件、投放广告等方式向其提供资金 5 000 元以上的，应当认定为本罪的共同犯罪。根据前引解释第 1 条第 3 款，明知是他人非法控制的计算机信息系统，而对该计算机信息系统的控制权加以利用的，依照前两款的规定定罪处罚。

2. 刑事处罚

根据刑法第 285 条第 2 款的规定，犯本罪，处 3 年以下有期徒刑或者拘役，并处或者单处罚金；情节特别严重的，处 3 年以上 7 年以下有期徒刑，并处罚金。何谓“情节特别严重”？根据前引解释第 1 条第 2 款之规定，是指实施该条第 1 款行为，具有下列情形之一的，应当认定为“情节特别严重”：（1）数量或者数额达到第 1 款第 1 至 4 项规定标准 5 倍以上的；（2）其他情节特别严重的情形。

单位犯本罪的，对单位判处罚金，并对直接负责的主管人员和其他直接责任人员按照前述规定处罚。

二十一、提供侵入、非法控制计算机信息系统程序、工具罪

（一）概念与构成

提供侵入、非法控制计算机信息系统程序、工具罪，是指提供专门用于侵入、非法控制计算机信息系统的程序、工具，或者明知他人实施侵入、非法控制计算机信息系统的违法犯罪行为而为其提供程序、工具，情节严重的行为。本罪的构成要件如下：

（1）本罪的客观方面表现为两种情形。

其一，实施了提供专门用于侵入、非法控制计算机信息系统的程序、工具的行为。根据 2011 年 8 月 1 日最高人民法院、最高人民检察院《关于办理危害计算机信息系统安全刑事案件应用法律若干问题的解释》第 2 条，“专门用于侵入、非法控制计算机信息系统的程序、工具”是指下列情形之一：1）具有避开或者突破计算机信息系统安全保护措施，未经授权或者超越授权获取计算机信息系统数据的功能的；2）具有避开或者突破计算机信息系统安全保护措施，未经授权或者超越授权对计算机信息系统实施控制的功能的；3）其他专门设计用于侵入、非法控制计算机信息系统、非法获取计算机信息系统数据的程序、工具。对于“专门用于侵入、非法控制计算机信息系统的程序、工具”难以确定的，应当委托省级以上负责计算机信息系统安全保护管理工作的部门检验，司法机关根据检验结论并结合案件具体情况进行认定。

其二，明知他人实施侵入、非法控制计算机信息系统的违法犯罪行为而为其提供程序、工具。需要说明的是，行为人的行为必须达到情节严重的程度才能构成本罪。所谓“情节严重”，根据前引解释第 3 条，是指具有下列情形之一：1）提供能够用于非法获取支付结算、证券交易、期货交易等网络金融服务身份认证信息的专门性程序、工具 5 人次以上的；2）提供前项以外的专门用于侵入、非法控制计算机信息系统的程序、工具 20 人次以上的；3）明知他人实施非法获取支付结算、证券交易、期货交易等网络金融服务身份认证信息的违法犯罪行为而为其提供程序、工具 5 人次以上的；4）明知他人实施第 3 项以外的侵入、非法控制计算机信息系统的违法犯罪行为而为其提供程序、工具 20 人次以上的；5）违法所得 5 000 元以上或者造成经济损失 1 万元以上的；6）其他情节严重的情形。

（2）本罪主体包括已满 16 周岁且具有刑事责任能力的自然人和单位。

（3）本罪的主观方面是故意，表现为：明知自己的行为将会侵害到他人计算机信息系统的安全，而提供侵入、非法控制计算机信息系统的程序或工具；或者明知他人在实施侵入、非法控制计算机系统的违法犯罪行为而为其提供程序、工具。

（4）本罪的客体是计算机信息系统的安全。

（二）司法认定与刑事处罚

1. 司法认定

本罪的司法认定，要特别注意共同犯罪问题。根据 2011 年 8 月 1 日最高人民法院、

最高人民检察院《关于办理危害计算机信息系统安全刑事案件应用法律若干问题的解释》第 9 条规定，明知他人实施刑法第 285 条规定的行为，具有下列情形之一的，应当认定为共同犯罪：(1) 为其提供用于破坏计算机信息系统功能、数据或者应用程序的程序、工具，违法所得 5 000 元以上或者提供 10 人次以上的；(2) 为其提供互联网接入、服务器托管、网络存储空间、通讯传输通道、费用结算、交易服务、广告服务、技术培训、技术支持等帮助，违法所得 5 000 元以上的；(3) 通过委托推广软件、投放广告等方式向其提供资金 5 000 元以上的。

2. 刑事处罚

根据刑法第 285 条第 3 款的规定，犯本罪的，处 3 年以下有期徒刑或者拘役，并处或者单处罚金；情节特别严重的，处 3 年以上 7 年以下有期徒刑，并处罚金。所谓“情节特别严重”，根据前引解释第 3 条第 2 款规定，是指：(1) 数量或者数额达到该前款第 1 到 5 项规定标准 5 倍以上的；(2) 其他情节特别严重的情形。单位犯本罪的，对单位判处罚金，对直接负责的主管人员和其他直接责任人员按照前述规定处罚。

二十二、破坏计算机信息系统罪

(一) 概念与构成

破坏计算机信息系统罪，是指违反国家规定，对计算机信息系统功能进行删除、修改、增加、干扰，造成计算机信息系统不能正常运行，以及对计算机信息系统中存储、处理或者传输的数据和应用程序进行删除、修改、增加的操作，或者故意制作、传播计算机病毒等破坏性程序，影响计算机系统正常运行，后果严重的行为。本罪的构成要件如下：

1. 本罪的客观方面表现为行为人实施了破坏计算机信息系统的行为。本罪的犯罪对象是计算机信息系统。关于计算机信息系统此前已有解释，此处不赘述。本罪行为表现形式有以下几种。

其一，行为人对计算机信息系统功能进行删除、修改、增加、干扰，从而造成计算机信息系统不能正常运行，后果严重。其二，行为人对计算机信息系统中存储、处理或者传输的数据和应用程序进行删除、修改、增加的操作，后果严重。其三，故意制作、传播计算机病毒等破坏性程序，影响计算机系统正常运行，后果严重。所谓“计算机病毒等破坏性程序”，根据 2011 年 8 月 1 日最高人民法院、最高人民检察院《关于办理危害计算机信息系统安全刑事案件应用法律若干问题的解释》第 5 条，是指：(1) 能够通过网络、存储介质、文件等媒介，将自身的部分、全部或者变种进行复制、传播，并破坏计算机系统功能、数据或者应用程序的；(2) 能够在预先设定条件下自动触发，并破坏计算机系统功能、数据或者应用程序的；(3) 其他专门设计用于破坏计算机系统功能、数据或者应用程序的程序。其四，违反国家规定，擅自中断计算机网络或者通信服务，造成计算机网络或者通信系统不能正常运行。这里，尚需注意：一是前述四种犯罪的表现形式中的前两种，必须是行为人之行为违反了国家有关规定，即违反了《计算机信息系统安全保护条例》《计算机信息网络国际联网安全保护管理办法》等。否则，如果行为人是按用户要求对其计算机信息系统进行删除、修改等，就不是犯罪。二是前述四种犯罪形式的前三种破坏计算机信息系统的行为，必须造成了严重后果才能以本罪论处。如果行为人虽然实施了破坏计算机信息系统的行为，但并没有造成严重后果，则对行为人之行为就不应以犯罪论处。所谓“后果严重”，根据前引解释第 4 条第 1 款规定，具有下列情形之一的，应当认定为刑法第 286 条第 1 款和第 2 款规定的“后果严重”：（1）造成 10 台以上计算机信息系统的主要软件或者硬件不能正常运行的；（2）对 20 台以上计算机信息系统中存储、处理或者传输的数据进行删除、修改、增加操作的；（3）违法所得 5 000 元以上或者造成经济损失 1 万元以上的；（4）造成为 100 台以上计算机信息系统提供域名解析、身份认证、计费等基础服务或者为 1 万以上用户提供服务的计算机信息系统不能正常运行累计 1 小时以上的；（5）造成其他严重后果的。刑法第 286 条第 3 款所要求的“后果严重”，则是指：（1）制作、提供、传输前引解释第 5 条第 1 项规定的程序，导致该程序通过网络、存储介质、文件等媒介传播的；（2）造成 20 台以上计算机系统被植入前引解释第 5 条第 2、3 项规定的程序的；（3）提供计算机病毒等破坏性程序 10 人次以上的；（4）违法所得 5 000 元以上或者造成经济损失 10 000 元以上的；（5）造成其他严重后果的。但是前述四种犯罪形式中的第四种行为，根据全国人大常委会 2000 年 12 月 28 日通过的《关于维护互联网安全的决定》（2009 年修正）第 1 条之规定，没有产生严重后果也应当以本罪论处。①

2. 本罪的主体为一般主体，即年满 16 周岁、具有刑事责任能力的自然人和单位均可成为本罪主体。

3. 本罪的主观方面是故意，既可以是直接故意，也可以是间接故意。行为人的犯罪目的与动机如何，不影响本罪的成立。

4. 本罪的客体是国家对计算机信息系统的安全运行管理制度和计算机信息系统的所有人和合法用户的合法权益。

（二）司法认定与刑事处罚

1. 司法认定

关于本罪的司法认定，要特别注意共同犯罪问题。根据前引解释第 9 条规定，明知他人实施刑法第 286 条规定的行为，具有下列情形之一的，应当认定为共同犯罪：（1）为其提供用于破坏计算机信息系统功能、数据或者应用程序的程序、工具，违法所得 5 000 元以上或者提供 10 人次以上的；（2）为其提供互联网接入、服务器托管、网络存储空间、通讯传输通道、费用结算、交易服务、广告服务、技术培训、技术支持等帮助，违法所得 5 000 元以上的；（3）通过委托推广软件、投放广告等方式向其提供资金

① 该决定第 1 条规定：“为了保障互联网的运行安全，对有下列行为之一，构成犯罪的，依照刑法有关规定追究刑事责任……（二）故意制作、传播计算机病毒等破坏性程序，攻击计算机系统及通信网络，致使计算机系统及通信网络遭受损害；（三）违反国家规定，擅自中断计算机网络或者通信服务，造成计算机网络或者通信系统不能正常运行。”

5 000 元以上的。又根据 2016 年 12 月 23 日最高人民法院、最高人民检察院《关于办理环境污染刑事案件适用法律若干问题的解释》第 10 条，违反国家规定，针对环境质量监测系统实施下列行为，或者强令、指使、授意他人实施下列行为的，应当依照刑法第 286 条的规定，以破坏计算机信息系统罪论处：(1) 修改参数或者监测数据的；(2) 干扰采样，致使监测数据严重失真的；(3) 其他破坏环境质量监测系统的行为。重点排污单位篡改、伪造自动监测数据或者干扰自动监测设施，排放化学需氧量、氨氮、二氧化硫、氮氧化物等污染物，同时构成污染环境罪和破坏计算机信息系统罪的，依照处罚较重的规定定罪处罚。

2. 刑事处罚

根据刑法第 286 条之规定，犯本罪的，处 5 年以下有期徒刑或者拘役；后果特别严重的，处 5 年以上有期徒刑。所谓"后果特别严重"，根据前引解释第 4 条第 2 款，是指破坏计算机信息系统，具有下列情形之一：(1) 数量或者数额达到前款第 1 项至第 3 项规定标准 5 倍以上的；(2) 造成为 500 台以上计算机信息系统提供域名解析、身份认证、计费等基础服务或者为 5 万以上用户提供服务的计算机信息系统不能正常运行累计 1 小时以上的；(3) 破坏国家机关或者金融、电信、交通、教育、医疗、能源等领域提供公共服务的计算机信息系统的功能、数据或者应用程序，致使生产、生活受到严重影响或者造成恶劣社会影响的；(4) 造成其他特别严重后果的。又根据前引解释第 6 条第 2 款，实施破坏计算机信息系统的行为，有下列情形之一的，也属于"后果特别严重"：(1) 制作、提供、传输本解释第 5 条第 1 项规定的程序，导致该程序通过网络、存储介质、文件等媒介传播，致使生产、生活受到严重影响或者造成恶劣社会影响的；(2) 数量或者数额达到本解释第 6 条第 1 款第 2 项至第 4 项规定标准 5 倍以上的；(3) 造成其他特别严重后果的。又根据 2016 年 12 月 23 日最高人民法院、最高人民检察院《关于办理环境污染刑事案件适用法律若干问题的解释》第 10 条第 3 款，从事环境监测设施维护、运营的人员实施或者参与实施篡改、伪造自动监测数据、干扰自动监测设施、破坏环境质量监测系统等行为的，应当从重处罚。

单位犯本罪的，对单位判处罚金，并依照刑法第 286 条第 1 款的规定追究直接负责的主管人员和其他直接责任人员的刑事责任。

二十三、拒不履行信息网络安全管理义务罪

(一) 概念与构成

拒不履行信息网络安全管理义务罪，是指网络服务提供者不履行法律、行政法规规定的信息网络安全管理义务，经监管部门责令采取改正措施而拒不改正，符合刑法第 286 条之一第 1 款规定的四种情形之一的行为。本罪的构成特征如下：

1. 客观方面表现为行为人拒不履行信息网络安全管理义务，经监管部门责令采取改正措施而拒不改正，符合刑法第 286 条之一第 1 款规定的四种情形之一。对有关其行为要素的理解，要注意行为人必须同时符合以下三个方面的条件：

其一，不履行信息网络安全管理义务。所谓信息网络安全管理义务，是指网络服务提供者依法应当履行的法律法规明确规定的网络安全管理义务。网络服务提供者究竟应当遵守哪些网络安全管理义务？对此，应当根据我国有关信息网络管理的法律法规来把握，其具体规定的内容，可参考相关信息网络管理法律法规。由于这些法律法规规定的具体情况十分复杂，为了便于阐释问题，笔者将其分为两个类型分别加以说明——禁止性规范设定的义务和命令性规范设定的义务。

（1）禁止性规范设定的义务。禁止性规范设定的义务是指法律法规明确禁止实施某些行为，行为人必须约束自己的行为，不得作出超越禁止规范的事项。如果行为人没有遵守禁止性规范或超越了禁止性规范，则构成义务违反，就会招致违法后果。例如，全国人民代表大会常务委员会《关于加强网络信息保护的决定》第 2 条规定：网络服务提供者和其他企业事业单位在业务活动中收集、使用公民个人电子信息……不得违反法律、法规的规定和双方的约定收集、使用信息。第 3 条规定：网络服务提供者和其他企业事业单位不得泄露、篡改、毁损，不得出售或者非法向他人提供（在业务活动中收集的公民个人电子信息）。又如《电信和互联网用户个人信息保护规定》第 9 条第 3 款规定：电信业务经营者、互联网信息服务提供者不得收集其提供服务所必需以外的用户个人信息或者将信息用于提供服务之外的目的，不得以欺骗、误导或者强迫等方式或者违反法律、行政法规以及双方的约定收集、使用信息。这里，法条中的“不得……”就是禁止性规范，立法者在现行信息网络安全管理的法律法规中，设定了大量的禁止性规范，网络服务提供者必须严格遵守这些规范，凡是违背此类禁止性规范设定义务的，就是不履行网络安全管理义务。

（2）命令性规范设定的义务。命令性规范设定的义务，是指法律法规明确规定行为人必须或者应当积极作出的事项。如果行为人不作为，不按照法律法规要求积极作出具体作为，则构成义务的违反。例如《关于加强网络信息保护的决定》第 4 条规定：网络服务提供者和其他企业事业单位应当采取技术措施和其他必要措施，确保信息安全，防止在业务活动中收集的公民个人电子信息泄露、毁损、丢失。在发生或者可能发生信息泄露、毁损、丢失的情况时，应当立即采取补救措施。第 5 条规定：网络服务提供者应当加强对其用户发布的信息的管理，发现法律、法规禁止发布或者传输的信息的，应当立即停止传输该信息，采取消除等处置措施，保存有关记录，并向有关主管部门报告。再如：《计算机信息网络国际联网安全保护管理办法》第 10 条第 6 项规定：发现有本办法第 4 条（危害国家安全等）、第 5 条（危害国家安全等）、第 6 条（破坏计算机信息系统）、第 7 条（侵犯通信自由）所列情形之一的，应当保留有关原始记录，并在 24 小时内向当地公安机关报告。这里的“应当……”，就是命令性规范设定的义务，行为人必须或者应当按照法律法规规定作出具体的积极行为；否则，就是对义务的违反。

其二，经监管部门责令采取改正措施而拒不改正。就本罪成立而言，只是满足了违反义务条件并不足以构成犯罪，还必须是行为人经监管部门责令采取改正措施而拒不改正。根据 2019 年 10 月 21 日最高人民法院、最高人民检察院《关于办理非法利用信息网络、帮助信息网络犯罪活动等刑事案件适用法律若干问题的解释》第 2 条，“监管部门责令采取改正措施”，是指网信、电信、公安等依照法律、行政法规的规定承担信息网络安全监管职责的部门，以责令整改通知书或者其他文书形式，责令网络服务提供者采取改正措施。认定“经监管部门责令采取改正措施而拒不改正”，应当综合考虑监管部门责令改正是否具有法律、行政法规依据，改正措施及期限要求是否明确、合理，网络服务提供者是否具有按照要求采取改正措施的能力等因素进行判断。这里所说的“监管部门”，是指依据法律法规，具有网络安全管理职权的部门。根据有关法规规定，以下部门属于信息网络安全监管部门：（1）国务院自身专门负责信息网络管理的部门，即国务院互联网信息办公室。（2）公安部门、国家安全部门、国家保密部门专门负责信息网络监管的部门。（《计算机信息系统安全保护条例》第6条规定：公安部主管全国计算机信息系统安全保护工作。国家安全部、国家保密局和国务院其他有关部门，在国务院规定的职责范围内做好计算机信息系统安全保护的有关工作。）（3）工业和信息化部所属的通信管理局以及各省、自治区、直辖市通信管理局。（《电信和互联网用户个人信息保护规定》第3条规定：工业和信息化部和各省、自治区、直辖市通信管理局依法对电信和互联网用户个人信息保护工作实施监督管理。）（4）文化部所属互联网文化监管部门。（《互联网文化管理暂行规定》第6条规定：文化部负责制定互联网文化发展与管理的方针、政策和规划，监督管理全国互联网文化活动。省、自治区、直辖市人民政府文化行政部门对申请从事经营性互联网文化活动的单位进行审批，对从事非经营性互联网文化活动的单位进行备案。县级以上人民政府文化行政部门负责本行政区域内互联网文化活动的监督管理工作。县级以上人民政府文化行政部门或者文化市场综合执法机构对从事互联网文化活动违反国家有关法规的行为实施处罚。）（5）国家互联网信息办公室及地方互联网信息办公室（《互联网新闻信息服务管理规定》第4条规定：国家互联网信息办公室负责全国互联网新闻信息服务的监督管理执法工作。地方互联网信息办公室依据职责负责本行政区域内互联网新闻信息服务的监督管理执法工作。）（6）其他依法具有信息网络监督管理职权的部门。

其三，符合刑法第286条之一第1款规定的四种情形之一。行为人即使满足了前述两种条件，仍然不能简单地认定其构成了本罪，即只有在满足前述两种条件，同时又具有下列情形之一的，方才成立本罪。

（1）致使违法信息大量传播。“违法信息”是本罪的客观要素之一。如果大量传播的是合法信息，则不会成立本罪。所谓“违法信息”，是指依法被禁止公开宣扬或传播的信息。如《计算机信息网络国际联网安全保护管理办法》第4、5条规定的信息（危害国家安全等违法犯罪信息）就属于违法信息，如果行为人拒不履行信息网络安全管理义务，致使煽动颠覆国家政权、破坏国家法律制度和政治制度的违法信息大量传播，就属于“致使违法信息大量传播”。所谓大量传播，应当是指众多违法信息被传播出去，或者是违法信息传播的受众众多。根据《关于办理非法利用信息网络、帮助信息网络犯罪活动等刑事案件适用法律若干问题的解释》第3条，“致使违法信息大量传播”是指：1）致使传播违法视频文件200个以上的；2）致使传播违法视频文件以外的其他违法信息2 000个以上的；3）致使传播违法信息，数量虽未达到第1项、第2项规定标准，但是按相应比例折算合计达到有关数量标准的；4）致使向2 000个以上用户账号传播违法信息的；5）致使利用群组成员账号数累计3 000以上的通讯群组或者关注人员账号数累计

3 万以上的社交网络传播违法信息的；6）致使违法信息实际被点击数达到 5 万以上的；7）其他致使违法信息大量传播的情形。

（2）致使用户信息泄露，造成严重后果。所谓“用户信息”，是指接受网络服务提供者服务的自然人或者单位的相关信息，包括个人的有关民族、宗教、信仰、收入、教育、隐私等各种信息，也包括单位不宜公开传播的有关信息等。应当注意的是，泄露用户信息，需要造成“严重后果”才构成犯罪。所谓“造成严重后果”，根据《关于办理非法利用信息网络、帮助信息网络犯罪活动等刑事案件适用法律若干问题的解释》第 4 条，“造成严重后果”是指下列情形之一：1）致使泄露行踪轨迹信息、通信内容、征信信息、财产信息 500 条以上的；2）致使泄露住宿信息、通信记录、健康生理信息、交易信息等其他可能影响人身、财产安全的用户信息 5 000 条以上的；3）致使泄露第 1 项、第 2 项规定以外的用户信息 5 万条以上的；4）数量虽未达到第 1 项至第 3 项规定标准，但是按相应比例折算合计达到有关数量标准的；5）造成他人死亡、重伤、精神失常或者被绑架等严重后果的；6）造成重大经济损失的；7）严重扰乱社会秩序的；8）造成其他严重后果的。

（3）致使刑事案件证据灭失，情节严重。此种情况通常表现为行为人没有履行保存法律法规要求固定对处理刑事案件具有证据效力的信息的义务。比如《计算机信息网络国际联网安全保护管理办法》第 10 条第 6 项规定：“发现有本办法第四条、第五条、第六条、第七条所列情形之一的，应当保留有关原始记录，并在 24 小时内向当地公安机关报告”。该项专门规定了互联单位、接入单位及使用计算机信息网络国际联网的法人和其他组织（包括网络服务提供者），应当履行保留有关涉及危害国家安全等违法犯罪证据的义务。如果行为人拒不履行信息网络安全管理义务，致使刑事案件证据灭失，且情节严重，就会构成本罪。根据《关于办理非法利用信息网络、帮助信息网络犯罪活动等刑事案件适用法律若干问题的解释》第 5 条，“情节严重”是指：1）造成危害国家安全犯罪、恐怖活动犯罪、黑社会性质组织犯罪、贪污贿赂犯罪案件的证据灭失的；2）造成可能判处 5 年有期徒刑以上刑罚犯罪案件的证据灭失的；3）多次造成刑事案件证据灭失的；4）致使刑事诉讼程序受到严重影响的；5）其他情节严重的情形。

（4）有其他严重情节。这是一个兜底性规定，是指除了前述三种情况以外的其他拒不履行信息网络安全管理义务，且情节严重的情形。根据《关于办理非法利用信息网络、帮助信息网络犯罪活动等刑事案件适用法律若干问题的解释》第 6 条，“有其他严重情节”是指下列情形之一：1）对绝大多数用户日志未留存或者未落实真实身份信息认证义务的；2）2 年内经多次责令改正拒不改正的；3）致使信息网络服务被主要用于违法犯罪的；4）致使信息网络服务、网络设施被用于实施网络攻击，严重影响生产、生活的；5）致使信息网络服务被用于实施危害国家安全犯罪、恐怖活动犯罪、黑社会性质组织犯罪、贪污贿赂犯罪或者其他重大犯罪的；6）致使国家机关或者通信、能源、交通、水利、金融、教育、医疗等领域提供公共服务的信息网络受到破坏，严重影响生产、生活的；7）其他严重违反信息网络安全管理义务的情形。

2. 本罪主体为特殊主体，即网络服务提供者。所谓网络服务提供者，是指通过信息网络向公众提供信息或者为获取网络信息等目的提供服务的机构或个人，包括网络上的一切提供设施、信息和中介、接入等技术服务的个人用户、网络服务商以及非营利组织。根据《关于办理非法利用信息网络、帮助信息网络犯罪活动等刑事案件适用法律若干问题的解释》第 1 条，提供下列服务者是“网络服务提供者”：1）网络接入、域名注册解析等信息网络接入、计算、存储、传输服务；2）信息发布、搜索引擎、即时通讯、网络支付、网络预约、网络购物、网络游戏、网络直播、网站建设、安全防护、广告推广、应用商店等信息网络应用服务；3）利用信息网络提供的电子政务、通信、能源、交通、水利、金融、教育、医疗等公共服务。根据其提供的“服务”不同，网络服务提供者具体可以分为网络接入服务提供者、网络平台服务提供者、网络内容及产品服务提供者。公司、企业等单位也可成为本罪主体。不过，在认定具体责任主体时，应当根据具体情况具体分析，准确认定个案的具体责任人。也就是要查明具体犯罪发生的具体环节，弄清究竟是哪一个或者处在哪个环节的网络提供者的不履行义务行为与违法后果具有因果关系。不可任意扩大责任范围，株连无辜。

3. 主观方面为故意。由于本罪法条使用了“经监管部门责令采取改正措施而拒不改正”这样的术语，故本罪只能由故意行为构成。因为过失行为不可能存在“拒不改正”的问题。

4. 本罪的侵害客体为信息网络安全管理秩序。

（二）司法认定

（1）注意本罪与有关危害国家安全罪的区别。本罪的表现形式之一乃是“致使违法信息大量传播”，如果这里的“违法信息”包含了分裂国家、颠覆国家政权等危害国家安全犯罪的相关内容，就可能使本罪与危害国家安全罪中的煽动分裂国家罪（刑法 103 条第 2 款）以及煽动颠覆国家政权罪（第 105 条第 2 款）出现部分重合。因为“违法信息大量传播”在客观上与“煽动分裂”“煽动颠覆”可能具有形式上的类似性。但是它们之间仍然存在明显区别：首先，本罪侵害客体是信息网络安全管理秩序，而煽动分裂国家罪与煽动颠覆国家政权罪的客体是国家安全。其次，主体不同。本罪主体是特殊主体，即只能是网络服务提供者；而后两者主体是一般主体，任何具有责任能力的人都可能成为后两罪的主体。最后，主观故意内容不同。本罪行为人的故意内容乃是不履行信息网络安全管理义务，并无危害国家安全的意思；而后两罪的故意内容恰恰就是要危害国家安全。

（2）罪数问题。刑法第 286 条之一第 3 款规定：实施本罪行为，“同时构成其他犯罪的，依照处罚较重的规定定罪处罚”。所以，以下情况均应按照从一重罪处断原则处理：

1）实施本罪行为，致使违法信息大量传播，如果大量传播的违法信息具有侮辱、诽谤他人的性质，则本罪行为可能与侮辱罪、诽谤罪（刑法第 246 条）的构成要件重合。对此，应当比较该两罪刑罚，按照处罚较重的犯罪论处。由于本罪的法定刑是处 3 年以下有期徒刑、拘役或者管制，并处或者单处罚金，而侮辱罪、诽谤罪的法定刑是处 3 年以下有期徒刑、拘役、管制或者剥夺政治权利，且侮辱罪、诽谤罪属于自诉罪（但是严重危害社会秩序和国家利益的除外），故本罪的处罚较侮辱罪、诽谤罪的要重，因此对于致使大量违法信息传播，造成侮辱、诽谤他人后果的，应当依法按照本罪（拒不履行信息网络安全管理义务罪）论处。

2）实施本罪行为，泄露的用户信息属于军事秘密的，则应当按照故意泄露军事秘密罪（刑法第432条）论处。同理，如果泄露（披露）的信息属于商业秘密，并且造成特别严重后果的，则应当依照侵犯商业秘密罪（刑法第219条第1款后半段规定，“情节特别严重的，处三年以上十年以下有期徒刑，并处罚金”）论处。

3）实施本罪行为，故意不保留与刑事案件有关的原始证据，“致使刑事案件证据灭失，情节严重的”。此种情况虽然可能与“帮助毁灭证据罪”（刑法第307条第2款）的重合，但依据前述规定，应当从一重罪处断，比较本罪与帮助毁灭证据罪的刑法规定——依法应对本罪处3年以下有期徒刑、拘役或者管制，并处或者单处罚金；而对帮助毁灭证据罪依法应处3年以下有期徒刑或者拘役——两相比较，刑法对本罪规定了比帮助毁灭证据罪更重的刑罚，故对于实施本罪行为而同时构成帮助毁灭证据罪的，应当按照本罪论处。

（三）刑事处罚

根据刑法第286条之一规定，犯本罪的，处3年以下有期徒刑、拘役或者管制，并处或者单处罚金；单位犯前款罪的，对单位判处罚金，并对其直接负责的主管人员和其他直接责任人员，依照第1款的规定处罚。实施本罪行为而同时构成其他犯罪的，依照处罚较重的规定定罪处罚。

根据2019年10月21日最高人民法院、最高人民检察院《关于办理非法利用信息网络、帮助信息网络犯罪活动等刑事案件适用法律若干问题的解释》第17条，对于实施本解释规定的犯罪被判处刑罚的，可以根据犯罪情况和预防再犯罪的需要，依法宣告职业禁止；被判处管制、宣告缓刑的，可以根据犯罪情况，依法宣告禁止令。

二十四、非法利用信息网络罪

非法利用信息网络罪，是指利用信息网络，设立用于实施诈骗、传授犯罪方法、制作或者销售违禁物品、管制物品等违法犯罪活动的网站、通讯群组，发布有关制作或者销售毒品、枪支、淫秽物品等违禁物品、管制物品或者其他违法犯罪信息，以及为实施诈骗等违法犯罪活动发布信息，且情节严重的行为。根据2019年10月21日最高人民法院、最高人民检察院《关于办理非法利用信息网络、帮助信息网络犯罪活动等刑事案件适用法律若干问题的解释》第7条的规定，“违法犯罪”，包括犯罪行为和属于刑法分则规定的行为类型但尚未构成犯罪的违法行为。根据该解释第9条，利用信息网络提供信息的链接、截屏、二维码、访问账号密码及其他指引访问服务的，应当认定为刑法第287条之一第1款第2项、第3项规定的“发布信息”。根据该解释第10条，所称“情节严重”是指以下情形：（1）假冒国家机关、金融机构名义，设立用于实施违法犯罪活动的网站的。（2）设立用于实施违法犯罪活动的网站，数量达到3个以上或者注册账号数累计达到2 000以上的。（3）设立用于实施违法犯罪活动的通讯群组，数量达到5个以上或者群组成员账号数累计达到 1 000 以上的。(4) 发布有关违法犯罪的信息或者为实施违法犯罪活动发布信息，具有下列情形之一的：1) 在网站上发布有关信息 100 条以上的；2) 向 2 000 个以上用户账号发送有关信息的；3) 向群组成员数累计达到 3 000 以上的通讯群组发送有关信息的；4) 利用关注人员账号数累计达到 3 万以上的社交网络传播有关信息的。(5) 违法所得 1 万元以上的。(6) 2 年内曾因非法利用信息网络、帮助信息网络犯罪活动、危害计算机信息系统安全受过行政处罚，又非法利用信息网络的。(7) 其他情节严重的情形。

根据刑法第 287 条之一的规定，犯本罪的处 3 年以下有期徒刑或者拘役，并处或者单处罚金。单位犯本罪的，对单位判处罚金，并对其直接负责的主管人员和其他直接责任人员，依照前述规定处罚。犯本罪，同时构成其他犯罪的，依照处罚较重的规定定罪处罚。

二十五、帮助信息网络犯罪活动罪

帮助信息网络犯罪活动罪，是指明知他人利用信息网络实施犯罪，为其犯罪提供互联网接入、服务器托管、网络存储、通讯传输等技术支持，或者提供广告推广、支付结算等帮助，情节严重的行为。根据 2019 年 10 月 21 日最高人民法院、最高人民检察院《关于办理非法利用信息网络、帮助信息网络犯罪活动等刑事案件适用法律若干问题的解释》第 11 条，为他人实施犯罪提供技术支持或者帮助，具有下列情形之一的，可以认定行为人明知他人利用信息网络实施犯罪，但是有相反证据的除外：(1) 经监管部门告知后仍然实施有关行为的；(2) 接到举报后不履行法定管理职责的；(3) 交易价格或者方式明显异常的；(4) 提供专门用于违法犯罪的程序、工具或者其他技术支持、帮助的；(5) 频繁采用隐蔽上网、加密通信、销毁数据等措施或者使用虚假身份，逃避监管或者规避调查的；(6) 为他人逃避监管或者规避调查提供技术支持、帮助的；(7) 其他足以认定行为人明知的情形。根据该司法解释第 12 条，明知他人利用信息网络实施犯罪，为其犯罪提供帮助，具有下列情形之一的，应当认定为刑法第 287 条之二第 1 款规定的“情节严重”：(1) 为 3 个以上对象提供帮助的；(2) 支付结算金额 20 万元以上的；(3) 以投放广告等方式提供资金 5 万元以上的；(4) 违法所得 1 万元以上的；(5) 2 年内曾因非法利用信息网络、帮助信息网络犯罪活动、危害计算机信息系统安全受过行政处罚，又帮助信息网络犯罪活动的；(6) 被帮助对象实施的犯罪造成严重后果的；(7) 其他情节严重的情形。实施前款规定的行为，确因客观条件限制无法查证被帮助对象是否达到犯罪的程度，但相关数额总计达到前款第 2 项至第 4 项规定标准 5 倍以上，或者造成特别严重后果的，应当以帮助信息网络犯罪活动罪追究行为人的刑事责任。

根据刑法第 287 条之二的规定，犯本罪的，处 3 年以下有期徒刑或者拘役，并处或者单处罚金。单位犯本罪的，对单位判处罚金，并对其直接负责的主管人员和其他直接责任人员，依照前述规定处罚。犯本罪同时构成其他犯罪的，依照处罚较重的规定定罪处罚。

二十六、扰乱无线电通讯管理秩序罪

扰乱无线电通讯管理秩序罪，是指违反国家规定，擅自设置、使用无线电台（站），或者擅自使用无线电频率，干扰无线电通讯秩序，情节严重的行为。本罪的构成要件如下：

1. 本罪的客观方面表现为三点：其一，行为人违反国家有关规定，即违反了国家关于无线电台（站）或频率设置或使用的规定；其二，行为人实施了擅自设置、使用无线电台（站），或者擅自使用无线电频率，干扰无线电通讯秩序；其三，行为人之行为情节严重。根据 2017 年 6 月 27 日最高人民法院、最高人民检察院《关于办理扰乱无线电通讯管理秩序等刑事案件适用法律若干问题的解释》第 1 条，“擅自设置、使用无线电台（站），或者擅自使用无线电频率，干扰无线电通讯秩序”，是指以下情形：（1）未经批准设置无线电广播电台（以下简称“黑广播”），非法使用广播电视专用频段的频率的；（2）未经批准设置通信基站（以下简称“伪基站”），强行向不特定用户发送信息，非法使用公众移动通信频率的；（3）未经批准使用卫星无线电频率的；（4）非法设置、使用无线电干扰器的；（5）其他擅自设置、使用无线电台（站），或者擅自使用无线电频率，干扰无线电通讯秩序的情形。根据前引司法解释第 2 条，“情节严重”是指以下情形：（1）影响航天器、航空器、铁路机车、船舶专用无线电导航、遇险救助和安全通信等涉及公共安全的无线电频率正常使用的；（2）自然灾害、事故灾难、公共卫生事件、社会安全事件等突发事件期间，在事件发生地使用“黑广播”“伪基站”的；（3）举办国家或者省级重大活动期间，在活动场所及周边使用“黑广播”“伪基站”的；（4）同时使用 3 个以上“黑广播”“伪基站”的；（5）“黑广播”的实测发射功率 500 瓦以上，或者覆盖范围 10 公里以上的；（6）使用“伪基站”发送诈骗、赌博、招嫖、木马病毒、钓鱼网站链接等违法犯罪信息，数量在 5 000 条以上，或者销毁发送数量等记录的；（7）雇佣、指使未成年人、残疾人等特定人员使用“伪基站”的；（8）违法所得 3 万元以上的；（9）曾因扰乱无线电通讯管理秩序受过刑事处罚，或者 2 年内曾因扰乱无线电通讯管理秩序受过行政处罚，又实施刑法第 288 条规定的行为的；（10）其他情节严重的情形。

2. 本罪的主体为一般主体，单位也可以成为本罪主体。

3. 本罪的主观方面是故意。

4. 本罪的客体是国家无线电使用管理秩序。

根据 2000 年 4 月最高人民法院《关于审理扰乱电信市场管理秩序案件具体应用法律若干问题的解释》第 5 条，违反国家规定，擅自设置、使用无线电台（站），或者擅自占用频率，非法经营国际电信业务或者涉港、澳、台电信业务进行营利活动，同时构成非法经营罪和刑法第 288 条规定的扰乱无线电通讯管理秩序罪的，依照处罚较重的规定定罪处罚。根据 2007 年 6 月最高人民法院《关于审理危害军事通信刑事案件具体应用法律若干问题的解释》第 6 条，造成军事通信中断或者严重障碍，同时构成刑法第 288 条和第 369 条第 1 款破坏武器装备、军事设施、军事通信罪的，依照处罚较重的规定定罪处罚。

根据刑法第288条之规定，自然人犯本罪的，情节严重的，处3年以下有期徒刑、拘役或者管制，并处或者单处罚金；情节特别严重的，处3年以上7年以下有期徒刑，并处罚金。根据《关于办理扰乱无线电通讯管理秩序等刑事案件适用法律若干问题的解释》第3条，“情节特别严重”是指下列情形：（1）影响航天器、航空器、铁路机车、船舶专用无线电导航、遇险救助和安全通信等涉及公共安全的无线电频率正常使用，危及公共安全的；（2）造成公共秩序混乱等严重后果的；（3）自然灾害、事故灾难、公共卫生事件和社会安全事件等突发事件期间，在事件发生地使用“黑广播”“伪基站”，造成严重影响的；（4）对国家或者省级重大活动造成严重影响的；（5）同时使用10个以上“黑广播”“伪基站”的；（6）“黑广播”的实测发射功率3 000千瓦以上，或者覆盖范围20公里以上的；（7）违法所得15万元以上的；（8）其他情节特别严重的情形。

单位犯本罪的，对单位判处罚金，并对其直接负责的主管人员和其他直接责任人员，依照自然人犯本罪的规定处罚。

二十七、聚众扰乱社会秩序罪

（一）概念与构成

聚众扰乱社会秩序罪，是指聚众扰乱社会秩序，情节严重，致使工作、生产、营业和教学、科研、医疗无法进行，造成严重损失的行为。

本罪的构成要件如下：

（1）本罪的客观方面表现为聚众扰乱社会秩序，情节严重，致使工作、生产、营业和教学、科研、医疗无法进行，造成严重损失的行为。

1）“聚众扰乱社会秩序”。

聚众，是指聚集3人以上。扰乱社会秩序，是指采用各种非法的暴力或者非暴力手段扰乱社会秩序，具体手段刑法没有规定，通常表现为：冲击工作、生产、营业和教学、科研、医疗单位的场所；强占工作、生产、营业和教学、科研或医疗场所；封锁办公、生产、营业、教学、科研、医疗场所；在工作、生产、营业和教学、科研、医疗场所围攻、吵闹；等等。行为的实施地是从事工作、生产、营业和教学、科研、医疗的所在地。

应当注意，聚众扰乱社会秩序的行为对象是单位，包括各种依法成立的单位或组织，如国家机关、企业、事业单位、社会团体等。但是受到本罪行为侵害的具体单位的工作人员也可能受到侵扰。

2）“情节严重”。

关于“情节严重”的具体含义，立法与司法解释都没有明确规定，我们认为“情节严重”的含义比较宽泛，包括犯罪主体自身情况、犯罪人主观恶性、客观行为方式和后果、对客体侵害程度等众多方面的因素，实践中一般是指聚众扰乱的持续时间长，聚众的人数多，规模大，造成恶劣社会影响等。此外，根据2019年最高人民法院、最高人民检察院、公安部《关于依法处理信访活动中违法犯罪行为的指导意见》，在特定场所实施犯罪行为，如在天安门广场、中南海地区、党和国家领导人住地、国家重大活动举办场馆、中央国家机关所在地、中央军委大楼、中央主要新闻单位办公场所、外国驻华使领馆、国宾下榻处等非信访场所实施本罪行为，以及专门利用国家重大活动和全国“两会”“七一”“十一”等重要时间节点进京在非信访场所表达诉求、滋事扰序，向地方政府施压的人员，行为发生的地点和时间将作为认定是否“情节严重”的重要依据。

3）“致使工作、生产、营业和教学、科研、医疗无法进行，造成严重损失”。

“致使工作、生产、营业和教学、科研、医疗无法进行”，是指扰乱行为使工作、生产、营业和教学、科研、医疗受到了阻碍而停顿下来，或者扰乱行为使工作、生产、营业和教学、科研、医疗不能按正常的程序顺利进行。两种行为的危害程度是不一样的，前者的危害较后者的更大。“造成严重损失”包括有形的、可以具体测量的损失，也包括无形的、无法准确测量的损失。应当特别指出，聚众扰乱社会秩序必须同时具有“情节严重”和“造成严重损失”才构成本罪。

（2）本罪的主体是一般主体，且仅限于“聚众”的首要分子和积极参加者。对于绝大多数的一般参与人员，不应以犯罪论处。

（3）本罪的主观方面为故意。无论行为人出于何种目的与动机，都不影响本罪的成立。

（4）本罪的客体是公共秩序，即单位正常的工作、生产、营业、教学、科研、医疗秩序。

（二）司法认定与刑事处罚

1. 司法认定

（1）聚众扰乱社会秩序罪与聚众冲击国家机关罪的区别。两者的区别在于：其一，行为程度要求不同。聚众扰乱社会秩序罪要求情节严重才能构成犯罪；聚众冲击国家机关罪没有情节严重的要求。其二，行为对象不同。聚众扰乱社会秩序罪的行为对象除国家机关以外，还包括其他依法成立的单位或组织；聚众冲击国家机关罪的行为对象只能是国家机关。其三，行为方式不同。聚众扰乱社会秩序罪的行为方法多样化，包括冲击、封锁、侵扰、吵闹等，不管采用什么方法，只要聚众扰乱社会秩序行为的情节严重，使工作、生产、营业和教学、科研、医疗活动无法进行，致使造成严重损失的，就构成犯罪；聚众冲击国家机关罪的行为方式是特定的，仅限于“冲击”一种，如果行为人针对国家机关采用的是冲击之外的手段来扰乱国家机关工作秩序，情节严重，造成严重后果的，应当定为聚众扰乱社会秩序罪。其四，犯罪客体不同。聚众扰乱社会秩序罪的客体是单位正常的工作、生产、营业、教学、科研、医疗秩序；聚众冲击国家机关罪的犯罪客体是国家机关的正常秩序。

（2）聚众扰乱社会秩序罪与聚众扰乱公共场所秩序、交通秩序罪的区别。两罪的区别在于：其一，行为场所不同。聚众扰乱社会秩序罪只能发生在有关从事工作、生产、营业和教学、科研、医疗活动的单位所在地，聚众扰乱公共场所秩序、交通秩序罪只能发生在公共场所或交通场所，如果两个地点重合了，即有的场所既是有关从事工作、生产、营业等活动的单位所在地，又是公共场所或交通场所，行为人实施聚众扰乱行为构成竞合犯，按其中的一个重罪处理。其二，客观方面构成要件不同。聚众扰乱社会秩序罪要求造成严重后果；聚众扰乱公共场所秩序、交通秩序罪客观方面无此要求。其三，承担刑事责任的主体不同。聚众扰乱社会秩序中，首要分子和积极参加者均构成犯罪；在聚众扰乱公共场所秩序、交通秩序罪中，仅对首要分子追究刑事责任。

（3）注意新司法解释涉及本罪的规定。根据 2019 年最高人民法院、最高人民检察院、公安部《关于依法处理信访活动中违法犯罪行为的指导意见》，在各级党委、人大、政协、行政、监察、审判、检察、军事机关，厂矿、商场等企业单位，学校、医院、报社、电视台、科研院所等事业单位，工会、妇联等社会团体单位，机场、车站、码头等重要交通场站，或者在上述场所周边的其他公共场所，聚众实施统一着装、佩戴统一标识、静坐滞留、张贴散发材料、喊口号、打横幅、穿状衣等行为，或者实施跳楼、服毒等自杀、自伤行为以及扬言实施自杀、自伤行为，情节严重，致使工作、生产、营业和教学、科研、医疗活动无法进行，造成严重损失的，依照刑法第 290 条第 1 款的规定，对首要分子和其他积极参加者，以聚众扰乱社会秩序罪定罪处罚。

2. 刑事处罚

根据刑法第 290 条第 1 款之规定，对本罪的处罚分两种情况：其一，对首要分子，处 3 年以上 7 年以下有期徒刑；其二，对其他积极参加的，处 3 年以下有期徒刑、拘役、管制或者剥夺政治权利。

二十八、聚众冲击国家机关罪

聚众冲击国家机关罪，是指聚众冲击国家机关，致使国家机关工作无法进行，造成严重损失的行为。本罪的构成要件如下：（1）本罪的客观方面表现为行为人实施了聚众冲击国家机关，致使国家机关工作无法进行且造成严重损失的行为。“聚众”是指首要分子聚集众人，“冲击”是指带有暴力性质的行为或以暴力性质行为为支撑的行为。例如，冲撞或包围国家机关，强行进入国家机关或堵塞国家机关通道以及占据国家机关办公场所等。根据 2019 年最高人民法院、最高人民检察院、公安部《关于依法处理信访活动中违法犯罪行为的指导意见》，在各级党委、人大、政协、行政、监察、审判、检察、军事机关，聚众实施强行冲闯、围堵大门通道，围攻、辱骂工作人员，强占办公场所，投掷石块杂物等冲击国家机关行为，致使国家机关工作无法进行，造成严重损失的，依照刑法第 290 条第 2 款的规定，对首要分子和其他积极参加者，以聚众冲击国家机关罪定罪处罚。（2）本罪的主体是一般主体。值得注意的是，并非一切参与冲击国家机关的人都构成本罪，只有首要分子和积极参加者才是本罪的主体。（3）本罪的主观方面是故意。（4）本罪的客体是国家机关的正常秩序。

根据刑法第 290 条第 2 款之规定，对犯本罪的首要分子，处 5 年以上 10 年以下有期徒刑；对其他积极参加者，处 5 年以下有期徒刑、拘役、管制或者剥夺政治权利。

二十九、扰乱国家机关工作秩序罪

扰乱国家机关工作秩序罪，是指多次扰乱国家机关工作秩序，经行政处罚后仍不改正，造成严重后果的行为。根据刑法第 290 条第 3 款规定，犯本罪的，处 3 年以下有期徒刑、拘役或者管制。

三十、组织、资助非法聚集罪

组织、资助非法聚集罪，是指多次组织、资助他人非法聚集，扰乱社会秩序，情节严重的行为。根据 2019 年最高人民法院、最高人民检察院、公安部《关于依法处理信访活动中违法犯罪行为的指导意见》，多次组织、资助他人到各级党委、人大、政协、行政、监察、审判、检察、军事机关，厂矿、商场等企业单位，学校、医院、报社、电视台、科研院所等事业单位，工会、妇联等社会团体单位，机场、车站、码头等重要交通场站，或者到上述场所周边的其他公共场所，非法聚集，扰乱社会秩序，情节严重的，依照刑法第 290 条第 4 款的规定，以组织、资助非法聚集罪定罪处罚。

根据刑法第 290 条第 4 款规定，犯本罪的，处 3 年以下有期徒刑、拘役或者管制。

三十一、聚众扰乱公共场所秩序、交通秩序罪

（一）概念与构成

聚众扰乱公共场所秩序、交通秩序罪，是指聚众扰乱车站、码头、民用航空站、商场、公园、影剧院、展览会、运动场或其他公共场所秩序，聚众堵塞交通或者破坏交通秩序，抗拒、阻碍国家治安管理工作人员依法执行职务，情节严重的行为。

本罪的构成要件如下：

（1）本罪的客观方面表现为行为人实施了聚众扰乱公共场所秩序的行为。所谓聚众，其含义与聚众扰乱社会秩序罪中的“聚众”相同。犯罪地点是公共场所和涉及交通的场所。所谓公共场所，根据刑法明文规定，是指车站、码头、民用航空站、商场、公园、影剧院、展览会、运动场或其他公共场所。根据列举的几种公共场所的特点，可以看出这里的公共场所是指对社会公众开放的，为社会公众生活、娱乐提供服务的公益或商业场所。所以，“其他公共场所”则应当是指类似前列场所性质而法条没有明确列出的公共场所。当然，行为必须是在公共场所向公众开放的时间内实施，如果行为发生在公共场所处于封闭时期没有对外开放时，不能构成聚众扰乱公共场所秩序罪。涉及交通的场所，是指用于交通的道路及其交叉道口等。所谓扰乱公共场所秩序，其表现形式多种多样，如堵塞车站、码头、民用航空站、商场、公园、影剧院、展览会、运动场或其他公共场所，致使这些场所的营运无法进行。所谓扰乱交通秩序，是指聚众阻塞交通和聚众破坏交通秩序。堵塞交通是指在涉及交通的场所设置各种路障，以阻断交通工具或者行人的通行。破坏交通秩序是指除堵塞交通之外的扰乱交通行为，如毁坏交通管理设施，扰乱交通管理人员工作等。

聚众扰乱公共场所秩序行为和聚众扰乱交通秩序行为成立犯罪，还必须具有“抗拒、阻碍国家治安管理工作人员依法执行职务”的行为这个情节，如果没有这个情节，上述两种扰乱行为不能构成本罪。构成本罪，还需要聚众扰乱公共场所秩序或交通秩序行为

达到“情节严重”的程度。情节严重一般是指：聚集人数众多，社会影响恶劣，行为手段粗暴，持续时间长，造成后果严重，在特别重要的交通路口或者公共场所实施扰乱行为的，等等。

（2）本罪的主体是一般主体，而且只有聚众扰乱公共场所秩序的“首要分子”才是本罪主体。所谓首要分子，是指组织、策划、指挥聚众扰乱公共场所秩序的人。

（3）本罪的主观方面是故意。

（4）本罪的客体是公共场所秩序或者交通秩序。

（二）司法认定与刑事处罚

1. 司法认定

行为人在聚众扰乱公共场所秩序、交通秩序的过程中，实施抗拒、阻碍国家治安管理工作人员依法执行职务的行为的，并非一律构成犯罪，一定需要“情节严重”才可构成犯罪。实践中，不能把抗拒、阻碍的行为本身等同于情节严重。行为人在聚众扰乱时实施了抗拒、阻碍国家治安管理工作人员依法执行职务的行为，同时又具有其他严重情节的，才能构成犯罪。如果除抗拒、阻碍行为之外不具有严重情节的，不能构成本罪。

2. 刑事处罚

根据刑法第 291 条之规定，犯本罪的，对首要分子，处 5 年以下有期徒刑、拘役或者管制。

三十二、投放虚假危险物质罪

（一）概念与构成

投放虚假危险物质罪，是指故意投放虚假的爆炸性、毒害性、放射性、传染病病原体等物质，严重扰乱社会秩序的行为。本罪是《刑法修正案（三）》第 8 条新增的罪名。

本罪的构成要件如下：

1. 本罪的客观方面是行为人实施了故意投放虚假危险物质的行为。所谓“虚假”，是指事实上并非真正的爆炸性、毒害性、放射性、传染病病原体等危险物质，而行为人冒充或假言系此类物质的任何物质。投放是指行为人将虚假的爆炸性、毒害性、放射性、传染病病原体等物质放置在公共场所，如广场、商店、银行，或者行为人向单位、个人邮寄或者递交虚假的爆炸性、毒害性、放射性、传染病病原体等物质的行为。本罪客观方面还要求行为严重扰乱了社会秩序，只有严重扰乱了社会秩序的投放行为才构成犯罪，反之不能构成犯罪。根据 2013 年 9 月 18 日最高人民法院《关于审理编造、故意传播虚假恐怖信息刑事案件适用法律若干问题的解释》第 2 条，“严重扰乱社会秩序”是指下列情形之一：（1）致使机场、车站、码头、商场、影剧院、运动场馆等人员密集场所秩序混乱，或者采取紧急疏散措施的；（2）影响航空器、列车、船舶等大型客运交通工具正常运行的；（3）致使国家机关、学校、医院、厂矿企业等单位的工作、生产、经营、教学、科研等活动中断的；（4）造成行政村或者社区居民生活秩序严重混乱的；（5）致使公安、武警、消防、卫生检疫等职能部门采取紧急应对措施的；（6）其他严重扰乱社会秩序的。

2. 本罪的主体是一般主体，即年满 16 周岁、具有刑事责任能力的自然人。

3. 本罪的主观方面是故意，即行为人明知自己投放的是虚假的爆炸性、毒害性、放射性、传染病病原体等物质，会引起扰乱社会公共管理秩序的后果，但是希望或者放任这种结果发生。行为人主观上如果将虚假的爆炸性、毒害性、放射性、传染病病原体物质误以为是真实的，不构成本罪，应当构成投放危险物质罪的未遂。本罪犯罪动机如何不影响行为定性。

4. 本罪的客体是社会公共管理秩序。虚假的危险物质本身虽然并不具有真实的危险性，但是在社会上传播以后，容易引起人们的恐慌，严重影响人们的正常生活、工作环境，对社会公共管理秩序造成严重破坏。

（二）司法认定与刑事处罚

1. 司法认定

投放虚假危险物质罪与投放危险物质罪、爆炸罪的界限。区别在于：第一，投放的对象不同。投放虚假危险物质罪的对象是虚假的爆炸性、毒害性、放射性、传染病病原体等物质；但是投放危险物质罪、爆炸罪投放的对象是真实的爆炸性、毒害性、放射性、传染病病原体等物质。第二，行为危害结果不同。投放虚假危险物质罪中因为投放的是虚假的危险物质，所以任何情况下不可能真实产生危害公共安全的后果，只会发生扰乱公共管理秩序的后果；但是投放危险物质罪、爆炸罪因为投放的是真实的危险物质，所以会发生危害公共安全的严重后果，即使没有发生实际后果，对公共安全也有真实的危险性。第三，犯罪主体不同。投放虚假危险物质罪的犯罪主体为年满 16 周岁、具有刑事责任能力的自然人；投放危险物质罪、爆炸罪的犯罪主体为年满 14 周岁、具有刑事责任能力的自然人。第四，犯罪客体不同。投放虚假危险物质罪侵犯的是社会公共管理秩序；投放危险物质罪、爆炸罪侵犯的是公共安全。

2. 刑事处罚

根据刑法第 291 条之一第 1 款的规定，犯本罪的，处 5 年以下有期徒刑、拘役或者管制；造成严重后果的，处 5 年以上有期徒刑。根据 2013 年 9 月 18 日最高人民法院《关于审理编造、故意传播虚假恐怖信息刑事案件适用法律若干问题的解释》第 4 条，下列情形之一是“造成严重后果”：（1）造成 3 人以上轻伤或者 1 人以上重伤的；（2）造成直接经济损失 50 万元以上的；（3）造成县级以上区域范围居民生活秩序严重混乱的；（4）妨碍国家重大活动进行的；（5）造成其他严重后果的。

三十三、编造、故意传播虚假恐怖信息罪

（一）概念与构成

编造、故意传播虚假恐怖信息罪，是指故意编造爆炸威胁、生化威胁、放射威胁等

恐怖信息，或者明知是编造的恐怖信息而故意传播，严重扰乱社会秩序的行为。本罪的构成要件如下：

（1）本罪的客观方面表现为行为人实施了编造、故意传播爆炸威胁、生化威胁、放射威胁等恐怖信息，或者明知是编造的恐怖信息而故意传播的行为，且严重扰乱社会秩序。本罪的行为要素是：编造恐怖信息或者传播恐怖信息[①]，同时需要满足“严重扰乱社会秩序”的要件。这就意味着，行为人虽然编造或传播了恐怖信息，但尚未严重扰乱社会秩序的，还不足以成立本罪。何谓“严重扰乱社会秩序”？根据2013年9月18日最高人民法院《关于审理编造、故意传播虚假恐怖信息刑事案件适用法律若干问题的解释》第2条，编造、故意传播虚假恐怖信息，具有下列情形之一的，应当认定为“严重扰乱社会秩序”：1）致使机场、车站、码头、商场、影剧院、运动场馆等人员密集场所秩序混乱，或者采取紧急疏散措施的；2）影响航空器、列车、船舶等大型客运交通工具正常运行的；3）致使国家机关、学校、医院、厂矿企业等单位的工作、生产、经营、教学、科研等活动中断的；4）造成行政村或者社区居民生活秩序严重混乱的；5）致使公安、武警、消防、卫生检疫等职能部门采取紧急应对措施的；6）其他严重扰乱社会秩序的。又根据2013年5月31日最高人民检察院《关于依法严厉打击编造、故意传播虚假恐怖信息威胁民航飞行安全犯罪活动的通知》，对于编造、故意传播虚假恐怖信息，引起公众恐慌，或者致使航班无法正常起降，破坏民航正常运输秩序的，应当认定为“严重扰乱社会秩序”。

（2）本罪的主体是一般主体，即年满16周岁、具有刑事责任能力的自然人。

（3）本罪的主观方面为故意。

（4）本罪的客体是社会公共管理秩序。

（二）司法认定与刑事处罚

1. 司法认定

本罪的司法认定，要特别注意罪数问题。根据2013年5月27日最高人民检察院《关于印发第三批指导性案例的通知》，对本罪的认定需要注意：编造、故意传播虚假恐怖信息罪是选择性罪名。编造恐怖信息以后向特定对象散布，严重扰乱社会秩序的，构成编造虚假恐怖信息罪。编造恐怖信息以后向不特定对象散布，严重扰乱社会秩序的，构成编造、故意传播虚假恐怖信息罪。对于实施数个编造、故意传播虚假恐怖信息行为的，不实行数罪并罚，但应当将其作为量刑情节予以考虑。根据《关于审理编造、故意传播虚假恐怖信息刑事案件适用法律若干问题的解释》第5条规定，编造、故意传播虚假恐怖信息，严重扰乱社会秩序，同时又构成其他犯罪的，择一重罪处罚。

---

① 根据2013年9月18日最高人民法院《关于审理编造、故意传播虚假恐怖信息刑事案件适用法律若干问题的解释》第6条规定，“虚假恐怖信息”，是指以发生爆炸威胁、生化威胁、放射威胁、劫持航空器威胁、重大灾情、重大疫情等严重威胁公共安全的事件为内容，可能引起社会恐慌或者公共安全危机的不真实信息。但是，由于《刑法修正案（九）》增设了“编造、故意传播虚假信息罪”（刑法第291条之一第2款），将虚假“疫情”“灾情”纳入了新增罪名，因而编造、故意传播虚假恐怖信息罪不应再包括编造、故意传播虚假灾情、疫情的情况。

2. 刑事处罚

根据刑法第 291 条之一第 1 款的规定，犯本罪的，处 5 年以下有期徒刑、拘役或者管制；造成严重后果的，处 5 年以上有期徒刑。根据《关于审理编造、故意传播虚假恐怖信息刑事案件适用法律若干问题的解释》第 3 条规定，编造、故意传播虚假恐怖信息，严重扰乱社会秩序，具有下列情形之一的，应当依照刑法第 291 条之一的规定，在 5 年以下有期徒刑范围内酌情从重处罚：（1）致使航班备降或返航；或者致使列车、船舶等大型客运交通工具中断运行的。（2）多次编造、故意传播虚假恐怖信息的。（3）造成直接经济损失 20 万元以上的。（4）造成乡镇、街道区域范围居民生活秩序严重混乱的。（5）具有其他酌情从重处罚情节的。又根据该解释第 4 条规定，编造、故意传播虚假恐怖信息，严重扰乱社会秩序，具有下列情形之一的，应当认定为刑法第 291 条之一的"造成严重后果"，处 5 年以上有期徒刑：（1）造成 3 人以上轻伤或者 1 人以上重伤的；（2）造成直接经济损失 50 万元以上的；（3）造成县级以上区域范围居民生活秩序严重混乱的；（4）妨碍国家重大活动进行的；（5）造成其他严重后果的。

三十四、编造、故意传播虚假信息罪

编造、故意传播虚假信息罪，是指编造虚假的险情、疫情、灾情、警情，在信息网络或者其他媒体上传播，或者明知是上述虚假信息，故意在信息网络或者其他媒体上传播，严重扰乱社会秩序的行为。要特别注意本罪的客观方面：其行为方式表现为编造或者传播；行为对象限于虚假的险情、疫情、灾情、警情，如果编造、传播的是其他信息，不能以本罪论处。本罪的主观方面只能是故意。

根据刑法第 291 条之一第 2 款规定，犯本罪的，处 3 年以下有期徒刑、拘役或者管制；造成严重后果的，处 3 年以上 7 年以下有期徒刑。

三十五、高空抛物罪

高空抛物罪是《刑法修正案（十一）》增设罪名，是指从建筑物或者其他高空抛掷物品，且情节严重的行为。

本罪构成特征如下：（1）本罪客观方面表现为从建筑物或者其他高空抛掷物品。本罪属于情节犯，即行为人高空抛物必须达到情节严重的程度。（2）本罪主体为一般主体。（3）本罪主观方面为故意。（4）本罪客体是社会管理的安全秩序，也包括公民个人的人身和财产安全。值得注意的是，立法者没有将本罪安排在刑法分则第二章"危害公共安全罪"中，显然是为了突出本罪对社会管理的安全秩序的破坏。

根据刑法第 291 条之二规定，犯本罪的，处 1 年以下有期徒刑、拘役或者管制，并处或者单处罚金。实施本罪行为，同时构成其他犯罪的，依照处罚较重的规定定罪处罚。

在具体处理本罪时，还应当遵照 2019 年 10 月 21 日最高人民法院《关于依法妥善审理高空抛物、坠物案件的意见》第 5、6、7 条的规定：

故意从高空抛弃物品，尚未造成严重后果，但足以危害公共安全的，依照刑法第

114 条规定的以危险方法危害公共安全罪定罪处罚；致人重伤、死亡或者使公私财产遭受重大损失的，依照刑法第 115 条第 1 款的规定处罚。为伤害、杀害特定人员实施上述行为的，依照故意伤害罪、故意杀人罪定罪处罚。

高空抛物，具有下列情形之一的，应当从重处罚，一般不得适用缓刑：(1) 多次实施的；(2) 经劝阻仍继续实施的；(3) 受过刑事处罚或者行政处罚后又实施的；(4) 在人员密集场所实施的；(5) 其他情节严重的情形。

过失导致物品从高空坠落，致人死亡、重伤，符合刑法第 233 条、第 235 条规定的，依照过失致人死亡罪、过失致人重伤罪定罪处罚。在生产、作业中违反有关安全管理规定，从高空坠落物品，发生重大伤亡事故或者造成其他严重后果的，依照刑法第 134 条第 1 款的规定，以重大责任事故罪定罪处罚。

三十六、聚众斗殴罪

(一) 概念与构成

聚众斗殴罪，是指聚集多人进行斗殴的行为。

本罪的构成要件如下：

(1) 本罪的客观方面表现为行为人实施了聚众斗殴的行为。

1) 何谓聚众。聚众是指聚集 3 人以上，这一点与其他聚众型犯罪一样，容易理解。如果聚众斗殴双方均有 3 人以上，怀有斗殴的故意实施互殴，当然可以构成本罪，这也是最为典型的、无争议的聚众斗殴罪形式。相反，如果互殴的双方均不到 3 个人，对其不应认定为聚众斗殴罪，这也不存在疑问。在实践中和理论上有争议的正是“单方聚众”问题，即斗殴的双方，一方 3 人以上，但另一方不足 3 人，双方进行斗殴的，应该如何认定？对此存在不同的意见。第一种意见认为，聚众斗殴要求双方均有聚众行为，斗殴是在双方都聚众的基础上互殴，所以此种情况双方都不应按聚众斗殴罪定罪。第二种意见认为，无论人数是否均为 3 人以上，对双方都应以聚众斗殴罪论处。第三种意见认为，只有一方纠集 3 人以上的，对这一方才能以聚众斗殴罪来定罪处罚；对人数为 1 人或者 2 人的一方，不能认定为聚众斗殴罪，符合故意伤害罪或者寻衅滋事罪的条件时，定故意伤害罪或者寻衅滋事罪。我们赞成第三种意见。我们认为本罪客观方面的“斗殴”是双方的行为，而“聚众”是单方的行为，一方聚众行为的实施就已经符合刑法对“聚众”的规定。而没有聚众的一方由于缺乏这个客观要件不能成立本罪。

2) 何谓斗殴。斗殴是指双方相互进行暴力攻击或殴斗。虽然聚众斗殴的行为人双方常常使用刀、枪、棍、棒等凶器，但斗殴的双方是否使用了凶器，并不是本罪的构成要件。这就是说，聚众进行徒手斗殴，也可以构成本罪。

(2) 本罪的主体为一般主体，即凡年满 16 周岁且有刑事责任能力的自然人均可成为本罪主体。但根据刑法第 292 条第 1 款的规定，立法者把一般参与聚众斗殴的人排除在本罪主体之外，只有聚众斗殴的首要分子和其他积极参加斗殴的分子才是本罪主体。所谓首要分子，是指在聚众斗殴中起组织、策划、指挥作用的犯罪分子。例如，行为人纠集了斗殴行为，又直接在现场组织、策划和指挥、实施整个犯罪行为，或者纠集了斗殴行为后又在幕后组织、策划、指挥、操纵其他人实施聚众扰乱行为和其他犯罪行为的，均应认定为首要分子。认定其他积极参加者，应考虑其参与聚众犯罪的程度，既要考虑实施犯罪的客观危害行为在聚众斗殴中作用的大小，也要考虑行为人参与聚众斗殴主观恶性的大小。例如，在首要分子组织、指挥下，直接实施危害行为导致危害结果发生的人，在整个聚众犯罪中积极出谋划策的人，或者在犯罪现场为直接实施危害行为的犯罪分子助威的人，都可以算作是积极参加者。

（3）本罪的主观方面是故意。首先，行为人在主观上要认识到己方在“聚众”，这可以是单方的。其次，双方行为人都必须具有“斗殴”故意，而非仅仅是“殴打”的故意。“斗殴”与“殴打”含义不同，“殴打”指的是一方打另一方，“斗殴”指的是双方互相打斗。当只有单方有“殴打”的故意时，其主观故意的法律性质是故意伤害、故意杀人或寻衅滋事等犯罪故意，而不是聚众斗殴的犯罪故意，在这种故意支配下实施的犯罪行为只能构成故意伤害罪、故意杀人罪或寻衅滋事罪等，实际上是一方对另一方的共同故意加害，而不可能构成聚众斗殴罪。只有行为人具有“斗殴”的故意，即认识到了对方并非是单纯挨打，而是双方都出于恶意互相殴斗的时候，才符合本罪的主观要件。

（4）本罪的客体是社会公共秩序。所谓公共秩序，是指社会公共生活安定与宁静的状态。它一方面由人们代代相传的风俗习惯和伦理道德所维持，另一方面由社会中的法律、法规以及其他各种规范所保护。本罪客体不包括斗殴者的人身权利。刑法规定聚众斗殴罪的目的并不在于保护斗殴者。参加聚众斗殴的人员由于自行选择实施危害公共秩序的犯罪行为，受到刑法的一定程度的否定评价，在一定范围内他们的人身权利是不被刑法关注的，此时刑法所关注的只是斗殴是否会扰乱社会公共生活的安定与宁静。因此，本罪客体是单一客体。

（二）司法认定与刑事处罚

1. 司法认定

（1）罪与非罪。首先，正如我们在前面分析构成要件部分所述，认定聚众斗殴罪一定要坚持主客观相结合的原则。本罪在客观方面不要求双方都“聚众”，有一方“聚众”且实施斗殴行为即可。同时在主观上要求双方都必须有“斗殴”的故意，而非一方殴打另一方的故意。综合主客观的因素来考察，斗殴双方中的一方既符合“聚众”的要求，又符合“斗殴”的要求，就可以构成聚众斗殴罪；如果有一方仅有“斗殴”的故意，却未“聚众”，或者一方虽然符合“聚众”的要求，但是仅有殴打的故意而没有“斗殴”故意的，则不能构成聚众斗殴罪。其行为符合其他罪的构成要件的，以其他罪定罪处罚。

其次，在司法实践中要把聚众斗殴罪与一般打群架的行为严格区别开来。虽然二者都表现为有多人参与，但一般打群架的行为在斗殴规模、所用暴力强度等方面远远不如聚众斗殴犯罪的。而且，一般打群架具有偶发性特点，往往是因为琐事引起的打架双方的突发性的行为，如果双方经过预谋之后斗殴，则应该属于聚众斗殴罪。

因此，对于既没有使用器械，又没有造成人身伤亡、财产损失或其他严重后果的一般打群架的行为，应作为刑法第13条“但书”所规定的“情节显著轻微危害不大的”情况来处理，即“不认为是犯罪”。

（2）本罪与聚众扰乱社会秩序罪的区别。二者的相同点在于：都有聚众的行为；都扰乱公共秩序；二者的犯罪主体都是聚众犯罪的首要分子和其他积极参加者。但二者的明显区别在于：其一，客观方面表现不同。本罪的客观方面表现为行为人实施了“聚众斗殴”的行为；而聚众扰乱社会秩序罪的客观方面表现为行为人实施了“聚众扰乱社会秩序”的行为。其二，犯罪对象不同。本罪的犯罪对象是相互斗殴的对方；而聚众扰乱社会秩序罪的犯罪对象则是不特定的工作、生产、营业和教学、科研、医疗等场所。其三，犯罪形态不同。本罪属行为犯，原则上只要行为人实施了聚众斗殴的行为便成立犯罪；而聚众扰乱社会秩序罪属情节犯，即必须是行为人之行为属“情节严重的”才构成犯罪。

（3）聚众斗殴罪与共同故意伤害罪的区分。聚众斗殴罪也可能造成他人人身伤害的后果，容易与故意伤害罪的共同犯罪混淆。两者主要的区别在于：第一，两罪所保护的客体不同。故意伤害罪保护的是公民的身体健康权利。聚众斗殴罪的客体是社会公共秩序，并不包括公民的身体健康权利。第二，两罪的主观故意不同。这是聚众斗殴罪与故意伤害罪的关键区别。如前所述，聚众斗殴罪的犯罪故意是双向的，是双方“互相打斗”的故意，而故意伤害罪的犯罪故意是单向的；聚众斗殴罪的犯罪故意具有概括性，而故意伤害罪的伤害故意通常是明确的。这两个区别是最为重要的。除此之外，两者在主体、客观方面的区别不再赘述。

（4）本罪的既遂问题。有学者认为，只要行为人聚众并双方都到达了约定的斗殴地点，则可认定为聚众斗殴罪的既遂。我们不赞成此种观点。本罪是由“聚众”和“斗殴”两部分行为结合而成的。因此，仅有聚众而尚未开始斗殴，只是本罪的预备行为。双方聚众并开始着手斗殴，即双方均进入斗殴实行阶段，方为双方犯罪既遂。如果斗殴的甲方事先到达约定的地点，斗殴的乙方刚一到达约定地点未及着手斗殴就被甲方打得落荒而逃，则甲方可认定为聚众斗殴罪的既遂，而乙方只是聚众斗殴的预备。

2. 刑事处罚

根据刑法第 292 条第 1 款之规定，犯本罪的，处 3 年以下有期徒刑、拘役或者管制；有下列情形之一的，处 3 年以上 10 年以下有期徒刑：（1）多次聚众斗殴的；（2）聚众斗殴人数多，规模大，社会影响恶劣的；（3）在公共场所或者交通要道聚众斗殴，造成社会秩序严重混乱的；（4）持械聚众斗殴的。根据刑法第 292 条第 2 款之规定，聚众斗殴，致人重伤、死亡的，依照刑法第 234 条、第 232 条定罪处罚，即对行为人之行为根据具体情况分别以故意伤害罪、故意杀人罪论处。在具体量刑问题上，要贯彻执行 2021 年 6 月 16 日最高人民法院《关于常见犯罪的量刑指导意见（试行）》的精神，对聚众斗殴罪，可以根据下列不同情形在相应的幅度内确定量刑起点：（1）犯罪情节一般的，可以在 2 年以下有期徒刑、拘役幅度内确定量刑起点。（2）有下列情形之一的，可以在 3 年至 5 年有期徒刑幅度内确定量刑起点：聚众斗殴 3 次的；聚众斗殴人数多，规模大，社会影响恶劣的；在公共场所或者交通要道聚众斗殴，造成社会秩序严重混乱的；持械聚众斗殴的。此外，在量刑起点的基础上，可以根据聚众斗殴人数、次数、手段严重程度等其他影响犯罪构成的犯罪事实增加刑罚量，确定基准刑。

对于刑法第 292 条第 2 款规定的刑事责任，我们认为有必要再加以探讨：到底应该由哪些人来承担致人重伤、死亡的刑事责任？首先，对由首要分子和聚众斗殴活动的纠集者、组织者以及直接致人重伤、死亡的行为人承担责任没有争议，但对其他聚众斗殴的积极参加者是否应当承担故意伤害或故意杀人的责任还存在争议。我们认为，基于共同犯罪的理论，凡积极参与聚众斗殴的人员，不论其行为是否直接造成了重伤、死亡后果，均应对聚众斗殴造成的重伤、死亡后果承担刑事责任，即因聚众斗殴造成重伤、死亡后果的，应全案转化认定为故意伤害罪或故意杀人罪。其次，对被致重伤、死亡一方的责任认定存在争议。如果聚众斗殴中出现一方有人重伤、死亡而另一方无人重伤、死亡的情况时，被致重伤、死亡一方的首要分子和其他积极参加者应承担什么刑事责任？第一种观点认为，聚众斗殴中被致重伤或死亡的首要分子和其他积极参加者是受害者，不应以聚众斗殴罪定罪处罚。第二种观点认为，被致重伤、死亡一方的首要分子和其他积极参加者都应转化为故意伤害罪、故意杀人罪，因为重伤、死亡结果也是双方的斗殴行为共同作用的结果。第三种观点认为，被致重伤、死亡一方的首要分子和其他积极参加者，无论是否受了重伤，都应以聚众斗殴罪定罪处罚，不能以己方被致重伤或死亡为由而免除其刑事责任，但是也不应将该方的首要分子和其他积极参加者以故意伤害罪或故意杀人罪定罪处罚。虽然在一定意义上可以说是双方的斗殴行为共同造成了重伤、死亡结果，但是他们的行为毕竟与“本方”人员重伤、死亡结果之间不具有刑法上的因果关系。我们赞成第二种观点及其理由。

三十七、寻衅滋事罪

（一）概念与构成

寻衅滋事罪，是指为寻求刺激、发泄情绪、逞强耍横等，无事生非，实施刑法第 293 条规定的行为，并达到一定严重程度的行为。

本罪的构成要件如下：

1. 本罪的客观方面表现为行为人实施了寻衅滋事，破坏社会秩序的行为。所谓寻衅滋事，刑法第 293 条将其归纳为四类表现形式：

（1）随意殴打他人，情节恶劣的。此项规定是指无故殴打他人，尚未造成重伤以上后果但是严重扰乱社会秩序，因而应当受到刑罚处罚的行为。如果行为人无故殴打他人的伤害行为致人重伤和死亡的，则分别按照故意伤害罪和故意杀人罪定罪处罚，无论他是出于何种动机；如果行为人出于无故寻衅的动机故意杀人的，应当以故意杀人罪论处。根据 2013 年 7 月 15 日最高人民法院、最高人民检察院《关于办理寻衅滋事刑事案件适用法律若干问题的解释》（以下简称《寻衅滋事解释》）第 2 条规定，随意殴打他人，破坏社会秩序，具有下列情形之一的，应当认定为刑法第 293 条第 1 款第 1 项规定的“情节恶劣”：1）致 1 人以上轻伤或者 2 人以上轻微伤的；2）引起他人精神失常、自杀等严重后果的；3）多次随意殴打他人的；4）持凶器随意殴打他人的；5）随意殴打精神病人、残疾人、流浪乞讨人员、老年人、孕妇、未成年人，造成恶劣社会影响的；6）在公共场所随意殴打他人，造成公共场所秩序严重混乱的；7）其他情节恶劣的情形。

（2）追逐、拦截、辱骂、恐吓他人，情节恶劣的。此项规定是指行为人出于卑劣的动机或意图，无事生非，追逐、拦截、辱骂、恐吓他人，不足以构成其他犯罪，而情节严重，有必要作为犯罪处罚的耍流氓行为。如果行为人采取暴力、胁迫等足以使被害人不敢反抗或不知反抗的方法猥亵、侮辱妇女的，则构成强制猥亵、侮辱罪；如果行为人故意非法剥夺他人自由，则构成非法拘禁罪；如果行为人以辱骂的方法公然损害特定的他人人格，情节严重的，则构成侮辱罪；如果行为人恐吓他人，并当场夺取财物的，则可构成抢劫罪。根据前引《寻衅滋事解释》第3条规定，追逐、拦截、辱骂、恐吓他人，破坏社会秩序，具有下列情形之一的，应当认定为刑法第293条第1款第2项规定的“情节恶劣”：1）多次追逐、拦截、辱骂、恐吓他人，造成恶劣社会影响的；2）持凶器追逐、拦截、辱骂、恐吓他人的；3）追逐、拦截、辱骂、恐吓精神病人、残疾人、流浪乞讨人员、老年人、孕妇、未成年人，造成恶劣社会影响的；4）引起他人精神失常、自杀等严重后果的；5）严重影响他人的工作、生活、生产、经营的；6）其他情节恶劣的情形。

值得注意的是，2013年9月6日最高人民法院、最高人民检察院《关于办理利用信息网络实施诽谤等刑事案件适用法律若干问题的解释》第5条第1款规定，利用信息网络辱骂、恐吓他人，情节恶劣，破坏社会秩序的，依照刑法第293条第1款第2项的规定，以寻衅滋事罪定罪处罚。当然，既然该司法解释已经生效施行，实务中就应该按照其规定处理相关案件。但是问题在于，“利用信息网络辱骂、恐吓他人”，是否可以解释为刑法第293条第1款第2项规定的“辱骂、恐吓他人”？虽有少数学者持赞同意见，但多数学者对此持否定意见。其核心问题乃是：寻衅滋事罪必须是发生在现实社会生活中，且具有“当场”的特性，如果把利用信息网络进行的辱骂、恐吓也解释为寻衅滋事行为，就完全违背了寻衅滋事的自然属性。

（3）强拿硬要或者任意损毁、占用公私财物，情节严重的。此项规定是指：采取轻微暴力或者胁迫手段强行取得公私财物，尚未达到抢劫罪和敲诈勒索罪犯罪标准，故意毁损财物尚未达到故意毁坏财物罪的犯罪标准，占用公私财物，严重扰乱社会秩序的行为。如果上述前两种行为达到了抢劫罪、敲诈勒索罪和故意毁坏财物罪的犯罪标准，则分别以这三种罪论处。所谓“情节严重的”，根据前引2013年7月《寻衅滋事解释》第4条，是指具有下列情形之一：1）强拿硬要公私财物价值1 000元以上，或者任意损毁、占用公私财物价值2 000元以上的；2）多次强拿硬要或者任意损毁、占用公私财物，造成恶劣社会影响的；3）强拿硬要或者任意损毁、占用精神病人、残疾人、流浪乞讨人员、老年人、孕妇、未成年人的财物，造成恶劣社会影响的；4）引起他人精神失常、自杀等严重后果的；5）严重影响他人的工作、生活、生产、经营的；6）其他情节严重的情形。

（4）在公共场所起哄闹事，造成公共场所秩序严重混乱的。所谓“公共场所”，是指车站、码头、机场、医院、商场、公园、影剧院、展览会、运动场或者其他公共场所。此项规定是指尚未构成其他犯罪，但严重破坏公共场所社会秩序的起哄闹事行为。所谓起哄闹事，是指无事生非，制造混乱，如叫骂、呼喊、推搡等，引起公共秩序严重混乱的行为。根据前引《寻衅滋事解释》第 5 条规定，应当根据公共场所的性质、公共活动的重要程度、公共场所的人数、起哄闹事的时间、公共场所受影响的范围与程度等因素，综合判断是否“造成公共场所秩序严重混乱”。如果行为人出于个人原因在公共场所自杀、自残等，引起大量人群围观的，不能认定其构成寻衅滋事罪。值得注意的是，2013 年 9 月 6 日最高人民法院、最高人民检察院《关于办理利用信息网络实施诽谤等刑事案件适用法律若干问题的解释》第 5 条第 2 款规定，编造虚假信息，或者明知是编造的虚假信息，在信息网络上散布，或者组织、指使人员在信息网络上散布，起哄闹事，造成公共秩序严重混乱的，依照刑法第 293 条第 1 款第 4 项的规定，以寻衅滋事罪定罪处罚。①

行为人只要实施了以上四种行为之一，便构成本罪。

2. 本罪的主体为一般主体。

3. 本罪的主观方面是故意。这里以“随意殴打他人”类型为例重点分析主观方面。“随意”是寻衅滋事罪的核心要素，如何认定“随意”？有人认为，随意是指毫无理由。我们不同意这种看法。因为一般来说，事实上毫无理由的行为是不存在的。“寻衅”二字的意思本来就是寻找理由、借口。行为人在实施滋事行为之前，总要为自己寻找某些理由，作为其实施犯罪行为的借口。具体而言，考察行为人“殴打行为”是否属“随意”，大致可以从下述特性去分析：首先，看行为人的主观动机。寻衅滋事罪是行为人抱着公然藐视社会法纪和公德的心态，出于逞强斗狠、耍威争霸、发泄不满，或开心取乐、寻求刺激等不健康动机而实施的犯罪。其次，看行为人是否“临时起意”。一般来讲，寻衅滋事中的争强好胜、抖弄威风、打人取乐的心理，注定使行为人对自己的行为随心所欲，完全视其需要决定。最后，看其所谓的“事出有因”，是符合常理和社会公序良俗，还是出于无事生非而毫无道理的“原因”。

4. 本罪的客体为复杂客体，它既侵犯了公共秩序，同时也侵犯了他人的人身权利、公私财产权利等。具体分析如下。

对“随意殴打他人”类型而言，最直观的保护的法益是个人的人身权利，刑法禁止随意殴打他人，而殴打就是对他人人身权利的侵犯。同时，联系“随意”殴打的规定以及本罪所处的章节位置来考虑，本规定保护的应是与公共秩序相关的人身权利，也就是说在保护人身权利的同时强调保护这一类公共秩序。如果行为人不是随意殴打，而是基于特殊原因殴打特定个人的，仅仅侵犯了人身权利而没有侵犯公共秩序，就不可能成立寻衅滋事罪，而可能构成其他侵犯人身权利的犯罪。

对“追逐、拦截、辱骂他人”类型而言，最直观保护的法益是个人的人身自由权和名誉权。追逐、拦截行为侵犯他人人身自由，辱骂行为侵犯他人名誉。同上述理由一样，本规定保护的不是单纯的自由权和名誉权，而是同时保护一般人在公共生活中的这一类自由权与名誉权。不是在危害公共秩序的情况下追逐、拦截、辱骂特定个人的，不属于

① 该款把“编造虚假信息，或者明知是编造的虚假信息，在信息网络上散布，或者组织、指使人员在信息网络上散布，起哄闹事”，解释为刑法第 293 条第 1 款第 4 项的规定的“在公共场所起哄闹事”，同样存在严重疑问，即将信息网络解释为“公共场所”令人极其困惑。

寻衅滋事罪。

对“强拿硬要或者任意损毁、占用公私财物”类型而言，最直观保护的法益是公私财产权。同上述理由一样，本规定保护的不是单纯的财产权利，而是也保护与财产权利有关的社会公共秩序。如果行为仅仅侵犯财产权，没有直接侵犯社会公共秩序的，不构成寻衅滋事罪。

对“在公共场所起哄闹事”类型而言，保护的法益是社会成员在公共场所从事自由活动的秩序与安全。

（二）司法认定与刑事处罚

1. 司法认定

（1）罪与非罪问题。依据刑法第293条之规定，构成寻衅滋事罪必须是“情节恶劣”、“情节严重”或“造成公共场所秩序严重混乱”的行为。因此，一般的打人等寻衅滋事行为不宜按犯罪处理，而可以根据《治安管理处罚法》的有关规定处理。

（2）竞合问题。根据前引2013年7月《寻衅滋事解释》第7条规定，实施寻衅滋事行为，同时符合寻衅滋事罪和故意杀人罪、故意伤害罪、故意毁坏财物罪、敲诈勒索罪、抢夺罪、抢劫罪等罪的构成要件的，依照处罚较重的犯罪定罪处罚。

（3）寻衅滋事罪与抢劫罪的区别。在实践中，强拿硬要型的寻衅滋事罪案件在定性上与抢劫罪容易混淆。两种犯罪的区别具体在于：

第一，主观方面。抢劫罪的主观故意是非法占有公私财物。非法占有公私财物是行为人根本的和最终的目的，暴力和威胁是为了非法占有公私财物采取的手段行为。所以一般只要有可能，行为人就要抢劫更多的财物。而寻衅滋事的主观方面不是以非法占有公私财物为根本的和最终的目的，夺取他人财物的行为是作为其寻求精神刺激，扰乱公共秩序的手段存在的。行为人把精神空虚、逞强好胜、称王称霸的主观愿望通过强拿硬要的方法表现出来，但是终极的目的并不是占有财物，所以有时即使行为人可以获得更多的财物也无意获取。行为人主观目的和主观追求的不同，是两罪的最本质的区别。同时，抢劫犯罪往往经过精心预谋、策划，而寻衅滋事犯罪一般为临时起意。

第二，客观方面。首先，客观行为的程度不同。抢劫罪行为人的客观行为一般表现为对公私财物的持有人当场使用暴力、胁迫或者其他方法，使受害人身体受到强制，不能反抗或者不敢反抗，抢走财物或者迫使受害人交出财物。暴力、威胁或其他方法对被害人所造成的精神强制及身体强制的程度必须是相当明显的。寻衅滋事罪中的强拿硬要虽然也存在强行获取财物的客观行为，“强拿”本身有使用轻微的暴力行为或以暴力相威胁之意，但是这种行为没有抢劫行为的力度和强度大，达不到抢劫罪所要求的对他人人身安全造成现实威胁的程度。其次，行为人实施行为的地点不同。寻衅滋事罪的强拿硬要、非法占有公私财物的行为一般发生在大庭广众、公共场所，周围是否有人，不妨碍行为人行为的实施，有的甚至还故意选择在人多的公共场所来实施犯罪行为，这是因为行为人想通过在众人面前炫耀武力、逞强示威来达到其追求精神刺激的目的。相反，抢劫罪中的行为人选择作案地点一般不会在公共场所，多会选择没人、偏僻的地点。即使是在公共场所公然实施抢劫的，行为人也不会耀武扬威，而是尽量要挟被害人不要声张来避免众人关注或者是在抢劫后急忙逃离现场。

第三，客体方面。抢劫罪侵害的是公私财产权利和他人的人身权利；寻衅滋事罪侵害的主要是公共秩序。

（4）寻衅滋事罪与故意伤害罪的区别。

在实践中，“随意殴打他人”的寻衅滋事罪与故意伤害罪容易混淆，两者区别在于：第一，客观行为不同。寻衅滋事罪虽然也有殴打他人的行为，但是行为的强度没有故意伤害罪的大。第二，发生场所不同。随意殴打他人一般发生在公共场所，具有扰乱公共秩序的因素，而且犯罪人一般不会精心挑选犯罪地点。而故意伤害行为人往往对于伤害场所精心选择，有时为了追求犯罪更易得手，会挑选偏僻的场所。第三，被害对象不同。随意殴打的被害对象往往是不特定的。而故意伤害行为的对象一般是特定的。第四，主观动机不同。随意殴打的行为人抱着公然藐视社会法规和公德的心态，出于逞强斗狠、耍威争霸、发泄不满或开心取乐、寻求刺激等不健康动机而实施犯罪。故意伤害行为人主观上就是非法损害他人健康，没有寻求刺激等动机。

（5）根据2019年最高人民法院、最高人民检察院、公安部《关于依法处理信访活动中违法犯罪行为的指导意见》，下列行为可以按照寻衅滋事罪论处：1）在各级党委、人大、政协、行政、监察、审判、检察、军事机关，厂矿、商场等企业单位，学校、医院、报社、电视台、科研院所等事业单位，工会、妇联等社会团体单位，机场、车站、码头等重要交通场站，或者在上述场所周边的其他公共场所，实施自杀、自伤、打横幅、撒传单、拦车辆、统一着装、佩戴统一标识等行为，起哄闹事，造成公共场所秩序严重混乱的；2）追逐、拦截、辱骂、恐吓、随意殴打他人，情节恶劣的，或者强拿硬要、任意损毁、占用公私财物，情节严重的；3）编造虚假信息，或者明知是编造的虚假信息，在信息网络上散布，或者组织、指使人员在信息网络上散布，起哄闹事，造成公共秩序严重混乱的。

2. 刑事处罚

根据刑法第293条的规定，犯本罪的，处5年以下有期徒刑、拘役或者管制；纠集他人多次实施本条规定的四类寻衅滋事行为，严重破坏社会秩序的，处5年以上10年以下有期徒刑，可以并处罚金。根据前引《寻衅滋事解释》第6条规定，纠集他人3次以上实施寻衅滋事犯罪，未经处理的，应当依照刑法第293条第2款的规定处罚，即处5年以上10年以下有期徒刑，可以并处罚金。根据该《寻衅滋事解释》第8条规定，行为人认罪、悔罪，积极赔偿被害人损失或者取得被害人谅解的，可以从轻处罚；犯罪情节轻微的，可以不起诉或者免予刑事处罚。

三十八、催收非法债务罪

催收非法债务罪是《刑法修正案（十一）》新增，是指催收高利放贷等产生的非法债务，使用暴力、胁迫方法，限制他人人身自由或者侵入他人住宅，或者恐吓、跟踪、骚扰他人，且情节严重的行为。

本罪构成特征如下：（1）本罪客观方面表现为，行为人实施了催收高利放贷等产生的非法债务，并使用暴力、胁迫方法、限制他人人身自由或者侵入他人住宅，或者恐吓、跟踪、骚扰他人。本罪是情节犯，即行为人之行为需要达到情节严重的程度。值得注意的是，如何理解“高利放贷等产生的非法债务”？所谓“高利贷”，是指借款利率高于法定最高利率的贷款。我国《民法典》第680条第1款规定，禁止高利放贷，借款的利率不得违反国家有关规定。根据有关法律和司法解释规定，借贷利率不得超过合同成立时一年期贷款市场报价利率的4倍，超过这个标准的，即属于高利贷。除了高利贷属于非法债务，其他非法债务还包括各种违法行为形成的债务（如赌博、买卖毒品、卖淫嫖娼等）。如果行为人催收的是合法债务，不构成本罪。当然，如果行为人使用暴力等手段催收合法债务，造成他人身体伤害的，则构成伤害犯罪。（2）本罪主体为一般主体。（3）本罪主观方面为故意。（4）本罪客体是社会管理安全秩序和公民个人生活安宁。

依照《刑法》第293条之一，犯本罪的，处3年以下有期徒刑、拘役或者管制，并处或者单处罚金。

三十九、组织、领导、参加黑社会性质组织罪

（一）概念与构成

组织、领导、参加黑社会性质组织罪，是指组织、领导或者参加以暴力、威胁或者其他手段，有组织地进行违法犯罪活动，称霸一方，为非作恶，欺压、残害群众，严重破坏经济、社会生活秩序的黑社会性质组织的行为。

本罪构成要件如下：

1. 客观方面表现为组织、领导或者参加以暴力、威胁或者其他手段，有组织地进行违法犯罪活动，称霸一方，为非作恶，欺压、残害群众，严重破坏经济、社会生活秩序的黑社会性质组织的行为。重点把握以下问题：

（1）准确理解黑社会性质组织的四个特征。

其一，组织特征——形成较稳定的犯罪组织，人数较多，有明确的组织者、领导者，骨干成员基本固定。根据2018年1月16日最高人民法院、最高人民检察院、公安部、司法部《关于办理黑恶势力犯罪案件若干问题的指导意见》第6条第一段，组织形成后，在一定时期内持续存在，应当认定为“形成较稳定的犯罪组织”。关于“人数较多”，根据2015年10月13日最高人民法院《全国部分法院审理黑社会性质组织犯罪案件工作座谈会纪要》第二部分，黑社会性质组织组织成员一般在10人以上，但《关于办理黑恶势力犯罪案件若干问题的指导意见》第6条第二段规定，对黑社会性质组织存在时间、成员人数问题不宜作出“一刀切”的规定。

其二，经济特征——有组织地通过违法犯罪活动或者其他手段获取经济利益，具有一定的经济实力，以支持该组织的活动。根据《关于办理黑恶势力犯罪案件若干问题的指导意见》第7条，在组织的形成、发展过程中通过以下方式获取经济利益的，应当认定为“有组织地通过违法犯罪活动或者其他手段获取经济利益”：1）有组织地通过违法犯罪活动或其他不正当手段聚敛；2）有组织地以投资、控股、参股、合伙等方式通过合法的生产、经营活动获取；3）由组织成员提供或通过其他单位、组织、个人资助取得。

《关于办理黑恶势力犯罪案件若干问题的指导意见》第 8 条规定，通过上述方式获得一定数量的经济利益，应当认定为“具有一定的经济实力”，同时也包括调动一定规模的经济资源用以支持该组织活动的能力。通过上述方式获取的经济利益，即使是由部分组织成员个人掌控，也应计入黑社会性质组织的“经济实力”。组织成员主动将个人或者家庭资产中的一部分用于支持该组织活动，其个人或者家庭资产可全部计入“一定的经济实力”，但数额明显较小或者仅提供动产、不动产使用权的除外。

其三，行为特征——以暴力、威胁或者其他手段，有组织地多次进行违法犯罪活动，为非作恶，欺压、残害群众。根据《关于办理黑恶势力犯罪案件若干问题的指导意见》第 9 条，黑社会性质组织实施的违法犯罪活动包括非暴力性的违法犯罪活动，但暴力或以暴力相威胁始终是黑社会性质组织实施违法犯罪活动的基本手段，并随时可能付诸实施。暴力、威胁色彩虽不明显，但实际是以组织的势力、影响和犯罪能力为依托，以暴力、威胁的现实可能性为基础，足以使他人产生恐惧、恐慌进而形成心理强制或者足以影响、限制人身自由、危及人身财产安全或者影响正常生产、工作、生活的手段，属于《刑法》第 294 条第 5 款第 3 项中的“其他手段”，包括但不限于所谓的“谈判”“协商”“调解”以及滋扰、纠缠、哄闹、聚众造势等手段。根据《关于办理黑恶势力犯罪案件若干问题的指导意见》第 10 条，为确立、维护、扩大组织的势力、影响、利益或者按照纪律规约、组织惯例多次实施违法犯罪活动，侵犯不特定多人的人身权利、民主权利、财产权利，破坏经济秩序、社会秩序，应当认定为“有组织地多次进行违法犯罪活动，为非作恶，欺压、残害群众”。符合以下情形之一的，应当认定为是黑社会性质组织实施的违法犯罪活动：1）为该组织争夺势力范围、打击竞争对手、形成强势地位、谋取经济利益、树立非法权威、扩大非法影响、寻求非法保护、增强犯罪能力等实施的；2）按照该组织的纪律规约、组织惯例实施的；3）组织者、领导者直接组织、策划、指挥、参与实施的；4）由组织成员以组织名义实施，并得到组织者、领导者认可或者默许的；5）多名组织成员为逞强争霸、插手纠纷、报复他人、替人行凶、非法敛财而共同实施，并得到组织者、领导者认可或者默许的；6）其他应当认定为黑社会性质组织实施的。此外，还要注意，2019 年最高人民法院、最高人民检察院、公安部、司法部《关于办理实施“软暴力”的刑事案件若干问题的意见》第 1 条规定，“软暴力”是暴力的一种表现形式，是指行为人为谋取不法利益或形成非法影响，对他人或者在有关场所进行滋扰、纠缠、哄闹、聚众造势等，足以使他人产生恐惧、恐慌进而形成心理强制，或者足以影响、限制人身自由、危及人身财产安全，影响正常生活、工作、生产、经营的违法犯罪手段。该意见第 2 条规定，“软暴力”违法犯罪手段通常的表现形式有：1）侵犯人身权利、民主权利、财产权利的手段，包括但不限于跟踪贴靠、扬言传播疾病、揭发隐私、恶意举报、诬告陷害、破坏、霸占财物等；2）扰乱正常生活、工作、生产、经营秩序的手段，包括但不限于非法侵入他人住宅、破坏生活设施、设置生活障碍、贴报喷字、拉挂横幅、燃放鞭炮、播放哀乐、摆放花圈、泼洒污物、断水断电、堵门阻工，以及通过驱赶从业人员、派驻人员据守等方式直接或间接地控制厂房、办公区、经营场所等；3）扰乱社会秩序的手段，包括但不限于摆场架势示威、聚众哄闹滋扰、拦路闹事等；4）其他符合本意见第 1 条规定的“软暴力”手段。通过信息网络或者通讯工具实施，符合本意见第 1

条规定的违法犯罪手段，应当认定为“软暴力”。该意见第 3 条规定行为人实施“软暴力”，具有下列情形之一，可以认定为足以使他人产生恐惧、恐慌进而形成心理强制或者足以影响、限制人身自由、危及人身财产安全或者影响正常生活、工作、生产、经营：1）黑恶势力实施的；2）以黑恶势力名义实施的；3）曾因组织、领导、参加黑社会性质组织、恶势力犯罪集团、恶势力以及因强迫交易、非法拘禁、敲诈勒索、聚众斗殴、寻衅滋事等犯罪受过刑事处罚后又实施的；4）携带凶器实施的；5）有组织地实施的或者足以使他人认为暴力、威胁具有现实可能性的；6）其他足以使他人产生恐惧、恐慌进而形成心理强制或者足以影响、限制人身自由、危及人身财产安全或者影响正常生活、工作、生产、经营的情形。由多人实施的，编造或明示暴力违法犯罪经历进行恐吓的，或者以自报组织、头目名号、统一着装、显露文身、特殊标识以及其他明示、暗示方式，足以使他人感知相关行为的有组织性的，应当认定为“以黑恶势力名义实施”。由多人实施的，只要有部分行为人符合本条第 1 款第 1 项至第 4 项所列情形的，该项即成立。虽然具体实施“软暴力”的行为人不符合本条第 1 款第 1 项、第 3 项所列情形，但雇佣者、指使者或者纠集者符合的，该项成立。

其四，危害性特征——通过实施违法犯罪活动，或者利用国家工作人员的包庇或者纵容，称霸一方，在一定区域或者行业内，形成非法控制或者重大影响，严重破坏经济、社会生活秩序。根据《关于办理黑恶势力犯罪案件若干问题的指导意见》第 11 条，不能简单地要求“一定区域”必须达到某一特定的空间范围，而应当根据具体案情，并结合黑社会性质组织对经济、社会生活秩序的危害程度加以综合分析判断。通过实施违法犯罪活动，或者利用国家工作人员的包庇或者不依法履行职责，放纵黑社会性质组织进行违法犯罪活动的行为，称霸一方，并具有以下情形之一的，可认定为“在一定区域或者行业内，形成非法控制或者重大影响，严重破坏经济、社会生活秩序”：1）致使在一定区域内生活或者在一定行业内从事生产、经营的多名群众，合法利益遭受犯罪或严重违法活动侵害后，不敢通过正当途径举报、控告的；2）对一定行业的生产、经营形成垄断，或者对涉及一定行业的准入、经营、竞争等经济活动形成重要影响的；3）插手民间纠纷、经济纠纷，在相关区域或者行业内造成严重影响的；4）干扰、破坏他人正常生产、经营、生活，并在相关区域或者行业内造成严重影响的；5）干扰、破坏公司、企业、事业单位及社会团体的正常生产、经营、工作秩序，在相关区域、行业内造成严重影响，或者致使其不能正常生产、经营、工作的；6）多次干扰、破坏党和国家机关、行业管理部门以及村委会、居委会等基层群众自治组织的工作秩序，或者致使上述单位、组织的职能不能正常行使的；7）利用组织的势力、影响，帮助组织成员或他人获取政治地位，或者在党政机关、基层群众自治组织中担任一定职务的；8）其他形成非法控制或者重大影响，严重破坏经济、社会生活秩序的情形。

上述四个特征必须同时具备才能认定为黑社会性质组织。

（2）准确理解“组织、领导、参加黑社会性质组织”。根据 2018 年 1 月 16 日最高人民法院、最高人民检察院、公安部、司法部《关于办理黑恶势力犯罪案件若干问题的指导意见》第 4 条，发起、创建黑社会性质组织，或者对黑社会性质组织进行合并、分立、重组的行为，应当认定为“组织黑社会性质组织”；实际对整个组织的发展、运行、活动进行决策、指挥、协调、管理的行为，应当认定为“领导黑社会性质组织”。黑社会性质组织的组织者、领导者，既包括通过一定形式产生的有明确职务、称谓的组织者、领导者，也包括在黑社会性质组织中被公认的事实上的组织者、领导者。根据该指导意见第5条，知道或者应当知道是以实施违法犯罪为基本活动内容的组织，仍加入并接受其领导和管理的行为，应当认定为“参加黑社会性质组织”。没有加入黑社会性质组织的意愿，受雇到黑社会性质组织开办的公司、企业、社团工作，未参与黑社会性质组织违法犯罪活动的，不应认定为“参加黑社会性质组织”。参加黑社会性质组织并具有以下情形之一的，一般应当认定为“积极参加黑社会性质组织”：多次积极参与黑社会性质组织的违法犯罪活动，或者积极参与较严重的黑社会性质组织的犯罪活动且作用突出，以及其他在组织中起重要作用的情形，如具体主管黑社会性质组织的财务、人员管理等事项。

（3）本罪是一个选择性罪名，只要行为人实施了“组织、领导、参加”黑社会性质组织的行为之一，便成立本罪，但在确定罪名时，可以根据行为人具体实施的行为来加以确定。

2. 本罪的主体为一般主体。

3. 本罪的主观方面是故意，即行为人怀着明确的意图组织或领导黑社会性质组织，或者明知是黑社会性质组织而参加。

4. 本罪的客体是复杂客体，本罪既侵犯了经济秩序、社会生活秩序，又侵犯了公民的人身权利。

（二）司法认定与刑事处罚

1. 司法认定

（1）注意区分本罪与“恶势力犯罪”的界限。“恶势力犯罪”是一种有组织犯罪，却并不是刑法立法用语，但是，前引司法解释规定并界定了这一术语。根据《关于办理黑恶势力犯罪案件若干问题的指导意见》第14条，具有下列情形的组织，应当认定为“恶势力”：经常纠集在一起，以暴力、威胁或者其他手段，在一定区域或者行业内多次实施违法犯罪活动，为非作恶，欺压百姓，扰乱经济、社会生活秩序，造成较为恶劣的社会影响，但尚未形成黑社会性质组织的违法犯罪组织。恶势力一般为3人以上，纠集者相对固定，违法犯罪活动主要为强迫交易、故意伤害、非法拘禁、敲诈勒索、故意毁坏财物、聚众斗殴、寻衅滋事等，同时还可能伴随实施开设赌场、组织卖淫、强迫卖淫、贩卖毒品、运输毒品、制造毒品、抢劫、抢夺、聚众扰乱社会秩序、聚众扰乱公共场所秩序、交通秩序以及聚众“打砸抢”等。二者的核心区别在于：其一，本罪是刑法规定的独立罪名，而“恶势力犯罪”虽然是一种有组织犯罪，但并不是独立罪名。其二，凡是符合本罪构成要件的行为，一律应当按照本罪论处，而符合“恶势力犯罪”特征的行为，应当按照刑法规定的相应具体罪名论处。根据《关于办理黑恶势力犯罪案件若干问题的指导意见》第15条，恶势力犯罪集团（组织）是符合犯罪集团法定条件的恶势力犯罪组织，其特征表现为：有3名以上的组织成员，有明显的首要分子，重要成员较为固定，组织成员经常纠集在一起，共同故意实施3次以上恶势力惯常实施的犯罪活动或者其他犯罪活动。根据《关于办理黑恶势力犯罪案件若干问题的指导意见》第17条，对于“黑恶势力犯罪”，应当分别依照刑法相关规定处理：1）有组织地采用滋扰、纠缠、哄闹、聚众造势等手段扰乱正常的工作、生活秩序，使他人产生心理恐惧或者形成心理强制，分别属于刑法第293条第1款第2项规定的“恐吓”、《刑法》第226规定的“威胁”，同时符合其他犯罪构成条件的，应分别以寻衅滋事罪、强迫交易罪定罪处罚。《关于办理寻衅滋事刑事案件适用法律若干问题的解释》第2条至第4条中的“多次”一般应当理解为2年内实施寻衅滋事行为3次以上。2年内多次实施不同种类寻衅滋事行为的，应当追究刑事责任。2）以非法占有为目的强行索取公私财物，有组织地采用滋扰、纠缠、哄闹、聚众造势等手段扰乱正常的工作、生活秩序，同时符合刑法第274条规定的其他犯罪构成条件的，应当以敲诈勒索罪定罪处罚。同时由多人实施或者以统一着装、显露文身、特殊标识以及其他明示或者暗示方式，足以使对方感知相关行为的有组织性的，应当认定为《关于办理敲诈勒索刑事案件适用法律若干问题的解释》第2条第5项规定的“以黑恶势力名义敲诈勒索”。采用上述手段，同时又构成其他犯罪的，应当依法按照处罚较重的规定定罪处罚。雇佣、指使他人有组织地采用上述手段强迫交易、敲诈勒索，构成强迫交易罪、敲诈勒索罪的，对雇佣者、指使者，一般应当以共同犯罪中的主犯论处。为强索不受法律保护的债务或者因其他非法目的，雇佣、指使他人有组织地采用上述手段寻衅滋事，构成寻衅滋事罪的，对雇佣者、指使者，一般应当以共同犯罪中的主犯论处；为追讨合法债务或者因婚恋、家庭、邻里纠纷等民间矛盾而雇佣、指使，没有造成严重后果的，一般不作为犯罪处理，但经有关部门批评制止或者处理处罚后仍继续实施的除外。

（2）正确认定本罪和涉及本罪的相关犯罪。根据刑法第294条第1款和相关司法解释的规定，本罪行为可能涉及“寻衅滋事”“强迫交易”“敲诈勒索”“非法拘禁”“虚假诉讼”等犯罪，如果涉及前述犯罪行为被认定为本罪的，不能再以“寻衅滋事”“强迫交易”“敲诈勒索”“非法拘禁”“虚假诉讼”等犯罪与本罪一起进行数罪并罚，否则，就违反了对同一行为不得重复评价的刑法原则。换言之，凡是本罪与相关犯罪发生竞合，只能以一罪从一重罪处理，不可既以本罪论，又以相关犯罪进行数罪并罚。

2. 刑事处罚

根据刑法第294条第1款的规定，组织、领导黑社会性质的组织的，处7年以上有期徒刑，并处没收财产；积极参加的，处3年以上7年以下有期徒刑，可以并处罚金或者没收财产；其他参加的，处3年以下有期徒刑、拘役、管制或者剥夺政治权利，可以并处罚金。根据刑法第294条第4款的规定，犯本罪又有其他犯罪行为的，依照数罪并罚的规定进行处罚。根据《关于办理黑恶势力犯罪案件若干问题的指导意见》第12、13条，对于组织者、领导者和因犯参加黑社会性质组织罪被判处5年以上有期徒刑的积极参加者，可以根据刑法第56条第1款的规定适用附加剥夺政治权利。对于符合刑法第37条之一规定的组织成员，应当依法禁止其从事相关职业。符合刑法第66条规定的组织成员，应当认定为累犯，依法从重处罚。对于因有组织的暴力性犯罪被判处死刑缓期执行的黑社会性质组织犯罪分子，可以根据刑法第50条第2款的规定同时决定对其限制减刑。对于因有组织的暴力性犯罪被判处10年以上有期徒刑、无期徒刑的黑社会性质组织犯罪分子，应当根据刑法第81条第2款规定，不得假释。对于组织者、领导者一般应当并处没收个人全部财产。对于确属骨干成员或者为该组织转移、隐匿资产的积极参加者，可以并处没收个人全部财产。对于其他组织成员，应当根据所参与实施违法犯罪活动的次数、性质、地位、作用、违法所得数额以及造成损失的数额等情节，依法决定财产刑的适用。

四十、入境发展黑社会组织罪

入境发展黑社会组织罪，是指我国境外的黑社会组织人员到我国境内发展组织成员的行为。本罪的构成要件如下：(1) 本罪的客观方面表现为行为人实施了到我国境内发展黑社会组织成员的行为。"我国境内"，是指中华人民共和国境内（不含港、澳、台）。(2) 本罪的主体为特殊主体，即行为人须是境外黑社会组织的人员。(3) 本罪的主观方面是故意。(4) 本罪的客体是复杂客体，既侵犯了经济秩序、社会生活秩序，同时又侵犯了公民的人身权利。

根据刑法第 294 条的规定，犯本罪的，处 3 年以上 10 年以下有期徒刑；犯本罪又有其他犯罪行为的，依照数罪并罚的规定处罚。

四十一、包庇、纵容黑社会性质组织罪

包庇、纵容黑社会性质组织罪，是指国家机关工作人员包庇黑社会性质的组织，或者纵容黑社会性质的组织进行违法犯罪活动的行为。本罪的构成要件如下：(1) 本罪的客观方面表现为行为人实施了包庇黑社会性质的组织，或者纵容黑社会性质的组织进行违法犯罪活动的行为。本罪的"包庇"，是指国家机关工作人员为使黑社会性质组织及其成员逃避查禁，而通风报信，隐匿、毁灭、伪造证据，阻止他人作证、检举揭发或者指使他人作伪证，帮助逃匿或者阻挠其他国家机关工作人员依法查禁等行为。根据 2018 年 1 月 16 日最高人民法院、最高人民检察院、公安部、司法部《关于办理黑恶势力犯罪案件若干问题的指导意见》第 22 条，"包庇"行为，不要求相关国家机关工作人员利用职务便利。利用职务便利包庇黑社会性质组织的，酌情从重处罚。包庇、纵容黑社会性质组织，事先有通谋的，以具体犯罪的共犯论处。所谓"纵容"，是指国家机关工作人员不依法履行职责，放纵黑社会性质组织进行违法活动的行为。(2) 本罪的主体是特殊主体，即国家机关工作人员。(3) 本罪的主观方面是故意。(4) 本罪的客体是复杂客体，它既侵犯了司法机关打击黑社会性质组织的正常活动，又侵害了社会治安管理秩序。

根据刑法第 294 条的规定，犯本罪的，处 5 年以下有期徒刑；情节严重的，处 5 年以上有期徒刑。犯本罪又有其他犯罪行为的，依照数罪并罚的规定处罚。

四十二、传授犯罪方法罪

（一）概念与构成

传授犯罪方法罪，是指故意用动作、语言文字、其他方法向他人传授犯罪方法、犯

罪技能的行为。本罪经《刑法修正案（八）》修改，取消了原来死刑的规定，在适用时应当注意法律的变更。

本罪的构成要件如下：

（1）本罪的客观方面表现为行为人实施了传授犯罪方法的行为。

1）传授犯罪方法的形式。形式多种多样，既可以口头用言辞传授，也可以书面用文字传授，还可以用动作或者其他方法传授。

2）传授犯罪方法的内容。犯罪方法是指实施犯罪的一切经验、技巧、手段等，不仅包括实施具体个罪实行行为的方法、手段、技能，还包括犯罪后如何反侦查、如何毁灭证据等方法。

3）传授犯罪方法的对象。传授的对象没有限制。并不要求被传授者达到刑事责任的年龄、具有刑事责任能力，只需要被传授者具有一定的接受能力即可。

4）传授的结果。被传授的人是否理解和接受了犯罪人传授的犯罪方法，不影响本罪的成立。

（2）本罪的主体为一般主体，实践中通常是犯罪经验丰富的惯犯、累犯。单位不能成为本罪主体。

（3）本罪的主观方面是直接故意，即犯罪人明知是犯罪的方法而故意向他人传授，并希望他人学会该犯罪方法。犯罪人把自己掌握的犯罪方法“教”给他人，行为本身体现出行为人具有明显的主观意图或目的，这种积极追求的主观意图或目的只能存在于直接故意心态之中，不会存在于“放任”型的间接故意当中。如果行为人虽然知道某种方法是用于犯罪的方法，而不具有“教给他人”的意图，只是在客观上进行一般性描述的，不能认为行为人具有犯罪故意。例如，行为人就是为了炫耀自己的犯罪技能而告知他人犯罪方法的，虽然客观上的确向他人介绍了犯罪的方法，甚至实际上听众听了方法以后成功实施了犯罪的，由于行为人主观上并不具有犯罪故意，并不是想要“教给”对方犯罪方法，所以不能构成本罪。

（4）本罪的客体是复杂客体，它既侵犯了社会治安管理秩序，又侵犯了公私财产安全与公民人身安全。

（二）司法认定与刑事处罚

1. 司法认定

本罪与教唆犯十分相似，容易混淆。两者的主要区别是：本罪是独立罪名，而教唆犯不是独立罪名，只能根据教唆的内容来确定罪名；本罪客观方面是将犯罪方法和技能言传身教，而教唆犯虽然挑起他人犯罪故意但是未必传授被教唆人犯罪方法；本罪的方法传授者与被传授者之间不存在共犯关系，教唆犯除被教唆人没有接受教唆的情况之外，均属于共同犯罪范畴。在遇到具体案例时，需要注意分析行为人的主客观方面，如果行为人出于共同犯罪的故意传授犯罪方法给他人，并且客观上参与了犯罪活动，既构成传授犯罪方法罪，又构成参与的具体犯罪的共犯，应当数罪并罚。如果行为人主观上没有参与具体犯罪的故意，客观上也没有实施共同犯罪行为，仅仅传授了犯罪方法的，只定传授犯罪方法罪一罪。

2. 刑事处罚

根据刑法第295条的规定，犯本罪的，处5年以下有期徒刑、拘役或者管制；情节严重的，处5年以上10年以下有期徒刑；情节特别严重的，处10年以上有期徒刑或者无期徒刑。

四十三、非法集会、游行、示威罪

非法集会、游行、示威罪，是指举行集会、游行、示威，未依照法律规定申请或者申请未获许可，或者未按照主管机关许可的起止时间、地点、路线进行，又拒不服从解散命令，严重破坏社会秩序的行为。本罪的构成要件如下：（1）本罪的客观方面表现为行为人实施了举行集会、游行、示威活动，未依法律规定申请或者申请未获许可，或者未按照主管机关许可的起止时间、地点、路线进行，并且拒不服从解散命令，严重破坏社会秩序的行为。（2）本罪的主体为一般主体，但限于集会、游行、示威的负责人和直接责任人员。（3）本罪的主观方面是故意。（4）本罪的客体是国家关于集会、游行、示威的管理制度。

根据刑法第296条之规定，犯本罪的，处5年以下有期徒刑、拘役、管制或者剥夺政治权利。

四十四、非法携带武器、管制刀具、爆炸物参加集会、游行、示威罪

非法携带武器、管制刀具、爆炸物参加集会、游行、示威罪，是指违反法律规定，携带武器、管制刀具、爆炸物参加集会、游行、示威的行为。本罪的构成要件如下：（1）本罪的客观方面表现为行为人实施了违反法律规定，携带武器、管制刀具、爆炸物参加集会、游行、示威的行为。（2）本罪的主体是一般主体，既可以是中国人，也可以是外国人或无国籍人。（3）本罪的主观方面是故意。（4）本罪的客体是复杂客体，即行为人之行为既违反了国家关于集会、游行、示威的管理制度，又破坏了社会治安管理秩序。如果行为人非法持有枪支、弹药，又携带枪支、弹药参加集会、游行、示威的，应当按照本罪和非法持有枪支、弹药罪并罚。

根据刑法第297条之规定，犯本罪的，处3年以下有期徒刑、拘役、管制或者剥夺政治权利。

四十五、破坏集会、游行、示威罪

破坏集会、游行、示威罪，是指扰乱、冲击或者以其他方法破坏依法举行的集会、游行、示威，造成公共秩序混乱的行为。本罪的构成要件如下：（1）本罪的客观方面表现为行为人实施了扰乱、冲击或者以其他方法破坏依法举行的集会、游行、示威的行为。值得注意的是，本罪属结果犯，构成本罪，必须是行为人之行为造成了公共秩序混乱的危害结果。（2）本罪的主体为一般主体，既可以是中国人，也可以是外国人或无国籍人。

(3) 本罪的主观方面是故意。(4) 本罪的客体是复杂客体，即侵犯了公民集会、游行、示威的政治自由权利和社会公共秩序。

根据刑法第 298 条之规定，犯本罪的，处 5 年以下有期徒刑、拘役、管制或者剥夺政治权利。

四十六、侮辱国旗、国徽、国歌罪

侮辱国旗、国徽、国歌罪，是指在公共场合故意以焚烧、毁损、涂划、玷污、践踏等方式侮辱中华人民共和国国旗、国徽，在公共场合故意篡改中华人民共和国国歌歌词、曲谱，以歪曲、贬损方式奏唱国歌，或者以其他方式侮辱国歌的行为。本罪犯罪地点必须为“公共场合”。犯罪主观方面是故意。

根据《刑法》第 299 条之规定，犯本罪的，处 3 年以下有期徒刑、拘役、管制或者剥夺政治权利。

四十七、损害英雄烈士名誉、荣誉罪

损害英雄烈士名誉、荣誉罪是《刑法修正案（十一）》新增罪名，是指侮辱、诽谤或者以其他方式侵害英雄烈士的名誉、荣誉，损害社会公共利益，且情节严重的行为。

本罪构成特征如下：(1) 本罪客观方面表现为行为人实施了侮辱、诽谤或者以其他方式侵害了英雄烈士名誉、荣誉，损害了公共利益。本罪是情节犯，即行为人之行为须达到情节严重的程度。(2) 本罪主体为一般主体。(3) 本罪主观方面为故意。(4) 本罪客体是英雄烈士的名誉、荣誉保护制度和英雄烈士所体现的社会精神价值。

根据《刑法》第 299 条之一，犯本罪的，处 3 年以下有期徒刑、拘役、管制或者剥夺政治权利。

四十八、组织、利用会道门、邪教组织、利用迷信破坏法律实施罪

组织、利用会道门、邪教组织、利用迷信破坏法律实施罪，是指组织、利用会道门、邪教组织或者利用迷信破坏国家法律、行政法规实施的行为。本罪的构成要件如下：

1. 本罪的客观方面表现为行为人实施了组织、利用会道门、邪教组织或利用迷信破坏国家法律、行政法规实施的行为。根据 2017 年 1 月 25 日最高人民法院、最高人民检察院《关于办理组织、利用邪教组织破坏法律实施等刑事案件适用法律若干问题的解释》第 1 条，冒用宗教、气功或者以其他名义建立，神化、鼓吹首要分子，利用制造、散布迷信邪说等手段蛊惑、蒙骗他人，发展、控制成员，危害社会的非法组织，应当认定为刑法第 300 条规定的“邪教组织”。本罪是行为犯，且是选择性罪名，只要行为人实施了前述“组织、利用会道门、邪教组织、利用迷信破坏法律、行政法规实施”行为之一，便足以成立本罪。根据前引司法解释第 2 条，组织和利用邪教组织并具有下列情形之一的，应当以本罪定罪处罚：(1) 建立邪教组织，或者邪教组织被取缔后又恢复、另行建

立邪教组织的。(2) 聚众包围、冲击、强占、哄闹国家机关、企业事业单位或者公共场所、宗教活动场所，扰乱社会秩序的。(3) 非法举行集会、游行、示威，扰乱社会秩序的。(4) 使用暴力、胁迫或者以其他方法强迫他人加入或者阻止他人退出邪教组织的。(5) 组织、煽动、蒙骗成员或者他人不履行法定义务的。(6) 使用“伪基站”“黑广播”等无线电台（站）或者无线电频率宣扬邪教的。(7) 曾因从事邪教活动被追究刑事责任或者 2 年内受过行政处罚，又从事邪教活动的。(8) 发展邪教组织成员 50 人以上的。(9) 敛取钱财或者造成经济损失 100 万元以上的。(10) 以货币为载体宣扬邪教，数量在 500 张（枚）以上的。(11) 制作、传播邪教宣传品，达到下列数量标准之一的：1) 传单、喷图、图片、标语、报纸 1 000 份（张）以上的；2) 书籍、刊物 250 册以上的；3) 录音带、录像带等音像制品 250 盒（张）以上的；4) 标识、标志物 250 件以上的；5) 光盘、U 盘、储存卡、移动硬盘等移动存储介质 100 个以上的；6) 横幅、条幅 50 条（个）以上的。(12) 利用通讯信息网络宣扬邪教，具有下列情形之一的：1) 制作、传播宣扬邪教的电子图片、文章 200 张（篇）以上，电子书籍、刊物、音视频 50 册（个）以上，或者电子文档 500 万字符以上、电子音视频 250 分钟以上的；2) 编发信息、拨打电话 1 000 千条（次）以上的；3) 利用在线人数累计达到 1 000 以上的聊天室，或者利用群组成员、关注人员等账号数累计 1 000 以上的通讯群组、微信、微博等社交网络宣扬邪教的；4) 邪教信息实际被点击、浏览数达到 5 000 次以上的。(13) 其他情节严重的情形。

2. 本罪的主体是一般主体。

3. 本罪的主观方面是故意，其犯罪目的一般是煽动或者蒙蔽他人抗拒法律、行政法规的实施。

4. 本罪的客体是国家实施法律、行政法规的正常秩序。

根据刑法第 300 条第 1 款之规定，犯本罪的，处 3 年以上 7 年以下有期徒刑，并处罚金；情节特别严重的，处 7 年以上有期徒刑或者无期徒刑，并处罚金或者没收财产。根据《关于办理组织、利用邪教组织破坏法律实施等刑事案件适用法律若干问题的解释》第 3 条，具有下列情形之一的，应当认定为刑法第 300 条第 1 款规定的“情节特别严重”，处 7 年以上有期徒刑或者无期徒刑，并处罚金或者没收财产：(1) 实施本解释第 2 条第 1 项至第 7 项规定的行为，社会危害特别严重的；(2) 实施本解释第 2 条第 8 项至第 12 项规定的行为，数量或者数额达到第 2 条规定相应标准 5 倍以上的；(3) 其他情节特别严重的情形。犯本罪，情节较轻的，处 3 年以下有期徒刑、拘役、管制或者剥夺政治权利，并处或者单处罚金。根据前引司法解释第 4 条，具有下列情形之一的，应当认定为刑法第 300 条第 1 款规定的“情节较轻”：(1) 实施本解释第 2 条第 1 项至第 7 项规定的行为，社会危害较轻的；(2) 实施本解释第 2 条第 8 项至第 12 项规定的行为，数量或者数额达到相应标准 1/5 以上的；(3) 其他情节较轻的情形。犯本罪又有奸淫妇女、诈骗财物等犯罪行为的，依照数罪并罚的规定处罚。根据前引司法解释第 10 条，组织利用邪教组织破坏国家法律、行政法规实施过程中，又煽动分裂国家、煽动颠覆国家政权或者侮辱、诽谤他人等犯罪行为的，依照数罪并罚的规定定罪处罚。

四十九、组织、利用会道门、邪教组织、利用迷信致人重伤、死亡罪

组织、利用会道门、邪教组织、利用迷信致人重伤、死亡罪，是指组织、利用会道门、邪教组织或者利用迷信蒙骗他人，致人重伤、死亡的行为。本罪的构成要件如下：(1) 本罪的客观方面表现为行为人实施了组织、利用会道门、邪教组织或者利用迷信蒙骗他人，以致引起他人重伤、死亡的行为。根据 2017 年 1 月 25 日最高人民法院、最高人民检察院《关于办理组织、利用邪教组织破坏法律实施等刑事案件适用法律若干问题的解释》第 7 条，“蒙骗他人，致人重伤、死亡”，是指组织、利用邪教组织，制造、散布迷信邪说，蒙骗成员或者他人绝食、自虐等，或者蒙骗病人不接受正常治疗，致人重伤、死亡的情形。本罪属结果犯，且是选择性罪名。只要行为人实施了前述“组织、利用会道门、邪教组织或者利用迷信致人重伤、死亡”行为之一，便足以成立本罪。(2) 本罪的主体是一般主体。(3) 本罪的主观方面为过失。(4) 本罪的客体是复杂客体，既侵犯了社会治安秩序，又侵犯了他人的生命权、健康权。

根据刑法第 300 条第 2 款之规定，犯本罪的，依照该条第 1 款规定处罚。

五十、聚众淫乱罪

聚众淫乱罪，是指聚众进行淫乱活动的行为。本罪的构成要件如下：(1) 本罪的客观方面表现为行为人实施了聚众淫乱的行为。所谓淫乱，一般表现为群奸群宿、性变态行为，如鸡奸、兽奸等严重败坏社会良风美俗的行为。(2) 本罪的主体是一般主体。但本罪仅处罚聚众淫乱的首要分子和多次参加聚众淫乱的分子。(3) 本罪的主观方面是故意。(4) 本罪的客体是社会的良风美俗。

根据刑法第 301 条第 1 款之规定，犯本罪的，处 5 年以下有期徒刑、拘役或者管制。

五十一、引诱未成年人聚众淫乱罪

引诱未成年人聚众淫乱罪，是指引诱未成年人参加聚众淫乱活动的行为。本罪的构成要件如下：(1) 本罪的客观方面表现为行为人实施了引诱未成年人参加聚众淫乱的行为。这里，“引诱”既可以是用口头语言勾引未成年人，也可以是用书面文字、画像诱劝，还可以用表演、示范、收听、观看淫秽音像制品等手段挑逗未成年人，从而将未成年人拉入聚众淫乱活动。(2) 本罪的主体为一般主体。(3) 本罪的主观方面是故意。(4) 本罪的客体是社会的良风美俗。

根据刑法第 301 条第 2 款之规定，犯本罪的，依照该条第 1 款的规定从重处罚。

五十二、盗窃、侮辱、故意毁坏尸体、尸骨、骨灰罪

盗窃、侮辱、故意毁坏尸体、尸骨、骨灰罪，是指盗窃、侮辱、故意毁坏尸体、尸

骨、骨灰的行为。本罪的构成要件如下：（1）本罪的客观方面表现为行为人实施了盗窃、侮辱、故意毁坏尸体、尸骨、骨灰的行为。本罪中的“盗窃”与侵犯财产罪中的“盗窃”并无二致，只是盗窃的对象有所不同。关于“侮辱”，这里一般是指对尸体进行贬损或羞辱。（2）本罪的主体为一般主体。（3）本罪的主观方面是故意。（4）本罪的客体是社会的良风美俗。

根据刑法第302条的规定，犯本罪的，处3年以下有期徒刑、拘役或者管制。

五十三、赌博罪

（一）概念与构成

赌博罪，是指以营利为目的，聚众赌博或者以赌博为业的行为。

本罪的构成要件如下：

1. 本罪的客观方面表现为行为人实施了赌博行为。赌博行为是指以下两类行为：

（1）聚众赌博。根据2005年5月11日最高人民法院、最高人民检察院《关于办理赌博刑事案件具体应用法律若干问题的解释》（以下简称《赌博刑案解释》）第1条规定，聚众赌博是指以营利为目的，有下列情形之一的：1）组织3人以上赌博，抽头渔利数额累计达到5 000元以上的；2）组织3人以上赌博，赌资数额累计达到5万元以上的；3）组织3人以上赌博，参赌人数累计达到20人以上的；4）组织中华人民共和国公民10人以上赴境外赌博，从中收取回扣、介绍费的。

（2）以赌博为业。首先要注意的是，根据我国刑法第303条的规定，一般的赌博行为并不构成赌博罪。但是，刑法将反复实施的赌博行为类型化为一个犯罪构成，刑法要处罚具有集合性质的“以赌博为业”的行为。因此，这类行为实际上就是多次反复实施赌博行为而法律明确规定以犯罪论处的情形。可见，赌博罪的成立应完全依附于行为人是否以赌博为业，这里，“以赌博为业”乃是定罪的要件。其次要讨论的是“以赌博为业”的司法认定标准。如果一个人根本没有任何职业，是一个纯粹的“赌棍”，在这种情况下，认定他是以赌博为业并不困难。但是实践中许多情况是，一个人有一定的职业，但是也多次参加赌博，此时要确定其是否以赌博为业并不容易，而且会带有一定的主观随意性。关于以赌博为业，学界主要有以下几种认定方式：第一种是不问赌博者有无正当职业，只要他以赌博为常业，并以赌博所得为其生活或者挥霍的基本或主要来源的；第二种是嗜赌成性，以赌博所得为其主要生活来源或挥霍来源且输赢数额巨大的。我们认为，以赌博为业构成犯罪的条件是：以营利为目的，反复多次参与赌博，数额较大的行为。首先，以赌博为业意味着行为人反复多次参加赌博，不论其有无正当职业，只要在业余或者任何时间内反复实施赌博行为，就可以算作“为业”；赌博是违背社会风尚的犯罪，只要行为人反复多次参加赌博，而且达到较大的数额，其行为对社会风尚的侵害程度就达到了应受刑罚惩罚的程度。其次，不要求以赌博所得为其生活或挥霍的主要或者基本来源。因为行为人的赌博行为不一定能够盈利，要求将赌博所得作为生活的来源的内在含义就是赌博者一定要盈利才构成犯罪。刑法虽然规定赌博罪“以营利为目的”，但这只是本罪的主观构成要素，并不需要行为人在客观上一定盈利。因此，将“以赌博所得为其生活或者挥霍的基本或主要来源”作为构成要素并无道理。

2. 本罪的主体是一般主体。

3. 本罪的主观方面是故意，并具有营利目的。“以营利为目的”，是指行为人为了获得钱财而赌博，行为人是否事实上获得了钱财，并不影响本罪的成立。

4. 本罪的客体是社会风尚和社会管理秩序。

（二）司法认定与刑事处罚

1. 司法认定

（1）罪与非罪问题。2005 年 1 月 10 日最高人民法院、最高人民检察院、公安部《关于开展集中打击赌博违法犯罪活动专项行动有关工作的通知》指出：要严格区分赌博违法犯罪活动与群众正常文娱活动的界限，对不以营利为目的，进行带有少量财物输赢的娱乐活动……不得以赌博（罪）论处。对参赌且赌资较大的，可由公安机关依法给予治安处罚……违反党纪政纪的，由主管机关予以纪律处分。要严格依法办案，对构成犯罪的，绝不姑息手软，严禁以罚代刑，降格处理；对不构成犯罪或者不应当给予行政处理的，不得打击、处理，不得以禁赌为名干扰群众的正常文娱活动。《赌博刑案解释》第 9 条指出，不以营利为目的，进行带有少量财物输赢的娱乐活动……不以赌博（罪）论处。要区分赌博罪与一般赌博违法行为，主要看行为人主观上是否以营利为目的，客观上是否有聚众赌博或者以赌博为常业的行为。具体来说可以从以下几个方面来区别：

第一，参与赌博的动机和目的。赌博罪的构成要求行为人主观上是直接故意，并具有获取利益的目的。如果行为人并不是为了营利，而仅仅是为了消遣娱乐、联络感情，不认定其为犯罪。

第二，涉赌数额及参赌次数。有些亲戚朋友之间偶尔赌博也有输赢，但输赢不大；有些地方民众以麻将、打牌为休闲的基本模式，熟人之间经常聚集赌博，但涉赌数额很小，这些情形不认定为犯罪。

第三，行为人系赌头、赌棍还是一般参赌群众。赌头是指聚众赌博的人，即为赌博提供赌场、赌具，组织、招引他人参加赌博，本人从中抽头渔利。赌头可能参与赌博也可能不参与赌博，可能是一人也可能是多人。赌棍是以赌博为常业的人，即反复实施数额较大的赌博，赌博输赢的数额巨大。对这两种人应当以赌博罪追究刑事责任，但对于一般参赌群众，可以批评教育，情节严重的，还可以视情节给予治安处罚，但不能追究刑事责任。

（2）赌博欺诈行为的定性。1991 年 3 月 12 日最高人民法院在《关于设置圈套诱骗他人参赌获取钱财的案件应如何定罪问题的电话答复》（现已失效）曾指出：对于行为人以营利为目的，设置圈套，诱骗他人参赌的行为，需要追究刑事责任的，应以赌博罪论处。1995 年 11 月 6 日最高人民法院《关于对设置圈套诱骗他人参赌又向索还钱财的受骗者施以暴力或暴力威胁的行为应如何定罪问题的批复》指出：行为人设置圈套诱骗他人参赌获取钱财，属赌博行为，构成犯罪的，应当以赌博罪定罪处罚。两个答复均把诱骗参赌的行为规定为赌博罪。我们认为，这种行为实际上符合诈骗罪的构成，应该定性为诈骗罪。理由在于：赌博犯罪中的赌博行为具有“博彩”的性质，事先难以预料输赢。赌博欺诈案件中的行为却不是通过“博彩”获取钱财，而是行为人出于骗取对方钱财的故意，以诱骗对方参加赌博的形式，采用换牌作假、特制骰子等欺诈手段设定圈套，使对方没有胜算、有输无赢而诈取对方钱财，整个过程没有博弈，只有欺骗。诈赌人主观上出于非法占有被害人钱财的目的，客观上实施了虚构事实、隐瞒真相的设赌诈骗行为，侵犯的主要客体是公私财物的所有权而不是社会管理秩序，其行为完全符合诈骗罪的犯罪构成，不宜认定为赌博罪。

（3）赌博共犯的认定。根据前引《赌博刑案解释》第 4 条规定，明知他人实施赌博犯罪活动，而为其提供资金、计算机网络、通讯、费用结算等直接帮助的，以赌博罪的共犯论处。

（4）有关彩票的行为。彩票本来具有博彩的性质，依照国家规定合法发行彩票行为不能视为非法赌博行为。但是要注意，未经国家批准擅自发行、销售彩票的行为，构成犯罪的，应当依照刑法第 225 条第 4 项的规定，以非法经营罪定罪处罚，而不是构成赌博罪。①

（5）与行贿、受贿有关问题。根据前引《赌博刑案解释》第 7 条规定，通过赌博或者为国家工作人员赌博提供资金的形式实施行贿行为，构成犯罪的，依照刑法关于贿赂犯罪的规定定罪处罚。

（6）根据 2020 年 10 月 16 日最高人民法院、最高人民检察院、公安部《办理跨境赌博犯罪案件若干问题的意见》第四部分，1）使用专门工具、设备或者其他手段诱使他人参赌，人为控制赌局输赢，构成犯罪的，依照刑法关于诈骗犯罪的规定定罪处罚。网上开设赌场，人为控制赌局输赢，或者无法实现提现，构成犯罪的，依照刑法关于诈骗犯罪的规定定罪处罚。部分参赌者赢利、提现不影响诈骗犯罪的认定。2）通过开设赌场或者为国家工作人员参与赌博提供资金的形式实施行贿、受贿行为，构成犯罪的，依照刑法关于贿赂犯罪的规定定罪处罚。同时构成赌博犯罪的，应当依法与贿赂犯罪数罪并罚。3）实施跨境赌博犯罪，同时构成组织他人偷越国（边）境、运送他人偷越国（边）境、偷越国（边）境罪等罪的，应当依法数罪并罚。4）实施赌博犯罪，为强行索要赌债，实施故意杀人、故意伤害、非法拘禁、故意毁坏财物、寻衅滋事等行为，构成犯罪的，应当依法数罪并罚。5）为赌博犯罪提供资金、信用卡、资金结算等服务，构成赌博犯罪共犯，同时构成非法经营罪，妨害信用卡管理罪，窃取、收买、非法提供信用卡信息罪，掩饰、隐瞒犯罪所得、犯罪收益罪等罪的，依照处罚较重的规定定罪处罚。为网络赌博犯罪提供互联网接入、服务器托管、网络存储、通讯传输等技术支持，或者提供广告推广、支付结算等帮助，构成赌博犯罪共犯，同时构成非法利用信息网络罪、帮助信息网络犯罪活动罪等罪的，依照处罚较重的规定定罪处罚。为实施赌博犯罪，非法获取公民个人信息，或者向实施赌博犯罪者出售、提供公民个人信息，构成赌博犯罪共犯，同时构成侵犯公民个人信息罪的，依照处罚较重的规定定罪处罚。

① 参见 2005 年 5 月 11 日最高人民法院、最高人民检察院《赌博刑案解释》第 6 条。

2. 刑事处罚

根据刑法第 303 条第 1 款的规定，犯本罪的，处 3 年以下有期徒刑、拘役或者管制，并处罚金。根据前引《赌博刑案解释》第 5 条的规定，实施赌博犯罪，有下列情形之一的，依照刑法第 303 条的规定从重处罚：（1）具有国家工作人员身份的；（2）组织国家工作人员赴境外赌博的；（3）组织未成年人参与赌博的。又根据 2005 年 1 月 10 日最高人民法院、最高人民检察院、公安部《关于开展集中打击赌博违法犯罪活动专项行动有关工作的通知》规定，对实施贪污、挪用公款、职务侵占、挪用单位资金、挪用特定款物、受贿等犯罪，并将犯罪所得的款物用于赌博的，分别依照刑法有关规定从重处罚。同时，对于赌资应当依法予以追缴；赌博用具、赌博违法所得以及赌博犯罪分子所有的专门用于赌博的资金、交通工具、通讯工具等，应当依法予以没收。所谓“赌资”，是指赌博犯罪中用作赌注的款物、换取筹码的款物和通过赌博赢取的款物；通过计算机网络实施赌博犯罪的，赌资数额可以按照在计算机网络上投注或者赢取的点数乘以每一点实际代表的金额认定。①

五十四、开设赌场罪

（一）概念与构成

开设赌场罪，是指开设赌场的行为。本罪的构成要件如下：

（1）本罪的客观方面表现为行为人实施了开设赌场的行为。所谓开设赌场，是指提供场地、设备，供他人赌博，并从中抽头牟利。根据有关司法解释②规定，以营利为目的，在计算机网络上建立赌博网站，或者为赌博网站担任代理，接受投注的，属于“开设赌场”行为。又根据 2010 年 8 月 31 日最高人民法院、最高人民检察院、公安部《关于办理网络赌博犯罪案件适用法律若干问题的意见》，利用互联网、移动通讯终端等传输赌博视频、数据，组织赌博活动，具有下列情形之一的，属于刑法第 303 条第 2 款规定的“开设赌场”行为：1）建立赌博网站并接受投注的；2）建立赌博网站并提供给他人组织赌博的；3）为赌博网站担任代理并接受投注的；4）参与赌博网站利润分成的。同时，中国公民在我国领域外周边地区开设赌场，以吸引中国公民为主要客源的，也属于“开设赌场”③。此外，根据 2014 年 3 月 26 日最高人民法院、最高人民检察院、公安部《关于办理利用赌博机开设赌场案件适用法律若干问题的意见》第 1 条规定，设置具有退币、退分、退钢珠等赌博功能的电子游戏设施设备，并以现金、有价证券等贵重款物作为奖品，或者以回购奖品方式给予他人现金、有价证券等贵重款物（简称“设置赌博机”）组织赌博活动的，应当认定为刑法第 303 条第 2 款规定的“开设赌场”行为。又根据 2020 年 10 月 16 日最高人民法院、最高人民检察院、公安部《办理跨境赌博犯罪案件

---

① 参见 2005 年 5 月 11 日最高人民法院、最高人民检察院《赌博刑案解释》第 8 条。

② 参见 2005 年《赌博刑案解释》第 2 条。

③ 2005 年《赌博刑案解释》第 3 条。

若干问题的意见》第二部分[①]第（二）项，以营利为目的，利用信息网络、通讯终端等传输赌博视频、数据，组织中华人民共和国公民跨境赌博活动，有下列情形之一的，属于刑法第 303 条第 2 款规定的“开设赌场”：1）建立赌博网站、应用程序并接受投注的；2）建立赌博网站、应用程序并提供给他人组织赌博的；3）购买或者租用赌博网站、应用程序，组织他人赌博的；4）参与赌博网站、应用程序利润分成的；5）担任赌博网站、应用程序代理并接受投注的；6）其他利用信息网络、通讯终端等传输赌博视频、数据，组织跨境赌博活动的。

（2）本罪主体是一般主体。

（3）本罪主观方面是故意，并具有营利目的。

（4）其犯罪客体是社会风尚和社会管理秩序。

（二）司法认定与刑事处罚

1. 司法认定

（1）罪与非罪问题。要注意以下问题：其一，根据刑法第 303 条第 2 款规定，只要是行为人以营利为目的而开设赌场，理论上即可能成立本罪。[②] 其二，不宜认定为开设赌场罪的情况：司法实践中，对于一些设立具有休闲、娱乐性质而带有小额财产输赢的营业场所，并不构成开设赌场罪。例如，2005 年 1 月 10 日最高人民法院、最高人民检察院、公安部《关于开展集中打击赌博违法犯罪活动专项行动有关工作的通知》指出：提供棋牌室等娱乐场所且只收取固定的场所和服务费用的经营行为等，不得以赌博（这里具体应理解为“不得以开设赌场罪”）论处。《赌博刑案解释》第 9 条指出，不以营利为目的……提供棋牌室等娱乐场所只收取正常的场所和服务费用的经营行为等，不以赌博（这里也应理解为“不得以开设赌场罪”）论处。又如，2014 年 3 月 26 日最高人民法院、最高人民检察院、公安部《关于办理利用赌博机开设赌场案件适用法律若干问题的意见》第 7 条指出：办理利用赌博机开设赌场的案件，应当贯彻宽严相济刑事政策，重点打击赌场的出资者、经营者。对受雇佣为赌场从事接送参赌人员、望风看场、发牌坐庄、兑换筹码等活动的人员，除参与赌场利润分成或者领取高额固定工资的以外，一般不追究刑事责任，可由公安机关依法给予治安管理处罚。对设置游戏机，单次换取少量奖品的娱乐活动，不以违法犯罪论处。其三，成立犯罪的基准：虽然根据刑法第 303 条第 2 款的规定，开设赌场罪属于行为犯，但仍要考虑刑法第 13 条“但书”关于出罪的规定。对此，以设置赌博机赌博为例来加以说明——根据 2014 年 3 月 26 日最高人民法院、最高人民检察院、公安部《关于办理利用赌博机开设赌场案件适用法律若干问题的意见》第 2 条规定：设置赌博机组织赌博活动，具有下列情形之一的，应当按照刑法第 303 条第 2 款规定的开设赌场罪定罪处罚：1）设置赌博机 10 台以上的；2）设置赌博机 2 台以上，容留未成年人赌博的；3）在中小学校附近设置赌博机 2 台以上的；4）违法所得累计达

---

① 该司法解释第二部分第（一）项规定了“开设赌场”的有关情形，由于这些情形本质上应属于《刑法修正案（十一）》新增罪名“组织参与国（境）外赌博罪”的范畴，故这里不纳入本罪讨论范围。

② 《2008 立案追诉标准（一）》第 44 条规定：开设赌场的，应予立案追诉。

到 5 000 元以上的；5）赌资数额累计达到 5 万元以上的；6）参赌人数累计达到 20 人以上的；7）因设置赌博机被行政处罚后，两年内再设置赌博机 5 台以上的；8）因赌博、开设赌场犯罪被刑事处罚后，5 年内再设置赌博机 5 台以上的；9）其他应当追究刑事责任的情形。这就意味着，利用赌博机开设赌场，没有达到上述情况的，不能以犯罪论处。

（2）共同犯罪问题。2014 年 3 月 26 日最高人民法院、最高人民检察院、公安部《关于办理利用赌博机开设赌场案件适用法律若干问题的意见》第 3 条指出：明知他人利用赌博机开设赌场，具有下列情形之一的，以开设赌场罪的共犯论处：1）提供赌博机、资金、场地、技术支持、资金结算服务的；2）受雇参与赌场经营管理并分成的；3）为开设赌场者组织客源，收取回扣、手续费的；4）参与赌场管理并领取高额固定工资的；5）提供其他直接帮助的。根据 2010 年 8 月 31 日最高人民法院、最高人民检察院、公安部《关于办理网络赌博犯罪案件适用法律若干问题的意见》第 2 条规定，明知是赌博网站，而为其提供下列服务或者帮助的，属于开设赌场罪的共同犯罪，依照刑法第 303 条第 2 款的规定处罚：1）为赌博网站提供互联网接入、服务器托管、网络存储空间、通讯传输通道、投放广告、发展会员、软件开发、技术支持等服务，收取服务费数额在 2 万元以上的；2）为赌博网站提供资金支付结算服务，收取服务费数额在 1 万元以上或者帮助收取赌资 20 万元以上的；3）为 10 个以上赌博网站投放与网址、赔率等信息有关的广告或者为赌博网站投放广告累计 100 条以上的……实施本条第 1 款规定的“开设赌场”行为，具有下列情形之一的，应当认定行为人“明知”，但是有证据证明确实不知道的除外：1）收到行政主管机关书面等方式的告知后，仍然实施上述行为的；2）为赌博网站提供互联网接入、服务器托管、网络存储空间、通讯传输通道、投放广告、软件开发、技术支持、资金支付结算等服务，收取服务费明显异常的；3）在执法人员调查时，通过销毁、修改数据、账本等方式故意规避调查或者向犯罪嫌疑人通风报信的；4）其他有证据证明行为人明知的。如果有开设赌场的犯罪嫌疑人尚未到案，但是不影响对已到案共同犯罪嫌疑人、被告人的犯罪事实认定的，可以依法对已到案者定罪处罚。

根据 2020 年 10 月 16 日最高人民法院、最高人民检察院、公安部《办理跨境赌博犯罪案件若干问题的意见》第三部分，下列情形涉及共同犯罪：1）三人以上为实施开设赌场犯罪而组成的较为固定的犯罪组织，应当依法认定为赌博犯罪集团。对组织、领导犯罪集团的首要分子，按照集团所犯的全部罪行处罚。对犯罪集团中组织、指挥、策划者和骨干分子，应当依法从严惩处。2）明知他人实施开设赌场犯罪，为其提供场地、技术支持、资金、资金结算等服务的，以开设赌场罪的共犯论处。3）明知是赌博网站、应用程序，有下列情形之一的，以开设赌场罪的共犯论处：a. 为赌博网站、应用程序提供软件开发、技术支持、互联网接入、服务器托管、网络存储空间、通讯传输通道、广告投放、会员发展、资金支付结算等服务的；b. 为赌博网站、应用程序担任代理并发展玩家、会员、下线的。但是，为同一赌博网站、应用程序担任代理，既无上下级关系，又无犯意联络的，不构成共同犯罪。

2. 刑事处罚

根据刑法第 303 条第 2 款的规定，开设赌场的，处 5 年以下有期徒刑、拘役或者管制，并处罚金；情节严重的，处 5 年以上 10 年以下有期徒刑，并处罚金。所谓“情节严重”是指：（1）实施开设赌场行为，有下列情形之一[①]：1）抽头渔利数额累计达到3万元以上的；2）赌资数额累计达到30万元以上的；3）参赌人数累计达到120人以上的；4）建立赌博网站后通过提供给他人组织赌博，违法所得数额在3万元以上的；5）参与赌博网站利润分成，违法所得数额在3万元以上的；6）为赌博网站招募下级代理，由下级代理接受投注的；7）招揽未成年人参与网络赌博的；8）其他情节严重的情形。（2）明知是赌博网站，而为其提供相关服务或者帮助的[②]，共同参与开设赌场的犯罪数量或者数额达到2010年8月31日最高人民法院、最高人民检察院、公安部《关于办理网络赌博犯罪案件适用法律若干问题的意见》第2条第1款第1至3项规定标准[③]5倍以上的，应当认定为刑法第303条第2款规定的“情节严重”。另外，根据2014年3月26日最高人民法院、最高人民检察院、公安部《关于办理利用赌博机开设赌场案件适用法律若干问题的意见》第2条第2款，设置赌博机组织赌博活动，具有下列情形之一的，应当认定为刑法第303条第2款规定的“情节严重”：（1）数量或者数额达到（本解释）第2条第1款第1项至第6项规定标准6倍以上的；（2）因设置赌博机被行政处罚后，2年内再设置赌博机30台以上的；（3）因赌博、开设赌场犯罪被刑事处罚后，五年内再设置赌博机30台以上的；（4）其他情节严重的情形。

此外，对于国家机关工作人员参与利用赌博机开设赌场的，从重处罚。[④]

五十五、组织参与国（境）外赌博罪

组织参与国（境）外赌博罪是《刑法修正案（十一）》新增罪名，是指组织中国公民参与国（境）外赌博，数额巨大或者有其他严重情节的行为。

本罪构成特征如下：（1）本罪客体是社会公共管理秩序和良风美俗——赌博与我国社会的道德风尚格格不入，向来被国家法律所禁止。（2）本罪客观方面表现为，实施了组织中国公民参与国（境）外赌博，数额巨大或者有其他严重情节的行为。本罪为数额犯或情节犯，即要求行为人之行为达到“数额巨大”或者有“其他严重情节”。此外，被组织者必须是中国公民。（3）本罪主体为一般主体。（4）本罪主观方面为故意。

根据刑法第303条第3款，犯本罪的，依照开设赌场罪（前款）的规定处罚。

五十六、故意延误投递邮件罪

故意延误投递邮件罪，是指邮政工作人员严重不负责任，故意延误投递邮件，致使公共财产、国家和人民利益遭受重大损失的行为。本罪的构成要件如下：（1）本罪的客

---

① 参见2010年8月31日最高人民法院、最高人民检察院、公安部《关于办理网络赌博犯罪案件适用法律若干问题的意见》第1条第2款。

② 参见2010年《关于办理网络赌博犯罪案件适用法律若干问题的意见》第2条第1款。

③ 参见该司法解释第2条第1、2款规定。

④ 参见2014年3月26日最高人民法院、最高人民检察院、公安部《关于办理利用赌博机开设赌场案件适用法律若干问题的意见》第8条第2款。

观方面表现为行为人实施了严重不负责任，故意延误邮件投递，且造成公共财产、国家和人民利益重大损失的行为。根据《2008 立案追诉标准（一）》第 45 条规定，邮政工作人员严重不负责任，故意延误投递邮件，涉嫌下列情形之一的，应予立案追诉：1）造成直接经济损失 2 万元以上的；2）延误高校录取通知书或者其他重要邮件投递，致使他人失去高校录取资格或者造成其他无法挽回的重大损失的；3）严重损害国家声誉或者造成其他恶劣社会影响的；4）其他致使公共财产、国家和人民利益遭受重大损失的情形。（2）本罪的主体为特殊主体，即邮政工作人员。（3）本罪的主观方面为故意犯罪，既可以是直接故意，也可以是间接故意。（4）本罪的客体是国家邮政通信管理秩序。

根据刑法第 304 条的规定，犯本罪的，处 2 年以下有期徒刑或者拘役。

第三节　妨害司法罪

一、伪证罪

（一）概念与构成

伪证罪，是指在刑事诉讼中，证人、鉴定人、记录人、翻译人对与案件有重要关系的情节，故意作虚假证明、鉴定、记录、翻译，意图陷害他人或者隐匿罪证的行为。

本罪的构成要件如下：

1. 本罪的客观方面表现为行为人实施了伪证行为。所谓伪证行为，是指行为人故意作虚假证明、鉴定、记录、翻译。无论是行为人作虚假证明还是虚假鉴定，以及虚假记录或翻译，只要行为人实施了其中一种行为，便足以成立本罪。

（1）发生的时空条件。行为人之行为必须发生在刑事诉讼中。所谓“刑事诉讼中”，是指侦查、起诉、审判的整个过程。在民事诉讼、行政诉讼中作虚假的证明、鉴定、记录、翻译，不能构成伪证罪。

（2）何谓虚假。关于伪证罪中“虚假”一词的理解，存在三种争议观点。第一种是客观说，认为虚假是指违反客观事实，即行为人陈述的内容与客观事实不相符合。如果行为人做违反其记忆的陈述，只要其内容是客观真实的，就不会危害国家的审判，因此不算作是虚假。第二种是主观说，认为虚假是指行为人的陈述没有反映其记忆。主观说认为行为人违反自己的记忆进行陈述，会危害国家审判，即使最终所陈述的情况符合客观真实。第三种是折中说，认为虚假是指违反自己的记忆的陈述，但如果最终其陈述的内容与客观事实相符合，则不算作是虚假。我们倾向于主观说。因为从主观上看，行为人故意作伪证，主观上是存在罪过的；从客观上看，行为人实施了与自己的记忆不符合的证明行为，主客观统一起来看实施的显然是具有社会危害性的行为。即使所作的虚假证明的内容恰好与客观事实相符合，也不能否认该行为具有的恶性和危害性。

2. 本罪的主体为特殊主体，即只有刑事诉讼中的证人、鉴定人、记录人、翻译人才能成为本罪主体。

（1）证人。

证人是指通过诉讼外途径了解案情，经司法机关要求或同意，陈述自己所知道的案件事实情况的人。

第一，证人的特征。证人是伪证罪的主要主体。根据《刑事诉讼法》的规定，证人应同时具备以下条件：一是证人必须了解案情。《刑事诉讼法》第 62 条第 1 款规定："凡是知道案件情况的人，都有作证的义务。"证人是否限于直接了解案情的人，我国法律没有规定。通说认为直接了解和间接了解案情的人都有作证义务。二是证人必须能够辨别是非，能够正确表达。《刑事诉讼法》第 62 条第 2 款规定："生理上、精神上有缺陷或者年幼，不能辨别是非、不能正确表达的人，不能作证人。"这里要注意，并非只要年纪幼小就不能作证人。只有年纪幼小而导致不能辨别是非、不能正确表达的，才不能作证。三是证人应为自然人。这是由前两个条件决定的，感知、记忆和表达是证人作证能力不可缺少的方面，这就决定了证人只能是自然人。

第二，证人的范围。证人是否包括当事人本身？对于这个问题存在争议。有学者认为伪证罪将诉讼中最主要的主体——当事人排除在外，是不合理的。其主要理由是，对事实最为清楚的莫过于当事人本人，而他（们）不仅同样具有如实反映真实情况的义务，而且与案件的关系比上述四种人（证人、鉴定人、记录人、翻译人）更为密切。上述四种人作伪证会造成严重后果，当事人本人或其他诉讼参与人作伪证亦会造成严重后果。有学者提出对于"证人"一词应作广义理解，将当事人特别是被害人纳入证人的范畴，使之可以成为伪证罪的主体。

我们认为，刑法不应当将当事人作为伪证罪的主体。理由如下：首先，并非所有当事人对案件事实都是"最为清楚"。例如，有的被害人只了解被害经过，但对案件的主要事实如实施犯罪人的特征并不知晓。其次，当事人是否具有"如实反映真实情况的义务"尚未有定论。虽然《刑事诉讼法》规定犯罪嫌疑人对侦查人员的提问应当如实回答，但随着沉默权的广泛讨论，"如实回答义务"已受到越来越多的质疑和批评。再次，从期待可能性角度来看，不可能期待犯罪者自证其罪以及被害人客观陈述。犯罪者为了逃脱罪责常会避重就轻；而被害人的陈述受诸多因素影响，带有浓厚的感情色彩，加上被害人是当事人，案件的处理与其有直接利害关系，涉及被害人的切身利益，基于此，被害人常常容易夸大事实以求严惩犯罪者，其陈述的真实性也要打折扣。强制当事人如实陈述也有违人的本性。正是因为缺乏刑法期待可能性，故当事人虚伪陈述不构成犯罪，当事人自然也不能成为伪证罪的主体。而证人则不同，由于他不是当事人，刑事案件的处理与他没有关系，被告人是否定罪、判何种刑，被害人如何获得赔偿，与证人的切身利益无关，证人只是需要履行法律义务如实陈述。证人作证不带有感情色彩，他所证实的应是亲眼看见、亲耳听说的，证实的事实应是客观存在的，不是自己的想象和推断，只是将真实的事实如实地说出来。在这一点上，证人和当事人之间是有显著区别的。最后，从法律规定来看，证人和当事人是两个不同概念。刑事诉讼法中已明确把被害人和证人作为平等的概念。《刑事诉讼法》第 108 条第 2、4 项分别规定："（二）'当事人'是指被害人、自诉人、犯罪嫌疑人、被告人、附带民事诉讼的原告人和被告人"；"（四）'诉讼参与人'是指当事人、法定代理人、诉讼代理人、辩护人、证人、鉴定人和翻译人员"。

这两项说明，当事人和证人是并列的概念，二者互不隶属，证人不可能包含作为当事人的被害人和犯罪人。广义理解证人的概念是没有法律根据的。证人，通常是指与刑事案件无直接利害关系，向司法机关陈述自己知道的某案件情况的诉讼参与人。因此，证人和当事人各自通过不同的方式参与到刑事诉讼中，即证人通过证言、当事人通过陈述来参与诉讼，两者在诉讼权利、义务及于刑事诉讼中的作用等方面都存在差别。

（2）记录人。

记录人是指为案件调查取证，询问证人、被害人或审问犯罪嫌疑人、被告人而作文图声像记录的人。①

（3）鉴定人。

鉴定人是指受司法机关聘请或指派应用自己的专业知识和技能对案件事实中的专门性问题进行鉴别判断，提供鉴定意见的诉讼参与人。理论上对鉴定人的身份问题存在争议——专职鉴定人员是否属于司法工作人员？所谓专职鉴定人员，是指司法机关附属鉴定机构的专门从事鉴定工作的人员。有观点提出，这类人员是司法机关内部人员，应该属于司法工作人员，他们的虚假鉴定行为应该定性为徇私枉法罪，而非伪证罪。我们认为，专职鉴定人员虽然属于司法机关的内部人员，但是不能因此就确定他们的身份是司法工作人员。刑法第 94 条关于司法工作人员的定义，要求司法工作人员承担“侦查、检察、审判、监管”职责，但是鉴定人员的职责并非属于上述范围，因而他们并不属于司法工作人员。他们在刑事诉讼中作虚假鉴定的，只能构成伪证罪，不能构成徇私枉法罪。理论上关于单位能否成为鉴定人的问题也有争议。有观点认为，在司法实践中有时由“司法机关内部附设的专职鉴定部门”进行司法鉴定，所以“司法机关内部附设的专职鉴定部门”即单位也是鉴定人。相反观点认为，《刑事诉讼法》规定：鉴定人进行鉴定后，应当写出鉴定意见，并且签名。这说明最终为鉴定结果负责的还是从事鉴定行为的个人。我们赞同鉴定人只能是个人而不能是单位的观点。

（4）翻译人。

翻译人就是指在诉讼过程中司法机关指派或聘请担任外国语、民族语或哑语等的翻译人员。翻译人不得与案件有利害关系，如有利害关系，可以被要求回避和更换。翻译人需要专门的语言技能，所担任的翻译既可以是书面的，也可以是口头的或手势。翻译人故意作虚假翻译的，构成伪证罪。

3. 本罪的主观方面是故意，且行为人具有陷害他人或者隐匿罪证的意图。学者们一致认为本罪的主观方面只能是故意，不可能是过失；但究竟是直接故意还是间接故意没有达成一致。绝大多数人认为，伪证罪只能由直接故意构成。但也有观点认为可能包括间接故意。我们认为只能是直接故意。现行刑法第 305 条对伪证罪的构成提出了明确的目的要件——“意图陷害他人或者隐匿罪证”。犯罪目的只能存在于直接故意犯罪之中，间接故意不可能存在犯罪目的，因此，伪证罪的罪过形式只能是直接故意。在伪证罪的故意内容中，其认识因素是行为人明知自己的行为会发生陷害他人或者包庇犯罪分子的结果。“会发生”并不意味着必然发生，只要求认识到这种结果发生的可能性。在认识因

① 参见高铭暄、马克昌主编：《刑法学》，6 版，549 页，北京，北京大学出版社、高等教育出版社，2014。

素上，行为人并不必须认识到其虚假陈述是与案件有重要关系的情节。如果行为人以为自己的伪证行为是针对与案件有重要关系的情节的，而实际上不是，或者行为人认为不是针对与案件有重要关系的情节的，而实际上是，这两种情况都是行为人对自己的行为性质存在认识上的错误，应按刑法中认识错误原则来处理。本罪的意识因素是希望通过自己实施的行为发生陷害他人或者隐匿罪证的后果。

4. 本罪的客体是复杂客体，即既妨害国家的正常司法秩序，又侵犯公民的人身权利。

（二）司法认定与刑事处罚

1. 司法认定

（1）罪与非罪的界限。关于本罪的罪与非罪，主要应划清“伪证”与“误证”的界限。其关键在于查明行为人是否故意作伪证和有无陷害他人或者隐匿罪证的意图。如果行为人故意作伪证，且具有陷害他人或者隐匿罪证的意图，便成立本罪；否则，如果是行为人记忆错误而证词失实，或者鉴定人、记录人、翻译人因业务水平低下，或因粗心大意而导致鉴定、记录、翻译出现差错，便不能认定为犯罪。

（2）本罪与诬告陷害罪的区别。由于诬告陷害罪的行为人为了达到陷害他人的目的，常常虚构事实、伪造证据，所以就有可能在表现形式上与本罪相同。但二者的显著区别在于：其一，犯罪主体不同。本罪的犯罪主体是特殊主体，限于证人、鉴定人、记录人、翻译人；而诬告陷害罪的主体为一般主体。其二，犯罪发生的时间不同。本罪只能是发生在刑事诉讼过程中；而诬告陷害罪则发生在刑事诉讼活动开始之前。其三，犯罪意图不同。本罪行为人的犯罪意图既可能是陷害无罪之人，也可能是包庇有罪之人；而诬告陷害罪的行为人之犯罪意图只能是陷害他人。

2. 刑事处罚

根据刑法第 305 条之规定，犯本罪的，处 3 年以下有期徒刑或者拘役；情节严重的，处 3 年以上 7 年以下有期徒刑。

二、辩护人、诉讼代理人毁灭证据、伪造证据、妨害作证罪

（一）概念与构成

辩护人、诉讼代理人毁灭证据、伪造证据、妨害作证罪，是指在刑事诉讼中，辩护人、诉讼代理人毁灭、伪造证据，帮助当事人毁灭、伪造证据，威胁、引诱证人违背事实改变证言或者作伪证的行为。

本罪是 1997 年刑法设立的一个新罪。设立之后，引起了实务界和理论界极大的争议。本罪被比喻为“悬在律师头上的一把剑”，成为对付律师的“撒手锏”，还有律师代表在人民代表大会会议上联名提案要求废除本罪。为什么这个罪名会引起实务界和理论界如此大的关注和争议？究其原因，主要有以下两点：第一，认为刑法第 306 条体现出的是对律师职业的歧视。纵观许多国家的刑法，都规定了律师的职务犯罪，都会对律师

妨碍司法公正的行为追究刑事责任，但犯罪主体不是特定的，不只是律师，警察、检察官也可以构成该罪。但是我国刑法第 306 条所规定之行为，却是专门为律师设定的，虽然在实践中这些行为可以由普通人或公、检、法及其他国家机关工作人员等实施，但本罪只是针对专门主体设立，这明显地体现出职业歧视。在控辩双方地位本来就不甚均衡的状况下，这个条文无疑会造成更大的不平衡。第二，认为条文的罪状过于模糊，“威胁、引诱”的界定没有明确标准，导致实践中这一条款已被普遍地滥用。本罪的行为通常发生在证人于开庭前被公安、检察机关调取过证言，证人出庭时推翻了原来的证言，使原来不利于被告人的证言发生了改变的情况下。此时公诉方可能抛开原来的案件，不管证人的证言是否被证明为伪证，就认为是律师威胁、引诱了证人改变证言，转而追究律师的刑事责任。如果比较分析刑法第 306 条与第 307 条之规定，更能看出本罪立法上存在的问题：首先，对比刑法第 306 条和第 307 条第 1 款。虽然二者的处刑都是“处三年以下有期徒刑或者拘役；情节严重的，处三年以上七年以下有期徒刑”，但行为构成犯罪的标准不同。前者的行为只要“毁灭、伪造、威胁、引诱”就构成，没有具体的程度规定，后者包括司法工作人员在内构成妨害作证罪必须使用“暴力、威胁、贿买、指使”，手段规定得比前者的具体，这样就不会把所谓的诱导性询问包括在内。其次，关于“帮助当事人毁灭、伪造证据”的行为，刑法第 306 条的规定是一旦构成即处 3 年以下有期徒刑或者拘役；而刑法第 307 条第 2 款规定必须是“情节严重”的才构成，处 3 年以下有期徒刑或拘役。对于辩护人、诉讼代理人来说，构成本罪行为如果情节严重的，要判 3 年以上 7 年以下有期徒刑。因此，在这种标准不一的情况下，即使刑法第 307 条第 3 款规定了“司法工作人员犯前两款罪的，从重处罚”，由于其基本罪尤其是“帮助当事人毁灭、伪造证据”的构成标准比辩护人、诉讼代理人毁灭、伪造证据的构成标准高，法定刑又低于辩护人、诉讼代理人毁灭、伪造证据、妨害作证罪的法定刑，的确存在立法上的不公正。

本罪的构成要件如下：

1. 本罪的客观方面表现为行为人在刑事诉讼中实施了妨害证据的行为，具体表现为行为人实施了毁灭、伪造证据，帮助当事人毁灭、伪造证据，威胁、引诱证人违背事实改变证言或者作伪证的行为。

（1）行为必须发生在刑事诉讼过程中。所谓在刑事诉讼过程中，是指在刑事案件的立案侦查、审查起诉和审判过程中，其中包括公诉案件、刑事自诉案件的诉讼过程。这是本罪行为实施的时间条件。如果行为人不是在刑事诉讼过程中，而是在民事诉讼或者行政诉讼过程中，实施了毁灭证据、伪造证据或者妨害作证的行为，则不能以本罪追究行为人的刑事责任。虽然理论界有人指出在民事或者行政诉讼案件中实施此类行为的危害性也可能很大，例如，在标的巨大的民事案件中，实施妨害证据的行为也会对当事人造成很大的危害，对此也应该以刑法进行规制，但是依照罪刑法定原则，处理案件时不能对行为发生阶段进行任何扩张。

（2）行为人实施了妨害证据的行为。这里，妨害证据的行为有以下三种表现形式：

第一，辩护人、诉讼代理人毁灭、伪造证据。此即辩护人、诉讼代理人本人直接实施毁灭、伪造证据的行为。毁灭证据是指完全消灭证据或者使证据完全丧失作用，如烧毁足以证明犯罪的书证、物证。所谓伪造证据，是指制造虚假的证据，如制造虚假的书证、物证。

第二，帮助当事人毁灭、伪造证据。这是指辩护人、诉讼代理人为当事人出谋划策或者提供方便，帮助当事人毁灭、伪造证据。

第三，威胁、引诱证人违背事实改变证言或者作伪证。要注意以下两点：

其一，威胁。威胁是指以暴力、名誉损害等为要挟的恐吓手段。

其二，引诱。引诱的界限难以划分，这是一个极具弹性的概念。我们可以根据以下几个方面来加以认定。1）立法解释：引诱证人违背事实改变证言或者作伪证，是指以金钱、物质利益等好处诱使证人改变过去按照事实提供的证言。2）司法解释：引诱证人违背事实改变证言或者作伪证，是指以金钱、物质或者其他利益诱使证人违背事实改变自己已经作出的证言或者作虚假的证言。3）学理解释：引诱证人违背事实改变证言或者作伪证，是指以金钱等物质利益对证人进行收买，或者以女色等非物质性的利益对证人进行诱惑。为了帮助证人回忆经历的情况而作的一些提示甚至诱导，不能认为是引诱。在上述三种解释中，都强调引诱必须采取一定手段，这种手段包括物质利益的引诱与非物质利益的引诱。实践中，争议在于"诱导性询问"是否可以算作引诱？我们认为，仅仅以语言做劝导的诱导性询问，不能理解为辩护人妨害作证罪的引诱，必须是以诱使证人违背事实改变证言或者作伪证为目的，采取金钱、物质或者其他利益的方法，诱使证人违背事实改变证言或者作伪证的行为，才是引诱。

2. 本罪的主体是特殊主体，即辩护人和刑事诉讼中的诉讼代理人。所谓辩护人，是指接受被告人或其代理人的委托，或者经人民法院指定，依据事实和法律在审查起诉和审判阶段为被告人的利益，向司法机关提出证明被告人无罪、罪轻或者应当从轻、减轻或者免除处罚的事实或材料，并依法为被告人进行辩护的人。辩护人可能是律师或者人民团体或者犯罪嫌疑人、被告人所在单位推荐的人或者犯罪嫌疑人、被告人的监护人、亲友。这里的诉讼代理人，根据《刑事诉讼法》第108条第5项的规定，是指公诉案件的被害人及其法定代理人或者近亲属、自诉案件的自诉人及其法定代理人委托代为参加诉讼的人和附带民事诉讼的当事人及其法定代理人委托代为参加诉讼的人。司法实践中本罪主体主要是律师，所以实践中常有人把刑法第306条规定的罪名简称为"律师伪证罪"。

3. 本罪的主观方面。刑法第306条第2款明确规定，辩护人、诉讼代理人提供、出示、引用的证人证言或者其他证据失实，不是有意伪造的，不属于伪造证据。所以，本罪在主观方面是故意，不是过失。不过究竟是直接故意还是间接故意，对此还存在争议。一种观点认为包含两种故意，即行为人明知自己妨害证据的行为会发生影响、干扰司法机关正常活动的结果，并且希望或者放任这种结果发生。第二种观点认为本罪主观方面只能是直接故意。我们认为辩护人、诉讼代理人毁灭证据、伪造证据、妨害作证罪只能是出于直接故意。基于刑事案件的辩护人或者诉讼代理人身份和地位的特殊性，他们对于自己在刑事诉讼中所应履行的义务是有明确认识的，同时对于实施毁灭证据、伪造证据或者妨害作证的行为的性质及其有可能产生的妨害刑事诉讼顺利进行的后果在主观上是有明确认识的，他们不是积极地采取措施来阻止这一危害结果的发生，也不是消极地听任这一危害结果的发生，恰恰相反，是实施三种行为极力地促成危害结果的发生，积极地追求妨害刑事诉讼顺利进行的结果，所以行为人的心态是出于直接故意。至于辩护人、诉讼代理人的犯罪动机并不影响辩护人、诉讼代理人毁灭证据、伪造证据、妨害作证罪的成立。

4. 本罪的客体是国家司法机关的正常刑事诉讼活动。

（二）司法认定与刑事处罚

1. 司法认定

（1）罪与非罪的界限。

第一，区分主观方面。本罪是故意犯罪，即明知是证据而予以毁灭或者帮助当事人毁灭，明知不是案件的证据而伪造或帮助当事人伪造；明知证人证言是真实的而威胁、引诱证人改变证言，或者为了不让证人如实作证而威胁、引诱证人作伪证。因此，司法实践中处理辩护人、诉讼代理人毁灭证据、伪造证据、妨害作证案件时，应当首先注意查明行为人对其实施的毁灭、伪造证据或者诱导他人作伪证行为的性质是否有着明确的认识；其次，应当查清毁灭、伪造证据或者诱导他人作伪证是否违背了行为人的意志。如果行为人由于受到证人欺骗，或者因调查了解不够深入细致，将一些不能作为证据的事实或者物品误以为是真实的证据而向法庭提供、出示、引用，或者由于行为人意志以外的原因造成证据材料灭失等，由于行为人不是有意伪造证据或者毁灭证据，所以不能以本罪追究行为人的刑事责任。

第二，区分客观方面。司法实践中一定要把握好“引诱”的含义和范畴，必须是以诱使证人违背事实改变证言或者作伪证为目的，采取金钱、物质或者其他利益的方法，诱使证人违背事实改变证言或者作伪证的行为，才是引诱。如果行为人仅仅以语言做劝导的诱导性询问，不能理解为辩护人妨害作证罪的引诱。

（2）辩护人、诉讼代理人毁灭证据、伪造证据、妨害作证罪与伪证罪的界限。

两罪的区别在于：第一，犯罪客观方面的表现形式不同。辩护人、诉讼代理人毁灭证据、伪造证据、妨害作证罪在客观方面表现为三种特定行为。伪证罪的客观方面是在刑事诉讼中对与案件有重要关系的情节，故意作虚假证明、鉴定、记录、翻译的行为。伪证罪不存在威胁、引诱证人违背事实改变证言或者作伪证的情况。第二，犯罪主体的范围不同。尽管两罪主体都是特殊主体，但是，辩护人、诉讼代理人毁灭证据、伪造证据、妨害作证罪的主体只能是辩护人和诉讼代理人；而伪证罪的主体只能是证人、鉴定人、记录人和翻译人。第三，犯罪目的不同。辩护人、诉讼代理人毁灭证据、伪造证据、妨害作证罪在主观上是为了包庇当事人不受刑事追究；而伪证罪的行为人在主观上既有可能是为了包庇当事人，也有可能是为了陷害当事人。

2. 刑事处罚

根据刑法第 306 条之规定，犯本罪的，处 3 年以下有期徒刑或者拘役；情节严重的，处 3 年以上 7 年以下有期徒刑。

三、妨害作证罪

（一）概念与构成

妨害作证罪，是指以暴力、威胁、贿买等方法阻止证人作证或者指使他人作伪证的行为。

本罪的构成要件如下：

（1）本罪的客观方面表现为以暴力、威胁、贿买等方法阻止证人作证或者指使他人作伪证的行为。

1）行为发生的阶段。本罪既可以发生在刑事诉讼过程中，也可以发生在民事和行政诉讼过程中。

2）阻止证人作证的表现。在刑事诉讼中，通常表现为阻止证人接受公安、检察院、法院等司法机关的调查、询问，以及阻止证人出庭作证。在民事和行政诉讼中，大多表现为阻止证人接受对方当事人委托的律师的调查、询问，以及阻止证人出庭作证。

3）阻止证人作证的方法。根据法条的规定，阻止证人作证的方法有三种："暴力、威胁、贿买"。

第一种是暴力。暴力是指使用有形的力量阻止证人作证。暴力的程度并不需要十分强烈，不需要达到伤害他人的程度。"暴力"一般是针对证人本人的，但也可针对证人的亲友等人；既可以是针对证人及其亲友人身，也可以是针对他们的财产。

第二种是威胁。威胁是指对证人进行精神上的强制，阻止证人作证。至于威胁的内容可以是以暴力相威胁，可以是以毁坏财产相威胁，也可以是以揭发个人隐私相威胁。以暴力进行威胁是最为常见的。威胁的对象一般是证人本人，也可能是证人的亲友。

第三种是贿买。贿买是指用物质性利益或非物质性利益相引诱的手段，阻止证人作证的行为。例如，采用提供金钱等物质性利益或者以安排工作、美色利诱等非物质性利益的手段，诱使证人不作证等。贿买所使用的利益大小并不影响本罪成立，只要被贿买人受其影响拒绝作证或因而作伪证的，即可构成犯罪。

4）指使他人作伪证的对象。在刑法第 307 条第 1 款中，刑法对于两种妨害作证的行为的对象使用了不同的语言。根据法条之规定，本罪妨害的对象有两种：一是"证人"，这是本罪中阻止作证的对象；二是"他人"，这是本罪中指使作伪证的对象。如何理解本罪中指使的对象"他人"？我们认为，既然法律使用了这个词语，表明"他人"至少肯定不限于证人。有观点认为，所谓他人，包括知道案件事实情况的人和不知道案件事实情况的人。我们赞同这样的观点，认为"他人"的含义应当包含任何人。因为法律没有在"他人"之前作出任何限制性的规定。

5）指使他人作伪证的行为方式。所谓指使他人作伪证，是指要求、命令、请求他人对与案件有关的情节作违背事实的虚假陈述。法条未列举出实施的具体方法。我们认为，不能排除把"暴力、威胁、贿买"的方法作为"指使"的方法。例如，如果行为人采用口头威胁的方法要求当事人作虚假陈述，这就属于"指使他人作伪证"。

6）作伪证的内涵。这里如何理解“作伪证”？在刑法第 305 条规定的伪证罪中，作伪证是指对案件事实作虚假的证明、鉴定、记录、翻译的行为。但是在本条的语境里，对作伪证不能作如此狭义的理解。所谓“作伪证”，是指行为人故意作出与自己经验、记忆相反的陈述。作伪证包括知道案件情况的人不如实作证和冒充知道案件情况的人作假证。只要是行为人故意作出与自己经验、记忆相反的陈述，即使其陈述客观上正好与客观事实相符合，也是作伪证。作伪证是一种积极的作为。“放弃作证”，这种不作为不是作伪证。作伪证的内容可能是颠倒有罪无罪、罪重罪轻的事实，也可能是颠倒其他诉讼案件中的事实。

（2）本罪的主体是一般主体，即年满 16 周岁且具有刑事责任能力的自然人。在司法实践中主要是与案件有利害关系的人，如犯罪嫌疑人、被告人的亲友或者民事、行政诉讼中的当事人。值得注意的是，虽然当事人本人实施毁灭、伪造有关自己案件的证据的行为，因为缺乏期待可能性而不能定罪，但是与案件有直接利害关系的当事人采取非法手段妨害作证的，也能成为本罪的主体。

（3）本罪的主观方面。关于本罪主观方面主要有以下几种观点：第一种认为本罪主观方面是直接故意和间接故意，对行为可能发生妨害司法程序的结果有希望或者放任。第二种认为本罪在主观上是直接故意，行为人明知自己阻止证人作证或者指使他人作伪证的行为会妨害国家司法机关正常的诉讼活动和侵害他人作证的权利，并希望这种社会危害结果的发生。我们认为，本罪的罪过只能是直接故意，即明知自己妨害作证的行为会阻止证人作证或者会使他人作伪证，并且希望阻止证人作证或者他人作伪证这样的危害结果发生。行为人实施本罪的目的就是阻止证人作证或者希望他人作伪证，对这种后果是希望、追求而不是放任的。所以本罪罪过只能是直接故意，不可能是间接故意。

（4）本罪的客体是国家司法机关正常的诉讼秩序，包括刑事诉讼、民事诉讼、行政诉讼的诉讼秩序。

（二）司法认定与刑事处罚

1. 司法认定

（1）妨害作证罪与辩护人、诉讼代理人毁灭证据、伪造证据、妨害作证罪的区分。

辩护人、诉讼代理人毁灭证据、伪造证据、妨害作证罪，是指在刑事诉讼中，辩护人、诉讼代理人毁灭、伪造证据，帮助当事人毁灭、伪造证据，威胁、引诱证人违背事实改变证言或者作伪证的行为。妨害作证罪与辩护人、诉讼代理人毁灭证据、伪造证据、妨害作证罪有相似之处：两罪主观方面都是直接故意，犯罪人主观上都想要妨害证据，客体上都侵犯司法机关正常的诉讼秩序。两罪的区别是：第一，犯罪客体不完全相同。本罪客体是国家司法机关正常的诉讼秩序，包括刑事诉讼、民事诉讼、行政诉讼的诉讼秩序；而后罪侵犯的客体只是刑事诉讼秩序。第二，行为发生的时间不同。本罪行为既可以发生在诉讼活动开始之前，也可以发生在诉讼活动开始之后；而后罪行为只能发生在诉讼活动开始之后。第三，行为表现不尽相同。本罪的行为包括“以暴力、威胁、贿买等方法阻止证人作证”“指使他人作伪证”两种；而后罪则有“毁灭、伪造证据”“帮助当事人毁灭、伪造证据”“威胁、引诱证人违背事实改变证言或者作伪证”三种。第四，主体不同。本罪的主体为一般主体；而后罪的主体为特殊主体，仅限于辩护人和诉讼代理人。

（2）妨害作证罪和伪证罪的区分。

伪证罪是指在刑事诉讼中，证人、鉴定人、记录人、翻译人对与案件有重要关系的情节，故意作虚假证明、鉴定、记录、翻译，意图陷害他人或者隐匿罪证的行为。妨害作证罪与伪证罪有一些相似之处，如两罪在主观方面都是出于故意；在客观方面，两罪都可以发生在刑事诉讼活动过程中；其犯罪行为的实施都对司法机关的正常诉讼活动造成了破坏。两罪的区别在于：第一，客观方面的表现形式不同。妨害作证罪在客观方面表现为，行为人以暴力、威胁、贿买等方法阻止证人作证或者指使他人作伪证的行为；而伪证罪在客观方面则表现为，在刑事诉讼中，行为人对与案件有重要关系的情节，故意作虚假的证明、鉴定、记录、翻译的行为。第二，行为发生的时间不同。妨害作证罪可以发生在诉讼提起之前，也可以发生在诉讼过程中；而伪证罪则只能发生在诉讼活动进行的过程之中。第三，行为发生的阶段不同。妨害作证罪可以发生在任何诉讼活动中；而伪证罪则只能发生在刑事诉讼活动中。第四，犯罪主体不同。妨害作证罪的主体是一般主体；而伪证罪的主体则是特殊主体，只有证人、鉴定人、记录人、翻译人。

（3）罪数问题。

为阻止证人作证，故意杀害、伤害、非法拘禁证人的，该如何定罪处罚？我们认为，这属于妨害作证罪与其他罪的想象竞合犯，应按择一重罪处罚的原则处理。

（4）既遂标准问题。

妨害作证罪为行为犯，只要行为人实施了阻止证人作证或者指使他人作伪证的行为，即构成犯罪既遂。即使证人被阻止后仍然作证了或者他人被指使后没有作伪证，也不影响犯罪既遂的成立。

2. 刑事处罚

根据刑法第 307 条第 1 款之规定，犯本罪的，处 3 年以下有期徒刑或者拘役；情节严重的，处 3 年以上 7 年以下有期徒刑。根据该条第 3 款的规定，司法工作人员犯本罪的，从重处罚。

四、帮助毁灭、伪造证据罪

（一）概念与构成

帮助毁灭、伪造证据罪，是指帮助当事人毁灭、伪造证据，情节严重的行为。

本罪的构成要件如下：

（1）本罪的客观方面。正确认定帮助毁灭、伪造证据罪的关键在于如何正确理解和认定本罪中的“帮助”行为。本罪中的“帮助”行为具有如下几个特征：

1）“帮助”行为的对象。帮助行为的对象是案件中的当事人。这里的当事人不应狭隘地理解为刑事案件中的当事人，也包括民事诉讼和行政诉讼中的当事人。我国刑事诉讼中的当事人包括被害人、自诉人、犯罪嫌疑人、被告人、附带民事诉讼的原告和被告。民事诉讼中的当事人，是指民事权益发生争议，以自己的名义进行诉讼，并受人民法院裁判拘束的利害关系人，广义上包括民事诉讼中的原告、被告、共同诉讼人、诉讼代表人和第三人。行政诉讼中的当事人，是指以自己的名义进行诉讼，与行政案件有直接或间接的利害关系并受人民法院裁判拘束的人，广义上包括行政诉讼中的原告、被告、共同诉讼人和诉讼中的第三人。

2）“帮助”行为的形式。有人将“帮助”理解为只是为当事人毁灭、伪造证据创造便利条件的行为。这种理解是错误的。这里的“帮助”并非帮助犯中的“帮助”之意，而是“仅仅意味着不包括当事人本人的毁灭、伪造证据的行为”。因此，“帮助”是指当事人以外的其他人所实施的一切为当事人毁灭、伪造证据的行为，行为方式多种多样。实践中，“帮助”有以下多种情形：帮助者为当事人毁灭、伪造证据出谋划策，如帮助者主动教唆、指使当事人自己或者其他人为当事人毁灭、伪造证据的；帮助者为当事人毁灭、伪造证据提供便利条件的；帮助者受当事人的教唆、指使、引诱等，而为当事人毁灭、伪造证据出谋划策、提供便利条件的；帮助者勾结当事人共同直接实施了毁灭、伪造证据的实行行为，也就是说帮助者与当事人都是毁灭、伪造证据行为具体实行者的情况；帮助者单独为当事人实施毁灭、伪造证据的行为的。这些情况都属于“帮助”的形式。

3）“帮助”行为的前提。就刑事案件而言，帮助行为并不以被帮助人的行为构成犯罪为前提，只要被帮助人的行为具有犯罪的嫌疑即可。如果事实完全与犯罪无关，行为人帮助毁灭、伪造证据的，不成立本罪。就民事案件、行政案件的证据而言，行为人帮助当事人实施毁灭、伪造证据且情节严重的，依然成立本罪。此时“帮助”更不需要以被帮助人有犯罪行为为前提。后两类诉讼的提起，并不要求争议是因违法犯罪所引起的。实践中可以是一方或者双方都没有违法犯罪行为的情况。

4）“帮助”行为的内容。帮助的内容是毁灭证据和伪造证据。毁灭证据，是指使证据完全消灭或者完全丧失证据的作用，如烧毁足以证明案件事实的书证、物证，消除犯罪现场的痕迹等。伪造证据，是指制造虚假的证据，它可以是对原证据内容的全部伪造或部分伪造，也可以是制造出原本不存在的“新”证据。这一点我们在认定中还有详细阐述。

5）“帮助”行为的程度。帮助行为以“情节严重”作为构成犯罪的要件。这里所谓的“情节严重”主要表现为：毁灭、伪造证据造成严重后果的；帮助毁灭、伪造特别重要证据的；在大案、要案上帮助毁灭、伪造证据的；帮助毁灭、伪造证据的动机和手段恶劣的；帮助多人伪造、毁灭证据或多次帮助毁灭、伪造证据的；等等。

（2）本罪的主观方面是直接故意。行为人实施本罪中的“帮助”行为，必须是出于故意，行为人认识到自己实施毁灭、伪造行为将使证据功能减弱或消失，从而影响到司法活动的进行，而希望发生这种结果。行为人一般具有使当事人逃避或减轻法律制裁的目的。如果行为人主观上没有意识到有关事物会起到证据的作用，而毁灭或加工的，即使客观上妨碍了证据功能的发挥，由于缺乏故意，也不能够构成本罪。

（3）本罪的主体是一般主体，即年满 16 周岁且具有刑事责任能力的自然人。

（4）本罪的客体是国家司法机关的正常活动。

（二）司法认定与刑事处罚

1. 司法认定

（1）帮助毁灭、伪造证据罪和包庇罪的界限。实践中要注意区分帮助毁灭、伪造证据罪和包庇罪。因为1979年刑法没有规定帮助毁灭、伪造证据罪，所以当时认为包庇罪的客观方面包括帮助犯罪人湮灭罪迹和毁灭罪证的行为。但是我们认为在1997年刑法增设了帮助毁灭、伪造证据罪之后，包庇罪不应再包括这些行为。根据刑法的规定，包庇罪的行为方式只能是"作假证明包庇"，即为犯罪分子掩盖罪行或开脱、减轻罪责而向司法机关提供虚假的证明材料的行为，而不再包括帮助犯罪人毁灭或者伪造证据的行为。对于帮助犯罪人湮灭罪迹和毁灭罪证的行为，应该按照现行刑法规定的帮助毁灭、伪造证据罪定罪处罚，不能认定为包庇罪。

（2）当事人教唆他人毁灭、伪造证据的行为如何定性。当事人自己毁灭、伪造有关自己案件的证据，缺乏期待可能性，属于事后不可罚行为，因而不作犯罪处理。但是，如果当事人教唆他人帮助自己毁灭、伪造证据，是否构成帮助毁灭、伪造证据罪的教唆犯，存在相反的两种观点。肯定说认为，既然被教唆者可以构成被教唆之罪，教唆者就应成立该罪的教唆犯。所以当事人教唆他人帮助自己毁灭、伪造证据的行为，构成帮助毁灭、伪造证据罪的教唆犯。否定说认为，既然当事人自己毁灭、伪造证据的行为不构成犯罪，那么当事人教唆他人帮助自己毁灭、伪造证据的行为不构成犯罪。我们赞成否定说。因为这种行为实质上是当事人利用他人之手间接地为自己的案件毁灭、伪造证据，与当事人自己实施的毁灭、伪造证据行为没有不同。既然当事人自己实施的毁灭、伪造证据行为缺乏期待可能性而不可罚，那么当事人利用他人为自己毁灭、伪造证据的行为同样不能构成犯罪。毫无疑问，被教唆者的行为仍可构成帮助毁灭、伪造证据罪。

同理，如果他人教唆犯罪（嫌疑）人毁灭、伪造与其犯罪有关之证据的，则该"他人"构成帮助毁灭、伪造证据罪，犯罪（嫌疑）人本人的行为不成立本罪。

（3）帮助隐匿、变造证据能否成立本罪。本罪的危害行为表现为"帮助当事人毁灭、伪造证据"。而司法实践中，帮助隐匿、变造证据的行为亦时有发生，有时情节也相当严重。对于此类行为能否按照帮助毁灭、伪造证据罪定罪，理论界和司法实践部门有不同的认识。

第一种观点认为，帮助隐匿、变造证据的行为不是犯罪。本罪的行为内容只能是帮助当事人毁灭、伪造证据；否则，不构成本罪。理由是：首先从词义上看，"隐匿、伪造、毁灭"是三个不同的概念，是三种不同的行为。其次从立法用语来看，"毁灭、伪造、隐匿"是互不包容的三种行为。例如，《刑事诉讼法》第44条和《行政诉讼法》第59条第1款第2项都有关于"伪造、隐匿、毁灭证据"的规定，2000年最高人民法院《关于审理黑社会性质组织犯罪的案件具体应用法律若干问题的解释》第5条在解释包庇黑社会性质组织罪的"包庇"时，指出它"是指……隐匿、毁灭、伪造证据……"如此看来，这三种概念是并列而非从属、包含的。既然如此，根据罪刑法定原则的要求，我国刑法典上共有两个条文明确提到"帮助当事人毁灭、伪造证据"，不能把"帮助当事人

‘隐匿’证据”的行为认定为犯罪。

第二种观点认为，对本罪中的毁灭、伪造应作扩大解释，隐匿证据属于毁灭证据，变造证据属于伪造证据。这两种行为均构成犯罪。因为隐匿证据的行为与毁灭证据的行为没有实质区别；伪造概念具有相对性，即伪造既可能是指变造之外的伪造，也可能包含变造。理由如下：虽然从字面上看，“隐匿”不同于“毁灭”，“变造”亦有别于“伪造”，将帮助隐匿、变造证据的行为按照帮助毁灭、伪造证据罪处理似乎违背了罪刑法定原则，但是从目的解释论的角度对此作合理的扩大解释并没有在实质上违反罪刑法定原则。罪刑法定的“法定”不仅包括字面上的显性规定，而且包括内容上包容的逻辑规定。将刑法规范实际蕴含的被某些词语“掩盖”的含义揭示出来的扩大解释并不违背罪刑法定原则，而是现代罪刑法定原则的必然要求。刑法设立帮助毁灭、伪造证据罪，其立法目的在于确保证据功能的发挥。“毁灭、伪造”证据的行为，严重妨碍了证据功能的发挥，使证据丧失了应有的功能，妨害了司法活动进程。毁灭证据，并不限于从物理上使证据消失，而是包括所有的妨碍证据出现、使证据价值减少甚至消失的行为。伪造证据，一般是指制作出不真实的证据的行为。帮助当事人隐匿、变造证据的行为，在妨害证据功能的发挥这一点上，与“毁灭、伪造”并无二致。因此，对该刑法规范中的“毁灭、伪造”二词应作扩大解释。而且，司法实践是十分复杂的。“毁灭”证据与“隐匿”证据，“伪造”证据与“变造”证据有时相当难以区分。例如，帮助当事人将作案工具埋在泥土里，究竟是“隐匿”证据还是“毁灭”证据，很难分清二者的界限。对证据进行部分的伪造，究竟是伪造还是变造，也难以厘清。所以强行地区分某些语词并不可取。我们赞同第二种观点。帮助隐匿、变造证据的行为，只要情节严重，仍然可以构成帮助毁灭、伪造证据罪。

2. 刑事处罚

根据刑法第307条第2款之规定，犯本罪的，处3年以下有期徒刑或者拘役。根据该条第3款之规定，司法工作人员犯本罪的，从重处罚。

五、虚假诉讼罪

虚假诉讼罪，是指以捏造的事实提起民事诉讼，妨害司法秩序或者严重侵害他人合法权益的行为。本罪侵犯的客体为司法秩序或他人的合法权益。客观方面乃是捏造事实提起民事诉讼。所谓“捏造的事实提起民事诉讼”，根据2018年9月26日最高人民法院、最高人民检察院《关于办理虚假诉讼刑事案件适用法律若干问题的解释》第1条，是指下列情形之一：（1）与夫妻一方恶意串通，捏造夫妻共同债务的；（2）与他人恶意串通，捏造债权债务关系和以物抵债协议的；（3）与公司、企业的法定代表人、董事、监事、经理或者其他管理人员恶意串通，捏造公司、企业债务或者担保义务的；（4）捏造知识产权侵权关系或者不正当竞争关系的；（5）在破产案件审理过程中申报捏造的债权的；（6）与被执行人恶意串通，捏造债权或者对查封、扣押、冻结财产的优先权、担保物权的；（7）单方或者与他人恶意串通，捏造身份、合同、侵权、继承等民事法律关系的其他行为。隐瞒债务已经全部清偿的事实，向人民法院提起民事诉讼，要求他人履行债务的，以“以捏造的事实提起民事诉讼”论。向人民法院申请执行基于捏造的事实作出的仲裁裁决、公证债权文书，或者在民事执行过程中以捏造的事实对执行标的提出异议、申请参与执行财产分配的，属于“以捏造的事实提起民事诉讼”。根据前引司法解释第 2 条，以捏造的事实提起民事诉讼，有下列情形之一的，应当认定为刑法第 307 条之一第 1 款规定的“妨害司法秩序或者严重侵害他人合法权益”：(1) 致使人民法院基于捏造的事实采取财产保全或者行为保全措施的；(2) 致使人民法院开庭审理，干扰正常司法活动的；(3) 致使人民法院基于捏造的事实作出裁判文书、制作财产分配方案，或者立案执行基于捏造的事实作出的仲裁裁决、公证债权文书的；(4) 多次以捏造的事实提起民事诉讼的；(5) 曾因以捏造的事实提起民事诉讼被采取民事诉讼强制措施或者受过刑事追究的；(6) 其他妨害司法秩序或者严重侵害他人合法权益的情形。

如果行为人据以提起民事诉讼的事实中虽然有虚假成分，但存在部分真实情况，则不能按照本罪论处。行为人如果以捏造的事实提起行政诉讼，不构成本罪；如果行为人以捏造的犯罪事实提起刑事告诉，也不构成本罪，但可能成立诬告陷害罪。本罪主体为一般主体，包括自然人和单位。本罪的主观方面为故意。本罪属行为犯，只要行为人捏造事实提起民事诉讼，即可认定为妨害了司法秩序或者严重侵害了他人合法权益，并不要求事实上造成了特定后果。

根据刑法第 307 条之一的规定，犯本罪的，处 3 年以下有期徒刑、拘役或者管制，并处或者单处罚金；情节严重的，处 3 年以上 7 年以下有期徒刑，并处罚金。根据前引司法解释第 3 条，以捏造的事实提起民事诉讼，有下列情形之一的，应当认定为刑法第 307 条之一第 1 款规定的“情节严重”：(1) 有本解释第 2 条第 1 项情形，造成他人经济损失 100 万元以上的；(2) 有本解释第 2 条第 2 项至第 4 项情形之一，严重干扰正常司法活动或者严重损害司法公信力的；(3) 致使义务人自动履行生效裁判文书确定的财产给付义务或者人民法院强制执行财产权益，数额达到 100 万元以上的；(4) 致使他人债权无法实现，数额达到 100 万元以上的；(5) 非法占有他人财产，数额达到 10 万元以上的；(6) 致使他人因为不执行人民法院基于捏造的事实作出的判决、裁定，被采取刑事拘留、逮捕措施或者受到刑事追究的；(7) 其他情节严重的情形。单位犯本罪的，对单位判处罚金，并对其直接负责的主管人员和其他直接责任人员，依照前述规定处罚。实施本罪行为，非法占有他人财产或者逃避合法债务，又构成其他犯罪的，依照处罚较重的规定定罪从重处罚。司法工作人员利用职权，与他人共同实施本罪行为的，从重处罚；同时构成其他犯罪的，依照处罚较重的规定定罪从重处罚。

六、打击报复证人罪

打击报复证人罪，是指故意对证人进行打击报复的行为。本罪的构成要件如下：(1) 本罪的客观方面表现为行为人实施了对证人进行打击报复的行为。“打击报复”有多种形式，如降职降薪、解聘解雇、扣发工资奖金、恐吓伤害、加害亲属、骚扰安宁等。(2) 本罪的主体为一般主体，但一般是证人证言对其不利的人或其亲友。(3) 本罪的主观方面是故意。(4) 本罪的客体是证人依法作证的权利。

根据刑法第 308 条之规定，犯本罪的，处 3 年以下有期徒刑或者拘役；情节严重的，处 3 年以上 7 年以下有期徒刑。

七、泄露不应公开的案件信息罪

泄露不应公开的案件信息罪，是指司法工作人员、辩护人、诉讼代理人或者其他诉讼参与人，泄露依法不公开审理的案件中不应当公开的信息，造成信息公开传播或者其他严重后果的行为。本罪客观方面表现为泄露依法不公开审理的案件中不应当公开的信息，造成信息公开传播或者其他严重后果。所谓依法不公开审理的案件，包括三大诉讼法涉及的依法不公开审理的案件，依据我国刑事诉讼法、民事诉讼法和行政诉讼法以及有关司法解释的规定，具体是指下列案件：(1) 涉及国家秘密的案件；(2) 涉及个人隐私的案件；(3) 14 岁以上不满 16 岁的未成年人案件，以及经人民法院决定不公开审理的 16 岁以上不满 18 岁未成年人犯罪的案件；(4) 经当事人申请，人民法院决定不公开审理的涉及商业秘密的案件；(5) 经当事人申请，人民法院决定不公开审理的离婚案件；(6) 法律另有规定的其他不公开审理的案件。本罪主体为特殊主体，即限于司法工作人员、辩护人、诉讼代理人或者其他诉讼参与人，单位也可以成为本罪主体。本罪主观方面既可能是故意，也可能是过失。本罪客体为司法秩序。如果行为人所实施之行为泄露国家秘密的，应当依照刑法第 398 条的规定定罪处罚。

根据刑法第 308 条之一第 1 款的规定，犯本罪的，处 3 年以下有期徒刑、拘役或者管制，并处或者单处罚金。实施本罪行为，泄露国家秘密的，依照刑法第 398 条的规定定罪处罚。单位犯本罪的，对单位判处罚金，并对其直接负责的主管人员和其他直接责任人员，依照前述规定处罚。

八、披露、报道不应公开的案件信息罪

披露、报道不应公开的案件信息罪，是指司法工作人员、辩护人、诉讼代理人或者其他诉讼参与人之外的其他人公开披露、报道依法不公开审理的案件中不应当公开的信息，情节严重的行为。本罪与前罪构成要件在两方面有所不同：其一，本罪客观方面要求有"情节严重"的事实存在。这就意味着虽然公开披露、报道了前列案件信息，但如果不属于"情节严重"的，则不构成犯罪。其二，本罪主观方面只能是直接故意。根据刑法第 308 条之一第 3 款的规定，犯本罪的，处 3 年以下有期徒刑、拘役或者管制，并处或者单处罚金。单位犯本罪的，对单位判处罚金，并对其直接负责的主管人员和其他直接责任人员，依照前述规定处罚。

九、扰乱法庭秩序罪

(一) 概念与构成

扰乱法庭秩序罪，是指聚众哄闹、冲击法庭，殴打司法工作人员或者诉讼参与人，

不听法庭制止，侮辱、诽谤、威胁司法工作人员或者诉讼参与人，不听法庭制止且严重扰乱法庭秩序，以及毁坏法庭设施，抢夺、毁损诉讼文书、证据等扰乱法庭秩序且情节严重的行为。本罪构成要件如下：

1. 本罪的客观方面表现为行为人实施了如下四种行为之一：(1) 聚众哄闹、冲击法庭；(2) 殴打司法工作人员或者诉讼参与人；(3) 侮辱、诽谤、威胁司法工作人员或者诉讼参与人，不听法庭制止，严重扰乱法庭秩序；(4) 毁坏法庭设施，抢夺、损毁诉讼文书、证据等扰乱法庭秩序，情节严重。对于本罪的客观方面的理解，要把握以下问题：

(1) 正确理解本罪成立的时点。从法条规定的情况来看，本罪行为必须是发生在人民法院的司法审判过程中。所谓司法审判过程，不仅包括人民法院审理所有刑事、民事、行政案件的过程，还应包括人民法院调解刑事自诉案件和民商事案件的过程。具体来讲，这一过程应当从所有诉讼参与人和法官、检察官（刑事审判中）进入法庭就座即将开始案件审理（如书记员开始宣读法庭纪律）为起点，到整个庭审宣告结束（休庭）为止。在此过程之前或之后发生的冲击法庭、殴打司法工作人员或者诉讼参与人等行为，不能按照本罪论处，如果构成犯罪，应当依法按照其他相应犯罪处理。

(2) 正确理解本罪成立的空间范围。从本罪法条规定和最高司法机关确定的罪名（扰乱法庭秩序罪）来看，本罪行为事实应当发生在法庭上。所谓法庭，泛指一切用于审理案件的处所，既可以是人民法院正规的审判庭，也可以是临时用作司法审判的处所，甚至可以是移动的用于审判的处所（如汽车、船舶）。如果有关行为事实不是发生在法庭上，则不能按照本罪论处。

(3) 正确理解本罪客观行为。对于本罪的四类客观行为，一般来说不难理解。这里只对其中殴打、侮辱、诽谤、威胁的行为对象作必要解释。首先，关于司法工作人员。应当按照刑法第 94 条来理解本罪涉及的司法工作人员，结合本罪发生的具体场合，通常而言，作为本罪行为对象的司法工作人员，一般限于检察人员和审判人员，包括公诉人的助理人员和法庭的书记员，但也应包括维持法庭秩序的法警，因为法警在庭审过程中具有对被告人进行监管的权力，所以属于刑法第 94 条规定的负有"监管职责的工作人员"。其次，关于诉讼参与人。特别要注意，不同性质的诉讼，其诉讼参与人范围并不相同。有些人习惯按照刑事诉讼法的规定来理解诉讼参与人，这是不正确的。具体来说，本罪行为对象涉及的诉讼参与人包括：1）刑事诉讼参与人：当事人（被害人、自诉人，犯罪嫌疑人、被告人，附带民事诉讼的原告和被告）和其他诉讼参与人（法定代理人、诉讼代理人、辩护人、证人、鉴定人和翻译人员）；2）民事诉讼参与人：诉讼参加人，包括当事人（原告、被告、共同诉讼人、第三人）和诉讼代理人（法定代理人、委托代理人），以及其他诉讼参与人（证人、鉴定人、勘验人员和翻译人员）；3）行政诉讼参与人：诉讼参加人（当事人和诉讼代理人）以及证人、鉴定人、勘验人员和翻译人员。因此，在不同性质的审判过程中发生的扰乱法庭秩序行为侵害的诉讼参与人就会有所不同。但无论如何，只要行为人在审判过程中，殴打、侮辱、诽谤、威胁前述三类诉讼参与人之一，就有可能构成本罪。

2. 本罪的主体为一般主体。

3. 本罪的主观方面是故意。

4. 本罪的客体是人民法院审理案件的正常秩序。

（二）司法认定与刑事处罚

1. 司法认定

正确处理本罪的竞合与罪数问题。在我国刑法中，本罪属于处罚较轻的犯罪。如果行为人实施本罪行为而触犯了其他犯罪，可以根据具体情况依照处罚较重的犯罪来处理，或者依照数罪并罚原则来处理。比如，殴打司法工作人员或诉讼参与人，如果行为人在法庭上只是殴打了一个司法工作人员或一个诉讼参与人，造成其重伤害，这就发生了伤害罪与本罪的竞合问题。对此，显然应当按照处理竞合犯的原则——从一重罪处断，即以伤害罪论处。如果行为人在法庭上殴打了二人以上的司法工作人员或诉讼参与人，其中，既有造成重伤害的，也有造成轻微伤害的，则可以考虑按照本罪与伤害罪数罪并罚。

2. 刑事处罚

根据刑法第 309 条之规定，犯本罪的，处 3 年以下有期徒刑、拘役、管制或者罚金。

十、窝藏、包庇罪

（一）概念与构成

窝藏、包庇罪，是指明知是犯罪的人，而为其提供隐藏处所、财物，帮助其逃匿或者作假证明包庇的行为。

本罪的构成要件如下：

（1）本罪的客观方面表现为行为人实施了窝藏或包庇犯罪分子的行为。本罪属于选择性罪名，只要行为人实施了窝藏与包庇犯罪分子的行为之一，便足以成立本罪。在确定具体犯罪行为的罪名时，可根据行为人实际实施的行为来确定罪名。例如，如果行为人实施的是窝藏犯罪分子的行为，对行为人就应定窝藏罪。如果行为人实施的是包庇犯罪分子的行为，对行为人就应定包庇罪。如果行为人同时实施了窝藏犯罪分子和包庇犯罪分子的行为，对行为人就应定窝藏、包庇罪。

1）包庇的含义。“包庇”在法条中罪状表述为“作假证明包庇”，是指明知是犯罪之人，而作虚假证明帮助他掩饰的行为。例如，当司法工作人员调查犯罪嫌疑人 A 抢劫某商店的犯罪事实时，B 明知是 A 实施的抢劫商店的行为，但他为了掩盖 A 的犯罪事实，向司法工作人员证明案发之时，A 不在现场，B 的行为就是作假证明包庇犯罪分子，因而符合本罪的构成特征。“作假证明包庇”可以是掩盖犯罪之人的犯罪事实，也可以是掩盖犯罪人的行踪，可以是掩盖全部犯罪事实，也可以是掩盖部分犯罪事实。除作假证明包庇之外，包庇还有别的表现形式吗？我们在讨论“帮助毁灭、伪造证据罪”时曾经指出，1997 年刑法出台之前对于“作假证明包庇”作了广义的解释，认为帮助当事人毁灭证据的行为也属于包庇，但现行刑法已经专门规定了帮助毁灭、伪造证据罪，就不能够再这样解释了，现在的包庇只能理解为“作假证明包庇”的行为。

2）窝藏的含义。“窝藏”在法条中罪状表述为“提供隐藏处所、财物，帮助其逃匿”。具体来说，第一种是提供隐藏处所，如将犯罪人留宿在家中，为犯罪人提供其他房源，介绍犯罪人到某地方隐藏等，通过对犯罪人的藏匿行为，使犯罪人不能或难以被发现，从而使其逃避法律惩罚。第二种是提供财物，如给犯罪分子提供资金、食品、衣物、交通工具或提供有关证件等，目的是对犯罪人给予帮助，利于他逃跑。第三种是帮助犯罪人逃匿，如为犯罪的人提供便利条件帮助逃匿，为犯罪分子指示逃跑的方向、路线、提供交通便利等。规定第三种行为实际上有兜底作用，因为提供隐藏处所和财物实际上也是帮助犯罪人逃匿的一种方式，实践中采用其他手段来帮助犯罪人逃匿的，我们可以把它认定为第三种行为。除此之外，窝藏时间的长短对窝藏罪的定性没有影响，但可影响量刑的轻重。

3）关于窝藏、包庇的对象。根据法条表述，窝藏、包庇罪的对象为“犯罪的人”。这里的“犯罪的人”不是严格意义上的已经被法院定罪的罪犯，而应广义地理解为包括逍遥法外的犯罪嫌疑人和罪犯。明知是一般违法分子而故意窝藏、包庇的，一般也不构成犯罪。例外的是现行刑法第 362 条规定，旅馆业、饮食服务业、文化娱乐业、出租汽车业等单位的人员，在公安机关查处卖淫、嫖娼活动时，为违法犯罪分子通风报信，情节严重的，依照本法第 310 条的规定定罪处罚。这一规定扩大了此罪的对象范围，将一般违法的卖淫者、嫖娼者纳入行为对象范围。

关于本罪对象，实践中存在一个争议问题，即如果窝藏、包庇的涉嫌犯罪的人实际上是无罪的，此时实施窝藏、包庇者是否有罪？我们认为，犯罪之人是指已经实施了犯罪的人，既包括已决犯，也包括未决犯，但并不包括实际上并未犯罪而被司法机关误以为犯罪的人。窝藏、包庇行为之所以构成犯罪，其危害性核心在于给予了真正实施危害社会犯罪行为的主体以帮助，使司法机关不能够及时将这些危险分子抓获归案、追究刑事责任，从而破坏了司法活动的顺利进行，如果被包庇、窝藏者没有实施犯罪行为，那么行为人的“窝藏”和“包庇”行为并不会对司法活动产生危害，对这种行为是不足以动用刑事手段来进行惩罚的。

此外，根据刑法第 362 条，旅馆业、饮食服务业、文化娱乐业、出租汽车业等单位的人员，在公安机关查处卖淫、嫖娼活动时，为违法犯罪分子通风报信，情节严重的，依照窝藏、包庇罪定罪处罚。根据 2017 年 7 月 21 日最高人民法院、最高人民检察院《关于办理组织、强迫、引诱、容留、介绍卖淫刑事案件适用法律若干问题的解释》第 14 条，事前与犯罪分子通谋的，以共同犯罪论处。具有下列情形之一的，应当认定为刑法第 362 条规定的“情节严重”：1）向组织、强迫卖淫犯罪集团通风报信的；2）2 年内通风报信 3 次以上的；3）1 年内因通风报信被行政处罚，又实施通风报信行为的；4）致使犯罪集团的首要分子或者其他共同犯罪的主犯未能及时归案的；5）造成卖淫嫖娼人员逃跑，致使公安机关查处犯罪行为因取证困难而撤销刑事案件的；6）非法获利人民币 1 万元以上的；7）其他情节严重的情形。

（2）本罪的主体为一般主体，即年满 16 周岁、具有刑事责任能力的自然人。单位不构成本罪。在探讨窝藏、包庇罪的主体时，值得注意的一个问题是，犯罪人的共同犯罪人能否成为本罪主体？我们认为，答案是否定的。共同犯罪人相互之间不能成为本罪的主体。对于共同犯罪的犯罪人而言，窝藏、包庇的“他人”其实和“自己”是属于同一个刑事案件的，他们窝藏、包庇同案犯实质上是为了他们自己的案件不被追究。所以，共犯不能成为其参与的特定犯罪的窝藏、包庇罪的主体。

（3）本罪的主观方面是直接故意。本罪的罪过形式为故意，一般不存在争议。因此，行为人不知道对方是犯罪分子而为其提供藏身之所或物质帮助，或者不了解事实而讲了客观上有利于犯罪人的证词的，不能以犯罪论处。本罪主观方面是否包含间接故意，对此存在争议。有观点认为本罪主观罪过包括直接故意和间接故意两种，直接故意是确知对方是犯罪分子，而对其进行藏匿或帮助其逃跑，间接故意是指行为人不能肯定对方必然是犯罪分子，而只是认识到对方可能是犯罪分子，出于放任的心态而实施了窝藏行为。我们认为窝藏、包庇罪的主观方面只能是直接故意，行为人实施本罪具有使犯罪的人逃避法律追究的目的。根据有关刑法理论，目的犯只能存在于直接故意中，绝不可能是间接故意。

（4）本罪的客体是司法机关的正常活动。

（二）司法认定与刑事处罚

1. 司法认定

（1）罪与非罪的界限。此方面主要应注意本罪与知情不报行为的界限。所谓“知情不报”，是指知晓犯罪事实或犯罪人的情况而不主动或自觉向司法机关举报的行为。虽然“知情不报”的行为在客观上有利于犯罪分子逃匿，但与窝藏、包庇罪显然有很大区别。二者的关键区别在于：窝藏、包庇罪的行为人是以积极的窝藏、包庇行为帮助犯罪分子逃避刑事制裁，而知情不报的行为人只是消极地不提供有关犯罪事实和犯罪分子的信息。由于我国刑法没有关于知晓一般犯罪事实或犯罪人情况的人必须举报的强制性规定，所以，对于知情不报的行为一般不能以犯罪论处。但可对行为人给予批评教育或某种纪律处分。值得注意的是，如果明知他人有间谍犯罪行为，在国家安全机关向其调查有关情况、收集有关证据时，拒绝提供，情节严重的，则可构成刑法第 311 条规定的拒绝提供间谍犯罪证据罪。

（2）窝藏、包庇罪中的包庇行为与伪证罪的区别。包庇罪的表现形式之一就是行为人“作假证明”。这就与伪证罪中的“伪证”有了共同之处。但二者的显著区别在于：第一，主体不同。伪证罪的主体是特殊主体，即限于证人、鉴定人、记录人、翻译人；而包庇罪的主体为一般主体，可以是一切达到刑事责任年龄、具有刑事责任能力的自然人。如果是前述四类特殊主体“作伪证”的，则应按照“特别法优于普通法”的原则处理。第二，实施犯罪的时间不同。伪证罪只能发生在刑事诉讼的过程中；而包庇罪可以发生在刑事诉讼开始之前、之中和之后。第三，行为人故意内容不同。伪证罪的行为人之犯罪故意内容既可以是隐匿罪证，从而使犯罪分子逃避法律制裁的意图，也可以是为了陷害他人，使无罪者受到刑事追究；而包庇罪的故意内容只是意图使犯罪分子逃避法律制裁。

（3）本罪与共犯中的帮助犯的区别。二者的相同之处在于他们都是一种帮助行为。其不同之处在于：本罪行为人事前与被其帮助的犯罪人没有共谋，而帮助犯一般事前与其他共同犯罪人有通谋。因此，根据刑法第 310 条第 2 款的规定：如果行为人实施窝藏、包庇行为之前与犯罪分子有通谋的，不应以本罪论处，而应按照共同犯罪论处。

2. 刑事处罚

根据刑法第 310 条之规定，犯本罪的，处 3 年以下有期徒刑、拘役或者管制；情节严重的，处 3 年以上 10 年以下有期徒刑。

十一、拒绝提供间谍犯罪、恐怖主义犯罪、极端主义犯罪证据罪

拒绝提供间谍犯罪、恐怖主义犯罪、极端主义犯罪证据罪，是指明知他人有间谍犯罪或者恐怖主义、极端主义犯罪行为，在司法机关向其调查有关情况、收集有关证据时，拒绝提供，情节严重的行为。本罪的构成要件如下：(1) 本罪的客观方面表现为实施了拒绝提供间谍犯罪或者恐怖主义、极端主义犯罪证据的行为。其行为特点有三：其一，向行为人调查的对象是特定的，即调查者、收集者须是司法机关；其二，时间是特定的，即行为须发生在司法机关向其调查有关情况、收集有关证据之时；其三，行为方式是"拒绝提供"，且"情节严重"。(2) 本罪的主体为一般主体，但必须是知晓有关间谍犯罪、恐怖主义、极端主义犯罪情况的人。(3) 本罪的主观方面是故意。(4) 本罪的客体是司法机关打击与防范间谍犯罪以及恐怖主义、极端主义犯罪的正常活动。

根据刑法第 311 条之规定，犯本罪的，处 3 年以下有期徒刑、拘役或者管制。

十二、掩饰、隐瞒犯罪所得、犯罪所得收益罪

（一）概念与构成

掩饰、隐瞒犯罪所得、犯罪所得收益罪，是指行为人明知是犯罪所得及其产生的收益而予以窝藏、转移、收购、代为销售或者以其他方法掩饰、隐瞒的行为。

本罪的构成要件如下：

1. 本罪的客观方面表现为行为人实施了窝藏、转移、收购、代为销售以及以其他方法掩饰、隐瞒犯罪所得及其收益的行为。窝藏，是指行为人为犯罪分子藏匿犯罪所得及其收益；转移，是指行为人把犯罪分子犯罪所得及其收益由 A 地运往 B 地，由 B 地运往 C 地等；收购，是指行为人购买犯罪分子犯罪所得及其收益；代为销售，是指行为人代犯罪分子将犯罪所得及其收益卖出；以其他方法掩饰、隐瞒，是指采用上述方式之外的其他手段掩盖、隐藏犯罪所得及其收益的行为，例如，居间介绍买卖，收受，持有，使用，加工，提供资金账户，协助将财物转换为现金、金融票据、有价证券，协助将资金转移、汇往境外等。[①] 根据 2021 年 4 月 13 日最高人民法院《关于审理掩饰、隐瞒犯罪所得、犯罪所得收益刑事案件适用法律若干问题的解释》（2021 年 4 月修正）第 1 条规定，明知是犯罪所得及其产生的收益而予以窝藏、转移、收购、代为销售或者以其他方法掩

---

① 参见 2021 年 4 月 13 日最高人民法院《关于审理掩饰、隐瞒犯罪所得、犯罪所得收益刑事案件适用法律若干问题的解释》第 10 条第 2 款。还要注意，根据 2009 年 11 月 4 日最高人民法院《关于审理洗钱等刑事案件具体应用法律若干问题的解释》第 2 条规定，具有下列情形之一的，可以认定为"以其他方法掩饰、隐瞒犯罪所得及其收益的来源和性质"：(1) 通过典当、租赁、买卖、投资等方式，协助转移、转换犯罪所得及其收益的；(2) 通过与商场、饭店、娱乐场所等现金密集型场所的经营收入相混合的方式，协助转移、转换犯罪所得及其收益的；(3) 通过虚构交易、虚设债权债务、虚假担保、虚报收入等方式，协助将犯罪所得及其收益转换为"合法"财物的；(4) 通过买卖彩票、奖券等方式，协助转换犯罪所得及其收益的；(5) 通过赌博方式，协助将犯罪所得及其收益转换为赌博收益的；(6) 协助将犯罪所得及其收益携带、运输或者邮寄出入境的；(7) 通过前述规定以外的方式协助转移、转换犯罪所得及其收益的。

饰、隐瞒，具有下列情形之一的，应当依照刑法第 312 条第 1 款的规定，以掩饰、隐瞒犯罪所得、犯罪所得收益罪定罪处罚：（1）1 年内曾因掩饰、隐瞒犯罪所得及其产生的收益行为受过行政处罚，又实施掩饰、隐瞒犯罪所得及其产生的收益行为的；（2）掩饰、隐瞒的犯罪所得系电力设备、交通设施、广播电视设施、公用电信设施、军事设施或者救灾、抢险、防汛、优抚、扶贫、移民、救济款物的；（3）掩饰、隐瞒行为致使上游犯罪无法及时查处，并造成公私财物损失无法挽回的；（4）实施其他掩饰、隐瞒犯罪所得及其产生的收益行为，妨害司法机关对上游犯罪进行追究的。人民法院审理掩饰、隐瞒犯罪所得、犯罪所得收益刑事案件，应综合考虑上游犯罪的性质、掩饰、隐瞒犯罪所得及其收益的情节、后果及社会危害程度等，依法定罪处罚。司法解释对掩饰、隐瞒涉及计算机信息系统数据、计算机信息系统控制权的犯罪所得及其产生的收益行为构成犯罪已有规定的，审理此类案件依照该规定。这里，要注意以下概念的正确理解：（1）“犯罪所得”，是指通过犯罪直接得到的赃款、赃物；（2）“犯罪所得产生的收益”，是指上游犯罪的行为人对犯罪所得进行处理后得到的孳息、租金等。① 本罪属选择性罪名，只要行为人实施了上述几种行为之一，便足以成立本罪，可以根据具体行为指向的对象确定适用罪名。而在对实施本罪的行为人定罪时，可根据其实施犯罪的具体情况来确定具体罪名。

2. 本罪的主体为一般主体，既可以是自然人，也可以是单位。

3. 本罪的主观方面是故意，即必须是行为人明知是犯罪所得及其收益而予以窝藏、转移、收购、代为销售、掩饰、隐瞒；否则，不构成本罪。所谓“明知”，包括明知肯定是犯罪所得及其收益以及明知可能是犯罪所得及其收益两种情况。明知肯定是犯罪所得及其收益，是指行为人根据有关事项，如根据财物的数量、种类、价值等，认识到财物的来源肯定不正常，判断出自己窝藏、转移、收购、代为销售、掩饰、隐瞒的，肯定是犯罪所得或犯罪所得收益，不会是其他性质的财物。明知可能是犯罪所得或犯罪所得收益，是指行为人根据有关事项，如根据财物的数量、种类、价值等，认识到财物的来源可能不正常，判断出自己窝藏、转移、收购、代为销售、掩饰、隐瞒的，可能是犯罪所得及其收益，但是不能充分肯定其性质。正如 1998 年 5 月 8 日最高人民法院、最高人民检察院、公安部、国家工商行政管理局《关于依法查处盗窃、抢劫机动车案件的规定》第 17 条所规定的：“明知”是指知道或者应当知道。有下列情形之一的，可视为明知，但有证据证明属被蒙骗的除外：（1）在非法的机动车交易场所和销售单位购买的；（2）机动车证件手续不全或者明显违反规定的；（3）机动车发动机号或者车架号有更改痕迹，没有合法证明的；（4）以明显低于市场价格购买机动车的。② 2009 年最高人民法院颁布的《关于审理洗钱等刑事案件具体应用法律若干问题的解释》第 1 条，对于本条规定的

---

① 参见 2021 年 4 月 13 日最高人民法院《关于审理掩饰、隐瞒犯罪所得、犯罪所得收益刑事案件适用法律若干问题的解释》第 10 条第 1 款。

② 2007 年 5 月 11 日最高人民法院、最高人民检察院《关于办理与盗窃、抢劫、诈骗、抢夺机动车相关刑事案件具体应用法律若干问题的解释》第 6 条规定：行为人实施本解释第 1 条［（1）买卖、介绍买卖、典当、拍卖、抵押或者用其抵债的；（2）拆解、拼装或者组装的；（3）修改发动机号、车辆识别代号的；（4）更改车身颜色或者车辆外形的；（5）提供或者出售机动车来历凭证、整车合格证、号牌以及有关机动车的其他证明和凭证的；（6）提供或者出售伪造、变造的机动车来历凭证、整车合格证、号牌以及有关机动车的其他证明和凭证的。］……的行为，涉及的机动车有下列情形之一的，应当认定行为人主观上属于上述条款所称“明知”：（1）没有合法有效的来历凭证；（2）发动机号、车辆识别代号有明显更改痕迹，没有合法证明的。

"明知"[①] 作出了说明："明知"，应当结合被告人的认知能力，接触他人犯罪所得及其收益的情况，犯罪所得及其收益的种类、数额，犯罪所得及其收益的转换、转移方式以及被告人的供述等主、客观因素进行认定。根据该司法解释，具有下列情形之一的，可以认定被告人明知系犯罪所得及其收益，但有证据证明确实不知道的除外：（1）知道他人从事犯罪活动，协助转换或者转移财物的；（2）没有正当理由，通过非法途径协助转换或者转移财物的；（3）没有正当理由，以明显低于市场的价格收购财物的；（4）没有正当理由，协助转换或者转移财物，收取明显高于市场的"手续费"的；（5）没有正当理由，协助他人将巨额现金散存于多个银行账户或者在不同银行账户之间频繁划转的；（6）协助近亲属或者其他关系密切的人转换或者转移与其职业或者财产状况明显不符的财物的；（7）其他可以认定行为人明知的情形。本罪行为人的认识不要求是完全肯定，只要认识有可能即可。也就是说，掩饰、隐瞒犯罪所得、犯罪所得收益罪的故意内容，可以是确定的，也可以是不确定的。"明知"可以是在窝藏、转移、收购、代为销售、掩饰、隐瞒之前就明知，也可以是在窝藏、转移、收购、代为销售、掩饰、隐瞒的过程中，才明知是犯罪所得及其收益。如果是在行为完毕以后才知道是犯罪所得及其收益的，不符合本罪故意的条件。

4. 本罪的客体是司法机关的正常活动。追缴或查处犯罪所得及其收益是国家刑事司法的一项重要内容。犯罪所得及其收益既是揭露和证实犯罪的重要证据，又是挽回被害人损失的实物。因此，能否顺利追缴或查处，关系到案件侦破、定罪量刑、挽回损失等一系列重大问题。而窝藏、转移、收购、代为销售、掩饰、隐瞒犯罪所得及其收益的行为，无端给司法机关的正常活动增加了困难，甚至直接或间接地帮助了犯罪人，因此，国家必须以刑法严格禁止。

（二）司法认定与刑事处罚

1. 司法认定

（1）罪与非罪问题。从法条规定来看，成立本罪并无数额（量）要求。但是司法解释中又规定了需要有一定数额（量）要求。根据 2011 年 8 月 1 日最高人民法院、最高人民检察院《关于办理危害计算机信息系统安全刑事案件应用法律若干问题的解释》第 7 条，明知是非法获取计算机信息系统数据犯罪所获取的数据、非法控制计算机信息系统犯罪所获取的计算机信息系统控制权，而予以转移、收购、代为销售或者以其他方法掩饰、隐瞒，违法所得 5 000 元以上的，应当以掩饰、隐瞒犯罪所得罪定罪处罚。2021 年 4 月 13 日最高人民法院《关于审理掩饰、隐瞒犯罪所得、犯罪所得收益刑事案件适用法律若干问题的解释》第 1 条第 1 款第 1 项规定，1 年内曾因掩饰、隐瞒犯罪所得及其产生的收益行为受过行政处罚，又实施掩饰、隐瞒犯罪所得及其收益行为的，应当认定为犯罪。又如，该解释第 1 条第 4 款规定：明知是非法狩猎的野生动物而收购，数量达到 50

---

① 2018 年 9 月 28 日最高人民法院、最高人民检察院、公安部《关于办理盗窃油气、破坏油气设备等刑事案件适用法律若干问题的意见》，"明知"的认定，应当结合行为人的认知能力、所得报酬、运输工具、运输路线、收购价格、收购形式、加工方式、销售地点、仓储条件等因素综合考虑。

只以上的，以掩饰、隐瞒犯罪所得罪定罪处罚。前述规定意味着，没有达到司法解释规定条件或数额（量）的，不以犯罪论处。至于掩饰、隐瞒犯罪所得及其产生的收益的数额，根据该解释第4条规定，应当以实施掩饰、隐瞒行为时为准。收购或者代为销售财物的价格高于其实际价值的，以收购或者代为销售的价格计算。多次实施掩饰、隐瞒犯罪所得及其产生的收益行为，未经行政处罚，依法应当追诉的，犯罪所得、犯罪所得收益的数额应当累计计算。同时应当注意，认定掩饰、隐瞒犯罪所得、犯罪所得收益罪，须以上游犯罪事实成立为前提。如果上游犯罪不能查证属实的，本罪则不能成立。但是上游犯罪尚未依法裁判，但查证属实的，不影响掩饰、隐瞒犯罪所得、犯罪所得收益罪的认定。此外，上游犯罪事实经查证属实，但因行为人未达到刑事责任年龄等原因依法不予追究刑事责任的，不影响掩饰、隐瞒犯罪所得、犯罪所得收益罪的认定。①

（2）本罪涉及的竞合与共同犯罪。其一，实施本罪行为，同时构成其他犯罪的，依照处罚较重的规定定罪处罚。② 其二，事前与盗窃、抢劫、诈骗、抢夺等犯罪分子通谋，掩饰、隐瞒犯罪所得及其产生的收益的，以盗窃、抢劫、诈骗、抢夺等犯罪的共犯论处。③

（3）掩饰、隐瞒犯罪所得、犯罪所得收益罪中的窝藏行为与窝藏、包庇罪的窝藏行为的区别。二者的相同点在于都表现为一个“藏”字。但二者所藏的对象各不相同：掩饰、隐瞒犯罪所得、犯罪所得收益罪中的“窝藏”所藏的是“犯罪所得及其收益”，而窝藏、包庇罪中的“窝藏”所藏的是犯罪人。

2. 刑事处罚

根据刑法第312条之规定，犯本罪的，处3年以下有期徒刑、拘役或者管制，并处或者单处罚金；情节严重的，处3年以上7年以下有期徒刑，并处罚金。对于本罪的处罚，应当注意掌握从轻处罚和“情节严重的”两方面情节。

首先，关于从轻处罚情节。掩饰、隐瞒犯罪所得及其产生的收益行为符合司法解释处理犯罪的标准，认罪、悔罪并退赃、退赔，且具有下列情形之一的，可以认定为犯罪情节轻微，免予刑事处罚：（1）具有法定从宽处罚情节的；（2）为近亲属掩饰、隐瞒犯罪所得及其产生的收益，且系初犯、偶犯的；（3）有其他情节轻微情形的。④

其次，关于“情节严重的”理解。所谓“情节严重的”，是指具有下列情形之一：（1）掩饰、隐瞒犯罪所得及其产生的收益价值总额达到10万元以上的；（2）掩饰、隐瞒犯罪所得及其产生的收益10次以上，或者3次以上且价值总额达到5万元以上的；（3）掩饰、隐瞒的犯罪所得系电力设备、交通设施、广播电视设施、公用电信设施、军

---

① 参见2021年4月13日最高人民法院《关于审理掩饰、隐瞒犯罪所得、犯罪所得收益刑事案件适用法律若干问题的解释》第8条。

② 参见2021年4月13日最高人民法院《关于审理掩饰、隐瞒犯罪所得、犯罪所得收益刑事案件适用法律若干问题的解释》第7条。又参见2009年11月4日最高人民法院《关于审理洗钱等刑事案件具体应用法律若干问题的解释》第3条。

③ 参见2021年4月13日最高人民法院《关于审理掩饰、隐瞒犯罪所得、犯罪所得收益刑事案件适用法律若干问题的解释》第5条。

④ 参见2021年4月13日最高人民法院《关于审理掩饰、隐瞒犯罪所得、犯罪所得收益刑事案件适用法律若干问题的解释》第2条。

事设施或者救灾、抢险、防汛、优抚、扶贫、移民、救济款物，价值总额达到 5 万元以上的；（4）掩饰、隐瞒行为致使上游犯罪无法及时查处，并造成公私财物重大损失无法挽回或其他严重后果的；（5）实施其他掩饰、隐瞒犯罪所得及其产生的收益行为，严重妨害司法机关对上游犯罪予以追究的。司法解释对掩饰、隐瞒涉及机动车、计算机信息系统数据、计算机信息系统控制权的犯罪所得及其产生的收益行为认定“情节严重”已有规定的，审理此类案件依照该规定。[1] 又根据 2011 年 8 月 1 日最高人民法院、最高人民检察院《关于办理危害计算机信息系统安全刑事案件应用法律若干问题的解释》第 7 条第 2 款规定，明知是非法获取计算机信息系统数据犯罪所获取的数据、非法控制计算机信息系统犯罪所获取的计算机信息系统控制权，而予以转移、收购、代为销售或者以其他方法掩饰、隐瞒，违法所得 5 万元以上的，应当认定为刑法第 312 条第 1 款规定的“情节严重”。

单位犯本罪的，对单位判处罚金，并对其直接负责的主管人员和其他直接责任人员，依照有关自然人犯本罪的规定处罚。

十三、拒不执行判决、裁定罪

拒不执行判决、裁定罪，是指对人民法院的判决、裁定有能力执行而拒不执行，情节严重的行为。本罪的构成要件如下：（1）本罪的客观方面表现为行为人实施了拒不执行判决、裁定的行为。其行为特点有以下几点：1）行为人拒不执行的是人民法院依法作出的具有执行内容并已发生法律效力的判决、裁定。人民法院为依法执行支付令、生效的调解书、仲裁裁决、公证债权文书等所作的裁定属于该罪规定的裁定。2）行为人有能力执行而拒不执行且情节严重。对此，应当按照全国人大常委会 2002 年 8 月 29 日发布的《关于〈中华人民共和国刑法〉第三百一十三条的解释》来理解，即下列情形属于刑法第 313 条规定的“有能力执行而拒不执行，情节严重”的情形：其一，被执行人隐藏、转移、故意毁损财产或者无偿转让财产、以明显不合理的低价转让财产，致使判决、裁定无法执行的；其二，担保人或者被执行人隐藏、转移、故意毁损或者转让已向人民法院提供担保的财产，致使判决、裁定无法执行的；其三，协助执行义务人接到人民法院协助执行通知书后，拒不协助执行，致使判决、裁定无法执行的；其四，被执行人、担保人、协助执行义务人与国家机关工作人员通谋，利用国家机关工作人员的职权妨害执行，致使判决、裁定无法执行的；其五，其他有能力执行而拒不执行，情节严重的情形。所谓“其他有能力执行而拒不执行，情节严重的情形”，是指负有执行义务的人有能力执行而实施下列行为之一的情形：1）具有拒绝报告或者虚假报告财产情况、违反人民法院限制高消费及有关消费令等拒不执行行为，经采取罚款或者拘留等强制措施后仍拒不执行的；2）伪造、毁灭有关被执行人履行能力的重要证据，以暴力、威胁、贿买方法阻止他人作证或者指使、贿买、胁迫他人作伪证，妨碍人民法院查明被执行人财产情况，致

① 参见 2021 年 4 月 13 日最高人民法院《关于审理掩饰、隐瞒犯罪所得、犯罪所得收益刑事案件适用法律若干问题的解释》第 3 条。

使判决、裁定无法执行的；3）拒不交付法律文书指定交付的财物、票证或者拒不迁出房屋、退出土地，致使判决、裁定无法执行的；4）与他人串通，通过虚假诉讼、虚假仲裁、虚假和解等方式妨害执行，致使判决、裁定无法执行的；5）以暴力、威胁方法阻碍执行人员进入执行现场或者聚众哄闹、冲击执行现场，致使执行工作无法进行的；6）对执行人员进行侮辱、围攻、扣押、殴打，致使执行工作无法进行的；7）毁损、抢夺执行案件材料、执行公务车辆和其他执行器械、执行人员服装以及执行公务证件，致使执行工作无法进行的；8）拒不执行法院判决、裁定，致使债权人遭受重大损失的。[①]（2）本罪的主体是负有执行人民法院判决、裁定义务的人，包括被执行人、协助执行义务人、担保人等。单位也可以成为本罪主体。（3）本罪的主观方面是故意。（4）本罪的客体是国家审判制度。

根据刑法第313条之规定，犯本罪的，处3年以下有期徒刑、拘役或者罚金；情节特别严重的，处3年以上7年以下有期徒刑，并处罚金。单位犯本罪的，对单位判处罚金，并对其直接负责的主管人员和其他直接责任人员，依照关于自然人的处罚规定处罚。

十四、非法处置查封、扣押、冻结的财产罪

非法处置查封、扣押、冻结的财产罪，是指隐藏、转移、变卖、故意毁损已被司法机关查封、扣押、冻结的财产，情节严重的行为。本罪的构成要件如下：（1）本罪的客观方面表现为行为人实施了隐藏、转移、变卖、故意毁损被司法机关查封、扣押、冻结的财产的行为。其具体特征为：1）行为的非法性，即行为人必须是违法地处置了已被司法机关依法查封、扣押、冻结的财产。2）其行为方式有“隐藏、转移、变卖、故意毁损”四种，行为人至少实施了其中之一。3）行为人之行为必须是情节严重的。只有同时符合以上三个条件，才能成立本罪。（2）本罪的主体为一般主体。在司法实践中，大多是被查封、扣押、冻结的财产的所有人。（3）本罪的主观方面是故意。（4）本罪的客体是国家审判机关的正常活动。处理此种案件，应当注意区分此罪与彼罪的界限。例如，被查封财产的所有人，以非法占有为目的，窃取被查封的财物，同时触犯本罪与盗窃罪两个罪名，符合想象竞合犯的特征，应当按照处罚较重的罪名定罪处罚，即按盗窃罪定罪处罚。

根据刑法第314条之规定，犯本罪的，处3年以下有期徒刑、拘役或者罚金。

十五、破坏监管秩序罪

破坏监管秩序罪，是指依法被关押的罪犯，故意破坏监管秩序，情节严重的行为。本罪的构成要件如下：（1）本罪的客观方面表现为行为人实施了破坏监管秩序的行为。其具体表现为以下形式：1）殴打监管人员；2）组织其他被监管人破坏监管秩序；3）聚

① 参见2015年7月20日最高人民法院《关于审理拒不执行判决、裁定刑事案件适用法律若干问题的解释》（2020年修正）第2条。

众闹事，扰乱正常监管秩序；4）殴打、体罚或者指使他人殴打、体罚其他被监管人。行为人只要实施了前述四种行为之一，便足以成立本罪。值得注意的还有两点：其一，本罪必须是发生在行为人被监管期间。如果行为人被解除监管后对曾经监管他的人员实施殴打，则不构成本罪。对此，应视情况处理，符合故意伤害罪的构成特征的，应按照故意伤害罪论处。其二，实施前述四种行为之一还必须是情节严重的，才构成本罪。（2）本罪的主体为特殊主体，即依法被关押的罪犯。（3）本罪的主观方面是故意。（4）本罪的客体是国家监管秩序。

根据刑法第 315 条之规定，犯本罪的，处 3 年以下有期徒刑。

十六、脱逃罪

（一）概念与构成

脱逃罪，是指依法被关押的罪犯、被告人、犯罪嫌疑人脱逃的行为。

本罪的构成要件如下：

（1）本罪的客观方面表现为行为人实施了脱逃行为。所谓脱逃，是指行为人从司法机关的监所逃逸。行为人既可以是从看守所、监狱逃跑，也可以是从其他临时被关押的场所或者从被押解的交通工具上逃逸。逃逸的方法多种多样，可以是砸开门窗逃逸，也可以是趁看守人员睡着后偷偷逃逸，等等。

（2）本罪的主体是依法被关押的罪犯、被告人、犯罪嫌疑人。在脱逃罪的主体上，以下几个问题值得研究：

1）“依法被关押”的范围。有人认为这一主体范围是指被判处剥夺自由刑刑罚并正在服刑改造的罪犯。我们认为不仅如此。这一主体的范围应当既包括被判处自由刑和死刑的罪犯，还包括因涉嫌犯罪而被采取强制措施关押的未决犯。

2）被错误羁押者能否成为脱逃罪的主体。学界对此问题有争议，存在两种不同的观点。第一种观点认为，确实被错抓的“罪犯、被告人、犯罪嫌疑人”逃离羁押场所的不构成犯罪，因为实质上他们是无罪的人，被冤屈以后逃走的行为不能构成犯罪；第二种观点认为，只要是被司法机关依法关押的罪犯、被告人或犯罪嫌疑人，即使事实上无罪，也能成为本罪的主体，因为，“从实质上说，两种观点涉及是优先保护国家利益，还是优先保护个人利益的问题；从法律上说，两种观点涉及如何理解‘依法’二字，即只要在形式上或者程序上合法即可，还是必须程序上与实体上或实质上都合法。从另一角度而言，涉及从行为时判断‘依法’还是从裁判时判断‘依法’的问题。根据刑事诉讼法的规定，未经人民法院依法判决，对任何人都不得确定为有罪。立法机关肯定已经意识到了被告人、犯罪嫌疑人不等于罪犯，前一条文只将‘依法被关押的罪犯’规定为行为主体也说明了这一点；然而本条特意将被告人、犯罪嫌疑人列为行为主体，就说明刑事立法认为，只要司法机关的关押行为在行为时具有合法性，就应认为是依法关押。所以，是否‘依法’固然要同时考虑程序上的合法与实体上的合法，但这种合法不是事后判断的，而应根据行为时的状况进行判断。因此，原则上只要司法机关在关押的当时符合法定的程序与实体条件，就应认为是依法关押，被关押的罪犯、被告人、犯罪嫌疑人就可以成为本罪的行为主体”[①]。我们赞同这种观点。但是应当指出，如执法人员滥用职权，非法关押他人，被非法关押者逃跑的，不构成本罪。

3）被超期羁押的未决犯能否成为脱逃罪的主体。对此问题理论界存在争议。第一种观点认为，超期羁押本身是违反刑事诉讼法的，被监押的未决犯因超期羁押而脱逃，发生的前提是司法机关违法在先，因此行为人脱逃不宜构成脱逃罪。第二种观点认为，虽然超期羁押是违法现象，但是行为人破坏监管秩序的行为也是客观存在的，前者的违法不能证明后者的合法。我们认为，从犯罪行为破坏法益的角度上看，这种情况下的脱逃行为仍然是以破坏监管秩序为代价的，即使超期羁押违法的行为是先行存在的，但是被超期羁押者必须依法行使正当权利，而不应该采取违规脱逃、破坏监管的方式来进行对抗。我们认为这种情况下仍能构成脱逃罪。

4）因罪行与罪名不符的未决犯能否构成脱逃罪的主体。如果犯罪嫌疑人因涉嫌某罪而被拘押后逃走，但是实际上其行为不构成某罪而构成另外的犯罪，行为人是否符合脱逃罪主体要件？学者们对此也有相反的观点。第一种认为既然原定罪名不能成立，在此期间实施的脱逃行为就不能以脱逃罪论处；第二种认为即使前后罪名不同也不影响脱逃罪的成立。我们认为，依法被关押的被告人、犯罪嫌疑人是脱逃罪的法定主体。前后所确定罪名准确与否对于行为人的“依法被关押的被告人、犯罪嫌疑人”身份毫无影响，不管行为人触犯的是何种罪名，他始终都具有脱逃罪主体的资格，因此可以构成脱逃罪。

（3）本罪的主观方面是直接故意，即犯罪人明知自己的行为是脱离监管的行为而希望能够脱离监管。本罪主观方面不可能存在间接故意，因为犯罪人行为时对逃脱监管并非出于漠不关心的放任态度，而是一心希望和积极追求的。这一点不难理解。

不过，关于脱逃罪的目的，存在一个有争议的问题：构成脱逃罪是否要求行为人必须具有永久摆脱羁押的目的？在此问题上有几种不同观点。有论者认为，只要犯罪分子故意地采用非法手段脱离司法机关的羁押控制、破坏正常的监管秩序，就应论以脱逃罪，而不论行为人是否具有永久脱逃的目的。有论者认为，本罪行为人在主观上必须具有永久逃避继续羁押或劳动改造的目的。如果是为了暂时离开监管场所，就不能构成本罪，只能以违反监规论处。还有论者认为，应从脱逃在行为人主观心理中所占据的地位入手，以脱逃是行为人所追求的结果，还是仅仅作为达到实现其他目的的手段为标准，将非永久地脱离监管的行为加以区分，从中划分出部分行为作为犯罪论处。[②] 我们赞同脱逃者主观上应当具有“永久”逃离羁押监管的目的的主张。如果犯罪人并不具有永久逃脱的目的，在被监管过程中暂时离开监管场所事后又返回的，事实上并不是真正地要完全摆脱司法监管，这种情况不宜认定为脱逃罪。当然，“永久性”只是一种主观内容，如果犯罪人主观上想要永久地逃避监管，即使客观上脱离监控时间很短，也不会影响本罪成立。

（4）本罪的客体是国家监管秩序。

（二）司法认定与刑事处罚

1. 司法认定

（1）罪与非罪。认定本罪时一定要确认本罪主体的范围，只能是依法被关押的罪犯、

① 张明楷：《刑法学》，4版，974页，北京，法律出版社，2011。

② 参见宣炳昭：《刑法各罪的法理与实用》，298页，北京，中国政法大学出版社，2002。

被告人、犯罪嫌疑人，不能把他们与被行政拘留的被剥夺了人身自由的主体混淆。后者不能成为本罪主体。还要注意主观方面必须确认犯罪人有永久逃避监管的故意，否则不能认定为本罪。

（2）脱逃罪的既遂与未遂。关于脱逃罪既遂与未遂的划分标准，存在不少争议。有的人认为，应以行为人是否脱离监管这一特定的地理范围为标准。有的人认为区分脱逃的既遂与未遂，应该以行为人是否脱离看守人员的监视控制为标准。有的人认为脱逃行为是否得逞，主要应看行为人是否逃出了羁押、改造场所，是否摆脱了看管人员的控制。我们认为脱逃的既遂可以从两个方面同时把握：第一是看犯罪人是否超越了监管场所的某个地理位置，第二是同时看犯罪人是否摆脱了追捕者的追缉。例如，犯罪人着手实施了脱逃行为但是还没有跑出监狱警戒线的，肯定是未遂。如果犯罪人已经翻越了监管地点的某一标志如围墙或者警戒线，但是已经被监管人员发现所以仍然处于被追捕过程中的，也是未遂。如果犯罪人已经超越了监管地点的警戒性标志而且已经摆脱了追捕者的追缉，这时犯罪人完全摆脱了看守者的实力支配，就达到了既遂状态。这两个条件从本质上说，是指犯罪人脱逃到了真正摆脱了监管机关的控制时就是既遂，否则就是本罪的未遂。摆脱控制的时间长短，不影响犯罪既遂成立。

2. 刑事处罚

根据刑法第 316 条第 1 款之规定，犯本罪的，处 5 年以下有期徒刑或者拘役。

十七、劫夺被押解人员罪

劫夺被押解人员罪，是指劫夺押解途中的罪犯、被告人、犯罪嫌疑人的行为。本罪的构成要件如下：（1）本罪的客观方面表现为行为人实施了劫夺罪犯、被告人、犯罪嫌疑人的行为。其具体表现有以下特点：1）行为人之劫夺行为发生在监管人员押解罪犯、被告人、犯罪嫌疑人的途中；2）劫夺的是被押解的罪犯、被告人、犯罪嫌疑人。如果劫夺的是被非法带走的人员，则不构成犯罪。（2）本罪的主体为一般主体。（3）本罪的主观方面是故意。（4）本罪的客体是国家对人犯的监管秩序。

根据刑法第 316 条第 2 款之规定，犯本罪的，处 3 年以上 7 年以下有期徒刑；情节严重的，处 7 年以上有期徒刑。

十八、组织越狱罪

组织越狱罪，是指依法被关押的犯罪分子、犯罪嫌疑人、被告人相互组织起来进行越狱的行为。本罪的构成要件如下：（1）本罪的客观方面表现为行为人实施了组织越狱的行为。其具体表现有两种形式：一是组织越狱，二是积极参加有组织的越狱。行为人只要实施此两种行为之一，即可成立本罪。这里，越狱中的“狱”，泛指一切关押犯罪分子、犯罪嫌疑人、被告人的场所，包括监狱、看守所以及其他临时关押前述三类人员的场所和押解交通工具。（2）本罪的主体为特殊主体，即依法被关押的犯罪分子、犯罪嫌疑人、被告人。（3）本罪的主观方面是故意。（4）本罪的客体是国家监所管理秩序。

根据刑法第317条第1款规定，犯本罪的，对首要分子和积极参加者处5年以上有期徒刑；对其他参加的，处5年以下有期徒刑或者拘役。

十九、暴动越狱罪

暴动越狱罪，是指在押的犯罪分子、犯罪嫌疑人、被告人相互勾结，使用暴力手段集体越狱逃跑的行为。本罪的构成要件如下：(1) 本罪的客观方面表现为行为人实施了暴动越狱的行为。所谓暴动，是指前述三类在押人犯组织起来，对监管人员和监管场所施以暴力，如杀死或杀伤监管人员、砸烂监所门窗、撞倒监所墙壁，从而逃逸。(2) 本罪的主体是特殊主体，即在押的犯罪分子、犯罪嫌疑人、被告人。(3) 本罪的主观方面是故意。(4) 本罪的客体是国家监所管理秩序。

根据刑法第317条第2款之规定，犯本罪的，对首要分子和积极参加的，处10年以上有期徒刑或者无期徒刑；情节特别严重的，处死刑；其他参加的，处3年以上10年以下有期徒刑。

二十、聚众持械劫狱罪

聚众持械劫狱罪，是指聚集多人持械劫夺狱中在押人犯的行为。本罪的构成要件如下：(1) 本罪的客观方面表现为行为人实施了聚集多人持械劫夺狱中在押人犯的行为。所谓“持械”，是指行为人手拿刀、枪、棍棒等凶器实施劫狱行为。(2) 本罪的主体为一般主体。(3) 本罪的主观方面是故意。(4) 本罪的客体是国家监所管理秩序。

根据刑法第317条第2款之规定，犯本罪的，对首要分子和积极参加者，处10年以上有期徒刑或者无期徒刑；情节特别严重的，处死刑；其他参加的，处3年以上10年以下有期徒刑。

第四节　妨害国（边）境管理罪

一、组织他人偷越国（边）境罪

（一）概念与构成

组织他人偷越国（边）境罪，是指组织他人偷越国（边）境的行为。

本罪的构成要件如下：

(1) 本罪的客观方面表现为行为人实施了非法组织他人出入国（边）境的行为。所谓“组织他人偷越国（边）境”，根据有关司法解释[①]，是指领导、策划、指挥他人偷越

① 参见2012年12月12日最高人民法院、最高人民检察院《关于办理妨害国（边）境管理刑事案件应用法律若干问题的解释》第1条。

国（边）境或者在首要分子的指挥下，实施拉拢、引诱、介绍他人偷越国（边）境等行为。所谓偷越国（边）境，既可以是组织境内人员偷渡至境外，也可以是组织境外人员偷渡至境内。实践中存有争议的一个问题是，数名偷越国（边）境人员积极主动地寻找到行为人请求其帮助偷越国（边）境，然后行为人帮助有关人员偷越国（边）境的，能否认定为组织他人偷越国（边）境。我们认为，对此种行为应当具体分析：如果行为人只是单纯应他人请求为他人偷越国（边）境做向导或提供其他帮助的，不宜按本罪处理，因为行为人之行为不具备串联、拉拢等积极特征。如果行为人应他人请求加入偷越国（边）境行为中来，并且积极主动策划、指挥、领导的，则应认定为组织他人偷越国（边）境罪。当然，对于单纯的帮助某人偷越国（边）境的行为，应以偷越国（边）境罪的共犯论处，而不应认定为组织他人偷越国（边）境罪。

（2）本罪的主体为一般主体。

（3）本罪的主观方面是故意，行为人一般具有营利的目的。

（4）本罪的客体是国家对国（边）境的管理制度。所谓国（边）境管理制度，既指我国与邻国的国境出入管理制度，又指我国大陆（内地）与台、港、澳地区的边境出入境管理制度。

（二）司法认定与刑事处罚

1. 司法认定

（1）介绍他人偷越国（边）境行为的定性。实践中对于介绍他人偷越国（边）境行为，在定性上有争议：有的认为应定组织他人偷越国（边）境罪；有的认为应定偷越国（边）境罪共犯；有的认为不成立犯罪。司法解释规定，在首要分子指挥下，实施介绍他人偷越国（边）境等行为的，构成组织他人偷越国（边）境罪。[①] 这是因为，介绍他人偷越国（边）境，通常是在偷越国（边）境的组织者与偷越国（边）境者之间互相引荐，即对偷越国（边）境的组织者和偷越国（边）境者的行为都是明知的，所以居间介绍的行为既帮助了组织他人偷越国（边）境行为，又帮助了偷越国（边）境行为，构成组织他人偷越国（边）境罪，同时也构成偷越国（边）境罪，应择一重罪论处，即认定为组织他人偷越国（边）境罪。

（2）组织他人偷越国（边）境罪的罪数问题。对此，主要应注意一罪与数罪的问题。在犯本罪的过程中，造成被组织人重伤、死亡的（如从海上偷渡造成被组织偷渡者落水淹死），不以数罪论处，而是本罪的结果加重犯，对行为人仍应定本罪，适用刑法第318条第1款关于加重处罚的规定。在犯本罪的过程中，对被组织人有杀害、伤害、强奸、拐卖等犯罪行为，或者对检查人员有杀害、伤害等犯罪行为的，应以数罪论，依照数罪并罚的规定处罚。

（3）竞合与牵连问题。实施组织他人偷越国（边）境犯罪，同时构成骗取出境证件罪，提供伪造、变造的出入境证件罪，出售出入境证件罪，运送他人偷越国（边）境罪

---

① 参见2012年12月12日最高人民法院、最高人民检察院《关于办理妨害国（边）境管理刑事案件应用法律若干问题的解释》第1条。

的，依照处罚较重的规定定罪处罚。

2. 刑事处罚

根据刑法第 318 条之规定，犯本罪的，处 2 年以上 7 年以下有期徒刑，并处罚金；有下列情形之一的，处 7 年以上有期徒刑或者无期徒刑，并处罚金或者没收财产：(1) 组织他人偷越国（边）境集团的首要分子。(2) 多次组织他人偷越国（边）境或者组织他人偷越国（边）境人数众多的。“人数众多”，是指组织他人偷越国（边）境人数在 10 人以上的情况。① (3) 造成被组织人重伤、死亡的。(4) 剥夺或者限制被组织人人身自由的。(5) 以暴力、威胁方法抗拒检查的。(6) 违法所得数额巨大的。(7) 有其他特别严重情节的。

根据刑法第 318 条第 2 款之规定，犯本罪并对被组织人有杀害、伤害、强奸、拐卖等犯罪行为，或者对检查人员有杀害、伤害等犯罪行为的，依照数罪并罚的规定处罚。

以组织他人偷越国（边）境为目的，招募、拉拢、引诱、介绍、培训偷越国（边）境人员，策划、安排偷越国（边）境行为，在他人偷越国（边）境之前或者偷越国（边）境过程中被查获的，应当以组织他人偷越国（边）境罪（未遂）论处；具有刑法第 318 条第 1 款规定的情形之一的，应当在相应的法定刑幅度基础上，结合未遂犯的处罚原则量刑。②

二、骗取出境证件罪

（一）概念与构成

骗取出境证件罪，是指以劳务输出、经贸往来或者其他名义，弄虚作假，骗取护照、签证等出境证件，为组织他人偷越国（边）境使用的行为。

本罪的构成要件如下：

(1) 本罪的客观方面表现为行为人实施了骗取出境证件的行为。其具体表现是：1) 假借劳务输出、经贸往来或者其他名义，弄虚作假。所谓“弄虚作假”，是指为组织他人偷越国（边）境，编造出境事由、身份信息或者相关的境外关系证明的情形。③ 2) 骗取护照、签证等出境证件，为组织他人偷越国（边）境使用。所谓“出境证件”④，包括护照或者代替护照使用的国际旅行证件，中华人民共和国海员证，中华人民共和国出入境通行证，中华人民共和国旅行证，中国公民往来香港、澳门、台湾地区证件，边境地区出入境通行证，签证、签注，出国（境）证明、名单，以及其他出境时需要查验

---

① 参见 2012 年 12 月 12 日最高人民法院、最高人民检察院《关于办理妨害国（边）境管理刑事案件应用法律若干问题的解释》第 1 条第 2 款。

② 参见 2012 年 12 月 12 日最高人民法院、最高人民检察院《关于办理妨害国（边）境管理刑事案件应用法律若干问题的解释》第 1 条第 3 款。

③ 参见 2012 年 12 月 12 日最高人民法院、最高人民检察院《关于办理妨害国（边）境管理刑事案件应用法律若干问题的解释》第 2 条第 1 款。

④ 2012 年 12 月 12 日最高人民法院、最高人民检察院《关于办理妨害国（边）境管理刑事案件应用法律若干问题的解释》第 3 条。

的资料。司法实践中，骗取出境证件的行为越来越复杂多样，出现了一些新情况，在司法认定中存在一些争议。例如，行为人先以组织他人因私出境旅游为名，取得护照等出境证件，这一步骤行为人并不弄虚作假；然后行为人再以虚假手段取得真正目的地国的签证，组织他人到达先前护照签证所不能到达的国家。在这个采用迂回方式先取得因私护照然后持因私护照前往真正目的地国的过程中，其中取得因私护照的行为能否认定为骗取出境证件行为，对此存有争议：肯定说认为，行为人虽然不是直接持该护照出境到达第三国，但是以因私出境旅游的理由申领护照就是为了骗取护照以达到最后的目的，这种行为应认定为骗取出境证件罪；否定说认为，不能因为行为人取得护照的最终目的是前往第三国，就认定其手段行为本身是骗取行为。因为行为人在取得因私出境旅游护照这个阶段没有采用欺骗手段，而是在后一个阶段才采取了欺骗手段，所以对此行为不能认定为骗取护照。我们同意第二种观点，不能以行为人日后的使用目的而将没有使用欺骗手段的行为本身定性为骗取行为。这种行为不构成本罪。

（2）本罪的主体是一般主体，单位也可以成为本罪的主体。

（3）本罪的主观方面是故意，且行为人具有在组织他人偷越国（边）境过程中使用骗取的出境证件之意图。也就是说，骗取出境证件罪的主观条件必须是出于组织他人偷越国（边）境的目的，否则就不能按照骗取出境证件罪定罪。那么行为人出于其他目的骗取出境证件的应该如何定性？

1）行为人为了自己偷越国（边）境而骗取出境证件的。这种情况下骗取出境证件的行为是行为人自己偷越国（边）境的预备行为，不能构成本罪。如果行为人为自己偷越国（边）境使用而骗取出境证件，在还未着手实施偷越国（边）境行为时就由于意志以外的原因而被迫停止犯罪，构成偷越国（边）境罪的犯罪预备。如果偷越国（边）境罪犯罪既遂的，对这个行为也无须单独评价。

2）行为人明知他人要偷越国（边）境，为其骗取出境证件供其使用的。这种情况下，骗取出境证件的行为实际上是为他人的偷越国（边）境犯罪行为提供帮助。行为人在主观上明知他人要偷越国（边）境而仍为其骗取，客观上实施了骗取出境证件方便他人出境的行为，成立偷越国（边）境罪的共犯。

（4）本罪的客体是国家对出境证件的管理制度。

（二）司法认定与刑事处罚

1. 司法认定

行为人组织他人偷越国（边）境，同时为此骗取出境证件的，如何定性？由于骗取出境证件的目的是组织他人偷越国（边）境使用，所以两罪之间形成牵连关系，以组织他人偷越国（边）境罪一罪从重论处。

2. 刑事处罚

根据刑法第 319 条之规定，犯本罪的，处 3 年以下有期徒刑，并处罚金；情节严重的，处 3 年以上 10 年以下有期徒刑，并处罚金。所谓“情节严重”，根据有关司法解释[①]，是指

① 参见 2012 年 12 月 12 日最高人民法院、最高人民检察院《关于办理妨害国（边）境管理刑事案件应用法律若干问题的解释》第 2 条第 3 款。

具有下列情形之一：(1) 骗取出境证件5份以上的；(2) 非法收取费用30万元以上的；(3) 明知是国家规定的不准出境的人员而为其骗取出境证件的；(4) 其他情节严重的情形。单位犯本罪的，对单位判处罚金，并对其直接负责的主管人员和其他直接责任人员，依照自然人犯本罪的规定处罚。

三、提供伪造、变造的出入境证件罪

提供伪造、变造的出入境证件罪，是指为他人提供伪造、变造的护照、签证等出入境证件的行为。本罪的构成要件如下：(1) 本罪的客观方面表现为行为人实施了为他人提供伪造、变造的出入境证件的行为。这里的"出入境证件"，包括前罪所述的出境证件以及其他入境时需要查验的资料。[①] (2) 本罪的主体为一般主体。(3) 本罪的主观方面为故意。(4) 本罪的客体是国家出入境证件的管理制度。

根据刑法第320条之规定，犯本罪的，处5年以下有期徒刑，并处罚金；情节严重的，处5年以上有期徒刑，并处罚金。根据有关司法解释[②]，"情节严重"是指具有下列情形之一的：(1) 为他人提供伪造、变造的出入境证件或者出售出入境证件5份以上的；(2) 非法收取费用30万元以上的；(3) 明知是国家规定的不准出入境的人员而为其提供伪造、变造的出入境证件或者向其出售出入境证件的；(4) 其他情节严重的情形。

四、出售出入境证件罪

出售出入境证件罪，是指向他人出售护照、签证等出入境证件的行为。本罪的构成要件如下：(1) 本罪的客观方面表现为行为人实施了出售护照、签证等出入境证件的行为。此处"出入境证件"与前罪中同一概念含义相同。这里，"出售"既可以是出售本人出入境的护照、签证等，也可以是倒卖他人出入境的护照、签证等。对于出售伪造、变造的出入境证件的行为，则应以提供伪造、变造的出入境证件罪论处。(2) 本罪的主体为一般主体。(3) 本罪的主观方面是故意，行为人一般具有营利的目的。(4) 本罪的客体是国家出入境管理制度。

根据刑法第320条之规定，犯本罪的，处5年以下有期徒刑，并处罚金；情节严重的，处5年以上有期徒刑，并处罚金。"情节严重"，与前罪中同一概念含义相同。

五、运送他人偷越国（边）境罪

（一）概念与构成

运送他人偷越国（边）境罪，是指违反国家国（边）境管理规定，运送他人偷越国

---

① 参见2012年12月12日最高人民法院、最高人民检察院《关于办理妨害国（边）境管理刑事案件应用法律若干问题的解释》第3条。

② 参见2012年12月12日最高人民法院、最高人民检察院《关于办理妨害国（边）境管理刑事案件应用法律若干问题的解释》第3条。

（边）境的行为。

本罪的构成要件如下：

（1）本罪的客观方面表现为行为人实施了非法运送他人偷越国（边）境的行为。

（2）本罪的主体为一般主体。

（3）本罪的主观方面是故意，行为人一般具有营利的目的。

（4）本罪的客体是国家的（边）境管理制度。

（二）司法认定与刑事处罚

1. 司法认定

司法实践中，对于如何准确认定运送他人偷越国（边）境罪中的“运送”行为存在争议。有人认为，运送是指使用交通运输工具，如车、船、航空器等运送，或者徒步带领他人、护送他人偷越国（边）境等方法，使他人逃跑到国（边）境以外的地方或者将其接送出国（边）境的行为。也有人认为，运送仅限于使用车辆、船只等交通工具将偷越国（边）境者运送出、入国（边）境的行为，徒步带领、护送他人偷越的行为不属于运送。“运送”一词的含义是用交通工具进行运输送达，从实践来看，犯运送他人偷越国（边）境罪的也通常是使用交通工具帮助他人偷越国（边）境。我们认为应当将运送他人偷越国（边）境行为理解为利用一定的交通工具非法接送他人出入境。对于组织他人偷越国（边）境的行为人，其使用运输工具接送的，对其接送行为不必单独定罪，可将其理解为组织行为的一部分，以组织他人偷越国（边）境罪定罪即可。徒步接送的，如果行为人明知他人偷越国（边）境而接送出入国（边）境的，可以按照偷越国（边）境罪的共犯论处。对于组织他人偷越国（边）境的行为人，徒步接送的，对其接送行为也不必单独定罪，直接以组织他人偷越国（边）境罪定罪即可。对于既组织一批人偷越国（边）境，后又单独运送另一批人偷越国（边）境的，则应以组织他人偷越国（边）境罪和运送他人偷越国（边）境罪两罪，实行数罪并罚。

2. 刑事处罚

根据刑法第321条之规定，犯本罪的，处5年以下有期徒刑、拘役或者管制，并处罚金；有下列情形之一的，处5年以上10年以下有期徒刑，并处罚金：（1）多次实施运送行为或者运送人数众多的。根据有关司法解释[①]，“人数众多”是指运送他人偷越国（边）境10人以上的情况。（2）所使用的船只、车辆等交通工具不具备必要的安全条件，足以造成严重后果的。（3）违法所得数额巨大的，即20万元以上的。（4）有其他特别严重情节的。在运送他人偷越国（边）境中造成被运送人重伤、死亡，或者以暴力、威胁方法抗拒检查的，处7年以上有期徒刑，并处罚金。犯本罪而对被运送人有杀害、伤害、强奸、拐卖等犯罪行为，或者对检查人员有杀害、伤害等犯罪行为的，依照数罪并罚的规定处罚。

---

① 参见2012年12月12日最高人民法院、最高人民检察院《关于办理妨害国（边）境管理刑事案件应用法律若干问题的解释》第1条第2款。

六、偷越国（边）境罪

（一）概念与构成

偷越国（边）境罪，是指违反国（边）境管理法规，偷越国（边）境，情节严重的行为，或者为参加恐怖活动组织、接受恐怖活动培训或者实施恐怖活动，偷越国（边）境的行为。

本罪的构成要件如下：

1. 本罪的客观方面是违反国（边）境管理法规，偷越国（边）境，情节严重，或者为参加恐怖活动组织、接受恐怖活动培训或者实施恐怖活动，偷越国（边）境的行为。要注意以下概念：

（1）“偷越”的含义。偷越包括偷“出”和偷“入”。理论和实践中对偷越国（边）境行为的理解存在分歧。第一种观点认为，偷越是指未经办理有关出国、出境证件和手续偷越国（边）境，如从非出入境口岸、边防站等关卡通过的行为。第二种观点认为，偷越还应包括使用伪造的出入境证件在规定的地点出入国（边）境。我们赞同第二种观点。从司法实践情况来看，偷越国（边）境者不仅会采用偷渡等从非出入境关卡偷越的传统方式，也会采用假护照、假签证等手段从出入境关卡实施偷越行为。

（2）情节严重。所谓“情节严重”，根据有关司法解释①，是指具有下列情况之一：1）在境外实施损害国家利益行为的；2）偷越国（边）境 3 次以上或者 3 人以上结伙偷越国（边）境的；3）拉拢、引诱他人一起偷越国（边）境的；4）勾结境外组织、人员偷越国（边）境的；5）因偷越国（边）境被行政处罚后 1 年内又偷越国（边）境的；6）其他情节严重的情形。只有情节严重的偷越国（边）境行为才构成犯罪，对一般情节轻微的偷越国（边）境行为，不能以犯罪论处。根据最高人民法院 2016 年 8 月 1 日发布的《关于审理发生在我国管辖海域相关案件若干问题的规定（二）》第 3 条，违反我国国（边）境管理法规，非法进入我国领海，具有下列情形之一的，应当认定为偷越国（边）境罪：1）经驱赶拒不离开的；2）被驱离后又非法进入我国领海的；3）因非法进入我国领海被行政处罚或者被刑事处罚后，1 年内又非法进入我国领海的；4）非法进入我国领海从事捕捞水产品等活动，尚不构成非法捕捞水产品等犯罪的；5）其他情节严重的情形。

（3）为参加恐怖活动组织、接受恐怖活动培训或者实施恐怖活动，偷越国（边）境的行为。是指行为人出于特定目的而偷越国（边境），此种情况下不需要具备“情节严重”的情形，只要行为人出于参加恐怖活动组织、接受恐怖活动培训或者实施恐怖活动的目的而偷越国（边境）即构成犯罪。

2. 本罪的主体是一般主体。

---

① 参见 2012 年 12 月 12 日最高人民法院、最高人民检察院《关于办理妨害国（边）境管理刑事案件应用法律若干问题的解释》第 5 条。

3. 本罪的主观方面是故意。

4. 本罪的客体是国家的国（边）境管理制度。

（二）司法认定与刑事处罚

1. 司法认定

（1）拉拢、引诱他人一起偷越国（边）境行为的认定。如何认定此行为性质要具体分析：第一，根据 2012 年 12 月 12 日最高人民法院、最高人民检察院《关于办理妨害国（边）境管理刑事案件应用法律若干问题的解释》第 1 条的规定，如果是在首要分子的指挥下实施拉拢、引诱他人偷越国（边）境行为的，应当以组织他人偷越国（边）境罪论处。第二，按照该解释第 5 条的规定，如果不是在首要分子的指挥下实施拉拢、引诱行为的，而是拉拢、引诱他人一起偷越国（边）境的，属于构成偷越国（边）境罪所必需的“严重情节”之一。也就是说，如果行为人在自己偷越国（边）境的同时拉拢、引诱他人和自己一起偷越国（边）境的，该拉拢和引诱行为只是作为偷越国（边）境罪的一个量刑情节，不必独立评价，行为人构成偷越国（边）境罪。第三，如果不是在首要分子的指挥下实施拉拢、引诱行为，而且行为人自己也不偷越国（边）境，此时行为人拉拢、引诱其他人偷越国（边）境，按照偷越国（边）境罪的教唆犯论处。

（2）组织他人偷越与自身偷越行为交织的认定。有人在组织他人偷越国（边）境时自己也偷越国（边）境，此种情况如何认定？此种情况下，行为人既构成组织他人偷越国（边）境罪，又构成偷越国（边）境罪，但是否应当数罪并罚则有不同认识：一种观点认为，组织他人偷越国（边）境与偷越国（边）境之间形成牵连关系，应依一重罪即组织他人偷越国（边）境罪从重论处。另一种观点认为，组织他人偷越国（边）境与偷越国（边）境是两种不同的行为，同时成立犯罪的，应当实行数罪并罚。我们认为，组织他人偷越国（边）境行为包括了运送行为在内，而运送行为本身就包括行为人自己偷越，所以组织者本人的偷越行为是包含在组织行为当中的。在组织他人偷越国（边）境中，组织者本人实施的偷越国（边）境行为不应被单独评价。可考虑按照吸收犯原理，以组织他人偷越国（边）境罪吸收偷越国（边）境罪。

2. 刑事处罚

根据刑法第 322 条之规定，犯本罪的，处 1 年以下有期徒刑、拘役或者管制，并处罚金；为参加恐怖活动组织、接受恐怖活动培训或者实施恐怖活动，偷越国（边）境的，处 1 年以上 3 年以下有期徒刑，并处罚金。

七、破坏界碑、界桩罪

破坏界碑、界桩罪，是指明知是国家边境的界碑、界桩而故意进行破坏的行为。本罪的构成要件如下：（1）本罪的客观方面表现为行为人实施了破坏界碑、界桩的行为。（2）本罪的主体为一般主体，既可以是中国人，也可以是外国人或无国籍人。（3）本罪的主观方面为故意。（4）本罪的客体是国家对国（边）境界碑、界桩的管理制度。

根据刑法第 323 条之规定，犯本罪的，处 3 年以下有期徒刑或者拘役。

八、破坏永久性测量标志罪

破坏永久性测量标志罪，是指明知是永久性测量标志而故意进行破坏的行为。本罪的构成要件如下：（1）本罪的客观方面表现为行为人实施了破坏永久性测量标志的行为。如果破坏的是临时性测量标志或非测量标志，则不能构成本罪。（2）本罪的主体为一般主体。（3）本罪的主观方面是故意。（4）本罪的客体是国家对永久性测量标志的管理制度。

根据刑法第 323 条之规定，犯本罪的，处 3 年以下有期徒刑或者拘役。

第五节　妨害文物管理罪

一、故意损毁文物罪

故意损毁文物罪，是指故意损毁国家保护的珍贵文物或者被确定为全国重点文物保护单位、省级文物保护单位的文物的行为。本罪的构成要件如下：（1）本罪的客观方面表现为行为人实施了故意损毁珍贵文物的行为。根据有关立法解释[①]，刑法有关文物的规定，适用于具有科学价值的古脊椎动物化石、古人类化石。所谓损毁包括损坏和毁灭，其具体表现形式多种多样。（2）本罪的主体为一般主体。（3）本罪的主观方面是故意。（4）本罪的客体为国家的文物管理制度。

根据刑法第 324 条第 1 款之规定，犯本罪的，处 3 年以下有期徒刑或者拘役，并处或者单处罚金；情节严重的，处 3 年以上 10 年以下有期徒刑，并处罚金。

二、故意损毁名胜古迹罪

故意损毁名胜古迹罪，是指故意损毁国家保护的名胜古迹，情节严重的行为。本罪的构成要件如下：（1）本罪的客观方面表现为行为人实施了损毁国家保护的名胜古迹的行为。所谓损毁，其表现形式多种多样，如炸毁、污损、刻画、砸烂、拆卸、挖掘、焚烧等。（2）本罪的主体为一般主体。（3）本罪的主观方面是故意。此外，成立本罪必须是“情节严重”的行为。（4）本罪的客体是国家名胜古迹的管理制度。

根据刑法第 324 条第 2 款之规定，犯本罪的，处 5 年以下有期徒刑或者拘役，并处

① 参见 2005 年 12 月 29 日全国人民代表大会常务委员会《关于〈中华人民共和国刑法〉有关文物的规定适用于具有科学价值的古脊椎动物化石、古人类化石的解释》。

或者单处罚金。

三、过失损毁文物罪

过失损毁文物罪，是指过失损毁国家保护的珍贵文物或者被确定为全国重点文物保护单位、省级文物保护单位的文物，造成严重后果的行为。本罪的构成要件如下：（1）本罪的客观方面表现为行为人因过失而实施了损毁珍贵文物的行为，其犯罪对象是国家保护的珍贵文物或者被确定为全国重点文物保护单位、省级文物保护单位的文物，过失损毁珍贵文物的行为必须是造成了严重后果的，才以本罪论处；否则，不以犯罪论处。（2）本罪的主体为一般主体。（3）本罪的主观方面为过失。（4）本罪的客体是国家的文物管理制度。

根据刑法第 324 条第 3 款之规定，犯本罪的，处 3 年以下有期徒刑或者拘役。

四、非法向外国人出售、赠送珍贵文物罪

（一）概念与构成

非法向外国人出售、赠送珍贵文物罪，是指违反文物保护法规，将收藏的国家禁止出口的珍贵文物私自出售或者私自赠送给外国人的行为。

本罪的构成要件如下：

（1）本罪的客观方面表现为行为人违反文物保护法律中的有关规定，将收藏的国家禁止出口的珍贵文物私自出售或者私自赠送给外国人的行为。

1）出售和赠送珍贵文物的行为违反了文物保护管理法规。依据文物保护法的相关规定，私人收藏的珍贵文物可以出售给文化行政管理部门指定的文物收购单位，也可以捐赠给国家，但不能出售或赠送给外国人。国有图书馆、博物馆和其他单位的文物藏品，属于国家所有，禁止经营管理单位出卖，也不能赠送给外国人。如果经有关部门批准，在外交活动中赠送珍贵文物的行为，属于合法的行为。任何组织和个人违反上述规定，未经有关部门批准，私自将收藏的国家禁止出口的珍贵文物出售或赠送给外国人，构成本罪。

2）行为人实施了非法向外国人出售、赠送珍贵文物两种行为之一。犯罪对象是收藏的国家禁止出口的珍贵文物。这里，“收藏”既指国有单位、集体单位收藏，也指个人收藏。本罪行为对象只能是珍贵文物。私自出售是指有偿出卖给外国人，而私自赠送是指无偿地给予外国人文物的行为。出售、赠送的对象必须是外国人，包括无国籍人；否则，不构成本罪。本罪属选择性罪名，在司法实践中，应根据具体案情确定具体罪名。

（2）本罪的主体是一般主体，既包括年满 16 周岁、具有刑事责任能力的自然人，也包括单位。

（3）本罪的主观方面是故意，包括直接故意与间接故意。具体来说，行为人明知自己出售或赠送的属于珍贵文物，也明知对方是外国人，但是仍然希望或者放任此结果的

发生。

（4）本罪的客体是国家对珍贵文物的管理制度。珍贵文物具有重大历史、艺术、科学价值，其价值无法用金钱估量，对于这样宝贵的物质文化遗产，国家制定了一系列具体制度加以保护。私自向外国人出售、赠送珍贵文物的行为之所以被规定为犯罪，就是因为它侵犯了国家对珍贵文物的管理制度。

（二）司法认定与刑事处罚

1. 司法认定

（1）罪与非罪问题。构成本罪，必须是行为人向外国人出售、赠送的是珍贵文物，如果行为人出售、赠送的文物不是国家珍贵文物，就不能构成犯罪。只有行为人出售、赠送珍贵文物的对象是外国人的，才构成本罪；如果行为人向本国公民出售或者赠送珍贵文物的，不构成本罪。行为人的出售、赠送行为还须违反文物保护管理法规，如果是合法的经过批准的赠送行为，不构成犯罪。行为人在主观上必须明知自己出售或赠送的文物属于珍贵文物，明知受赠人是外国单位或个人，否则，不能构成本罪。

（2）非法向外国人出售、赠送珍贵文物罪与其他犯罪的界限。

第一，非法向外国人出售、赠送珍贵文物罪与走私文物罪的界限。

非法向外国人出售、赠送珍贵文物罪与走私文物罪的区别是：其一，犯罪客体不同。本罪的客体是国家对珍贵文物的管理制度，走私文物罪的客体是复杂客体，既侵犯了国家对外贸易管制制度，又侵犯了国家对珍贵文物的出口管制制度。其二，犯罪客观方面不同。本罪在客观上是私自向外国人出售、赠送珍贵文物，而走私文物罪的表现是私自携带、邮寄文物出境。如果行为人先将文物偷运、携带、邮寄出境，然后在境外出售或赠送给外国人，应认为行为人构成走私文物罪，而不构成本罪。其三，犯罪对象不同。本罪对象限于珍贵文物，走私文物罪的对象是国家禁止出口的文物。

第二，非法向外国人出售、赠送珍贵文物罪和非法出售、私赠文物藏品罪的界限。

非法向外国人出售、赠送珍贵文物罪和非法出售、私赠文物藏品罪的区别在于：其一，犯罪对象不同。本罪中非法出售、赠送的文物既可以是单位收藏的，也可以是个人收藏的，既可以是国有单位收藏的，也可以是非国有单位收藏的，而且仅限于珍贵文物；在非法出售、私赠文物藏品罪中，非法出售、赠送的文物是国有单位收藏的文物，它不限于珍贵文物，也可以是一般文物。其二，非法出售、赠送文物的对象不同。本罪仅限于外国人，而后罪中的出售、赠送文物的对象不限于外国人，为非国有单位或个人。其三，犯罪主体不同。本罪主体是单位或者个人，对单位的所有制性质没有限制。后罪主体只能是单位，个人不能构成该罪，而且单位也仅限于国有博物馆、图书馆等单位。如果国有博物馆、图书馆等单位将收藏的珍贵文物非法出售或者私赠给外国人的，同时触犯非法向外国人出售、赠送珍贵文物罪和非法出售、私赠文物藏品罪，属于法条竞合犯，以非法向外国人出售、赠送珍贵文物罪论处。

2. 刑事处罚

根据刑法第 325 条之规定，自然人犯本罪的，处 5 年以下有期徒刑或者拘役，可以并处罚金；单位犯本罪的，对单位判处罚金，并对其直接负责的主管人员和其他直接责任人员，依照自然人犯本罪的规定处罚。

五、倒卖文物罪

（一）概念与构成

倒卖文物罪，是指以牟利为目的，倒卖国家禁止经营的文物，情节严重的行为。

本罪的构成要件如下：

（1）本罪的客观方面表现为行为人实施了倒卖文物的行为。其具体表现有以下几点：1）行为人之行为违反了国家文物经营管理法规。根据国家有关文物管理的法律、法规的规定，经营文物的单位应当经国家文物局或者省、自治区、直辖市人民政府文物行政管理部门批准，并经工商行政管理部门办理登记手续；经营文物对外销售业务，应经国家文物局批准；未经许可不得经营一、二、三级珍贵文物，以及其他受国家保护并由有关主管部门核定公布禁止自由买卖的文物。这些规定说明，国家并非禁止所有的文物买卖行为，只是禁止文物的非法买卖。2）行为人实施了倒卖文物的行为。倒卖，即为了营利而买进或卖出。3）行为人倒卖的是国家禁止经营的文物。有人认为国家禁止经营的文物就是珍贵文物，这种看法是不正确的。依照《文物保护法》第51条的规定，公民、法人和其他组织不得买卖下列文物：国有文物，但是国家允许的除外；非国有馆藏珍贵文物；国有不可移动文物中的壁画、雕塑、建筑构件等，但是依法拆除的国有不可移动文物中的壁画、雕塑、建筑构件等不属于本法第20条第4款规定的应由文物收藏单位收藏的除外；来源不符合本法第50条规定的文物。不得买卖的文物不限于珍贵文物，还包括一般文物，第51条所说的“国有文物”“来源不符合本法第五十条规定的文物”（来源不合法）就是证明。所以，把国家禁止经营的文物理解为珍贵文物，不适当地缩小了本罪的适用范围。应该理解为，倒卖文物罪的对象是国家禁止经营的一切文物，既包括珍贵文物，也包括一般文物。

（2）本罪的主体为一般主体，单位也可成为本罪主体。

（3）本罪的主观方面是故意，且行为人具有牟利的目的。因此，如果买进文物是为了个人欣赏与收藏，则不构成本罪。

（4）本罪的客体是国家文物管理制度。

（二）司法认定与刑事处罚

1. 司法认定

在司法实践中，要注意本罪与非法向外国人出售、赠送珍贵文物罪的区别。二者的相同之处在于：二者在客观方面均表现为有“卖”或“出售”文物的举动；二者侵犯的客体都是国家的文物管理制度；二者都可以由单位构成。但其显著区别在于：（1）售卖对象不同。本罪中行为人售卖文物的对象可以是中国人，也可以是外国人；而非法向外国人出售珍贵文物罪中，行为人售卖文物的对象只能是外国人。（2）犯罪对象不同。本罪的犯罪对象是国家禁止经营的一切文物，包括珍贵文物和一般文物；而非法向外国人出售珍贵文物罪的犯罪对象，限于单位或个人收藏的且是国家禁止出口的珍贵文物。(3) 行为人的故意内容不同。本罪的成立要求行为人必须具有牟利的目的；而非法向外国人出售珍贵文物罪之成立，并不以特定目的为必要。(4) 犯罪主体不同。本罪的犯罪主体为一般主体，任何未经许可经营文物的单位或个人都可成为本罪主体；而非法向外国人出售珍贵文物罪的主体是特殊主体，即限于收藏文物的单位或个人。应当注意的是，如果行为人倒卖的是自己收藏的国家禁止出口的文物，且售卖的对象又是外国人，这就产生了法条竞合的问题。对此，应按处理法条竞合的原则办理，即从一重罪处断。

2. 刑事处罚

根据刑法第 326 条之规定，犯本罪的，处 5 年以下有期徒刑或者拘役，并处罚金；情节特别严重的，处 5 年以上 10 年以下有期徒刑，并处罚金。单位犯本罪的，对单位判处罚金，并对其直接负责的主管人员和其他直接责任人员，依照自然人犯本罪的规定处罚。

六、非法出售、私赠文物藏品罪

非法出售、私赠文物藏品罪，是指国有博物馆、图书馆等单位违反文物保护法规，将国家保护的文物藏品出售或私自赠送给非国有单位或者个人的行为。本罪的构成要件如下：(1) 本罪的客观方面表现为行为人实施了将国有文物藏品非法出售或私自赠送给非国有单位或个人的行为。犯罪对象具有特定性，即须是国有馆藏文物。至于行为人非法出售、私赠的文物是否属于珍贵文物，并不影响本罪的成立。(2) 本罪的主体为单位，且具有特定性，即只能是国有博物馆、图书馆等单位，非国有单位和个人不能成为本罪主体。(3) 本罪的主观方面是故意。至于行为人出于何种目的与动机，均不影响本罪的成立。(4) 本罪的客体是国家文物保护管理制度和国有文物藏品的所有权。

根据刑法第 327 条之规定，犯本罪的，对单位判处罚金，并对其直接负责的主管人员和其他直接责任人员，处 3 年以下有期徒刑或者拘役。

七、盗掘古文化遗址、古墓葬罪

(一) 概念与构成

盗掘古文化遗址、古墓葬罪，是指盗掘具有历史、艺术、科学价值的古文化遗址、古墓葬的行为。

本罪的构成要件如下：

(1) 本罪的客观方面表现为行为人实施了盗掘古文化遗址、古墓葬的行为。

1) 何谓古文化遗址、古墓葬？古文化遗址、古墓葬是指清代和清代以前的具有历史、艺术、科学价值的古文化遗址、古墓葬，以及辛亥革命以后与著名历史事件有关的名人墓葬、遗址和纪念地。其中，古文化遗址还包括石窟、地下城、古建筑、古人类居住地遗址、历代皇帝陵墓和革命烈士墓地等。

2）何谓盗掘？盗掘，是指未经国家有关主管部门批准而私自挖掘。至于是秘密挖掘，还是公开挖掘，是白天挖掘，还是夜间挖掘，在所不问。理论上存在争议的是，盗掘古文化遗址、古墓葬罪是单一行为还是复合行为？即本罪是由私自挖掘和盗取文物两个行为组成，还是仅有私自挖掘行为即可？第一种意见认为是复合行为，本罪客观方面表现为私自挖掘并窃取文物的行为，如果只是私自挖掘却没有窃取文物，或者没有私自挖掘而只是窃取挖掘出的文物，都不构成本罪。第二种意见认为是单一行为，本罪客观方面表现为私自挖掘，不包括盗取文物的行为。盗取文物不是本罪构成客观方面所要求的行为，而是量刑的情节。我们认为第二种观点是正确的。考察本罪构成要件客观方面的实行行为，并没有明文要求实施盗窃行为，实施盗掘行为的就足以成罪。虽然实际上盗掘一般还隐含着盗取文物的后续行为，但后者不属于构成要件，仅是量刑情节，具体而言，盗取一般文物的，属于酌定量刑情节，盗窃珍贵文物的，属于法定量刑情节。因此，盗掘古文化遗址、古墓葬罪客观方面是单一行为。

（2）本罪的主体为一般主体。

（3）本罪的主观方面是故意。行为人之目的与动机均不影响本罪的成立。

（4）本罪的客体是国家对古文化遗址、古墓葬的管理制度和国家对古文化遗址、古墓葬的所有权。

（二）司法认定与刑事处罚

1. 司法认定

（1）本罪与故意损毁名胜古迹罪的区别。二者的共同之处在于：它们都在客观上造成了名胜古迹的损毁。但二者的显著区别在于：1）犯罪对象不同。本罪的犯罪对象是清代和清代以前的具有历史、艺术、科学价值的古文化遗址、古墓葬以及辛亥革命以后与著名历史事件有关的名人墓葬、遗址和纪念地；而故意损毁名胜古迹罪的犯罪对象是国家保护的名胜古迹。2）客观表现不同。本罪的客观表现为“盗掘”；故意损毁名胜古迹罪的客观表现是“损毁”。3）行为人故意的内容不同。本罪的行为人是要通过盗掘古文化遗址、古墓葬来获取文物；而故意损毁名胜古迹罪的行为人是想通过损毁行为来破坏名胜古迹。

（2）本罪与故意损毁文物罪的区别。二者的区别在于：1）犯罪对象不同。本罪侵害的对象是古文化遗址、古墓葬；故意损毁文物罪侵害的对象是国家保护的珍贵文物或者被确定为全国重点文物保护单位、省级文物保护单位的文物。2）客观表现不同。本罪的客观表现是“盗掘”，故意损毁文物罪的客观表现是“损毁”，而损毁则有多种表现形式。3）犯罪的故意内容不同。本罪行为人的故意内容是非法占有文物；而故意损毁文物罪行为人的故意内容则是要损毁文物。

值得注意的是，对盗掘古文化遗址、古墓葬而又造成国家珍贵文物损毁的行为如何认定？事实上，这属于想象竞合犯的情况。故对此应按照处理想象竞合犯的原则来处理，即从一重罪处断。

2. 刑事处罚

根据刑法第 328 条第 1 款的规定，犯本罪的，处 3 年以上 10 年以下有期徒刑，并处罚金；情节较轻的，处 3 年以下有期徒刑、拘役或者管制，并处罚金；有下列情形之一的，处 10 年以上有期徒刑或者无期徒刑，并处罚金或者没收财产：（1）盗掘确定为全国重点文物保护单位和省级文物保护单位的古文化遗址、古墓葬的；（2）盗掘古文化遗址、古墓葬集团的首要分子；（3）多次盗掘古文化遗址、古墓葬的；（4）盗掘古文化遗址、古墓葬，并盗窃珍贵文物或者造成珍贵文物严重破坏的。

八、盗掘古人类化石、古脊椎动物化石罪

（一）概念与构成

盗掘古人类化石、古脊椎动物化石罪，指盗掘国家保护的具有科学价值的古人类化石、古脊椎动物化石的行为。

本罪的构成要件如下：

（1）本罪的客观方面表现为行为人实施了盗掘古人类化石或古脊椎动物化石的行为。古人类化石，是指保存在各地质时期岩层中或埋藏于地下的万年前直立人、早晚期智人的遗骸和遗迹。古脊椎动物化石，是指保存在各地质时期岩层中或埋藏于地下的万年前古爬行动物、哺乳动物和鱼类的遗骸和遗迹。

（2）本罪的主体是一般主体，即年满 16 周岁、具有刑事责任能力的自然人。

（3）本罪的主观方面是故意。

（4）本罪的客体是国家文物保护管理制度和古人类化石、古脊椎动物化石的国家所有权。

（二）司法认定与刑事处罚

1. 司法认定

（1）盗掘古人类化石、古脊椎动物化石罪与盗掘古文化遗址、古墓葬罪的界限。盗掘古人类化石、古脊椎动物化石罪与盗掘古文化遗址、古墓葬罪相比有许多共同的地方。首先，二者犯罪主体都是一般主体；其次，犯罪手段均采取了“盗掘”的行为，即均表现为未经国家主管部门批准，私自进行挖掘行为；最后，犯罪的主观方面均是故意，即行为人明知是受保护的古文化遗址、古墓葬、古人类化石、古脊椎动物化石而私自予以掘取，犯罪目的是非法占有或以此牟取非法利益。因此，可以说，盗掘古人类化石、古脊椎动物化石罪与盗掘古文化遗址、古墓葬罪在犯罪构成方面大体上是相同的。但二者的不同也是明显存在的。首先，二者侵犯客体不同。盗掘古人类化石、古脊椎动物化石罪侵犯的客体是国家对古人类化石、古脊椎动物化石的保护管理制度及其所有权；盗掘古文化遗址、古墓葬罪侵犯的客体则是国家的文物管理制度。其次，犯罪对象不同。盗掘古人类化石、古脊椎动物化石罪的犯罪对象是具有科研价值的人类化石、古脊椎动物化石，即对人类发展史和自然科学的研究具有重要意义的化石；而盗掘古文化遗址、古

墓葬罪的犯罪对象则是具有文化、历史、艺术、科学价值的古文化遗址、古墓葬。古文化遗址，是指在人类历史发展中由古代人类创造并留下的表明其文化发展水平的地区，如周口店地区北京人生活的遗址。古墓葬，是指古代（一般指清代以前，包括清代）人们将死者及其生前遗物、陪葬品安放的固定场所。这些遗物、陪葬品等对于研究那个历史时期的政治、经济、文化等具有重要的参考价值。

（2）盗掘古人类化石、古脊椎动物化石罪与盗窃罪的界限。盗掘古人类化石、古脊椎动物化石罪与盗窃罪的相同之处在于：其一，主体都是一般主体；其二，主观方面相同，即都属于故意犯罪，且行为人都具有非法占有不属于自己的财物（古人类化石、古脊椎动物化石因具有相当大的物质价值，所以在一定意义上也具有财物的性质）的目的。其区别在于：其一，侵犯的客体、对象不同。盗掘古人类化石、古脊椎动物化石罪侵犯的客体是国家对古人类化石、古脊椎动物化石的保护管理制度和所有权，犯罪对象是古人类化石、古脊椎动物化石；而盗窃罪侵犯的是公私财物的所有权，犯罪对象是国有、集体所有或公民私人所有的各种财物，包括一切有形的（如汽车、冰箱等）和无形的（如电、煤气等）物质。其二，客观方面表现不同。盗掘古人类化石、古脊椎动物化石罪表现为未经国家行政管理部门批准，私自掘取国家保护的具有科研价值的古人类化石、古脊椎动物化石的行为，这种行为既可以是秘密的，也可以是公开的；盗窃罪则表现为秘密窃取数额较大的公私财物或多次窃取公私财物的行为。秘密窃取，是指行为人采取自以为不使财物所有者、保管者发觉的方法，暗中将财物取走。其三，两罪成立标准不同。盗窃罪的成立要求行为人秘密窃取了数额较大的财物或者多次实施盗窃行为，且盗窃罪属结果犯；而盗掘古人类化石、古脊椎动物化石罪的成立并无数额要求。

（3）盗掘古人类化石、古脊椎动物化石罪与故意损毁文物罪的界限。二者存在某些相同点，例如，二者都具有破坏性，而且都是国家文物保护法所禁止的行为，但二者本质的不同十分明显。具体言之，主要区别在于：其一，犯罪客体不同。盗掘古人类化石、古脊椎动物化石罪侵犯的客体是国家对古人类化石、古脊椎动物化石的保护管理制度和古人类化石、古脊椎动物化石的国家所有权；故意损毁文物罪侵犯的客体则是国家对珍贵文物和国家级、省级文物保护单位的管理制度。其二，侵犯对象不同。根据我国《文物保护法》第 2 条之规定，具有科学价值的古脊椎动物化石和古人类化石同文物一样受国家保护。可见，古人类化石、古脊椎动物化石虽视同文物受国家保护，但毕竟不同于文物，文物是指反映各时代、各民族的社会制度、社会生产、社会生活的代表性实物。而化石是指保存在各地质时期岩层中生物的遗骸和遗迹，它对研究人类发展史和自然科学具有重要意义。因此，盗掘古人类化石、古脊椎动物化石罪的犯罪对象是具有科研价值的古人类化石、古脊椎动物化石。而故意损毁文物罪的犯罪对象是可以移动的珍贵文物（含一、二、三级）或者不可移动的国家级、省级文物保护单位的文物。其三，犯罪客观方面不同。盗掘古人类化石、古脊椎动物化石罪的客观方面表现为行为人公开或秘密地“挖掘”古人类化石或古脊椎动物化石的行为。而故意损毁文物罪的客观方面则表现为“损毁”珍贵文物或国家级、省级文物保护单位的文物的行为，包括打碎、涂抹、拆散、烧毁等使文物失去价值的一切破坏行为。

（4）盗掘古人类化石、古脊椎动物化石罪与故意损毁名胜古迹罪的界限。盗掘古人类化石、古脊椎动物化石罪与故意损毁名胜古迹罪的相同点在于：第一，二者都是一般主体；第二，二者都是故意犯罪；第三，二者都可能造成犯罪对象的破坏。但二者的区别在于：其一，侵犯的客体不同。盗掘古人类化石、古脊椎动物化石罪侵犯的客体是国家对古人类化石、古脊椎动物化石的保护管理制度及其国家所有权；故意损毁名胜古迹罪侵犯的客体是国家对名胜古迹的管理制度。其二，犯罪对象不同。盗掘古人类化石、古脊椎动物化石罪的犯罪对象是具有科研价值的古人类化石、古脊椎动物化石，而故意损毁名胜古迹罪的犯罪对象是名胜古迹，是指除国家级、省级文物保护单位的文物古迹外，可供游览的著名风景区、县级文物保护单位的文物古迹，以及受国家保护、尚未确定保护单位等级的文物古迹。其三，客观方面的表现不同。盗掘古人类化石、古脊椎动物化石罪的客观方面表现为盗掘行为，指未经国家文化行政主管部门的批准，私自挖掘具有科研价值的古人类化石、古脊椎动物化石的行为。行为人之行为既可以公开实施，也可以在秘密的、不为人知的状态下进行。故意损毁名胜古迹罪的客观方面则表现为人为地对风景名胜区、文物古迹进行污损、刻画、烧毁、砸烂等破坏行为。其四，盗掘古人类化石、古脊椎动物化石罪的成立没有数额、情节方面的要求，只要行为人实施了掘取具有科研价值的古人类化石、古脊椎动物化石的行为，即可构成犯罪。故意损毁名胜古迹罪则属于情节犯，行为人损毁名胜古迹的程度，必须达到情节严重，才能构成犯罪；否则，只能作为一般的违法行为处理。

（5）盗掘古人类化石、古脊椎动物化石罪的既遂与未遂。盗掘古人类化石、古脊椎动物化石罪的成立没有数额、情节方面的要求，只要行为人私自掘取了有科学价值的古人类化石、古脊椎动物化石，不论行为人在盗掘中取得了多少古人类化石或古脊椎动物化石，均不影响本罪的成立。那么，这是否意味着本罪是行为犯呢？所谓行为犯，是指刑法上规定的以实施法定的犯罪行为作为犯罪成立标志，而不以实际危害结果发生作为犯罪成立必要条件的犯罪类型。就刑法第328条第2款的规定来看，盗掘古人类化石、古脊椎动物化石罪是与作为行为犯的盗掘古文化遗址、古墓葬罪（刑法第328条第1款）规定在一个法条中的，但是，盗掘古人类化石、古脊椎动物化石罪本质上应属于结果犯的范畴。不难理解，与盗掘古文化遗址、古墓葬罪不同的是，盗掘古文化遗址、古墓葬罪的行为人之犯罪目的在于通过盗掘行为而获取古文化遗址和古墓葬所藏有的文物，而盗掘古人类化石、古脊椎动物化石罪之行为人的盗掘目的就是要获取古人类化石、古脊椎动物化石本身。事实上，由于古人类化石、古脊椎动物化石的准确埋藏处所具有不确定性，而盗掘古人类化石、古脊椎动物化石罪之行为人的盗掘目的就是要获取古人类化石、古脊椎动物化石本身，即使在国家和省级古生物化石保护区内，行为人也并非能一下子就准确掘取到古人类化石或古脊椎动物化石，因而对于那些虽然实施了擅自挖掘行为但没有挖掘到古人类化石或古脊椎动物化石的，至多也只能以本罪未遂论处。只有行为人不仅实施了擅自挖掘行为而且事实上挖掘到了古人类化石或古脊椎动物化石的，才能认定为犯罪既遂。

2. 刑事处罚

根据刑法第328条第2款之规定，犯本罪的，依照第328条第1款的规定处罚。

九、抢夺、窃取国有档案罪

抢夺、窃取国有档案罪，是指抢夺、窃取国有档案的行为。本罪的构成要件如下：（1）本罪的客观方面表现为行为人实施了抢夺、窃取国家所有的档案的行为。犯罪对象是国有档案。所谓档案，是指过去和现在由国家机构、社会组织以及个人从事政治、经济、军事、科学、技术、文化、宗教等活动而直接形成的对国家和社会具有保存价值的各种文字、图表、音像等不同形式的记录。（2）本罪的主体是一般主体。（3）本罪的主观方面是故意。（4）本罪的客体是国家的档案管理制度和档案的国家所有权。

根据刑法第 329 条第 1 款、第 3 款的规定，犯本罪的，处 5 年以下有期徒刑或者拘役；犯本罪同时又构成刑法规定的其他犯罪的，依照处罚较重的规定定罪处罚。

十、擅自出卖、转让国有档案罪

擅自出卖、转让国有档案罪，是指违反档案法的规定，擅自出卖、转让国有档案，情节严重的行为。本罪的构成要件如下：（1）本罪的客观方面表现为行为人实施了擅自出卖、转让国有档案，情节严重的行为。所谓擅自，是指未经国家档案行政管理部门批准，自作主张，出售或转让国有档案或其复制件。本罪属选择罪名，行为人实施擅自出卖和擅自转让这两种行为之一，就能构成本罪。（2）本罪的主体是一般主体。（3）本罪的主观方面为故意。（4）本罪的客体是国家档案管理制度和档案的国家所有权。

根据刑法第 329 条第 2 款、第 3 款的规定，犯本罪的，处 3 年以下有期徒刑或者拘役；犯本罪同时又构成刑法规定的其他犯罪的，依照处罚较重的规定定罪处罚。

第六节　危害公共卫生罪

一、妨害传染病防治罪

妨害传染病防治罪，是指违反传染病防治法的规定，有刑法第 330 条所列情形之一，引起甲类传染病以及依法确定采取甲类传染病预防、控制措施的传染病传播或者有传播严重危险的行为。甲类传染病的范围，依照《中华人民共和国传染病防治法》和国务院有关规定确定。

（1）本罪的客观方面有以下几种具体表现形式：1）供水单位供应的饮用水不符合国家规定的卫生标准的；2）拒绝按照疾病预防控制机构提出的卫生要求，对传染病病原体污染的污水、污物、场所和物品进行消毒处理的；3）准许或者纵容传染病病人、病原携带者和疑似传染病病人从事国务院卫生行政部门规定禁止从事的易使该传染病扩散的工作的；4）出售、运输疫区中被传染病病原体污染或者可能被传染病病原体污染的物品，未进行消毒处理；5）拒绝执行县级以上人民政府、疾病预防控制机构依照传染病防治法提出的预防、控制措施。本罪属于危险犯，行为人只要实施了上列行为之一，引起了甲类传染病传播或者有传播严重危险，便足以成立本罪。(2) 本罪的主体为一般主体，单位也可成为本罪的主体。(3) 本罪的主观方面为过失。(4) 本罪的客体是国家关于传染病防治的管理制度。

根据刑法第 330 条之规定，犯本罪的，处 3 年以下有期徒刑或者拘役；后果特别严重的，处 3 年以上 7 年以下有期徒刑。单位犯本罪的，对单位判处罚金，并对其直接负责的主管人员和其他直接责任人员，依照自然人犯本罪的规定处罚。

二、传染病菌种、毒种扩散罪

传染病菌种、毒种扩散罪，是指从事实验、保藏、携带、运输传染病菌种、毒种的人员，违反国务院卫生行政部门的有关规定，造成传染病菌种、毒种扩散，后果严重的行为。本罪的构成要件如下：(1) 本罪的客观方面表现为行为人实施了造成传染病菌种或者毒种扩散，后果严重的行为。其特点有三：一是在实验、保藏、携带、运输传染病菌种、毒种过程中，违反了国务院卫生行政部门的有关规定；二是造成了传染病菌种、毒种的扩散；三是产生了严重后果。(2) 本罪的主体是特殊主体，只有从事实验、保藏、携带、运输传染病菌种、毒种的人员才能成为本罪的主体。(3) 本罪的主观方面为过失。(4) 本罪的客体是国家关于传染病菌种、毒种实验、保藏、携带、运输的管理制度。

根据刑法第 331 条之规定，犯本罪的，处 3 年以下有期徒刑或者拘役；后果特别严重的，处 3 年以上 7 年以下有期徒刑。

三、妨害国境卫生检疫罪

妨害国境卫生检疫罪，是指违反国境卫生检疫规定，引起检疫传染病传播或者有引起检疫传染病传播严重危险的行为。本罪的构成要件如下：(1) 本罪的客观方面表现为行为人实施了妨害国境卫生检疫的行为。其具体特征有二：一是不遵守国境卫生检疫规定，如逃避或者抗拒国境卫生检疫等；二是引起了检疫传染病传播或者有引起检疫传染病传播严重危险。(2) 本罪的主体是一般主体，单位也可成为本罪的主体。(3) 本罪的主观方面为过失。(4) 本罪的客体是国家的国境卫生检疫制度。认定本罪时，要参考 2020 年 3 月 13 日最高人民法院、最高人民检察院、公安部、司法部、海关总署《关于进一步加强国境卫生检验检疫工作　依法惩治妨害国境卫生检疫违法犯罪的意见》。

根据刑法第 332 条之规定，犯本罪的，处 3 年以下有期徒刑或者拘役，并处或者单处罚金；单位犯本罪的，对单位判处罚金，并对其直接负责的主管人员和其他直接责任人员，依照自然人犯本罪的规定处罚。

四、非法组织卖血罪

非法组织卖血罪，是指违反国家有关规定，组织他人出卖血液的行为。本罪的构成要件如下：(1) 本罪的客观方面表现为行为人实施了非法组织卖血的行为。非法，是指违反国家法律、行政法规等规定，擅自组织他人出卖血液。其具体表现形式可能多种多样。(2) 本罪的主体是一般主体。(3) 本罪的主观方面为故意，行为人一般具有牟取暴利的目的。(4) 本罪的客体是国家血液采集、供应的管理制度和公民的身体健康与生命安全。

根据刑法第 333 条第 1 款之规定，犯本罪的，处 5 年以下有期徒刑，并处罚金。根据该条第 2 款的规定，实施本罪行为，对他人造成伤害的，应依照刑法第 234 规定的故意伤害罪定罪处罚。

五、强迫卖血罪

强迫卖血罪，是指以暴力、威胁方法强迫他人出卖血液的行为。本罪的构成要件如下：(1) 本罪的客观方面表现为行为人实施了以暴力、威胁方法强迫他人出卖血液的行为。(2) 本罪的主体是一般主体。(3) 本罪的主观方面是故意。(4) 本罪的客体是国家血液采集、供应的管理制度和公民的身体健康与生命安全。

根据刑法第 333 条第 1 款之规定，犯本罪的，处 5 年以上 10 年以下有期徒刑，并处罚金。根据该条第 2 款的规定，实施本罪行为而对他人造成伤害的，依照刑法第 234 条规定的故意伤害罪定罪处罚。

六、非法采集、供应血液、制作、供应血液制品罪

非法采集、供应血液、制作、供应血液制品罪，是指非法采集、供应血液或者制作、供应血液制品，不符合国家规定的标准，足以危害人体健康的行为。本罪的构成要件如下：(1) 本罪的客观方面表现为行为人实施了非法采集、供应血液、制作、供应血液制品的行为之一。其行为具体发生在采集、供应血液、制作、供应血液制品的过程中。本罪的突出特点是行为的非法性，即行为人没有严格按照国家规定的标准采集、供应血液、制作、供应血液制品。本罪属危险犯，只要行为人之行为“足以危害人体健康”，便成立本罪。(2) 本罪的主体是一般主体。(3) 本罪的主观方面是故意，且行为人一般具有非法牟利的目的。(4) 本罪的客体是国家对血液的采集、供应和血液制品的制作、供应的管理制度和受血者的生命安全和身体健康。

根据刑法第 334 条之规定，犯本罪的，处 5 年以下有期徒刑或者拘役，并处罚金；对人体健康造成严重危害的，处 5 年以上 10 年以下有期徒刑，并处罚金；造成特别严重后果的，处 10 年以上有期徒刑或者无期徒刑，并处罚金或者没收财产。

七、采集、供应血液、制作、供应血液制品事故罪

采集、供应血液、制作、供应血液制品事故罪，是指经国家主管部门批准采集、供应血液或者制作、供应血液制品的部门，不依照规定进行检测或者违背其他操作规定，

造成危害他人身体健康后果的行为。本罪的构成要件如下：（1）本罪的客观方面表现为行为人实施了在采集、供应血液或者制作、供应血液制品的工作中，不依照规定进行检测或者违背其他操作规定，造成危害他人身体健康后果的行为。本罪行为特征有二：一是行为人在采集、供应血液或者制作、供应血液制品的工作中，不依照规定进行检测或者违背其他操作规定进行作业；二是行为人之行为造成了危害他人身体健康的后果。（2）本罪的主体只能是经国家主管部门批准采集、供应血液或者制作、供应血液制品的部门。（3）本罪的主观方面为过失。（4）本罪的客体是国家对血液的采集、供应或血液制品制作、供应的管理制度和受血者的生命安全和身体健康。

根据刑法第 334 条第 2 款之规定，犯本罪的，对单位判处罚金，并对其直接负责的主管人员和其他直接责任人员，处 5 年以下有期徒刑或者拘役。

八、非法采集人类遗传资源、走私人类遗传资源材料罪

非法采集人类遗传资源、走私人类遗传资源材料罪是《刑法修正案（十一）》新增罪名，是指违反国家规定，非法采集我国人类遗传资源或者非法运送、邮寄、携带我国人类遗传材料出境，危害公众健康或者社会公共利益，且情节严重行为。

本罪构成特征如下：（1）本罪客观方面表现为，行为人实施了非法采集我国人类遗传资源或者非法运送、邮寄、携带我国人类遗传材料出境的行为。根据《中华人民共和国生物安全法》第 85 条第 8 项，人类遗传资源包括人类遗传资源材料和人类遗传资源信息。人类遗传资源材料是指含有人体基因组、基因等遗传物质的器官、组织、细胞等遗传材料。人类遗传资源信息是指利用人类遗传资源材料产生的数据等信息资料。（2）本罪主体为一般主体。（3）本罪主观方面为故意。（4）本罪客体是公众健康和社会公共利益。

根据刑法第 334 条之一，犯本罪的，处 3 年以下有期徒刑、拘役或者管制，并处或者单处罚金；情节特别严重的，处 3 年以上 7 年以下有期徒刑，并处罚金。

九、医疗事故罪

（一）概念与构成

医疗事故罪，是指医务人员在医务工作中由于严重不负责任，造成就诊人死亡或者严重损害就诊人身体健康的行为。

本罪的构成要件如下：

（1）本罪的客观方面表现为，医务人员由于严重不负责任，造成就诊人死亡或者严重损害就诊人身体健康的行为。

1）行为人在医务工作中严重不负责任。所谓严重不负责任，即行为人违背了国家有关医务工作的法律、法规、医务部门的规章制度，诊疗护理常规，没有履行医生应尽的义务。具体而言，包括行为人没有履行诊断、处方、麻醉、手术、输血、护理、化验、

消毒、医嘱、查房等各个环节的规程、职责要求。这些要求是正常开展诊疗护理工作必须遵守的规范和依据，是医疗活动的安全保障。违反这些要求，就属于本罪的严重不负责任的行为。

需要注意的是，医务人员严重不负责任的行为，必须是发生在自己正常合法的职务范围内，才可能构成本罪。如果医务人员私自以个人名义对病人进行诊疗护理，或者超越自己的医疗职责范围，擅自实施医疗行为，造成就诊人死亡或者严重损害就诊人身体健康的，不应视为医疗事故罪。对此类行为应视具体情况，按照刑法规定的相关犯罪论处。

2）行为方式。医疗事故罪既可以是积极的作为，也可以是消极的不作为。所谓作为，表现为医务人员积极实施规章制度和常规所禁止的行为，如错误地发药给病人服用。不作为表现为医务人员本应履行某项职责而无正当理由没有履行，如应当对病人的伤口进行消毒而不消毒。

3）造成就诊人死亡或者严重损害就诊人身体健康的后果。

第一，死亡的认定标准。按照传统的标准，死亡是呼吸和心跳的停止。但是，自 20 世纪中叶以来，随着现代医学的发展，被医学界认为更加科学的脑死亡概念和脑死亡标准产生了，人们开始接受新的死亡定义和死亡标准。脑死亡是指大脑、小脑、脑干在内的全脑功能完全地、不可逆地停止，即全脑死亡。目前，世界上有多个国家制定了脑死亡法律，承认脑死亡是宣布死亡的依据。我国目前没有在司法中应用这个概念，刑法中所指的和法学界所理解的死亡，一般仍是指呼吸和心跳的停止。

第二，严重损害就诊人身体健康的认定标准。怎样理解刑法第 335 条规定的“严重损害就诊人身体健康”的问题？有一种意见认为，“严重损害就诊人身体健康”应理解为国务院颁布的《医疗事故处理条例》所称的二级医疗事故和三级医疗事故，包括造成患者中度残疾、器官组织损伤导致严重功能障碍以及造成患者轻度残疾、器官组织损伤导致一般功能障碍。另一种意见认为，将三级医疗事故也纳入“严重损害就诊人身体健康”的范围必将扩大打击面。笔者认为，适用 2014 年 1 月最高人民法院、最高人民检察院、公安部、国家安全部、司法部联合发布的《人体损伤程度鉴定标准》来衡量“严重损害就诊人身体健康”较为合理，即“使人肢体残废、毁人容貌、丧失听觉、丧失视觉、丧失其他器官功能或者其他对于人身健康有重大伤害的损伤”。我国刑法规定的重伤是指“使人肢体残废或者毁人容貌的”；“使人丧失听觉、视觉或者其他器官机能的”；“其他对于人身健康有重大伤害的”，这与医疗事故罪所规定的“严重损害就诊人身体健康”的含义一致，而《人体损伤程度鉴定标准》又是以刑法有关重伤的规定为基础制定的，因此，凡符合重伤鉴定标准规定的状况应该属于医疗事故罪的“严重损害就诊人身体健康”。同时重伤是刑法中的一个传统概念，经过多年实践的发展已比较成熟，在实践中也容易为司法工作人员所把握，这个概念在多个犯罪条文中都存在。这样一来，在认定医疗事故罪时使用“重伤”作判断标准也易于使本罪与其他犯罪的认定标准一致，保持刑法的稳定性。

（2）本罪的主体为特殊主体，即医务人员。对于医务人员应作广义解释，医生、护士、防疫人员、药剂人员、麻醉人员等都属于医务人员的范畴。这类人员具有两个特征：第一，具备医学专业知识。作为防病治病的专业技术人员，必须具备相应的专业知识和技能才能胜任工作。医疗行为的特殊性决定了卫生技术人员必须具备一定的专业知识。第二，除具备相应的专业知识之外，还须经过有关机关审查批准，发给行医许可证。执行医疗业务的机构可能是国家和集体的医疗机构，如国营医院、卫生院、医务室等，也可能是个体医疗者，如私人诊所、民办医院、乡村医生等。无论是在何种所有制的医疗单位从事医疗工作，经过卫生行政机关批准、承认从事医务职业的，就享有医务人员的资格。现在，理论界对上述医务人员构成医疗事故罪的主体没有争议。

但是，对于在医疗机构中的其他工作人员，如党政干部、后勤服务人员等，能否成为本罪的主体问题，法律理论界仍有争议。在医学界看来，从事医疗管理、后勤服务等人员当然属于医务人员。但是，法学界从犯罪构成的角度来审视，认为医务人员仅包括卫生技术性人员，党政、后勤人员不能成为医疗事故罪的主体。

我们认为，一般情况下只有直接从事医疗活动的卫生技术人员才可成为医疗事故罪的主体，但在特殊情况下，医疗单位的党政、后勤等人员也能成为医疗事故罪的主体，关键要看他们在行为当时是否负有为保障公民的健康权益而必须实施某种行为的特定义务，看他们在行为当时是否承担了特定职责。通常情况下，医疗卫生技术人员有义务为病人进行病情检查，对疾病作出诊断，进而采用缓解病情的手段以及提供护理，这些行为直接服务于就诊人的生命安全和身体健康。通常党政管理人员和后勤人员的职责是对本单位事务进行统一管理调配，通过各项服务工作，为医疗工作和科研工作提供服务，也就是说，党政管理人员和后勤人员一般不会直接为维护就诊人生命健康提供服务，而是通过管理、服务等活动间接地为保障就诊人身体健康、生命安全提供服务，所以他们不负责任的工作行为一般不可能直接侵害就诊人的身体健康和生命安全。但是，在特定条件下，如果这类人员承担了保障有关就诊人生命健康的职责，就能够成为本罪主体。例如，医院司机在需要及时出车急诊的时候，不及时出急救车，导致就诊人因延误治疗而死亡，这种情况下由于其特定职责决定了他的出车行为与就诊人的生命健康有直接重大的联系，虽然行为人并不具有医务技术人员的身份，也能够成为本罪主体。

（3）本罪的主观方面为过失。医务人员由于其从事职业的特殊性，其注意义务相对于一般人来说更加严格。医务人员的义务主要来源于依照医疗卫生管理领域的法律、行政法规、部门规章和规章制度所产生的注意义务，依照诊疗护理规范和常规所产生的注意义务，依照医疗职业道德而产生的注意义务。违背这些义务，主观上就可能产生罪过，犯罪时行为人主观上可能是疏忽大意的过失，也可能是过于自信的过失。疏忽大意的过失中，医务人员违反了预见义务，应当预见自己的医疗行为可能给患者带来的损害，但是由于疏忽大意而没有预见，进而也就没有采取措施避免危害结果的发生。过于自信的过失中，医务人员已经预见到自己的行为可能会给患者带来严重损害，但是过高地估计了主客观的有利因素，认为这种结果不会发生，最后导致了严重后果。医务人员疏忽大意、过于自信过失是因为医务人员的注意力没有集中或没有足够地保持谨慎。通常表现为：粗心大意，诊断错误，开错药，打错针；擅离职守，延误诊治和有效抢救的时机；违反操作规程；过于疲劳导致注意力不集中；等等。

（4）本罪的客体是国家医务工作管理秩序和就诊人的生命和健康权利。有人认为医疗事故罪侵害的客体是公民的人身权利这一单一客体，即病人的生命和健康权利。我们认为，医疗事故罪侵犯的客体是复杂客体，即国家医务工作管理秩序和就诊人的生命和健康权利。在生命、健康权利和管理秩序的关系上，前者是后者实质保护的内容，后者是前者的概括表现方式。

（二）司法认定与刑事处罚

1. 司法认定

（1）本罪与一般医疗事故的界限。二者的相同之处在于：行为人在医务工作中都有违规和不负责任的表现，都给被害人造成了损害，都是过失行为。但区分二者的关键在于：是否造成了就诊人死亡或者严重损害了就诊人身体健康。如果没有造成就诊人死亡或者身体健康严重损害的，即使给被害人造成了一般轻微伤害，也只能作为一般医疗事故处理，可以对行为人给予行政或纪律处分，不能作为犯罪处理。

（2）本罪与医疗技术事故的界限。所谓医疗技术事故，是指医务人员在医务工作中，由于业务水平低下，或者经验不足，或者单位医疗技术设备太差等客观原因，在医疗过程中出现事故，对就诊人已尽力抢救，但由于前述客观原因而造成就诊人病情恶化或者死亡的，一般不应按犯罪论处。行为人有民事过错的，可按民事违法行为处理。

（3）本罪与医疗风险事故的界限。所谓医疗风险事故，是指由于现代医疗水平的有限性，尤其是由于一些高难度的医疗手术伴有巨大风险，在诊疗过程中，发生了事与愿违的不良后果。例如，在给心脏病人做开刀手术时病人突然休克死亡。本罪与医疗风险事故的区别就在于：本罪中“造成就诊人死亡或者严重损害就诊人身体健康”是医务人员严重不负责任的过失行为所致；而医疗风险事故造成的就诊人伤亡，则属于不可避免的正常现象，行为人不具备主观过失，不能作为犯罪处理。是否有主观过失是认定犯罪的关键所在。

（4）本罪与重大责任事故罪的界限。重大责任事故罪是刑法第 134 条规定的犯罪。它与本罪的相同之处在于二者都属于责任事故，都是过失行为，都有伤亡发生。但二者的显著区别在于：1）侵犯客体不同。本罪的犯罪客体是国家医务工作管理秩序和就诊人的生命和健康权利；而重大责任事故罪侵犯的是公共安全。2）客观表现不同。本罪的客观表现是行为人在医务工作中严重不负责任，造成了就诊人的伤亡结果；而重大责任事故罪的表现形式是在生产、作业中违反有关安全管理的规定，因而发生重大伤亡事故或者造成其他严重后果的行为。3）主体不同。本罪主体限于医务人员；而重大责任事故罪的主体一般是工矿、农林、建筑等企事业单位的工作人员。

2. 刑事处罚

根据刑法第 335 条之规定，犯本罪的，处 3 年以下有期徒刑或者拘役。

十、非法行医罪

（一）概念与构成

非法行医罪，是指未取得医生执业资格的人非法行医，情节严重的行为。

本罪的构成要件如下：

1. 本罪的客观方面表现为行为人在没有取得医生执业资格的情况下非法行医，情节严重的行为。

（1）必须有非法行医的行为。首先，界定“行医”的范围。“行医”有广义与狭义两种。广义的行医是指出于医疗目的所实施的，包括疾病的治疗与预防、按摩、针灸等符合医疗目的的行为，就其外延来看包括各种具有医疗性质的护理行为。狭义的行医则是指广义的医疗行为中只能由医生根据医学知识与技能实施的行为，不包括护理行为。我们认为，我国设立非法行医罪的目的是规范实践中医生的医疗行为，护理活动虽然是医疗活动的重要构成部分，但是医疗护理人员并不受医师执业资格的限制，《医师法》只是规范了医师的医疗活动，并没有规范护理等活动。因此，非法从事护理卫生技术业务的，不属于非法行医；只有非法从事医师的医疗行为才能理解为非法行医。其次，非法行医的表现形式。实践中擅自从事医疗活动有多种表现形式，例如，利用巫术、封建迷信、假称会气功等行医，以各种虚假手段愚弄就诊人，骗取钱财；又如，非医疗机构超越服务范围进行医疗活动，不具备某种资格却从事该种医疗行为；又如，本身具备了一定医学知识的人，他们可能经过一定专业学习，其中有的已经行医多年确实具备一定的医疗水平和行医经验，但没有医师执业证或其所开办的诊所没有“医疗机构执业许可证”，没有经过审批擅自开办诊所；等等。这些行为都是非法行医的表现形式。根据有关司法解释规定[①]，“未取得医生执业资格的人非法行医”，是指下列情形之一：1）未取得或者以非法手段取得医师资格从事医疗活动的；2）被依法吊销医师执业证书期间从事医疗活动的；3）未取得乡村医生执业证书，从事乡村医疗活动的；4）家庭接生员实施家庭接生以外的医疗行为的。

（2）非法行医且达到“情节严重”的程度。我国刑法第 336 条第 1 款所规定的“情节严重”属于构成要件，如果没有情节严重这个条件，非法行医行为不构成犯罪。根据有关司法解释的规定[②]，具有下列情形之一的，应认定为刑法第 336 条第 1 款规定的“情节严重”：1）造成就诊人轻度残疾、器官组织损伤导致一般功能障碍的；2）造成甲类传染病传播、流行或者有传播、流行危险的；3）使用假药、劣药或不符合国家规定标准的卫生材料、医疗器械，足以严重危害人体健康的；4）非法行医被卫生行政部门行政处罚两次以后，再次非法行医的；5）其他情节严重的情形。

2. 本罪的主体为一般主体，但限于没有取得医生执业资格的人。

3. 本罪的主观方面。理论界对于非法行医罪的主观方面具有行为故意这一点已经达成共识，即认为行为人对非法行医行为的心理态度应该是故意。争论主要在行为人对非法行医可能造成的后果——行为人对造成“情节严重”的五种情形到底是持何种心理态度？有学者认为，“本罪主观方面为故意，仅仅是就行医而言的。但对非法行医造成的危害结果，行为人是出于过失。”[③] 另有学者认为，本罪的“责任形式为故意……非法行医

---

① 参见 2016 年 12 月 16 日修正后的最高人民法院《关于审理非法行医刑事案件具体应用法律若干问题的解释》第 1 条。

② 参见 2016 年 12 月 16 日修正后的最高人民法院《关于审理非法行医刑事案件具体应用法律若干问题的解释》第 2 条。

③ 黎宏：《刑法学》，861 页，北京，法律出版社，2012。相同的观点，还可参见高铭暄、马克昌主编：《刑法学》，6 版，574 页，北京，北京大学出版社、高等教育出版社，2014。

行为造成就诊人身体严重损害乃至死亡的，是结果加重犯”①。前述第一种见解背离了刑法学上之“故意”，就是针对行为犯之行为或结果犯之结果而言这一理论前提。非法行医罪显然属于情节犯（也是结果犯的范畴），其故意当然应当是针对行为人对特定“情节”（后果）而言具有故意。持该见解的学者把非法行医罪的故意限定在行为人对非法行医行为的故意上，而否定行为人对非法行医后果的故意，则明显不符合刑法学关于故意的定义。持第二种观点的学者没有明确说明行为人对非法行医造成他人严重伤害或者死亡究竟是故意还是过失，只是认为这种情况属于“结果加重犯”。按照刑法学的一般解释，行为人对结果加重犯之重结果，既可能是故意，也可能是过失。这就意味着，持第二种观点的学者似乎认为非法行医行为人对其行为造成的非加重结果是故意的，而对加重结果则既可能是故意，也可能是过失。第二种见解具有一定合理之处，这就是将把非法行医造成的重伤或死亡等严重结果作为结果加重犯来理解，这符合刑法第 336 条的规定。我们认为，由于本罪属于结果犯（包括情节犯，情节也是一种结果），行为人的故意内容当然也都是针对结果而言的。非法行医的行为人对造成不良后果——无论是“情节严重”的结果，还是其他严重伤害或造成死亡的结果，均至少持间接故意心态。因此，行为人非法行医，导致被害人重伤或者死亡等严重后果的，应当分别按照刑法第 336 条第 1 款关于结果加重犯的规定处理即可。

此外，构成非法行医罪，是否一定需要具有牟利目的？有的学者认为非法行医罪必须以牟利为目的。我们认为，尽管实践中许多非法行医者是出于营利目的而非法行医，但是也不排除不为了营利而非法行医的情况，而且刑法条文并没有规定非法行医罪必须出于营利目的，所以没有理由凭空加上这一个限制条件，使我们在实践中对后一种情况无法追究刑事责任。因此，不以营利为目的的非法行医行为，也可能成立非法行医罪。

4. 本罪的客体是复杂客体，即国家对医疗卫生工作的管理制度，以及就诊人的身体健康权和生命安全。行医是关系到公民健康和生命安全的特殊职业，为了确保公民生命安全与健康，我国对从事医疗职业的人员规定了有关执业资格制度，要求行医者除要通过国家执业医师或执业助理医师资格考试，还要进行注册，取得医师执业证书，制定了一整套管理工作规范和制度对医师的执业活动进行监督管理，保障公民的生命健康安全，促进我国医疗卫生事业有序、健康发展。未取得医生执业资格而非法行医，一方面严重破坏了国家医务管理制度；另一方面，由于未取得医生执业资格的行医人员往往缺乏必要的医学知识，这就随时可能给就诊人的生命和健康造成伤害。

（二）司法认定与刑事处罚

1. 司法认定

（1）本罪与医疗事故罪的区别。二者的相同点在于：侵害的都是国家的医务管理制度和公民的生命与健康权利；都造成了就诊人的生命与健康的损害；行为人都是在行医的过程中造成了危害结果；等等。但二者的显著区别在于主体不同。本罪的主体为国家不认可的未取得医生执业资格的人；而医疗事故罪的主体是国家认可的医务人员。

---

① 张明楷：《刑法学》，4 版，994 页，北京，法律出版社，2011。

（2）本罪与以行医的方式实施的诈骗行为的区别。以行医为名而行诈骗钱财之实，此乃诈骗罪的表现形式之一。实践中，对于走街串巷或者在路边兜售所谓祖传秘方而实际并无药性的药品的行为，以诈骗罪论处。如果未取得医生执业资格的行为人借行医之名来骗取钱财数额较大，如何定性？我们认为，这属于想象竞合的情况。对此，应按处理想象竞合的原则，即从一重罪处断，亦即应按诈骗罪处理。

（3）取得了医生执业资格者在没有医疗机构许可证的医院或诊所过失造成病人重伤或死亡的，应如何处理？我们认为，对此不能以非法行医罪论处，而应当按照医疗事故罪处理。理由如下：首先，非法行医罪行为人是没有取得医生执业资格者，而前述情况中行为人已取得了医生执业资格。其次，医疗事故罪关键在于强调医护人员尽到注意义务，取得医生执业资格者无论在何处工作，都须履行医生的注意义务，即便其在没有医疗机构许可证的医院或诊所过失造成病人重伤、死亡，同样应当按照医疗事故罪追究其刑事责任。

2. 刑事处罚

根据刑法第 336 条第 1 款的规定，犯本罪的，处 3 年以下有期徒刑、拘役或者管制，并处或者单处罚金。严重损害就诊人身体健康的，处 3 年以上 10 年以下有期徒刑，并处罚金。所谓“严重损害就诊人身体健康”，是指具有下列情形之一：（1）造成就诊人中度以上残疾、器官组织损伤导致严重功能障碍的；（2）造成 3 名以上就诊人轻度残疾、器官组织损伤导致一般功能障碍的。① 造成就诊人死亡的，处 10 年以上有期徒刑，并处罚金。根据有关司法解释②，“造成就诊人死亡”，须非法行医行为系造成就诊人死亡的直接、主要原因，非法行医行为并非造成就诊人死亡的直接、主要原因的，可不认定为刑法第 336 条第 1 款规定的“造成就诊人死亡”。但是，根据案件情况，可以认定为刑法第 336 条第 1 款规定的“情节严重”。

十一、非法进行节育手术罪

非法进行节育手术罪，是指未取得医生执业资格的人擅自为他人进行节育复通手术、假节育手术、终止妊娠手术或者摘取宫内节育器，情节严重的行为。本罪的构成要件如下：（1）犯罪客观方面表现为行为人实施了非法为他人进行节育手术的行为。这里，“节育手术”是指节育复通手术、假节育手术、终止妊娠手术或者摘取宫内节育器四种行为。行为人只要实施其中之一，且情节严重的，即可成立本罪。所谓“情节严重”，是指未取得医生执业资格的人擅自为他人进行节育复通手术、假节育手术、终止妊娠手术或者摘取宫内节育器，涉嫌下列情形之一的情形：1）造成就诊人轻伤、重伤、死亡或者感染艾滋病、病毒性肝炎等难以治愈的疾病的；2）非法进行节育复通手术、假节育手术、终止

① 参见 2016 年 12 月 16 日修正后的最高人民法院《关于审理非法行医刑事案件具体应用法律若干问题的解释》第 3 条。

② 参见 2016 年 12 月 16 日修正后的最高人民法院《关于审理非法行医刑事案件具体应用法律若干问题的解释》第 4 条。

妊娠手术或者摘取宫内节育器 5 人次以上的；3）致使他人超计划生育的；4）非法进行选择性别的终止妊娠手术的；5）非法获利累计 5 000 元以上的；6）其他情节严重的情形。[①]（2）犯罪主体是一般主体，但须是没有取得医生执业资格的人。（3）犯罪主观方面是故意。（4）犯罪客体是国家计划生育制度和就诊人的身体健康和生命安全。

根据刑法第 336 条第 2 款之规定，犯本罪的，处 3 年以下有期徒刑、拘役或者管制，并处或者单处罚金；严重损害就诊人身体健康的，处 3 年以上 10 年以下有期徒刑，并处罚金；造成就诊人死亡的，处 10 年以上有期徒刑，并处罚金。

十二、非法植入基因编辑、克隆胚胎罪

非法植入基因编辑、克隆胚胎罪是《刑法修正案（十一）》新增罪名，是指将基因编辑、克隆的人类胚胎植入人体或者动物体内，或者将基因编辑、克隆的动物胚胎植入人体内，情节严重的行为。

本罪构成特征如下：（1）本罪客观方面表现为，行为人实施了将基因编辑、克隆的人类胚胎植入人体或者动物体内，或者将基因编辑、克隆的动物胚胎植入人体内的行为。本罪属情节犯，即行为人之行为需要达到情节严重程度。（2）本罪主体为一般主体。但由于本罪涉及的专门知识所限，实践中，本罪主体主要是生物学和医学领域的有专门知识的人员。（3）本罪主观方面为故意。（4）本罪客体是公众健康和社会公共利益。

根据刑法第 336 条之一，犯本罪的，处 3 年以下有期徒刑或者拘役，并处罚金；情节特别严重的，处 3 年以上 7 年以下有期徒刑，并处罚金。

十三、妨害动植物防疫、检疫罪

妨害动植物防疫、检疫罪，是指违反有关动植物防疫、检疫的国家规定，引起重大动植物疫情的，或者有引起重大动植物疫情危险，情节严重的行为。本罪的构成要件如下：（1）本罪的客观方面表现为行为人违反有关动植物防疫、检疫的国家规定，引起重大动植物疫情或者引起重大动植物疫情危险，或者有引起重大疫情危险且情节严重。根据 2017 年 4 月 27 日最高人民检察院、公安部《关于公安机关管辖的刑事案件立案追诉标准的规定（一）的补充规定》的规定，以下情形应当立案追诉：1）非法处置疫区内易感动物或者其产品，货值金额 5 万元以上的；2）非法处置因动植物防疫、检疫需要被依法处理的动植物或者其产品，货值金额 2 万元以上的；3）非法调运、生产、经营感染重大植物检疫性有害生物的林木种子、苗木等繁殖材料或者森林植物产品的；4）输入《中华人民共和国进出境动植物检疫法》规定的禁止进境物逃避检疫，或者对特许进境的禁止进境物未有效控制与处置，导致其逃逸、扩散的；5）进境动植物及其产品检出有引起重大动植物疫情危险的动物疫病或者植物有害生物后，非法处置导致进境动植物及其产品流失的；6）1 年内携带或者寄递《中华人民共和国禁止携带、邮寄进境的动植物及其

---

① 参见《2008 立案追诉标准（一）》第 58 条。

产品名录》所列物品进境逃避检疫两次以上，或者窃取、抢夺、损毁、抛洒动植物检疫机关截留的《中华人民共和国禁止携带、邮寄进境的动植物及其产品名录》所列物品的；7）其他情节严重的情形。本条规定的“重大动植物疫情”，按照国家行政主管部门的有关规定认定。（2）本罪的主体既可以是自然人，也可以是单位。（3）本罪的主观方面是故意。（4）本罪的客体是国家进出境动植物检疫制度。

根据刑法第 337 条之规定，犯本罪的，处 3 年以下有期徒刑或者拘役，并处或者单处罚金；单位犯本罪的，对单位判处罚金，并对其直接负责的主管人员和其他直接责任人员，依照自然人犯本罪的规定处罚。

第七节　破坏环境资源保护罪

一、污染环境罪

（一）概念与构成

污染环境罪，是指违反国家规定，排放、倾倒或者处置有放射性的废物、含传染病病原体的废物、有毒物质或者其他有害物质，严重污染环境的行为。本罪的构成要件如下：

（1）本罪的客观方面表现为行为人实施了严重污染环境的行为。根据 2017 年 4 月 27 日最高人民检察院、公安部《关于公安机关管辖的刑事案件立案追诉标准的规定（一）的补充规定》① 第 10 条规定，违反国家规定，排放、倾倒或者处置有放射性的废物、含传染病病原体的废物、有毒物质或者其他有害物质，涉嫌下列情形之一的，属于“严重污染环境”，应予立案追诉：1）在饮用水水源一级保护区、自然保护区核心区排放、倾倒、处置有放射性的废物、含传染病病原体的废物、有毒物质的；2）非法排放、倾倒、处置危险废物 3 吨以上的；3）排放、倾倒、处置含铅、汞、镉、铬、砷、铊、锑的污染物，超过国家或者地方污染物排放标准 3 倍以上的；4）排放、倾倒、处置含镍、铜、锌、银、钒、锰、钴的污染物，超过国家或者地方污染物排放标准 10 倍以上的；5）通过暗管、渗井、渗坑、裂隙、溶洞、灌注等逃避监管的方式排放、倾倒、处置有放射性的废物、含传染病病原体的废物、有毒物质的；6）2 年内曾因违反国家规定，排放、倾倒、处置有放射性的废物、含传染病病原体的废物、有毒物质受过两次以上行政处罚，又实施前列行为的；7）重点排污单位篡改、伪造自动监测数据或者干扰自动监测设施，排放化学需氧量、氨氮、二氧化硫、氮氧化物等污染物的；8）违法减少防治污染设施运行支出 100 万元以上的；9）违法所得或者致使公私财产损失 30 万元以上的；10）造成生态环境严重损害的；11）致使乡镇以上集中式饮用水水源取水中断 12 小时以上的；12）致使基本农田、防护林地、特种用途林地 5 亩以上，其他农用地 10 亩以上，其他土

---

① 说明：该司法解释吸收了 2016 年 12 月 23 日最高人民法院、最高人民检察院《关于办理环境污染刑事案件适用法律若干问题的解释》相关内容。

地 20 亩以上基本功能丧失或者遭受永久性破坏的；13）致使森林或者其他林木死亡 50 立方米以上，或者幼树死亡 2 500 百株以上的；14）致使疏散、转移群众 5 000 千人以上的；15）致使 30 人以上中毒的；16）致使 3 人以上轻伤、轻度残疾或者器官组织损伤导致一般功能障碍的；17）致使 1 人以上重伤、中度残疾或者器官组织损伤导致严重功能障碍的；18）其他严重污染环境的情形。

注意该司法解释中以下术语的含义：

“有毒物质”，包括列入国家危险废物名录或者根据国家规定的危险废物鉴别标准和鉴别方法认定的具有危险特性的废物，《关于持久性有机污染物的斯德哥尔摩公约》附件所列物质，含重金属的污染物，以及其他具有毒性可能污染环境的物质。

“非法处置危险废物”，包括无危险废物经营许可证，以营利为目的，从危险废物中提取物质作为原材料或者燃料，并具有超标排放污染物、非法倾倒污染物或者其他违法造成环境污染的情形的行为。

“重点排污单位”，是指设区的市级以上人民政府环境保护主管部门依法确定的应当安装、使用污染物排放自动监测设备的重点监控企业及其他单位。

“公私财产损失”，包括直接造成财产损毁、减少的实际价值，为防止污染扩大、消除污染而采取必要合理措施所产生的费用，以及处置突发环境事件的应急监测费用。

“生态环境损害”，包括生态环境修复费用，生态环境修复期间服务功能的损失和生态环境功能永久性损害造成的损失，以及其他必要合理费用。

“无危险废物经营许可证”，是指未取得危险废物经营许可证，或者超出危险废物经营许可证的经营范围。

（2）本罪的主体为一般主体，自然人或单位均可成为本罪主体。从司法实践来看，实施本罪行为的主要是从事生产经营活动的单位或个体经营者。

（3）本罪的主观方面为过失。

（4）本罪的客体是国家环境保护制度和公私财产与公民健康、生命安全。所谓环境保护制度，是指由《环境保护法》《水污染防治法》《大气污染防治法》等一系列法律、法规所形成的环境保护制度。

（二）司法认定与刑事处罚

1. 司法认定

（1）本罪与意外事件的区别。现实生活中，难免有因种种非人为原因而严重污染环境，造成公私财物重大损失或者人身伤亡的事件发生。例如，因雷电击中存储有毒、有害化学液体的容器，致使有毒、有害化学物质流入饮水源，从而使饮用该水源的群众发生中毒。此种事件与本罪在客观表现上极为相似。但由于意外事件缺乏犯罪构成的主体与主观内容，所以具有不可罚性。因此，对于因为意外事件引起的环境污染，即使造成了严重后果，也不能以犯罪论处。

（2）竞合与共同犯罪问题。1）违反国家规定，排放、倾倒、处置含有毒害性、放射性、传染病病原体等物质的污染物，同时构成污染环境罪、非法处置进口的固体废物罪、投放危险物质罪等犯罪的，依照处罚较重的犯罪定罪处罚。[①] 2）行为人明知他人无危险废物经营许可证，向其提供或者委托其收集、贮存、利用、处置危险废物，严重污染环境的，以污染环境罪的共同犯罪论处。[②]

（3）本罪与危险物品肇事罪的区别。危险物品肇事罪，是指违反爆炸性、易燃性、放射性、毒害性、腐蚀性物品的管理规定，在生产、储存、运输、使用中发生重大事故，造成严重后果的行为。由于危险物品肇事罪一旦发生，其“危险物品”常常引起环境污染的严重后果，所以，它与本罪就有了很多相似之处。但二者的显著区别有二：1）侵害的客体不同。本罪侵害的客体是国家环境保护制度和公私财产与公民健康、生命安全；而危险物品肇事罪侵害的客体是公共安全。2）客观表现不同。本罪的犯罪客观方面表现为违反国家规定向土地、水体、大气排放、倾倒或者处置危险废物的行为，就行为人的“排放”“倾倒”“处置”而言，是故意实施的；而危险物品肇事罪则表现为行为人在生产、储存、运输、使用危险物品的过程中因过失而导致了严重后果，行为人始终没有故意排放、倾倒或处置的行为。

（4）关于本罪的认定，还应参考2019年2月20日最高人民法院、最高人民检察院、公安部、司法部、生态环境部《关于办理环境污染刑事案件有关问题座谈会纪要》提出的指导意见。

2. 刑事处罚

根据刑法第338条之规定，犯本罪的，处3年以下有期徒刑或者拘役，并处或者单处罚金；情节严重的，处3年以上7年以下有期徒刑，并处罚金。有下列情形之一的，处7年以上有期徒刑，并处罚金：（1）在饮用水水源保护区、自然保护地核心保护区等依法确定的重点保护区域排放、倾倒、处置有放射性的废物、含传染病病原体的废物、有毒物质，情节特别严重的；（2）向国家确定的重要江河、湖泊水域排放、倾倒、处置有放射性的废物、含传染病病原体的废物、有毒物质，情节特别严重的；（3）致使大量永久基本农田基本功能丧失或者遭受永久性破坏的；（4）致使多人重伤、严重疾病，或者致人严重残疾、死亡的。此外，实施本罪行为，同时构成其他犯罪的，依照处罚较重的规定定罪处罚。根据2016年12月23日公布的最高人民法院、最高人民检察院《关于办理环境污染刑事案件适用法律若干问题的解释》（以下简称《环境污染刑案解释》）第4条，实施刑法第338条规定的犯罪行为，具有下列情形之一的，应当从重处罚：（1）阻挠环境监督检查或者突发环境事件调查，尚不构成妨害公务等犯罪的；（2）在医院、学校、居民区等人口集中地区及其附近，违反国家规定排放、倾倒、处置有放射性的废物、含传染病病原体的废物、有毒物质或者其他有害物质的；（3）在重污染天气预警期间、突发环境事件处置期间或者被责令限期整改期间，违反国家规定排放、倾倒、处置有放射性的废物、含传染病病原体的废物、有毒物质或者其他有害物质的；（4）具

---

① 参见2016年12月23日最高人民法院、最高人民检察院《关于办理环境污染刑事案件适用法律若干问题的解释》第8条。

② 参见2016年12月23日最高人民法院、最高人民检察院《关于办理环境污染刑事案件适用法律若干问题的解释》第7条。

有危险废物经营许可证的企业违反国家规定排放、倾倒、处置有放射性的废物、含传染病病原体的废物、有毒物质或者其他有害物质的。根据该解释第 5 条，实施刑法第 338 条规定的行为，刚达到应当追究刑事责任的标准，但行为人及时采取措施，防止损失扩大、消除污染，全部赔偿损失，积极修复生态环境，且系初犯，确有悔罪表现的，可以认定为情节轻微，不起诉或者免予刑事处罚；确有必要判处刑罚的，应当从宽处罚。

单位犯本罪的，对单位判处罚金，并对其直接负责的主管人员和其他直接责任人员，依照自然人犯本罪的规定处罚。

二、非法处置进口的固体废物罪

非法处置进口的固体废物罪，是指违反国家规定，将境外固体废物进境倾倒、堆放、处置的行为。本罪的构成要件如下：(1) 本罪的客观方面表现为行为人实施了非法处置进口的固体废物的行为。理论上言之，本罪属行为犯，只要行为人实施了违反国家规定，将境外固体废物进境倾倒、堆放、处置的行为，即可构成犯罪。(2) 本罪的主体是一般主体，既可以是自然人，也可以是单位。(3) 本罪的主观方面是故意。(4) 本罪的客体是国家环境保护制度。

根据刑法第 339 条第 1 款之规定，犯本罪的，处 5 年以下有期徒刑或者拘役，并处罚金；造成重大环境污染事故，致使公私财产遭受重大损失或者严重危害人体健康的，处 5 年以上 10 年以下有期徒刑，并处罚金；后果特别严重的，处 10 年以上有期徒刑，并处罚金。根据《环境污染刑案解释》第 3 条，具有下列情形之一的，应当认定为“后果特别严重”：(1) 致使县级以上城区集中式饮用水水源取水中断 12 小时以上的；(2) 非法排放、倾倒、处置危险废物 100 吨以上的；(3) 致使基本农田、防护林地、特种用途林地 15 亩以上，其他农用地 30 亩以上，其他土地 60 亩以上基本功能丧失或者遭受永久性破坏的；(4) 致使森林或者其他林木死亡 150 立方米以上，或者幼树死亡 7 500 百株以上的；(5) 致使公私财产损失 100 万元以上的；(6) 造成生态环境特别严重损害的；(7) 致使疏散、转移群众 15 000 人以上的；(8) 致使 100 人以上中毒的；(9) 致使 10 人以上轻伤、轻度残疾或者器官组织损伤导致一般功能障碍的；(10) 致使 3 人以上重伤、中度残疾或者器官组织损伤导致严重功能障碍的；(11) 致使 1 人以上重伤、中度残疾或者器官组织损伤导致严重功能障碍，并致使 5 人以上轻伤、轻度残疾或者器官组织损伤导致一般功能障碍的；(12) 致使 1 人以上死亡或者重度残疾的；(13) 其他后果特别严重的情形。根据该解释第 4 条，实施刑法第 339 条规定的犯罪行为，具有下列情形之一的，应当从重处罚：(1) 阻挠环境监督检查或者突发环境事件调查，尚不构成妨害公务等犯罪的；(2) 在医院、学校、居民区等人口集中地区及其附近，违反国家规定排放、倾倒、处置有放射性的废物、含传染病病原体的废物、有毒物质或者其他有害物质的；(3) 在重污染天气预警期间、突发环境事件处置期间或者被责令限期整改期间，违反国家规定排放、倾倒、处置有放射性的废物、含传染病病原体的废物、有毒物质或者其他有害物质的；(4) 具有危险废物经营许可证的企业违反国家规定排放、倾倒、处置有放射性的废物、含传染病病原体的废物、有毒物质或者其他有害物质的。根据该解释第 5 条，实施刑法第 389 条规定的行为，刚达到应当追究刑事责任的标准，但行为人及时采取措施，防止损失扩大、消除污染，全部赔偿损失，积极修复生态环境，且系初犯，确有悔罪表现的，可以认定为情节轻微，不起诉或者免予刑事处罚；确有必要判处刑罚的，应当从宽处罚。

又根据刑法第 346 条之规定，单位犯本罪的，对单位判处罚金，并对其直接负责的主管人员和其他直接责任人员，依照自然人犯本罪的规定处罚。

三、擅自进口固体废物罪

擅自进口固体废物罪，是指未经国务院有关主管部门许可，擅自进口固体废物用作原料，造成重大环境污染事故，致使公私财产遭受重大损失或者严重危害人体健康的行为。本罪的构成要件如下：(1) 本罪的客观方面表现为行为人实施了擅自进口固体废物的行为。擅自进口固体废物的行为必须造成了公私财产重大损失或者严重危害了人体健康的后果，才可以本罪论处。所谓"造成重大环境污染事故"，应当与"致使公私财产遭受重大损失或者严重危害人体健康"联系起来理解，即凡是擅自进口固体废物，"致使公私财产遭受重大损失或者严重危害人体健康"的，均属于"造成重大环境污染事故"。这里，"致使公私财产遭受重大损失或者严重危害人体健康"，与前罪同一术语含义相同。但根据刑法第 339 条第 3 款之规定，以原料利用为名，进口不能用作原料的固体废物、液态废物、气态废物的，应当依照刑法第 152 条第 2 款、第 3 款以走私废物罪定罪处罚。(2) 本罪的主体是一般主体，既可以是自然人，也可以是单位。(3) 本罪的主观方面是故意。(4) 本罪的客体是国家对废物进口管理制度与环境保护制度。

根据刑法第 339 条第 2 款之规定，犯本罪的，处 5 年以下有期徒刑或者拘役，并处罚金；后果特别严重的，处 5 年以上 10 年以下有期徒刑，并处罚金。"后果特别严重的"，其含义与前罪同一概念含义相同。根据刑法第 346 条之规定，单位犯本罪的，对单位判处罚金，并对其直接负责的主管人员和其他直接责任人员，依照自然人犯本罪的规定处罚。

四、非法捕捞水产品罪

非法捕捞水产品罪，是指违反保护水产资源法规，在禁渔区、禁渔期或者使用禁用的工具、方法捕捞水产品，情节严重的行为。本罪的构成要件如下：(1) 本罪的客观方面表现为行为人实施了非法捕捞水产品的行为。其具体表现是：违反国家有关规定，在禁渔区、禁渔期或者使用禁用的工具、方法捕捞水产品。本罪属情节犯，必须是行为人之行为属"情节严重的"，才构成本罪。根据自 2022 年 4 月 9 日起施行的最高人民法院、最高人民检察院《野生动物资源刑案解释》第 3 条，在内陆水域，违反保护水产资源法规，在禁渔区、禁渔期或者使用禁用的工具、方法捕捞水产品，具有下列情形之一的，应当认定为刑法第 340 条规定的"情节严重"，以非法捕捞水产品罪定罪处罚：1) 非法捕捞水产品 500 公斤以上或者价值 1 万元以上的；2）非法捕捞有重要经济价值的水生动物苗种、怀卵亲体或者在水产种质资源保护区内捕捞水产品 50 公斤以上或者价值 1 000 元以上的；3）在禁渔区使用电鱼、毒鱼、炸鱼等严重破坏渔业资源的禁用方法或者禁用工具捕捞的；4）在禁渔期使用电鱼、毒鱼、炸鱼等严重破坏渔业资源的禁用方法或者禁用工具捕捞的；5）其他情节严重的情形。根据 2016 年最高人民法院《关于审理发生在我国管辖海域相关案件若干问题的规定（二）》第 4 条，违反保护水产资源法规，在海洋水域，在禁渔区、禁渔期或者使用禁用的工具、方法捕捞水产品，具有下列情形之一的，构成非法捕捞水产品罪：1）非法捕捞水产品 1 万公斤以上或者价值 10 万元以上的；2）非法捕捞有重要经济价值的水生动物苗种、怀卵亲体 2 000 公斤以上或者价值 2 万元以上的；3）在水产种质资源保护区内捕捞水产品 2 000 公斤以上或者价值 2 万元以上的；4）在禁渔区内使用禁用的工具或者方法捕捞的；5）在禁渔期内使用禁用的工具或者方法捕捞的；6）在公海使用禁用渔具从事捕捞作业，造成严重影响的；7）其他情节严重的情形。（2）本罪的主体既可以是自然人，也可以是单位。（3）本罪的主观方面为故意。（4）本罪的客体是国家保护水产资源制度。

根据刑法第 340 条之规定，犯本罪的，处 3 年以下有期徒刑、拘役、管制或者罚金。根据刑法第 346 条之规定，单位犯本罪的，对单位判处罚金，并对其直接负责的主管人员和其他直接责任人员，依照自然人犯本罪的规定处罚。在具体裁量刑事处罚时，还应当遵照《野生动物资源刑案解释》第 3 条第 2 款、第 3 款的规定，即实施本罪行为，具有下列情形之一的，从重处罚：（1）暴力抗拒、阻碍国家机关工作人员依法履行职务，尚未构成妨害公务罪、袭警罪的；（2）2 年内曾因破坏野生动物资源受过行政处罚的；（3）对水生生物资源或者水域生态造成严重损害的；（4）纠集多条船只非法捕捞的；（5）以非法捕捞为业的。实施第 1 款规定的行为，根据渔获物的数量、价值和捕捞方法、工具等，认为对水生生物资源危害明显较轻的，综合考虑行为人自愿接受行政处罚、积极修复生态环境等情节，可以认定为犯罪情节轻微，不起诉或者免予刑事处罚；情节显著轻微危害不大的，不作为犯罪处理。

五、危害珍贵、濒危野生动物罪

本罪由原来的“非法猎捕、杀害珍贵、濒危野生动物罪”和“非法收购、运输、出售珍贵、濒危野生动物、珍贵、濒危野生动物制品罪”修改调整而来，是指非法猎捕、杀害国家重点保护的珍贵、濒危野生动物，或者非法收购、运输、出售国家重点保护的珍贵、濒危野生动物及其制品的行为。

本罪客体是生态环境法律制度，其犯罪对象是国家重点保护的珍贵、濒危野生动物。根据《野生动物资源刑案解释》第 4 条，“国家重点保护的珍贵、濒危野生动物”包括：（1）列入《国家重点保护野生动物名录》的野生动物；（2）经国务院野生动物保护主管部门核准按照国家重点保护的野生动物管理的野生动物。犯罪客观方面表现为非法收购、运输、出售国家重点保护的珍贵、濒危野生动物及其制品的行为。根据《野生动物资源刑案解释》第 5 条规定，“收购”包括以营利、自用等为目的的购买行为；“运输”包括采用携带、邮寄、利用他人、使用交通工具等方法进行运送的行为。凡违反法律规定，有猎捕、杀害、收购、运输、出售珍贵、濒危野生动物或者收购、运输、出售其制品的行为之一，便足以成立本罪。犯罪主体是一般主体，可以是自然人，也可以是单位。犯罪主观方面是故意。

根据刑法第 341 条第 1 款之规定，犯本罪的，处 5 年以下有期徒刑或者拘役，并处罚金；情节严重的，处 5 年以上 10 年以下有期徒刑，并处罚金；情节特别严重的，处 10 年以上有期徒刑，并处罚金或者没收财产。根据《野生动物资源刑案解释》第 6 条，“情节严重”是指：非法猎捕、杀害国家重点保护的珍贵、濒危野生动物，或者非法收购、运输、出售国家重点保护的珍贵、濒危野生动物及其制品，价值 20 万元以上不满 200 万元的情形；“情节特别严重”是指：实施前列行为，其价值 200 万元以上的情形。根据《刑法》第 346 条之规定，单位犯本罪的，对单位判处罚金，并对其直接负责的主管人员和其他直接责任人员，依照自然人犯本罪的规定处罚。在具体裁量刑事处罚时，还要遵照《野生动物资源刑案解释》第 6 条第 2 款、第 3 款的规定。从重处罚：实施本罪行为，具有下列情形之一的，从重处罚：1）属于犯罪集团的首要分子的；2）为逃避监管，使用特种交通工具实施的；3）严重影响野生动物科研工作的；4）2 年内曾因破坏野生动物资源受过行政处罚的。实施第 1 款规定的行为，不具有第 2 款规定的情形，且未造成动物死亡或者动物、动物制品无法追回，行为人全部退赃退赔，确有悔罪表现的，按照下列规定处理：1）珍贵、濒危野生动物及其制品价值 200 万元以上的，可以认定为“情节严重”，处 5 年以上 10 年以下有期徒刑，并处罚金。2）珍贵、濒危野生动物及其制品价值 20 万元以上不满 200 万元的，可以处 5 年以下有期徒刑或者拘役，并处罚金。3）珍贵、濒危野生动物及其制品价值 2 万元以上不满 20 万元的，可以认定为犯罪情节轻微，不起诉或者免予刑事处罚；情节显著轻微危害不大的，不作为犯罪处理。

六、非法狩猎罪

（一）概念与构成

非法狩猎罪，是指违反狩猎法规，在禁猎区、禁猎期或者使用禁用的工具、方法进行狩猎，破坏野生动物资源，情节严重的行为。

本罪的构成要件如下：

1. 本罪的客观方面表现为行为人实施了非法狩猎的行为。所谓非法狩猎，其具体表现是违反狩猎法规，在禁猎区、禁猎期狩猎，或者使用禁用的工具、方法狩猎。违反狩猎法规，主要是指违反《野生动物保护法》等相关野生动物保护的法律、法规；禁猎区，是指国家根据野生动物保护需要，划定的禁止狩猎的区域；禁猎期，是指国家为了充分保护和合理利用野生动物资源，根据野生动物的繁殖和皮毛、肉食、药材的成熟季节，分别规定的禁止狩猎的期间；禁用的工具，一般是指具有极大杀伤力的狩猎器械，如地弓、地枪、大铁夹、军用武器等；禁用的方法，是指一切足以破坏野生动物资源的方法，如以化学药品毒杀、布电网围杀、爆炸等方法。

本罪的犯罪对象是珍贵、濒危野生动物以外的其他野生动物。值得注意的是，非法狩猎的行为必须是“情节严重的”，才构成本罪。“情节严重”是指：非法猎捕野生动物价值1万元以上的；在禁猎区使用禁用的工具或者方法狩猎的；在禁猎期使用禁用的工具或者方法狩猎的；其他情节严重的情形。①

2. 本罪的主体是一般主体，既可以是自然人，也可以是单位。

3. 本罪的主观方面是故意。

4. 本罪的客体是国家野生动物保护制度。非法狩猎的行为违反了《野生动物保护法》等相关野生动物保护的法律、法规，破坏了国家野生动物保护制度，故对其中破坏野生动物资源情节严重的行为必须以犯罪论处。

（二）司法认定与刑事处罚

1. 司法认定

（1）罪与非罪的界限。对此，主要应注意一般违法狩猎行为与本罪的区别。二者区别的关键在于：行为人之行为是否属于情节严重的破坏野生动物资源的行为。只有情节严重的非法狩猎行为，才构成本罪。而一般违法狩猎的行为虽然也会造成野生动物的死伤，但由于其情节显著轻微，没有对野生动物资源造成严重破坏，故不应以犯罪论处。

（2）本罪与危害珍贵、濒危野生动物罪的区别。

由于危害珍贵、濒危野生动物罪包括猎捕、杀害手段，因此，此二罪在侵犯客体等方面有一些相似，但二者的显著区别在于：1）二者的侵害对象不同。本罪侵害的对象是一般野生动物；而危害珍贵、濒危野生动物罪侵害的对象是国家重点保护的珍贵、濒危野生动物。2）犯罪时间、地点、工具、方法对于犯罪成立的意义不同。对于本罪来说，特定的时间（禁猎期）、地点（禁猎区）、工具（禁用的工具）或方法（禁用的方法）是本罪成立的必要条件；而对于危害珍贵、濒危野生动物罪来说，犯罪的时间、地点、工具和方法并非犯罪成立要件。3）本罪属情节犯，只有非法狩猎，且情节严重的，才构成犯罪；而危害珍贵、濒危野生动物罪的成立并无捕杀数量限制，只要实施了非法猎捕、杀害珍贵、濒危野生动物的行为，不论情节如何，都可成立犯罪。

（3）罪数问题。使用爆炸、投放危险物质、设置电网等危险方法破坏野生动物资源，构成非法狩猎罪，同时构成刑法第114条或者第115条规定之罪的，依照处罚较重的规定定罪处罚。实施非法狩猎罪，又以暴力、威胁方法抗拒查处，构成其他犯罪的，依照数罪并罚的规定处罚。伪造、变造、买卖国家机关颁发的狩猎证等公文、证件构成犯罪的，依照刑法第280条第1款的规定以伪造、变造、买卖国家机关公文、证件罪定罪处罚。实施上述行为构成犯罪，同时构成刑法第225条第2项规定的非法经营罪的，依照处罚较重的规定定罪处罚。

---

① 参见自2022年4月9日起施行的最高人民法院、最高人民检察院《关于办理破坏野生动物资源刑事案件适用法律若干问题的解释》第7条。

2. 刑事处罚

根据刑法第 341 条第 2 款之规定，犯本罪的，处 3 年以下有期徒刑、拘役、管制或者罚金。根据刑法第 346 条之规定，单位犯本罪的，对单位判处罚金，并对其直接负责的主管人员和其他直接责任人员，依照自然人犯本罪的规定处罚。此外，在本罪的认定与处罚方面，还要考虑 2020 年 12 月 18 日最高人民法院、最高人民检察院、公安部、司法部《关于依法惩治非法野生动物交易犯罪的指导意见》。

七、非法猎捕、收购、运输、出售陆生野生动物罪

非法猎捕、收购、运输、出售陆生野生动物罪是《刑法修正案（十一）》新增罪名，是指违反野生动物保护管理法规，以食用为目的的非法猎捕、收购、运输、出售刑法第 341 条第 1 款规定以外的在野外环境自然生长繁殖的陆生野生动物，且情节严重的行为。

本罪构成特征如下：（1）本罪客观方面表现为，行为人实施了非法猎捕、收购、运输、出售刑法第 341 条第 1 款规定以外的在野外环境自然生长繁殖的陆生野生动物。本罪是情节犯，即要求行为人之行为达到情节严重程度。根据《野生动物资源刑案解释》第 8 条，“情节严重”是指：1）非法猎捕、收购、运输、出售有重要生态、科学、社会价值的陆生野生动物或者地方重点保护陆生野生动物价值 1 万元以上的；2）非法猎捕、收购、运输、出售第一项规定以外的其他陆生野生动物价值 5 万元以上的；3）其他情节严重的情形。这里，“收购”“运输”“出售”，是指以食用为目的而实施的相应行为。根据《野生动物资源刑案解释》第 11 条，对于“以食用为目的”，应当综合涉案动物及其制品的特征，被查获的地点，加工、包装情况，以及可以证明来源、用途的标识、证明等证据作出认定。实施本解释规定的相关行为，具有下列情形之一的，可以认定为“以食用为目的”：1）将相关野生动物及其制品在餐饮单位、饮食摊点、超市等场所作为食品销售或者运往上述场所的；2）通过包装、说明书、广告等介绍相关野生动物及其制品的食用价值或者方法的；3）其他足以认定以食用为目的的情形。此外，实施本罪行为，同时构成非法狩猎罪的，应当依照刑法第 341 条第 3 款的规定，以非法猎捕陆生野生动物罪定罪处罚。（2）本罪主体为一般主体。（3）本罪主观方面为故意，且行为人具有“食用目的”。（4）本罪客体是陆生野生动物保护管理制度。

根据刑法第 341 条第 3 款规定，犯本罪的，处 3 年以下有期徒刑、拘役、管制或者罚金。根据刑法第 346 条之规定，单位犯本罪的，对单位判处罚金，并对其直接负责的主管人员和其他直接责任人员，依照自然人犯本罪的规定处罚。

八、非法占用农用地罪

非法占用农用地罪，是指违反土地管理法规，非法占用耕地、林地等农用地，改变被占用土地用途，数量较大，造成耕地、林地等农用地大量毁坏的行为。根据 2019 年修订后的《土地管理法》第 4 条第 3 款规定，农用地是指直接用于农业生产的土地，包括耕地、林地、草地、农田水利用地、养殖水面用地。

犯罪客体是国家土地管理制度。犯罪客观方面表现为违反土地管理法规，非法占用农用地改作他用，数量较大，造成农用地大量毁坏的行为。本罪为《刑法修正案（二）》所修正。所谓“违反土地管理法规”，是指违反土地管理法、森林法、草原法等法律以及行政法规中关于土地管理的规定。本罪属于结果犯，即要求行为人之行为造成了农用地大量毁坏才构成本罪。造成农用地大量毁坏，是指行为人之行为导致数量较大的农用土地土壤沙化、盐碱化、水土流失等严重不适宜农作物种植的情况发生。犯罪主体是一般主体，既可以是自然人，也可以是单位。犯罪的主观方面是故意。

根据刑法第 342 条之规定，犯本罪的，处 5 年以下有期徒刑或者拘役，并处或者单处罚金。根据刑法第 346 条之规定，单位犯本罪的，对单位判处罚金，并对其直接负责的主管人员和其他直接责任人员，依照自然人犯本罪的规定处罚。

九、破坏自然保护地罪

破坏自然保护地罪是《刑法修正案（十一）》新增罪名，是指违反自然保护地管理法规，在国家公园、国家级自然保护区进行开垦、开发活动或者修建建筑物，造成严重后果或者有其他恶劣影响的行为。

本罪的构成特征如下：（1）本罪客观方面表现为，行为人实施了在国家公园、国家级自然保护区进行开垦、开发活动或者修建建筑物的行为。本罪属结果犯或情节犯，即行为人之行为需要造成严重后果或者具有其他恶劣情节。（2）本罪主体为一般主体。（3）本罪主观方面为故意。（4）本罪客体是自然保护地管理法律制度。

根据刑法第 342 条之一，犯本罪的，处 5 年以下有期徒刑或者拘役，并处或者单处罚金。实施本罪行为，同时构成其他犯罪的，依照处罚较重的规定定罪处罚。根据刑法第 346 条的规定，单位犯本罪的，对单位判处罚金，并对其直接负责的主管人员和其他直接责任人员，依照自然人犯本罪的规定处罚。

十、非法采矿罪

（一）概念与构成

非法采矿罪，是指违反矿产资源法的规定，未取得采矿许可证擅自采矿，擅自进入国家规划矿区、对国民经济具有重要价值的矿区和他人矿区范围采矿，或者擅自开采国家规定实行保护性开采的特定矿种，情节严重的行为。

本罪的构成要件如下：

1. 本罪的客观方面表现为行为人实施了非法采矿行为。所谓“矿”，即“矿产”，是指地壳中有开采价值的物质，如铜矿、铁矿、云母、天然气、石油、煤炭等。所谓非法采矿，包括以下三项内容：（1）行为人之行为违反了矿产资源法的规定。（2）行为人具体实施了以下行为之一：其一，未取得采矿许可证擅自采矿。具体包含下列情形：无采矿许可证开采矿产资源的；采矿许可证被注销、吊销、撤销后继续开采矿产资源的；超越采矿许可证规定的矿区范围或者开采范围开采矿产资源的；超出许可证规定的矿种开采矿产资源的（共生、伴生矿种除外）；其他未取得采矿许可证开采矿产资源的情形。[①]其二，擅自进入国家规划矿区、对国民经济具有重要价值的矿区和他人矿区范围进行采矿。其三，擅自开采国家规定实行保护性开采的特定矿种。（3）情节严重。根据2017年4月27日最高人民检察院、公安部《关于公安机关管辖的刑事案件立案追诉标准的规定（一）的补充规定》第11条规定，符合下列情形的，应当立案追诉[②]：1）开采的矿产品价值或者造成矿产资源破坏的价值在10万元至30万元以上的；2）在国家规划矿区、对国民经济具有重要价值的矿区采矿，开采国家规定实行保护性开采的特定矿种，或者在禁采区、禁采期内采矿，开采的矿产品价值或者造成矿产资源破坏的价值在5万元至15万元以上的；3）2年内曾因非法采矿受过两次以上行政处罚，又实施非法采矿行为的；4）造成生态环境严重损害的；5）其他情节严重的情形。在河道管理范围内采砂，依据相关规定应当办理河道采砂许可证而未取得河道采砂许可证，或者应当办理河道采砂许可证和采矿许可证，既未取得河道采砂许可证又未取得采矿许可证，具有本条第1款规定的情形之一，或者严重影响河势稳定危害防洪安全的，应予立案追诉。采挖海砂，未取得海砂开采海域使用权证且未取得采矿许可证，具有本条第1款规定的情形之一，或者造成海岸线严重破坏的，应予立案追诉。具有下列情形之一的，属于本条规定的“未取得采矿许可证”：1）无许可证的；2）许可证被注销、吊销、撤销的；3）超越许可证规定的矿区范围或者开采范围的；4）超出许可证规定的矿种的（共生、伴生矿种除外）；5）其他未取得许可证的情形。

2. 本罪的主体是一般主体，既可以是自然人，也可以是单位。

3. 本罪的主观方面是故意。

4. 本罪的客体是国家矿产资源保护制度。

（二）司法认定与刑事处罚

1. 司法认定

违反安全生产管理规定，非法采矿……严重污染环境，造成重大伤亡事故或者其他严重后果，同时构成危害生产安全犯罪和破坏环境资源保护犯罪的，依照数罪并罚的规定处罚。[③]

2. 刑事处罚

根据刑法第343条第1款之规定，犯本罪的，处3年以下有期徒刑、拘役或者管制，并处或者单处罚金；情节特别严重的，处3年以上7年以下有期徒刑，并处罚金。根据2016年11月28日最高人民法院、最高人民检察院《关于办理非法采矿、破坏性采矿刑事案件适用法律若干问题的解释》第3条第2款，“情节特别严重的”是指，实施非法采

---

① 参见2016年11月28日最高人民法院、最高人民检察院《关于办理非法采矿、破坏性采矿刑事案件适用法律若干问题的解释》第2条。

② 该司法解释吸收了2016年11月28日最高人民法院、最高人民检察院《关于办理非法采矿、破坏性采矿刑事案件适用法律若干问题的解释》第3～5条的基本内容。

③ 参见2011年12月30日最高人民法院《关于进一步加强危害生产安全刑事案件审判工作的意见》第四部分。

矿行为，具有下列请下之一：(1) 数额达到本条第 1 款第 1、2 项规定标准 5 倍以上；(2) 造成生态环境特别严重损害；(3) 其他特别严重的情形。根据刑法第 346 条之规定，单位犯本罪的，对单位判处罚金，并对其直接负责的主管人员和其他直接责任人员，依照自然人犯本罪的规定处罚。

十一、破坏性采矿罪

破坏性采矿罪，是指违反矿产资源法的规定，采取破坏性的方法开采矿产资源，造成矿产资源严重破坏的行为。本罪的构成要件如下：(1) 本罪的客观方面表现为行为人实施了破坏性采矿的行为。其具体行为内容有以下三点：1) 违反了矿产资源法的规定。2) 采取破坏性的开采方法开采矿产资源。这是指行为人违反地质矿产主管部门审查批准的矿产资源开发利用方案开采矿产资源，并造成矿产资源破坏。3) 造成了矿产资源严重破坏，如因破坏性开采，造成矿区地质层结构大面积破坏、矿产资源严重浪费等。破坏性采矿造成矿产资源破坏的价值，数额在 30 万元以上的，属于刑法第 343 条第 2 款规定的“造成矿产资源严重破坏”。(2) 本罪的主体为特殊主体，即取得采矿许可证的个人或单位。如果未取得采矿许可证的个人或单位采取破坏性的方法开采矿产资源，则应以非法采矿罪论处。(3) 本罪的主观方面是故意。(4) 本罪的客体是国家矿产资源保护制度。违反矿产资源法的规定，采取破坏性的开采方法开采矿产资源，造成重大伤亡事故或者其他严重后果，同时构成本罪和刑法第 134 条或者第 135 条规定的犯罪的，依照数罪并罚的规定处罚。违反安全生产管理规定，破坏性采矿……严重污染环境，造成重大伤亡事故或者其他严重后果，同时构成危害生产安全犯罪和破坏环境资源保护犯罪的，依照数罪并罚的规定处罚。[①]

根据刑法第 343 条第 2 款之规定，犯本罪的，处 5 年以下有期徒刑或者拘役，并处罚金。破坏性采矿构成犯罪，依法应当追诉的，或者 1 年内多次破坏性采矿未经处理的，造成矿产资源破坏的数额累计计算。根据刑法第 346 条之规定，单位犯本罪的，对单位判处罚金，并对其直接负责的主管人员和其他直接责任人员，依照自然人犯本罪的规定处罚。

十二、危害国家重点保护植物罪

2021 年 2 月 26 日最高人民法院、最高人民检察院《关于执行〈中华人民共和国刑法〉确定罪名的补充规定（七）》将原来的“非法采伐、毁坏国家重点保护植物罪”和“非法收购、运输、加工、出售国家重点保护植物、国家重点保护植物制品罪”变更为本罪。

危害国家重点保护植物罪，是指违反国家规定，非法采伐、毁坏珍贵树木或者国家重点保护的其他植物，或者非法收购、运输、加工、出售珍贵树木或者国家重点保护的其他植物及其制品的行为。本罪为《刑法修正案（四）》所确立。犯罪客体是国家的植物

---

① 参见 2011 年 12 月 30 日最高人民法院《关于进一步加强危害生产安全刑事案件审判工作的意见》第四部分。

保护制度。其犯罪对象必须是珍贵树木或者国家重点保护的其他植物。犯罪客观方面表现为违反国家规定，非法采伐、毁坏珍贵树木或者国家重点保护的其他植物的行为。本罪属选择罪名。犯罪主体是一般主体，可以是自然人，也可以是单位。犯罪主观方面是故意。

根据刑法第 344 条之规定，犯本罪的，处 3 年以下有期徒刑、拘役或者管制，并处罚金；情节严重的，处 3 年以上 7 年以下有期徒刑，并处罚金。根据刑法第 346 条之规定，单位犯本罪的，对单位判处罚金，并对其直接负责的主管人员和其他直接责任人员，依照自然人犯本罪的规定处罚。

十三、非法引进、释放、丢弃外来入侵物种罪

非法引进、释放、丢弃外来入侵物种罪是《刑法修正案（十一）》新增罪名，是指违反国家规定，非法引进、释放或者丢弃外来物种，且情节严重的行为。

本罪构成特征如下：(1) 本罪客观方面表现为，行为人实施了非法引进、释放或者丢弃外来物种的行为。所谓“外来物种”，是指那些出现在其过去或现在的自然分布范围及扩散潜力以外（即在没有直接、间接引入或人类照顾之下而不能分布）的物种、亚种或以下的分类单元，包括其所有可能存活、继而繁殖的部分、配子或繁殖体。本罪属情节犯，即行为人之行为需要达到情节严重的程度。(2) 本罪主体为一般主体。(3) 本罪主观方面为故意。(4) 本罪客体是环境资源保护制度。

根据刑法第 344 条之一，犯本罪的，处 3 年以下有期徒刑或者拘役，并处或者单处罚金。

十四、盗伐林木罪

（一）概念与构成

盗伐林木罪，是指盗伐森林或者其他林木，数量较大的行为。

本罪的构成要件如下：

(1) 本罪的客观方面表现为行为人实施了盗伐森林或者其他林木，且数量较大的行为。所谓盗伐，是指下列行为之一：擅自砍伐国家、集体、他人所有或者他人承包经营管理的森林或者其他林木；擅自砍伐本单位或者本人承包经营管理的森林或者其他林木；在林木采伐许可证规定的地点以外采伐国家、集体、他人所有或者他人承包经营管理的森林或者其他林木。至于行为人是偷偷砍伐还是公开砍伐，对于成立本罪并不重要。成立本罪，还必须是行为人盗伐了数量较大的林木。根据《关于审理破坏森林资源刑事案件适用法律若干问题的解释》第 4 条第 1 款、第 2 款的规定，盗伐森林或者其他林木，涉案林木具有下列情形之一的，应当认定为刑法第 345 条第 1 款规定的“数量较大”：1) 立木蓄积 5 立方米以上的；2) 幼树 200 株以上的；3) 数量虽未分别达到第 1 项、第 2 项规定标准，但按相应比例折算合计达到有关标准的；4) 价值 2 万元以上的。实施前

款规定的行为，达到第1项至第4项规定标准10倍、50倍以上的，应当分别认定为刑法第345条第1款规定的“数量巨大”、“数量特别巨大”。本解释所称“幼树”，是指胸径5厘米以下的树木。[①]

（2）本罪的主体是一般主体，既可以是自然人，也可以是单位。

（3）本罪的主观方面是故意。

（4）本罪的客体是国家林业管理制度和国家、集体或公民的林木所有权。

（二）司法认定与刑事处罚

1. 司法认定

关于本罪的认定，主要应注意本罪与盗窃罪中盗窃树木（指在房前屋后等处零星种植的树木）行为的区别。由于本罪在侵犯国家林木管理制度的同时，也侵犯了林木的国家、集体或个人的所有权，这就使本罪与盗窃罪中盗窃树木的犯罪行为极为相似。但二者的区别在于：（1）侵犯的客体有所不同。本罪的犯罪客体虽然也包括国家、集体或他人的林木所有权，但主要是国家林业管理制度；而盗窃罪中盗窃树木的行为，侵犯的客体只是公私财产所有权。（2）成立犯罪的标准不同。本罪的成立须符合盗伐数量较大的要求；而盗窃罪中盗窃树木的犯罪，其成立标准是“数额较大”或“多次盗窃”。

2. 刑事处罚

根据刑法第345条第1款之规定，犯本罪的，处3年以下有期徒刑、拘役或者管制，并处或者单处罚金；数量巨大的，处3年以上7年以下有期徒刑，并处罚金；数量特别巨大的，处7年以上有期徒刑，并处罚金。根据该条第4款的规定，盗伐国家级自然保护区内的森林或者其他林木的，从重处罚。根据刑法第346条之规定，单位犯本罪的，对单位判处罚金，并对其直接负责的主管人员和其他直接责任人员，依照自然人犯本罪的规定处罚。

十五、滥伐林木罪

滥伐林木罪，是指违反森林法的规定，滥伐森林或者其他林木，数量较大的行为。本罪的构成要件如下：（1）本罪的客观方面表现为行为人实施了滥伐林木的行为。滥伐，是指违反森林法的规定，未经林业行政主管部门及法律规定的其他主管部门批准并核发林木采伐许可证，或者虽持有林木采伐许可证，但违反采伐许可证所规定的时间、数量、树种、方式，任意采伐本单位所有或本人所有的森林或者其他林木的；超过林木采伐许可证规定的数量采伐他人所有的森林或者其他林木的。此外，根据2023年8月13日公布的最高人民法院《关于审理破坏森林资源刑事案件适用法律若干问题的解释》第5条的规定，林木权属存在争议，一方未取得采伐许可证擅自砍伐的，以滥伐林木论处。本

---

① 参见2023年8月13日最高人民法院《关于审理破坏森林资源刑事案件适用法律若干问题的解释》第4条第1款、第2款以及第19条。

罪属于数额犯，只有滥伐林木数量较大的才构成本罪。根据前引解释第 6 条第 1 款、第 2 款的规定，滥伐森林或者其他林木，涉案林木具有下列情形之一的，应当认定为刑法第 345 条第 2 款规定的“数量较大”：1）立木蓄积 20 立方米以上的；2）幼树 1 000 株以上的；3）数量虽未分别达到第 1 项、第 2 项规定标准，但按相应比例折算合计达到有关标准的；4）价值 5 万元以上的。实施前款规定的行为，达到第 1 项至第 4 项规定标准 5 倍以上的，应当认定为刑法第 345 条第 2 款规定的“数量巨大”。（2）本罪的主体是一般主体，既可以是自然人，也可以是单位。（3）本罪的主观方面是故意。（4）本罪的客体是国家森林保护制度。

根据刑法第 345 条第 2 款之规定，犯本罪的，处 3 年以下有期徒刑、拘役或者管制，并处或者单处罚金；数量巨大的，处 3 年以上 7 年以下有期徒刑，并处罚金。根据该条第 4 款之规定，滥伐国家级自然保护区内的森林或者其他林木的，从重处罚。根据刑法第 346 条之规定，单位犯本罪的，对单位判处罚金，并对其直接负责的主管人员和其他直接责任人员，依照自然人犯本罪的规定处罚。

十六、非法收购、运输盗伐、滥伐的林木罪

非法收购、运输盗伐、滥伐的林木罪，是指非法收购、运输明知是盗伐、滥伐的林木，情节严重的行为。本罪的构成要件如下：（1）本罪的客观方面表现为行为人实施了非法收购、运输盗伐、滥伐的林木的行为。本罪属情节犯，只有情节严重的非法收购盗伐、滥伐的林木的行为，才构成本罪。“情节严重”是指：1）涉案林木立木蓄积 20 立方米以上的；2）涉案幼树 1 000 株以上的；3）涉案林木数量虽未分别达到第 1 项、第 2 项规定标准，但按相应比例折算合计达到有关标准的；4）涉案林木价值 5 万元以上的；5）其他情节严重的情形。[①]（2）本罪的主体是一般主体，既可以是自然人，也可以是单位。（3）本罪的主观方面是故意。行为人明知是盗伐、滥伐的林木而仍然收购、运输。“明知”，是指知道或者应当知道。具有下列情形之一的，可以视为应当知道，但是有证据证明确属被蒙骗的除外：在非法的木材交易场所或者销售单位收购木材的；收购以明显低于市场价格出售的木材的；收购违反规定出售的木材的。（4）本罪的客体是国家森林保护制度。

根据刑法第 345 条第 3 款之规定，犯本罪的，处 3 年以下有期徒刑、拘役或者管制，并处或者单处罚金；情节特别严重的，处 3 年以上 7 年以下有期徒刑，并处罚金。根据 2023 年 8 月 13 日公布的最高人民法院《关于审理破坏森林资源刑事案件适用法律若干问题的解释》第 8 条第 2 款的规定，实施前款规定的行为，达到第 1 项至第 4 项规定标准 5 倍以上或者具有其他特别严重情节的，应当认定为刑法第 345 条第 3 款规定的“情节特别严重”。根据刑法第 346 条之规定，单位犯本罪的，对单位判处罚金，并对其直接负责的主管人员和其他直接责任人员，依照自然人犯本罪的规定处罚。

---

① 参见 2023 年 8 月 13 日最高人民法院《关于审理破坏森林资源刑事案件适用法律若干问题的解释》第 8 条第 1 款。

第八节　走私、贩卖、运输、制造毒品罪

毒品犯罪具有极大的社会危害性，是世界各国重点打击的严重犯罪。在我国的现状是，国内贩毒分子在暴利驱动下疯狂实施毒品犯罪，同时日趋严重的国际毒品犯罪也对我国进行渗透。因此，当前和今后一个时期内我国打击毒品犯罪的形势十分严峻。依法严厉打击毒品犯罪是刻不容缓的任务。刑法分则第六章第七节规定了 12 个毒品犯罪。在讨论本节具体犯罪之前，应先了解本节犯罪的一些共性问题。

一、毒品的含义

根据刑法第 357 条第 1 款的规定，毒品是指鸦片、海洛因、甲基苯丙胺（冰毒）、吗啡、大麻、可卡因以及国家规定管制的其他能够使人形成瘾癖的麻醉药品和精神药品。由于麻醉药品、精神药品既具有医用性，又具有滥用可能性，而基于前者意义上的麻醉药品、精神药品是不具有社会危害性的，所以只有流入非法渠道的管制麻醉药品、精神药品才属于毒品。刑法、司法解释等没有规定的，可以参照《麻醉药品品种目录》《精神药品品种目录》中的毒品名称进行表述。① 对于含有两种以上毒品成分的混合型毒品，应当根据其主要毒品成分和具体形态认定毒品种类、确定名称。混合型毒品中含有海洛因、甲基苯丙胺的，一般应当以海洛因、甲基苯丙胺确定其毒品种类；不含海洛因、甲基苯丙胺，或者海洛因、甲基苯丙胺的含量极低的，可以根据其中定罪量刑数量标准较低且所占比例较大的毒品成分确定其毒品种类。混合型毒品成分复杂的，可以用括号注明其中所含的一至二种其他毒品成分。②

二、毒品的含量（即纯度）与数量

（1）毒品的含量。根据刑法第 357 条第 2 款的规定，毒品的数量以查证属实的走私、贩卖、运输、制造、非法持有毒品的数量计算，不以纯度折算。但理论界大多数观点认为，毒品纯度还是会影响毒品犯罪的量刑，应当将纯度作为量刑情节在法定刑幅度内加以考虑。有关司法文件③指出：鉴于大量掺假毒品和成分复杂的新类型毒品不断出现，为做到罪刑相当、罚当其罪，保证毒品案件的审判质量，并考虑目前毒品鉴定的条件和现状，对可能判处被告人死刑的毒品犯罪案件，应当根据最高人民法院、最高人民检察院、公安部 2007 年 12 月颁布的《办理毒品犯罪案件适用法律若干问题的意见》，作出毒品含

---

① 参见 2014 年 8 月 20 日最高人民法院、最高人民检察院、公安部《关于规范毒品名称表述若干问题的意见》第一部分第（一）项。

② 参见 2014 年 8 月 20 日最高人民法院、最高人民检察院、公安部《关于规范毒品名称表述若干问题的意见》第一部分第（二）项。

③ 参见 2008 年 12 月 1 日最高人民法院《全国部分法院审理毒品犯罪案件工作座谈会纪要》第五部分。

量鉴定；对涉案毒品可能大量掺假或者系成分复杂的新类型毒品的，亦应当作出毒品含量鉴定。对于含有两种以上毒品成分的毒品混合物，应进一步作成分鉴定，确定所含的不同毒品成分及比例。对于毒品中含有海洛因、甲基苯丙胺的，应以海洛因、甲基苯丙胺分别确定其毒品种类；不含海洛因、甲基苯丙胺的，应以其中毒性较大的毒品成分确定其毒品种类；如果毒性相当或者难以确定毒性大小的，以其中比例较大的毒品成分确定其毒品种类，并在量刑时综合考虑其他毒品成分、含量和全案所涉毒品数量。对于刑法、司法解释等已规定了量刑数量标准的毒品，按照刑法、司法解释等规定适用刑罚；对于刑法、司法解释等没有规定量刑数量标准的毒品，有条件折算为海洛因的，参照国家食品药品监督管理局制定的“非法药物折算表”，折算成海洛因的数量后适用刑罚。

（2）毒品的数量。毒品犯罪中涉及的毒品数量，对毒品犯罪的定罪，特别是量刑，具有重要影响。根据有关司法文件①规定，走私、贩卖、运输、制造、非法持有两种以上毒品的，可以将不同种类的毒品分别折算为海洛因的数量，以折算后累加的毒品总量作为量刑的根据。对于刑法、司法解释或者其他规范性文件明确规定了定罪量刑数量标准的毒品，应当按照该毒品与海洛因定罪量刑数量标准的比例进行折算后累加。对于刑法、司法解释及其他规范性文件没有规定定罪量刑数量标准，但“非法药物折算表”规定了与海洛因的折算比例的毒品，可以按照“非法药物折算表”折算为海洛因后进行累加。对于既未规定定罪量刑数量标准，又不具备折算条件的毒品，综合考虑其致瘾癖性、社会危害性、数量、纯度等因素依法量刑。在裁判文书中，应当客观表述涉案毒品的种类和数量，并综合认定为数量大、数量较大或者少量毒品等，不明确表述将不同种类毒品进行折算后累加的毒品总量。对于未查获实物的甲基苯丙胺片剂（俗称“麻古”等）、MDMA 片剂（俗称“摇头丸”）等混合型毒品②，可以根据在案证据证明的毒品粒数，参考本案或者本地区查获的同类毒品的平均重量计算出毒品数量。在裁判文书中，应当客观表述根据在案证据认定的毒品粒数。对于有吸毒情节的贩毒人员，一般应当按照其购买的毒品数量认定其贩卖毒品的数量，量刑时酌情考虑其吸食毒品的情节；购买的毒品数量无法查明的，按照能够证明的贩卖数量及查获的毒品数量认定其贩毒数量；确有证据证明其购买的部分毒品并非用于贩卖的，不应计入其贩毒数量。办理毒品犯罪案件，无论毒品纯度高低，一般均应将查证属实的毒品数量认定为毒品犯罪的数量，并据此确定适用的法定刑幅度，但司法解释另有规定或者为了隐蔽运输而临时改变毒品常规形态的除外。涉案毒品纯度明显低于同类毒品的正常纯度的，量刑时可以酌情考虑。制造毒品案件中，毒品成品、半成品的数量应当全部认定为制造毒品的数量，对于无法再加工出成品、半成品的废液、废料则不应计入制造毒品的数量。对于废液、废料的认定，可以根据其毒品成分的含量、外观形态，结合被告人对制毒过程的供述等证据进行分析判断，必要时可以听取鉴定机构的意见。

---

① 参见 2015 年 5 月 18 日最高人民法院《全国法院毒品犯罪审判工作座谈会纪要》第二部分第（三）项。

② 可参考 2006 年 8 月最高人民法院刑一庭《关于审理若干新型毒品案件定罪量刑的指导意见》来认定。

三、特情介入案件的处理问题[①]

所谓“特情”，是指公安部门、国家安全部门对执行特殊任务的秘密情报人员的通称。特情介入，则是指为了侦破有关案件，指派特情人员采取卧底（隐瞒身份打入内部）、伪装成其他人员或者采取利诱等措施来侦破案件。对于利用特情介入侦破的毒品案件，要区别不同情形予以分别处理。对已持有毒品待售或者有证据证明已准备实施大宗毒品犯罪者，采取特情贴靠、接洽而破获的案件，不存在犯罪引诱，应当依法处理。行为人本没有实施毒品犯罪的主观意图，而是在特情诱惑和促成下形成犯意，进而实施毒品犯罪的，属于“犯意引诱”。对因“犯意引诱”实施毒品犯罪的被告人，根据罪刑相适应原则，应当依法从轻处罚，无论涉案毒品数量多大，都不应判处死刑立即执行。行为人在特情既为其安排上线，又提供下线的双重引诱，即“双套引诱”下实施毒品犯罪的，处刑时可予以更大幅度的从宽处罚或者依法免予刑事处罚。行为人本来只有实施数量较小的毒品犯罪的故意，在特情引诱下实施了数量较大甚至达到实际掌握的死刑数量标准的毒品犯罪的，属于“数量引诱”。对因“数量引诱”实施毒品犯罪的被告人，应当依法从轻处罚，即使毒品数量超过实际掌握的死刑数量标准，一般也不判处死刑立即执行。对不能排除“犯意引诱”和“数量引诱”的案件，在考虑是否对被告人判处死刑立即执行时，要留有余地。对被告人受特情间接引诱实施毒品犯罪的，参照上述原则依法处理。

四、关于毒品再犯和累犯

刑法第356条规定：“因走私、贩卖、运输、制造、非法持有毒品罪被判过刑，又犯本节规定之罪的，从重处罚。”这条规定被称为“毒品再犯”。它的构成特点是：(1)前罪限制严格，必须是走私、贩卖、运输、制造、非法持有毒品罪，而且被判刑；(2)后罪限制较宽，只要是刑法分则第六章第七节规定之罪即可，没有刑种、刑期限制；(3)前后两罪之间没有时间限制。

当一种行为既符合毒品再犯的条件，也符合累犯条件的时候，即因走私、贩卖、运输、制造、非法持有毒品罪被判处有期徒刑以上刑罚的犯罪分子，刑罚执行完毕或者赦免以后，在5年以内再犯应当判处有期徒刑以上刑罚的毒品犯罪的，同时成立毒品再犯和累犯。根据刑法第356条规定，只要因走私、贩卖、运输、制造、非法持有毒品罪被判过刑，不论是在刑罚执行完毕后，还是在缓刑、假释或者暂予监外执行期间，又犯刑法分则第六章第七节规定的犯罪的，都是毒品再犯，应当从重处罚。因走私、贩卖、运输、制造、非法持有毒品罪被判刑的犯罪分子，在缓刑、假释或者暂予监外执行期间又犯刑法分则第六章第七节规定的犯罪的，应当在对其所犯新的毒品犯罪适用刑法第356条从重处罚的规定确定刑罚后，再依法数罪并罚。对同时构成累犯和毒品再犯的被告人，

① 参见2008年12月1日最高人民法院《全国部分法院审理毒品犯罪案件工作座谈会纪要》第(六)部分。

应当同时引用刑法关于累犯和毒品再犯的条款从重处罚。① 有关司法文件②指出：累犯、毒品再犯是法定从重处罚情节，即使本次毒品犯罪情节较轻，也要体现从严惩处的精神。尤其对于曾因实施严重暴力犯罪被判刑的累犯、刑满释放后短期内又实施毒品犯罪的再犯，以及在缓刑、假释、暂予监外执行期间又实施毒品犯罪的再犯，应当严格体现从重处罚。对于因同一毒品犯罪前科同时构成累犯和毒品再犯的被告人，在裁判文书中应当同时引用刑法关于累犯和毒品再犯的条款，但在量刑时不得重复予以从重处罚。对于因不同犯罪前科同时构成累犯和毒品再犯的被告人，量刑时的从重处罚幅度一般应大于前述情形。

五、毒品犯罪的死刑适用③

（1）司法政策上要切实贯彻宽严相济刑事政策。必须依法严惩毒枭、职业毒犯、再犯、累犯、惯犯、主犯等主观恶性深、人身危险性大、危害严重的毒品犯罪分子，以及具有将毒品走私入境，多次、大量或者向多人贩卖，诱使多人吸毒，武装掩护、暴力抗拒检查、拘留或者逮捕，或者参与有组织的国际贩毒活动等情节的毒品犯罪分子。对其中罪行极其严重依法应当判处死刑的，必须坚决依法判处死刑。

（2）毒品数量是毒品犯罪案件量刑的重要情节，但不是唯一情节。对被告人量刑时，特别是在考虑是否适用死刑时，应当综合考虑毒品数量、犯罪情节、危害后果、被告人的主观恶性、人身危险性以及当地禁毒形势等各种因素，做到区别对待。量刑既不能只片面考虑毒品数量，不考虑犯罪的其他情节，也不能只片面考虑其他情节，而忽视毒品数量。

（3）对虽然已达到实际掌握的判处死刑的毒品数量标准，但是具有法定、酌定从宽处罚情节的被告人，可以不判处死刑；反之，对毒品数量接近实际掌握的判处死刑的数量标准，但具有从重处罚情节的被告人，也可以判处死刑。毒品数量达到实际掌握的死刑数量标准，既有从重处罚情节，又有从宽处罚情节的，应当综合考虑各方面因素决定刑罚，判处死刑立即执行应当慎重。

（4）具有下列情形之一的，可以判处被告人死刑：1）具有毒品犯罪集团首要分子、武装掩护毒品犯罪、暴力抗拒检查、拘留或者逮捕、参与有组织的国际贩毒活动等严重情节的；2）毒品数量达到实际掌握的死刑数量标准，并具有毒品再犯、累犯，利用、教唆未成年人走私、贩卖、运输、制造毒品，或者向未成年人出售毒品等法定从重处罚情节的；3）毒品数量达到实际掌握的死刑数量标准，并具有多次走私、贩卖、运输、制造毒品，向多人贩毒，在毒品犯罪中诱使、容留多人吸毒，在戒毒监管场所贩毒，国家工作人员利用职务便利实施毒品犯罪，或者职业犯、惯犯、主犯等情节的；4）毒品数量达到实际掌握的死刑数量标准，并具有其他从重处罚情节的；5）毒品数量超过实际掌握的

① 参见 2008 年 12 月 1 日最高人民法院《全国部分法院审理毒品犯罪案件工作座谈会纪要》第八部分。

② 参见 2015 年 5 月 18 日最高人民法院《全国法院毒品犯罪审判工作座谈会纪要》第二部分第（六）项。

③ 参见 2008 年 12 月 1 日最高人民法院《全国部分法院审理毒品犯罪案件工作座谈会纪要》第二部分。

死刑数量标准，且没有法定、酌定从轻处罚情节的。

（5）毒品数量达到实际掌握的死刑数量标准，具有下列情形之一的，可以不判处被告人死刑立即执行：1）具有自首、立功等法定从宽处罚情节的；2）已查获的毒品数量未达到实际掌握的死刑数量标准，到案后坦白尚未被司法机关掌握的其他毒品犯罪，累计数量超过实际掌握的死刑数量标准的；3）经鉴定毒品含量极低，掺假之后的数量才达到实际掌握的死刑数量标准的，或者有证据表明可能大量掺假但因故不能鉴定的；4）因特情引诱毒品数量才达到实际掌握的死刑数量标准的；5）以贩养吸的被告人，被查获的毒品数量刚达到实际掌握的死刑数量标准的；6）毒品数量刚达到实际掌握的死刑数量标准，确属初次犯罪即被查获，未造成严重危害后果的；7）共同犯罪毒品数量刚达到实际掌握的死刑数量标准，但各共同犯罪人作用相当，或者责任大小难以区分的；8）家庭成员共同实施毒品犯罪，其中起主要作用的被告人已被判处死刑立即执行，其他被告人罪行相对较轻的；9）其他不是必须判处死刑立即执行的。

（6）在处理那些毒品、毒资等证据已不存在，导致审查证据和认定事实困难的毒品案件时，只有被告人的口供与同案其他被告人供述吻合，并且完全排除诱供、逼供、串供等情形，被告人的口供与同案被告人的供述才可以作为定案的证据。仅有被告人口供与同案被告人供述作为定案证据的，对被告人判处死刑立即执行要特别慎重。

2015 年 5 月 18 日最高人民法院《全国法院毒品犯罪审判工作座谈会纪要》第二部分第（四）项进一步补充阐明毒品犯罪死刑适用的有关问题：

（1）运输毒品犯罪的死刑适用。重点打击运输毒品犯罪集团首要分子，组织、指使、雇用他人运输毒品的主犯或者毒枭、职业毒犯、毒品再犯，以及具有武装掩护运输毒品、以运输毒品为业、多次运输毒品等严重情节的被告人，对其中依法应当判处死刑的，坚决依法判处。对于受人指使、雇用参与运输毒品的被告人，应当综合考虑毒品数量、犯罪次数、犯罪的主动性和独立性、在共同犯罪中的地位作用、获利程度和方式及其主观恶性、人身危险性等因素，予以区别对待，慎重适用死刑。对于有证据证明确属受人指使、雇用运输毒品，又系初犯、偶犯的被告人，即使毒品数量超过实际掌握的死刑数量标准，也可以不判处死刑；尤其对于其中被动参与犯罪，从属性、辅助性较强，获利程度较低的被告人，一般不应当判处死刑。对于不能排除受人指使、雇用初次运输毒品的被告人，毒品数量超过实际掌握的死刑数量标准，但尚不属数量巨大的，一般也可以不判处死刑。

一案中有多人受雇运输毒品的，在决定死刑适用时，除各被告人运输毒品的数量外，还应结合其具体犯罪情节、参与犯罪程度、与雇用者关系的紧密性及其主观恶性、人身危险性等因素综合考虑，同时判处二人以上死刑要特别慎重。

（2）毒品共同犯罪、上下家犯罪的死刑适用。毒品共同犯罪案件的死刑适用应当与该案的毒品数量、社会危害及被告人的犯罪情节、主观恶性、人身危险性相适应。涉案毒品数量刚超过实际掌握的死刑数量标准，依法应当适用死刑的，要尽量区分主犯间的罪责大小，一般只对其中罪责最大的一名主犯判处死刑；各共同犯罪人地位作用相当，或者罪责大小难以区分的，可以不判处被告人死刑；二名主犯的罪责均很突出，且均具有法定从重处罚情节的，也要尽可能比较其主观恶性、人身危险性方面的差异，判处二人死刑要特别慎重。涉案毒品数量达到巨大以上，二名以上主犯的罪责均很突出，或者罪责稍次的主犯具有法定、重大酌定从重处罚情节，判处二人以上死刑符合罪刑相适应原则，并有利于全案量刑平衡的，可以依法判处。对于部分共同犯罪人未到案的案件，在案被告人与未到案共同犯罪人均属罪行极其严重，即使共同犯罪人到案也不影响对在案被告人适用死刑的，可以依法判处在案被告人死刑；在案被告人的罪行不足以判处死刑，或者共同犯罪人归案后全案只宜判处其一人死刑的，不能因为共同犯罪人未到案而对在案被告人适用死刑；在案被告人与未到案共同犯罪人的罪责大小难以准确认定，进而影响准确适用死刑的，不应对在案被告人判处死刑。对于贩卖毒品案件中的上下家，要结合其贩毒数量、次数及对象范围，犯罪的主动性，对促成交易所发挥的作用，犯罪行为的危害后果等因素，综合考虑其主观恶性和人身危险性，慎重、稳妥地决定死刑适用。对于买卖同宗毒品的上下家，涉案毒品数量刚超过实际掌握的死刑数量标准的，一般不能同时判处死刑；上家主动联络销售毒品，积极促成毒品交易的，通常可以判处上家死刑；下家积极筹资，主动向上家约购毒品，对促成毒品交易起更大作用的，可以考虑判处下家死刑。涉案毒品数量达到巨大以上的，也要综合上述因素决定死刑适用，同时判处上下家死刑符合罪刑相适应原则，并有利于全案量刑平衡的，可以依法判处。一案中有多名共同犯罪人、上下家针对同宗毒品实施犯罪的，可以综合运用上述毒品共同犯罪、上下家犯罪的死刑适用原则予以处理。

（3）新类型、混合型毒品犯罪的死刑适用。甲基苯丙胺片剂（俗称“麻古”等）是以甲基苯丙胺为主要毒品成分的混合型毒品，其甲基苯丙胺含量相对较低，危害性亦有所不同。为体现罚当其罪，甲基苯丙胺片剂的死刑数量标准一般可以按照甲基苯丙胺（冰毒）的2倍左右掌握，具体可以根据当地的毒品犯罪形势和涉案毒品含量等因素确定。涉案毒品为氯胺酮（俗称“K粉”）的，结合毒品数量、犯罪性质、情节及危害后果等因素，对符合死刑适用条件的被告人可以依法判处死刑。综合考虑氯胺酮的致瘾癖性、滥用范围和危害性等因素，其死刑数量标准一般可以按照海洛因的10倍掌握。涉案毒品为其他滥用范围和危害性相对较小的新类型、混合型毒品的，一般不宜判处被告人死刑。但对于司法解释、规范性文件明确规定了定罪量刑数量标准，且涉案毒品数量特别巨大，社会危害大，不判处死刑难以体现罚当其罪的，必要时可以判处被告人死刑。

六、毒品案件的共同犯罪问题

毒品犯罪中，部分共同犯罪人未到案，如现有证据能够认定已到案被告人为共同犯罪，或者能够认定为主犯或者从犯的，应当依法认定。没有实施毒品犯罪的共同故意，仅在客观上为相互关联的毒品犯罪上下家，不构成共同犯罪，但为了诉讼便利可并案审理。[①] 此外，下列情形也构成有关毒品犯罪的共犯：居间介绍者受贩毒者委托，为其介绍联络购毒者的，与贩毒者构成贩卖毒品罪的共同犯罪；明知购毒者以贩卖为目的购买毒品，受委托为其介绍联络贩毒者的，与购毒者构成贩卖毒品罪的共同犯罪；受以吸食为

---

① 参见2008年12月1日最高人民法院《全国部分法院审理毒品犯罪案件工作座谈会纪要》第九部分。

目的的购毒者委托，为其介绍联络贩毒者，毒品数量达到刑法第348条规定的最低数量标准的，一般与购毒者构成非法持有毒品罪的共同犯罪；同时与贩毒者、购毒者共谋，联络促成双方交易的，通常认定与贩毒者构成贩卖毒品罪的共同犯罪。居间介绍者实施为毒品交易主体提供交易信息、介绍交易对象等帮助行为，对促成交易起次要、辅助作用的，应当认定为从犯；对于以居间介绍者的身份介入毒品交易，但在交易中超出居间介绍者的地位，对交易的发起和达成起重要作用的被告人，可以认定为主犯。①

七、主观明知的认定问题②

毒品犯罪中，判断被告人对涉案毒品是否明知，不能仅凭被告人供述，而应当依据被告人实施毒品犯罪行为的过程、方式、毒品被查获时的情形等证据，结合被告人的年龄、阅历、智力等情况，进行综合分析判断。

具有下列情形之一，被告人不能作出合理解释的，可以认定其“明知”是毒品，但有证据证明确属被蒙骗的除外：（1）执法人员在口岸、机场、车站、港口和其他检查站点检查时，要求行为人申报为他人携带的物品和其他疑似毒品物，并告知其法律责任，而行为人未如实申报，在其携带的物品中查获毒品的；（2）以伪报、藏匿、伪装等蒙蔽手段，逃避海关、边防等检查，在其携带、运输、邮寄的物品中查获毒品的；（3）执法人员检查时，有逃跑、丢弃携带物品或者逃避、抗拒检查等行为，在其携带或者丢弃的物品中查获毒品的；（4）体内或者贴身隐秘处藏匿毒品的；（5）为获取不同寻常的高额、不等值报酬为他人携带、运输物品，从中查获毒品的；（6）采用高度隐蔽的方式携带、运输物品，从中查获毒品的；（7）采用高度隐蔽的方式交接物品，明显违背合法物品惯常交接方式，从中查获毒品的；（8）行程路线故意绕开检查站点，在其携带、运输的物品中查获毒品的；（9）以虚假身份或者地址办理托运手续，在其托运的物品中查获毒品的；（10）有其他证据足以认定行为人应当知道的。

八、运输毒品罪的刑罚适用问题③

对于运输毒品犯罪，要注意重点打击指使、雇佣他人运输毒品的犯罪分子和接应、接货的毒品所有者、买家或者卖家。对于运输毒品犯罪集团首要分子，组织、指使、雇佣他人运输毒品的主犯或者毒枭、职业毒犯、毒品再犯，以及具有武装掩护、暴力抗拒检查、拘留或者逮捕、参与有组织的国际毒品犯罪、以运输毒品为业、多次运输毒品或者其他严重情节的，应当按照刑法、有关司法解释和司法实践实际掌握的数量标准，从严惩处……毒品犯罪中，单纯的运输毒品行为具有从属性、辅助性特点……作用和主观恶性相对较小，社会危害性也相对较小。因此，对于运输毒品犯罪中的这部分人员，在

---

① 参见2015年5月18日最高人民法院《全国法院毒品犯罪审判工作座谈会纪要》第二部分第（二）项。
② 参见2008年12月1日最高人民法院《全国部分法院审理毒品犯罪案件工作座谈会纪要》第十部分。
③ 参见2008年12月1日最高人民法院《全国部分法院审理毒品犯罪案件工作座谈会纪要》第三部分。

量刑标准的把握上，应当与走私、贩卖、制造毒品和前述具有严重情节的运输毒品犯罪分子有所区别，不应单纯以涉案毒品数量的大小决定刑罚适用的轻重。对有证据证明被告人确属受人指使、雇佣参与运输毒品犯罪，又系初犯、偶犯的，可以从轻处罚，即使毒品数量超过实际掌握的死刑数量标准，也可以不判处死刑立即执行。毒品数量超过实际掌握的死刑数量标准，不能证明被告人系受人指使、雇佣参与运输毒品犯罪的，可以依法判处重刑直至死刑。涉嫌为贩卖而自行运输毒品，由于认定贩卖毒品的证据不足，因而认定为运输毒品罪的，不同于单纯的受指使为他人运输毒品行为，其量刑标准应当与单纯的运输毒品行为有所区别。

九、制造毒品的认定与处罚问题[①]

制造毒品不仅包括非法用毒品原植物直接提炼和用化学方法加工、配制毒品的行为，也包括以改变毒品成分和效用为目的，用混合等物理方法加工、配制毒品的行为，如将甲基苯丙胺或者其他苯丙胺类毒品与其他毒品混合成麻古或者摇头丸。为便于隐蔽运输、销售、使用、欺骗购买者，或者为了增重，对毒品掺杂使假，添加或者去除其他非毒品物质，不属于制造毒品的行为。已经制成毒品，达到实际掌握的死刑数量标准的，可以判处死刑；数量特别巨大的，应当判处死刑。已经制造出粗制毒品或者半成品的，以制造毒品罪的既遂论处。购进制造毒品的设备和原材料，开始着手制造毒品，但尚未制造出粗制毒品或者半成品的，以制造毒品罪的未遂论处。

十、走私、贩卖、运输、制造毒品罪

（一）概念与构成

走私、贩卖、运输、制造毒品罪，是指违反国家毒品管理法规，走私、贩卖、运输、制造毒品的行为。

本罪的构成要件如下：

（1）本罪的客观方面表现为行为人实施了走私、贩卖、运输、制造毒品这四种行为之一。

1）走私的含义。“走私”是指明知是毒品而非法将其运输、携带、寄递进出国（边）境的行为。直接向走私人非法收购走私进口的毒品，或者在内海、领海、界河、界湖运输、收购、贩卖毒品的，以走私毒品罪立案追诉。

2）贩卖的含义。“贩卖”是指明知是毒品而非法销售或者以贩卖为目的而非法收买的行为。有证据证明行为人以牟利为目的，为他人代购仅用于吸食、注射的毒品，对代购者以贩卖毒品罪立案追诉。明知他人实施毒品犯罪而为其居间介绍、代购代卖的，无论是否牟利，都应以相关毒品犯罪的共犯立案追诉。不以牟利为目的，为他人代购仅用

① 参见 2008 年 12 月 1 日最高人民法院《全国部分法院审理毒品犯罪案件工作座谈会纪要》第四部分。

于吸食、注射的毒品，毒品数量达到非法持有毒品罪的立案标准的，对托购者和代购者以非法持有毒品罪立案追诉。

3）运输的含义。“运输”是指明知是毒品而采用携带、寄递、托运、利用他人或者使用交通工具等方法非法运送毒品的行为。关于运输的含义，理论界存在不同的表述，例如，有人认为，运输是指转运和输送，不论是自身携带或交运输部门承运，还是在国内各地之间运输或国内运往国外或国外运往国内，只要实施了运输行为即构成犯罪。有人认为，运输毒品是指行为人明知是毒品而为他人运送，包括利用飞机、火车、汽车、船只等交通工具或采用随身携带的方法将毒品从甲地运往乙地的运输行为。有人认为，运输是指采用携带、邮寄、利用他人或者使用交通工具等方法在我国领域内将毒品从此地转移到彼地。有人认为，运输是指自身或者利用他人携带，或者伪装后以合法形式交邮政、交通部门托运毒品的行为。此外还有种种不同表述，不再一一列举。

总结学界关于运输的讨论，有以下几个问题需要澄清：第一，运输行为是仅限于在国内还是既包括国内也包括运送到国外？我们认为，应当限于在国内，如果是跨国运输，那么行为实际上属于走私的范畴，不再定性为运输。第二，运输是否有距离的要求？有人认为只要行为人在我国境内通过自身携带、托人或雇人携带，以及将伪装后的毒品以合法形式交运输部门托运，不论距离远近，都构成本罪。相反观点认为，运输要求具有一定的距离性，距离较近的不构成运输。可能构成贩卖毒品的帮助犯或者转移毒品罪，或者非法持有毒品罪。我们认为，运输不必具有距离远近的要求。即使距离很近，符合运输条件的行为也应该定罪。第三，运输是否应当具有特殊目的？有人认为，只要主观上明知是毒品，客观上使毒品发生位移了就是运输。有的认为，运输在主观上不仅必须明知是毒品，而且必须具有特定的故意，即将毒品进行流通，否则不是运输。我们认可后一种观点。运输行为必须具有将毒品进行流通的目的，否则不构成运输毒品罪。例如，吸毒者为个人吸毒而携带毒品或驾驶交通工具从一个地点到另一个地点，虽然毒品在客观上发生了位移，但是这个行为不是运输毒品罪，吸毒者携带毒品数量较大的，可以构成非法持有毒品罪。又如，行为人为了逃避侦查，随身携带毒品或利用驾驶交通工具、邮寄等各种方式将毒品从一个地点位移到另一个地点，这种行为因为行为人主观上没有使毒品流通的目的，也不构成运输毒品罪，可以构成刑法第 349 条包含的转移毒品罪。由此看出，我们在给运输行为定性的时候，必须同时注意强调行为的主客观两个方面特征。如果只注意到该罪的基本客观行为是使毒品发生位移，而忽视主观方面的特征，就很难准确界定运输的含义，在实践中就难以区分运输毒品行为和其他与之客观行为特征相似的毒品犯罪行为。因为非法持有毒品、转移毒品的行为，在客观上都可能使毒品发生位移，它们与运输毒品的区别，实际上就在于行为当时的主观目的。

4）制造的含义。“制造”是指非法利用毒品原植物直接提炼或者用化学方法加工、配制毒品，或者以改变毒品成分和效用为目的，用混合等物理方法加工、配制毒品的行为。为了便于隐蔽运输、销售、使用、欺骗购买者，或者为了增重，对毒品掺杂使假，添加或者去除其他非毒品物质，不属于制造毒品的行为。为了制造毒品而采用生产、加工、提炼等方法非法制造易制毒化学品的，以制造毒品罪（预备）立案追诉。购进制造毒品的设备和原材料，开始着手制造毒品，尚未制造出毒品或者半成品的，以制造毒品罪（未遂）立案追诉。明知他人制造毒品而为其生产、加工、提炼、提供醋酸酐、乙醚、三氯甲烷等制毒物品的，以制造毒品罪的共犯立案追诉。

本罪为选择罪名，如果行为人实施了前述四种行为中的某一种或某几种，则根据具体实施之行为对其确定罪名。本罪为行为犯，走私、贩卖、运输或制造毒品，无论数量多少，都应以本罪追究刑事责任。此外，根据刑法第 350 条第 2 款，明知他人制造毒品而为其生产、买卖、运输用于制造毒品的原料、配剂的，以制造毒品罪的共犯论处。

（2）本罪的主体既可以是自然人，也可以是单位。刑法第 17 条第 2 款规定："已满十四周岁不满十六周岁的人，犯故意杀人、故意伤害致人重伤或者死亡、强奸、抢劫、贩卖毒品、放火、爆炸、投放危险物质罪的，应当负刑事责任。"根据本条的规定，对于已满 14 周岁未满 16 周岁的未成年人犯贩卖毒品罪的，应当负刑事责任。对于已满 14 周岁未满 16 周岁的未成年人犯走私、运输、制造毒品罪的，不负刑事责任。

（3）本罪的主观方面为故意，行为人必须明知行为对象是毒品。

走私、贩卖、运输毒品主观故意中的"明知"，是指行为人知道或者应当知道所实施的是走私、贩卖、运输毒品行为（参考前面共性问题中关于"明知"的认定）。制造毒品主观故意中的"明知"，是指行为人知道或者应当知道所实施的是制造毒品行为。有下列情形之一，结合行为人的供述和其他证据综合审查判断，可以认定其"应当知道"，但有证据证明确属被蒙骗的除外：1）购置了专门用于制造毒品的设备、工具、制毒物品或者配制方案的；2）为获取不同寻常的高额或者不等值的报酬为他人制造物品，经检验是毒品的；3）在偏远、隐蔽场所制造，或者采取对制造设备进行伪装等方式制造物品，经检验是毒品的；4）制造人员在执法人员检查时，有逃跑、抗拒检查等行为，在现场查获制造出的物品，经检验是毒品的；5）有其他证据足以证明行为人应当知道的。①

（4）本罪的客体是国家毒品管理制度，并且本罪中走私毒品的行为还侵犯了国家进出口管理制度。本罪的犯罪对象是毒品及用于制造毒品的原料、配剂。

（二）司法认定与刑事处罚

1. 司法认定

走私、贩卖、运输、制造毒品罪是十分复杂的犯罪。在司法实践中，处理本罪时主要应注意以下几点：

（1）本罪罪名确定问题。走私、贩卖、运输、制造毒品罪是选择性罪名，对同一宗毒品实施了两种以上犯罪行为，并有相应确凿证据的，应当按照所实施的犯罪行为的性质并列适用罪名，毒品数量不重复计算。对同一宗毒品可能实施了两种以上犯罪行为，但相应证据只能认定其中一种或者几种行为，认定其他行为的证据不够确实充分的，只按照依法能够认定的行为的性质适用罪名。对不同宗毒品分别实施了不同种犯罪行为的，应对不同行为并列适用罪名，累计计算毒品数量。

---

① 参见 2012 年 5 月 16 日最高人民检察院、公安部《关于公安机关管辖的刑事案件立案追诉标准的规定（三）》［以下简称《2012 立案追诉标准（三）》］第 1 条第 9 款。

（2）本罪的既遂与未遂。由于对本罪到底是结果犯还是行为犯存在争议，所以对本罪四种行为的既遂、未遂标准都存在争议。目前理论界对几种行为的既遂、未遂标准主要存在以下观点：

第一，对于走私毒品罪。有的学者认为走私毒品罪是行为犯，只要查明行为人有走私毒品行为的，就构成走私毒品罪的既遂。有的学者认为是结果犯。我们赞同行为犯的观点，但认为走私毒品罪存在既遂和未遂之分：走私毒品的方式具有多样性，走私毒品罪的既遂、未遂标准要根据不同情况加以认定。如果是通过正规海关关口走私的，毒品进入口岸就构成既遂，反之未遂；没有通过正规关口入境走私的，以毒品是否进入国界为既遂、未遂标准。

第二，对于贩卖毒品罪。有的学者认为贩卖毒品罪是行为犯，只要行为人开始实施贩卖毒品的行为，就具备贩卖毒品罪的全部构成要件，成立犯罪既遂。其中对“开始贩卖”又有不同理解：一种认为将毒品带入交易环节就足矣；另一种则认为以贩卖为目的的买入毒品即为既遂。有的学者认为贩卖毒品罪是结果犯。我们认为该罪是结果犯，其既遂包含以下几种情况：其一，因为贩卖毒品行为本身就包括贩与卖两种类型，所以实际卖出毒品和以卖出为目的实际买入了毒品的行为，构成既遂；其二，是否实际卖出和买入，判断标准是已经将毒品实际交付至对方的控制之中，如果买卖双方只是达成买卖协议而尚未实际交付毒品的，不属于犯罪既遂。我们不同意以毒品买卖契约的达成为标志作为实际买进、卖出的标准。贩卖毒品罪未遂的情形比较复杂，如贩毒分子为贩卖而购买毒品，毒品尚未到手就被查获的；对毒品着手实施贩卖但尚未卖出就被查获的；不知是假毒品而当作真毒品贩卖的；等等。

第三，关于运输毒品罪。有的学者认为运输毒品罪是行为犯，实施运输行为本身就是既遂。具体来说又有几种不同观点：一种观点认为只要起运或者将毒品交运输部门办理完托运或邮寄手续就构成既遂。另一种观点认为无论运输毒品采取何种形式，只要毒品已经在运输途中就构成既遂，但是如果刚起运或托运而因故被阻止的，只能构成未遂。还有观点认为运输毒品罪是结果犯，认为运输毒品必须到达目的地才构成既遂，刚起运或托运，或在运输途中尚没有到达目的地的，均为未遂。我们赞同第二种观点。

第四，关于制造毒品罪。有的学者认为制造毒品罪是行为犯，行为人只要开始实施制造毒品的行为就构成既遂。有的学者认为制造毒品罪是结果犯，毒品制造出成品的，才构成既遂。我们赞同后一种观点。

（3）关于本罪的共同犯罪问题。二人以上共同故意实施走私、贩卖、运输、制造毒品等犯罪行为的，是共同犯罪。在毒品共同犯罪中，首先要正确区分主犯和从犯。在共同犯罪中起意贩毒、为主出资、毒品持有者以及其他起主要作用的是主犯；在共同犯罪中起次要或者辅助作用的是从犯。对于确有证据证明在共同犯罪中起次要或者辅助作用的，不能因为其他共同犯罪人未归案而不认定为从犯，甚至将其认定为主犯或按主犯处罚。只要认定了从犯，无论主犯是否到案，均应依照并援引刑法关于从犯的规定从轻、减轻或者免除处罚。其次要正确认定共同犯罪案件中主犯和从犯的毒品犯罪数量。对于毒品犯罪集团的首要分子，应按集团毒品犯罪的总数量处罚；对一般共同犯罪的主犯，应当按其组织、指挥的毒品犯罪数量处罚；对于从犯，应当按其个人直接参与实施的毒品犯罪数量处罚。最后要根据行为人在共同犯罪中作用和罪责的大小确定刑罚。不同案件不能简单地类比，这一案件的从犯参与毒品犯罪的数量可能比另一案件的主犯参与毒品犯罪的数量大，但对这一案件从犯的处罚不是必然重于另一案件的主犯。共同犯罪中能分清主从犯的，不能因为涉案的毒品数量特别巨大，就一律将被告人认定为主犯并判处重刑甚至死刑。受雇于他人实施毒品犯罪的，应根据其在犯罪中的作用具体认定为主犯或从犯。受他人指使实施毒品犯罪并在犯罪中起次要作用的，一般应认定为从犯。

除按一般共同犯罪的理论解决本罪的共犯问题以外，还应注意两种特殊情况：其一，根据刑法第 349 条第 3 款之规定，犯包庇毒品犯罪分子罪与窝藏、转移、隐瞒毒品、毒赃罪而事先通谋的，以走私、贩卖、运输、制造毒品罪的共犯论处；其二，根据刑法第 350 条第 2 款之规定，明知他人制造毒品而为其生产、买卖、运输制造毒品的原料、配剂的，对行为人应以制造毒品罪的共犯论处。

（4）实践中常见的其他疑难问题。

第一，对吸毒者的处理。依照刑法规定，仅仅吸食毒品不构成犯罪。对于吸毒者实施的行为，在认定犯罪事实和确定罪名上一定要慎重。吸毒者在购买、运输、存储毒品过程中被抓获的，如没有证据证明被告人实施了其他毒品犯罪行为的，不应定罪处罚，但查获的毒品数量大的，应当以非法持有毒品罪定罪；毒品数量未超过刑法第 348 条规定的数量最低标准的，不定罪处罚。对于以贩养吸的被告人，毒品数量应该如何认定？有观点认为贩卖部分应当认定贩卖毒品罪，吸食部分不应计入贩卖毒品的数量之内；另有观点认为如果在查获时行为人已将毒品贩卖了一部分，还留下一部分自己吸食，对留下的这部分仍应计入贩卖毒品的数量之内。相关司法文件①认为，被查获的毒品数量应认定为其犯罪的数量，但量刑时应考虑被告人吸食毒品的情节。

第二，关于居间介绍买卖毒品行为的定性。在毒品买卖双方之间介绍，促成毒品交易的居间介绍行为，实质上是贩卖毒品的帮助行为，应以贩卖毒品罪的共犯论处。

第三，代买毒品行为的定性。如果有证据证明行为人不是以营利为目的，为他人代买仅用于吸食的毒品，毒品数量超过刑法第 348 条规定的数量最低标准，构成犯罪的，托购者、代购者均构成非法持有毒品罪，不能定性为贩卖毒品罪。

第四，贩卖假毒品行为的认定。

其一，明知是假毒品的。如果行为人制造假毒品出售，或者明知不是毒品而假冒毒品卖给他人的，是定本罪还是定诈骗罪？这是一个值得注意的问题。我们认为，从行为人的主客观情况来分析，此种情况下行为人只是利用假毒品骗取他人钱财，故更符合诈骗行为的特征。如果行为人售卖假毒品骗得了数额较大的钱财，应对其以诈骗罪论处。

其二，将假毒品误认为真毒品贩卖牟利行为的认定。对此应以刑法上的认识错误理论来解决。此种情况下行为人主观上具有犯本罪的故意，客观上实施了贩卖行为，仅仅因为发生了错误认识而卖出了假毒品，所以，对其仍应以贩卖毒品罪（未遂）论处。

2. 刑事处罚

对本罪的刑事处罚分以下几种情况：

---

① 参见 2008 年 12 月 1 日最高人民法院《全国部分法院审理毒品犯罪案件工作座谈会纪要》第一部分。

（1）根据刑法第347条第2款之规定，犯本罪而有下列情形之一的，处15年有期徒刑、无期徒刑或者死刑，并处没收财产：第一，走私、贩卖、运输、制造鸦片1千克以上、海洛因或者甲基苯丙胺50克以上或者其他毒品数量大的。根据相关司法解释①，“其他毒品数量大”是指：可卡因50克以上；3，4—亚甲二氧基甲基苯丙胺（MDMA）等苯丙胺类毒品（甲基苯丙胺除外）、吗啡100克以上；芬太尼125克以上；甲卡西酮200克以上；二氢埃托啡10毫克以上；哌替啶（度冷丁）250克以上；氯胺酮500克以上；美沙酮1千克以上；曲马多、γ—羟丁酸2千克以上；大麻油5千克、大麻脂10千克、大麻叶及大麻烟150千克以上；可待因、丁丙诺啡5千克以上；三唑仑、安眠酮50千克以上；阿普唑仑、恰特草100千克以上；咖啡因、罂粟壳200千克以上；巴比妥、苯巴比妥、安钠咖、尼美西泮250千克以上；氯氮卓、艾司唑仑、地西泮、溴西泮500千克以上；上述毒品以外的其他毒品数量大的。根据2007年相关司法解释②，走私、贩卖、运输、制造、非法持有下列毒品，“其他毒品数量大”是指：二亚甲基双氧安非他明（MDMA）等苯丙胺类毒品（甲基苯丙胺除外）100克以上；氯胺酮、美沙酮1千克以上；三唑仑、安眠酮50千克以上；氯氮卓、艾司唑仑、地西泮、溴西泮500千克以上；上述毒品以外的其他毒品数量大的。第二，走私、贩卖、运输、制造毒品集团的首要分子。第三，武装掩护走私、贩卖、运输、制造毒品的。第四，以暴力抗拒检查、拘留、逮捕，情节严重的。第五，参与有组织的国际贩毒活动的。

（2）根据刑法第347条第3款之规定，走私、贩卖、运输、制造鸦片200克以上不满1千克、海洛因或者甲基苯丙胺10克以上不满50克或者其他毒品数量较大的，处7年以上有期徒刑，并处罚金。根据司法解释③，“其他毒品数量较大”是指：可卡因10克以上不满50克；3，4—亚甲二氧基甲基苯丙胺（MDMA）等苯丙胺类毒品（甲基苯丙胺除外）、吗啡20克以上不满100克；芬太尼25克以上不满125克；甲卡西酮40克以上不满200克；二氢埃托啡2毫克以上不满10毫克；哌替啶（度冷丁）50克以上不满250克；氯胺酮100克以上不满500克；美沙酮200克以上不满1千克；曲马多、γ—羟丁酸400克以上不满2千克；大麻油1千克以上不满5千克、大麻脂2千克以上不满10千克、大麻叶及大麻烟30千克以上不满150千克；可待因、丁丙诺啡1千克以上不满5千克；三唑仑、安眠酮10千克以上不满50千克；阿普唑仑、恰特草20千克以上不满100千克；咖啡因、罂粟壳40千克以上不满200千克；巴比妥、苯巴比妥、安钠咖、尼美西泮50千克以上不满250千克；氯氮卓、艾司唑仑、地西泮、溴西泮100千克以上不满500千克；上述毒品以外的其他毒品数量较大的。根据2007年12月18日最高人民法院、最高人民检察院、公安部《办理毒品犯罪案件适用法律若干问题的意见》，走私、贩卖、运输、制造下列毒品，应当认定“其他毒品数量较大”：二亚甲基双氧安非他明（MDMA）等苯丙胺类毒品（甲基苯丙胺除外）20克以上不满100克的；氯胺酮、美沙酮200克以上不满1千克的；三唑仑、安眠酮10千克以上不满50千克的；氯氮卓、艾

① 参见2016年4月6日最高人民法院《关于审理毒品犯罪案件适用法律若干问题的解释》第1条。

② 参见2007年12月18日最高人民法院、最高人民检察院、公安部《办理毒品犯罪案件适用法律若干问题的意见》第三部分第（一）项。

③ 参见2016年4月6日最高人民法院《关于审理毒品犯罪案件适用法律若干问题的解释》第2条。

司唑仑、地西泮、溴西泮 100 千克以上不满 500 千克的；上述毒品以外的其他毒品数量较大的。

（3）根据刑法第 347 条第 4 款之规定，走私、贩卖、运输、制造鸦片不满 200 克、海洛因或者甲基苯丙胺不满 10 克或者其他少量毒品的，处 3 年以下有期徒刑、拘役或者管制，并处罚金；情节严重的，处 3 年以上 7 年以下有期徒刑，并处罚金。根据 2007 年相关司法解释①，"其他少量毒品"是指：二亚甲基双氧安非他明（MDMA）等苯丙胺类毒品（甲基苯丙胺除外）不满 20 克的；氯胺酮、美沙酮不满 200 克的；三唑仑、安眠酮不满 10 千克的；氯氮卓、艾司唑仑、地西泮、溴西泮不满 100 千克的；上述毒品以外的其他少量毒品的。根据 2016 年 4 月 6 日最高人民法院《关于审理毒品犯罪案件适用法律若干问题的解释》第 4 条的规定，"情节严重"是指具有下列情形之一的：向多人贩卖毒品或者多次走私、贩卖、运输、制造毒品的；在戒毒场所、监管场所贩卖毒品的；向在校学生贩卖毒品的；组织、利用残疾人、严重疾病患者、怀孕或者正在哺乳自己婴儿的妇女走私、贩卖、运输、制造毒品的；国家工作人员走私、贩卖、运输、制造毒品的；其他情节严重的情形。

（4）根据刑法第 347 条第 5 款之规定，单位犯本罪的，对单位判处罚金，并对其直接负责的主管人员和其他直接责任人员，依照自然人犯本罪的规定处罚。

（5）根据刑法第 347 条第 6 款之规定，利用、教唆未成年人走私、贩卖、运输、制造毒品，或者向未成年人出售毒品的，从重处罚。

（6）根据刑法第 350 条第 2 款之规定，明知他人制造毒品而为其生产、买卖、运输前款规定的物品的，以制造毒品罪的共犯论处，单位亦同。

（7）根据刑法第 356 条之规定，因犯本罪和非法持有毒品罪被判过刑，又犯本罪的，从重处罚。

十一、非法持有毒品罪

（一）概念与构成

非法持有毒品罪，是指违反国家毒品管理法规，非法持有毒品且数量较大的行为。

本罪的构成要件如下：

（1）本罪的客观方面表现为行为人实施了非法持有毒品的行为。

1）"非法"。非法是指行为人违反了《药品管理法》《麻醉药品和精神药品管理条例》等有关禁止个人持有毒品的规定，未经主管部门批准或许可而持有。

2）"持有"。"持有"是一种区别于一般作为和不作为的特殊行为类型。持有型犯罪是以持有特定物品或财产的不法状态为基本构成要素的犯罪。对毒品犯罪而言，行为人不会没有任何理由而持有毒品，可能是因走私、制造、贩卖、运输、窝藏毒品等毒品犯罪行为而持有毒品，只有特殊情况下才会因为非其他犯罪行为而持有毒品，如捡到毒品后持有、

① 参见 2007 年 12 月 18 日最高人民法院、最高人民检察院、公安部《办理毒品犯罪案件适用法律若干问题的意见》。

为吸食而购买毒品并持有等。立法者考虑到实践中直接证明持有状态的先行犯罪或者后续犯罪存在一定的困难，所以增设持有型犯罪使公诉机关无须证明毒品的来源或去向，只要证明具有“持有”毒品的行为就构成犯罪。可见立法上规定持有毒品罪，主要是为了在公诉机关难以证明毒品的来源或去向的情况下设置一个堵截条款。换句话说，非法持有毒品罪必须是在没有证据证明持有行为以进行其他毒品犯罪为目的或没有证据证明持有行为是其他毒品犯罪的后续行为的前提下才能认定，即只有在不能把毒品持有人的行为认定为走私、贩卖、运输、制造毒品等其他毒品犯罪的情况下，才能认定为非法持有毒品罪。如果能够证明持有毒品的原因或目的是其他毒品犯罪，那么持有毒品的行为就应该包含在那个毒品犯罪之中，作为其自然附随产生的行为存在，没有单独存在和定罪的余地。

对持有的含义，应作广义理解，既可以是暗藏于自己家中，也可以是委托他人代为收藏；既可以是随身携带，也可以是置于车船之内。只要是处于行为人可以控制和自由支配的范围内，无论毒品放置的地点和方式如何，都可以理解为持有。

3）数量较大。本罪属于数额犯，即非法持有的毒品必须达到法定数量，才构成本罪。“法定数量”，是指非法持有鸦片 200 克以上、海洛因或者甲基苯丙胺 10 克以上或者其他毒品数量较大的情况。其他毒品数量大或者数量较大的标准，参照《2012 立案追诉标准（三）》的标准来掌握。①

（2）本罪的主体是一般主体，即具有刑事责任能力、年满 16 周岁的自然人。已满 14 周岁未满 16 周岁的未成年人不是本罪的犯罪主体。

（3）本罪的犯罪主观方面是故意，过失不构成犯罪。行为人对其持有毒品的明知，并不要求明知毒品的具体名称、准确的数量、含量的高低及实际价值等，只要明知是毒品即可。

（4）本罪的客体是单一客体，即国家毒品管理制度。鉴于鸦片、海洛因、甲基苯丙胺等毒品具有的强烈成瘾性和巨大毒害性，国家建立了一套严格的管理制度，个人是被严禁非法持有毒品的，非法持有即构成对国家毒品管制的侵害。非法持有毒品行为，由于毒品尚未实际使用，毒品危害尚未在吸毒人身上得以体现，所以该犯罪行为还未直接侵犯他人身心健康。

（二）司法认定与刑事处罚

1. 司法认定

（1）本罪与走私、贩卖、运输、制造毒品罪的区别。实施走私、贩卖、运输、制造

---

① 该规定第 2 条规定：明知是毒品而非法持有，涉嫌下列情形之一的，应予立案追诉：（1）鸦片 200 克以上、海洛因、可卡因或者甲基苯丙胺 10 克以上；（2）二亚甲基双氧安非他明（MDMA）等苯丙胺类毒品（甲基苯丙胺除外）、吗啡 20 克以上；（3）度冷丁（杜冷丁）50 克以上（针剂 100mg/支规格的 500 支以上，50mg/支规格的 1 000 支以上；片剂 25mg/片规格的 2 000 片以上，50mg/片规格的 1 000 片以上）；（4）盐酸二氢埃托啡 2 毫克以上（针剂或者片剂 20mg/支、片规格的 100 支、片以上）；（5）氯胺酮、美沙酮 200 克以上；（6）三唑仑、安眠酮 10 千克以上；（7）咖啡因 50 千克以上；（8）氯氮卓、艾司唑仑、地西泮、溴西泮 100 千克以上；（9）大麻油 1 千克以上，大麻脂 2 千克以上，大麻叶及大麻烟 30 千克以上；（10）罂粟壳 50 千克以上；（11）上述毒品以外的其他毒品数量较大的。非法持有两种以上毒品，每种毒品均没有达到本条第 1 款规定的数量标准，但按前款规定的立案追诉数量比例折算成海洛因后累计相加达到 10 克以上的，应予立案追诉。本条规定的“非法持有”，是指违反国家法律和国家主管部门的规定，占有、携带、藏有或者以其他方式持有毒品。非法持有毒品主观故意中的“明知”，依照本规定第 1 条第 8 款的有关规定予以认定。还可参见 2016 年 4 月 6 日最高人民法院《关于审理毒品犯罪案件适用法律若干问题的解释》第 1 条和第 2 条的规定。

毒品的犯罪行为，一般都会持有毒品一段时间。这就使其与本罪具有了相似之处。但二者的显著区别在于：其一，客观表现不同。本罪的行为特点是各种形式的“持有”；而走私、贩卖、运输、制造毒品罪的行为方式限于“走私、贩卖、运输、制造”四种。走私、贩卖、运输、制造毒品的过程中行为人“持有”毒品的行为被主行为——“走私、贩卖、运输、制造”毒品的行为所吸收，不能独立成罪。应注意，不以牟利为目的，为他人代购仅用于吸食、注射的毒品不应理解为贩卖毒品，毒品数量达到非法持有毒品罪的立案标准的，对托购者和代购者以非法持有毒品罪立案追诉。其二，成立犯罪的标准不同。本罪属于数额犯，须行为人持有法定数量的毒品才构成犯罪；而走私、贩卖、运输、制造毒品罪则是只要行为人实施了走私、贩卖、运输、制造毒品的行为之一，不论数量多少，便足以成立犯罪。

（2）持有假毒品的行为认定。如果行为人误将假毒品当作真毒品而持有，是否能以本罪认定？对此种行为是否作为犯罪处理，涉及刑法认识错误理论中关于对象不能犯的场合是否作为犯罪处理的问题。我国多数学者认为，此种情况下行为人主观上具有犯罪的故意，客观上实施了持有毒品的行为，这属于事实上的认识错误，不应影响本罪的成立，但应以实行终了的未遂处罚。

2. 刑事处罚

根据刑法第 348 条之规定，犯本罪的，处 3 年以下有期徒刑、拘役或者管制，并处罚金；情节严重的，处 3 年以上 7 年以下有期徒刑，并处罚金。所谓“情节严重”，是指下列情形之一：（1）在戒毒场所、监管场所非法持有毒品的；（2）利用、教唆未成年人非法持有毒品的；（3）国家工作人员非法持有毒品的；（4）其他情节严重的情形。[①] 非法持有鸦片 1 千克以上、海洛因或者甲基苯丙胺 50 克以上或者其他毒品数量大的，处 7 年以上有期徒刑或者无期徒刑，并处罚金。根据刑法第 356 条的规定，因走私、贩卖、运输、制造、非法持有毒品罪被判过刑，又犯本罪的，从重处罚。

十二、包庇毒品犯罪分子罪

（一）概念与构成

包庇毒品犯罪分子罪，是指明知是走私、贩卖、运输、制造毒品的犯罪分子而包庇的行为。

本罪的构成要件如下：

（1）本罪的客观方面表现为行为人实施了包庇走私、贩卖、运输、制造毒品的犯罪分子的行为。包庇，是指明知是走私、贩卖、运输、制造毒品的犯罪分子，为其掩盖罪行向司法机关作虚假证明，从而使其逃避法律制裁，具体行为包括：1）作虚假证明，帮助掩盖罪行；2）帮助隐藏、转移或者毁灭证据；3）帮助取得虚假身份或者身份证件；4）以其他方式包庇犯罪分子。实施上述行为，事先通谋的，以走私、贩卖、运输、制造

---

① 参见 2016 年 4 月 6 日最高人民法院《关于审理毒品犯罪案件适用法律若干问题的解释》。

毒品罪的共犯论。[①] 本罪行为人包庇的对象，限于走私、贩卖、运输、制造毒品的犯罪分子。如果包庇其他毒品犯罪分子，不构成本罪。

（2）本罪的主体是一般主体，即年满 16 周岁、具有刑事责任能力的自然人。

（3）本罪的主观方面是故意，过失不构成本罪。

（4）本罪的客体是国家司法机关同毒品犯罪作斗争的正常活动。

（二）司法认定与刑事处罚

1. 司法认定

（1）本罪与包庇罪。行为人明知是走私、贩卖、运输、制造毒品的犯罪分子而包庇的行为，既符合包庇毒品犯罪分子罪的构成，又符合刑法第 310 条规定的包庇罪的犯罪构成。此时刑法第 349 条与第 310 条形成特殊法与一般法的竞合，依照特殊法优于一般法的原则，以包庇毒品犯罪分子罪论处。

（2）窝藏毒品犯罪分子行为的定性。刑法规定了行为人明知是走私、贩卖、运输、制造毒品的犯罪分子而包庇的行为，构成包庇毒品犯罪分子罪，但是没有规定行为人明知是走私、贩卖、运输、制造毒品的犯罪分子而窝藏的行为如何定性。对此行为能否认定为包庇毒品犯罪分子罪？如何对此行为定性关系到对包庇毒品犯罪分子罪中的"包庇"的解释。能否将此处的"包庇"扩大解释为包括"窝藏"行为在内？有人认为包庇毒品犯罪分子罪中的"包庇"行为应包括窝藏行为，我们不赞同此种观点。刑法第 310 条明确将"包庇"与"窝藏"并列，证明这两种行为是互不隶属的。所谓"窝藏"行为针对的是犯罪分子本人，是指为犯罪分子提供藏身处所，使之不被司法机关发现，或者为犯罪分子提供资金、衣物、食品、交通工具、指引方向等帮助使之逃避搜捕的行为。所谓"包庇"是"作假证明包庇"，针对的是证据，是指向司法机关作虚假证明使犯罪分子不被发现、追诉的行为，表现为虚构事实、出示虚假证明等。"包庇"和"窝藏"的含义是有区别的，不能进行没有根据的类推。

窝藏走私、贩卖、运输、制造毒品的犯罪分子的行为完全符合窝藏罪的构成要件，可以按照刑法第 310 条规定的窝藏罪论处，窝藏罪与包庇毒品犯罪分子罪的法定刑是完全一样的，这样处理也不会出现法定刑过轻或过重的情况。

2. 刑事处罚

根据刑法第 349 条第 1 款之规定，犯本罪的，处 3 年以下有期徒刑、拘役或者管制；情节严重的，处 3 年以上 10 年以下有期徒刑。所谓"情节严重"，是指下列情形之一：（1）被包庇的犯罪分子依法应当判处 15 年有期徒刑以上刑罚的；（2）包庇多名或者多次包庇走私、贩卖、运输、制造毒品的犯罪分子的；（3）严重妨害司法机关对被包庇的犯罪分子实施的毒品犯罪进行追究的；（4）其他情节严重的情形。

为走私、贩卖、运输、制造毒品的犯罪分子窝藏、转移、隐瞒毒品或者毒品犯罪所得的财物，具有下列情形之一的，应当认定为刑法第 349 条第 1 款规定的"情节严重"：（1）为犯罪分子窝藏、转移、隐瞒毒品达到刑法第 347 条第 2 款第 1 项或者本解释第 1

① 参见《2012 立案追诉标准（三）》第 3 条、第 4 条。

条第 1 款规定的“数量大”标准的；（2）为犯罪分子窝藏、转移、隐瞒毒品犯罪所得的财物价值达到 5 万元以上的；（3）为多人或者多次为他人窝藏、转移、隐瞒毒品或者毒品犯罪所得的财物的；（4）严重妨害司法机关对该犯罪分子实施的毒品犯罪进行追究的；（5）其他情节严重的情形。[①]

根据刑法第 349 条第 2 款、第 3 款之规定，缉毒人员或者其他国家机关工作人员掩护、包庇走私、贩卖、运输、制造毒品的犯罪分子的，依照本罪的规定从重处罚；犯本罪事先通谋的，以走私、贩卖、运输、制造毒品罪的共犯论处。根据刑法第 356 条之规定，因走私、贩卖、运输、制造、非法持有毒品罪被判过刑，又犯本罪的，从重处罚。

十三、窝藏、转移、隐瞒毒品、毒赃罪

（一）概念与构成

窝藏、转移、隐瞒毒品、毒赃罪，是指明知是走私、贩卖、运输、制造毒品的犯罪分子的毒品或毒赃，而予以窝藏、转移、隐瞒的行为。

本罪的构成要件如下：

（1）本罪的客观方面表现为行为人实施了为走私、贩卖、运输、制造毒品的犯罪分子窝藏、转移、隐瞒毒品、毒赃的行为。帮助窝藏、转移、隐瞒的必须限于走私、贩卖、运输、制造毒品的犯罪分子，不包括其他毒品犯罪的犯罪分子。所谓毒赃，是指毒品犯罪分子通过走私、贩卖、运输、制造毒品所获得的钱或物。

（2）本罪的主体是一般主体，即年满 16 周岁、具有刑事责任能力的自然人。

（3）本罪的主观方面是故意，行为人明知是走私、贩卖、运输、制造毒品的犯罪分子的毒品、毒赃而故意予以窝藏、转移、隐瞒。过失不成立本罪。

（4）本罪的客体是国家司法机关同毒品犯罪作斗争的正常活动。毒品、毒赃是毒品犯罪的重要证据，查获毒品、毒赃是国家打击毒品犯罪的重要步骤，对走私、贩卖、运输、制造毒品的犯罪分子的毒品或毒赃予以窝藏、转移、隐瞒的行为，会妨害国家打击毒品犯罪的司法活动。所以本罪侵犯了国家司法机关同毒品犯罪作斗争的正常活动。

（二）司法认定与刑事处罚

1. 司法认定

（1）转移毒品罪与运输毒品罪如何区别？

转移毒品罪的最高法定刑只有 10 年有期徒刑，运输毒品罪的最高法定刑为死刑，二者相差悬殊，实践中必须严格区分“运输毒品罪”与“转移毒品罪”。有人认为应当以地理位置远近来划分两罪界限，认为转移是指对毒品进行短距离的位移，必须受到“一定距离的限制”。如果行为人的转移超过一定范围就可能超出转移毒品罪的范围而构成运输毒品罪。

① 参见 2016 年 4 月 6 日最高人民法院《关于审理毒品犯罪案件适用法律若干问题的解释》。

我们认为，以距离作为区分运输毒品罪与转移毒品罪的标准，没有抓住问题的本质。我们认为，毒品最终能够产生社会危害性在于将毒品广泛流通到社会上，使得民众身心健康受害，所以毒品流通性越强的行为危害性越重，毒品流通性越弱的行为危害性相对越轻。既然运输和转移都会使毒品发生位移，为什么法律规定运输毒品罪的法定刑会比转移毒品的法定刑重很多？就是因为运输行为使毒品能够得以进一步流通，而转移行为不能够使毒品进一步流通，只是在客观上妨害了司法机关的查处活动。所以，区别运输与转移应以行为人使毒品发生位移的目的和毒品是否进一步流通作为区别标准。“运输”的目的是便于毒品直接流通，不是逃避制裁。运输客观上使毒品流向下一个控制人，无论这个控制人是贩毒者还是吸毒者，这种行为都造成了毒品在社会上进一步流通。“转移”的目的不是直接使毒品流通，而是帮助毒品罪犯逃避法律制裁。转移行为可能是行为人本人随身带着毒品转移，这种情况客观上不发生毒品向社会流通的问题；转移行为也可能是将毒品从前一个人手中转交到后一个人手中，使后者代为保管毒品，前者暂时没有持有毒品但是具有对毒品控制处理的权力，后者实际上持有毒品但是对毒品缺乏实际控制权，不能处置毒品，所以也不发生毒品进一步流通到社会上的问题，这种行为的性质就是转移。两种情况如果发生竞合，按照想象竞合犯处理。

（2）共同犯罪问题。根据刑法第 349 条第 3 款之规定，犯本罪事先通谋的，以走私、贩卖、运输、制造毒品罪的共犯论处。《2012 立案追诉标准（三）》第 3 条、第 4 条重申了这一原则：实施窝藏、转移、隐瞒毒品、毒赃行为，事先通谋的，以走私、贩卖、运输、制造毒品罪的共犯论。

2. 刑事处罚

根据刑法第 349 条之规定，犯本罪的，处 3 年以下有期徒刑、拘役或者管制；情节严重的，处 3 年以上 10 年以下有期徒刑。这里“情节严重”的含义与前罪的相同。根据刑法第 356 条之规定，因走私、贩卖、运输、制造、非法持有毒品罪被判过刑，又犯本罪的，从重处罚。

十四、非法生产、买卖、运输制毒物品、走私制毒物品罪

（一）概念与构成

非法生产、买卖、运输制毒物品、走私制毒物品罪，是指违反国家规定，非法生产、买卖、运输醋酸酐、乙醚、三氯甲烷或者其他用于制造毒品的原料、配剂，或者携带上述物品进出境，情节较重的行为。

本罪的构成要件如下：

（1）本罪的客观方面表现为，违反国家规定，非法生产、买卖、运输、走私醋酸酐、乙醚、三氯甲烷或者其他用于制造毒品的原料或配剂的行为，且情节较重。

1）违反国家规定。根据刑法第 96 条的规定，“国家规定”是指全国人民代表大会及其常务委员会制定的法律和决定，国务院制定的行政法规、规定的行政措施、发布的决定和命令。另外，经全国人民代表大会及其常务委员会批准、缔结的国际性条约，以及

经全国人民代表大会及其常务委员会、国务院授权的部门制定的规范性文件，亦应属于国家规定。具体言之，本罪违反的国家规定，主要是指违反国家有关管理制毒原料、配剂的法律、法规和规章等的规定，如《药品管理法》和卫生部、对外经济贸易部、公安部、海关总署《关于对三种特殊化学品实行出口准许证管理的通知》以及我国参加的《联合国禁止非法贩运麻醉药品和精神药物公约》等的有关规定。

2）非法生产、买卖、运输、走私。此乃本罪的四种行为表现。本罪属于选择性罪名，行为人只要实施其中之一，即可构成本罪；同时实施两种或多种行为的，亦只构成本罪。只是在具体罪名适用上要根据行为人所实施的具体行为来定。本罪中的“非法生产、买卖、运输、走私”，包括无经营权的单位或个人进行制毒物品的生产、买卖、运输或走私，也包括虽有经营权的单位或个人，但超范围、超数量生产、买卖、运输或走私的行为。根据法律规定，行为人实施了上述非法生产、买卖、运输、走私制毒原料、配剂的行为，还需要满足“情节较重”这一要件。所谓“情节较重”，根据司法解释①规定，即麻黄碱（麻黄素）、伪麻黄碱（伪麻黄素）、消旋麻黄碱（消旋麻黄素）1千克以上不满5千克；1-苯基-2-丙酮、1-苯基-2-溴-1-丙酮、3，4亚甲基二氧苯基-2-丙酮、羟亚胺2千克以上不满10千克；3-氧-2-苯基丁腈、邻氯苯基环戊酮、去甲麻黄碱（去甲麻黄素）、甲基麻黄碱（甲基麻黄素）4千克以上不满20千克；醋酸酐10千克以上不满50千克；麻黄浸膏、麻黄浸膏粉、胡椒醛、黄樟素，黄樟油、异黄樟素、麦角酸、麦角胺、麦角新碱、苯乙酸20千克以上不满100千克；N-乙酰邻氨基苯酸、邻氨基苯甲酸、三氯甲烷、乙醚、哌啶50千克以上不满250千克；甲苯、丙酮、甲基乙基酮、高锰酸钾、硫酸、盐酸100千克以上不满500千克；其他制毒物品数量相当的。达到上述数量最低值的50%，并具有如下情节时，也可认定为“情节较重”，包括：曾因非法生产、买卖、运输制毒物品、走私制毒物品受过刑事处罚的；2年内曾因非法生产、买卖、运输制毒物品、走私制毒物品受过行政处罚的；一次组织5人以上或者多次非法生产、买卖、运输制毒物品、走私制毒物品，或者在多个地点非法生产制毒物品的；利用、教唆未成年人非法生产、买卖、运输制毒物品、走私制毒物品的；国家工作人员非法生产、买卖、运输制毒物品、走私制毒物品的；严重影响群众正常生产、生活秩序的；其他情节较重的情形。但是，易制毒化学品生产、经营、购买、运输单位或者个人未办理许可证明或者备案证明，生产、销售、购买、运输易制毒化学品，确实用于合法生产、生活需要的，不以制毒物品犯罪论处。

3）行为对象。本罪行为对象限于醋酸酐、乙醚、三氯甲烷或者其他用于制造毒品的原料或配剂。关于“其他用于制造毒品的原料或者配剂”，其具体品种范围，按照国家关于易制毒化学品管理的规定和有关司法解释来确定。

（2）本罪的主体是一般主体，包括自然人和单位。

（3）本罪的主观方面是故意犯罪。其动机多是牟利。动机如何不是本罪的构成要件。

（4）本罪的客体是国家对制毒物品的管制。

---

① 参见2016年4月6日最高人民法院《关于审理毒品犯罪案件适用法律若干问题的解释》第7条。

（二）司法认定与刑事处罚

1. 司法认定

关于本罪的司法认定，主要应当注意以下问题：

（1）罪与非罪问题。由于本罪要求“情节较重”才构成犯罪，因此，凡是没有达到法定标准的生产、运输、走私、买卖制毒物品的行为，不能以犯罪论处，属于违反《治安管理处罚法》的行为，应当按照行政违法案件处理。此外，易制毒化学品生产、经营、使用单位或者个人未办理许可证明或者备案证明，购买、销售易制毒化学品，如果有证据证明确实用于合法生产、生活需要，依法能够办理只是未及时办理许可证明或者备案证明，且未造成严重社会危害的，可不以非法买卖制毒物品罪论处。①

（2）本罪的预备犯。为了制造毒品或者走私、非法买卖制毒物品犯罪而采用生产、加工、提炼等方法非法制造易制毒化学品的，根据刑法第 22 条的规定，按照其制造易制毒化学品的不同目的，分别以制造毒品、走私制毒物品、非法买卖制毒物品的预备行为论处。②为了走私制毒物品而采用生产、加工、提炼等方法制造易制毒物品的，以走私制毒物品罪（预备）论处。③

（3）共同犯罪问题。明知他人制造毒品而为其生产、买卖、运输制毒物品的，以制造毒品罪的共犯论处（刑法第 350 条第 2 款）。明知他人实施走私或者非法买卖制毒物品犯罪，而为其运输、储存、代理进出口或者以其他方式提供便利的，以走私或者非法买卖制毒物品罪的共犯论处。④ 明知他人利用麻黄碱类制毒物品制造毒品，向其提供麻黄碱类复方制剂，为其利用麻黄碱类复方制剂加工、提炼制毒物品，或者为其获取、利用麻黄碱类复方制剂提供其他帮助的，以制造毒品罪的共犯论处。明知他人走私或者非法买卖麻黄碱类制毒物品，向其提供麻黄碱类复方制剂，为其利用麻黄碱类复方制剂加工、提炼制毒物品，或者为其获取、利用麻黄碱类复方制剂提供其他帮助的，分别以走私制毒物品罪、非法买卖制毒物品罪的共犯论处。⑤

（4）竞合问题。走私、非法买卖制毒物品行为同时构成其他犯罪的，依照处罚较重的规定定罪处罚。⑥

2. 刑事处罚

根据刑法第 350 条第 1 款之规定，实施本罪行为且情节较重的，处 3 年以下有期徒刑、拘役或者管制，并处罚金。情节严重的，处 3 年以上 7 年以下有期徒刑，并处罚金。

---

① 参见 2009 年 6 月 23 日最高人民法院、最高人民检察院、公安部《关于办理制毒物品犯罪案件适用法律若干问题的意见》第一部分第（三）项。

② 参见 2009 年 6 月 23 日最高人民法院、最高人民检察院、公安部《关于办理制毒物品犯罪案件适用法律若干问题的意见》第一部分第（四）项。

③ 参见《2012 立案追诉标准（三）》第 5 条第 3 款。

④ 参见 2009 年 6 月 23 日最高人民法院、最高人民检察院、公安部《关于办理制毒物品犯罪案件适用法律若干问题的意见》第一部分第（五）项。

⑤ 参见 2012 年 6 月 18 日最高人民法院、最高人民检察院、公安部《关于办理走私、非法买卖麻黄碱类复方制剂等刑事案件适用法律若干问题的意见》第三部分。

⑥ 参见 2009 年 6 月 23 日最高人民法院、最高人民检察院、公安部《关于办理制毒物品犯罪案件适用法律若干问题的意见》第一部分第（六）项。

根据 2016 年 4 月 6 日最高人民法院《关于审理毒品犯罪案件适用法律若干问题的解释》，“情节严重”是指：（1）制毒物品数量在本解释第 7 条第 1 款规定的最高数量标准以上，不满最高数量标准 5 倍的；（2）达到本解释第 7 条第 1 款规定的数量标准，且具有本解释第 7 条第 2 款第 3 项至第 6 项规定的情形之一的；（3）其他情节严重的情形。情节特别严重的，处 7 年以上有期徒刑，并处罚金或者没收财产。根据 2016 年 4 月 6 日最高人民法院《关于审理毒品犯罪案件适用法律若干问题的解释》，“情节特别严重”是指：（1）制毒物品数量在本解释第 7 条第 1 款规定的最高数量标准 5 倍以上的；（2）达到前款第（1）项规定的数量标准，且具有本解释第 7 条第 2 款第 3 项至第 6 项规定的情形之一的；（3）其他情节特别严重的情形。

根据刑法第 350 条第 3 款之规定，单位犯本罪的，对单位判处罚金，并对其直接负责的主管人员和其他直接责任人员，依照自然人犯本罪的规定处罚。根据刑法第 356 条之规定，因走私、贩卖、运输、制造、非法持有毒品罪被判过刑，又犯本罪的，从重处罚。

十五、非法种植毒品原植物罪

（一）概念与构成

非法种植毒品原植物罪，是指违反国家毒品原植物种植管制法规，非法种植罂粟、大麻等毒品原植物，情节严重的行为。

本罪构成要件如下：

1. 本罪的客观方面表现为行为人实施了非法种植毒品原植物的行为，并情节严重。本罪的行为对象限于罂粟、大麻等毒品原植物。要注意对以下问题的理解：

（1）所谓非法，是指行为人违反了国家《麻醉药品和精神药品管理条例》等有关法规规定，擅自种植毒品原植物，包括未获批准而种植与超计划种植。

（2）所谓种植，是指播种、育苗、移栽、插苗、施肥、灌溉、割取津液或者收取种子等行为。只要实施其中的一种行为，就可视为种植，也就是说只要是为收获毒品原植物而播下种子，即使尚未实施管理，也可以认定实施了该行为。

（3）情节严重。依据有关司法解释[①]，行为人之行为符合以下情形之一的属于“情节严重”，应当以犯罪论处：1）非法种植罂粟 500 株以上的；2）非法种植大麻 5 000 株以上的；3）非法种植其他毒品原植物数量较大的；4）非法种植罂粟 200 平方米以上、大麻 2 000 平方米以上或者其他毒品原植物面积较大，尚未出苗的；5）经公安机关处理后又种植的；6）抗拒铲除的。

2. 本罪的主体是一般主体，即年满 16 周岁、具有刑事责任能力的自然人。

3. 本罪的主观方面表现为故意。

4. 本罪的客体是国家毒品原植物种植的管制制度。

---

① 参见《2012 立案追诉标准（三）》第 7 条。

（二）司法认定与刑事处罚

1. 司法认定

种植毒品原植物的收获行为应该如何认定？对行为人在毒品原植物成熟后的收获行为的认定存在争议。有观点认为，如能证实行为人非法种植毒品原植物的目的在于为自己制造毒品，该行为就是制造毒品罪的预备行为，应该认定为制造毒品罪。有观点认为，只要行为人明知是毒品原植物而非法种植，不论行为人出于何种目的，只要情节严重，均可构成非法种植毒品原植物罪。我们赞成后一种观点。正如前面所说，我们认为种植行为包含三个阶段，最后一个阶段就是植物成熟后进行收获的行为，这个行为是符合刑法第 351 条的犯罪构成、可以独立构成非法种植毒品原植物罪的行为。虽然种植毒品原植物的过程的确是制造毒品罪的预备阶段，而且有证据证明行为人确实是为制造毒品而种植毒品原植物的，但是鉴于刑法已将该行为独立出来规定为一种独立的罪名了，就应该独立适用刑法第 351 条的规定，而不是作为制造毒品罪的预备犯罪来看待。

2. 刑事处罚

根据刑法第 351 条第 1 款之规定，犯本罪的，处 5 年以下有期徒刑、拘役或者管制，并处罚金。根据该条第 2 款，非法种植毒品原植物数量大的，处 5 年以上有期徒刑，并处罚金或者没收财产。根据最高人民法院的司法解释①，“数量大”是指大麻 3 万株以上；非法种植罂粟 1 200 平方米以上、大麻 1.2 万平方米，尚未出苗的。根据该条第 3 款之规定，非法种植罂粟或者其他毒品原植物，在收获前自动铲除的，可以免除处罚。此外，根据刑法第 356 条之规定，因走私、贩卖、运输、制造、非法持有毒品罪被判过刑，又犯本罪的，从重处罚。

十六、非法买卖、运输、携带、持有毒品原植物种子、幼苗罪

非法买卖、运输、携带、持有毒品原植物种子、幼苗罪，是指非法买卖、运输、携带、持有数量较大的、未经灭活的罂粟等毒品原植物种子或者幼苗的行为。

本罪的构成要件如下：

1. 本罪的客观方面表现为非法买卖、运输、携带、持有毒品原植物种子或者幼苗，数量较大的行为。所谓非法，是指违反国家法律规定，未经合法批准。我国有关法律法规对于毒品原植物的生产及种子的管理等活动作了规制，如《麻醉药品和精神药品管理条例》《关于严禁非法种植罂粟的通知》等法律、法规和规章。违反这些规定即为非法。本罪的行为方式表现为买卖、运输、携带、持有。其中，持有是指行为人对毒品原植物种子或者幼苗事实上的控制状态。毒品原植物种子、幼苗是指未经灭活的罂粟、大麻等毒品原植物种子或者幼苗。“未经灭活”，是指没有经过烘烤、放射线照射等方法，进行

① 参见 2016 年 4 月 6 日最高人民法院《关于审理毒品犯罪案件适用法律若干问题的解释》第 9 条第 2 款。

消灭植物繁殖和生长机能的处理。本罪在客观上有“数量较大”的要求，即非法买卖、运输、携带、持有未经灭活的毒品原植物种子或者幼苗，数量较大的才构成本罪。根据《2012 立案追诉标准（三）》第 8 条，“数量较大”是指：（1）罂粟种子 50 克以上、罂粟幼苗 5 000 株以上的；（2）大麻种子 50 千克以上、大麻幼苗 5 万株以上的；（3）其他毒品原植物种子或者幼苗数量较大的。非法买卖、运输、携带、持有未经灭活的罂粟等毒品原植物种子或者幼苗，涉嫌下列情形之一的，应予立案追诉：1）罂粟种子 50 克以上、罂粟幼苗 5 000 株以上；2）大麻种子 50 千克以上、大麻幼苗 5 万株以上；3）其他毒品原植物种子、幼苗数量较大的。[①] 本罪是选择性罪名，实施上述四种行为的任何一种即可构成犯罪，实施数种行为的也构成一罪。

2. 本罪的主体是一般主体，即具有刑事责任能力、年满 16 周岁的自然人。

3. 本罪的主观方面是故意，即明知是未经灭活的毒品原植物种子或者幼苗，而故意非法买卖、运输、携带、持有。

4. 本罪的客体是国家毒品管制制度。

根据刑法第 352 条之规定，犯本罪的，处 3 年以下有期徒刑、拘役或者管制，并处或者单处罚金。根据刑法第 356 条之规定，因走私、贩卖、运输、制造、非法持有毒品罪被判过刑，又犯本罪的，从重处罚。

十七、引诱、教唆、欺骗他人吸毒罪

（一）概念与构成

引诱、教唆、欺骗他人吸毒罪，是指违反国家关于麻醉药品、精神药品管理法规，采用引诱、教唆、欺骗的手段，使他人吸食、注射毒品的行为。

本罪的构成要件如下：

（1）本罪的客观方面表现为违反国家关于麻醉药品、精神药品的管理法规，实施了引诱、教唆、欺骗他人吸食、注射毒品的行为。行为具有非法性，违反了国家关于麻醉药品、精神药品的管理法规。行为人具体采用了引诱、教唆、欺骗三种手段。所谓引诱，是指采用金钱、物质或其他利益进行诱惑，以使他人产生吸毒欲望的行为。所谓教唆，是指通过劝说、怂恿、请求、示范等方法使他人产生吸毒欲望的行为，包括教唆本来无吸毒愿望的人进行吸毒，以及教唆本来就有吸毒愿望但尚不坚决的人。所谓欺骗，是指捏造虚假事实，掩盖事实真相，以使他人在被蒙蔽不知是毒品的状态下吸食、注射毒品的行为。引诱方式本来也属于教唆行为的表现方式，不过立法已经将引诱行为独立出来，作为本罪的一种方式，那么对于引诱他人吸毒的，就只能定性为引诱他人吸毒罪而非教唆他人吸毒罪。吸食毒品，包括利用口、鼻等器官将各种形态的毒品吸入或吃入身体内的行为，以及利用针头等注射工具将液态的毒品注射到身体内的行为。根据《2012 立案追诉标准（三）》第 9、10 条，引诱、教唆、欺骗他人吸食毒品的，以及违背他人意志，

---

① 参见《2012 立案追诉标准（三）》第 8 条。

以暴力、胁迫或者其他强制手段，迫使他人吸食毒品的，应予立案追诉。

（2）本罪的主体是一般主体，即年满16周岁、具有刑事责任能力的自然人。

（3）本罪的主观方面是故意。

（4）本罪的客体是国家毒品管制制度和他人的身心健康。

（二）司法认定与刑事处罚

1. 司法认定

（1）教唆他人吸毒罪与教唆犯的区别。教唆犯是指故意唆使他人实施犯罪的情况。教唆他人吸毒罪与教唆犯罪有些相似之处，但是，两者性质不同。具体而言，教唆他人吸毒罪与教唆犯的区别是：第一，罪名不同。教唆犯不是独立的罪名，要按照所教唆的犯罪来定罪，但是教唆他人吸毒罪是一个独立的罪名。第二，教唆犯是共同犯罪范畴的概念，教唆者与被教唆者构成共同犯罪，而教唆他人吸毒罪不是共同犯罪，被教唆吸毒的人不构成犯罪。第三，教唆内容不同。教唆犯是教唆他人实施犯罪的行为，而教唆他人吸毒罪是教唆他人实施吸毒行为，吸毒行为不是犯罪行为。第四，侵犯客体不同。教唆犯侵犯的客体具有不确定性，要具体地根据教唆犯的教唆之罪来判定其侵犯客体，教唆他人吸毒罪的客体是确定的，同时侵犯了国家对毒品的管制制度和他人的身心健康。第五，教唆对象不尽相同。教唆犯的教唆对象只能是具有刑事责任能力的人，如果教唆没有刑事责任能力的人，教唆者就是间接正犯。教唆他人吸毒罪的教唆对象没有限制。

（2）本罪的既遂与未遂。有观点认为，本罪是行为犯，即只要实施了引诱、教唆、欺骗他人吸食毒品的行为，就构成本罪的既遂。至于他人是否被引诱吸毒、欺骗吸毒或是否产生了吸毒的意图，都不影响既遂形态的成立。如果实施了引诱、教唆、欺骗他人的行为但未使他人吸毒，可以作为量刑时的酌定情节考虑。我们认为引诱、教唆、欺骗他人吸食、注射毒品罪是结果犯。只有被引诱、教唆、欺骗的人实际吸食、注射了毒品，才构成本罪的既遂，否则就是未遂。如果在引诱、教唆、欺骗他人吸食、注射毒品的过程中，行为人误将不是毒品的物品给人吸食、注射的，属于认识错误，构成本罪的未遂。

（3）本罪的罪数问题。本罪属选择性罪名，行为人只要实施了三种行为之一，便可成立本罪，同时实施上述三种行为的，也只能定一罪。行为人如果出于贩毒目的而引诱、教唆、欺骗他人吸毒，事后再将毒品卖给他人的，由于引诱、教唆、欺骗他人吸毒的行为和贩毒行为之间存在手段行为和目的行为之间的牵连关系，应按牵连犯处理，以贩卖毒品罪从重处罚。如果行为人出于故意杀人或故意伤害的目的，引诱、教唆、欺骗他人吸毒，使他人吸毒后身体健康被损害或者失去生命的，属于竞合犯，以故意杀人罪或故意伤害罪处罚。

2. 刑事处罚

根据刑法第353条第1款之规定，犯本罪的，处3年以下有期徒刑、拘役或者管制，并处罚金；情节严重的，处3年以上7年以下有期徒刑，并处罚金。根据2016年4月6

日最高人民法院《关于审理毒品犯罪案件适用法律若干问题的解释》，“情节严重”是指下列情形之一：(1) 引诱、教唆、欺骗多人或者多次引诱、教唆、欺骗他人吸食、注射毒品的；(2) 对他人身体健康造成严重危害的；(3) 导致他人实施故意杀人、故意伤害、交通肇事等犯罪行为的；(4) 国家工作人员引诱、教唆、欺骗他人吸食、注射毒品的；(5) 其他情节严重的情形。根据该条第 3 款之规定，引诱、教唆、欺骗未成年人吸食、注射毒品的，从重处罚。根据刑法第 356 条之规定，因走私、贩卖、运输、制造、非法持有毒品罪被判过刑，又犯本罪的，从重处罚。

十八、强迫他人吸毒罪

强迫他人吸毒罪，是指违背他人意志，强迫他人吸食、注射毒品的行为。本罪的构成要件如下：(1) 本罪的客观方面表现为行为人实施了强迫他人吸毒的行为。所谓强迫，是指违背他人意志，使用暴力、胁迫等手段，迫使他人吸食、注射毒品。(2) 本罪的主体是一般主体，即具有刑事责任能力、年满 16 周岁的自然人。(3) 本罪的主观方面是故意。(4) 本罪的客体是国家毒品管制制度和他人的身心健康。

根据刑法第 353 条第 2 款、第 3 款之规定，犯本罪的，处 3 年以上 10 年以下有期徒刑，并处罚金。强迫未成年人吸食、注射毒品的，从重处罚。根据刑法第 356 条之规定，因走私、贩卖、运输、制造、非法持有毒品罪被判过刑，又犯本罪的，从重处罚。

十九、容留他人吸毒罪

容留他人吸毒罪，是指为他人吸食、注射毒品提供场所的行为。本罪的构成要件如下：(1) 本罪的客观方面表现为行为人实施了为他人吸食、注射毒品提供场所的行为。所谓容留，是指行为人容许他人在自己的住处或其他场所吸毒，或者主动为他人吸毒提供场所及便利的行为。容留时间长短、次数多少，不影响定罪；但对量刑有影响。“场所”，这里应作广义解释，它泛指一切可供吸毒的空间，如住宅、旅店、办公室、娱乐场所等。本罪属行为犯，原则上只要行为人实施了容留他人吸食、注射毒品的行为，便成立本罪。但是实践中，仍然以一定数量标准作为成立本罪的前提。根据《2012 立案追诉标准（三）》第 11 条规定，成立本罪须具备以下情形之一：1) 容留他人吸食、注射毒品两次以上的；2) 一次容留 3 人以上吸食、注射毒品的；3) 因容留他人吸食、注射毒品被行政处罚，又容留他人吸食、注射毒品的；4) 容留未成年人吸食、注射毒品的；5) 以牟利为目的容留他人吸食、注射毒品的；6) 容留他人吸食、注射毒品造成严重后果或者其他情节严重的。根据 2016 年 4 月 6 日最高人民法院《关于审理毒品犯罪案件适用法律若干问题的解释》，有下列情形之一的，以容留他人吸毒罪论处：1) 一次容留多人吸食、注射毒品的；2) 2 年内多次容留他人吸食、注射毒品的；3) 2 年内曾因容留他人吸食、注射毒品受过行政处罚的；4) 容留未成年人吸食、注射毒品的；5) 以牟利为目的容留他人吸食、注射毒品的；6) 容留他人吸食、注射毒品造成严重后果的；7) 其他应当追究刑事责任的情形。(2) 本罪的主体是一般主体，即具有刑事责任能力、年满16周岁的自然人。(3) 本罪的主观方面是故意，包括直接故意和间接故意。(4) 本罪的客体是国家毒品管制制度和他人的身心健康。

根据刑法第354条之规定，犯本罪的，处3年以下有期徒刑、拘役或者管制，并处罚金。又根据刑法第356条之规定，因走私、贩卖、运输、制造、非法持有毒品罪被判过刑，又犯本罪的，从重处罚。

二十、非法提供麻醉药品、精神药品罪

（一）概念与构成

非法提供麻醉药品、精神药品罪，是指依法从事生产、运输、管理、使用国家管制的麻醉药品、精神药品的人员，违反国家规定，向吸食、注射毒品的人提供国家规定管制的能够使人形成瘾癖的麻醉药品、精神药品的行为。

本罪的构成要件如下：

(1) 本罪的客观方面表现为行为人实施了非法向他人提供“能够使人形成瘾癖的”麻醉药品、精神药品的行为。要注意以下几点：其一，“能够使人形成瘾癖”的麻醉药品、精神药品，是指使用后能使人的中枢神经系统兴奋或者抑制，连续使用能使人产生依赖性的药品。[①] 至于麻醉药品、精神药品的种类，应当根据法律、法规和司法解释规定来认定。其二，“非法提供”，是指行为人违反国家有关毒品管理规定，向吸食、注射毒品的人提供麻醉药品、精神药品。其三，提供行为不能具有牟利性质。行为人在提供麻醉药品、精神药品时，不是出于牟利目的。如果行为人提供行为具有牟利性质，则行为人会构成其他性质更严重的毒品犯罪，如贩卖毒品罪。其四，本罪的提供对象限于吸毒者。刑法第355条第1款规定，向走私、贩卖毒品的犯罪分子提供国家规定管制的能够使人形成瘾癖的麻醉药品、精神药品的，以走私、贩卖毒品罪定罪处罚。如果提供给既不是走私贩卖毒品犯罪分子，也不是吸毒者的其他人的，不构成犯罪，按照行政法规予以行政处罚。

值得注意的是，本罪虽然属于行为犯，但是司法实践中，仍然以非法提供的麻醉药品或精神药品达到一定数量或者满足一定条件才认定成立犯罪。根据2016年4月6日最高人民法院《关于审理毒品犯罪案件适用法律若干问题的解释》第13条，依法从事生产、运输、管理、使用国家管制的麻醉药品、精神药品的人员，违反国家规定，向吸食、注射毒品的人提供国家规定管制的能够使人形成瘾癖的麻醉药品、精神药品，具有下列情形之一的，应当依照刑法第355条第1款的规定，以非法提供麻醉药品、精神药品罪定罪处罚：1) 非法提供麻醉药品、精神药品达到刑法第347条第3款或者本解释第2条

---

① 参见2002年10月24日最高人民检察院法律政策研究室《关于安定注射液是否属于刑法第三百五十五条规定的精神药品问题的答复》。

规定的"数量较大"[①] 标准最低值的50%，不满"数量较大"标准的；2）2年内曾因非法提供麻醉药品、精神药品受过行政处罚的；3）向多人或者多次非法提供麻醉药品、精神药品的；4）向吸食、注射毒品的未成年人非法提供麻醉药品、精神药品的；5）非法提供麻醉药品、精神药品造成严重后果的；6）其他应当追究刑事责任的情形。

另外，《2012立案追诉标准（三）》第12条规定，依法从事生产、运输、管理、使用国家管制的麻醉药品、精神药品的个人或者单位，违反国家规定，向吸食、注射毒品的人员提供国家规定管制的能够使人形成瘾癖的麻醉药品、精神药品，涉嫌下列情形之一的，应予立案追诉：1）非法提供鸦片20克以上、吗啡2克以上、度冷丁（杜冷丁）5克以上（针剂100mg/支规格的50支以上，50mg/支规格的100支以上；片剂25mg/片规格的200片以上，50mg/片规格的100片以上）、盐酸二氢埃托啡0.2毫克以上（针剂或者片剂20mg/支、片规格的10支、片以上）、氯胺酮、美沙酮20克以上、三唑仑、安眠酮1千克以上、咖啡因5千克以上、氯氮卓、艾司唑仑、地西泮、溴西泮10千克以上，以及其他麻醉药品和精神药品数量较大的。2）虽未达到上述数量标准，但非法提供麻醉药品、精神药品2次以上，数量累计达到前项规定的数量标准80%以上的。3）因非法提供麻醉药品、精神药品被行政处罚，又非法提供麻醉药品、精神药品的。4）向吸食、注射毒品的未成年人提供麻醉药品、精神药品的。5）造成严重后果或者其他情节严重的。

值得注意的是，前述两个司法解释的规定并不完全一致，如何适用，是要认真考虑的问题。

（2）本罪的主体为特殊主体，即限于依法从事生产、运输、管理、使用国家管制的麻醉药品、精神药品的人员，单位也可成为本罪主体，但单位通常是依法从事生产、运输、管理、使用国家管制的麻醉药品、精神药品的单位。

（3）本罪的主观方面是故意。行为人明知对方是吸食、注射毒品的人，而故意向其提供国家规定管制的能够使人形成瘾癖的麻醉药品、精神药品。成立本罪不需要特定目的。如果以牟利为目的，向吸食、注射毒品的人提供国家规定管制的能够使人形成瘾癖的麻醉药品、精神药品的，以贩卖毒品罪定罪处罚。(刑法第355条第1款第2句)。

（4）本罪的客体是国家毒品管制制度。

（二）司法认定与刑事处罚

1. 司法认定

司法实践中，要正确确定吸毒者的范围，划清吸毒者与非吸毒者尤其是病人的界限。对病人可以按照规定在药用范围之内合理使用麻醉药品、精神药品。这种合理使用麻醉药品、精神药品的病人不是吸毒者，对他们提供药品不构成本罪。如果行为人明知病人滥用此类药物，对麻醉药品、精神药品形成瘾癖，已经转化成吸毒者了，再向其提供的，就可以构成本罪。

2. 刑事处罚

根据刑法第355条之规定，犯本罪的，处3年以下有期徒刑或者拘役，并处罚金；

---

① 该司法解释第2条规定了"其他毒品数量较大"的具体情况。

情节严重的，处3年以上7年以下有期徒刑，并处罚金。根据2016年4月6日最高法院《关于审理毒品犯罪案件适用法律若干问题的解释》第13条第2款，“情节严重”是指下列情形之一：(1) 非法提供麻醉药品、精神药品达到刑法第347条第3款或者本解释第2条规定的“数量较大”标准的；(2) 非法提供麻醉药品、精神药品达到前款第1项规定的数量标准，且具有前款第3项至第5项规定的情形之一的；(3) 其他情节严重的情形。

向走私、贩卖毒品的犯罪分子或者以牟利为目的，向吸食、注射毒品的人提供国家规定管制的能够使人形成瘾癖的麻醉药品、精神药品的，依照刑法第347条规定的走私、贩卖毒品罪定罪处罚。单位犯本罪的，对单位判处罚金，并对其直接负责的主管人员和其他直接责任人员，依照自然人犯本罪的规定处罚。根据刑法第356条之规定，因走私、贩卖、运输、制造、非法持有毒品罪被判过刑，又犯本罪的，从重处罚。

二十一、妨害兴奋剂管理罪

妨害兴奋剂管理罪是《刑法修正案（十一）》新增罪名，是指引诱、教唆、欺骗运动员使用兴奋剂参加国内、国际重大体育竞赛，或者明知运动员参加上述竞赛而向其提供兴奋剂，且情节严重的行为，以及组织、强迫运动员使用兴奋剂参加国内、国际重大体育竞赛的行为。

本罪的构成要件如下：(1) 本罪客观方面表现为，行为人实施了引诱、教唆、欺骗运动员使用兴奋剂参加国内、国际重大体育竞赛，或者明知运动员参加上述竞赛而向其提供兴奋剂的行为。所谓兴奋剂，英语是“Dope”，原指为“供赛马使用的一种鸦片麻醉混合剂”。由于早期运动员为提高成绩而服用的药物大多属于兴奋剂药物特性，所以尽管后来被禁用的其他类型药物并不都具有兴奋性（如利尿剂），甚至有的还具有抑制性（如b—阻断剂），但国际体育界对禁用药物仍习惯沿用兴奋剂的称谓。因此，如今通常所说的兴奋剂实际上是对体育竞技禁用药物的统称。本罪前一表现形式为情节犯，即需要满足“情节严重”的客观要件；后一表现形式为行为犯。(2) 本罪主体为一般主体。(3) 本罪主观方面为故意。(4) 本罪客体是国家对兴奋剂的管理制度和体育竞技的公正性

根据刑法第355条之一，犯本罪的，处3年以下有期徒刑或者拘役，并处罚金。组织、强迫运动员使用兴奋剂参加国内、国际重大体育竞赛的，从重处罚。

第九节　组织、强迫、引诱、容留、介绍卖淫罪

一、组织卖淫罪

（一）概念与构成

组织卖淫罪，是指以招募、雇用、引诱、容留等方式，组织他人卖淫的行为。

本罪的构成要件如下：

（1）本罪的客观方面表现为行为人实施了组织他人卖淫的行为。“组织他人卖淫”，是指以招募、雇用、引诱、容留等方式，有计划、有组织地使他人从事卖活动。

组织他人卖淫罪的行为人既可以是一个人，也可以是多人。值得注意的是，依照法律规定，对于本罪来说，只处罚组织者，对一般从事卖淫者则不以犯罪论处，而通常按照违反《治安管理处罚法》的行为来处理。本罪中卖淫者都是自愿出卖自己的肉体。如果组织者以强制的手段迫使他人卖淫，则应以强迫他人卖淫的行为来认定。本罪属于行为犯，只要行为人实施了组织他人卖淫的行为，便足以成立本罪。

1）对于组织卖淫罪的对象的“他人”的理解。“他人”肯定包括女性，但是是否包括男性？一种观点认为，“他人”仅指妇女，或者指包括妇女和幼女在内的所有女性；另一种观点认为，“他人”既包括女性，也包括男性，这是多数人的观点。笔者赞成后一种观点，即组织卖淫罪的对象既包括女性，也包括男性。在本罪中，“他人”的人数也有限制，必须是3人以上（包括3人在内）。如果组织他人卖淫少于3人的，不能构成组织卖淫罪。

2）对组织卖淫罪中“组织”行为的理解。行为人实施了卖淫的组织行为。组织是指实施了领导、策划、指挥他人卖淫的行为。例如，发起、建立卖淫集团和卖淫窝点，在其中起领导作用控制卖淫行为，为组织卖淫活动进行制订计划等的行为，实际指挥安排卖淫行为的具体实施场所、时间、人员等。上述行为都具有明显的组织性，属于组织行为，只要实施其中一种或数种行为，就可认定行为人实施了组织卖淫行为。组织他人卖淫的具体手段包括：招募、雇用等。“招募”是指将自愿卖淫者聚集到卖淫组织内从事卖淫活动。“雇用”是指以财物给付为条件雇请自愿卖淫者参加卖淫组织并进行卖淫活动。“强迫”是指以暴力、胁迫或者其他方法，强制迫使不愿卖淫者或者不愿参加卖淫组织者参加卖淫组织进行卖淫活动。“引诱”是指以金钱、物质或者其他利益为诱饵，诱使他人参加卖淫组织进行卖淫活动。“容留”是指容纳、收留自愿卖淫者参加卖淫组织进行卖淫活动。几种具体手段，无论是使用其中一种或者数种，都可以构成组织卖淫罪。要注意的是，强迫、引诱、容留他人卖淫的行为在刑法典中都是可以单独成罪的行为，但是这些行为又同时是组织卖淫罪的具体行为手段，为组织卖淫罪的“组织”行为所包含。行为人在组织他人卖淫的犯罪过程中，对被组织卖淫的人有强迫、引诱、容留、介绍卖淫的行为的，只需定组织卖淫罪一罪即可，对其强迫等行为应作为组织卖淫罪的量刑情节予以考虑，不实行数罪并罚。显而易见，如果组织者对被组织卖淫者以外的其他人实施几种行为的，该行为就应当单独定罪，然后与之前的组织卖淫罪并罚。根据2017年7月21日最高人民法院、最高人民检察院《关于办理组织、强迫、引诱、容留、介绍卖淫刑事案件适用法律若干问题的解释》第1条，以招募、雇佣、纠集等手段，管理或者控制他人卖淫，卖淫人员在3人以上的，应当认定为刑法第358条规定的“组织他人卖淫”。组织卖淫者是否设置固定的卖淫场所、组织卖淫者人数多少、规模大小，不影响组织卖淫行为的认定。

（2）本罪的主体是一般主体，即年满16周岁、具有刑事责任能力的自然人。单位不能成为本罪主体。如果旅馆业、饮食服务业、文化娱乐业、出租汽车业等单位利用本单位的条件，组织他人卖淫的，亦应按自然人犯罪处理，即对直接负有责任的主管人员或其他直接责任人员按本罪论处。

（3）本罪的主观方面是故意，即明知自己是在组织他人卖淫，并且决意实施此种行为的心理态度。过失不能构成本罪。关于本罪主观方面有无营利、牟利目的这一点存在争议。一种观点认为只要故意组织他人卖淫，无论出于何种目的均可构成本罪。另一种观点认为组织他人卖淫者主观上必须具有营利目的。我们认为立法上没有明确要求本罪主观上必须具有营利目的，因而不能随便给犯罪构成增加限制条件。所以，本罪主观方面并不以具有营利目的为必要条件。

（4）本罪的客体是社会主义的道德风尚。有人认为，本罪的客体是社会主义的社会风尚和他人的身心健康，本罪是复杂客体，在一些具有强迫行为的组织活动中，还有他人的性自主权。我们认为，本罪的犯罪客体是单一客体，即我国社会主义社会道德风尚。尽管本罪由于客观行为可以表现为招募、雇用等多种手段或方式，所以在侵害我国社会主义道德风尚的同时往往还可能侵害他人的身心健康、人身自由权利和性自由权利等，但本罪在任何情况下都必定会侵害的客体只有社会主义社会道德风尚，身心健康、人身自由、性自由等权利不是本罪必定侵害的对象，故只有社会主义道德风尚才是本罪的客体。

（二）司法认定与刑事处罚

1. 司法认定

（1）本罪与卖淫者自动结伙卖淫的区别。要将组织卖淫罪与卖淫者自动结伙卖淫的行为区别开来。自动结伙卖淫，是指卖淫者为了更多赚取钱财，相互传递信息、互相提供方便、互为掩护，共同从事卖淫的行为。由于此种情况下结伙人都是卖淫者，没有主从，也没有较为固定的组织策划者，对此一般不应以犯罪论处，而应以违反治安管理处罚法的行为论处。但应当指出，如果行为人自己参与卖淫，同时又组织他人卖淫的，应当以组织卖淫罪论处。

（2）组织他人嫖娼的行为如何定性。现行刑法只是规定了组织卖淫罪，没有规定组织他人嫖娼罪。对组织他人嫖娼行为如何定性，存在不同观点：第一种认为组织他人嫖娼与组织他人卖淫两者具有对向性，严重危害社会道德风尚，都具有严重的社会危害性，因而应该定罪，比照组织他人卖淫犯罪处罚；第二种认为这种行为不构成犯罪。我们赞同第二种观点。处理组织他人嫖娼行为应该严格坚持罪刑法定原则：刑法只规定了组织卖淫罪，而没有规定组织嫖娼罪，而组织卖淫与组织嫖娼是两种不同的行为，虽然都有社会危害性，但是行为的内涵是不同的，所以对仅仅组织他人嫖娼的，应当作无罪处理。如果行为人两头引荐，一边在组织卖淫者卖淫，另一边组织他人嫖娼，此时因为实施了组织卖淫行为，定为组织卖淫罪即可。

（3）罪数问题。如果行为人在组织他人卖淫的过程中，同时又组织或者参与聚众淫乱的行为，应该如何定性？我们认为，对此应当以组织卖淫罪与聚众淫乱罪数罪并罚。如果在组织卖淫过程中实施杀害、伤害、强奸、绑架等犯罪行为的，应当依照数罪并罚的规定处理。根据 2017 年 7 月 21 日最高人民法院、最高人民检察院《关于办理组织、强迫、引诱、容留、介绍卖淫刑事案件适用法律若干问题的解释》第 3 条，在组织卖淫犯罪活动中，对被组织卖淫的人有引诱、容留、介绍卖淫行为的，依照处罚较重的规定定罪处罚。但是，对被组织卖淫的人以外的其他人有引诱、容留、介绍卖淫行为的，应当分别定罪，实行数罪并罚。

2. 刑事处罚

根据刑法第358条之规定，犯本罪的，处5年以上10年以下有期徒刑，并处罚金；情节严重的，处10年以上有期徒刑或者无期徒刑，并处罚金或者没收财产。根据2017年7月21日最高人民法院、最高人民检察院《关于办理组织、强迫、引诱、容留、介绍卖淫刑事案件适用法律若干问题的解释》第2条，“情节严重”是指：（1）卖淫人员累计达10人以上的；（2）卖淫人员中未成年人、孕妇、智障人员、患有严重性病的人累计达5人以上的；（3）组织境外人员在境内卖淫或者组织境内人员出境卖淫的；（4）非法获利人民币100万元以上的；（5）造成被组织卖淫的人自残、自杀或者其他严重后果的；（6）其他情节严重的情形。根据刑法第361条之规定，旅馆业、饮食服务业、文化娱乐业、出租汽车业等单位的人员，利用本单位的条件，组织他人卖淫的，依照自然人犯本罪的规定处罚；前述单位的主要负责人犯本罪的，从重处罚。根据前引司法解释第13条，犯组织卖淫罪的，应当依法判处犯罪所得2倍以上的罚金。共同犯罪的，对各共同犯罪人合计判处的罚金应当在犯罪所得的2倍以上。对犯组织、卖淫罪被判处无期徒刑的，应当并处没收财产。此外，根据前引司法解释第3条，在组织卖淫犯罪活动中，对被组织卖淫的人有引诱、容留、介绍卖淫行为的，依照处罚较重的规定定罪处罚。但是，对被组织卖淫的人以外的其他人有引诱、容留、介绍卖淫行为的，应当分别定罪，实行数罪并罚。又根据该解释第7条，犯组织卖淫罪，并有杀害、伤害、强奸、绑架等犯罪行为的，依照数罪并罚的规定处罚。协助组织卖淫行为人参与实施上述行为的，以共同犯罪论处；组织未成年人卖淫的，应当从重处罚。对于组织他人卖淫的次数，作为酌定情节在量刑时考虑。

二、强迫卖淫罪

（一）概念与构成

强迫卖淫罪，是指以暴力、胁迫或者其他强制手段，迫使他人卖淫的行为。

本罪的构成要件如下：

（1）本罪的客观方面表现为行为人实施了强迫他人卖淫的行为。这里的“他人”包括男性和女性。所谓强迫，是指以暴力、胁迫或者其他强制手段，迫使他人违背自己的意愿出卖色相。所谓暴力，是指对他人使用殴打、捆绑、拘禁等直接危及人身安全与自由的方法压服被害人就范。所谓胁迫，是指用威胁、恐吓、要挟等精神强制方法逼使被害人屈服。所谓其他强制手段，是指除暴力、胁迫以外的对被害人具有强制意义的方法，如将被害人灌醉之后，令其卖淫等。

（2）本罪的主体为一般主体。

（3）本罪的主观方面是故意。目的与动机不是本罪的构成要件。

（4）本罪的客体是社会主义道德风尚和公民的人身权利。

（二）司法认定与刑事处罚

1. 司法认定

（1）本罪与组织卖淫罪的区别。二者虽然都有“卖淫”的内容，但它们的区别是明显的：第一，二者侵害的客体不完全相同。本罪侵害的客体是复杂客体，即既侵犯了社会主义道德风尚，同时又侵犯了公民的人身权利；而组织卖淫罪侵犯的是单一客体，即社会主义道德风尚。第二，客观方面不同。本罪的犯罪客观方面表现为强迫没有卖淫意愿者去卖淫；组织卖淫罪的客观表现则是把自愿卖淫者组织起来进行卖淫。假如行为人以暴力、胁迫等方法组织他人卖淫，暴力、胁迫的行为已经构成故意杀人罪、故意伤害罪、强奸罪、绑架罪等犯罪，应当按照数罪并罚的规定进行处罚。

（2）本罪与强奸罪的区别。由于本罪在客观上亦表现为以暴力、胁迫等方法强迫被害人与他人发生性行为，故与强奸罪就有了若干相似之处。但二者的明显区别在于：第一，二者侵害的客体不同。本罪侵害的客体是社会主义的道德风尚与公民的人身权利；而强奸罪侵害的客体是妇女的性自由权利。第二，二者侵害的对象不同。本罪侵害的对象既可以是女性，又可以是男性；而强奸罪侵害的对象只能是女性。第三，行为人的故意内容不同。本罪行为人的故意内容是为了获取钱财而强迫他人卖淫；强奸罪的行为人则是为了同他人发生性关系而实施暴力、胁迫等行为。犯本罪又同时具有强奸行为的，依照数罪并罚的规定处理。

2. 刑事处罚

根据刑法第 358 条第 1 款之规定，犯本罪的，处 5 年以上 10 年以下有期徒刑，并处罚金。情节严重的，处 10 年以上有期徒刑或者无期徒刑，并处罚金或者没收财产。根据 2017 年 7 月 21 日最高人民法院、最高人民检察院《关于办理组织、强迫、引诱、容留、介绍卖淫刑事案件适用法律若干问题的解释》第 6 条，“情节严重”是指：（1）卖淫人员累计达 5 人以上的；（2）卖淫人员中未成年人、孕妇、智障人员、患有严重性病的人累计达 3 人以上的；（3）强迫不满 14 周岁的幼女卖淫的；（4）造成被强迫卖淫的人自残、自杀或者其他严重后果的；（5）其他情节严重的情形。行为人既有组织卖淫犯罪行为，又有强迫卖淫犯罪行为，且具有下列情形之一的，以组织、强迫卖淫“情节严重”论处：（1）组织卖淫、强迫卖淫行为中具有本解释第 2 条、本条前款规定的“情节严重”情形之一的；（2）卖淫人员累计达到本解释第 2 条第 1、2 项规定的组织卖淫“情节严重”人数标准的；（3）非法获利数额相加达到本解释第 2 条第 4 项规定的组织卖淫“情节严重”数额标准的。

根据前引司法解释第 13 条，犯强迫卖淫罪的，应当依法判处犯罪所得 2 倍以上的罚金。共同犯罪的，对各共同犯罪人合计判处的罚金应当在犯罪所得的 2 倍以上。对犯强迫卖淫罪被判处无期徒刑的，应当并处没收财产。

强迫未成年人卖淫的，从重处罚。根据刑法第 361 条之规定，旅馆业、饮食服务业、文化娱乐业、出租汽车业等单位的人员，利用本单位的条件，强迫他人卖淫的，按照强迫卖淫罪定罪处罚；上列单位的主要负责人，利用本单位的条件，犯强迫卖淫罪的，从重处罚。此外，根据前引司法解释第 7 条，犯强迫卖淫罪，并有杀害、伤害、强奸、绑架等犯罪行为的，依照数罪并罚的规定处罚。协助组织卖淫行为人参与实施上述行为的，以共同犯罪论处；强迫未成年人卖淫的，应当从重处罚。对于强迫他人卖淫的次数，作为酌定情节在量刑时考虑。

三、协助组织卖淫罪

协助组织卖淫罪，是指为组织卖淫的人招募、运送人员或者有其他协助组织他人卖淫的行为。本罪的构成要件如下：(1) 本罪的客观方面表现为行为人实施了协助他人组织卖淫的行为。“招募”是指行为人把自愿卖淫者聚集起来从事卖淫活动的行为；“运送”是指行为人为组织卖淫者运输、接送卖淫者的行为；其他协助组织他人卖淫的行为包括协助组织卖淫者寻找卖淫场所等。这些行为的共同特点是为组织卖淫的犯罪分子提供某种方便。由于立法者把这种“协助”行为作为一种独立犯罪加以规定，故它就不再是一般共同犯罪中的帮助行为，而成为一个独立的罪名。根据 2017 年 7 月 21 日最高人民法院、最高人民检察院《关于办理组织、强迫、引诱、容留、介绍卖淫刑事案件适用法律若干问题的解释》第 4 条，明知他人实施组织卖淫犯罪活动而为其招募、运送人员或者充当保镖、打手、管账人等的，依照刑法第 358 条第 4 款的规定，以协助组织卖淫罪定罪处罚，不以组织卖淫罪的从犯论处。在具有营业执照的会所、洗浴中心等经营场所担任保洁员、收银员、保安员等，从事一般服务性、劳务性工作，仅领取正常薪酬，且无前款所列协助组织卖淫行为的，不认定为协助组织卖淫罪。(2) 本罪的主体是一般主体。(3) 本罪的主观方面是故意。目的与动机不影响本罪的成立。(4) 本罪的客体是社会主义的道德风尚。

根据刑法第 358 条第 4 款之规定，犯本罪的，处 5 年以下有期徒刑，并处罚金；情节严重的，处 5 年以上 10 年以下有期徒刑，并处罚金。根据前引司法解释第 5 条，“情节严重”是指：(1) 招募、运送卖淫人员累计达 10 人以上的；(2) 招募、运送的卖淫人员中未成年人、孕妇、智障人员、患有严重性病的人累计达 5 人以上的；(3) 协助组织境外人员在境内卖淫或者协助组织境内人员出境卖淫的；(4) 非法获利人民币 50 万元以上的；(5) 造成被招募、运送或者被组织卖淫的人自残、自杀或者其他严重后果的；(6) 其他情节严重的情形。

四、引诱、容留、介绍卖淫罪

引诱、容留、介绍卖淫罪，是指以金钱、物质或其他利益诱使他人卖淫，或为他人卖淫提供场所，或为卖淫进行介绍的行为。本罪的构成要件如下：(1) 本罪的客观方面表现为行为人实施了引诱、容留、介绍他人卖淫的行为。引诱，是指行为人以金钱、物质或者其他利益为诱饵，勾引、拉拢、唆使他人卖淫；容留，是指为卖淫者卖淫提供场所；介绍，是指在卖淫者与嫖客之间牵线搭桥，促使卖淫嫖娼行为得以顺利进行。本罪属选择性罪名，“引诱”“容留”“介绍”这三种行为只要实施其中之一，便足以成立本罪。根据 2017 年 7 月 21 日最高人民法院、最高人民检察院《关于办理组织、强迫、引诱、容留、介绍卖淫刑事案件适用法律若干问题的解释》第 8 条，引诱、容留、介绍他人卖淫，具有下列情形之一的，应当依照刑法第 359 条第 1 款的规定定罪处罚：1）引诱他人卖淫的；2）容留、介绍 2 人以上卖淫的；3）容留、介绍未成年人、孕妇、智障人员、患有严重性病的人卖淫的；4）1 年内曾因引诱、容留、介绍卖淫行为被行政处罚，又实施容留、介绍卖淫行为的；5）非法获利人民币 1 万元以上的。利用信息网络发布招嫖违法信息，情节严重的，依照刑法第 287 条之一的规定，以非法利用信息网络罪定罪处罚。同时构成介绍卖淫罪的，依照处罚较重的规定定罪处罚。引诱不满 14 周岁的幼女卖淫的，依照刑法第 359 条第 2 款的规定，以引诱幼女卖淫罪定罪处罚。被引诱卖淫的人员中既有不满 14 周岁的幼女，又有其他人员的，分别以引诱幼女卖淫罪和引诱卖淫罪定罪，实行并罚。（2）本罪的主体是一般主体。（3）本罪的主观方面是故意。引诱、容留、介绍他人卖淫是否以营利为目的，不影响犯罪的成立。（4）本罪的客体是社会主义的道德风尚。

根据刑法第 359 条第 1 款之规定，犯本罪的，处 5 年以下有期徒刑、拘役或者管制，并处罚金；情节严重的，处 5 年以上有期徒刑，并处罚金。根据前引司法解释第 9 条，“情节严重”是指：（1）引诱 5 人以上或者引诱、容留、介绍 10 人以上卖淫的；（2）引诱 3 人以上的未成年人、孕妇、智障人员、患有严重性病的人卖淫，或者引诱、容留、介绍 5 人以上该类人员卖淫的；（3）非法获利人民币 5 万元以上的；（4）其他情节严重的情形。根据前引司法解释第 13 条，犯引诱、容留、介绍卖淫罪的，应当依法判处犯罪所得 2 倍以上的罚金。共同犯罪的，对各共同犯罪人合计判处的罚金应当在犯罪所得的 2 倍以上。对于引诱、容留、介绍他人卖淫的次数，作为酌定情节在量刑时考虑。

根据刑法第 361 条的规定，旅馆业、饮食服务业、文化娱乐业、出租汽车业等单位的人员，利用本单位的条件，引诱、容留、介绍他人卖淫的，依照自然人犯本罪的规定处罚。该单位的主要负责人犯本罪的，从重处罚。

五、引诱幼女卖淫罪

引诱幼女卖淫罪，是指引诱不满 14 周岁的幼女卖淫的行为。本罪的构成要件如下：（1）本罪的客观方面表现为行为人实施了引诱幼女卖淫的行为。其犯罪对象限于不满 14 周岁的幼女。（2）本罪的主体是一般主体。（3）本罪的主观方面是故意，即行为人明知被引诱者是不满 14 周岁的幼女而引诱其卖淫。（4）本罪的客体是社会主义道德风尚和幼女的身心健康。

根据刑法第 359 条第 2 款之规定，犯本罪的，处 5 年以上有期徒刑，并处罚金。根据刑法第 361 条的规定，旅馆业、饮食服务业、文化娱乐业、出租汽车业等单位的人员，利用本单位的条件犯本罪的，依照自然人犯本罪的规定处罚；前述单位主要负责人犯本罪的，从重处罚。

六、传播性病罪

传播性病罪，是指明知自己患有梅毒、淋病等严重性病而卖淫或者嫖娼的行为。本罪的构成要件如下：(1) 本罪的客观方面表现为行为人在明知自己患有梅毒、淋病等严重性病的情况下而卖淫或者嫖娼。根据 2017 年 7 月 21 日最高人民法院、最高人民检察院《关于办理组织、强迫、引诱、容留、介绍卖淫刑事案件适用法律若干问题的解释》第 11 条，“明知”是指：1) 有证据证明曾到医院或者其他医疗机构就医或者检查，被诊断为患有严重性病的；2) 根据本人的知识和经验，能够知道自己患有严重性病的；3) 通过其他方法能够证明行为人是“明知”的。传播性病行为是否实际造成他人患上严重性病的后果，不影响本罪的成立。刑法第 360 条规定所称的“严重性病”，包括梅毒、淋病等。其他性病是否认定为“严重性病”，应当根据《中华人民共和国传染病防治法》《性病防治管理办法》的规定，在国家卫生与计划生育委员会规定实行性病监测的性病范围内，依照其危害、特点与梅毒、淋病相当的原则，从严掌握。本罪为选择性罪名，行为人实施“卖淫”或“嫖娼”之一即可成立本罪。所谓卖淫、嫖娼，是指行为人双方以金钱或者其他物质利益为交易条件的性行为。如果行为人双方不是以金钱或者其他物质利益为交易条件而发生性行为，即使行为人明知自己患有梅毒、淋病等严重性病而有性接触，也不构成本罪。(2) 本罪的主体为特殊主体，即行为人限于有梅毒、淋病等严重性病的人。(3) 本罪的主观方面是故意，即明知有性病而故意卖淫、嫖娼。(4) 本罪的客体是社会的道德风尚和公民的人身健康权利。

根据刑法第 360 条之规定，犯本罪的，处 5 年以下有期徒刑、拘役或者管制，并处罚金。此外，根据 2017 年 7 月 21 日最高人民法院、最高人民检察院《关于办理组织、强迫、引诱、容留、介绍卖淫刑事案件适用法律若干问题的解释》第 12 条，明知自己患有艾滋病或者感染艾滋病病毒而卖淫、嫖娼的，依照刑法第 360 条的规定，以传播性病罪定罪，从重处罚。具有下列情形之一，致使他人感染艾滋病病毒的，认定为刑法第 95 条第 3 项“其他对于人身健康有重大伤害”所指的“重伤”，依照刑法第 234 条第 2 款的规定，以故意伤害罪定罪处罚：(1) 明知自己感染艾滋病病毒而卖淫、嫖娼的；(2) 明知自己感染艾滋病病毒，故意不采取防范措施而与他人发生性关系的。

第十节　制作、贩卖、传播淫秽物品罪

一、制作、复制、出版、贩卖、传播淫秽物品牟利罪

(一) 概念与构成

制作、复制、出版、贩卖、传播淫秽物品牟利罪，是指以牟利为目的，制作、复制、出版、贩卖、传播淫秽物品的行为。

本罪的构成要件如下：

（1）本罪的客观方面表现为行为人实施了制作、复制、出版、贩卖、传播淫秽物品的行为。本罪属选择性罪名，只要行为人实施了制作、复制、出版、贩卖、传播淫秽物品五种行为之一，原则上便足以成立本罪。在定罪时则应以行为人实施之具体行为来确定具体罪名。所谓淫秽物品，应以刑法第 367 条规定之定义来认定，即“是指具体描绘性行为或者露骨宣扬色情的诲淫性的书刊、影片、录像带、录音带、图片及其他淫秽物品”。根据相关司法解释①的规定，“其他淫秽物品”，包括具体描绘性行为或者露骨宣扬色情的诲淫性的视频文件、音频文件、电子刊物、图片、文章、短信息等互联网、移动通讯终端电子信息和声讯台语音信息。值得注意的是，有关人体生理、医学知识的科学著作不是淫秽物品；包含有色情内容的有艺术价值的文学、艺术作品，不视为淫秽物品。针对利用互联网、移动通讯终端制作、复制、出版、贩卖、传播淫秽信息等犯罪活动，为了维护公共网络、通讯的正常秩序，保障公众的合法权益，上述司法解释规定，以牟利为目的，利用互联网、移动通讯终端制作、复制、出版、贩卖、传播淫秽电子信息的，以及利用聊天室、论坛、即时通信软件、电子邮件等方式，实施前述行为的，以制作、复制、出版、贩卖、传播淫秽物品牟利罪定罪处罚。以牟利为目的，通过声讯台传播淫秽语音信息的，对直接负责的主管人员和其他直接责任人员以传播淫秽物品牟利罪定罪处罚。

2010 年 2 月公布的最高人民法院、最高人民检察院《关于办理利用互联网、移动通讯终端、声讯台制作、复制、出版、贩卖、传播淫秽电子信息刑事案件具体应用法律若干问题的解释（二）》规定，对于以牟利为目的，利用互联网、移动通讯终端制作、复制、出版、贩卖、传播内容含有不满 14 周岁未成年人的淫秽电子信息的行为，降低入罪标准（比不含不满 14 周岁未成年人的这类行为的入罪标准在数额和数量上降低一半），以制作、复制、出版、贩卖、传播淫秽物品牟利罪处罚。另外，该司法解释还规定，以牟利为目的，网站建立者、直接负责的管理者明知他人制作、复制、出版、贩卖、传播的是淫秽电子信息，允许或者放任他人在自己所有、管理的网站或者网页上发布，符合该司法解释所规定的数额、数量要求的，将构成传播淫秽物品牟利罪。电信业务经营者、互联网信息服务提供者明知是淫秽网站，为其提供互联网接入、服务器托管、网络存储空间、通讯传输通道、代收费等服务，并收取服务费的，符合该司法解释规定的数量、数额条件的，也构成传播淫秽物品牟利罪。明知是淫秽网站，以牟利为目的，通过投放广告等方式向其直接或者间接提供资金，或者提供费用结算服务，符合该司法解释规定的数额、数量条件的，以制作、复制、出版、贩卖、传播淫秽物品牟利罪的共同犯罪处罚。淫秽网站，是指以制作、复制、出版、贩卖、传播淫秽电子信息为目的，建立或者建立后主要从事制作、复制、出版、贩卖、传播淫秽电子信息活动的，可以通过互联网域名、IP 地址等方式访问的内容提供站点。上述“明知”可以从以下几个方面来认定：行政主管机关书面告知后仍然实施上述行为的；接到举报后不履行法定管理职责的；为淫秽网站提供互联网接入、服务器托管、网络存储空间、通讯传输通道、代收费、费用

---

① 参见 2004 年 9 月 3 日最高人民法院、最高人民检察院《关于办理利用互联网、移动通讯终端、声讯台制作、复制、出版、贩卖、传播淫秽电子信息刑事案件具体应用法律若干问题的解释（一）》第 9 条。

结算等服务，收取服务费明显高于市场价格的；向淫秽网站投放广告，广告点击率明显异常的。行为人有上述行为之一的，应当认定其明知，除非有证据证明其确实不知道。

（2）本罪的主体为一般主体，既可以是自然人，也可以是单位。单位主体主要有广告商、电信业务经营者、互联网信息服务提供者等。

（3）本罪的主观方面是故意，并具有牟利的目的。如果行为人制作、复制、出版、贩卖、传播淫秽物品不是以牟利为目的，则不构成本罪。如果其行为符合其他淫秽物品犯罪成立要件的，应以相应犯罪论处。

（4）本罪的客体是社会主义道德风尚和国家文化市场管理制度。

（二）司法认定与刑事处罚

1. 司法认定

（1）制作、复制、出版、贩卖、传播淫秽物品牟利行为的罪与非罪。在认定本罪时，应注意区分罪与非罪。根据刑法第 363 条之规定，原则上只要行为人实施了制作、复制、出版、贩卖、传播淫秽物品的行为之一，便可成立本罪。但是如果情节很轻微的，应该根据刑法第 13 条但书的规定，不认定为犯罪。最高人民法院的司法解释①也说明了这一点，该解释规定，具有下列情形之一的，才应当以本罪追究刑事责任：1）制作、复制、出版淫秽影碟、软件、录像带 50 至 100 张（盒）以上，淫秽音碟、录音带 100 至 200 张（盒）以上，淫秽扑克、书刊、画册 100 至 200 副（册）以上，淫秽照片、画片 500 至 1 000 张以上的；2）贩卖淫秽影碟、软件、录像带 100 至 200 张（盒）以上，淫秽音碟、录音带 200 至 400 张（盒）以上，淫秽扑克、书刊、画册 200 至 400 副（册）以上，淫秽照片、画片 1 000 至 2 000 张以上的；3）向他人传播淫秽物品达 200 至 500 人次以上，或者组织播放淫秽影像达 10 至 20 场次以上的；4）制作、复制、出版、贩卖、传播淫秽物品，获利 5 000 至 1 万元以上的。

本罪来源于 1990 年 12 月 28 日全国人大常委会《关于惩治走私、制作、贩卖、传播淫秽物品的犯罪分子的决定》，根据刑法第 452 条的精神，虽然该决定的有关刑法规范已失效，但其中的行政处罚规范仍然有效，故该决定第 2 条第 1 款后半段关于实施制作、贩卖、传播淫秽物品“情节较轻的，由公安机关依照治安管理处罚法的有关规定处罚”的规定仍然有效。因此，对于情节较轻的制作、复制、出版、贩卖、传播淫秽物品行为，不应以犯罪处理。

行为人制作、复制、出版、贩卖、传播的若是淫秽电子信息，那么其入罪标准则依照 2004 年 9 月公布的最高人民法院、最高人民检察院《关于办理利用互联网、移动通讯终端、声讯台制作、复制、出版、贩卖、传播淫秽电子信息刑事案件具体应用法律若干问题的解释（一）》和 2010 年 2 月公布的最高人民法院、最高人民检察院《关于办理利用互联网、移动通讯终端、声讯台制作、复制、出版、贩卖、传播淫秽电子信息刑事案件具体应用法律若干问题的解释（二）》的相关规定来认定。根据这两个司法解释，行为人制作、复制、出版、贩卖、传播淫秽电子信息的认定标准如下：制作、复制、出版、

---

① 参见 1998 年 12 月 17 日最高人民法院《关于审理非法出版物刑事案件具体应用法律若干问题的解释》第 8 条。

贩卖、传播淫秽电影、表演、动画等视频文件 20 个以上的；制作、复制、出版、贩卖、传播淫秽音频文件 100 个以上的；制作、复制、出版、贩卖、传播淫秽电子刊物、图片、文章、短信息等 200 件以上的；制作、复制、出版、贩卖、传播的淫秽电子信息，实际被点击数达到 1 万次以上的；利用淫秽电子信息收取广告费、会员注册费或者其他费用，违法所得 1 万元以上的；数量或者数额虽未达到前面几项规定的标准，但分别达到其中两项以上标准一半以上的；造成严重后果的。这些标准只要达到一项即可构成本罪。需要注意的是，在前引 2010 年 2 月的司法解释中规定，如果行为人以牟利为目的，制作、复制、出版、贩卖、传播的是内容含有不满 14 周岁未成年人的淫秽电子信息的，那么其认定标准是上述数额或数量的一半以上，或者为上述数额、数量两项以上标准的 1/4 以上，或者造成严重后果的。以牟利为目的，网站建立者、直接负责的管理者明知他人制作、复制、出版、贩卖、传播的是淫秽电子信息，允许或者放任他人在自己所有、管理的网站或者网页上发布构成本罪的标准是前述以牟利为目的传播内容含有不满 14 周岁未成年人淫秽物品认定标准的 5 倍以上，或者前述两项以上标准 2 倍以上，或者造成严重后果的。电信业务经营者、互联网信息服务提供者明知是淫秽网站而提供帮助，收取服务费构成本罪的入罪标准是：为 5 个以上淫秽网站提供服务的；为其提供服务，收取服务费数额在 2 万元以上的；为淫秽网站代收费，收取服务费数额在 5 万元以上的；造成严重后果的。明知是淫秽网站，以牟利为目的，通过投放广告等方式向其直接或间接提供资金或者费用结算服务构成本罪的入罪标准是：向 10 个以上淫秽网站投放广告或者以其他方式提供资金的；向淫秽网站投放广告 20 条以上的；向 10 个以上淫秽网站提供费用结算服务的；以投放广告或其他方式向淫秽网站提供资金数额在 5 万元以上的；为淫秽网站提供费用结算，收取服务费数额在 2 万元以上的；造成严重后果的。如果利用声讯台，以牟利为目的传播淫秽语音信息的，其认定标准为：向 100 人以上传播的；违法所得 1 万元以上的；造成严重后果的。

（2）对于传播行为范围的认定。传播是指广泛散布，即通过出租、出借、运输、携带、播放、展览、发表、赠与、邮寄以及利用网络传播等方式，使淫秽物品或其内容广为流传的行为，可能是扩散淫秽物品内容，也可能是扩散淫秽物品本身。传播的范围如何界定？有观点认为在非熟识的人群之间传播淫秽物品的构成犯罪，在基于血缘、亲缘关系的熟识人群之间进行淫秽物品传播的不构成犯罪。我们认为，从我国刑法条文规定来看，法律并未含有构成本罪必须在非熟识人群中传播的限制，所以无论是在陌生人之间，还是在熟人之间进行淫秽物品传播的，都可构成犯罪。但是，传播的对象必须是多数人，可以是特定多数，也可以是不特定多数，否则，不能构成传播淫秽物品犯罪。换句话说，传播对象的数量多少决定犯罪性质，而传播对象是否特定，不影响行为定性。如果针对不特定少数或者特定少数人传播淫秽物品的，不属于犯罪范畴，应当按照刑法第 13 条但书，不认为是犯罪。

2. 刑事处罚

根据刑法第 363 条第 1 款之规定，犯本罪的，处 3 年以下有期徒刑、拘役或者管制，并处罚金；情节严重的，处 3 年以上 10 年以下有期徒刑，并处罚金；情节特别严重的，处 10 年以上有期徒刑或者无期徒刑，并处罚金或者没收财产。根据最高人民法院的司法解释[①]，“情节严重”是指：(1) 制作、复制、出版淫秽影碟、软件、录像带 250 至 500 张（盒）以上，淫秽音碟、录音带 500 至 1 000 张（盒）以上，淫秽扑克、书刊、画册 500 至 1 000 副（册）以上，淫秽照片、画片 2 500 至 5 000 张以上的；(2) 贩卖淫秽影碟、软件、录像带 500 至 1 000 张（盒）以上，淫秽音碟、录音带 1 000 至 2 000 张（盒）以上，淫秽扑克、书刊、画册 1 000 至 2 000 副（册）以上，淫秽照片、画片 5 000 至 1 万张以上的；(3) 向他人传播淫秽物品达 1 000 至 2 000 人次以上，或者组织播放淫秽影像达 50 至 100 场次以上的；(4) 制作、复制、出版、贩卖、传播淫秽物品，获利 3 万至 5 万元以上的。以牟利为目的，实施本罪的行为，其数量（数额）达到前述规定的数量（数额）5 倍以上的，应当认定为制作、复制、出版、贩卖、传播淫秽物品牟利罪“情节特别严重”。行为人制作、复制、出版、贩卖、传播淫秽电子信息的，其“情节严重”的标准是前述相关标准的 5 倍以上，“情节特别严重”是前述相关标准的 25 倍以上。根据刑法第 366 条和上述司法解释之规定，单位犯本罪的，对单位判处罚金，并对其直接负责的主管人员和其他直接责任人员，按自然人犯本罪的规定追究刑事责任。

二、为他人提供书号出版淫秽书刊罪

为他人提供书号出版淫秽书刊罪，是指违反国家书刊出版管理法规，为他人出版淫秽书刊提供书号，出版淫秽书刊的行为。本罪的构成要件如下：(1) 本罪的客观方面表现为行为人实施了为他人出版淫秽书刊提供书号，出版淫秽书刊的行为。(2) 本罪的主体为特殊主体，一般是新闻出版部门的管理人员或者单位。(3) 本罪的主观方面为过失。如果行为人故意为他人出版淫秽书刊提供书号，则应按刑法第 363 条第 1 款规定的出版淫秽物品牟利罪论处。(4) 本罪的客体是国家书刊出版管理制度和社会主义道德风尚。

根据刑法第 363 条第 2 款之规定，犯本罪的，处 3 年以下有期徒刑、拘役或者管制，并处或者单处罚金。根据刑法第 366 条之规定，单位犯本罪的，对单位判处罚金，并对其直接负责的主管人员和其他直接责任人员，依照自然人犯本罪的规定处罚。

三、传播淫秽物品罪

传播淫秽物品罪，是指传播淫秽书刊、影片、音像、图片或者其他淫秽物品，情节严重的行为。本罪的构成要件如下：(1) 本罪的客观方面表现为行为人实施了传播淫秽书刊、影片、音像、图片或其他淫秽物品的行为。所谓传播，主要指将淫秽书刊、影片、音像、图片或者其他淫秽物品在社会上广为散播。具体方式多种多样，如将淫秽书刊、图片等散发给群众，向不特定多数人播放淫秽影片、音像等。根据相关司法解释[②]的规定，不以牟利为目的，利用互联网或者移动通讯终端，利用聊天室、论坛、即时通信软

---

① 参见 1998 年 12 月 17 日最高人民法院《关于审理非法出版物刑事案件具体应用法律若干问题的解释》第 8 条第 2 款。

② 参见 2004 年 9 月 3 日最高人民法院、最高人民检察院《关于办理利用互联网、移动通讯终端、声讯台制作、复制、出版、贩卖、传播淫秽电子信息刑事案件具体应用法律若干问题的解释（一）》。

件、电子邮件等方式传播淫秽电子信息的，以传播淫秽物品罪定罪处罚。(2）本罪的主体为一般主体，既可以是自然人，也可以是单位。(3）本罪的主观方面为故意，但不具有牟利的目的。如果行为人以牟利为目的实施本罪行为，则构成传播淫秽物品牟利罪。(4）本罪的客体是社会主义道德风尚。值得注意的是，成立本罪还必须是“情节严重”的传播淫秽物品行为。根据最高人民法院的司法解释①，“情节严重”是指：向他人传播淫秽的书刊、影片、音像、图片等出版物达300至600人次以上或者造成恶劣社会影响的情形。如果行为人传播的是淫秽电子信息，其入罪标准是：传播淫秽电影、表演、动画等视频文件40个以上的；传播淫秽音频文件200个以上的；传播淫秽电子刊物、图片、文章、短信息等400件以上的；传播的淫秽电子信息实际被点击数达到2万次以上的；以会员方式出版、贩卖、传播淫秽电子信息，注册会员达400人以上的；数量分别达到上述两项以上标准一半以上的；造成严重后果的。行为人传播内容含有不满14周岁未成年人的淫秽电子信息的，其入罪标准为前述具体数量数额标准的一半以上，或者数量分别达到前述具体数量两项以上标准1/4以上的，以及造成严重后果的。网站建立者、直接负责的管理者明知他人制作、复制、出版、贩卖、传播的是淫秽电子信息，允许或者放任他人在自己所有、管理的网站或者网页上发布构成本罪的条件是：制作、复制、出版、贩卖、传播淫秽电影、表演、动画等视频文件100个以上的；制作、复制、出版、贩卖、传播淫秽音频文件500个以上的；制作、复制、出版、贩卖、传播淫秽电子刊物、图片、文章、短信息等1 000件以上的；制作、复制、出版、贩卖、传播的淫秽电子信息实际被点击数达到5万次以上的；以会员方式出版、贩卖、传播淫秽电子信息，注册会员达1 000人以上的；数量分别达到前述两项以上标准一半以上的；造成严重后果的。

根据刑法第364条第1款和第4款之规定，犯本罪的，处2年以下有期徒刑、拘役或者管制；向不满18周岁的未成年人传播淫秽物品的，从重处罚。根据刑法第366条之规定，单位犯本罪的，对单位判处罚金，并对其直接负责的主管人员和其他直接责任人员，依照自然人犯本罪的规定处罚。

四、组织播放淫秽音像制品罪

组织播放淫秽音像制品罪，是指非营利性将他人组织起来播放淫秽的电影、录像等音像制品的行为。本罪的构成要件如下：(1）本罪的客观方面表现为行为人实施了组织播放淫秽音像制品的行为。“组织播放”，是指通过筹划安排，聚集多人收听、收看淫秽音像制品。(2）本罪的主体为一般主体，既可以是个人，也可以是单位。(3）本罪的主观方面是故意，且行为人不具有牟利的目的。如果行为人以牟利为目的实施本罪行为，则应以传播淫秽物品牟利罪论处。(4）本罪的客体是社会主义道德风尚。

根据刑法第364条第2款至第4款和最高人民法院的司法解释②之规定，犯本罪组织播放淫秽的电影、录像等音像制品达15至30场以上或者造成恶劣社会影响的，处3年

① 参见1998年12月17日最高人民法院《关于审理非法出版物刑事案件具体应用法律若干问题的解释》第10条。
② 参见1998年12月17日最高人民法院《关于审理非法出版物刑事案件具体应用法律若干问题的解释》第10条。

以下有期徒刑、拘役或者管制，并处罚金；情节严重的，处 3 年以上 10 年以下有期徒刑，并处罚金。制作、复制淫秽的电影、录像等音像制品组织播放的，依照前述规定从重处罚。向不满 18 周岁的未成年人传播淫秽物品的，从重处罚。根据刑法第 366 条之规定，单位犯本罪的，对单位判处罚金，并对其直接负责的主管人员和其他直接责任人员，依照自然人犯本罪的规定处罚。

五、组织淫秽表演罪

组织淫秽表演罪，是指组织他人进行淫秽表演的行为。本罪的构成要件如下：(1) 本罪的客观方面表现为行为人实施了组织他人进行淫秽表演的行为。“组织”，是指为了进行淫秽表演而召集、聚合多人；“表演”，是指以体态动作表达色情意识，如跳裸体舞、进行性行为表演等。(2) 本罪的主体为一般主体，既可以是个人，也可以是单位。(3) 本罪的主观方面是故意，目的与动机不影响本罪的成立。(4) 本罪的客体是社会主义道德风尚。

根据刑法第 365 条之规定，犯本罪的，处 3 年以下有期徒刑、拘役或者管制，并处罚金；情节严重的，处 3 年以上 10 年以下有期徒刑，并处罚金。根据刑法第 366 条之规定，单位犯本罪的，对单位判处罚金，并对其直接负责的主管人员和其他直接责任人员，依照自然人犯本罪的规定处罚。

必要案例分析

1. 甲、乙二人自幼熟识，一天乙找到甲，交给甲 1 个纸包，里面有 2 万元现金，乙说在甲处暂放，甲问钱的来源，乙说是偷来的。数日后，乙又交给甲一个纸包，说是“白面”，找到买主就取走。后来乙听到公安禁毒行动的风声觉得放在甲处也不安全，于是托甲将纸包转交给乙的另外一个朋友丙代为保管数日，甲便为乙转交。数日后乙到丙处取回毒品。甲的行为构成何罪？

分析： 甲同时成立窝藏毒品罪、转移毒品罪和掩饰、隐瞒犯罪所得罪。

2. 2021 年 1 月 21 日下午 3 时许，辅警甲（男）在未说明其身份，也没出示证件的情况下，对停车场里被告乙（女）的车辆用手机拍摄采集信息（注：该车停在停车场标准车位内，处于车窗、门均为关闭的静止状态）。因被人拍摄，乙骂了一句。甲便用手机呼叫在附近执勤的警察前来处理。警察丙（男）等多人立即赶到现场围住乙的车，丙等着制服并说明是执行公务的警察，让乙下车接受处理。乙不肯开门下车，丙等拍打其车门并试图强行拉开车门。乙打开一点车门，生气地骂了丙等。丙等强行将手伸入车内，并将乙硬性拽到车外按倒在地。在此过程中，乙曾两次作出张口咬丙的样子，但因为其双手和身体已被控制，乙均不能咬到丙等人。乙的行为是否构成妨害公务罪或袭警罪？为什么？

分析： 乙的行为不成立妨害公务罪或袭警罪。(1) 案发之初，乙女并无任何违法行为，是辅警违规执法引起了冲突。(2) 后续民警违规粗暴执法行为，进一步造成了双方的对立冲突。(3) 乙女的行为不符合妨害公务罪的构成要件。分析如下：

一般情况下，妨害公务罪的核心客观要件表现为两个方面：一是行为人实施了暴力行为。所谓暴力，是指对公务人员捆绑、殴打、伤害等；二是威胁，是指行为人对前述工作人员进行精神强制，如以杀害、伤害相威胁，或者以毁坏财产、破坏名誉、揭露隐私等相恐吓等。

显然，本案被告人乙女并没有实施上述“暴力”和“威胁”行为。虽然，2020 年 1 月 10 日最高人民法院、最高人民检察院、公安部发布的《关于依法惩治袭警违法犯罪行为的指导意见》第 1 条规定，“实施撕咬、踢打、抱摔、投掷等，对民警人身进行攻击的”，属于妨害公务罪客观要件“暴力”的范畴，但对这里的“撕咬”，应当进行科学合理的界定或者必要的限缩解释，即“撕咬”应当是指实施了真实的撕咬行为，至少应当存在“撕咬”发生的现实可能性，绝不可以把不可能咬到人的张口比画也扩大解释为“撕咬”。

由于本案发生在《刑法修正案（十一）》生效（2021 年 3 月 1 日）之前，故不涉及袭警罪。我国刑法理论认为，“依法执行公务的对方（即被执行者如被逮捕者）实施的一般暴力、威胁行为，因为没有期待可能性，而不应认定为妨害公务罪。更不能将依法执行公务的对方所实施的摆脱、挣脱行为认定为妨害公务罪”①。上述观点，充分尊重了刑法的宽容性和谦抑性。本案中，乙女作出的要“咬人”动作，是在民警对其实施强制传唤时，在被民警侵入车内拽扯过程中，为摆脱、挣脱控制而作出的“挣脱”动作，是其作出的应激反应，完全没有期待可能性可言，因而，乙女的行为不应被认定为妨害公务罪。

3. 甲某晚从公安部门偷到一套警服、3 000 元人民币和一包可卡因（50 克许）。此后，甲的好友乙提出和甲一起去弄点钱花。甲便拿出偷来的可卡因让乙去卖钱。乙照办。此后不久，甲又让乙穿上自己偷来的警服扮成警察到洗浴中心、发廊等场所以进行治安检查为由收取罚款。乙又照办，并向有关场所收取了五千多元罚款。

分析：甲独自实施的盗窃行为构成盗窃罪。其让乙出卖可卡因的行为与乙构成共同犯罪，即甲与乙共同构成贩卖毒品罪。其中，甲为教唆犯，乙为实行犯。甲让乙冒充警察以治安检查为由收取罚款的行为，构成共同犯罪，即甲、乙共同构成冒充国家机关工作人员招摇撞骗罪，甲为教唆犯，乙为实行犯。

4. 某国间谍戴某，结识了我国某国家机关机要员黄某。戴某谎称来华投资建厂需了解政策动向，让黄某借工作之便为其搞到密级为“机密”的《内参报告》四份。戴某拿到文件后送给黄某一部手机，并为其子前往某国留学提供了 6 万元资金。对黄某的行为如何定罪处罚？

分析：黄某的行为构成为境外窃取、刺探、收买、非法提供国家秘密、情报罪与受贿罪，应数罪并罚。

5. 医生甲退休后，擅自为人看病 2 年多。某日，甲为乙治疗，需注射青霉素。乙自述以前曾注射过青霉素，甲便未做皮试就给乙注射青霉素，乙因青霉素过敏而死亡。甲的行为如何定性？

① 张明楷：《刑法学》(下)，6 版，1354 页，北京，法律出版社，2021。

分析：甲的行为应以非法行医罪的结果加重犯论处。

6. 2018年5月28日，被告人侯某元、刘某祈在我国台湾地区受人指派，带领被告人刘某民、蔡某彦等进入大陆到银行办理银行卡，用于电信网络诈骗等违法犯罪活动。刘某民、蔡某彦明知开办的银行卡可能用于电信网络诈骗等犯罪活动，但为了高额回报，依然积极参加。当日下午，四人抵达杭州机场，后乘坐高铁来到金华市区并入住酒店。当晚，侯某元、刘某祈告知其他人办理银行卡时谎称系来大陆投资，并交代了注意事项及具体操作细节。5月29日上午，在金华多家银行网点共开办了12张银行卡，并开通网银功能。另，2018年5月14日至18日，被告人侯某元、刘某祈以同样的方式在金华市区义乌两地办理银行卡，并带回台湾地区。被告人侯某元、刘某祈、蔡某彦、刘某民的行为如何定性？

分析：被告人侯某元、刘某祈、蔡某彦、刘某民明知开办的银行卡可能用于实施电信网络诈骗等犯罪行为，仍帮助到大陆开办银行卡，情节严重，其行为均已构成帮助信息网络犯罪活动罪。

7. 被告人付某、黄某等人租赁多台服务器，使用恶意代码修改互联网用户路由器的DNS设置，进而使用户登录“2345.com”等导航网站时跳转至其设置的“5w.com”导航网站，被告人付某、黄某等人再将获取的互联网用户流量出售给杭州某科技有限公司（系“5w.com”导航网站所有者），违法所得合计人民币754 762.34元。被告人付某、黄某的行为如何认定？

分析：被告人付某、黄某实施的是流量劫持中的“DNS劫持”（DNS是域名系统的英文首字母缩写，作用是提供域名解析服务。“DNS劫持”通过修改域名解析，使对特定域名的访问由原IP地址转入到篡改后的指定IP地址，导致用户无法访问原IP地址对应的网站或者访问虚假网站，从而实现窃取资料或者破坏网站原有正常服务的目的）。二被告人付某、黄某使用恶意代码修改互联网用户路由器的DNS设置，将用户访问“2345.com”等导航网站的流量劫持到其设置的“5w.com”导航网站，并将获取的互联网用户流量出售，显然是对网络用户的计算机信息系统功能进行破坏，造成计算机信息系统不能正常运行，符合破坏计算机信息系统罪的客观行为要件。

8. 2020年2月1日，谢某在江西省某村防疫检查站不服管理，不戴口罩、不下车登记，拒绝接受防疫检查，还与工作人员争吵。工作人员甲为了阻止谢某驾车逃走，便把自己的车开到路中间挡住谢某的车，谢某接着连续三次开车撞击甲的车，后经鉴定，谢某的行为造成甲车价值9 000多元的损失。谢某的行为如何定性？为什么？

分析：谢某的行为同时触犯了刑法第275条（故意毁坏财物）和第293条第1款第3项（故意损毁财物的寻衅滋事）的规定，属于法条竞合。对此应按照从一重罪处断原则来处理。比较该两个条文的处罚幅度，按照寻衅滋事罪认定更合适。

第八章
贪污贿赂罪

第一节 贪污贿赂罪概述

贪污贿赂罪是指国家工作人员利用职务便利，贪污、挪用公共财物，或者索取、收受贿赂，或者不履行法定财产申报、境外存款申报等义务，侵犯职务行为的廉洁性、不可收买性的行为。此外，作为与上述国家工作人员的受贿行为相对应的对向行为或者其他紧密相连的行为还包括行贿罪、单位行贿罪、对单位行贿罪、介绍贿赂罪、利用影响力受贿罪等，一并规定在本章之中。

在1979年刑法中，贪污罪被规定在侵犯财产罪中，贿赂罪被规定在渎职罪中。现行刑法为了凸显贪污贿赂罪的严重侵害性，尽管也涉及对财产法益的侵害，但考虑到其行为侵害法益的同类性，即其侵害法益均包括职务行为的廉洁性和职务行为的不可收买性，因而将其作为独立一章加以规定。

本章规定之罪的主体，大体分为三种：其一，只能由自然人构成，例如贪污罪、挪用公款罪、受贿罪、巨额财产来源不明罪、隐瞒境外存款罪、行贿罪、介绍贿赂罪、利用影响力受贿罪；其二，只能由单位构成，例如单位受贿罪、单位行贿罪、私分国有资产罪、私分罚没财物罪，不过单位行贿罪为两罚的规定，而后两者则为单罚的规定，即仅仅处罚直接负责的主管人员和其他直接责任人员；其三，可以由自然人，也可以由单位构成的犯罪，例如对有影响力的人行贿罪、对单位行贿罪。①

---

① 实际上，将受贿罪区分为受贿罪和单位受贿罪，将行贿罪区分为行贿罪、单位行贿罪、对单位行贿罪，并无适用的积极意义，而仅仅在于形式上相应法条对其法定刑的分别规定；在立法论上，对相类似行为，仅仅因为行为主体或行为对象的区别，而规定差异巨大的刑罚，其合理性也很难予以肯定。在某种意义上，例如单位受贿罪的社会影响及其危害可能远远大于自然人受贿罪的社会影响及其危害。

在贪污贿赂罪中，主要的主体为国家工作人员，对此需深入理解。刑法第 93 条规定，本法所称国家工作人员，是指国家机关中从事公务的人员。国有公司、企业、事业单位、人民团体中从事公务的人员和国家机关、国有公司、企业、事业单位委派到非国有公司、企业、事业单位、社会团体从事公务的人员，以及其他依照法律从事公务的人员，以国家工作人员论。按照这一规定，国家工作人员分为两种，即国家机关工作人员和准国家工作人员，前者为典型的国家工作人员。

一、国家机关工作人员的范围

就前者而言，首要的问题是界定国家机关的范围。通常所称国家机关包括依照宪法规定设立的各级国家权力机关、行政机关、监察机关、司法机关和军事机关，在上述机关从事公务的人员即为国家机关工作人员。同时，在乡（镇）以上中国共产党机关、人民政协机关中从事公务的人员，也应当被视为国家机关工作人员。

2002 年 12 月 28 日全国人大常委会《关于〈中华人民共和国刑法〉第九章渎职罪主体适用问题的解释》做了进一步的明确规定：在依照法律、法规规定行使国家行政管理职权的组织中从事公务的人员，或者在受国家机关委托代表国家机关行使职权的组织中从事公务的人员，或者虽未列入国家机关人员编制但在国家机关中从事公务的人员，在代表国家机关行使职权时，有渎职行为，构成犯罪的，依照刑法关于渎职罪的规定追究刑事责任。由于渎职罪尤其是滥用职权罪、玩忽职守罪的主体就是国家机关工作人员，因而，尽管这一解释是针对渎职罪的主体所作出，但在司法实践中，在包括贪污贿赂罪等其他犯罪中，上述人员也应被视为国家机关工作人员。这一立法解释所明确的结论，应当被认为属于对“国家机关中从事公务的人员”的合理扩张解释，即明确下述两点结论：

第一，所谓的国家机关除了法律、法规规定行使国家行政管理职权的组织，还应当包括那些不属于上述范围，但受国家机关委托代表国家机关行使职权的组织，因此在此类组织中从事公务的人员属于国家机关工作人员。不过需要明确的是，此类人员的身份确定首先需要机构职能的确定，即只有先确定此类组织属于受国家委托代表国家机关行使职权，然后才能确定组织内工作人员的身份，不应当脱离组织职能的确定径行认定内部人员的身份。

第二，认定在国家机关工作的人员是否属于国家机关工作人员，不应拘泥于其是否列入国家机关工作人员编制，应当重点考察其是否在国家机关中从事公务。

考虑到我们国家行政管理职权配置的特殊性，一系列的司法解释性文件在前述立法解释之前或之后，实际上也已陆续明确了这一结论，例如认定中国证券监督管理委员会、中国保险监管管理委员会的干部应视为国家机关工作人员①；属行政执法事业单位的镇财政所中按国家机关在编干部管理的工作人员，在履行政府行政公务活动中，以国家机关

---

① 不过，根据 2018 年《国务院机构改革方案》，中国保险监督管理委员会职责由国务院直属事业单位中国银行保险监督管理委员会承担，后者的干部也就同样应被视为国家机关工作人员。

工作人员论；企业事业单位的公安机构在机构改革过程中虽尚未列入公安机关建制，但其工作人员在行使侦查职责时，以国家机关工作人员论；海事局负责行使国家水上安全监督和防止船舶污染及海上设施检验、航海保障的管理职权，是国家执法监督机构，海事局及其分支机构工作人员在从事上述公务活动中，以国家机关工作人员论，等等。[①] 2012年12月7日最高人民法院、最高人民检察院《关于办理渎职刑事案件适用法律若干问题的解释（一）》第7条亦作如是规定。

因此，尽管我国刑法立法中并没有"以国家机关工作人员论"的规定，但从目前的立法解释和司法解释上看，国家机关工作人员实际上已分为两类，一类是典型的国家机关工作人员，另一类是准国家机关工作人员，即"以国家机关工作人员论"的人员。做这样的区分，是要将后者和"以国家工作人员论"的人员即准国家工作机关工作人员和准国家工作人员进行一定区别，在特定犯罪的主体必须为国家机关工作人员时，无论在理论上还是在实践中均应将准国家机关工作人员包括在内，但准国家工作人员则不能构成该罪。

二、准国家工作人员的范围

所谓准国家工作人员，是指以国家工作人员论的主体。具体包括：

（1）国有公司、企业、事业单位、人民团体中从事公务的人员。国有公司、企业、事业单位是指由国家投资，其财产归国家所有，以实现国家利益为目标而建立的组织。所谓人民团体，是指其最高领导机关的成立及其活动经费享受国家财政拨款的单位。

（2）国家机关、国有公司、企业、事业单位委派到非国有公司、企业、事业单位、社会团体从事公务的人员。所谓委派，即委任、派遣，其形式多种多样，如任命、指派、提名、批准等。不论被委派的人身份如何，只要是接受国家机关、国有公司、企业、事业单位委派，代表国家机关、国有公司、企业、事业单位在非国有公司、企业、事业单位、人民团体中从事组织、领导、监督、管理等公务性质的工作，都应当备认定为国家机关、国有公司、企业、事业单位委派到非国有公司、企业、事业单位、社会团体从事公务的人员。如国家机关、国有公司、企业、事业单位委派在国有控股或者参股的股份有限公司从事组织、领导、监督、管理等工作的人员，应当以国家工作人员论。不过，对于这一认定，必要的、合法的委派程序不可缺少。

国有公司、企业改制为股份有限公司后，原国有公司、企业的工作人员和股份有限公司新任命的人员中，除代表国有投资主体行使监督、管理职权的人外，不以国家工作人员论。当然，国家机关、国有公司、企业委派到非国有公司、企业从事公务但尚未依

---

① 不过在2002年对这一问题作出立法解释之前，也有的批复采取了另外的逻辑，例如2000年10月9日最高人民检察院《关于合同制民警能否成为玩忽职守罪主体问题的批复》认为，合同制民警在依法执行公务期间，属其他依照法律从事公务的人员；同年10月31日最高人民检察院《关于属工人编制的乡（镇）工商所所长能否依照刑法第397条的规定追究刑事责任问题的批复》认为，经人事部门任命，但为工人编制的乡（镇）工商所所长，依法履行工商行政管理职责时，属其他依照法律从事公务的人员，应以国家机关工作人员论。按照后来的立法解释，这一结论并无不妥，不过其论证的逻辑和拟制的过程却显然存在问题：按照刑法第93条第2款规定，"其他依照法律从事公务的人员"恰恰不属于第1款所规定的国家机关工作人员范围，而属于准国家工作人员范畴，而前述立法解释则直接将其规定为准国家机关工作人员。

照规定程序获取该单位职务的人员，涉嫌职务犯罪时，也应当视为“国家机关、国有公司、企业委派到非国有公司、企业、事业单位、社会团体从事公务的人员”。

另外，在国家出资企业即国家出资的国有独资公司、国有独资企业，以及国有资本控股公司、国有资本参股公司中，经国家机关、国有公司、企业、事业单位提名、推荐、任命、批准等，在国有控股、参股及其分支机构中从事公务的人员，应当认定为国家工作人员，具体的任命机构和程序不影响国家工作人员的认定。经国家出资企业中负有管理、监督国有资产职责的组织批准或者研究决定，代表其在国有控股、参股公司及其分支机构中从事组织、领导、监督、经营、管理工作的人员，应当认定为国家工作人员。国家出资企业中的国家工作人员，在国家出资企业中持有个人股份或者同时接受非国有股东委托的，不影响其国家工作人员身份的认定。

(3) 其他依照法律从事公务的人员。此类人员应当符合两个特征：一是在特定条件下行使国家管理职能；二是依照法律规定从事公务。具体包括：1) 依法履行职责的各级人民代表大会代表；2) 依法履行审判职责的人民陪审员；3) 协助乡镇人民政府、街道办事处从事行政管理工作的村民委员会、居民委员会等农村和城市基层组织人员；4) 其他由法律授权从事公务的人员。因此，村民委员会等村基层组织人员协助人民政府从事救灾、抢险、防汛、优抚、扶贫、移民、救济款物的管理，社会捐助公益事业款物的管理，国有土地的经营和管理，土地征用补偿费用的管理，代征、代缴税款，有关计划生育、户籍、征兵工作以及协助人民政府从事其他行政管理工作时，就属于其他依照法律从事公务的人员。

无论是国家机关工作人员还是准国家工作人员，其本质特征就是从事公务，即代表国家机关、国有公司、企业、事业单位、人民团体等履行组织、领导、监督、管理等职责。公务主要表现为与职权相联系的公共事务以及监督、管理国有财产的职务活动。如国家机关工作人员依法履行职责，国有公司的董事、经理、监事、会计、出纳人员等管理、监督国有财产等活动，即属于公务。但是，是否认定为国家工作人员，并不根本性地取决于其所在的单位是否为国有性质，也并不根本性地取决于其个人所具有的所谓编制问题，而在于其是否代表国有单位从事上述公务。因此，例如那些不具备职权内容的劳务活动、技术服务工作，如售货员、售票员等所从事的工作，一般不认为是公务。

需要注意的是，行为人通过伪造国家机关公文、证件担任国家工作人员职务后，利用职务上的便利实施侵占本单位财物、收受贿赂、挪用本单位资金等行为的，仍应构成国家工作人员，其行为应当分别按照伪造国家机关公文、证件罪和相应的贪污罪、受贿罪、挪用公款罪等追究刑事责任，实行数罪并罚。

第二节　贪污贿赂罪分述

一、贪污罪

（一）概念与构成

贪污罪是指国家工作人员利用职务上的便利，侵吞、窃取、骗取或者以其他手段非法占有公共财物的行为。受国家机关、国有公司、企业、事业单位、人民团体委托管理、经营国有财产的人员，利用职务上的便利，侵吞、窃取、骗取或者以其他手段非法占有国有财物的，以贪污论。

（1）本罪的客观方面。关于典型的贪污罪，其客观要件为：利用职务上的便利，侵吞、窃取、骗取或者以其他手段非法占有公共财物的行为。而关于拟制的贪污罪，其客观要件则是指相应主体利用职务上的便利，侵吞、窃取、骗取或者以其他手段非法占有国有财物的行为。

首先，构成本罪必须利用职务上的便利，即利用职务上主管、管理、经手公共财物或者国有财物的权力及方便条件。主管主要是指负责调拨、处置及其他支配公共财物或国有财物的职务活动；管理是指负责经营、保管、监管、处理公共财物或国有财物的职务活动；经手是指领取、支出等经办公共财物或国有财物的职务活动。利用职务上的便利是贪污罪区别于普通的侵犯财产法益的犯罪而具有渎职性的本质要素，所以仅仅利用与职务无关的其他便利，例如因为工作关系方便出入、熟悉环境等非法占有财物的，不应成立贪污罪。因此，区分行为人是否利用职务上的便利，就成为界限性的区别特征之一。

其次，必须实施了侵吞、窃取、骗取或者以其他手段非法占有公共财物的行为。侵吞是将自己因职务便利而占有、经手的财物非法占有。刑法第 394 条规定，国家工作人员在国内公务活动或者对外交往中接受礼物，依照国家规定应当交公而不交公，数额较大的，以贪污罪论处。这样的行为实际上亦属于侵吞。窃取是指利用职务的便利以平稳方式转移公共财物的占有。对于窃取和侵吞的区别，有的认为在于手段的秘密性或公开性，有的则认为在于窃取只能针对其保管的公共财物，而侵吞则针对为行为人合法占有的、应当上交或者下发的财物，因此侵吞局限于监守自盗的情形。但是从占有是否转移的角度区别侵吞和窃取的观点更为合理，且通常所谓的监守自盗情形下的占有转移行为所针对的对象也是行为人合法控制的公共财物，所以应当认为对于自己占有、管理的财物以所有之意进行处分的，实际上属于侵吞而非窃取的观点。不过，无论是侵吞还是窃取，在构成贪污罪的意义上，其区分并不具有实践意义。所谓骗取是指利用职务上的便利，采取欺骗手段，通过具有处分权的公共财务管理人、经手人、支配人等产生认识错误而处分并将其交付给行为人而达到对公共财物的占有，例如刑法第 183 条第 2 款所规定的，国有保险公司工作人员和国有保险公司委派到非国有保险公司从事公务的人员，利用职务上的便利，故意编造未曾发生的保险事故进行虚假理赔，骗取保险金归自己所有的，认定构成贪污罪。另外，多报销差旅费用骗取公款，也应当认为构成贪污罪而不应构成诈骗罪，在此，利用的职务上的便利应当是指经手差旅费用的报销的便利。所谓其他手段则是指除侵吞、窃取、骗取以外的其他利用职务便利的手段，例如挪用公款携款潜逃的，也应以贪污罪论处。

再次，行为人必须非法占有了相应公共财物。这种非法占有可以是占为己有，也可以为第三者所不法占有；可以最一般性地表现为行为人在事实上对财物的支配和控制，也可以表现为行为人事实上并未控制财物的使用，但在法律上却已经将该财物占有，例如在房屋仍然为单位所使用的情况下，将其登记为自己所有的情形；可以表现为行为人在事实上或者法律上以所有人的名义对公共财物的处分。当然，需要强调的是，占有公共财物必须与其本人的职务便利具有关联，但是否要求直接性或支配性，则仍存在商榷余地，例如有的学者认为只有当国家工作人员基于职务直接管理（占有）公共财物，或者基于职务对公共财物具有支配权、决定权，或者对具体支配财物的人员出于领导、指示、支配地位，进而利用职务便利的，才能认定成立贪污，因此乡镇领导利用职务上的便利，骗取县市财政经费据为己有的，应认定成立诈骗罪而非贪污罪。[①] 但这样的观点可能导致忽略了对职务便利利用的刑法评价，产生了贪污罪过度的限缩效果[②]，因此，应当理解本人职务便利和公共财物的占有具有职权的关联性或者过程和环节意义上的主管、管理、经手即可，而并不要求具有前述这样一种直接性。

贪污罪的典型对象是公共财物，即刑法第 91 条所规定的财物。不过，按照刑法第 382 条第 2 款的规定，受国家机关、国有公司、企业、事业单位、人民团体委托管理、经营的人员成立贪污罪，必须非法占有其管理、经营的国有财物。因此，对于贪污罪而言，其认定过程中至关重要的一个问题就是必须认定该财物的属性。同时，该公共财物对于行为人而言，属于其职务所对应的单位所占有的财物。虽然刑法的规定并未明确贪污罪的对象必须是本单位的公共财物或者国有财物，但是考虑到行为人所利用的职务总是具有一定的单位属性或者范围限制，财物也应当具有一定的单位属性或者范围限制，同时考虑到刑法第 271 条规定职务侵占罪的对象仅限于本单位财物，因此，相对应的，贪污罪的对象并不是所有公共财物或者国有财物，而必须是本单位的公共财物或者国有财物。因此，冒用本单位名义，对外以其单位名义索取贿赂的，实际为个人所占有的，也不构成对相应贿赂款项的贪污。现在实践的趋势似乎有将财产性利益认定属于公共财物的倾向[③]，不过这一观点仍然有待继续观察。在传统财产罪中，财物对象日益被认为应当包括财产性利益，在贪污罪中也没有必要对财物范围做过多限制，不过在具体案件中例如贪污对象究竟是财产性利益还是土地仍然值得讨论。

最后，行为人非法占有财物必须数额较大或者有其他较重情节。贪污公共财物数额较小且情节较轻的，不按照贪污罪论处，可以由其所在单位或者上级主管机关酌情给予行政处分。按照刑法第 383 条以及 2016 年 4 月 18 日公布的最高人民法院、最高人民检察院《关于办理贪污贿赂刑事案件适用法律若干问题的解释》（以下简称《办理贪污贿赂解释》）的规定，贪污罪的定罪标准实际上分为两个。其一，数额标准。考察其数额是否达到 30 000 元，30 000 元即为其数额较大的标准，对多次贪污未经处理的，按照累计贪污数额处罚。[④] 其二，情节标准。贪污数额在 10 000 元以上不满 30 000 元，具有下列情形之一的，应当认定为刑法第 383 条第 1 款规定的“其他较重情节”，成立贪污罪：

---

① 参见张明楷：《刑法学》（下），6 版，1558 页，北京，法律出版社，2021。

② 当然，对于贪污罪和盗窃罪、诈骗罪之间的区分以及相互适用范围确定的正当性、合理性，仍然值得我们深入讨论。

③ 例如 2012 年 9 月 18 日最高人民法院《关于发布第三批指导性案例的通知》（指导案例 11 号：杨某虎等贪污案）。

④ “未经处理”应当是指多次贪污未经行政处罚处理的。这一规定同刑法第 153 条第 3 款“对多次走私未经处理的，按照累计走私货物、物品的偷逃应缴税额处罚”。

1）贪污救灾、抢险、防汛、优抚、扶贫、移民、救济、防疫、社会捐助等特定款物的；2）曾因贪污、受贿、挪用公款受过党纪、行政处分的；3）曾因故意犯罪受过刑事追究的；4）赃款赃物用于非法活动的；5）拒不交待赃款赃物去向或者拒不配合追缴工作，致使无法追缴的；6）造成恶劣影响或者其他严重后果的。因此，虽然不能简单地认为贪污罪是数额犯，不过很明显，即使在认定情节严重成立贪污罪时，一定的数额也仍然是成立犯罪的基础。不仅贪污受贿罪的定罪标准，其加重量刑的标准，同样也坚持了这种数额加情节的标准。当然学理上也有主张只要具有较重情节，即使取得财物尚未超过1万元的，也可以成立贪污罪既遂，不过考虑到适用上的平衡性和范围的适当限缩，一定数额和加重情节的结合仍然具有其合理性。

上述情节中，需要予以说明的是：

1）曾因贪污、受贿、挪用公款受过党纪、行政处分的，不论该违法违纪行为发生的时间，均可纳入情节之考量，并且其已经处分的违法违纪行为所涉金额，在未超过追诉时效的前提下，仍应累计计算，并不违反重复评价之禁止原则。

2）曾因故意犯罪受过刑事追究的，并不受故意犯罪之罪名的限制，换言之，即使所犯故意犯罪与贪污受贿等职务犯罪无关的，也应当纳入情节之考量。所谓受过刑事追究，不仅仅局限于定罪处刑的判决，也应当包括按照《刑事诉讼法》第177条第2款“对于犯罪情节轻微，依照刑法规定不需要判处刑罚或者免除刑罚的，人民检察院可以作出不起诉决定”的情形，还包括人民法院所作出的定罪免刑判决。不过，在因故意犯罪受过刑事追究而具有较重情节从而成立本罪场合，即使前罪后罪之间的关系符合累犯规定，考虑到这一情节已经作为定罪情节加以使用评价，因此不应同时再认定成立累犯。

3）所谓赃款赃物用于非法活动的，应当是指贪污所得的赃款赃物直接用于非法活动，而不应包括赃款在和其他款项混同后，间接用于非法活动的场合，否则容易造成范围过于扩张。对此在解释上还是应该有所限缩，避免非法活动范围过大，使数额限制失去定罪原则性标准的意义。

4）前述较重情节中“等特定款物”应当作谨慎的扩张解释，与包括救灾款物在内的明确规定的9种款物具有类似性质的款物的，也应纳入情节考量范围，例如1999年最高人民检察院《关于人民检察院直接受理立案侦查案件立案标准的规定（试行）》中所规定赃款赃物、罚没款物、暂扣款物等款物的，也应当属于该“等特定款物”的范畴之内。

（2）本罪的主体包含典型主体和拟制主体两类：对于典型的贪污罪而言，本罪主体是国家工作人员，但是按照刑法第382条第2款的规定，受国家机关、国有公司、企业、事业单位、人民团体委托管理、经营的人员利用职务上的便利非法占有其管理、经营的国有财物的，也构成贪污罪。这一规定主要是为了加强对国有财物的保护，由于仅仅存在着委托关系，因而不能认为他们属于国家工作人员，这一规定也仅仅是拟制的规定，因此此类主体只能构成贪污罪，而不能构成其他需要国家工作人员主体身份的职务犯罪。认定时，需要注意：其一，被委托人原先并非管理、经营国有财产的人员；其二，委托单位只能是国家机关、国有公司、企业、事业单位、人民团体；其三，委托关系必须是基于合法的承包、租赁、聘用等管理、经营国有财产而建立的。理论上，只要至少存在着国有单位的合法聘任或者雇用，就可以被认为存在着对国有财物的管理、经营，因而均应构成贪污罪而非职务侵占罪。此外，委托管理的对象必须是国有财物。

（3）本罪的主观要件是故意，并以非法占有为目的。考虑到贪污罪是一种以非法占有为目的的财产性职务犯罪，因而单纯出于毁坏的故意，将财物加以占有然后直接予以毁坏的行为，并不构成贪污罪。按照其主体是否为国家机关工作人员，区别地认定构成滥用职权罪和故意毁坏财物罪、破坏生产经营罪等。但在犯意转化的情况下，即先有占有的故意实施了贪污的行为，然后以毁灭罪证为目的而毁坏公共财物的，仍然构成贪污罪。

（4）本罪的客体除职务行为的廉洁性外，还侵犯了公共财物的所有权。

（二）司法认定与刑事处罚

1. 司法认定

（1）贪污罪和职务侵占罪的界限。两者的区别主要表现在：首先，主体身份不同，前者的主体必须是国家工作人员和受国家机关、国有公司、企业、事业单位、人民团体委托管理、经营国有财产的人员，而后者的主体则是除上述人员以外的公司、企业或其他单位的人员。刑法第 271 条第 2 款仅仅将国有公司、企业或者其他国有单位中从事公务的人员和国有公司、企业或者其他国有单位委派到非国有公司、企业以及其他单位从事公务的人员有前款行为的，规定为构成贪污罪，但是该规定显然未将“受国家机关、国有公司、企业、事业单位、人民团体委托管理、经营国有财产的人员”排除在外。虽然仅仅是一个注意规定，但仍然可以认为这一规定是不严谨的。况且，国有公司、企业或者其他国有单位中的工作人员，即使并未从事公务，但是由于其管理、经营的均为国有财物，因而按照刑法第 382 条第 2 款均得以构成贪污罪，而刑法第 271 条第 2 款却强调其必须具备从事公务特征，显然与第 382 条第 2 款相矛盾。在这一点上，刑法第 183 条第 2 款则明确规定，国有保险公司工作人员和国有保险公司委派到非国有保险公司从事公务的人员有前款行为的，构成贪污罪，其并未强调国有保险公司工作人员必须从事公务才能构成贪污罪，这一规定同刑法第 382 条第 2 款的规定是相符的。

其次，前者的对象只能是公共财物，尤其是国有财物；而后者的对象包括公共财物，但实践中主要还是私营公司、企业的财物等。

在司法实践中成为问题的主要是：第一，上述贪污罪主体同其他无身份者共同非法占有公共财物的行为如何定性？按照 2000 年 6 月 30 日最高人民法院《关于审理贪污、职务侵占案件如何认定共同犯罪几个问题的解释》的规定，行为人与国家工作人员勾结，利用国家工作人员的职务便利，共同侵吞、窃取、骗取或者以其他手段非法占有公共财物的，以贪污罪共犯论处。第二，贪污罪主体和公司、企业或者其他单位的人员共同非法占有本单位财物的如何定性？按照上述司法解释，公司、企业或者其他单位中，不具有国家工作人员身份的人与国家工作人员勾结，分别利用各自的职务便利，共同将本单位财物非法占为己有的，按照主犯的犯罪性质定罪。司法实践中，如果根据案件的实际情况，各共同犯罪人在共同犯罪中的地位、作用相当，难以区分主从犯的，可以贪污罪定罪处罚。

不过，这一解释同样忽略了贪污罪中拟制主体的存在，另外，在无身份者利用国家工作人员职务便利的场合可以构成贪污罪的前提下，公司、企业或者其他单位中不具有国家工作人员身份的人虽然利用自身的职务便利，但是在与国家工作人员共同占有公共财物的过程中，至少同时构成了贪污罪的共犯，应当按照想象竞合的原则，按照重罪即贪污罪论处，上述解释的结论值得商榷。

（2）贪污罪既遂与未遂的认定。贪污罪是一种以非法占有为目的的财产性职务犯罪，应当以行为人是否实际控制财物作为区分贪污罪既遂和未遂的标准。对于行为人利用职务上的便利，实施了虚假平账等贪污行为，但公共财物尚未实际转移，或者尚未被行为人控制就被查获的，应当认定为贪污未遂。行为人控制公共财物后，是否将财物据为己有，不影响贪污既遂的认定。实践中，国家工作人员出于贪污、受贿故意，非法占有公共财物、收受他人财物之后，将赃款赃物用于单位公务支出或者社会捐赠的，不影响贪污罪、受贿罪的认定，但量刑时可以酌情考虑。

2. 刑事处罚

根据刑法第 383 条以及前述解释的规定，犯贪污罪的，应当根据数额大小及其他情节轻重分别处罚：

（1）贪污数额较大或者有其他较重情节的，处 3 年以下有期徒刑或者拘役，并处罚金。

（2）贪污数额巨大或者有其他严重情节的，处 3 年以上 10 年以下有期徒刑，并处罚金或者没收财产。在此，数额巨大的标准为 20 万元以上不满 300 万元。同时，具有《办理贪污贿赂解释》第 1 条所规定的六种较重情节之一，成立上述加重犯的数额标准则有所降低，即贪污数额在 10 万元以上不满 20 万元的，就成立刑法第 383 条“有其他严重情节的”情形。

（3）贪污数额特别巨大或者有其他特别严重情节的，处 10 年以上有期徒刑或者无期徒刑，并处罚金或者没收财产；数额特别巨大，并使国家和人民利益遭受特别重大损失的，处无期徒刑或者死刑，并处没收财产。按照前述《办理贪污贿赂解释》，贪污数额在 300 万元以上，应当认定为刑法第 383 条第 1 款的“数额特别巨大”。同样道理，贪污数额在 150 万元以上不满 300 万元，具有前述解释中规定的六种加重情节之一的，则应当认为刑法第 383 条第 1 款所规定的“其他特别严重情节”。

（4）贪污数额特别巨大，犯罪情节特别严重、社会影响特别恶劣、给国家和人民利益造成特别重大损失的，可以判处死刑。需要注意的是，符合上述情形的案件中，死刑也仍然是选择性而并非强制性的。同时，按照刑法第 383 条第 4 款的规定，行为人被判处死刑缓期执行的，人民法院根据犯罪情节等情况可以同时决定在其死刑缓期二年执行期满依法减为无期徒刑后，终身监禁，不得减刑、假释。这一终身监禁的判决应当是在宣判死刑缓期执行的同时作出，而不是在死缓减刑时作出。同时，对于符合前述规定的可以判处死刑的情形，但具有自首、立功，如实供述自己罪行、真诚悔罪、积极退赃，或者避免、减少损害结果的发生等情节，不是必须立即执行的，可以判处死刑缓期二年执行。这些规定总体上说明，即使在不判处死刑立即执行的场合，法官在考虑判处死刑缓期二年执行时，应当首先考虑适用单纯的死刑缓期二年执行，而并不是将附裁终身监禁的死刑缓期二年执行作为首选，换言之，并不是所有贪污受贿犯罪被判处死刑缓期二年执行的都要终身监禁，应由人民法院根据其所实施犯罪的具体情节等情况综合考虑。只有在死缓不能充分评价行为人的刑事责任时，才能另外附加裁判终身监禁。换言之，此种终身监禁的严厉性介于一般死缓的与死刑立即执行的之间，其适用同样需要严格控制。

另外，刑法第 50 条规定，判处死刑缓期执行的，在死刑缓期执行期间，如果没有故意犯罪，二年期满以后，减为无期徒刑；如果确有重大立功表现，二年期满以后，减为 25 年有期徒刑。也就是，死缓减刑的后果分为两种：或者减为无期徒刑，或者减为 25 年有期徒刑。因此，必须明确的是：在判处贪污受贿罪犯死缓并判处不得减刑、假释的终身监禁时，按照刑法第 383 条规定，该终身监禁仅仅针对死刑缓期二年执行期满依法减为无期徒刑后的情形处理。换言之，判处死刑缓期二年执行同时附加判处终身监禁的罪犯，基于死缓执行期间的重大立功事实而在死缓执行二年期满之后，减为 25 年有期徒刑，此时则不受刑法第 383 条第 4 款的限制，可以减刑、假释。这样处理既符合刑法规范的表述，也可以鼓励罪犯通过重大立功换取减刑、假释。

关于贪污罪、受贿罪的财产刑，按照前述《办理贪污贿赂解释》，对因贪污罪、受贿罪判处 3 年以下有期徒刑或者拘役的，应当并处 10 万元以上 50 万元的罚金；判处 3 年以上 10 年以下有期徒刑的，应当并处 20 万元以上犯罪数额 2 倍以下的罚金或者没收财产；判处 10 年以上有期徒刑或者无期徒刑的，应当并处 50 万元以上犯罪数额 2 倍以下的罚金或者没收财产。

在共同犯罪场合，个人贪污数额的认定，应当根据其在共同犯罪中的地位加以决定，不能把共同贪污的全部数额笼统地作为贪污数额予以认定，也不能单纯地将分赃数额作为贪污数额，而应当是指在共同贪污犯罪案件中，其个人所参与或者组织、指挥共同贪污的数额。因此，首要分子应当对贪污犯罪集团涉及的所有数额承担责任，主犯则应当对其所参与的贪污行为的全部数额负责，从犯也是对其所实际参与的贪污行为的数额负责，并依照刑法第 27 条第 2 款的规定从轻、减轻处罚或者免除处罚。

二、挪用公款罪

（一）概念与构成

国家工作人员利用职务上的便利，挪用公款归个人使用，进行非法活动的，或者挪用公款数额较大、进行营利活动的，或者挪用公款数额较大、超过 3 个月未还的，是挪用公款罪。

（1）挪用公款罪的客观方面：国家工作人员利用职务上的便利挪用公款归个人使用。根据其用途，又分为三种情形：其一，挪用公款进行非法活动；其二，挪用公款进行营利活动，数额较大的；其三，挪用公款进行营利活动、非法活动以外的活动，数额较大，挪用时间超过 3 个月。

1）本罪的对象原则上必须是公款，但当挪用对象为救灾、抢险、防汛、优抚、扶贫、移民、救济款物时，则并不局限于公款。另外，失业保险基金和下岗职工基本生活保障资金属于救济款物，对其挪用一样可以构成本罪。挪用上述特定款物以外的非特定公物归个人使用的，不构成挪用公款罪。如果构成其他犯罪的，依照刑法的相关规定定罪处罚。当然，公款并非局限于现金，公有或者本单位的资金、国库券等也都属于公款。挪用金融凭证、有价证券用于质押，而使公款处于风险之中，同挪用公款为他人提供担保没有实质差别，也构成挪用公款罪，挪用的数额以实际或者可能承担的风险数额认定。另外，公款并不一定必须是行为人所在单位的公款，这一点同挪用资金罪的对象必须是本单位资金略有不同，例如国有单位领导利用职务上的便利指令具有法人资格的下级单位将公款挪归个人使用的，也属于挪用公款行为。

需要注意的是，单纯挪用特定款物以外的公物并不构成本罪，但是挪用公物予以变现，所得款项归个人使用的，仍然可能成立挪用公款罪。

2）行为人必须利用职务的便利而实施挪用行为，即利用职务权力和地位所形成的主管、管理、经营、经手公款或者特定款物的便利条件实施挪用行为。所谓挪用，是指未经合法批准程序或者违反财经纪律，私自将公款脱离单位占有并加以使用的行为。有的学者认为使公款脱离单位占有的行为就是挪用，本罪的核心在于挪而不在于用，为用而挪但未用的，仍然构成挪用公款。最高人民法院《全国法院审理经济犯罪案件工作座谈会纪要》规定，挪用公款后尚未投入实际使用的，只要同时具备“数额较大”和“超过三个月未还”的构成要件，就应当认定构成挪用公款罪，但可以酌情从轻处罚。这一规定强调了：虽然主观上挪用目的是营利使用或者用于非法活动，但客观上尚未投入实际使用的，不应按照个人营利使用或者非法活动使用的要件加以定罪，最多只能按照挪用公款归个人使用即其第三种类型加以定罪。

得出这一结论的原因在于：就法益侵害而言，挪而未用的行为同样侵害了公款的使用权，由于刑法第 384 条的规定强调了挪用的三种类型，而从立法规定上看，在构成要件上，非法活动、营利活动等，均属于客观构成要件要素而非主观构成要件要素，因此，即使出于上述非法活动、营利活动的目的而挪用公款，但因为客观上未在这些用途上加以使用，就不能按照相应构成要件规定加以处罚。推而广之，在实践中存在着挪用公款的主观意图和客观用途的分离，例如在行为人意图用于非法活动而将公款挪用，但后来实际用于营利活动；或者个人意图购房而挪用公款后将公款先存入自己的存折准备购房，但最后并未用于购房等。在这些情形中，均应按照实际用途来考察其构成的时间和数额标准。例如在如前所述行为人将公款占有后存入私人存折，准备用于购房居住，由于按照现行司法解释，将公款存入银行属于挪用公款用于营利活动，因此即便行为人最初的目的是用于个人消费，最终也并未购房，但仍然可以按照用于营利活动而认定其可能构成挪用公款罪。

不过，将公款挪用至自己控制的范围，例如将公款提现后一直放在自己家中，对这部分现金未曾使用的，考虑到资金的种类物属性而存在着融通使用的情形。因此，并不需要行为人对具体所挪用的这部分特定现金加以使用，才能认定其属于使用，只要存在着挪用后实际控制的事实，在存在着最为基本的日常生活消费前提下，就至少存在了用于个人活动的前提，可以认定属于归个人使用。这也实际上成为一种兜底条款，即无论出于何种原因，只要存在控制公款行为，即使没有营利或用于非法用途的，也认定属于个人使用。因此，所谓“挪用公款后尚未投入实际使用的”这样的表述实际并不准确，应当更为准确地将其理解为“挪用公款后尚未投入实际的营利或者非法使用的”，因为只要存在着一般性的个人消费，则对公款的控制就意味着对作为种类物的该公款在进行着实际的个人使用。当然此种情况下，就不应按照非法活动或者营利活动的要件来加以认定是否成立犯罪，而是按照归个人使用，要求同时具备“数额较大”和“超过三个月未还”的构成要件才能成立犯罪。因此，在实践中，如果存在着占有应当上缴的公款而未按照规定时间上缴或者经催促上缴后仍然无正当理由而拒不上缴的情形，也具有认定构成挪用公款罪的可能。

不过，按照这一逻辑，上述结论认为“可以酌情从轻处罚”，似乎并无必要。因为在融通使用资金这一类种类物上，挪用公款 10 万元现金放在家里的保险柜中未直接使用这部分现金，而是使用家庭自有现金进行个人消费，和挪用后直接将该部分现金用于个人生活消费，而将自有现金保留在保险柜中，二者实在没有根本区别，没有进行法律区分的必要，所以也根本没有任何酌情从轻处罚的理由。①

3）挪用公款归个人使用包括：其一，将公款供本人、亲友或者其他自然人使用的；其二，以个人名义将公款供其他单位使用的；其三，个人决定以单位名义将公款供其他单位使用，谋取个人利益的。因此，挪用公款给私有公司、私有企业使用的，需要区别不同情况加以确定，而不能一概地认定构成挪用公款归个人使用。在司法实践中，对于将公款供其他单位使用的，认定是否属于“以个人名义”，不能只看形式，要从实质上把握。对于行为人逃避财务监管或者与使用人约定以个人名义进行，或者借款、还款都以个人名义进行，将公款给其他单位使用的，应当认定为“以个人名义”。“个人决定”既包括行为人在职权范围内决定，也包括超越职权范围决定；既包括行为人一个人私自决定，也包括领导班子成员中个别或部分行为人违背决策程序加以决定等。但经单位领导集体研究决定将公款给个人使用，或者单位负责人为了单位利益，决定将公款给个人使用的，不以挪用公款罪定罪处罚。上述行为致使单位遭受重大损失，构成其他犯罪的，依照刑法的有关规定对责任人员定罪处罚。所谓谋取个人利益，在此属于客观要件，但只要行为人与使用人之间具有谋取利益的合意即可，因此这一要件既包括行为人事先约定并且已经从使用人手中实际获取利益的情形，也包括行为人与使用人事先约定谋取个人利益但尚未实际获取的情形，还包括虽然没有事先约定但实际获取个人利益的情形。另外，所谓的个人利益是相对集体利益而言的，因而行为人共同挪用公款的情形下，此处的个人也可以是特定的一部分人；所谓的利益既包括正当利益，也包括不正当利益；既可以是财产性利益，也可以是非财产性利益，因此，不应将此类情形中的“谋取个人利益”等同于受贿罪中的“谋取个人利益”，但是非财产性利益应当是具体的实际利益，例如升学、就业等。

4）对挪用行为，应区分三种不同情况来认定。

其一，挪用公款归个人使用，数额较大、超过 3 个月未还的，构成挪用公款罪。挪

---

① 当然，沿着这一逻辑，有必要进一步探讨如何认定特定救灾、抢险、防汛、优抚、扶贫、移民、救济物情形中的归个人使用问题。与前述公款种类物不同，挪用并实际控制上述特定物但并未使用的，是否可以认定为“归个人使用”，值得商榷。

用正在生息或者需要支付利息的公款归个人使用，数额较大，超过3个月但在案发前全部归还本金的，可以从轻处罚或者免除处罚。给国家、集体造成的利息损失应予追缴。挪用公款数额巨大，超过3个月，案发前全部归还的，可以酌情从轻处罚。“数额较大”以挪用公款5万元为起点。

其二，挪用公款数额较大，归个人进行营利活动的，构成挪用公款罪，不受挪用时间和是否归还的限制。在案发前部分或者全部归还本息的，可以从轻处罚；情节轻微的，可以免除处罚。挪用公款存入银行、用于集资、购买股票、国债等，属于挪用公款进行营利活动。[①] 所获取的利息、收益等违法所得，应当追缴，但不计入挪用公款的数额。但是在明显用于个人非营利使用目的，例如用于个人生活的，或虽将公款临时存入银行但之后确实用于个人生活，例如购房为自住所用而非炒卖投机的，不宜认定为营利活动。挪用公款用于申报注册资本的，由于这一行为是为生产经营做准备，因而也应该认定属于营利活动。挪用公款用于归还个人欠款的，应当按照其所归还的借款的原来用途加以认定，如果原来借款的用途是为了从事营利活动或者非法活动的，那么应当按照挪用公款用于营利活动或者非法活动予以认定。本类型行为的“数额较大”以挪用公款5万元为“数额较大”的起点。

其三，挪用公款归个人使用，进行赌博、走私等非法活动的，构成挪用公款罪，不受“数额较大”和挪用时间的限制。不过在实践中，“挪用公款归个人使用，进行非法活动的”，以挪用公款3万元为追究刑事责任的数额起点。

挪用公款给他人使用，不知道使用人用公款进行营利活动或者用于非法活动，数额较大、超过3个月未还的，构成挪用公款罪；明知使用人用于营利活动或者非法活动的，应当认定为挪用人挪用公款进行营利活动或者非法活动，按照后两者情形的标准来定罪。实践中，挪用公款归还个人欠款的，一般根据欠款产生原因来确定挪用公款的类型。如果用于归还个人进行营利活动或非法活动所欠的款项，就应当认定为挪用公款进行非法活动或进行营利活动。在多次挪用公款未还的场合，挪用公款数额累计计算，多次挪用公款但以后次挪用的公款归还前次挪用的公款的，挪用公款数额以案发时未还的实际数额认定。

（2）本罪的主体为国家工作人员。受国家机关、国有公司、企业、事业单位、人民团体委托管理、经营国有财产的人员，不能构成挪用公款罪。

（3）本罪的主观方面为故意，即明知自己的行为侵犯了公款的占有权、使用权和收益权以及职务行为的廉洁性，并希望或者放任这种结果的发生。但本罪不能以非法占有为目的，否则就构成贪污罪。

（4）本罪的客体是公款的占有权、使用权和收益权以及职务行为的廉洁性，但不能侵害公款所有权的整体。

---

① 有的学者认为，挪用公款罪的三种类型是按照可能导致单位丧失公款的危险程度进行区分的，考虑到存入银行并不具有风险，因此不宜认定为进行营利活动，而应认定为进行其他个人活动，参见张明楷：《刑法学》（下），6版，1567页，北京，法律出版社，2021。这一结论有一定的道理，尤其考虑到存入银行的行为过于普遍，而行为人未必具有刻意的营利目的，而且有可能为了个人消费而挪用公款，实际控制公款后因暂时未使用而存入银行，结果被认定属于营利活动，存在着处罚范围扩大的嫌疑。

（二）司法认定与刑事处罚

1. 司法认定

（1）挪用公款罪三种用途的认定，如前所述，应当按照其最终客观、实际的使用性质予以判断，而不能根据其计划目的加以认定。例如起初出于用于非法活动使用而挪用公款，但最终将该公款用于个人消费的，不应当认定属于挪用公款用于非法活动。

（2）行为人挪用公款分别用于非法活动、营利活动或者其他活动，用于某项活动的公款数额未达到定罪标准，但挪用公款的总数额达到某项定罪标准的，应当如何处理？考虑到挪用公款用于非法活动、营利活动的危害性显然要重于挪用公款用于非法活动或者营利活动以外的其他活动的，因此，在挪用公款用于非法活动或者营利活动均未达到定罪标准的场合，在均超过3个月未还的前提下，可以将相应数额同用于其他活动的数额累计计算，计算是否达到定罪标准，从而按照挪用公款归个人使用用于其他活动的构成条件加以定罪。但是在3个月之内归还的数额，不应计算在内。同样，在挪用公款分别用于非法活动和营利活动时，在用于非法活动的公款数额不足以定罪时，可以将该笔数额同挪用公款用于营利活动的款项合计，决定其是否构成挪用公款罪。但是，不能将较轻的挪用类型的数额计算在较重的挪用类型中。

（3）挪用公款罪的共同犯罪：挪用公款给他人使用，使用人和挪用人共谋，指使或者参与策划取得挪用款的，以挪用公款罪的共犯定罪处罚。但是不能将单纯地提议借用公款的行为作为挪用公款罪的教唆犯对待，而对明知所使用公款系行为人所挪用之公款，但事前未通谋的，也不应认定构成挪用公款罪的共犯。

（4）挪用公款罪同贪污罪之间的区分。除主体范围不同以外，两者的区别主要在于：前者是暂时占有、使用公款，而后者是非法将公共财物占为所有，因此后者要求具备非法占有的目的，而前者不能具备非法占有目的，而且要求具备日后归还的意图。但实践中，存在着挪用公款行为向贪污罪转化的问题，例如：携带挪用的公款潜逃的，对其携带的公款部分以贪污罪定罪处罚；挪用公款后采取虚假发票平账、销毁有关账目等手段，使所挪用的公款已难以在单位财务账目上反映出来，且没有归还行为的；截取单位收入不入账，非法占有，使所占有的公款难以在单位财务账目上反映出来，且没有归还行为的；有证据证明行为人有能力归还所挪用的公款而拒不归还，并隐瞒挪用的公款去向的。

（5）因挪用公款索取、收受贿赂构成犯罪的，或者挪用公款进行非法活动构成其他犯罪的，依照数罪并罚的规定处罚。明知他人挪用公款用于犯罪活动而仍实施挪用行为的，也应按挪用公款罪和其他犯罪的共同犯罪数罪并罚。①

（6）挪用公款的追诉期限：挪用公款归个人使用，进行非法活动或者挪用公款数额较大、进行营利活动的，犯罪的追诉期限从挪用行为实施完毕之日起计算；挪用公款数额较大、超过3个月未还的，犯罪的追诉期限从挪用公款成立之日起计算。挪用公款呈连续状

---

① 但是在“用于非法活动”成为挪用公款罪的构成要件要素这一见解的前提下（当然也有观点认为使用行为并非构成要件要素，而仅仅是确认用途的资料和根据），将利用公款所从事的犯罪活动作为独立的犯罪认定并加以并罚，而不是按照想象竞合的原理从一重罪处断，是否违背重复评价禁止这一原则仍然是可以商榷的问题。

态的，犯罪的追诉期限应当从最后一次挪用行为实施完毕之日或者犯罪成立之日起计算。

2. 刑事处罚

构成挪用公款罪的基本罪的，处 5 年以下有期徒刑或者拘役；情节严重的，处 5 年以上有期徒刑。

所谓情节严重，在“挪用公款归个人使用，进行非法活动”的场合，包括：挪用公款 100 万元以上的；挪用救灾、抢险、防汛、优抚、扶贫、移民、救济特定款物，数额在 50 万元以上不满 100 万元的；挪用公款不退还，数额在 50 万元以上不满 100 万元的；其他严重的情节。在“挪用公款归个人使用，进行营利活动或者超过三个月未还”的情形，所谓情节严重是指：挪用公款数额在 200 万元以上的；挪用救灾、抢险、防汛、优抚、扶贫、移民、救济特定款物，数额在 100 万元以上不满 200 万元的；挪用公款不退还，数额在 100 万元以上不满 200 万元的；其他严重的情节。

挪用公款数额巨大不退还的，处 10 年以上有期徒刑或者无期徒刑。所谓数额巨大，同样区分了“挪用公款归个人使用，进行非法活动”和“挪用公款归个人使用，进行营利活动或者超过三个月未还”两种情形：在前者，数额巨大是指 300 万元以上；在后者，要求数额在 500 万元以上。所谓“挪用公款数额巨大不退还的”，是指挪用公款数额巨大的，因客观原因在一审宣判前不能退还的。在共同犯罪的场合，如果部分共犯人全部退还的，对其他共犯人也应理解为已经退还，仅仅退还其所分得的公款的，仍然理解为“不退还”。但是，即便部分共犯人全部退还所有公款，而其他共犯人存在着转化为贪污罪的行为的，例如有证据证明其他共犯人有能力归还所挪用的公款而拒不归还，并隐瞒挪用的公款去向的或者携带挪用的公款潜逃的，对于退还公款的共犯人可以认定构成挪用公款并退还的情形，但是其余共犯人则仍可能构成贪污罪。

三、受贿罪

（一）概念与构成

受贿罪是指国家工作人员利用职务上的便利，索取他人财物的，或者非法收受他人财物，为他人谋取利益的行为。

1. 受贿罪的客观方面是：利用职务上的便利，索取他人财物的，或者非法收受他人财物，为他人谋取利益的行为。

（1）本罪的对象是财物。关于受贿罪的对象，理论上主要存在着三种观点：一是将其限定为财物；二是包括财物以及其他可计算、折价的财产性利益；三是包括财物、财产性利益以及非财产性利益在内的利益。就受贿罪的法益侵害而言，第三种观点在立法论上有当然的合理性，但是在解释论上，却不得不认为持扩张态度的第二种观点更有道理。因此，此处的财物包括具有价值的物品和财产性利益。由于财产性利益例如提供旅游、免除债务、支付嫖资等可以通过金钱的折算而计算其经济价值，同狭义的财物并没有任何区别，况且司法实践中此类案件很多，同样侵害了职务行为的廉洁性和不可收买性，因而应当予以认定。因此，《办理贪污贿赂解释》第 12 条明确规定，贿赂犯罪中的

“财物”，包括货币、物品和财产性利益。财产性利益包括可以折算为货币的物质利益如房屋装修、债务免除等，以及需要支付货币的其他利益如会员服务、旅游等。后者的犯罪数额，以实际支付或者应当支付的数额计算。至于非财产性利益即无法按照金钱价值进行折算的利益，例如所谓的性贿赂即纯粹的提供性服务一般不应认定。[①] 其他诸如提供一定地位、提供升学的机会等等，也不宜认定构成受贿罪。

(2) 行为人必须利用职务上的便利。贿赂的本质在于以不正当报酬同国家工作人员的职务行为进行交换，如果所交换的并非国家工作人员的职务行为，因而也就不存在对职务廉洁性和不可收买性的侵犯。职务行为的内容包括作为，也包括不作为。所谓利用职务上的便利既包括利用本人职务上主管、负责、承办某项公共事务的职权，也包括利用职务上有隶属、制约关系的其他国家工作人员的职权。所谓职务上的隶属、制约关系，不限于主管关系，也不限于直接上下级关系，是否具有职务上的隶属、制约关系，应当结合国家工作人员任职单位的性质、职能、所任职务以及法律的规定、政策的影响、实践的惯例、国情形成的制度安排等具体认定。担任单位领导职务的国家工作人员通过利用不属于自己主管的下级部门的国家工作人员的职务，也属于利用职务上的便利。职务行为既包括正当的职务行为，也包括滥用职权的职务行为；既包括国家工作人员所具有的一般性的职务行为，也包括其具体分管或者主管的职务行为等。只要其所索取或者收受的财物与其是否以及如何行使职务行为有关，即应被认为属于利用职务上的便利。

(3) 受贿行为包括索取或者收受贿赂。索取贿赂包括要求、索要甚至勒索财物。要求、索要或者勒索仅仅在非法要求的程度上具有一定差别，但是在侵害职务行为的不可收买性上并没有本质差异。另外，国家工作人员向请托人正常借款后，对方要求归还，国家工作人员拒不归还的，一般应当认定为索取贿赂。收受贿赂则是指行为人主动提供财物，国家工作人员将该财物加以取得、占有。刑法第 385 条第 2 款还规定，国家工作人员在经济往来中，违反国家规定，收受各种名义的回扣、手续费，归个人所有的，也构成受贿。至于属于索取还是收受财物，则取决于国家工作人员收受财物的主动性和被动性：如果国家工作人员主动索要的，则按照索贿认定；如果国家工作人员被动接受的，则构成收受财物。对多次受贿未经处理的，累计计算受贿数额。

无论是索贿还是收受财物，并不局限于受贿人直接占有财物的情形，也包括受贿人要求、指使请托人将财物向特定关系人提供的场合。所谓特定关系人，是指与国家工作人员有近亲属、情妇（夫）以及其他共同利益关系的人。因此只要受贿人和该第三人之间具有一定的共同利益关联，向第三人提供财物是出于受贿人的利益需要，即成立受贿。这种共同利益关系主要是指经济利益关系，同时又不局限于共同财产关系，例如情妇（夫）也属于特定关系。国家工作人员利用职务便利，为特定关系人以外的人谋取利益，双方并没有事前通谋的，国家工作人员未获得利益的，不构成受贿罪。此种情形中并不需要第三人了解这一受贿过程。在第三人同国家工作人员通谋的情形下，第三人同时构成了受贿罪的共犯。但是与自己收受财物不同，在国家工作人员明知他人向第三人已经支付财物的情形下，从而为他人谋取利益的，如果第三人同国家工作人员之间具有某种

---

① 不过，行贿人以支付嫖资的方式进行性贿赂的，可以认定构成收受财物。

特定的共同利益关系或者事前通谋的，也可以被认定构成受贿。因此在实践中，国家工作人员确实不知第三人收受财物，而利用职务的便利为他人谋取利益的，也不应认定构成受贿。另外，实践中可能存在着行为人利用职务便利，要求他人向第三人进行纯粹公益捐赠的情形，对此是否认定成立受贿罪？如果先收受财物然后以国家工作人员名义进行纯粹公益捐赠，无非是贿赂财物的实际用途分配问题，并不影响受贿罪的成立；如果要求他人以国家工作人员名义直接进行社会捐赠，则仍然属于国家工作人员收受财物，只不过收受方式具有间接性，同样成立受贿罪；不过，如果只是要求财物提供者以其个人名义独立进行社会公益捐赠，则不宜认定受贿。

需要注意的是，根据有关司法解释，下列行为也属于收受贿赂，应当以受贿论处[①]：

其一，行为人以交易形式收受贿赂。以明显低于市场的价格向请托人购买房屋、汽车等物品的；以明显高于市场的价格向请托人出售房屋、汽车等物品的；以其他交易形式非法收受请托人财物的。在此情形下，受贿数额按照交易时当地市场价格与实际交付价格的差额计算。所谓的市场价格包括商品经营者事先设定的不针对特定人的最低优惠价格。根据商品经营者事先设定的各种优惠交易条件，以优惠价格购买商品的，不属于受贿。

其二，收受干股形式的受贿问题。干股是指未出资而获得的股份，国家工作人员利用职务上的便利为请托人谋取利益，收受请托人提供的干股的，以受贿论处。进行了股权转让登记，或者相关证据证明股份发生了实际转让的，受贿数额按转让行为时股份价值计算，所分红利按受贿孳息处理；股份未实际转让，以股份分红名义获取利益的，实际获利数额应当认定为受贿数额。

其三，开办公司等合作投资名义收受贿赂问题。国家工作人员利用职务上的便利为请托人谋取利益，由请托人出资，“合作”开办公司或者进行其他“合作”投资的，以受贿论处。受贿数额为请托人给国家工作人员的出资额。国家工作人员利用职务上的便利为请托人谋取利益，以合作开办公司或者其他合作投资的名义获取“利润”，没有实际出资和参与管理、经营的，以受贿论处。

其四，以委托请托人投资证券、期货或者其他委托理财的名义收受贿赂的问题。国家工作人员利用职务上的便利为请托人谋取利益，以委托请托人投资证券、期货或者其他委托理财的名义，未实际出资而获取“收益”，或者虽然实际出资，但获取“收益”明显高于出资应得收益的，以受贿论处。关于受贿数额者，前一情形者，以“收益”额计算；后一情形者，以“收益”额与出资应得收益额的差额计算。

其五，以赌博形式收受贿赂的认定。国家工作人员利用职务上的便利为请托人谋取利益，通过赌博方式收受请托人财物的，构成受贿。具体认定时，应当注意区分贿赂与赌博活动、娱乐活动的界限，主要结合以下因素进行判断：1）赌博的背景、场合、时间、次数；2）赌资来源；3）其他赌博参与者有无事先通谋；4）输赢钱物的具体情况和数额大小。[②]

---

① 参见2007年7月8日最高人民法院、最高人民检察院《关于办理受贿刑事案件适用法律若干问题的意见》。

② 参见2007年7月8日最高人民法院、最高人民检察院《关于办理受贿刑事案件适用法律若干问题的意见》第五部分规定。

其六，特定关系人“挂名”领取薪酬问题。国家工作人员利用职务上的便利为请托人谋取利益，要求或者接受请托人以给特定关系人安排工作为名，使特定关系人不实际工作却获取所谓薪酬的，以受贿论处。当然，特定关系人实际付出相应劳动，不属于“挂名”领取薪酬的情形，不认定为受贿。

刑法第385条第2款同时规定，国家工作人员在经济往来中，违反国家规定，收受各种名义的回扣、手续费，归个人所有的，以受贿论处。通常以谁先提出为准，将确认其属于索取或者收受。如果是国家工作人员先提出约定，则属于索取财物；如果请托人先提出约定，国家工作人员同意并收受的，属于收受贿赂。当然，并不是所有的收受回扣的行为都构成受贿罪，如果收受的回扣或者手续费依法入账并未由个人占有，并未违反国家规定的，不应认定构成受贿。

但是，按照司法解释的规定，国家工作人员收受请托人财物后及时退还或者上交的，不是受贿。国家工作人员受贿后，因自身或者与其受贿有关联的人、事被查处，为掩饰犯罪而退还或者上交的，不影响受贿的认定。在此，需要注意的是，相关解释仅仅规定了收受财物及时退还或者上交的问题，因此在索取他人财物后退还或者上交的，仍然成立受贿罪。这主要是因为在索要贿赂的场合，行为人的行为已经侵害了职务行为的不可收买性，同时因为索贿的主观恶性本身较重，所以事后退还、上交行为不应排斥犯罪的成立。实践中争议较多的主要是：行为人出于受贿故意而收受请托人财物，是否可能因为所谓及时退还或上交而不构成受贿罪？一般还是应当认为，这一规定所涉及的范围应当局限于国家工作人员没有受贿故意而收受他人财物的场合，在具有受贿故意而收受财物之后，其行为已经既遂，无论如何退还或者上交都不可能存在所谓的及时与否的问题。只有在国家工作人员客观上收受财物，但欠缺受贿故意的场合，例如请托人不顾国家工作人员明确拒绝而强行留下财物，或者国家工作人员事后才发现请托人乘其不注意而留下的财物，或者国家工作人员内心拒绝，但因种种客观情理原因不合适强行拒绝等情形的，才存在及时退还或者上交而不成立受贿罪的问题。当然，对于所谓“及时”的判断问题，确实无法确定一个明确的具体期限，应当从行为人是否以及何时形成受贿故意来加以判断。如果受贿故意无法确定，从为了感化、教育潜在受贿犯罪分子的角度出发，对行为人不宜以受贿处理。

另外，国家工作人员出于受贿故意，非法收受他人财物之后，将赃款赃物用于单位公务支出或者社会捐赠的，不影响受贿罪的认定，但量刑时可以酌情考虑。

(4) 行为人具有为他人谋取利益的行为。也正是因为两者之间在财务的收受上存在着被动和主动的区别，所以对于索贿而言，只需要利用职务上的便利收受财物就成立受贿罪，并不要求为他人谋取利益。而收受贿赂的则只有在为他人谋取利益时才成立受贿罪。

所谓为他人谋取利益，理论上存在主观要件和客观要件的争论。传统的客观要件说认为，为他人谋取利益是受贿罪的客观构成要素，因此收受财物但没有为他人谋取利益的，不成立受贿罪，但并不要求他人是否实际取得了这一利益；主观要件说则认为，为他人谋取利益是受贿罪的主观要素，行为人需要具备为他人谋取利益的故意才能构成本罪。在客观要件说中，有的认为仅需要承诺即可，有的则认为需要进一步地实现利益的谋取。一般认为，为他人谋取利益包括承诺、实施和实现三个阶段的行为，只要具有其中一个阶段的行为，如国家工作人员收受他人财物时，根据他人提出的具体请托事项，实际或者承诺为他人谋取利益的，就具备了为他人谋取利益的要件；明知他人有具体请托事项而收受其财物的，也属于为他人谋取利益；履职时未被请托，但事后基于该履职事由收受他人财物的，也属于为他人谋取利益。因此，为他人谋取利益既不是我们通常所称的纯粹的主观要件，即只要受贿人具有为他人谋取利益的主观意图即可构成受贿罪，也并不需要受贿人已经为他人实际去谋取了或者已经谋取了利益，即承诺仍然是一种客观行为。这种承诺可以是明示的，也可以是默认的，当他人行贿并提出为其谋取利益的请求之后，国家工作人员虽然没有明确承诺，但并未予以明确拒绝的，也应当认定属于暗示的承诺。承诺既可以针对行贿人，也可以针对行贿人以外的第三人；既可以是真实的，也可以是虚假的，不过尤其在虚假的承诺场合，必须要求行为人所承诺的内容与其本身的职务便利具有关联，行为人确实具有为他人谋取利益的条件或职务便利，即该承诺是一个现实的承诺，在此情况下，行为人的承诺已经对职务行为的不可收买性造成了侵害，因而可以认定受贿罪，而不论行为人是否确实具有为他人谋取利益的主观想法。因此，如果行为人根本没有为他人谋取利益的职权或者便利条件，而谎称为他人谋取利益，则不应构成受贿，一般视情况按照诈骗行为或者招摇撞骗罪认定。

行为人虽然有接受他人财物的行为，但财物的支付者并没有现实的利益需要，行为人也没有对具体的利益谋取进行承诺的，不应认定构成受贿。在司法实践中，虽然并非合理报酬或者正当馈赠，例如过年过节的礼金，支付者仅仅是出于联络感情、拉关系的目的的，接受者的行为可能构成违纪，但不应认定构成受贿罪。但是在接受超出合理范围的馈赠一段时间后，支付者提出利益谋取的请求，而接受者同意为其谋取利益的，若认定所接受的财物同利益谋取之间具有实质性的客观联系，仍然可以认定构成受贿罪。另外，考虑到感情投资和受贿犯罪两者之间界限并非分明，有的所谓感情投资实际上与当前行为人职务行为有着具体关联，双方如果在职务活动中具有日常紧密关系，谋利事项或者已经通过具体的职务行为得以体现，或者可以直接推断出给付金钱有对对方职务行为施加影响的意图，在这种情况下，只要能够排除正常人情往来的，就可以认定其具有为他人谋取利益的承诺。因此，国家工作人员索取、收受具有上下级关系的下属或者具有行政管理关系的被管理人员的财物价值 3 万元以上，可能影响职权行使的，视为承诺为他人谋取利益。

所谓“为他人谋取利益”中的“他人”不局限于行贿人，可以是行为人所针对的第三人；同时，此处的“他人”既可以是自然人，也可以是单位。所谋取的“利益”既可以是不正当利益，也可以是正当利益。

2. 本罪的主体是国家工作人员。因此，冒充国家工作人员的人员不能成为受贿罪的主体，但是通过伪造国家机关公文、证件担任国家工作人员职务的，仍然可以构成受贿罪。尚未成为国家工作人员的人员，以成为国家工作人员之后为他人谋取利益为要约，而收受他人财物的，也不能构成受贿罪，但在其成为国家工作人员之后因此利用职务的便利而为他人谋取利益的，仍然可以构成受贿罪。按照 2000 年 7 月 13 日最高人民法院《关于国家工作人员利用职务上的便利为他人谋取利益离退休后收受财物行为如何处理问题的批复》等文件的规定，国家工作人员利用职务上的便利为请托人谋取利益，并在之前或之后与请托人约定在其离退休后收受请托人财物，并在离退休后收受的，以受贿罪论处。按照这一解释，在没有事先约定的情况下，即便行为人明知他人就是因为其所谋取的利益而给付财物的，也不能认定构成受贿罪。当然这一解释在理论上尚有商榷余地，抛开实践中事先约定的证明难度问题，就权钱交易的本质而言，这样的行为同样是对国家工作人员职务行为的不正当报酬，侵害了职务行为的不可收买性，因而也应当按照受贿论处。如果认为国家工作人员在职时明知他人交付的财物是对自己职务行为的不正当报酬而予以收受的事后受财行为，仍然属于为他人谋取利益因此应按受贿认定，就没有理由否定在离职后收受财物的，仍然有构成受贿的余地，尽管行为人收受财物时没有国家工作人员身份，但这两种情况对职务行为的不可收买性的侵害本质上是一样的。国家工作人员利用职务上的便利为请托人谋取利益的，离职前后连续收受请托人财物的，离职前后收受部分均应计入受贿数额。

所利用之职务便利的国家工作人员与其他人（其他人可能是一般人，也可能是国家工作人员，但并非所利用之职务便利的在职者）勾结，伙同受贿的，以受贿罪的共犯论处。与国家工作人员具有特定关系的人员，向国家工作人员代为转达请托事项，收受请托人财物并告知该国家工作人员，或者国家工作人员明知与其具有特定关系的人员收受了他人财物，仍按照该特定关系人的要求利用职权为他人谋取利益的，对该国家工作人员认定构成受贿罪，该特定关系人以受贿罪的共犯论处。同样，国家工作人员利用职务上的便利为请托人谋取利益，授意请托人将有关财物给予特定关系人的，以受贿论处；而特定关系人与国家工作人员通谋，共同实施上述行为的，对其按照受贿罪的共犯论处。特定关系人以外的其他人与国家工作人员通谋，由国家工作人员利用职务上的便利为请托人谋取利益，收受请托人财物后双方共同占有的，构成受贿罪共犯。不过，仍然要强调的是，构成共犯的前提必须是存在着通谋，因此首先必须证明两者之间确实存在着共同犯罪故意。

3. 本罪的主观方面是故意。首先，行为人具有占有贿赂财物的意思，即具有对财物的认识，并具有将他人提供的财物加以占有的意思，但是占为己有还是为第三人所占有，或者在占有后以己有的意思加以处分，即使是用于所谓的正当用途的，都不影响本罪的认定。如果行为人完全不知道自己收受了对方财物，或者只是暂时收下，准备交给有关部门的，不应成立受贿罪。其次，行为人必须对财物的贿赂性具有认识，即认识到该财物的交付同其职务行为之间具有对价关系，认识到其行为是损害职务行为不可收买性的行为。在特定关系人索取、收受他人财物的场合，国家工作人员知道后并未退还或者上交的，应当认定国家工作人员具有受贿故意。不过，就此种受贿故意的推定情形而言，仍然需要同时符合受贿罪的客观要件才能成立犯罪，其中尤其需要证明为他人谋取利益的承诺的成立。当然，受贿人的故意同行贿人的故意之间并不必然具有对应性，因此即便是支付财物的人并非出于行贿的意图，例如提供财物者的行为仅仅是为了配合司法机关查处腐败案件的，财物的提供者虽然没有行贿意思，但是并不影响接受财物的受贿意识，至于涉及类似于警察圈套的问题，则是另外的问题。

4. 本罪的客体是职务行为的不可收买性或廉洁性。关于本罪的客体，刑法理论中存在四种观点：一是公务人员职务行为的不可收买性，因为公务人员接受财物作为职务行使的对价，那么职务行为的公正性就已经受到侵害，而不论其之后职务行为的行使是否正当；二是职务行为的公正性，按照这一观点，收受贿赂后只有不正当地行使职权的，才构成受贿罪，如果行为人收受贿赂后并未违背职务行使的正当性原则，那么就不构成受贿罪；三是信赖保护，即受贿罪侵害了职务行为的公正性和社会对这一公正性的信赖感，由于权钱交易的形成，公民可能会对公务人员的职务行为行使本身的公正性缺乏信赖和期待；四是国家意志，在公务人员接受财物之后，就不能依法客观、公平、公正地执行其公务行为，本质上已经将国家意志予以篡改，即公务人员无法完全真实、客观地按照作为国家意志体现的法律执行公务。除上述观点以外，我国刑法学界还有人认为受贿罪所侵害的主要是国家机关的正常管理活动，也有人认为除行为人所在国家机关、企业、事业单位等机构的正常活动外，该罪所侵害的还包括公私财产的所有权。由于公私财物在本罪中并不属于受保护的对象，故将其作为保护客体并不合适，同时考虑到受贿罪的构成并不以行为人违背职责、不公正地履行职责为要件，因此，本书认为受贿罪的客体应是职务行为的不可收买性。在行为人以职务行为为交易对象换取财物的场合，该行为侵害了职务行为的廉洁性。换言之，对职务行为廉洁性的侵害是通过权钱交易的承诺作出的，而非滥用职权。

（二）司法认定与刑事处罚

1. 司法认定

（1）斡旋受贿的认定。刑法第 388 条规定，国家工作人员利用本人职权或者地位形成的便利条件，通过其他国家工作人员职务上的行为，为请托人谋取不正当利益，索取请托人财物或者收受请托人财物的，以受贿论处。此即所谓的斡旋受贿。与典型的受贿不同的地方在于，斡旋受贿是一种间接的受贿，但这种间接性并不表现在收受财物上，而是表现为不正当利益谋取上的间接性，其所侵害的也是国家工作人员基于职权和地位形成便利条件的不可收买性，以及间接被侵害的被斡旋的国家工作人员职务行为的不可收买性。

首先，行为人所利用的必须是本人职权或者地位形成的便利条件。这是指行为人与被其利用的国家工作人员之间在职务上虽然没有隶属、制约关系，但是行为人利用了本人职权或者地位产生的影响和一定的工作联系，如单位内不同部门的国家工作人员之间、上下级单位没有职务上隶属、制约关系的国家工作人员之间、有工作联系的不同单位的国家工作人员之间等。显然，如果行为人与所利用的国家工作人员之间在职务上具有隶属、制约关系，就没有必要适用刑法第 388 条，或者担任领导职务的国家工作人员通过不属于自己主管的下级部门的国家工作人员的职务为他人谋取利益，以及地方县、市、省级领导通过隶属该地方的下级部门国家工作人员为他人谋取利益的，均应直接适用刑法第 385 条。

其次，行为人索取或者收受了请托人的财物。与典型的受贿罪不同的是，无论是索取请托人财物还是收受请托人财物的，都必须为请托人谋取利益，而且所谋取的必须是不正当利益。但是与典型受贿罪同样的是，在此同样不需要已经为财物提供者实际谋取了该不正当利益，行为人只要对此实施了承诺行为即可，同样也不要求其他国家工作人员认识到行为人索取、收受了贿赂。因此，如果行为人与其他国家工作人员通谋，利用后者的职务便利为他人谋取利益的，则直接按照后者的受贿罪的共犯论处。如果在行为人不知情的情形下，其他国家工作人员也索取或者收受他人财物，因而构成受贿罪的场合，后者构成典型的受贿罪，按照刑法第 385 条认定，行为人则构成斡旋受贿，按照刑法第 388 条认定，两者并不构成共犯。

最后，并不要求行为人积极利用其职权或者地位，但以承诺实施斡旋行为为必要，因此，并不要求已经实施斡旋行为，或者其他国家工作人员已经开始实施为请托人谋取利益的行为，更不需要请托人已经获得不正当利益，只要行为人事先或者事后以此索取或者收受财物即构成受贿罪。因此，明知请托人有不正当具体请托事项而收受财物的，即可视为承诺为请托人谋取不正当利益，国家工作人员是否向其他国家工作人员转达请托事项，不影响受贿罪的认定。

（2）受贿罪与取得合理报酬、接受正当馈赠、借贷的界限。判断合理报酬、正当馈赠应当实质性地进行，而不能仅仅按照其形式加以认定，应当对财物支付者和接受者的关系进行多方面的考察，例如两者之间是否存在职务行为的利用问题，接受者是否承诺为支付者谋取利益或者恰巧在为后者谋取利益甚至已经现实地谋取了利益，财物交付和利益谋取之间的客观、实质性联系，是否具有取得报酬、接受馈赠的合理理由，取得的报酬和接受的馈赠是否超出合理范围，是否存在着故意隐瞒、掩盖报酬取得、馈赠接受的行为，等等。

就借贷而言，同样应当实质性地进行考察，而不应完全地依据借贷形式或者因为已经还款认定不构成受贿罪，或者由于存在着职务行为的利用就一律地认定构成受贿罪。应当考察：有无正当、合理的借款事由，款项的去向，双方平时关系如何，有无经济往来，出借方是否要求国家工作人员利用职务上的便利为其谋取利益，借款后是否有归还的意思表示及行为，是否有归还的能力，未归还的原因，等等。

与此相类似，实践中国家工作人员利用职务上的便利，为请托人谋取利益，通过赌博方式收受请托人财物的，构成受贿。不过需要区分贿赂与赌博活动、娱乐活动的界限，应当结合以下因素进行判断：赌博的背景、场合、时间、次数；赌资来源；其他赌博参与者有无事先通谋；输赢钱物的具体情况和金额大小。① 不过，请托人为国家工作人员直接提供赌资用于赌博活动的，则直接认定构成受贿。

（3）受贿罪与非国家工作人员受贿罪的界限。在构成要件的规定上，后者是数额犯，因而其定罪量刑的唯一标准就是受贿的数额，同时，在索取财物的情况下，同样需要为他人谋取利益的要件。不过，两者区别的界限主要在于犯罪主体的不同，受贿罪的主体必须是国家工作人员，除此以外的公司、企业或者其他单位人员的受贿，一律按照非国家工作人员受贿罪认定。

（4）受贿罪与贪污罪的区别。受贿罪与贪污罪一般而言并不会发生混淆，不过，在

---

① 参见 2007 年 7 月 8 日最高人民法院、最高人民检察院《关于办理受贿刑事案件适用法律若干问题的意见》第五部分规定。

所占有的所谓贿赂财物本应属于本单位所有的场合，则可能发生两者的混淆。例如在非法收受回扣和手续费场合，向对方提出加大应付款数额，但是要求对方同意从收到的货款中支付超额回扣、手续费然后才同意付款，进而要求收款方将超额款项返回而加以占有的，实际上都是以侵吞的方式占有本单位公款，应当认定构成贪污罪而非受贿罪。

（5）受贿罪与诈骗罪的界限。在没有通谋的前提下，国家工作人员的家属以通过国家工作人员的职务行为为他人谋取利益之名，欺骗对方获取财物的，应当认定构成诈骗；但如果其家属隐瞒获取财物的事实，要求国家工作人员为财物的提供者谋取利益，国家工作人员并不构成受贿罪，其家属也不应认定构成诈骗罪。关于虚假承诺问题，一般而言，只要国家工作人员作出的是现实的承诺，无论其是否具有为他人谋取利益的真实意思，都应当认定构成受贿，但是在其所作出的承诺显然不是一个现实的承诺时，则应认定构成诈骗罪。

（6）受贿罪与敲诈勒索罪的界限。在同敲诈勒索罪的区分上，其主要是与受贿罪的索贿行为容易产生混淆。

首要的问题是，索贿是否包括敲诈勒索的行为？对此有的人认为，索取贿赂不包括勒索，但是也有的人认为，索贿包括要求、索要与勒索贿赂。我们赞同后一观点，其一，由于国家工作人员在利用职务便利对他人进行索要和勒索时只有恶劣程度的不同，并没有性质的不同，因而导致在实践中两者也很难加以区分。如果认为恶劣程度相对较低的索要应当认定构成受贿，而恶劣程度相对较严重的勒索只能认定构成敲诈勒索罪，那么在很多场合，索贿人都会承认自己的行为是勒索而希望以法定刑相对较轻的敲诈勒索罪论处，因而产生严重的罪刑不均衡。其二，刑法第 389 条第 3 款规定，因被勒索给予国家工作人员以财物，没有获得不正当利益的，不是行贿。换言之，如果因被勒索给予国家工作人员以财物而获得不正当利益的，仍然构成行贿，那么就应当存在着对应的受贿罪。

其次，正是因为索贿包含着敲诈勒索的情形，所以可能同敲诈勒索罪发生混淆。国家工作人员在采取勒索方法索要财物时，如果未利用职务的便利，财物的提供者所要求的事项也并非国家工作人员职务范围之内的事项，仅仅是其利用他人的违法行为等错误而勒索财物的，应当认定构成敲诈勒索罪。如果勒索的事项是行为人利用了其职务的便利，财物提供者所要求的利益或者事项属于国家工作人员职权范围之内的事项，则构成敲诈勒索罪和受贿罪的想象竞合，应当从一重罪论处。一律按照受贿罪论处的问题在于，并不是在任何情况下，受贿罪的法定刑都会高于敲诈勒索罪的法定刑，尤其在受贿数额提升之后，这一问题会更加明显，因此应当按照想象竞合的方式处理。

最后，被勒索的财物交付者如何处理：有的人认为，被勒索的人是被害人，将其作为犯罪人处罚并不合适，单纯处罚勒索者足以保护公务行为的不可收买性。但是，如果认为被勒索者不能认定构成行贿罪，则刑法第 389 条第 3 款的规定实际上就失去了意义。而认为在勒索者被认定受贿罪的场合，被勒索者应当构成行贿罪，在勒索者构成敲诈勒索罪的场合，被勒索者就不能认定构成行贿者，这显然忽视了按照想象竞合从一重罪处断原则仅仅是影响勒索者的刑事责任，而不影响被勒索者的刑事责任，更何况勒索者实质上仍然构成受贿罪，仅仅是因为罪数问题而不按照受贿罪定罪而已。

（7）受贿罪既遂标准的设定。一般认为受贿罪的既遂以取得财物为标准。也有的人认为，受贿罪应当以利益是否实现为既遂标准，但受贿罪的成立并不需要利益的实现，因此将其作为既遂标准，可能导致既遂的标准设定过宽。还有的人认为，应当按照收贿和索贿的不同区分不同标准，即，前者以财物的取得为标准，后者以实施了索要行为为标准，原因在于索要行为已经侵害了职务行为的不可收买性。不过，考虑到即便在收贿场合，对职务行为的不可收买性的侵害在行为人作出权钱交易的承诺时就已经产生，那么就应该同索贿的场合做同样的既遂标准考虑，故区分两者的必要性不大。但是在没有获得财物的场合，总是可以认为权钱交易并未彻底完成，因而可以按照未遂处理。在以取得财物为标准的前提下，应当实质性地考察取得的标准认定。例如国家工作人员接受他人购物卡，但未来得及购物使用的，仍应按照受贿罪的既遂认定。在取得财物后未办理权属变更的，例如收受汽车、房屋等物品，未变更权属登记或者借用他人名义办理权属变更登记的，不影响受贿的认定，也不影响既遂的认定。不过此种场合尤其要注意区分借用行为，例如具体认定以房屋、汽车等物品为对象的受贿时，除双方交待或者书面协议之外，主要应当结合以下因素进行判断：有无借用的合理事由、是否实际使用、借用时间的长短、有无归还的条件、有无归还的意思表示及行为。

（8）行为人收受他人财物构成受贿罪，为他人谋取利益的行为本身又构成他罪的，由于受贿罪中“为他人谋取利益”只要求承诺为已足，而不要求利益的谋取甚至实现行为，后一行为超出了受贿罪的构成要件范围，因而应当认为构成数罪，原则上可以并罚。不过，刑法第 399 条第 4 款规定，司法工作人员收受贿赂，同时构成徇私枉法罪，民事、行政枉法裁判罪，执行判决、裁定失职罪，执行判决、裁定滥用职权罪等的，依照处罚较重的规定定罪处罚，这实际上是将其作为牵连犯而从一重罪处断的情形。因此，除非刑法另有规定，类似情形的，依照受贿罪和渎职罪等犯罪数罪并罚。

2. 刑事处罚

对于受贿罪，应当根据受贿所得数额及其情节，分别处罚：

（1）受贿数额较大或者有其他较重情节的，处 3 年以下有期徒刑或者拘役，并处罚金。按照刑法第 383 条以及《办理贪污贿赂解释》的规定，受贿罪的定罪标准同前述贪污罪的定罪标准一样，都分为两个：首先，数额标准。考察其数额是否达到 30 000 元，30 000 元即为其数额较大的标准。需要注意的是，国家工作人员利用职务上的便利为请托人谋取利益前后多次收受请托人礼物，受请托之前收受的财物数额在 10 000 元以上的，应当一并计入受贿数额。

其次，情节标准。受贿数额在 10 000 元以上不满 30 000 元，具有下列情形之一的，应当认定为具有“其他较重情节”，成立受贿罪：1）曾因贪污、受贿、挪用公款受过党纪、行政处分的；2）曾因故意犯罪受过刑事追究的；3）赃款赃物用于非法活动的；4）拒不交待赃款赃物去向或者据不配合追缴工作，致使无法追缴的；5）造成恶劣影响或者其他严重后果的；6）多次索贿的；7）为他人谋取不正当利益，致使公共财产、国家和人民利益遭受损失的；8）为他人谋取职务提拔、调整的。

（2）受贿数额巨大或者有其他严重情节的，处 3 年以上 10 年以下有期徒刑，并处罚金或者没收财产。在此，数额巨大的标准为 20 万元以上不满 300 万元。同时，具有前述规定的 8 种较重情节之一，成立上述加重犯的数额标准则有所降低，受贿数额在 10 万元以上不满 20 万元的，就属于“有其他严重情节的”情形。

（3）受贿数额特别巨大或者有其他特别严重情节的，处 10 年以上有期徒刑或者无期徒刑，并处罚金或者没收财产；数额特别巨大，并使国家和人民利益遭受特别重大损失的，处无期徒刑或者死刑，并处没收财产。按照前述《办理贪污贿赂解释》，受贿数额在 300 万元以上，应当认定为受贿罪的“数额特别巨大”。同样道理，受贿数额在 150 万元以上不满 300 万元，具有前述《办理贪污贿赂解释》中规定的 8 种加重情节之一的，则应当认为受贿罪的“其他特别严重情节”。

（4）受贿数额特别巨大，犯罪情节特别严重、社会影响特别恶劣、给国家和人民利益造成特别重大损失的，可以判处死刑。与前述有关贪污罪的量刑一致的是，符合上述情形的案件中，死刑也仍然是选择性而并非强制性的。同时，按照刑法第 383 条第 4 款规定，行为人被判处死刑缓期执行的，人民法院根据犯罪情节等情况可以同时决定在其死刑缓期二年执行期满依法减为无期徒刑后，终身监禁，不得减刑、假释。

关于贪污罪、受贿罪的财产刑，按照前述《办理贪污贿赂解释》，对因贪污罪、受贿罪判处 3 年以下有期徒刑或者拘役的，应当并处 10 万元以上 50 万元的罚金；判处 3 年以上 10 年以下有期徒刑的，应当并处 20 万元以上犯罪数额 2 倍以下的罚金或者没收财产；判处 10 年以上有期徒刑或者无期徒刑的，应当并处 50 万元以上犯罪数额 2 倍以下的罚金或者没收财产。

（5）索贿的从重处罚。

在涉及股票受贿的案件中，应当注意：国家工作人员利用职务上的便利，索取或者非法收受股票，没有支付股本金，为他人谋取利益，构成受贿罪，其受贿数额按照收受股票时的实际价格计算；行为人支付股本金而购买较有可能升值的股票，由于不是无偿收受请托人财物，不以受贿论处；股票已经上市且已升值，行为人仅支付股本金，其“购买”股票时的实际价格与股本金的差价部分应认定为受贿。

四、利用影响力受贿罪

（一）概念与构成

利用影响力受贿罪是指国家工作人员的近亲属或者其他与该国家工作人员关系密切的人，通过该国家工作人员职务上的行为，或者利用该国家工作人员职权或者地位形成的便利条件，通过其他国家工作人员职务上的行为，为请托人谋取不正当利益，索取请托人财物或者收受请托人财物，数额较大或者有其他严重情节的行为。离职的国家工作人员或者其近亲属以及其他与其关系密切的人，利用该离职的国家工作人员原职权或者地位形成的便利条件，实施上述行为的，亦构成本罪。

（1）利用影响力受贿罪的客观方面包括两方面：其一是指与国家工作人员关系密切的人通过该国家工作人员职务上的行为，或者利用该国家工作人员职权或者地位形成的便利条件，通过其他国家工作人员职务上的行为，为请托人谋取不正当利益，索取请托人财物或者收受请托人财物，数额较大或者有其他严重情节的行为。其二是指离职的国家工作人员或者其近亲属以及其他与其关系密切的人，利用该离职的国家工作人员原职权或者地位形成的便利条件，实施的上述行为。上述两种行为主要是为了弥补刑罚处罚的两个真空或者漏洞：首先，从理论上讲，与国家工作人员关系密切但本人并不具备国家工作人员身份的人，只能在与国家工作人员通谋的情形下，才可能构成受贿罪的共犯而被处罚。在没有通谋或者没有证据证明通谋的情况下，不具备国家工作人员身份的人通过国家工作人员的职务行为，为请托人谋取利益，国家工作人员不构成受贿罪，而非国家工作人员也无法认定有罪，甚至通常也不能认定其构成受贿罪的间接正犯，从而产生处罚的漏洞。其次，受贿罪往往仅处罚国家工作人员在职时的行为，或者谋取利益和收受财物两者之一发生于在职期间，但是国家工作人员在离职后仍然可以利用其原有职权斡旋受贿，却不能被处罚。所谓利用影响力受贿就是指密切关系人利用关系密切的国家工作人员的影响力，以及离职后的国家工作人员及其密切关系人利用原国家工作人员离职前的职权的影响力，收受财物。

需要指出的是：首先，上述密切关系人构成本罪，必须是同国家工作人员之间未形成受贿的共犯，如果已经认定构成受贿的共犯，则没有成立本罪的余地；而离职的国家工作人员构成本罪，其为他人谋取利益行为以及收受请托人财物行为均必须发生在离职后，因而离职的国家工作人员或者密切关系人利用离职后的国家工作人员构成本罪，必然属于斡旋受贿情形。其次，实践中，存在着国家工作人员的近亲属或者与该国家工作人员关系密切的人，承诺通过该国家工作人员实施为请托人谋取不正当利益的行为，但尚未与该国家工作人员联系或者联系后该国家工作人员予以拒绝的情形，是否仍然成立本罪？考虑到此种情形中并未实际侵害职务行为的不可收买性，因此不宜认定成立本罪。本罪的成立仍然需要国家工作人员至少具有承诺为其谋取利益的行为。最后，构成本罪，需为请托人谋取不正当利益。因此，谋取正当利益的仍然不构成本罪。在此，构成本罪，需要数额较大或者具有其他严重情节。

（2）利用影响力受贿罪的主体包括：在第一种情形中，本罪主体为密切关系人，即国家工作人员的近亲属或者其他与国家工作人员关系密切的人。密切关系人的范围较之受贿罪中的特定关系人的范围更为广泛。特定关系人主要强调其与国家工作人员之间具有的共同利益关系，从而为确定两者之间构成共犯奠定身份基础。但密切关系人除特定关系人以外，还包括虽然不具备共同利益关系，但能够利用其与国家工作人员之间较为特殊的关系而从中牟利的关系，例如国家工作人员的秘书或者司机等等。因此，在此并不强调具有共同利益关系，而更强调关系或者能力所产生的实际影响。实践中，只要客观上具有某种实际关系，能够借助这一关系通过国家工作人员职务上的行为，或者利用其职权或者地位形成的便利条件，通过其他国家工作人员职务上的行为，为请托人谋取不正当利益，都可能被扩张地认定构成“关系密切人”从而成立本罪。在第二种情形中，本罪主体为离职的国家工作人员及其密切关系人。所谓离职包括各种正常和非正常原因离开岗位。

（3）利用影响力受贿罪的主观方面是故意。

（4）利用影响力受贿罪的犯罪客体是公众对职务行为不可收买性的信赖以及职务行为的公正性。

（二）刑事处罚

按照刑法第388条之一规定，犯利用影响力受贿罪的，处3年以下有期徒刑或者拘役，并处罚金；数额巨大或者有其他严重情节的，处3年以上7年以下有期徒刑，并处罚金；数额特别巨大或者有其他特别严重情节的，处7年以上有期徒刑，并处罚金或者没收财产。本罪的定罪量刑标准，参照前述有关受贿罪的规定执行。另外，应当在10万元以上犯罪数额2倍以下判处罚金。

五、单位受贿罪

（一）概念与构成

单位受贿罪是指国家机关、国有公司、企业、事业单位、人民团体索取、非法收受他人财物，为他人谋取利益，情节严重的行为。

（1）单位受贿罪的客观方面是指：索取、非法收受他人财物，为他人谋取利益，情节严重的行为。与一般的受贿罪不同的是，无论是索取还是非法收受他人财物，都要求具有为他人谋取利益的情节，但是利益的正当性与否不影响定罪。另外，单位受贿罪是纯粹的情节犯，必须情节严重的才能构成犯罪，不过数额毫无疑问是其中极为重要的情节甚至是基础性情节之一。按照最高人民检察院有关立案标准的解释，单位受贿有下列情形之一的，应予立案：单位受贿数额在10万元以上的；单位受贿数额不满10万元，但具有下列情形之一的：故意刁难、要挟有关单位、个人，造成恶劣影响的；强行索取财物的；致使国家或者社会利益遭受重大损失的。[①] 上述单位在经济往来中，在账外暗中收受各种名义的回扣、手续费的，以受贿论处。单位受贿罪要求受贿所得的财物应当归单位所有，因此如果自然人以单位的名义，收受贿赂，并且归个人所有的，应当按照第386条规定的自然人的受贿罪论处。

单位受贿罪虽然并未规定利用职务便利这一要件，但作为受贿犯罪而言，本质上仍然需要利用职务便利。

（2）单位受贿罪的主体是国家机关、国有公司、企业、事业单位、人民团体。就本罪的主体而言，在理论上仍然存在着争论。主要围绕国家机关是否应当成为单位受贿罪的处罚主体这一问题，存在着对于被认定构成单位受贿罪的国家机关是否还能够继续作为国家机关存在的争议，但是考虑到单位受贿罪的设立主要是为了保障公共权力的正当行使，因此不应将国有单位被处罚后所碰到的问题同处罚的必要性和可能性问题相互混淆。构成单位受贿罪，当然需要经单位的决策机构的授权或者同意，通过其直接负责的主管人员和其他直接责任人员收受、索取贿赂的行为表现出来。另外，本罪中所规定的国有公司、企业应当是指国有独资的公司、企业，不应包括国有控股或者参股的公司、企业。本罪虽然规定的是国家机关、国有公司、企业、事业单位、人民团体，但是上述

---

① 参见1999年9月16日最高人民检察院《关于人民检察院直接受理立案侦查案件立案标准的规定（试行）》。

单位的分支机构或者内设机构、部门以其自己的名义实施受贿行为，违法所得亦归分支机构、部门所有的，仍然应当认定构成单位受贿罪。

本罪的主体虽然是国有性质的单位，但是本罪中财物的提供者即“他人”可以是单位，也可以是自然人。

（3）单位受贿罪的主观方面是故意。

（4）单位受贿罪的犯罪客体是职务行为的不可收买性。

（二）刑事处罚

按照刑法第387条规定，单位犯受贿罪的，对单位判处罚金，并对其直接负责的主管人员和其他直接责任人员，处5年以下有期徒刑或者拘役。

六、行贿罪

（一）概念与构成

行贿罪是指为谋取不正当利益，给予国家工作人员以财物的行为。

1. 行贿罪的客观方面是指为谋取不正当利益，给予国家工作人员以财物的行为。

（1）本罪中，行贿人所提供的只能是财物，包括货币、物品和财产性利益。

（2）本罪中行为人必须是为了谋取不正当利益。如果其谋取的是正当利益，则不构成本罪。[①] 所谓不正当利益，是指违反法律、法规、国家政策和国务院各部门规章规定的利益，以及要求国家工作人员提供违反法律、法规、国家政策和国务院各部门规章规定的帮助或者便利条件。在招标投标、政府采购等商业活动中以及组织人事管理等活动中，违背公平原则，给予相关人员财物以谋取竞争优势的，属于“谋取不正当利益”。因此，即使行贿人符合晋级、考试录取等条件，但为了使自己优于他人而获得竞争优势，进行行贿的仍然成立行贿罪。至于实际上是否已经谋取了不正当利益，则不影响本罪的成立。

在实践中，以下利益一般可以被认定为不正当利益：其一，在任何情况下，法律都禁止得到的利益，例如偷税、走私等情形；其二，在不具备取得某种利益的条件或者该利益具有不确定性的，采取不正当手段取得该利益或者使自己在竞争中获得原来不存在的优势的；其三，依法应当履行的义务通过此类不正当手段得到减免，例如通过行贿得以减免债务。本罪的“为了谋取不正当利益”属于主观要素，因此并不需要行为人已经向受贿人明确提出这一要求或者已经实际获得了不正当利益。

虽然按照刑法第389条的规定，财物的支付是为了谋取不正当利益的目的，因而谋取不正当利益的目的与财物的给付之间应当存在着前后的因果关联，但是在已经实现了不正当利益的谋取情形，行为人之后向国家工作人员支付财物的，仍然构成行贿罪。

（3）行为人实施了给予财物的行为。无论是行为人自愿还是被要求甚至被勒索的，

---

① 不过就对公务行为不可收买性的侵害而言，此类行为同样侵害了公务行为的不可收买性，这一要件的规定主要是为了限制处罚的范围。

都不影响本罪的成立。不过在为谋取不正当利益过程中，因被勒索给予国家工作人员以财物的，如果行为人没有获得不正当利益的，不是行贿；反之，如果确实获得不正当利益的，则应当定罪。在经济往来中，违反国家规定，给予国家工作人员以财物，数额较大的，或者违反国家规定，给予国家工作人员以各种名义的回扣、手续费的，以行贿论处。在此情形中，同样需要具备“为谋取不正当利益”这一要件。

一般而言，行贿行为情节严重的才构成行贿罪。按照《办理贪污贿赂解释》，涉嫌行贿，有下列情形之一的，应予追究刑事责任：1）行贿数额在 3 万元以上的。2）行贿数额在 1 万元以上不满 3 万元，但具有下列情形之一的：向 3 人以上行贿的；将违法所得用于行贿的；通过行贿谋取职务提拔、调整的；向负有食品、药品、安全生产、环境保护等监督管理职责的国家工作人员行贿，实施非法活动的；向司法工作人员行贿，影响司法公正的；造成经济损失数额在 50 万元以上不满 100 万元的。多次行贿未经处理的，按照累计行贿数额处罚。

2. 行贿罪的主体是自然人，如果是单位行贿的，构成单位行贿罪。

3. 行贿罪的主观方面是故意，行贿人对于其行为侵犯国家工作人员职务行为的不可收买性具有明知，并且希望或者放任这一结果的发生；同时，还要求行为人具有谋取不正当利益的目的，但是这一目的是否实现，则不影响本罪的认定。另外，为谋取不正当利益而给予国家工作人员以财物，事后通过其他手段例如以告发为勒索借口而加以索回的，仍然构成行贿罪。

4. 行贿罪的客体是职务行为的公正性。行贿行为与受贿行为本是对合行为，不过由于行贿罪处罚范围局限于谋取不正当利益的行为，因而虽然本质上对职务行为的不可收买性存在侵害，但是根本上仍然同受贿罪的客体略有不同，主要是指其中职务行为的公正性。

（二）司法认定与刑事处罚

1. 司法认定

行贿人行贿当然会要求、帮助受贿人予以接受，但是考虑到行贿和受贿之间的必要共犯关系，因此不能认定行贿人另外构成受贿罪的教唆犯或者帮助犯。与此不同，行贿人在此过程中必然要求受贿人为其谋取不正当利益，而该谋取不正当利益的行为可能导致进一步实施的独立犯罪行为，例如生产、销售伪劣商品，走私，等等，从而可能构成其他犯罪。相关罪行已经超越了行贿罪的构成要件，构成独立的新罪的，应当分别定罪，数罪并罚。成为问题的是，行贿人行贿要求受贿人为其谋取不正当利益，而该不正当利益内容本身就构成犯罪，例如行贿人给予司法工作人员以财物，要求其枉法裁判或者私放在押人员的，行贿人的请托行为本身是否构成枉法裁判罪或者私放在押人员罪的教唆犯并需要进一步数罪并罚？考虑到行贿人要求受贿人为其谋取不正当利益本身或者说请托行为本身就属于行贿罪的构成要件内容，因此行贿人只能构成行贿罪和所欲谋取利益而构成之罪的共犯之间的想象竞合，按照从一重罪处断的原则处理。即便在行贿对象即国家工作人员没有接受财物，也未承诺为其谋取不正当利益，因而不构成受贿罪的场合，按照刑法第 29 条第 2 款规定，如果被教唆的人没有犯被教唆的罪，对于教唆犯，可以从轻或者减轻处罚，行贿人仍然可能构成行贿罪和所欲谋取不正当利益而构成之罪的教唆犯之间的想象竞合，按照从一重罪原则处断。

另外，也需要注意的是，行贿和受贿属于对合犯罪，通常对于行贿罪和受贿罪应当同样予以打击，但是考虑到刑事诉讼中的证明问题，有时候不得不既要坚持从严惩处的方针，又要注意政策。原则上，对于行贿行为和受贿行为不应偏袒、纵容一方，导致对贿赂犯罪的打击过于片面。不过，同样要注意的是，并不一定在成立行贿罪的场合，始终存在着对应的受贿犯罪。例如国家工作人员收受请托人财物后及时退还或者上交的情形，不应认定构成受贿，但是行贿人的行为仍然可能构成行贿罪。

2. 刑事处罚

按照刑法第390条的规定，犯行贿罪的，处5年以下有期徒刑或者拘役，并处罚金；因行贿谋取不正当利益，情节严重的，或者使国家利益遭受重大损失的，处5年以上10年以下有期徒刑，并处罚金；情节特别严重的，或者使国家利益遭受特别重大损失的，处10年以上有期徒刑或者无期徒刑，并处罚金或者没收财产。

所谓情节严重，是指具有下列情形之一：(1) 行贿数额在100万元以上不满500万元的。(2) 行贿数额在50万元以上不满100万元，但具有下列情形之一的：向3人以上行贿的；将违法所得用于行贿的；通过行贿谋取职务提拔、调整的；向负有食品、药品、安全生产、环境保护等监督管理职责的国家工作人员行贿，实施非法活动的；向司法工作人员行贿，影响司法公正的。(3) 其他严重的情节。所谓“使国家利益遭受重大损失”，是指造成经济损失数额在100万元以上不满500万元。

所谓情节特别严重，是指具有下列情形之一：(1) 行贿数额在500万元以上。(2) 行贿数额在250万元以上不满500万元，但具有下列情形之一的：向3人以上行贿的；将违法所得用于行贿的；通过行贿谋取职务提拔、调整的；向负有食品、药品、安全生产、环境保护等监督管理职责的国家工作人员行贿，实施非法活动的；向司法工作人员行贿，影响司法公正的。(3) 其他特别严重的情节。所谓“使国家利益遭受特别重大损失”，是指造成经济损失数额在500万元以上。

按照刑法第390条第2款规定，行贿人在被追诉前主动交待行贿行为的，可以从轻或者减轻处罚。其中，犯罪较轻的，对侦破重大案件起关键作用的，或者有重大立功表现的，可以减轻或者免除处罚。所谓被追诉前，是指检察机关对行贿人的行贿行为刑事立案前。所谓犯罪较轻的，是指根据行贿犯罪的事实、情节，可能被判处3年有期徒刑以下刑罚的行为。所谓重大案件，是指根据犯罪的事实、情节，已经或者可能被判处10年有期徒刑以上刑罚的，或者案件在本省、自治区、直辖市或者全国范围内有较大影响的案件。针对上述案件，具有下列情形之一的，可以认定为前述“对侦破重大案件起关键作用”：主动交待办案机关未掌握的重大案件线索的；主动交待的犯罪线索不属于重大案件的线索，但该线索对于重大案件侦破有重要作用的；主动交待行贿事实，对于重大案件的证据收集有重要作用的；主动交待行贿事实，对于重大案件的追逃、追赃有重要作用的。

七、单位行贿罪

（一）概念与构成

单位行贿罪是指单位为谋取不正当利益而给予国家工作人员以财物，或者违反国家规定，给予国家工作人员以回扣、手续费，情节严重的行为。

（1）单位行贿罪的客观方面同行贿罪的相同，都是为谋取不正当利益而给予国家工作人员以财物，或者违反国家规定，给予国家工作人员以回扣、手续费，情节严重的行为。值得注意的是，虽然刑法第 393 条规定本罪的基本行为是行贿而非给予财物，因而并没有明确贿赂的限制，似乎存在着将贿赂扩张解释的余地，但是从罪刑均衡的角度，仍然应当严格限定此处的行贿只能是给予财物。另外，需要注意的是，刑法第 393 条仅仅规定为谋取不正当利益而行贿，并未像刑法第 389 条行贿罪那样限定行贿对象为国家工作人员，那么这是否意味着单位向非国家工作人员行贿，也成立本罪？刑法第 164 条规定，为谋取不正当利益，给予公司、企业或者其他单位的工作人员以财物，数额较大的，成立对非国家工作人员行贿罪，单位也可以成立该罪。显然，单位为谋取利益而给予非国家工作人员以财物的，不应成立单位行贿罪，因此本罪的行贿对象仍然局限于国家工作人员。另外，考虑到对单位行贿罪的存在，本罪财物的接受者只能是国家工作人员，如果财物的接受者为国家机关、国有公司、企业、事业单位、人民团体的，则只能构成对单位行贿罪。

因行贿取得的违法所得归个人所有的，应以行贿罪论处。这里的“归个人所有”是指归个别人、少数人所有，显然刑法在此是按照因行贿取得的利益归属而非行贿资金的来源来区分单位行贿罪与行贿罪。与此相对的是，行为人为了单位的利益而将其所有的个人资产，给予国家工作人员，也宜认定为单位行贿罪。

一般而言，单位行贿行为情节严重的才构成行贿罪。按照相关司法解释[①]，涉嫌单位行贿，有下列情形之一的，应予立案：1）单位行贿数额在 20 万元以上的。2）单位为谋取不正当利益而行贿，数额在 10 万元以上不满 20 万元，但具有下列情形之一的：为谋取非法利益而行贿的；向 3 人以上行贿的；向党政领导、司法工作人员、行政执法人员行贿的；致使国家或者社会利益遭受重大损失的。

（2）单位行贿罪的主体只能是单位，其性质没有限制。但虽然是以单位的名义行贿，因行贿取得的违法所得归个人所有的，仍然构成行贿罪而非单位行贿罪。[②]

（3）单位行贿罪的主观方面是故意，并且具有为单位谋取不正当利益的目的，其目的是否实现不影响本罪认定。

（4）单位行贿罪的客体同行贿罪的相同，即职务行为的公正性。

---

① 参见 1999 年 9 月 9 日最高人民检察院《关于人民检察院直接受理立案侦查案件立案标准的规定（试行）》。

② 但是也可能存在着个人，例如公司负责人，为谋取单位的不正当利益而用个人财产行贿的情况，或者销售人员为了扩大公司销售额从而增加自己的业绩甚或提成而用个人财产行贿的情况，虽然行贿取得的违法所得归单位所有，但是在不能将该行为归属于单位的前提下，仍然应当认定构成行贿罪而非单位行贿罪。

（二）刑事处罚

根据刑法第393条的规定，犯本罪的，对单位判处罚金，并对其直接负责的主管人员和其他直接责任人员，处5年以下有期徒刑或者拘役，并处罚金。① 需要注意的是，刑法第389条第3款中规定“因被勒索给予国家工作人员以财物，没有获得不正当利益的，不是行贿”，以及刑法第390条第2款规定“行贿人在被追诉前主动交待行贿行为的，可以从轻或者减轻处罚。其中，犯罪较轻的，对侦破重大案件起关键作用的，或者有重大立功表现的，可以减轻或者免除处罚”，虽然在刑法第393条中没有明确规定，但是考虑到行贿罪和单位行贿罪的性质完全相同，而且就法定刑而言，单位行贿罪的法定刑远远轻于行贿罪的法定刑，即相比较于行贿罪而言，单位行贿罪是一个轻罪，在一个重罪中能够适用的法定事由没有理由不能在性质相同的轻罪中加以适用，因此上述规定完全能够适用于单位行贿罪，而并不违背罪刑法定原则。

不过，存在的疑问在于：固然在定性上存在着解释余地，可以将适用于行贿罪的“因被勒索给予国家工作人员以财物，没有获得不正当利益的，不是行贿”这一规定适用于单位行贿罪，但是在从轻、减轻或免除处罚上，没有对单位行贿罪作相应的规定，因此在单位行贿罪场合，就因为没有法定事由而不得不作为酌定从宽事由，势必存在着巨大的程序性障碍或拖累，导致这种适用无法顺利进行。对此，可以将刑法第389条第3款、第390条第2款扩张地解释为适用于所有行贿犯罪的规定，甚至可以将刑法第389条第1款、第2款理解为是对所有向国家工作人员行贿行为的概括性规定，并因此应当理解第390条第2款中的行贿人既包括自然人，也包括单位，因而单位行贿人因被勒索给予国家工作人员以财物，没有获得不正当利益的，也不构成行贿；单位行贿人在被追诉前主动交待行贿行为的，可以从轻或者减轻处罚。其中，犯罪较轻的，对侦破重大案件起关键作用的，或者有重大立功表现的，可以减轻或者免除处罚。这一适用也并非比照刑法第390条第2款适用，而是完全可以直接加以援引适用。

八、对有影响力的人行贿罪

（一）概念与构成

对有影响力的人行贿罪是指为谋取不正当利益，向国家工作人员的近亲属或者其他与该国家工作人员关系密切的人，或者向离职的国家工作人员或者其近亲属以及其他与其关系密切的人行贿的行为。

（1）对有影响力的人行贿罪的客观方面：行为人向国家工作人员的近亲属或者其他

---

① 在立法上，对法益侵害同质性的行贿行为，例如同样是对国家工作人员行贿，区分自然人行贿和单位行贿设定不同罪名，即便不考虑单位犯罪的定罪数额标准相差巨大，而设置差别巨大的法定刑；并进而区分行贿对象为国家工作人员和国家机关、国有公司、企业、事业单位、人民团体，又进一步将对单位行贿罪设置极轻的法定刑，并且在此情形又有别于对国家工作人员的行贿犯罪，不考虑区别对自然人主体和单位主体处罚的法定刑，这样的立法体系，其合理性有待商榷。

与该国家工作人员关系密切的人，或者向离职的国家工作人员或者其近亲属以及其他与其关系密切的人行贿。本罪行为的对象包括：国家工作人员的近亲属、与国家工作人员关系密切的人、离职的国家工作人员、离职的国家工作人员的近亲属、与离职的国家工作人员关系密切的人。之所以将上述人员作为行贿对象，主要原因在于他们与国家工作人员之间具有血缘、亲属关系，或者具有某种共同利益关系，或者具有人身的亲密关系，具有足够的影响力。所谓近亲属主要是指夫妻、父母、子女、同胞兄弟姐妹、祖父母、外祖父母、孙子女、外孙子女。离职的国家工作人员是指曾经是国家工作人员，但目前基于离休、退休、辞职、辞退等原因而离开国家工作人员岗位的人员。对有影响力的人行贿罪的规定，主要是为了和利用影响力受贿罪形成对合关系，从而严密对贿赂犯罪的打击，弥补惩罚漏洞。

（2）本罪主体包括自然人和单位。

（3）本罪主观要件为故意，行为人具有谋取不正当利益的目的。同时，行为人对于行贿对象属于上述五类人员具有明知。

（4）本罪客体为职务行为的公正性。

（二）刑事处罚

根据刑法第 390 条之一的规定，犯本罪，处 3 年以下有期徒刑或者拘役，并处罚金；情节严重的，或者使国家利益遭受重大损失的，处 3 年以上 7 年以下有期徒刑，并处罚金；情节特别严重的，或者使国家利益遭受特别重大损失的，处 7 年以上 10 年以下有期徒刑，并处罚金。单位犯前款罪，对单位判处罚金，并对其直接负责的主管人员和其他直接责任人员，处 3 年以下有期徒刑或者拘役，并处罚金。本罪的定罪量刑适用标准，参照有关行贿罪的规定执行。单位对有影响力的人行贿数额 20 万元以上的，应当追究刑事责任。

需要明确的是，从政策的平衡角度，刑法第 389 条第 3 款所规定的“因被勒索给予国家工作人员以财物，没有获得不正当利益的，不是行贿”，以及刑法第 390 条第 2 款有关行贿人主动交待予以宽大处理的政策，应当同样适用于本罪。

九、对单位行贿罪

（一）概念与构成

对单位行贿罪是指行为人为谋取不正当利益，给予国家机关、国有公司、企业、事业单位、人民团体以财物的，或者在经济往来中，违反国家规定，给予各种名义的回扣、手续费的行为。

（1）对单位行贿罪的客观方面：给予国家机关、国有公司、企业、事业单位、人民团体以财物的，或者在经济往来中，违反国家规定，给予各种名义的回扣、手续费的行为。财物接受者必须是国家机关、国有公司、企业、事业单位、人民团体，针对其他性质的单位行贿的不构成本罪[①]，而财物也确实是为上述单位而非上述单位中的个人所接受，否则构成行贿罪。当然，此处的单位应当包括上述单位的分支机构或者内设机构、部门。

（2）本罪的主体是自然人和单位，作为主体的单位并没有任何所有制的限制，国家机关、国有公司、企业、事业单位、人民团体同样可以构成对单位行贿罪。

（3）本罪的主观方面是故意，并且具有谋取不正当利益的主观目的，但是该利益是否实现则不影响本罪认定。同时，行贿罪与对单位行贿罪的主要区别就在于行贿对象的不同，但是可能出现对对象发生误认的场合，为区别行贿罪和对单位行贿罪，以行为人的主观认识为判断标准，如果财物的接受者实际为个人，行为人误认为是单位而行贿的，应当认定构成对单位行贿罪；如果财物的接受者实际为单位，行为人误认为是个人而行贿的，应当认定构成行贿罪。

（4）本罪的客体同行贿罪的客体一样，都是属于职务行为的公正性。

（二）司法认定与刑事处罚

刑法第 391 条规定，自然人犯本罪，处 3 年以下有期徒刑或者拘役，并处罚金。单位犯本罪的，对单位判处罚金，并对其直接负责的主管人员和其他直接责任人员，依照上述规定处罚。本罪罚金的判处，应当在 10 万元以上犯罪数额 2 倍以下判处。按照相关司法解释[②]，涉嫌对单位行贿，具有下列情形之一的，应当立案：（1）个人行贿数额在 10 万元以上、单位行贿数额在 20 万元以上的。（2）个人行贿数额不满 10 万元、单位行贿数额在 10 万元以上不满 20 万元，但具有下列情形之一的：为谋取非法利益而行贿的；向 3 个以上单位行贿的；向党政机关、司法机关、行政执法机关行贿的；致使国家或者社会利益遭受重大损失的。

同样，刑法第 389 条第 3 款中规定“因被勒索给予国家工作人员以财物，没有获得不正当利益的，不是行贿”，以及刑法第 390 条第 2 款规定“行贿人在被追诉前主动交待行贿行为的，可以从轻或者减轻处罚”，仍然可以适用于本罪。存在的疑问是：本罪的对象是国家机关、国有公司、企业、事业单位、人民团体，而刑法第 389 条第 3 款规定的对象是国家工作人员，能否直接援引适用？但是考虑到对国家机关、国有公司、企业、事业单位、人民团体的行贿在形式上一般都通过向国家工作人员交付财物而实现，因而可以直接援引该规定认定不构成对单位行贿罪。

十、介绍贿赂罪

（一）概念与构成

介绍贿赂罪是指行为人向国家工作人员介绍贿赂，情节严重的行为。

---

① 就立法体例而言，其他性质单位中的工作人员能够构成非国家工作人员受贿罪，而其所在的非国有单位，例如国有控股公司，却不能构成相应的受贿犯罪；单位和自然人都能构成对非国家工作人员行贿罪，但是任何单位和自然人却因此不能构成对非国有单位，例如国有控股公司的行贿犯罪，这样的法益保护体系是令人难以理解的。

② 参见 1999 年 9 月 16 日最高人民检察院《关于人民检察院直接受理立案侦查案件立案标准的规定（试行）》。

（1）介绍贿赂罪的客观方面是指向国家工作人介绍贿赂，情节严重的行为。所谓介绍贿赂是指行为人在行贿人与国家工作人员之间进行引见、撮合、沟通，促使行贿和受贿行为得以实现的行为。首先，本罪中行贿人并无限定，但介绍的对象应当是国家工作人员，因此向非国家工作人员的自然人介绍贿赂的，不构成本罪。介绍的对象虽然是国家机关、国有公司、企业、事业单位、人民团体，但其形式上是通过向所属的国家工作人员介绍贿赂的，也仍然可以认定构成介绍贿赂罪。[①] 其次，虽然刑法第 392 条规定的是“向国家工作人员介绍贿赂”，因此严格而言，接受国家工作人员的受贿企图，而为其寻找行贿人的行为似乎并不属于介绍贿赂的行为。但通常的理解认为，所谓介绍贿赂，既包括接受行贿人的委托，向国家工作人员介绍贿赂，也包括接受国家工作人员的委托，介绍行贿者。最后，其行为必须情节严重，按照相关司法解释[②]，涉嫌介绍贿赂有下列情形的，应当立案：1）介绍个人向国家工作人员行贿，数额在 2 万元以上的；介绍单位向国家工作人员行贿，数额在 20 万元以上的。2）介绍贿赂数额不满上述标准，但具有下列情形之一的：为使行贿人获取非法利益而介绍贿赂的；3 次以上或者为 3 人以上介绍贿赂的；向党政领导、司法工作人员、行政执法人员介绍贿赂的；致使国家或者社会利益遭受重大损失的。有关犯罪数额“不满”，是指接近该数额且已达到该数额的 80%以上。

（2）介绍贿赂罪的主体是一般主体，无论是否是国家工作人员均可构成。

（3）介绍贿赂罪的主观方面是故意，即行为人明知行贿人、受贿人的行贿与受贿故意，仍然故意从中撮合，使贿赂行为得以实现。行为人出于何种动机，是否因介绍贿赂而从行贿人或者收贿人处获取某种利益，均不影响本罪认定。

（4）介绍贿赂罪的客体是职务行为的不可收买性。

（二）司法认定与刑事处罚

1. 司法认定

（1）介绍贿赂罪与行贿罪、受贿罪的共犯的区分：在很多国家的刑法中，并没有介绍贿赂罪的规定，类似的行为均被包括在行贿罪和受贿罪的共犯之中，因此过去也有学者主张介绍贿赂罪在立法中就应当被取消，而在刑法解释论上，则采取了极为严格的限制解释，认为所谓的“向国家工作人员介绍贿赂”是指行为人明知某人欲通过行贿谋求国家工作人员的职务行为，而向国家工作人员提供该信息；在此基础上，情节严重的才成立介绍贿赂罪；或者在行为人主动为甲疏通行贿渠道，主动向国家工作人员乙表达对方要求，旨在促成贿赂事实的情况下，而甲乙双方均没有着手实行犯罪的，对行为人可以按介绍贿赂罪论处。[③] 但是既然我国刑法规定了介绍贿赂罪，因而在司法上无论如何都需要区分介绍贿赂行为与行贿、受贿共犯行为，更何况介绍贿赂罪的法定刑同即便是作为行贿罪、受贿罪的共犯的法定刑之间，也存在着巨大差距。

---

① 对此否定的观点，参见张明楷：《刑法学》（下），6 版，1616 页，北京，法律出版社，2021。

② 参见 1999 年 9 月 16 日最高人民检察院《关于人民检察院直接受理立案侦查案件立案标准的规定（试行）》。

③ 参见张明楷：《刑法学》（下），6 版，1628 页，北京，法律出版社，2021。

司法实践中，区分介绍贿赂罪与行贿罪、受贿罪的帮助犯或者教唆犯的标准之一是：考察行为人是否参与了国家工作人员利用职务便利为他人谋取利益的行为。如果行为人参与了国家工作人员利用职务便利为他人谋取利益的行为，则构成受贿罪的共犯而非介绍贿赂罪，但是无身份者虽然通常都因欠缺身份的便利无法参加受贿者谋取利益的行为，却通常都毫无疑问地被认为可以构成受贿罪的共犯，这一标准显然不合理。因此，实践中的另一做法是以行为人在客观上是否获得利益，其主观是具有行贿或者受贿的共犯故意还是具有撮合贿赂的故意，来区分介绍贿赂罪和行贿罪、受贿罪的共犯。如果行为人主观上就是具有行贿或者受贿的共犯的故意，并且同行贿人或者受贿人具有共同利益体的地位（共同利益体并不需要共同地占有贿赂），就应该认定构成行贿人或者受贿人的共犯，而非介绍贿赂罪。但是如果行为人并非出于行贿或者受贿的故意，同行贿人和受贿人之间也并不具有共同利益体关系的，就应当认定构成介绍贿赂罪。这样的区分当然仍然是极为模糊的，事实上，不得不承认，即便同行贿人或者受贿人不具有共同利益体关系，行为人介绍、撮合、沟通的行为实质上确实可以被认定属于对行贿或者受贿提供了帮助，但是如果将不具有共同利益体关系的行为人的介绍贿赂行为理解为立法机关的特别规定，也未尝不可。如果行为人确实对行贿人、受贿人进行了行贿或者受贿的教唆，而非单纯地撮合，则应当构成行贿罪或者受贿罪的教唆犯。

（2）介绍贿赂罪同其他犯罪的区分：接受行贿人委托与受贿者进行沟通联络，但是在转交财物过程中，行为人将其中部分财物占为己有的，原则上应当构成本罪和侵占罪的数罪并罚。以介绍贿赂的意思，冒充某一单位的工作人员，假借为他人行贿或者受贿进行撮合而诈骗财物的，应当认定构成诈骗罪。

2. 刑事处罚

犯介绍贿赂罪的，处 3 年以下有期徒刑或者拘役，并处罚金。介绍贿赂人在被追诉前主动交待行贿行为的，可以减轻处罚或者免除处罚。

十一、巨额财产来源不明罪

（一）概念与构成

所谓巨额财产来源不明罪是指国家工作人员的财产或者支出明显超过合法收入，差额巨大，本人不能说明其来源的行为。

（1）本罪的客观方面为：国家工作人员的财产或者支出明显超过合法收入，差额巨大的，可以责令其说明来源，本人不能说明其来源的，即构成巨额财产来源不明罪。所谓不能说明包括以下几种情况：行为人拒不说明其财产来源；行为人无法说明财产的具体来源；行为人所说的财产来源经司法机关查证并不属实；行为人所说的财产来源因线索不具体等原因，司法机关无法查实，但能排除存在来源合法的可能性和合理性。所谓的“非法所得”一般是指行为人的全部财产与能够认定的所有支出的总和减去能够证实的有真实来源的所得。在具体计算时，应当注意以下问题：1）应把国家工作人员个人财产和与其共同生活的家庭成员的财产、支出等一并计算，而且一并减去他们所有的合法收入以及确属于与其共同生活的家庭成员个人的合法收入。2）行为人所有的财产包括房产、家具、生活用品及股票、债券、存款等动产和不动产，行为人的支出包括合法支出和不合法支出，包括日常生活、工作、学习费用、罚款及向他人行贿的财物等；行为人的合法收入包括工资、奖金、稿酬等法律和政策允许的各种收入。3）为了便于计算犯罪数额，对于行为人的财产和合法收入，一般可以从行为人有比较确定的收入和财产时开始计算。所谓的差额巨大，按照有关的司法解释[①]，要求数额在30万元以上的才能立案。很显然，财产或者支出明显超过合法收入，并非本罪的实行行为，本罪的实行行为是应当说明财产差额的来源而拒不说明的行为，因此，巨额财产来源不明罪属于广义的持有型犯罪以及真正的不作为犯。

（2）本罪的主观构成要件为故意，即行为人明知自己超过其合法收入差额巨大的财产或者支出，因而被责令说明其来源，但无法说明来源或者能够说明却不予说明的情形。本罪并非属于所谓的严格责任犯罪或者过失犯罪，如果确实由于时间长等合理原因不能说明来源的，就不能以本罪论处。

（3）本罪的主体是国家工作人员。因此，理论上国家工作人员一旦退休或者离职，由于不具备国家工作人员这一身份，因而不承担相关义务，即使被发现有来源不明的财产的，也无法以本罪论处。需要注意的是，在实践中经常碰到非国家工作人员同国家工作人员一起占有财产的现象，考虑到只有国家工作人员具有这样的义务，非国家工作人员一般不能构成本罪。但是在例如夫妻双方均为国家工作人员的场合，家庭财产明显超过合法收入，差额巨大，双方均拒不说明来源的，都应当认定构成本罪。

（4）本罪的客体是国家工作人员职务行为的廉洁性。表面上本罪侵害的客体是财产如实申报义务，但若只是如此，则无论财产来源是否合法，只要国家工作人员没有如实申报，均构成本罪，这是不合理的。不能说明巨大财产差额的原因很多，虽未必均是因国家工作人员的不廉洁引起，但结合如实申报义务，无法说明合法来源的财产一般被推定为非法所得。因此，本罪本质上是为了打击国家工作人员收入的非法性，即维护国家工作人员的廉洁性。同时，由于无法确定非法收入是否构成其他犯罪，因而本罪所侵犯的客体不包含国家追究渎职、经济犯罪的司法秩序。

（二）司法认定与刑事处罚

1. 司法认定

国家工作人员的财产或者支出虽然明显超过合法收入，但是能够证明相应财产来源确实属于贪污、受贿或者走私、赌博、盗窃等其他犯罪所得的，应当以其实际罪行定罪处罚。在能够被证明的贪污、受贿等犯罪以外，同时仍然有巨额财产来源不明的，构成巨额财产来源不明罪和其他所构成的犯罪，数罪并罚。因此，在认定本罪过程中，应当明确巨额财产来源不明罪是一个兜底性罪名，虽然国家工作人员具有如实申报收入、说明财产来源合法性的义务，但是司法机关仍然要通过尽可能地调查取证查明财产来源，以便尽可能地按照其所实施的犯罪定罪处罚，避免不认真核查，简单地因行为人拥有来

① 参见1999年9月16日最高人民检察院《关于人民检察院直接受理立案侦查案件立案标准的规定（试行）》。

源不明的巨额财产而认定构成本罪，从而宽纵犯罪；同时，在认定是否构成贪污罪、受贿犯罪时，也应当认真查证，不能将未能充分证明为贪污或者受贿的行为认定为贪污罪、受贿罪，而仍然应当认定构成巨额财产来源不明罪。

行为人明知财产或者支出明显超过合法收入，拒不说明来源，检察机关也确实无法查证是否构成贪污、受贿犯罪的，人民法院在认定其构成巨额财产来源不明罪后，又有新的证据证明上述巨额财产的全部或者部分是通过贪污、受贿等犯罪所得，应当认定构成贪污罪、受贿罪或者其他犯罪。问题在于，在对新发现的犯罪作出判决时，是否需要撤销原来巨额财产来源不明罪的认定？通常认为，原判的巨额财产来源不明罪不得撤销，其正确性必须得到维持。[①] 因为巨额财产来源不明罪侵害的客体同贪污罪、受贿罪等犯罪侵害的客体完全不同，相对独立，无论其后的贪污罪、受贿罪是否认定，国家工作人员财产如实申报的义务都已经受到侵害，就此而言，似乎不应撤销原来的巨额财产来源不明罪的认定。但是，还要考虑以下因素：(1) 巨额财产来源不明罪同贪污罪、受贿罪等犯罪之间的兜底关系；(2) 其后认定的贪污罪、受贿罪数额已经被巨额财产来源不明罪全部或者部分包括，意味着同一数额被重复评价、处罚，这对被告人是不公平的；(3) 如果维持原来的巨额财产来源不明罪判决，就只能按照刑罚尚未执行完毕之前发现漏罪的情形进行数罪并罚，这会造成刑罚的重复，形成罪刑不均衡；(4) 究其本质，本罪的客体并非如实申报义务，其与贪污、受贿轻罪一样，均侵犯了职务行为的廉洁性。因此，应该根据新发现的事实，按照审判监督程序对全案作出重新认定：全部数额构成贪污罪、受贿罪，则撤销原判巨额财产来源不明罪，已经执行的刑期应当折抵；部分数额构成贪污罪、受贿罪等犯罪，部分数额仍然构成巨额财产来源不明罪，数罪并罚，已经执行的刑期应当折抵；部分数额构成贪污罪、受贿罪等犯罪，剩余数额不构成巨额财产来源不明罪，则撤销原判巨额财产来源不明罪，已经执行的刑期应当折抵。

同样，行为人拥有巨额财产，本人当时不能说明其来源，人民法院判决构成本罪，但司法机关后来查清了该巨额财产的来源系合法所得，或行为人后来能够证明其来源合法的，也应当撤销原判的巨额财产来源不明罪。如果按照通常的观点，原来的判决在这种情况下也必须维持，显然是将犯罪的认定、对行为的惩罚建立在对行为人记忆能力的考验基础之上。在这种情况下，原被追缴的行为人合法财产也应当予以返还或者得到补偿。

2. 刑事处罚

刑法第 395 条第 1 款规定，犯本罪的，处 5 年以下有期徒刑或者拘役；差额特别巨大的，处 5 年以上 10 年以下有期徒刑。财产的差额部分予以追缴。

十二、隐瞒境外存款罪

（一）概念与构成

隐瞒境外存款罪是指国家工作人员在境外的存款数额较大，违反应当申报的规定，

---

① 参见周光权：《刑法各论》，488 页，北京，中国人民大学出版社，2008。

隐瞒不报的行为。

（1）隐瞒境外存款罪的客观方面是国家工作人员在境外的存款数额较大，隐瞒不报的行为。国家工作人员负有如实申报境外存款的义务，不履行法定的申报义务，就可能构成本罪。本罪的对象是行为人在境外的存款，包括在外国、我国港澳台地区的银行或者其他金融机构存入的货币、有价证券、货币支付凭证以及黄金、白银等贵重金属。虽然并未存放于境外金融机构，但是存放于境外的个人或者其他机构中的上述款项，同样应当认定构成本罪。只要境外的存款确实属于行为人所有，至于隐瞒不报的是行为人在境外的全部存款还是部分存款，是否以自己的名义存入，是属于行为人在境内外的合法工作报酬、遗产继承还是接受赠予或者违法所得，是原来就存放于境外还是将境内款项汇往境外后存放，均不影响本罪认定。但是如果能够证明境外的存款属于贪污、受贿或者走私等犯罪所得的，直接按照贪污、受贿或者走私等犯罪处罚，不应认定构成本罪，更不应将其与贪污、受贿等犯罪并罚。如果隐瞒境外的存款同时又构成巨额财产来源不明罪的，按照想象竞合的处理原则，认定构成巨额财产来源不明罪。构成本罪，需要隐瞒境外的存款数额较大，按照相关司法解释，涉嫌隐瞒境外存款，折合人民币数额在30万元以上的，应当立案。[①]

（2）隐瞒境外存款罪的主体是国家工作人员，如果是国有公司、企业或者其他国有单位，违反国家规定，擅自将外汇存放于境外，或者将境内的外汇非法转移到境外的，构成刑法第190条的逃汇罪而非本罪。

（3）隐瞒境外存款罪的主观方面是故意，即明知自己负有如实申报义务而拒不申报。过失的不构成本罪。

（4）隐瞒境外存款罪的客体是如实申报境外存款的义务。

（二）刑事处罚

犯本罪的，按照刑法第395条第2款规定，处2年以下有期徒刑或者拘役；情节较轻的，由其所在单位或者上级主管机关酌情给予行政处分。

十三、私分国有资产罪

（一）概念与构成

私分国有资产罪是指国家机关、国有公司、企业、事业单位、人民团体，违反国家规定，以单位名义将国有资产集体私分给个人，数额较大的行为。

（1）私分国有资产罪的客观方面是上述单位违反国家规定，以单位名义将国有资产集体私分给个人，数额较大的行为。本罪对象是国有资产，所谓国有资产是指国家依法取得和认定的，或者国家以各种形式对企业投资和投资收益、国家向行政事业单位拨款等形成的资产。如果私分的财产中包含有非国有的成分，那么应当只认定其中国有资产

① 参见1999年9月16日最高人民检察院《关于人民检察院直接受理立案侦查案件立案标准的规定（试行）》。

的部分。所谓违反国家规定，是指违反法律、行政法规有关国有资产管理方面的各种规定，例如隐瞒、截留应当向国家上交的利润、行政性收费或者其他各项财政收入。"以单位名义"意味着私分行为是经过单位领导集体研究决定，是相关人员利用职务上的便利，违背职责的行为，但是这一行为体现了集体的意志而非某个人或者某几个人的意志，并非私自决定。私分是以单位名义将财物发放给个人，正是由于是用单位的名义进行私分，所以私分国有资产的场合，往往有正式的或者非正式的文字记载或者财务凭据，绝大多数场合私分获得财物的人可能都在相应文件上签收，在很多场合也并不需要通过涂改账目、虚报冒领等手段，因此私分国有资产行为同贪污行为相比，往往具有公开性和形式上的合法性。所谓集体私分，是指最后获得财物的人员为该单位中的全部或者多数人，将国有资产私自分配给单位中的少数成员或者特定成员的，应当认定构成共同贪污。因此，2010 年最高人民法院、最高人民检察院《关于办理国家出资企业中职务犯罪案件具体应用法律若干问题的意见》第 2 条规定，国有公司、企业违反国家规定，在改制过程中隐匿公司、企业财产，转为职工集体持股的改制后公司、企业所有的，成立私分国有资产罪，而如果改制后的公司、企业中只有改制前公司、企业的管理人员或者少数职工持股，改制前公司、企业的多数职工未持股的，成立贪污罪。本罪具有集体性，具有利益均沾的特点，但是究竟是以什么样的理由进行私分，则不影响本罪的认定。

构成本罪，应当数额较大，按照有关司法解释[①]，涉嫌私分国有资产，累计数额在 10 万元以上，应予立案。

（2）私分国有资产罪的主体是国家机关、国有公司、企业、事业单位、人民团体。但在处罚时，只处罚上述单位中直接负责的主管人员和其他直接责任人员，虽然参与私分并且获得财产，但并非直接责任人员的，不承担刑事责任；反过来，即便没有获得财产或者仅仅获得少量财产，但确实属于上述行为的直接责任人员的，仍应认定构成本罪。不过，本罪中的单位主体不一定必须是单位整体，单位的内部机构或者科室也可以成为私分国有资产罪的主体。既然是单位行为，不能认为反正获得利益的是全体或者绝大多数的单位成员，就不认定构成本罪。

（3）私分国有资产罪的主观方面是故意，即明知是国有资产不应分配而仍然予以私分。

（4）私分国有资产罪的客体是国有资产的所有权和国有单位职务行为的廉洁性。国有资产的所有权只能为国家所有，任何单位和个人均不能擅自处分，国有单位将其私分，不仅侵害了国有资产的所有权，更侵害了国有单位职务行为的廉洁性。

（二）司法认定与刑事处罚

1. 司法认定

实践中，成为问题的主要是私分国有资产罪和贪污罪的区别：首先，私分国有资产罪的获益者是单位全体成员或者绝大多数成员，因此如果获益者仅仅是其中一小部分人，甚至就是个别少数领导，则属于上述人员利用职务的便利，假公济私，以单位名义将国

---

① 参见 1999 年 9 月 16 日最高人民检察院《关于人民检察院直接受理立案侦查案件立案标准的规定（试行）》。

有资产非法占为己有，应当认定构成贪污罪。其次，私分行为属于单位行为，体现了单位的集体意志，而贪污罪只是体现了共同贪污的行为人之间的意图。再次，本罪行为属于单位行为，能够被认定属于单位意志，也正因如此，私分国有资产的情况，往往不会实施欺骗、盗窃等秘密手段，而是更多地采取公开或者半公开的手段；而贪污罪则属于自然人犯罪，需要采取盗窃、侵吞、骗取等行为。最后，在较大范围或者全体成员之间进行的国有资产的私分，原则上也仍然应该具有一定相对合理的分配依据。

2. 刑事处罚

按照刑法第396条规定，犯本罪的，对其直接负责的主管人员和其他直接责任人员，处3年以下有期徒刑或者拘役，并处或者单处罚金；数额巨大的，处3年以上7年以下有期徒刑，并处罚金。

十四、私分罚没财物罪

（一）概念与构成

私分罚没财物罪是指司法机关、行政执法机关违反国家规定，将应当上缴国家的罚没财物以单位名义私分给个人，数额较大的行为。

（1）本罪的客观方面是违反国家规定，将应当上缴国家的罚没财物以单位名义私分给个人，数额较大的行为。本罪的对象只能是罚没财物，即依照法律判处罚金、罚款或者没收财产、没收违法所得、没收供犯罪所用的本人财物所取得的，应当上缴给国家的财物。罚没财物实际上也属于国有资产，因此私分罚没财物的行为同时构成私分国有资产，按照特别法优于普通法的规定，认定构成本罪。集体私分的本单位所控制占有财产中既有罚没财物，又有罚没财物以外的国有资产，一般不适宜作为数罪并罚，按照私分罚没财物罪（部分数额）和私分国有资产罪（整体数额）的想象竞合，从一重罪处断。

违反国家规定是违反法律法规关于罚没财物必须上缴国家财政的法规。按照有关法律规定，罚没财物必须上缴国库，司法机关、行政执法机关财务实行收支两条线，任何人都不应截留、私分罚没财物。私分行为必须是单位决策机构研究决定，以单位名义实施的，单位成员的全部或者绝大多数都能够获得罚没财物，因此，此类行为往往也具有公开性。司法机关、行政执法机关中的少数人利用职务上的便利假借单位名义私分罚没财物，非法占为己有的，应当认定构成贪污罪。构成本罪，必须具有私分行为，即将罚没财物最终分配至个人手中，如果仅仅是改变罚没财物的用途，例如将应当上缴的罚没财物改作办公使用或者单位支出，则只能认定属于违反财经纪律，但不能构成本罪。构成本罪，还应当数额较大，按照有关司法解释[①]，涉嫌私分罚没财物，累计数额在10万元以上，应予立案。相关单位将罚没财物低价评估，进而将其私分的，应当按照财物的实际价值而非虚假评估价值进行数额认定。

---

① 参见1999年9月16日最高人民检察院《关于人民检察院直接受理立案侦查案件立案标准的规定（试行）》第十二部分。

（2）本罪主体是司法机关、行政执法机关，不过在处罚时，仅仅处罚直接负责的主管人员和其他直接责任人员。

（3）私分罚没财物罪主观方面是故意。

（4）私分罚没财物罪的客体是罚没财物的所有权和职务行为的廉洁性。

（二）刑事处罚

按照刑法第396条第2款的规定，犯本罪的，对其直接负责的主管人员和其他直接责任人员，处3年以下有期徒刑或者拘役，并处或者单处罚金；数额巨大的，处3年以上7年以下有期徒刑，并处罚金。

必要案例分析

1. 杨某某贪污、受贿案[①]

被告人杨某某1996年8月任浙江省义乌市委常委，2003年3月任义乌市人大常委会副主任，2000年8月兼任中国小商品城××市场（2003年3月改称中国义乌国际商贸城，简称国际商贸城）建设领导小组副组长兼指挥部总指挥，主持指挥部全面工作。2002年，杨某某得知义乌市××街道共和村将列入拆迁和旧村改造范围后，决定在该村购买旧房，利用其职务便利，在拆迁安置时骗取非法利益。杨某某遂与被告人王某某（杨某某的妻妹）、被告人郑某某（王某某之夫）共谋后，由王、郑二人出面，通过共和村王某某，以王某某的名义在该村购买赵某某的3间旧房（房产证登记面积61.87平方米，发证日期1998年8月3日）。按当地拆迁和旧村改造政策，赵某某有无该旧房，其所得安置土地面积均相同，事实上赵某某也按无房户得到了土地安置。2003年三四月，为使3间旧房所占土地确权到王某某名下，在杨某某指使和安排下，郑某某再次通过共和村王某某，让该村村民委员会及其成员出具了该3间旧房系王某某1983年所建的虚假证明。杨某某利用职务便利，要求兼任国际商贸城建设指挥部分管土地确权工作的副总指挥、义乌市国土资源局副局长吴某某和指挥部确权报批科人员，对王某某拆迁安置、土地确权予以关照。国际商贸城建设指挥部遂将王某某所购房屋作为有村证明但无产权证的旧房进行确权审核，上报义乌市国土资源局确权，并按丈量结果认定其占地面积为64.7平方米。

此后，被告人杨某某与郑某某、王某某等人共谋，在其岳父王某祥在共和村拆迁中可得25.5平方米土地确权的基础上，于2005年1月编造了由王某某等人签名的申请报告，谎称“王某祥与王某某共有三间半房屋，占地90.2平方米，二人在1986年分家，王某祥分得36.1平方米，王某某分得54.1平方米，有关部门确认王某祥房屋25.5平方米、王某某房屋64平方米有误”，要求义乌市国土资源局更正。随后，杨某某利用职务便利，指使国际商贸城建设指挥部工作人员以该部名义对该申请报告盖章确认，并使该申请报告得到义乌市国土资源局和义乌市政府认可，从而让王某某、王某祥分别获得72

① 摘编于“指导案例11号”，载《中国案例指导》（总第1辑），183～196页，北京，法律出版社，2015。

平方米和 54 平方米（共 126 平方米）的建设用地审批。按王某祥的土地确权面积，其仅应得 36 平方米建设用地审批，其余 90 平方米系非法所得。2005 年 5 月，杨某某等人在支付选位费 24.552 万元后，在国际商贸城拆迁安置区获得两间店面 72 平方米土地的拆迁安置补偿（案发后，该 72 平方米的土地使用权被依法冻结）。该处地块在用作安置前已被国家征用并转为建设用地，属国有划拨土地。经评估，该处每平方米的土地使用权价值 35 270 元。杨某某等人非法所得的建设用地 90 平方米，按照当地拆迁安置规定，折合拆迁安置区店面的土地面积为 72 平方米，价值 253.944 万元，扣除其支付的 24.552 万元后，实际非法所得 229.392 万元。此外，2001 年至 2007 年，被告人杨某某利用职务便利，为他人承揽工程、拆迁安置、国有土地受让等谋取利益，先后非法收受或索取 57 万元，其中索贿 5 万元。

分析：义乌国际商贸城指挥部系义乌市委、市政府为确保国际商贸城建设工程顺利进行而设立的机构，指挥部下设确权报批科，工作人员从国土资源局抽调，负责土地确权、建房建设用地的审核及报批工作，分管该科的副总指挥吴某某也是国土资源局的副局长。确权报批科作为指挥部下设机构，同时受指挥部的领导，作为指挥部总指挥的杨某某具有对该科室的领导职权。贪污罪中的“利用职务上的便利”，是指利用职务上主管、管理、经手公共财物的权力及方便条件，既包括利用本人职务上主管、管理公共财物的职务便利，也包括利用职务上有隶属关系的其他国家工作人员的职务便利。本案中，杨某某正是利用担任义乌市委常委、义乌市人大常委会副主任和兼任指挥部总指挥的职务便利，给下属的土地确权报批科人员及其分管副总指挥打招呼，才使王某某等人虚报的拆迁安置得以实现。

王某某购房时系居民户口，按照法律规定和义乌市拆迁安置有关规定，不属于拆迁安置对象，不具备获得土地确权的资格，其在共和村所购房屋既不能获得土地确权，又不能得到拆迁安置补偿。杨某某等人明知王某某不符合拆迁安置条件，却利用杨某某的职务便利，通过将王某某所购房屋谎报为其祖传旧房、虚构王某某与王某祥分家事实，骗得旧房拆迁安置资格，骗取国有土地确权。同时，由于杨某某利用职务便利，杨某某、王某某等人弄虚作假，既使王某某所购旧房的房主赵某某按无房户得到了土地安置补偿，又使本来不应获得土地安置补偿的王某某获得了土地安置补偿。《土地管理法》（1998 年修订）第 2 条、第 9 条规定，我国土地实行社会主义公有制，即全民所有制和劳动群众集体所有制，并可以依法确定给单位或者个人使用。对土地进行占有、使用、开发、经营、交易和流转，能够带来相应经济收益。因此，土地使用权自然具有财产性利益，无论是国有土地，还是集体土地，都属于刑法第 382 条第 1 款规定中的“公共财物”，可以成为贪污的对象。

综上，被告人杨某某作为国家工作人员，利用担任义乌市委常委、义乌市人大常委会副主任和兼任国际商贸城指挥部总指挥的职务便利，伙同被告人郑某某、王某某以虚构事实的手段，骗取国有土地使用权，非法占有公共财物，三被告人的行为均已构成贪污罪。杨某某还利用职务便利，索取或收受他人贿赂，为他人谋取利益，其行为又构成受贿罪，应依法数罪并罚。

2. 吴某宝受贿案[①]

2001 年 4 月至 2007 年 7 月，被告人吴某宝任义乌市运输管理稽征所所长。2007 年 7 月至 2014 年 3 月，吴某宝任义乌市交通局副局长党委委员，协助局长分管或联系义乌市运输管理稽征所（后改名为义乌市运输管理处）。2014 年 3 月至案发，吴某宝任恒风集团董事长。

2001 年 4 月，被告人吴某宝任义乌市运输管理稽征所所长后结识了义乌市客货运输有限公司（以下简称“客货运公司”）法定代表人、董事长金某。金某因公司业务有求于吴某宝，逢年过节都给吴某宝送若干香烟票。吴某宝则利用其所长的职权，对客货运公司在出租车招投标、日常监管、企业考核及客运线路审批等方面给予便利及帮助。在吴某宝的帮助下，客货运公司于 2004 年 9 月在义乌市交通局组织的义乌市客运出租汽车经营权招标活动中被确定为中标单位，取得 70 辆出租车的经营权。中标后，吴某宝伙同缪某、傅某、吴某（均另案处理）等人，以只支付车辆成本及相关费用的方式，向金某、客货运公司索取其中 15 辆出租车的经营权，攫取该 15 辆出租车的巨额承包款差价（承包款差价按应收承包款减去车辆成本再减去相关费用计算，下同）。金某、客货运公司虽不情愿，但慑于吴某宝手中的权力并考虑到今后还需要倚靠吴某宝进一步拓展业务，遂答允了吴某宝的要求。此后至 2014 年 3 月期间，被告人吴某宝利用其担任义乌市运输管理稽征所所长和义乌市交通局副局长、党委委员的职务便利，继续对客货运公司在出租车招投标、日常监管、企业考核及客运线路审批等方面给予便利及帮助。与此同时，吴某宝采用相同手段，甚至不顾客货运公司已经完成发包的事实，以仅支付车辆成本及相关费用的条件，在无任何经营行为的情况下，向金某、客货运公司索取该公司中标的部分出租车经营权，从中攫取巨额承包款差价。2014 年 3 月，吴某宝任恒风集团董事长后，吴某宝等人采用相同手段，还向金某、客货运公司索取了 4 辆出租车的经营权，从中攫取该 4 辆出租车的承包款差价。

综上，被告人吴某宝共先后向客货运公司、金某索取 8 批 56 辆出租车经营权。经会计师事务所审计，其从客货运公司攫取承包款差价共计人民币 1 058 304.44 元。

分析：与传统受贿犯罪相比，交易型受贿具有双重交易性质。一方面，市场交易客观存在，双方以货币及服务为媒介进行价值交换；另一方面，交易不对，请托人所承担的对价不仅包括物品的价值，还包括受贿人手中的公权力，受贿人正是以其手中的权力来换取交易中的差价，实现权钱交易。从这一点看，交易型受贿与传统意义上直接收受财物的受贿，虽然手法不同，但本质并无区别，应当纳入刑事规制的范围。2007 年《最高人民法院、最高人民检察院关于办理受贿刑事案件适用法律若干问题的意见》规定，国家工作人员利用职务上的便利，为请托人谋取利益，以下列交易形式收受请托人财物的，以受贿论处：(1) 以明显低于市场的价格向请托人购买房屋、汽车等物品的；(2) 以明显高于市场的价格向请托人出售房屋、汽车等物品的；(3) 以其他交易形式非法收受请托人财物的。

就本案而言，虽然被告人吴某宝安排缪某、傅某等人与客货运公司也签订了投资协

---

① 摘编于“指导案例 1431 号”，载《刑事审判参考》（第 128 辑），北京，人民法院出版社，2021。

议，并有实际出资行为，但是吴某宝等人仅支付了“成本价”，价格远低于市场承包价；金某也证称，吴某宝任义乌市运输管理稽征所所长，之后又担任义乌市交通局副局长，协助局长分管或联系义乌市运输管理稽征所，而客货运公司有求于吴某宝，因而其同意以“成本价”让吴某宝的人拿走部分出租车的经营权。双方对权钱交易的本质均具有明确认识，吴某宝获得巨额差价完全基于其国家工作人员的身份和手中的权力，符合投资型交易的特征。

所以，被告人吴某宝身为国家机关工作人员，利用职务上的便利，向他人索取或非法收受他人财物，为他人谋取利益，数额特别巨大，其行为已构成受贿罪。

第九章
渎职罪

第一节　渎职罪概述

一、渎职罪的概念和特征

渎职罪，是指国家机关工作人员滥用职权、玩忽职守或者徇私舞弊，妨害国家机关的管理活动，损害公众对国家机关工作人员职务活动公正性的信赖，致使公共财产或者国家和人民利益遭受重大损失的行为。刑法分则第九章规定了这类犯罪。第九届全国人大常委会第三十一次会议于 2002 年 12 月 28 日通过的《刑法修正案（四）》、第十届全国人大常委会第二十二次会议于 2006 年 6 月 29 日通过的《刑法修正案（六）》、第十一届全国人大常委会第十九次会议于 2011 年 2 月 25 日通过的《刑法修正案（八）》以及《刑法修正案（十一）》（2020 年）对该章部分犯罪进行了修正。渎职罪具有以下特征：

（1）渎职罪的客观方面表现为，行为人实施了滥用职权、玩忽职守、徇私舞弊并致使公共财产、国家和人民利益遭受重大损失的行为。具体包括两方面的含义：一是实施了滥用职权、玩忽职守、徇私舞弊的行为。滥用职权，是指国家机关工作人员超越职权，违法决定、处理其无权决定、处理的事项，或者违反规定处理公务的行为；玩忽职守，是指国家机关工作人员严重不负责任，不履行或者不认真履行职责的行为；徇私舞弊，是指国家机关工作人员为徇私情、私利，故意违背事实和法律，伪造材料，隐瞒情况，弄虚作假的行为。二是致使公共财产、国家和人民利益遭受重大损失。对于经济损失的界定和计算问题，2012 年 12 月 7 日最高人民法院、最高人民检察院《关于办理渎职刑事案件适用法律若干问题的解释（一）》第 8 条规定，渎职犯罪中的“经济损失”是指渎职犯罪或者与渎职犯罪相关联的犯罪立案时已经实际造成的财产损失，包括为挽回渎职犯罪所造成损失而支付的各种开支、费用等。立案后至提起公诉前持续发生的经济损失，应一并计入渎职犯罪造成的经济损失。债务人经法定程序被宣告破产，债务人潜逃、去向不明，或者因行为人的责任超过诉讼时效等，致使债权已经无法实现的，无法实现的债权部分应当认定为渎职犯罪的经济损失。渎职犯罪或者与渎职犯罪相关联的犯罪立案后，犯罪分子及其亲友自行挽回的经济损失，司法机关或者犯罪分子所在单位及其上级主管部门挽回的经济损失，或者因客观原因减少的经济损失，不予扣减，但可以作为酌定从轻处罚的情节。

（2）渎职罪的主体为国家机关工作人员，即在国家各级立法机关、各级行政机关、各级司法机关、各级军事机关中从事公务的人员。2002 年 12 月 28 日第九届全国人大常委会第三十一次会议通过的《关于〈中华人民共和国刑法〉第九章渎职罪主体适用问题的解释》规定，在依照法律、法规规定行使国家行政管理职权的组织中从事公务的人员，或者在受国家机关委托代表国家机关行使职权的组织中从事公务的人员，或者虽未列入国家机关人员编制但在国家机关中从事公务的人员，在代表国家机关行使职权时，有渎职行为，构成犯罪的，依照刑法关于渎职罪的规定追究刑事责任。2002 年 4 月 29 日最高人民检察院《关于企业事业单位的公安机构在机构改革过程中其工作人员能否构成渎职侵权犯罪主体问题的批复》规定，企业事业单位的公安机构在机构改革过程中虽尚未列入公安机关建制，其工作人员在行使侦查职责时，实施渎职侵权行为的，可以成为渎职侵权犯罪的主体。最高人民法院、最高人民检察院《关于办理渎职刑事案件适用法律若干问题的解释（一）》第 7 条规定，依法或者受委托行使国家行政管理职权的公司、企业、事业单位的工作人员，在行使行政管理职权时滥用职权或者玩忽职守，构成犯罪的，应当依照《全国人民代表大会常务委员会关于〈中华人民共和国刑法〉第九章渎职罪主体适用问题的解释》的规定，适用渎职罪的规定追究刑事责任。需要强调的是，故意泄露国家秘密、过失泄露国家秘密罪的主体包括非国家机关工作人员；对于军人违反职责的犯罪，在刑法有特别规定的情况下，应适用特别规定，不以渎职罪中的具体犯罪定罪。该解释第 9 条还规定，负有监督管理职责的国家机关工作人员滥用职权或者玩忽职守，致使不符合安全标准的食品、有毒有害食品、假药、劣药等流入社会，对人民群众生命、健康造成严重危害后果的，依照渎职罪的规定从严惩处。

（3）渎职罪的客体是国家机关的正常管理活动。国家机关的正常管理活动，是指各级国家机关依法行使国家管理职权的正常活动，如市场监管、卫生、贸易、海关、教育、财政税收、交通等行政部门、司法部门的正常管理活动。

二、渎职罪的种类

刑法分则第九章共有 25 个条文，37 个罪名。依据犯罪主体的不同，本章犯罪可分为三类：

（1）一般国家机关工作人员的渎职罪，包括滥用职权罪，玩忽职守罪，故意泄露国家秘密罪，过失泄露国家秘密罪，国家机关工作人员签订、履行合同失职被骗罪，招收公务员、学生徇私舞弊罪和失职造成珍贵文物损毁、流失罪。

（2）司法工作人员的渎职罪，包括徇私枉法罪，民事、行政枉法裁判罪，执行判决、裁定失职罪，执行判决、裁定滥用职权罪，枉法仲裁罪，私放在押人员罪，失职致使在押人员脱逃罪和徇私舞弊减刑、假释、暂予监外执行罪。

（3）其他特定部门工作人员的渎职罪，包括徇私舞弊不移交刑事案件罪，滥用管理公司、证券职权罪，徇私舞弊不征、少征税款罪，徇私舞弊发售发票、抵扣税款、出口退税罪，违法提供出口退税凭证罪，违法发放林木采伐许可证罪，环境监管失职罪，食品、药品监管渎职罪，传染病防治失职罪，放纵走私罪，商检徇私舞弊罪，商检失职罪，动植物检疫徇私舞弊罪，动植物检疫失职罪，放纵制售伪劣商品犯罪行为罪，办理偷越国（边）境人员出入境证件罪，放行偷越国（边）境人员罪，非法批准征收、征用、占用土地罪，非法低价出让国有土地使用权罪，不解救被拐卖、绑架妇女、儿童罪，阻碍解救被拐卖、绑架妇女、儿童罪和帮助犯罪分子逃避处罚罪。

值得注意的是，刑法第 397 条规定了渎职罪的一般罪名，即滥用职权罪和玩忽职守罪，第 398 条至第 419 条还结合特殊主体、特殊领域规定了渎职罪的 35 个特别罪名。对于一般罪名和特殊罪名的适用问题，最高人民法院、最高人民检察院《关于办理渎职刑事案件适用法律若干问题的解释（一）》第 2 条规定：国家机关工作人员实施滥用职权或者玩忽职守犯罪行为，触犯刑法分则第九章第 398 条至第 419 条规定的，依照该规定定罪处罚；国家机关工作人员滥用职权或者玩忽职守，因不具备徇私舞弊等情形，不符合刑法分则第九章第 398 条至第 419 条的规定，但依法构成第 397 条规定的犯罪的，以滥用职权罪或者玩忽职守罪定罪处罚。

三、渎职罪法律适用的一般问题

（1）国家机关工作人员实施渎职行为并受贿的处理。根据刑法第 399 条第 4 款的规定，司法工作人员收受贿赂，犯徇私枉法罪，民事、行政枉法裁判罪，执行判决、裁定失职罪或者执行判决、裁定滥用职权罪的，同时又构成受贿罪的，依照处罚较重的规定定罪处罚。对实施刑法第 399 条规定以外的渎职犯罪同时构成受贿罪的，根据最高人民法院、最高人民检察院《关于办理渎职刑事案件适用法律若干问题的解释（一）》第 3 条规定，以渎职犯罪和受贿罪数罪并罚。

（2）渎职罪相关共同犯罪的处理。上述司法解释第 4 条规定：1）国家机关工作人员实施渎职行为，放纵他人犯罪或者帮助他人逃避刑事处罚，构成犯罪的，依照渎职罪的规定定罪处罚。2）国家机关工作人员与他人共谋，利用其职务行为帮助他人实施其他犯罪行为，同时构成渎职犯罪和共谋实施的其他犯罪共犯的，依照处罚较重的规定定罪处罚。这种情形属于想象竞合犯。例如，警察与他人共谋对其辖区内的商铺进行抢劫，在他人实施抢劫时，警察接到报警后故意耽搁并阻碍其他同事到现场抓捕，该警察的行为同时构成滥用职权罪和抢劫罪，应依照处罚较重的抢劫罪定罪处罚。3）国家机关工作人员与他人共谋，既利用其职务行为帮助他人实施其他犯罪，又以非职务行为与他人共同实施该其他犯罪行为，同时构成渎职犯罪和其他犯罪的共犯的，依照数罪并罚的规定定罪处罚。例如，海关工作人员与他人合谋走私普通货物、物品，为其提供了部分走私资金，之后又利用其缉私职务上的便利将走私船只放行，应当以走私普通货物、物品罪和放纵走私罪，实行数罪并罚。

（3）承担渎职罪刑事责任的责任人员的认定。上述司法解释第 5 条规定：1）国家机关负责人员违法决定，或者指使、授意、强令其他国家机关工作人员违法履行职务或者不履行职务，构成刑法分则第九章规定的渎职犯罪的，应当依法追究刑事责任。2）以“集体研究”形式实施的渎职犯罪，应当依照刑法分则第九章的规定追究国家机关负有责任的人员的刑事责任。对于具体执行人员，应当在综合认定其行为性质、是否提出反对意见、危害结果大小等情节的基础上决定是否追究刑事责任和应当判处的刑罚。

（4）渎职罪追诉期限的计算。根据上述司法解释第 6 条规定，以危害结果为条件的渎职犯罪的追诉期限，从危害结果发生之日起计算；有数个危害结果的，从最后一个危害结果发生之日起计算。

第二节　渎职罪分述

一、滥用职权罪

（一）概念与构成

滥用职权罪，是指国家机关工作人员超越职权，违法决定、处理其无权决定、处理的事项，或者违反规定处理公务，致使公共财产、国家和人民利益遭受重大损失的行为。

本罪的构成要件如下：

（1）本罪的客观方面表现为，超越职权，违法决定、处理其无权决定、处理的事项，或者违反规定处理公务，致使公共财产、国家和人民利益遭受重大损失的行为。

对本罪的客观方面应从两个方面理解：1）行为人实施了滥用职权的行为。滥用职权，具体又包括两种情形：一是超越职权，违法决定、处理其无权决定、处理的事项。这种情形下，行为人并不具有一定的职权，但是擅自扩大职权处理有关事项。二是违反规定处理公务。这种情形下，行为人虽然具有一定的职权，但是不按有关程序或者要求行使职权或者不依法行使职权。2）行为人滥用职权的行为，致使公共财产、国家和人民利益遭受重大损失的行为。根据最高人民法院、最高人民检察院《关于办理渎职刑事案件适用法律若干问题的解释（一）》第 1 条规定，“致使公共财产、国家和人民利益遭受重大损失”包括以下情形：1）造成死亡 1 人以上，或者重伤 3 人以上，或者轻伤 9 人以上，或者重伤 2 人、轻伤 3 人以上，或者重伤 1 人、轻伤 6 人以上的；2）造成经济损失 30 万元以上的；3）造成恶劣社会影响的；4）其他致使公共财产、国家和人民利益遭受重大损失的情形。

（2）本罪的主体为国家机关工作人员。根据《全国法院审理经济犯罪案件工作座谈会纪要》规定，国家机关工作人员是指在国家机关中从事公务的人员，包括在各级国家权力机关、行政机关、司法机关和军事机关中从事公务的人员。在依照法律、法规规定行使国家行政管理职权的组织中从事公务的人员，或者在受国家机关委托代表国家行使职权的组织中从事公务的人员，或者虽未列入国家机关人员编制但在国家机关中从事公务的人员，在代表国家机关行使职权时，视为国家机关工作人员。在乡（镇）以上中国共产党机关、人民政协机关中从事公务的人员，视为国家机关工作人员。2000年5月4日最高人民检察院《关于镇财政所所长是否适用国家机关工作人员的批复》规定：对于属行政执法事业单位的镇财政所中按国家机关在编干部管理的工作人员，在履行政府行政公务活动中，滥用职权或玩忽职守构成犯罪的，应以国家机关工作人员论。

（3）本罪的主观方面为间接故意和过失。关于本罪的罪过形式，有不同的观点：或认为包括直接故意或者间接故意，或认为是间接故意，或认为是过失。从行为人实施滥用职权行为时，对可能导致公共财产、国家和人民利益遭受重大损失的认识因素看，行为人可能是有认识的，或者是虽没有认识但应当认识的；从意志因素看，行为人要么是放任，要么是反对的，因而，根据刑法关于故意犯罪和过失犯罪的规定，对本罪的罪过形式，应界定为间接故意和过失。至于行为人滥用职权，希望公共财产、国家和人民利益遭受重大损失的，则不应以本罪论处，而应以触犯的相应的故意犯罪定罪。

（4）本罪的客体为国家机关的正常管理活动，即各级各类国家机关对社会各领域的管理活动。

（二）司法认定与刑事处罚

1. 司法认定

（1）特定人员或者特定情形下滥用职权行为的定性。有关司法解释对一些特定人员实施的滥用职权行为或者特定情形下滥用职权行为作出规定：1）2003年5月14日最高人民法院、最高人民检察院《关于办理妨害预防、控制突发传染病疫情等灾害的刑事案件具体应用法律若干问题的解释》第15条规定，在预防、控制突发传染病疫情等灾害的工作中，负有组织、协调、指挥、灾害调查、控制、医疗救治、信息传递、交通运输、物资保障等职责的国家机关工作人员，滥用职权或者玩忽职守，致使公共财产、国家和人民利益遭受重大损失的，以滥用职权罪或者玩忽职守罪定罪处罚。2）2003年9月4日最高人民法院、最高人民检察院《关于办理非法制造、买卖、运输、储存毒鼠强等禁用剧毒化学品刑事案件具体应用法律若干问题的解释》第4条规定，对非法制造、买卖、运输、储存毒鼠强等禁用剧毒化学品行为负有查处职责的国家机关工作人员，滥用职权或者玩忽职守，致使公共财产、国家和人民利益遭受重大损失的，以滥用职权罪或者玩忽职守罪追究刑事责任。3）2003年11月12日最高人民法院、最高人民检察院、公安部《关于严格执行刑事诉讼法　切实纠防超期羁押的通知》规定，凡违反刑事诉讼法和本通知的规定，造成犯罪嫌疑人、被告人超期羁押的，对于直接负责的主管人员和其他直接责任人员，由其所在单位或者上级主管机关依照有关规定予以行政或者纪律处分；造成犯罪嫌疑人、被告人超期羁押，情节严重的，对于直接负责的主管人员和其他直接责任人员，以玩忽职守罪或者滥用职权罪追究刑事责任。4）2007年1月15日最高人民法院、最高人民检察院《关于办理盗窃油气、破坏油气设备等刑事案件具体应用法律若干问题的解释》第7条规定，国家机关工作人员滥用职权或者玩忽职守，实施下列行为之一，致使公共财产、国家和人民利益遭受重大损失的，以滥用职权罪或者玩忽职守罪定罪处罚：“（一）超越职权范围，批准发放石油、天然气勘查、开采、加工、经营等许可证的；（二）违反国家规定，给不符合法定条件的单位、个人发放石油、天然气勘查、开采、加工、经营等许可证的；（三）违反《石油天然气管道保护条例》等国家规定，在油气设备安全保护范围内批准建设项目的；（四）对发现或者经举报查实的未经依法批准、许可擅自从事石油、天然气勘查、开采、加工、经营等违法活动不予查封、取缔的。”5）2015年12月14日最高人民法院、最高人民检察院《关于办理危害生产安全刑事案件适用法律若干问题的解释》第15条规定：“国家机关工作人员在履行安全监督管理职责时滥用职权、玩忽职守，致使公共财产、国家和人民利益遭受重大损失的，或者徇私舞弊，对发现的刑事案件依法应当移交司法机关追究刑事责任而不移交，情节严重的，分别依照刑法第三百九十七条、第四百零二条的规定，以滥用职权罪、玩忽职守罪或者徇私舞弊不移交刑事案件罪定罪处罚。公司、企业、事业单位的工作人员在依法或者受委托行使安全监督管理职责时滥用职权或者玩忽职守，构成犯罪的，应当依照《全国人民代表大会常务委员会关于〈中华人民共和国刑法〉第九章渎职罪主体适用问题的解释》的规定，适用渎职罪的规定追究刑事责任。”6）2007年5月11日最高人民法院、最高人民检察院《关于办理与盗窃、抢劫、诈骗、抢夺机动车相关刑事案件具体应用法律若干问题的解释》第3条第1款规定：“国家机关工作人员滥用职权，有下列情形之一，致使盗窃、抢劫、诈骗、抢夺的机动车被办理登记手续，数量达到三辆以上或者价值总额达到三十万元以上的，依照刑法第三百九十七条第一款的规定，以滥用职权罪定罪，处三年以下有期徒刑或者拘役：（一）明知是登记手续不全或者不符合规定的机动车而办理登记手续的；（二）指使他人为明知是登记手续不全或者不符合规定的机动车办理登记手续的；（三）违规或者指使他人违规更改、调换车辆档案的；（四）其他滥用职权的行为。”7）2007年5月16日最高人民检察院《关于对林业主管部门工作人员在发放林木采伐许可证之外滥用职权玩忽职守致使森林遭受严重破坏的行为适用法律问题的批复》规定，林业主管部门工作人员违法发放林木采伐许可证，致使森林遭受严重破坏的，以违法发放林木采伐许可证罪追究刑事责任；以其他方式滥用职权或者玩忽职守，致使森林遭受严重破坏的，以滥用职权罪或者玩忽职守罪追究刑事责任。此外，最高司法机关有关部门对于特定人员实施滥用职权行为也作出过解释。①

（2）本罪与其他滥用职权型犯罪的区分。刑法第397条规定：“本法另有规定的，依照规定。”在刑法分则第九章中有一些属于滥用职权型的犯罪，这些犯罪与本罪呈现出法条竞合的关系，而实施这些具体的滥用职权型的犯罪，应直接以相关犯罪定罪处罚，而

① 如最高人民检察院政策研究室《关于买卖尚未加盖印章的空白〈边境证〉行为如何适用法律问题的答复》指出，对买卖尚未加盖发证机关的行政印章或者通行专用章印鉴的空白“中华人民共和国边境管理区通行证”的行为，不宜以买卖国家机关证件罪追究刑事责任。国家机关工作人员实施上述行为，构成犯罪的，可以按滥用职权等相关犯罪依法追究刑事责任。最高人民检察院政策研究室《关于对海事局工作人员如何使用法律问题的答复》指出，海事局负责行使国家水上安全监督和防止船舶污染及海上设施检验、航海保障的管理职权，是国家执法监督机构。海事局及其分支机构工作人员在从事上述公务活动中，滥用职权或者玩忽职守，致使公共财产、国家和人民利益遭受重大损失的，以滥用职权罪或者玩忽职守罪追究刑事责任。

不适用本罪。例如，刑法第 399 条第 1 款规定的徇私枉法罪，即属于滥用职权型的犯罪，对于徇私枉法的行为，直接以该罪定罪，而不适用本罪。此外，刑法分则其他章中也有属于滥用职权型的犯罪，如刑法第 168 条中规定的国有公司、企业、事业单位人员滥用职权罪，由于主体范围不同且没有重合关系，该罪与本罪并非法条竞合关系。对于国有公司、企业、事业单位人员实施的滥用职权行为，应当以国有公司、企业、事业单位人员滥用职权罪定罪。

2. 刑事处罚

根据刑法第 397 条的规定，犯本罪的，处 3 年以下有期徒刑或者拘役；情节特别严重的，处 3 年以上 7 年以下有期徒刑。国家机关工作人员徇私舞弊，犯本罪的，处 5 年以下有期徒刑或者拘役；情节特别严重的，处 5 年以上 10 年以下有期徒刑。根据最高人民法院、最高人民检察院《关于办理渎职刑事案件适用法律若干问题的解释（一）》第 1 条规定，“情节特别严重”包括以下情形：（1）造成死亡 3 人以上，或者重伤 9 人以上，或者轻伤 27 人以上，或者重伤 6 人、轻伤 9 人以上，或者重伤 3 人、轻伤 18 人以上的；（2）造成经济损失 150 万元以上的；（3）造成前款规定的损失后果，不报、迟报、谎报或者授意、指使、强令他人不报、迟报、谎报事故情况，致使损失后果持续、扩大或者抢救工作延误的；（4）造成特别恶劣社会影响的；（5）其他特别严重的情节。

二、玩忽职守罪

（一）概念与构成

玩忽职守罪，是指国家机关工作人员严重不负责任，不履行或者不认真履行职责，致使公共财产、国家和人民利益遭受重大损失的行为。

本罪的构成要件如下：

1. 本罪的客观方面表现为，严重不负责任，不履行或者不认真履行职责，致使公共财产、国家和人民利益遭受重大损失的行为。对于本罪客观方面，应从两方面理解：（1）行为人实施了严重不负责任，不履行或者不认真履行职责的行为。不履行，是指行为人应当履行且有能力、有条件履行职责，但违背职责没有履行；不认真履行，是指在履行职责的过程中，违背职责规定，不尽职责或者违反程序等具体要求。（2）行为人玩忽职守的行为致使公共财产、国家和人民利益遭受重大损失。根据最高人民法院、最高人民检察院《关于办理渎职刑事案件适用法律若干问题的解释（一）》第 1 条规定，“致使公共财产、国家和人民利益遭受重大损失”包括以下情形：1）造成死亡 1 人以上，或者重伤 3 人以上，或者轻伤 9 人以上，或者重伤 2 人、轻伤 3 人以上，或者重伤 1 人、轻伤 6 人以上的；2）造成经济损失 30 万元以上的；3）造成恶劣社会影响的；4）其他致使公共财产、国家和人民利益遭受重大损失的情形。

2. 本罪的主体为国家机关工作人员。关于本罪的主体，有关单行刑法和司法解释还作出特别规定和解释：1998 年 12 月 29 日全国人大常委会《关于惩治骗购外汇、逃汇和非法买卖外汇犯罪的决定》第 6 条规定，海关、外汇管理部门的工作人员严重不负责任，造成大量外汇被骗购或者逃汇，致使国家利益遭受重大损失的，依照本罪定罪处罚。2000 年 10 月 9 日最高人民检察院《关于合同制民警能否成为玩忽职守罪主体问题的批复》指出，合同制民警在依法执行公务期间，属其他依照法律从事公务的人员，应以国家机关工作人员论。对合同制民警在依法执行公务活动中的玩忽职守行为，符合玩忽职守罪构成条件的，依法以玩忽职守罪追究刑事责任。

2000 年 10 月 31 日最高人民检察院《关于属工人编制的乡（镇）工商所所长能否依照刑法第 397 条的规定追究刑事责任问题的批复》规定，根据刑法第 93 条第 2 款的规定，经人事部门任命，但为工人编制的乡（镇）工商所所长，依法履行工商行政管理职责时，属其他依照法律从事公务的人员，应以国家机关工作人员论；如果玩忽职守，致使公共财产、国家和人民利益遭受重大损失，可适用刑法第 397 条的规定，以玩忽职守罪追究刑事责任。

3. 本罪的主观方面为过失，即应当预见自己玩忽职守的行为可能发生使公共财产、国家和人民利益遭受重大损失的危害结果，因为疏忽大意而没有预见，或者已经预见而轻信能够避免，以致该结果发生。

4. 本罪的客体为国家机关的正常管理活动。

（二）司法认定与刑事处罚

1. 司法认定

（1）罪与非罪的界分。认定本罪，应当把玩忽职守罪与一般的玩忽职守行为、工作失误相区分。区分本罪与一般玩忽职守行为的关键即在于，是否使公共财产、国家和人民利益遭受重大损失；如果行为人虽有玩忽职守行为，但是造成的损失尚未达到重大程度的，即不应以本罪定罪处罚。区分本罪与工作失误，应着重从主观心态上相区分。工作失误的行为人并没有严重不负责任的主观心态，而是因为工作水平和认识能力有限而造成损失，故不应以犯罪论处。

（2）本罪与滥用职权罪的界分。本罪与滥用职权罪的不同之处在于两点：一是危害行为不同。滥用职权罪的危害行为表现为，超越职权，违法决定、处理其无权决定、处理的事项，或者违反规定处理公务；玩忽职守罪的危害行为表现为，严重不负责任，不履行或者不认真履行职责。二是罪过形式不同。滥用职权罪的罪过形式包括间接故意和过失，而玩忽职守罪的罪过形式为过失。

（3）本罪与有关安全事故的犯罪的界分。刑法分则第二章规定了一些有关安全事故的犯罪，如重大责任事故罪，强令、组织他人违章冒险作业罪，重大劳动安全事故罪，大型群众性活动重大安全事故罪，危险物品肇事罪，工程重大安全事故罪，教育设施重大安全事故罪，消防责任事故罪，不报、谎报安全事故罪。本罪与这些事故犯罪的不同之处在于：一是本罪属于渎职罪，其客体为国家机关的正常管理活动，其主体为国家机关工作人员，而这些事故犯罪则属于危害公共安全罪，其客体为公共安全，其主体不限于国家机关工作人员；二是本罪发生在各种事务管理的过程中，而这些事故犯罪一般发生在各种生产、作业以及直接从事指挥、作业的过程中。在相当多的情况下，本罪的行为人的过失类型属于监督、管理过失，表现为作为监督直接责任者却没有实施必要的监督行为，从而导致结果的发生，或者应当确立完备的安全体制、管理体制，却没有确立这种体制，而导致结果发生。

（4）本罪与其他玩忽职守型犯罪的界分。本罪与刑法分则第九章中其他玩忽职守型犯罪呈现出法条竞合的关系，根据特别法优于一般法适用的一般原则，应当直接以该具体犯罪定罪。如执行判决、裁定失职罪（刑法第 399 条第 3 款）即与本罪为法条竞合关系，对于在执行判决、裁定活动中，严重不负责任，致使当事人或者其他人的利益遭受重大损失的，应直接以该罪定罪，而不以本罪定罪。因为主体范围不同，本罪与刑法其他章中的玩忽职守型犯罪并非法条竞合关系。例如，国有公司、企业、事业单位人员失职罪（刑法第 168 条）与本罪的客观行为具有相似之处，但是两罪主体不同且不重合，因而并非法条竞合关系。

2. 刑事处罚

根据刑法第 397 条的规定，犯本罪的，处 3 年以下有期徒刑或者拘役；情节特别严重的，处 3 年以上 7 年以下有期徒刑。国家机关工作人员徇私舞弊，犯本罪的，处 5 年以下有期徒刑或者拘役；情节特别严重的，处 5 年以上 10 年以下有期徒刑。根据最高人民法院、最高人民检察院《关于办理渎职刑事案件适用法律若干问题的解释（一）》第 1 条规定，“情节特别严重”包括以下情形：（1）造成死亡 3 人以上，或者重伤 9 人以上，或者轻伤 27 人以上，或者重伤 6 人、轻伤 9 人以上，或者重伤 3 人、轻伤 18 人以上的；（2）造成经济损失 150 万元以上的；（3）造成前款规定的损失后果，不报、迟报、谎报或者授意、指使、强令他人不报、迟报、谎报事故情况，致使损失后果持续、扩大或者抢救工作延误的；（4）造成特别恶劣社会影响的；（5）其他特别严重的情节。

三、故意泄露国家秘密罪

（一）概念与构成

故意泄露国家秘密罪，是指国家机关工作人员或者非国家机关工作人员违反保守国家秘密法，故意使国家秘密被不应知悉者知悉，或者故意使国家秘密超出了限定的接触范围，情节严重的行为。

本罪的构成要件如下：

（1）本罪的客观方面表现为，违反保守国家秘密法，故意使国家秘密被不应知悉者知悉，或者故意使国家秘密超出了限定的接触范围，情节严重的行为。保守国家秘密法，即第七届全国人大常委会第三次会议于 1988 年 9 月 5 日通过、第十一届全国人大常委会第十四次会议于 2010 年 4 月 29 日修订的《保守国家秘密法》。国家秘密，根据该法第 2 条的规定，是指关系国家的安全和利益，依照法定程序确定，在一定时间内只限一定范围的人员知悉的事项。该法第 9 条规定：“下列涉及国家安全和利益的事项，泄露后可能损害国家在政治、经济、国防、外交等领域的安全和利益的，应当确定为国家秘密：（一）国家事务重大决策中的秘密事项；（二）国防建设和武装力量活动中的秘密事项；（三）外交和外事活动中的秘密事项以及对外承担保密义务的秘密事项；（四）国民经济和社会发展中的秘密事项；（五）科学技术中的秘密事项；（六）维护国家安全活动和追查刑事犯罪中的秘密事项；（七）经国家保密行政管理部门确定的其他秘密事项。政党的秘密事项中符合前款规定的，属于国家秘密。”根据该法第10条的规定，国家秘密的密级分为绝密、机密、秘密三级。绝密级国家秘密是最重要的国家秘密，泄露会使国家安全和利益遭受特别严重的损害；机密级国家秘密是重要的国家秘密，泄露会使国家安全和利益遭受严重的损害；秘密级国家秘密是一般的国家秘密，泄露会使国家安全和利益遭受损害。根据2006年7月26日最高人民检察院《关于渎职侵权犯罪案件立案标准的规定》确定的立案标准，符合下列情形之一的，应以本罪立案追究：“1. 泄露绝密级国家秘密1项（件）以上的；2. 泄露机密级国家秘密2项（件）以上的；3. 泄露秘密级国家秘密3项（件）以上的；4. 向非境外机构、组织、人员泄露国家秘密，造成或者可能造成危害社会稳定、经济发展、国防安全或者其他严重危害后果的；5. 通过口头、书面或者网络等方式向公众散布、传播国家秘密的；6. 利用职权指使或者强迫他人违反国家保守秘密法的规定泄露国家秘密的；7. 以牟取私利为目的泄露国家秘密的；8. 其他情节严重的情形。”

（2）本罪的主体包括国家机关工作人员和非国家机关工作人员。这里的非国家机关工作人员，是指一切知悉或者掌握国家秘密的非国家机关工作人员。

（3）本罪的主观方面为故意，包括直接故意和间接故意，即明知自己的行为会发生泄露国家秘密的结果，并且希望或者放任这种结果发生。

（4）本罪的客体为国家的保密制度。

（二）司法认定与刑事处罚

1. 司法认定

（1）本罪与为境外窃取、刺探、收买、非法提供国家秘密、情报罪的界分。两罪的不同之处在于：1）本罪的客观方面表现为，违反保守国家秘密法，故意使国家秘密被不应知悉者知悉，或者故意使国家秘密超出了限定的接触范围，情节严重的行为；而后者的客观方面表现为，为境外的机构、组织、人员窃取、刺探、收买、非法提供国家秘密或者情报的行为。2）本罪的主观方面包括直接故意和间接故意，而后者的主观方面限于间接故意。3）本罪的客体为国家保密制度，而后者的客体为国家安全。行为人明知是境外的机构、组织、人员而故意向其泄露国家秘密的，应以为境外窃取、刺探、收买、非法提供国家秘密、情报罪论处。2001年1月17日最高人民法院《关于审理为境外窃取、刺探、收买、非法提供国家秘密、情报案件具体应用法律若干问题的解释》第6条规定，通过互联网将国家秘密或者情报非法发送给境外的机构、组织、个人的，以为境外窃取、刺探、收买、非法提供国家秘密、情报罪定罪处罚；将国家秘密通过互联网予以发布，情节严重的，以本罪定罪处罚。

（2）本罪与非法获取国家秘密罪，非法持有国家绝密、机密文件、资料、物品罪的界分。本罪与非法获取国家秘密罪，非法持有国家绝密、机密文件、资料、物品罪的不同之处在于，其危害行为不同：本罪的行为是泄露，即使国家秘密被不应知悉者知悉，或者故意使国家秘密超出了限定的接触范围；非法获取国家秘密罪的行为表现为，以窃取、刺探、收买方法，非法获取国家秘密；而非法持有国家绝密、机密文件、资料、物品罪的行为表现为，非法持有属于国家绝密、机密的文件、资料或者其他物品，拒不说明来源与用途。如果行为人非法获取国家秘密后又故意予以泄露的，应当以一重罪论处。

2. 刑事处罚

根据刑法第398条的规定，犯本罪的，处3年以下有期徒刑或者拘役；情节特别严重的，处3年以上7年以下有期徒刑。非国家机关工作人员犯前款罪的，依照前款的规定酌情处罚。

四、过失泄露国家秘密罪

过失泄露国家秘密罪，是指国家机关工作人员或者非国家机关工作人员违反保守国家秘密法，过失泄露国家秘密，或者遗失国家秘密载体，致使国家秘密被不应知悉者知悉或者超出了限定的接触范围，情节严重的行为。根据2006年7月26日最高人民检察院《关于渎职侵权犯罪案件立案标准的规定》确定的立案标准，符合下列情形之一的，应以本罪立案追究：（1）泄露绝密级国家秘密1项（件）以上的；（2）泄露机密级国家秘密3项（件）以上的；（3）泄露秘密级国家秘密4项（件）以上的；（4）违反保密规定，将涉及国家秘密的计算机或者计算机信息系统与互联网相连接，泄露国家秘密的；（5）泄露国家秘密或者遗失国家秘密载体，隐瞒不报、不如实提供有关情况或者不采取补救措施的；（6）其他情节严重的情形。

根据刑法第398条的规定，犯本罪，处3年以下有期徒刑或者拘役；情节特别严重的，处3年以上7年以下有期徒刑。非国家机关工作人员犯前款罪的，依照前款的规定酌情处罚。

五、徇私枉法罪

（一）概念与构成

徇私枉法罪，是指司法工作人员徇私枉法、徇情枉法，对明知是无罪的人而使他受追诉、对明知是有罪的人而故意包庇不使他受追诉，或者在刑事审判活动中故意违背事实和法律作枉法裁判的行为。

本罪的构成要件如下：

（1）本罪的客观方面表现为，徇私枉法、徇情枉法，对明知是无罪的人而使他受追诉、对明知是有罪的人而故意包庇不使他受追诉，或者在刑事审判活动中故意违背事实和法律作枉法裁判的行为。徇私枉法，即为了谋取个人利益或者小团体利益而枉法；徇情枉法，即出于个人情谊而枉法。本罪客观方面的行为具体包括三种情形：1）对明知是无罪的人而使他受追诉。无罪的人，即指没有实施任何犯罪行为的人；使无罪的人受追诉，是指故意对无罪的人立案侦查、适用强制措施、提起公诉、进行审判。对无罪的人进行追诉，还可能发生在立案前的初查阶段。行为人明知他人无罪，而将其作为“逃犯”

进行通缉的，也属于追诉无罪的人。2）对明知是有罪的人而故意包庇不使他受追诉。有罪的人，是指事实上实施了犯罪行为且依法应当予以刑事追究的人，并非指法院依刑法宣告其有罪的人；故意包庇不使他受追诉，即对明知有犯罪事实且应追究刑事责任的人，采取伪造、隐匿、毁灭证据或者其他隐瞒事实、违反法律的手段，使其不被立案、侦查、起诉或者审判。明知是有罪的人，故意不收集或者不及时保全证据，导致证据灭失的，或者在侦查、起诉等阶段放弃职责，致使该有罪的人有机会逃离司法机关侦控的，也属于这种情形。3）在刑事审判活动中故意违背事实和法律作枉法裁判的行为。这种情形仅针对刑事审判人员，即指刑事审判人员故意枉法进行判决、裁定，使有罪判无罪、使无罪判有罪或者重罪轻判、轻罪重判。根据 2006 年 7 月 26 日最高人民检察院《关于渎职侵权犯罪案件立案标准的规定》确定的立案标准，符合下列情形之一的，应以本罪立案追究："1. 对明知是没有犯罪事实或者其他依法不应当追究刑事责任的人，采取伪造、隐匿、毁灭证据或者其他隐瞒事实、违反法律的手段，以追究刑事责任为目的立案、侦查、起诉、审判的；2. 对明知是有犯罪事实需要追究刑事责任的人，采取伪造、隐匿、毁灭证据或者其他隐瞒事实、违反法律的手段，故意包庇使其不受立案、侦查、起诉、审判的；3. 采取伪造、隐匿、毁灭证据或者其他隐瞒事实、违反法律的手段，故意使罪重的人受较轻的追诉，或者使罪轻的人受较重的追诉的；4. 在立案后，采取伪造、隐匿、毁灭证据或者其他隐瞒事实、违反法律的手段，应当采取强制措施而不采取强制措施，或者虽然采取强制措施，但中断侦查或者超过法定期限不采取任何措施，实际放任不管，以及违法撤销、变更强制措施，致使犯罪嫌疑人、被告人实际脱离司法机关侦控的；5. 在刑事审判活动中故意违背事实和法律，作出枉法判决、裁定，即有罪判无罪、无罪判有罪，或者重罪轻判、轻罪重判的；6. 其他徇私枉法应予追究刑事责任的情形。"

（2）本罪的主体为司法工作人员。根据刑法第 94 条的规定，司法工作人员，是指有侦查、检察、审判、监管职责的工作人员。非司法工作人员与司法工作人员勾结，共同实施徇私枉法行为，构成犯罪的，应当以徇私枉法罪的共犯追究刑事责任。①

（3）本罪的主观方面为故意，且限于直接故意，即行为人明知是徇私枉法的行为而有意为之，并且希望无罪的人被追诉，或者有罪的人不受追诉，或者造成枉法裁判的事实。

（4）本罪的客体是司法公正和国家司法机关的正常活动。

（二）司法认定与刑事处罚

1. 司法认定

（1）罪与非罪的界限。对于司法实践中出现的错案、冤案，应当对有关司法工作人员的主观心态和具体司法行为进行分析：如果是因为对法律理解的偏差、认识水平有限或者对证据的使用和把握存在误差而导致错案、冤案发生的，不应以本罪论处，而只应给予必要的行政处分；如果行为人徇私枉法或者徇情枉法而故意造成错案或者冤案的，

---

① 参见 2003 年 4 月 16 日最高人民检察院法律政策研究室《关于非司法工作人员是否可以构成徇私枉法罪共犯问题的答复》。

则应以本罪定罪。此外，在界分罪与非罪的界限时，还应考虑刑法第 13 条“但书”的规定，如果情节显著轻微危害不大的枉法行为，不应以本罪追究。

（2）本罪与非法拘禁罪的界分。司法工作人员徇私枉法使无罪的人受到追诉，可能会使其人身自由受到不正当的剥夺。对于这种情形，如果司法工作人员利用职权且假借合法程序或者名义而采取强制措施，使无罪的人的人身自由被剥夺的，应当以本罪定罪处罚；如果司法工作人员只是利用职务所形成的方便条件，不具备采取强制措施的形式条件的，则应以非法拘禁罪定罪。

（3）本罪与诬告陷害罪的界分。两罪的不同之处在于：1）客观方面不同。本罪的客观方面是，徇私枉法、徇情枉法，对明知是无罪的人而使他受追诉、对明知是有罪的人而故意包庇不使他受追诉，或者在刑事审判活动中故意违背事实和法律作枉法裁判的行为，行为人一般是利用承办有关刑事案件徇私枉法；后者的客观方面表现为，捏造事实诬告陷害他人，意图使他人受刑事追究，情节严重的行为，即利用司法机关来追诉无罪的人。2）主体不同。本罪的主体为特殊主体，即司法工作人员；后者的主体为一般主体。3）客体不同。本罪的客体是司法公正和司法机关的正常活动，而后者的客体为公民的人身权利。

（4）本罪与包庇罪的界分。本罪包括徇私枉法，故意包庇有罪的人的情形。这种情形与包庇罪的不同之处在于：1）本罪是利用司法职务之便而使有罪的人不受追诉，发生的时间应在刑事判决生效之前，包庇的对象是犯罪嫌疑人、被告人；而包庇罪是向司法机关作假证明包庇有罪的人，发生的时间并没有具体限制，包庇的对象包括犯罪嫌疑人、被告人和已决犯。2）主体不同。本罪的主体为司法工作人员，而包庇罪的主体为一般主体。

2. 刑事处罚

根据刑法第 399 条第 1 款的规定，犯本罪的，处 5 年以下有期徒刑或者拘役；情节严重的，处 5 年以上 10 年以下有期徒刑；情节特别严重的，处 10 年以上有期徒刑。根据该条第 4 款的规定，犯本罪又构成受贿罪的，应依照处罚较重的规定定罪处罚。

六、民事、行政枉法裁判罪

民事、行政枉法裁判罪，是指司法工作人员在民事、行政审判活动中，故意违背事实和法律作枉法裁判，情节严重的行为。本罪的构成要件如下：（1）本罪的客观方面表现为，在民事、行政审判活动中，故意违背事实和法律作枉法裁判，情节严重的行为。“民事、行政审判”，是指适用民事诉讼法或者行政诉讼法进行的审判活动。根据最高人民检察院《关于渎职侵权犯罪案件立案标准的规定》确定的立案标准，符合下列情形之一的，应以本罪立案追究：“1. 枉法裁判，致使当事人或者其近亲属自杀、自残造成重伤、死亡，或者精神失常的；2. 枉法裁判，造成个人财产直接经济损失 10 万元以上，或者直接经济损失不满 10 万元，但间接经济损失 50 万元以上的；3. 枉法裁判，造成法人或者其他组织财产直接经济损失 20 万元以上，或者直接经济损失不满 20 万元，但间接经济损失 100 万元以上的；4. 伪造、变造有关材料、证据，制造假案枉法裁判的；

5. 串通当事人制造伪证，毁灭证据或者篡改庭审笔录而枉法裁判的；6. 徇私情、私利，明知是伪造、变造的证据予以采信，或者故意对应当采信的证据不予采信，或者故意违反法定程序，或者故意错误适用法律而枉法裁判的；7. 其他情节严重的情形。”（2）本罪的主体为司法工作人员。（3）本罪的主观方面为故意，且为直接故意。（4）本罪的客体为司法公正和审判机关的正常审判活动。与徇私枉法罪不同，本罪仅发生在人民法院的民事和行政审判过程中，而徇私枉法罪可以发生在立案侦查、审查起诉和审判各个阶段。如果行为人在刑事附带民事诉讼案件的审判中故意枉法裁判的，应当以徇私枉法罪定罪，不过，如果行为人只是在附带民事诉讼部分故意枉法裁判的，则应当以本罪定罪处罚。

根据刑法第 399 条第 2 款的规定，犯本罪的，处 5 年以下有期徒刑或者拘役；情节特别严重的，处 5 年以上 10 年以下有期徒刑。根据该条第 4 款的规定，犯本罪又构成受贿罪的，应依照处罚较重的规定定罪处罚。

七、执行判决、裁定失职罪

执行判决、裁定失职罪，是指司法工作人员在执行判决、裁定活动中，严重不负责任，不依法采取诉讼保全措施、不履行法定执行职责，或者违法采取保全措施、强制执行措施，致使当事人或者其他人的利益遭受重大损失的行为。本罪的构成要件如下：（1）本罪的客观方面表现为，在执行判决、裁定活动中，严重不负责任，不依法采取诉讼保全措施、不履行法定执行职责，或者违法采取保全措施、强制执行措施，致使当事人或者其他人的利益遭受重大损失的行为。这里的“判决、裁定”，是指人民法院依法作出的具有执行内容并已发生法律效力的判决、裁定。人民法院为依法执行支付令、生效的调解书、仲裁裁决、公证债权文书等所作的裁定属于该条规定的裁定。①（2）本罪的主体为司法工作人员，主要是人民法院中负责执行工作的人员。（3）本罪的主观方面为过失。（4）本罪的客体为司法机关的正常活动。

根据最高人民检察院《关于渎职侵权犯罪案件立案标准的规定》确定的立案标准，符合下列情形之一的，应以本罪立案追究：“1. 致使当事人或者其近亲属自杀、自残造成重伤、死亡，或者精神失常的；2. 造成个人财产直接经济损失 15 万元以上，或者直接经济损失不满 15 万元，但间接经济损失 75 万元以上的；3. 造成法人或者其他组织财产直接经济损失 30 万元以上，或者直接经济损失不满 30 万元，但间接经济损失 150 万元以上的；4. 造成公司、企业等单位停业、停产 1 年以上，或者破产的；5. 其他致使当事人或者其他人的利益遭受重大损失的情形。”

根据刑法第 399 条第 3 款的规定，犯本罪的，处 5 年以下有期徒刑或者拘役；致使当事人或者其他人的利益遭受特别重大损失的，处 5 年以上 10 年以下有期徒刑。根据刑法第 399 条第 4 款的规定，犯本罪又构成受贿罪的，应依照处罚较重的规定定罪处罚。

---

① 参见 2002 年 8 月 29 日全国人大常委会《关于〈中华人民共和国刑法〉第三百一十三条的解释》的规定。

八、执行判决、裁定滥用职权罪

执行判决、裁定滥用职权罪，是指司法工作人员在执行判决、裁定活动中，滥用职权，不依法采取诉讼保全措施、不履行法定执行职责，或者违法采取保全措施、强制执行措施，致使当事人或者其他人的利益遭受重大损失的行为。本罪的构成要件如下：(1) 本罪的客观方面表现为，在执行判决、裁定活动中，滥用职权，不依法采取诉讼保全措施、不履行法定执行职责，或者违法采取保全措施、强制执行措施，致使当事人或者其他人的利益遭受重大损失的行为。(2) 本罪的主体是司法工作人员。(3) 本罪的主观方面为故意。(4) 本罪的客体为司法机关的正常活动。

根据2006年7月26日最高人民检察院《关于渎职侵权犯罪案件立案标准的规定》确定的立案标准，符合下列情形之一的，应以本罪立案追究："1. 致使当事人或者其近亲属自杀、自残造成重伤、死亡，或者精神失常的；2. 造成个人财产直接经济损失10万元以上，或者直接经济损失不满10万元，但间接经济损失50万元以上的；3. 造成法人或者其他组织财产直接经济损失20万元以上，或者直接经济损失不满20万元，但间接经济损失100万元以上的；4. 造成公司、企业等单位停业、停产6个月以上，或者破产的；5. 其他致使当事人或者其他人的利益遭受重大损失的情形。"

根据刑法第399条第3款的规定，犯本罪的，处5年以下有期徒刑或者拘役；致使当事人或者其他人的利益遭受特别重大损失的，处5年以上10年以下有期徒刑。根据刑法第399条第4款的规定，犯本罪又构成受贿罪的，应依照处罚较重的规定定罪处罚。

九、枉法仲裁罪

枉法仲裁罪，是指依法承担仲裁职责的人员，在仲裁活动中故意违背事实和法律作枉法裁决，情节严重的行为。本罪的构成要件如下：(1) 本罪的客观方面表现为，在仲裁活动中故意违背事实和法律作枉法裁决，情节严重的行为。仲裁，是指发生争议的当事人，根据其在争议发生前或者争议发生后达成的协议，或者根据法律规定，将其争议事项提交中立的第三者进行裁决、解决争议的制度。(2) 本罪的主体为依法承担仲裁职责的人员，即依照《仲裁法》及相关法律法规在各种仲裁机构中行使仲裁权的人员。在我国国际仲裁机构中担任仲裁员的外国人，也属于本罪主体的范围。(3) 本罪的主观方面为故意，且为直接故意。(4) 本罪的客体为仲裁机构的正常活动和威信。

根据刑法第399条之一的规定，犯本罪的，处3年以下有期徒刑或者拘役；情节特别严重的，处3年以上7年以下有期徒刑。

十、私放在押人员罪

私放在押人员罪，是指司法工作人员私放在押的犯罪嫌疑人、被告人或者罪犯的行为。本罪的构成要件如下：(1) 本罪的客观方面表现为，私放在押的犯罪嫌疑人、被告人或者罪犯的行为。私放，是指利用职权便利，非法将在押的犯罪嫌疑人、被告人或者罪犯放走，使其脱离羁押的行为；私放可以作为方式实施，也可以不作为方式实施。在押的犯罪嫌疑人、被告人或者罪犯，包括在羁押场所和押解途中的这类人员。（2）本罪的主体为司法工作人员。2001 年 3 月 2 日最高人民检察院《关于工人等非监管机关在编监管人员私放在押人员行为和失职致使在押人员脱逃行为适用法律问题的解释》规定，工人等非监管机关在编监管人员在被监管机关聘用受委托履行监管职责的过程中私放在押人员的，以私放在押人员罪定罪处罚。（3）本罪的主观方面为故意。（4）本罪的客体为司法机关对犯罪嫌疑人、被告人或者罪犯的监管秩序。

根据最高人民检察院《关于渎职侵权犯罪案件立案标准的规定》确定的立案标准，符合下列情形之一的，应以本罪立案追究：（1）私自将在押的犯罪嫌疑人、被告人、罪犯放走，或者授意、指使、强迫他人将在押的犯罪嫌疑人、被告人、罪犯放走的；（2）伪造、变造有关法律文书、证明材料，以使在押的犯罪嫌疑人、被告人、罪犯逃跑或者被释放的；（3）为私放在押的犯罪嫌疑人、被告人、罪犯，故意向其通风报信、提供条件，致使该在押的犯罪嫌疑人、被告人、罪犯脱逃的；（4）其他私放在押的犯罪嫌疑人、被告人、罪犯应予追究刑事责任的情形。如果司法工作人员帮助在押人员脱逃，但没有利用职务之便的，应以脱逃罪的共犯论处；司法工作人员利用职权私放在押人员的，被私放的人员应以脱逃罪定罪，而不宜以本罪的共犯定罪；司法工作人员利用职务上的便利，徇私枉法，对明知是有罪的人而故意包庇不使其受追诉或者故意宣告无罪，致使罪犯被放走的，应以徇私枉法罪定罪。

根据刑法第 400 条第 1 款的规定，犯本罪的，处 5 年以下有期徒刑或者拘役；情节严重的，处 5 年以上 10 年以下有期徒刑；情节特别严重的，处 10 年以上有期徒刑。

十一、失职致使在押人员脱逃罪

失职致使在押人员脱逃罪，是指司法工作人员由于严重不负责任，不履行或者不认真履行职责，致使在押（包括在羁押场所和押解途中）的犯罪嫌疑人、被告人、罪犯脱逃，造成严重后果的行为。本罪的构成要件如下：（1）本罪的客观方面表现为，严重不负责任，不履行或者不认真履行职责，致使在押（包括在羁押场所和押解途中）的犯罪嫌疑人、被告人、罪犯脱逃，造成严重后果的行为。（2）本罪的主体为司法工作人员。根据 2000 年 9 月 19 日最高人民法院《关于未被公安机关正式录用的人员、狱医能否构成失职致使在押人员脱逃罪主体问题的批复》（现已失效）的规定，对于未被公安机关正式录用，受委托履行监管职责的人员，由于严重不负责任，致使在押人员脱逃，造成严重后果的，应当以本罪定罪处罚；不负监管职责的狱医，不构成失职致使在押人员脱逃罪的主体，但是受委派承担了监管职责的狱医，由于严重不负责任，致使在押人员脱逃，造成严重后果的，应当以本罪定罪处罚。根据最高人民检察院《关于工人等非监管机关在编监管人员私放在押人员行为和失职致使在押人员脱逃行为适用法律问题的解释》的规定，工人等非监管机关在编监管人员由于严重不负责任，致使在押人员脱逃，造成严重后果的，应当以失职致使在押人员脱逃罪定罪处罚。（3）本罪的主观方面为过失。

（4）本罪的客体为司法机关对犯罪嫌疑人、被告人或者罪犯的监管秩序。

根据最高人民检察院《关于渎职侵权犯罪案件立案标准的规定》确定的立案标准，符合下列情形之一的，应以本罪立案追究：（1）致使依法可能判处或者已经判处 10 年以上有期徒刑、无期徒刑、死刑的犯罪嫌疑人、被告人、罪犯脱逃的；（2）致使犯罪嫌疑人、被告人、罪犯脱逃 3 人次以上的；（3）犯罪嫌疑人、被告人、罪犯脱逃以后，打击报复报案人、控告人、举报人、被害人、证人和司法工作人员等，或者继续犯罪的；（4）其他致使在押的犯罪嫌疑人、被告人、罪犯脱逃，造成严重后果的情形。

根据刑法第 400 条第 2 款的规定，犯本罪的，处 3 年以下有期徒刑或者拘役；造成特别严重后果的，处 3 年以上 10 年以下有期徒刑。

十二、徇私舞弊减刑、假释、暂予监外执行罪

徇私舞弊减刑、假释、暂予监外执行罪，是指司法工作人员徇私舞弊，对不符合减刑、假释、暂予监外执行条件的罪犯予以减刑、假释、暂予监外执行的行为。本罪的构成要件如下：（1）本罪的客观方面表现为，徇私舞弊，对不符合减刑、假释、暂予监外执行条件的罪犯予以减刑、假释、暂予监外执行的行为。（2）本罪的主体为司法工作人员。（3）本罪的主观方面为故意，且限于直接故意。（4）本罪的客体为刑罚执行的正常管理秩序。

根据最高人民检察院《关于渎职侵权犯罪案件立案标准的规定》确定的立案标准，符合下列情形之一的，应以本罪立案追究：（1）刑罚执行机关的工作人员对不符合减刑、假释、暂予监外执行条件的罪犯，捏造事实，伪造材料，违法报请减刑、假释、暂予监外执行的；（2）审判人员对不符合减刑、假释、暂予监外执行条件的罪犯，徇私舞弊，违法裁定减刑、假释或者违法决定暂予监外执行的；（3）监狱管理机关、公安机关的工作人员对不符合暂予监外执行条件的罪犯，徇私舞弊，违法批准暂予监外执行的；（4）不具有报请、裁定、决定或者批准减刑、假释、暂予监外执行权的司法工作人员利用职务上的便利，伪造有关材料，导致不符合减刑、假释、暂予监外执行条件的罪犯被减刑、假释、暂予监外执行的；（5）其他徇私舞弊减刑、假释、暂予监外执行应予追究刑事责任的情形。

根据刑法第 401 条的规定，犯本罪的，处 3 年以下有期徒刑或者拘役；情节严重的，处 3 年以上 7 年以下有期徒刑。

十三、徇私舞弊不移交刑事案件罪

徇私舞弊不移交刑事案件罪，是指市场监督管理、税务、监察等行政执法人员，徇私舞弊，对依法应当移交司法机关追究刑事责任的案件不移交，情节严重的行为。本罪的主要特征如下：（1）本罪的客观方面表现为，徇私舞弊，对依法应当移交司法机关追究刑事责任的案件不移交，情节严重的行为。徇私舞弊，是指为徇私情、私利，而故意违背事实和法律，伪造材料，隐瞒情况，弄虚作假；不移交刑事案件，是指根据有关法

律规定应当移交而没有移交司法机关立案侦查的情形。判断是否“应当移交司法机关追究刑事责任”，应当以行政机关发现的事实为根据，根据该事实的性质、情节以及涉及犯罪数额、数量等因素综合考虑，认为有关行为人的行为很可能构成犯罪或者有重大犯罪嫌疑的，且符合刑事案件的立案标准。(2) 本罪的主体为行政执法人员。(3) 本罪的主观方面为故意。(4) 本罪的客体为司法机关的正常活动。

根据最高人民检察院《关于渎职侵权犯罪案件立案标准的规定》确定的立案标准，符合下列情形之一的，应以本罪立案追究：(1) 对依法可能判处 3 年以上有期徒刑、无期徒刑、死刑的犯罪案件不移交的；(2) 不移交刑事案件涉及 3 人次以上的；(3) 司法机关提出意见后，无正当理由仍然不予移交的；(4) 以罚代刑，放纵犯罪嫌疑人，致使犯罪嫌疑人继续进行违法犯罪活动的；(5) 行政执法部门主管领导阻止移交的；(6) 隐瞒、毁灭证据，伪造材料，改变刑事案件性质的；(7) 直接负责的主管人员和其他直接责任人员为牟取本单位私利而不移交刑事案件，情节严重的；(8) 其他情节严重的情形。

根据刑法第 402 条的规定，犯本罪的，处 3 年以下有期徒刑或者拘役；造成严重后果的，处 3 年以上 7 年以下有期徒刑。

十四、滥用管理公司、证券职权罪

滥用管理公司、证券职权罪，是指市场监督管理、证券管理等国家有关主管部门的工作人员徇私舞弊，滥用职权，对不符合法律规定条件的公司设立、登记申请或者股票、债券发行、上市申请予以批准或者登记，致使公共财产、国家和人民利益遭受重大损失的行为，以及上级部门强令登记机关及其工作人员实施上述行为的行为。本罪的构成要件如下：(1) 本罪的客观方面表现为，徇私舞弊，滥用职权，对不符合法律规定条件的公司设立、登记申请或者股票、债券发行、上市申请予以批准或者登记，致使公共财产、国家和人民利益遭受重大损失的行为，以及强令登记机关及其工作人员实施上述行为的行为。(2) 本罪的主体为市场监督管理、证券管理等国家有关主管部门的工作人员；上级部门强令登记机关及其工作人员实施该行为的，对其直接负责的主管人员，依照本罪处罚。(3) 本罪的主观方面为故意。(4) 本罪的客体为国家对公司和证券市场的管理秩序。

根据最高人民检察院《关于渎职侵权犯罪案件立案标准的规定》确定的立案标准，符合下列情形之一的，应以本罪立案追究：(1) 造成直接经济损失 50 万元以上的；(2) 市场监管部门的工作人员对不符合法律规定条件的公司设立、登记申请，违法予以批准、登记，严重扰乱市场秩序的；(3) 金融证券管理机构的工作人员对不符合法律规定条件的股票、债券发行、上市申请，违法予以批准，严重损害公众利益，或者严重扰乱金融秩序的；(4) 市场监管部门、金融证券管理机构的工作人员对不符合法律规定条件的公司设立、登记申请或者股票、债券发行、上市申请违法予以批准或者登记，致使犯罪行为得逞的；(5) 上级部门直接负责的主管人员强令登记机关及其工作人员，对不符合法律规定条件的公司设立、登记申请或者股票、债券发行、上市申请予以批准或者登记，致使公共财产、国家或者人民利益遭受重大损失的；(6) 其他致使公共财产、国家和人民利益遭受重大损失的情形。

根据刑法第 403 条的规定，犯本罪的，处 5 年以下有期徒刑或者拘役。

十五、徇私舞弊不征、少征税款罪

徇私舞弊不征、少征税款罪，是指税务机关工作人员徇私舞弊，不征、少征应征税款，致使国家税收遭受重大损失的行为。本罪的构成要件如下：(1) 本罪的客观方面表现为徇私舞弊，不征、少征应征税款，致使国家税收遭受重大损失的行为。不征，是指违反税法规定，不向纳税人征收应征税款的行为；少征，是指违反税法规定，降低税收额或者税率进行征收；应征税款，是指依照有关税收的法律法规规定，税务机关应当向纳税人征收的税款。(2) 本罪的主体为税务机关工作人员。(3) 本罪的主观方面为故意。(4) 本罪的客体为国家税收管理秩序。

根据最高人民检察院《关于渎职侵权犯罪案件立案标准的规定》确定的立案标准，符合下列情形之一的，应以本罪立案追究：(1) 徇私舞弊不征、少征应征税款，致使国家税收损失累计达 10 万元以上的；(2) 上级主管部门工作人员指使税务机关工作人员徇私舞弊不征、少征应征税款，致使国家税收损失累计达 10 万元以上的；(3) 徇私舞弊不征、少征应征税款不满 10 万元，但具有索取或者收受贿赂或者其他恶劣情节的；(4) 其他致使国家税收遭受重大损失的情形。

根据刑法第 404 条的规定，犯本罪的，处 5 年以下有期徒刑或者拘役；造成特别重大损失的，处 5 年以上有期徒刑。

十六、徇私舞弊发售发票、抵扣税款、出口退税罪

徇私舞弊发售发票、抵扣税款、出口退税罪，是指税务机关工作人员违反法律、行政法规的规定，在办理发售发票、抵扣税款、出口退税工作中徇私舞弊，致使国家利益遭受重大损失的行为。本罪的构成要件如下：(1) 本罪的客观方面表现为，违反法律、行政法规的规定，在办理发售发票、抵扣税款、出口退税工作中徇私舞弊，致使国家利益遭受重大损失的行为。(2) 本罪的主体为税务工作人员。(3) 本罪的主观方面为故意。(4) 本罪的客体为国家的税收管理秩序。

根据最高人民检察院《关于渎职侵权犯罪案件立案标准的规定》确定的立案标准，符合下列情形之一的，应以本罪立案追究：(1) 徇私舞弊，致使国家税收损失累计达 10 万元以上的；(2) 徇私舞弊，致使国家税收损失累计不满 10 万元，但发售增值税专用发票 25 份以上或者其他发票 50 份以上或者增值税专用发票与其他发票合计 50 份以上，或者具有索取、收受贿赂或者其他恶劣情节的；(3) 其他致使国家利益遭受重大损失的情形。

根据刑法第 405 条的规定，犯本罪，致使国家利益遭受重大损失的，处 5 年以下有期徒刑或者拘役；致使国家利益遭受特别重大损失的，处 5 年以上有期徒刑。

十七、违法提供出口退税凭证罪

违法提供出口退税凭证罪，是指海关、外汇管理等国家机关工作人员违反国家规定，在提供出口货物报关单、出口收汇核销单等出口退税凭证的工作中，徇私舞弊，致使国家利益遭受重大损失的行为。本罪的构成要件如下：（1）本罪的客观方面表现为，违反国家规定，在提供出口货物报关单、出口收汇核销单等出口退税凭证的工作中徇私舞弊，致使国家利益遭受重大损失的行为。（2）本罪的主体为海关、外汇管理等国家机关工作人员。（3）本罪的主观方面为故意。（4）本罪的客体为国家的税收管理秩序。

根据最高人民检察院《关于渎职侵权犯罪案件立案标准的规定》确定的立案标准，符合下列情形之一的，应以本罪立案追究：（1）徇私舞弊，致使国家税收损失累计达 10 万元以上的；（2）徇私舞弊，致使国家税收损失累计不满 10 万元，但具有索取、收受贿赂或者其他恶劣情节的；（3）其他致使国家利益遭受重大损失的情形。

根据刑法第 405 条第 2 款的规定，犯本罪的，处 5 年以下有期徒刑或者拘役；致使国家利益遭受特别重大损失的，处 5 年以上有期徒刑。

十八、国家机关工作人员签订、履行合同失职被骗罪

国家机关工作人员签订、履行合同失职被骗罪，是指国家机关工作人员在签订、履行合同过程中，因严重不负责任，不履行或者不认真履行职责被诈骗，致使国家利益遭受重大损失的行为。本罪的构成要件如下：（1）本罪的客观方面表现为，在签订、履行合同过程中，因严重不负责任，不履行或者不认真履行职责被诈骗，致使国家利益遭受重大损失的行为。（2）本罪的主体为国家机关工作人员。（3）本罪的主观方面为过失。（4）本罪的客体为国家机关的正常管理活动。

根据最高人民检察院《关于渎职侵权犯罪案件立案标准的规定》确定的立案标准，符合下列情形之一的，应以本罪立案追究：（1）造成直接经济损失 30 万元以上，或者直接经济损失不满 30 万元，但间接经济损失 150 万元以上的；（2）其他致使国家利益遭受重大损失的情形。

根据刑法第 406 条的规定，犯本罪的，处 3 年以下有期徒刑或者拘役；致使国家利益遭受特别重大损失的，处 3 年以上 7 年以下有期徒刑。

十九、违法发放林木采伐许可证罪

违法发放林木采伐许可证罪，是指林业主管部门的工作人员违反森林法的规定，超过批准的年采伐限额发放林木采伐许可证或者违反规定滥发林木采伐许可证，情节严重，致使森林遭受严重破坏的行为。本罪的构成要件如下：（1）本罪的客观方面表现为，违反森林法的规定，超过批准的年采伐限额发放林木采伐许可证或者违反规定滥发林木采伐许可证，情节严重，致使森林遭受严重破坏的行为。（2）本罪的主体为林业主管部门

的工作人员。根据最高人民检察院《关于渎职侵权犯罪案件立案标准的规定》的规定，林业主管部门工作人员之外的国家机关工作人员，违反森林法的规定，滥用职权或者玩忽职守，致使林木被滥伐40立方米以上或者幼树被滥伐2 000株以上，或者致使防护林、特种用途林被滥伐10立方米以上或者幼树被滥伐400株以上，或者致使珍贵树木被采伐、毁坏4立方米或者4株以上，或者致使国家重点保护的其他植物被采伐、毁坏后果严重的，或者致使国家严禁采伐的林木被采伐、毁坏情节恶劣的，以滥用职权罪或者玩忽职守罪追究刑事责任。(3) 本罪的主观方面为故意。(4) 本罪的客体为林业管理机关的正常活动和森林资源。

根据刑法第407条的规定，犯本罪的，处3年以下有期徒刑或者拘役。

二十、环境监管失职罪

环境监管失职罪，是指负有环境保护监督管理职责的国家机关工作人员严重不负责任，不履行或者不认真履行环境保护监管职责，导致发生重大环境污染事故，致使公私财产遭受重大损失或者造成人身伤亡的严重后果的行为。本罪的构成要件如下：(1) 本罪的客观方面表现为，严重不负责任，不履行或者不认真履行环境保护监管职责，导致发生重大环境污染事故，致使公私财产遭受重大损失或者造成人身伤亡的严重后果的行为。根据2016年12月23日最高人民法院、最高人民检察院《关于办理环境污染刑事案件适用法律若干问题的解释》第2条的规定，“致使公私财产遭受重大损失或者严重危害人体健康”或者“致使公私财产遭受重大损失或者造成人身伤亡的严重后果”主要包括：造成生态环境严重损害的；致使乡镇以上集中式饮用水水源取水中断12小时以上的；致使基本农田、防护林地、特种用途林地5亩以上，其他农用地10亩以上，其他土地20亩以上基本功能丧失或者遭受永久性破坏的；致使森林或者其他林木死亡50立方米以上，或者幼树死亡2 500株以上的；实施刑法第339条、第408条规定的行为，致使公私财产损失30万元以上的；致使疏散、转移群众5 000人以上的；致使30人以上中毒的；致使3人以上轻伤、轻度残疾或者器官组织损伤导致一般功能障碍的；致使1人以上重伤、中度残疾或者器官组织损伤导致严重功能障碍的。(2) 本罪的主体为负有环境保护监督管理职责的国家机关工作人员。(3) 本罪的主观方面为过失。(4) 本罪的客体为环境保护监管机关的正常活动和环境资源。

根据刑法第408条的规定，犯本罪，处3年以下有期徒刑或者拘役。

二十一、食品、药品监管渎职罪

食品、药品监管渎职罪，是指负有食品药品安全监管职责的国家机关工作人员，滥用职权或者玩忽职守，造成严重后果或者有其他严重情节的行为。

本罪的构成要件如下：(1) 本罪的客观方面包括两种形式：一是滥用职权导致发生重大食品药品安全事故或者造成其他严重后果的行为；二是玩忽职守导致重大食品药品安全事故或者造成其他严重后果的行为。根据刑法第408条之一的规定，具体包括五种情形：1）瞒报、谎报食品安全事故、药品安全事件的；2）对发现的严重食品药品安全违法行为未按规定查处的；3）在药品和特殊食品审批审评过程中，对不符合条件的申请准予许可的；4）依法应当移交司法机关追究刑事责任不移交的；5）有其他滥用职权或者玩忽职守行为的。(2) 本罪的主体为负有食品药品安全监管职责的国家机关工作人员，如食品卫生管理部门的国家机关工作人员。(3) 本罪的主观方面也根据其行为方式的不同而有所差异：第一种形式（滥用职权型）的主观方面为间接故意或者过失，第二种形式（玩忽职守型）的主观方面为过失。(4) 本罪的客体为国家食品药品安全监管秩序。

根据 2011 年 5 月 27 日最高人民法院《关于进一步加大力度，依法严惩危害食品安全及相关职务犯罪的通知》，实施食品安全监管渎职行为，未导致发生重大食品安全事故或者造成其他严重后果，不构成食品监管渎职罪，但符合其他渎职犯罪构成要件的，依照刑法相关规定对其定罪处罚。2021 年 12 月 30 日最高人民法院、最高人民检察院《关于办理危害食品安全刑事案件适用法律若干问题的解释》第 20 条规定，负有食品安全监督管理职责的国家机关工作人员滥用职权或者玩忽职守构成食品监管渎职罪，同时构成徇私舞弊不移交刑事案件罪、商检徇私舞弊罪、动植物检疫徇私舞弊罪、放纵制售伪劣商品犯罪行为罪等其他渎职犯罪的，依照处罚较重的规定定罪处罚；负有食品安全监督管理职责的国家机关工作人员滥用职权或者玩忽职守，不构成食品监管渎职罪，但构成前款规定的其他渎职犯罪的，依照该其他犯罪定罪处罚；负有食品安全监督管理职责的国家机关工作人员与他人共谋，利用其职务行为帮助他人实施危害食品安全犯罪行为，同时构成渎职犯罪和危害食品安全犯罪共犯的，依照处罚较重的规定定罪从重处罚。根据相关指导性案例，负有食品安全监督管理职责的国家机关工作人员，滥用职权，向生产、销售有毒、有害食品的犯罪分子通风报信，帮助逃避处罚的，应当以本罪论处；在渎职过程中受贿的，应以本罪和受贿罪实行数罪并罚。

根据刑法第 408 条之一的规定，犯本罪，处 5 年以下有期徒刑或者拘役；造成特别严重后果或者有其他特别严重情节的，处 5 年以上 10 年以下有期徒刑。行为人徇私舞弊犯本罪的，从重处罚。

二十二、传染病防治失职罪

传染病防治失职罪，是指从事传染病防治的政府卫生行政部门的工作人员严重不负责任，不履行或者不认真履行传染病防治监管职责，导致传染病传播或者流行，情节严重的行为。本罪的构成要件如下：(1) 本罪的客观方面表现为，严重不负责任，不履行或者不认真履行传染病防治监管职责，导致传染病传播或者流行，情节严重的行为。2003 年 5 月 13 日最高人民法院、最高人民检察院《关于办理妨害预防、控制突发传染病疫情等灾害的刑事案件具体应用法律若干问题的解释》第 16 条第 2 款规定：“在国家对突发传染病疫情等灾害采取预防、控制措施后，具有下列情形之一的，属于刑法第四百零九条规定的‘情节严重’：(一) 对发生突发传染病疫情等灾害的地区或者突发传染病病人、病原携带者、疑似突发传染病病人，未按照预防、控制突发传染病疫情等灾害工作规范的要求做好防疫、检疫、隔离、防护、救治等工作，或者采取的预防、控制措施不当，造成传染范围扩大或者疫情、灾情加重的；（二）隐瞒、缓报、谎报或者授意、指使、强令他人隐瞒、缓报、谎报疫情、灾情，造成传染范围扩大或者疫情、灾情加重的；（三）拒不执行突发传染病疫情等灾害应急处理指挥机构的决定、命令，造成传染范围扩大或者疫情、灾情加重的；（四）具有其他严重情节的”。（2）本罪的主体为从事传染病防治的政府卫生行政部门的工作人员。根据上述解释第16条第1款的规定，在预防、控制突发传染病疫情等灾害期间，从事传染病防治的政府卫生行政部门的工作人员，或者在受政府卫生行政部门委托代表政府卫生行政部门行使职权的组织中从事公务的人员，或者虽未列入政府卫生行政部门人员编制但在政府卫生行政部门从事公务的人员，在代表政府卫生行政部门行使职权时，严重不负责任，导致传染病传播或者流行，情节严重的，依照刑法第409条的规定，以传染病防治失职罪定罪处罚。（3）本罪的主观方面为过失。（4）本罪的客体为国家关于传染病防治的管理秩序。

根据最高人民检察院《关于渎职侵权犯罪案件立案标准的规定》确定的立案标准，符合下列情形之一的，应以本罪立案追究：（1）导致甲类传染病传播的；（2）导致乙类、丙类传染病流行的；（3）因传染病传播或者流行，造成人员重伤或者死亡的；（4）因传染病传播或者流行，严重影响正常的生产、生活秩序的；（5）在国家对突发传染病疫情等灾害采取预防、控制措施后，对发生突发传染病疫情等灾害的地区或者突发传染病病人、病原携带者、疑似突发传染病病人，未按照预防、控制突发传染病疫情等灾害工作规范的要求做好防疫、检疫、隔离、防护、救治等工作，或者采取的预防、控制措施不当，造成传染范围扩大或者疫情、灾情加重的；（6）在国家对突发传染病疫情等灾害采取预防、控制措施后，隐瞒、缓报、谎报或者授意、指使、强令他人隐瞒、缓报、谎报疫情、灾情，造成传染范围扩大或者疫情、灾情加重的；（7）在国家对突发传染病疫情等灾害采取预防、控制措施后，拒不执行突发传染病疫情等灾害应急处理指挥机构的决定、命令，造成传染范围扩大或者疫情、灾情加重的；（8）其他情节严重的情形。

根据刑法第409条的规定，犯本罪的，处3年以下有期徒刑或者拘役。

二十三、非法批准征收、征用、占用土地罪

非法批准征收、征用、占用土地罪，是指国家机关工作人员徇私舞弊，违反土地管理法、森林法、草原法等法律以及有关行政法规中关于土地管理的规定，滥用职权，非法批准征收、征用、占用耕地、林地等农用地以及其他土地，情节严重的行为。本罪的构成要件如下：（1）本罪的客观方面表现为，徇私舞弊，违反土地管理法、森林法、草原法等法律以及有关行政法规中关于土地管理的规定，滥用职权，非法批准征收、征用、占用耕地、林地等农用地以及其他土地，情节严重的行为。根据2001年8月31日全国人民代表大会常务委员会《关于〈中华人民共和国刑法〉第二百二十八条、第三百四十二条、第四百一十条的解释》（2009年修正）的规定，违反土地管理法规，是指违反土地管理法、森林法、草原法等法律以及有关行政法规中关于土地管理的规定；非法批准征用、占用土地，是指非法批准征用、占用耕地、林地等农用地以及其他土地。根据2000年6月19日最高人民法院《关于审理破坏土地资源刑事案件具体应用法律若干问题

的解释》第 4 条的规定，国家机关工作人员徇私舞弊，违反土地管理法规，滥用职权，非法批准征用、占用土地，具有下列情形之一的，属于非法批准征用、占用土地“情节严重”，以非法批准征用、占用土地罪定罪处罚：1）非法批准征用、占用基本农田 10 亩以上的。2）非法批准征用、占用基本农田以外的耕地 30 亩以上的。3）非法批准征用、占用其他土地 50 亩以上的。4）虽未达到上述数量标准，但非法批准征用、占用土地造成直接经济损失 30 万元以上；造成耕地大量毁坏等恶劣情节的。根据该解释第 9 条的规定，多次实施本解释规定的行为依法应当追诉的，或者 1 年内多次实施本解释规定的行为未经处理的，按照累计的数量、数额处罚。2012 年 11 月 2 日最高人民法院《关于审理破坏草原资源刑事案件应用法律若干问题的解释》第 3 条第 1 款规定，国家机关工作人员徇私舞弊，违反草原法等土地管理法规，具有下列情形之一的，应当认定为刑法第 410 条规定的“情节严重”：“（一）非法批准征收、征用、占用草原四十亩以上的；（二）非法批准征收、征用、占用草原，造成二十亩以上草原被毁坏的；（三）非法批准征收、征用、占用草原，造成直接经济损失三十万元以上，或者具有其他恶劣情节的。”（2）本罪的主体为国家机关工作人员。（3）本罪的主观方面为故意。（4）本罪的客体为国家的土地管理秩序。

根据刑法第 410 条的规定，犯本罪的，处 3 年以下有期徒刑或者拘役；致使国家或者集体利益遭受特别重大损失的，处 3 年以上 7 年以下有期徒刑。根据最高人民法院《关于审理破坏土地资源刑事案件具体应用法律若干问题的解释》第 5 条的规定，具有下列情形之一的，属于非法批准征用、占用土地“致使国家或者集体利益遭受特别重大损失”：“（一）非法批准征用、占用基本农田二十亩以上的；（二）非法批准征用、占用基本农田以外的耕地六十亩以上的；（三）非法批准征用、占用其他土地一百亩以上的；（四）非法批准征用、占用土地，造成基本农田五亩以上，其他耕地十亩以上严重毁坏的；（五）非法批准征用、占用土地造成直接经济损失五十万元以上等恶劣情节的。”最高人民法院《关于审理破坏草原资源刑事案件应用法律若干问题的解释》第 3 条第 2 款规定：“具有下列情形之一，应当认定为刑法第四百一十条规定的‘致使国家或者集体利益遭受特别重大损失’：（一）非法批准征收、征用、占用草原八十亩以上的；（二）非法批准征收、征用、占用草原，造成四十亩以上草原被毁坏的；（三）非法批准征收、征用、占用草原，造成直接经济损失六十万元以上，或者具有其他特别恶劣情节的。”

二十四、非法低价出让国有土地使用权罪

非法低价出让国有土地使用权罪，是指国家机关工作人员徇私舞弊，违反土地管理法、森林法、草原法等法律以及有关行政法规中关于土地管理的规定，滥用职权，非法低价出让国有土地使用权，情节严重的行为。本罪的构成要件如下：（1）本罪的客观方面表现为，徇私舞弊，违反土地管理法、森林法、草原法等法律以及有关行政法规中关于土地管理的规定，滥用职权，非法低价出让国有土地使用权，情节严重的行为。根据最高人民法院《关于审理破坏土地资源刑事案件具体应用法律若干问题的解释》第 6 条的规定，具有下列情形之一的，属于“情节严重”，以非法低价出让国有土地使用权罪定

罪处罚："（一）出让国有土地使用权面积在三十亩以上，并且出让价额低于国家规定的最低价额标准的百分之六十的；（二）造成国有土地资产流失价额在三十万元以上的。"根据该解释第9条的规定，多次实施本解释规定的行为依法应当追诉的，或者一年内多次实施本解释规定的行为未经处理的，按照累计的数量、数额处罚。(2) 本罪的主体为国家机关工作人员。(3) 本罪的主观方面为故意。(4) 本罪的客体为国家的土地管理秩序。

根据刑法第410条的规定，犯本罪，处3年以下有期徒刑或者拘役；致使国家或者集体利益遭受特别重大损失的，处3年以上7年以下有期徒刑。根据最高人民法院《关于审理破坏土地资源刑事案件具体应用法律若干问题的解释》第7条的规定，有下列情形之一的，属于非法低价出让国有土地使用权，"致使国家和集体利益遭受特别重大损失"："（一）非法低价出让国有土地使用权面积在六十亩以上，并且出让价额低于国家规定的最低价额标准的百分之四十的；（二）造成国有土地资产流失价额在五十万元以上的。"

二十五、放纵走私罪

放纵走私罪，是指海关工作人员徇私舞弊，放纵走私，情节严重的行为。本罪的构成要件如下：(1) 本罪的客观方面表现为，徇私舞弊，放纵走私，情节严重的行为。徇私舞弊，即为徇私情、私利，故意违背事实和法律，伪造材料，隐瞒情况，弄虚作假的行为；放纵走私，即明知是走私行为，利用职权而放任、纵容他人走私的行为。放纵走私行为，一般以不作为方式实施。(2) 本罪的主体为海关工作人员。(3) 本罪的主观方面为故意。(4) 本罪的客体为国家海关的正常管理活动。

根据最高人民检察院《关于渎职侵权犯罪案件立案标准的规定》确定的立案标准，符合下列情形之一的，应以本罪立案追究：(1) 放纵走私犯罪的；(2) 因放纵走私致使国家应收税额损失累计达10万元以上的；(3) 放纵走私行为3起次以上的；(4) 放纵走私行为，具有索取或者收受贿赂情节的；(5) 其他情节严重的情形。如果海关工作人员与走私分子通谋，在放纵走私过程中以积极的行为配合走私分子逃避海关监管或者在放纵走私之后分得赃款的，应以共同走私犯罪追究刑事责任。海关工作人员收受贿赂又放纵走私的，应以受贿罪和放纵走私罪数罪并罚。海关工作人员在办理走私案件中，发现行为构成走私罪，但徇私舞弊不将案件移交司法机关追究刑事责任，也不按海关法作出处理的，应认定为放纵走私罪；如果徇私舞弊不将案件移交司法机关追究刑事责任，但按海关法作出处理的，则应认定为徇私舞弊不移交刑事案件罪。

根据刑法第411条的规定，犯本罪的，处5年以下有期徒刑或者拘役；情节特别严重的，处5年以上有期徒刑。

二十六、商检徇私舞弊罪

商检徇私舞弊罪，是指国家商检部门、商检机构的工作人员徇私舞弊，伪造检验结果的行为。本罪的构成要件如下：(1) 本罪的客观方面表现为，徇私舞弊，伪造商品检验结果的行为，即提供与事实不相吻合的检验结论。(2) 本罪的主体为国家商检部门、商检机构的工作人员。(3) 本罪的主观方面为故意。(4) 本罪的客体为国家商品检验管理秩序。

根据最高人民检察院《关于渎职侵权犯罪案件立案标准的规定》确定的立案标准，符合下列情形之一的，应以本罪立案追究：(1) 采取伪造、变造的手段对报检的商品的单证、印章、标志、封识、质量认证标志等作虚假的证明或者出具不真实的证明结论的；(2) 将送检的合格商品检验为不合格，或者将不合格商品检验为合格的；(3) 对明知是不合格的商品，不检验而出具合格检验结果的；(4) 其他伪造检验结果应予追究刑事责任的情形。

根据刑法第 412 条第 1 款的规定，犯本罪的，处 5 年以下有期徒刑或者拘役；造成严重后果的，处 5 年以上 10 年以下有期徒刑。

二十七、商检失职罪

商检失职罪，是指国家商检部门、商检机构的工作人员严重不负责任，对应当检验的物品不检验，或者延误检验出证、错误出证，致使国家利益遭受重大损失的行为。本罪的构成要件如下：(1) 本罪的客观方面表现为，严重不负责任，对应当检验的物品不检验，或者延误检验出证、错误出证，致使国家利益遭受重大损失的行为。(2) 本罪的主体为国家商检部门、商检机构的工作人员。(3) 本罪的主观方面为过失。(4) 本罪的客体为国家商品检验管理秩序。

根据最高人民检察院《关于渎职侵权犯罪案件立案标准的规定》确定的立案标准，符合下列情形之一的，应以本罪立案追究：(1) 致使不合格的食品、药品、医疗器械等商品出入境，严重危害生命健康的；(2) 造成个人财产直接经济损失 15 万元以上，或者直接经济损失不满 15 万元，但间接经济损失 75 万元以上的；(3) 造成公共财产、法人或者其他组织财产直接经济损失 30 万元以上，或者直接经济损失不满 30 万元，但间接经济损失 150 万元以上的；(4) 未经检验，出具合格检验结果，致使国家禁止进口的固体废物、液态废物和气态废物等进入境内的；(5) 不检验或者延误检验出证、错误出证，引起国际经济贸易纠纷，严重影响国家对外经贸关系，或者严重损害国家声誉的；(6) 其他致使国家利益遭受重大损失的情形。

根据刑法第 412 条第 2 款的规定，犯本罪的，处 3 年以下有期徒刑或者拘役。

二十八、动植物检疫徇私舞弊罪

动植物检疫徇私舞弊罪，是指动植物检疫机关的检疫人员徇私舞弊，伪造检疫结果的行为。本罪的构成要件如下：(1) 本罪的客观方面表现为，徇私舞弊，伪造动植物检疫结果的行为。(2) 本罪的主体为动植物检疫机关的检疫人员。(3) 本罪的主观方面为故意。(4) 本罪的客体为国家动植物检疫管理秩序。根据最高人民检察院《关于渎职侵权犯罪案件立案标准的规定》确定的立案标准，符合下列情形之一的，应以本罪立案追究：(1) 采取伪造、变造的手段对检疫的单证、印章、标志、封识等作虚假的证明或者出具不真实的结论的；(2) 将送检的合格动植物检疫为不合格，或者将不合格动植物检疫为合格的；(3) 对明知是不合格的动植物，不检疫而出具合格检疫结果的；(4) 其他伪造检疫结果应予追究刑事责任的情形。

根据刑法第 413 条第 1 款的规定，犯本罪的，处 5 年以下有期徒刑或者拘役；造成严重后果的，处 5 年以上 10 年以下有期徒刑。

二十九、动植物检疫失职罪

动植物检疫失职罪，是指动植物检疫机关人员严重不负责任，对应当检疫的检疫物不检疫，或者延误检疫出证、错误出证，致使国家利益遭受重大损失的行为。本罪的构成要件如下：(1) 本罪的客观方面表现为，严重不负责任，对应当检疫的检疫物不检疫，或者延误检疫出证、错误出证，致使国家利益遭受重大损失的行为。(2) 本罪的主体为动植物检疫机关人员。(3) 本罪的主观方面为过失。(4) 本罪的客体为国家动植物检疫管理秩序。

根据最高人民检察院《关于渎职侵权犯罪案件立案标准的规定》确定的立案标准，符合下列情形之一的，应以本罪立案追究：(1) 导致疫情发生，造成人员重伤或者死亡的；(2) 导致重大疫情发生、传播或者流行的；(3) 造成个人财产直接经济损失 15 万元以上，或者直接经济损失不满 15 万元，但间接经济损失 75 万元以上的；(4) 造成公共财产或者法人、其他组织财产直接经济损失 30 万元以上，或者直接经济损失不满 30 万元，但间接经济损失 150 万元以上的；(5) 不检疫或者延误检疫出证、错误出证，引起国际经济贸易纠纷，严重影响国家对外经贸关系，或者严重损害国家声誉的；(6) 其他致使国家利益遭受重大损失的情形。

根据刑法第 413 条第 2 款的规定，犯本罪的，处 3 年以下有期徒刑或者拘役。

三十、放纵制售伪劣商品犯罪行为罪

放纵制售伪劣商品犯罪行为罪，是指对生产、销售伪劣商品犯罪行为负有追究责任的国家机关工作人员，徇私舞弊，不履行法律规定的追究职责，情节严重的行为。本罪的构成要件如下：(1) 本罪的客观方面表现为，徇私舞弊，不履行法律规定的对生产、销售伪劣商品犯罪行为依法查处的追究职责，情节严重的行为。本罪的行为方式为不作为。根据 2001 年 4 月 9 日最高人民法院、最高人民检察院《关于办理生产、销售伪劣商品刑事案件具体应用法律若干问题的解释》第 8 条的规定，具有下列情形之一的，属于“情节严重”：“(一) 放纵生产、销售假药或者有毒、有害食品犯罪行为的；(二) 放纵依法可能判处二年有期徒刑以上刑罚的生产、销售伪劣商品犯罪行为的；(三) 对三个以上有生产、销售伪劣商品犯罪行为的单位或者个人不履行追究职责的；(四) 致使国家和人民利益遭受重大损失或者造成恶劣影响的。”(2) 本罪的主体为对生产、销售伪劣商品犯罪行为负有追究责任的国家机关工作人员。(3) 本罪的主观方面为故意。(4) 本罪的客体为国家对制售伪劣商品犯罪行为的追诉活动。行为人的行为符合本罪的构成，同时又符合徇私舞弊不移交刑事案件罪的构成的，应从一重罪定罪处罚。

根据刑法第 414 条的规定，犯本罪的，处 5 年以下有期徒刑或者拘役。

三十一、办理偷越国（边）境人员出入境证件罪

办理偷越国（边）境人员出入境证件罪，是指负责办理护照、签证以及其他出入境证件的国家机关工作人员，对明知是企图偷越国（边）境的人员，予以办理出入境证件的行为。本罪的构成要件如下：(1) 本罪的客观方面表现为，对明知是企图偷越国（边）境的人员，予以办理出入境证件的行为。(2) 本罪的主体为负责办理护照、签证以及其他出入境证件的国家机关工作人员。(3) 本罪的主观方面为故意，且要求对企图偷越国（边）境的人员存在明知。(4) 本罪的客体为国家出入境管理秩序和相关管理机关的正常管理活动。

根据最高人民检察院《关于渎职侵权犯罪案件立案标准的规定》的规定，负责办理护照、签证以及其他出入境证件的国家机关工作人员涉嫌在办理护照、签证以及其他出入境证件的过程中，对明知是企图偷越国（边）境的人员而予以办理出入境证件的，应予立案。

根据刑法第 415 条的规定，犯本罪的，处 3 年以下有期徒刑或者拘役；情节严重的，处 3 年以上 7 年以下有期徒刑。

三十二、放行偷越国（边）境人员罪

放行偷越国（边）境人员罪，是指边防、海关等国家机关工作人员，对明知是偷越国（边）境的人员予以放行的行为。本罪的构成要件如下：(1) 本罪的客观方面表现为，对明知是偷越国（边）境的人员予以放行的行为。(2) 本罪的主体为边防、海关等国家机关工作人员。(3) 本罪的主观方面为故意。(4) 本罪的客体为国家出入境管理秩序和相关管理机关的正常管理活动。根据最高人民检察院《关于渎职侵权犯罪案件立案标准的规定》的规定，边防、海关等国家机关工作人员涉嫌在履行职务过程中，对明知是偷越国（边）境的人员而予以放行的，应予立案。

根据刑法第 415 条的规定，犯本罪的，处 3 年以下有期徒刑或者拘役；情节严重的，处 3 年以上 7 年以下有期徒刑。

三十三、不解救被拐卖、绑架妇女、儿童罪

不解救被拐卖、绑架妇女、儿童罪，是指对被拐卖、绑架的妇女、儿童负有解救职责的公安、司法等国家机关工作人员，接到被拐卖、绑架的妇女、儿童及其家属的解救要求或者接到其他人的举报，而对被拐卖、绑架的妇女、儿童不进行解救，造成严重后

果的行为。本罪的构成要件如下：（1）本罪的客观方面表现为，接到被拐卖、绑架的妇女、儿童及其家属的解救要求或者接到其他人的举报，而对被拐卖、绑架的妇女、儿童不进行解救，造成严重后果的行为。（2）本罪的主体为对被拐卖、绑架的妇女、儿童负有解救职责的公安、司法等国家机关工作人员。（3）本罪的主观方面为故意，且要求行为人必须对妇女、儿童被拐卖、绑架的事实存在明知。（4）本罪的客体为国家机关的正常管理活动和妇女、儿童的人身自由权利。

根据2006年7月26日最高人民检察院《关于渎职侵权犯罪案件立案标准的规定》确定的立案标准，符合下列情形之一的，应以本罪立案追究：（1）导致被拐卖、绑架的妇女、儿童或者其家属重伤、死亡或者精神失常的；（2）导致被拐卖、绑架的妇女、儿童被转移、隐匿、转卖，不能及时进行解救的；（3）对被拐卖、绑架的妇女、儿童不进行解救3人次以上的；（4）对被拐卖、绑架的妇女、儿童不进行解救，造成恶劣社会影响的；（5）其他造成严重后果的情形。

根据刑法第416条第1款的规定，犯本罪的，处5年以下有期徒刑或者拘役。

三十四、阻碍解救被拐卖、绑架妇女、儿童罪

阻碍解救被拐卖、绑架妇女、儿童罪，是指对被拐卖、绑架的妇女、儿童负有解救职责的公安、司法等国家机关工作人员利用职务阻碍解救被拐卖、绑架的妇女、儿童的行为。本罪的构成要件如下：（1）本罪的客观方面表现为，利用职务阻碍解救被拐卖、绑架的妇女、儿童的行为。（2）本罪的主体为，对被拐卖、绑架的妇女、儿童负有解救职责的公安、司法等国家机关工作人员。（3）本罪的主观方面为故意。（4）本罪的客体为国家机关的正常管理活动和妇女、儿童的人身自由权利。

根据2006年7月26日最高人民检察院《关于渎职侵权犯罪案件立案标准的规定》确定的立案标准，符合下列情形之一的，应以本罪立案追究：（1）利用职权，禁止、阻止或者妨碍有关部门、人员解救被拐卖、绑架的妇女、儿童的；（2）利用职务上的便利，向拐卖、绑架者或者收买者通风报信，妨碍解救工作正常进行的；（3）其他利用职务阻碍解救被拐卖、绑架的妇女、儿童应予追究刑事责任的情形。

根据刑法第416条第2款的规定，犯本罪的，处2年以上7年以下有期徒刑；情节较轻的，处2年以下有期徒刑或者拘役。

三十五、帮助犯罪分子逃避处罚罪

帮助犯罪分子逃避处罚罪，是指有查禁犯罪活动职责的司法及公安、国家安全、海关、税务等国家机关工作人员，向犯罪分子通风报信、提供便利，帮助犯罪分子逃避处罚的行为。本罪的构成要件如下：（1）本罪的客观方面表现为，向犯罪分子通风报信、提供便利，帮助犯罪分子逃避处罚的行为。这里的处罚，仅限于刑事处罚。（2）本罪的主体为有查禁犯罪活动职责的司法及公安、国家安全、海关、税务等国家机关工作人员。根据1998年5月8日最高人民法院、最高人民检察院、公安部、国家工商行政管理局

《关于依法查处盗窃、抢劫机动车案件的规定》第10条的规定，公安人员对盗窃、抢劫的机动车辆，非法提供机动车牌证或者为其取得机动车牌证提供便利，帮助犯罪分子逃避处罚的，以本罪定罪处罚。(3) 本罪的主观方面为故意。(4) 本罪的客体为司法机关的正常活动。

根据2006年7月26日最高人民检察院《关于渎职侵权犯罪案件立案标准的规定》确定的立案标准，符合下列情形之一的，应以本罪立案追究：(1) 向犯罪分子泄露有关部门查禁犯罪活动的部署、人员、措施、时间、地点等情况的；(2) 向犯罪分子提供钱物、交通工具、通讯设备、隐藏处所等便利条件的；(3) 向犯罪分子泄露案情的；(4) 帮助、示意犯罪分子隐匿、毁灭、伪造证据，或者串供、翻供的；(5) 其他帮助犯罪分子逃避处罚应予追究刑事责任的情形。如果犯本罪，同时触犯徇私枉法罪的，则应从一重罪论处。

根据刑法第417条的规定，犯本罪的，处3年以下有期徒刑或者拘役；情节严重的，处3年以上10年以下有期徒刑。

三十六、招收公务员、学生徇私舞弊罪

招收公务员、学生徇私舞弊罪，是指国家机关工作人员在招收公务员、省级以上教育行政部门组织招收的学生工作中徇私舞弊，情节严重的行为。本罪的构成要件如下：(1) 本罪的客观方面表现为，在招收公务员、省级以上教育行政部门组织招收的学生工作中徇私舞弊，情节严重的行为。(2) 本罪的主体为国家机关工作人员。(3) 本罪的主观方面为故意。(4) 本罪的客体为国家公务员、学生招收的正常管理秩序。

根据2006年7月26日最高人民检察院《关于渎职侵权犯罪案件立案标准的规定》确定的立案标准，符合下列情形之一的，应以本罪立案追究：(1) 徇私舞弊，利用职务便利，伪造、变造人事、户口档案、考试成绩或者其他影响招收工作的有关资料，或者明知是伪造、变造的上述材料而予以认可的；(2) 徇私舞弊，利用职务便利，帮助5名以上考生作弊的；(3) 徇私舞弊招收不合格的公务员、学生3人次以上的；(4) 因徇私舞弊招收不合格的公务员、学生，导致被排挤的合格人员或者其近亲属自杀、自残造成重伤、死亡，或者精神失常的；(5) 因徇私舞弊招收公务员、学生，导致该项招收工作重新进行的；(6) 其他情节严重的情形。

根据刑法第418条的规定，犯本罪的，处3年以下有期徒刑或者拘役。

三十七、失职造成珍贵文物损毁、流失罪

失职造成珍贵文物损毁、流失罪，是指文物行政部门、公安机关、市场监督管理部门、海关、城乡建设规划部门等国家机关工作人员严重不负责任，造成珍贵文物损毁或者流失，后果严重的行为。本罪的构成要件如下：(1) 本罪的客观方面表现为，严重不负责任，造成珍贵文物损毁或者流失，后果严重的行为。(2) 本罪的主体为文物行政部门、公安机关、市场监督管理部门、海关、城乡建设规划部门等国家机关工作人员。

(3) 本罪的主观方面为过失。(4) 本罪的客体为国家文物管理制度。

根据最高人民检察院《关于渎职侵权犯罪案件立案标准的规定》确定的立案标准，符合下列情形之一的，应以本罪立案追究：(1) 导致国家一、二、三级珍贵文物损毁或者流失的；(2) 导致全国重点文物保护单位或者省、自治区、直辖市级文物保护单位损毁的；(3) 其他后果严重的情形。

根据刑法第419条的规定，犯本罪的，处3年以下有期徒刑或者拘役。

必要案例分析

1. 陈某、林某、李甲滥用职权案

2004年1月至2006年6月，被告人陈某利用担任上海市奉贤区四团镇推进镇保工作领导小组办公室负责人的职务便利，被告人林某、李甲利用受上海市奉贤区四团镇人民政府委托分别担任杨家宅村镇保工作负责人、经办人的职务便利，在从事被征用农民集体所有土地负责农业人员就业和社会保障工作过程中，违反相关规定，采用虚增被征用土地面积等方法徇私舞弊，共同或者单独将杨家宅村、良民村、横桥村114名不符合镇保条件的人员纳入镇保范围，致使奉贤区四团镇人民政府为上述人员缴纳镇保费用共计人民币600余万元、上海市社会保险事业基金结算管理中心（以下简称“市社保中心”）为上述人员实际发放镇保资金共计人民币178万余元，并造成了恶劣的社会影响。

法院判决被告人陈某犯滥用职权罪，判处有期徒刑2年；被告人林某犯滥用职权罪，判处有期徒刑1年6个月，宣告缓刑1年6个月；被告人李甲犯滥用职权罪，判处有期徒刑1年，宣告缓刑1年。

分析：本案中认定陈某等构成滥用职权罪的焦点是三人的身份问题，即是否属于刑法第397条规定的“国家机关工作人员”。2002年12月28日全国人大常委会《关于〈中华人民共和国刑法〉第九章渎职罪主体适用问题的解释》规定，“在依照法律、法规规定行使国家行政管理职权的组织中从事公务的人员，或者在受国家机关委托代表国家机关行使职权的组织中从事公务的人员，或者虽未列入国家机关人员编制但在国家机关中从事公务的人员，在代表国家机关行使职权时，有渎职行为，构成犯罪的，依照刑法关于渎职罪的规定追究刑事责任。”本案中，陈某等即属于“在受国家机关委托代表国家机关行使职权的组织中从事公务的人员”，因而符合滥用职权罪的主体身份要求。

2. 黄某滥用职权、受贿案

2000年至2005年，被告人黄某在担任洞头县民政局福利中心主任期间，每年率县福利企业年检年审检查小组到浙江恒博电气制造有限公司（2003年前称洞头电器开关厂）检查，该企业的董事长郑某平明确告诉黄某自己在正常员工人数上弄虚作假，瞒报企业员工人数，使残疾员工数占全部员工数的比例符合福利企业全额退税的标准，并伪造虚假的福利企业材料应付检查。黄某发现该问题后，不履行自身职责，不对企业正常员工人数进行检查，不将该问题在年审表中如实反映，仍以企业虚报的材料为准进行检查，致使浙江恒博电气制造有限公司利通过福利企业的年检年审，在1999年至2004年享受了本不应享受的退税优惠政策，造成国家税收损失共计人民币 7 513 284.9 元。1999 年底至 2006 年，黄某利用其担任洞头县民政局福利中心主任的职务便利，为郑某平福利企业的设立和骗取退税优惠提供帮助，先后 6 次收受郑某平的贿赂共计 10 万元。

法院判决，黄某犯受贿罪，判处有期徒刑 6 年；犯滥用职权罪，判处有期徒刑 3 年；决定执行有期徒刑 7 年。

分析：黄某担任民政局福利中心主任，对福利企业的开办具有监督管理职责。其明知企业存在虚报情况，滥用职权为该企业谋取利益，造成国家税收重大损失，其行为构成滥用职权罪。黄某实施滥用职权行为与受贿行为，两者之间并不存在牵连关系，因而应按照数罪并罚处理，而不应按照牵连犯一罪从重处罚。

3. 童某玩忽职守案

被告人童某于 2012 年 12 月至 2013 年 2 月，在担任某市委书记、市换届工作领导小组组长、市第十四届人民代表大会第一次会议临时党组书记和大会主席团常务主席期间，作为严肃换届纪律第一责任人，在衡阳市选举湖南省第十二届人民代表大会代表前，先后接到多人关于省人大代表候选人存在送钱拉票问题的反映，未予重视，未采取有力措施深入核查，未依纪依法严肃查处，未及时有效制止拉票贿选行为的蔓延，致使省人大代表选举发生严重的贿选

法院判决，被告人童某犯玩忽职守罪，判处有期徒刑 5 年。

分析：童某严重不负责任，不正确履行职责，致使人大代表选举贿选大面积蔓延，给国家和人民利益造成了特别重大的损失，在社会上造成了极其恶劣的影响，其行为已构成玩忽职守罪。

第十章
危害国防利益罪

第一节　危害国防利益罪概述

一、危害国防利益罪的概念

1979 年刑法并没有专章规定危害国防利益罪。但是，由于国防是国家生存和发展的安全保障，国防利益是国家的根本利益，因而 1997 年刑法修订时，新增加了危害国防利益罪这一类犯罪。危害国防利益罪，是指个人或者单位故意或者过失在平时或者战时危害国防利益的行为。本类犯罪所侵犯的客体（法益）是国防利益。国防利益，是指国家为了维护国家的统一和领土完整、抵御外国侵略、制止武装叛乱等而进行的军事活动及其利益。

二、危害国防利益罪的类型

根据不同的分类标准，可以将危害国防利益罪做不同的分类，如按照侵害客体（侵害对象）的不同，可将本章罪分为：(1) 妨害军事行动罪；(2) 侵害军事设施、场所、装备罪；(3) 针对军人的犯罪三类。① 也有的教材将本章犯罪区分为平时危害国防利益的犯罪和战时危害国防利益的犯罪。后者是只能在战时实施的犯罪，前者是既可以在平时

① 周光权教授在其《刑法各论》(2 版，中国人民大学出版社，2011) 中对于危害国防利益罪采取了这样的分类。

实施也可以在战时实施的犯罪。[①] 本书认为，将危害国防利益罪具体区分为平时危害国防利益的犯罪和战时危害国防利益的犯罪，尽管表面上可能会使人误以为“平时危害国防利益的犯罪”战时不能构成，但是只要事先明确界定清楚，这样的误解即可以消除。将本章的犯罪分为“平时危害国防利益的犯罪”和“战时危害国防利益的犯罪”，既与刑法分则第七章的具体条文顺序相当，也比较简明，这样的区分还可能有助于对于具体犯罪构成要件的理解与把握。因此，本书对于危害国防利益罪的叙述，采用这样的分类标准。需要说明的是，在这样的分类之下，首先需要明确“战时”的定义。刑法第451条对于“战时”作出了明确的定义性规定，这一规定虽然是针对刑法分则第十章的“军人违反职责罪”而言，但是，理所当然也应适用于本章以及刑法分则其他章节中“战时”的含义界定。根据这一规定，战时，是指国家宣布进入战争状态、部队受领作战任务或者遭敌突然袭击时；部队执行戒严任务或者处置突发性暴力事件时，以战时论。

第二节　平时危害国防利益的犯罪

一、阻碍军人执行职务罪

（一）概念与构成

阻碍军人执行职务罪，是指以暴力、威胁方法阻碍军人依法执行职务的行为。

本罪的客观方面表现为，以暴力、威胁方法阻碍军人依法执行职务。(1) 行为人使用了暴力、威胁方法。暴力方法，是指通过行使有形力对军人进行袭击或者人身强制。问题是，在阻碍军人执行职务罪的暴力行为造成了军人伤害或死亡结果的时候，该如何处理？对此，如果暴力行为仅造成军人轻伤，则由于本罪的刑罚后果与故意伤害（轻伤）的法定刑相同，此时只定本罪即可，轻伤的后果被本罪的犯罪构成所吸收；但如果暴力行为致军人重伤或者死亡的，则由于本罪的法定刑过低，无法评价故意致人重伤、死亡的行为，换言之，此时重伤、死亡的结果已经超出了本罪犯罪构成所预定的范围，所以应以故意伤害罪、故意杀人罪论处。认为本罪中的暴力“就其内涵而言，应是指侵犯军人自由权、健康权直至生命权的施加于军人本人或他人的人身或者其物品的强力打击或强制行为”[②] 的观点，应该说是不准确的。威胁方法，是指以对该军人不利的后果相逼迫，使军人屈服进而实现行为人的目的。常见的威胁方法有以杀害、伤害、毁坏财产、加害近亲属、毁坏名誉等相要挟等。(2) 实施暴力、威胁行为所针对的对象是军人。针对非军人进行暴力和威胁的，不构成本罪。(3) 必须阻碍军人依法执行职务，即导致军人不能正常履行其应当履行的职责。如果军人的行为本身具有非法性，行为人对此使用暴力、威胁加以阻止的，不能以本罪论处。

---

① 参见高铭暄、马克昌主编：《刑法学》，6版，605～606页，北京，北京大学出版社、高等教育出版社，2014；张明楷：《刑法学》，4版，1035页，北京，法律出版社，2011。

② 高铭暄、马克昌主编：《中国刑法解释》（下卷），2604页，北京，中国社会科学出版社，2005。

本罪的犯罪主体为一般主体，无论是国家工作人员、普通公民，还是外国人或者无国籍人，无论是军人[①]还是非军人，只要达到了刑事责任年龄、具备刑事责任能力，都可以成为本罪的主体。本罪的主观方面表现为故意，即行为人必须明知对方是军人，明知对方正在依法执行职务，而故意以暴力、威胁方法予以阻碍。如果行为人将军人误认为是其他国家机关工作人员，由于本条的规定与刑法第 277 条的妨害公务罪是特别法与普通法的关系，故应该以妨害公务罪论处。本罪所侵犯的客体是军人依法执行职务的正常秩序，并由此干扰了军人的正常工作，最终侵害了国防利益。

（二）刑事处罚

根据刑法第 368 条第 1 款规定，犯本罪的，处 3 年以下有期徒刑、拘役、管制或者罚金。

二、阻碍军事行动罪

（一）概念与构成

阻碍军事行动罪，是指故意阻碍武装部队军事行动，造成严重后果的行为。武装部队包括中国人民解放军的各种部队、中国人民武装警察部队和预备役部队。阻碍，即阻挠和妨碍，其具体方式并无限制，既可以通过暴力、威胁方式，也可以通过其他手段，如堵塞道路、在军事行动地区静坐、污染军事行动区域饮水源等。军事行为，包括作战、军事演习、训练等活动以及为实施以上行动所进行的准备活动，军事行动的实质是有组织的使用武装力量的行动。阻碍武装部队军事行为，只有造成严重后果的，才成立犯罪。这里的严重后果，包括在和平时期使部队不能完成重要军事演习，造成重大军事任务不能完成，给部队或国家造成重大损失；在战时影响战斗、战役行动并导致战斗、战役失利，或造成了部队伤亡，或贻误重要战机等。虽然故意阻碍了武装部队军事行动，但未造成严重后果的，不构成本罪。

本罪的犯罪主体是一般主体，且军人也可以成为本罪主体。如果认为军人不能成为本罪的犯罪主体，会导致对军人故意阻碍武装部队军事行动并造成严重后果的行为无法予以刑事规制，会造成不均衡、不协调的结果。本罪的主观方面为故意，即明知武装部队正在或者即将实施军事行动，明知自己的阻碍行为会造成危害国防利益的结果，而希望或放任结果发生。本罪所侵害的客体是武装部队的军事行动。根据《国防法》的要求，公民应当为武装力量的军事训练、战备勤务、防卫作战、非战争军事行动等活动提供便利条件或者其他协助。故意阻碍武装部队军事行动造成严重后果的，严重妨害了国防和军队建设，最终危害了国防利益。

（二）刑事处罚

根据刑法第 368 条第 2 款的规定，犯本罪的，处 5 年以下有期徒刑或者拘役。

---

① 当军人犯罪所侵害的对象为指挥人员或者值班、执勤人员时，应按照刑法第 426 条规定的阻碍执行军事职务罪处罚。

三、破坏武器装备、军事设施、军事通信罪

（一）概念与构成

破坏武器装备、军事设施、军事通信罪，是指故意破坏武器装备、军事设施、军事通信的行为。

本罪的行为对象为武器装备、军事设施、军事通信（由于是选择性罪名，具体定罪时根据行为的实际破坏对象确定具体罪名）。武器装备是武装部队用于实施和保障作战行动的武器、武器系统和军事技术材料的统称，武器则是指直接用于杀伤敌人和破坏敌人作战设施的器械；军事设施是指国家直接用于军事目的的建筑、场地与设备；军事通信是指武装部队为实施指挥或武器控制等而运用各种通信手段所进行的信息传递。破坏，包括使行为对象全部或者部分不能正常使用，换言之，是使武器装备、军事设施、军事通信的效用丧失或者减少的一切行为。常见的破坏手段包括使用爆炸、放火、决水等危险手段，发射某种信号干扰、盗用军用无线电频率等技术手段，以及毁损、砸毁、压坏等其他手段。本罪的成立不要求发生在战时。

本罪的主体为一般主体，无论是中国公民还是外国人、无国籍人，也无论是否为军人，都可以成为本罪的主体。此外，最高人民法院 2007 年 6 月 26 日曾作出了《关于审理危害军事通信刑事案件具体应用法律若干问题的解释》，其第 5 条规定，建设、施工单位直接负责的主管人员、施工管理人员，明知是军事通信线路、设备而指使、强令、纵容他人予以损毁的，或者不听管护人员劝阻，指使、强令、纵容他人违章作业，造成军事通信线路、设备损毁的，以破坏军事通信罪定罪处罚。本罪为刑法第 369 条第 1 款所确定的犯罪，其罪状描述中并未明确要求本罪的主观方面为故意。但从本款与同条第 2 款的对应关系上看，得出本罪主观方面为故意的结论可谓必然，即行为人明知自己的行为会发生破坏武器装备、军事设施或者军事通信的结果，并且希望或者放任这种结果的发生。本罪所侵犯的客体是武装部队对武器装备、军事设施、军事通信的管理秩序，并进而影响了我国的武装力量建设和国防建设，最终危害了国防利益。

根据最高人民法院 2007 年 6 月 26 日《关于审理危害军事通信刑事案件具体应用法律若干问题的解释》第 6 条，破坏、过失损坏军事通信，并造成公用电信设施损毁，危害公共安全，同时构成刑法第 124 条和第 369 条规定的犯罪的，依照处罚较重的规定定罪处罚。盗窃军事通信线路、设备，不构成盗窃罪，但破坏军事通信的，依照刑法第 369 条第 1 款的规定定罪处罚；同时构成刑法第 124 条、第 264 条和第 369 条第 1 款规定的犯罪的，依照处罚较重的规定定罪处罚。违反国家规定，侵入国防建设、尖端科学技术领域的军事通信计算机信息系统，尚未对军事通信造成破坏的，依照刑法第 285 条的规定定罪处罚；对军事通信造成破坏，同时构成刑法第 285 条、第 286 条、第 369 条第 1 款规定的犯罪的，依照处罚较重的规定定罪处罚。违反国家规定，擅自设置、使用无线电台、站，或者擅自占用频率，经责令停止使用后拒不停止使用，干扰无线电通讯正常进行，构成犯罪的，依照刑法第 288 条的规定定罪处罚；造成军事通信中断或者严重障

碍，同时构成刑法第 288 条、第 369 条第 1 款规定的犯罪的，依照处罚较重的规定定罪处罚。

（二）刑事处罚

根据刑法第 369 条第 1 款的规定，犯本罪的，处 3 年以下有期徒刑、拘役或者管制；破坏重要武器装备、军事设施、军事通信的，处 3 年以上 10 年以下有期徒刑；情节特别严重的，处 10 年以上有期徒刑、无期徒刑或者死刑。同条第 3 款规定，战时犯本罪的，从重处罚。就本罪的定罪处罚标准而言，最高人民法院 2007 年 6 月 26 日《关于审理危害军事通信刑事案件具体应用法律若干问题的解释》关于破坏军事通信罪的定罪量刑问题作出了较明确的界定，值得参照。

四、过失损坏武器装备、军事设施、军事通信罪

（一）概念与构成

过失损坏武器装备、军事设施、军事通信罪，是指过失破坏武器装备、军事设施、军事通信，造成严重后果的行为。

本罪为 2005 年 2 月 28 日《刑法修正案（五）》所增加的犯罪，其罪名由 2007 年的最高人民法院、最高人民检察院《关于执行〈中华人民共和国刑法〉确定罪名的补充规定（三）》所确定。本罪作为过失犯罪，刑法规定成立本罪以造成严重后果为必要。本罪不限于战时。

本罪的主体为一般主体。根据前述最高人民法院 2007 年 6 月 26 日《关于审理危害军事通信刑事案件具体应用法律若干问题的解释》第 5 条第 2 款，建设、施工单位直接负责的主管人员、施工管理人员，忽视军事通信线路、设备保护标志，指使、纵容他人违章作业，致使军事通信线路、设备损毁，构成犯罪的，以过失损坏军事通信罪定罪处罚。本罪的主观方面为疏忽大意或者过于自信的过失。本罪所侵害的客体与前罪的相同，也是侵害了国家对于武器装备、军事设施、军事通信罪的管理秩序，最终危害了国防利益。

（二）刑事处罚

根据刑法第 369 条第 2 款规定，犯本罪的，处 3 年以下有期徒刑或者拘役；造成特别严重后果的，处 3 年以上 7 年以下有期徒刑。战时犯本罪的，从重处罚。前述最高人民法院 2007 年 6 月 26 日《关于审理危害军事通信刑事案件具体应用法律若干问题的解释》第 3 条规定，过失损坏军事通信，造成重要军事通信中断或者严重障碍的，属于刑法第 369 条第 2 款规定的“造成严重后果”。该解释第 4 条规定，过失损坏军事通信，具有下列情形之一的，属于刑法第 369 条第 2 款规定的“造成特别严重后果”：（1）造成重要军事通信中断或者严重障碍，严重影响部队完成作战任务或者致使部队在作战中遭受损失的；（2）造成部队执行抢险救灾、军事演习或者处置突发性事件等任务的通信中断或者严重障碍，并因此贻误部队行动，致使死亡 3 人以上、重伤 10 人以上或者财产损失 100 万元以上的；（3）其他后果特别严重的情形。

五、故意提供不合格武器装备、军事设施罪

（一）概念与构成

故意提供不合格武器装备、军事设施罪，是指明知是不合格的武器装备、军事设施，而提供给武装部队的行为。

本罪的客观方面表现为，将不合格的武器装备、军事设施提供给武装部队。

这里的武装部队包括中国人民解放军部队、武装警察部队、预备役部队和民兵组织。关于本罪中的提供，应作广义上的理解，不仅包括有关生产、建设单位将武器装备、军事设施提供给武装部队使用，还包括在武器装备、军事设施的科研、勘探、设计、建造、修理、验收等各个环节中，行为人弄虚作假，故意提供不合格的武器装备、军事设施的行为。[①] 至于是有偿提供还是无偿提供，均不影响本罪成立。本罪中所谓的不合格武器装备、军事设施，是指其不符合有关部门有关武器装备、军事设施的质量标准。根据《2008 立案追诉标准（一）》，明知是不合格的武器装备、军事设施而提供给武装部队，涉嫌下列情形之一的，应予立案追诉：（1）造成人员轻伤以上的；（2）造成直接经济损失 10 万元以上的；（3）提供不合格的枪支 3 支以上、子弹 100 发以上、雷管 500 枚以上、炸药 5 千克以上或者其他重要武器装备、军事设施的；（4）影响作战、演习、抢险救灾等重大任务完成的；（5）发生在战时的；（6）其他故意提供不合格武器装备、军事设施应予追究刑事责任的情形。

本罪的主体既可以是自然人，也可以是单位。本罪的主观方面表现为故意，即行为人明知是不合格的武器装备、军事设施而提供。本罪所侵犯的客体是武器装备、军事设施的质量管理秩序。武器装备、军用设施的质量管理在国防建设中占有重要的地位，故意提供不合格的武器装备、军事设施的行为，严重侵犯了武器装备、军事设施的质量管理秩序，从而也严重危害了国家的国防利益。

（二）刑事处罚

刑法第 370 条第 1 款规定，犯本罪的，处 5 年以下有期徒刑或者拘役；情节严重的，处 5 年以上 10 年以下有期徒刑；情节特别严重的，处 10 年以上有期徒刑、无期徒刑或者死刑。同条第 3 款规定，单位犯本罪的，对单位判处罚金，并对其直接负责的主管人员和其他直接责任人员，依照上述规定处罚。

六、过失提供不合格武器装备、军事设施罪

（一）概念与构成

过失提供不合格武器装备、军事设施罪，是指由于过失而提供不合格的武器装备、

---

① 参见周光权：《刑法各论》，2 版，476 页，北京，中国人民大学出版社，2011；高铭暄、马克昌主编：《中国刑法解释》（下卷），2614 页，北京，中国社会科学出版社，2005。

军事设施给武装部队，造成严重后果的行为。本罪作为过失犯罪，只有在造成了严重后果的情况下，才可成立犯罪。根据《2008立案追诉标准（一）》，过失提供不合格武器装备、军事设施给武装部队，涉嫌下列情形之一的，应予立案追诉：（1）造成死亡1人或者重伤3人以上的；（2）造成直接经济损失30万元以上的；（3）严重影响作战、演习、抢险救灾等重大任务完成的；（4）其他造成严重后果的情形。

本罪的犯罪主体为一般自然人主体，单位不能成为本罪的主体。本罪的主观方面表现为过失，具体表现为应当预见到自己提供给武装部队的武器装备、军事设施不合格，将会造成严重后果，因为疏忽大意没有预见，或者已经预见而轻信能够避免，以致发生严重后果的心理态度。同故意提供不合格武器装备、军事设施罪一样，本罪所侵犯的客体同样是武器装备、军事设施的质量管理秩序，并最终危害了国防利益。

（二）刑事处罚

根据刑法第370条第2款的规定，犯本罪的，处3年以下有期徒刑或者拘役；造成特别严重后果的，处3年以上7年以下有期徒刑。

七、聚众冲击军事禁区罪

（一）概念与构成

聚众冲击军事禁区罪，是指聚众冲击军事禁区，严重扰乱军事禁区秩序的行为。

本罪在客观上表现为聚众冲击军事禁区，严重扰乱军事禁区秩序的行为。所谓军事禁区，是指国家根据军事设施的性质、特点、作用、安全、保密的需要以及使用效能方面的特殊要求，依法划定的采取特殊措施重点保护的区域。军事禁区由国务院和中央军委确定，或者由军区根据国务院或者中央军委的规定确定。所谓聚众，是指纠集3人以上，一起实施犯罪行为，聚众者中有起组织、策划、指挥作用的首要分子，还有情节比较严重的积极参加者。聚首者聚集众人的手段多种多样，可以是煽动、收买、挑拨、教唆等。聚众冲击，是指在首要分子的纠集之下，多人强行进入军事禁区的行为。冲击军事禁区的具体手段，刑法对此没有明文要求，一般表现为暴力性的对抗等。并非所有的聚众冲击军事禁区的行为都成立本罪，只有这样的行为“严重扰乱军事禁区秩序”时，才成立本罪。所谓军事禁区的秩序，是指军事禁区中的作战、训练、生产、生活等各方面的秩序。严重扰乱军事禁区秩序，是指聚众冲击军事禁区的行为使军事禁区严重失控，致使其管理、作战、训练、科研等正常工作无法进行，比如致使军事人员无法通过、飞机无法起飞或降落等。根据《2008立案追诉标准（一）》，组织、策划、指挥聚众冲击军事禁区或者积极参加聚众冲击军事禁区，严重扰乱军事禁区秩序，涉嫌下列情形之一的，应予立案追诉：（1）冲击3次以上或者1次冲击持续时间较长的；（2）持械或者采取暴力手段冲击的；（3）冲击重要军事禁区的；（4）发生在战时的；（5）其他严重扰乱军事禁区秩序应予追究刑事责任的情形。

本罪的犯罪主体是一般主体，并且作为聚众犯罪，刑法只处罚其中的首要分子和积极参加者。由于聚众冲击军事禁区罪往往牵涉多人，实践中应当严格掌握积极参加者的范围，不可打击面过大。对于围观起哄的人等一般参加者，都不作为犯罪处罚。本罪的主观方面表现为故意，即行为人明知聚集多人冲击军事禁区会扰乱军事禁区的秩序，影响军事禁区的正常工作开展，并最终危害国防利益，仍希望或者放任这一结果的发生。本罪的犯罪客体是军事禁区的正常秩序，并最终危害了国防利益。

（二）刑事处罚

根据刑法第 371 条第 1 款的规定，犯聚众冲击军事禁区罪的，对首要分子，处 5 年以上 10 年以下有期徒刑；对其他积极参加的，处 5 年以下有期徒刑、拘役、管制或者剥夺政治权利。

八、聚众扰乱军事管理区秩序罪

（一）概念与构成

刑法第 371 条在第 1 款规定了聚众冲击军事禁区罪之后，又在同条第 2 款规定了聚众扰乱军事管理区秩序罪。聚众扰乱军事管理区秩序罪，是指聚众扰乱军事管理区秩序，情节严重，致使军事管理区工作无法进行，造成严重损失的行为。

本罪的犯罪对象是军事管理区。所谓军事管理区，是指国家根据军事设施的特点、作用、安全、保密的需要和使用效能上的特殊要求，在依法划定的一定范围内采取比较严格措施保护的区域。

本罪的成立也要求聚众的方式，并且是通过各种方式扰乱军事管理区的秩序。由于军事管理区与军事禁区在重要地位上有所区别，故聚众扰乱军事管理区秩序罪的构成要件，较之聚众冲击军事禁区罪的构成要件更为严格：聚众冲击军事禁区，只要是严重扰乱军事禁区秩序的，就成立聚众冲击军事禁区罪；聚众扰乱军事管理区秩序的，只有情节严重，致使军事管理区工作无法进行，造成了严重损失的，才成立聚众扰乱军事管理区秩序罪。如何理解这里的“情节严重”？对此，有论者认为，“情节严重，是指由于行为人的聚众扰乱行为，致使军事管理区工作无法进行，并造成严重损失”[①]。但是，这样的解释实际上等于消解了“情节严重”这一条件在认定本罪中的独立意义。应该认为，成立本罪在客观上所要求的“情节严重”与“致使军事管理区工作无法进行”以及“造成严重损失”三者之间是并列的关系，其中的“情节严重”不应该从聚众扰乱军事管理区秩序的后果上来考虑，还是应该还原为从聚众扰乱的行为本身来考虑。本罪构成要件中的“致使军事管理区工作无法进行”，主要是指使军事管理区内的作战、训练、科研、教学等工作无法正常进行。“造成严重损失”，是指造成军事机密的泄露，或者造成人员伤亡、重大财产损失等。根据《2008 立案追诉标准（一）》，组织、策划、指挥聚众扰乱军事管理区秩序或者积极参加聚众扰乱军事管理区秩序，致使军事管理区工作无法进行，

① 高铭暄、马克昌主编：《中国刑法解释》（下卷），2622 页，北京，中国社会科学出版社，2005。

造成严重损失，涉嫌下列情形之一的，应予立案追诉：(1) 造成人员轻伤以上的；(2) 扰乱 3 次以上或者 1 次扰乱时间较长的；(3) 造成直接经济损失 5 万元以上的；(4) 持械或者采取暴力手段的；(5) 扰乱重要军事管理区秩序的；(6) 发生在战时的；(7) 其他聚众扰乱军事管理区秩序应予追究刑事责任的情形。

需要说明的是，刑法第 371 条所规定的聚众冲击军事禁区罪与聚众扰乱军事管理区秩序罪和刑法第 290 条规定的聚众扰乱社会秩序罪、聚众冲击国家机关罪之间，存在着法条竞合的关系。符合刑法第 371 条规定两罪的构成要件的，不另认定为刑法第 290 条规定的相应犯罪。但是，聚众扰乱非军事管理区秩序，情节严重，致使军事工作、教学、科研等秩序无法进行，造成严重损失的，或者聚众冲击未划入军事禁区、军事管理区的军事机关的，成立聚众扰乱社会秩序罪、聚众冲击国家机关罪。[①]

本罪的犯罪主体是一般主体，并且因本罪为聚众犯罪，刑法只处罚其中的首要分子和积极参加者。对扰乱军事管理区秩序的一般参加者的行为，不得以犯罪论处。本罪的主观方面表现为故意，即行为人明知聚集多人扰乱军事管理区秩序会危害国防利益，仍希望或者放任这一结果的发生。本罪直接侵犯了军事管理区的正常秩序，并最终危害了国防利益。

（二）刑事处罚

根据刑法第 371 条第 2 款的规定，犯聚众扰乱军事管理区秩序罪的，对首要分子，处 3 年以上 7 年以下有期徒刑；对其他积极参加的，处 3 年以下有期徒刑、拘役、管制或者剥夺政治权利。

九、冒充军人招摇撞骗罪

（一）概念与构成

冒充军人招摇撞骗罪，是指假冒军人身份进行招摇撞骗的行为。

本罪在客观方面表现为冒充军人进行招摇撞骗。军人在我国具有特殊的作用，事实上拥有不同于普通公民的特别的地位，在一些社会生活中也会受到不同于普通公民的待遇，所以，就有一些犯罪分子假借军人身份以达到个人不法目的。所谓“冒充军人身份进行招摇撞骗”，就是假借军人的身份、地位、名义，蒙蔽不知情者，进行欺诈活动。招摇撞骗所得到的利益不限于财物，也可能是地位、他人的感情等等。根据司法解释的规定，冒充军人使用伪造、变造、盗窃的武装部队车辆号牌，造成恶劣影响的，应以本罪论处（最高人民法院 2002 年 4 月 10 日《关于审理非法生产、买卖武装部队车辆号牌等刑事案件具体应用法律若干问题的解释》第 4 条，现已失效）。

非军人冒充军人招摇撞骗从而成为本罪的主体没有疑问，问题是，军人是否能够成为本罪的主体？对此，如果严格从字面的角度解释“冒充军人招摇撞骗”的话，则由于

---

① 参见张明楷：《刑法学》，4 版，1038～1039 页，北京，法律出版社，2011。

“冒充”是指不具有某一身份的人假冒、充任某一身份，具有军人身份的人由于不能“冒充”军人，所以，难以成为本罪的主体。但是，这是一种过于形式化的解释，不利于本罪的法益保护。事实上，机械地认为本罪的主体只限于非军人的观点在学界非常少见，认为本罪的主体主要是但不限于非军人的观点，是学界的主流观点。据此，这里的冒充军人身份既包括非军人冒充军人（如身穿军装，使用、携带证明军人身份的证件、公文，或者自称是军人），也包括军衔、职务较低的军人冒充级别较高的军人，以及一般部门的军人假冒要害部门的军人。①

本罪的主观方面是故意，具体表现在，明知自己的行为是冒充军人而故意加以利用，借以到处炫耀，谋取非法利益。本罪的犯罪目的是谋取非法利益，但是本罪的成立不要求行为人实际上取得非法利益。如果行为人冒充军人并非为了谋取非法利益，而是追求合法利益，如为了与他人结婚，为了顺利购买车船票，或者仅仅是出于虚荣心，都应当以思想作风问题进行批评教育，而不构成本罪。

本罪所侵犯的是复杂客体，主要侵犯的是军队的声誉及其正常活动，同时侵犯了社会管理秩序。②

（二）司法认定

在认定本罪的过程中，需要注意本罪与相关犯罪之间的界限，其中，本罪与刑法第279条所规定的招摇撞骗罪较易混淆。不难理解，规定本罪的法条与规定招摇撞骗罪的法条之间，是特别法与普通法的竞合关系。因此，冒充军人招摇撞骗的，只适用刑法第372条的规定，而不适用刑法第279条。实践之中，行为人有时冒充军人，有时冒充其他国家机关工作人员进行连续的招摇撞骗的，宜根据行为人主要冒充的对象确定犯罪性质。如果主要冒充军人、偶尔冒充其他国家机关工作人员招摇撞骗的，宜认定为冒充军人招摇撞骗罪；反之亦然。“但是，行为人在一段时间内冒充军人招摇撞骗，在另一段时间又冒充其他国家机关工作人员招摇撞骗，分别构成犯罪的，应实行数罪并罚。”③ 此外，冒充军人招摇撞骗罪与诈骗罪在犯罪手段上都有“骗”，即虚构事实、隐瞒真相，而且，冒充军人招摇撞骗罪常常也是为了谋取一定的财产利益。但是，两罪在侵犯的客体方面存在明显不同，从犯罪目的的角度看，冒充军人招摇撞骗罪是为了谋取非法利益，而不限于追求非法占有他人财物。冒充军人招摇撞骗罪中所谋取的非法利益不包括骗取数额巨大的财物的行为，对冒充军人骗取数额巨大财物的，应认定为诈骗罪。

（三）刑事处罚

根据刑法第372条的规定，犯本罪的，处3年以下有期徒刑、拘役、管制或者剥夺政治权利；情节严重的，处3年以上10年以下有期徒刑。本罪中的情节严重，主要包

---

① 参见陈兴良：《刑法疏议》，604页，北京，中国人民公安大学出版社，1997；周光权：《刑法各论》，2版，480页，北京，中国人民大学出版社，2011；高铭暄、马克昌主编：《中国刑法解释》（下卷），2624页，北京，中国社会科学出版社，2005；张明楷：《刑法学》，4版，1039页，北京，法律出版社，2011。

② 参见高铭暄、马克昌主编：《中国刑法解释》（下卷），2624页，北京，中国社会科学出版社，2005。

③ 张明楷：《刑法学》，4版，1039页，北京，法律出版社，2011。

括：（1）屡教不改、手段恶劣的；（2）战时冒充军人招摇撞骗的；（3）因冒充军人招摇撞骗引起军政、军民纠纷的；（4）造成严重经济损失或者恶劣社会影响、损害军队声誉的；（5）造成其他严重后果的。①

十、煽动军人逃离部队罪

（一）概念与构成

煽动军人逃离部队罪，是指以口头、书面或者其他方式唆使、怂恿、鼓动不特定军人擅自离开部队，情节严重的行为。这里，与其他的“煽动型”犯罪一样，本罪的成立也要求被唆使、怂恿的对象是不特定的军人，具有公然性。如果唆使特定的军人逃离部队，则成立刑法第435条的逃离部队罪的教唆犯。行为人具体唆使、鼓动军人逃离部队的方式多种多样，具体行为方式对本罪的成立不产生影响。本罪的成立在时间上没有要求，既可以在战时实施，也可以在平时实施。

本罪的成立是否要求被煽动的军人实际逃离部队？对此，如果从限制犯罪的成立范围的角度来看，要求成立本罪以被煽动者事实上逃离部队为条件似乎更有道理。但是，由于本罪的成立要求“情节严重”，若将“被煽动者实际上逃离部队”作为本罪的成立条件，实际上等于虚置或者弱化了“情节严重”在本罪认定中的作用。实际上，由于完全可能存在被煽动者虽未逃离部队但仍属于“情节严重”的情形，所以，应该以是否情节严重而非实际上逃离部队作为限制本罪成立范围的要件。根据《2008立案追诉标准（一）》，煽动军人逃离部队，涉嫌下列情形之一的，应予立案追诉：（1）煽动3人以上逃离部队的；（2）煽动指挥人员、值班执勤人员或者其他负有重要职责人员逃离部队的；（3）影响重要军事任务完成的；（4）发生在战时的；（5）其他情节严重的情形。

本罪的主体是一般主体，可以是军人，也可以是非军人；可以是中国人，也可以是外国人或者无国籍人。本罪在主观方面表现为故意，即行为人明知对方是军人，明知自己的煽动行为可能会导致他人逃离部队的结果，希望或者放任这种结果的发生。煽动军人逃离部队罪的犯罪动机多种多样，动机不影响本罪的成立。有必要指出的是，有论者认为本罪的犯罪主体也可能是与被煽动者有特定关系的人，比如亲属、朋友、同学、同乡，犯罪的动机可能是怕亲友打仗伤亡、怕被煽动人吃苦等②，但是，这样的情况之下，实际上更可能是针对特定对象的怂恿、鼓动，不符合成立本罪所要求的针对不特定军人煽动这一特征。以上情况下，按照逃离部队罪的教唆犯处理可能更为适宜。

本罪所侵犯的客体是部队的兵员管理秩序以及国家的国防利益。

（二）刑事处罚

根据刑法第373条的规定，犯本罪的，处3年以下有期徒刑、拘役或者管制。

---

① 参见高铭暄、马克昌主编：《中国刑法解释》（下卷），2627页，北京，中国社会科学出版社，2005。

② 参见高铭暄、马克昌主编：《中国刑法解释》（下卷），2629页，北京，中国社会科学出版社，2005。

十一、雇用逃离部队军人罪

（一）概念与构成

本罪和前述的煽动军人逃离部队罪规定在同一个刑法条文（刑法第 373 条）中，属于一个刑法分则条文规定了数个犯罪的情形。所谓雇用逃离部队军人罪，是指明知是逃离部队的军人而雇用，情节严重的行为。

本罪在客观上表现为雇用逃离部队的军人，情节严重的行为。这里的雇用，是指有偿使用劳动力为自己一方服务，即出资使逃离部队的军人为自己或者单位劳动。至于具体的劳务报酬，可能是金钱，也可能是实物或者财产性利益。成立本罪要求“情节严重”。根据《2008 立案追诉标准（一）》，明知是逃离部队的军人而雇用，涉嫌下列情形之一的，应予立案追诉：（1）雇用 1 人 6 个月以上的；（2）雇用 3 人以上的；（3）明知是逃离部队的指挥人员、值班执勤人员或者其他负有重要职责人员而雇用的；（4）阻碍部队将被雇用军人带回的；（5）其他情节严重的情形。

行为人明知他人是逃离部队的军人而为其提供隐藏处所、财物的，需要视犯罪发生的时间来确定成立何罪，如果行为发生在平时，则构成窝藏、包庇罪（由于军人逃离部队的行为本身构成犯罪，所以，逃离部队的军人属于“犯罪的人”）；如果发生在战时，刑法作出了特别的规定，构成第 379 条的战时窝藏逃离部队军人罪。

本罪的犯罪主体是自然人一般主体。在司法实践中，虽然雇用逃离部队军人的更可能是公司、企事业单位、机关、团体等单位，但由于刑法第 373 条并未将本罪规定为单位犯罪，所以，单位不能成为本罪的主体。单位雇用逃离部队军人，达到情节严重程度的，虽然不能将单位作为犯罪的主体，但是从法益保护的角度出发，可以对该单位的直接负责的主管人员和其他直接责任人员按照本罪处理。

成立本罪要求“明知是逃离部队的军人”，不明知是逃离部队的军人而雇用的，不成立本罪。

（二）刑事处罚

根据刑法第 373 条的规定，犯本罪的，处 3 年以下有期徒刑、拘役或者管制。

十二、接送不合格兵员罪

（一）概念与构成

接送不合格兵员罪，是指在征兵工作中徇私舞弊，接送不合格兵员，情节严重的行为。

本罪在客观上表现为，在征兵工作中徇私舞弊，接送不合格兵员。征兵工作，是指按照兵役法的规定，征集应征公民到军队服兵役，包括应征公民登记、身体检查、政治条件审查、接收兵员等。接送不合格兵员，包括两种情况：一种是“接”，即部队人员接收不合格兵员；另一种是“送”，即地方人员向部队输送不合格兵员。这里的“不合格兵员”，即不符合征兵条件的兵员，既可以是身体不合格，也可以是政治不合格。本罪的成立要求情节严重。根据《2008 立案追诉标准（一）》，在征兵工作中徇私舞弊，接送不合格兵员，涉嫌下列情形之一的，应予立案追诉：（1）接送不合格特种条件兵员 1 名以上或者普通兵员 3 名以上的；（2）发生在战时的；（3）造成严重后果的；（4）其他情节严重的情形。

本罪的主体是特殊主体，即负责或者参与征兵工作的有关人员，如地方各级人民武装部负责征兵的工作人员，负责兵员政审、体检的工作人员，部队派出的负责征集新兵的人员等。本罪的主观方面表现为故意，即行为人明知是不合格的兵员，而故意予以接收或者输送。此外，刑法还明文规定本罪的成立要求“徇私舞弊”，这里徇私是本罪的动机（“舞弊”没有特别的意义，凡是将不合格兵员作为合格兵员接送的，就属于舞弊）。[①]对此，需要稍加说明的是，不同于一般的犯罪动机不影响定罪而仅影响量刑，本罪中的“徇私”动机属于主观的构成要件要素，因此，有无徇私动机直接关系本罪的成立与否。本罪所侵犯的客体是部队的兵员质量管理秩序。接送不合格的兵员入伍，直接影响部队建设，削弱部队战斗力，影响部队各项任务的完成；接送犯罪分子到部队的，更是败坏部队的声誉，影响部队的团结稳定。

（二）刑事处罚

根据刑法第 374 条的规定，犯本罪的，处 3 年以下有期徒刑或者拘役；造成特别严重后果的，处 3 年以上 7 年以下有期徒刑。这里的“特别严重后果”，刑法理论上认为，主要包括：（1）不合格兵员入伍后实施严重刑事犯罪的；（2）严重影响部队军事任务完成的；（3）接送大量不合格兵员进入部队造成退兵的；（4）不合格兵员在部队造成恶性政治事件的；等等。[②]

十三、伪造、变造、买卖武装部队公文、证件、印章罪，盗窃、抢夺武装部队公文、证件、印章罪

（一）刑法第 375 条第 1 款的罪名

根据自 1997 年 12 月 16 日起施行的最高人民法院《关于执行〈中华人民共和国刑法〉确定罪名的规定》，刑法第 375 条第 1 款规定的是两个罪名，即伪造、变造、买卖武装部队公文、证件、印章罪和盗窃、抢夺武装部队公文、证件、印章罪。这两个犯罪规定在同一款，其犯罪对象是武装部队的公文、证件、印章，对犯罪对象的侵害方式分别是伪造、变造、买卖或者盗窃、抢夺。两罪都属于选择性罪名，并且都存在着行为方式和犯罪对象的双重选择，根据选择性罪名的罪名确定规则，按照具体的行为方式和具体

① 参见张明楷：《刑法学》，4 版，1040 页，北京，法律出版社，2011。

② 参见高铭暄、马克昌主编：《中国刑法解释》（下卷），2635 页，北京，中国社会科学出版社，2005。

的犯罪对象，确定具体的罪名；出现属于同一罪名之内的多种行为方式（如既有伪造又有变造）或者多个侵害对象（如既涉及公文又涉及证件）的，也只定一罪而不实行并罚（如前例中定伪造、变造武装部队公文、证件罪一罪）；但是，由于盗窃、抢夺武装部队的公文、证件、印章罪属于不同的另一罪名，所以，对于出现在两个罪名之间的多种行为方式的，则应该数罪并罚（比如既伪造了武装部队的印章，又盗窃了武装部队的印章的，应按照伪造武装部队印章罪和盗窃武装部队印章罪实行两罪并罚）。这里，需要回答的是，为什么司法解释将刑法第 375 条第 1 款的罪刑规范解释为两个罪名？这样的解释是否具有合理性？本书初步认为，无论是伪造、变造、买卖，还是盗窃、抢夺武装部队的公文、证件、印章，都是一种创设、取得犯罪对象的行为，伪造、变造、买卖相互之间具有选择性，盗窃、抢夺也具有选择性，而伪造、变造、买卖和盗窃、抢夺之间则具有互补性而非选择性。所以，司法解释将本款解释为两个独立的选择性罪名是可取的。

（二）概念与构成

伪造、变造、买卖武装部队公文、证件、印章罪的客观方面，是指伪造、变造、买卖武装部队的公文、证件、印章的行为。盗窃、抢夺武装部队公文、证件、印章罪的客观方面，是指盗窃、抢夺武装部队的公文、证件、印章的行为。本条通过两个罪名共规定了对犯罪对象的五种侵害方式，并且采用了明示列举而非概括式的规定方式。那么，如果行为人针对犯罪对象采取了以上五种侵害方式之外的其他方式加以侵害的，该如何处理？对此，不能简单、机械地认为“法无明文规定不为罪”，而是应该通过体系解释等方式尽量寻求补正的途径。通过对刑法分则条文的观察可以看出，刑法第 280 条第 1 款的规定与第 375 条第 1 款中的两罪规定，存在普通法条与特别法条的竞合关系，前者的犯罪对象是国家机关的公文、证件、印章，而后者的犯罪对象是武装部队的公文、证件、印章。按照法条竞合的处理原则，如行为符合特别法条的规定，则按照第 375 条第 1 款的罪名定罪量刑（只要是伪造、变造、买卖武装部队的公文、证件、印章，或者盗窃、抢夺武装部队的公文、证件、印章的，就认定为本款之罪，而不适用刑法第 280 条）；若不符合特别法条的规定但是符合普通法条的规定（如毁灭了武装部队的公文、证件、印章），则可以按照普通法条定罪（定毁灭国家机关公文、证件、印章罪，因为武装部队也属于国家机关）①；若行为既不符合特别法条的规定也不符合普通法条，则只能认定为无罪。

正确理解和认定刑法第 375 条第 1 款所规定的两个犯罪，需要了解有关司法解释的规定。根据最高人民法院、最高人民检察院 2011 年 7 月 20 日《关于办理妨害武装部队制式服装、车辆号牌管理秩序等刑事案件具体应用法律若干问题的解释》，伪造、变造、买卖或者盗窃、抢夺武装部队公文、证件、印章，具有下列情形之一的，以伪造、变造、买卖武装部队公文、证件、印章罪或者盗窃、抢夺武装部队公文、证件、印章罪定罪处罚：（1）伪造、变造、买卖或者盗窃、抢夺武装部队公文 1 件以上的；（2）伪造、变造、

---

① 对毁灭武装部队公文、证件、印章罪问题的处理，参见张明楷：《刑法学》，4 版，1040 页，北京，法律出版社，2011。

买卖或者盗窃、抢夺武装部队军官证、士兵证、车辆行驶证、车辆驾驶证或者其他证件2本以上的；（3）伪造、变造、买卖或者盗窃、抢夺武装部队机关印章、车辆牌证印章或者其他印章1枚以上的。实施上述行为，数量达到第（1）至（3）项规定标准5倍以上或者造成严重后果的，属于“情节严重”。

本罪的犯罪主体是一般人，单位不能成为本罪的主体（刑法第375条第4款规定单位只能成立该条第2款、第3款的犯罪，即后述的非法生产、买卖武装部队制式服装罪，伪造、盗窃、买卖、非法提供、非法使用武装部队专用标志罪）。本罪的主观方面是故意，即明知自己的行为是在伪造、变造、买卖或者盗窃、抢夺武装部队的公文、证件、印章而有意为之。此处两罪的犯罪动机多样，动机不影响本罪的成立。该两罪所侵犯的对象是武装部队的公文、证件、印章，所侵犯的客体是武装部队的公文、证件、印章的管理秩序，并进而影响武装部队的正常管理活动，危害国防利益。

（三）刑事处罚

根据刑法第375条第1款规定，犯本罪的，处3年以下有期徒刑、拘役、管制或者剥夺政治权利；情节严重的，处3年以上10年以下有期徒刑。

十四、非法生产、买卖武装部队制式服装罪

（一）概念与构成

非法生产、买卖武装部队制式服装罪，是指非法生产、买卖武装部队制式服装，情节严重的行为。

本罪的客观方面表现为，非法生产、买卖武装部队的制式服装，并且情节严重。制式服装，是指武装部队（包括解放军和武警部队）依法订购的仅供其官兵使用的服装（军官服、警官服、文职干部服、士兵服等）。本罪客观要件中的非法生产、买卖，既可以是无权者（未经合法批准）擅自生产、买卖武装部队的制式服装，也可以是有权者（具有生产、买卖资格的单位与个人）超量生产、买卖相应的制式服装。成立本罪还要求情节严重，达不到情节严重标准的，不以本罪论处。根据最高人民检察院、公安部2017年4月27日《关于公安机关管辖的刑事案件立案追诉标准的规定（一）的补充规定》第14条，非法生产、买卖武装部队制式服装，涉嫌下列情形之一的，应予立案追诉：（1）非法生产、买卖成套制式服装30套以上，或者非成套制式服装100件以上的；（2）非法生产、买卖帽徽、领花、臂章等标志服饰合计100件（副）以上的；（3）非法经营数额2万元以上的；（4）违法所得数额5 000元以上的；（5）其他情节严重的情形。买卖仿制的现行装备的武装部队制式服装，情节严重的，应予立案追诉。

本罪的犯罪主体是一般主体，既可以是军人，也可以是非军人，已满16周岁、具有刑事责任能力的自然人都能成为本罪主体。此外，依照刑法第375条第4款的规定，单位也可以成为本罪的主体。这里的单位，既可以是有权生产、买卖武装部队制式服装的单位，也可以是无权生产、买卖制式服装的单位。本罪的主观方面为故意，即行为人必

须明知是武装部队的制式服装而非法生产、买卖。本罪侵害了武装部队制式服装的管理秩序，并进而侵害了国家的国防利益。

（二）刑事处罚

刑法第375条第2款规定，犯本罪的，处3年以下有期徒刑、拘役或者管制，并处或者单处罚金。同条第4款规定，单位犯本罪的，对单位判处罚金，并对其直接负责的主管人员和其他直接责任人员依照本条第2款的规定处罚。

十五、伪造、盗窃、买卖、非法提供、非法使用武装部队专用标志罪[①]

（一）概念与构成

伪造、盗窃、买卖、非法提供、非法使用武装部队专用标志罪，是指伪造、盗窃、买卖或者非法提供、非法使用武装部队车辆号牌等专用标志，情节严重的行为。

本罪的客观方面表现为，伪造、盗窃、买卖或者非法提供、非法使用武装部队车辆号牌等专用标志，并且情节严重。刑法第375条第3款对本罪行为对象的描述中，在列举了车辆号牌之后，使用了"等"字，这是因为，除车辆号牌外，其他显示部队性质与军人身份，且只能由部队与军人使用的标记物品（如帽徽、胸章、臂章、军种符号、兵种符号等），也属于武装部队的"专用标志"。本罪客观要件中的行为方式包括伪造、盗窃、买卖、非法提供与非法使用。刑法规定了"伪造"专用标志情节严重的构成本罪，但并未规定"变造"，那么变造武装部队的车辆号牌等专用标志的，如何处理？本书认为，既然刑法上有的条文只规定"伪造"（如第170条伪造货币罪）而有的条文则将"伪造"与"变造"并列（如第174条的伪造、变造、转让金融机构经营许可证、批准文件罪），则应该认为"伪造"不包括"变造"，不能将"变造"解释为"伪造"。因此，单纯地变造武装部队的车辆号牌等专用标志的，根据罪刑法定原则的要求，无法评价为本罪。但如果变造之后又予以非法提供或者非法使用且情节严重的，则仍能够成立本罪。根据最高人民检察院、公安部2017年4月27日《关于公安机关管辖的刑事案件立案追诉标准的规定（一）的补充规定》第15条，盗窃、买卖、提供、使用伪造、变造的武装部队车辆号牌等专用标志，情节严重的，应予立案追诉。这与本书的观点并不冲突，而是一致的。

本罪行为方式的买卖，既可以是无权者（未经合法批准）擅自买卖武装部队的车辆号牌等专用标志，也可以是有权者（具有买卖资格的单位与个人），超量买卖相应的专用标志。除此之外，成立本罪还要求情节严重，达不到情节严重标准的，不以本罪论处。

---

① 本罪和前述的"非法生产、买卖武装部队制式服装罪"，原本规定在1997年刑法的同一款（第375条第2款）中，罪名统一为"非法生产、买卖军用标志罪"。2009年2月实施的《刑法修正案（七）》对本罪作了修正，将之分列为两个单独的罪名：(1)"非法生产、买卖武装部队制式服装罪"；(2)"伪造、盗窃、买卖、非法提供、非法使用武装部队专用标志罪"。这一方面突出了制式服装与车辆号牌等专用标志的不同（并体现在是否存在"情节特别严重"的加重规定上）；另一方面也使两罪各自的罪状描述在行为方式上有了明确的区分，从而与实践状况更为契合。

根据2011年7月20日最高人民法院、最高人民检察院《关于办理妨害武装部队制式服装、车辆号牌管理秩序等刑事案件具体应用法律若干问题的解释》，伪造、盗窃、买卖或者非法提供、使用武装部队车辆号牌等专用标志，具有下列情形之一的，属于“情节严重”：(1) 伪造、盗窃、买卖或者非法提供、使用武装部队军以上领导机关车辆号牌1副以上或者其他车辆号牌3副以上的；(2) 非法提供、使用军以上领导机关车辆号牌之外的其他车辆号牌累计6个月以上的；(3) 伪造、盗窃、买卖或者非法提供、使用军徽、军旗、军种符号或者其他军用标志合计100件（副）以上的；(4) 造成严重后果或者恶劣影响的。实施前述行为，具有下列情形之一的，应当认定为“情节特别严重”：(1) 数量达到前述第1、3项规定标准5倍以上的；(2) 非法提供、使用军以上领导机关车辆号牌累计6个月以上或者其他车辆号牌累计1年以上的；(3) 造成特别严重后果或者特别恶劣影响的。

本罪的犯罪主体是一般主体，既可以是军人，也可以是非军人，已满16周岁、具有刑事责任能力的自然人都能成为本罪主体。此外，依照刑法第375条第4款的规定，单位也可以成为本罪的主体。最高人民法院、最高人民检察院2011年7月20日《关于办理妨害武装部队制式服装、车辆号牌管理秩序等刑事案件具体应用法律若干问题的解释》还规定，明知他人实施本条规定的犯罪行为，而为其生产、提供专用材料或者提供资金、账号、技术、生产经营场所等帮助的，以共犯论处。本罪的主观方面为故意，即行为人必须明知是武装部队的车辆号牌等专用标志，而伪造、盗窃、买卖、非法提供、非法使用。本罪侵害了武装部队车辆号牌等专用标志的管理秩序，并进而侵害了国家的国防利益。

（二）刑事处罚

刑法第375条第3款规定，犯本罪的，处3年以下有期徒刑、拘役或者管制，并处或者单处罚金；情节特别严重的，处3年以上7年以下有期徒刑，并处罚金（单纯从罪状和法定刑设置来说，本罪较之刑法修正之前的非法生产、买卖军用标志罪而言，对于除武装部队的制式服装之外的专用标志而言，增设了“情节特别严重”的规定，并配置了“3年以上7年以下有期徒刑，并处罚金”的较高法定刑）。同条第4款规定，单位犯本罪的，对单位判处罚金，并对其直接负责的主管人员和其他直接责任人员依照第3款的规定处罚。

第三节　战时危害国防利益的犯罪

一、战时拒绝、逃避征召、军事训练罪

（一）概念与构成

战时拒绝、逃避征召、军事训练罪，是指预备役人员战时拒绝、逃避征召或者军事训练，情节严重的行为。

本罪的客观方面表现为预备役人员战时拒绝、逃避征召或者军事训练。根据《兵役法》第 3 条、第 6 条的规定，我国实行义务兵与志愿兵相结合、民兵与预备役相结合的兵役制度。兵役分为现役和预备役。在中国人民解放军服现役的称现役军人；经过登记，预编到现役部队、编入预备役部队、编入民兵组织服预备役的或者以其他形式服预备役的，称预备役人员。本罪的客观行为是战时拒绝、逃避征召或者军事训练。成立本罪要求发生在战时，平时拒绝、逃避征召、军事训练的，不构成本罪。战时，按照刑法第 451 条的规定，是指国家宣布进入战争状态、部队受领作战任务或者遭敌突然袭击时；部队执行戒严任务或者处置突发性暴力事件时，以战时论。征召，是指兵役机关依法向预备役人员发出通知，要求其按规定时间、地点报到，准备服现役。军事训练，是指预备役人员进行军事理论教育以及作战技能训练。本罪的具体行为方式体现为两种：拒绝、逃避，其中的拒绝，是指拒不接受征召、参加军事训练的通知或者虽接受通知但拒不报到的行为；逃避，是指假借各种名目、手段躲避征召和参加军事训练。除此之外，本罪的成立还要求情节严重，如果情节尚不严重，则不构成本罪。根据《2008 立案追诉标准（一）》，预备役人员战时拒绝、逃避征召或者军事训练，涉嫌下列情形之一的，应予立案追诉：（1）无正当理由经教育仍拒绝、逃避征召或者军事训练的；（2）以暴力、威胁、欺骗等手段，或者采取自伤、自残等方式拒绝、逃避征召或者军事训练的；（3）联络、煽动他人共同拒绝、逃避征召或者军事训练的；（4）其他情节严重的情形。

本罪是特殊主体，即预备役人员，具体包括预备役军官和预备役士兵。单位不成为本罪的主体。本罪的主观方面表现为故意，即行为人明知是在战时，且明知自己的拒绝、逃避征召、军事训练的行为会危害部队工作正常进行和危害国防利益，而希望或放任这种结果的发生。过失不构成本罪。本罪所侵犯的是战时部队的征召制度和军事训练的正常进行，进而危害的是国防利益。

（二）刑事处罚

根据刑法第 376 条第 1 款的规定，犯本罪的，处 3 年以下有期徒刑或者拘役。

二、战时拒绝、逃避服役罪

（一）概念与构成

战时拒绝、逃避服役罪，是指公民战时拒绝、逃避服役，情节严重的行为。

本罪发生在战时，平时拒绝、逃避服役的，不构成本罪。本罪中的拒绝，是指拒不接受服役，主要表现为拒绝进行兵役登记，拒绝进行兵役体检，拒绝到指定地点报到等。逃避，是指通过藏匿、躲避等方式，不去参加兵役登记、体检或者报到等。拒绝、逃避属于本罪的选择性行为方式。服役，是指服兵役。这里的兵役，根据《兵役法》第 6 条的规定，兵役分为现役和预备役，其中现役是公民服兵役的主要形式，而预备役是国家储备后备兵员的主要形式。成立本罪也要求“情节严重”，根据《2008 立案追诉标准（一）》，公民战时拒绝、逃避服役，涉嫌下列情形之一的，应予立案追诉：（1）无正当理由由经教育仍拒绝、逃避服役的；（2）以暴力、威胁、欺骗等手段，或者采取自伤、自残等方式拒绝、逃避服役的；（3）联络、煽动他人共同拒绝、逃避服役的；（4）其他情节严重的情形。

按照刑法规定，本罪的犯罪主体是“公民”，但是并非所有达到刑事责任年龄、具有刑事责任能力的人都能成为本罪的主体。成为本罪的主体还必须是具备服兵役条件的我国公民。因此，不但外国人和无国籍人不能成为本罪主体，而且因为年龄、身体状况、其他原因（如依法被剥夺政治权利的人，以及被羁押正在受侦查、起诉、审判的或被判处徒刑、拘役、管制正在服刑）而不具备服兵役条件者，都不能成为本罪的主体。本罪的主观方面表现为故意，即行为人明知自己拒绝、逃避服役的行为会妨害部队的战时兵役管理，却希望或放任此种结果的发生。本罪所侵犯的客体是战时部队的兵役管理秩序，并最终危害了国防利益。

（二）刑事处罚

根据刑法第 376 条第 2 款的规定，犯本罪的，处 2 年以下有期徒刑或者拘役。

三、战时故意提供虚假敌情罪

（一）概念与构成

战时故意提供虚假敌情罪，是指战时故意向武装部队提供虚假敌情，造成严重后果的行为。

本罪的客观方面表现为，在战时向武装部队提供虚假敌情，造成严重后果的行为。本罪的成立首先要求行为发生在战时，平时向武装部队提供虚假敌情的，不构成本罪。向武装部队提供虚假敌情，一般表现为向武装部队的特定军事机关或具有搜集情报职责的军事人员提供。不是向武装部队提供，而是针对不特定的军事人员编造或散布谣言，扰乱军心的，按照后述的战时造谣扰乱军心罪定罪处罚。虚假敌情，是指与客观事实不符的有关敌方的军事情报，具体包括虚假的敌方军事、政治、技术、地理等方面的情报。需要说明的是，这里的所谓“虚假”情报，必须从客观上加以把握，即行为人所提供的敌方情报与客观事实不符；行为人主观上认为是虚假的情报而向武装部队加以提供，而客观上却提供了与事实相符的情报的，不属于这里的“虚假”敌情（客观主义的立场）。成立本罪还要求提供虚假敌情的行为造成了严重后果。本章中其他一些犯罪的成立要求“情节严重”，因此属于情节犯，而本罪的成立则要求造成“严重后果”，因此属于结果犯。这里的“严重后果”，是一个较之“情节严重”范围更窄的概念，对此，有论者认为，可以从如下方面加以综合考虑：（1）导致作战部署做较大调整的；（2）致使战斗、战役或者其他重要军事行动遭受损失的；（3）造成人员重伤死亡的；（4）严重毁损武装设备、军用物资的；（5）贻误了战机的；（6）严重影响部队完成重要任务的；等等。[①] 本

---

① 参见高铭暄、马克昌主编：《中国刑法解释》（下卷），2646 页，北京，中国社会科学出版社，2005。

书认为，以上第 2～6 项内容作为本罪中的“严重后果”可以成立，而第 1 项（导致作战部署做较大调整）本身不足以被认定为属于“造成严重后果”，如果事实上依照较大调整后的作战部署并未遭受较大损失甚至取得了胜利，则当然不能认为提供虚假敌情的行为“造成了严重后果”。

本罪的主体是已满 14 周岁、具有刑事责任能力的自然人，但不能是军人。如果军人战时实施了为武装部队提供虚假敌情的行为，应按照隐瞒、谎报军情罪（刑法第 422 条）定罪处罚。本罪的主观方面为故意，即行为人必须明知是虚假的敌情而向武装部队提供，明知自己提供虚假敌情的行为会给我方造成严重后果，并希望或者放任这一结果的发生。战时过失向武装部队提供虚假敌情（以为是真实敌情但事实上是虚假的，并且行为人存在疏忽大意或者过于自信的罪过）的，不成立本罪。战时向武装部队提供虚假的敌方情报的行为，严重干扰了武装部队对于敌情的分析判断，影响了武装部队的作战部署和作战秩序，并且最终侵害了国防利益。

（二）刑事处罚

根据刑法第 377 条的规定，犯本罪的，处 3 年以上 10 年以下有期徒刑；造成特别严重后果的，处 10 年以上有期徒刑或者无期徒刑。这里的“特别严重后果”，一般应限于造成部队人员重大伤亡，影响重要军事任务完成，贻误重要战机，导致战斗、战役重大失利等。

四、战时造谣扰乱军心罪

（一）概念与构成

战时造谣扰乱军心罪，是指战时造谣惑众，扰乱军心的行为。

本罪的客观方面表现为，在战时制造和散布谣言，从而扰乱军心。其中，造谣惑众，是指故意制造或者散布虚构的对作战不利的谣言，用以蛊惑军心。其通常的表现包括夸大敌方散布的所谓战绩、战况、优俘政策、受降条件；编造我军失利或损失惨重的信息等。而扰乱军心，是指使军人产生厌战、怯战情绪或者悲观、恐惧心理，从而士气低落。本罪中，造谣惑众和扰乱军心两者缺一不可。一方面，造谣惑众的行为必须实际上导致了扰乱军心的结果，或者至少具有扰乱军心的具体危险；虽然造谣惑众，但是不可能扰乱军心的（比如造谣惑众的内容与军事无关），不成立本罪。[①] 另一方面，行为虽然客观上造成了扰乱军心的危害或者危险，但是行为人并未造谣惑众而仅是将一些真实的重要军事机密（如我军的伤亡数字、战役失利、军需供应困难、敌军增加援兵等）加以散布和渲染的，由于宣扬、散布的并非虚构的事实，所以欠缺“造谣”惑众的要件，也不成立本罪。[②]

---

① 参见张明楷：《刑法学》，4 版，1043 页，北京，法律出版社，2011。

② 参见周光权：《刑法各论》，2 版，480 页，北京，中国人民大学出版社，2011。

此外，就本罪的客观方面而言，有论者认为本罪行为必须是向多数人传谣，向个别人私下传谣的，不构成本罪。[①] 但是，这恐怕是混淆了“造谣惑众”行为与“煽动”行为的界限，从而人为地限定了本罪的成立范围。对此，正如批评者指出，“造谣‘惑众’是要求行为人制作、散布谣言，进而使众人受到迷惑，而不是要求针对众人造谣；事实上，针对少数人散布谣言，也可能使众人受迷惑。”“虽然是向个别军人传谣，但只要足以使不特定人得知造谣内容，进而扰乱军心的，也应认为是造谣惑众。”[②]

本罪的主体是非军人。军人在战时情况下，造谣惑众、扰乱军心的，应按照刑法第433条战时造谣惑众罪定罪处罚。本罪的主观方面表现为故意，即行为人明知自己造谣惑众的行为可能会扰乱军心，影响部队士气，而希望或者放任这种结果的发生。战时因为自己的过失行为客观上导致了扰乱军心的后果的，不构成本罪。本罪所侵犯的客体是战时的国防利益，具体是通过对战时的军心、士气的影响而达到对于客体的侵害。

（二）刑事处罚

根据刑法第378条的规定，犯本罪的，处3年以下有期徒刑、拘役或者管制；情节严重的，处3年以上10年以下有期徒刑。这里的“情节严重”，并无司法解释的明确规定，有研究者从学理上概括为以下情形：（1）大量散发造谣惑众、扰乱军心材料或者谣言扩散的范围大、人数多的；（2）指挥、组织他人造谣惑众、扰乱军心的；（3）在紧要关头或者危急时刻造谣惑众、扰乱军心的；（4）所制造、传播的谣言煽动性、欺骗性很强的；（5）勾结敌人造谣惑众的；（6）造成部队混乱、指挥失控、人员逃亡或者其他严重后果的；（7）影响完成重要军事任务的；（8）具有其他严重情节的。[③] 但是，其第3项中的“紧要关头”和“危急时刻”还需要再解释，其第4项被作为“情节严重”的情形则更值商榷——本罪作为危险犯，正是因为谣言具有很强的煽动性、欺骗性才可能达到扰乱军心的危险，否则难以认定为本罪的成立；前述第6项中的后半段也是一个需要进一步解释的同义反复；其第8项更是对于被解释对象的同义反复，本身毫无实质内容。而以上论者所列举的1、2、5、7项关于本罪中“情节严重”的情形，本书认为是可以成立的。

五、战时窝藏逃离部队军人罪

（一）概念与构成

战时窝藏逃离部队军人罪，是指战时明知是逃离部队的军人而为其提供隐蔽处所、财物，情节严重的行为。本罪之中，逃离部队的军人，是指未履行请假等手续、不具有正当理由而私自离开部队，以及休假、探亲、学习、住院等逾期不归的军人。行为人对于逃离部队军人的资助方式，法律明文规定为“提供隐蔽处所、财物”，而资助的时间仅

---

① 参见郎胜主编：《〈中华人民共和国刑法〉释解》，504页，北京，群众出版社，1997。

② 张明楷：《刑法学》，4版，1043页，北京，法律出版社，2011。

③ 参见高铭暄、马克昌主编：《中国刑法解释》（下卷），2649页，北京，中国社会科学出版社，2005。

限于战时。此外，构成本罪还要求情节严重。根据《2008 立案追诉标准（一）》，战时明知是逃离部队的军人而为其提供隐蔽处所、财物，涉嫌下列情形之一的，应予立案追诉：（1）窝藏 3 人次以上的；（2）明知是指挥人员、值班执勤人员或者其他负有重要职责人员而窝藏的；（3）有关部门查找时拒不交出的；（4）其他情节严重的情形。

本罪的主体是一般主体，只要达到刑事责任年龄、具备刑事责任能力的自然人，均可构成本罪。而且，成立本罪对于行为人是否是军人没有限制，换言之，无论是军人还是非军人，都可以成为本罪的主体。

本罪的主观方面为故意，即行为人必须明知对方是军人，并且是逃离部队的军人而为之提供资助。不具有这种故意的，不成立本罪。

此外，有论者指出，"在战时事先煽动军人逃离部队，后又为逃离部队的军人提供隐蔽处所、财物，情节严重的，应按煽动军人逃离部队罪和战时窝藏逃离部队军人罪并罚。"① 本书对于这一观点予以认可。如果战时事先煽动军人逃离部队，后又为逃离部队的军人提供隐蔽处所、财物，如果情节并不严重的，其事后的窝藏行为应该为先前的煽动行为所吸收，不具有独立评价的意义；而如果事后的窝藏行为达到了"情节严重"的条件（窝藏行为本身构成了犯罪），则先前的煽动军人逃离部队罪由于法定刑较轻且并无升格法定刑的规定，因而无法评价此后情节严重的窝藏行为，所以对此时的窝藏行为单独予以评价、两罪并罚，应该是恰当的选择。

（二）刑事处罚

根据刑法第 379 条的规定，犯本罪的，处 3 年以下有期徒刑或者拘役。

六、战时拒绝、故意延误军事订货罪

（一）概念与构成

战时拒绝、故意延误军事订货罪，是指战时拒绝或者故意延误军事订货，情节严重的行为。

本罪在客观上表现为，战时拒绝或者延误军事订货。本罪发生在战时，平时拒绝、故意延误军事订货的，不成立本罪。军事订货，是指军事单位根据国防需要，采用协议等方式向军工部门等单位订购武器设备或者其他军用物资的行为。本罪具体的行为方式表现为拒绝或者故意延误。所谓拒绝，是指对军事订货没有正当理由拒不接受。所谓故意延误，是指故意违反订货合同等的约定期限，拖延推迟交付订购物品。此外，成立本罪还必须情节严重。根据《2008 立案追诉标准（一）》，战时拒绝或者故意延误军事订货，涉嫌下列情形之一的，应予立案追诉：（1）拒绝或者故意延误军事订货 3 次以上的；（2）联络、煽动他人共同拒绝或者故意延误军事订货的；（3）拒绝或者故意延误重要军事订货，影响重要军事任务完成的；（4）其他情节严重的情形。

---

① 周光权：《刑法各论》，2 版，482 页，北京，中国人民大学出版社，2011。

本罪的犯罪主体为单位及其直接负责的主管人员以及其他直接责任人员。主观构成要件为故意，即明知是军事订货而予以拒绝或者故意拖延交付。单位根本不知是军事订货而拒绝或者故意延误的，不以本罪论处。本罪直接侵犯的客体是战时军事订货秩序，并进而使武装部队的作战能力受到影响，最终危害了国防利益。

（二）刑事处罚

根据刑法第380条的规定，犯本罪的，对单位判处罚金，并对其直接负责的主管人员和其他直接责任人员，处5年以下有期徒刑或者拘役；造成严重后果的，处5年以上有期徒刑。这里的所谓严重后果，主要包括因拒绝、故意延误军事订货致使战斗、战役或者其他重要军事行动遭受严重损失的，因拒绝、故意延误军事订货严重影响部队完成重要的军事任务的，因拒绝、故意延误军事订货造成较大的人员伤亡的，等等。

七、战时拒绝军事征收、征用罪

（一）概念与构成

战时拒绝军事征收、征用罪，是指在战时拒绝军事征收、征用，情节严重的行为。

本罪在客观上表现为战时拒绝军事征收、征用的行为。本罪发生在战时，平时的拒绝军事征收、征用的行为，即便情节严重，也不成立本罪。军事征收、征用，是指国家和武装部队在战时出于军事需要，对机关、团体、企业、事业单位以及公民个人的设施、设备、物资进行的带有一定强制性的征购或调用。拒绝军事征用，是指有条件、有能力提供征购或者调用的物资、设备等而拒不提供。本罪的成立要求情节严重。根据《2008立案追诉标准（一）》，战时拒绝军事征用，涉嫌下列情形之一的，应予立案追诉：(1) 无正当理由拒绝军事征用3次以上的；(2) 采取暴力、威胁、欺骗等手段拒绝军事征用的；(3) 联络、煽动他人共同拒绝军事征用的；(4) 拒绝重要军事征用，影响重要军事任务完成的；(5) 其他情节严重的情形。

本罪的主体为自然人一般主体，单位不能成为本罪的主体。由于战时军事征收、征用的对象更可能为单位，所以，如果是单位在战时拒绝军事征收、征用的，对于单位的直接负责的主管人员和其他责任人员，要以自然人犯本罪的规定定罪处罚。本罪在主观上表现为故意，即明知是军事征收、征用而予以拒绝。本罪直接侵犯了战时的军事征收、征用秩序，并且最终危害了国防利益。

（二）刑事处罚

根据刑法第381条的规定，犯本罪的，处3年以下有期徒刑或者拘役。

必要案例分析

谭某等人冒充军人招摇撞骗、抢劫案

广州市萝岗区人民法院认为：被告人谭某、宋某、朱某华、王某龙伙同他人采取冒充军队纠查人员以查处假冒军车的名义非法获取财物，损害了公民的人身权利、财产权利和武装部队的威信。其中，被告人谭某、宋某、朱某华、王某龙于2006年5月12日冒充军队纠查人员对被害人索要财物未得逞后，采取强行搜查的暴力手段非法取得财物，其行为均已构成抢劫罪。由于被告人于2006年5月7日和2006年5月8日冒充军队纠查人员对被害人实施“罚款”的过程中，并未采取明显的暴力或胁迫手段，其行为主要表现为冒充军队纠查人员的身份骗取财物，因此，其行为均构成冒充军人招摇撞骗罪。依法应对四被告人判处抢劫罪和冒充军人招摇撞骗罪数罪并罚。

宋某、朱某华、王某龙三人不服一审判决向广州市中级人民法院提起上诉。

二审法院裁定驳回上诉，维持原判。

分析：冒充军人招摇撞骗罪的犯罪客观要件主要指冒充军人骗取对方的信任，使其信赖行为人为军人，从而使行为人有机会利用此种信任不需采取暴力而取得对方的财物或者其他利益。如果被害人交出财物的行为虽然不是很主动，不是完全的被骗后心甘情愿交出，行为人采取威胁手段，暴力特征也不明显，这种情况下交出财物应该属于由于信赖对方为军人而交出财物，并不是由于处于暴力威胁下的恐惧而交出财物，因此应属于冒充军人招摇撞骗罪的打击范畴。

与之相对，在冒充军人骗取他人财物的过程中，使用暴力特征明显的威胁手段或暴力手段的，应以抢劫罪论处。

第十一章
军人违反职责罪

第一节　军人违反职责罪概述

一、军人违反职责罪的概念

1979 年我国的第一部刑法典之中，并没有关于军人违反职责罪的专门规定。1981 年 6 月 10 日颁布、自 1982 年 1 月 1 日起施行的《惩治军人违反职责罪暂行条例》（现已失效）第一次以单行刑法的方式对此加以规定，在 1997 年修订刑法时将相应的内容予以补充完善，整合纳入了刑法典之中，并作为专门的一章。军人违反职责罪这一类罪的特殊性首先在于，本章犯罪的主体是特殊主体，即军人。刑法第 450 条明确规定，本章适用于中国人民解放军的现役军官、文职干部、士兵及具有军籍的学员和中国人民武装警察部队的现役警官、文职干部、士兵及具有军籍的学员以及文职人员、执行军事任务的预备役人员和其他人员。根据本条规定，下列人员犯有本章规定之罪的，适用本章的规定处罚：

（1）中国人民解放军的现役军官、文职干部、士兵及具有军籍的学员。

（2）中国人民武装警察部队的现役警官、文职干部、士兵及具有军籍的学员。中国人民武装警察部队也是我国国家武装力量的组成部分，实行义务兵与志愿兵相结合的兵役制度，执行人民解放军的条令、条例。他们担负一定的军人职责，因而对于违反职责的犯罪，适用本章的规定。

（3）文职人员。“文职人员”是 2020 年《刑法修正案（十一）》新增的本章适用对象。关于本条规定的文职人员的范围，根据 2022 年修订的《中国人民解放军文职人员条例》第 2 条的规定，文职人员是指在军队编制岗位依法履行职责的非服兵役人员，是军队人员的组成部分，依法享有国家工作人员相应的权利、履行相应的义务。

(4) 执行军事任务的预备役人员和其他人员。这些人也担负着与军人相同的保卫国家、人民利益的职责，本条也将其纳入本章的适用范围。

因此，如果上述四类人员的同一行为既触犯了本章的条文，又触犯了刑法分则其他章的条文，就应根据特别法优于普通法的原则，适用刑法分则第十章的有关规定，而不能适用其他章的普通法条。

根据刑法第 420 条规定，军人违反职责，危害国家军事利益，依照法律应当受刑罚处罚的行为，是军人违反职责罪。

二、军人违反职责罪的类型

根据军人违反职责罪各具体犯罪的法益不同，可以将刑法分则第十章的“军人违反职责罪”细分为几大类：危害作战利益的犯罪，违反部队管理制度的犯罪，危害军事秘密的犯罪，侵害部队装备、物资的犯罪，侵犯部属、伤病军人、居民、俘虏利益的犯罪。这样的分类，既与刑法分则第十章的条文排列顺序大致上相当，也有利于我们具体把握本章各罪的犯罪构成。采纳这样的分类标准阐释本章的犯罪在学界早有先例（例如张明楷教授、周光权教授各自的教科书都采纳了这样的分类），本书也遵照这样的分类展开对于军人违反职责罪的研究。

第二节　危害作战利益的犯罪

一、战时违抗命令罪

战时违抗命令罪，是指军人在战时故意违抗命令，对作战造成危害的行为。

本罪在客观上表现为，战时违抗作战命令，对作战造成危害的行为。(1) 行为必须发生在战时。关于战时的具体含义，刑法第 451 条作出了明确的规定，即国家宣布进入战争状态、部队受领作战任务或者遭敌突然袭击时；部队执行戒严任务或处置突发性暴力事件时，以战时论。(2) 实施了违抗命令的行为。“违抗命令”，是指主观上出于故意，客观上违背、抗拒首长、上级职权范围内的命令，包括拒绝接受命令、拒不执行命令，或者不按照命令的具体要求行动等。(3) 并非所有的战时违抗命令的行为都一律构成本罪，只有对由于违抗命令对作战造成危害的行为，才成立本罪。根据最高人民检察院、解放军总政治部 2013 年 2 月 26 日公布、自 3 月 28 日起实施的《军人违反职责罪案件立案标准的规定》(本章为叙述方便，以下将此规定简称为《立案标准》)，战时违抗命令，涉嫌下列情形之一的，应予立案：1) 扰乱作战部署或者贻误战机的；2) 造成作战任务不能完成或者迟缓完成的；3) 造成我方人员死亡 1 人以上，或者重伤 2 人以上，或者轻伤 3 人以上的；4) 造成武器装备、军事设施、军用物资损毁，直接影响作战任务完成的；5) 对作战造成其他危害的。

本罪的主观方面表现为故意，即明知违抗命令的行为会发生对作战造成危害的结果，并且希望或者放任这种结果发生。本罪所侵害的直接客体是作战利益或者作战指挥秩序。

根据刑法第421条的规定，犯战时违抗命令罪的，处3年以上10年以下有期徒刑；致使战斗、战役遭受重大损失的，处10年以上有期徒刑、无期徒刑或者死刑。

二、隐瞒、谎报军情罪

隐瞒、谎报军情罪是指军人故意掩盖真实的军事情况，不报告或者报告不真实的军事情况，因而对作战造成危害的行为。

本罪在客观上表现为，隐瞒军情不报告，或者报告不真实的军情，对作战造成危害。本罪之中，“隐瞒军情”，是指将应当向首长、上级报告的军事情况隐瞒不报。“谎报军情”，是指用编造或者篡改的军事情况欺骗首长、上级。“报告”，是指用口头或者书面等形式，将军事情况正式告诉首长、上级或者部队。“军情”，是指与作战有关的我军、友军和敌军的情报及其他重要信息。刑法第422条虽未明文要求“战时”，但从罪状中“对作战造成危害”这一要求来看，应认为行为必须发生在战时。① 根据《立案标准》的规定，隐瞒、谎报军情，涉嫌下列情形之一的，应予立案：(1)造成首长、上级决策失误的；(2)造成作战任务不能完成或者迟缓完成的；(3)造成我方人员死亡1人以上，或者重伤2人以上，或者轻伤3人以上的；(4)造成武器装备、军事设施、军用物资损毁，直接影响作战任务完成的；(5)对作战造成其他危害的。

本罪在主观上表现为故意，即明知自己隐瞒、谎报军情的行为会发生对作战造成危害之结果，并且希望或者放任这种结果发生。本罪所侵犯的客体是作战利益。

根据刑法第422条的规定，犯隐瞒、谎报军情罪的，处3年以上10年以下有期徒刑；致使战斗、战役遭受重大损失的，处10年以上有期徒刑、无期徒刑或者死刑。这里的致使战斗、战役遭受重大损失，“是指造成我军人员重大伤亡，武器装备、军事设施和军用物资严重损失，直至战斗、战役失利等”②。

三、拒传、假传军令罪

拒传、假传军令罪，是选择性罪名，按照实际行为方式的不同，可分解为拒传军令罪和假传军令罪。拒传军令罪是指负有传递军令职责的军人，明知是与作战有关的命令、指示而故意拒绝传递或拖延传递，对作战造成危害的行为。假传军令罪是指军人故意伪造、篡改军令，或者明知是伪造、篡改的军令而予以传达或者发布，对作战造成危害的行为。本罪中的“军令”，是指与部队军事活动有关的命令、指示等。按照《立案标准》的规定，涉嫌下列情形之一的，应予立案：(1)造成首长、上级决策失误的；(2)造成作战任务不能完成或迟缓完成的；(3)造成我方人员死亡1人以上，或者重伤2人以上，

---

① 参见张明楷：《刑法学》，4版，1122页注2，北京，法律出版社，2011。

② 陈兴良：《规范刑法学》(下册)，3版，1216页，北京，中国人民大学出版社，2013。

或者轻伤 3 人以上的；（4）造成武器装备、军事设施、军用物资损毁，直接影响作战任务完成的；（5）对作战造成其他危害的。

本罪的主观方面是故意，即明知自己拒传军令、假传军令的行为会对作战造成危害，且希望或者放任这种结果发生。本罪所侵犯的客体是军队的作战利益。

根据刑法第 422 条的规定，犯拒传、假传军令罪的，处 3 年以上 10 年以下有期徒刑；致使战斗、战役遭受重大损失的，处 10 年以上有期徒刑、无期徒刑或者死刑。本罪中的“致使战斗、战役遭受重大损失”，其含义与隐瞒、谎报军情罪的场合相同。

四、投降罪

投降罪，是指在战场上贪生怕死，自动放下武器投降敌人的行为。

本罪在客观方面表现为，在战场上自动放下武器投降敌人。“自动放下武器”，是指可以使用武器进行有效抵抗而自动放弃抵抗的。“投降”，是指向敌对一方表示屈服的行为。需要注意的是，本罪的客观构成要件之中，关键点在于“在战场上”和“自动放下武器”这两点。本罪虽未明确要求“战时”，但是却明确要求是在“战场上”。如果军人不是在战场上自动投降，而是在和平时期投奔敌方进行危害国家安全活动，或者虽是在战场上，但并非自动放下武器投降，而是在被捕、被俘之后投降敌人，实施危害国家安全活动的，不构成本罪，而构成刑法分则第一章中的投敌叛变罪。本罪在主观上表现为故意，并出于畏惧战斗、贪生怕死的动机。投降罪所侵犯的客体仍然是作战利益。

根据刑法第 423 条的规定，犯投降罪的，处 3 年以上 10 年以下有期徒刑；情节严重的，处 10 年以上有期徒刑或者无期徒刑；投降后为敌人效劳的，处 10 年以上有期徒刑、无期徒刑或者死刑。成立投降罪本身并不要求“性质恶劣”“情节严重”，只要是在战场上投降敌人，即可构成本罪。情节严重是本罪的加重构成要件。这里的“情节严重”，主要指指挥人员或者其他负有重要职责的人员投降的，组织、煽动他人投降的，携带重要武器装备投降的，因投降致使战斗、战役遭受重大损失，等等。“投降后为敌人效劳”，是指自动投降敌人后又从事各种有利于敌人的活动，比如主动向敌人提供我军重要军事秘密，主动要求参加敌军与我军作战等情形。

五、战时临阵脱逃罪

战时临阵脱逃罪是指军人在战斗中或者在接受作战任务后，因畏惧战斗、贪生怕死，逃离战斗岗位的行为。

本罪在客观上表现为在战时面临战斗任务而逃避战斗岗位的行为。临阵，是指部队已经受领战斗任务，进入待命出击的地域及战场。脱逃，是指擅自离开战斗岗位的行为。刑法规定成立战时临阵脱逃罪并不要求“性质恶劣”“情节严重”等，只要是在战时面临作战任务时逃离战斗岗位的，即可构成本罪。相反，如果脱逃不是发生在战时，不是在面临战斗的时候，则不成立本罪。本罪在主观上表现为故意，并出于畏惧战斗、贪生怕死的动机。本罪所侵犯的客体是军队的作战利益。

根据刑法第424条的规定，犯本罪的，处3年以下有期徒刑；情节严重的，处3年以上10年以下有期徒刑；致使战斗、战役遭受重大损失的，处10年以上有期徒刑、无期徒刑或者死刑。这里的情节严重，是指指挥人员或者其他负有重要职责的人员临阵脱逃的，组织、煽动他人临阵脱逃的，携带重要武器装备临阵脱逃的，在紧要关头或者危急时刻脱逃的等情形。致使战斗、战役遭受重大损失，是指造成我军人员重大伤亡，武器装备、军事设施和军用物资严重损失，直至战斗、战役失利等。

六、违令作战消极罪

违令作战消极罪是指指挥人员在作战中违抗命令，临阵畏缩，作战消极，造成严重后果的行为。

本罪在客观上表现为在作战中违抗命令，临阵畏缩，消极作战，造成严重后果的行为。本罪客观上并非表现为一切在作战中违抗命令的行为，而是表现为临阵畏缩、作战消极。“违抗命令，临阵畏缩，作战消极”，是指在作战中故意违背、抗拒执行首长、上级的命令，面临战斗任务而畏难怕险，怯战怠战，行动消极。本罪属于结果犯，未造成严重后果的，不能以本罪论处。根据《立案标准》，涉嫌下列情形之一的，应予立案：(1) 扰乱作战部署或者贻误战机的；(2) 造成作战任务不能完成或者迟缓完成的；(3) 造成我方人员死亡1人以上，或者重伤2人以上，或者轻伤3人以上的；(4) 造成武器装备、军事设施、军用物资或者其他财产损毁，直接经济损失20万元以上，或者直接经济损失、间接经济损失合计100万元以上的；(5) 造成其他严重后果的。

本罪的主体仅限于指挥人员，这也使本罪区别于其他的军人违反职责罪（比较相近的是战时违抗命令罪）。本罪的主观方面表现为故意，即明知是违令作战消极的行为，而有意实施。本罪所侵害的客体是作战利益。

根据刑法第428条的规定，犯本罪的，处5年以下有期徒刑；致使战斗、战役遭受重大损失或者有其他特别严重情节的，处5年以上有期徒刑。

七、拒不救援友邻部队罪

拒不救援友邻部队罪是指指挥人员在战场上，明知友邻部队处于被敌人包围、追击或者阵地将被攻陷等紧急情况请求救援，能救援而不救援，致使友邻部队遭受重大损失的行为。

本罪中的“友邻部队”，是指由于驻地、配置地域或者执行任务而相邻，没有隶属关系的部队（分队）。“能救援而不救援”，是指根据当时自己部队（分队）所处的环境、作战能力及所担负的任务，有条件组织救援却没有组织救援。本罪是典型的不作为犯罪。需要注意的是，并非所有的战场上面对友邻部队的救援请求，能救援而不救援的，都成立本罪，本罪的成立要求不救援的行为导致友邻部队遭受重大损失。根据《立案标准》的规定，涉嫌下列情形之一的，应予立案：(1) 造成战斗失利的；(2) 造成阵地失陷的；(3) 造成突围严重受挫的；(4) 造成我方人员死亡3人以上，或者重伤10人以上，或者轻伤15人以上的[1]；（5）造成武器装备、军事设施、军用物资损毁，直接经济损失100万元以上的；（6）造成其他重大损失的。

本罪的犯罪主体是指挥人员，刑法对此予以明确规定。一般作战人员不能成为本罪的主体。本罪主观方面表现为故意，即明知友邻部队处境危急请求救援，不救援行为会产生使友邻部队遭受重大损失的结果，并且希望或者放任这种结果发生。

根据刑法第429条的规定，犯本罪的，对指挥人员处5年以下有期徒刑。

八、战时造谣惑众罪

战时造谣惑众罪是指军人在战时造谣惑众，动摇军心的行为。

“造谣惑众，动摇军心”，是指战时在部队中公开或者私下，用口头或者普通文字、图像、计算机网络或者其他途径，故意编造、散布谣言，煽动怯战、厌战或恐怖情绪，蛊惑官兵，造成或者足以造成部队情绪恐慌、士气不振、军心涣散的行为。

本罪的犯罪主体是军职人员，但不限于参加作战的军职人员。即便是未参战的军职人员在战时造谣惑众，动摇军心的，同样以本罪论处。军人之外的其他公民战时造谣惑众，扰乱军心的，应以刑法第378条的战时造谣扰乱军心罪论处。本罪的主观方面是直接故意，且具有动摇军心的目的。战时造谣惑众的动机多种多样，但是动机不影响本罪的成立。本罪的客体是军队的战斗力，并集中体现为对军心的影响。

根据经《刑法修正案（九）》修正后的刑法第433条规定，犯本罪的，处3年以下有期徒刑；情节严重的，处3年以上10年以下有期徒刑；情节特别严重的，处10年以上有期徒刑或者无期徒刑。结合对1997年刑法本条的沿革解释，勾结敌人造谣惑众，动摇军心的，应属于此处的“情节特别严重”。此外，1997年刑法本罪的法定最高刑为死刑，即“情节特别严重的，可以判处死刑”，而自2015年11月1日起施行的《刑法修正案（九）》则取消了本罪的死刑配置，刑罚配置更加合理。

九、战时自伤罪

战时自伤罪，是指军人在战时为了逃避军事义务，故意伤害自己身体的行为。

本罪在客观上体现为军职人员战时故意自伤身体，逃避军事义务的行为。自伤，既可以是军人亲手伤害自己，也可以是利用他人的故意或过失行为伤害自己。同时，在后果上，自伤并不以造成轻伤以上后果为前提，但必须达到足以逃避军事义务的程度。[2] 加重已有的伤害的，也属于这里的“自伤”。本罪中的“逃避军事义务”，是指逃避临战准备、作战行动、战场勤务和其他作战保障任务等与作战有关的义务。

本罪的主体是军人，具体体现为参加作战或者担负作战任务的军职人员。本罪的主

---

① 在本书看来，《立案标准》要求造成“我方人员”伤亡达到上述标准才予以立案缺乏合理性：拒不救援友邻部队的行为通常只会造成友邻部队的人员伤亡，造成“我方人员”伤亡指何种情形？所以，这里的“我方人员”，至少应该理解为包括“友邻部队人员”在内。

② 参见张明楷：《刑法学》，4版，1123页，北京，法律出版社，2011。

观方面表现为故意，并具有逃避履行军事义务的目的。① 战时条件下军职人员的身体状况不仅关系到本人的健康，更直接体现和影响部队的战斗力。所以，本罪所侵害的直接客体就是军队的战斗力。

根据刑法第 434 条规定，犯本罪的，处 3 年以下有期徒刑；情节严重的，处 3 年以上 7 年以下有期徒刑。

第三节　违反部队管理制度的犯罪

一、擅离、玩忽军事职守罪

擅离、玩忽军事职守罪是指指挥人员和值班、值勤人员擅自离开正在履行职责的岗位，或者在履行职责的岗位上，严重不负责任，不履行或者不正确履行职责，造成严重后果的行为。

根据《立案标准》的规定，擅离、玩忽军事职守，涉嫌下列情形之一的，应予立案：(1) 造成重大任务不能完成或者迟缓完成的；(2) 造成死亡 1 人以上，或者重伤 3 人以上，或者重伤 2 人、轻伤 4 人以上，或者重伤 1 人、轻伤 7 人以上，或者轻伤 10 人以上的；(3) 造成枪支、手榴弹、爆炸装置或者子弹 10 发、雷管 30 枚、导火索或者导爆索 30 米、炸药 1 千克以上丢失、被盗，或者不满规定数量，但后果严重的，或者造成其他重要武器装备、器材丢失、被盗的；(4) 造成武器装备、军事设施、军用物资或者其他财产损毁，直接经济损失 30 万元以上，或者直接经济损失、间接经济损失合计 150 万元以上的；(5) 造成其他严重后果的。

本罪的犯罪主体为军队中的指挥人员和值班、执勤人员。根据前述《立案标准》的规定，本罪中的指挥人员，是指对部队或者部属负有组织、领导、管理职责的人员，专业主管人员在其业务管理范围内，视为指挥人员；值班人员，是指军队各单位、各部门为保持指挥或者履行职责不间断而设立的、负责处理本单位、本部门特定事务的人员；值勤人员，是指正在担任警卫、巡逻、观察、纠察、押运等勤务，或者作战勤务工作的人员。指挥人员、值班、执勤人员之外的其他军职人员，以及非军职人员，不能成为本罪的主体。通常认为，擅离、玩忽军事职守罪为过失犯罪。但也有观点认为，本罪分为擅离军事职守罪与玩忽军事职守罪，前者为故意犯罪，后者为过失犯罪。② 前述《立案标准》中在擅离军事职守和玩忽军事职守的情况下对应予立案的标准并未设置不同门槛，在此意义上，认为擅离、玩忽军事职守罪是过失犯罪的观点，更容易成立。而且，在本书看来，亦不必将本罪理解为选择性罪名（不必强行将本罪拆分为擅离军事职守罪和玩忽军事职守罪两个罪名），统一理解为一个罪名即可。

---

① 也有观点认为“逃避履行军事义务”是本罪的动机，认为战时自伤罪中的动机是本罪的构成要件，并认为这时动机不是构成要件的例外。参见高铭暄、马克昌主编：《中国刑法解释》（下卷），2999 页，北京，中国社会科学出版社，2005。本书认为，与其认为“逃避履行军事义务”是本罪的动机，不如认为是本罪的犯罪目的。

② 参见张明楷：《刑法学》，4 版，1124 页，北京，法律出版社，2011。

本罪所侵犯的客体是军队指挥、值班、执勤的正常秩序。

根据刑法第425条的规定，平时犯本罪的，处3年以下有期徒刑或者拘役；造成特别严重后果的，处3年以上7年以下有期徒刑；战时犯本罪的，处5年以上有期徒刑。可见，刑法并未将“战时”作为本罪的基本构成要件，而是将其作为加重构成要件。这样的处理，主要是因为平时擅离、玩忽军事职守的行为同样具有可罚性，而战时擅离、玩忽军事职守的，则危害性更为严重。

二、阻碍执行军事职务罪

阻碍执行军事职务罪是指军人以暴力、威胁等方法，故意阻挠或者妨碍指挥、值班、执勤人员执行职务的行为。

本罪在客观上表现为，使用暴力、威胁方法，阻碍指挥人员或者值班、值勤人员等执行职务。暴力，是指使用捆绑、拘禁、殴打、伤害及其他方法危害人身安全或者限制人身自由，或者强行毁坏装备、设施和财物，使对方不能正常执行职务的行为。威胁，是指以实施暴力、逼迫、恫吓等方式，使对方不能正常执行职务的行为。执行职务，是指指挥、值班、执勤人员正在履行的特定职责。以暴力、威胁方法阻碍其他军人执行职务的，成立刑法第368条的阻碍军人执行职务罪。

本罪的犯罪主体是军职人员。一般公民以暴力、威胁方法阻碍军人执行职务的，不成立本罪，而成立刑法第368条的阻碍军人执行职务罪。本罪的主观方面为故意，即明知是正在执行职务的指挥人员或者值班、执勤人员而对其施以暴力、威胁，阻碍其执行职务的主观心理状态。本罪所侵犯的客体是军队的指挥、值班、执勤的正常秩序。

根据《刑法修正案（九）》修正之后的刑法第426条规定，犯本罪的，处5年以下有期徒刑或者拘役；情节严重的，处5年以上10年以下有期徒刑；情节特别严重的，处10年以上有期徒刑或者无期徒刑。战时犯本罪的，根据犯罪的情节与后果，分别按上述法定刑从重处罚。本罪中的情节严重，一般包括使用武器装备阻碍执行职务的，在紧要关头或者危急时刻阻碍执行职务的，阻碍担任重要职责的指挥人员、值班、执勤人员执行职务的，等等。本罪中的情节特别严重，结合对1997刑法本条规定的沿革解释，应包括致人重伤、死亡的情形。除此之外，在紧要关头或者危急时刻阻碍担任重要职责的指挥人员、值班、执勤人员执行职务的，阻碍执行职务造成特别严重后果的，等等，也应该属于情节特别严重。1997年刑法本条规定的本罪法定最高刑为死刑，2015年11月1日生效的《刑法修正案（九）》则删除了死刑设置，将本罪的法定最高刑调整为无期徒刑，刑罚配置更为合理。

三、指使部属违反职责罪

指使部属违反职责罪是指指挥人员滥用职权，指使部属进行违反职责的活动，造成严重后果的行为。

本罪在客观上表现为，滥用职权，指使部属进行违反职责的活动，造成严重后果。

滥用职权，是指不正当地运用职务上的权力，超越职权，违法决定、处理无权决定处理的事项，或者违反规定处理公务。采取与职权无关的方法使部属进行违反职责的活动，不成立本罪。指使部属进行违反职责的活动，是指指使部属实施违反军人共同职责、一般职责或专业职责的行为。这里，指使部属所实施的违反职责的活动，必须是尚未构成刑法分则第十章“军人违反职责罪”中具体犯罪的一般违反职责的活动；否则，指使者与具体实施者构成相应犯罪的共犯。构成本罪必须要求造成了严重后果。根据《立案标准》，滥用职权，指使部属进行违反职责的活动，涉嫌下列情形之一的，应予立案：(1) 造成重大任务不能完成或者迟缓完成的；(2) 造成死亡 1 人以上，或者重伤 2 人以上，或者重伤 1 人、轻伤 3 人以上，或者轻伤 5 人以上的；(3) 造成武器装备、军事设施、军用物资或者其他财产损毁，直接经济损失 20 万元以上，或者直接经济损失、间接经济损失合计 100 万元以上的；(4) 造成其他严重后果的。

本罪的犯罪主体是军队中的指挥人员，即具有一定职权的军队中的各级首长。就本罪的成立来说，还要求行为人与行为对象（部属）之间必须具有隶属关系。本罪的主观方面为故意，即行为人明知是违反军人职责的活动，而故意滥用职权，指使部属实施。本罪所侵犯的客体是军队的正常指挥秩序。

根据刑法第 427 条的规定，犯本罪的，处 5 年以下有期徒刑或者拘役；情节特别严重的，处 5 年以上 10 年以下有期徒刑。这里的情节特别严重，包括战时指挥部属违反职责的，不顾部属的反对强迫其违反职责的，指使建制部队（分队）违反职责的，等等。

四、军人叛逃罪

军人叛逃罪是指军人在履行国家、国防事务以及其他军事事务期间，擅离岗位，叛逃境外或者在境外叛逃，危害国家军事利益的行为。本罪中的“叛逃境外”，是指通过合法或者非法手段叛逃境外的行为；“在境外叛逃”，是指在境外履行国家、国防事务以及其他军事事务期间，擅自离队或者与派出单位和有关部门脱离关系，并滞留不归的行为。根据《立案标准》，涉嫌下列情形之一的，应予立案：(1) 因反对国家政权和社会主义制度而出逃的；(2) 掌握、携带军事秘密出境后滞留不归的；(3) 申请政治避难的；(4) 公开发表叛国言论的；(5) 投靠境外反动机构或者组织的；(6) 出逃至交战对方区域的；(7) 进行其他危害国家军事利益活动的。

本罪的行为主体是军职人员，这也使本罪区别于刑法第 109 条的叛逃罪，后者的行为主体是军职人员以外的国家机关工作人员以及掌握国家秘密的国家工作人员。本罪的主观方面是直接故意，且具有摆脱部队控制、逃离部队的目的。军职人员在境外由于不可抗力与单位、组织或有关部门失去联系，没有逃离部队、滞留境外的意图，不构成犯罪。本罪所侵犯的客体是我军军事事务和活动的安全以及我军声誉。

根据刑法第 430 条规定，犯本罪的，处 5 年以下有期徒刑或者拘役；情节严重的，处 5 年以上有期徒刑；驾驶航空器、舰船叛逃的，或者有其他特别严重情节的，处 10 年以上有期徒刑、无期徒刑或者死刑。本罪中的情节严重，一般是指指挥人员或者其他担负重要职责的军职人员叛逃的，战时叛逃的，携带军事秘密叛逃的，等等。本罪中的其他特别严重情节，是指劫持航空器、舰船叛逃的，携带重要或者大量军事秘密叛逃的，叛逃后积极从事危害国家安全和危害国防利益的行为，等等。[①]

五、逃离部队罪

逃离部队罪是指军人违反兵役法规，逃离部队，情节严重的行为。违反兵役法规，是指违反我国国防法、兵役法和军队条令条例以及其他有关兵役方面的法律规定。逃离部队，是指擅自离开部队或者经批准外出逾期拒不归队。本罪的成立要求"情节严重"，是战时逃离部队，还是平时逃离部队，对定罪没有影响。根据《立案标准》，涉嫌下列情形之一的，应予立案：（1）逃离部队持续时间达 3 个月以上或者 3 次以上或者累计时间达 6 个月以上的；（2）担负重要职责的人员逃离部队的；（3）策动 3 人以上或者胁迫他人逃离部队的；（4）在执行重大任务期间逃离部队的；（5）携带武器装备逃离部队的；（6）有其他情节严重行为的。

本罪的犯罪主体是现役军人。本罪的主观方面是故意，且行为人具有永久脱离部队的目的。如果仅是无组织、无纪律，擅自离开部队，打算办完事情即返回的，只要其擅离部队时不属于正在履行职责的指挥人员和值班、执勤人员，就不构成本罪。军人违反兵役法而逃离部队，会在多方面给军队带来损失，但是本罪首先所侵害的客体还是军人的形象和军队的战斗力。

根据刑法第 435 条的规定，平时犯逃离部队罪的，处 3 年以下有期徒刑或者拘役；战时犯逃离部队罪的，处 3 年以上 7 年以下有期徒刑。

六、私放俘虏罪

私放俘虏罪，是指具有监管俘虏职责的军职人员以及其他有关的军职人员非法私自将俘虏放走的行为。本罪中的私放，是指不是根据相关的命令或决定，而是行为人擅自决定。俘虏，是指为我方所俘获并且不再进行反抗的敌方武装人员以及其他为武装部队服务的人员。私放既可能采用作为方式，也可能采用不作为方式。

本罪的主体是军职人员，主要表现为负有看押、管理俘虏职责的军职人员。主观方面表现为故意，即明知是私放俘虏的行为而有意实施。因为过失而导致所看押、管理的俘虏逃跑，造成严重后果的，可按照玩忽职守罪处理，不构成本罪。本罪所侵犯的客体是对于俘虏的羁押、管理秩序。

根据刑法第 447 条的规定，犯本罪的，处 5 年以下有期徒刑；私放重要俘虏、私放俘虏多人或者有其他严重情节的，处 5 年以上有期徒刑。重要俘虏，是指私放俘虏中的中、高级军官、掌握重要秘密的人员，或者为了解敌情而抓获的俘虏等。私放俘虏多人，指私放俘虏达 3 人以上。"其他重要情节，是指暴露我军秘密的，收受俘虏财物的，造成

---

① 参见陈兴良：《规范刑法学》（下册），3 版，1228 页，北京，中国人民大学出版社，2013。

严重后果的等。"[①]

第四节　危害军事秘密的犯罪

一、非法获取军事秘密罪

非法获取军事秘密罪是指军人违反国家和军队的保密规定，采取窃取、刺探、收买方法，非法获取军事秘密的行为。

刑法对于非法获取军事秘密的方式作了明确的封闭式列举：窃取、刺探、收买是非法获取军事秘密的三种手段，采取其中任何一种手段非法获取军事秘密的，都构成本罪，同时采取以上几种手段获取军事秘密的，也只成立一罪。在非法获取军事秘密的行为方式之中，窃取，是指采取秘密手段，获取军事秘密的行为；刺探，是指搜集、侦察、探听军事秘密的行为；收买，是指以金钱或者财物与他人交换，获取军事秘密的行为。这里需要明确的是，无论是窃取、刺探还是收买军事秘密，是行为人了解自己不知道的军事秘密的内容或取得自己不掌握的军事秘密的载体，所以，保密人员将自己保管的军事秘密文件私自复印并拿取和保存，仅仅是取得其已经知道的军事秘密内容和其已经掌握的军事秘密载体，不属于本条中的窃取。若保密人员将其非法复制和保存的军事秘密加以扩散，可以构成故意泄露军事秘密罪。[②]

根据《立案标准》，军事秘密，是指关系国防安全和军事利益，依照规定的权限和程序确定在一定时间内只限一定范围的人员知悉的事项。内容包括：（1）国防和武装力量建设规划及其实施情况；（2）军事部署，作战、训练以及处置突发事件等军事行动中需要控制知悉范围的事项；（3）军事情报及其来源，军事通信、信息对抗以及其他特种业务的手段、能力，密码以及有关资料；（4）武装力量的组织编制，部队的任务、实力、状态等情况中需要控制知悉范围的事项，特殊单位以及师级以下部队的番号；（5）国防动员计划及其实施情况；（6）武器装备的研制、生产、配备情况和补充、维修能力，特种军事装备的战术技术性能；（7）军事学术和国防科学技术研究的重要项目、成果及其应用情况中需要控制知悉范围的事项；（8）军队政治工作中不宜公开的事项；（9）国防费分配和使用的具体事项，军事物资的筹措、生产、供应和储备等情况中需要控制知悉范围的事项；（10）军事设施及其保护情况中不宜公开的事项；（11）对外军事交流与合作中不宜公开的事项；（12）其他需要保密的事项。根据刑法规定，采取以上窃取、刺探、收买的方式，非法获取上述军事秘密的，即可成立本罪。本罪的成立本身既不要求"情节严重""造成严重后果"等，也不要求将非法获取的军事秘密泄露给他人。

本罪的犯罪主体是军职人员。主观方面表现为直接故意，即明知自己获取军事秘密的方式非法，仍希望以窃取、刺探、收买的方式非法获得。目的与动机通常不影响本罪

---

① 陈兴良：《规范刑法学》（下册），3版，1250页，北京，中国人民大学出版社，2013。

② 参见高铭暄、马克昌主编：《中国刑法解释》（下卷），2987页，北京，中国社会科学出版社，2005。

的成立，例外的是，如果是为了境外的机构、组织、人员实施上述行为，则构成后述的为境外窃取、刺探、收买、非法提供军事秘密罪。本罪所侵害的直接客体是军事秘密的安全，进而也危害了国家军事利益和国家安全。

根据刑法第 431 条第 1 款的规定，犯本罪的，处 5 年以下有期徒刑；情节严重的，处 5 年以上 10 年以下有期徒刑；情节特别严重的，处 10 年以上有期徒刑。本罪中的情节严重，一般包括以下情形：利用职权非法获取军事秘密的，从作战、机要、保密等重要部门非法获取军事秘密的，非法获取大量或重要军事秘密的，战时获取军事秘密的，将非法获取的军事秘密泄露的，等等。本罪中的情节特别严重，包括以下情形：利用职权非法获取大量或者重要的军事秘密的，从作战、机要、保密等重要部门非法获取大量或者重要军事秘密的，为敌人非法获取军事秘密的，将非法获取的大量的或者重要的军事秘密泄露的，非法获取军事秘密造成特别严重后果的，等等。

二、为境外窃取、刺探、收买、非法提供军事秘密罪

为境外窃取、刺探、收买、非法提供军事秘密罪，是指军人违反国家和军队的保密规定，为境外机构、组织、人员窃取、刺探、收买、非法提供军事秘密的行为。

本罪中的境外机构、组织、人员，是指境外企图搜集我国情报的一切机构、组织和人员。窃取、刺探、收买的含义在前罪中已有界定，而非法提供，是指违反国家和军队的保密规定，未经批准，擅自提供或者故意泄露军事秘密的行为。本罪的犯罪对象是军事秘密，军职人员为境外机构、组织、人员窃取、刺探、收买、非法提供军事秘密以外的国家秘密、情报的，以刑法第 111 条规定的为境外窃取、刺探、收买、非法提供国家秘密、情报罪论处。

本罪的犯罪主体是军职人员。军职人员以外的一般公民为境外机构、组织、人员窃取、刺探、收买、非法提供国家军事秘密（以及军事秘密之外的其他国家秘密、情报）的，以刑法第 111 条规定的为境外窃取、刺探、收买、非法提供国家秘密、情报罪论处。本罪的主观方面为故意，即行为人明知是为境外的机构、组织、人员窃取、刺探、收买、非法提供军事秘密而有意为之。如果行为人只是为他人窃取、刺探、收买、非法提供军事秘密而不知对方是否为“境外”的，对行为人应该按照非法获取军事秘密罪论处。本罪所侵害的直接客体是军事秘密的安全，进而也危害了国家军事利益和国家安全。

根据刑法第 431 条第 2 款的规定，犯本罪的，处 5 年以上 10 年以下有期徒刑；情节严重的，处 10 年以上有期徒刑、无期徒刑或者死刑。其中，1997 年刑法为本罪配置的起点刑即为 10 年有期徒刑，并挂有死刑；而 2020 年通过的《刑法修正案（十一）》增加了一个量刑档次，将本罪的基本法定刑设置为 5 年以上 10 年以下有期徒刑，将原有的“十年以上有期徒刑、无期徒刑或者死刑”作为升格法定刑，附加了“情节严重”的要求。总体上，本罪的刑事处罚明显重于前款规定的非法获取军事秘密罪，这表明立法者对于为境外窃取、刺探、收买、非法提供军事秘密行为的严厉谴责，也是试图借助重刑的威慑，防止国家军事秘密流向境外，以保护国家的军事秘密安全。

三、故意泄露军事秘密罪

故意泄露军事秘密罪是指军人违反国家和军队的保密规定，故意使军事秘密被不应知悉者知悉或者超出了限定的接触范围，情节严重的行为。本罪的犯罪对象是国家军事秘密。军事秘密的载体，包括文件、资料、图表、书刊等纸质载体和光盘、硬盘等磁介质载体以及重要的内部网络信息等。军人泄露国家其他秘密情节严重的，构成刑法第398条的故意泄露国家秘密罪、过失泄露国家秘密罪。本罪的成立要求情节严重。根据前述《立案标准》，涉嫌下列情形之一的，应予立案：(1) 泄露绝密级或者机密级军事秘密1项（件）以上的；(2) 泄露秘密级军事秘密3项（件）以上的；(3) 向公众散布、传播军事秘密的；(4) 泄露军事秘密造成严重危害后果的；(5) 利用职权指使或者强迫他人泄露军事秘密的；(6) 负有特殊保密义务的人员泄密的；(7) 以牟取私利为目的泄露军事秘密的；(8) 执行重大任务时泄密的；(9) 有其他情节严重行为的。此外，故意将国家军事秘密泄露给境外的机构、组织、人员的，不成立本罪，而成立刑法第431条的为境外非法提供军事秘密罪。

本罪的犯罪主体是军人。一般公民泄露国家军事秘密的，构成刑法第398条的故意泄露国家秘密罪、过失泄露国家秘密罪。本罪的主观方面是故意，即明知是泄露军事秘密的行为而有意为之的主观心态。本罪所侵犯的客体是国家的军事秘密安全或者国家的军事保密制度。

根据刑法第432条的规定，平时犯上述罪的，处5年以下有期徒刑或者拘役；情节特别严重的，处5年以上10年以下有期徒刑。战时犯上述罪的，处5年以上10年以下有期徒刑；情节特别严重的，处10年以上有期徒刑或者无期徒刑。本罪中的情节特别严重，应该包括泄露特别重要的军事秘密的；机要、保密人员或者其他负有特殊保密义务的人员泄露大量或者重要军事秘密的；因为泄露军事秘密而造成特别严重的后果；等等。

四、过失泄露军事秘密罪

过失泄露军事秘密罪，是指军人违反国家和军队的保密规定，过失泄露军事秘密，致使军事秘密被不应知悉者知悉或者超出了限定的接触范围，情节严重的行为。

本罪中的过失泄露军事秘密，是指过失泄露军事秘密或者遗失军事秘密载体，致使军事秘密被不应知悉者知悉或者超出了限定的接触范围。根据前述《立案标准》，涉嫌下列情形之一的，应当予以立案：(1) 泄露绝密级军事秘密1项（件）以上的；(2) 泄露机密级军事秘密3项（件）以上的；(3) 泄露秘密级军事秘密4项（件）以上的；(4) 负有特殊保密义务的人员泄密的；(5) 泄露军事秘密或者遗失军事秘密载体，不按照规定报告，或者不如实提供有关情况，或者未及时采取补救措施的；(6) 有其他情节严重行为的。本罪的犯罪主体是军人。本罪的主观方面是过失，即应当预见到自己的行为可能泄露军事秘密，因为疏忽大意而没有预见，或者已经预见而轻信可以避免，以致发生泄露国家秘密、情节严重之结果的主观心态。本罪所侵犯的客体是国家的军事秘密安全或者国家的军事保密制度。

刑法第 432 条将本罪的处罚与故意泄露军事秘密罪的处罚“捆绑”规定在了一起，而没有就故意、过失的场合在刑罚后果上予以区分。本书认为，一方面，在现有的刑法规定面前，过失泄露军事秘密罪虽然与故意泄露军事秘密罪共用相同的法定刑档次，但是在同一量刑幅度之内，对于过失泄露军事秘密的行为当然应该比照故意泄露军事秘密罪的从轻处理；另一方面，从立法论的角度而言，刑法第 432 条规定故意泄露军事秘密罪和过失泄露军事秘密罪适用相同的刑罚后果，这虽然也可认为是体现了对于国家军事秘密的严格保护，但从立法技术的角度而言，着实值得反思。本书认为，由于过失泄露军事秘密的场合毕竟在主观罪过和非难可能性上与故意泄露军事秘密罪的有较大不同，所以刑法应该专设一款专门规定过失泄露军事秘密罪的法定刑（过失犯前款罪的，处……），使该罪的法定刑从故意泄露军事秘密罪的法定刑中独立出来，使相关行为得到独立、恰当的评价。

第五节　侵害部队装备、物资的犯罪

一、武器装备肇事罪

武器装备肇事罪，是指违反武器装备使用规定，情节严重，因而发生责任事故，致人重伤、死亡或者造成其他严重后果的行为。

本罪在客观上表现为违反武器装备使用规定，情节严重，并发生责任事故，致人重伤、死亡或者造成其他严重后果的行为。(1) 行为人实施了违反武器装备使用规定的行为。(2) 要求情节严重。情节严重，是指故意违背武器装备的使用规定，或者在使用过程中严重不负责任，包括作为和不作为。(3) 发生了责任事故，致人重伤、死亡或者造成其他严重后果。责任事故，是指因违反规章制度的失职行为而造成的事故。其他严重后果，是指因武器装备肇事而引起爆炸、火灾、大面积污染或者其他重大损失等。根据前述《立案标准》的规定，涉嫌下列情形之一的，应予立案：(1) 影响重大任务完成的；(2) 造成死亡 1 人以上，或者重伤 2 人以上，或者轻伤 3 人以上的；(3) 造成武器装备、军事设施、军用物资或者其他财产损毁，直接经济损失 30 万元以上，或者直接经济损失、间接经济损失合计 150 万元以上的；(4) 严重损害国家和军队声誉，造成恶劣影响的；(5) 造成其他严重后果的。

正确认定武器装备肇事罪，要区分本罪与其他犯罪的界限。根据中国人民解放军军事法院 1988 年 10 月 19 日《关于审理军人违反职责罪案件中几个具体问题的处理意见》，军职人员在执勤、训练、作战时使用、操作武器装备，或者在管理、维修、保养武器装备的过程中，违反武器装备使用规定和操作规程，情节严重，因而发生重大责任事故，致人重伤、死亡或造成其他严重后果的，以武器装备肇事罪论处；凡违反枪支、弹药管理使用规定，私自携带枪支、弹药外出，因玩弄而造成走火或者爆炸，致人重伤、死亡或者使公私财产遭受重大损失的，分别以过失致人重伤罪、过失致人死亡罪或者过失爆炸罪论处。军职人员驾驶军用装备车辆，违反武器装备使用规定和操作规程，情节严重，因而发生重大责任事故，致人重伤、死亡或者造成其他严重后果的，即使同时违反交通运输规章制度，也应当以武器装备肇事罪论处；如果仅因违反交通运输规章制度而发生重大事故，致人重伤、死亡或者使公私财产遭受重大损失的，则以交通肇事罪论处。

本罪的犯罪主体是军职人员，具体是具备使用武器装备合法资格的军职人员。本罪的主观方面是过失。武器装备肇事罪的行为人违反武器装备使用规定的行为虽然通常是有意的，但就本罪所要求的危害后果而言，本罪的主观方面应该是过失，即应当知道自己违反武器装备使用规定的行为会发生责任事故、造成严重后果，因为疏忽大意而没有预见或者已经预见而轻信能够避免。本罪所侵害的直接客体是武器装备的管理秩序。

根据刑法第 436 条的规定，犯本罪的，处 3 年以下有期徒刑或者拘役；后果特别严重的，处 3 年以上 7 年以下有期徒刑。这里的后果特别严重，一般包括严重毁损大量的武器装备、造成多人伤亡、致使国家财产遭受重大损失等等。

二、擅自改变武器装备编配用途罪

擅自改变武器装备编配用途罪，是指违反武器装备管理规定，未经有权机关批准，擅自将编配的武器装备改作其他用途，造成严重后果的行为。

本罪在客观上表现为违反武器装备管理规定，未经有权机关批准，擅自将编配的武器装备改作其他用途，造成严重后果的行为。擅自将编配的武器装备改作其他用途，应该和“违反武器装备管理规定”结合起来加以理解，具体是指军职人员违反武器装备的动用权限、编配用途和使用范围等管理规定，未经有权机关批准而自行将编配的武器装备改作其他用途，造成严重后果的行为。本罪的成立要求造成严重后果。根据前述《立案标准》的规定，涉嫌下列情形之一的，应予立案：（1）造成重大任务不能完成或者迟缓完成的；（2）造成死亡 1 人以上，或者重伤 3 人以上，或者重伤 2 人、轻伤 4 人以上，或者重伤 1 人、轻伤 7 人以上，或者轻伤 10 人以上的；（3）造成武器装备、军事设施、军用物资或者其他财产损毁，直接经济损失 30 万元以上，或者直接经济损失、间接经济损失合计 150 万元以上的；（4）造成其他严重后果的。

本罪的犯罪主体为军职人员，特别是实际管理和操作武器装备的军职人员，如各级指挥人员和武器装备的专门管理人员。本罪的主观方面为过失。这里的过失，是就行为人对其自身的行为所造成的严重结果所持的心理状态而言的，即应当预见到自己违反武器装备管理规定改变武器装备编配用途的行为可能造成严重结果，由于疏忽大意而没有预见，或者已经预见而轻信能够避免，以致发生这种危害结果的心理态度。至于违反武器装备的管理规定，擅自改变武器装备的编配用途，则完全是明知故犯的。与交通肇事罪等的主观罪过一样，本罪的主观方面是过失，应该不存在疑问。本罪所侵害的直接客体是部队武器装备的管理秩序。

根据刑法第 437 条的规定，犯本罪的，处 3 年以下有期徒刑或者拘役；造成特别严重后果的，处 3 年以上 7 年以下有期徒刑。这里所说的特别严重后果，包括严重毁损武器装备、伤亡多人、严重影响部队执行重要任务等等。

三、盗窃、抢夺武器装备、军用物资罪

盗窃、抢夺武器装备、军用物资罪，是指军人以非法占有为目的，秘密窃取武器装备、军用物资，或者乘人不备、公然夺取武器装备、军用物资的行为。

本罪在客观上表现为，秘密窃取或者公然夺取部队武器装备或者军用物资。本罪的犯罪对象为武器装备、军用物资，盗窃、抢夺其他财物的，则不构成本罪，而分别构成盗窃罪、抢夺罪。此外，本罪的成立客观上要求军人并非利用职务上的便利。军人若是利用职务上的便利，非法占有军用物资符合贪污罪的构成要件的，应按贪污罪从重处罚。根据《立案标准》，凡涉嫌盗窃、抢夺武器装备的，应予立案；凡涉嫌盗窃、抢夺军用物资价值 2 000 元以上，或者不满规定数额，但后果严重的，应予立案。本罪的犯罪主体为军职人员。本罪的主观方面为故意，且具有非法占有目的。武器装备或者军用物资是军队战斗力的物质性的构成要素，任何减损这些物质要素的行为都必然侵害部队的战斗力。所以，本罪所侵害的直接客体为部队的战斗力。

刑法第 438 条第 2 款规定："盗窃、抢夺枪支、弹药、爆炸物的，依照本法第一百二十七条的规定处罚。"诚然，军人之外的一般公民盗窃、抢夺枪支、弹药、爆炸物的，成立刑法第 127 条的盗窃、抢夺枪支、弹药、爆炸物罪，对此毫无疑义。问题是，军人盗窃、抢夺枪支、弹药、爆炸物的，如何处理？对此的两种解决方案，可以分别概括为"罪刑合一说"与"罪刑分离说"。"罪刑合一说"主张，此时按照刑法第 127 条的盗窃、抢夺枪支、弹药、爆炸物罪定罪处罚；"罪刑分离说"认为，此时仍成立刑法第 438 条第 1 款的盗窃、抢夺武器装备、军用物资罪，但是适用刑法第 127 条的法定刑。确实，刑法第 438 条第 2 款仅使用了"处罚"而没有使用"定罪处罚"的表述，似乎为"罪刑分离说"提供了理由。但是，本书认为，不但军人盗窃、抢夺枪支、弹药、爆炸物的行为具有危害公共安全的性质，适用刑法第 127 条较为合适；而且，分则条文中的"处罚"与"定罪处罚"的含义并不绝对，"处罚"既可以理解为"量刑"，也完全可以理解为"定罪量刑"；同样重要的，"罪刑分离说"导致了定罪与量刑的割裂，定此罪却适用彼刑，是对"刑由罪生"观念的偏离。所以，本书采纳"罪刑合一说"的观点，即在军人盗窃、抢夺枪支、弹药、爆炸物时，以刑法第 127 条的盗窃、抢夺枪支、弹药、爆炸物罪定罪处罚。[①]

根据刑法第 438 条的规定，犯本罪的，处 5 年以下有期徒刑或者拘役；情节严重的，处 5 年以上 10 年以下有期徒刑；情节特别严重的，处 10 年以上有期徒刑、无期徒刑或者死刑。本罪中的情节严重，是指盗窃、抢夺重要或者多件武器装备的，盗窃、抢夺军用物资数额巨大的，战时盗窃、抢夺武器装备、军用物资的，严重影响部队完成任务的，等等。本罪中的情节特别严重，是指盗窃、抢夺大量武器装备的，盗窃、抢夺军用物资

---

① 关于此问题的阐述以及采纳"罪刑合一说"的理由，请参见张明楷：《刑法学》，4 版，1128～1129 页，北京，法律出版社，2011。采纳了"罪刑合一说"，认为刑法第 438 条第 1 款中的"武器装备"不包括"枪支、弹药、爆炸物"的观点，参见陈兴良：《规范刑法学》（下册），3 版，1240 页，北京，中国人民大学出版社，2013；周光权：《刑法各论》，2 版，491 页，北京，中国人民大学出版社，2011；等等。

数额特别巨大的，严重影响部队完成重要任务的，等等。

四、非法出卖、转让武器装备罪

非法出卖、转让武器装备罪是指军人非法出卖、转让武器装备的行为。

本罪在客观方面表现为，非法出卖、转让军队武器装备。出卖、转让，是指违反武器装备管理规定，未经有权机关批准，擅自用武器装备换取金钱、财物或者其他利益，或者将武器装备馈赠他人的行为。其中，出卖与转让的区别在于，前者是有偿转让武器装备的所有权，后者则是无偿转让武器装备的所有权。刑法并非明确要求本罪的成立需要“情节恶劣”“造成严重后果”等定量方面的要件，但并不意味着任何非法出卖、转让武器装备的行为都必须按照本罪处理。根据前述《立案标准》的规定，涉嫌下列情形之一的，应予立案：(1) 非法出卖、转让枪支、手榴弹、爆炸装置的；(2) 非法出卖、转让子弹 10 发、雷管 30 枚、导火索或者导爆索 30 米、炸药 1 千克以上，或者不满规定数量，但后果严重的；(3) 非法出卖、转让武器装备零部件或者维修器材、设备，致使武器装备报废或者直接经济损失 30 万元以上的；(4) 非法出卖、转让其他重要武器装备的。

本罪的主体是军职人员，主要表现为合法持有或管理武器装备的军职人员。尽管理论上非法出卖、转让武器装备的行为完全可能由单位实施，但是刑法并未规定单位可以成为本罪的主体。本罪的主观方面为故意。是否具有非法占有目的，不影响本罪的成立。本罪所直接侵犯的客体是军队的战斗力。非法出卖、转让武器装备直接造成了武器装备的损失，削弱了军队的战斗力，进而严重危害了国家的军事利益。

根据刑法第 439 条的规定，犯非法出卖、转让武器装备罪的，处 3 年以上 10 年以下有期徒刑；出卖、转让大量武器装备或者有其他特别严重情节的，处 10 年以上有期徒刑、无期徒刑或者死刑。这里的特别严重情节，包括出卖、转让重要武器装备的，战时出卖、转让武器装备的，致使武器装备流散社会造成严重后果的，严重影响部队完成重要任务的，等等。

五、遗弃武器装备罪

遗弃武器装备罪，是指负有保管、使用武器装备义务的军人，违抗命令，故意遗弃武器装备的行为。

本罪在客观方面表现为，违抗命令、遗弃武器装备的行为。虽然遗弃了武器装备，但是并非由于违抗命令，而是基于上级的统一命令而为的，不成立本罪。这里的违抗命令，不是泛指所有违背上级作战命令及其他命令，而是特指违反有关武器装备的使用、保管、处置的命令。遗弃，既包括积极抛弃现有的能够发挥作用的武器装备，也包括将应予妥善管理的武器装备置之不理，使其丧失武器性能。根据《立案标准》，涉嫌下列情形之一的，应予立案：(1) 遗弃枪支、手榴弹、爆炸装置的；(2) 遗弃子弹 10 发、雷管 30 枚、导火索或者导爆索 30 米、炸药 1 千克以上，或者不满规定数量，但后果严重的；

（3）遗弃武器装备零部件或者维修器材、设备，致使武器装备报废或者直接经济损失30万元以上的；（4）遗弃其他重要武器装备的。

本罪的主体是负有保管、使用武器装备义务的军职人员。本罪的主观方面为故意，即行为人明知是能够发挥作用的武器装备而故意遗弃。本罪所直接侵犯的客体是军队的战斗力。遗弃武器装备直接造成了武器装备的损失，削弱了军队的战斗力，进而严重危害了国家的军事利益。

根据刑法第440条的规定，犯本罪的，处5年以下有期徒刑或者拘役；遗弃重要或者大量武器装备的，或者有其他严重情节的，处5年以上有期徒刑。这里的重要武器装备，是指部队的主要武器装备以及其他在作战中必不可少的武器装备。这里的其他严重情节，包括指挥人员带头遗弃的，煽动他人遗弃的，战时遗弃的，因遗弃行为影响部队完成重要任务或者造成严重后果的，等等。

六、遗失武器装备罪

遗失武器装备罪，是指遗失武器装备，不及时报告或者有其他严重情节的行为。

根据刑法条文对于遗失武器装备罪罪状的描述，本罪在客观上表现为两种情形：遗失武器装备而不及时报告，或是遗失武器装备情节严重。这两种情形是选择关系，只要行为人具备其中一种情形，即可成立本罪，不要求两种情形同时具备。换言之，行为人只要是遗失武器装备且不及时报告即可构成本罪，而不问是否具有其他严重情节；在行为人遗失武器装备且具有严重情节的场合，亦可成立本罪，而不论行为人是否及时报告。本罪中的遗失，是指在武器装备的操作、使用、维护、修理、保养、运送等过程中，因疏忽大意或者过于自信而造成武器装备丢失。不及时报告，是指丢失武器装备后不按有关规定如实向首长、上级报告，因而丧失追查、寻找武器装备的机会。其他严重情节，是指遗失武器装备严重影响重大任务完成的；给人民群众生命财产安全造成严重危害的；遗失的武器装备被敌人或者境外的机构、组织和人员或者国内恐怖组织和人员利用，造成严重后果或者恶劣影响的；遗失的武器装备数量多、价值高的；战时遗失的；等等。

本罪的犯罪主体为军职人员，具体是指合法持有或者管理武器装备的军职人员。本罪的主观方面较为复杂，应该结合成立本罪的两种不同情形具体分析，而不能笼统地认为本罪的主观方面是过失。具体而言，本书对于遗失武器装备罪的主观方面的罪过形式支持如下的论断：在“不及时报告”但未发生“其他严重情节”时，遗失武器装备罪的主观方面是故意，此时不论遗失武器装备本身是出于过失还是意外事件，对于行为人进行责任非难的主观依据都在于其应及时报告而未及时报告的心理态度，而“不及时报告”是出于故意；在行为人虽及时报告但发生“其他严重情节”时，成立遗失武器装备罪而对行为人进行责任非难的主观依据则在于行为人基于疏忽大意或者过于自信而导致的遗失行为本身，所以此种情形的遗失武器装备罪的主观方面是过失（如果此时遗失武器装备本身是无罪过的意外事件，则不成立本罪）；而在“不及时报告”和“其他严重情节”并存时，构成遗失武器装备罪的主观方面则可认为是过失和故意兼备的双重罪过（复合罪过）形式。① 本罪所直接侵犯的客体是军队的战斗力。遗失武器装备直接造成了武器装备的损失，削弱了军队的战斗力，进而严重危害了国家的军事利益。

根据刑法第 441 条的规定，犯本罪的，处 3 年以下有期徒刑或者拘役。

七、擅自出卖、转让军队房地产罪

擅自出卖、转让军队房地产罪，是指违反军队房地产管理和使用规定，未经有权机关批准，擅自出卖、转让军队房地产，情节严重的行为。

本罪在客观上表现为，负有直接责任的军人违反《中国人民解放军内务条令（试行)》《中国人民解放军房地产管理条例》及其他有关军队房地产管理和使用规定，未经有权机关依法审批，有偿或者无偿改变军队土地、房屋、国防工程设施、林木的产权关系，情节严重的行为。本罪的犯罪对象具体体现为军队房地产。这里的军队房地产，是指依法由军队使用管理的土地及其地上地下用于营房保障的建筑物、构筑物、附属设施设备，以及其他附着物。成立本罪还要求情节严重。按照前述的《立案标准》的规定，涉嫌下列情形之一的，应予立案：（1）擅自出卖、转让军队房地产价值 30 万元以上的；（2）擅自出卖、转让军队房地产给境外的机构、组织、人员的；（3）擅自出卖、转让军队房地产严重影响部队正常战备、训练、工作、生活和完成军事任务的；（4）擅自出卖、转让军队房地产给军事设施安全造成严重危害的；（5）有其他情节严重行为的。

本罪的犯罪主体为负有直接责任的军人，即各军事单位的主管人员和负有房地产管理职责的军职人员。本罪的主观方面为故意，即明知出卖、转让军队房地产的行为违反有关规定，会造成军队房地产损失的结果，并且希望或者放任这种结果发生。本罪所侵犯的直接客体是国家、军队的资产利益。

根据刑法第 442 条规定，犯本罪的，对直接责任人员处 3 年以下有期徒刑或者拘役；情节特别严重的，处 3 年以上 10 年以下有期徒刑。这里的情节特别严重，包括出卖、转让的房地产数量巨大的，出卖、转让特别重要的房地产的，出卖、转让给境外的机构、组织、人员的，导致部队无法正常训练和生活的，等等。

第六节 侵犯部属、伤病军人、居民、俘虏利益的犯罪

一、虐待部属罪

虐待部属罪是指滥用职权，虐待部属，情节恶劣，致人重伤或者造成其他严重后果的行为。

本罪的基本构成在客观上表现为，滥用职权，虐待部属，情节恶劣，致人重伤或者

---

① 参见高铭暄、马克昌主编：《中国刑法解释》（下卷），3018 页，北京，中国社会科学出版社，2005。相反观点认为本罪是过失犯的，可参见张明楷：《刑法学》，4 版，1129～1130 页，北京，法律出版社，2011。

造成其他严重后果。其中，虐待部属，是指采取殴打、体罚、冻饿或者其他有损身心健康的手段，折磨、摧残部属的行为。成立本罪要求情节恶劣，致人重伤或者造成其他严重后果。根据《立案标准》，情节恶劣，是指虐待手段残酷的；虐待3人以上的；虐待部属3次以上的；虐待伤病残部属等。“致人重伤”是指虐待行为直接造成部属重伤。由于刑法将“致人死亡”作为本罪法定刑升格的条件，所以，作为虐待部属罪构成要件中的“造成其他严重后果”，是指虐待部属的行为造成了重伤、死亡以外的其他严重后果。根据《立案标准》，其他严重后果，是指部属不堪忍受虐待而自杀、自残造成重伤或者精神失常的；诱发其他案件、事故的；导致部属1人逃离部队3次以上，或者2人以上逃离部队的；造成恶劣影响等。虐待部属的情节是否恶劣，是否造成了他人重伤或者其他严重后果，是区别虐待部属罪与非罪的关键性要素。

本罪的犯罪主体为被害军职人员的首长或者上级。主观方面为故意，即明知自己虐待部属的行为会发生侵害部属人身权利等结果，并且希望或者放任这种结果发生。本罪所直接侵犯的客体是我军官兵一致的上下级关系以及部属的人身权利。

根据刑法第443条的规定，犯本罪的，处5年以下有期徒刑或者拘役；致人死亡的，处5年以上有期徒刑。这里的致人死亡，是指虐待行为直接导致被害人死亡，如殴打致死、有病不让医治导致病情恶化死亡等。

二、遗弃伤病军人罪

遗弃伤病军人罪是指在战场上故意将我方伤病军人遗弃，情节恶劣的行为。

本罪在客观上表现为，将伤病军人遗弃在战场上。有论者认为“遗弃伤病军人罪既可以是作为，也可以是不作为”[①]，但是，“这里的遗弃是对有条件救护的伤病军人弃置不顾，因而本罪的行为方式是不作为”[②]。作为本罪犯罪对象的伤病军人，应该限于我方的伤病军人。将伤病的俘虏予以遗弃的，不成立本罪。此外，成立本罪还需要情节恶劣。根据《立案标准》的规定，涉嫌下列情形之一的，应予立案：（1）为挟嫌报复而遗弃伤病军人的；（2）遗弃伤病军人3人以上的；（3）导致伤病军人死亡、失踪、被俘的；（4）有其他恶劣情节的。

本罪的主体是负有直接责任的军职人员，主要是指挥人员和救护人员。本罪的主观方面为故意，即明知是遗弃伤病军人的行为而有意实施。

根据刑法第444条的规定，犯本罪的，对直接责任人员，处5年以下有期徒刑。

三、战时拒不救治伤病军人罪

战时拒不救治伤病军人罪是指军队的医务人员战时在救护治疗职位上，有条件救治而拒不救治危重伤病军人的行为。

---

① 高铭暄、马克昌主编：《中国刑法解释》（下卷），3024页，北京，中国社会科学出版社，2005。

② 陈兴良：《规范刑法学》（下册），3版，1246页，北京，中国人民大学出版社，2013。

有条件救治而拒不救治，是指根据伤病军人的伤情病情，结合救护人员的技术水平、医疗单位的医疗条件及当时的客观环境等因素，能够给予救治而拒绝抢救、治疗的。如果战斗情况极为紧急，确实无条件履行救助义务的，不能认定为本罪。本罪的成立要求发生在战时，非战时不构成本罪。行为对象不是一般的病人，而是危重伤病军人。战时拒不救治伤病军人罪的成立不要求实际上发生危害结果，只要是行为主体有条件救治而拒不救治，即可成立本罪。

本罪的犯罪主体是处在战时救护治疗职位上的军职人员。具体而言，本罪的犯罪主体应该是军队的医护人员，包括专职的和临时指派的医护人员。与治疗无关，仅具有将伤病军人从敌人的火力下或者危险地带救出，从而起到保护伤病军人、以便治疗人员对其治疗这样的职责的军人，不属于本罪中的“在救护治疗职位上”，这些具有火线救人义务的军职人员，如果拒不履行该义务，不成立本罪，而应该成立遗弃伤病军人罪。① 本罪的主观方面是故意，即明知是拒不救治危重伤病军人的行为而有意为之。战时因为过失而未能救治危重伤病军人，不构成本罪，导致严重后果的，有成立玩忽军事职守罪的可能。本罪所侵犯的客体是战时的救护秩序。对战时救护秩序的侵犯会削弱我军的战斗力，进而可能会给作战带来危害。

根据刑法第445条的规定，犯本罪的，处5年以下有期徒刑或者拘役；造成伤病军人重残、死亡或者有其他严重情节的，处5年以上10年以下有期徒刑。这里的其他严重情节，一般包括挟嫌报复拒不救治的，拒不救治重要的危重伤病军人的，煽动其他医护人员共同拒不救治的，等等。

四、战时残害居民、掠夺居民财物罪

战时残害居民、掠夺居民财物罪，是指战时在军事行动地区，残害无辜居民，或者掠夺无辜居民财物的行为。

残害，是指杀伤、奸淫、虐待、体罚、殴打等侵害无辜居民人身权利的残暴行为；掠夺，是指以暴力、胁迫或者其他方法抢劫、抢夺无辜居民财物的行为。特别需要明确的是，刑法明文规定了本罪必须发生在战时的军事行动地区，并且必须是针对无辜居民而实施上述残害或者掠夺行为。这里的军事行动地区，是指我军作战区域，包括境内和境外。无辜居民，是指对我军无敌对行动的平民。

根据《立案标准》，战时残害无辜居民，涉嫌下列情形之一的，应予立案：(1) 故意造成无辜居民死亡、重伤或者轻伤3人以上的；(2) 强奸无辜居民的；(3) 故意损毁无辜居民财物价值5 000元以上，或者不满规定数额，但手段恶劣、后果严重的。战时掠夺无辜居民财物，涉嫌下列情形之一的，应予立案：(1) 抢劫无辜居民财物的；(2) 抢夺无辜居民财物价值2 000元以上，或者不满规定数额，但手段恶劣、后果严重的。

本罪的犯罪主体是任何军职人员。犯罪的主观方面为故意，行为人必须明知是无辜居民而故意实施残害、掠夺行为。本罪所侵害的直接客体是我军的声誉和无辜居民的生

① 参见高铭暄、马克昌主编：《中国刑法解释》（下卷），3027页，北京，中国社会科学出版社，2005。

命、财产权利，并最终侵犯了我军的作战利益。

根据刑法第 446 条的规定，犯本罪的，处 5 年以下有期徒刑；情节严重的，处 5 年以上 10 年以下有期徒刑；情节特别严重的，处 10 年以上有期徒刑、无期徒刑或者死刑。本罪中的情节严重，是指聚众残害无辜居民、掠夺无辜居民财物的首要分子；残害无辜居民多人的，掠夺无辜居民财物数额巨大的；严重影响我军军事行动的；等等。这里的情节特别严重，是指残害大批无辜居民的；残害无辜居民手段特别恶劣的；掠夺无辜居民财物数额特别巨大的；严重影响我军重要军事行动的；等等。

五、虐待俘虏罪

虐待俘虏罪，是指对被我方俘获的敌方人员加以虐待，情节恶劣的行为。

虐待，既包括肉体上的摧残，也包括精神上的折磨，其实质是使俘虏感受非人道待遇。虐待具体可以体现为打骂、体罚、折磨、实施酷刑，强迫进行侮辱性工作，有病不给医治等。虐待俘虏只有在情节恶劣的情况下才成立本罪，仅有一般性的虐待行为的，不以本罪论处。根据《立案标准》，虐待俘虏，涉嫌下列情形之一的，应予立案：(1) 指挥人员虐待俘虏的；(2) 虐待俘虏 3 人以上，或者虐待俘虏 3 次以上的；(3) 虐待俘虏手段特别残忍的；(4) 虐待伤病俘虏的；(5) 导致俘虏自杀、逃跑等严重后果的；(6) 造成恶劣影响的；(7) 有其他恶劣情节的。

虐待俘虏罪的主体是军职人员，特别是具有看押、管理俘虏职责的军职人员。本罪在主观方面必须出于故意。本罪所侵害的直接客体是俘虏管理秩序，进而削弱我军俘虏政策的公信力，最终危害了国家的军事利益。

根据刑法第 448 条的规定，犯本罪的，处 3 年以下有期徒刑。

图书在版编目（CIP）数据

刑法分论 / 谢望原，赫兴旺主编．-- 4 版．-- 北京：中国人民大学出版社，2023.9
新编 21 世纪法学系列教材 / 曾宪义，王利明总主编
ISBN 978-7-300-32034-2

Ⅰ.①刑… Ⅱ.①谢… ②赫… Ⅲ.①刑法－分则－中国－高等学校－教材 Ⅳ.①D924.3

中国国家版本馆 CIP 数据核字（2023）第 150111 号

北京高等教育精品教材
新编 21 世纪法学系列教材
总主编 曾宪义 王利明
刑法分论（第四版）
主 编 谢望原 赫兴旺
Xingfa Fenlun

出版发行	中国人民大学出版社		
社 址	北京中关村大街 31 号	邮政编码	100080
电 话	010－62511242（总编室）		010－62511770（质管部）
	010－82501766（邮购部）		010－62514148（门市部）
	010－62515195（发行公司）		010－62515275（盗版举报）
网 址	http://www.crup.com.cn		
经 销	新华书店		
印 刷	涿州市星河印刷有限公司	版 次	2008 年 9 月第 1 版
开 本	787 mm×1092 mm 1/16		2023 年 9 月第 4 版
印 张	41 插页 1	印 次	2023 年 9 月第 1 次印刷
字 数	937 000	定 价	118.00 元

《　　　　　　　　　》※任课教师调查问卷

为了能更好地为您提供优秀的教材及良好的服务，也为了进一步提高我社法学教材出版的质量，希望您能协助我们完成本次小问卷，完成后您可以在我社网站中选择与您教学相关的 1 本教材作为今后的备选教材，我们会及时为您邮寄送达！如果您不方便邮寄，也可以申请加入我社的**法学教师 QQ 群：436438859（申请时请注明法学教师）**，然后下载本问卷填写，并发往我们指定的邮箱（cruplaw@163. com）。

邮寄地址：北京市海淀区中关村大街 31 号中国人民大学出版社 806 室收

邮　　编：100080

再次感谢您在百忙中抽出时间为我们填写这份调查问卷，您的举手之劳，将使我们获益匪浅！

基本信息及联系方式：※

姓名：________ 性别：________ 课程：________

任教学校：________ 院系（所）：________

邮寄地址：________ 邮编：________

电话（办公）：________ 手机：________ 电子邮件：________

调查问卷：※

1. 您认为图书的哪类特性对您使用教材最有影响力？（　　）（可多选，按重要性排序）

   A. 各级规划教材、获奖教材　　B. 知名作者教材

   C. 完善的配套资源　　D. 自编教材

   E. 行政命令

2. 在教材配套资源中，您最需要哪些？（　　）（可多选，按重要性排序）

   A. 电子教案　　B. 教学案例

   C. 教学视频　　D. 配套习题、模拟试卷

3. 您对于本书的评价如何？（　　）

   A. 该书目前仍符合教学要求，表现不错将继续采用。

   B. 该书的配套资源需要改进，才会继续使用。

   C. 该书需要在内容或实例更新再版后才能满足我的教学，才会继续使用。

   D. 该书与同类教材差距很大，不准备继续采用了。

4. 从您的教学出发，谈谈对本书的改进建议：________

____

____

选题征集：如果您有好的选题或出版需求，欢迎您联系我们：

联系人：黄　强　联系电话：010-62515955

索取样书：书名：________

书号：________

备注：※ 为必填项。